Softwaretechnik

Thomas Grechenig,
Mario Bernhart,
Roland Breiteneder,
Karin Kappel

Softwaretechnik

Mit Fallbeispielen aus realen Entwicklungsprojekten

PEARSON
Studium

ein Imprint von Pearson Education
München • Boston • San Francisco • Harlow, England
Don Mills, Ontario • Sydney • Mexico City
Madrid • Amsterdam

Bibliografische Information der Deutschen Nationalbibliothek

Die Deutsche Nationalbibliothek verzeichnet diese Publikation in der Deutschen Nationalbibliografie; detaillierte bibliografische Daten sind im Internet über *http://dnb.d-nb.de* abrufbar.

Umwelthinweis:
Dieses Produkt wurde auf chlorfrei gebleichtem Papier gedruckt.
Die Einschrumpffolie – zum Schutz vor Verschmutzung – ist aus umweltverträglichem und recyclingfähigem PE-Material.

10 9 8 7 6 5 4 3 2 1

12 11 10

ISBN 978-3-86894-007-7

ein Imprint der Pearson Education Deutschland GmbH,
Martin-Kollar-Straße 10-12, D-81829 München/Germany

www.pearson-studium.de
Lektorat: Birger Peil, bpeil@pearson.de
Korrektorat: Petra Kienle, Fürstenfeldbruck
Einbandgestaltung: Thomas Arlt, tarlt@adesso21.net
Herstellung: Monika Weiher, mweiher@pearson.de
Satz: mediaService, Siegen (www.media-service.tv)
Druck und Verarbeitung: Kösel, Krugzell (www.KoeselBuch.de)

Printed in Germany

Inhaltsverzeichnis

Einleitung

ÜBERBLICK

1

Software wird stetig allgegenwärtiger, komplexer, alltäglicher. Dieser Trend ist seit 30 Jahren eine der Konstanten der Innovation in der Informationstechnik (IT). Im Jahr 2030 mag jedes Fenster eines modernen Gebäudes einen eigenen Chip, eine IP-Adresse, ein Betriebssystem und seine eigene Applikations-Software haben, z.B. zum Schließen bei Schlechtwetter oder zum Regeln der Sonneneinstrahlung. PKWs der Luxusklasse hatten vor 15 Jahren 6000 Zeilen Code in ihren Motorsteuerungssystemen, heute sind das schon mehr als eine Million „Lines of Code“ (LoC). In zehn Jahren werden es mit Navigationssystemen, Medienanlagen, Internetanschluss und Mobilfunk-Vorkehrung gut zehnmal so viel LoC sein. Autos werden dann nicht mehr klassisch gestartet. Besser spricht man dann wohl vom „Booten“ des Fahrzeugs wie heute bei Mobiltelefon, Personalcomputer oder Server.

8 bis 12 Jahre später wandert diese Konfiguration vom Luxus-Segment in den Massenmarkt und ist in jedem neuen Kleinwagen als Standard vorgesehen. Auf Hauptverkehrswegen werden sich die Verkehrsteilnehmer dann eventuell schon wechselseitig am Navi-Schirm beobachten können. Ob und wie die Information über die Geschwindigkeit des entgegenkommenden Verkehrsteilnehmers für das Warnsystem genutzt werden darf, wird in einem IT-Privacy-Amt bestimmt. – Technisch ist dies heute schon alles möglich. Es dauert, solche Systeme in der Breite zu etablieren. Dass sie kommen, ist sehr wahrscheinlich. Dabei ist das kein Einzel- oder Spezialfall. In jedem Lebens-, Arbeits- und Wirtschaftsbereich lassen sich ähnliche Szenarien realistisch antizipieren:

- gute Softwaretechnik ist und wird eine entscheidende, unverzichtbare Ressource
- mangelhafte Softwaretechnik wird mittelfristig zu einem letalen Wettbewerbsnachteil
- Arbeitswelt, Freizeit, Gesellschaft integrieren und verdichten sich mittels Software.

Dieses gerade angelaufene Jahrhundert der softwaretechnischen Verfeinerung der Einzelsysteme (Auto und Mobiltelefon sind hier nur als wirtschaftlich vorauseilende System-Kandidaten zu sehen) ist auch ein Jahrhundert der Kooperation und Integration vorher schwach gekoppelter Systeme. Im Verkehr, im betrieblichen Umfeld, in der Logistik, im Pflege- und Gesundheitsbereich, bei Payment und Banking, in der öffentlichen Verwaltung, in der Nutzung der gemeinschaftlichen Koordination über Mobilfunk und Internet von Bürgern, die schrittweise alle „online“ gehen, bereiten sich Wellen der Innovation vor. Der Prozess der Verbreitung, Vertiefung und Diversifizierung fordert in allen Bereichen des Systembaus von den Softwaretechnikern mehr und mehr

- Software in den Einzelsystemen und deren Evolution,
- Software zur Etablierung wechselseitiger Verbindungen dieser Systeme
- Software zur Verschmelzung von Systemen zu neuen systemischen Organismen.

Vereinigung, Zusammenführung und Integration sind neben der ohnehin natürlichen Evolution der Einzelsysteme stabile Faktoren, die laufend neuen Software-Bedarf erzeugen. Diese Entwicklung ist in allen Sektoren wirksam: Consumer-Systeme, betriebliche Informationstechnik, öffentlich-institutioneller Bereich, globale Systeme.

Diesem riesigen Bedarf gegenüber steht eine als Ingenieurfach doch sehr junge Disziplin. Software wird nunmehr „erst" seit gut 50 Jahren entwickelt. Je größer und spezieller die Systeme sind, desto mehr ist es heute noch „Glückssache", dass Software-Entwicklungsprojekte in der Praxis angemessen friktionsfrei gelingen. Diesem durchaus spürbaren und bekannten Software-Syndrom will das vorliegende Buch in pragmatischer Form entgegentreten. Nicht in Form eines Wunder- oder Allheilmittels. Das gibt es in der Ingenieurdisziplin Softwaretechnik nachweislich nicht. Sondern als zeitgemäßer, angemessener, innovativer Mix jenes Standes der Technik, der zwischen langfristigen Fachwerten und kurzfristiger technologischer Mode ausgewogen vermittelt.

1.1 Ziel dieses Buches: Moderne Software mit Qualität

Es gibt heute ausgezeichnete Software-Engineering-Bücher von hervorragenden Vertretern unseres Faches (z.B. Summerville, van Vliet, Balzert). Zielsetzung und Blickwinkel sind unterschiedlich: theoretische Gesamtschau, enzyklopädische Vollständigkeit oder wissenschaftliche Abdeckung.

▶Abbildung 1.1 zeigt die fachliche Grundstruktur der Softwaretechnik, die jedem Buch unabhängig von der konkret gewählten Kapitelstruktur innewohnt. Es handelt sich dabei gewissermaßen um die Landkarte eines Software-Entwicklungsprojektes. Dieser Rahmen entspricht dem heute faktischen Stand der Technik. Dynamik, Komplexität und Wirkungsmechanismen hinter diesen Begriffen sind erheblich und bemerkenswert. Wir sprechen diese in *Kapitel 2* näher an.

Abbildung 1.1: Die klassische Struktur der Softwaretechnik: Projektmanagement und Qualitätssicherung fungieren als Querschnittsinstanzen und Bindemechanismen über die fünf Phasen Analyse, Entwurf, Implementierung, Test und Wartung. Je nach Software-Systemart können einzelne oder mehrere Phasen bestimmte softwaretechnische Vertiefungen erfordern. Das Projektmanagement selbst fungiert wiederum innerhalb eines übergeordneten Kontextes, der besondere Maßnahmen erfordern kann.

Das vorliegende Buch erzielt seine spezielle Identität aus dem gleichzeitigen Bestreben

- sowohl jenen dynamischen Praxisstand darzustellen, den die innovative Software-Industrie in ihren leistungsbezogenen Projekten anwendet und alltäglich lebt,
- als auch jenem Stand der Wissenschaft, Forschung und der methodischen Softwaretechnik zu entsprechen, der sich weltweit als Lehrstandard herauskristallisiert hat.

Konkret geschieht dies durch folgende Leistungskriterien:

- Die *Themenauswahl* konzentriert sich auf *mittelgroße* (5 bis 50 Personenjahre) und *kleinere* (< 5 Personenjahre) *Projekte*. Diese repräsentieren die große Masse an Projekten im Entwicklungsalltag. Nur kleine oder sehr kleine Projekte zu betrachten, wäre nicht ausreichend und ergäbe ein verzerrtes Bild auf die Inhalte und deren Gewichte. „Einführung ins Programmieren“ oder „Einführung ins Software-Projektmanagement“ stellen einzeln oder zusammen keine den heutigen Problemen angemessene „Einführung in die Softwaretechnik“ dar.
- (Sehr) große Projekte würden wiederum den Rahmen des Buches sprengen. Zwar lassen sich solche Projekte (> 100 Personenjahre) in handhabbarere Einheiten zerlegen und mit dem hier vorgelegten Werkzeugkasten geeignet bearbeiten, jedoch treten in den Großprojekten der IT Phänomene, Seiteneffekte und Symptome auf, bei denen die vorgestellten Ansätze zu kurz greifen. Effekte und Maßnahmen dieser Kategorie wären z.B. sehr starke Rückkoppelung der Betriebsform auf das Design, Erfordernis eines meisterhaften Risikomanagements oder Dringlichkeit einer frühzeitigen Pilotierung. Sehr kleine Projekte benötigen „weniger“ Softwaretechnik und große Projekte spezielle professionelle Expertise.
- Die aktuelle, in guten Softwareunternehmen geübte Praxis der Entwicklung, der *„industrielle State-of-the-Art“* (Stand der Technik), spiegelt sich im Buch wider. Wie effektive und erfolgreiche Entwicklergruppen heute weltweit Software entwickeln, in Gruppen von 5, 10, 20 Personen, wird in referentieller Form wiedergegeben. Im Grundsatz erfolgt dies weitestgehend in Übereinstimmung mit der Lehrmeinung. Fachlich selbstverständlich korrekt widersprechen wir denn doch an mancher Stelle dem einen oder anderen Lehrbuch, um dem Ziel der Praxisnähe zu genügen.
- Der typische *Leserkreis* eines Lehrbuches sind die sogenannten Novizen, d.h. Personen, die Softwaretechniker werden wollen. Reinen Novizen (weder Programmierkenntnisse noch Projekterfahrung) bietet das Buch zwar einen guten Überblick über das Fach, es wird in mehreren Teilen aber zu intensiv sein. Das Buch richtet sich somit an *qualifizierte Novizen*, eine Lesergruppe mit Vor- und Teilerfahrungen aus unterschiedlichen Bereichen von Softwareprojekten. Von einem Studierenden einer Informatikstudienrichtung, der dieses Buch liest, erwarten wir, dass er die Grundbegriffe des Programmierens beherrscht. Das Buch ist keine „Einführung in das Programmieren“.

  Bei einem Leser, der sich als Projektmanager weiterbilden will, erwarten wir, dass er/sie bereits SE-Projekte in der Praxis erlebt hat. Vom Finanzchef eines Unternehmens, der die Budgets für ein Projekt verantwortet, erwarten wir natürlich nicht, dass er programmieren kann, jedoch dass er die Erfahrung eines über die Ressourcen-Ufer getretenen Projektes kennt oder fürchtet. Wie bieten ihm/ihr dafür einen Überblick, was in einem SE-Projekt zu tun ist, wenn es ein „gesundes“ Projekt sein soll. Die hier vorgelegte Sicht wird ihm das Weglassen technischer Details erleichtern. – Das Buch soll so fachlich Interessierte mit unterschiedlichen Zugängen zu einem *integrierten Mindset* zusammenführen, sodass das jeweilige Vorwissen in Richtung solide Softwaretechnik erweitert und zu einer gemeinsamen Gestalt verfestigt wird.

- Das Buch versteht sich als „Softwaretechnik aus der *Sicht des realen Gesamtprojektes*“ im Gegensatz zu einer stark phasenbezogenen Sicht (early-life-cycle- oder later-life-cycle-Aufbau), zu einer rollenspezifischen Sicht (Projektleiter, Entwickler, Architekt) oder zu einer primär technologischen Sicht (programmier- oder toolzentriert). Durch diese bewusste Verbeugung vor dem realen Projekt hoffen wir, dem Symptom vorzubeugen, dass Software-Engineering-Bücher zwar korrekt und vollständig sein können, jedoch praktisch spröde und wenig anwendbar. *Praxistauglichkeit* ist den Autoren ein Anliegen. Alle Autoren und Subautoren sind in kleinen, mittleren und auch in sehr großen Projekten als Softwaretechniker tätig.
- Das Buch handelt von Systemen und Projekten, deren Typus im weiteren Sinne „administrativ“ ist. Dazu zählen u.a. Projekte der Bank- und Versicherungswirtschaft, der Unternehmensverwaltung, Projekte in Behörden, Krankenhäusern, größeren Organisationen, Projekte in der Verkehrswirtschaft, die meisten Systeme im Mobiloperating-Sektor, viele Bereiche selbstständiger Unternehmen mit Mandantenklientel und nicht zuletzt ein großer Teil der gängigen Applikationen im WWW bzw. deren aufkommende mobilen Derivate. Auch deckt das Buch typisches Enterprise-Development (ERP- oder SOA-Programmierung) oder Middleware-Themen ab. Typische Echtzeitsysteme hingegen (z.B. Flugzeugsteuerung), automotive Core-Systeme (z.B. Motorensteuerungen) oder spezielle Betriebssysteme werden aussagekräftig berührt, aber fachlich hier nicht vollständig abgedeckt.
- Natürlich erfüllt das Buch gerne die Erwartungen des Marktes und geht auf neue Themen und *aktuelle Trends* ein. *Extreme Programming* oder *Agile Methoden* sind z.B. moderne Verfahrensweisen der Entwicklungsorganisation, die sich derzeit bei jungen Softwaretechnikern großer Beliebtheit erfreuen. Diese haben absehbare Einsatzgrenzen, sind jedoch als Bestandteil eines Softwaretechnikbuches inzwischen unabdingbar. – Der Alltag des Entwicklers entspricht nicht mehr jenem vor 15 Jahren. Softwaretechnik hat sich verändert. *Codieren hat sich verändert.* Die alte Generation an Developern codierte vieles noch allein und von Grund auf. Die Applikationen setzten auf einer recht starren Systembasis auf. Weniger Flexibilität, weniger Auswahl zur Wiederverwendung.
- Die neuen Developer „codieren weniger selbst“, sie surfen in Foren, vermengen fremde Open Source Software mit eigener. Linken, wählen, mischen viel mehr zusammen, als es bisher getan wurde. Manchmal entsteht eine neue Lösung durch 200 Klicks, 50 neue Codezeilen und drei bis fünf Probeläufe im Rahmen eines soliden Testmanagements. Dieses viel losere „Driften und Surfen“ durch die Optionen schafft höhere Produktivität, der man allerdings als Projektleiter gleichwertige Kampfkraft an Anforderungsmanagement oder Testmanagement entgegensetzen sollte. – Immer häufiger treten heute *verteilte oder virtuelle Projekte* als Organisationsform auf. Teammitglieder treffen sich nur noch einmal wöchentlich oder arbeiten überhaupt „on-demand“ in einem

anderen Erdteil/Land. Hier waren die Open Source Communities Vorreiter eines Verhaltens, das zum Trend werden kann. Die Art der Entstehung des Betriebssystems Linux hat gezeigt, was bei richtiger Führung „over the air" alles möglich ist.

- Die Aufgabe des Bauens eines Softwaresystems stellt sich aus unterschiedlichen Blickwinkeln verschiedenartig dar. Die Sicht der User, der Entwickler, der Auftraggeber, des Projektmanagers, die Sicht auf die Technologie, auf das erforderliche Personal, auf die Vorgehensweise, auf die Projektprodukte und -dokumente, die Sicht der Wissenschaft, der Software-Industrie, der KMUs ist potentiell unterschiedlich. Fokus des Buches ist *der gesamtheitliche Werkcharakter*. Teilwerke aus den Phasen des SE-Prozesses (Analyse, Entwurf, Implementierung, Test, Wartung) sind immer in Einheit mit den „Metaaktivitäten" Projektmanagement und Qualitätsmanagement zu sehen. Funktion, Belastbarkeit und Qualität der Teilwerke bestimmen das resultierende Gesamtwerk. Der Esprit, die Vision, das Ziel des Gesamtwerkes führen die Teilwerke an und bestimmen deren Koordination.

Die neue Softwaretechnik-Zeit stellt 1000 neue spannende Fragen für Ingenieure, Projektleiter, Unternehmer. Wer hält die Intellectual Property (IP) von Programmen? Baut man, kauft man, lizenziert man, least man Softwaresysteme? Wann ist Near- und Off-Shoring von Softwaretechnik zweckmäßig? Sind drei normal begabte Fachhochschulabsolventen vor Ort effektiver für eine bestimmte Aufgabe als ein kostengünstiges Genie aus der Ukraine? Insourcing oder Outsourcing von welchen Softwaretechnik-Leistungen ist zweckmäßig? – Alte Fragen sind geblieben oder stellen sich modifiziert: Welche Sprache, welches Werkzeug, welcher Technologie-Stack ist mittelfristig verlässlich. Vertraue ich einem Start-Up bestehend aus vier jungen Wilden und riskiere deren Selbstüberschätzung oder arbeite ich mit einer „Big Name"-Firma, obwohl die vielleicht bei zweifachem Preis „auch nur mit Wasser kocht"?

Die Globalisierung (man möchte im Jahr 2010 als Snapshot fast schreiben *Googlifizierung*) der Softwaretechnik-Verfahrensweisen ist noch lange nicht abgeschlossen. Wie einst in der Moderne im kulturwissenschaftlichen Sinne stehen wir möglichweise am Anfang eines Umbruches in vielen Bereichen des individual-methodischen, teamorientierten und unternehmensstrategischen Software-Engineerings gegenüber den traditionellen, bisher üblichen Vorgehensweisen. Es ist kein lauter, imperativ geführter Umbruch. Es ist die Summe vieler Veränderungen von Mindsets, Verfügbarkeiten, Systemevolutionen, Verhaltensweisen, ein gemeinschaftliches Lernen aller am Softwaretechnik-Prozess Beteiligten, die heute de facto schon ein globales Zunft-Netzwerk bilden.

Die mentale Distanz von jungen Mobile Application-Entwicklern in Uganda zu einer Technology Lead Java-Gruppe in Oslo ist aufgrund ähnlicher Aufgabenstellungen, Denkweisen, Kommunikations- und Sozialkontexte heute schon bedeutend geringer als jene des norwegischen Konzernchefs der Java-Leute, der in deren Nebengebäude sein Büro hat.

Diese neuen Strukturen zwischen den jungen Ingenieuren haben keine unmittelbare Auswirkung auf die Fachmethodik der Softwaretechnik. Die persönliche Kenntnis der Autoren über diese Mechanismen fließt jedenfalls atmosphärisch in den Blickwinkel dieses Buches ein.

1.2 Aufbau des Buches und Lesepfade

Absolventen eines Informatikstudiums, die zehn Jahre in der Praxis waren, oder Abgänger einer technischen Mittelschule werden mit dem Buch eine Stütze und Erweiterung ihrer bisher gewohnten Projekt-Performance erleben. Kernleser des Buches sind naturgemäß Programmierer, die industrielle Softwaretechnik erlernen und leben möchten, oder mittlere Manager und Projektleiter, die einen guten Gesamtüberblick aus technischer Sicht erhalten wollen. Studierende Leser werden in der Regel Software-Entwickler sein, die Einzelprojekte oder Projekte mit ein oder zwei Kollegen durchgeführt haben und größere Aufgaben in Angriff nehmen. Vor die Aufgabe gestellt, in einem größeren Projekt, mit höherem Budget, mit einer ungewohnt großen Anzahl von Projektmitarbeitern erfolgreich zu sein, wird ihnen das vorliegende Buch eine Stütze bilden.

Den Lehrenden für Softwaretechnik an Hochschulen und guten Fachhochschulen sollte das Buch genau aus diesem Grund eine motivierende Basis für einen erfolgreichen Kurs bieten: Studierende können sich mit obigem Szenario persönlich identifizieren. Software-Entwicklung im Team gehört zu ihrem Erfahrungsbereich oder zu ihren Erfahrungswünschen und Berufsaussichten.

Zur Frage der Einordnung in klassische Informatik-Curricula sei vermerkt, dass wir die Lücke schließen wollen, die sich zwischen den rein technologisch fokussierten Lehrbüchern (Modellierungs-basiert, Tool- oder Programmier-zentriert) und den sehr management-lastigen Software-Projektmanagement-Büchern laufend vergrößert hat.

Kapitelaufbau: Die Autoren haben das didaktische Prinzip angewandt, die Bausteine der Softwaretechnik zu erläutern, ohne die inneren Details vorab genau zu besprechen. Dies erfolgte in den späteren Kapiteln. Die Brücke von der Softwaretechnik im Kleinen (Algorithmen, einfache Ein-Entwickler-Systeme) kann nicht direkt zur Softwaretechnik im Großen (professionelle große Systeme mit angemessener Systemarchitektur) geschlagen werden. Das würde nur wieder die aus der Sicht der Autoren suboptimale Formel forcieren, Softwaretechnik = Entwickeln + Projektmanagement. Gute Softwaretechnik ist mehr als das!

Wir erläutern daher zuerst in allgemein verständlicher, konkreter und lebendiger Form in Kapitel 2 die wesentlichen Bausteine eines Softwareprojektes, umfassen die zentralen Themen, fachlichen Komponenten, Dokumente, Ereignisse, Rollen, Projektarten, Methoden und Verhaltensweisen, die in mittelgroßen Entwicklungsprojekten auftreten bzw. erforderlich sind und gehen erst dann in die Details. Der Leser versteht danach intuitiv, wie der Beobachtungsgegenstand „Softwareprojekt" bzw. „Softwaretechnik im Entwicklungsprojekt" in der realen Praxis gestaltet ist.

In Kapitel 3 werden die Aufgabenstellungen von vier Beispielen dieses Beobachtungsgegenstandes vorgestellt, die den Leser durch das Buch begleiten und eine durchgehende mentale Basis schaffen sollen. Alle vier Beispiele entstammen Projektquellen in der realen Praxis. Für die Zwecke der Lehre wurde da und dort vereinfacht, alle Projekt repräsentieren aber aktive, genutzte Software: ein System aus dem Gesundheitswesen mit besonderen Patienten-Datensicherheitsaspekten (~ 25 Personenjahre), ein Work-Flow- und Aktensystem für die Stadtverwaltung mit besonderen Middleware-Eigenschaften (~30 Personenjahre), eine mobile Ticket-Anwendung für den öffentlichen Verkehr (~14 Personenjahre), die vertikal über viele Plattformen gutes „System-Engineering" erfordert und die Grenzen des reinen Software-Engineerings aufzeigt, ein Hochschulinformationssystem (~ 60 Personenjahre), das Lehrenden und Lernenden an Hochschulen durch seine natürlich bekannten Use-Cases inhaltlich nahe sein wird.

Die *Kapitel 4, 5, 6, 7 und 8* befassen sich mit einer zeitgemäßen Interpretation der klassischen Phasen der Softwaretechnik:

- Analyse und Anforderungsmanagement
- Entwurf, Design und Architektur
- Implementierung und Codierung
- Test und Integration des Systems
- Inbetriebnahme, Rollout, Betrieb und Wartung

Diese klassischen Phasen sind heute mehr denn je *konzeptive Tätigkeitsgruppen*, die ineinander überfließen und je nach technischem Fokus eines Projektes stark überlappen können. Das Testen z.B. wird traditionell als vierte Phase angeordnet, gutes Testmanagement beginnt aber bereits mit dem Anforderungsmanagement in der ersten Phase. Oder das Beispiel User Interface Design (UID): UID ist eine technische Teiltätigkeit, die traditionell immer in die Design-Phase platziert wurde, de facto ist sie in guten industriellen Projekten eine alle Phasen überspannende Tätigkeit mit problemangepasster Gewichtung.

Bei der Planung des Buches gelangten wir in ein bemerkenswertes *Theorie vs. Praxis-Dilemma*. Die immer mächtiger werdenden Implementierungs-Suiten und -Frameworks machen mitsamt einer Reihe nützlicher Programmierwerkzeuge und großer Bibliotheken mittlerweile recht viele nützliche Vorgaben, die den Raum für klassisches Design zunehmend einengen. Überzeichnet formuliert bleibt bei der Entwicklung eines großen administrativen Systems neben den drei Pfeilern a) laufendes, flexibles und dynamisches Anforderungsmanagement, b) solide Gesamtsystemarchitektur, c) mächtige State-of-the-Art Implementierungsplattform gerade mal noch ein wenig Raum für ein paar klassische Design-Komponenten (z.B. EER-Diagramme, UI-Konzept, Sicherheitskonzept). Ein typisches klassisches Design im Sinne der vollständigen abstrakten Modellierung eines Systems vor der realen Implementierung macht in solchen Projekten zunehmend weniger Sinn. Der werte Leser möge dies als industrielle Beobachtung, nicht als akademische Vorgabe werten.

Das Kapitel 8 zum Thema Wartung und Betrieb ist der genannten mittleren Projektgröße angepasst. Klassische Wartung von Software allein ist dabei nicht mehr ausreichend. Rollout und Einschulung sind hier in der Regel schon sauber zu bemessen und zu planen. Der laufende Support-Level für die User ist gezielt zu bestimmen. Wie schon bemerkt, möge der Leser beachten, dass bei deutlich größeren Projekten der Zusammenhang zwischen Rollout-Formen, Betriebsformen und Systemarchitektur in der Regel so kritisch und speziell ist, dass die hier vorgestellten Mechanismen nicht ausreichend sind.

In Kapitel 9 widmen wir uns dem Thema Vorgehensmodelle, die festlegen, wie die innere Organisation von Entwicklungsprojekten in einem Projekt oder Unternehmen ablaufen sollte. Vorgehensmodelle zielen auf die Qualität der Prozesse in der Softwaretechnik. Für das vorliegende Buch eher untypisch stellen wir das existierende Spektrum hier breit dar. In der Praxis sollten an der Stelle Experten bei großen Projekten maßschneidern, große Projekte erfordern einen adäquaten Mix. Bei kleineren genügt es, einen Rohling anzumessen. – Große Unternehmen brauchen über viele Projekte hinweg einen Baukasten zur Auswahl, je nach Projektart und -Größe, jedenfalls mehr als eine einzige große, breite, starre Methode.

Kapitel 10 legt dar, dass Projektmanagement in relevanten Software-Entwicklungsprojekten drei wichtige und unverzichtbare Aufgaben gleichzeitig subsummiert: a) die klassische Projektplanung und -organisation, b) die starke Projektführung und -leitung, c) das Projektrisikomanagement. Je größer ein Projekt, desto mehr wird diese Rolle zu einem aufwändigen Trouble-Shooting-Job, der zwischen den Wünschen der Promotoren, den vorhandenen Ressourcen (Zeit, Personal und Geld) und dem Projekt selbst ausgewogen vermitteln können muss. Ein großes Softwareprojekt braucht eine (wirklich angemessen) erfahrene Projektleitung mit der erprobten Fähigkeit zum Risikomanagement. Diese Binsenweisheit steht über den Ausführungen dieses Kapitels und ist aus praktischer Sicht die conditio sine qua non, die über Erfolg oder Misserfolg eines Projektes entscheidet.

Die *Kapitel 11, 12 und 13* befassen sich mit Qualitätsaspekten von Software. Klassische Softwarequalität mitsamt dem operationalen Mechanismus Qualitätsmanagement existiert als Gedanke, seit Software geschrieben wird, und befasst sich mit typischen internen Qualitätsmerkmalen wie Flexibilität, Wartbarkeit, Lesbarkeit, Langlebigkeit, Standardisierung. Jedes technische Produkt hat Qualitätsmerkmale, so auch Software. Schon in diesem engeren Sinne lässt sich die Grenze zwischen Funktion und Qualität nicht so einfach ziehen. Software, die schlecht strukturiert und schrittweise „zu Tode" gewartet wurde, verliert aufgrund mangelnder Qualität rasch ihre Funktion.

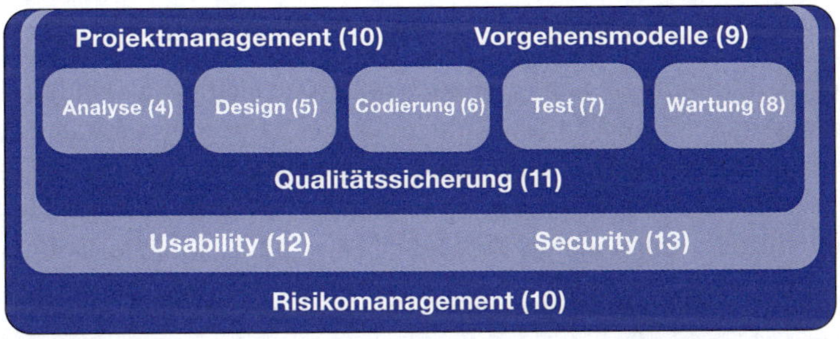

Abbildung 1.2: Aufbau des Buches nach Kapiteln: Gute Usability und profunde IT-Security treten heute als regelmäßige projektbezogene fachliche Vertiefung auf, so dass wir diese in den Fachkern mit aufgenommen haben. Das Thema Risikomanagement ist ein Tribut an die Tatsache, dass mittelgroße Softwareprojekte in der Praxis eine derartige systemische Instanz benötigen.

Kapitel 12 ist heute einerseits eine industrielle Notwendigkeit – kompetentes Interface-Design ist das erste sichtbare Zeichen guter Softwaretechnik –, andererseits ist es ein Tribut an 20 Jahre Kampf um berechtigte Aufmerksamkeit. Usability Engineering und User Interface Design waren lange Zeit unbeachtete Stiefkinder der Softwaretechnik und finden sich noch heute in großen Projekten manchmal am unteren Ende der technischen Hackordnung wieder. Zu Unrecht: Die langfristigen Kosten schlechter Interfaces sind nachweisbar, bei den Systemklassen Websysteme und mobile Anwendungen ist es nunmehr offensichtlich. Ein ausgezeichnetes Interface führt zum Erfolg, ein umständliches Interface bewirkt, dass sich die User anderen Möglichkeiten zuwenden.

Kapitel 13 folgt dem realen Bedarf der wachsenden IT-Infrastruktur-Welt, in der zunehmend mehr Systeme miteinander vernetzt werden, nach softwaretechnischer Ausprägung der Themen IT-Security, Zugang, Bedrohung, Angreifbarkeit, Abwehr. Sie sind zu einer wesentlichen non-funktionalen Anforderung von Software geworden. Nach heutigem Stand der Technik und der weltweit bereitstehenden Systembasen muss gute Security von Anfang an in Softwaresysteme mit eingeplant und eingebaut werden. Eine nachträgliche Ergänzung ist in der Regel sehr teuer oder in Bezug auf bestimmte Angriffe unmöglich. Security Software Engineering ist nicht etwa auf Netzsicherheit oder Firewalls beschränkt, die Gegenmaßnahmen sind in vielen Fällen bis auf die Code-Ebene zu ergreifen oder in anderen Bedrohungsszenarien aus der Gesamtsystemebene heraus zu konzipieren. IT-Security ist derzeit nicht absehbar von Softwaretechnik zu trennen und wird als Systemqualitätsmerkmal an Bedeutung gewinnen. Man spricht von *gehärteten Systemen*. Wir gehen davon aus, dass die Überarbeitung dieses Buches in drei Jahren dem verstärkt Rechnung tragen wird. Auch dieses Kapitel ist somit eine Verneigung vor dem wirtschaftlichen Bedarf bzw. der typischen Anforderungslandschaft, in der sich Softwaresysteme heute wiederfinden.

In Kapitel 14 werden exemplarisch vier Themen als ausgewählte Vertiefungen der Softwaretechnik beschrieben, um dem Leser mögliche Pfade der Spezialisierung greifbar zu machen. Dies ist methodisch und beispielhaft zu sehen. Die vier Themen sprechen für sprichwörtlich Hunderte von konkret möglichen oder zweckmäßigen Spezialisierungen, die das Gebiet Softwaretechnik aufbereitet. Quellen und Ziele der Vertiefung sind dabei, die wissenschaftliche Verfeinerung und Weiterentwicklung, die industrielle Spezialisierung sowie das spezifische Vertiefungserfordernis im Rahmen eines konkreten Projektes.

Projektmanagementorientierte Leser des Buches werden sich nach dem Studium der beiden Einführungskapitel 1 und 2 den Kapiteln 10 und 11 zuwenden und interessehalber das Kapitel 3 auf Vergleichbarkeit zur eigenen Projekterfahrung prüfen. Dieser Personengruppe werden alle anderen Kapitel als Fachkapitel dienen und betreffend Lesbarkeit und Verständlichkeit würden wir als Reihenfolge 8, 4, 12, 9, 13, 7, 5, 6 antizipieren.

Junge Softwaretechniker, die programmieraffin sind, werden mit den Kapiteln 4, 5, 6, 7 zuerst ihren Pakt schließen. Sie werden sich je nach Neigung mit den Kapiteln 12 und 13 befassen, um sich schließlich doch den weiteren Kapiteln zuzuwenden, die sich mit Management bzw. der Interaktion des Projektes nach außen und oben befassen. Kapitel 9 ist mit den agilen Methoden für diesen Leserkreis spannender geworden. Die Themen der Kapitel 8, 9, 10 werden von diesem Leserkreis meist erst in der (Projekt-)Not aufgegriffen. Die Qualitätssicherung in Kapitel 11 bleibt den jungen Wilden zumeist fremd. Erst wer einmal in der Wartung eines zehn Jahre alten Großprojektes mit schlechter Qualitätssicherung tätig war, hat deren Bedeutung verinnerlicht.

1.3 Werkentstehung und Companion Website

Zu diesem Buch wird umfangreiches Zusatzmaterial auf der Companion Website (CWS) angeboten. Sie finden die Website unter www.pearson-studium.de und geben am besten unter Schnellsuche die Buchnummer **4007** ein. Für jedes Fachkapitel wird dort eine Liste von Vertiefungsfragen bereitgestellt, die für Studierende zur eigenen Überprüfung und für Lektoren als potentielle Prüfungsfragen genutzt werden können. Da manche spannende Themen nur kurz ausgeführt werden, bieten wir für jedes Fachkapitel eine Auswahl weiterführender Literatur an.

Die in den Fachkapiteln enthaltenen Übungsbeispiele beziehen sich oft auf Szenarien, die Sie vor der Lösung auf der CWS sichten sollten. Die CWS zeigt oft mehrere unterschiedliche Szenarien zu einem Projekt. Sollten die Informationen aus dem Szenario nicht ausreichen, um eine Aufgabe qualifiziert zu bearbeiten, tätigen Sie einfach selbständig valide Annahmen und Ergänzungen zum Szenario. Das müssen Sie in der Praxis der Softwaretechnik auch oft tun, um voran zu kommen.

Für viele entsprechende Übungsaufgaben ist Quellcode in der CWS verfügbar. Für ausgewählte Übungsbeispiele stehen dort Musterlösungen zur Verfügung. Beachten Sie, in vielen Fällen gibt es nicht nur eine einzige gültige Lösung. Eine Abweichung von der Musterlösung muss deshalb nicht bedeuten, dass Ihre Lösung nicht geeignet ist.

Für ausgewählte Themen wird auf der CWS weiteres, vertieftes Zusatzmaterial angeboten. Diese umfassen zum Beispiel Vorlagen oder Kurzreferenzen. Für alle vier real-bezogenen Fallbeispiele aus Kapitel 3 ist über die CWS ein Forum eingerichtet, das von den zugehörigen Projektleitern als Editoren geführt wird. Es wird naturgemäß nicht immer der Projektleiter selbst aktiv sein, aber sicherlich ein Mitglied seines Teams. Die Fallbeispiele können an dieser Stelle nach unseren Möglichkeiten umfassend diskutiert werden.

Die CWS wird regelmäßig aktualisiert und ergänzt. Der werte Leser möge bitte beachten, dass der Lehrbeauftragte seiner Hochschule, der unser Buch als Lehrunterlage gewählt hat, der erste und wesentliche Ansprechpartner ist. Die Bearbeitung der CWS erfolgt nicht synchron, sondern in regelmäßigen Abständen in der Regel gesammelt. Für Ihre Kommentare und Ergänzungen sei Ihnen schon vorab gedankt.

Werkentstehung und Danksagung: *Mario Bernhart* zählt zu den Strategen und Managern unter den jungen Softwaretechnikern, hat Entwicklungs- und Führungserfahrung in zahlreichen Projekten gewonnen und ist neben seiner mehrjährigen Lehrtätigkeit an der TU Wien als industrieller Softwaretechnikberater tätig. Als Mitarbeiter von Prof. Grechenig leitet er die Forschungsgruppe *Building Systems* mit dem Fokus auf angewandten Themen der Softwaretechnik. Seine Eignung und Fachkraft als führender Softwaretechniker ist unbestreitbar.

Roland Breiteneder ist ein viele Jahre in der Praxis gestählter Entwickler, der u.a. führende Hand in zwei großen Softwaresystemen mit hohem Nutzungsgrad im Sport- und Ticketingbereich angelegt hat. Als Mitarbeiter der Forschungsgruppe INSO ist er im Bereich Qualitäts- und Testmanagement spezialisiert. Sein industrieller Fokus in der Softwaretechnik liegt in Entwicklung und Betrieb von globalen Webplattformen.

Karin Kappel ist als Wissenschaftlerin Spezialistin für Usability Engineering und User Interface Design. Sie hat Entwicklungs- und Beratungserfahrung in großen industriellen Projekten und ist neben ihrer mehrjährigen Lehrtätigkeit an der TU Wien als industrielle Projektmanagerin tätig. Als Mitarbeiterin von Prof. Grechenig leitet sie die Forschungsgruppe *Designing Comfort* mit dem Fokus auf Usability und innovative Interfaces.

Thomas Grechenig und *Mario Bernhart* sind als Hauptautoren für Drehbuch und Regie des Buches, die Ausführung und Materialauswahl aller Kapitel dieses Buches verantwortlich. Karin Kappel und Roland Breiteneder agierten neben der Tätigkeit als Autoren ihrer Teilkapitel in Assistenz dieser Regietätigkeit.

Die *Autoren der Teilkapitel* Thomas Artner, Stefan Bachl, Christian Brem, Florian Fankhauser, Gerald Fischer, Janki Grünberger, Peter Leitner, Andreas Mauczka, Michael Müller-Wernhart, Thomas Pirngruber, Christian Schanes, Wolfgang Schramm, Stefan Strobl, Monika Suppersberger, Roman Trabitsch, Christian Weitzel, Christoph Wimmer bedürfen jeder einer eigenen persönlichen Würdigung, die wir auf unserer Webseite bereitstellen. Es sind ausgezeichnete und ausgewiesene Analytiker, Designer, Codierer, Tester, Projektmanager, Betriebsspezialisten, Risikomanager, F&E-Leiter, Vertragsspezialisten, IT-Strategen, Security-Spezialisten, Testmanager, Architekten – jeder für sich ein fachliches Juwel, diplomierte oder dissertierte Informatiker und durchwegs langjährige Projektkollegen und –Mitarbeiter des Erstautors.

Softwaretechnik ist mehr denn je Teamarbeit unter angemessener Führung. Insofern entspricht die Fertigung des vorliegenden Buches der Struktur eines modernen Entwicklungsprojektes. Der Erstautor, *Thomas Grechenig*, ist habilitiert für Softwaretechnik und Interaktive Informatik und seit 1994 Professor an der TU Wien. Er publiziert und lehrt seit mehr als 20 Jahren im Fachbereich Softwaretechnik. Er verkörpert gelebte 30 Jahre Software-Entwicklungstradition, war selbst lange Jahre als Entwickler tätig und begleitet mittlere und größere Projekte als Architekt, Systemdesigner oder Berater der Entscheidungsträger. Er hat auf internationaler Ebene mehrere sehr große Softwareprojekte selbst geführt, systemisch und personell bestimmt und sich den Ruf erworben, auch außergewöhnlich große IT-Projekte (> 400 Personenjahre) in time&budget erfolgreich abzuschließen. Die Forschungsgruppe von Professor Grechenig (INSO, industrielle Software) lehrt und publiziert auch in den übergeordneten IT-Themen wie Risikomanagement, IT-Controlling und IT-Strategie. Sie kann auf viele internationale Planungs- und Implementierungserfahrungen für gesamtstaatliche IT-Infrastruktursysteme verweisen.

Besonders hervorzuheben ist die Rolle von Frau *Brigitte Brem*, die als wissenschaftliche Koordinatorin der Forschungsgruppe INSO an der TU Wien sowie als persönliche Assistentin des Leiters im Bereich Lehr- und Forschungskoordination tätig ist. Frau Brem verantwortet die gewissenhafte Durchsicht des vollständigen Manuskripts und viele Verbesserungsvorschläge. Als dissertierte Biologin, die seit Jahren in der INSO methodisch über höchst unterschiedliche wissenschaftliche Schwerpunkte und Arbeitsweisen wacht, wollte sie sich nicht als Co-Autorin eines Kapitels oder des Buches nennen lassen. Ich sehe das als Manko der Kulturhistorie des Mediums *Buch*. Im Sinne eines ganzheitlichen Werkstückes würde man die koordinierende Tätigkeit von Frau Brem wohl als Regieassistenz bezeichnen und geeignet vermerken können.

Nicht als Autoren angeführt, aber wesentlich zu den Ergebnissen beigetragen haben u.a. auch Andreas Ehringfeld, Christopher Dräger, Christoph Gspandl, Werner Klein, Martin Konzett, Sven Matner, Andreas Ntaflos, Herbert Valerio Riedel, Gerhard Schauer, Franz Schönbauer, Andreas Szinovatz, Barbara Tappeiner, Martin Tomitsch.

Herzlich bedanken wollen wir uns bei allen Kolleginnen und Kollegen, Mitarbeiterinnen und Mitarbeitern für die Hinweise, die wir während des Verfassens bekommen haben. Wir bedanken uns beim Verlag und insbesondere bei Herrn Birger Peil und bei Frau Petra Kienle, die mit großer Sorgfalt das Korrektorat vorgenommen hat.

Hinweise: An vielen Stellen des vorliegenden Buches wird *die Leserin* oder *der Leser* direkt angesprochen. Um den Text kurz und gut lesbar zu halten, verzichten wir oft auf doppelte oder abwechselnde Anreden und benutzen die einfache Anredeform *Leser*. Dies gilt auch für andere Termini, die geschlechtsspezifisch interpretierbar sind. Es ist uns aber ein Anliegen, ausdrücklich zu betonen, dass wir mit dieser Form der Anrede keinerlei geschlechtsspezifische Absicht verbinden. Wir wünschen uns, obwohl wir *vom Leser* sprechen, natürlich möglichst viele Leserinnen. Wir wünschen uns überdies viele Softwaretechnikerinnen im praktischen Umfeld. Ähnlich wie das Gebiet der Bau-Architektur ist die Softwaretechnik auf lange Sicht gesehen ein Fach, das eine ausgewogene Durchmischung des Arbeitsumfeldes mit beiden Geschlechtern strategisch benötigt. Softwaretechnik erfordert als Gebiet eine qualifizierte Melange, ein Best-of-Breed unterschiedlicher Fachlichkeiten, Denkweisen und Kulturen und sicher nicht zuletzt auch beider Geschlechter.

Kommentare, Hinweise auf Fehler, Kritik und Lob jeglicher Art sind willkommen. Der Leser möge dies an den Verlag, aber gerne auch direkt an *softwaretechnik.buch@inso.tuwien.ac.at* senden.

Wien und Paris *Thomas Grechenig*

Ingenieurdisziplin Softwaretechnik und die Bausteine eines Projektes

Autor: Thomas Grechenig

2

ÜBERBLICK

» *„Weder ist der Weg das ganze Ziel, noch heiligt der Zweck jeden Weg, der zum Ziel führt. Projekt-Wirklichkeit ist dichter angeordnet: Weg und Ziel sind jederzeit und überall eins." – Abgeleitet aus den Veden.* «

2.1 Wie reif ist die Softwaretechnik als Ingenieurdisziplin?

Ein halbes Jahrhundert Softwaretechnik mag einem talentierten jungen Web-, Embedded- oder Mobile-Programmiertalent ewig lang erscheinen, im Sinne einer qualifizierten, etablierten und industrialisierten Ingenieurdisziplin ist das eine kurze, ja in mancher Hinsicht viel zu kurze Zeitspanne. Das Bauwesen (Beispiel Brückenbau) ist so alt wie die Zivilisation der Menschheit. Der industrielle Maschinenbau (Beispiel Buchdruck) existiert zumindest seit 500 Jahren und sogar die sehr moderne Ingenieurdisziplin „Automobilbau" entstand mit dampfgetriebenen Fahrzeugen schon vor 200 Jahren. Die Komplexität verstärkt sich für den Softwarebau noch dadurch, dass sowohl im Brückenbau als auch im Automobilbau der Auftragsgegenstand in der Regel deutlich exakter spezifizierbar ist als in der Softwareentwicklung.

Es geht hier um den Reifegrad eines Fachbereiches. „*Reife*" (= erfahrene und industrialisierte) Disziplinen zeichnen sich u.a. dadurch aus, dass ihre Standardfälle wohldefiniert, gut genormt, kosten- und zeitmäßig in kleinen Bandbreiten verlässlich schätzbar sind. Einfamilienhäuser und Abwasserkanäle kann das industrialisierte Bauwesen heute sehr verlässlich kalkulieren und fertigstellen, wenn die Ausführenden professionell sind und keine besonderen unvorhergesehenen äußeren Umstände auftreten.

„Industrialisierung" bedeutet, dass eine Disziplin die Transformation vom genialen Kunstwerk und Meisterstreich (der erste Brennstoffmotor) zum Kunsthandwerk (der erste Porsche) und schließlich zum industrialisierten Produkt (Kleinwagen in Großserie) über einen ganzen Wirtschaftsraum und Markt hinweg so weit in mehreren Wellen hinter sich gelassen hat, dass die Disziplin genau weiß, was

- ein „Kunst- und Spezialfall" für außergewöhnliche Ausnahmekönner ist,
- eine sehr komplexe Aufgabe ist, mit einschätzbaren und überschaubaren Risiken,
- ein Standardfall ist, dessen Zeit- und Kostenaufwände gut prognostizierbar und dessen Risiken gering sind.

Die unprofessionellste aller möglichen Konsequenzen ist es, die Jugendlichkeit der Disziplin Softwaretechnik als Ausrede für Fehler und Scheitern heranzuziehen. Gleich danach folgen als bekannte Hauptsünden die Mystifizierung („*Die wahre Substanz von Software ist unergründlich*") oder Glorifizierung („*Nur Ausnahmeköpfe können gute Software schreiben*"). Es gelten vielmehr folgende überprüfbare Thesen über den Zustand des Faches:

- Ordentliche Softwareprojekte sind heute absolut mach- und kontrollierbar.
- Die Substanz und Komplexität eines Softwaresystems ist fast immer methodisch beherrschbar.
- Ja, es ist eine Disziplin, in der die handelnden Personen über Erfolg oder Misserfolg entscheiden.
- Nein, es bedarf keiner Genies. Nötig sind Erfahrung, Angemessenheit und Demut – insbesondere die Demut der Verantwortlichen (Management und Technik) zu erkennen, wo die eigenen Grenzen liegen und Unterstützung erforderlich ist.

Die Jugend der Disziplin bedeutet einfach einen höheren Freiheitsgrad für die Handelnden und eine größere Verantwortung für den einzelnen Softwaretechniker. Durchschnittliches Projektpersonal kann das Projektrisiko gegenüber gutem Projektpersonal drastisch erhöhen. Gute Technologie und Verfahren stellen zwar notwendige, aber keine hinreichenden Bedingungen für den Projekterfolg dar. Ausgezeichnete Softwaretechniker lösen Aufgaben auch mit suboptimalen Werkzeugen.

Shaw & Garland (1996) stellten einen interessanten und lehrreichen Vergleich der Softwaretechnik durch eine historische Gegenüberstellung mit anderen professionellen Ingenieurgebieten her und unterscheiden dabei drei Entwicklungsstufen:

Reifestufe (Kunst-)Handwerk: Am Anfang stehen dabei immer *Handwerk, Kunsthandwerk und Kunst* mit der Produktion von Waren, Gegenständen des Gebrauchs oder Kunstobjekten durch besonders talentierte Amateure, Kunsthandwerker, Künstler oder Genies. Eine ausreichende Zeit und Konstanz der Etablierung an Arbeitsteilung in einer Gesellschaft vorausgesetzt, entwickelt sich so eine Wirtschaft aus Herstellern und Abnehmern für diesen Bereich. Diese erste Phase ist „industriell“ charakterisiert durch

- Virtuosen, Pioniere, talentierte Amateure, Autodidakten, „regionale Genies“,
- Intuition, Versuch und Irrtum, „nackte Gewalt“, Kunstfehler,
- willkürliche Richtungswechsel, zufällige Fortschritte, laufende Erfindung,
- gelegentliche oder zufällige Weitergabe von Erfahrungen und Erfindungen,
- verschwenderischer und sorgloser Umgang mit Materialien und Ressourcen,
- Fabrikation für den konkreten Einsatz im Gegensatz zur Fabrikation für den Verkauf.

Reifestufe Rationalisierung: In der zweiten Phase der Entwicklung wird die Produktion *systematisiert und rationalisiert.* Der entstehende Markt entwickelt Konkurrenz, Differenzierung, relevante Kommerzialisierung. In dieser Phase werden die Produkte bereits durch geübte Arbeiter mitgefertigt. Parallel dazu entwickeln sich Best Practices, Lehrmeinungen und Wissenschaften, die den Sektor Innovation zu konsolidieren und zu standardisieren beginnen. Diese zweite Phase ist industriell charakterisiert durch

- qualifizierte Handwerker und (Kunst-)Handwerksgilden,
- bewährte Arbeitsweisen und etablierte Verfahren,
- Spezialisierung, Veredelung und Verfeinerung,
- Schulung von Routinetätigkeiten, Handwerksausbildung,

- wirtschaftlichen Umgang mit Materialien und Kostenwahrheit,
- verkaufsorientierte Produktsicht und -entwicklung.

Reifestufe Industrialisierung: Elaboration, Weiterentwicklung, Marktstrukturen, Berufsstand, *Industrialisierung, Wissenschaft* und langjährige Erfahrungen im Feld einschließlich eines gesamtgesellschaftlich und wirtschaftlich getragenen Prozesses des Lernens ergibt schließlich eine etablierte *professionelle Ingenieurdisziplin.* Letztere zeichnet sich aus durch

- Verfügbarkeit von ausgebildeten Fachleuten und Experten,
- Tätigkeit des Ingenieurs basiert auf Wissenschaft und Erfahrung,
- Theorie der Systeme, Verfahren der Systemanalyse und Systemklassifizierung,
- Disziplinfortschritt unterliegt der wissenschaftlichen Prüfung und Bewertung,
- Etablierte Meisterklassen und zertifizierte Zulassungen,
- der Markt ist nach Produktklassen segmentiert und verdichtet,
- die Disziplin kann Erfolg und Misserfolg identifizieren, „hat ein funktionierendes Gedächtnis" und ist „sanktionsfähig".

Die Industrialisierung bringt natürlich hemmende Begleiterscheinungen und Nebeneffekte mit sich, die in der Informationstechnik analog eintreten können:

Reifevariation Ideologisierung: Neben den rein optimistischen Wachstumsmodellen, bei denen Disziplinen nur besser und effektiver werden, kann man ergänzend Effekte der Degeneration in der Geschichte von Disziplinen beobachten: Monopolisierung, Zugangsbeschränkungen für Markt und Berufsbilder, Wirtschaftsinteressen schlagen Fachevidenzen, des Kaisers neue Kleider für hype Buzzwords, fachliche Eitelkeit des Berufsstandes, Vergessen von effektiven Lösungen nach Paradigmenwechseln.

Wiewohl solche Degenerationseffekte in der Informationstechnik derzeit noch kaum eine Rolle spielen, im Vergleich etwa zur Disziplin der etablierten Schulmedizin, die industriell und wissenschaftlich einen hohen Grad der *Ideologisierung* erreicht hat, macht es Sinn, sich ihrer bewusst zu sein, wenn man strategische-fachliche Aussagen bewerten muss. Wissenschaftliche Strömungen oder industrielle Trends neigen zumindest kurz- und mittelfristig immer wieder zur Ideologisierung. Objektivierung braucht etwas Zeit für den konsolidierten Rückblick und das Abschwellen des Interessennebels, den aggressiver Industrievertrieb, wissenschaftliche Methodengläubigkeit oder ein kulthafter Grassroot-Hype erzeugen kann.

Kult, Hype und Grassroot sind für Ingenieurdisziplinen dabei sogar eine Art Novum, das erst mit dem Neuzeiteffekt der raschen Verbreitbarkeit und Globalisierung intellektueller Leistungen innerhalb von Expertengruppen durch Mediengleichklang möglich geworden ist. Softwaretechnik-Development-Trends gibt es heute als zentristische Trends, gesteuert von Herstellern, aber auch in der Form von verteilten, partizipativen Communities, die als Beitrags- und Leistungsgemeinschaft agieren. Bisher hat sich die realweltliche Leistungsauslese, die konkrete Pragmatik der Innovation in der Softwaretechnik noch immer erfolgreich durchgesetzt, Ideologisierungseffekte halten kaum zehn Jahre. Eine Kultur der

Ismen, wie sie z.B. die Wissenschaft der Psychologie aufgebaut hat, wird sich in der Softwaretechnik nicht halten. Die Durchdringungsfähigkeit von Software hat zwar diesen Effekt zum ersten Mal für eine Ingenieurdisziplin überhaupt zur Möglichkeit erhoben, Maschinenbau oder Elektrotechnik sind im Vergleich derart statische, no-nonsense Gebiete, das sie eher resistent dagegen sind. Trotz aller Komplexität und Neigung zur Unschärfe regiert in der Disziplin Softwaretechnik denn doch die Macht des Faktischen.

Die Reifegrade Kunsthandwerk, Rationalisierung, Industrialisierung lassen sich für die Softwaretechnik als Skizze durchaus erkennen:

- die Pioniere, Gründer und Erfinder der 60er und 70er Jahre,
- die 80er als Beginn einer relevanten Rationalisierung und Verbreiterung nicht zuletzt durch den PC mit einer Wissenschaft, die vorher vornehmlich Algorithmen, Datenbanken, Compiler und Programmiersprachen und zunehmend auch Methoden im Fokus hatte,
- 80er und 90er zeugen vom Willen zur Industrialisierung mit punktuellen Erfolgen, keinesfalls aber mit einer nachweislichen Marktdurchdringung über alle Systemklassen und Projektkulturen.

Aus der Sicht der Softwaretechnik kann man industriell festhalten:

- Der Markt ist in keiner Weise durch klare Produktklassen segmentiert und verdichtet.
- Die Disziplin hat noch wenig Gedächtnis und kann Erfolg und Misserfolg nur situativ und nach längerer Rückschau identifizieren.
- Die wissenschaftliche Prüfung und Bewertung von Innovationen funktioniert (noch) nicht.

Softwaretechnik befindet sich als Ingenieurdisziplin je nach Teilthema und informationstechnischer Evolution in allen vier genannten Reifesichten wieder. Das ist prinzipiell kein wirkliches Drama. Man sollte es nur beachten, wenn man Softwareentwicklungsprojekte aufsetzt, und versuchen, entsprechende Klassifizierungen vorzunehmen:

- Welche Teile meines Projektes sind objektiv Kunst oder Kunsthandwerk?
- Welche Teile befinden sich im Bereich der guten und verlässlichen Rationalisierung?
- Wo liefert mir die Industrialisierung der Softwaretechnik verlässliche, preiswerte, gesicherte Lösungen und wo ist das Versprechen des Marktes dazu nur ein Versprechen, das nicht eingelöst werden kann?
- Wie segmentiere und projiziere ich mein Projekt angemessen auf diese Reifegrade?
- Für welche meiner Projektmitarbeiter gilt welche Erfahrungsstufe in welchem Technologiebereich?
- Bin ich mir, sind sich meine Fachexperten, dieser Mechanismen bewusst und gehen ihre Entscheidungs- und Planungswege damit ruhig und sicher um?

Im Bereich der Lehre und Ausbildung von Softwaretechnikern erscheint es wesentlich, diesen Umständen mit einem vernünftigen Maß an Ehrlichkeit zu begegnen. In vielen bekannten Industriesparten, sei es die Metallverarbeitung oder die Bauwirtschaft, ist der Ausbildungsgrad des Ingenieurs ein anerkannter Garant zur Befähigung für eine mehr oder weniger fundierte Projektleitung und Projektdurchführung. Die meisten Rollen als Techniker und Projektmitarbeiter, die im Produktionsprozess beteiligt sind, sind gut definiert und werden entsprechend ihres Anforderungsprofils ausgebildet und eingesetzt. Eine korrekte Rollenverteilung führt aufgrund eines verlässlich zu erwartenden Wissens und Könnens in der Regel zum erwarteten Ergebnis.

In der Softwareindustrie sind die Rollenbegriffe und Rollenprofile noch immer in Bewegung. Die oben genannte Verlässlichkeit liegt nicht durchgängig vor. Das ist kein Malheur, seien Sie sich als angehender Softwaretechniker oder als Lehrender einfach über folgende Effekte im Klaren:

- Sie sollten als Softwaretechniker – wie es für moderne Ingenieure ohnehin normal ist – nicht aufhören, zu lesen, zu lernen und neugierig zu sein.
- Sie müssen zur guten Theorie jedenfalls die praktische Erfahrung in relevanten, realen Projekten hinzufügen. Lehr- und Lernbeispiele machen Spaß. Erfahrung in einer Ingenieurdisziplin bedeutet aber persönliches Erfahrungswachstum über Art und Größe von Systemen hinweg.
- Was im 6 Personenmonate (PM)-Projekt noch erfolgreich ist, kann bei 30 PM unwirksam sein.
- Wer bisher maximal 30 PM als Projektgröße angeführt und verantwortet hat, kann als Leiter bei 300 PM zum Projektrisiko werden.
- *Warnung für Erfahrene, die Autorität des Alters nicht zu missbrauchen:* Wer z.B. in der alten Host-Welt (inzwischen Client-Server-Welt) groß geworden ist und noch aus ihr denkt, könnte die Welt der Web-Services nicht mehr verstehen.
- *Warnung für Jüngere, dass technologische Paradigmenwechsel neben Effizienzsteigerung auch schleichenden Verlust mit sich bringen:* Wer z.B. in der Webservice- und Google-Welt erst vor kurzem groß geworden ist, könnte den Ratschlag eines erfahrenen IT-Betriebsmannes bitter nötig haben.

Den Reifegrad der Industrialisierung hat das Gebiet der Softwaretechnik heute nur in kleinen oder speziellen Teilbereichen erreicht. Große Teile der heute real gefertigten Software sind gutes Kunsthandwerk, ohne dass dies den Beteiligten in diesem Sinne bewusst wäre. Gar nicht so wenige Softwareprojekte bezeichnen sich selbst mit dem Ordnungsbegriff der „Entwicklung“, obwohl sie ontologisch wohl präziser unter „Forschung und Entwicklung“ anzusiedeln wären. Es besteht heute nach wie vor zu Beginn von vielen Projekten keine Klarheit darüber,

- ob die reale Machbarkeit des Projektzieles überhaupt gewährleistet ist,
- was am Entwicklungsende als Funktionalität vorliegen soll und was nicht,
- ob der vorliegende Ressourcenrahmen für das angedachte Projekt reicht.

Eine „reife“ Disziplin hat für 80% der Aufgaben Standardlösungen und Produkte, für weitere 18% gesicherte Verfahren oder geeignete Fachleute und Spezialisten und für gerade 2% der Aufgabenstellung ist echte Innovation, Erfindung, Forschung erforderlich. In der Softwarebranche sind diese Größen noch umgekehrt gelagert. Je nach Teilgebiet der Softwaretechnik dürfte das Verhältnis bei größeren Aufgabenstellungen bei folgenden Anteilen liegen:

- 10% der Software-Aufgabenstellungen sind Standardlösungen.
- 35% sind mit gesicherten Verfahren und verfügbaren Spezialisten etablierbar.
- 55% der Aufgabenstellungen beinhalten relevante Elemente an Innovation und Experiment.

Dabei sollte man den Begriff der Innovation in Bezug auf Softwaresysteme nicht nur streng technisch sehen: Auch die kluge Neuordnung von Abläufen in einem Betrieb ist aus der Sicht der Softwaretechnik eine „Erfindung“, die oft „von unten“ durch neue Möglichkeiten der Softwareentwicklung vorangetrieben wird.

Die oft zitierte „Softwarekrise“ ist somit nur scheinbar eine Krise. Falsch ist hier lediglich die Annahme, dass der Reifegrad der Disziplin die Bezeichnung *industrialisierte Ingenieurdisziplin* schon umfassend verdient. Es mangelt in Summe gesehen an Erfahrung, Ausbildung, Personal und industrieller Verfügbarkeit. Es fehlen (noch) feste Pfeiler der Disziplin Softwaretechnik, die die Eigenschaften ihrer Systeme wie Planbarkeit, Abschätzbarkeit, Kontrollierbarkeit, Wiederholbarkeit in ausreichendem Ausmaß zuverlässig definierbar machen. Die Softwarekrise liegt somit auch in verklärender Wahrnehmung oder überhöhter Erwartung des fachunerfahrenen Managements. Mit Unterstützung eines kurzsichtig agierenden IT-Vertriebes.

Faktum ist, dass mehr als 65% der real im Einsatz befindlichen Software aus der Sicht des qualifizierten Ingenieurs heute in einem „erbärmlichen“ Zustand sind. Diese Software ist schwer zu ändern. Sie ist technisch schlecht dokumentiert. Die Entwicklungsdokumente – sofern noch vorhanden – sind nicht konsistent oder unvollständig. Die Abhängigkeit der Funktion der Software von den Personen, die die Entwicklung durchgeführt haben, ist groß. Diese 65% sind aus technischer Sicht verschrobene Bastelei, keineswegs gutes Handwerk und schon gar nicht sind sie als Ingenieurtechnik oder Ingenieurkunst zu bezeichnen. – Es sind mehr oder weniger „geniale“ Lösungen mit schicksalsartigem Lebenszyklus. Das ist empirische Evidenz, für die es gute Gründe gibt, nicht etwa eine Polemik gegen die Handelnden. Alle Pragmatik beginnt mit Erkennen.

Diesen Realzustand schrittweise und angemessen zu verändern, sehr geehrte Leser, ist unsere gemeinsame große Aufgabe! Überall, wo wir als Softwaretechniker an der Ablöse, Planung, Erstellung, Einführung und Verbesserung von Software arbeiten. Überall, wo wir als Softwaretechniker lehren und junge Ingenieure oder Projektleiter heranziehen.

2.2 Industrielle Konsequenzen aus dem Reifegrad

Maschinenbau, Elektroindustrie, Bauwirtschaft sind industrialisierte Disziplinen. Wenn Sie einen Küchenmixer oder einen PKW kaufen, dann funktionieren diese in der Regel recht gut. Wenn Sie ein Haus bauen lassen, dann tut es seinen bezahlten Dienst. Natürlich gibt es da und dort Probleme, aber das Auto fährt und das Haus ist bewohnbar. Die Kosten sind dabei jeweils entweder fix oder sie bewegen sich in einem klar abschätzbaren Rahmen. Wenn etwas kaputtgeht oder nicht funktioniert, dann gibt es etablierte und verlässliche Verfahren, wie man Ersatz beschafft, Wartung vollzieht, Schaden bewertet und ersetzt.

Das ist das Ergebnis etablierter Ingenieurtechnik, geeigneter Gesetzgebung und geübter Rechtssprechung. Es gibt Konstruktionspläne, erfahrene Ingenieure, lehr- und lernbares Know-how, eine verlässliche und verfügbare Technologie, normierte Einzelteile, Standardleistungsverzeichnisse für verschiedene Systemtypen, ein anerkanntes Gewerbe und eine stabile Industrie. Dies alles sind Voraussetzungen, die nebst gebräuchlicher Teilkomponenten, erforderlichem Personal oder einer konkurrierenden Lieferantenwirtschaft für den Käufer oder Konsumenten einen Zustand relativ hoher Verlässlichkeit und relativ geringer Abhängigkeit bewirken.

In der Softwaretechnik wären solche Bedingungen als kleines Wunder zu bezeichnen. Ein konkretes Beispiel: Der Bau eines Krankenhauses ist eine aufwändige Sache. Wenn die Anzahl der Betten und die Art der Spezialisierung festgelegt sind, dann wird je nach Region in der Welt der Zielpreis für das schlüsselfertige Gebäude samt medizinischer Einrichtung in einer Bandbreite von maximal 30%, im ganz schwierigen Umfeld bei unterschiedlicher Risikobewertung um 50% schwanken. Die analoge IT und IT-Infrastruktur für das Krankenhaus könnte ohne besonders negative Umstände durchaus in einer Schwankungsbreite von 300% vorliegen, weil

- verschiedene Varianten der Etablierung (z.B. Make/Buy-Mix) verschiedene Kostenwirkungen zu unterschiedlichen Zeitpunkten haben,
- umgebende Systeme unterschiedliche Migrations- und Integrationsaufwände verursachen, die oft schwer a priori schätzbar sind und für die Lieferanten jeweils sehr unterschiedliche Aufwände erzeugen können,
- innerhalb der liefernden Industrie sehr unterschiedliche Produkte und Gewinnmodelle existieren, deren Effekte auf verschiedene Kunden völlig unterschiedliche Wirkung haben (ein Lieferant verschenkt seine Software mit dem persönlichen Gesundheitsakt, weil er kein Krankenhausinformationssystem (KIS) hat; der Kunde bemerkt erst spät, dass der Akt nur 30% seines KIS-Bedarfs abdeckt),
- verschiedene Ausprägungen des konkreten Betriebes (z.B. Outsourcing) zu fast unvergleichbaren Varianten führen können, deren Folgewirkung und -kosten weit über die klassische reine Entwicklung hinausgehen (Outsourcing der IT könnte für das Spital kurzfristig sehr nützlich sein, langfristig die Neueinführung von Systemen aufwändig machen).

Diese extrem hohe Bandbreite macht die Softwarebranche für alle Beteiligten einerseits interessant, andererseits bedeutet sie natürlich auch ein wirtschaftliches Risiko. Ihre Investition in die Entwicklung heute könnte morgen vom Mitbewerber um ein Drittel sogar besser etabliert werden.

Ursache Dynamik der Informationstechnik: Nun gibt es im Gegensatz zur vorangehenden, beinahe pessimistischen Ausführung bereits doch vieles in der Softwaretechnik, was eine etablierte Ingenieurdisziplin ausmacht: gute Werkzeuge, viele Methoden und Vorgehensweisen, eine relativ klare und stabile Basis in bestimmten Trägerbereichen (Prozessor-Hardware, Betriebssysteme, Protokolle, Netzwerke). Teile des Puzzles „Ingenieur- oder Industriedisziplin Softwaretechnik“ existieren. Das Zielbild selbst, ja sogar die Anzahl der Elemente dieses Zielbildes, ist jedoch heute tatsächlich noch unbekannt. Zu prognostizieren, wie lange der Stabilisierungsprozess noch dauert, ist ein eher nutzloses Unterfangen. Weitere Technologiesprünge wie früher vom Mainframe zum Personal Computer, vom Festnetztelefon zum mobilen Device, von der Inhouse-Applikation zum ubiquoten Websystem stehen uns sicherlich noch bevor und werden dazu beitragen, die vorliegende Dynamik und Unberechenbarkeit noch einige Zeit zu erhalten. Konstant und erwartungstreu ist hier nur der laufende Wechsel selbst.

In den letzten 20 Jahren wurden die wesentlichen Entwicklungsparadigmen (Programmiersprachen, Methoden, Art der gebauten Systeme) alle sieben bis zehn Jahre abgelöst bzw. durch neue ergänzt. Glaubte man Mitte der 80er Jahre vornehmlich an die Bedeutung der hohen abstrakten Qualität einer Programmiersprache („Programmieren Sie nicht in Assembler, BASIC oder COBOL, sondern in PASCAL oder SMALLTALK!"), so war dies Mitte der 90er Jahre industriell einfach kein Thema mehr. Glaubte man Anfang der 90er Jahre, mit der Standardisierung und Zertifizierung von Vorgehensweisen nach der Art ISO 900x eine Lösung der „Methodenabstinenz" in der Praxis gefunden zu haben, so kehrte gerade gegen Ende des Jahrhunderts das alte, gut bekannte „Kick and Rush"-Syndrom der Softwaretechnik zurück.

„Kick and Rush" (Schießen und Stürmen) bedeutet, rasch schnellen Erfolg ohne soliden Aufbau zu suchen. Es basiert auf der Illusion, dass eine neue Technologie gerade „unglaubliche Vorteile bringt", so dass jeder Entwickler, der sie zur Sicherung des Erfolges eines Unternehmens einsetzt, „tun und lassen kann, was und wie er will", solange die Ergebnisse nur schnell genug sichtbar werden. Es wird dabei der technologische Notstand ausgerufen und alle Strategie über Bord geworfen. Ein Management-Irrtum, der sich alle zehn Jahre zu wiederholen scheint. Berge an internetbasierter Software wurden vor zehn Jahren von kleinen einschlägig technologisch qualifizierten Teams produziert, die sich fast durchwegs keinerlei Methodik unterwerfen mussten. Mit jedem Technologiesprung oder -wechsel tritt dieser Seiteneffekt offenbar von neuem auf.

Damit wir (Leser und Autor) uns richtig verstehen. Nichts in der Softwaretechnik gilt absolut. Alles hat eine duale Seite. Zu jeder Best Practice gibt es ein Szenario, in dem das Gegenteil korrekt ist. Kontrollierter Kick and Rush ist manchmal genau die richtige Methode, wenn es darum geht, rasch einen Prototypen oder Piloten zu einem System zu erstellen. Eine Anwendung zu einem definierten Zweck. Das Desaster nimmt erst dann seinen Lauf, wenn die Ausnahme zur Regel, zur geübten, dauerhaften Vorgehensweise wird.

Ursache Mangel an Kostenwahrheit und IT-Strategie: Management-Irrtümer in der Softwaretechnik werden uns noch einige Zeit lang begleiten. Was gegen Ende des ersten Jahrzehnts des neuen Jahrtausends gerade die Wurzel des nächsten „Kardinalfehlers" darstellen wird, ist vorab nicht einschätzbar. Sichtbar ist z.B., dass das Thema der Interoperabilität zwischen verschiedenen Softwaresystemen sowohl inner- als auch zwischenbetrieblich extrem bedeutend geworden ist, so dass wir Softwareingenieure zwar einen Schritt besser geworden sind bei der Beherrschung des Einzelsystems, das wir neu entwickeln, aber unter Garantie auch heute schon wieder das „Y2K"-Problem (Year-2000-Systemwartungsproblem, das 20 bis 30 Jahre vorher durch Nichtbeachtung der Überlebensdauer von Software über die Jahrtausendgrenze verursacht wurde) für das Jahr 2030 etablieren – ohne Vorsatz mit durchaus gutem Wissen und Gewissen.

Mit viel Geld widmen sich die Unternehmen heute der Aufgabenstellung dieser Integration. Wie wirksam und nachhaltig sei an dieser Stelle nicht endgültig bewertet: Eine zufriedenstellende, angemessene Lösung des Themas Softwaremanagement kann es nur im Rahmen einer gesamten IT-Strategie für ein Unternehmen geben. IT-Strategien, die planerisch und operativ gleichwertig vorliegen, sind heute sehr selten. Viele große Institutionen, Unternehmen oder Staaten verfolgen keine derartige Strategie. Die darin eingebetteten Softwaresysteme sehen daher einem unsicheren Schicksal entgegen. Sind sie gut und stark genug, bestimmen sie die Strategie. Genauso gut möglich ist ein Szenario der aufwändigen und teuren Ablöse eines Systems, wenn die IT-Strategie eines Tages in eine divergierende Richtung weist.

Die Berechnung der Gesamtkosten eines Systems über die Wartung bis hin zur Migration in ein Neusystem oder der gezielten, kontrollierten Abschaltung ist nach wie vor selten. Kostenwahrheit wäre wichtig für die Gedächtnis- und Evidenzbildung, für Sanktion und Selektion. IT-Controlling und IT-Strategie sind Fächer, die langsam auch industriell zu greifen beginnen. Es ist daher über einen Zeitraum von 10 bis 15 Jahren damit zu rechnen, dass mehr Kostenwahrheit in die Informations- und Softwaretechnik einzieht. Die Kostenwahrheit hilft der Authentizität der Projekte und Pläne, die Authentizität hilft den effektiveren Ingenieuren, effektivere Ingenieure schreiben solidere Software.

Wie bereits früher angemerkt: keine wirkliche Krise der Softwaretechnik weit und breit, nur Wachstumsschmerzen. Durchwachsenes Ingenieurwesen braucht Zeit, um sich zu entwickeln, zu entfalten und zu verbreiten. Langsam und schrittweise werden die Konsulenten qualifizierter, die Konsumenten mündiger, die Programmierer umsichtiger, die Projektleiter erfahrener, die Spezialisten identifizierbarer, die Firmenleiter vorsichtiger und aufmerksamer gegenüber der Technik, die Bandbreiten der Kostenschätzungen werden kleiner und die durchschnittlichen Wahrscheinlichkeiten für das Gelingen eines Projektes größer.

Zu viel Software wird in großen Häusern heute noch gebaut, nicht fertig gestellt oder nie zum Einsatz gebracht. Ohne jeden sonstigen Nutzen. So etwas kommt eben vor in einer Disziplin, in der man – um es mit dem Bauwesen zu vergleichen – heute eine Baugrube in Handarbeit mit Schaufeln aushebt und zwei Jahre später ein Bagger mit 3 Kubikmetern pro Schaufelfüllung zur Verfügung steht oder eine Technologie erfunden wurde, die gar keine Baugrube mehr braucht. Der Strom an Innovationen in der Informationstechnik war bisher unaufhörlich. Solange das anhält, bleibt das vorliegende Gebiet einfach spannend und allzeit bereit für Überraschungen.

Gerade dieser stete Wandel macht für jeden jungen oder schon etablierten Ingenieur das Mitwirken und Mitgestalten in der Softwaretechnik so besonders spannend. Die Ansprüche an gute Lösungen sind hoch, hoch sind aber ebenso die Dynamik des Gebietes sowie Freude, Ansehen und Erfüllung, wenn eine schöne Lösung gelingt.

Angemessenheit von Methoden der Softwaretechnik: Lange Jahre (1980 bis Ende des Jahrhunderts) hat sich die wissenschaftliche Gemeinschaft der Informatik damit begnügt, der industriellen Softwaretechnik ein hohes Maß an Methodenlosigkeit zu attestieren. Dies sei die Ursache für den mangelhaften Zustand der Software in der industriellen Praxis. Mittlerweile sind diese Stimmen fast verstummt. Mehr Demut ist angesagt. Mehr Beobachtung, was erfolgreiche Projekte tun und nicht tun, weniger Bevormundung durch die akademische Kanzel. Die Wissenschaft beginnt zu verstehen, dass das, was im Kleinen funktioniert, nicht automatisch im Großen tragend ist und dass das, was im Großen notwendig und angemessen ist, im Kleinen oft nicht wirtschaftlich ist. Methoden an die Gegebenheiten und die Projektklasse anzupassen, ist weniger aufsehenerregend, als neue Methoden vorzuschlagen. Es wirkt jedoch und wird von der Industrie dankend angenommen.

Keine Methode, kein Verfahren ist überall gut und angemessen. Umgekehrt ist kein Projekt so verwegen, dass es sich um Compliance und Methoden nicht kümmern müsste. Softwaresystemklassen sind von den Wissenschaften zu bilden und Aussagen sind spezifisch zu machen. Bei einer Kraftwerkssteuerung oder eine Verkehrsregelung wird z.B. der formalen Spezifikation und Verifikation sowie der Art und Intensität der Testverfahren mehr Bedeutung zuzumessen sein. Bei einem landesweiten Gesundheitsgroßprojekt werden z.B. die Bereiche Projektmarketing, Risikomanagement, Requirements-Engineering, Prozessmodell oder die Phase Installation/Rollout besondere, ganzheitliche Vorgehensweisen erfordern.

Bei deutlich größeren Projekten (>100 Millionen Euro, z.B. umfassende Softwareumstellung einer Großbank, Einführung einer gesamtstaatlichen IT-Infrastruktur, Softwarekonzertierung eines großen Premium-Autoherstellers) tritt ein Effekt der „Versonderstellung" ein. Hier spielt dann die reine Softwaretechnik überraschenderweise eine „unbedeutendere" Rolle im Verhältnis zum Thema Risikomanagement für das Gesamtprojekt. In der Regel handelt es sich dabei um Spezial- und Sonderfälle, die nicht konventionell gelöst werden können und sollten. Führende Softwaretechniker sollten darauf verweisen, dass solche Aufgaben immer starke Alleinstellungsmerkmale haben, die letztlich nur über geeignete erfahrene Persönlichkeiten bzw. Teams solcher Umsetzungsexperten zum Erfolg geführt werden.

Auch ein sehr guter Autorennfahrer kann nicht ohne Schulung und Training ein Flugzeug fliegen, auch wenn er es rascher lernen kann als normale Fahrer. Projektführung in mittleren Projekten ist keine ausreichende Vorbereitung für Projekte, die um den Faktor 10 größer sind. Für solche sehr großen Projekte braucht man ganz besondere Profile an Fachleuten, Innovatoren, Promotoren und zugehörigen Selektionsmechanismen, die wiederum ihre jeweils ganz eigenen Verfahren haben, wie sie Wirkung erzielen. Softwaretechnik ist den Meistern sehr großer Projekte nur Mittel zum Zweck. Der Risikobereich liegt hier oft „oberhalb" oder „jenseits" der reinen Technik. Softwaretechnik wird dabei selbst zum Werkzeug, das man anwendet, wenn es passt oder zur Seite legt, wenn es nicht passt.

Falsch, mechanistisch oder stur ein- und durchgesetzt kann ordentliche Softwaretechnik sogar zum Misserfolg führen, weil wesentliche Ressourcen gut begründet zur falschen Zeit in die falschen Details wandern. Abstimmung und Abwägung sind im realen Großprojekt alles, Übertreibung und Ignoranz nichts. – Für die Fähigkeit, die erste Mondlandung zu planen und durchzuführen, gibt es kein Rezept, Pionierleistungen kann man in einem Lehrbuch methodisch einfach nicht fassen.

Mode und das mögliche Schicksal einer Methode: Im Software Engineering und in jenen übergeordneten Instanzen (z.B. Projektmanagement, Risikomanagement, IT-Controlling, IT-Strategie, Unternehmensleitung), die sich ihrer bedienen, gibt es Moden, industrielle und wissenschaftliche. Manches, das als Hype gepriesen wird, verschwindet rasch wieder von der Bildfläche. Manches stellt sich erst nach einiger Zeit als minder wirksam heraus. Und manches überlebt und verbleibt als akzeptierter Fachgegenstand. Ein kurzer Blick zurück in die Informatikgeschichte der 90er Jahre kann da recht lehrreich sein. Wir würden z.B. Business Process Reengineering (BPR) oder das Computer Aided Software Engineering (CASE) zu den kurzfristigen, industriell recht wirkungslosen Modebegriffen zählen und die Objektorientierung (OO) zur damaligen wissenschaftlichen Mode, aus der ein (technologischer) Trend geworden ist. – Aber halt! Selbst diese scheinbare Erfolgsstory OO gibt uns weiter unten noch einmal Anlass zu genauerer Reflexion.

BPR war/ist ein Mittel auf der Ebene der Unternehmensorganisation. CASE war ein Mittel auf der Ebene der Organisation von Softwaretechnik, die Objektorientierung ist ein softwaretechnisches Paradigma mit den Schwerpunkten Implementierung und Modellierung, sie liegt und wirkt somit auf einer technologischen Ebene. *Drei Verfahren*, jeweils auf völlig unterschiedlichen Ebenen wirksam. Mit durchwachsenem Schicksal:

OO wurde im Sinne von „Alles im System und Projekt ist Softwaretechnologie" von den Methodikern und Informatikern forciert. Systemtopologien und Code-Klassen machen aber nur einen kleinen Teil eines guten Softwareprojektes aus. *CASE* wurde entsprechend dem Glauben „Alles liegt in der Einheitlichkeit der Phasen und Dokumente" um hohe Lizenz- und Schulungskosten in großen Unternehmen etabliert. Die Geschwindigkeit des technologischen Wandels sowie der Aufwand, CASE in einem Unternehmen umfassend einzuführen, brachten den Ansatz schließlich zurück auf den Boden der Realität. Die Vision, damit alle Phasen der Softwaretechnik solide zu vereinigen, ist – allen Versprechen und Produktverkäufen zum Trotz – nie wirklich realisiert worden.

BPR schließlich ist als Ansatz der unternehmerischen Prozessmodellierung niemals angekommen in der Softwaretechnik. BPR-Modellierungen führten sehr selten zu Softwaresystemen, die den Modellen entsprechen. BPR ignorierte darüber hinaus als Ansatz die Tatsache, dass die Art des Realisierungswerkzeuges nicht beliebig ist und dass neue Systeme allein Top-Down geplant ein großes Potenzial an innerbetrieblicher Innovation nicht nutzen. Gute Softwaretechnik, basierend auf einer profunden Analyse von Usern, Use-Cases und Umfeld, leistet ja aus Unternehmenssicht u.a. den stillen Transfer des Systematisierungswissens der Mitarbeiterinnen und Mitarbeiter nach oben (bottom-up) bzw. die betriebliche Verbreitung derartiger Innovationen. Neue Softwaresysteme in einem Betrieb bedeuten automatisch Schulung und Reorganisation der Mitarbeiter. Die Einführung eines neuen Softwaresystems ist immer auch

BPR. BPR ohne Softwaresystem, das den Plan ins Unternehmen trägt, kommt beim R, dem Reengineering, selten an.

Alle drei Beispielkonzepte (BPR, OO, CASE) wurden damals von unterschiedlichen Proponenten als relevante *Lösungsverfahren* für softwaretechnische Probleme und Ziele genannt und gefördert. Zumindest hatten Manager und Softwaretechniker zu dieser Zeit zu entscheiden, ob sie „auf dieses Pferd setzen“ oder „etwas versäumen“, wenn sie den Kelch an sich vorübergehen lassen. Der werte Leser sei angehalten, sich diese Beispiele im Laufe des Karriereweges zu merken. Er möge neugierig und skeptisch zugleich sein. Alle vorgelegten Konzepte haben Werte, doch Wundermittel sind sie keine. Das ist und bleibt eine weitere Konstante der Softwaretechnik.

Nichtsdestotrotz trugen die oben genannten Methoden einen wesentlichen Anteil zur Weiterentwicklung der Disziplin bei. Die Objektorientierung hat zwar ihr Grand-Design-Reuse-Versprechen nicht eingelöst, aber die Methoden zur Bildung von Code-Strukturen und Code-Qualität vor allem durch die Prinzipien des Information Hidings maßgeblich beeinflusst. BPR wiederum war ein wesentlicher Schritt in die Richtung der Prozessorientierung in der Softwareentwicklung. Analysten und Techniker wurden ein ganzes Stück näher zueinander gebracht und haben neue prozessorientierte Architekturen hervorgebracht. Und CASE? Dieser Ansatz hat den Grundstein zu modernen integrierten Entwicklungsumgebungen (IDE) und für die modellgetriebenen Methoden gelegt. Die Weiterentwicklung der Disziplin der Softwaretechnik wird eben auch durch idealistische Konzepte getragen, offenbar aber nur in inkrementeller Art und Weise. Hüten Sie sich daher vor Buzzwords. Hüten Sie sich aber auch davor, ihnen jede Wirkung abzusprechen.

Ein typisches aktuelles Industrie-Buzzword?? SOA! *Service-orientierte Architektur*, der Begriff geistert seit fünf Jahren durch industrielle IT-Zirkel und füllt im Moment viele große öffentliche Ausschreibungen. SOA wird als *Silver Bullet* dargestellt für das seit zehn Jahren immer dramatischer werdende Integrationsproblem (unterschiedliche Plattformen für Applikationen, Softwareentwicklung, Betrieb) in der IT großer Unternehmen. Wir haben SOA als ein Architekturkonzept im Rahmen dieses Buches aufgenommen und vorgestellt. Seien Sie gewiss, SOA ist ein schönes, relevantes Konzept, aber es liefert auch nichts umsonst, es ist aufwändig zum Leben zu erwecken, ersetzt keine Softwarestrategie und schon gar nicht gute Softwaretechniker.

„No Silver Bullet“ Reloaded: Was ist der Kern der Message hier? Warum gibt es kein Allheilmittel? Nun, größere softwaretechnische Aufgaben sind immer ein Amalgam aus Problemstellungen auf unterschiedlichen Ebenen: konkret technisch, technisch konzeptiv, strategisch technologisch, operativ managementartig, planerisch, logistisch, personell, kommunikativ, sozial, hierarchisch, projektpolitisch, unternehmenskulturell. Dieses Grundprinzip, dass sich Software praktisch nie aus dem Kontext reißen lässt, ist technisch-methodisch ärgerlich, aber ein Faktum. Es hat in der Praxis drastische Konsequenzen für Allheilmittel und flotte Business- oder Techno-Moden. Beispiele:

- Es nützt nichts, eine geniale Technologie einzuführen (Smalltalk als Programmiersprache in großen Unternehmen war historisch so ein Fall), wenn die Human Resources zur Umsetzung im Rahmen der Budgets am Markt langfristig nicht verfügbar sind oder der Basisaufwand bis zur nachhaltigen Etablierung nicht geleistet und investiert wird.
- Einen dauerhaften Richtungsstreit über die Funktion einer Software zwischen den zerstrittenen Stakeholdern einer Institution kann man mit der besten Technologie nicht lösen. Dafür gibt es Maßnahmen auf anderen Ebenen, für die Softwaretechniker in der Regel nicht ausgebildet sind.
- Eine bestimmte Entwicklungsplattform für die Eigenentwicklung eines Unternehmens auszuwählen, ist eine technische Entscheidung mit langfristigen Managementeffekten. Wie viele Unternehmen anerkennen denn heute schon das Erfordernis einer guten Softwarestrategie? Diese Frage endet zu oft schon mit der eher nebensächlichen Fragestellung Microsoft oder Open Source ...
- SAP (hier als Beispiel für große Standardsoftware) als umfassenden Geschäftsfall-Prozessor in einem Konzern einzuführen, ist in der Regel eine Top-Level-Managemententscheidung mit drastischen langfristigen Auswirkungen auf die Beweglichkeit in relevanten technologischen Bereichen. Was den Vorstand formal gut entlastet, ist noch lange keine angemessene Strategie für den wirklichen Bedarf des Unternehmens. SAP an der richtigen Stelle, angemessen eingeführt, wirkt. Ohne gute Zieljustierung kann es zum finanziellen und operativen Risiko werden.
- Eine Softwareabteilung, deren Qualität ISO-zertifiziert ist, schreibt nicht zwangsläufig nützliche Software und wickelt damit noch lange nicht erfolgreich Projekte ab. Für die innere Qualität von Software sind solche Verfahren nach wie vor kein Indikator.
- Drei schöne technische Teillösungen, die heute Freude bereiten, sind morgen eine große Qual bei der Bereitstellung einer einheitlichen integrierten Entwicklungslandschaft. Eine Entwicklung von Software in Richtung der früher oder später jedenfalls notwendigen Ablöse und Migration ist heute nach wie vor eine Seltenheit.
- ...

Die obige Liste lässt sich beliebig verlängern. In einer Ebene eine Entscheidung zu fällen, hat Auswirkung in einer oder mehreren anderen, ein organisatorisches Problem lässt sich technologisch selten gut angehen – eher noch umgekehrt. Die beste und schönste Lösung kann von einem Tag zum nächsten hauspolitisch terminiert werden, wenn der Visionär und Promotor des Systems abhanden kommt.

Neue Schlagwörter kommen und gehen, *Extreme Programming* oder *Agile Methoden* sind z.B. moderne Verfahrensweisen der Entwicklungsorganisation, die sich derzeit bei jungen Softwaretechnikern großer Beliebtheit erfreuen, auch bei einem Teil der Subautoren im vorliegenden Buch. Als Senior in dem Gebiet darf ich hier orakeln, dass dieses Konzept

- ausgezeichneten Entwicklern die für sie nützliche Innovationsfreiheit erhält,
- gleichzeitig brauchbare Transparenz für das Management bereitstellt,
- nur bis zur Mezzo-Ebene eines großen Projektes anwendbar ist,
- in großen Projekten einen konventionellen Projektmanagementüberbau braucht,
- bei Gruppen von durchschnittlichen Developern nur mit Vorsicht einzusetzen ist.

Die alte Binsenweisheit in der Softwaretechnik, Fred Brooks *„There is no Silver Bullet"*, scheint auch eine Konstante zu bleiben. Es ergeht daher an alle Softwaretechniker die einfache, fast triviale Bitte, neue Trends aufzunehmen, ihre Vorzüge auszunutzen, aber sonst die Kirche im Dorf zu lassen. – Gute Softwaretechnik ist harte, ernsthafte und solide Arbeit. Komplexität verschwindet nicht irgendwohin, ihre Beherrschung bekommt man nie billig geschenkt. Gute Softwaretechnik ist nie einfach zu erzielen, sie entsteht in vielen kleinen Detailentscheidungen, die durchgängig mit hoher Qualität getroffen werden. – Keine leichte Aufgabenstellung für das Topmanagement eines Unternehmens, hier weise und solide vorzugehen, die richtigen Personalia sowie die richtige Strategie zu finden.

Allein, eine fitte, flexible und effektive Software-(Entwicklungs-)Landschaft liefert den meisten modernen Unternehmen heute ein unschlagbares strategisch-technologisches Moment. Wer seine Softwaretechnik und die darüberliegende IT im Griff hat, hat einen wesentlichen Konkurrenzvorteil. – Die Mühe wäre es daher schon wert, sich so einen dynamischen Business-Innovations-Motor in der Form von schlagkräftiger Softwaretechnik bereitzustellen.

War die OO etwa so eine Silberkugel? Nein, die Objektorientierung, als technologische Mode zum industriellen Trend geworden, ist bei genauer Analyse keine Errungenschaft mit extrem großer pragmatischer Durchschlagskraft. Im wissenschaftlichen Rückblick „ja", aus industrieller Sicht, „na ja". Wenig Wiederverwendung – ein Kernversprechen der OO – geht auf das Konto dieser Technologie. Je größer und vernetzter Softwaresysteme wurden, desto tiefer rutschte die OO als Mittel zur Lösung in der Bedeutungs- und Gewichtungsskala der Gesamtsystematik nach unten. Sie erlitt und erleidet das analoge Schicksal der Programmiersprachen in der Softwaretechnik: Was Mitte der 80er zu „Religionskriegen" zwischen Programmierern geführt hat (z.B. Pascal versus C, oder C++ versus Smalltalk), ist heute schlicht kein Thema mehr. Die Bedeutung und Rolle des reinen Codierens bei der Erstellung größerer Softwaresysteme ist nachhaltig geschrumpft. Gute Entwickler kümmert es wenig, in welchem (allerdings schon aktualisierten) Paradigma oder Framework sie ihr Reuse- oder Configuration-Programming vornehmen. Reines Programmieren sieht heute anders aus als vor 20 Jahren. Die Personen, die es beherrschen, haben andere Hintergründe und Erfahrungen. Die alten Streitigkeiten mussten nie entschieden werden, der Brenn- und Schweißpunkt der Softwaretechnik ist weitergewandert.

2.3 Softwaretechnik als Verfahren der Übersetzung, Entscheidung und Schlichtung zwischen unterschiedlichen Denkweisen

Gehen wir gemeinsam anhand von Fallbeispielen näher ins Detail, um zu sehen, warum Softwaretechnik oberflächlich einfacher zu sein scheint, als sie es tatsächlich ist. Es wird sich herausstellen, dass Softwaresystembau selten einfach sein kann. Lassen Sie mich beginnen mit einer Anekdote aus dem internationalen IT-Projektgeschäft. Ein lieber Projektpartner – vorzüglicher Techniker, Projektmanager und Bereichsverantwortlicher bei einem Deutschen IT-Security-Hersteller – hatte von folgender Projekterfahrung berichtet (danke Gregor).

Beispiel 2.1 **Erfahrungsbericht**

„Das Projekt in Taiwan ging schon seit mehreren Monaten nicht so recht voran. Die Geschäftsführung schickte mich nach Taipeh, weil ich etwas Erfahrung hatte, technisch fit bin sowie jung, kinderlos und reiselustig, neugierig war. Nach etwa 4 Wochen war ich nach einem Steuerungsmeeting wieder einmal so richtig angep... (technikúblicher Jargon). Alle redeten im Kreis, waren schrecklich höflich zueinander, aber kein wirkliches Problem wurde gelöst oder entschieden. Man redete aneinander vorbei. Irgendwie verstand ich nicht, ob ich nichts verstehe oder alle anderen einfach dämlich sind. Ich nahm mir einen 2-seitigen chinesischen Text aus einer Spezifikation eines Geschäftsfalles, der einfach und allgemein verständlich einen operativen Ablauf erklären sollte. Es handelte sich um ein Projekt, das jeden Taiwanesen mit einer ID-Karte ausstatten würde. Ich fragte meinen Zimmerkollegen, er möge mir übersetzen, was da steht. Dann ging ich zwei Zimmer weiter und fragte die Juristin, was da steht und ob sie es mir übersetzt. Dann ging ich im Bürogebäude unseres taiwanesischen Partners einen Stock höher in die Marketingabteilung und bat dort jemanden am Gang um Erläuterung.

Immer exakt derselbe Text. Zuletzt ging ich auf die Straße und fragte einen gut gekleideten Exekutiv, ob er für mich Zeit hätte. Es war ein gebildeter Bankfachmann. Er las und erläuterte gerne auf Englisch. – Am Ende hatte ich vier unterschiedliche Geschichten gehört. Nicht etwa leicht veränderte Geschichten, sondern in wesentlichen Punkten wirklich unterschiedliche Abläufe.

Als Reaktion bat ich meine Geschäftsleitung, beim Partner Englisch als Projektsprache zu erzwingen. Danach ging alles besser und wir kamen endlich voran. Ich kann nicht zu 100% sagen, dass die Problemlösung darin lag, dass wir (in Englisch waren wir Europäer sprachlich im Projekt im Vorteil) mehr Erfahrung hatten und besser führen konnten, aber es war schon offensichtlich, dass chinesisch zu blumig für die Präzisierung des genannten Sachverhaltes war, sodass die Menge der Interpretationen zum großen Hindernis wurde."

Wir wollen hier mit dem Schwank keine linguistischen Diskussionen verursachen, es geht um die tiefere Lehre der Geschichte: In Softwareprojekten sprechen wir alle Chinesisch miteinander! Und müssen uns bemühen eine andere gemeinsame Sprache zu finden, die präziser ist und Missverständnisse vermeidet. Warum? Das Bauen von Softwaresystemen ist ein einziger großer Übersetzungsvorgang von der Denk- und Interessenswelt der Auftraggeber (Leitung, Anwender, Fachexperten) und deren Umfeld (Rechtsrahmen, Branche, Konkurrenz) hin zu den Softwareentwicklern und wieder retour. Der Anwender denkt etwas, formuliert etwas, erzählt es dem Techniker. Der Techniker versteht es, baut ein System nach diesem Verständnis und liefert es an den Anwender, der es dann (hoffentlich) versteht und verwenden kann.

Aus der Sicht der *Kommunikationstheorie* ist das ein komplexes Problem, das letztlich nur eine wirkliche Lösung hat, die in der Paartherapie Anwendung findet: Erkläre deinem Partner so lange, welche Probleme er mit dir hat, bis er vollauf zustimmt und sich verstanden fühlt. In die Softwaretechnik übersetzt heißt das: Der Softwareentwickler programmiert dem Anwender so lange, was er gemeint hat, bis dieser sagt, ja! das wollte ich. – Soweit die Theorie ...

In der Praxis großer Systeme gibt es naturgemäß andere Verfahren, aber dem Prozess des Eindringens in die Materie, des Verstehens, des Modellierens, des Allumfassens, über die Zeit Weiterdenkens, der Antizipation dessen, woran der Kunde (heute) noch nicht denkt, kommt große Bedeutung zu. Darin besteht ein großer Teil der Komplexität. Komplexität ist dabei nicht nur fachlich-funktional, sie ist in hohem Maß auch kommunikativ sehr fordernd. Fachliche Dinge kann man objektivieren und versachlichen, Kommunikation, Interpretation und Interessensbildung kann man „nur" zähmen.

▶Abbildung 2.1 stellt diese Kommunikations- und Interessenskomplexität, die jedem Softwaresystem innewohnt, in Form einer Karikatur dar. Zum Zwecke der Erläuterung deklinieren wir die einzelnen Bilder von links nach rechts durch. Dem Cartoon unterliegt eine fiktive Aufgabenstellung: *Der Auftraggeber wünscht sich eine originelle Schaukel im eigenen Garten, die etwas anders ist, als die des Nachbarn, sicheres Material verwendet, den Kindern Spaß macht und wirklich robust ist.*

Cartoon Kunde – Fragmente, aber kein System: Der Kunde hat keine geschlossene Vorstellung, wie seine Wünsche in ein System zu integrieren sind. Er will, dass es den Kindern gut geht, dass sie sich freuen, Spaß haben und stolz auf den Papa sind. Manchmal sind es drei Kinder, die miteinander spielen. Die sollen sich nicht streiten, vielleicht lässt sich etwas machen, dass mehr als einer gleichzeitig schaukeln kann, ohne sich weh zu tun. Kein Chaos, eine ordentliche Schaukel, aber Sie wissen ... Objektiv übersetzt würde dabei wohl etwas Unbrauchbares herauskommen. Es braucht Gespür seitens des Auftragnehmers. – Der Kunde ist typisch, normal. Kein „dummer Kunde". Wenig Zeit. Qualifiziert.

Der Kunde ist natürlich nicht erfahren in der Komposition seiner Wünsche. Er ist kein Schaukelspezialist! Er hat eine Reihe von Vorgängen im Kopf. Ihr innerer Zusammenhang ist nicht Gegenstand seiner Expertise. Er hat Wünsche und Ziele und einzelne Geschäftsfälle und Fragmente im Kopf. Das ist einer der Gründe, warum der Auftraggeber selten selbst eine Spezifikation, ein Analysedokument, eine textuelle Darstellung für den Softwaretechnikprozess erstellen kann. Er ist Experte für die *Verwendung* eines Systems, er hat aber im Normalfall überhaupt keine Übung darin, ein vollständiges Dokument im Sinne eines Fachkonzeptes zu fertigen, das Entwicklern als Basis dienen kann.

Gute Analyse muss man lernen und erfahren. Ein guter Analytiker lernt durch gute und schlechte Erfahrung, was für seine Softwaretechnikkollegen als Anforderungssammlung taugt und was nicht. Der Kunde ist kein Analytiker. Gute Analytiker wissen das, nehmen die Konzepte des Kunden als Teil mit, machen aber jedenfalls ein Expertenkonzept. Natürlich gibt es Ausnahmen. Zum Beispiel hatte der Stadtamtsdirektor im Projekt Stadt21 (siehe Kapitel 3) eine extrem klare Vorstellung von seinem Zielsystem und sehr planerische betriebswirtschaftliche Konzepte im Kopf. Seine Diagramme und Niederschriften konnten eins zu eins in das Fachkonzept des Systems übernommen werden.

Abbildung 2.1: Über die Jahre weiterentwickelter Cartoon, der in überzeichnender Persiflage darstellt, dass Sichtweisen, Kommunikationsmuster und Interessen der Beteiligten im Softwareentwicklungsprozess sehr unterschiedlich sind. (Leider ist der Urheber nicht mehr identifizierbar. An dieser Stelle herzlichen Dank im Namen aller Lehrenden. Kompakter und trefflicher kann man typische Verhaltensmuster der Rollen nicht darstellen.)

Cartoon Projektleiter – Sicher, aber nicht funktional: Jeder Projektleiter hat Vorerfahrung. Positive und negative Erfahrungen in seinem beruflichen Werdegang als Entwickler oder Manager. Oft hat er schon vom Top-Management viel Druck bekommen, wenn er im Sinne des Projektes, des Kunden, seiner Projektmitarbeiter ein persönliches Risiko auf sich genommen hat. In einem kurz zurückliegenden Projekt mag er hier ein Haftungsproblem verursacht haben, das ihn beinahe seine Position gekostet hätte. Überhaupt ist er vom Charakter her ein vorsichtiger Mann. Den Ausführungen des Kunden hat er gut zugehört, er weiß, seine Analytiker werden sich der Sache dann im Detail annehmen. Was er für sich mitgenommen hat, war Sicherheit, Sicherheit, Sicherheit! „Alle Last an einem Ast, dieses Risiko werden wir nicht eingehen. Ansonsten, Leute, eine ganz normale Schaukel!“. – Ein durchschnittlicher Projektleiter.

Projektleiter, die in kleineren Softwareunternehmen tätig sind, sind in der Regel mehr Eigenständigkeit gewöhnt und daher auch risikofreudiger. Projektleiter in stärker hierarchischen Großunternehmen haben oft gelernt, auf wirtschaftliche Aspekte mehr zu achten als auf die gute Lösung des Problems allein. Risiko, Haftung, Profit, mit dem vorhandenen Personal auskommen sind tägliche Mantras und werden ihm vom oberen Management eingebläut. Ein derartiger Projektleiter hat de facto drei „Kunden“: den wirklichen Kunden, seine eigenen Vorgesetzten und die Ziele des eigenen Unternehmens. Je „älter“ und „zentralistischer“ hier größere Systemhäuser sind, desto frustrierender kann diese Tätigkeit sein, gleich drei Unzufriedenheitsherde zu beruhigen: den unnachgiebigen Vorgesetzten, den grantigen Kunden und das unzufriedene Team, das trotz hoher Performanz wenig positive Reputation erntet.

Erfolgreiche Projektleiter machen in der Regel positiven Druck auf alle drei: Beim eigenen Top-Management holen Sie sich Ressourcen und Freiheiten für das eigene Team sowie Goodies, die den Kunden freuen. Sie holen vom Kunden das finanziell Angemessene heraus und erklären rechtzeitig, was er für sein Investment erwarten kann und was nicht. Sie motivieren das eigene Team zu guten Leistungen und zum Verstehen des Kunden. Ein guter, entspannter, erfahrener Projektleiter versteht den Kunden. Er denkt sicher nie an eine Schaukel, die zwar nicht runterfällt, aber nicht schaukelt.

Cartoon Analytiker – Vorgaben erfüllt, Ziel verfehlt: Die Tragödie nimmt ihren theatralischen Lauf: Der Projektleiter hat aus Ressourcengründen große Teile seiner Mitschrift zu einem ersten Konzept zusammengefasst und intern an einen seiner Analytiker weitergeleitet. Die entscheidende Person beim Kunden ging auf Geschäftsreise für einen Monat, der Analytiker hat den Kunden zwar einmal besucht, aber nur nett Kaffee getrunken und die Kinder gesehen. Die Kinder hat er genau untersucht. Er kennt ihr Alter, Gewicht, Größe, deren Freunde sowie ihr Psychogramm. Die strikten Vorgabe seines Projektleiters, der mit dem Entscheider beim Kunden als einziger gesprochen hat, nimmt er mit ins Konzept auf und eliminiert die offensichtlichen Schwächen: „Wenn es daher – warum auch immer, der Kunde ist König – Bedingung ist, dass auf jedem Ast eine Aufhängung sitzen soll, dann müssen wir am Baum etwas tun, damit das System auch wirklich schaukelt. Ist zwar etwas eigenartig, aber der Kunde will ja eine sehr originelle Schaukel.“

Natürlich ist das hier surreal übersteigert dargestellt. Dennoch, der beschriebene Effekt ist vom Prinzip her real und empirisch evident. Softwareprojekte haben oft „heilige Kühe", die das Gesamtdesign kompliziert und eigenartig machen. Ist die Kuh heilig genug, dann bestimmt ihre Pflege das gesamte Projekt. Gar nicht so selten wäre das Problem beseitigbar, wenn man am Pfad seiner Entstehung entlang, Konsequenz und Alternativen nach oben ins Management tragen könnte. Ein Softwaresystem besteht oft aus mehreren 10.000 Einzelentscheidungen. Da hat nicht immer jeder alles in Übersicht und in Evidenz und nicht jeder Entscheider ist laufend im Bilde, was gerade im Detail gemacht wird. – Der Start eines der größten IT-Projekte in Europa wäre beinahe an der Frage gescheitert, ob Gesundheitsdaten auf der persönlichen Gesundheitskarte exklusiv gespeichert werden sollen oder nicht. Eine Interessensvertretung verband fälschlicherweise damit das eigene Versinken in die Bedeutungslosigkeit. Sachlich diskutierbar, emotional jedoch ausweglos verbunden mit der Zerschlagung der etablierten Abläufe und Wege.

Ein direktes Gespräch zwischen Eigentümer der Schaukel und Analytiker hätte genügt, um das Problem zu beseitigen. Ist ein Projekt groß genug, wird der Effekt der stillen Post wirksam. Menschen neigen dazu, aus den Dingen das herauszuhören, was ihrer Vorerfahrung entspricht. Vorerfahrungen, Annahmen, Erwartungen und nicht zuletzt emotionale Gewichtungen sind höchst unterschiedlich und begleiten jede Systemanalyse.

Cartoon Programmierer – Baum gerettet, Schaukel geerdet: Der Entwickler bekommt ein Analysedokument und eine mündliche Zusatzbeschreibung des Analytikers. Er kennt die Stärken und Schwächen seines Chefs, macht sich seinen eigenen Reim daraus. Eventuell ist die Anforderung, dass eine Schaukel für Kinder sein soll, etwas in den Hintergrund gerückt und das, was im Kopf des Programmierers landete, hört sich in etwa so an: „Es soll ausschauen wie eine typische Kinderschaukel, vor allem sehr, sehr sicher fixiert werden. Die Lösung mit dem Stamm ist eigenartig. Aber der Kunde will es so. Er hat wohl was Spezielles vor."

In der Praxis kommt es häufig vor, dass gute Developer Fehler der Analyse mit viel Hausverstand und mit der Erfahrung der Umsetzung kompensieren, ergänzen oder ausbessern. Eine zweite praktische Erfahrung deutet die Karikatur auch gut an: Systemnahe Programmierer neigen dazu, Usability nicht so ernst zu nehmen, und sehen beobachtbar ganz gerne den User als ein Problem. Das ist er natürlich manchmal wirklich. Nur kann man seiner Rolle nicht entfliehen: Softwaretechnik ist Dienst am User! – Das Brett hängt an den beiden Seilen. Die Seile sind am Baumstamm festgemacht. Wer will schaukeln? Was zählt, ist die Spezifikation.

Cartoon Berater ? Das Blaue vom Himmel ist für Sie gerade gut genug: Der an sich ehrenhafte und wichtige Beruf des Beraters ist in den letzten Jahren in der Öffentlichkeit (durch teure Beraterhonorare im Bereich der öffentlichen Hand) und bei IT-Leitern etwas in Verruf geraten. Das Gewerbe des erfahrenen Senior-Experten, der jene IT-Profile ergänzt, die für Unternehmen einfach zu teuer oder zu speziell wären, um sie als Dauerangestellte im Personal vorzusehen, ist ein wichtiger Teil des IT-Personal-Spektrums und in jeder Ingenieurbranche der wesentliche Kitt und Klebstoff zwischen verschiedenen Interessenwelten. Gute Berater lösen alle jene Probleme, die Angestellte in der Linienstruktur eines Unternehmens nicht lösen können oder nicht wollen, weil es für sie ein hohes Risiko bedeuten würde. Ein guter Berater ist Therapeut, Menschenfreund, Problemlöser, Enabler, Stratege, ein Wunder an Geduld. Ein Übermensch;-).

Durch das Bild mit Sofa verweist der Zeichner auf negative Erfahrungen mit wohl äußerst vertriebsorientierten Beratern. In Verkaufsgesprächen passiert es manchmal, dass dem Kunden eine Luxuslösung zum normalen Preis versprochen wird (was natürlich selten möglich ist). Erfahrenen Kunden fällt so etwas auf. Erfahrene Kunden arbeiten mit guten Beratern, unerfahrene mit sogenannten „Powerpoint"-Beratern. Was verstehen IT-Profis darunter? „Powerpoint"-Berater ist eine unter Insidern geläufige Kurzformel für jene Gruppe von Beratern, die unglaublich beeindruckende Folien und Vorträge bereitstellen, ohne die Erfahrung oder den Druck zu haben, das Thema dann auch umzusetzen. Zwischen dem frühen Powerpoint-Vortrag und der echten realen Umsetzung später liegen in einem Projekt oft 6, 18 oder gar 30 Monate. Da kann der Berater der Versuchung schon mal nicht widerstehen, das Wahrscheinliche zum Totsicheren zu erklären, das Mögliche zum Wahrscheinlichen und das absolute Wunder zur normalen Möglichkeit zu erheben.

Klar braucht es Visionen für große Projekte, nur hat sich über die wenigen Jahrzehnte der Informations- und Softwaretechnik auch eine Abart des Konsulenten herausgebildet, die „mit Glasperlen bei Naturbewohnern billigen Eindruck schindet". Zwei Arten von negativen Übertreibungen sind dabei nicht selten: das persönliche Folgebudget über den Kundennutzen stellen, die mittelfristige Machbarkeit mit einer zu optimistischen Kosten-Nutzen-Bewertung zu unterlegen. Manche große Beratungshäuser und die Beraterstäbe mancher großer IT-Häuser nutzen dabei das über Jahre aufgebaute gute Image ihrer Marken, um Abhängigkeit und Umsatz zu erzielen und nicht unbedingt Lösungen bereitzustellen. Zum Schaden der ganzen Branche.

Cartoon Dokumentation – Ein Schatten ihrer selbst: Man muss eine Zeitlang Softwaretechniker gewesen sein oder von Anfang an in einer Softwarewartungsumgebung angelernt worden sein, um am eigenen Leibe gespürt zu haben, was es bedeutet, wenn Code, Systemaufbau, Entwürfe oder andere Systemkonstrukte nicht ausreichend dokumentiert wurden oder inkonsistent sind. Beim eigenen Programm, das man alleine schreibt, ist es schon schlimm genug, wenn es sechs Monate später wieder angegriffen wird. Zwar findet sich so ein Solist in der Regel nach zwei Tagen wieder in den eigenen Strukturen zurecht, aber der Prozess selbst ist schon ein emotional schmerzhaftes Gefühl. Bei größeren Systemen ist mangelhafte Dokumentation deutlich fataler für den Gesamtzustand eines Softwaresystems. Durch die größere Anzahl an Personen wächst zuerst einmal die Möglichkeit des Miss- oder Nichtverstehens. Selbst gut dokumentierte Projekte hinterlassen eine ordentliche Menge an Einlese-Komplexität für neue Mitarbeiter. Ist wenig Dokumentation vorhanden, dann sind im günstigen Fall die Autoren und Hersteller des Systems noch verfügbar, dann kann man über Nachfrage und gemeinsame Diskussion das „Geheimnis lüften". Schlechte oder wenig Dokumentation hat ähnliche Effekte wie schlechte Führung eines Projektes. Effektivität und Funktionsdichte eines Systems sinken dann rascher ab.

Wenn über die Jahre dann auch noch die Entwickler das Unternehmen wechseln, tritt sehr rasch der Effekt der zunehmenden Unwartbarkeit des Systems ein. Man kann dann eventuell noch Konstanten identifizieren und lokalisieren (z.B. Steuersätze ändern oder Lohntabellen anpassen), aber sehr schwer grundlegende Ergänzungen vornehmen. Schlechte Dokumentation beschleunigt den Alterungsprozess von Software und erhöht die Komplexität in der Ablöse des Altsystems durch ein neues.

Es ist wie eine Art gesundheitlicher Langzeitschaden verursacht durch jahrlange schlechte Gewohnheit. Es fällt beim Tun zuerst nicht auf, wäre im Moment der Erstellung wenig aufwändig, es besser zu machen, und bewirkt unter Umständen doppelte Kosten bei der Sanierung. Das Beispiel HISS in Kapitel 3 löst ein derartiges, „zu Tode" gewartetes, in einem eskaliert desintegrierten Zustand vorliegendes Altsystem (Legacy-System) ab. Derartige Arbeiten könnte man beinahe schon als hochwertige Softwarearchäologie bezeichnen:

Fallstudie **HISS – Legacy System**

Nutzer sprachen mit den Entwicklern im Altsystem auf der Basis der „Vorgehensweise Zuruf". Der Entwickler implementierte den Wunsch. Über das Jahr waren dies 25 bis 30 Wünsche von drei Anwendern. Vier weitere Entwickler taten Ähnliches. Außer dem Code gab es – abgesehen von manchmal rekonstruierbaren E-Mails – keine Aufzeichnungen über den Vorgang. Stellen Sie sich vor, Sie sind in der unglücklichen Lage, beim Bau eines neuen Systems zu entscheiden, ob diese undokumentierten Implementierungsarbeiten (bei Annahme von 3 Tagen Durchschnitt pro Task sind das 150 mal 3 Tagesaufwände an Arbeiten) essenziell sind oder nicht. Nach industriellen Maßen bewertet und extern zugekauft würde allein die qualifizierte Rekonstruktion 200.000 bis 400.000 € kosten. Stellen Sie sich vor, die Vorgehensweise wurde über viele Jahre so geübt.

Klar, viele verwenden für solche Abläufe heute inzwischen schon Ticketing-Systeme, es bleiben derart wohl mehr Spuren aus solchen gewachsenen Strukturen übrig. Nur, glauben Sie, achtet man heute wirklich mehr darauf, was in sechs bis zehn Jahren mit dem Entwicklungsakt, der gerade jetzt passiert, geschehen wird? – Im konkreten Fall, „ja!" Im Allgemeinen, „Es wird besser."

Sie denken, dass so etwas nur im öffentlich-geschützten Umfeld einer Universität historisch geschehen konnte? Nun ja, der Autor könnte Ihnen von Hunderten von PL/1 Batch-Routinen erzählen, jeweils 150 bis 500 LoC lang, völlig undokumentiert, in den 80ern geschrieben, in der Nacht noch Jahrzehnte laufend aktiv. In einer sehr großen Bank. Gefertigt von umgeschulten Cobol-Programmierern mit hohem Bankfachverständnis, bar jedes Verständnisses der Parameterübergabe in Prozeduren, einem Paradigma, das Cobol damals nicht kannte. Der Leser kann sich schwer vorstellen, wie unverständlich und unwartbar so ein Code ist, wenn man nicht versteht, warum die

Lösung gar so kompliziert gemacht wurde. – Überlegt irgendwer heute, wer in zwanzig Jahren das heute entwickelte System wartet, ablöst, migriert? – Abreißen durch Sprengung geht in der IT nicht so einfach, im Altbau steckt oft wichtiges Wissen über die User, die Geschäftsfälle, die Kunden, das Unternehmen.

Das Problem ist nunmehr schon seit den 80ern in der Softwareindustrie bekannt. Nichtsdestotrotz sind gute 40–50% der in Europa in Betrieb befindlichen Nicht-Standard-Software (sehr optimistische und positive Schätzung) de facto unterdokumentiert und 75–85% nicht dahingehend optimiert, dass die Pflege durch Dritte bzw. die Ablöse durch ein Neusystem merkbar unterstützt wird. Das Entwicklungsparadigma *„Development for Relay“* hat heute noch kaum Anhänger, wird erst langsam zum Prinzip reifen.

Bleibt noch, den Antagonismus zum Mangel an Dokumentation anzusprechen: Natürlich kann man es auch übertreiben. Falsche und schlechte Dokumentation sowie Dokumentation, die höchstwahrscheinlich nie benötigt wird und viel Aufwand und Kosten verursacht, ist Alibi-Dokumentation und damit noch schlechter als keine Dokumentation. Wirtschaftlichkeit, Angemessenheit und Brauchbarkeit von Dokumentation sind von Projekt zu Projekt zweckmäßig anzupassen. Eine inhaltlich verlorene, aber vollständige Papierlage mag den Zertifizierer nach einem Standard zum Ausstellen des Zertifikats motivieren, den Rechenstift am Ende des Lebenszyklus wird das nicht im Geringsten beeindrucken.

Cartoon Installation – Gute Freunde, strenge Rechnung: Die Phase der Inbetriebnahme ist in der Softwaretechnik ein sehr entscheidender Abschnitt: Der Kunde oder Betreiber setzt das System erstmals in Gang. Historisch wird diese Phase ähnlich wenig beachtet wie Wartung und Entsorgung von Software. Wir haben diesem Thema im Kapitel 8 einen eigenen Abschnitt gewidmet. Während der Inbetriebnahme tritt nicht nur der Realtest ein, in der Regel trifft das Softwaresystem auf eine neue Betriebsumgebung, auf Personen, die vorher nicht beteiligt waren, auf andere Informationstechniker. Dabei treten häufig unerwartete oder unvorhersehbare Effekte auf. Es werden außerdem natürlich auch alle Defizite der Entwicklung sichtbar, die im Tunnelblick der Entwicklung niemandem aufgefallen sind. – Dann kann es passieren, dass Teile nicht geliefert oder fertig sind, dass wesentliche Systemteile weggelassen werden müssen (das Holz der Sitzbank, die vom Sublieferanten geliefert wurde, hatte einen Sprung und könnte unter Last brechen) oder zum Wunschtermin wesentliche Teile nicht fertig sind.

Noch schlimmer, nicht nur die geplante Zeit war nicht ausreichend, im Laufe der Entwicklung kam es zu einem Streit zwischen Auftraggeber und Auftragnehmer über die Kosten und der Lieferant liefert nur, was bezahlt wurde (siehe Abbildung 2.1). Eine Situation, die in der Softwaretechnik ein Lose-Lose-Szenario darstellt. Zu weich sind die Bausteine und zu fragil die Konstrukte, um im vertraglichen Infight über solche Probleme hinwegklettern zu können. Gute Partnerschaft ist alles in der jungen Disziplin Softwaretechnik. Schlechte Partnerschaft macht hier den Wohlmeinenden zur Geisel des anderen.

Bei größeren Projekten empfiehlt sich immer ein Pilot- und Testbetrieb *vor* der vollen Inbetriebnahme. Sehr große Projekte evolvieren sich von Ausbaustufe zu Ausbaustufe und eliminieren so schrittweise die Kinderkrankheiten und Wachstumsprobleme. Das Großprojekt *Deutsche Gesundheitstelematik* leistete sich z.B. gleich acht Testregionen. Letztere wären zwar rein technisch nicht unbedingt erforderlich gewesen, projektpolitisch und organisatorisch waren sie es jedoch allemal: Gesundheitspolitik ist in Deutschland historisch sehr föderal organisiert, ein Testbetrieb erhöht das Maß an Identifikation mit dem System deutlich, positive Identifikation der Proponenten aus Wirtschaft, Gesundheit, Medien und Politik ist ein zentraler, kritischer Systemwert und eine notwendige Bedingung für den Projekterfolg.

Die zweite, tiefere Weisheit im Installations-Comic besagt, dass ein allseits zufriedenstellendes Dreieck aus a) Wunsch & Auftrag, b) Schätzung & Kosten, c) Qualität & Resultat sehr schwer errichtbar ist. Dafür gibt es letztlich nur ein wirksames Mittel: gute, erfahrene Fachleute und Lieferanten in realer Performanceblüte. Manche große IT-Firmen haben ihrem Ruf dadurch geschadet, dass sie in Summe gerade noch erfüllende Standardleistungen im Stammprojekt zu Kampfpreisen realisieren und jede Erweiterung zu teuren Wartungs- und Dienstleistungssätzen fakturieren. Es ließe sich allein ein ganzer Roman dazu verfassen, wie Projekte mit allen Mitteln gewonnen und später dann über teure Change Requests saniert werden.

Cartoon Rechnung – Drum prüfe, wer sich ewig binde: Ausufernde Projektkosten sind in der Regel ein Ergebnis aus einerseits einem schlechten, einseitigen Vertrag und – aus welchen Gründen auch immer – einer Fehleinschätzung des Projektumfanges. Beides müsste heute nicht mehr sein, sofern man einschlägig und angemessen qualifizierte Expertise beizieht. Zwei industrielle Symptome seien hier erwähnt, um den Cartoon zum Thema Rechnung zu unterlegen:

- Schleichende Monopolisierung: Aus kurzfristiger optimierter Sicht des Lieferanten zahlt es sich aus, den Auftraggeber in eine Situation der technischen Abhängigkeit zu bringen und das lokale Monopol dann zu nutzen. Langfristig ist das natürlich nicht zweckmäßig, weil der AG früher oder später in Aggression eintreten wird, zum Konkurrenten oder zu anderen Alternativen wechselt. Bei großen Projekten mit Alleinstellungsmerkmalen geht das aber zumeist nicht mehr oder nur sehr langsam und mit viel Aufwand. In großen Häusern unter Umsatzdruck ist es im Top-Management nicht unüblich, das IT-Budget des Kunden als „Kuchen" zu sehen. Der eigene Erfolg wird als Prozentsatz dieses Kuchens im Vergleich zum Mitbewerb gemessen und nicht so sehr als Umfang und Qualität der Lösung. Zu viel gelieferter Umfang zu einem definierten Betrag könnte in diesem Denkmuster ja sogar einen Verlust an Optionen bedeuten, den Prozentsatz zu erhöhen. – Hier wird das Umsatzziel zum Feind der guten Softwaretechnik. Je größer dabei die Projektierung, desto disziplinierter muss ein Systemhaus mit den Leistungsmerkmalen umgehen.
- Strategisch vorgehende IT-Firmen versuchen die Kontrolle über den Kunden sogar so weit zu optimieren, dass sie sich die kundeninterne Konkurrenz mit aussuchen. Solange die Gesamtleistung stimmt, ist das kein allzu großes Problem. Jedes Outsourcing – gewissermaßen eine gezielte Monopolisierung in der Lieferantenstruktur

– strebt ja letztlich ganz bewusst eine derartige Abhängigkeit an. Wenn der Auftraggeber allerdings später eine Richtung anstrebt, die vom Lieferanten oder Outsourcer nicht mitgetragen werden kann (technologisch oder fachlich), dann steckt er in einem Dilemma. Auf Druck etwas so Know-how- und Personen-Lastiges wie Softwareentwicklung oder IT-Betrieb umzusourcen oder wieder inzusourcen, ist in der Regel extrem heikel, risikoreich und teuer.

- Branchen mit konkurrenzschwacher IT-Beschaffung: Man kann heute nach wie vor davon ausgehen, dass etwa 50% der Großprojekte im internationalen Bank- und Finanzdienstleistungsbereich zu gut der Hälfte der heutigen Kosten durchgeführt werden könnten, wenn das Top-Management dieser Häuser zu den schlanken effektiven IT-Teams fände. Zwei Effekte sind in dieser konkreten Branche spürbar preistreibend: a) das Inhouse-Monopol der hauseigenen IT, die keinen Raum für externe Innovation mehr lassen möchte, b) direkt von einem Vorstand getragene Projekte, der einem nur durchschnittlichen Lieferanten ein sehr langes, starkes Mandat gewährt.
- Alibi des Standards: Große Standardpakete können in vielen Unternehmen eine perfekte Lösung darstellen: abschätzbare Kosten, definierte Leistungen, gesicherter Support. Das Risiko-Thema IT ist für den Vorstand damit gelöst und vom Tisch. Problematisch wird die Sache, wenn einer von zwei Übertreibungseffekten eintritt:
  - Das gewählte und bezahlte System ist viel zu umfangreich für die erforderliche Funktionalität. Ein Großteil der Funktionen bringt dem Unternehmen nichts, erfordert sogar künstliche Handhabungen zu Systempflege und -erhaltung. Es fehlen die Ressourcen an anderer Stelle.
  - Das Standardsystem wurde aufgrund seines Marktrufes (ein relativ gesehen, durchaus irrationales und milieuabhängiges Merkmal von Software) ausgewählt und nicht auf Basis einer qualifizierten Machbarkeits- oder Make/Buy-Studie. Es stellt sich im Betrieb als unflexibel heraus. Die Anpassungsphase ist nervtötend lang. Ein Update bzw. eine kundenspezifische Änderung dauert Monate. Der Auftraggeber muss auf Behelfslösungen ausweichen, um seine Geschäfte dem Bedarf entsprechend durchzuführen.

Beispiel 2.2

Europäisches Versicherungshaus

Ein großes Europäisches Versicherungshaus hat sich vor Jahren für eine Kooperation mit einem großen Standardsoftware-Hersteller für eine Branchenlösung entschieden. Die Projektlaufzeiten dabei wurden grob geschätzt 50% länger als realistisch erforderlich (60 statt 40 Monate), die Betriebskosten etwa doppelt so hoch und die Beweglichkeit des Systems, sich mit modernen Technologien und aktuellem Konsumentenverhalten (mobile Client, SMS-Erinnerungen, ID-Lösungen, individualisierte Portale) rasch zu integrieren, ist gering. 30% der Gesamtkosten bei höherer Qualität des Endproduktes für einen qualifiziert gemachten guten Mix aus Eigenbau mit schlauen Lieferanten klingen unrealistisch, sind aber bei Projekten dieser Größenordnung (50+ Millionen € pro Jahr) durchaus nachweisbar.

Natürlich stellt die eigenverantwortliche Vorgehensweise ein Risiko dar für das Top-Management eines sehr großen Unternehmens. Natürlich kann man mit einem klugen Vertrag die Verantwortung durch Oursourcing sehr gut an die Expertenfirma auslagern. Genauso natürlich birgt die Vorgehensweise aber auch ein großes langfristiges Risiko, das sogar deutlich größer sein könnte. Mit ernsthafter Hinwendung zur Sache und Menschenverstand bei der Wahl der Partner ist das Risiko des Eigenbaus eliminierbar und eine spürbare Blüte guter Softwaretechnik möglich. Das Fallbeispiel zeigt auch, dass nach wie vor das Top-Management vieler großer Unternehmen die eigene IT oder Softwaretechnik eher als Risiko sehen, denn als wesentliches Glied der Wertschöpfungskette des Unternehmens. Das wird sich im Versicherungs- und Finanzdienstleistungssektor im Zuge der kommenden 20 Jahre verändern. Das strategisch-technische Moment der Informationstechnik eines Unternehmens wird schrittweise mehr die operative Anpassungsfähigkeit der Unternehmen bestimmen. „Management for Change" braucht dann eine ausgezeichnete IT wie ein Lebewesen sein Zentralnervensystem.

Der Antagonismus zu obigem Beispiel existiert natürlich auch. In einer gewachsenen Landschaft aus zerklüfteten Einzellösungen ist die radikale Vereinheitlichung durch eine gut angepasste Standardlösung der einzig richtige Weg. Wenn die IT-Abteilung in großen Häusern zu stark geworden ist, wird oft zu viel selbst gemacht und zu wenig importiert. Das macht auf Dauer eigensinnig und blind, im übertragenen und fachlichen Sinne. „Not invented here" ist eine der Hauptursachen für mangelnde Innovationskraft einer ermüdeten oder versteinerten IT- und Softwareabteilung eines Betriebs. Ein festes Rezept für In- oder Out-Sourcing von Entwicklung gibt es nicht. Es gibt gute Beispiele für beide Gehrichtungen und nur der konkrete Abgleich aus aktuellem Stand, existierenden Problemen und definierten Unternehmenszielen lassen das Pendel in die eine oder andere Richtung ausschlagen.

Cartoon Wartung – Operation gelungen, Patient tot: Die Langzeitfolgen von schlechter Wartung wurden in Zusammenhang mit schlechter Dokumentation schon skizziert. Die Handelnden sind im Laufe der Zeit andere. Vielleicht wurde das Haus verkauft und es sind jetzt andere Nutzer am Werk. Gar nicht so selten werden überdies für die Wartung entweder schlechter qualifizierte Personen eingesetzt als für die Neuentwicklung oder das Thema wurde überhaupt an Dritte weitergegeben. Die originelle Schaukel wird jetzt von einem Garten- oder Poolunternehmen mitgewartet.

Die Illustration mit dem abgeschnittenen Baum ist ein Symbol für den Verlust der ursprünglichen Projektvision und/oder des Promotors, oft auch als schleichender Vorgang. Wenn ein System lieblos gepflegt wird, dann hat das Gründe. Gute Wartung zeichnet sich durch laufende Verbesserung und Anpassung an neue Anforderungen und Bedürfnisse aus. Derart werden Systeme zu sogenannten Gründungs- oder Nukleussystemen. Sie erzeugen Nachkommen und eine ganze Familie an geschätzten Lösungskomponenten mitsamt entsprechenden Service-Organisationen. Überspitzt dargestellt: Gute Wartung ist laufende Neuentwicklung und lässt ein System zu einem ganzen Organismus weiterwachsen. Schlechte Wartung ist wie schleichendes Hinausekeln. Die Software geht dann sprichwörtlich so lange zur Wartung, bis sie abgesägt wird!

2.4 Definition eines (Software-)Projektes

Wir haben in diesem Kapitel und im Vorwort anhand von Beispielen erläutert, dass ein relevanter Teil der Probleme in der praktischen Softwaretechnik aus dem Umstand erwächst, dass sehr viele unterschiedliche Themen und Ebenen in einer Aufgabenstellung zusammenkommen können, dann Problem und Lösungsmethode nicht angemessen geordnet werden, so dass nicht selten „mit Kanonen auf Spatzen geschossen wird" oder „mit der Schrotflinte auf Panzerstahl". Soziale betriebliche Probleme technisch zu lösen, funktioniert ebenso selten, wie technische Probleme auf lange Sicht durch ein nettes Lächeln und viel Verständnis einfach von selbst verschwinden.

Dass wesentliche Risiken in IT- und Softwareprojekten erst sehr spät erkannt und adressiert werden, liegt auch im Tohuwabohu der Begriffe und Ebenen begründet. Eine wirklich relevante mentale Landkarte der Begriffe wird der Leser erst im Rahmen seiner beruflichen Erfahrung aufbauen können. Das vorliegende Kapitel versteht sich dabei einführend als Vorschlag, Stand der Technik, praxistauglicher Fachrahmen und gemeinsames Mindset, das Autoren und Leser in der Folge im Rahmen des Buches miteinander teilen.

Das „Kind beim richtigen Namen zu nennen" und zu jedem der Namen (Begriffe) eine realistische Erwartung zu entwickeln (z.B. was kann Qualitätssicherung, was nicht; was leistet eine Modellierungsmethode, wo ist sie unangebracht; was stellt automatisches Testen sicher, wann/wo ist das Verfahren unangemessen) kann im konkreten Projekt viele der üblichen Schwierigkeiten ersparen. Letztlich geht es hier um die Grundbausteine und Basiskonzepte von Softwareprojekten, die nach Sicht der Autoren aus jenen Objekten, Dokumenten, Verfahren und Verhaltensweisen bestehen, die im gelungenen und erfolgreichen Realprojekt auftreten. In diesem Sinne verstehen wir uns zumindest so sehr als empirische Softwaretechniker, als wir uns natürlich der wissenschaftlich fundierten Lehrmeinung verpflichtet fühlen.

Im vorliegenden Abschnitt erläutern wir dazu Begriffe und Begriffskonventionen (Projekt, Softwareprojekt, IT-Projekte, Prozesse, Dokumente usw.), umfassen Rollen, Personen und Funktionen in einem Softwareprojekt, strukturieren Projekte nach Art und Größe, erläutern Projektergebnisse und -produkte und gehen kurz auf übergeordnete Mechanismen einführend ein. Das Kapitel erfüllt den Zweck, dem Leser eine Veranschaulichung der Entität „Software-(Entwicklungs-)Projekt" sowie dem Begriff eine merkmalshafte Identität zu vermitteln.

Typische Definitionen für den Begriff „Projekt"

Die DIN-Normenreihe 66901 bezeichnet ein Projekt als ein Vorhaben, das im Wesentlichen durch die Einmaligkeit der Bedingungen in ihrer Gesamtheit gekennzeichnet ist, wie z.B. Zielvorgabe, zeitliche, finanzielle, personelle und andere Begrenzungen; Abgrenzung gegenüber anderen Vorhaben; projektspezifische Organisation.

Die Definition des Project Management Institute (PMI), eine der verbreitetesten PM-Institutionen, lautet:

> *„A project is a temporary endeavor undertaken to create a unique product or service. Temporary means that every project has a definite beginning and a definite end. Unique means that the product or service is different in some distinguishing way from all other products or services."*

PRINCE2, eine IT-originäre PM-Schule britischen Ursprungs, schlägt zwei pragmatische Ansätze vor:

> *„A project is a management environment that is created for the purpose of delivering one or more business products according to a specified Business Case."*

> *„A temporary organization that is needed to produce a unique and pre-defined outcome or result at a pre-specified time using pre-determined resources."*

▶Abbildung 2.2 erläutert den darin angedeuteten Begriffsrahmen, der für Softwareprojekte relevant ist. Daraus leiten wir folgende kompakte Begriffserläuterung für ein Projekt ab:

Definition Projekt (aus Sicht der Informationstechnik)

Ein Projekt besteht in einem strukturierbaren Handlungsrahmen eines Teams mit Fachkräften unterschiedlicher Qualifikation und Aufgabenprofile, das überprüfbare Zielvorgaben in planbaren Zeiträumen im Rahmen von projektspezifisch limitierten Ressourcen erfüllt. Ein Projekt gilt als erfolgreich, wenn es die Ziele seines Auftraggebers erfüllt hat, die zugrunde liegende Komplexität im System abgebildet wurde und die zugehörigen Projektrisiken rechtzeitig erkannt, bereinigt oder vermieden wurden. Innerhalb von betrieblich etablierten Organismen liegen Projekte zumeist orthogonal zu etablierten Linien, Betriebsabläufen und Routinetätigkeiten und zeichnen sich durch die relativen Merkmale Neuartigkeit, Einmaligkeit und Dynamik aus.

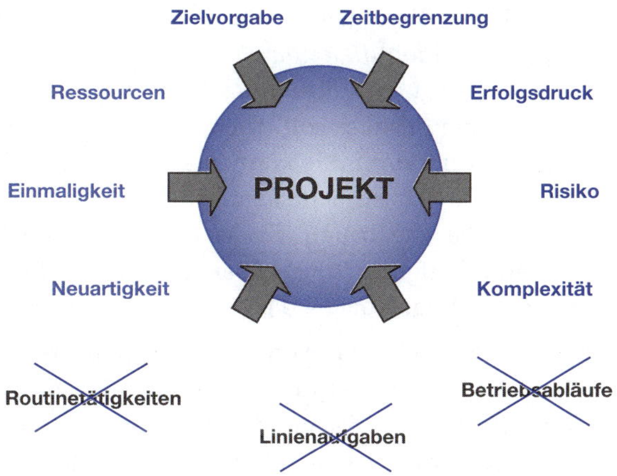

Abbildung 2.2: Rahmen der typischen Merkmale eines Projektes, der auch für Softwareprojekte relevant ist

Lassen Sie uns an der Stelle gleich näher zum Ziel gehen und diese Projektmerkmale bezogen auf Softwaresysteme interpretieren. Danach sind die identifizierbaren Merkmale eines IT- oder Softwareprojektes:

a **Zeit:** Ein Projekt ist *zeitlich eingrenzbar.* Es hat in der Regel einen Start- und Endtermin. Der Endtermin steht manchmal zum Zeitpunkt des Starts nicht fest, er kann auch verschoben werden. Jedes Projekt entwirft aber bewusst oder unbewusst ein Konzept von Fertigstellung oder *Ende des Lebenszyklus.* Natürlich kann sich auch der Starttermin verschieben und Projekte können „schleichend" gestartet werden. Oft zerlegt sich ein großes Realprojekt in ein Machbarkeitsprojekt (*Feasibility*) und in ein Durchführungsprojekt. Über den gesamten Projektzyklus hinweg können wir bei Softwareprojekten zeitlich vier generische Phasen identifizieren:

- Gründerzeit (Machbarkeit, Plan, Ziel, Promotion, Rahmen)
- Aufbauzeit (Budget, Dauer, Entwicklung, Umsetzung, Roll-Out)
- Betriebszeit (Wartung, Pflege, laufendes Tagesgeschäft für die Anwender)
- Entsorgungszeit (außer Betriebssetzung, Migration auf ein Neu- oder Ablösesystem, „Zerstörung")

Historisch gesehen war und ist die Softwaretechnik als Disziplin zumeist mit Aufbau befasst. Die Bedeutung der Gründungsphase findet sich in der wissenschaftlichen Literatur kaum abgebildet. Die Bedeutung des Betriebs ist nur bei größeren Systemen stark spürbar und sehr große Systeme waren historisch gesehen selten Gegenstand der wissenschaftlichen Literatur. In den letzten zehn Jahren widmet sich die Disziplin auch immer mehr den Phasen der Gründer- und Betriebszeit, weil diese in Projekten mit hoher Komplexität deutlich zum Erfolg beitragen. Erst in jüngster Zeit lernt die Disziplin, dass die geplante Entsorgung oder Migration in ein Neusystem als Teil der Gesamtkosten und Aufwände relevant zu berücksichtigen ist. Die Paradigmen *„Build for Change"* oder *„Build for Removal"* werden sich erst zunehmend über mehr Kostenbewusstheit im Bereich der Gesamtintegrationsaufwände von Systementwicklung und IT-Betrieb herausentwickeln.

b **Ziel:** Ein Projekt hat *Ziele*. Ziele gehen von *betrieblichem Bedarf, innovativen Persönlichkeiten* oder von *identifizierten Problemen* aus. Vor und mit Beginn eines Projektes wird festgelegt, was durch das Projekt erreicht werden soll, welchen Zweck das Zielsystem erfüllen soll. Die Ziele eines Projektes können sich im Laufe eines Projektes verändern. Sie können sich erweitern oder in manchem Fällen in sich auflösen. Die Fachsprache kennt für diese Art der Umfeldveränderung den Begriff der *Validierung* (bauen wir das richtige System?). Ziele und Zielerfüllung benötigen eine laufende Pflege über den ganzen Projektzeitraum, ansonsten wird – so hart es klingen mag – das falsche System errichtet.

In der Regel stehen hinter den Zielen Auftraggeber, Sponsoren (Budgetbereitsteller für das Projekt) oder Promotoren (projektpolitische Träger, Treiber und Unterstützer des Projektes). Zu den häufigsten Misserfolgsgründen in der Praxis gehören nicht etwa technisches Versagen, sondern statistisch gesehen der Verlust der projektpolitischen Promotion! In der Praxis kommt es durchaus vor, dass das Top-Management de facto kein Projekt erkennt, sondern nur ein Problem. Es erwartet von den operativen Mitarbeitern die Lösung des Problems und es gehört zu den Kompetenzausweisen erfolgreicher Projekte, dass sie in der Lage waren, dem verantwortlichen Management den Zusammenhang zwischen dem wahrgenommenen Problem und dem Zeit- und Budgetrahmen der Projektumsetzung transparent zu erläutern.

c **Ressourcen:** Projekte bewegen sich im Rahmen von *beschränkten Ressourcen*. Zu den wesentlichen begrenzten Räumen bei Softwareprojekten zählen *Zeit, Budget und Personal (Human Resources)*. Diese drei Kernrestriktionen kommunizieren natürlich miteinander:

- Mangelnde Expertise kann eventuell über höhere Budgetmittel zugekauft werden.
- Besseres Personal reduziert nicht nur das Risiko, es ist eventuell rascher bei der Umsetzung.
- Je länger ein Projekt dauert, desto teurer wird es. Pausen sind kostspielig und risikobehaftet.
- Wenn es „unter der prinzipiell systemisch erforderlichen Zeit" geplant und „durchgepresst" wird, dann wird es entweder scheitern oder bei längerer Zeitgebarung teurer als erforderlich werden.

In realen Kontexten haben Projekte ein definiertes Budget und einen exogen bestimmten Zeiterfolgsrahmen. Die Kunst der guten Projektführung besteht darin, aus Lieferanten und eigenen Human Resources jenen effektiven Mix an Projektteam zu formen, der im Rahmen des existierenden Budgets die Arbeitsgewichte immer entlang der jeweiligen Brenn- und Schwerpunkte ordnet und ausreichend Flexibilität und Puffer vorsieht, um bei unvorhergesehenen Projektereignissen (die in 95% der realen Projekte immer eintreten) zielgerecht nachsteuern zu können. – Je nach Projektart und Problemstellung treten natürlich sehr spezifische Ressourcenknappheiten auf. Der Leser sei dazu auch auf die Abschnitte zum Thema Risikomanagement in Kapitel 10 verwiesen.

d **Methode:** Ein Projekt verwendet *Methoden, Verfahren und Vorgehensmodelle*, um das eigene Verhalten darzustellen, an die eigenen Mitarbeiter oder das Umfeld genormt zu kommunizieren und so Einschätzbarkeit, (innere) Transparenz, Messbarkeit, Kontrollierbarkeit und Wiederholbarkeit bereitzustellen. Rein prinzipiell ist natürlich auch völlige Methodenfreiheit zulässig („Methode Genietruppe"). Industriell ist dieses Vorgehen jedoch unüblich und eher unprofessionell, nur in autorisierten Einzelfällen anzuraten. Die erste, einfachste und praktisch wirkungsvollste Methode jedes Projektes ist die Etablierung, Pflege und Einhaltung eines Projektplanes. – Selbst Personen ohne technische Ausbildung können an der Evolution eines Projektplanes und dessen faktischer Erfüllung den Status eines Projektes und seine Erfolgsfähigkeit recht rasch überprüfen. Umgekehrt artikuliert: Das Aufräumen und Sanieren eines schwächelnden Projektes wird immer mit der Erstellung eines *realistischen* Projektplanes beginnen.

Die Softwaretechnik kennt eine Reihe von Verfahren, das eigene Handeln zu regeln und darzustellen. Nach Phasen gegliedert und in einzelnen Fachschwerpunkten vertieft, umfasst dies 80% des Inhaltes des vorliegenden Buches. Naturgemäß richtet sich dabei das Portfolio der Maßnahmen nach der Art, der Größe und der Komplexität der Projekte. Vorgehensmodelle für Großprojekte haben in einem kleinen Webservice nichts zu suchen, genauso wie unstrategische Testverfahren in Life-Critical-Systems (Auto, Flug, Anlagen) oder etwa der Versuch, in einer dezentral bestimmten Organisation ein einstimmig verabschiedetes, übergreifendes Fachkonzept zur Bedingung des Implementierungsstarts zu machen.

Prinzipiell ist ein Trend zur Bildung von Systemklassen in der Methodik der Softwareprojekte absehbar, wenn auch bei weitem noch nicht abgeschlossen, eher wurde gerade erst damit begonnen: Bank- und Payment-Systeme, Mobilfunk, Automotive, Aviation, Government IT, öffentliche Webportale sind Kandidaten für derartige Bündelungen von spezifischen Bauweisen, Verfahren, Standards und Zulassungsbedingungen, die sich in den kommenden Jahren und Jahrzehnten etablieren werden.

e **Interaktion und Kommunikation:** Softwareprojekte sind häufig *fachliche Integrationsprojekte* und bedürfen besonderer *Mittel der Kommunikation*. Systeme mit eindeutiger, leichter formalisierbarer Spezifikation (z.B. ein Programm für einen Taschenrechner, Statistikpaket, Druckerdriver) sind im Verhältnis des Gesamtvolumens an Software seltener geworden. Die heute typischerweise neu oder verbessert geschriebene Software verbindet Unverbundenes, bündelt historisch Getrenntes oder zerlegt und integriert Altsysteme in neuer Form. Die reale Interaktion für den User, der Anwendungs- oder Geschäftsfall (im Fachjargon als Use-Case bekannt) ist häufig ein Integrationsakt über unterschiedliche Fachbereiche.

Kapitel 3 beinhaltet Fallbeispiele dieser Art. Eine medizinische Plattform für die integrierte Versorgung von Wundbehandlungen erfordert bei der Analyse des Systems so unterschiedliche Instanzen, Denkweisen, User und Stake-Holder wie Ärzte, Krankenhausmanager, Verwaltungsjuristen, Datenschützer, Patienten, IT-Leiter, europäische Gesundheitstelematiker, Pflegepersonal. In der Geschichte der Softwaretechnik wurde dieser Aspekt etwas zu pauschal unter dem Tätigkeitsmuster der „Analyse" subsummiert. De facto geht es dabei um einen recht komplexen *Kommunikations-*

und Übersetzungsprozess unterschiedlicher Denkmodelle und Interessen, die ein laufendes Management, laufende Betreuung und laufende Migration aller Beteiligten herstellt.

Im konkreten Fall ist der Use-Case „Integrierte Versorgung“ die Sache sowohl medizinisch als auch wirtschaftlich sehr wohl wert. Man muss sich als Systembauer oder als Promotor aber auch im Klaren sein, dass dieses „Permanent-an-einem-Tisch-Sitzen“ (der Use-Case zwingt die Betroffenen sozusagen zusammen) aufwändig ist und bei der Planung und Machbarkeitsprüfung einer ernsthaften Kosten-/Nutzen-Analyse unterworfen wird. – Gute fachliche Integration braucht ausgezeichnete Kommunikation. Mangelnde Ressourcen führen zu Abstrichen bei der Kommunikation, was schlechte fachliche Integration bewirkt und damit unerfüllte Nutzerwartungen hinterlässt. Die fachliche Integration ist dann für viele spürbar misslungen. Ein klassischer Fall von falsch dimensioniert und übers Ziel geschossen. – *„Keep it small and simple“* (das sogenannte KISS-Prinzip) wäre in solchen Fällen das angemessenere Designprinzip gewesen.

f **Identität:** Ein typisches Projekt versteht sich als ein *einmaliges Vorhaben*. In der Literatur wird dieser Aspekt vor allem definitorisch herausgestrichen. Aus der Sicht der Softwaretechnik ist diese Einmaligkeit nicht so sehr das treffgenaue Merkmal, sondern eher ihre *Einzigartigkeit*. Jedes relevante Projekt beinhaltet einerseits die Lösung *neuartiger, einzigartiger, unbekannter Teilaufgaben* und andererseits wäre die Wiederholung des gleichen Projektes, zu anderer Zeit nicht das gleiche Projekt mit dem gleichen Verlauf. Erst wenn eine Standard- und Routinetätigkeit vorliegt, dann ist eine Art Copy/Paste-Verfahren möglich, das Thema wäre automatisiert und Teil eines etablierten betrieblichen Prozesses. Rein definitorisch würde man das im vorliegenden Kontext nicht als Projekt bezeichnen, sondern als genormten Alltag bzw. gewöhnlichen Geschäftsbetrieb.

Natürlich liegt hier systemisch ein Kontinuum vor. Es gibt sehr innovative, neuartige Projekte und solche, die schon fast zur Gänze Norm sind. Viele ähnliche Projekte verfestigen sich, wenn sie gut strukturiert werden, zu einem Geschäftszweig oder einem institutionellen Verhalten. Innovation in der IT besteht u.a. auch oft darin, dass eine Sammlung von aufwändigen Einzelprojekten zu einem neuen größeren Gesamtprojekt vereinigt werden. Ein neues Content-Management-System für ein Ministerium, das zwischen Editoren-Tätigkeit und technischem Tool-Support klüger und moderner trennt, als den 40 bis 50 Portalen der Teilorganisationen jeweils persönlich zur Hand zu gehen, ist ein Fallbeispiel einer derartigen Änderung in der Projekttopologie von vielen kleinen Portalprojekten zu *einem* modernen CMS-Projekt.

Offensichtlich können Projektidentitäten durchaus aus den Identitäten von Teilprojekten zusammengesetzt sein. Treten in sehr großen Projekten sehr große Teilprojekte auf, die de facto sehr lose miteinander verbunden sind, dann spricht man von Programmen. Programme bestehen aus mehreren Großprojekten, die aus bestimmten Gründen nicht direkt abhängig voneinander gesteuert werden können, wiewohl sie voneinander abhängen und interagieren. Der Begriff „Programm“ stammt hier nicht vom Programmieren, sondern aus dem Medien- und Fernsehbereich, wo ein Programm aus mehreren Sendungen besteht.

g **Risiko:** Jedes Projekt hat seine *besondere Risikostruktur.* Aufgrund des teilweisen Einmaligkeitscharakters von Projekten können in den spezifisch und szenarisch kritischen Bereichen außergewöhnliche Risiken auftreten, die unbotmäßige Kosten, unzumutbare Zeitverzögerungen, technologische Engpässe oder gar Projektstillstand oder -scheitern hervorrufen können. Die Identifizierung und Minimierung der Risiken gehören zu den wichtigsten Aufgaben guten Projektmanagements. Die Risikostruktur eines Projektes ist prinzipiell

- *eher spezifisch für eine Fachdomäne:* Das Risiko eines Banksystems, das einen Ausfall der Geldausgabeautomaten erleidet, ist anders zu bewerten als das Risiko eines Ministeriums, dessen e-Government-Portal einen Tag lang einbricht – obwohl in beiden Fällen theoretisch dieselbe technische Ursache zugrunde liegen kann (z.B. Rechenzentrums- oder Netzwerkausfall). Softwarefehler, wie der bekannt gewordene Umkehrschub in vollem Flugbetrieb, sind anders zu bewerten als der Ausfall der Medienanlage mit Navi- und Telefonsystem im neuen Premium-PKW, obwohl ein ähnliches Testfallszenario vorliegt (vorher nie dagewesener Bedienungsfall plus kleines technisches Sensorgebrechen führen zu einem real als unmöglich eingeschätzten Testfall). Die Risikostruktur und Risikoordnung eines Projektes unterliegen immer einer Gesamtbewertung. Unterschiedliche Domänen bewerten ähnliche IT- und Softwareereignisse verschieden.
- *szenarisch, nicht etwa themen-stationär:* Die Risiken eines Projektes gehen oft über den unmittelbaren rein fachlichen Bereich hinaus und sind damit unterschiedlich, wenn man ein fachliches Thema in ein anderes Umfeldszenario stellt. Softwaretechnik sollte man daher nie isoliert vom Kontext betreiben. Denken wir uns als Beispiel ein *Civil Registry e-Government System* für Österreich, Algerien oder Albanien. Die Etablierung eines Zivilregisters (z.B. Meldeamt) ist heute softwaretechnisch keine besonders außergewöhnliche Aufgabe, Risiken existieren, die Analyse muss sorgsam erfolgen, Schulung und Rollout müssen angemessen und die Betriebsarchitektur sollte professionell sein. Die Hauptrisiken liegen in anderen Bereichen: In Österreich würde das Kernrisiko eines derartigen Projektes mit Stand 2010 ein projektpolitisches sein (Migration und Ablöse eines Altsystems), in Algerien eines der Leitungsinfrastruktur (kein verlässliches Government-Netzwerk vorhanden) und in Albanien wäre das exogene Projektrisiko am geringsten: Netzwerkinfrastruktur verfügbar, Applikation wird von einem europäischen Land übernommen, Abgeltung und poltische Akzeptanz bereits geklärt.
- *immer relativ, lokal und personenabhängig:* Ein Großteil der real auftretenden Projektrisiken sind objektiv und aus der Sicht des Standes der Technik kein Problem. Lokal und innerhalb eines bestimmten Teams werden sie aber relevant. Know-how-Profile von Mitarbeitern, Fluktuation, budgetäre Rahmenbedingungen, technologische Fehleinschätzungen, Selbstüberschätzung von Skills, diese und ähnliche Faktoren lassen Softwareprojekte aus dem Lot geraten.

Wenn der legendäre Tom DeMarco schreibt, „Risikomanagement ist Projektmanagement für Erwachsene“, spricht er genau diese Punkte an. Professionelle, erfahrene Softwaretechniker wissen oder „riechen“ die typischen Probleme eines Projektes und ergreifen rechtzeitig Maßnahmen dagegen. Probleme und Maßnahmen sind in harmonisch angemessenen Verhältnissen zueinander. Der spezifischen Risikostruktur eines Projektes begegnet man am besten durch das passende Bündel an Erfahrung, Expertise und Prävention. In einer IT-Dienstleistungsbranche und Softwareindustrie im derzeit ablaufenden Umbruch ist das leichter gesagt, als gut gefunden.

h **Rechtsrahmen:** Wo immer Budget, Eigentum, Lebenszeit von Engagierten, ambitionierte Ziele und relevante Interessen aufeinandertreffen, liegt implizit oder explizit ein Rechtsrahmen vor. Ein solides Projekt basiert immer auf soliden *Verträgen*. Bei einfachen oder klar strukturierten Interessengemengen (kleines Softwaresystem für den Schwiegervater) oder standardisiert geregelten Themen (Standardsoftware als Produkt, z.B. Office-Paket) ist dieser Aspekt nicht im Zentrum der Aufmerksamkeit. Je größer ein Projekt, desto angemessener und professioneller sollte die Gestaltung der Rechtssituation sein.

Ein guter Projektsanierer, der in ein Entwicklungsprojekt als „Feuerwehr" gerufen wurde, wird zu allererst nach den Verträgen fragen und nachschauen, wie Pflichten, Interessen, Bezahlung, Pönale, Rechte geregelt wurden. Der Rechtsrahmen erläutert den Spiel- und Variantenraum, den man prinzipiell zur Verfügung hat, wenn die Projektrichtung zu ändern ist. Ein Projekt im fitten Zustand braucht seine Verträge kaum. Dann wird einfach gemeinsam gearbeitet in Richtung Ziel. Wenn Risiken relevant werden oder ein Projekt in eine kritische Phase eintritt, dann werden Verträge sehr relevant. – In internationalen Projekten gilt es natürlich das jeweils gültige Recht zu klären und zu berücksichtigen und je nach Umfeld, Region und Kultur ist nicht nur der formale Rahmen zu beachten, sondern die konkrete Rechtspraxis.

Der Erfolg von Großprojekten hängt prinzipiell sehr stark von den zugehörigen Verträgen ab. Die Projektpartner (Auftraggeber, Lieferant, Nutzer) sollten in einem realistischen Verhältnis in den Rechtsrahmen eingebunden sein. Wird einer der Beteiligten im gesamten Verlauf der Etablierung des Systems übervorteilt, über den Tisch gezogen bzw. vertraglich benachteiligt, dann stellt das früher oder später ein sehr großes Projektrisiko dar. Legendär in der IT sind in deren Geschichte jene Verträge, die den Auftraggeber mit geringen Baukosten zur Zeichnung motivieren, um ihn dann später mittels zahlreicher und kostenintensiver Change Requests finanziell kräftig zu belangen – ein Syndrom, das zeigt, dass gute Partnerwahl in der Softwaretechnik wichtig ist.

Weder ist es für einen Softwarelieferanten klug, sich einen unrealistischen Auftraggeber zu wählen, der ständig einen Bentley zum Preis eines Dacia fordert und täglich neue Interpretationen des Vertragstextes als Evidenz dafür vorlegt. Umgekehrt ist jeder Auftragnehmer in wahrlicher Geiselhaft, wenn er in die Fänge eines abgezockten IT-Dienstleisters gerät, der ihm anfangs alles wärmstens versprochen hat und dann in der Umsetzung jede Handbewegung einzeln verrechnet. Die IT-Branche kennt noch kein *Project Management for Substitution*. Wenn ein Kunde einmal sechs Monate mit einem Lieferanten arbeitet, kann man ihn nicht so leicht wechseln wie den Friseur oder den Gärtner.

Insbesondere im öffentlichen Bereich hängt Erfolg oder Misserfolg extrem stark vom rechtlichen Drehbuch ab. Wie zerlegt man die Aufgabe? Wie wendet man das Vergaberecht an? Wie werden die Rechte und Pflichten verteilt? Welche Rechte hat der Auftraggeber über die Teilprodukte, wenn es zum Abbruch kommt? Unpräzise Ausschreibungen verursachen unvergleichbare Angebote, führen zu suboptimalen Zuschlägen und in vielen Fällen zu zahlreichen verfahrenshemmenden Einsprüchen. Schlechte Rechtspflege kann zum Totaleinbruch eines Projektes führen. Eine gute Rechtsberatung oder erfahrene Vergabekanzlei ist hier ihr Geld jedenfalls wert.

Zunehmend spielt auch der applikatorische und fachliche Rechtsrahmen eine größere Rolle: Datenschutz und Patientenrechte etwa im Bereich der Informationssysteme im Gesundheitswesen oder internationale Standards für Systeme im Bereich der geldwerten Transaktionen (Payment, Banking). Softwaresysteme müssen immer mehr und öfter strukturiertere Verfahren der Zulassung oder Zertifizierung durchwandern, es genügt nicht mehr allein, dass sie „funktionieren".

Nicht zuletzt rückt das Thema des geistigen Eigentums (*Intellectual Property, IP*) auch immer mehr ins Zentrum der Softwaretechnik. Kaum ein größeres System, wo Themen wie Urheberrecht, Nutzungsrecht, Lizenzierung, Weiterentwicklungsrecht, Vertriebsrecht keine Rolle spielen. Das Thema wird uns allen noch Jahre vieler spannender Entwicklungen bereiten. Die OpenSource (OS)-Bewegung, die sich bei jungen, dynamischen Entwicklern weltweit einer großen Fangemeinschaft erfreut, hat eine Gegenthese zur starken Regelung des IP-Gedankens erstellt: OS-Software darf prinzipiell beliebig *kopiert, verbreitet und genutzt* werden. Für OpenSource-Software gibt es keine Nutzungsbeschränkungen, weder bezüglich der Anzahl der Benutzer noch bezüglich der Anzahl der Installationen. Mit der Vervielfältigung und der Verbreitung von OpenSource-Software sind auch keine Zahlungsverpflichtungen gegenüber einem Lizenzgeber verbunden. – Die OS-Community hat sogar eine eigene Art der Softwaretechnik, eine Art Meisterklasse der Programmierung, entwickelt. Die Entstehung des Betriebssystems Linux ist hier der Klassiker.

Die Zukunft wird ein ganzes Kontinuum zwischen Software mit starker IP-Bindung und völlig offener Software mit sich bringen. Auch hier zeigt sich, dass Software und Softwaresysteme erkenntnistheoretisch bemerkenswert durchdringende Entitäten darstellen: Es mag zwar attraktiv sein, Software gratis zu bekommen – große Teile der OS-Software sind ausgezeichnet –, das löst aber die Frage nach dem laufenden Service und der Dienstleistung bei Änderungsbedarf noch nicht und bedeutet in der Praxis oft den Abtausch einer Abhängigkeit durch eine andere. Die großen Softwaregründer wie Gates (Microsoft), Hopp, Plattner u.a. (SAP), Page (Google) haben Quasi-Monopole geschaffen, die nach Jahren dann Gegenbewegung erzeugen, die frei nach dem Prinzip „die Revolution frisst ihre Kinder" gar nicht so selten dem Mindset der von ihnen bekämpften Monokraten nachfolgen. So sehr sich diese Techno-New-Rich-People als kritische Projektionsfläche auch eignen, so sehr muss man einfach anerkennen, dass sie in Feldern der Isolation, des Wirrwarrs oder des erschwerten Zuganges weltweit geöffnet, geordnet, verbunden und vereinheitlicht haben. Gründer und Konsumenten gemeinsam haben in knapp 30 Jahren globale Konstrukte und Systeme geschaffen, vorbei an jeder proprietären einzelstaatlichen Politik. – Es ist eine spannende Branche in einer spannenden Zeit.

2.5 Frequently Asked Questions (FAQ) für Novizen

Die folgenden Q&A-Liste (Question and Answer bzw. FAQ, frequently asked questions) richtet sich an das Zielpublikum Studierende, die noch kaum Erfahrung mit der Herstellung von Software haben. Praktiker mögen diese Liste übergehen. Wir haben uns zwar bemüht, hier ein bestimmtes Mindset, eine pragmatische Schule des Software Engineerings in der Beantwortung darzulegen, wenn Sie allerdings schon Projekte durchgeführt haben, lesen Sie in Abschnitt 2.5 nichts Neues.

Was ist ein Softwareentwicklungsprojekt? Jenseits der Definitionen von Berufsgruppen, Wissenschaft oder Gremien sehen Studierende ohne Praxiserfahrung (einige müssen ja nebenbei arbeiten, um sich das Studium zu finanzieren und tun das als Developer, sind daher oft schon erfahren) Softwaretechnik häufig als jene Disziplin, die etwas größere Programme herstellt als jene, die sie im Laufe ihres Studiums schreiben. Manche schreiben solche Programme zur erfolgreichen Absolvierung einer Übung (Programmieren, Datenbanken, Netzwerke etc.) oder tunen ihren studentischen Alltag mit Add-Ons oder Plug-Ins zu bestehenden Programmen. Viele Studierende der Informatik haben zudem technische Hobbies und „basteln" an innovativen Lösungen mit (derzeit tun das zum Beispiel viele an Android-Applikationen). Basteln ist hier als Begriff nicht herabwürdigend gemeint – begeisterter *Spieltrieb* ist einer der Kernmotoren jedes Ingenieurs bzw. jeder Innovation. Derartige kleine Aufgaben benötigen aber deutlich weniger Strategie im Vorgehen, ohne konzeptiv „zerbrechlich" zu werden. Wenn eine einzige Person eine Softwarelösung überschauen kann, dann empfindet sie Dokumentation oder Formen der Methodik rasch als lästige, akademische (und damit unnötige) Forderungen, die „den kreativen Geist nur vom Fortschritt abhalten". Der Erfahrungsraum dieser Personengruppe sieht in etwa wie folgt aus: Eine Idee wird direkt in ein Programm umgesetzt. Dieses wird je nach persönlichem Qualitätsanspruch (z.B. nützliche Fehlermeldungen) so lange innoviert, bis es den eigenen Ansprüchen genügt. Das Buchhaltungsprogramm des Schwiegervaters oder der Web-Shop für den Künstlerfreund lassen sich nach dieser Methode noch weitestgehend erfolgreich gestalten. Die innere, implizite Ansicht von Softwaretechnik muss man da noch nicht ändern, wenn der Developer innovativ und nachhaltig ist.

Das Ende der Fahnenstange sieht man aus diesem Werdegang heraus erst, wenn die Lösung im Betreuungsaufwand wächst, der persönliche Bezug zum User einbricht, die Anforderungen explodieren oder die Wartungserfordernisse nicht mehr mit dem Lebensplan des jungen Ingenieurs zusammenpassen. – Die Erstellung von größeren Programmen und Programmsystemen, deren Umfang und Komplexität mehrere bis sehr viele Personen erfordern, die mehrere hundert Einzelfunktionen aufweisen können, kann natürlich nicht jede handelnde Person nach eigenem Ermessen vornehmen. – Nach dem geübten Einzelgänger-Prinzip: So lange etwas denken, planen und programmieren, bis das gewünschte Ergebnis hoffentlich herauskommt. Jede Einzelperson zieht ohne Koordination, Führung und Planung dabei in eine andere Richtung.

Etwas alleine oder mit dem besten Freund gemeinsam über drei Monate zu programmieren, ist – obwohl es sehr ähnlich aussieht von außen – eine ganz andere Tätigkeit als mit zehn Personen 18 Monate lang Softwaretechnik zu betreiben. Man sollte sich hier nicht vom Anschein täuschen und verleiten lassen und nach dem Prinzip „If all you have is a hammer, everything looks like a nail." vorgehen. Mit dem Werkzeughammer und dem Holznagel eine tiefe Erdbohrung vorzunehmen, ist ambitioniert.

Der Gedanke, dass *Single-Person-Development* expandierbar ist, wäre ähnlich unrealistisch, als wenn man einen Hobbykoch (der schafft sechs bis acht geladene Gäste) ohne Ausbildung und Training zum Chefkoch (Lehrlinge, Koordination, Einkauf, Gärtnerei, Küchenbetrieb, Geräte, Wein, Fisch, Soßen, Konditorei etc.) für ein Top-Restaurant mit 150 Menüs pro Abend machen möchte. Kleine Programme schreiben ist, wie drei Freunde zu bekochen. Mittelgroße Softwaretechnik etablieren entspricht dem Leiten eines großen Restaurants. Sehr große Systeme vergleicht man wohl mit dem Bau eines Luxushotels mitsamt allem, was benötigt wird, um es mit Gästen laufend ausgelastet zu haben und den erwarteten RoI zu erzielen. Kochen (F&B, Food&Beverage) ist da schon auch noch wichtig, aber nur ein Element von 15 bis 20 Bereichen, die am Weg von Planung, Aufbau, Inbetriebsetzung und Dauerbetrieb erforderlich sind. – Ähnlich vielgestaltig und unterschiedlich sind bei größeren Projekten dann auch die Rollen und Funktionen.

Schon die Programmierung eines mittelkleinen Systems muss so genau organisiert, koordiniert und laufend unterstützt werden, dass die Entwickler während der gesamten Dauer der Arbeit laufend Rückmeldungen über Brauchbarkeit, Integrierbarkeit und Qualität ihrer Arbeit erhalten. Derartige Koordination zwischen den Beteiligten erscheint dem Unerfahrenen oft als trivial. Das ist sie aber nicht! *Kommunikation, Koordination und Überprüfung* der Ergebnisse sind jene allgemeingültigen Verfahren, die ausgleichen, was Einzelpersonen, Teams und Systeme von Natur aus tun (würden): aneinander vorbeireden, sich missverstehen, nicht synchron agieren oder unterschiedliche Vorstellungen haben. Bei guter Absicht aller Beteiligten als Einzelpersonen.

Unterschätzen Sie dieses Problem nicht! Es gehört zu den großen operativen Grundsatzproblemen menschlicher Zivilisation und tritt in der Softwaretechnik im Fehlerfall drastisch sichtbar zu Tage.

Die *typische, weltweit etablierte Organisationsform* für die Softwareerstellung in Arbeitsgruppen ist ein *Projekt*. Auf das Wesen eines Projektes gehen wir in diesem Abschnitt noch weiter ein.

Übersichtsbegriffe mit spezifischer Bedeutung in der Softwaretechnik

Unterschiedliche Definitionen

Anforderung. Eine Fähigkeit, Bedingung, Eigenschaft oder Verhaltensweise des Wunsch- oder Ziel-Softwaresystems. Die Anforderungen *an* ein System (an das Produkt, den Prozess etc.) werden häufig nach funktionalen (z.B. Ausstellen eines Rezeptes beim Arzt) und nichtfunktionalen (z.B. darf maximal 10 Sekunden dauern) gegliedert. Funktionale Anforderungen beinhalten, was das System können soll, nichtfunktionale besagen, welche Eigenschaften und Qualitätsmerkmale das System haben soll.

Rolle. Nennt man die Beschreibung der Aufgaben und Verantwortlichkeiten eines Mitarbeiters in einem Unternehmen, Projekt bzw. der Tätigkeit im Rahmen der Softwareentwicklung. Den Mitarbeitern bzw. Teammitgliedern eines Projektes werden Rollen zugeordnet. Die Rolle definiert Aufgabenbereich und Art der Verantwortlichkeit.

Es gibt Führungsrollen (Teilprojektleiter, Projektmanager), fachliche Rollen (Security-Spezialist, Tool-Administrator), Monitorrollen (Qualitätssicherung, Abnahme, Test), Innovationsrollen (Reorganisation, IT-Architekt, New-Tools) usw. Rollenbeschreibungen finden häufig in der Form von Qualifikationsprofilen bei der Ergänzung oder Etablierung von Arbeitsgruppen mit neuen Mitgliedern Verwendung und helfen jedem Teammitglied, sich im Team zu *orientieren, positionieren und identifizieren*.

Arbeitsgruppe (Team). Nennt man eine Gruppe von Personen, die gemeinsam an der Erreichung eines bestimmten Zieles (im vorliegenden Fall eines Softwaresystems) arbeiten. In einer Arbeitsgruppe sind verschiedene Rollen definiert. Naturgemäß übernimmt eine Person oft mehrere Rollen (z.B. Entwickler und Teilprojektleiter). In der Regel gibt es einen designierten Gruppenleiter (Teamleiter), der die Interessen der Gruppe gegenüber dem internen Top-Management oder dem Kunden vertritt und auch die Verantwortung für die Ergebnisse der Gruppe trägt. Leadership-Rollen müssen nicht monokratisch organisiert sein. Oft sind in guten Teams z.B. die Rollen *Sprecher* (nach außen), *Projektleiter* (Organisator nach innen), *Innovator* (Chef-Architekt), *Supporter* (stärkster sozialer Verbinder, der Konflikte frühzeitig im Keim ersticken kann) auf unterschiedliche Personen verteilt.

Vorgehensmodell. Bestimmt die Abfolge und Art der Verbindung von Phasen und *Meilensteinen* eines Projektes. Theoretisch unterscheidet man zwischen sequentiellen und iterativen Vorgehensmodellen. In *sequentiellen Vorgehensmodellen* wird eine bestimmte Phase (in solchen Modellen ist das mit einem Arbeitsabschnitt gleichzusetzen) nur einmal durchlaufen. Anfang und Ende jeder Phase sind durch Meilensteine festgelegt. In *iterativen Vorgehensmodellen* werden einzelne Phasen mehrmals durchlaufen, um z.B. zu einer höheren Produktreife zu gelangen. Die Kriterien und Bedingungen für den Übertritt von einer Phase zur nächsten bzw. einer Iteration zur nächsten werden in Abhängigkeit vom Projekt- oder Dokumentenstatus am Beginn einer Phase bzw. einer Iteration festgelegt.

Streng sequentielles Vorgehen existiert in der Praxis de facto nur als einzelner Baustein eines iterativen Vorgehens. Bei näherer Betrachtung besteht ein Softwaresystem am Ende aus einer Vielzahl von Dokumenten (inklusive dem gefertigtem Code), die im Rahmen eines Vorgehensmodells früher (z.B. Anforderungsdokument) oder später (z.B. Testbericht) initial erstellt werden und dann je nach Phase intensiv oder pflegend begleitend ergänzt, geändert, *iteriert* werden. – Selbst einfache Dokumente, wie das Protokoll einer Besprechung, werden oft zum Zwecke der Perfektion und Richtigstellung iteriert.

Die Tradition stringenter Ingenieurtechnik forderte in der Frühzeit der Softwaretechnik ein Übergehen zur nächsten Phase erst nach Abschluss der vorangehenden Phase (z.B. Entwerfen erst nach Abschluss der Anforderungsanalyse). Bei der Erstellung moderner Softwaresysteme macht diese Art von Konzept selten Sinn. Kapitel 9 geht auf dieses Thema im Detail ein und diskutiert auch die aktuellen, „unbürokratischeren" Konzepte der sogenannten *agilen* Methoden.

Phase. Nennt man die Zeitspanne zwischen zwei Meilensteinen bzw. ein sachlich zusammengehöriges Bündel an Projektaktivitäten, die in der Regel auch zeitlich nah beieinander liegen. Neben den *5 Kernphasen* der Softwaretechnik (Analyse, Entwurf, Implementierung, Test, Wartung) gibt es noch eine Reihe anderer Phasen, die bei Projekten auftreten können: z.B. die Initialphase (bevor es das Projekt noch überhaupt gibt), die Machbarkeitsphase (in der geprüft wird, ob das Projekt überhaupt gestartet werden soll), die Produktionsphase (im Gegensatz zur Testbetriebsphase, in der das System zwar in Realbetrieb, aber nicht wie in der Produktion im Vollfunktions- oder Volllastbetrieb eingesetzt wird), die Betaphase usw.

Meilenstein. Nennt man einen realen konkreten, vereinbarten Zeitpunkt (in der Regel ein Kalenderdatum) in einem Projekt, zu dem maßgebliche Entscheidungen bezüglich des weiteren Vorgehens getroffen werden. Bei Erreichung eines Meilensteines wird der Ist-Zustand des Projektes im Rahmen einer formalen Überprüfung mit dem Soll-Zustand verglichen. Auf der Basis des Ergebnisses erfolgt das weitere Vorgehen. Ein typischer Meilenstein wäre „Erste Version des Fachkonzeptes abgeschlossen". Wurde das Ziel des Meilensteins erreicht, erfolgt in der Regel der Übertritt in die Folgephase des Projektes. Konkret setzt das Team dann die Arbeit im Rahmen des Projektplanes einfach fort. Wird das Meilensteinziel nicht erreicht, wird in einem gut geführten Projekt der Projektplan geändert.

Arbeitsschritt. Ein Arbeitsschritt ist ein inhaltlich abgeschlossener Teil eines Projektes, der sich eindeutig identifizieren lässt. Das heißt, Tätigkeiten und Rollen sind von den Tätigkeiten und Rollen eines anderen Arbeitsschrittes unterscheidbar. Ein Arbeitsschritt erzeugt inhaltlich zusammengehörende und auf demselben Abstraktionsniveau befindliche Produkte als Grundlage für einen folgenden oder logisch zugehörigen Arbeitsschritt. Ein typischer Arbeitsschritt wäre „Implementieren und Testen der Spezifikation <elektronisches Rezept>", der z.B. insgesamt von zwei Entwicklern, dem Teilprojektleiter, einem UI-Spezialisten und dem Tool-Spezialisten umgesetzt wird.

Tätigkeit. Eine Tätigkeit ist ein in sich abgeschlossener Arbeitsprozess, dessen Ergebnis ein konkretes Produkt oder eine Leistung ist. Eine Tätigkeit gliedert sich in mehrere Aktivitäten, welche alle zur Erstellung des Zielproduktes oder zur Erbringung der geforderten Leistung beitragen. Typische Tätigkeiten wären „Erstellen des Webformulars für den Arzt, der ein Rezept ausstellt" oder „Analyse-Interview mit fünf praktischen Ärzten als User-Vertreter".

Aktivität. Ein Arbeitsprozess, der inhaltlich sinnvoll und ohne Aufwandserhöhung nicht mehr auf mehrere Personen aufgeteilt werden kann. Eine Aktivität wird daher stets von einer einzigen Person durchgeführt. Eine Tätigkeit besteht somit immer aus einer oder mehreren Aktivitäten, die von den beteiligten Personen ausgeführt werden.

Produkt. Das bleibende Ergebnis einer Tätigkeit oder mehrere Tätigkeiten. Ein Produkt kann bei der Softwareentwicklung ein schriftliches oder elektronisches Dokument oder ein technisches System sein. Ein Produkt kann ein Protokoll, ein Code-Stück, ein Interview-Ergebnis, ein Architekturdiagramm, ein Interface etc. sein. Naturgemäß bestehen Produkte aus Teilprodukten. Ein großes Softwaresystem ist in sich ein sehr großes Produkt, das aus zahlreichen Teil- und Subprodukten besteht, die wiederum Teil- und Subprodukte haben können.

Die Anzahl an wichtigen Teilprodukten der untersten Detailebene in einem mittelgroßen Projekt liegt in der Größenordnung von 200 bis 1000 Teilprodukten. Würde man kleinere Teilprodukte, Protokolle, längere Kommunikationen dazuzählen, verdreifacht sich diese Zahl rasch. Bedenken Sie einmal, wie viel Komplexität darin liegt, wenn ein qualifizierter Softwaretechniker eine einzelne Tätigkeit über durchschnittlich 40 Stunden konzentriert durchführt. Das ist kognitiv und vom Konzentrationswert her das Gegenstück zu 20 Schulaufsätzen. Alleine eine derartige Arbeit gut zu verstehen und zu prüfen, braucht je nach Expertise zwei bis vier Stunden. 500 derartige Einzelteile zu einem zusammengehörigen Konstrukt zu verbinden, das einer unscharfen mehrdeutigen Anforderung genügt, ist ganz offensichtlich eine komplexe Domestizierungsaufgabe.

Leistung. Eine oder mehrere Tätigkeiten, die dem Empfänger einen direkten Nutzen bringen, ohne dass dieser Nutzen notwendigerweise in Form eines Produktes bleibend verfügbar ist. Übliche Leistungen bei der Softwareentwicklung sind: Beratung, Schulungen, Entscheidungsunterstützung, Kontrolle, Sitzungsbegleitung, Beobachtung, Begleitung, Problemidentifikation etc. Man kann ein großes Softwareprojekt auch aus dem Blickwinkel sehen, dass sehr viele kleine, richtige Designentscheidungen koordiniert zu einem funktionierenden Gesamtsystem werden.

Leistungen in Projekten dienen häufig einfach nur dazu, die richtige Entscheidung herbeizuführen. Eine komplexe Institution mit vielen Einzelinteressen erfordert a priori ein größeres Volumen an (Dienst-)Leistung, um abgestimmte Entwurfsentscheidungen in den Grundsätzen zu erhalten. Eine größere und diversifiziertere Nutzergemeinschaft erhöht den Dienstleistungsbedarf in der Regel ebenso.

Das Erstellen eines normalen Eingabeformulars für Stammdaten in einem Programm beinhaltet allein schon 20, 30, ja manchmal 100 Entwurfsentscheidungen. Betrachtet man das Endprodukt Formular hinsichtlich der Verteilung der Entscheidungen genauer, dann ergibt ein typisches Beispiel: 40% in der Analyse, 25% im Entwurf, 15% während der Codierung und 20% in den Test-Iterationen. Die Anzahl dieser kleinen Designentscheidungen geht bei mittelgroßen Projekten in die 30.000er Größenordnung. Der Großteil dieser Entscheidungen wird vom wachen Softwaretechniker allein getroffen (wenn er ein Dokument erstellt). Ein kleinerer Teil dieser Entscheidungen wird im Team getroffen. Wenige wichtige Fragen benötigen breite Abstimmungsprozesse und sind sehr „leistungsbedürftig".

Man darf sich daher ein Softwareprojekt nicht nur als Summe von militärisch verordneten oder maschinell hergestellten Teilprodukten vorstellen. Leistungen gehen nicht nur in die Produkterstellung, sondern sehr intensiv auch in die Abstimmung und Entscheidungsfindung. Offensichtlich wird hier, dass unklare oder undefinierte Strukturen und Organisationen zu Fehl-, Mehrfach-, Halb- und Falschentscheidungen führen und damit zu einem raschen Anwachsen des Leistungsbedarfs ohne Produktergebnis.

Was kann Softwareprojekte zum Scheitern bringen? Zu den in der Literatur bekannten Kernrisiken von Softwareentwicklungsprojekten gehören

- unklare oder unrealistische Projektziele,
- falsche oder grob ungenaue Schätzungen der Aufwände,
- falsches, schwaches, spätes Reporting des Projektstatus,
- schlechte Anforderungsanalysen,
- kein Risikomanagement,
- unzureichende Kommunikation zwischen Entwicklern, Auftraggebern, Anwendern,
- Überforderung des Teams durch die Problemstellung,
- Einsatz unreifer Technologie,
- kommerzieller Druck,
- schludriges Entwickeln,
- schlechtes Projektmanagement,
- Interessenskonflikte und Interessenspolitik.

Die Liste lässt sich je nach Umfeld, Kultur, Unternehmen, Projektszenario verlängern. Die Komplexität von neu zu entwickelnder Software, das Gesamtrisiko und die Verlässlichkeit, dass eine Investition gelingt, hängen nach industrieller Erfahrung letztlich sehr stark von folgenden *drei einfachen Grundkriterien* ab:

1. Ist die projektpolitische Promotion des Softwaresystems über die ganze Projektzeit garantiert?
2. Ist das Team der Aufgabe sowie der Dynamik der Aufgabe prinzipiell gewachsen?
3. Wird die Größe/Komplexität des Projektes realistisch eingeschätzt?

Das Risiko 1 liegt im gesamtstrategischen Umfeld des Projektes und obliegt dem Top-Management. Das Projekt kann darauf verweisen, warnen, diesen Faktor aber selten direkt beeinflussen. Die Risiken 2 und 3 sind verwandt und kommunizieren miteinander. Ist sich das Team der Schwierigkeit der gesamten Aufgabenstellung bewusst und kann es sich selbst realistisch einschätzen? Eine schwierige Frage, die ein Bauherr, eine Unternehmensleitung bzw. ein Auftraggeber letztlich in Eigenverantwortung lösen muss, wenn er/sie die Ausführenden wählt.

Wie läuft ein (Software-)Projekt ab, was ist die grobe Grundstruktur?

Phase der Analyse: Bei Softwaresystemen besteht die erste und wichtigste Aufgabe darin, herauszufinden, was das System können soll. In der *Analyse* werden diese Anforderungen mit Anwendern, Entscheidungsträgern und Experten besprochen, festgehalten und strukturiert. Man spricht auch von der *Anforderungsanalyse* (Requirements Engineering). Das Ergebnis ist ein Analysedokument, sehr oft ist das gut strukturierte Prosa mit geeigneten Abbildungen und Tabellen. Gebräuchlich sind auch die Begriffe Anforderungsdokument, Fachkonzept oder Lastenheft, je nach Kontext. Der Begriff Lastenheft z.B. umfasst den artikulierten Bedarf des Auftraggebers, das sogenannte Pflichtenheft ist die „Antwort" des Auftraggebers, wie er gedenkt, das Lastenheft umzusetzen. – In der Praxis kleinerer Projekte verschwimmen diese Begriffe und Dokumente naturgemäß oft ineinander. Kapitel 4 widmet sich der Phase der Anforderungsanalyse im Detail.

Phase des Entwurfes: Um eine Sammlung von Anforderungen, ein Fachkonzept durch ein funktionierendes Softwaresystem in Aktion und Betrieb zu bringen, muss der technische Gesamtaufbau des Programmes genau geplant werden. Dies geschieht im sogenannten *Entwurf* (Design). Ohne Entwurf geht es nur, wenn man allein arbeitet. Stellen Sie sich vor, drei Kunsthandwerker arbeiten gleichzeitig an einem Holzrohling und schnitzen gemeinsam eine Jesusfigur mit Schafen. Einer beginnt oben am Kopf, einer bei den zukünftigen Füßen, der dritte dort, wo die rechte Hand ein Kitz führen soll. Wie können Kopf, Hand und Fuß am Ende in der Größe und Position zusammenpassen, wenn es keinen gemeinsamen Entwurf gibt? Die Freiheitsgrade in der Softwaretechnik für mehrere Entwickler sind viel, viel größer, als in dem doch sehr konvergenten und wohldefinierten Szenario, bei dem drei Schnitzer an einem Rohling ans Werk gehen. Der Rohling legt mit seiner physischen Struktur schon das Meiste implizit fest. Der Rohling ist bereits ein klarer Rohentwurf. Ein *Softwareentwurf* entspricht einem technischen Modell des Gesamtsystems (im Gegensatz zu einem fachlichen), an das sich alle bei der Ausführung halten können. Ohne Entwurf macht sich jeder selbst seine implizite oder explizite Übersicht über das gesamte System. Jeder natürlich eine andere ...

Je größer ein Softwaresystem ist, desto stärker wird die Rolle der betrieblichen Gesamtschau des Systems und desto mehr Systemaspekte kommen hinzu, die über die Sichtweise „Softwaredesign = abstraktes technisches Konzept der Summe der Anforderungen“ hinausgehen. Man spricht dann eher von einer *Systemarchitektur*, deren Teilkomponenten Softwaredesign und Softwarearchitektur sind. Kapitel 5 verweist auf diesen feinen Unterschied.

Der Entwurf als Phase *nach* der Analyse ist ein historisch stark gefestigtes Paradigma. Es wäre für ein Lehrbuch noch zu früh, den Softwaretechnikprozess – so wie im Vorwort angedeutet – durch eine frühe Architekturphase parallel zur Analyse sozusagen „offiziell“ der gängigen Praxis anzupassen, auch wenn sich Indizien dafür am Horizont der werkbezogenen Softwaretechnik abzeichnen. Geübte IT-Architekten erkennen Gerüst, Skelett, Kernrisiko, Belastungsmuster, Systemkomplexität des Zielsystems lange bevor die gesamte Analyse in ihrer fachlichen Breite abgeschlossen ist. Diese Architektur bestimmt dann die Art der Systemteile. Jeder dieser Systemteile kann eine eigene Softwareplattform erfordern (Chipkarte, Mobiltelefon, Client-PC, Netzwerk, Server, Rechenzentrum, etc.). Innerhalb dieser Systemsoftwareplattformen kann dann klassisches Software-Design erfolgen. – Kleinere oder homogene Softwaresysteme werden geschlossen auf einer Plattform etabliert. Typische Web-Applikationen bedienen zumindest zwei Plattformen: das User-Front-End und den Serverteil der Applikation.

Phase der Implementierung: Bei der Programmierung des Systems, auch als *Implementierung* oder *Codierung* bezeichnet, werden die Anforderungen auf der technischen Basis des Designs (bzw. der Architektur) in einer Programmiersprache ausformuliert, kompiliert oder interpretiert in Betrieb gesetzt, getestet und angepasst, bis das Verhalten des Softwaresystems den Anforderungen entspricht. Früher war es „nur“ die Wahl der Programmiersprache, heute geht es fachlich an der Stelle und Phase der Softwareentwicklung um die Wahl und Anwendung eines ganzen Werkzeugkastens (Framework, Implementierungsplattform, Technologiestack), der in der Phase der Implementierung eingesetzt wird.

Dieser Werkzeugkasten wird eingesetzt, um die Produktivität zu steigern, die Fehlerrate zu senken oder die Fehlerfindung zu erleichtern. Gleichzeitig dienen die Werkzeuge auch dazu, den gesamten Prozess der Softwareentwicklung zu verdichten, auch in Richtung der anderen Phasen (von der Implementierung in Richtung Entwurf bzw. in Richtung Test). Typische Werkzeuge sind z.B. gemeinsame Repositories der Entwickler, automatisches Testen von früheren, alten Testfällen bei neuen Softwareversionen, Ticket Systeme für Development Issues. Implementierungs- bzw. Software-Engineering-Werkzeuge sind durchaus vergleichbar mit klassischem Handwerkszeug.

Die Wahl der richtigen Werkzeuge sowie die Entwicklung solcher Werkzeuge für die eigenen Aufgaben haben wesentliche Auswirkungen auf die Produktivität der Entwicklung. Angemessenheit ist natürlich auch hier ein Schlüsselwort: zu viele Tools oder der falsche Tool-Mix, Tools als Ersatz einer angemessenen Vorgehensweise oder Methode oder das bekannte Prinzip „A fool with a tool, is still a fool“ in Aktion sind bekannte Indikatoren für das Symptom, dass aus dem Tool-Segen in der Implementierungsphase auch ein Tool-Labyrinth werden kann.

Phase des Testens: Nach der Programmierung muss das System ausreichend getestet werden, um seine Fehlerfreiheit zu garantieren. Bei der Durchführung von *Tests* von großen Softwaresystemen ist systematisches Vorgehen von besonderer Bedeutung, da andernfalls zahlreiche Fehler und Fehlerquellen übersehen werden. Der einzelne Programmierer muss dabei alle Auswirkungen seines Programmteiles auf das gesamte Programmsystem abschätzen und prüfen. Die Testphase ist somit auch eine Integrationsphase. Dabei treten nicht nur die „Fehler der Programmierer" zu Tage, sondern es werden sämtliche Kommunikations- und Abstimmungsprobleme zwischen den unterschiedlichen Systembereichen evident und sichtbar.

Je größer ein Gesamtsystem ist, desto aufwändiger wird diese Phase der Integration. Je nach System und Aufgabenstellung kann das dann sogar mehr als 25% des gesamten Entwicklungsaufwandes ausmachen (bei kleinen Systemen ist es deutlich weniger). In großen Systementwicklungshäusern hat man diesem Umstand heute schon Rechnung getragen. Dort arbeitet ein zentrales Test-Center „gegen" alle Entwicklungsprojekte, Entwicklung und Test agieren als gewissermaßen konkurrierende Instanzen, die zwei unterschiedliche Sichten auf das Zielsystem haben. Kapitel 7 widmet sich solchen modernen Testmethoden, die heute in der Praxis der Softwaretechnik üblich geworden sind.

Phase des Betriebs und der Wartung: Die Inbetriebsetzung von größeren Softwaresystemen ist eine Angelegenheit, die guter Vorplanung bedarf. Die User sind nicht mehr einfach gute Bekannte, sondern eine Gruppe von zukünftigen Anwendern, die vorbereitet, eingeschult und laufend informiert werden müssen. Aufbau einerseits und Betrieb/Wartung andererseits haben unterschiedliche Zielsetzung. Wartung will Fehler ausbessern, adaptieren, perfektionieren und stabil erhalten. Die Wartung erfolgt im Prinzip nach demselben Zyklus wie die Entwicklung (Analyse à Entwurf à Codierung à Test), naturgemäß mit weniger Freiheitsgraden (z.B. liegen ja Architektur oder Entwurf bereits gegeben vor).

Der Personalaufwand für die Wartung sollte – sofern es sich nicht um ein laufend stark erweitertes System handelt – deutlich geringer sein als für die Entwicklung. Über den gesamten Lebenszyklus hinweg sind aber die Wartungskosten recht hoch. Je nach System ist es durchaus marktüblich, einen laufenden Wartungsvertrag mit 12% bis 15% der Entwicklungskosten jährlich zu bemessen. Bei einem System, das zehn Jahre in Betrieb bleibt, übersteigen dann die Wartungskosten die Baukosten. Besonders zu warnen ist vor der ungewollten Methode des „zu Tode Wartens von Software". Darunter versteht man Software, die durch laufendes unsachgemäßes Warten zunehmend unlesbarer, inkonsistenter und aufwändig veränderbar wurde. Demotiviertes oder unzureichend qualifiziertes Personal in der Wartung trägt dazu bei, dass die Wartungskosten unnötig steigen oder der Bau eines Neusystems lange vor der geplanten Zeit geschehen muss. Die Besonderheiten dieser Phase werden in Kapitel 8 dargestellt.

Wozu braucht es einen dokumentierten Software-Entwicklungsprozess? Die Tätigkeiten in den einzelnen Phasen (Konventionen, Standards, Formulare, Tools) müssen in größeren Projekten ausführlich beschrieben, untereinander abgestimmt und an alle kommuniziert werden, damit nicht jede an der Entwicklung beteiligte Person dieses Vorgehen neu erfindet oder zu persönlich speziell interpretiert, was unweigerlich zu einem Zerfall des Systems (präziser zu einer Sequenz von nicht zusammenpassenden

Komponenten und Teilen) führen würde. Das konkrete Vorgehen in einem Projekt, d.h. Form, Ablauf, Abfolge aller Tätigkeiten zur Herstellung der Software, wird Softwareentwicklungsprozess genannt. Diese übergeordnete Verfahrensweise, die die vier bzw. fünf Phasen der Softwaretechnik koordiniert, nennt man auch häufig das Vorgehensmodell oder die Softwareentwicklungsmethode, oft nur *Methode* eines Projektes.

Im modernen realen Projekt darf man sich den Handshake der Phasen nicht allzu klinisch sauber vorstellen. Nur in der Theorie schließt man eine Phase ab und geht dann erst zur nächsten über. In der Praxis gibt es oft so starke Überlappungen, dass die fünf Phasen nur mehr als grundlegend unterschiedliche Tätigkeitsbündel mit Schwerpunktbildung in der „Heimatphase" zu verstehen sind. Zwei Beispiele: Gutes Testmanagement beginnt schon in der Analysephase und erstreckt sich über das ganze Projekt oder User Interface Design ist eine Spezialtätigkeit mit unterschiedlicher Rolle in den ersten drei Phasen eines Projektes (in der Analyse als Kommunikationsmittel, im Entwurf als Entwurfsmittel, in der Codierung als Development-Task).

In großen Projekten wird der Entwicklungsprozess standardisiert festgehalten und seine Einhaltung durch das Projektmanagement überprüft. Kleinere Projekte verfügen oft über einen informelleren Entwicklungsprozess, der in der Ausführung weiter vertieft wird. Nach dem bisher Dargestellten ist klar: Jedes mittelgroße Softwareprojekt braucht natürlich einen dokumentierten Entwicklungsprozess. Erst dadurch wird es langfristig transparent, erlaubt es neuen Mitarbeitern rasches Einlernen und wird berechenbar wartbar.

Wen kann man als Softwareentwickler (oder Softwareingenieur) bezeichnen? Als Softwareentwickler kann sich mit Fug und Recht jeder bezeichnen, der einen relevanten, tragenden Teil in einem Softwareprojekt ausführt. Das gilt für alle Teammitglieder im Softwareprojekt. Das engere Verständnis der reinen Programmierung ist hier nicht mehr angemessen, Softwareentwickler ist der übergeordnete Begriff für alle projektbezogenen Spezialtätigkeiten, wie Programmierer, Analytiker, Architekt, User Interface Designer, Projektmanager, PM-Officer, Datenbankspezialist, Testmanager, Tester, Qualitätssicherer usw. Natürlich sind die Profile nicht beliebig austauschbar – im Fußballspiel kann ein Verteidiger notfalls schon einmal einen durchschnittlichen Stürmer spielen. In der Softwaretechnik gibt es in den Spezialfunktionen lange *Einlern- und Anlaufzeiten*: Ein durchschnittlicher Programmierer ist in der Regel kein ordentlicher Architekt, ein PM-Officer ohne Programmierausbildung kann nicht programmieren, typische Systemprogrammierer wären in einem Top-Level-Steuerungsgremium als Projektleiter eher eine Projektgefahr.

Den programmierbegabten Softwaretechnikern ins Stammbuch zu schreiben: ein guter Editor, Autor und Manager eines Fachkonzeptes in einem hauspolitisch schwierigen Umfeld (siehe Fallbeispiel HISS in Kapitel 3) eliminiert ein Projektrisiko, das man auf der rein technischen Ebene mit noch so schlauen Lösungen niemals bereinigen könnte. Natürlich ist dieser Meister des Fachkonzeptes ein Softwareingenieur, wenn auch nicht im klassischen Sinne und nur in Kooperation mit den technischen Umsetzern.

Insgesamt ist das Spektrum der *Spezialisierung* der Softwaretechnik bei weitem noch nicht ausgereizt: weder horizontal fachlich (Datensicherheitsexperte in der Medizin,

Payment-Spezialist im Banksektor, Aviation-Standardexperte, Rechtsinformationssystem-Designer, Mobilfunk-Betriebsprogrammierer, ...) noch vertikal technisch (Web-Ingenieur, Mobile-Client-Entwickler, Embedded-Systems-Architekt, Programmmanager als Weiterentwicklung des Projektmanagers). Die Evolution der IT und der Softwaretechnik bringt mehr neue Rollen hervor als alte langsam verschwinden.

Was sind die fachlichen Hauptaufgaben des Projektleiters? Ein Projekt ohne Projektleiter scheitert. Wenn Projekte ohne formalen Projektleiter oder mit einem ungeeigneten Projektleiter trotzdem erfolgreich sind, dann deshalb, weil eine andere Person still und unauffällig die Rolle ausgefüllt hat. Die Projektleitung kann auch verteilt durchgeführt werden, manchmal ergänzen sich zwei Persönlichkeiten gut. In seltenen Fällen kennt sich ein Team, eine Gruppe so gut, dass eine gemeinschaftliche kooperative Führung effektiv gelingt. Zu den fachlichen *Hauptverantwortungen eines Projektleiters* zählen:

- Lenken eines Projektes
- Planung eines Projektes
- Vorbereiten eines Projektes
- Initiieren eines Projektes
- Steuern der Projektphasen
- Managen der Produktlieferung
- Managen der Phasenübergänge
- Abschließen eines Projektes

Welche sind die persönlichkeits-orientierten Aufgaben des Projektleiters? Neben den rein fachlichen Aufgaben der Koordination und Führung eines Projektes kommt auf die Projektleitung eine Reihe von persönlichen Führungsrollen zu, die die Qualität der Teamleitung in der Regel verbessern, wenn sie durch die Projektleitung auch wirklich ausgefüllt werden können. Folgende „Soft Factors“ kann ein effektiver Projektleiter auf der menschlichen Ebene bereitstellen:

- *Organisator:* schafft organisatorisches und technisches Umfeld
- *Führungskraft:* fachliche Kompetenz und menschliche Autorität
- *Controller:* erkennt und reagiert auf Zielabweichungen
- *Moderator:* Einbeziehung aller Mitglieder am Lösungsprozess
- *Konfliktmanager:* löst Konflikte der Teammitglieder
- *Motivator:* schafft motivierende Rahmenbedingungen
- *Psychologe:* Ansprechpartner bei Unsicherheiten und Bedenken
- *Sündenbock:* verantwortlich für alle Fehlentwicklungen
- *Visionär:* erstellt die Pläne für die zukünftige Vorgehensweise

Kann man vorab überprüfen, ob das Projektziel erreicht wird? Die Grundlage für ein Projekt bildet stets ein guter *Projektplan.* Dieser gibt Termine vor, zu denen Tätigkeiten gestartet und beendet werden sollten. Nach Abschluss von besonderen Tätigkeiten (meist Tätigkeiten, die einen größeren Arbeitsschritt oder eine Phase beenden) muss überprüft werden, ob die Ziele des Projektplanes erreicht worden sind. Dazu gibt es Verfahren, in denen die Qualität von Produkten und Prozessen überprüft werden kann (z.B. Reviews, Inspektionen usw.).

Aufgrund der *Projektdynamik* kommt es in einem Projekt zu Terminänderungen. Der Projektplan wird dann entsprechend der jeweils neu entstehenden Situation angepasst. Meilensteine und Termine für Überprüfungen werden dann ebenfalls angepasst. Um jenseits der großen, geplanten Überprüfungen Übersicht und Kontrolle erhalten zu können, kann der Projektleiter oder die Projektleiterin von den Entwicklern regelmäßig Berichte verlangen, in denen ihre Tätigkeiten beschrieben sind und Probleme aufgeführt werden.

Das bekannte Problem des einzelnen Projektmitarbeiters, nicht rechtzeitig fertig zu werden, kann ein geübter Projektleiter mittels solcher Maßnahmen in den Griff bekommen. Termingerecht zu arbeiten muss man lernen. Der Großteil der ungeübten oder unerfahrenen Softwaretechniker unterschätzen Gesamtaufwand und Fertigstellungsgrad Ihrer Arbeitsteile. Laufende Projektmitarbeit und Erfahrung machen dann über die Zeit die Selbsteinschätzungen realistisch. Gute, erfahrene Projektleiter erkennen oft schon vorab, wer welche Leistung zu welchem Thema in welcher Zeit beibringen kann.

Welche Auswahl an Produkten, Prozessen und Personen ist für ein bestimmtes Projekt wesentlich? Jedes Projekt braucht einen angemessen zugeschnittenen Entwicklungsprozess. Der Entwicklungsprozess definiert Personen, Prozesse und Produkte für die erfolgreiche Durchführung des Projekts. Die Auswahl dieser Elemente ist vom konkreten *Projekttyp* abhängig. Projekttyp und Projektkomplexität bestimmen Form, Art und Anzahl an Prozessen, Produkten und Personen sowie deren konkrete Ausprägung.

Ist die Frage Objektorientierung versus klassisch strukturierte Methode noch relevant? Grundsätzlich führen sowohl strukturierte als auch objektorientierte Methoden zu einem erfolgreichen Softwareprojekt, wenn die handelnden Personen diese jeweils angemessen und kompetent einsetzen. Im Prinzip unterstützen heute die großen Implementierungsframeworks mehrheitlich objektorientierte Sprachen. Die sehr verbreiteten Sprachen wie Java, C++, C#, Python, Perl, PHP und Ruby können hybrid (auch konventionell) eingesetzt werden. Soweit zur Implementierung.

Die *objektorientierte Methode* als Modellierungsmethode bietet eine gute Basis für erfolgreiche Softwareentwicklung, man sollte sie aber auch nicht überschätzen. Der lange unwidersprochen gebliebene Satz, die OO erlaube eine durchgängige einheitliche Modellierungssicht über die Phasen Analyse, Entwurf und Implementierung hinweg, ist bei größeren Softwaresystemen so einfach nicht haltbar. Weder ergeben sich für eine profund und ausgezeichnet gemachte Anforderungsanalyse Vorteile, sie „objektnah" darzustellen. Eher ist sie „projektnah" zu machen. Noch sind *Vererbung*, *Polymorphismus* und *Message Passing* – drei Parade-OO-Konzepte – besonders „natürliche" Grundbausteine für den abstrakten Systembau. Im Vorwort wurde hier schon auf die Bedeutung des Gesamtsystementwurfes und der IT-Architektur verwiesen, die sich zum Thema OO oft nahezu neutral verhalten und die OO letztlich zu einem implementierungsnahen Konzept machen.

Der werte Leser möge nach „Dijkstra“ und „Schlangenöl“ googeln, um aus berufenerem Munde eine Stimme der Relativierung zu lesen. Die Welt selbst, die wir Softwaretechniker analysieren, bevor wir ein Programm schreiben, ist nicht ganz so objektorientiert, wie sie am Reißbrett aussieht. Eine *Systemtheorie*, die die Bausteine einer umfassenden Softwaresystembeschreibung bereitstellt, wurde bisher eindeutig noch nicht gefunden. Die komplette abstrakte Modellierung eines größeren Systems ist oft pragmatisch nicht zumutbar, egal ob in OO oder anders modelliert. Und die Implementierung selbst ist eine Softwarephase im stetigen Wandel. Wie im Vorwort schon erwähnt, scheinen hier wieder einmal die Werkzeugkästen und Handwerker über Methodenkonzept und Ästheten zu obsiegen. Die meisten heutigen Industrie-Developer entwickeln derzeit in Java in unterschiedlichen Werkzeugumgebungen. Es ist ihnen dabei oft herzlich egal, dass sie die Objektorientierung als Konzept verwenden. Sie versuchen einfach mit vorhandenen Werkzeugen, das Programmierziel zu erreichen, und streiten bestenfalls über die Qualität ihrer Werkzeuge für bestimmte Problemstellungen.

Daher unser *Tipp*: wenn Sie OO verwenden, machen Sie es richtig. In mittelgroßen Projekten wird es für Erfolg oder Misserfolg Ihres Projektes nicht wirklich entscheidend sein. Genauso wie schon vor 15 Jahren die Wahl der Programmiersprache nicht entscheidend für den Erfolg eines Projektes war. Zum Lernen und Lehren, was Modellierung kann, wie man von der realen Welt ins Modell, vom Modell ins Programm und vom Programm wieder in die reale Welt kommt, ist OO eine nützliche Metapher. Unbestritten.

Für die prinzipielle, konzeptive, intellektuelle, ingenieurgemäße Aufgabe, ein komplexes System zu analysieren, abstrahieren, modellieren, implementieren und verfeinern, werden wir noch weiterhin gemeinsam – Lehrende, Industrie, Wissenschaft und User – nach einer zufriedenstellenden Lösung suchen.

2.6 Die charakteristischen Merkmale von Softwareprojekten

Softwareprojekte sind zahlreich in der Stückzahl, vielfältig in ihrer fachlichen Art sowie oft sehr unterschiedlich in ihrer technischen und operativen Struktur. Eine bedeckende Klassifizierung wollen wir hier bewusst nicht versuchen. Im vorangehenden Abschnitt wurde erläutert, in welchem Systembereich das vorliegende Buch welchen Grad an Treffgenauigkeit hat. Jenseits der beobachtbaren Evolution der Systeme, Systembiotope und Systemlandschaften sind folgende Grundmerkmale charakterisierend, identifizierend und klassifizierend wirksam. Diese *Merkmale* (Größe, Dauer, Zielsetzung, Domäne, Technologie, Baumethode, Komplexität/Kosten) würde man als oberste Ebene der Übersicht einer großen Projektdatenbank in einer großen IT- und Softwareabteilung wiederfinden.

Die Projektgröße: Die *Größe* eines Projektes wird über die Anzahl an erforderlichem Aufwand z.B. in Personenjahren (Monaten, Tagen) sowie die Anzahl der daran beteiligten Personen dargestellt. Natürlich spielen Infrastrukturkosten oder Kosten für Rechte (Hardware, Software, Lizenzen) hier auch eine Rolle bzw. sind Gegenstand der Abwägung innerhalb von Projektalternativen (Make or Buy, Open Source oder lizenzierte Software, Inhouse oder Outsourcing). Diese unterschiedlichen Ausprägungen lassen sich schließlich unter dem Projektmerkmal *Budget* in die Eigenschaft Größe abbilden.

Aufwands- und Größenschätzung von Projekten ist eine Frage, deren erschöpfende Beantwortung nicht trivial zugänglich ist. Viele Anforderungen machen ein Projekt größer. Eine große Zahl von Anforderungen erhöht die Komplexität durch eine steigende Anzahl von Zusammenhängen und Abhängigkeiten zwischen den Anforderungen. Mit einer großen Anzahl an Anforderungen sind natürlich auch Anforderungsänderungen während eines laufenden Projektes sehr wahrscheinlich. Dadurch werden Projektdauer und folglich die Größe zusätzlich verlängert. Die Dynamik der Änderungen bzw. die Art der Entscheidungsfindung können am Ende die Größe viel stärker bestimmen als die Anforderungen selbst. Denken Sie zum Beispiel an das *Datenschutzprinzip* im Gesundheitswesen. Die Anforderungen dafür sind rasch gefertigt. Die Diskussion darüber wird sich aber in die Realität jedes Kleinsystems im Gesundheitswesen hineinziehen, die Bewusstheit und Betroffenheit der Beteiligten anregen und schwer zu finalisieren sein.

Der *Aufwand* für die Projektinitialisierung, z.B. für Infrastruktur, Schulungen, Werkzeugwahl, Personalfindung, ist bei größeren Projekten anteilig geringer als bei kleineren Projekten. Oft ist der durchschnittliche Aufwand für die Umsetzung von zusätzlichen Anforderungen aufgrund von inhaltlichen Ähnlichkeiten bei größeren Projekten geringer. Gute, große Systeme sind auf vieles vorbereitet. Die Menge solcher innerer Synergien bleibt bei kleineren Projekten aus.

Projektgrößen aus Softwaresicht (Fallbeispiele)

	Jahre	#Team	PM	€ (2010)
Sehr kleines Projekt	0,25	1	3	15.000
Kleineres Projekt	0,5	2	12	80.000
Mittleres Projekt	1,5	5	60	600.000
Große Hochschule	3,0	15	500	6 Mio.
Tickets Staatl. Bahn	3,5	40	1400	25 Mio.
ID Paraguay	2,5	120	3500	55 Mio.
eHealth–Germany	5,0	500	30000	600 Mio.

TU WIEN INSO

Abbildung 2.3: Beispielhafte Größenmerkmale von IT-Projekten mit starkem Softwareentwicklungsanteil, Aufwand = Dauer * durchschnittliche Teamgröße. Größenaufwand in Personenmonaten. Das angegebene Kostenniveau entspricht Industriestandard Westeuropa im Zeitraum 2008 bis 2011 unter der Prämisse, dass Haftung und Gewährleistung professionell geschehen. Vorlesungsfolie aus einer Lehrveranstaltung der TU Wien.

Beispiel 2.3

Projektgrößen

▶Abbildung 2.3 zeigt beispielhaft typische Projektgrößen von Projekten. Ein *mittelgroßes Projekt* – z.B. die Neuerstellung der gesamten Software für eine Apothekenkette – dauert eineinhalb Jahre, wird von vier bis sechs Personen durchgeführt und hat eine Gesamtgröße von 60 Personenmonaten (PM). Die Kosten richten sich natürlich nach Verfügbarkeit, Thema, Markt und Region. Mit Stand 2010 unter typischen Industriebedingungen könnte so ein Projekt in Deutschland mit 600.000 € kalkuliert werden. Es sollte sich dabei um eine Anfertigung handeln, die für mehrere Apotheken geeignet ist. In dem Markt gibt es ja Konkurrenz und heute schon eine Reihe von Produkten für die Apothekenverwaltung. Es wäre untypisch, wenn eine kleine Einzelapotheke einen derart großen Betrag in die eigene Software investieren würde.

In der Liste darunter ist ein *gesamtstaatliches Ticketing* für einen Transportdienstleister im öffentlichen Bereich dargestellt (z.B. Holland, Österreich, Schweiz). Das Ticketsystem würde bei dem avisierten Aufwand von 1400 PM Web-Ticket, internationale Anschlüsse, Reisebüroschnittstellen, Vorkehrungen für den Vertrieb von Fremdtickets, mobiles Ticketing und Automaten-Development beinhalten können, natürlich vorbehaltlich der unscharfen Parameter (Integration, Legacy, Import- und Export an Nachbarsysteme etc.). Ein derartiges System wird *Analysephasen* von zumindest einem Jahr beinhalten, hat lange Rollout-Zyklen, viele unterschiedliche Phasen in allen Teilprojekten. Immerhin gilt es wohl 5000-8000 Bahnbedienstete und mehrere Millionen Fahrgäste mit dem System zufriedenzustellen. Drei bis vier Jahre Baudauer für ein Team von durchschnittlich 40 Personen (nicht nur Entwickler natürlich) bei einem Tagessatz von knapp unter 1000 € für einen großen IT-Dienstleister wäre in keiner Weise unangemessen. Wenn hier noch besondere Technologien und verschiedene Use-Cases hinzukommen (integrierte moderne Kundenchip-Karte, elektronisches Fahrgeldmanagement, CRM-System), dann wären in einem Land der Größe der Schweiz für das Gesamtsystem 50 Millionen € ein durchaus konkurrenzfähiger Gesamtpreis.

Diese Systemklasse fällt aus der Sicht der Softwaretechnik dann natürlich unter *Großsystem*. Im Bauwesen wäre dem ja nicht so. Wir erinnern uns: Die Methoden aus dem vorliegenden Lehrbuch greifen zwar bei dieser Größenordnung auch, aber das Projekt, das Team für das Verkehrssystem wird außergewöhnliche Spezifika erleben und Personal benötigen, das die entsprechende Historie, Vita und Kompetenz nachweisen kann.

Kleinere Projekte können auch von unerfahreneren Teams gestartet werden, unterliegen daher oft einem anderen Konkurrenzverhältnis und werden nicht so selten an kleinere, billiger produzierende Firmen vergeben. Das erhöht das unternehmerische Risiko des Auftragsgebers, kann aber durchaus Sinn machen. Verschätzen sich Lieferant und Auftraggeber im Thema, dann ist dieser Ansatz am Ende allerdings sehr teuer (System kommt zu spät und kostet deutlich mehr als erforderlich).

Prinzipiell gilt: Große Projekte brauchen im Mittel höhere Tages- und Stundensätze, um professionell durchgeführt zu werden. Die erforderlichen Skills der Spezialisten müssen den Komplexitäten angepasst sein!

Regionale Unterschiede sind natürlich spürbar. Die 600.000 € in Deutschland entsprächen nach heutigem Stand im westlichen Rumänien oder im südindischen Madras etwa 150.000 €. Eine kurze Warnung an dieser Stelle für Projektmanager, „Near-Shoring“ oder „Off-Shoring“ (Billig-Lohnland in der Nähe oder Ferne) ist eine sehr hohe Kunst, mit der bis heute zumindest mehr Unternehmen im Softwarebereich Geld verloren haben als gewonnen. In den Zeitungen lesen Sie ja nur über die Erfolgsgeschichten.

Die Projektdauer: Die *Dauer* eines Projektes wird durch die Laufzeit des Projektes in Kalenderwochen (Tagen, Jahren) von Projektstart bis zum Projektende dargestellt. Dabei ist zu beachten, dass ein Aktivprojekt oft auch ein Vorprojekt (Altprojekt, Planungsprojekt, Machbarkeitsstudie) bzw. ein Nach- oder Folgeprojekt hat (Evaluierung, nächste Generation). Selten beginnt ein Softwareprojekt auf der sprichwörtlichen grünen Wiese oder endet im schwarzen Loch. Softwareprojekte kommen von irgendwo her und gehen irgendwo hin. Bei der Angabe der Dauer des Projektes ist diese Abgrenzung und Identifizierung relevant zu berücksichtigen.

Die faktische Dauer eines Projektes ist ebenso von der Komplexität der Aufgabenstellung, der Fähigkeit des Teams und den vorliegenden Projekt- und Umfeldbedingungen abhängig wie die Dauer eines Wettlaufes von der Strecke (100m, 400m, Marathon), der Fitness des Läufers (Alter, Gesundheit, Hobby/Profi/Champion, Trainingsgrad), dem Zustand der Strecke, den Regeln (Cross, Asche, Tartan, Hürde, Orientierung) oder dem Wetter (Halle, Regen/Sonne, Temperatur, Wind). Die *Metapher vom Staffellauf* wäre nicht ganz adäquat. Es gibt Projekte, wo eine größere Zahl an Leuten das Projekt beschleunigen, es gibt solche, wo lauter Spitzenexperten die Zeit verbessern können, es gibt aber auch solche bzw. Zustände in diesen Projekten, wo ein Mehr an Personal und sogar ein Mehr an Top-Personal das Projekt verlangsamen können.

Die Analyse im genannten Ticketing aus Abbildung 2.3 würde, von nur vier Personen ausgeführt, wohl fünf Jahre dauern und damit das Projekt eliminieren. Würde man die Analyse aber umgekehrt von 50 Personen machen lassen, ergäbe sich bei normalem Management ein riesiges Abstimmungs-Tohuwabohu aus der Auflösung von Mehrdeutigkeiten, parallelen Arbeiten und Richtungsdiskussionen. Ähnliches gilt durchaus in der Programmierung selbst: Ist eine Aufgabe von einem Team aus acht guten Entwicklern effektiv in neun Monaten machbar, kann es passieren, dass ein Team aus 25 Entwicklern dieselbe Aufgabe in 15 Monaten deutlich schlechter erledigt. Es reicht als Störung dabei aus, dass z.B. unter den 25 Entwicklern sechs eher unerfahrene oder schwache mit der Durchführung von zehn aus insgesamt 100 Teilaufgaben betraut wurden und man erst nach sieben Monaten bemerkt, dass die betreffenden Kollegen dem Task nicht gewachsen sind. Umplanen, Aussortieren, Nachbauen kostet viel Zeit. Die Möglichkeiten und Wege, Zeit in der Softwaretechnik zu vergeuden, sind vielfältig, wunderlich und oft sogar irrational.

Offenbar gibt es bei den meisten Teilaufgaben in der Softwaretechnik eine angemessene Zahl von Personen, eine bestimmte Teamgröße, die bei passender zugehöriger fachlicher Grundqualität die Aufgabe in der ihr vorgegebenen Zeit lösen kann. Ist die Zahl zu klein, steigt das Risiko, den Zeitplan nicht einzuhalten, sehr rasch. Ist die Zahl zu groß, steigt das Risiko langsam, aber sicher an (abgesehen von den linear steigenden Kosten, die ein Kostenrisiko darstellen). Zu jedem „objektiven" Teilprojekt im Rahmen eines Softwareprojektes gibt es bei vorgegebener Dauer und einem vorgegebenen Level an Qualifikation eine *optimale Anzahl an Teammitgliedern*.

Zusätzlich ist zu beachten, dass es Aufgabenstellungen gibt, die erst von Teams eines bestimmten Levels gelöst werden können. Teams mit geringerer Qualifikation lösen die zugehörige Aufgabe extrem langsam oder gar nicht. Besonders herausfordernd macht die Softwaretechnik der Umstand, dass es nicht nur diese Projektaufgaben gibt, die von Softwaretechnikern eines niedrigeren Levels gar nicht oder inadäquat gelöst werden, sondern dass ein Team aus Top-Performern manchmal eine Aufgabe in der Hälfte oder einem Drittel der Zeit lösen kann wie ein normal begabtes Team. Alles eine Frage der Schwierigkeit der Aufgabenstellung. Für den Kostenverantwortlichen in einem Projekt ist das natürlich eine Art von Alptraum und echte Konfliktlage: Nimmt er/sie bessere Leute, projektiert kürzer, spart sich Geld und Zeit? Oder plant er besser ein „ruhigeres, konventionelles Projekt"?

Prinzipiell gibt es auch hier keine Allgemeinregel. Allerdings sehr wohl typische, *zu vermeidende Industrie-Symptome*:

- In großen Projekten wird anfangs mit „Luxusthemen" viel Zeit vergeudet, die am Ende sehr oft fehlt. Es zahlt sich aus, am Anfang mit guten Leuten das Gesamtproblem zu bemessen, um dann – wenn man im Grundsatz über den Berg ist – mit durchschnittlicher Qualität und langsamerer, günstigerer Fertigung zurande zu kommen.
- „Speed over Quality" ist eher richtig als „Quality over Speed", weil man unter Druck am Anfang besser bemerkt, wer im Projekt ein Performer ist und damit diesen Wissensvorteil länger genießt. Qualität vor Geschwindigkeit klingt zwar supervernünftig, gilt aber nur bei sehr konservativen Aufgabenstellungen.

Natürlich gibt es auch einzelne Aufgabenstellungen in der Softwaretechnik, die sich, sofern die Einschulung leicht skalierbar ist, als indirekt proportional zur Anzahl der Teammitglieder darstellen. 10.000 lineare Testfälle per Hand abzuarbeiten, werden 30 Personen in zwei Wochen erledigen können, wenn fünf Personen dafür 12 Wochen gebraucht hätten.

Grundsätzlich ist bei der *Schätzung von Projektdauern* zu beachten, dass je mehr Personen an einem Projekt oder Teilprojekt beteiligt sind, je mehr unterschiedliche Rollen diese bekleiden, desto mehr Kommunikation, Organisation und Projektkontrolle für einen geregelten Ablauf notwendig ist. Die Aufteilung eines Projektes auf mehrere Teams (bei großen Projekten unumgänglich) führt zu einem erhöhtem Aufwand im Management und einzuberechnenden Aufwänden und Zeiträumen für die Abstimmung unter diesen Gruppen. Das Projekt mit der Teamgröße 5 in Abbildung 2.3 wird in der Praxis aus nur einem Teil-Team bestehen. Die Gruppenstruktur des Ticketing-

Beispiels könnte z.B. aus fünf Sub-Teams mit 4+6+8+10+12 Mitgliedern bestehen, aus sieben Teams mit 4+4+4+4+7+7+10 oder durch drei sehr starke Projektleiter in der Form 12+12+16 segmentiert sein.

Die geschätzte Dauer zur Realisierung der Anforderungen kann sich bei einer steigenden Anzahl von Mitarbeitern zu bestimmten Zeitpunkten in einem Projekt, wie schon bemerkt, durchaus unerwartet erhöhen (Einschulungsaufwand, Wissensschwund, Koordinationszusatz) und sollte daher immer angemessen und zielkonform erfolgen.

Beispiel 2.4

Korrelation Projektgröße – Umsetzungsaufwand

▶Abbildung 2.4 erläutert in der Dimension geschätzt die Auswirkung der Größe eines Projektes auf die Dauer der Umsetzung eines typischen funktional ähnlich großen Bündels an Anforderungen. Als Referenzgröße dient die Kategorie „kleineres Projekt“. Stellen Sie sich als Anforderungsbündel z.B. die Implementierung der Erfassung und Änderung von Stammdaten in diesen Systemen vor. Im *mittelgroßen Projekt* erfordert die softwaretechnisch komplette Abbildung dieses Bündels über alle Phasen und Projektdokumente den dreifachen Aufwand des kleineren Projektes bei einer Streckung der Zeitdauer von etwa 50%. Beim *Hochschulsystem* wirkt sich die aufwändige Entscheidungsfindung auf die Dauer sehr stark aus, nicht so sehr auf den Aufwand, weil die softwaretechnischen und projektoperativen Maßnahmen in etwa ähnlich groß sind.

Das *Ticket-System* ist zwar deutlich größer, das User-Management aber relativ einfach, dafür ist die Realisierung eines Anforderungsbündels sehr breit über viele Systeme gestreut und interdependent. Es ergibt sich kein höherer Faktor für die Dauer, aber zumindest eine Verdoppelung des durchschnittlichen Aufwandes pro Anforderung. Das größte der angeführten Projekte, die Softwareteile für die Errichtung eines landesweiten sicheren *Gesundheitsnetzes,* birgt zahlreiche besondere Prüf- und Durchlauferfordernisse für einzelne Anforderungen bis hin zur Abnahme durch ein projektexternes Board, die Prüfung durch das BSI, die Bewertung des Datenschutzbeauftragten, die Evaluierung durch alle Projektpartner, die Einbeziehung der föderalen Gesundheitsstrukturen. Diese sehr speziellen Erfordernisse des öffentlichen Abgleiches sowie die Effekte einer möglichst bieterneutralen Beschaffung ergeben durchaus mehr als einen Aufwandsfaktor 10 gegenüber einem normalen mittelgroßen System sowie eine Gesamtdauer, die gegenüber einem zentraler führbaren ID-Kartenprojekt Paraguay unter Führung des Sicherheitsapparates eines Innenministeriums ohne starke öffentliche Aufmerksamkeit einen Zeitfaktor zwischen doppelt bis dreifacher Implementierungsdauer realistisch macht.

„Size creates Complexity“: Erläuterung und Grobschätzung der relativen Aufwände abhängig von der Projektgröße

	PM	Aufw.	Dauer	Größensymptom (Bsp.)
Sehr kleines Projekt	3	0.5	0.8	User = AG = Develop.
Kleineres Projekt	12	1	1	Benutzerhandbuch
Mittleres Projekt	60	3	1.5	Reviews, autom. Tests
Große Hochschule	500	6	4	perm. User-Workshops
Tickets Staatl. Bahn	1400	15	4	Call-Center, 99,995%
ID Paraguay	3500	10	8	präventive Medienarbeit
eHealth–Germany	30000	50	20	Projekt wird zur Behörde

TU WIEN INSO

Abbildung 2.4: Darstellung der Auswirkungen von Projektgröße und -typ auf Dauer und Aufwand (Relation als Faktor dargestellt) für die Umsetzung von Anforderungen. Erläuterung im Text.

Ziel und die Promotion des Projektes: Die *Identifizierung, Zielsetzungen und Vision* eines Projektes sind aus der technischen Sicht überraschend wichtige Merkmale. Der Projektverlauf hängt sehr stark davon ab, ob der Sinn und Zweck des Zielsystems durch einen Promotor getragen wird oder ob er den Beteiligten intuitiv klar ist. Es würde den Leser überraschen, wie unterschiedlich im Laufe eines Projektes das Ziel, der Umfang, die Identität eines Projektes oft wahrgenommen werden. Unschärfe in diesem Merkmal kann bewusst gewählt und nützlich für die Führungskräfte sein, sie kann aber auch zum Projektrisiko werden, wenn Erwartungen an ein Projekt bestehen, die nicht den inneren Zielen und Leistungen entsprechen. – Haben Sie schon einmal in ein Sandwich gebissen, das Ihnen als Butter und Honig angekündigt wurde und mit sauren Gurken belegt war? Große Projekte brauchen ein angemessenes Maß an Öffentlichkeitsarbeit und Projektmarketing. Sie benötigen daher auch eine laufende Validierung der Ziele.

Validierung bedeutet überprüfen, ob das richtige System gebaut wird. Teil der Validierung ist die Prüfung, ob das gebaute System noch immer den Zielen des Promotors entspricht. Je größer Projekte sind, je mehr Publikum, User oder Promotoren ein System hat, desto wichtiger wird es, dass die Zielidentifikation nicht allein als Summe aller Fachlichkeiten (*Anforderungsanalyse*) wahrgenommen wird, sondern das öffentliche Bild über das zu erbauende System in Übereinstimmung mit dem Ziel der Promotoren und den fachlichen Zielen bleibt.

Beispiel 2.5

Beispiele zu größenspezifischen Projektmaßnahmen

Abbildung 2.4 führt unter spezifische Projektmaßnahmen („Größensymptom“), die im Zuge der Größe und des Grades der Besonderheit eines Projektes auftreten, einige derartige Maßnahmen an. Das *Hochschulsystem* benötigt wegen der hohen Dezentralität und Autonomie der strukturellen Teile des Unternehmens (Institute, Dekanate, Rektorate, Verwaltungsabteilungen) laufende *Workshops*, um die Anforderungen aufgenommen, entschieden und abgenommen zu erhalten. Eher ein iterativer, evolutionärer Prozess als ein kaskadiertes Entscheidungsverfahren. Es dient letztlich der Erhaltung der hauspolitischen Promotion des Systems und ist ein Akt der Validierung.

Das Fallbeispiel *gesamtstaatliches Ticketing* bedarf eines professionellen *Call-Centers*, der Kauf von 5 Millionen Tickets pro Jahr ergibt allein im Mittel um die 1000 Ticket-Ausstellungen pro Stunde, von denen nur ein Bruchteil durch einen Schalterbediensteten live durchgeführt wird. Wenn nur ein Viertel dieser Interaktionen übers Telefon gemacht werden und beim Rest (Automat, Internet, SMS, Reisebüro) nur 5% zu telefonischen Nachfragen, Beschwerden, Erinnerungen führen, dann sind pro Stunde im Mittel an die 300 Anrufe zu bearbeiten. In Spitzenzeiten ist mit einem bis zu zehnfachen Aufkommen zu rechnen. Es gehört zu den wesentlichen non-funktionalen Zielen des Systems, dass die Kunden in Problemfällen professionelle Hilfestellung und ein Ventil zur Verfügung haben. Ein typisches Projektsymptom, das aus Größe und Zielsetzung des Systems erwächst. Ein Tag Ausfall bedeutet negative Schlagzeilen in allen Medien und einen riesigen Reputationsverlust für das ganze Unternehmen.

Beim *ID-System* (Personalausweis und Pass) eines Landes würde es zu den typischen Merkmalen eines Projektes gehören, die öffentliche Erwartung und Wahrnehmung über das Projekt wohldosiert mit Hilfe einer guten *Presseabteilung* oder ausgewogenem Projektmarketing zu begleiten. Zu den unangenehmsten Ereignissen für derartige Projekte gehören Schlagzeilen wie *„Passprojekt um 6 Monate verzögert. Werden wir nächstes Jahr in den Sommerurlaub reisen können?“* oder *„Sicherheitscode der ID-Chipkarte wurde geknackt. Datenräuber nehmen Ihre elektronische Identität an“*. Das funktionale Ziel dieser Art von Projekt besteht nicht nur in der Fähigkeit, jemanden (elektronisch) auszuweisen. Es besteht auch darin, dass die Bürgerinnen und Bürger darauf vertrauen. Softwaretechnik muss manchmal, um valide Systeme zu bauen, sehr weit und sehr ganzheitlich denken und handeln können ...

Die Domäne (Anwendungsbereich) eines Projektes: Die *Domäne* der Aufgabenstellung hilft bei der Orientierung und Einordnung des Systems und erlaubt es sowohl Novizen als auch Experten, typische Eigenschaften zur Identifizierung und Klassifizierung abzurufen. Typische etablierte *Domänen* für Softwaresysteme sind Finanzwirtschaft, Gesundheit, Government, Aviation, Automotive, Telekommunikation, Produktionssteuerung. Jede Industriebranche hat ihre eigene Softwareproduktlandschaft. Natürlich sind Betriebssystem-, Infrastruktur- oder Middle-Ware-Themen in vielen Bereichen ähnlich und können im Falle eines technologischeren Themas die Identifizierungskraft des Merkmals Domäne abschwächen. Ein Netzwerkaufbau im Bankbereich ist beispielsweise dem im Government-Bereich sehr ähnlich.

Vielen finanzwirtschaftlichen Systemen wohnt die Domänencharakteristik inne, dass sie *transaktionssicher* sein müssen, d.h., eine Transaktion (Überweisung, Buchung, Payment, Wertpapieraktion) wird immer vollständig durchgeführt oder gar nicht gestartet. „Verlorene“ Transaktionen gibt es nicht. Letztere Eigenschaft war historisch z.B. im Bereich des Mobilfunks nicht so wichtig. Sie alle wissen, dass SMS manchmal einfach verloren gehen. Spannend wird das Thema, wenn es zu Cross-Over-Vorgängen kommt. Geldüberweisung per SMS bedeutet wohl für eine der Domänen einen Paradigmenbruch.

Was in einem Bereich unabdinglich ist, z.B. vollständige Protokollierung aller Ereignisse, kann in einem anderen untypisch oder verboten sein. Im *Telekommunikationsbereich* ist es z.B. in Europa verboten/unüblich, Inhaltsdaten (Telefongespräche, SMS, E-Mails) länger zu speichern. Die heiße Diskussion über die Vorratsdatenspeicherung der reinen Verbindungsdaten mag dem Leser aus den Medien bekannt sein. Der medizinische Bereich wiederum ist gekennzeichnet von einem hohen Protokollierungs- und Dokumentationsbedarf bei gleichzeitiger Wahrung des Arztgeheimnisses, der Datenhoheit der Patienten bzw. den spezifischen Interessen der Berufsstände und Institutionen.

Beispiel 2.6

Beispiel zum Projektmerkmal Domäne

Typische Komplexitäten einer Domäne nicht zu kennen, erhöht das Risiko für einen Softwareentwickler, wenn er/sie in so einem Sektor zum ersten Mal Systeme baut, auf individueller Ebene und auf der Ebene des gesamten Unternehmens.

Ein großer Hersteller von Motorensteuerungen musste in seiner indischen Niederlassung leidvoll erfahren, dass die meisten Coder in Unter- oder Mittelklassefamilien der 80er aufgewachsen sind, die – wenn überhaupt – einen 100ccm Roller als Fahrzeug hatten. Wenige sind in einer Familie aufgewachsen, in der ein Auto zum Alltagsnutzobjekt der Familienmitglieder gehörte. Rein demoskopisch fahren 2/3 aller Männer in Europa mehr als drei Mal pro Woche mit dem Auto, haben das als Kinder schon getan und kennen Bremse, Kupplung, Batterie, Vergaser, Lichtmaschine, Reifenplatzer, Motorbremse, die gesamte Ereigniskultur in dieser Domäne als Nutzer. 1/3 aller Männer bastelt mehr oder weniger intensiv am eigenen Fahrzeug herum. Über das Autoputzen hinaus besteht ein tieferes Verständnis für Motor, Mechanik, Bauteile und Problembereiche.

Wenn europäische Entwickler in dem Bereich arbeiten, ist ihnen daher vieles intuitiv klar, weil sie erfahrene User oder sogar geübte Hobbymechaniker sind. Indische Entwickler haben kaum einmal unter eine Motorhaube geschaut (5%) und sind nicht als User damit aufgewachsen. – Dies hat sich zumindest noch bis vor fünf Jahren als ein wesentlicher Nachteil erwiesen für die Einlernzeiten und die Integrität der Development-Leistungen. Wenn Sie Leerlauf und Motorbremse codieren müssen und nicht wissen, was das ist bzw. wie es sich live anfühlt, dann geht es Ihnen wie einem Kochanfänger, der nach Rezeptbuch die Zutaten mischt, ohne jemals beim Kochen zugeschaut oder das Gericht gegessen zu haben. Eine Prise Salz kann da in der Eile schon zur Packung Salz werden. – Wer jemals gekocht und gegessen hat, kommt nicht einmal auf die Idee.

Es ist natürlich in der Geschichte oft vorgekommen, dass sich Software- und IT-System-Firmen aus strategischen Gründen auf neue Domänen konzentrieren, in denen sie keine Erfahrung haben, ohne sich das entsprechende Personal bzw. die einschlägige Expertise rechtzeitig zu sichern. Solche Selbstsicherheit und Arroganz kann fatal sein. Ein großes Mautsystem in Zentraleuropa wurde vor einigen Jahren mittels Marktverdrängung eines Know-how-Trägers durch einen großen IT-Player gewonnen und zugeschlagen. Es endete in hohen Zeitverzögerungen und daraus folgenden Pönalezahlungen, weil wesentliche Konstituenten der Domäne für das verantwortliche, in dem Gebiet unerfahrene Team eher experimentellen und explorativen Charakter hatten. Wie schon an anderer Stelle in dem Buch erwähnt: Projektrisiken sind szenarisch und lokal, nicht konstant objektiv für eine fachliche Aufgabe. Das vorher zuständige Unternehmen und Team hätte schlafende Bären nicht geweckt, d.h. in der Softwaretechnik bedeutend weniger Projektrisiken zur Wirkung gebracht.

Die Technologien des Projektes: Die *Art und Ebene der verwendeten Technologien* identifizieren ein Projekt aus software- und informationstechnischer Sicht. Anschaffungskosten, Verfügbarkeit von Ressourcen, Realisierungsaufwand werden durchaus relevant von diesem Merkmal gesteuert. Jeder technologische Bereich hat in der Informations- und Softwaretechnik seine eigenen speziellen Charakteristika. Technologiebereiche sind starken Wechseln unterworfen und oft auch produktbezogen zu bewerten: Ein SAP-Entwickler ist wahrscheinlich in einem anderen ERP-System nicht einsetzbar, ein .net-Spezialist eventuell unter Linux kein großer Performer. Das technologische Moment eines Projektes bestimmt Architektur und technische Beweglichkeit, aber auch personelle Verfügbarkeit und langfristige Kosten. Ähnlich wie Fachdomänen haben IT-Technologiebereiche bzw. die Architekturstrukturebenen eines Systems ihre besonderen charakteristischen Eigenschaften.

Große Softwaresysteme sind oft wie Zwiebeln aufgebaut: Die innere Schicht liegt unter- oder innerhalb der darüberliegenden Schicht. Eine weitere Schicht oder Zwiebelebene liegt dann darüber usw. Typische Anwendungsprogramme haben heute ein, zwei, drei solche Zwiebeln als Basis ihrer Zusammensetzung. Eine Zwiebel besteht aus drei Ebenen, eine andere aus fünf. Diese Struktur – oft auch als Technologiestack oder Technologieebenen bezeichnet – ist relevant identifizierend für ein Softwaresystem.

Die zwei allgemeinen, übergreifenden Technologietypen in der Softwaretechnik sind *Anwendungssoftware* (auch Applikationssoftware) und *Systemsoftware*.

Anwendungssoftware wird als Bezeichnung für jene Klasse an Software bzw. jenen Teil eines Softwaresystems gewählt, die der End-User (der Anwender) direkt und unmittelbar benutzt. Mit dem „Gegenteil" der Systemsoftware kommt der User nur indirekt (über die Anwendungssoftware) in Kontakt. Diese Unterscheidung ist zwar schon recht alt, aber immer noch zweckmäßig. Anwendungssoftware gibt es im privaten Bereich des Konsumenten und im betrieblichen/öffentlichen Bereich.

Die Hauptaufgabe von betrieblichen Systemen umfasst die Verwaltung und Aufbereitung von Daten für den User zum Support von operativen Arbeits- und Verwaltungsprozessen. Komplexität entsteht hier aus der Funktionalität bzw. liegt im User Interface oder der User-Art. Typischerweise unterliegt diese Technologieklasse heute sehr starken Integrationspflichten und Service-Levels in der Interaktion mit anderen Anwendungen. Der elektronische Akt in einem Amt wäre ein Klassiker dieser Systemart.

Anwendungssoftware: Anwendungssoftware ist so vielfältig, wie sie schwer zu klassifizieren ist. Ihr Wecker am Mobiltelefon ist Anwendungssoftware, er hat den klassischen runden, lauten, am Nachtkästchen vibrierend springenden Metallwecker verdrängt bzw. mittlerweile zum Kultobjekt gemacht. Ihr Kühlschrank beginnt langsam Anwendungssoftware zu beinhalten, in zehn Jahren werden die neueren Modelle zwar bei weitem nicht so viel Anwendungssoftware beinhalten wie ein neues Auto, aber doch genug, dass man hineinschauen kann, ohne ihn aufzumachen, und wohl auch etwas eintragen kann auf die elektronische Einkaufsliste per Touch-Screen, die selbstverständlich synchron auf Ihrem Mobiltelefon (wird man das dann wohl noch so nennen?) verfügbar ist. Ob Sie den Bestellvorgang im Mobilsupermarkt mit Zustellservice am Kühlschrank eingeben oder am tragbaren Gerät, wird von Ihrem Tagesablauf und Ihrem Konsumverhalten abhängen. Der Übersicht halber seien ein paar typische heute identifizierbare Kategorien von Anwendungssoftware angeführt, die nicht als vollständige und bedeckende Liste zu verstehen ist, sondern beispielgebend und erläuternd:

- Applikation zur Unterstützung der individuellen Arbeitsproduktivität (Office-Pakete, Textverarbeitung, Tabellenkalkulationen, einfache Datenbanken, Grafik- und Präsentationsprogramme, Terminkalender, Projekt- und Zeitmanagement-Werkzeuge, Browser, corporate Email)
- Consumer-, Privat- und Entertainment-Software (Spiele, Lernprogramme, Informationsportale, Shopping-Portale, Kalender, private E-Mail, Suchmaschinen, Navigationssysteme, Plattformen wie Facebook, youtube oder Twitter, Übersetzungsprogramme, ...)
- Generische (= domänenunabhängige), betriebliche Applikationen (betriebliche Verwaltung, ERP-Systeme, CRM-Systeme, GIS-Systeme, B2B-Anwendungen, betriebliche Webportale, Enterprise Integration Suites)
- Geschäftsapplikationen einer vertikalen Branche (Produktion, Finanzwirtschaft, Gesundheitssektor, Government, Telekommunikation, Öl-Industrie, ...)
- Systempflege-Werkzeuge des täglichen Gebrauchs (Virusprogramme, Backup-Systeme, Kompressionsprogramme, Einstellungs-Utilities für Kamera und Mobiltelefon, Synchronisation von Daten, Diktaphon, Videoplayer, Fonts, ...)

Anwendungssoftware ist einer natürlichen Migration entlang der Verbreitung der technologischen Infrastruktur unterworfen. Am Anfang der Anwendungssoftware war sie für die User als „dumme“ Terminallösung im Rahmen eines sogenannten Host-Systems verfügbar, zumeist in der Verbreitung beschränkt auf größere Betriebe und spezifische Bereiche. Vorher gab es nur den Batch-Betrieb, den man nicht als Anwenderlösung einordnen kann. Mit der Verbreitung des Personal Computers wurde dieser sowohl im Privatbereich als auch im betrieblichen Umfeld zum Trägermedium der Anwendungssoftware. Heute wird neue Anwendungssoftware vornehmlich als Browser- und Internet-basiertes System etabliert. Das Web mit der Technologie Web-Services wird zum Hauptträger der typischen Anwendungssoftware.

Die nächste Migration könnte entweder in der Vereinigung des Mobilfunkgerätes mit dem portablen PC liegen – mobile Geräte werden zum neuen ubiquoten Endgerät für Anwendersoftware – oder darin, dass viele neue moderne Anwendungen (geobasiert, selektiv vernetzt, Community-getrieben) die Google-Infrastruktur als gemeinschaftliche Basis nutzen. Ähnlich wie Microsoft die Betriebssystemwelt und Office-Landschaft weltweit geprägt hat, wie Sun mit Java heute Internetprogrammierung und damit große Bereiche der aktuellen Anwendungsprogrammierung dominiert, hätte aus momentaner Sicht die Google-Infrastruktur das Potenzial, zur Trägerrakete der neuen Klassen an Anwendungssoftware zu werden; so wie die Mobilfunkoperatoren das Potenzial hätten, das Thema der persönlichen Sicherheit mit ihren Systemen und ihrer SIM-Karte in der Anwendung zu dominieren.

Wir werden sehen. Linear war in der Informationstechnik noch kaum etwas und es kam immer etwas überraschender als man vermuten konnte. Vergessen wir nicht, die „alte“ Anwendungssoftware bleibt uns ja durchwegs in großen Teilen erhalten. Durchaus relevante Teile heute ausgeführter Software sind in Cobol oder PL/1 geschrieben. Client-Server-Anwendungen in Pascal oder C tun weiter ihren Dienst.

Systemsoftware: *Systemsoftware* bezeichnet die Gesamtheit all jener Programme und Systeme, die sämtliche Abläufe des für den User nicht sichtbaren Betriebes eines Systems steuern. Als moderneren Begriff könnte man die Formulierung wählen, Systemsoftware ist die Software im Bereich der IT-Infrastruktur ähnlich der Infrastruktur eines Gebäudes (Wasserleitungen, Elektroleitungen, Installation, Klimaanlage, Brandschutz, Fluchtwege). Anwendungssoftware benötigt immer Systemsoftware, auf der sie basiert und agiert. Systemsoftware stellt die Verbindung zwischen Anwendungssoftware und Hardware her, sie steuert interne und externe Hardwarekomponenten. Systemsoftware regelt den Zugang zu internen Ressourcen (Speicherplatz, Prozessor, Netzwerk) oder externen Geräten und Systemen (Drucker, Internet). Naturgemäß wird Systemprogrammierung in systemnahen Sprachen durchgeführt. Betriebssysteme, MiddleWare, Programmierwerkzeuge, Betriebswerkzeuge, Datenbanken, Monitore, dies alles sind Systeme, die der Klasse Systemsoftware angehören. Auch hier zur Veranschaulichung ein beispielhafter Überblick:

- Betriebssystemsoftware (Betriebssysteme für Client, Server, Mobilsystem, Netzwerk, Chipkarten, embedded Systems)

- Netzwerksoftware (Netzwerkmanagement, Server-Management, Sicherheitssoftware, Firewalls, Netzwerk-Middleware, Verwaltung von Hubs, Bridges, Router, Switches, Repeater, ...)
- Datenbanksoftware (Datenbank, Datenbankmanagement, Interface Drivers wie ODBC, SQL/Transaction/Relation-Engine, Monitore, Data Warehouse, ...)
- Entwicklungssoftware, -werkzeuge und -sprachen (Werkzeuge für alle Sprachen, Compiler, Interpreter, Werkzeuge für alle Phasen, Testwerkzeuge, entwicklungsnahe Projektmanagementwerkzeuge, Generatoren, Programmiersprachen, ...)
- SOA-Software gehört zur Klasse der Entwicklungssoftware. Frameworks oder Systemsuiten, die auf dem Konzept der serviceorientierten Architekturen basieren, versuchen, typische Probleme, die die Verbindung zwischen Anwendungssoftware und Systemsoftware immer mit sich bringen (Integration aller IT-Systeme, Performance, Skalierung, Integration der Fachlogik der Applikationen, Sicherheitsmanagement) zu sammeln, zu bündeln und „zentral" aufzulösen. SOA in bester Funktion liefert der Anwendungsprogrammierung ein „Rundum-sorglos-Paket" für den späteren Betrieb und sollte die Ressourcen und Performance-Frage von der Anwendungsprogrammierung fernhalten. Erfahrene Praktiker wissen: Dies bedeutet sehr großen Planungs- und Aufbauaufwand und muss mittel- und langfristig wohlüberlegt auf Nützlichkeit geprüft werden. SOA funktioniert nur auf Basis einer guten System-Betriebsarchitektur und einem umfassenden Verständnis und Planung der späteren Anwendungsprogrammierung mittels der SOA. Das Aufsetzen erfordert extrem hohe Kompetenz, Kosten/Nutzen ist gegen Alternativszenarien gut abzuwägen.
- Embedded-Systems-Software bezeichnet Software für eine Hardwaresystemklasse, deren Aufgabe im Steuern, Regeln, Vermitteln, Verschlüsseln und Überwachen liegt. Sie verrichten – weitestgehend unsichtbar für den Benutzer – Dienste in vielen Geräten (Waschmaschinen, Medizintechnik, Auto, Flugzeug, Mobiltelefon, Unterhaltungselektronik). Heute sind Embedded Systeme zunehmend ein Treiber von Middleware- und Systemprogrammierungsbedarf.

Echtzeitsoftware. Das wesentlichste Qualitätsmerkmal von Echtzeitsoftware ist die Erbringung des richtigen Ergebnisses innerhalb von genau festgelegten Zeitschranken, die innerhalb einer realweltlichen Ereigniskultur in der physikalischen Welt funktioniert. Ein Roboter, der einen Tennisball fangen soll, kann die Gesetze der Gravitation nicht seinen Prozessorleistungen anpassen und auch nicht „jammern", wenn der abgestoßene Filz seinen programmierten Reibungswerten nicht entspricht. Der Ball fällt runter, wenn das Softwaresystem zu langsam beim Orten oder zu ungenau beim Greifen ist. Die Einhaltung solcher Zeit- und Rahmenbedingungen ist nur durch gemeinsame integrierte, gezielte Planung, Spezifikation, Entwurf und Implementierung von Software mit Hardwarekomponenten in Bezug auf die Zielsystemumgebung möglich.

Ein Beispiel wäre ein Autopilot oder ein automatisches Landeprogramm im Bereich Aviation. Softwaretechnik in dieser Technologieklasse ist immer stark als gesamtheitliches *Systems Engineering* zu sehen. Software Engineering lässt sich hier als Verfahren viel weniger abstrahieren und abkoppeln, als das in anderen Technologiebereichen möglich ist. Die Überbindung der Teilkomponenten erfolgt hier immer in Bezug auf den oft recht speziellen realen Systemzweck. Das hat durchwegs Auswirkungen auf alle Phasen der Systementwicklung. Echtzeitsoftware ist anders zu testen und zu prüfen als zur physikalischen Welt asynchrone Software bzw. jene, die keinen Echtzeiterfordernissen genügen muss.

Echtzeitsoftware ist als eine gesonderte Komplexitätskategorie zu betrachten. Oft handelt es sich dabei um sogenannte Life-Critical-Systeme oder Safety-Critical-Systeme, deren Fehlverhalten Unfall, Verletzung oder Tod von Menschen, großen physischen Schaden oder z.B. Umweltzerstörung direkt verursachen kann. Automobile, Luftfahrt, Kraftwerkssteuerung gehören in diese Kategorie. Prinzipiell gibt es natürlich auch in diesem Segment die Kategorien Anwendungssoftware (Airbuscockpit) und Systemsoftware (Echtzeitbetriebssystem, Echtzeitdatenbank). Bau-, Test-, Prüf und Abnahmeweise der Gesamtsysteme erfordern striktere Einschränkungen für die Entwicklungsmethodik. Formale Methoden spielen hier eine stärkere Rolle. Der Aufwand eines Systembaus ist größer, die Anforderungen können naturgemäß nur eingeschränkter sein. Ein Beta-Massen-Test am User, wie es beispielsweise bei einer neuen Search-Engine sehr zweckmäßig ist, kommt bei einer Leitwerkssteuerung eines Flugzeuges nicht in Frage. Softwarefehler, die im Feld entdeckt werden, sind zumeist verbunden mit dramatischen Ereignissen.

Die Bauklasse eines Projektes: Eines der wesentlichen Probleme beim Bau von neuen Softwaresystemen, das erst in den letzten 20 Jahren gewachsen ist, liegt in der Tatsache, dass sich ein Einzelsystem immer seltener isoliert von den umliegenden Systemen aufbauen lässt. Speziell zu beachten sind dabei das oder die entsprechenden Vorgängersysteme – als Quelle der Analyse, als etablierte Koalition zwischen System und Usergemeinschaft, die Geschäftsfälle, Systemverhalten und Alltagspragmatismen aufgebaut haben. Diese zu entschlüsseln und zu identifizieren, ist erfahrungsgemäß aufwändig und nicht trivial.

Wir führen in diesem Zusammenhang hier den Begriff der *Bauklasse* von Software ein, um diese von dem in der Softwaretechnik-Literatur üblichen Konzept der Vorgehensmodelle abzuheben. *Vorgehensmodelle* befassen sich mit dem klassischen Softwarezyklus: Ein Vorgehensmodell bestimmt, wie in einem Projekt, Analyse, Entwurf, Codierung, Test und Wartung verbunden und gelebt werden sollen. Der Begriff der Bauklasse berücksichtigt, welche Strukturen und Topologien für ein neues System bereits fest als unausweichliche Fakten vorliegen. Für die Bauklassen relevant sind derartige Vorgaben hinsichtlich:

- seiner Vorgänger,
- seiner Nachbarn,
- seiner Bauweise,
- seiner Lieferantenstruktur,
- seiner zukünftigen Betriebsumgebung.

Selten ist ein Softwaresystem neu und fundamental genug, groß genug und ausreichend mit Promotion versehen, dass es seine Vorgänger und zukünftigen Partner ignorieren kann, seine Bauweise allein aus den eigenen funktionalen Notwendigkeiten heraus optimieren kann oder allein seine Betriebsumgebung bestimmt. Große Leitsysteme können solche Bedingungen ausnahmsweise vorfinden und bilden dann gleich einen Teil der zukünftigen IT- und Softwarestrategie.

Im Normalfall haben die vorhandenen *Ausgangsprodukte*, deren Übernahme und Überführung in das gewünschte *Zielprodukt* einen wesentlichen Einfluss auf Charakter und Typ eines Projektes im Sinne des Vorgehens und der faktischen Projektart. Prinzipiell kann in der industriellen Praxis auch in jeder Teilphase der Softwaretechnik eine gesetzte Größe oder Instanz vorliegen, die in das Gesamtprojekt zu integrieren ist.

Beispiele für heute sichtbare *Bauklassen* sind:

- Die *Ablöse eines Legacy-Systems* (lange Jahre gehalten oder gewachsen, wenig konsistente Dokumentation, Alt-System bestimmt mehr als 50% der Funktionalität des Neu-Systems) erzeugt eine oft völlig andere Projektstruktur als es die Lehrbücher der Softwaretechnik für den Standardfall vermitteln. In Anlehnung an die Bauindustrie wird diese Bauklasse manchmal als *Brownfield-Projekt* – Aufbau des Systems auf bereits verbautem Grund – bezeichnet. Der übliche Lehrbuchgegenstand ist das semantische Gegenstück, das *Greenfield-Projekt.*
- Ein *Greenfield-Projekt* wäre ein Standardprojekt, wie wir es kennen und lehren, der Aufbau auf „grünem" unverbauten Land. Das System wird von Grund auf neu geplant, als ob es noch keine IT-Systeme als Vorgänger und Nachbarn sowie keine Betriebsabteilung in dem Unternehmen und keine IT-Strategie gäbe. Bei einem neuen Unternehmen ist das natürlich der Fall, bei etablierten Unternehmen wird es immer seltener, so eine Konstellation vorzufinden.
- Ein *Customizing-Projekt* verwendet in den Phasen Entwurf und Implementierung ein vorgefertigtes Basissystem oder eine Standardsoftware für die softwaretechnische Realisierung. Im Hausbau entspräche dies einem Fertigteilhaus mit all den Vor- und Nachteilen so einer Bauklasse und mitsamt dem Grundrisiko, dass das Gesamtsystem falsch angemessen wurde. Zu- und Ausbau können im Fertigteilgeschäft schwierig sein. Klarerweise spielt in solchen Fällen z.B. die Frage des „Werkzeuges" (z.B. welches ERP-System verwende ich? Was ist das technische Moment dieses Systems?) eine extrem wichtige Rolle und erwirkt eine völlig andere Projektstruktur als im Fall eines kompletten Selbstbaus der Software.
- Ein *Early-Life-Cycle-Projekt* (auch *Analyseprojekt*) liegt z.B. dann vor, wenn die Aufgabe darin besteht, eine gute Analyse und einen guten Entwurf zu einem System zu machen, Sie aber keinen Einfluss auf die Implementierung haben. So ein Fall tritt z.B. dann ein, wenn ein großes Unternehmen einen definierten Partner für die Entwicklung hat, Ihnen als regionale Tochter die Freiheit lässt, das Zielsystem selbst zu definieren, die Umsetzungstechnologie und handelnden Personen dabei aber außerhalb Ihres Einflusses stellt. Ein Analyseprojekt dient oft als Vorstufe für ein Realisierungsprojekt, dessen Vergabe von den im Rahmen der Analyse durchgeführten Planungen und Aufwandsschätzungen bestimmt wird.
- Ein *Later-Life-Cycle-Projekt* (auch *Realisierungsprojekt*) liegt z.B. dann vor, wenn Sie als Entwicklungsunternehmen eine fertige Spezifikation und Analyse überneh-

men müssen und darauf aufbauend eine Implementierung in einer Ihnen gut bekannten Technologie vornehmen. Es wird dabei zu Iterationen mit Ihren Ergebnissen kommen, zu vielen Nachfragen und Kommunikationen. Die Konstellation an sich, dass Sie die User als Entwickler nicht persönlich sehen, kommt in der heutigen industriellen Praxis durchaus vor. Ziel ist hier die Implementierung des Systems. Die Arbeitsschritte Entwurf, Implementierung, Test und Inbetriebnahme werden durchgeführt. Ergebnis eines Realisierungsprojektes ist eine funktionierende Applikation mitsamt den softwaretechnisch relevanten Dokumenten.

- Ein *Wartungsprojekt* nennt man eine Aufgabenstellung, bei der ein Team die Wartung eines Software-Systems übernimmt, dessen gesamte Entwicklung und Inbetriebnahme von einem anderen Dienstleister gemacht wurde. Ein in Betrieb befindliches System wird in solchen Fällen z.B. von einem für Wartung spezialisierten Dienstleistungsbetrieb übernommen. Derartige Vorgehensweisen können geplant sein („wenn die schwierige Arbeit mit dieser neuen Technologie getan ist, dann übernehmen wir das mit unserem Team in die Wartung"), können aber auch z.B. Teil eines Outsourcing-Verfahrens zur Kosteneinsparung sein.

Diese Liste lässt sich fortsetzen. Reale Softwareprojekte in der Praxis sind heute durchaus so gestaltet, dass in bestimmten Gesamtprojektteilen feste Stellgrößen aus unterschiedlichen Gründen gesetzt sind. Aussagen und Bedingungen, die man typischerweise hören kann, sind „Das Test-Werkzeug ist bereits bestimmt“, „Die Analyse wird von der Firma pathfinder gemacht“, „Wir verwenden unternehmensweit das Projektmanagementwerkzeug freetime“, „Die Wartung wird am Ende des Projektes jedenfalls von unseren Hausentwicklern durchgeführt“, „Wir entscheiden über den Betrieb in einem halben Jahr“. Daraus ergeben sich jeweils gravierende Konsequenzen für die Planung „des Restes“.

Abhängig von der *Qualität* der vorhandenen Vorleistungen oder entstehenden Fremdleistungen kann ein guter Softwaretechniker direkt auf diese aufbauen oder auch nicht. Wenn die Fremdleistung nicht oder nur beschränkt brauchbar ist, muss sie überarbeitet oder neu erstellt werden. Dadurch wird der Projektaufwand erhöht. Manchmal muss man die Verwendung einer Fremdleistung mit schlechter Qualität riskieren. Im besten Fall kann die mangelnde Qualität durch Nachbesserung bei der Erstellung der Folgeprodukte kompensiert werden. Im schlechteren Fall bewirkt diese schwache Qualität einer Vorleistung dauerhafte Mängel in den Folgeprodukten.

Eine verantwortliche Planung erfolgt in solchen Fällen um die gesetzten oder fremden Einheiten herum. Man muss dabei als guter Ingenieur sehr darauf achten, dass die Gesamtverantwortung auch wirklich von einem der Partner wahrgenommen wird. *Integration* ist in der IT generell ein schwieriges Thema. Eine falsche oder schlecht angeordnete Mischung von Lieferanten und deren Produkten gehört zu den ganz wesentlichen großen Risiken von Softwareprojekten, die regelmäßig Ursache von Projektabbrüchen sind. Je größer ein Projekt, desto wichtiger ist dann die Aufgabe der strikten Zusammenführung. – Die Integration von Teilprodukten und Phasenergebnissen aus unterschiedlichen Lieferantenkulturen ist keine Selbstverständlichkeit und nicht als trivial anzusehen. Wer es schon einmal erlebt hat, was es bedeutet, auf der

Basis fremder Analysen einen Softwareentwurf zu machen, der wird sich planerisch, technisch und vertraglich entsprechend vorsehen.

Leider sind sich zuständiges Topmanagement bzw. Auftraggeber heute vielfach noch nicht ausreichend bewusst, dass die eher beliebige Zerlegung eines größeren Projektes in gewisser Weise immer eine Art Experiment in einer neuen Bauklasse ist. Phasen und Komponenten der Softwaretechnik sind keine Legobausteine. Gute Softwaretechnik besteht zu allererst aus guter Gesamtführung des Projektes und geeigneter, projektbezogener, risikoaverser Zerlegung der Teilaufgaben. Alles in eine erfahrene Hand zu legen, ist und bleibt nach wie vor der sicherste Ansatz, sei es durch Entwicklung eines neuen Systems oder durch die Anpassung eines etablierten.

Die Quellen der Komplexität eines Projektes: Die hier erläuterten Merkmale (Größe, Dauer, Domäne, Technologie, Identifizierung, Bauklasse) sind die natürlichen und unmittelbaren *Quellen der Komplexität* für ein Projekt, die direkt auf Risiken und Kosten wirken. Dies wurde teilweise bei der Erläuterung der Merkmale schon ausgeführt. Jedes dieser Projektmerkmale kann als Verursacher relevanter unerwarteter Komplexität auftreten:

- Die Projektgröße wird beispielsweise zur Schwierigkeit, wenn sie für ein Unternehmen relativ ungewöhnlich ist (ungewohnt groß ist ein Risiko aus Mangel an Erfahrung, ungewohnt klein könnte relativ teuer im Bau werden und birgt ein Kostenrisiko).
- Zielsetzungen werden zum Problem, wenn sie nicht klar sind, schlecht kommuniziert werden oder im Laufe des Projektes unkoordiniert verändert werden.
- Eine ganze Domäne kann zur Schwierigkeit werden, wenn die grundlegenden Geschäftsabläufe noch nicht verstanden wurden, auch wenn sie nur indirekt für das Projekt von Interesse sind. Wenn in Domänen Begriffe, Sprache, Abläufe einem fachlichen oder technischen Richtungsstreit unterworfen sind, dann kann das die Komplexität der Umsetzung dramatisch belasten (z.B. Domäne Gesundheit: medizinische Abläufe und Berechtigungen im geeinten Europa; Domäne Mobilfunk: eine Applikation auf 80 unterschiedliche Mobilfunkgeräte portieren).
- Neue Technologien bewirken, egal ob lokal neu oder weltweit neu, immer einen erhöhten Aufwand. Das Team muss eingeschult werden und die natürliche Lern- und Erfahrungskurve durchleben, die jeder Systematik innewohnt.
- Die Idealform eines Projektes sind die Bauklassen „einheitliches Entwicklungsprojekt" oder „einheitliches Customizing-Projekt", bei dem alle Produkte und Arbeitsabläufe gut aufeinander abgestimmt werden können. Jede andere Bauklasse (die z.B. mit der Aufteilung auf mehrere Unternehmen gekoppelt ist) birgt das Risiko höherer Komplexität in sich.

Doch wie erkennt man die Komplexität eines Softwareprojektes? Wie kann man einschätzen, ob die Risiken beherrschbar sind? Vor zwanzig Jahren sprach man in der Softwareentwicklung grob von den drei orthogonalen *Komplexitätsachsen* der a) Funktionskomplexität, b) Datenkomplexität und c) Echtzeitkomplexität. Die Idee an sich gilt immer noch. Das ganze Prinzip kann man so einfach nicht mehr aufrechterhalten.

In zu vielen Projekten liegt die Komplexität gar nicht im unmittelbar technischen Bereich. Technik ok, Projekt insgesamt aus den Ufern, ist ja keine adäquate Lösung des Problems. Ein präzisen Ansprüchen genügendes Komplexitätsmaß und -schema für Softwareprojekte wird über die kommenden Jahre und Jahrzehnte hinweg noch einiges an empirischer Beobachtung benötigen. Zu unterschiedlich sind die heute vorliegenden Ereigniskulturen in den Projekten, zu unkonsolidiert ist die Branche noch als Industrie.

Ein geeigneter Pfad zu einer industriellen Ordnung der Komplexität bietet sich sichtbar an: die Klassenbildung von Systemen in der Form von Bündeln aus einer Domäne und bestimmten technologischen Ebenen. Innerhalb dieser Systemklassen lassen sich dann einfacher Vergleiche und damit Komplexitätsordnungen ausmachen. Solche Systemklassen bilden sich auf lange Sicht aus wirtschaftlichen Gründen und Markteffekten heraus. Hier wirkt die Innovationsdynamik der Informationstechnik wie ein permanentes Erdbeben. Kaum erkennt man einen stabilen Rahmen, kommt eine neue Technologie. – Man kann es so sagen: Erfahrene Experten und erfahrene IT-Unternehmen am Hochstand ihrer Leistung können die Komplexität von Softwareprojekten verlässlich zähmen. – Aber, sollen wir dem werten Leser sagen, wie oft wir schon unzureichende Expertise beigestellt von sehr großen Namen in Projekten erlebt haben? In der IT kochen alle nur mit Wasser und atmen die eine Art von Sauerstoff. Jedem Auftraggeber sei in Anlehnung an ein berühmtes Zitat ins Stammbuch geschrieben *„It's the people, stupid."* Verlassen Sie sich nicht auf große Namen, schauen Sie sich die Fachkräfte an, die Ihnen gesendet werden. Die erschaffen die Lösung. Dass eine Firma schon ähnliche Probleme gelöst hat, kann helfen, aber sind genau diese Leute auch bei Ihnen vor Ort?

Kehren wir trotzdem kurz zurück zur groben Anschauung über die Komplexität von Software. Funktionsumfang und Datenkomplexität sind als Achsen jedenfalls direkt proportional wirksam, einmal ist der Zusammenhang linear (doppelte Funktionsmenge ergibt doppelten Aufwand), manchmal ist er quadratisch (doppelte Größe der Entity-Relationship-Struktur ergibt vierfachen Endaufwand), selten sind diese Verhältnisse degressiv (z.B. dreifache Funktionsmengen ergeben zweifachen Endaufwand wegen der Ersparnisse durch Synergien). Vergessen wir nicht, Softwareentwicklung modularisiert, verallgemeinert und bündelt ja Funktionalität als inertes Arbeitsprinzip. Ähnliche Funktionen werden von guten Ingenieuren einfach in eine neue Einheit (Prozedur, Klasse, Methode, Modul) gepackt, sie werden gar nicht als zusätzliche Funktionalität wahrgenommen.

Systeme, die Echtzeitbedingungen erfüllen müssen, sind in den Teilen, die vom Echtzeitanspruch nicht direkt berührt werden, eher unbeeinflusst davon. Der Echtzeitteil selbst unterliegt anderen Bau- und Komplexitätssichten. Hier scheinen die Domäne und der Typus des Systems (Automobile, Aviation, Robotik, Kraftwerke, verschiedene Fertigungs- und Produktionsmaschinen) ein gut identifizierendes Merkmal für die Schätzung der Komplexität zu sein. Wenn es die Domäne zu einem Echtzeitsystem noch nicht gibt, dann liegt fast immer der spezielle Charakter eines F&E-Projektes vor. Echtzeitsysteme sind einfach aufwändiger zu bauen und haben noch lange nicht die Dichte erreicht als Gebiet, wie die klassischen Anwendungsfelder der IT.

Im Bereich der *Nicht-Echtzeitsysteme* ist in den letzten Jahren eine prinzipiell neue Komplexitätsachse identifizierbar geworden: die *User-Menge* und die *User-Klassen* eines Systems. Diese haben jenseits von Daten- und Funktionskomplexität eine eigene Raumachse in der Grobsicht erobert. Verursacher und Treiber dieses Effektes sind der Durchsatz der Internetnutzung sowie die Verbreitung des Mobilfunks. ▶Abbildung 2.5 erläutert diese zugrunde liegenden Effekte. Viele Softwaresysteme sind heute nicht mehr nur Inhouse-Systeme, sondern haben eine Schnittstelle nach außen, zumeist ein geeignetes Webportal. So hat eine klassische Lösung für einen elektronischen Akt, die früher nur den Beamten zur Verfügung stand, in der nächsten Generation sicherlich einen Zugriffsbereich für den betroffenen Bürger. Es entstehen so verschiedene Strukturen von Anwendern und Usern.

Projektkomplexität aus User- und Interessens-Dynamik
Beispiele und Größenordnungen zur Veranschaulichung

	Promotion	Core	User	Visitors	User-Kompl.
▪ Sehr kleines Projekt	1	2	10	200	0.01
▪ Kleineres Projekt	1	10	30	3000	0.25
▪ Mittleres Projekt	4	100	2000	20.000	1
▪ Große Hochschule	100	4000	40.000	1 Mio.	100
▪ Tickets Staatl. Bahn	15	8000	4 Mio.	20 Mio.	200
▪ ID Paraguay	50	15K	8 Mio.	> 8 Mio.	400
▪ eHealth–Germany	1000	200K	80 Mio.	> 80 Mio.	4000

TU WIEN INSO

Abbildung 2.5: Projektkomplexität. Promotoren sind die Führungsspitzen, die hinter dem System stehen, Core-User die professionellen Anwender und Informationsbereitsteller, User bezeichnen die normalen Nutzer, Visitor besuchen das System gelegentlich, surfend oder zufällig. Der Wert für User-Komplexität ist ein aggregierter Expertenschätzwert aus allen vier Teilkomplexitäten. Als Faktorbasis fungiert das mittlere Projekt.

Als *Core-User* bezeichnen wir hier die professionellen User des Systems, die hohe Zugriffs- und Autoritätsrechte haben. Core-User sind in der Sprechweise von Medien (Softwaresysteme haben ja im vorliegenden Zusammenhang auch Mediencharakter) so etwas wie Editoren des Inhaltes. *User* sind die Nutzer und Leser dieses Inhaltes, in globalen Bereichen für alle, in individualisierten Bereich beschränkt auf ihren Berechtigungsraum. Als *Visitor* (Besucher) werden hier Surfer und Sucher bezeichnet, die das System selten, anlassbezogen, nicht als Dauernutzer besuchen.

Die Projekt-Promotoren werden hier mit aufgenommen in die Aufstellung, weil erfahrungsgemäß die Öffentlichkeit und der Mediencharakter solcher Systeme die Identifizierung der Entscheider über das System mit dem System in positiver und negativer Richtung verstärkt. Projektprobleme betreffen und interessieren das Top-Management rascher, Projekterfolge tragen unmittelbarer zu deren Projektidentifikation bei. Eine große Anzahl an Promotoren für ein System erhöht die Projektkomplexität deutlich.

Diese Art der Komplexität ist vom Naturell her speziell geartet, weil Entscheidungsfähigkeit über das System mit der Wahrnehmung des Systems zusammenfällt. In der Regel sind hier die Entscheider sogar Nutzer, was besonderes Fingerspitzengefühl von den Softwaretechnikern erfordert: Ein nutzender Entscheider ist nicht unbedingt ein entscheidender Nutzer ...

Core-User, User und Visitor kann man allesamt im Rahmen der üblichen Analysevorgänge fassen. Dabei wird eine bestimmte Funktionalität eben mit der Unterschiedlichkeit der Vorstellung und Bedienbarkeit von allen Core-User-Klassen, allen User-Klassen und allen Visitor-Typen zu belasten sein, was die Berechtigung für eine eigene Komplexitätsachse sichtbar macht. Der Leser sei in Abbildung 2.5 auf das Beispiel der großen *Hochschule* verwiesen: Das Beispiel geht von etwa 4000 Core-Usern (Verwaltungsbeamte, Lehrbeauftragte, Sekretariate, Dekane, Institutsleiter, etc.) aus, von 40.000 Usern (aktive Studierende, Mitbeleger, Besucher von einzelnen Lehrveranstaltungen, Gaststudierende, Core-Visitor) und von etwa einer Million Besuchern pro Jahr, die im Zuge ihrer weltweiten Recherchen im Netz in dieser Hochschule nach Lehrveranstaltungen, Experten, Adressen, Kontakten, Informationen, Content etc. suchen. Wir vergessen hier als Softwaretechniker manchmal, dass ein Portal, das eine Million Mal besucht wird pro Jahr und 40.000 User hat, irgendwie doch etwas mit einer Tageszeitung mit 50.000 Lesern gemeinsam hat. Und die lehrenden Fachkollegen werden es zugeben, als Zeitungsherausgeber haben wir Softwaretechniker uns bisher nicht wahrgenommen.

Die relativ hohe User-Komplexität z.B. gegenüber dem mittelgroßen System begründet sich in der Expertenschätzung einerseits aus der deutlich größeren Zahl an Core, User und Visitor, anderseits aber auch aus dem hohen Ziel- und Abstimmungserfordernis der Promotoren. Als Organisation mit einer Funktionärskultur und hohen dezentralen Entscheidungsfreiheiten ist hier von sehr hohen Abstimmungserfordernissen der 100 Promotoren auszugehen, die beispielsweise im *Projekt Ticketing* trotz deutlich größerer User- und Core-User-Zahlen aufgrund von strafferen Entscheidungsstrukturen einfacher gestaltet sind. In der Gesamtkomplexität doch deutlich unterschiedlich (4-6 € Million versus 20-40 Millionen €) ist die User-Komplexität der beiden Projekte ziemlich ähnlich in ihrer Beherrschbarkeit.

Im vorliegenden Buch gehen wir auf das Feld der Echtzeitsysteme nur im Sinne der ordentlichen, erfahrungsmäßigen Softwaretechnik ein, nicht im Bezug auf die praktische Umsetzung und deren methodischen Konsequenzen. Das Thema Komplexität von Software ist wissenschaftstheoretisch und industriell ein offenes Thema. Der Leser sei unter anderem auch auf den Unterabschnitt Kostenschätzung in Kapitel 10 verwiesen. Jedes der oben angegebenen Merkmale ist ein Komplexitätstreiber, jede technische Ebene, jede Systemklasse hat ihre speziellen Treiber. Wir sind als Fachdisziplin noch bei keiner praxistauglichen *Theorie* der Komplexitätsschätzung angekommen. Gute Softwaretechniker können aber durchaus verlässlich schätzen.

Für die Zwecke des Buches können wir die alte Sicht mit den drei Achsen wieder aufnehmen und festhalten, dass die hier getroffenen Facheinschätzungen sich in einem Software-Komplexitätsraum bewegen, der von den drei Achsen *Funktionskomplexität*, *Datenkomplexität* und *User-Komplexität* geprägt ist.

2.7 Software = Peopleware

„It's the people, stupid." wird inzwischen als Stehsatz in verschiedenen informatischen Foren (z.B. Web-Szene, Open Source Community) angewandt. Die Phrase passt aber wohl nirgendwo exakter als als Antwort auf die Frage „Was ist in der Softwaretechnik denn wirklich für Erfolg oder Misserfolg entscheidend? "– Es sind die handelnden Personen, It is the people, stupid! Daran wird sich, egal welche technologischen Wellen uns erwarten, in den kommenden zwei Jahrzehnten Softwaretechnik wenig ändern.

Zwei bekannte Bücher, das erste schon 1987 verfasst von DeMarco & Lister, das zweite 1995 von Constantine, machten den Begriff „Peopleware" als Ergänzung zu Hard- und Software in der Software- und Informationstechnik bekannt. Machten vor 25 Jahren bei großen Systemen die Hardwarekosten noch den Löwenanteil von Projekten aus, gefolgt von den Softwarekosten, so hat sich das Bild mittlerweile deutlich verändert. Es hängt zwar sehr von der Systemart ab und ist keineswegs einheitlich, aber Hardware und Software-Lizenzkosten machen in recht großen Projekten heute gemeinsam oft kaum mehr als ein Drittel der Gesamtkosten aus. Zwei Drittel gehen in Dienstleistungen und Personalkosten. Eine aktuelle Studie von Gartner weist selbst in jenen Auswertungen, die auch sehr kleine Projekte berücksichtigen (diese sind durchwegs schon über Lizenzkosten an Standardsoftware gut gelöst und haben damit einen geringen Dienstleistungsanteil), einen Anteil von durchschnittlich 60% an Dienstleistung (=Peopleware) in den IT-Projekten aus. Der Anteil in Prozenten ist dabei über die Jahre unauffällig gewachsen, der Trend noch nicht am Ende.

Softwaretechnik wird aufgrund der Systemeigenschaft von Software, sich laufend neuen Bedingungen anpassen zu müssen, die sich kaum automatisieren lassen, noch lange eine sehr personalintensive Ingenieurtechnik bleiben.

Projektarbeit = Teamarbeit: Die effektive Etablierung von Teams und das Management der *„Human Ressources"* im Team gehört zu den Kernaufgaben des Projektmanagements. Gelingt diese Aufgabe gut, dann ist eine wesentliche Voraussetzung für das Gelingen eines Projektes geschaffen. Sofern die Qualität des Personals der Aufgabenstellung angemessen ist, dann genügt sozusagen die Teamerhaltung und Teampflege, um die softwaretechnische Aufgabenstellung bewältigt zu erhalten.

Vorteile	Nachteile
+ Mehr Ideen durch Wechselwirkung in der Gruppe (erhöhte Kreativität)	- Gruppenkommunikation ist besonders zeitaufwendig, wenn man jeden Einzelnen ernst nimmt
+ Produktiver Wettbewerbszustand durch gegenseitiges Anspornen	- Gruppendiskussionen laufen manchmal in eine unproduktive Richtung
+ Direkt vernetzte Kommunikation beschleunigt Informationsverteilung	- Zu heterogene Gruppen finden keine gemeinsame Plattform für Gruppenregeln und Gruppennormen
+ Gesamtproblemsicht aller Beteiligten	
+ Identifikation mit Gesamtlösung	
+ Gruppenentscheidungen sind im Allgemeinen besser	
+ Gruppendynamik (Teamgeist)	

Abbildung 2.6: Positive und negative Potentiale der Teamarbeit

Teams können auf den einzelnen Softwaretechniker sehr inspirierend und motivierend wirken, im Negativfall aber auch gegenteilig wirken. Führen und Erhalten von Teams ist eine nicht triviale Aufgabestellung. ▸Abbildung 2.6 zählt einige positive und negative Potentiale der Teamarbeit auf.

Erfolgreiche Teams zeichnen sich in der Softwaretechnik in den Regel durch folgende, beobachtbare *Merkmale* aus:

- hohes Ausmaß an Zusammenhalt,
- Engagement und Zielorientierung stehen im Vordergrund,
- ausgewogene fachliche und soziale Kompetenz,
- Unterstützung und Anerkennung von außen,
- von jedem akzeptierte klare Rollen- und Aufgabenverteilung,
- Teamleiter ist nicht zu autoritär oder zu dominant,
- jeder Beitrag wird aufgenommen und gewürdigt,
- Konflikte werden offen angesprochen und geklärt,
- ein erfolgsorientiertes Motivationssystem liegt vor,
- im Team sind Personen mit Entscheidungskompetenz für das Projekt.

Rollendefinition (Was ist die Aufgabe eines Teammitglieds) und *Führungsstil* (Wie setzt die Projektleitung ihre Ziele durch) sind dabei offenbar wesentliche Elemente des Handwerkzeugs der effektiven Teamführung. Die Literatur zählt folgende *Führungsstile* für die Projektleitung auf:

- *Autokratischer Führungsstil:* Projektleiter entscheidet über Inhalt und Prozess, wenig Kritikbereitschaft, genaue Einzelanweisungen und Kontrolle, stark eigenständiges Denken und Handeln wird nicht gefördert, wenig kreative Einbringungsmöglichkeiten
- *Kooperativer Führungsstil:* Beteiligung an der Zielfestlegung und Prozessgestaltung, Delegation von Befugnissen und Verantwortung, Transparenz bei Entscheidungen und Maßnahmen, Ergebniskontrolle als Ergänzung zur Selbstkontrolle, starke Betonung der Eigenverantwortlichkeit.
- *Demokratischer Führungsstil:* Inhalt und Prozess werden durch Gruppendiskussion und Gruppenentscheidung beschlossen, persönliche und fachliche Präferenzen werden bei der Zusammenarbeit im Team stark berücksichtigt, Projektleiter schlägt Entscheidungen vor, entscheidet zumeist nicht selbst, sondern durch Mehrheitsentscheid.
- *Situativer Führungsstil:* Führungskraft setzt in unterschiedlichen Situationen verschiedene Führungsstile ein, zum Beispiel Orientierung an einer Rollen-Funktionsmatrix, Führungsstil wird bewusst im Laufe des Projektes verändert
- *Authentischer Führungsstil:* Individuelle Persönlichkeit steht im Vordergrund, die Grundwerte einer authentischen Persönlichkeit (Akzeptanz und Respekt, Vertrauen und Toleranz, Offenheit für Neues) werden gepflegt und gefördert. Führungskräfte, die authentisch führen, sind dann erfolgreich, wenn sie in Übereinstimmung mit dem eigenen Wertesystem denken, sprechen und handeln und das Wertesystem glaubwürdig funktional ist im Aufgabenumfeld.

Jeder dieser Führungsstile hat Vor- und Nachteile. Für unerfahrene Teammitglieder ist eine autokratische Führung oft angenehmer und eine allzu demokratische Teamführung verwirrend und belastend. Für erfahrene und gewachsene Softwaretechniker ist es eher umgekehrt. Demokratische Mechanismen können in bestimmten Projektsituationen ungeeignet sein, ebenso autokratische.

Jede Projektleitung muss im Prinzip den Stil finden, der zu ihr als Persönlichkeit und zum Projekt mit seinen Rahmenbedingungen passt. Der kulturelle Aspekt ist hier natürlich sehr wesentlich. Die Projektleitung und Personalführung eines Softwareprojektes muss an die unterschiedlichen Führungserwartungen und -erfahrungen der Mitarbeiter angepasst werden. Ein Projekt in Tripolis mit libyschen Mitarbeitern wird stilistisch anders zu führen sein als in Kopenhagen mit skandinavischen Projektmitgliedern.

Die *motivatorische Aufgaben* der Projektleitung umfassen:

- *Gemeinsames Ziel kommunizieren*, das alle anstreben,
- Berücksichtigung der *Bedürfnisse aller Projektmitglieder,*
- Stärkung des Teamgeistes durch *gemeinsame Aktivitäten,*
- laufendes *Feedback* (Lob und Kritik immer sofort),
- *Weitergabe von Anerkennung* an die Teammitglieder,
- in schwierigen Zeiten an *kleinen Fortschritten* aufrichten,
- *Motivation des Projektleiters* selbst muss hoch bleiben,
- *Projektleiter* muss selbst sein *Können unter Beweis stellen.*

Zum Alltag jedes vitalen Entwicklungsprojektes gehört das Auftreten von Konflikten. Erfahrene Projektleiter können Konflikte positiv nutzen. Unerfahrene Projektleiter erlauben Konflikten unbotmäßiges Wachstum, das den Projektfortschritt zunehmend hemmt. Prinzipiell sind Konflikte zu begrüßen, weil sie in der Regel ein Indiz für fachliche Probleme, Projektmängel oder Schwachstellen im Team sind, die von der Projektleitung noch nicht erkannt wurden. ▶Abbildung 2.7 zeigt Konsequenzen von Konflikten im Projektverlauf auf.

Negative Konsequenzen	Positive Konsequenzen
- Instabilität im Projekt	+ Konflikte ermöglichen Veränderungen
- Unzufriedenheit im Team	+ Schaffung klarer Verhältnisse
- Motivationsverlust	+ Erzeugung neuer Ideen
- Reduktion der Leistungsbereitschaft	+ Einheit wird wiederhergestellt
- Wahrnehmungsverzerrungen und Stereotypenbildung	+ Erhöhung der Gruppenkohäsion
- Störungen der Kommunikation und Kooperation	+ Entwicklung neuer Energien
- Bindung von Ressourcen	+ Abbau von latenten Spannungen
	+ Organisatorischer Wandel wird ermöglicht

Abbildung 2.7: Konfliktmanagement als Tagesgeschäft für die Projektleitung

Rollen in der Softwaretechnik: Als *Rolle* bezeichnet man eine Beschreibung der Anforderungen an ein Mitglied eines Projektteams zur Erfüllung festgelegter Aufgaben. Jede Rolle liefert für andere Rollen Leistungen und bekommt solche von anderen Rollen geliefert. Zum Beispiel erhält der *Testmanager* vom *Tester* Prüfprotokolle. Der Testmanager liefert einen Ergebnisbericht über den Teststatus des Systems an den *Projektleiter*. *Typische Rollen* in Softwareprojekten ergeben sich aus den agierenden Personen und Funktionen: Analytiker, Designer, Architekt, Security-Experte, Qualitätssicherung, Testmanager, Auditor, Programmierer, technischer Projektleiter, wirtschaftlicher Projektleiter, Projektjurist, Öffentlichkeitsdarstellung, ReUse-Spezialist. Rollen gibt des seitens des Auftragnehmers und seitens des Auftraggebers: User, IT-Leiter, Management, Top-Management. Wie schon früher erwähnt, ist in der Sache das ganze Gebiet der Softwaretechnik noch in Bewegung.

Ein einfaches Projekt hat einen Kunden, einen Projektleiter, zwei Programmierer, einen Analytiker, einen Tester, der z.B. auch die Rollen des Qualitätssicherers wahrnimmt. Offensichtlich entwickeln sich Projektrollen und ihre Spezialisierung mit der Projektgröße weiter. ▶Abbildung 2.8 zeigt das *Organigramm* eines mittelgroßen Projektes, das insgesamt 9 aktive Projektgruppen beinhaltet. Jede Projektgruppe birgt das Potential, Projektrollen zu verteilen. Die Projektgruppe *Fachkonzept* wird z.B. die drei Rollen *Analytiker Altsystem, Analytiker Neusystem, Leitung Analyse* vergeben. Die Projektgruppe 9 wird u.a. einen *Leiter Schulung* und einen *Manager Call-Center* nominieren.

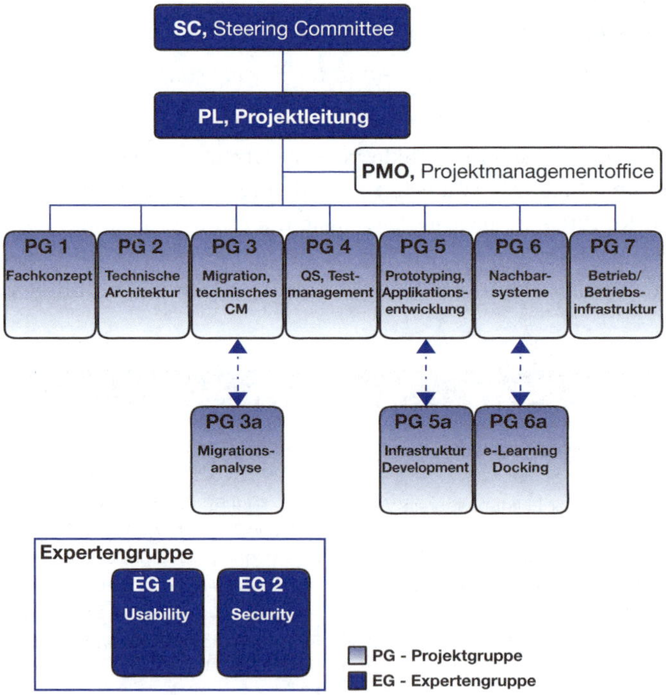

Abbildung 2.8: Operative Projektstruktur eines mittelgroßen Migrations-Projektes (20 – 30 Personen, 30 Monate). Das Organigramm zeigt eine konkrete Projekt- und Expertengruppen-Struktur für ein Projekt mittlerer Größe. Aus den Projektgruppen lassen sich geeignete Aufgaben bzw. Projektrollen ableiten.

Die *Definition* solcher Rollenprofile hilft auch bei der Auswahl des richtigen Personals in einem Projekt bzw. bei deren Ausbildung. Rollendefinitionen helfen dem einzelnen Mitarbeiter, seine Verantwortlichkeit besser zu verstehen bzw. seine Tätigkeit gegenüber seinen Teammitgliedern zu identifizieren.

In *großen Projekten* wird eine Rolle nicht mehr von Einzelpersonen, sondern von ganzen Teams übernommen. Das in Abbildung 2.8 dargestellte Projekt wird mit ein bis zwei Vollzeitmitarbeitern in der Qualitätssicherung zweckmäßig ausgestattet sein. Das Projekt, dargestellt im Organigramm in ▶Abbildung 2.9, wird für diese Aufgabe zumindest einen Stab von fünf bis acht Mitarbeitern vorsehen.

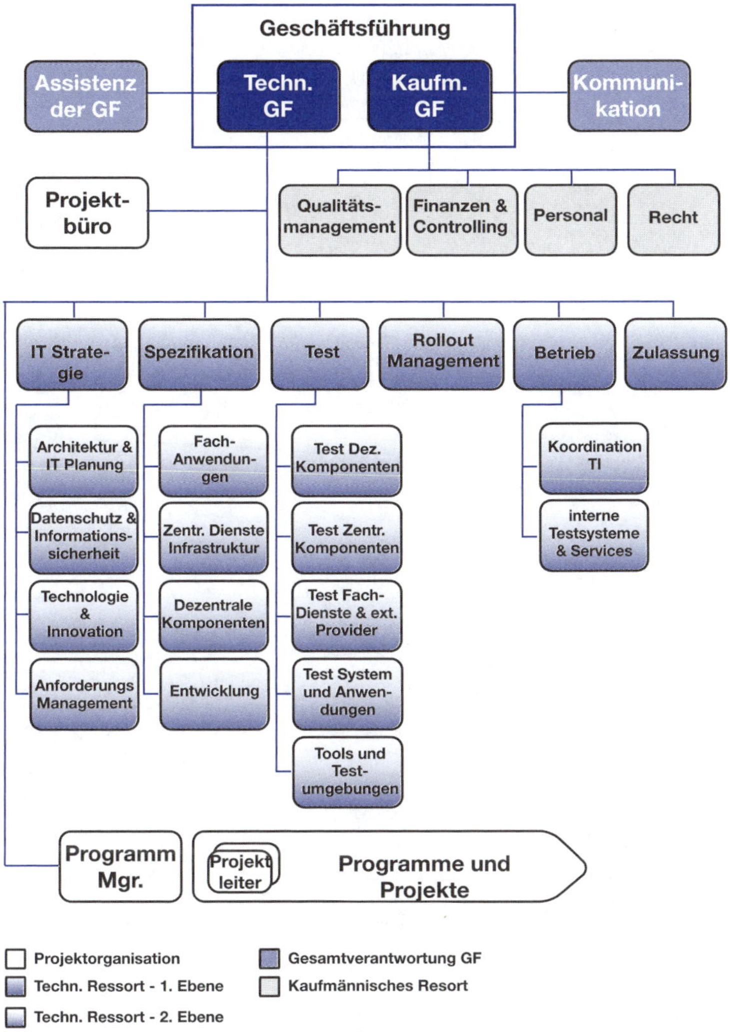

Abbildung 2.9: Organigramm und Struktur eines IT-Großprojektes mit mehr als 150 Mitarbeitern. Das Organigramm zeigt die Struktur eines sehr großen Integrationsprojektes mit relativ wenig Eigenentwicklung. Dabei treten sehr spezielle Rollen und Spezialisierungen auf. Aufgrund der umfassenden Zulassung- und Integrationsaufgaben kommt den Rollen des Testens hohe Bedeutung zu (Quelle *www.gematik.de*).

In *kleineren Projekten* werden unterschiedliche Rollen von einem einzigen Mitarbeiter übernommen (z.B. Projektleitung, Analytiker, Qualitätssicherung). In sehr kleinen Projekten fallen bestimmte Tätigkeiten und Rollen aus Ressourcengründen einfach aus (z.B. Spezialisten für Wiederverwendung, Testmanagement, Usability). In sehr großen Projekten treten besondere Rollen in Form von *Spezialisten* auf (z.B. Recht, Zertifizierung, Programmmanager, Leiter Öffentlichkeitsarbeit, Datenschützer, IT-Stratege) oder ganze Stäbe in Größenrelation zum Gesamtprojekt (z.B. Größen für die Mitarbeiteranzahl im Projekt laut Abbildung 2.9: Test: 40 Mitarbeiter, Qualitätsmanagement: 8 Mitarbeiter, Architektur: 5 Mitarbeiter, Projektmanagement-Office: 5 Mitarbeiter, Bereich Zulassung: 10 Mitarbeiter).

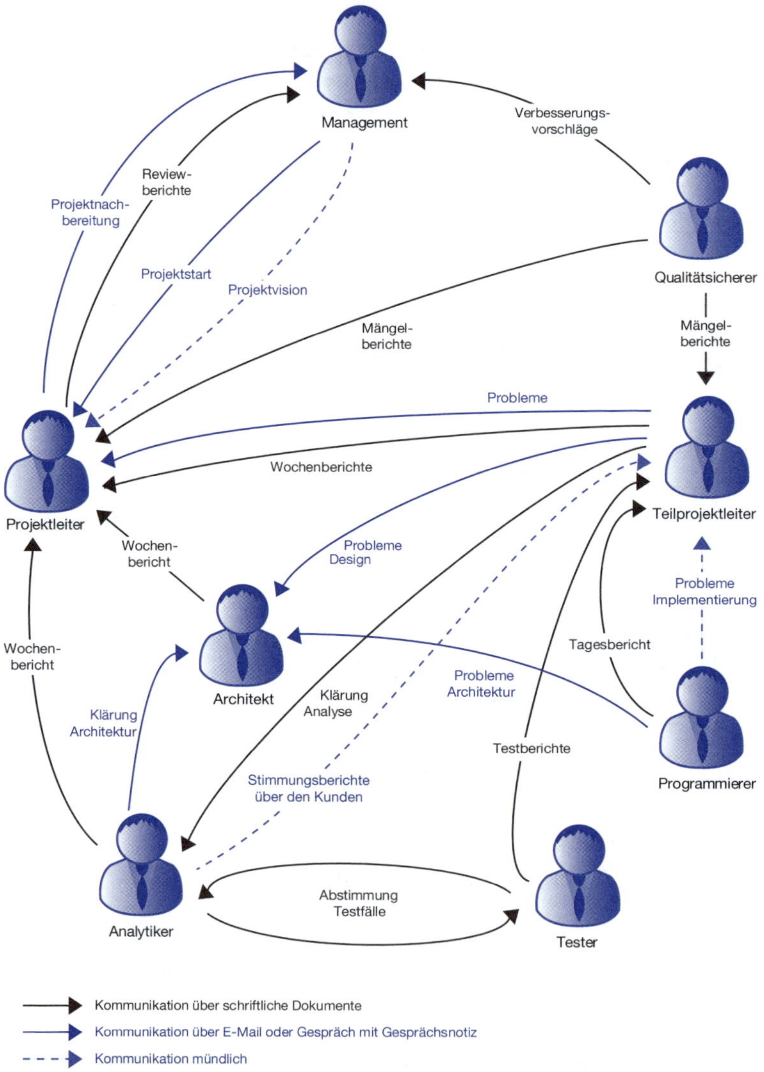

Abbildung 2.10: Ausschnitt aus einem Kommunikationsschema in kleineren Projekten; modifiziert nach Zuser et al. (2004).

▶Abbildung 2.10 demonstriert typische Kommunikationsvorgänge zwischen unterschiedlichen Projekt-Rollen in einem eher kleinen Projekt, wie sie im Projektalltag auftreten.

Zum Abschluss der vorliegenden Einführung in die Struktur von Softwareprojekten sei der Leser darauf hingewiesen, dass die Darstellungen nur Fragmente des gesamten Themas darstellen. Gute Softwaretechnik erlernt man über viele Jahre. Das Gesamtthema lässt sich daher auch nicht auf ein paar Seiten beschränken. Wir haben hier einfach eine demonstrative Auswahl getroffen, die Sie weiterführen soll. Der interessierte Leser ist herzlich eingeladen, sich auf der Companion Website (CWS) unter *www.pearson-studium.de* anzumelden und vertiefende Vorlesungsunterlagen und Folien abzurufen.

Fallbeispiele von Projekten

Autoren: Mario Bernhart, Stefan Strobl, Roman Trabitsch, Janki Grünberger, Monika Suppersberger

3

ÜBERBLICK

„Lehrsätze reden, Beispiele sprechen." – Ludwig Reiners

» Die Autoren dieses Buches sind anerkannte Forschungs- und Entwicklungsdienstleister im europäischen Raum, die als Kernmitarbeiter, Architekten, Developer und Experten über insgesamt mehr als 20 Jahre IT-Betriebs- und IT-Projekterfahrung verfügen. Zu den fachlichen Kompetenzbereichen gehören u.a. die Bereiche *Government-Solutions, Gesundheitswesen* und *Finanzwirtschaft*. Methodisch reicht der nachweisbare IT-Kompetenzrahmen vom Corporate Institutional-Bereich (IT-Strategie, IT-Controlling, IT-Consulting, Projekt- und Risikomanagement) über klassisches *Software Development* (Webapplikation, Web&Mobile Engineering, Secure Software Engineering, Middleware- and Service-Development) bis zum *Betrieb kritischer Infrastrukturen* (Sicherheit, Verfügbarkeit und Performance) sowie der *Betriebsführung kritischer Applikationen* (Gesundheitstelematik, Treasury-Systeme von Großbanken).

In diesem Kapitel werden ausgewählte Fallbeispiele beschrieben, die als Szenario für die weiteren Fachkapitel dieses Buches dienen. Dem Leser wird dadurch der Inhalt dieses Buches über *reale Beispiele* zugänglich gemacht, und die Grundlagen werden exemplarisch anhand dieser erläutert. Die Auswahl der Beispiele hatte zum Ziel, ein möglichst breites organisatorisches und technisches Spektrum abzudecken und dennoch verständlich und für eigene Projekte identifizierbar zu sein. Alle hier angeführten Beispiele sind von der *Größenordnung mittelgroß* (acht bis zwanzig Projektmitarbeiter, zwei bis drei Jahre Projektlaufzeit), unterscheiden sich jedoch deutlich in ihrer Struktur und Domäne. Daraus leiten sich auch die wesentlichen Anforderungen ab. Folgende Fallbeispiele werden in diesem Kapitel beschrieben:

- *LiSaMe*: eine webbasierte Dokumentationsplattform für klinische Prozesse
- *Stadt21*: ein prozessorientiertes Stadtverwaltungssystem
- *Touch&Go*: eine Infrastruktur für elektronische Fahrscheine am Mobiltelefon
- *HISS*: ein Hochschulinformationssystem, das ein gewachsenes Altsystem ablöst

Die in diesem Kapitel beschriebenen Fallbeispiele wurden in Bezug auf den Projektnamen und die beteiligten Personen anonymisiert. «

3.1 LiSaMe

Die Dokumentation von *medizinischen Prozessen* und die daraus resultierenden *schützenswerten Daten* stellen eine besondere Herausforderung im Software Engineering dar. Einerseits steht man vor der Herausforderung, die *Usability* im hektischen Klinikalltag zu bewältigen, und andererseits werden durch den sehr hohen *Schutzbedarf* der verarbeiteten Daten technisch komplexe Lösungen erforderlich. In vielen Fällen wird nur auf einen dieser beiden Aspekte Wert gelegt. Im vorliegenden Projekt war das Ziel, sowohl die Nutzbarkeit für Ärzte optimal sicherzustellen als auch die Sicherheitsanforderungen vollumfänglich zu erfüllen.

Die Plattform LiSaMe (Liber Salutis Meae; Mein Gesundheitsbuch) ist eine *webbasierte medizinische Dokumentationsplattform*, die in 1,5 Jahren Entwicklung eines österreichischen Forschungsdienstleisters in enger Kooperation mit zahlreichen medizinischen Fachexperten entstanden ist. Der Produktstand wurde ausgiebig mit Ärzten ausgetestet und stellt damit sicher, dass die Bedürfnisse einer Plattform „von Ärzten für Ärzte" erfüllt sind. Bei der Entwicklung wurde der State-of-the-Art der sicheren, modernen, webbasierten Softwareerzeugung angewandt.

Bei der Konzeption und Entwicklung der Plattform wurde höchster Wert auf eine *sichere Implementierung* nach aktuellem Stand der Softwaretechnik unter Berücksichtigung der österreichischen und europäischen *Datenschutzbestimmungen* gelegt. Daten werden ausschließlich in pseudonymer Form gespeichert. Alle Daten werden vollständig verschlüsselt übertragen und gespeichert. Ein authentifizierter und autorisierter Arzt kann ausschließlich auf die von ihm verwalteten Patienten zugreifen und sie über sein persönliches lokales Patientenregister identifizieren. Gesamtabfragen sind ausschließlich an anonymisierten Daten möglich. Die Protokollierung aller Datenänderungen und Abfragen erfolgt revisionssicher.

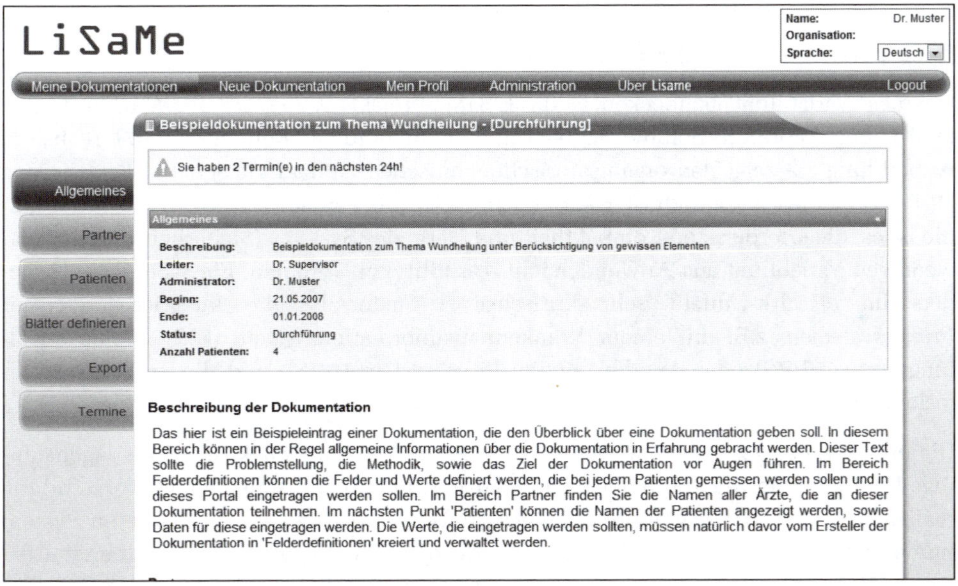

Abbildung 3.1: Exemplarischer Screenshot des Webportals LiSaMe

▶Abbildung 3.1 zeigt beispielhaft eine Variante des LiSaMe. Zentrale Funktion ist die kollaborative Dokumentation nach selbst definierten Formularen. Die Formulare werden in einem webbasierten Formulareditor direkt im Portal von den Ärzten entworfen. Die Diagnosen werden dabei in der Regel in entsprechenden *ICD10-Codes* (WHO, 2007) abgebildet, um auch die internationale Vergleichbarkeit zu gewährleisten.

Wesentliches Designkriterium für die Plattform war die *Anwendbarkeit auf weitere medizinische Fachbereiche*. Der Entwurf „von Ärzten für Ärzte" ist auf weitere Dokumentationsschemata zusätzlich erweiterbar und damit nicht auf die Dokumentation einer medizinischen Fachrichtung beschränkt. Struktur und Konzept der technischen Projektplanung ist auf die weitere Verbreitung orientiert.

3.1.1 Organisatorische Aspekte

Die LiSaMe-*Plattform* dient zur Realisierung verschiedenster spezifischer Produkte in der medizinischen Dokumentation und Kollaboration. Diese Produkte sind grundsätzlich sehr ähnlich aufgebaut, aber unterscheiden sich dennoch in verschiedenen Aspekten wie etwa:

- Einsatz als Internet- oder Intranetlösung/technische Integration in die Systemlandschaft des Betreibers
- Rollen und Rechte der User
- Dokumentationsschemata
- Zusatzfunktionalität (z.B. Bildanalyse oder spezifische Auswertungen)
- Corporate Identity (CI) des Betreibers

Um diese Variabilität abzudecken, ist das LiSaMe-Projekt als *Software-Produktlinie* (Böckle, Knauber, Pohl, & Schmid, 2004; Linden, Schmid, & Rommes, 2007) realisiert. ▶Abbildung 3.2 zeigt den organisatorisch-technischen Aufbau, der für die Realisierung als Produktlinie erforderlich ist. Die Herausforderung bei einer Entwicklung als Produktlinie ist es, die erforderliche Kompaktheit und Härte des Systems (Sicherheit) mit der notwendigen Variabilität aus Anwendersicht (Usability) zu vereinen. Ein weiterer – besonders im eHealth-Umfeld sehr kritischer – Faktor ist die Integrierbarkeit mit *Primärsystemen*, z.B. mit einem Krankenhausinformationssystem (KIS), Praxisverwaltungssystem (PVS) oder Apothekenverwaltungssystem (AVS), und die organisatorisch-technische Kompatibilität mit den Strukturen und Prozessen der Betreiber.

Die ersten *Prototypen* der LiSaMe-Plattform wurden pro Projekt noch als eigenständige Implementierungen mit geringer wechselseitiger technischer Wiederverwendung realisiert. Nach fortschreitendem Analyseprozess wurde das Verständnis zum System immer umfassender, so dass ein Prozess zur Produktlinienerstellung begonnen wurde. Dieses Vorhaben wurde durch die stetig wachsende Zahl von Projekten im Feld der medizinischen Dokumentation noch verstärkt.

Zuerst galt es, die stabilen und die variablen Systemanteile zu identifizieren. Einige Anforderungen – wie zum Beispiel die *Protokollierung der Zugriffe* – waren für alle Projekte identisch oder sehr ähnlich. Andere Anforderungen – wie zum Beispiel spezifische Auswertungsfunktionen oder Bildanalyseverfahren – waren jedoch sehr variabel oder überhaupt nur für einen Projektpartner relevant. Man hat nun zu entscheiden, welche Funktionalität in den Kern der Plattform aufgenommen wird und mit welchen Mechanismen die Variabilität unterstützen werden soll.

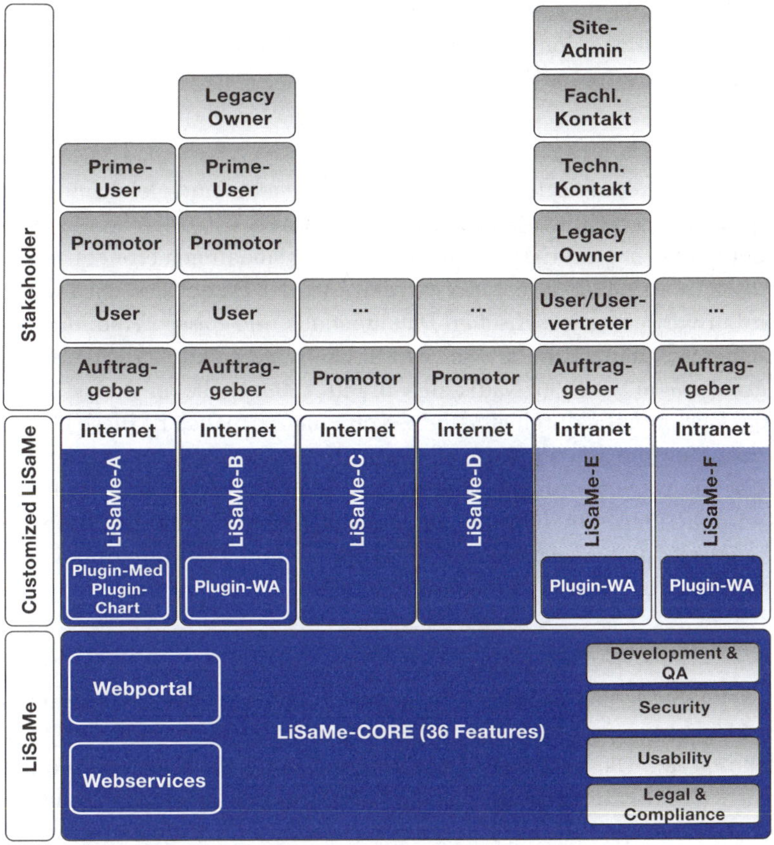

Abbildung 3.2: Projektorganigramm der Produktlinie LiSaMe

Stakeholder

Wie in jedem Projekt gibt es auch in LiSaMe eine Reihe an *Stakeholdern*, die aus unterschiedlichen Interessen das Projekt oder zumindest gewisse Aspekte daraus vorantreiben. Ein zentraler Stakeholder, der sich faktisch in allen Ausprägungen der LiSaMe-Produktreihe wiederfindet, ist der *Promoter*. Dabei handelt es sich meist um erfahrene Ärzte, die an einer speziellen Dokumentation interessiert sind. Diese Dokumentation wird thematisch durch die langjährige Erfahrung in deren Spezialgebiet abgegrenzt. Die Promotoren sehen durch das Projekt LiSaMe die Möglichkeit, weitere Kollegen und Kliniken in ihre Dokumentationsprozesse einzubeziehen. Dank der daraus ableitbaren Auswertungen können sie sich vermehrt in ihrer fachlichen Umgebung als Experten profilieren. Ein zweiter zentraler Stakeholder ist in manchen Ausprägungen der *Legacy Owner*. Dieser Stakeholder „besitzt“ Daten oder Altsysteme, die auf die geplante Dokumentation passen, und ist bereit, diese in die neue Applikation einzubringen. Damit sichert er sich gegenüber anderen Stakeholdern eine gute Ausgangsposition, da durch die Einspielung von bereits gesammelten Daten der Wert der Plattform und damit die Motivation, sie zu benutzen, deutlich gesteigert werden. Weitere Stakeholder inkludieren Fördergeber, meist aus dem öffentlichen Sektor, beziehungsweise Auftraggeber im klassischen Sinn. Selbstverständlich sind auch die weiteren üblichen Stakeholder, wie technische und fachliche Kontaktpersonen, IT-Verantwortliche der Kundenorganisation und Benutzervertreter, in den Projekten involviert.

Customized LiSaMe

LiSaMe wurde als Produktlinie konzipiert, um eine leichte und gleichzeitig umfassende Anpassung an die jeweiligen Projektgegebenheiten zu garantieren. Die Anpassungsfähigkeit der Plattform wurde durch eine Reihe von Maßnahmen erreicht, die in den folgenden Abschnitten näher beleuchtet werden. An der Datenbasis wird jedes Produkt durch den Entwurf eines spezifischen Datenmodells und dessen Abbildung in dem in medizinischen Dokumentationsanwendungen häufig verwendeten *EAV-Modell* charakterisiert (Friedman et al., 1990; Nadkami & Brand, 1998; Nadkami et al., 1999). Funktional wird das Customizing durch eine Reihe von *Plug-ins* realisiert. Diese Plug-ins erweitern den LiSaMe-Core um Funktionalitäten, die nur von einer Ausprägung benötigt werden oder die sowieso nur im Kontext der einen Thematik Sinn ergeben. Im User Interface wird die Plattform durch die umfassende *Skinability* an die Corporate Identity der Kundenorganisation angepasst. Des Weiteren wird die Plattform durch umfassendes Branding mit Logo und Name charakterisiert.

LiSaMe (LiSaMe-Core)

Der Kern der LiSaMe-Plattform ist eine stabile Bibliothek, die die Kernfunktionalität sowie die Möglichkeiten zum Customizing und die Integration mit dem verwendeten Framework umsetzt. Dieser *Core* ist in jeder Ausprägung der LiSaMe-Produktlinie vorhanden. Die Kernfunktionalität umfasst die Definition von Dokumentationen und deren Datenmodell, das Eingeben und Verwalten von Daten und Patienten sowie zahlreiche administrative Features. Außerdem schafft es die Kernanwendung, die Infrastruktur um zusätzliche Funktionalität durch Plug-ins transparent in den Kern einzubinden. Dabei ist von zentraler Bedeutung, dass der Benutzer in der Endausprägung des Produktes nicht zwischen Kern- und Erweiterungsfunktionalität unterscheiden kann. In diesen Core wird lediglich Funktionalität aufgenommen, die für alle Produktausprägungen von Interesse ist. Dadurch wird der Core schlank gehalten, was eine gute *Testbarkeit* garantiert und damit die *Stabilität* sicherstellt. Zudem sichert der LiSaMe Core die Umsetzung und Einhaltung von Querschnittsaspekten wie Sicherheit, Usability, Traceability und Maintainability.

3.1.2 Aspekte der technischen Konzeption

Im Folgenden werden einige ausgewählte Aspekte der technischen Konzeption dargestellt. Die Plattform LiSaMe ist sehr komplex und umfangreich. Eine ausführliche Darstellung aller interessanten technischen Aspekte würde den Rahmen dieses Kapitels bei Weitem übersteigen. Deshalb wird an dieser Stelle nur exemplarisch darauf eingegangen.

Variables Datenmodell

Eines der Kernkonzepte, das die durch das Gesamtkonzept geforderte Flexibilität sicherstellen soll, ist das variable Datenmodell. Im Gegensatz zu einem regulären, relationalen Datenmodell wird dabei das logische Schema nicht durch Tabellen, Spalten und Zeilen abgebildet. Vielmehr gibt es eine generische Metadatendefinition, die Entität, Attribut und Wert in Beziehung setzt. Deswegen wird dieses generische Datenmodell in der Fachliteratur auch als *Entity-Attribute-Value (EAV)-Modell* bezeichnet.

Definition Entity-Attribute-Value

Das *Entity-Attribute-Value (EAV)*-Modell besteht aus einer Tabelle mit folgenden drei Spalten:

- Entität/Objekt-ID
- Attribut
- Wert für das Attribut

Die Tabelle hat eine Zeile pro <Entität, Attribut, Wert> Trippel (Nadkarni, 2009).

In der Realität ist es allerdings häufig der Fall, dass die Spalte, die den Wert repräsentiert, nach Datentypen aufgetrennt wird. Damit erhält man entweder eine Tabelle mit einer Spalte für jeden Datentyp oder es wird überhaupt eine Tabelle für jeden einzelnen Datentyp erstellt. Beide Herangehensweisen haben Vor- und Nachteile. Verwendet man eine große Tabelle, so ist die Anzahl der Felder, die leer bleiben, sehr hoch (Anzahl der Einträge mal Anzahl der Datentypen minus eins). Auch die Anzahl der Zeilen wächst bei diesem Ansatz extrem schnell an. Andererseits wird bei Leseoperationen auch nur aus einer Tabelle gelesen. Bei der Verwendung mehrerer Tabellen gibt es keine leerbleibenden Felder, aber Leseoperationen umfassen meist mehrere Tabellen, was die Abfragegeschwindigkeit, besonders bei komplexeren Abfragen, negativ beeinflusst.

Generell muss erwähnt werden, dass ein EAV-Modell nur eingesetzt werden sollte, wenn es nicht anders möglich ist. Es erhöht zwar die Flexibilität des Datenmodells, verursacht aber auch hohe Kosten. Die durch das generische Datenmodell zusätzlich bedingte Komplexität sollte dabei nicht unterschätzt werden. Zusätzlich gibt es eine Reihe an generellen Einschränkungen, die bei der Entscheidung über die Verwendung eines EAV-Modells berücksichtigt werden sollten:

- Komplexe Abfragen sind in einem derartigen System schwer zu programmieren und ineffizient. Besonders schlecht schneidet die Skalierbarkeit ab.
- Durch das EAV verzichtet man auf eine Vielzahl an Features, die normalerweise von dem DBMS zur Verfügung gestellt werden, wie jegliche Form von Constraints.
- Viele die Performance verbessernde Features wie Clustering, Indexes, Partitioning oder Query Tools können mit einem EAV-Modell nicht verwendet werden.
- Die meisten DBMS sind nicht für generische Tabellen ausgelegt und verhalten sich daher bei derartigen Konstrukten unvorteilhaft.

Trotz dieser gravierenden Einschränkungen lässt sich der Einsatz generischer Datenmodelle nicht in allen Fällen vermeiden, wie etwa beim Produkt Oracle Health der Firma Oracle (Oracle, 2009), dem weltweit größten Hersteller von Datenbankmanagementsystemen (DBMS). Besonders im Gesundheitsbereich findet diese Herangehensweise regelmäßig Verwendung (Prokosch, 1991).

In LiSaMe wurde der Ansatz gewählt, ein generisches Datenmodell mit einer Tabelle, aber getrennten Datentypen zu realisieren. ▶Abbildung 3.3 zeigt die Umsetzung des generischen Datenmodells in einer etwas vereinfachten Form.

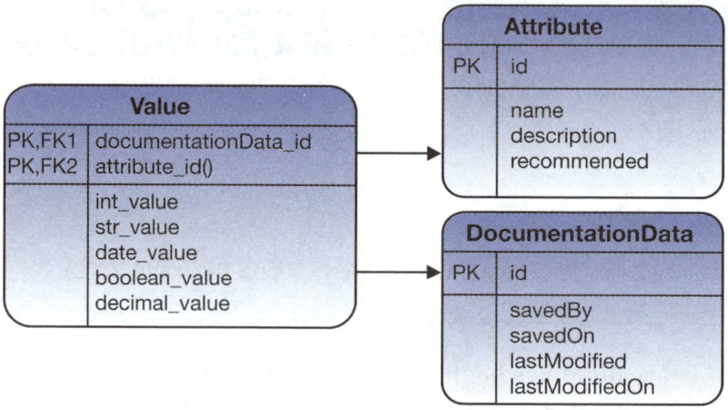

Abbildung 3.3: Das LiSaMe EAV-Modell

In LiSaMe wurde die Entität als „DocumentationData“ bezeichnet. Bei den Attributen zur Entität handelt es sich lediglich um Metadaten. Das Attribut, das seinen Namen aus dem Konzept behalten hat, beschreibt, wie das Attribut aussehen würde. Dies ist gleichzusetzen mit der Definition von Datentyp und Einschränkungen *(Constraints)* einer regulären Datenbankspalte. Der Value wurde mit sowohl der Entität als auch dem Attribut in Beziehung gesetzt. So kann sichergestellt werden, dass für jeden möglichen Wert in der Datenbank nur ein Eintrag existiert. Mit den verschiedenen Spalten für verschiedene Datentypen wird Typsicherheit auf Datenbankebene sichergestellt.

Um die zuvor geschilderten, durch den generischen Ansatz verursachten Einschränkungen aufzuwiegen, wurden folgende Prinzipien verfolgt:

Beispiel 3.1

EAV-Modell: Richtlinien

- Nur jene Teile des Datenmodells, die variabel sein müssen, verwenden auch diesen Ansatz. Alle restlichen, statischen Teile der Applikation werden in regulären, relationalen Datenbanktabellen abgelegt.
- Um die Einbußen bei der Effizienz so gering wie möglich zu halten, werden Auswertungen auf der Datenbasis nicht mit diesem Datenmodell durchgeführt. Vor (statistischen) Auswertungen wird eine Drehung („pivot“) durchgeführt, bei der die Daten in ein relationales Schema kopiert werden.

Mit dem EAV-Modell wurde ein flexibles Konzept umgesetzt, das bereits langjährig in der Fachdomäne der medizinischen Informationsverarbeitung erprobt wurde. Dabei wurde darauf geachtet, dass der Endanwender die volle Flexibilität des Konzeptes in Anspruch nehmen kann, während die damit einhergehenden Nachteile durch innovative Ansätze möglichst transparent gehalten werden.

Plug-in-Konzept

Um den Produktliniencharakter von LiSaMe zu realisieren, mussten zwei zentrale Eckpunkte realisiert werden.

1. Die Kernplattform muss generisch gehalten werden.
2. Die Plattform muss in allen Bereichen, die über die Kernfunktionalität hinausgehen, flexibel personalisierbar sein.

Der erste Punkt, die durchgehende Generalisierung der Plattform, wurde im Kern durch das variable Datenmodell (siehe S. 107) realisiert. Das Datenmodell an sich bildet allerdings nur den Kern, die Ideen des generischen Datenmodells mussten in allen restlichen Aspekten der Applikation ebenso stringent verfolgt werden. Diese erweiterte Generalisierung wurde durch die Einführung eines umfassenden Plug-in-Konzeptes umgesetzt. Dabei wurde die Definition eines Plug-ins selbst so generisch wie möglich gehalten. Ein Plug-in in LiSaMe kann daher jegliche funktionale Erweiterung der Kernplattform sein, die erst zum Konfigurationszeitpunkt an die Plattform angebunden wird. Wie die funktionale Erweiterung aussieht, ist dabei fast zur Gänze dem Plug-in selbst überlassen. Es kann sich dabei um Erweiterungen von einzelnen (Web-)Seiten handeln, das Hinzufügen einer Auswertungsfunktionalität, die nur im Kontext eines bestimmten realen Datenmodells Sinn ergibt, oder es kann sogar Kernfunktionalität angepasst werden.

Das Grundprinzip, das eine derartige Gestaltung mit niedrigem Aufwand ermöglicht, ist *Dependency Injection (DI)*. Dieses Prinzip, auch *Inversion of Control (IoC)* genannt, erlaubt es, dass man sich in der Kernapplikation auf Funktionalität stützt, die lediglich durch Interfaces bekannt ist. Die konkrete Implementierung dieses Interfaces wird dann an ein Plug-in delegiert. Das „wiring" zwischen Interface und Implementierung erfolgt dabei erst zur Laufzeit. Dabei unterstützt das gewählte Framework (JBoss Seam, siehe S. 113), dessen Dependency Injection-Mechanismen ein zentraler Bestandteil sind, ideal die Bedürfnisse der Plug-in-Architektur. Wichtig ist dabei besonders, dass die Realisierung ausschließlich auf Annotations-, Metadatenstrukturen, die direkt im Quellcode platziert werden, basiert. Dadurch ist es nicht nötig, die Konfiguration in einem zentralen Artefakt zu verwalten. Die komplette Konfiguration wird daher erst zur Laufzeit, wenn alle Komponenten ineinandergreifen, umgesetzt. Auch wenn diese Herangehensweise ein gewisses Mehr an *Komplexität* nach sich zieht, so ist sie für die *Flexibilität* einer generischen Plattform von großem Vorteil.

Wie diese Architektur im Konkreten aussehen kann, lässt sich am besten anhand eines Beispiels darstellen. Betrachten wir dazu als Erstes eine konkrete Anforderung.

Beispiel 3.2 Plug-in Medikationsauswertung

In einer Dokumentation wird unter anderem erfasst, welche Medikamente einem Patienten zu einer bestimmten Zeit verschrieben und in welcher Dosis diese Medikamente verabreicht wurden (siehe ▶Abbildung 3.4). Diese Daten sind ohne Probleme mit dem generischen Datenmodell abzubilden. Zusätzlich wünscht sich der Benutzer, dass er dem Patienten einen PDF-erstellten Ausdruck zur Verfügung stellen kann, welche Medikamente er nach momentanem Stand in welcher Dosis zu welchem Zeitpunkt einnehmen muss (Medikationsliste).

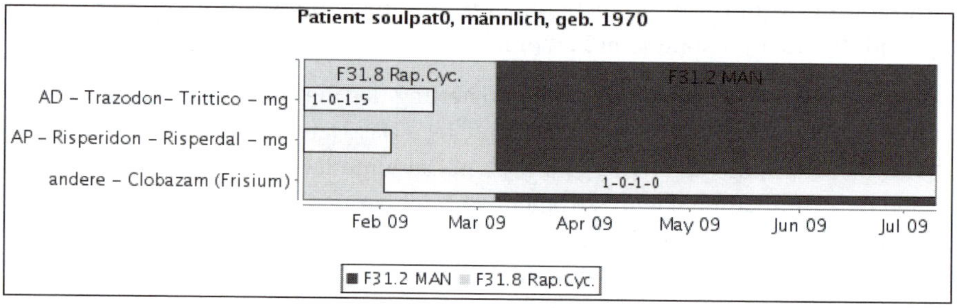

Abbildung 3.4: LiSaMe–Plug-in Medikationsauswertung

Es muss also eine Möglichkeit geschaffen werden, ein Plug-in zu schreiben, das eine bestehende Seite um Funktionalität erweitert. Zusätzlich muss das Plug-in überprüfen können, ob es in einer Umgebung eingebunden wird, wo ihm die dazu nötigen Daten zur Verfügung gestellt werden. Es muss also, möglichst schon beim Start des Systems, prüfen, ob sämtliche relevante Vorbedingungen erfüllt sind. Ist dies nicht der Fall, so bleibt das Plug-in deaktiviert.

Beispiel 3.3 Realisierung mit Plug-ins

Um die Funktionalität einer Seite zu erweitern, wurde das Konzept von Seitenfragmenten geschaffen. Jede Seite kann daher einen oder mehrere *Einsprungpunkte* definieren. Ein Plug-in kann über die Implementierung eines Interfaces und die Assoziierung mit einem bestimmten Einsprungpunkt angeben, sich in diesem einklinken zu wollen.

Das Plug-in selbst definiert dann jene Teile der Funktionalität und des Benutzerinterfaces, die für die Erweiterung nötig sind, und verpackt sie in einem separaten Modul. Dieses Modul wird dann bei der Konfiguration des Produktes hinzugefügt. Beim Starten der Applikation wird das Plug-in initialisiert.

Es überprüft eigenständig, ob es in der vorliegenden Konfiguration laufen kann, und wird dann zentral registriert. Wird die Seite, die das Plug-in erweitert, aufgerufen, so erkennt diese, dass eine Erweiterung registriert wurde, und delegiert die Umsetzung des Einsprungpunktes an das Plug-in.

Im Falle der oben dargestellten Anforderung (Medikationsliste) ist die sichtbare Erweiterung lediglich die Darstellung eines Buttons, der dem Benutzer Zugriff zur Funktionalität gibt. Beim Aufruf wird dann ein PDF anhand der Daten, die für den Patienten eingegeben wurden, erstellt und dem Benutzer angezeigt. Dieser kann das PDF drucken und dem Patienten übergeben.

Mit Hilfe dieses Plug-in-Systems kann die Kernplattform LiSaMe schlank gehalten und gleichzeitig der Benutzer mit jeglicher Spezialfunktionalität versorgt werden. Dieses System ist daher essenziell, um die Tatsache, dass es sich bei LiSaMe um eine Produktlinie handelt, für den Endbenutzer möglichst transparent zu halten. Durch eine Reihe von Personalisierungen wird die Plattform also an die unterschiedlichen Bedürfnisse der einzelnen Kunden angepasst.

Sicherheitsanforderung der Datentrennung

Durch den Produktliniencharakter des Projektes LiSaMe ergibt sich zwar in jedem Teilprojekt die Anforderung, den Datenschutz sicherzustellen, jedoch wird die konkrete Umsetzung für jedes Teilprojekt spezifisch entwickelt, um den im medizinischen Umfeld oft schwierigen Integrationsanforderungen gerecht zu werden. An dieser Stelle wird eine grundlegende Variante erläutert, um die Systematik näher darzustellen.

▶Abbildung 3.5 zeigt eines von mehreren möglichen Szenarien zur Datentrennung in LiSaMe. Das zentrale PID (Pseudonymisierte ID)-Register stellt die Pseudonymisierungsfunktion zur Verfügung. In der Behandlungsdatenbank werden nur pseudonymisierte Patienten verwaltet und sie sind nur vom betreuenden Arzt identifizierbar. Die Behandlungsdatenbank bzw. das PID-Register kann (je nach Anforderung der jeweiligen Klinik) sowohl zentral als auch dezentral implementiert werden. Im Falle der dezentralen Implementierung in der Klinik werden die anonymisierten Behandlungsdaten in eine zentrale Behandlungsdatenbank gespiegelt. Abfragen über die gesamte Informationsmenge sind ausschließlich anonym in Bezug auf PatientenID und ArztID möglich. Damit ist der heutzutage höchstmögliche Datenschutz gewährleistet. Alle Dienste sind als gesicherte *SOAP (Simple Object Access Protocol)-Webservices* realisiert. Das LiSaMe-Portal bietet eine einheitliche Web-Zugriffsmöglichkeit für alle Teilnehmer.

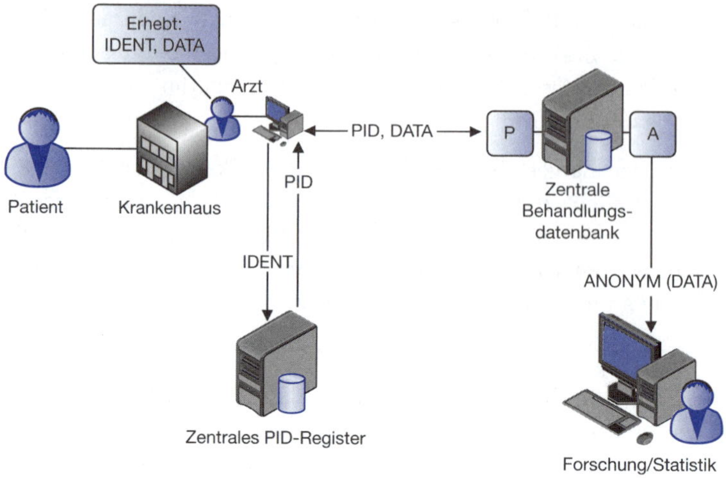

Abbildung 3.5: Übersicht zur Datentrennung in LiSaMe

Skinability

Ebenso wichtig wie die funktionale Anpassung an individuelle Benutzerbedürfnisse ist die visuelle Anpassung der Plattform. Dabei handelt es sich vor allem um die Anpassung der Farbschemata an konkrete Bedürfnisse. Die grundlegende Gestaltung der Benutzeroberfläche wurde in einer Vielzahl an Iterationen gemeinsam mit Design- und Usability-Experten und Benutzern entwickelt. Dieses Grunddesign ist fest definiert und dient zur Sicherung, dass die grundlegenden Anforderungen an die Benutzbarkeit des Systems in jeder Konfiguration gewahrt bleiben. Darüber hinaus erlaubt die Plattform allerdings eine Anpassung des Farbschemas, um sich an die jeweilige Umgebung der konkreten Ausführung anpassen zu können. Diese Anpassungsfähigkeit nennt man Skinability.

Die technische Grundlage für die Realisierung dieser Skinability bietet das verwendete JSF (JavaServer Faces)-Komponentenframework Richfaces. Dieses Framework erlaubt es über einen Parameter, die farbliche Gestaltung der eigenen Komponenten zur Laufzeit anzupassen. Mittels konsequenter Verwendung dieser Komponenten wurde die Anpassungsfähigkeit in vielen Teilen der Applikation bereits mit dem Framework mitgeliefert.

Selbstverständlich können nicht in allen Bereichen der Applikation vordefinierte Komponenten für die Gestaltung der Benutzerschnittstelle herangezogen werden. Gerade für das grundlegende Layout, also die Strukturierung der Seite und das Menü, wurde ein eigenes Design entworfen. Dieses Design musste dann so gestaltet werden, dass es analog zur restlichen Seite über reine Konfiguration an ein neues Farbschema angepasst werden kann.

Resultat dieser Erweiterung ist nun, dass das Farbschema komplett ohne Entwicklerwissen angepasst werden kann. Anzupassen sind lediglich Styling-Komponenten, sprich CSS-Files beziehungsweise die Skin-Definitionsdateien, die ebenfalls eine CSS-ähnliche Syntax haben. Damit ist es möglich, die Entwicklung komplett von dem Styling der Applikation abzukoppeln. Dies ist besonders wichtig, da die Rollen des Entwicklers beziehungsweise des Designers meist von unterschiedlichen Personen besetzt werden und damit beim Designer keine plattformabhängigen Entwicklungskompetenzen vorausgesetzt werden müssen.

Wie weit die Applikation verändert eingesetzt wird, zeigt der Vergleich zwischen Abbildung 3.1 und ▶Abbildung 3.6. Die originalen Portale enthalten auch die Logos der Projektpartner.

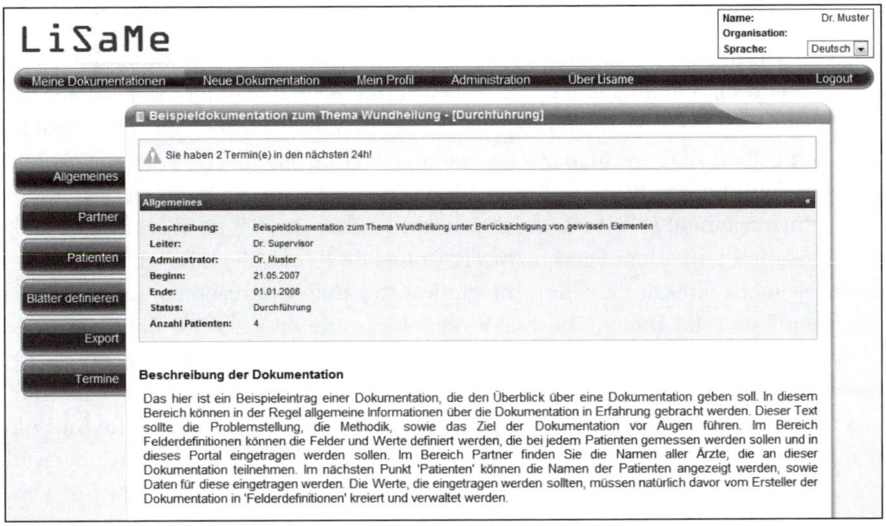

Abbildung 3.6: LiSaMe angepasst an eine Corporate Identity eines Projektpartners

Entwicklungsumgebung

Die gesamte Entwicklung von LiSaMe basiert auf quelloffenen, freien und standardisierten Softwarekomponenten. Die LiSaMe-Plattform wurde als Serviceorientierte Architektur (SOA) auf Basis der Java 2 Enterprise Edition entwickelt. Dabei wurde auf die Open-Source-Implementierung von JBoss und insbesondere JBoss Seam und den JBoss Application Server (AS) zurückgegriffen. Die Portalkomponente wurde als JSF-Applikation realisiert. Die Anonymisierungs- und Pseudonymisierungsdienste sowie das PID-Register und die Behandlungsdatenbank sind ebenfalls auf Basis der offenen JBOSS-Infrastruktur als SOAP-Webservices unter Nutzung der WS-Security-Standards implementiert. Als Datenbank fungiert PostgreSQL als ein typisches Open-Source-DBMS-System. Durch die Verwendung eines Object-Relational-Mapping (ORM) Frameworks, in diesem Fall Hibernate, das ebenfalls Teil des JBoss Application Stacks ist, wurde die Austauschbarkeit des verwendeten DBMS sichergestellt. Auf die Integrierbarkeit in KIS (Krankenhausinformationssysteme) und PVS (Praxisverwaltungssysteme) wurde technisch besonders geachtet.

Als *Entwicklungsumgebung* (IDE – Integrated Development Environment) selbst wird *Eclipse* in der Enterprise Edition verwendet. Diese Version von Eclipse, bei der es sich ebenfalls um freie, quelloffene Software handelt, ist besonders auf die Entwicklung von Webapplikationen und Webservices auf der Basis von J2EE ausgelegt. Einer der wesentlichsten Vorteile dieser Entwicklungsumgebung ist die äußerst flexible Plug-in-Architektur. Dadurch wird es ermöglicht, die IDE genau an die Bedürfnisse des Projekts anzupassen. Im Falle von LiSaMe wurde die Funktionalität von Eclipse durch eine Reihe von Plug-ins erweitert. Allen voran wurden die JBoss Tools installiert, eine Erweiterung von Eclipse, die in zahlreichen Bereichen die Arbeit mit den von JBoss zur Verfügung gestellten Tools erleichtert. Weitere Plug-ins erlauben die Integration mit dem Sourcecode-Management (SCM)-System, im Fall von LiSaMe wird Subversion verwendet, Build und Dependency Management Maven und Ant sowie das Task Management System Trac.

Trac, das neben dem Task Management noch zahlreiche andere Funktionalitäten bietet, wird in LiSaMe als leichtgewichtiges, webbasiertes *Projektmanagement-Werkzeug* verwendet. Genauso wie die Entwicklungsumgebung und der gesamte Applikationsstack ist Trac frei und quelloffen verfügbar. Die Leichtgewichtigkeit dieses Werkzeuges ist von zentraler Bedeutung für die agile Entwicklungsmethodik dieses Projektes. Ähnlich wie das Projektmanagement selbst ist es dabei wichtig, auch das Set an Werkzeugen so kompakt wie möglich zu halten. Diesen Ansatz unterstützt Trac ideal, indem es neben dem Task Management eine umfassende Integration mit dem Sourcecode-Management und ein vollständiges Wiki bietet. Die SCM-Integration erlaubt es allen Benutzern, online ohne die sonst nötige Installation eines Clients auf den Inhalt des Repository lesend zuzugreifen. Damit ist es möglich, Informationen aus dem Repository, dem Wiki und den Tickets zu verlinken. So kann zum Beispiel ein Ticket sowohl auf eine Seite im Wiki als auch auf eine bestimmte Datei oder sogar eine bestimmte Revision einer Datei verlinken. Weitere Funktionalität kann durch eine Vielzahl von Erweiterungen, die frei von der Community zur Verfügung gestellt werden, integriert werden.

Das Wiki selbst dient in LiSaMe als zentrales *Dokumentations-Tool*. Im Gegensatz zu dem herkömmlichen, dokumentbasierten Ansatz bietet eine Wiki-basierte Dokumentation wesentliche Vorteile. Zu allererst sind Wiki-Seiten versioniert. Damit erspart man sich die sonst oft sehr mühsame manuelle Versionierung von Dokumenten. Dazu kommt, dass das Format rein textbasiert ist. Damit kann man leicht Änderungen nachvollziehen und visualisieren. Dies ist ein erheblicher Vorteil gegenüber herkömmlichen, binär gespeicherten Formaten, wie zum Beispiel Microsoft Word. Um bei derartigen Formaten zwei verschiedene Versionen auf ihre Unterschiede zu untersuchen, bedarf es eigener Werkzeuge, die oft nur in schlechter Qualität oder gar nicht zur Verfügung stehen. Durch die Tatsache, dass das Wiki zentral editiert und gespeichert wird, kann außerdem verhindert werden, dass parallel zwei unterschiedliche Versionen eines Dokumentes entstehen können, die dann später wieder zusammengeführt werden müssen.

Mit Hilfe dieses Wiki-Systems wird die gesamte interne Dokumentation durchgeführt. Das beginnt bei der Beschreibung der Entwicklungs- und Integrationsumgebung und führt bis zur Dokumentation von einzelnen Aufgaben wie der Verbesserung der Performance. Dabei ist eines der *zentralen Prinzipien*, dass alle Entwickler zur Dokumentation beitragen. Da die Versionierung automatisch erfolgt, ist der Aufwand für kleine Änderungen sehr niedrig. Da jeder Benutzer auch die Möglichkeit hat, eigene Seiten zu erstellen, wird das Wiki ebenfalls zur Sammlung von Ideen oder anderen informellen Dokumentationen verwendet. Diese Seiten haben oft temporären Charakter und können, nachdem sie irrelevant wurden, einfach wieder entfernt werden. Besonders bei solchen Seiten ist es wichtig, dass der Aufwand für die Erstellung möglichst gering ist.

Eine der wichtigsten Trac-Erweiterungen, die LiSaMe verwendet, ist das Integrations-Plug-in für den Continous Integration Server. Der *Integrationsserver* entnimmt stündlich den letzten Stand aus dem Subversion Repository, baut die gesamte Applikation und führt alle Tests darauf aus. Dadurch wird laufend überprüft, ob der aktuelle Stand der Applikation lauffähig ist. Durch die Integration dieses Services mit Trac kann diese Information im Projekt-Managementtool dargestellt werden. Damit ist auch das Projektmanagement jederzeit über den aktuellen Stand der Entwicklung informiert. Gleichzeitig werden die Entwickler durch die Veröffentlichung dieser Information auf Fehler, die die Lauffähigkeit der Applikation beeinflussen, aufmerksam gemacht. Dadurch wird eine der zentralsten Anforderungen an agile Entwicklungsmethoden, immer eine aktuelle lauffähige Version der Applikation zur Verfügung zu stellen, erfüllt.

▶Abbildung 3.7 zeigt das Zusammenspiel der einzelnen Akteure und Werkzeuge in der LiSaMe-Entwicklungsumgebung.

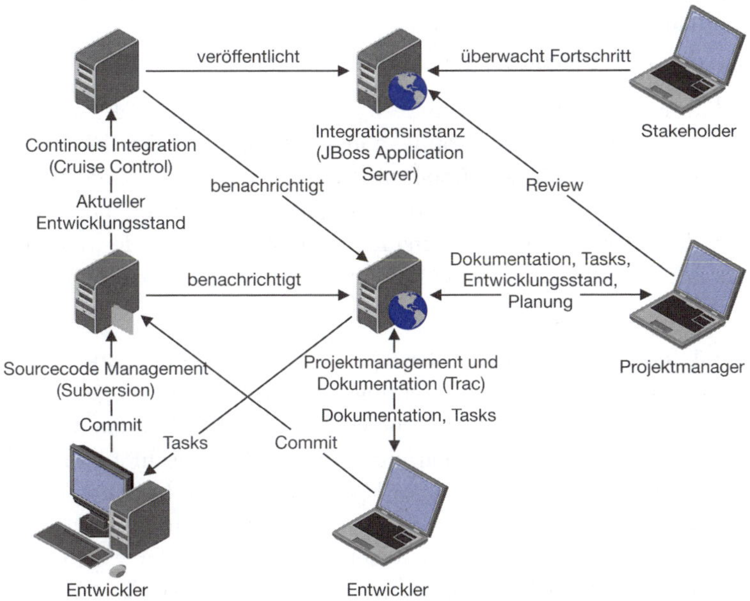

Abbildung 3.7: LiSaMe-Entwicklungsumgebung

3.2 Stadt21

Das Projekt Stadt21 stellt eine *eGovernment-Lösung* für kleine und mittelgroße österreichische Städte dar. Es wurde in enger Zusammenarbeit mit der Stadt Schwechat bei Wien entworfen. Dort wird das System unter dem Namen SW21 betrieben. Die Vorgehensweisen, etablierten Systeme und Erfahrungen lassen sich einfach für andere Städte oder behördliche Einrichtungen anpassen.

3.2.1 Das Projekt Stadt21

Das Projekt Stadt21 wurde gestartet, weil die Stadtverwaltung sich eine einfach zu handhabende, aber dennoch funktional umfangreiche Software zur Unterstützung der täglichen Arbeit seiner Mitarbeiter wünschte und diese Anforderungen in keinem der bestehenden Softwareprodukte fand. Der Analyse- und darauffolgende Erstellungsprozess wurde also in sehr enger Zusammenarbeit mit der Stadtamtsdirektion erstellt, wobei regelmäßig Prototypen einem kleinen Testbenutzerkreis zur Verfügung gestellt wurden und entsprechend sowohl qualitativ als auch quantitativ hochwertiges Feedback einfließen konnte. Dies hatte zwei große Auswirkungen.

Einerseits entsprach das Endprodukt den Vorstellungen des Kunden, was zu einer hohen Akzeptanz führte. Diese Akzeptanz wurde noch verstärkt durch eine *schrittweise Einführung des Produktes* in den gesamten Benutzerkreis, eine Reihe von Vorstellungs- und Informationsveranstaltungen bei der Einführung und durch intensive Benutzerschulungen. Dies wurde als notwendig erachtet, da ein Hauptziel die tatsächliche Verwendung der Applikation durch die Mitarbeiter war. Eine plötzliche Einführung hätte durchaus als Erschwerung der Arbeit gewertet werden und somit zur Ablehnung der Applikation führen können. Eine graduelle Einführung hingegen konnte die Erleichterung, die die Verwendung der Applikation bringt, verdeutlichen.

Andererseits führte die enge Zusammenarbeit zu einem starken „*Wachstumseffekt*" der Applikation. Als „*Hauptmodul*" der Applikation wurde zunächst der „*Elektronische Akt*" *(ELAK)* entwickelt (ELAK, 2001a-c). Doch im Laufe der Entwicklung entstanden zusätzlich noch zwei weitere Module, nämlich die *Anliegenverwaltung* und die *Postverwaltung*. Diese waren in der ursprünglichen Planung nicht enthalten, es wurde während der Testphasen jedoch offensichtlich, dass diese sich gut in die Applikation einfügen lassen und einen erheblichen Mehrwert bringen.

Neben dem funktionalen Umfang kam der Benutzbarkeit große Bedeutung bei der allgemeinen Designentscheidung zu. Da Umstellungen am Zielsystem weitgehend vermieden werden sollten, wurde statt einer klassischen Desktop-Applikation eine Webapplikation erstellt. Da klassische Webapplikationen allerdings starke Einschränkungen bezüglich der Bedienung zeigen, wurde die zu diesem Zeitpunkt gerade in Schwung kommende Technologie *Asynchronious Javascript and XML (AJAX)* verwendet und somit wurden dynamische Elemente in die klassische Webbedienung integriert. Lediglich für den Prozesseditor, der grafisch vergleichsweise aufwändig, gleichzeitig aber nur einem kleinen Benutzerkreis zugänglich gemacht werden musste, wurde *Java Web Start* statt AJAX verwendet, da diese Technologie ebenso plattformunabhängig war, gleichzeitig aber die vollen grafischen Möglichkeiten der Programmiersprache Java unterstützte.

3.2.2 Allgemeiner Aufbau

Das Produkt Stadt21 besteht aus mehreren unterschiedlichen Komponenten, die zusammen die Tätigkeit eines Stadtmitarbeiters auf elektronischem Weg unterstützen und erleichtern. Der übliche Ablauf eines Aktes, und somit auch eines *elektronischen Aktes (ELAKs)*, ist anhand eines *Prozesses* vorgegeben. Dieser Prozess gibt an, welche Schritte durchzuführen sind, um ein Produkt, das die Stadt anbietet, ausführen zu können. Beispiele für solche Produkte sind im Folgenden aufgeführt.

Beispiel 3.4 **Produkte einer Stadt**

- Nachmittagsbetreuung von Schülern
- Förderung von Solaranlagen
- Bewilligung eines Bauvorhabens
- Förderung von Lehrstellen
- Unterstützung von Sozialhilfe
- Vermietung von Gemeindewohnungen

Aufgrund der unterschiedlichen Natur dieser Beispiele sind die Abläufe der zugrunde liegenden Prozesse sehr unterschiedlich aufgebaut. Es wird also ein Werkzeug benötigt, das es ermöglicht, diese unterschiedlichen Prozesse vollständig abzubilden.

Das *Abbilden der Geschäftsprozesse* stellt erst die Grundlage für die eigentliche Arbeit des Sachbearbeiters dar. Dieser muss beispielsweise jedes Mal, wenn ein neuer Antrag auf Bewilligung eines Bauvorhabens eingeht, einen neuen Akt starten, der auf dem zugehörigen Prozess basiert. Des Weiteren muss er die Möglichkeit haben, weitere Dokumente, die zu einem Akt eingehen, zu diesem zu assoziieren oder neue Dokumente zu einem Akt zu erstellen, abhängig vom genauen Ablauf des jeweiligen Aktes. Es wird also ein weiteres Werkzeug benötigt, das den Benutzer bei der täglichen Arbeit unterstützt und das Erstellen und Bearbeiten von Akten erlaubt. Neben der Aktenbearbeitung wurden noch weitere Module zur Verwaltung von Anliegen und für den Posteinlauf implementiert.

Das *Anliegen-Management* erlaubt es, aufkommende Anliegen, die keinem definierten Produkt entsprechen, aufzunehmen und in kooperativer Art und Weise zu bearbeiten. Anliegen können dezentral aufgenommen werden und dann an die zentrale Anliegenstelle weitergeleitet werden. Von dort aus werden diese an die zuständige Fachabteilung weitergeleitet oder direkt bearbeitet. Der eigentliche Kern des Anliegenmoduls basiert auf dem normalen Aktenmodul. So ist der Anliegenprozess ein einfacher Prozess, der mit einem speziell darauf zugeschnittenen User Interface versehen wurde.

Die *Postverwaltung* erlaubt es, eingehende Poststücke – sowohl als eingescannte Dokumente als auch als E-Mail – in die Applikation aufzunehmen und von der zentralen Posteinlaufstelle an die zuständigen Abteilungen direkt weiterzuleiten. Zusätzlich können beliebige Mitarbeiter über das Poststück informiert werden. Auf diese Weise erhalten alle Mitarbeiter, für die das Poststück von Interesse ist, eine sofortige Meldung und können sich das Poststück direkt ansehen, ohne das physische Dokument suchen und abholen zu müssen. Zusätzlich wird auf diese Art und Weise auch eine elektronische Archivierung der Post vorgenommen.

Schlussendlich wird noch ein Modul benötigt, das das ELAK-System administriert und den Benutzern benötigte Berechtigungen einräumt.

ZUSAMMENFASSUNG – MODULE IN STADT21

- Prozesserstellung
- Elektronischer Akt
- Anliegenverwaltung
- Postverwaltung
- Administration

3.2.3 Prozesserstellung

Auch wenn es nicht immer direkt ersichtlich ist, kann beinahe jede Tätigkeit eines Stadtmitarbeiters als Teil eines Geschäftsprozesses identifiziert werden. Sei es beim Erstellen eines Bescheides oder beim Bewerten eines Mitarbeiters oder bei der Teilnahme an einer Beiratssitzung, schlussendlich wird an einem definierten Prozess teilgenommen. Inwieweit dieser Prozess formell festgehalten wurde und, falls dies der Fall ist, der festgehaltene Prozess auch gelebt wird, ist wiederum eine andere Frage. Für eine sinnvolle elektronische Unterstützung einer Stadtverwaltung ist es allerdings notwendig, dass die vorhandenen Prozesse bekannt sind, festgehalten werden und in der festgehaltenen Form auch gelebt werden.

Für die Stadt21-Software war es daher notwendig, eine Möglichkeit zu entwickeln, die einerseits die Abbildung von komplexen Prozessen erlaubte und andererseits von geschultem Personal der Fachabteilungen abgebildet werden konnte. Dies wurde durch einen flussdiagrammähnlichen Aufbau mit wenigen Elementen und einfacher Notation sowie der Entwicklung einer Modellierungs-Software, die diesen umsetzt, erreicht. ▶Abbildung 3.8 zeigt einen Screenshot des entwickelten Prozesseditors. Dieses Kapitel stellt kurz die verwendeten Elemente und Vorgehensweisen bei der Modellierung eines Prozesses vor.

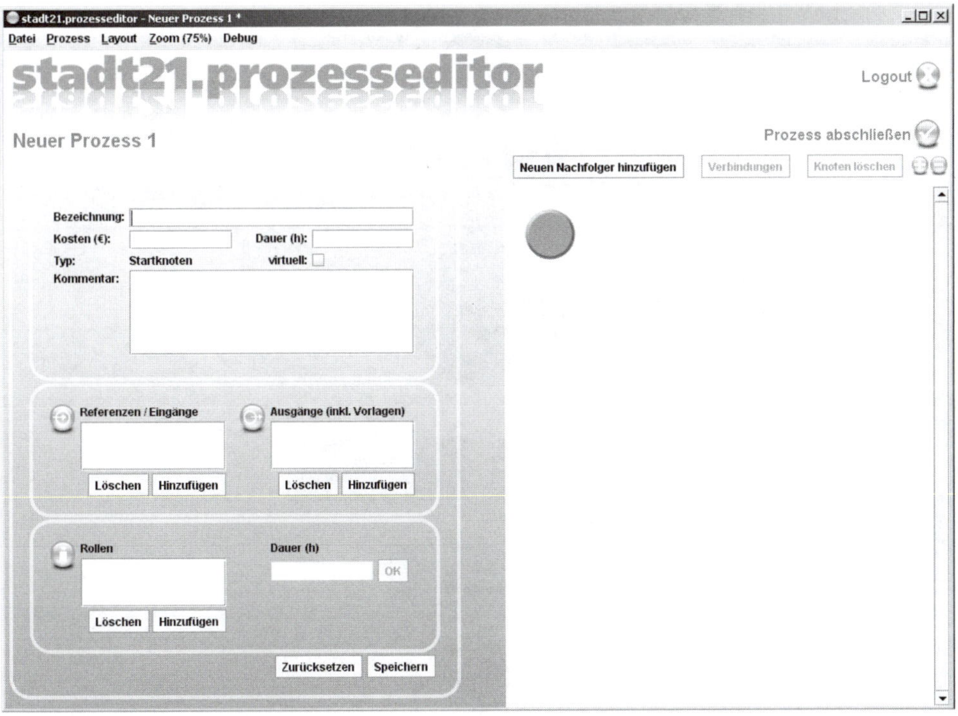

Abbildung 3.8: Stadt21-Prozesseditor

Aufbau eines Prozesses

Jeder Prozess besteht aus einem Startknoten, einem Endknoten sowie beliebig vielen weiteren Knoten, wobei diese entweder Aktivitätsknoten (auch Aktivitäten), Entscheidungsknoten oder Subprozesse sein können. Der genaue Aufbau hängt vom jeweiligen Prozess ab, jedoch folgt jeder Prozess einem ähnlichen Schema. Jeder Prozess startet beim Startknoten, durchläuft eine Reihe von Entscheidungsknoten und Aktivitäten und endet am Endknoten. Aufeinanderfolgende Knoten können in einem Subprozess zusammengefasst werden.

Jeder Knoten (mit Ausnahme des Endknotens) besitzt mindestens einen Nachfolgerknoten, wodurch der Ablauf des Prozesses dargestellt wird. Falls ein Knoten mehr als einen Nachfolger besitzt, bedeutet dies entweder, dass eine Entscheidung zwischen zwei Strängen zu treffen ist (Entscheidungsknoten) oder eine Nebenläufigkeit im Prozess möglich ist (alle anderen Knoten). Schlussendlich muss von jedem Knoten aus der Endknoten erreicht werden können. Die Verbindung zwischen zwei Knoten kann benannt werden, bei Entscheidungen ist dies verpflichtend, damit klargestellt wird, welche Entscheidung zu welchem Knoten führt.

▶Abbildung 3.9 zeigt einen Beispielprozess, der mit dem Stadt21-Prozesseditor modelliert wurde.

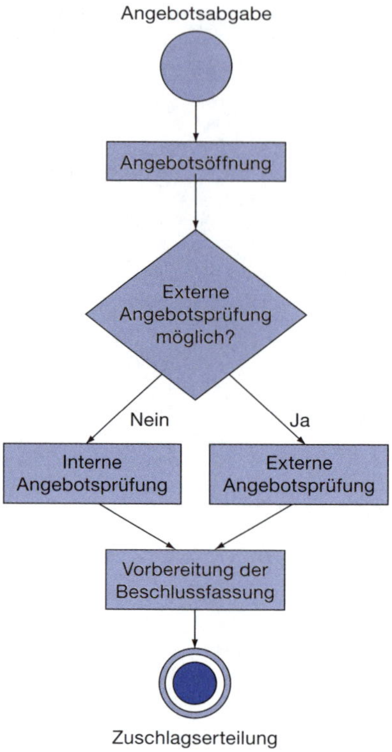

Abbildung 3.9: Beispielprozess zur Prüfung und Erteilung von Baumaßnahmen

Sonstige Anforderungen

Neben der Möglichkeit, die benötigten Prozesse abzubilden, muss der Prozesseditor auch noch einige andere funktionale und nichtfunktionale Anforderungen erfüllen. Die folgende Liste gibt einen Überblick über einige wichtige Anforderungen an dieses Tool.

- *Visualisierung des Prozesses*: Der Benutzer soll relativ einfach ein Bild des modellierten Prozesses bekommen. Das bedeutet, dass dieser übersichtlich visualisiert werden muss.
- *Drafting*: Es muss möglich sein, Prozesse zwischenzuspeichern, ohne diese gleich produktiv zu stellen. Dies bedeutet vor allem, dass auch Prozesse gespeichert werden, die nicht allen Korrektheitskriterien entsprechen.
- *Überprüfung auf Korrektheit*: Das Tool muss automatisch prüfen, ob ein modellierter Prozess allen Kriterien entspricht, um korrekt abgeschlossen werden zu können.
- *Verwalten der Prozesse*: Die vorhandenen Prozesse müssen einfach hinzugefügt, gelöscht, umbenannt und auf jede andere benötige Art verwaltet werden können.
- *Benutzbarkeit*: Der Prozesseditor muss von einem geschulten Mitarbeiter der Fachabteilung benutzt werden können, nicht ausschließlich von einem IT-Experten.
- *Performance*: Die Reaktions- und Bearbeitungszeit muss im zumutbaren Rahmen liegen.
- *Sicherheit*: Ausschließlich berechtigte Benutzer dürfen den Prozesseditor benutzen und die vorhandenen Prozesse verwalten.

3.2.4 Aktenbearbeitung

Die Bearbeitung von Akten ist eine der Kernaufgaben einer Stadt. Zusätzlich darf man nicht davon ausgehen, dass jeder Sachbearbeiter ein versierter PC-User ist. Daher kommt gerade bei diesem Modul einer hohen Benutzerfreundlichkeit große Bedeutung zu. Das ELAK-Modul zielt daher darauf ab, dem Benutzer möglichst viel Arbeit abzunehmen und das benötigte Hintergrundwissen des zugrunde liegenden Prozesses auf ein Minimum zu reduzieren.

Der Benutzer wird Schritt für Schritt durch den Bearbeitungsprozess des Aktes geführt, wodurch er sich immer auf die aktuelle Aufgabe konzentrieren kann und kein Wissen darüber benötigt, wie die vorherigen Schritte abgelaufen sind oder die weiteren Schritte ablaufen werden. Da ein Verständnis für den grundsätzlichen Aufbau des zugrunde liegenden Prozesses zwar nicht notwendig ist, aber durchaus hilfreich sein kann, muss dem Bearbeiter eine Möglichkeit geboten werden, sich einen Überblick über den Prozess zu verschaffen.

Die Hauptaufgabe des ELAK-Systems besteht darin, die modellierten Prozesse in Form von einzelnen Akten abzuarbeiten. Es muss daher möglich sein, neue Akten anhand eines Prozesses zu starten und dann ausgehend vom Startknoten Schritt für Schritt abzuarbeiten (siehe ▶Abbildung 3.10).

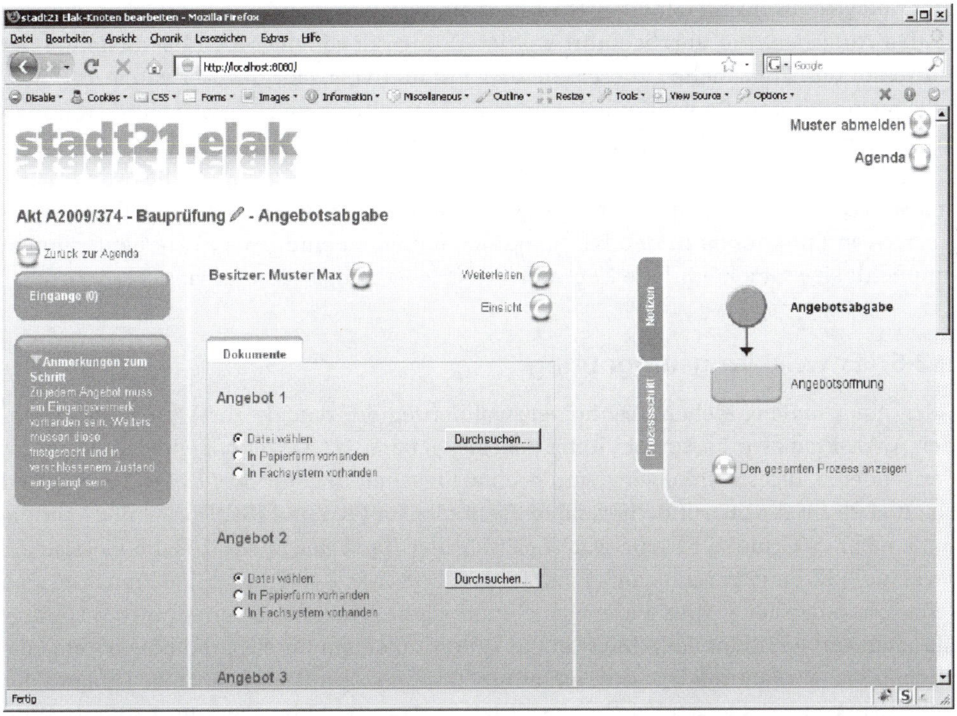

Abbildung 3.10: Interface zur Aktenbearbeitung

Neben der Möglichkeit, den Akt Schritt für Schritt abzuarbeiten, muss es ebenfalls möglich sein, Notizen zu einem Akt anzubringen, um zusätzliche Informationen anmerken zu können.

Ein Akt wird selten von lediglich einem einzigen Sachbearbeiter bearbeitet, es muss daher eine Möglichkeit vorgesehen werden, kooperatives Arbeiten zu unterstützen. Dies wird im Stadt21-Tool durch das Weiterleiten und Informieren von Akten an andere Mitarbeiter unterstützt. Ein Akt hat zwar zu einem Zeitpunkt immer nur einen einzigen Besitzer, der für diesen hauptverantwortlich ist, kann aber beliebig viele weitere Bearbeiter haben, die ebenfalls eine Aufgabe im Prozess durchführen.

3.2.5 Administration

Ein ELAK-System besitzt üblicherweise eine sehr große Anzahl an Benutzern. Die meisten Benutzer haben keine besonderen Berechtigungen, jedoch müssen diese immer einige administrative Tätigkeiten an ihren Akten (z.B. anderen Mitarbeitern Einsicht gewähren) oder allgemeiner Natur (z.B. Stellvertreter festlegen oder ihr Passwort ändern) durchführen. So trivial diese zusätzliche Funktionalität auch erscheinen mag, muss sie doch auch beim Design der Software berücksichtigt werden.

Komplexer wird es bei Benutzern, die spezielle administrative Aufgaben erfüllen. Bei einer elektronisch unterstützten Stadtverwaltung gibt es einige zusätzliche administrative Aufgaben, die durchgeführt werden. Einige Beispiele wären das Erstellen der Prozesse, das Freischalten dieser für den Produktivbetrieb, das Verwalten der Mitarbeiter und deren Berechtigungen und die Verwaltung von Vorlagen und weiteren Dokumenten für die Prozesse. Dies wird mit einem klassischen *Role Based Access Control (RBAC)*-Ansatz gelöst. Generell muss festgelegt werden, ob die Administrationsfunktionen in ein eigenständiges Modul ausgelagert werden oder ob diese administrativen Funktionen in den Basismodulen enthalten sind. Aus Sicherheitsgründen empfiehlt sich eine komplette Kapselung in eigenständigen Modulen.

3.2.6 Entwicklungsumgebung

Nach einer umfangreichen Technologieevaluierung der damals zur Verfügung stehenden AJAX-Frameworks, sowohl unter dem Aspekt der *AJAX-Komponenten* als auch der verwendeten Basistechnologie, wurde eine Entscheidung für *Icefaces* getroffen und somit auch für die zugrunde liegenden Technologien Java und JSF. Diese Entscheidung hatte mehrere Gründe: Erstens war der Erfahrungsstand der Entwickler im klassischen Java- und JSF-Bereich schon auf einem fortgeschrittenen Niveau und diese mussten sich lediglich in das neue AJAX-Framework einarbeiten. Zweitens schienen sowohl Umfang als auch Ausgereiftheit der AJAX-Komponenten auf einem für ein Produktivsystem ausreichendem Niveau und sowohl Community Support als auch regelmäßige Updates des Framework-Entwicklers schienen gewährleistet. Dies bestätigte sich im Laufe der Entwicklung, so wurde ein erfolgreiches Update der Icefaces-Bibliothek im Laufe der Entwicklung bereits zweimal vorgenommen. Drittens waren sowohl Icefaces als auch die zugrunde liegenden Technologien als Open Source verfügbar, wodurch keine komplexe Lizenzierung vonnöten war.

Neben der Unabhängigkeit von der Client-Plattform sollte auch die Server-Technologie weitgehend unabhängig bleiben. Die eingesetzte Icefaces-Technologie verwendete *J2EE* als Basis, die in einer Vielzahl von Server-Technologien verwendet werden konnte. Beim Zugriff auf die Datenbank wurde *Hibernate* verwendet, das sich in vorhergehenden Projekten bereits als zuverlässige *ORM*-Implementierung erwiesen hatte, sowohl aus Stabilitäts- und Performance-Sicht als auch aus Sicht der *DBMS*-Unabhängigkeit. Im Laufe des Projektes wurde auch die zugrunde liegende Datenbank gewechselt, ohne große Änderungen der Implementierung zu erfordern.

3.3 Touch&Go

Verkehrsbetriebe und Verkehrsverbünde auf der einen Seite und Mobilfunkbetreiber auf der anderen Seite verfolgen seit einigen Jahren das gemeinsame Ziel, den Kauf von Tickets für den öffentlichen Personenverkehr zu vereinfachen und für den Fahrgast attraktiver zu gestalten. Im Rahmen dieser Bestrebungen entstand in Österreich vor zehn Jahren der sogenannte *Handy-Fahrschein*. Der Handy-Fahrschein ermöglicht es dem Fahrgast, sein Bahn-Ticket bzw. Tickets für den Städteverkehr direkt auf seinem Handy zu kaufen. Die Bestellung ist entweder per SMS oder WAP möglich, die Zustellung des Tickets erfolgt in jedem Fall per SMS.

Im Rahmen dieses Projektes sollen der Handy-Fahrschein weiterentwickelt und neue Technologien in das System integriert werden. Der Schwerpunkt liegt neben der Usability auf Interoperabilität und Security. Während beim alten Handy-Fahrschein das Ticket lediglich in Form einer SMS realisiert werden konnte, sollen im neuen System kryptografisch gesicherte Nutzermedien ein sicheres Übertragen und Speichern von Tickets ermöglichen. Neuartige Handys mit integrierter *Near Field Communication (NFC)* erfüllen diese Anforderungen und sollen daher als Träger des elektronischen Tickets zum Einsatz kommen.

Das hier als Beispiel angeführte System stellt eine vereinfachte Darstellung des zugrunde liegenden Realsystems dar. Das Realprojekt wurde als innovativer Pilot im Jahr 2008 von der mobilkom Austria und den österreichischen Bundesbahnen gemeinsam beauftragt.

3.3.1 Technische Anforderungen

Touch&Go soll in der ersten Phase das aktuelle Handy-Fahrschein-System nicht ersetzen, sondern dessen Funktionalität erweitern. Insbesondere der Bestellprozess und die Bezahlung von Tickets werden über das bestehende System abgewickelt.

Die Bestellung eines Handy-Fahrscheins kann über zwei verschiedene Kanäle erfolgen: SMS oder WAP. Bei der SMS-Bestellung schickt der Fahrgast eine SMS mit dem gewünschten Start- und Zielbahnhof sowie seinem Namen an das System. Im Server wird anhand dieser Daten eine Fahrtrelation berechnet und der dazugehörige Preis ermittelt.

Anschließend prüft das System, ob der Kunde über ein Zahlungsmittel verfügt und genügend Guthaben vorhanden ist. Ist die Kostendeckung gegeben, bekommt der Kunde ein Angebot per SMS. Dieses Angebot bestätigt der Kunde wiederum per SMS. Das System bucht daraufhin den entsprechenden Betrag ab und schickt dem Kunden das gültige Ticket per SMS zu.

Alternativ kann ein Kunde das Ticket auch über den WAP-Browser seines Handys bestellen. Dazu muss er die Daten zum gewünschten Ticket im WAP-Browser angeben. Anschließend bekommt der Kunde sein Angebot und bestätigt dieses im Browser. Die Zustellung des Tickets erfolgt, ebenso wie bei der SMS-Bestellung, in Form einer SMS.

Die SMS enthält unter anderem einen Ticket-Code, den ein Zugbegleiter verwenden kann, um die Echtheit des Tickets zu überprüfen. Der Zugbegleiter muss dazu den 18-stelligen Code in sein Kontrollgerät eintippen und die Gültigkeit des Tickets wird online überprüft.

Im aktuellen System werden die Tickets in Form von SMS zugestellt. Diese Art der Zustellung hat zwar den Vorteil, dass sie auf jedem Handy funktioniert, ohne zusätzliche Software am Handy installieren zu müssen, sie hat jedoch auch einige grundlegende Einschränkungen:

- Im Fall einer Kontrolle durch einen Zugbegleiter muss der Fahrgast in der SMS-Inbox des Handys nach dem gültigen Ticket suchen.
- Der Zugbegleiter muss zur Validierung des Tickets den 18-stelligen Ticket-Code in sein Kontrollgerät eintippen.
- Das SMS-Ticket kann relativ leicht dupliziert und somit missbräuchlich von mehreren Personen verwendet werden.
- Wird der Akku des Handys aufgebraucht, kann der Fahrgast sein SMS-Ticket nicht mehr dem Zugbegleiter präsentieren.

Um diese Probleme zu adressieren, soll mit Touch&Go der Handy-Fahrschein zu einem elektronischen Ticket im Rahmen eines elektronischen Fahrgeld-Managements weiterentwickelt werden.

Elektronisches interoperables Fahrgeld-Management

Die Anforderungen an ein interoperables, elektronisches Fahrgeld-Management sind in ISO-Norm DIN EN ISO 24014-1 festgelegt. Nicht alle Anforderungen sollen im Rahmen von Touch&Go umgesetzt werden, die wichtigsten Punkte sollen jedoch in Kürze beschrieben werden:

- *Gesichertes Ablegen von elektronischen Tickets:* Das elektronische Ticket soll in einem sogenannten *Nutzermedium* sicher gespeichert werden. Die eingesetzte Technologie muss gewährleisten, dass das Ticket im Nutzermedium nicht ohne Authentisierung geändert, vervielfältigt oder gelöscht werden kann. Auch das Einbringen eines neuen Tickets darf nicht ohne Authentisierung möglich sein. Damit kann gewährleistet werden, dass nur berechtigte Organisationseinheiten Tickets in das Nutzermedium schreiben können und kein Missbrauch durch das Kopieren von Tickets möglich ist.

- *Sichere Übertragung der elektronischen Tickets:* Auch die Übertragung der Tickets muss durch kryptografische Verfahren abgesichert werden. Während der Übertragung müssen die Integrität und die Vertraulichkeit der Ticket-Daten garantiert werden, um einen Missbrauch während der Übertragung zu verhindern.
- *Interoperabilität der elektronischen Tickets und des Nutzermediums:* Bei der Planung und Umsetzung eines elektronischen Fahrgeld-Managementsystems sollen proprietäre Lösungen, bei denen die Use-Cases auf einen Verkehrsbetrieb oder einen Verkehrsverbund beschränkt sind, vermieden werden. Der Fahrgast soll die Möglichkeit haben, ein Nutzermedium, das er von Verkehrsverbund A erhalten hat, uneingeschränkt auch in Verkehrsverbund B zu nutzen. Dabei soll es keinen Unterschied machen, ob sich die beiden Verkehrsverbunde im gleichen Land befinden oder in zwei verschiedenen Staaten. Bestehen entsprechende Übereinkommen zwischen Verkehrsverbünden, soll die Lösung es auch erlauben, mit dem gleichen Ticket in verschiedenen Verkehrsverbünden Leistung in Anspruch zu nehmen.
- *Komfortables Erwerben und Kontrollieren der Tickets:* Neben den Sicherheitsaspekten soll auch für den Fahrgast der Vorgang des Ticket-Kaufs beschleunigt und vereinfacht werden. Es soll möglich sein, ein Ticket zu kaufen, ohne zuerst einen Verkaufsschalter oder einen Ticket-Automaten aufsuchen zu müssen. Der Kaufvorgang soll möglichst intuitiv erfolgen und eine breite Palette an Bezahlmöglichkeiten anbieten (Kreditkarte, Maestro, Bankeinzug, ...). Auch der Kontrollvorgang bei der Validierung und Entwertung der Tickets soll komfortabler werden. Der Zugbegleiter soll in minimaler Zeit die Gültigkeit des Tickets überprüfen und das Ticket entwerten können.

Lösungsansatz VDV-KA

Seitens des Auftragsgebers wurde als Vorgabe für die Umsetzung des elektronischen Fahrgeld-Managements die VDV-Kernapplikation (VDV-KA) festgelegt. Bei VDV-KA handelt es sich um die Spezifikation eines interoperablen Fahrgeld-Managementsystems, die vom Verband Deutscher Verkehrsunternehmen erstellt wurde. In Deutschland gilt diese Spezifikation als De-facto-Standard für das elektronische Ticketing, der bereits in einigen Pilotbetrieben umgesetzt wurde.

Träger der elektronischen Tickets ist in der VDV-KA ein Nutzermedium, das als *kontaktlose Chipkarte* implementiert ist. Die Chipkarte enthält die sogenannte ÖPV-Applikation, die es ermöglicht, bis zu 16 elektronische Tickets auf dem Nutzermedium zu speichern. Das Nutzermedium enthält neben den Tickets auch das kryptografische Material für den Aufbau eines sicheren Kanals zur Karte und einen Werteinheitenspeicher, auf dem das Äquivalent zu Bargeld gespeichert werden kann.

Die VDV-KA deckt weitgehend die Anforderungen eines elektronischen Fahrgeld-Managements in Österreich ab und stellt daher für Touch&Go eine gute Alternative dar. Sollte sich jedoch im Rahmen der Umsetzung herausstellen, dass speziell für die österreichische Verkehrslandschaft Abweichungen von VDV-KA sinnvoll sind, sind diese nach Absprache mit dem Auftraggeber möglich.

Das NFC-Handy als Nutzermedium

Die VDV-KA sieht als Nutzermedium zum Speichern der Tickets primär kontaktlose Chipkarten vor. Diese Chipkarten haben die Größe einer normalen Kreditkarte, können jedoch kontaktlos, durch einfaches Berühren eines kontaktlosen Chipkartenlesers, verwendet werden.

Bei Touch&Go soll anstatt auf einer Chipkarte das Nutzermedium auf einem Handy mit integrierter *Near Field Communication (NFC)* realisiert werden. Aktuelle NFC-Handys enthalten folgende Komponenten, die in Touch&Go zum Einsatz kommen:

- *Integriertes Secure Element:* Das Secure Element ist eine auf Java basierende Chipkarte, auf der die ÖPV-Applikation implementiert wird. Auf das Secure Element kann sowohl von einem Java Midlet im Handy als auch über die kontaktlos Schnittstelle des Handys zugegriffen werden.
- *Kontaktloser Chipkartenleser:* Mittels integriertem kontaktlosen Kartenleser ist es möglich, sowohl NFC-Tags (z.B. zum Initiieren eines Ticket-Kaufs) als auch das Secure Element eines anderen NFC-Handys auszulesen.

Das Handy als Nutzermedium bietet folgende Vorteile gegenüber einer kontaktlosen Chipkarte:

- Der Kunde kann direkt mit dem Handy Tickets bestellen und diese vom Server sicher in das Secure Element downloaden.
- Der Kunde kann sich jederzeit die im Nutzermedium gespeicherten Tickets anzeigen lassen.
- Die Tickets können über die kontaktlose Schnittstelle ausgelesen werden.
- Das Secure Element kann auch bei ausgeschaltetem Handy und sehr niedrigem Akku-Stand noch zur Kontrolle ausgelesen werden.

3.3.2 Architektur des Touch&Go Services

An dieser Stelle werden die Komponenten *Ticketserver* und die *Frontend-Komponenten* erklärt (siehe ▶Abbildung 3.11).

Ticketserver

Die zentrale Backend-Komponente für die Zustellung des VDV-Tickets auf das NFC-Handy ist der Ticketserver (TS). Der TS erhält die VDV-Ticket-Informationen von der Handy-Ticket-Plattform (HTP) und erstellt das elektronische VDV-Ticket für die Übertragung auf das Handy des Fahrgastes. Sobald das Handy des Fahrgastes eine Verbindung zum TS aufbaut, überträgt der TS das kryptografisch gesicherte Ticket an das Handy.

Der TS wird als Cluster aus zwei Servern und einer Datenbank ausgeführt. Den beiden Servern ist ein Loadbalancer vorgelagert. Diese Architektur gewährleistet einerseits ein Aufteilen der Last (loadbalancing) als auch einen *kontinuierlichen Betrieb* bei Ausfall eines Servers (failover).

Der TS besteht aus unterschiedlichen Modulen, die jeweils einen Arbeitsschritt zur Generierung und Zustellung von VDV-Tickets abstrahieren und implementieren. Diese modulare Architektur des TS gewährleistet die Wartbarkeit und Erweiterbarkeit des Systems. Im Folgenden werden die einzelnen Module beschrieben.

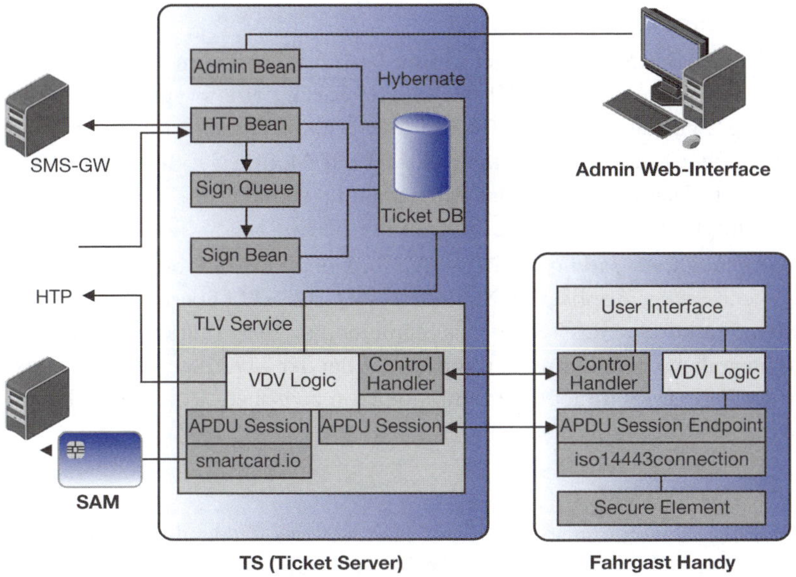

Abbildung 3.11: Architektur von Touch&Go

- *HTP-Servlet:* Das HTP-Servlet stellt die Schnittstelle von der Handy-Ticket-Plattform (HTP) zum TS dar. Die HTP übergibt die Ticket-Informationen an das HTP-Servlet. Die Ticket-Informationen werden zunächst in eine Datenbank abgelegt, die mit beiden TS-Servern verbunden ist. Anschließend wird die TicketID in die Clustered TicketID-Queue zur späteren Bearbeitung abgelegt. Das HTP-Servlet verschickt außerdem über das SMS-Gateway eine binäre SMS an das Handy des Fahrgastes und startet damit am Handy des Fahrgastes ein Midlet, das die Übertragung des VDV-Tickets vom Server zum Handy des Fahrgastes steuert.
- *Shared Database:* Sowohl die Ticket-Information als auch das signierte VDV-Ticket werden persistent in einer Datenbank gespeichert, die mit beiden TS-Servern verbunden ist. Dadurch wird einerseits die Verfügbarkeit des Systems gesteigert, da beim Ausfall eines TS-Servers das Ticket vom anderen Server weiterverarbeitet und zugestellt werden kann. Andererseits wird die Performance des Systems gesteigert, da die verschiedenen Schritte zur Generierung und Zustellung des Tickets auf beide Server verteilt werden können.
- *Ticket Producer:* Der Ticket Producer ist jenes Modul, in dem das eigentliche VDV-Ticket erstellt wird. Gestartet wird der Ticket Producer von der Clustered TicketID-Queue. Da die Clustered TicketID-Queue zwischen beiden TS-Servern gemeinsam verwendet wird, wird die Systemlast zur Generierung des VDV-Tickets zwischen beiden Servern gleichmäßig aufgeteilt. Der Ticket-Producer wandelt die VDV-Ticket-Info

in ein VDV-konformes Format um und signiert das Ticket anschließend mit einem Secure Access Module (SAM). Um mehrere VDV-Tickets gleichzeitig signieren zu können, verfügt jeder TS-Server über mehrere Kartenleser mit je einem SAM. Die SAMs werden über den SAM-Pool verwaltet und einzelnen Ticket-Producern zugeordnet. Sobald das VDV-Ticket erstellt und signiert wurde, wird es in binärer Form in der gemeinsamen Datenbank abgelegt.

- *Mobile Servlet:* Das Mobile Servlet nimmt Verbindungen vom Handset des Fahrgastes entgegen. Anschließend stellt das Mobile Servlet eine kryptografisch gesicherte Verbindung zwischen SAM im TS und dem Secure Element im Handset des Fahrgastes her. Über diese Verbindung überträgt das Mobile Servlet das VDV-Ticket an das Handset. Nach erfolgreicher Übertragung schickt das Mobile Servlet eine Benachrichtigung über die Zustellung an die HTP.
- *Secure Application Module (SAM) – TS:* Teil der TS-Komponente ist das in VDV beschriebene Secure Application Module (SAM). Das SAM übernimmt die sicherheitsrelevanten Funktionen des TS wie das Signieren von Berechtigungen und den Aufbau von kryptografisch gesicherten Verbindungen. Bei der Übertragung des Tickets auf das Handy des Fahrgastes findet die Kommunikation zwischen SAM (als Teil des TS) und Secure Element im Handy statt.

Frontend-Komponenten

Für das Handset des Fahrgastes und das Handset des Zugbegleiters müssen jeweils zwei verschiedene Komponenten entwickelt werden: ein *Java Midlet* und ein *Javacard Applet.*

Das Java Midlet (kurz Midlet genannt) ist eine Java ME (Micro Edition)-Applikation, die im Kontext des Handsets abläuft. Die Applikation verwendet als User-Interface Tastatur und Display des Handsets und kann Verbindungen zum Server (über GPRS) und zum Secure Element (über NFC) aufbauen. Sämtliche Interaktion des Users mit der VDV-Applikation ist in einem Midlet implementiert.

Das Javacard Applet (kurz Applet genannt) ist eine Chipkarten-Applikation, die im Secure Element des Handsets abläuft. Die Kommunikation zwischen Midlet und Applet erfolgt, wie im Smartcard-Umfeld üblich, über APDUs. Das Applet enthält unter anderem die Datenstrukturen zum Abspeichern von Ticket-Information und kryptografischen Schlüsseln sowie die kryptografischen Funktionen zum sicheren Austausch von Ticket- und Validierungsinformationen.

3.3.3 Integration unterschiedlicher Technologien

Eine der Herausforderungen bei der Umsetzung von Touch&Go ist die Integration unterschiedlicher Technologien zu einer einheitlichen Gesamtlösung. Folgende Komponenten sind zur Realisierung von Touch&Go notwendig:

- *Ticket Server:* Der Ticket Server nimmt Requests zur Übertragung eines elektronischen Tickets entgegen und steuert die Übertragung des Tickets zum Handy des Fahrgastes. Als Programmiersprache kommt beim Ticket Server Java 6 zum Einsatz. Die Server-Applikation läuft unter JBoss als Application Server.

- *J2ME Midlet:* Die Applikation auf dem Fahrgast-Handy wird als J2ME Java Midlet realisiert. Aufgabe des Midlets ist einerseits die Anzeige von elektronischen Tickets, die auf dem Secure Element des Handys gespeichert sind, andererseits fungiert das Midlet als Proxy zur Übertragung von Chipkarten-Befehlen vom Ticket Server zum Secure Element des Handys. Zur Kommunikation mit dem Secure Element wird die Contactless Communication API (JSR 257) verwendet. Ein zweites J2ME Midlet wird für das Handy des Zugbegleiters entwickelt. Dieses implementiert die Funktionen zum Auslesen und Entwerten von elektronischen Tickets.
- *JavaCard Applet:* Die elektronischen Tickets werden nicht im Speicher des Handys abgelegt, sondern im sogenannten Secure Element des Handys gespeichert. Das Secure Element ist eine Chipkarte, für die Applets in Java entwickelt werden können. Bei der Entwicklung von solchen Applets liegt die Schwierigkeit in den stark begrenzten Ressourcen einer Chipkarte. Dem Entwickler stehen nur wenige Kilobyte Hauptspeicher und ein reduzierter Funktionsumfang zur Verfügung.

3.3.4 Schnittstellen und Integration mit Bestandsystemen

Wie aus der Aufgabenstellung und der Architektur ersichtlich, muss Touch&Go mit bereits *bestehenden Komponenten* integriert werden. Diese sind einerseits die Handy-Ticket-Plattform (HTP), über welche die Bestellung der Tickets abgewickelt wird, und andererseits das SMS-Gateway zum Versenden von binären SMS an das Fahrgast-Handy (siehe ▶Abbildung 3.12).

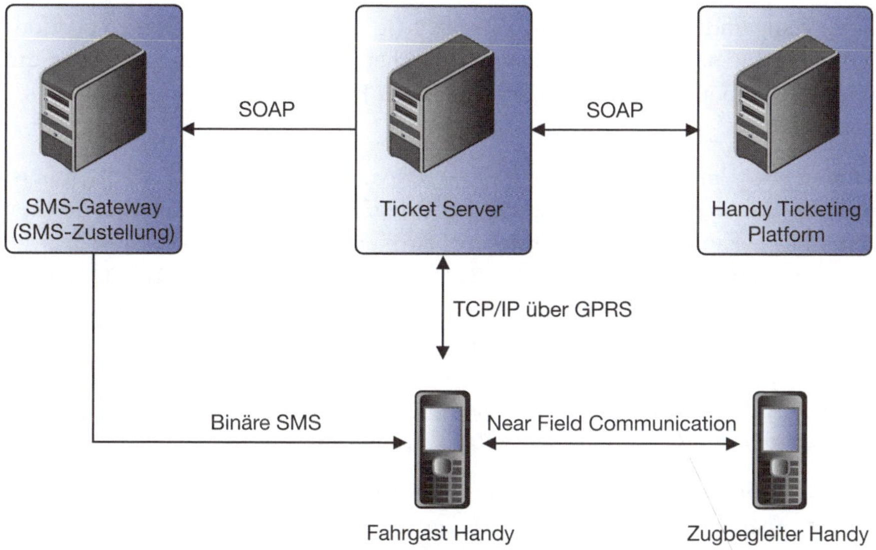

Abbildung 3.12: Komponenten und Schnittstellen in Touch&Go

Als Protokoll an der Schnittstelle zur HTP wurde *SOAP (Simple Object Access Protocol) über HTTPS* gewählt. SOAP-Implementierungen stehen für alle gängigen Plattformen zur Verfügung und ermöglichen eine Kommunikation zwischen Servern, unabhängig vom verwendeten Betriebssystem und der verwendeten Programmiersprache.

In Richtung SMS-Gateway bestand nicht die Möglichkeit, SOAP einzusetzen. Hier kommt eine fertige Java-Klasse des SMS-Gateway-Herstellers zur Anwendung. Auf der einen Seite reduziert dies den Aufwand bei der Implementierung, andererseits bietet ein solcher Zugang wenig Flexibilität bei der Anpassung der Kommunikation (z.B. Timeout-Verhalten).

Einsatz eines Test- und Live-Systems

Die Handy-Ticket-Plattform (HTP) wird bereits vor Beginn von Touch&Go produktiv zur Bestellung von SMS-Tickets verwendet. Eine Integration des Touch&Go Ticket Servers (TS) mit der HTP muss daher sorgfältig geplant werden, um den laufenden Betrieb nicht zu stören.

Um die Integration zu erleichtern, werden sowohl HTP als auch TS in zwei Instanzen betrieben. Die Test-Instanz wird für die laufende Integration und das dazugehörende Testen und Debuggen verwendet. Sobald die Versionen auf den Test-Systemen stabil funktionieren, werden die aktuellen Versionen auf das Live-System deployed. Der nächste Entwicklungs- und Integrationsschritt kann dann wieder am Test-System implementiert werden, ohne den laufenden Betrieb zu beeinträchtigen.

3.3.5 Organisatorische Aspekte

Die Entwicklung und die Integration von Touch&Go mit bestehenden Systemen erfordert einerseits eine intensive Kommunikation zwischen den Entwickler-Teams der unterschiedlichen Komponenten, andererseits zwischen Entwicklern und dem Betreiber des Systems.

Als gemeinsamer *Informations-Pool* kommt TRAC zum Einsatz. TRAC ist ein webbasiertes Open-Source Tool, das eine Wiki-Oberfläche zur Verfügung stellt, wie sie von Wikipedia her bekannt ist. Jeder User kann Artikel anlegen und ändern, wobei jeder Artikel versioniert und die History im System abgespeichert wird. Zusätzlich bietet TRAC ein Ticketing-System, mit dem sowohl Aufgaben als auch Fehlerbeschreibungen verwaltet werden können. Zur Verwaltung von gemeinsamen Dokumenten wird Subversion, ein Open-Source-Versionierungs-Tool, verwendet. Über ein Plug-in kann Subversion in TRAC integriert werden, so dass über eine einzige Oberfläche auf sämtliche projektrelevanten Informationen zugegriffen werden kann.

Zur Koordination der gemeinsamen Arbeit wird ein wöchentliches Treffen, ein sogenannter *Jour fixe*, vereinbart. Tag und Uhrzeit des Jour fixe werden zu Projektbeginn vereinbart und bleiben während des Projektverlaufes unverändert. Bei jedem Jour fixe werden zunächst der aktuelle Projektstand und die Entwicklungen seit dem letzten Treffen besprochen, danach werden aktuelle Probleme diskutiert und die Aufgaben für die folgende Woche vereinbart. Beim Jour fixe werden auch technische Details zur Implementierung analysiert. Werden die Themen jedoch zu spezifisch, ist es oft sinnvoll, diese Punkte im Anschluss an den Jour fixe in kleineren Teams zu besprechen. Zu Beginn jedes Jour fixe wird ein Teilnehmer bestimmt, der ein Protokoll zu den getroffenen Entscheidungen führt und dieses anschließend auf der Projektplattform zur Verfügung stellt.

3.3.6 Entwicklungsumgebung

Unterschiedliche Technologien erfordern unterschiedliche Methoden und Entwicklungsumgebungen bei der Realisierung eines Projekts. Folgende Werkzeuge wurden bei der Entwicklung der oben genannten Komponenten eingesetzt:

- Java SE 6
- JBOSS Application Server 4.2.2
  - JBOSS Remoting (pluggable invocation service)
  - JBOSS WS (JAX-WS webservice stack)
  - JBOSS Messaging (high performance JMS provider)
- Eclipse 3.4.1 und NetBeans IDE 6.1
- Software Development Kit for Nokia 6131 NFC
- Sun Java Wireless Toolkit 2.5.2
- Eclipse ME Plug-in 1.7.9
- Antenna 1.1.0 (Ant-to-End Solution for Wireless Java)
- SmartC@fe 2.0 SP2 (G&D)
- GP Shell 1.4.2 (Global Plattform Shell)
- SUN Java Card Development Kit 2.2.1

3.4 HISS

Die Entwicklung von modernen Softwaresystemen und -services für Hochschulen umfasst ein breites Spektrum von *Geschäftsprozessen* in vielen Bereichen. Der Leistungsumfang eines ganzheitlichen Hochschulinformationssystems schließt nicht nur das Management von Kursen und Prüfungen zur Abwicklung der Lehrtätigkeiten ein, sondern deckt auch viele Anforderungen der Verwaltung ab. Dazu zählt beispielsweise die Abbildung von Daten und Prozessen der Bereiche Liegenschafts-Management, Controlling, Personal-Management, Facility Management oder des Zulassungsverfahrens. Darüber hinaus sollen wissenschaftlichen Mitarbeitern unterstützende Systeme zur Abwicklung ihrer Forschungstätigkeiten zur Verfügung gestellt werden.

An vielen Hochschulen sind seit Jahrzehnten Systeme im Einsatz, die als Folge von Reformen und der damit verbundenen, teils gravierenden, Änderungen interner Abläufe häufig adaptiert werden mussten. Alte, gut funktionierende Applikationen wurden auf neue *Plattformen* migriert und laufend erweitert. Häufig ist das Resultat eine inhomogene Landschaft von IT-Systemen, die den heutigen Anforderungen in vielerlei Hinsicht nicht mehr genügt. Die historisch gewachsenen, meist unterschiedlichen Applikationen und *Schnittstellen* entzogen sich jeder kontrollierten, planbaren und kostenmäßig verlässlich einschätzbaren Weiterentwicklung, Wartung oder Neueinführung aktueller Technologien. Eine mögliche Lösung findet sich in der Entwicklung eines informationstechnisch strategischen Gesamtansatzes.

3.4.1 Projektentstehung

Die oben beschriebene Entwicklung wurde an einer Hochschule, an der seit über vierzig Jahren ein Verwaltungssystem betrieben und stetig weiterentwickelt wurde, über viele Jahre beobachtet. Frühen *COBOL*-Entwicklungen wurden moderne Datenbanken hinzugefügt, mehrere Zusatzentwicklungen wurden im Altsystem bzw. in mehreren Neusystemen realisiert. Für ein umfassendes, integriertes *Datenbankdesign* und ein gesamtes *Redesign* aller Systeme bestand kein akuter Bedarf. Im Laufe der Jahre waren jedoch Erweiterungen und auch die Wartung infolge der zahlreichen, aus den unterschiedlichsten Gründen notwendigen Adaptierungen kaum mehr möglich. Um das zugrunde liegende Risiko zu beseitigen und damit Anpassungen an die Abläufe und Prozesse zu ermöglichen, fiel schließlich die Entscheidung für eine Neuentwicklung sämtlicher zentral an der Hochschule eingesetzten Applikationen.

Das Projekt firmierte schließlich unter dem Namen HISS (Hochschul-Informations-Systeme und -Services), dessen langfristige Ziele es waren, eine gemeinschaftliche *technische Architektur* bereitzustellen, die Altsysteme schrittweise abzulösen, die Wartung sicherzustellen und das Einpflegen neuer Dienste sowie die Anbindung benachbarter Systeme (z.B. VoIP, SAP, e-learning) zu ermöglichen.

Die hier vorgestellten Projektdetails entsprechen einer Vereinfachung des zugrunde liegenden Realprojekts bzw. einem Planungsstand aus den frühen Phasen des Realprojekts.

3.4.2 Ziele und Umfang von HISS

Um den vorhin genannten Kriterien zu genügen und die IT-Landschaft im Bereich Forschung, Lehre und Verwaltung für die zukünftigen Anforderungen des Managements auszurichten, wurde eine Integration der betreffenden Einzelsysteme auf eine homogene und konsolidierte Plattform durchgeführt.

Für dieses Vorhaben ergaben sich folgende Ziele (schematisch dargestellt in ▶Abbildung 3.13):

- Entwicklung eines einheitlichen Informationssystems mit den Funktionen aller Einzel-Systeme, die zu Beginn des Projekts an der gesamten Hochschule im Einsatz waren
- Aufbau eines einfachen und umfassenden *relationalen Datenmodells* durch Integration der einzelnen Applikationen zu einem Ganzen
- Online-Recherche-Möglichkeiten in den Daten und benutzerkonfigurierbare Auswertungen
- Integrierte, einheitliche und einfach bedienbare Online-Benutzer-Dialogführung im Web

- Leichtere Erweiterbarkeit der geplanten Plattform um weitere Applikationen (z.B. Customer Relationship Management, Facility-Management etc.)
- Offene und standardisierte Schnittstellen in verschiedenen Technologien (XML, CSV, SOAP, etc.) zur Anbindung von zusätzlichen externen Systemen
- Sicherung der Prozess- und Datenqualität

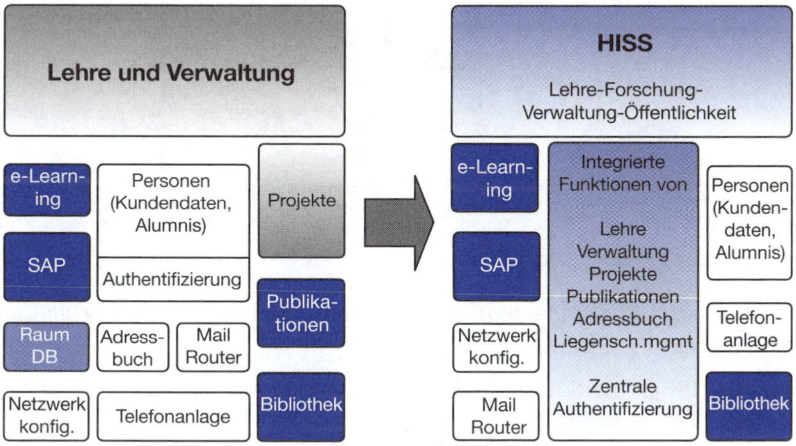

Abbildung 3.13: Ausgangs- und Zielschema von HISS

Bei der Konzeption von HISS wurde auf die Umsetzung mehrerer systemischer Schwerpunkte besonders geachtet, um die Akzeptanz des breiten Benutzerkreises zu gewährleisten. Dazu zählen beispielsweise die einfache und intuitive Handhabung der Software, die bestmögliche Unterstützung und Optimierung von abteilungs- oder institutsinternen sowie übergreifenden *Workflows*, ein detailliertes *Berechtigungsmodell* mit der Möglichkeit, eigene Rechte an andere Benutzer zu delegieren, sowie eine *revisionssichere Protokollierung* und *Versionierung* von relevanten Dateneingaben oder -änderungen.

3.4.3 Phasen und grober Aufbau

Die HISS-Entwicklung gliedert sich in drei strategische Projektphasen (siehe ▶Abbildung 3.14):

- Phase I: Vorbereitung der *Migration* mit dem Fokus auf der Erhaltung/Wiedergewinnung der formalen und informellen Ablaufinformationen und der Integration der verschiedenen Quellen. Diese Phase war ein iterativer Prozess zur Etablierung eines *Fachkonzeptes*, der Technologiebasis und der Architektur.
- Phase II: Beginn der Migration mit dem Fokus auf der Ablöse der ersten Altsysteme, der Integration der Felderfahrungen in die Entwicklung, der Anpassung des Fachkonzeptes aufgrund des gewonnenen Feedbacks, dem *Freeze* der Technologiebasis und der Architektur sowie der Etablierung der Release-, Schulungs- und Rollout-Prozesse.
- Phase III: Vollbetrieb und Reifung mit dem Fokus auf der Ablöse aller Altsysteme, Etablierung des laufenden *Release-* und *Change-Management-Prozesses*, Vorbereitung für den laufenden Betrieb und die Wartung.

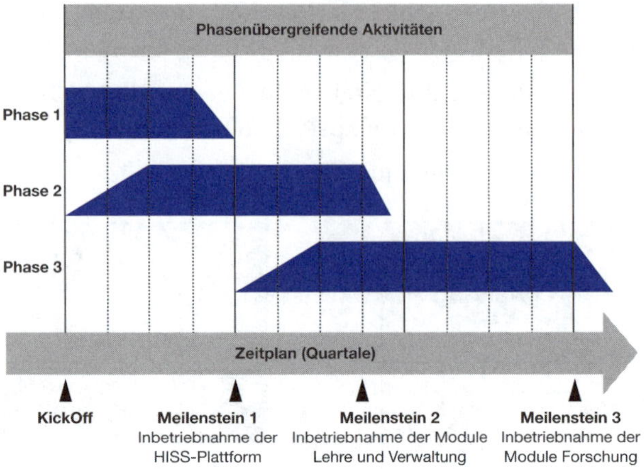

Abbildung 3.14: Übersicht der Projektphasen

Während dieser drei Phasen tagte in regelmäßigen Abständen ein *Steering Committee* als Projektlenkungsgremium.

Der Aufbau der Projektstruktur ist in ▶Abbildung 3.15 ersichtlich.

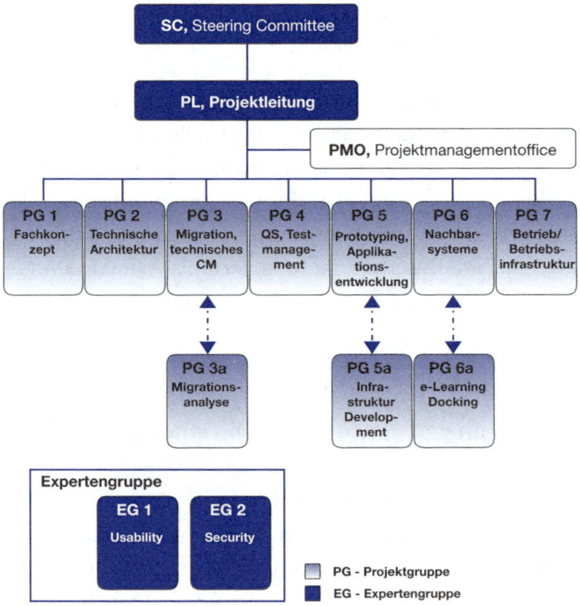

Abbildung 3.15: Struktur des Projektes aus organisatorischer Sicht

3.4.4 Motivation und Ziele des Fachkonzeptes

Mit HISS sollte eine homogene, zukunftsfähige *Systembasis* geschaffen werden, die die Hochschule an den modernen betrieblichen State-of-the-Art der Informationstechnik heranführt. Eine sehr bewusste und intensive Herangehensweise bei der Erstellung des Fachkonzeptes und der daraus gewonnenen *Anforderungsanalyse* war der Schlüssel für die Entwicklung eines langlebigen Systems.

Im Rahmen des Fachkonzeptes wurden sämtliche Lösungen unter Einbindung der *Stakeholder* – Personen mit Leitungsfunktionen, Mitarbeiter in Fachabteilungen, Betriebsräte und Vertreter der Studierenden – evaluiert. Die umfassende Anforderungserhebung geschah in einem *iterativen Prozess*, bei dem bereits zu Beginn größter Wert auf *User-centered-Design* gelegt wurde. Teil des Prozesses war es, vor der eigentlichen Implementierung bereits mit *Prototypen* zu experimentieren, um mögliche Probleme in der Handhabung dort schon abzufangen bzw. die Benutzbarkeit von HISS zu optimieren. Ein weiterer wesentlicher Baustein bei der Erstellung des Fachkonzeptes war die Dokumentation der Abläufe und zugehöriger Regelwerke. Basierend auf diesen Dokumenten konnte nicht nur solide entwickelt, sondern auch der Änderungsaufwand bei neuen oder geänderten Anforderungen bei Analyse und Entwicklung gering gehalten werden.

3.4.5 Vorgehensweise bei der fachlichen Analyse

Zu den fachlichen Zielen zählten sowohl der Aufbau eines konsistenten und umfassenden Daten- und Service-Bestandes aus bestehenden und neuen Anwendungen in den Bereichen Lehre, Verwaltung und Forschung als auch die Implementierung von neuen Workflows. Für die Umsetzung der fachlichen Analyse bis hin zum *Rollout* einer konkreten Implementierung wurde ein Prozess definiert, der im Folgenden kurz dargestellt werden soll.

Im ersten Schritt wurden bestehende *Features* aus den *Legacy Systemen* zusammen mit bereits bekannten neuen Features aggregiert. ▸Abbildung 3.16 veranschaulicht diesen Prozess. Ein Feature ist ein fachlich abgeschlossener Teil, der eine greifbare Größe hat und in weniger als 5 Personentagen umgesetzt werden kann. Beispiele dafür wären unter anderem das Anmelden zu einer Lehrveranstaltung, das Anzeigen einer Gehaltsabrechnung oder das Reservieren eines Hörsaales. Neben den fachlichen Features gibt es auch technische Features, die als „Enabler" für die fachliche Logik dienen. Darunter sind z.B. ein Rollen- und Rechtesystem, E-Mail-Newsletter oder SAP-Schnittstellen zu verstehen.

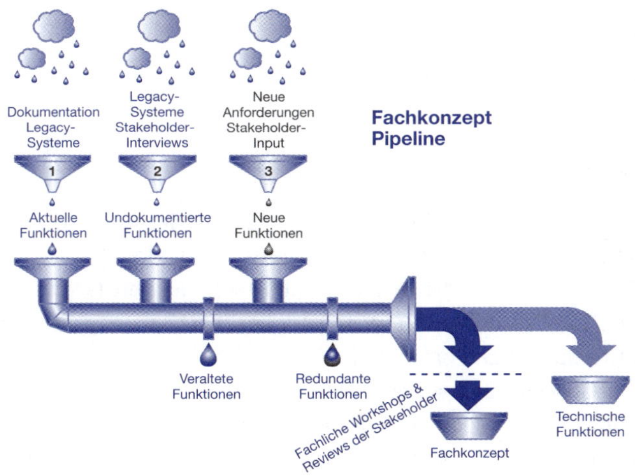

Abbildung 3.16: Fachkonzept Pipeline

Im nächsten Schritt wurden die Features in fachlichen Workshops auf Vollständigkeit der Anforderungen überprüft bzw. weiterentwickelt. Entsprechend der Priorisierung in der Projektplanung wurde nach diesem Erhebungsprozess mit der detaillierten Ausarbeitung der einzelnen Themengebiete begonnen. Folge-Workshops, Interviews und hohe Einbeziehung der Hochschulmitarbeiter beschleunigten das Projekt.

Die Aggregation der bestehenden Anforderungen und die gemeinsame Ausarbeitung von Lösungsvorschlägen mit den Angehörigen der Hochschule waren integrale Bestandteile des Fachkonzeptprozesses. Der Vorschlag konnte in Form eines Dokumentes, aber auch schon als Prototyp in unterschiedlicher Ausprägung ausgearbeitet werden. Anhand von konkreten Lösungsvarianten und ihrer Iteration in einem fachlichen Diskussionsprozess konnten optimale Lösungen umgesetzt werden. Die unterschiedlichen Methoden wurden je nach Themengebiet eingesetzt. Manche Themen erforderten die Einbindung aller Stakeholder, wohingegen andere mit der Einbindung einer einzelnen Abteilung bearbeitet werden konnten. Der gewählte Prozess, bildlich dargestellt in ▶Abbildung 3.17, war jedoch immer sehr agil, so dass auf neue bzw. geänderte Anforderungen schnell reagiert werden konnte.

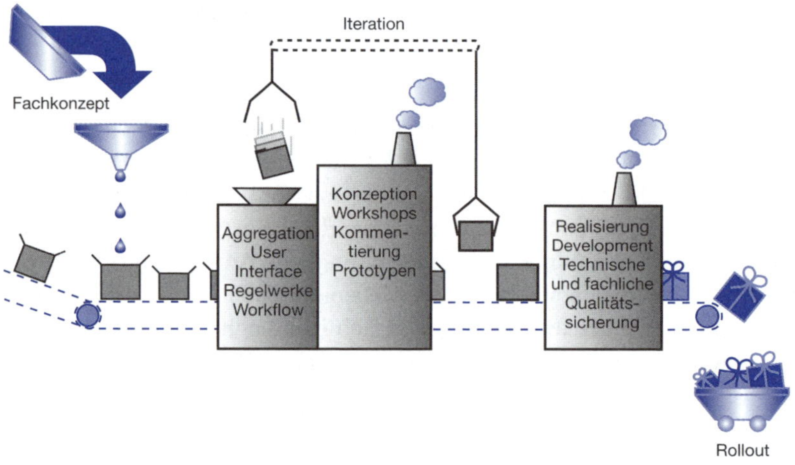

Abbildung 3.17: Fachkonzept Rollout

3.4.6 Die Softwareentwicklung von HISS

HISS wurde mit Hilfe moderner Software-Engineering-Methoden in einem *agilen Entwicklungsprozess* mit einem *Web-Framework* entwickelt, das die *Model View Controller-Architektur (MVC)* nutzt und mit Hilfe der ideologischen Grundsätze *Convention over Configuration (CoC)* und *Don't Repeat Yourself (DRY)* eine rasche Entwicklung von Funktionen und Erweiterungen ermöglicht. Besonders im Umfeld einer Hochschule, in dem aufgrund von Gesetzesänderungen, internen Umstrukturierungen oder neuen Verordnungen laufend Anpassungen oder Erweiterungen an den vorhandenen Systemen vorgenommen werden müssen, ist die Wahl eines flexiblen Frameworks und damit verbunden eines geeigneten Entwicklungsprozesses von großer Bedeutung.

Bei einer phasenbasierten Entwicklung spielt der Release- bzw. Rollout-Manager eine entscheidende Rolle. Er übernimmt die Koordination und Kontrolle sämtlicher synchronen und asynchronen Abläufe mehrerer Arbeitsgruppen. Die Aktivitäten und der Projektfortschritt werden während des gesamten Projektverlaufes durch ein Project Management Office (PMO) überwacht.

Neben der Projektstatus-Kontrolle ist die Überwachung der Entwicklung und die damit verbundene Qualitätssicherung des Endproduktes ein wesentlicher Teil eines Projektes. Die Nachverfolgbarkeit des Fortschritts des HISS-Entwickler-Teams wurde mit Hilfe eines *Ticket-Systems* auf Basis eines *Collective Code-Ownership* realisiert. Dieses „Ticket“-System wurde auch dazu verwendet, sämtliche Features, die durch die Ablöse der bestehenden Systeme implementiert werden mussten, zu erfassen. Da die bisher vorhandenen Funktionen den Anforderungen an ein modernes System nicht gerecht werden konnten, verdoppelte sich die Anzahl der gewünschten Features im Laufe des Projektes, bis am Ende die Bereiche Lehre, Forschung und Verwaltung umfassend abgedeckt waren.

Zusätzlich war die Qualitätssicherung ein zentraler Bestandteil der HISS-Softwareentwicklung. Zentraler Punkt war dabei das Schaffen eines langlebigen, effizient benutzbaren und vor allem auch anpassungsfähigen Systems, das frei von kritischen Fehlern, ausreichend performant und mit hoher *Verfügbarkeit* seinen Dienst leistet und dabei auch wartbar bleibt. Um diese Qualitätsanforderungen abzudecken, wurde auf folgende Bereiche und Aktivitäten besonderer Wert gelegt:

- Coding-Standards
- Styleguides
- Templates
- Code-Reviewing
- Whitebox Funktionales Testen
- Blackbox Funktionales Testen
- Performance-Tests
- Usability-Checks
- Fachliche Validierung

Beispielfunktion: Student Self Service

Eine ausführliche Beschreibung von HISS würde den Rahmen dieses Buches deutlich sprengen, deshalb wird an dieser Stelle ein Teilbereich des Systems exemplarisch für die Einführung neuer Services im Rahmen des Projektes kurz umrissen.

Die Entwicklung des *Student Self Service* diente einerseits dazu, Studierenden mehr Komfort und Flexibilität zu bieten, andererseits erreichte man damit auch eine erhebliche Arbeitserleichterung für die Mitarbeiter der Hochschule. Als Beispiel sei hier speziell der Selbstausdruck von Zeugnissen und diversen Bestätigungen für externe Behörden angeführt. Vor der Entwicklung von HISS mussten jährlich durchschnittlich 150.000 Zeugnisse und mehrere Zehntausend Bestätigungen von der zuständigen Fachabteilung ausgedruckt, von Hand kuvertiert und postalisch verschickt werden. Mit der elektronischen Abbildung der Dokumente konnte dieser langwierige Prozess eingestellt werden. Da mit diesem Service aber alle Zeugnisse und Bestätigungen über das Web verfügbar sind, müssen sie vor unbefugten Zugriffen durch spezielle Sicherheitsmaßnahmen geschützt werden. Gleichzeitig ist es nötig, externen Organisationen die Möglichkeit einer Echtheitsüberprüfung des Dokuments zu bieten. Um beiden Anforderungen gerecht zu werden, wird für jedes Dokument ein 25-stelliger *Hashcode*, zusammengesetzt aus Ziffern, Groß- und Kleinbuchstaben, generiert. Dieser Code dient einerseits der eindeutigen Identifizierung des Dokumentes, andererseits wird er als Teil einer URL auf das Dokument gedruckt, über die der Zugriff auf das Originalfile jederzeit über einen Browser möglich ist. Die enorm hohe Anzahl von rund $6{,}453 * 10^{24}$ möglichen Codes in Kombination mit der vergleichsweise geringen Zahl jährlich generierter Dokumente macht das System bereits ausreichend sicher gegenüber potenziellen Angreifern. Zusätzlich wurde ein Mechanismus vorgesehen, der die Neugenerierung des Codes und damit die Deaktivierung des Zugriffes mit Hilfe des ursprünglichen Codes ermöglicht. Um die Eingabe der URL für die Echtheitsüberprüfung benutzerfreundlich zu gestalten, wurde der vollständige Link als zweidimensionaler Barcode codiert, der auf dem Dokument aufgedruckt und mit einer geeigneten Software beispielsweise mit einem PDA oder Handy ausgelesen werden kann. Ein Musterexemplar eines Prüfungszeugnisses ist in ▶Abbildung 3.18 zu sehen.

Die erfolgreiche Einführung dieses Services war einer der wichtigsten Meilensteine in einer frühen Projektphase, um die Akzeptanz eines möglichst breiten Benutzerkreises für den weiteren Projektverlauf zu sichern. Zahlreiche weitere Module für ein umfassendes Lehrveranstaltungsmanagement, die Abwicklung von Verwaltungsaufgaben und die Unterstützung von Wissenschaftlern in ihrer Forschungstätigkeit komplettieren HISS und etablierten das System als IT-Gesamtlösung einer Hochschule.

Prüfungszeugnis

Name Mustermann Maximilian	Geburtsdatum 01.01.1980	Matrikelnummer 0123456
Studium Masterstudium Informatik		
Lehrveranstaltung Advanced Software Engineering		
Semester SS 2009	ECTS-Credits 6.0	Beurteilung Sehr Gut (1)
Datum 01.07.2009	Prüfer Univ.Prof. Dr.techn. DI Maria Musterfrau	

Dieses Zeugnis wurde maschinell erstellt und ist ohne Unterschrift und Siegel gültig.
Die Validierung ist über den angegebenen Link oder den QR-Barcode möglich.

https://hiss.edu/valid/32js92U93jsq92H2Ui2ksdn7ashl1

Abbildung 3.18: Prüfungszeugnis als Selbstausdruck für Studierende

CWS-Material

Zugang zum Forum unter Moderation der Projektleiter der Fallbeispiele

Phase Analyse – Was wird gebaut?

Autoren: Mario Bernhart, Karin Kappel

4

„If you don't know where you're going, you're unlikely to end up there." – Forrest Gump

» In der Analyse werden die inhaltlichen Grundlagen für ein Softwareprojekt geschaffen. Hier werden die wichtigsten Entscheidungen getroffen, wobei Fehlentscheidungen zu sehr teuren Nachbesserungen führen können. Die Analyse hat in erster Linie das Ziel, die Vision und den Scope eines Softwareprojektes zu definieren. Wenn dies erfolgt ist, werden technische Fragestellungen evaluiert, alle relevanten Stakeholder identifiziert und deren Anforderungen erhoben und dokumentiert. In der Praxis ist dies ein sehr komplexes und sozial aufwändiges Unterfangen. Macht, Glaubensgrundsätze und versteckte Regeln ergeben neben der üblicherweise hohen technischen Komplexität zusätzliche soziale Faktoren, die die Analyse erschweren. Oftmals schließen sich Anforderungen aus oder sie sind nicht eindeutig definiert. Das folgende Kapitel soll daher nicht nur einen Überblick über die technischen Methoden der Analyse geben, sondern ergänzend auch die wesentlichen organisatorischen und sozialen Aspekte hervorheben. «

Lernziele

In diesem Kapitel werden folgende Lernziele behandelt:

- Die Rolle der Stakeholder in einem Softwareprojekt
- Prüfung der Machbarkeit mittels Machbarkeitsstudie
- Die Entscheidung, ob Software entwickelt oder gekauft wird *(Make or Buy)*
- Welche Anforderungstypen gibt es und was sind gute Anforderungen?
- Wie können Anforderungen modelliert und beschrieben werden?
- Wie können Anforderungen verwaltet und die Nachverfolgbarkeit sichergestellt werden?
- Organisatorische und soziale Aspekte bei der Analyse

Anforderungen bilden die Grundlage für jedes Softwareprojekt. Sie sind sozusagen die Vorgabe für den Entwurf und die Entwicklung und andererseits auch die Validierungs- und Verifikationsbasis. Von der Qualität der Anforderungen hängt daher viel ab. Ein häufiges Problem in der Softwareentwicklung ist die *Widersprüchlichkeit* von Anforderungen.

Beispiel 4.1 Anforderungsqualität

▶Abbildung 4.1 zeigt ein Beispiel aus dem Straßenverkehr. Die Verkehrszeichen wurden für die Kurzparkzone von Montag bis Freitag mit einem Zusatzschild ergänzt. Gleichzeitig wurde die maximale Parkdauer auf 2 Stunden erhöht. Diese Erhöhung bezieht sich auf alle Kurzparktage inklusive Samstag. Auf dem alten Schild ist jedoch eine Parkdauer von 1,5 Stunden für Samstag angegeben.

Abbildung 4.1: Beispiel für widersprüchliche Anforderungen

Aus diesem Beispiel lassen sich für das vorliegende Kapitel folgende häufig auftretende Analogien ableiten:

- Die beschriebenen Anforderungen sind zueinander widersprüchlich.
- Es existieren weitere „unsichtbare“ Vorgaben, z.B. Gesetzestexte, die in diesem Fall eine Relevanz haben.
- Die „richtige“ Interpretation (und damit die Auflösung des Widerspruches) ist nur mit Wissen über die weiteren Vorgaben möglich.
- Es existiert die Gefahr, dass unterschiedliche Interpretationen in den Projektphasen und von verschiedenen Projektbeteiligten getroffen werden.
- Die Interpretation wird oftmals nicht gesondert dokumentiert.
- Das Problem wäre gelöst, hätte man das alte Schild entfernt und durch ein neues ersetzt.

In diesem Fall handelt es sich lediglich um eine Inkonsistenz in der Anforderungsbeschreibung und nicht um einen echten Widerspruch. Eine der beiden Beschreibungen ist nicht valide und kann durch eine valide ersetzt werden. Es gibt natürlich auch den wesentlich problematischeren Fall, dass Anforderungen valide und trotzdem gegenseitig ausschließend sind. Für solche Fälle ist eine *Anforderungspriorisierung* zwingend erforderlich.

Definition Anforderung

Folgende Definitionen werden nach dem IEEE-Standard 610.12 (1990) gegeben:

1. „A condition or capability needed by a user to solve a problem or achieve an objective."
2. „A condition or capability that must be met or possessed by a system or system component to satisfy a contract, standard, specification, or other formally imposed document."
3. „A documented representation of a condition or capability as in (1) or (2)"

4.1 Grundlagen der Analyse

Anforderungen sind die *inhaltliche Ausgangsbasis* für jedes Software-Engineering-Vorhaben. Eine Anforderung kann eine abstrakte Beschreibung eines Services oder eine detaillierte (strukturierte oder formale) funktionale Spezifikation sein. Der Detaillierungsgrad der Anforderung ist abhängig vom Fortschritt des Prozesses der **Anforderungsanalyse** und der Nutzung der Anforderungen als Grundlage für weitere Prozessschritte. Anforderungsbeschreibungen werden oft als *Vertragsgrundlage* in Software-Engineering-Projekten genutzt. Anforderungen sind im Allgemeinen nicht stabil und ändern sich während des Prozessfortschrittes. Im Folgenden werden die wesentlichen Grundlagen der Analyse beschrieben.

4.1.1 Vision und Scope

Für jedes Softwareprojekt muss es eine **Vision** geben, welchen *Zweck* und welchen *Nutzen* das System primär erfüllen soll. In vielen Fällen wird dazu auch ein Business Case erstellt, um die Wirtschaftlichkeit des Systems darzustellen. Die **Vision** (und eben häufig auch der entsprechende Business Case) dienen dann als Entscheidungsgrundlage, ob ein Softwareprojekt überhaupt beauftragt wird.

Der **Scope** definiert den *Umfang*, den das System abdecken soll. Es ist grundsätzlich erforderlich, die Nicht-Ziele explizit zu dokumentieren, um einer Ausdehnung des Scope entgegenzuwirken. Durch die Analyse mit vielen **Stakeholdern** ist eine Ausdehnung des Scope während der Projektlaufzeit wahrscheinlich. Es muss klar festgelegt sein, wer über den Scope entscheidet. Oftmals wird dafür eine *Projektsteuergruppe* mit Vertretern der wichtigsten Stakeholder eingerichtet. Der Scope hat eine direkte Auswirkung auf die Projektkosten und muss aktiv kontrolliert werden. Bei zu weit gefasstem Scope steigt das Projektrisiko des Misserfolges wegen zu hoher Komplexität. Der Scope darf auch nicht zu eng gefasst sein, um mögliche Konsolidierungen und eine breitere Anwendbarkeit des Systems nicht auszuschließen. Bei einem Kosten- oder Zeitrückstand wird häufig der Scope während der Projektlaufzeit reduziert. Nachdem der Scope während eines Softwareprojektes veränderlich ist, gilt es am Ende eines Projektes festzustellen, ob der gelieferte Scope auch noch dem ursprünglichen Zweck und Nutzen – wie in der Vision festgelegt – entspricht.

4.1.2 Stakeholder und Anforderungsquellen

Stakeholder („Anteilhalter") sind alle am Projekt beteiligten Personen, die ein *Interesse* an dem jeweiligen Softwareprojekt haben. Sie stellen damit die wichtigste *Anforderungsquelle* dar. Stakeholder beeinflussen ein Softwareprojekt und werden selbst wiederum vom organisatorischen und politischen Umfeld beeinflusst (siehe ▶Abbildung 4.2). Ein mittelgroßes Softwareprojekt hat in der Regel nicht nur einen Stakeholder, sondern mehrere mit sehr unterschiedlichen Interessen. Folgende technische und fachliche Stakeholder können in einem mittelgroßen Softwareprojekt identifiziert werden:

- Kunde/Auftraggeber/Sponsor
- Geschäftsführung/Abteilungsleiter (Auftraggeber- und Auftragnehmerseite)
- Promotor
- Legacy Owner (Besitzer des Altsystems oder der Altdaten)
- Betreiber/Entwickler von Schnittstellensystemen (Systemen, mit denen integriert wird)
- Benutzer/Benutzervertreter (pro Benutzergruppe)
- Projektleiter
- Projektsteuergruppe
- Systemarchitekten/IT-Stratege
- Softwareentwickler
- Qualitätssicherung und Test
- Betrieb
- Wartung

Jede *Stakeholder-Gruppe* hat ihre eigene Sicht auf die Anforderungen. Diese Sichten müssen durch die Definition und Repräsentation der Anforderungen unterstützt werden. Viele Stakeholder sind auch keine Techniker und verstehen den typischen *Technikerlingo* und technische Systembeschreibungen nicht. Anforderungen werden daher oftmals zweistufig definiert. In der ersten Stufe wird noch in fachlicher Sprache/Modellierung definiert, in der zweiten Stufe dann eine technischere Verfeinerung genutzt. Oftmals werden für unterschiedliche Stakeholder auch spezifische Analysedokumente oder Analysemodelle entwickelt.

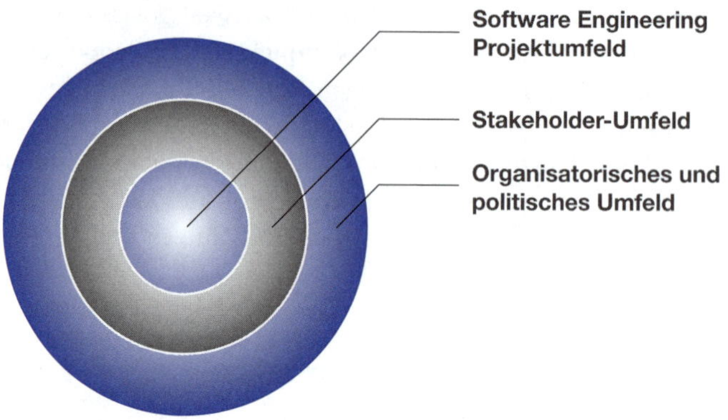

Abbildung 4.2: Projektumfeld

Viele Interessen der Stakeholder sind nicht mit den Interessen anderer Stakeholder zu vereinbaren. Bei so vielen unterschiedlichen Interessenslagen kommt es ständig zu unvereinbaren Anforderungen. Es ist daher unabdingbar, Anforderungen zu *priorisieren* und bei Konflikten den Projektleiter oder eine Projektsteuergruppe mit dem Mandat auszustatten, die Konflikte aufzulösen. Die Interessen von Stakeholdern können sich über die Projektlaufzeit ändern bzw. entwickeln sich erst während der Projektlaufzeit, was wiederum eine Anforderungsänderung nach sich zieht.

Nicht alle Stakeholder werden zur gesamten Projektlaufzeit integriert bzw. das Stakeholder-Umfeld kann sich auch verändern, wenn z.B. ein wichtiger Stakeholder in das Projekt später intergiert wird oder das Projekt verlässt. Generell gilt es, alle Stakeholder so früh wie möglich in die Analyse zu integrierten. Ein typischer Fehler, der oft zu erkennen ist, ist die zu späte Integration (oder Nichtidentifizierung) eines wichtigen Stakeholders und das damit verbundene Risiko von späten (teuren) Änderungen am System.

Praxistipp Integrieren Sie die *Betriebs- und Wartungsverantwortlichen* von Beginn Ihres Projektes an. Dies reduziert erheblich den Aufwand und die notwendigen Anpassungen bei der *Inbetriebnahme*.

Weitere wichtige Anforderungsquellen sind:

- Standards und Normen
- Datenschutz
- Gesetze
- Anforderungen und Funktionsweisen von alternativen Systemen (z.B. Konkurrenzanbieter)
- Verdeckte Regeln: Glaubensgrundsätze/Tabus/Macht/Werte/Einstellungen/Status

Fallstudie

Anforderungsquellen in HISS

Die Kernanforderungen an das Projekt HISS definierten sich auf Basis der *Altsysteme*. Es galt, die existierenden Funktionen in den Bereichen Lehre, Verwaltung und Forschung abzulösen, zu erweitern und zusätzlich Workflows neu zu definieren und abzubilden. Die wohl wichtigste Quelle für die geforderte Grundfunktionalität waren die Altsysteme selbst. Aufgrund der langjährigen Entwicklungen und Adaptierungen der Systeme war jedoch sowohl auf fachlicher als auch auf technischer Ebene kaum Dokumentation vorhanden. Die Funktionen mussten daher zu einem Großteil nacherfasst und dokumentiert werden. Je nach Bedarf wurden dafür verschiedene Methoden angewandt.

Die Analyse der *Altdaten* beispielsweise erfolgte über einen eigens definierten Prozess, dargestellt in ▶Abbildung 4.3. Das Ergebnis war eine zentrale und umfassende (Re-)Dokumentation des Altdatenbestandes, die sowohl für die Migration der Daten als auch für die Neuentwicklung der Funktionen von Bedeutung war.

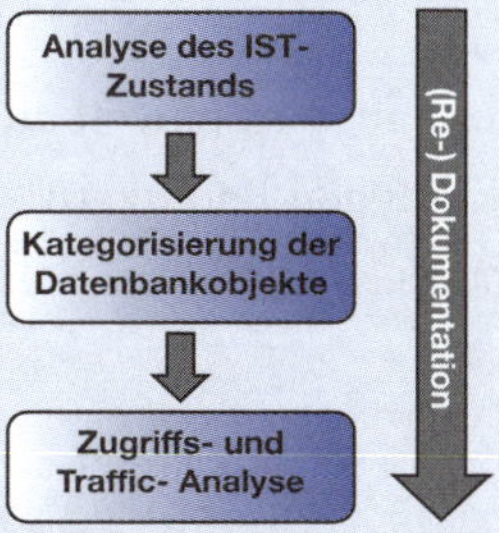

Abbildung 4.3: Prozess zur (Re-)Dokumentation des Altdatenbestandes

Zur Analyse des IST-Standes der Systeme zu Projektbeginn fanden in erster Linie Interviews mit Stakeholdern statt. Zusätzlich wurden in zahlreichen Workshops mit Stakeholdern neue Anforderungen erfasst. So umfangreich der Scope von HISS ist, so unterschiedlich sind auch die Benutzer des Systems und damit die unterschiedlichen Anforderungen. Angehörige Personen der Hochschule, egal in welcher Position oder aus welchem Tätigkeitsbereich, stellten jeweils andere Ansprüche an HISS.

Aber nicht nur Personen stellten Anforderungen an HISS. Nachbarsysteme wie beispielsweise ein Mailrouter, eine Telefonanlage, ein elektronisches Schließsystem, ein ERP-System oder ein e-Learning-System mussten zum Datenaustausch angebunden werden. Die *technischen Anforderungen* an HISS waren damit beinahe ebenso vielfältig wie die *fachlichen*.

Die Summe der Anforderungen an HISS ergab sich damit aus bisherigen dokumentierten, nichtdokumentierten und neuen Funktionen. Aufgabe des Fachkonzeptes von HISS war es, die gesammelten Funktionen zu prüfen, veraltete und redundante auszufiltern und auf Basis der verbleibenden Anforderungen Konzepte zu entwickeln, die schlussendlich in der Implementierung umgesetzt wurden.

4.1.3 Machbarkeit und Machbarkeitsstudie

Bei jedem Softwareprojekt muss analysiert werden, ob das Vorhaben *überhaupt umsetzbar* ist. Dabei kommt es in erster Linie auf den *Inventionsanteil* an. Wenn ein Vorhaben technisch und/oder organisatorisch sehr neuartig ist, steigt natürlich das Risiko der Nichtmachbarkeit. Im Gegenzug dazu, wenn ein Vorhaben in ähnlicher Weise schon mehrfach durchgeführt wurde, wird die Machbarkeit kaum in Frage gestellt werden.

In Softwareprojekten wird oftmals eine **Machbarkeitsstudie** durchgeführt. Diese kann entweder komplett analytisch oder durch prototypische Umsetzung der kritischen Systemanteile erfolgen. Mittelgroße Softwareprojekte sind oft mit beachtlichen Budgets ausgestattet. Um dem Risiko eines Totalverlustes (Verbrauch des Budgets bei nicht umsetzbarer technischer oder organisatorischer Lösung) vorzubeugen, wird (entweder als Teil des Projektes oder als eigenständiger Auftrag vor dem Projekt) eine Machbarkeitsstudie durchgeführt. Eine Machbarkeitsstudie kann u.a. folgende Elemente beinhalten:

- Identifikation des Inventionsanteils
- Identifikation von ähnlichen Systemen (z.B. auch von Konkurrenzanbietern)
- Technische Modellierung
- Technische Prototypen
- Rechtliche Prüfung (z.B. landesweit, europaweit oder weltweit)
- Akzeptanzanalyse bei den zukünftigen Benutzern
- Identifizierung der wesentlichen Kostentreiber (z.B. nichtfunktionale Anforderungen)
- Kostenanalyse

4.1.4 Make or Buy

In Softwareprojekten stellt sich die Frage, ob man die technischen Komponenten individuell entwickelt *(make)* oder ob z.B. ein COTS *(Commercial Of The Shelf)*-System zum Einsatz kommen kann *(buy)*. Oftmals muss diese Entscheidung nicht für das Gesamtsystem, aber für Subsysteme oder Teilkomponenten getroffen werden. Diese Entscheidung hat eine hohe strategische Bedeutung und beeinflusst nicht nur die weitere Analyse, sondern den gesamten Entwicklungsprozess und insbesondere den Betrieb und die Wartung. Folgende Aspekte müssen bei der „**Make or Buy**“-Entscheidung berücksichtigt werden:

- Abdeckung des aktuellen und des antizipierten Projekt-Scope
- Entwicklungskosten
- Lizenzkosten (Anschaffung und laufender Betrieb)
- Anpassungsmöglichkeiten und Anpassungsaufwand
- Schulungsaufwand für Entwickler und Betreiber
- Hardwareanforderungen
- Support und Wartung
- Nutzung von offenen oder proprietären Protokollen oder Formaten
- Herstellerabhängigkeit (Vendor Lock-In)

- Besitzverhältnisse
- Weitere strategische Elemente, z.B. Weiterverkaufsmöglichkeit einer Neuentwicklung

Grundsätzlich reduziert der Einsatz von „fertigen" Lösungen das Risiko einer kompletten Fehlentwicklung. Jedoch ist eben die Entscheidung von sehr vielen Faktoren abhängig, so dass man nicht per se die Kaufoption bevorzugen darf. In vielen Fällen sind zu hohe Lizenzkosten (z.B. durch geplante Steigerung der Benutzerzahl), geringe Anpassungsmöglichkeiten (z.B. an die eigenen Prozesse) oder die Herstellerabhängigkeit *(Vendor Lock-In)* typische ausschlaggebende Gründe für eine Eigenentwicklung.

Fallstudie

Zu Stadt21: Make or Buy

In Stadt21 ist im Zuge der Analyse die Frage aufgekommen, ob das Prozesseditor-Modul individuell entwickelt werden soll oder ob bereits bestehende Werkzeuge verwendet werden können. Die Prozess-Engine wurde zu diesem Zeitpunkt schon als Individualkomponente realisiert. Es wurden daher einige Werkzeuge, die die Erstellung von entsprechenden Flussdiagrammen erlaubten, untersucht und verglichen. Gleichzeitig wurden die genauen funktionalen Anforderungen an die Prozesserstellung definiert, um die benötigte *Referenzfunktionalität* zu erhalten.

Es stellte sich allerdings recht bald heraus, dass es nur wenige Werkzeuge gab, die die benötigte Funktionalität im vollen Umfang boten. Die Anpassungsfähigkeit dieser Werkzeuge war sehr eingeschränkt. Dies hätte bedeutet, dass die modellierten Prozesse in einem weiteren Zwischenschritt an die interne Darstellung in der Applikation hätten angepasst werden müssen, was wiederum zu *Inkompatibilitäten bei Upgrades* führen hätte können. Zusätzlich wären bei manchen Werkzeugen auch noch zusätzliche *Lizenzgebühren* in den Projektkosten zu kalkulieren. Es wurde also entschieden, den Editor komplett individuell zu entwickeln, da aufgrund des simplen Metamodells der Prozesse der geschätzte Aufwand hierfür nicht deutlich größer war als für die Anpassungen von COTS-Werkzeugen. Lizenzgebühren entfielen dadurch komplett und das erstellte Werkzeug konnte vollständig an die eigenen Bedürfnisse angepasst werden.

Oftmals muss auch entschieden werden, ob kommerzielle oder nichtkommerzielle *(Free Software)* eingesetzt wird. Nichtkommerzielle Systeme sind in der Regel quelloffen *(Open Source)*. Wichtig ist hier, trotz aller offensichtlichen Vorteile zu verstehen, dass nichtkommerzielle Software im Endeffekt nicht kostenfrei ist. Hier sind die wesentlichen Kostentreiber der Anpassungsaufwand *(Customizing)* und der fehlende professionelle Support für die Wartung und Weiterentwicklung. Man ist hier grundsätzlich auf die Gemeinschaft *(Community)* angewiesen und sollte daher in kritischen Projekten nicht auf sogenannte *Inkubatorprojekte* (Projekte, die technisch und organisatorisch noch nicht in einem stabilen Zustand sind), sondern auf stabile Projekte mit nachgewiesener langfristiger Unterstützung durch die Gemeinschaft setzen.

In vielen OpenSource-Projekten hat sich ein Doppellizenzierungsansatz *(Dual Licensing)* etabliert, bei dem dasselbe oder ein aufbauendes Produkt unter einer freien und einer kommerziellen Lizenz inklusive kommerziellem und professionellem Support angeboten wird. Dies hat den strategischen Vorteil, dass man oftmals mit der nichtkommerziellen Variante beginnen kann (Evaluierung und Prototypisierung) und später nach Bedarf auf die kommerzielle Variante wechseln kann. Viele Organisationen bieten auch kommerziellen und professionellen Support für OpenSource-Projekte ohne „Dual Licensing“ an und haben sich auf Integration und Adaption dieser Projekte spezialisiert.

4.1.5 Grobarchitektur

In vielen fundamentalen Modellen zur Softwareentwicklung folgt die Architektur erst nach der Analyse. Doch schon im erweiterten Wasserfallmodell (Royce, 1970) wurde definiert, dass vor der eigentlichen Analyse eine *ungefähre Architektur* feststehen muss. Grundsätzlich können und sollen Anforderungen so architekturunabhängig wie möglich analysiert werden. Jedoch ist dies in der Praxis nicht strikt trennbar. Die Grobarchitektur eines Softwaresystems hat einen wesentlichen Einfluss auf die Anforderungen und die Analyseprozesse. Es existieren u.a. folgende Zusammenhänge zwischen einer Grobarchitektur und der Analyse:

- Die Architektur bestimmt wesentliche *nichtfunktionale Eigenschaften* des Systems und umgekehrt. Grundsätzlich steht man hier vor einem typischen „Henne-Ei-Problem“. Wichtig ist jedoch zu verstehen, dass jede Architektur spezifische Grenzen für die nichtfunktionalen Eigenschaften hat. Je besser man diese kennt, desto besser können auch die nichtfunktionalen Eigenschaften definiert werden.
- Die Architektur hat einen Einfluss auf die Methode der *Anforderungsanalyse und -beschreibung*. Wenn z.B. eine Rules Engine eingesetzt wird, können Geschäftsregeln nicht nur in unstrukturierter sprachlicher Form, sondern auch in der Notation der technischen Komponente beschrieben werden. Außerdem gibt die technische Komponente die Mächtigkeit der Beschreibung vor. Eine technisch-strukturierte Beschreibung wie eben bei Geschäftsregeln sollte dann dem Metamodell der eingesetzten Rules Engine entsprechen.
- Wenn die wesentlichen *Systemkomponenten identifiziert* sind, können diese auch in den Beschreibungen der Anforderungen integriert werden. Für die Analyse eines Ticket-Verkaufssystems ist es z.B. zweckdienlich, die Systemkomponenten „Kassa“ und „Webshop“ zu identifizieren, bevor mit der Beschreibung der Anforderungen begonnen wird. Der *Applikationstyp* (hierfür z.B. ein Rich-Client und ein Web-Client) hat dann wiederum eine Auswirkung auf die Anforderungsbeschreibung.
- Die Architektur bestimmt die *flexiblen oder festen Systemteile* oder Funktionen bzw. das Erfordernis der Flexibilisierung wird aus der Analyse abgeleitet. Bei volatilen Anforderungen werden die betroffenen Systemteile flexibilisiert. Dies geschieht in der Regel auf Kosten der Komplexität der Implementierung, ermöglicht jedoch eine agilere Reaktion auf Anforderungsänderungen. Diese Entscheidungen zur Flexibilisierung werden durch zyklische Analyseprozesse unterstützt und bestimmen wiederum die Anforderungsbeschreibung.

Neben der groben inneren Systemarchitektur muss insbesondere analysiert werden, mit welchen Systemen *integriert* wird und in welcher Form. In weiterer Folge müssen dann spezifische *Schnittstellen* analysiert werden und gegebenenfalls entweder vorhandene Schnittstellen auf deren Tauglichkeit geprüft oder neue Schnittstellen spezifiziert werden. Folgende Aspekte sind für die Schnittstellenbeschreibung relevant:

- Die meisten aktuellen Software (SW)-Systeme interoperieren mit anderen *vorhandenen* SW-Systemen.
- Viele Projekte haben einen höheren Integrationsaufwand *(Gluing)* als Implementierungsaufwand *(Building).*
- Strukturiere Notationen *(z.B. UML-Sequenzdiagramme)* sind effektiv zur Beschreibung von Schnittstellen.
- Eine exakte Schnittstellenbeschreibung ist notwendig für die *rechtliche Abgrenzung* von Systemteilen und Verantwortlichkeiten.
- Schnittstelle = *Bruchstelle*: Schnittstellentestfälle (Szenarien über die Schnittstellengrenzen hinaus) werden von der Schnittstellenbeschreibung abgeleitet.
- Das Management des Fehlverhaltens *(Exceptionhandling)* muss über die Schnittstellen hinaus spezifiziert werden.

4.1.6 Anforderungsvolatilität

„*Anforderungen ändern sich ständig*" ist eine typische Aussage, die in der Software Engineering-Literatur weit verbreitet ist. Grundsätzlich stimmt dieses Axiom und es ist in vielen Projekten so zu beobachten. Es ist daher notwendig, auf *Anforderungsänderungen* entsprechend reagieren und gegebenenfalls auch noch zu einem späteren Zeitpunkt im Softwareprojekt Änderungen unter geringen Kosten durchführen zu können. Die *Anforderungsdokumentation*, das *Systemdesign* und alle weiteren *abhängigen Artefakte* müssen mit möglichst geringem Aufwand aktualisiert werden können. Um dabei strategisch vorzugehen, werden Anforderungen in zwei Klassen unterteilt:

- *Stabile Anforderungen*: Anforderungen, die sich (voraussichtlich) nicht oder nur geringfügig ändern werden
- *Volatile Anforderungen*: Anforderungen, die sich (voraussichtlich) während der Anforderungsanalyse oder während des Betriebes des Systems ändern werden

Die Einteilung in stabile und volatile Anforderungen hat eine direkte Auswirkung auf das Systemdesign:

- Stabile Anforderungen können mit simpleren Designs bzw. „*hard-wired*" implementiert werden.
- Die Umsetzung volatiler Anforderungen erfordert ein adaptiveres Systemdesign („*soft-wired*").
- Stabile Anforderungen können früher und detaillierter dokumentiert bzw. modelliert werden.
- Stabile Anforderungen können früher im Entwicklungsprozess implementiert werden.

Fallstudie Anforderungsvolatilität in LiSaMe

An dieser Stelle werden zwei Anforderungen aus dem Fallbeispiel LiSaMe bezüglich deren *Volatilität* diskutiert:

Die Anforderung zur Protokollierung der Zugriffe war einerseits durch die Benutzer und andererseits durch entsprechende gesetzliche Rahmenbedingungen für medizinische Informationssysteme identifiziert. Insbesondere durch die gesetzliche Rahmenbedingung wurde diese Anforderung als *stabile Anforderung* klassifiziert und als eine der ersten während der Entwicklung umgesetzt. Die frühe Umsetzung erwies sich als sinnvoll, um die LiSaMe-Infrastruktur rasch in einen Probebetrieb mit Echtdaten bringen und dabei alle gesetzlichen Rahmenbedingungen erfüllen zu können.

Die Anforderung zur Benutzerverwaltung und der Mechanismus zur Zuordnung von Rollen und Rechten wurden von unterschiedlichen Stakeholdern unterschiedlich definiert und schon zu Beginn mehrfach geändert. Dies wurde als *volatile Anforderung* deklariert. Um dem Rechnung zu tragen, wurde einerseits ein flexibleres feingranulares Design der Rollen und Rechteverwaltung gewählt. Das ist zwar komplexer, deckt aber alle Eventualitäten ab. Dabei wurde vorerst bewusst auf die Implementierung einer entsprechenden Benutzerschnittstelle verzichtet und die Änderungen wurden von einem qualifizierten Systembetreuer direkt in der Datenbank durchgeführt. Erst zu einem späteren Zeitpunkt wurde dann analysiert, welche Schritte bei der Benutzerverwaltung oft durchgeführt werden und einer optimierten Benutzerschnittstellen bedürfen.

Trotz eines ständigen Änderungsprozesses ist es erforderlich, eine stabile Zwischensituation in der Analyse zu schaffen. Auf dieser Basis müssen dann weitere Aktivitäten – wie zum Bespiel ein detailliertes Systemdesign – aufbauen können, auch wenn Anforderungsänderungen nicht auszuschließen sind. Es gibt also kein echtes Einfrieren *(Freeze)* der Anforderungen, aber zu einem definierten Zeitpunkt oftmals eine sogenannte **Baseline**. Es ist üblich, Anforderungsänderungen vor der Baseline direkt und ohne komplexe Entscheidungsprozesse durchzuführen. Nach dem Setzen einer Baseline – dies kann in größeren Projekten auch in mehreren Iterationen passieren – werden üblicherweise formellere Entscheidungswege eingehalten (z.B. über eine Projektsteuergruppe), weil diese Änderungen oftmals mit einer Änderung der Kosten *(Re-Costing)* verbunden sein können. Dabei wird je nach möglicher Auswirkung eine Auswirkungsanalyse *(Change-Impact-Analysis)* einer neuen Anforderung oder Anforderungsänderung auf die Baseline durchgeführt.

Definition Baseline

„A specification or system that has been formally reviewed and agreed upon, that thereafter serves as the basis for further development and can be changed only through formal change control procedures." – IEEE-Standard 610.12 (1990)

4.1.7 Klassifikation von Anforderungen

Eine wesentliche Unterscheidung ist die Einteilung der Anforderungen in funktionale und nichtfunktionale Anforderungen. Diese Unterscheidung ist erforderlich, da diese verschiedene *Stakeholder* betreffen, mit für den Anforderungstyp spezifischen Methoden *verifiziert* werden und unterschiedliche *Relevanz* in den weiteren Aktivitäten der Softwareentwicklung haben. So bilden etwa die nichtfunktionalen Eigenschaften eine zentrale Grundlage für die Softwarearchitektur. Oftmals wird auch zwischen fachlichen *Benutzeranforderungen* und technischen *Systemanforderungen* unterschieden.

- *Funktionale Anforderungen*: Beschreibung der Funktionen/Services, die das System zur Verfügung stellen soll. Dabei muss geklärt werden, wie das System auf bestimmte Eingaben und spezielle Situationen reagieren soll.
- *Nichtfunktionale Anforderungen*: Anforderungen an die Funktionen/Services, die nicht deren Verhalten, sondern Vorgaben etwa an Qualitätseigenschaften (z.B. nach der ISO9126), den Entwicklungsprozess, einzuhaltende Standards und Normen und gesetzliche Rahmenbedingungen beschreiben.
- *Domänenanforderungen*: Funktionale oder nichtfunktionale Anforderungen, die von der Domäne des Systems definiert werden und die besonderen Eigenschaften/Einschränkungen dieses Gebietes darstellen. Domänenanforderungen sind oft inhärent und nicht explizit pro Projekt dokumentiert.

Exkurs Domänenmodellierung

Domänenmodellierung ist im Bereich des Software Engineering ein überlagerter, mehrdeutiger Begriff. Einerseits versteht man unter Domänenmodellierung das *konzeptuelle Informationsmodell* eines Systems. Hierzu gehört die Modellierung sämtlicher relevanter Objekte/Entitäten und der Beziehungen zwischen diesen Objekten innerhalb des Systems. Ziel ist es, sowohl *Schlüsselkonzepte* als auch *Domänenvokabular* klar zu definieren und die statische Struktur des Systems zu beschreiben. Das Domänenmodell bildet in diesem Kontext meist eine Vorstufe zur **Datenmodellierung**, auf dessen Basis sich in weiterer Folge zuerst ein logisches Datenmodell und schlussendlich das physische Datenmodell entwickeln lassen.

Ein Domänenmodell wird meist in Form eines UML-Klassendiagramms formuliert. Anstatt einzelner Objekte werden in diesem Klassendiagramm Klassen von Objekten dargestellt, optional auch mit zugehörigen Attributen und seltener mit Methoden. Ein Domänenmodell dient oft nicht nur als Vorstufe zum Datenmodell, denn je nach Detailgrad lassen sich die abgebildeten Konzepte oft auch bei der Implementierung eines Systems übernehmen: Klassen, Attribute und Methoden können mittels *Transformation* direkt in die Implementierung übernommen werden. Manche Software-Tools unterstützen auch die *automatische Codeerzeugung* auf Basis von entsprechenden Modellen, z.B. XML Metadata Interchange (XMI) nach Java. Diese Vorgehensweise ist dann der *modellgetriebenen Softwareentwicklung* zuzuordnen.

Eine bedeutende Funktion des Domänenmodells ist es, den Umfang des Systems klar zu definieren und abzugrenzen. Domänenmodelle sind sehr gut dazu geeignet, zu verifizieren, ob die Problemdomäne von den Entwicklern korrekt verstanden wurde. Außerdem dient sie als wertvolles Kommunikationshilfsmittel zwischen unterschiedlichen Stakeholdern am Projekt.

Neben der Domänenmodellierung als Vorstufe zur **Datenmodellierung** und Implementierung hat der Begriff im Kontext des Software Engineering auch im Bereich des *Product Line Engineering (PLE)* Einzug gehalten. Unter Product Line Engineering versteht man die methodische Entwicklung von neuen Produkten mit der Absicht, gewisse Produktkomponenten wiederzuverwenden und von vorneherein eine gewisse Variabilität zu berücksichtigen. Die Architektur einer Produktlinie beruht sowohl auf den Gemeinsamkeiten als auch auf der geplanten Variabilität und erlaubt somit die einfachere *Wiederverwendung* von Komponenten und die Differenzierung innerhalb einer Produktfamilie bei geringeren Entwicklungskosten und Zeit. Der Domänenmodellierung fällt im Kontext des Product Line Engineering die wichtige Aufgabe zu, *gemeinsame Komponenten* korrekt zu identifizieren.

Im Kontext des Product Line Engineering versteht man unter Domänenmodellierung jene Phase, in der sowohl gemeinsame als auch variable Anforderungen erhoben werden. Zielsetzung dieser Phase ist es, eine wiederverwendbare Plattform für die weitere Produktentwicklung zu etablieren. Zuerst wird die *Domänenanalyse* durchgeführt, um die *allgemeinen Anforderungen* zu identifizieren. Im nächsten Schritt werden sowohl die gemeinsamen als auch die variablen Anforderungen definiert. Auf Basis der gemeinsamen und variablen Anforderungen wird eine Referenzarchitektur definiert, welche die abstrakte Struktur für sämtliche Produkte innerhalb der Produktlinie vorgibt. Steht die Referenzarchitektur fest, werden die wiederverwendbaren Komponenten implementiert und die Wiederverwendbarkeit der Komponenten hinsichtlich ihrer Spezifikation getestet.

Aufgabe – Klassifikation von Anforderungen Wählen Sie ein Szenario aus dem CWS und erstellen Sie jeweils zehn Anforderungen für folgende Bereiche: funktionale Anforderungen, nichtfunktionale Anforderungen, Domänenanforderungen. Diskutieren Sie, ob die Zuordnung immer eindeutig möglich ist.

Lösung

4.1.8 Was sind gute Anforderungen?

Gute Anforderungen sollen in erster Linie komplett und konsistent sein:

- *Vollständigkeit:* Alle Anforderungen sollen abgedeckt sein.
- *Konsistenz*: Anforderungen enthalten keine Konflikte und keine Widersprüche.

Praktisch ist es aber nicht möglich, 100% komplette und konsistente Anforderungen zu dokumentieren oder zu modellieren. Typische Probleme bei Anforderungen sind:

- *Verständlichkeit*: Anforderungen werden in der Sprache der Applikations-Domain repräsentiert. Diese wird von Softwareingenieuren oft nicht verstanden.
- *Selbstverständlichkeit*: Domain-Spezialisten sind mit der Domain so vertraut, dass sie bestimmte Anforderungen als selbstverständlich erachten und nicht explizit darstellen und kommunizieren.
- *Wenig Präzision*: Es ist schwierig, Anforderungen präzise zu definieren, ohne diese schwer lesbar zu gestalten.
- *Vermischung*: Funktionale und nichtfunktionale Anforderungen werden häufig vermischt.
- *Zusammenführung*: Verschiedene Anforderungen werden gemeinsam beschrieben, ohne diese genau zu identifizieren und voneinander abzugrenzen.
- *Mehrdeutigkeit*: Spezifikationen in natürlicher Sprache sind oft mehrdeutig.
- *Überflexibilität*: Die Beschreibungsart der Anforderung (z.B. die natürliche Sprache) ist oft mehrdeutig interpretierbar und somit zu flexibel, um exakte Beschreibungen zu erzeugen.

Qualitätsattribute von Anforderungen

Um den oben genannten typischen Defiziten entgegenzuwirken, ist es notwendig, Anforderungen nach folgenden Qualitäten zu entwickeln und zu verifizieren:

- *Vollständig:* Alle Anforderungen müssen explizit beschrieben sein, es darf keine impliziten Annahmen eines Stakeholder über das zu entwickelnde System geben.
- *Eindeutig definiert/abgegrenzt:* Präzise Definitionen helfen, Missverständnisse zwischen Stakeholdern (z.B. Entwickler und Auftraggeber) zu vermeiden.
- *Verständlich beschrieben:* Dadurch können alle Stakeholder unter vertretbarem Aufwand die gesamte Anforderung lesen und verstehen.
- *Atomar:* Es darf nur eine Anforderung pro Anforderungs-ID beschrieben sein.

- *Identifizierbar*: Jede Anforderung muss eindeutig identifizierbar sein (z.B. über eine Anforderungs-ID).
- *Einheitlich dokumentiert*: Die Anforderungen und ihre Quellen sollten nicht in unterschiedlichen Dokumenten stehen oder unterschiedliche Strukturen haben.
- *Notwendig*: Klären, ob Anforderungen unabdingbar sind.
- *Nachprüfbar:* Die Anforderungen sollten mit Abnahmetestfällen verknüpft werden, damit bei der Abnahme auch geprüft werden kann, ob die Anforderungen erfüllt wurden.
- *Rück- und vorwärtsverfolgbar*: Dadurch ist einerseits erkennbar, ob jede Anforderung vollständig erfüllt wurde, und andererseits ist für jede implementierte Funktionalität erkennbar, aus welcher Anforderung sie resultiert, so dass nichts Überflüssiges entwickelt wird.
- *Priorisiert*: Die Priorität muss festgelegt werden, damit diese im Entwicklungsprozess berücksichtigt werden kann (z.B. durch die Entwicklungsreihenfolge) bzw. konkurrierende Anforderungen aufgelöst werden können.

Überprüfung von Anforderungen

Da Anforderungen ein sehr kritisches Artefakt sind und das Risiko einer Fehlentwicklung hohe Kosten nach sich ziehen kann, ist es erforderlich, die Anforderungen selbst aktiv zu verifizieren. Dabei können folgende Methoden angewandt werden:

- *Anforderungs-Review*: strukturierte und systematische Überprüfung der Qualitätseigenschaften von Anforderungen. Konflikte zwischen Stakeholdern gilt es zu erkennen und qualifiziert aufzulösen (z.B. mittels Priorisierung). Die Beteiligung unterschiedlicher Stakeholder (fachliche und technische) ist erforderlich.
- *Prototyping*: Dabei wird geprüft, ob die Anforderungen umsetzbar und insbesondere auch eindeutig und vollständig sind.
- *Abnahmetestfallerstellung*: Dadurch wird die Testbarkeit *(Testability)* von Anforderungen erreicht und eine Prüfung auf Eindeutigkeit und Vollständigkeit ermöglicht.

Lösung

Aufgabe – Verifikation von Anforderungen Wählen Sie ein Szenario einschließlich Anforderungen aus dem CWS und führen Sie die Verifikation mittels

- Anforderungsreview anhand der oben genannten Qualitätsattribute oder
- einem Prototypen oder
- der Erstellung von Abnahmetestfällen

durch.

4.2 Anforderungsmodellierung

Im Rahmen der Analyse spielen Modellierungssprachen eine wesentliche Rolle. Die derzeit relevanteste Modellierungssprache ist die *Unified Modeling Language* (UML). Dies ist eine allgemeingültige visuelle Sprache, die wiederum aus verschiedenen Diagrammen besteht, um unterschiedliche Sichten auf ein System abzudecken. Neben der UML werden domänenspezifische Modellierungssprachen (*Domain Specific Language, DSL*) spezifisch für ein Anwendungsgebiet entwickelt.

4.2.1 Unified Modeling Language (UML)

Die Unified Modeling Language (UML) hat sich seit ihrer Produktreife als wichtigste Modellierungssprache in der Softwareentwicklung durchgesetzt. UML als Entwicklung der *Object Management Group* (OMG) ist aus dem Bedarf nach einer Modellierungssprache für große und komplexe Systeme heraus entstanden. Es gibt eine Fülle an Modellierungswerkzeugen, die sowohl in Industrie als auch in Kleinprojekten weite Verwendung finden. Um UML effektiv einsetzen zu können, sollte grundsätzliches Verständnis von objektorientierter (OO) Entwicklung und Design gegeben sein. Eine sinnvolle Nutzung von UML bietet dem Projekt eine gute Dokumentationsbasis, mit der die verschiedenen Anforderungen der Stakeholder an die Sicht auf ein System erfüllt werden können. Die folgende Auflistung nennt alle Modelltypen (gegliedert nach den Verhaltens- und Strukturmodellen), die nach UML 2.0 definiert sind:

- Verhaltensmodelle: Anwendungsfalldiagramm *(Usecase Diagram)*, Aktivitätsdiagramm *(Activity Diagram)*, Zeitverlaufdiagramm *(Timing Diagram)*, Zustandsdiagramm *(Statechart Diagram)*, Kommunikationsdiagramm *(Communication Diagram)*, Interaktion-Übersichts-Diagramm *(Interaction Overview Diagram)*, Sequenzdiagramm *(Sequence Diagram)*
- Strukturmodelle: Klassendiagramm *(Class Diagram)*, Paketdiagramm *(Package Diagram)*,Komponentendiagram *(Component Diagram)*, Verteilungsdiagramm *(Deployment Diagram)*, Kompositions-Struktur-Diagramm *(Composite Structure Diagram)*, Objektdiagramm *(Object Diagram)*

Da eine Historie und umfassende Beschreibung von UML ein eigenes Lehrbuch füllen würde, ist eine UML-Referenz in der CWS verfügbar. Eine kurze Übersicht und schematische Darstellung der wichtigsten UML-Diagramme ist in Tabelle 4.1 dargestellt.

UML-Diagramm	Merkmale / Beschreibung
Anwendungsfalldiagramm (Usecase Diagram) 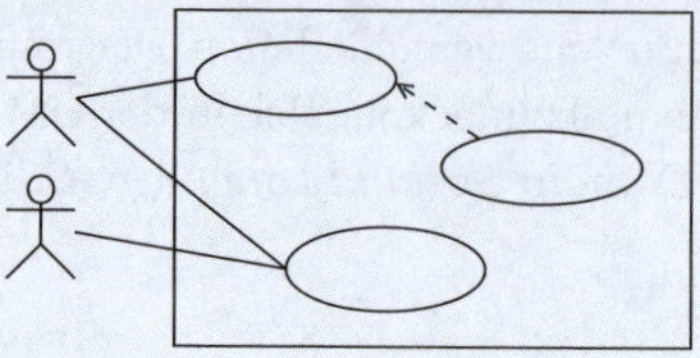	Ein Anwendungsfalldiagramm stellt die Beziehungen zwischen Akteuren und Anwendungsfällen aus Sicht der Akteure/Stakeholder dar. Es ist ein Verhaltensmodell und modelliert somit keine Ablaufbeschreibung. Anwendungsfalldiagramme werden zur Modellierung der spezifizierten Anforderungen an ein System eingesetzt.
Aktivitätsdiagramm (Activity Diagram) 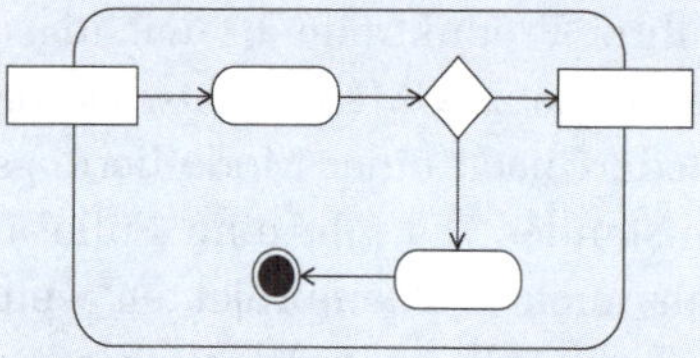	Das Aktivitätsdiagramm gehört zu den Verhaltensmodellen. Es stellt Aktivitäten und deren Verbindungen grafisch dar. Eine Aktivität ist ein elementarer Schritt innerhalb eines Programmablaufes. Das Aktivitätsdiagramm wird verwendet, um den Ablauf von Anwendungsfällen zu beschreiben.
Zeitverlaufdiagramm (Timing Diagram) 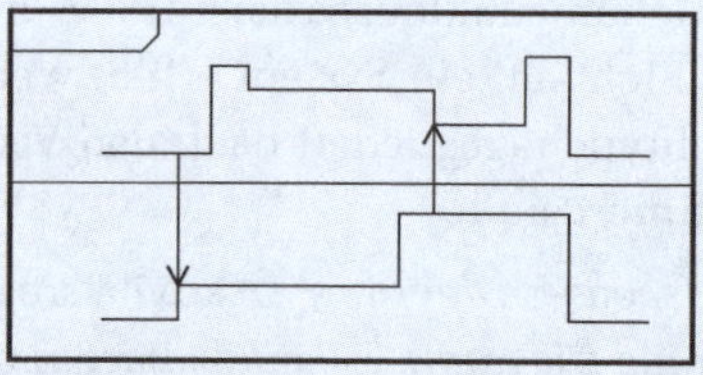	Zeitverlaufdiagramme erlauben eine zeitliche Sicht auf dynamische Aspekte und Interaktionen eines Systems. Sie bilden Interaktionen und deren zeitliche Abläufe ab. Zeitverlaufdiagramme gehören zu den Verhaltensmodellen.
Zustandsdiagramm (Statechart Diagram) 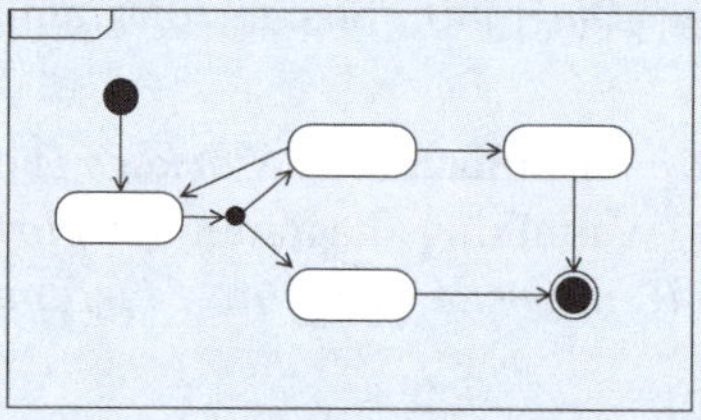	Zustandsdiagramme gehören zu den Verhaltensmodellen. Sie beschreiben mögliche Systemzustände und bilden Zustandsänderungen sowie deren auslösende Ereignisse ab. Es wird ein endlicher Zustandsautomat dargestellt, der sich zur Laufzeit in einer Menge endlicher Zustände befindet.
Kommunikationsdiagramm (Communication Diagram) 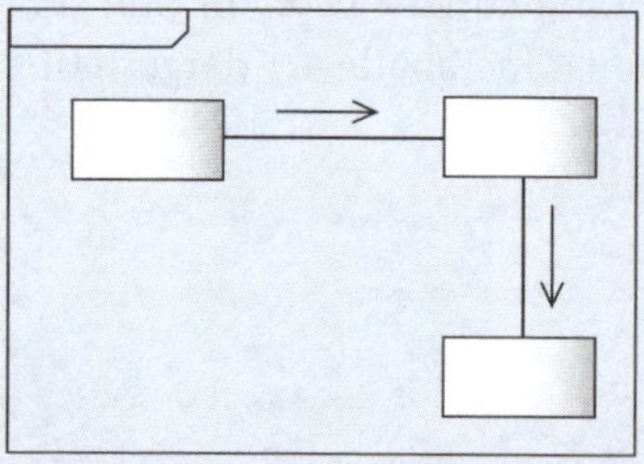	Kommunikationsdiagramme beschreiben die zwischen Objekten übertragenen Nachrichten und stellen Assoziationen zwischen Klassen dar. Die zeitliche Abfolge von Nachrichten wird mittels Sequenzausdrücken beschrieben. Sequenzausdrücke definieren, welche Nachrichten Vorgänger sind und welche parallel ausgetauscht werden. Kommunikationsdiagramme gehören ebenfalls zu den Verhaltensmodellen.

Tabelle 4.1: Übersicht der UML-Diagramme

UML-Diagramm	Merkmale / Beschreibung
Interaktion-Übersichts-Diagramm (Interaction Overview Diagram) 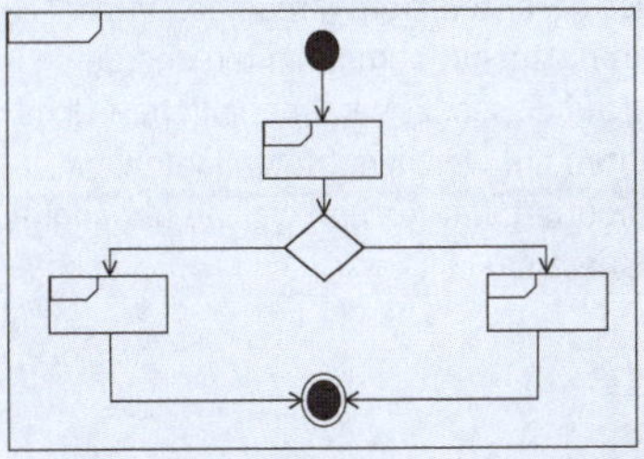	Interaktionsübersichtsdiagramme sind Verhaltensmodelle und beschreiben das Zusammenspiel verschiedener Interaktionen, indem sie in einen logischen Zusammenhang gebracht werden, um die Übersicht zu gewährleisten. Verschiedene Interaktionsdiagramme werden mit der Notation des Aktivitätsdiagramms verbunden.
Sequenzdiagramm (Sequence Diagram) 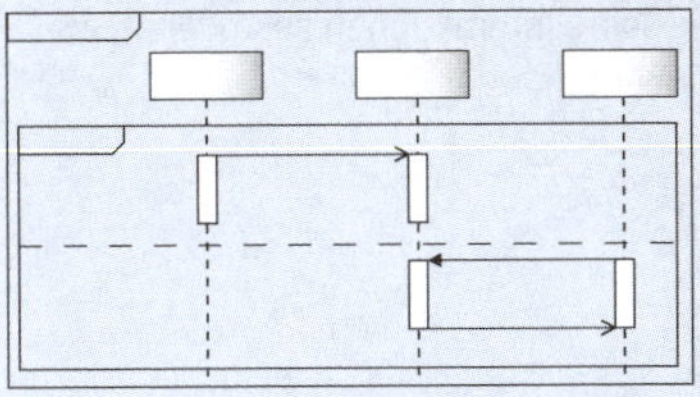	Sequenzdiagramme sind Verhaltensmodelle und beschreiben die zeitliche Ordnung von Interaktionen zwischen Objekten sowie deren Nachrichtenaustausch. Der zeitliche Verlauf des Nachrichtenaustausches wird durch sogenannte Lebenslinien dargestellt. Dabei verläuft die Zeitachse senkrecht von oben nach unten. Objekte werden durch senkrechte, die ausgetauschten Nachrichten durch horizontale Lebenslinien beschrieben.
Klassendiagramm (Class Diagram) 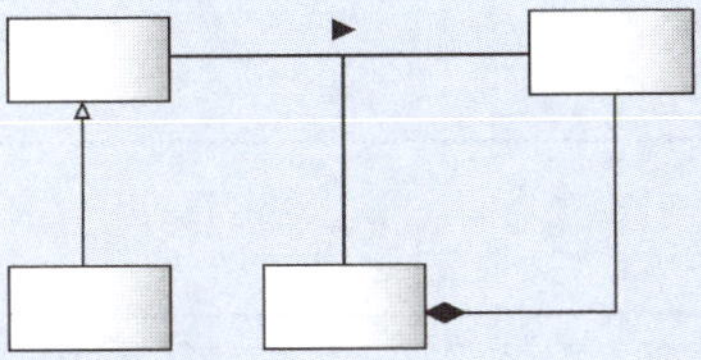	Klassendiagramme beschreiben die Struktur eines Systems in Form von Klassen, die untereinander in Beziehung stehen. Eine Klasse ist eine Zusammenfassung gleichartiger Objekte in Bezug auf Eigenschaften und Fähigkeiten.
Paketdiagramm (Package Diagram) 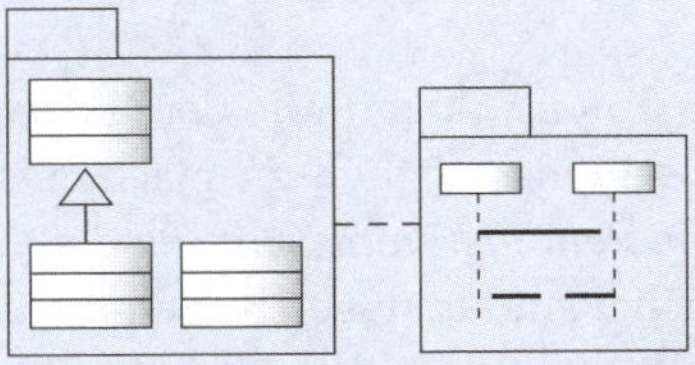	Paketdiagramme bilden eine Teilmenge von Klassendiagrammen ab. Sie gruppieren Elemente eines Systems in sogenannte Pakete, um dadurch die Anzahl der Beziehungen und Abhängigkeiten zwischen Elementen zu verringern.
Komponentendiagramm (Component Diagram) 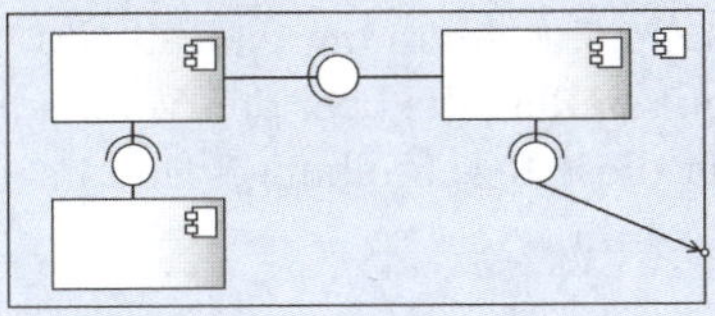	Komponentendiagramme beschreiben die Anordnung von Softwarekomponenten sowie ihre Abhängigkeiten und Schnittstellen. Softwarekomponenten sind wiederverwendbare Systemteile, die jeweils eine spezifizierte Aufgabe erfüllen.

Tabelle 4.1: Übersicht der UML-Diagramme (Forts.)

UML-Diagramm	Merkmale / Beschreibung
Verteilungsdiagramm (Deployment Diagram) 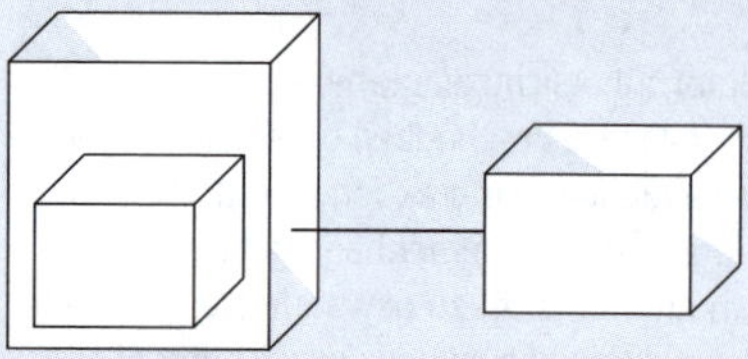	Verteilungsdiagramme beschreiben die Konfiguration einer Hard- und Softwareumgebung (Knoten) in Bezug auf Komponenten und deren Verteilung auf diesen. Es wird modelliert, welche Komponenten auf welchen Knoten laufen, wie diese konfiguriert werden und welche Abhängigkeiten existieren.
Kompositions-Struktur-Diagramm (Composite Structure Diagram) 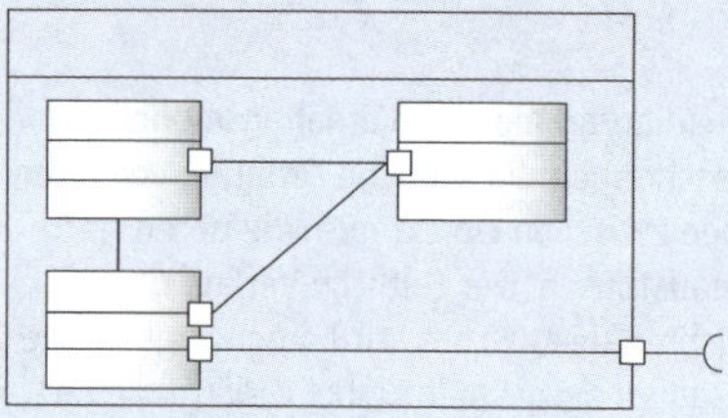	Kompositionsstrukturdiagramme beschreiben die interne Struktur eines Klassifizierers (Classifier) sowie seine Interaktionen zu anderen Systemkomponenten.
Objektdiagramm (Object Diagram) 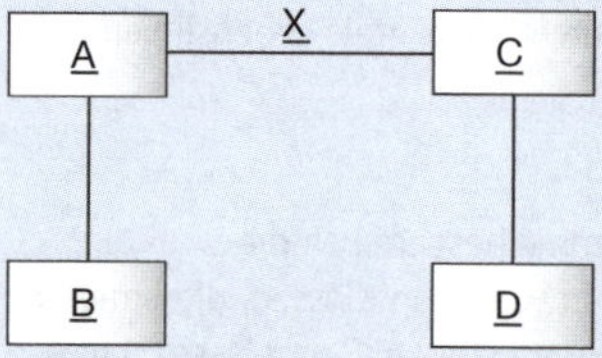	Objektdiagramme beschreiben die statische Struktur eines Systems zu einem bestimmten Zeitpunkt in Bezug auf die Belegung der Attribute und Ausprägung von Assoziationen.

Tabelle 4.1: Übersicht der UML-Diagramme (Forts.)

Fallstudie

Schnittstellenbeschreibung in Touch&Go

In diesem Fallbeispiel werden die Schnittstellen von Touch&Go mithilfe der UML beschrieben. Um eine effiziente Schnittstellenbeschreibung möglich zu machen, wird in der ersten Stufe mithilfe eines *UML-Komponentendiagramms statisch* dargestellt, welche Komponenten am Gesamtsystem beteiligt sind und welche Schnittstellen diese exponieren oder konsumieren. In einem zweiten Schritte wird anhand eines *UML-Sequenzdiagramms* der *dynamische Ablauf* der Kommunikation der definierten Schnittstellen dargestellt. Die Schnittstellenbeschreibung ist Teil des Systementwurfes. Aufgrund der Kritikalität der Schnittstellen, die über den Verantwortungsbereich eines Teams hinausgehen, wird hier diese Beschreibung schon im Rahmen einer Grobarchitektur in der Analyse durchgeführt.

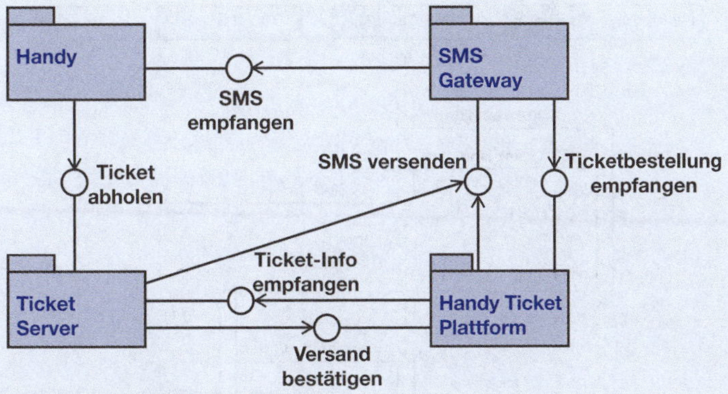

Abbildung 4.4: UML-Komponentendiagramm von Touch&Go

In diesem UML-Komponentendiagramm (▶Abbildung 4.4) sind die Schnittstellen der einzelnen Komponenten von Touch&Go eingezeichnet.

- *SMS Gateway:* Das SMS Gateway bietet einen Schnittstelle an, über die SMS-Nachrichten an ein Handy gesendet werden können. Es können sowohl normale Text-SMS gesendet werden als auch binäre SMS, die am Handy ein Java Midlet triggern, welches den Inhalt der SMS auswertet.
- *Handy-Ticket-Plattform (HTP):* Die Handy-Ticket-Plattform stellt zwei Schnittstellen zur Verfügung. Über die eine Schnittstelle kann das SMS Gateway eine Ticketbestellung, die in Form einer SMS abgesendet wurde, an die HTP übertragen. Über die andere Schnittstelle kann der Ticket Server die HTP informieren, dass ein elektronisches Ticket erfolgreich an das Handy zugestellt wurde.
- *Ticket Server (TS):* Der Ticket Server stellt ebenfalls zwei Schnittstellen zur Verfügung. Über die eine Schnittstelle überträgt die Handy-Ticket-Plattform die Daten für ein elektronisches Ticket an den TS. Über die andere Schnittstelle verbindet sich das Handy mit dem TS, um das elektronische Ticket zu empfangen.
- *Handy:* Das Handy verfügt über eine Schnittstelle, die für Touch&Go relevant ist. Über diese Schnittstelle empfängt das Handy SMS-Nachrichten vom SMS Gateway. Textnachrichten werden in die Inbox des Handys weitergeleitet. Binäre SMS werden an das Java Midlet weitergegeben, das sich am entsprechenden Port registriert hat.

Im folgenden UML-Sequenzdiagramm (▶Abbildung 4.5) ist der Ablauf der Kommunikation zwischen den einzelnen Komponenten ersichtlich. Zur Kommunikation werden die soeben beschriebenen Schnittstellen verwendet.

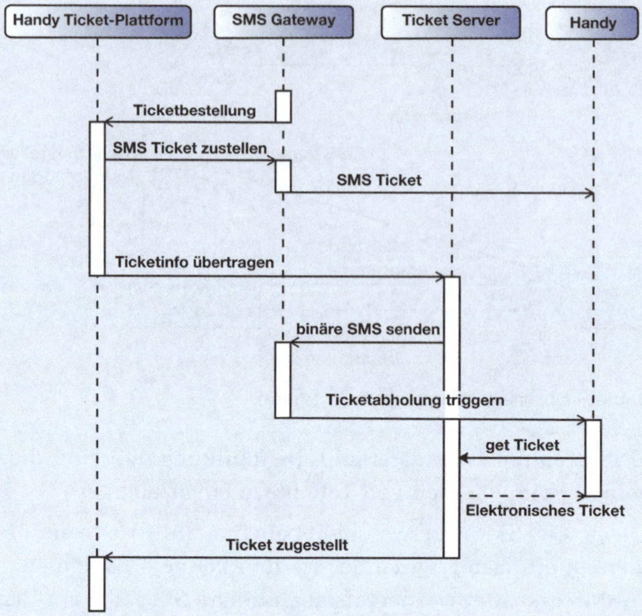

Abbildung 4.5: UML-Sequenzdiagramm von Touch&Go

Lösung

Aufgabe – UML Wählen Sie ein Szenario aus dem CWS und erstellen Sie ein UML-Anwendungsfalldiagramm.

4.2.2 DSLs

Eine *Domain Specific Language* (*DSL*) ist eine Modellierungssprache, die nur für einen spezifischen Anwendungsbereich (Domäne) und nicht allgemeingültig entworfen ist. Der wesentliche Vorteil einer spezifischen Sprache ist die Integration der domänenspezifischen Semantik in das *Metamodell* der Modellierung. Damit lässt sich je nach Anwendungsbereich die Ausdrucksstärke definieren und diese in der Modellierung darstellen. DSLs können als visuelle oder textbasierte Sprachen entworfen werden. Visuelle DSLs werden oftmals als Erweiterungen der UML definiert. Textbasierte DSLs werden häufig auf Basis von *XML (eXtensible Markup Language)* definiert. Diese werden in der Regel dann auch von spezifischen Übersetzern oder Interpretern genutzt, um das Modell in ausführbare Software zu transformieren.

4.2.3 Datenmodellierung

Die **Datenmodellierung** beginnt bereits bei der Analyse und erstreckt sich bis hin zum konzeptionellen Entwurf eines implementierungsfähigen *Datenbankmodells* und bildet dabei die Grundlage für die Entwicklung von *persistierenden Informationssystemen*. Somit bestimmt ein Datenmodell auch langfristig die Qualität eines Softwareproduktes. Wichtig ist, dass die zugrunde liegende Datenstruktur optimal an die zu erfüllenden *fachlichen und technischen* Anforderungen angepasst ist und auch im Nachhinein einfach erweitert oder modifiziert werden kann.

Eine klassische und weit verbreitete Form der Datenmodellierung für relationale Modelle sind *Entity-Relationship-Modelle* (ER-Diagramme). ER-Diagramme wurden erstmals in den 70er Jahren vorgestellt (Chen, 1976). Sie werden in der Anforderungsanalyse benutzt, um die *relationale Datenstruktur* eines Systems zu beschreiben. ER-Diagramme sind das wichtigste Werkzeug, um die Daten eines Softwareprojektes in sogenannte *Entitäten* zu unterteilen und ihre Beziehung zueinander zu definieren und abzubilden. ▶Abbildung 4.6 zeigt mehrere gängige Notationen für ER-Modelle. Entitäten sind individuelle und identifizierbare Elemente eines Systems, die durch ihre Eigenschaften beschrieben werden. Alle gängigen *Datenbankmanagementsysteme* (DBMS) unterstützen das relationale Modell und bieten über die *Structured Query Language* (SQL) eine standardisierte – aber in Dialekten implementierte – Abfragesprache an.

Kardinalitäten beschreiben, wie viele Entitäten eines Typs mit wie vielen Entitäten eines anderen Typs verbunden werden können. Hier gibt es nun folgende Möglichkeiten:

- *One-to-One (1:1):* Eine Instanz einer Entität A ist mit genau einer anderen Entität B verbunden.
- *One-to-Many (1:N):* Eine Instanz einer Entität A kann mit keiner oder mehreren anderen Entitäten B verbunden sein. Entität B aber kann nur mit genau einer Entität A verbunden sein.
- *Many-to-Many (M:N):* Eine Instanz einer Entität A ist mit keiner, einer oder mehreren Entitäten B verbunden. Gleiches gilt für Entität B.

Ein relationales Modell unterstützt M:N-Relationen nicht direkt. Diese werden physisch in eine *1:N:N:1-Relation* umgewandelt. Die dabei entstehende Zwischenentität wird als *Weak Entity* bezeichnet und enthält in der Regel keine Attribute und nur die beiden Fremdschlüssel. Nachdem ein objektorientiertes Modell N:M-Relationen direkt unterstützt, wird bei der Persistierung das oftmals automatisierte *Objekt-Relationale-Mapping* (ORM) als Übersetzung über eine Zwischenentität durchgeführt. Bei Einsatz eines entsprechenden *ORM-Framework* wird üblicherweise auch der *SQL-Dialekt* gekapselt.

Bei der Erstellung des Datenmodells werden neben den fachlichen Informationen auch die technischen Informationen wie etwa eine applikatorische Zugriffsprotokollierung, Zeitstempel *(Timestamps)* oder die Daten für das Rollen- und Rechtesystem in das Datenmodell integriert. Dies macht das implementierte Datenmodell dann wesentlich komplexer und schwerer zu lesen als das abstrakte fachliche Informationsmodell.

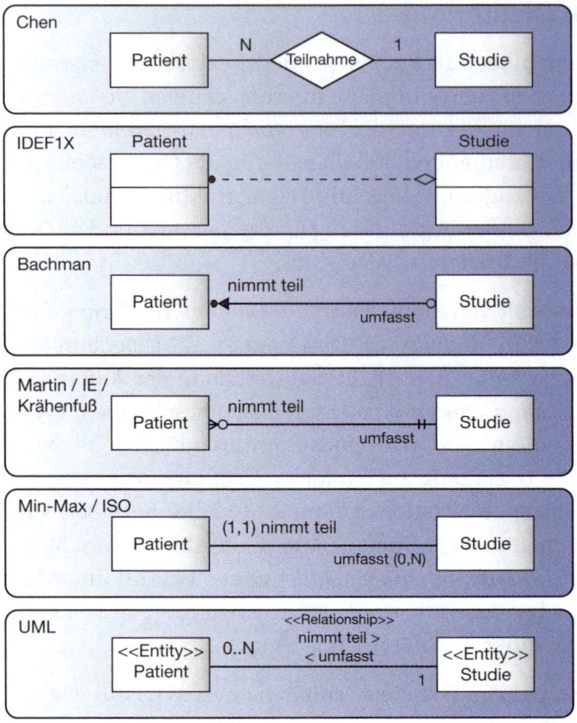

Abbildung 4.6: Typische ER-Notationen

Um die Daten in wartbarer Form zu modellieren, soll das Datenmodell *vollständig normalisiert* sein. Elmasri und Navathe (2006) erklären die typischen Normalisierungsformen, den Synthesealgorithmus (*3NF*) und den Zerlegungsalgorithmus (*BCNF*), ausführlich.

Neben dem relationalen Modell gibt es einige weitere Modelle zur Datenmodellierung, wobei z.B. auch objektorientierte Datenbanken existieren. Industriell hat sich aber das relationale Modell durchgesetzt. In Altsystemen *(Legacy-Systemen)* findet man häufig auch noch flache, dateibasierte Datenspeicherung *(Flat Files)*. Aufgrund der stetig steigenden Menge an hierarchisch organisierten Daten – die häufigste Form sind *XML-Dokumente* – werden diese von modernen Datenbanken oft direkt unterstützt. Abfragen sind dann entweder über die SQL oder z.B. XPath möglich.

Lösung

Aufgaben – Datenmodellierung Wählen Sie ein Szenario aus der CWS und erstellen Sie ein geeignetes Datenmodell.

4.3 Anforderungsanalyse

Definition Anforderungsanalyse

Nach dem IEEE-Standard 610.12 (1990) wird die Anforderungsanalyse wie folgt definiert:

1. „The process of studying user needs to arrive at a definition of system, hardware, or software requirements."
2. The „process of studying and refining system, hardware, or software requirements."

Die **Anforderungsanalyse** ist der Prozess des Herleitens der von einem Stakeholder benötigten Funktionen/Services eines Systems und der Einschränkungen, unter denen das System entwickelt und betrieben wird. Die Anforderungen selbst sind die Ergebnisse, die während der Anforderungsanalyse erzeugt werden. Um die Anforderungen zu analysieren und zu beschreiben, werden unterschiedliche Methoden angewandt. Diese Methoden lassen sich in ihrem Strukturierungsgrad unterscheiden:

- *Nicht strukturierte Methoden*: Die natürliche Sprache ist die häufigste Methode für die Anforderungsanalyse.
- *Semi-strukturierte Methoden*: Semi-strukturierte Methoden basieren im Kern auf der natürlichen Sprache, werden aber durch Vorlagen, ein eingeschränktes Vokabular und ergänzende Eigenschaften *(Properties)* vorgegeben.
- *Strukturierte Methoden*: Strukturierte Methoden folgen einer definierten Syntax, Notation oder formalen Spezifikation.

Im Folgenden werden einige ausgewählte Methoden zur Anforderungsanalyse beschrieben.

4.3.1 Anwendungsfälle (Use Cases)

Anwendungsfälle (Use Cases) sind eine weit verbreitete Methode in der Analyse. Unter einem Anwendungsfall versteht man generell die Interaktionen zwischen Nutzer und System mit der Absicht, ein fachliches Ziel des Nutzers zu verwirklichen. Ein Anwendungsfall repräsentiert die Fragestellung „*was passiert*" und nicht „wie passiert etwas". Dabei werden alle möglichen Szenarien, die eintreten können, in einer Detaillierungsstufe definiert. Ein Anwendungsfall stellt somit gewisse Dienstleistungen des Systems in bestimmten Detaillierungsstufen den *Akteuren* zur Verfügung.

Der *Detaillierungsgrad* von Anwendungsfällen kann unterschiedlich sein. Bei einem sehr geringen Detaillierungsgrad beschreibt ein Anwendungsfall nur sehr grob und abstrakt das Verhalten einer Anwendung. Dieser Detaillierungsgrad kann jedoch auch beliebig verfeinert werden, wobei das Verhalten einer Anwendung ausführlich beschrieben wird. Grundsätzlich gilt jedoch, dass die beschriebenen Abläufe nicht zu komplex werden dürfen. Als Anhaltspunkt kann der von Cockburn (2001) beschriebene „Kaffeepausen-Test" herangezogen werden: Ein Anwendungsfall ist zu detailliert und komplex, wenn „der Nutzer während der umgesetzten Interaktionen eine Kaffeepause einlegen" würde.

Oft werden Anwendungsfälle und Geschäftsprozesse nicht eindeutig voneinander abgegrenzt. Da Anwendungsfälle und Geschäftsprozesse jedoch eine unterschiedliche Sicht auf ein zu modellierendes System haben, ist eine klare Trennung notwendig. Während *Anwendungsfälle* die *Erwartungen* der Umwelt an ein System beschreiben, modellieren *Geschäftsprozesse* die internen *Vorgänge* zur Erfüllung von Anforderungen an die Umwelt. Diese Abgrenzung ist unabhängig von der Art und Domäne eines zu modellierenden Systems. In Bezug auf diese Abgrenzung wird oft auch von Blackbox- und Whitebox-Modellierung gesprochen.

Im Allgemeinen wird zwischen *Geschäftsanwendungsfällen* (Business Use Case) und *Systemanwendungsfällen* (System Use Case) unterschieden. Ein Geschäftsanwendungsfall beschreibt einen Anwendungsfall in abstrakter fachlicher Form aus Sicht des Anwenders. Beispielsweise könnte ein fachlicher Geschäftsfall die Bestellung eines Artikels sein. Aus diesem exemplarischen Geschäftsanwendungsfall können sich wiederum mehrere konkrete Systemanwendungsfälle ergeben, wie z.B. telefonisch oder per E-Mail.

Anwendungsfälle werden meist aus einer Vorlage erstellt, die abhängig vom Kontext der späteren Benutzung ausgearbeitet wird. Für verschiedene Phasen der Analyse sind auch unterschiedlich formalisierte Vorlagen notwendig. Diese reichen von rein prosaischen Kurzbeschreibungen bis hin zu vollständig ausgearbeiteten und ausformulierten Anwendungsfallbeschreibungen. Häufig werden Anwendungsfälle in *Anwendungsfalldiagrammen* mit Hilfe der UML-Modellierung beschrieben.

Beispiel 4.2 Use-Case-Struktur

Eine in der Literatur oft beschriebene und in der Praxis häufig angewandte Vorlage für die Beschreibung von Anwendungsfällen stammt von Cockburn (2001), mit folgendem Ansatz:

- *Name und Identifier:* Benennung von Anwendungsfällen und geordnete Nummerierung
- *Beschreibung:* Beschreibung des Anwendungsfalles
- *Beteiligte Akteure:* Akteure sind involvierte Personen oder Systeme wie z.B. Benutzer, Kunde, Lieferanten oder ein System. Diese Akteure werden in einem eigenen Abschnitt beschrieben und dargestellt. Grundsätzlich werden zwei Arten von Akteuren unterschieden: primäre Akteure, die eigentlichen Benutzer des Systems, und sekundäre Akteure, die das System überwachen, warten und die primären Akteure bei der Zielerreichung unterstützen.
- *Status:* Sagt aus, wie weit die Arbeit an dem Anwendungsfall fortgeschritten ist. Beispiele hierfür können sein: in Arbeit, bereit zum Review, im Review, abgelehnt und abgenommen.
- *Verwendete Anwendungsfälle:* Wenn ein Anwendungsfall auf andere Anwendungsfälle zurückgreift, werden diese Fälle, mit Name und Identifikation, aufgezählt.

- *Auslöser:* Gründe für das Ausführen eines Anwendungsfalles*Vorbedingungen:* Bedingungen, die erfüllt sein müssen, damit dieser Anwendungsfall ausgeführt werden kann
- *Invarianten:* Bedingungen, die durch den Anwendungsfall nicht verändert werden dürfen. Diese Bedingungen müssen in einem Misserfolgs- oder Fehlerszenario immer noch erfüllt werden.
- *Nachbedingung/Ergebnis:* der zu erwartende Zustand nach einem erfolgreichen Durchlauf des Anwendungsfalles.
- *Standardablauf:* Darstellung eines typischen Szenarios, das leicht zu verstehen oder der am häufigsten vorkommende Fall ist. Am Ende des Anwendungsfalles steht die Zielerreichung des Primärakteurs. Die Ablaufschritte werden nummeriert und häufig als Ablaufpläne dargestellt. Mittels der UML können diese Ablaufpläne in Aktivitätsdiagrammen oder Sequenzdiagrammen dargestellt werden.
- *Alternative Ablaufschritte:* Szenarien, die neben dem Standardablauf auch auftreten können, unabhängig davon, ob das Ziel erreicht wurde oder nicht. Sie werden häufig als bedingte Verzweigungen der normalen Ablaufschritte dargestellt.
- *Hinweise:* kurze Beschreibungen und Erklärungen zum besseren Verständnis des Anwendungsfalles, möglicherweise auftretende Nebeneffekte und alles andere, das nicht unter die bereits dargestellten Punkte fällt.
- *Änderungsgeschichte:* Versionierung des Anwendungsfalles mit Name des Autors, Datum etc.

Fallstudie

Anwendungsfall in HISS

Im Projekt HISS werden Anwendungsfälle in Anwendungsfalldiagrammen mit Hilfe der UML-Notation beschrieben, zusätzlich fand auch die textuelle Beschreibung nach Cockburn Verwendung. Stellvertretend ist in ▶Abbildung 4.7 das Anwendungsfalldiagramm für den Anwendungsfall „Selbstausdruck Zeugnis“ dargestellt.

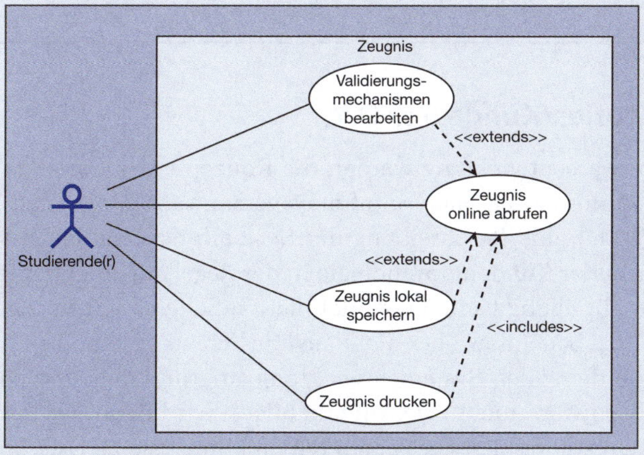

Abbildung 4.7: Anwendungsfalldiagramm „Selbstausdruck Zeugnis“

Die Beschreibung des Anwendungsfalles ist in Tabelle 4.2 dargestellt.

Name	Selbstausdruck Zeugnis
Beschreibung	Studierende können sich Prüfungszeugnisse online abrufen, selbst ausdrucken, lokal speichern und Validierungsmechanismen für Dritte bearbeiten.
Beteiligte Akteure	StudentIn
Status	Abgenommen
Verwendete Anwendungsfälle	Zeugnis online abrufen
Auslöser	StudentIn möchte sich ein Zeugnis ausdrucken.
Vorbedingungen	StudentIn hat eine Prüfung absolviert, die Prüfungsdaten wurden im System erfasst und StudentIn ist im System angemeldet.
Invarianten	Das Zeugnis muss im System gespeichert bleiben.
Ergebnis	Das Zeugnis wurde gedruckt.
Standardablauf	1. StudentIn loggt sich in HISS ein. 2. StudentIn ruft das gewünschte Zeugnis in HISS ab. 3. StudentIn bearbeitet Validierungsmechanismen nicht. 4. StudentIn öffnet das Zeugnis im Browser. 3. StudentIn druckt das Zeugnis.
Alternative Ablaufschritte	3a. StudentIn bearbeitet Validierungsmechanismen. 4a. StudentIn speichert das Zeugnis lokal.
Hinweise	Die Validierungsmechanismen sind vor allem für Externe zur Echtheitsüberprüfung des Dokumentes von Bedeutung. Die Bearbeitungsoptionen sind im Anwendungsfall „Validierungsmechanismen bearbeiten" beschrieben.
Änderungsgeschichte	Version 1.0

Tabelle 4.2: Beschreibung des Anwendungsfalles „Selbstausdruck Zeugnis"

4.3.2 User Stories/Kunde vor Ort

In der *agilen* Softwareentwicklung werden die Konzepte der *User Story* und des *Kunden vor Ort* zur Anforderungsanalyse (oftmals gemeinsam) eingesetzt. Eine User Story ist nach Cohn (2004) eine Beschreibung der Systemfunktionalität in wenigen Sätzen, die vom Kunden in der Kundenterminologie in der Regel auf einer Papierkarte beschrieben ist. Diese Beschreibung kann einem definierten Schema folgen. Ziel ist es, die Systemfunktionalität zu benennen, aber nicht ausführlich zu beschreiben. Die ausführliche Erklärung – die in der agilen Systementwicklung aufgrund der Ausrichtung zur Anforderungsänderung sowieso nicht zweckdienlich ist – wird dann durch die Involvierung des Kunden vor Ort während der gesamten Entwicklung ersetzt. User Stories sollen eine feine Granularität (z.B. eine einzelne Funktion) aufweisen und idealerweise in ein bis drei Wochen implementierbar sein. Damit können diese im Rahmen eines *Sprints*, der in der agilen Entwicklung typischerweise vier Wochen dauert, geplant werden. In einem agilen Projekt werden üblicherweise etwa 80 (+/– 20) User Stories entwickelt. Neben der Story selbst enthalten User Story Cards (siehe ▶Abbildung 4.8) auch weitere Metadaten wie etwa die Priorität und eine Aufwandsschätzung. Die User Stories definieren die Hauptinhalte des Abnahmetests für agile Projekte. Diese agilen Methoden sind kontrovers, deshalb werden hier einige Vor- und Nachteile beschrieben.

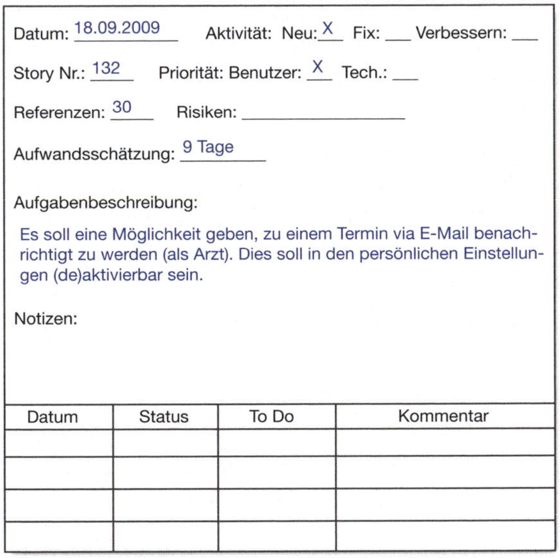

Datum: 18.09.2009 Aktivität: Neu: X Fix: ___ Verbessern: ___

Story Nr.: 132 Priorität: Benutzer: X Tech.: ___

Referenzen: 30 Risiken: ___

Aufwandsschätzung: 9 Tage

Aufgabenbeschreibung:

Es soll eine Möglichkeit geben, zu einem Termin via E-Mail benachrichtigt zu werden (als Arzt). Dies soll in den persönlichen Einstellungen (de)aktivierbar sein.

Notizen:

Datum	Status	To Do	Kommentar

Abbildung 4.8: Exemplarische User Story Card

Vorteile von User Stories:

- User Stories sind kurz und prägnant gehalten und damit gut wartbar.
- User Stories fördern die Diskussion/Abstimmung zwischen Kunde und Entwickler während der gesamten Projektdauer.
- User Stories reduzieren damit das Risiko von Fehlentwicklungen aus Benutzersicht.
- User Stories funktionieren insbesondere in Kombination mit einer Metapher (gemeinsame Sicht auf das System).

Nachteile von User Stories:

- Ohne zugehörige präzisierte Akzeptanz-Testfälle sind User-Stories sehr stark interpretierbar und können ein Risiko für eine erfolgreiche Abnahme darstellen.
- User Stories setzen eine starke Involvierung des Kunden/Benutzers während des gesamten Prozesses voraus. Dies ist jedoch oft (besonders in größeren Projekten) unrealistisch.
- User Stories (bzw. die erforderliche Kundeninvolvierung) sind personenzentriert.
- User Stories können kaum als Vertragsgrundlage dienen.

Fallstudie **User Stories in LiSaMe**

Die Anforderungsbeschreibung im Fallbeispiel wurde auf Basis von User Stories durchgeführt. Es waren zwar die Benutzer nicht ständig vor Ort, jedoch wurde eine intensive Integration einiger ausgewählter *Key User* während der gesamten Entwicklungszeit angestrebt. Dies schuf wiederum die Möglichkeit für eine weniger formelle Anforderungsbeschreibung. Es wurden 82 User Stories definiert. Diese wurden aus Gründen der **Nachverfolgbarkeit** zu den definierten Testfällen und der effizienteren Verwaltung nicht auf Papierkarten, sondern in einem Anforderungsmanagementsystem verwaltet. An dieser Stelle werden exemplarisch einige User Stories aus dem Fallbeispiel dargestellt:

- Die Auflistung der derzeit verordneten Medikamente soll tabellarisch dargestellt werden und die Einträge aus dem Formular Medikation beinhalten wie: Beginndatum, Enddatum, Wirkstoff, Dosierung, regelmäßig ja/nein, Einnahmemuster, Medikationsänderung ja/nein, Änderungsgrund.
- Das System soll dem Benutzer in der Patientenübersicht die Möglichkeit bieten, die Liste der aktuell verordneten Medikamente über ein PDF-Dokument auszudrucken.
- Bei jedem Patienten sollen die ihm zugeordneten zukünftigen Termine in Form einer Liste angezeigt werden.
- Es soll eine Möglichkeit geben, zu einem Termin via E-Mail benachrichtigt zu werden (als Arzt). Dies soll (de)aktivierbar sein.

Die Anzeige der Medikationsliste und der PDF-Druck wurden als zwei getrennte User Stories definiert. Die erste Funktion war für die Benutzer zeitkritisch, während der PDF-Druck eine geringere Priorität hatte. Damit die Fertigstellung um ein Release vorgezogen werden konnte, wurde diese Funktion zweigeteilt.

4.3.3 Geschäftsprozessmodellierung

Geschäftsprozesse können in *prozessorientierten Organisationen* als Methode für die Anforderungsanalyse genutzt werden. Die Prozesse sind entweder schon modelliert oder werden erst im Rahmen der Analyse modelliert. Aus den Prozessen können dann je nach Systemarchitektur unterschiedliche Analyseartefakte abgeleitet werden. Beispielsweise können *Navigationsstrukturen* für Benutzerschnittstellen, Teile des *Datenmodells* oder aber auch *ausführbare Prozessdefinitionen* für Prozess-Engines erstellt werden. Wichtig ist zu berücksichtigen, dass die definierten Prozesse einer Organisation nicht unbedingt den realen Prozessen entsprechen. Es ist also erforderlich, sowohl die definitorische als auch die reale Prozesssicht zu berücksichtigen und beide Sichten in die Analyse einfließen zu lassen. Mit einem neuen oder veränderten Softwaresystem werden Prozesse (auch wenn diese zuvor nur implizit waren) üblicherweise geändert *(Business Process Reengineering)*. Dies geschieht oft nicht ohne entsprechende organisatorische Schwierigkeiten und stößt bisweilen auch auf internen *Widerstand*. Jedenfalls ist es durchaus zweckmäßig, sowohl die IST- als auch die SOLL-Situation getrennt zu analysieren.

Unter dem Begriff Geschäftsprozessmodellierung versteht man die Modellierung von Geschäftsprozessen mit einem Schwerpunkt auf der Darstellung der zugrunde liegenden Abläufe. Ein Geschäftsprozess ist dabei eine Sammlung von zusammenhängenden, strukturierten Aktivitäten, welche darauf abzielen, eine bestimmte Dienstleistung oder ein bestimmtes Produkt für einen bestimmten Kunden bzw. Kundenkreis als Ergebnis hervorzubringen. Ein Geschäftsprozess beginnt stets mit einem bestimmten Bedürfnis eines Kunden und endet mit der Erfüllung dieses Kundenbedürfnisses. Die Geschäftsprozessmodellierung ist Grundlage für die Geschäftsarchitektur und bildet in Zusammenhang mit den restlichen Architekturbereichen (Datenarchitektur, Anwendungsarchitektur, Technologiearchitektur) einen wesentlichen Bestandteil der Unternehmensarchitektur.

Grundsätzlich kann man drei unterschiedliche Arten von Geschäftsprozessen unterscheiden:

- *Managementprozesse*: Diese beschäftigen sich mit dem Betrieb der Gesamtorganisation. Sie zielen darauf ab, ein Unternehmen zu steuern, Ziele zu definieren und die Erreichung der definierten Ziele zu überwachen.
- *Kernprozesse*: Diese bilden das Kerngeschäft ab. Sie erzeugen unmittelbaren, offensichtlichen Kundennutzen. Hierzu gehören z.B. Einkauf, Produktion, Marketing und Verkauf.
- *Unterstützende Prozesse*: Diese Prozesse unterstützen die Kernprozesse und Managementprozesse. Sie stellen bestimmte Ressourcen zur Verfügung und beschäftigen sich mit der Verwaltung dieser Ressourcen. Hierzu gehören z.B. Buchhaltung, Personalverwaltung oder technischer Support.

Die Gruppe der Kernprozesse wird oftmals noch weiter in folgende Prozesse unterteilt:

- Customer-Relationship-Management-Prozesse beschäftigen sich mit Kundengewinnung und Betreuung.
- Product-Lifecycle-Management-Prozesse beschäftigen sich mit Produktplanung, Produktentwicklung und Produktpflege.
- Supply-Chain-Management-Prozesse beschäftigen sich mit Lieferantenverwaltung, Einkauf, Fertigungsstufen, Lieferung an den Kunden und gegebenenfalls auch Installation und Inbetriebnahme.

Geschäftsprozesse lassen sich in eine Sammlung von Subprozessen zerlegen, welche ihre eigenen Charakteristika haben, aber dennoch zur Erreichung des Ziels des übergeordneten Geschäftsprozesses beitragen. Die Analyse und die Modellierung eines Geschäftsprozesses setzen üblicherweise die Modellierung und Abbildung sämtlicher Subprozesse bis hin zur Ebene einzelner Aktivitäten voraus.

Für die Geschäftsprozessmodellierung stehen unterschiedliche Notationen zur Darstellung zur Verfügung, z.B. die Unified Modeling Language (UML) oder die Business Processing Modeling Notation (BPMN), welche im Folgenden näher beschrieben werden soll.

Business Processing Modeling Notation (BPMN)

Die *Business Processing Modeling Notation* ist ein Standard zur *grafischen Notation* von *Geschäftsprozessen*. Diagramme in der BPMN werden als Business Process Diagram (BPD) bezeichnet. Die Notation ähnelt vom Prinzip her dem Konzept von Aktivitätsdiagrammen aus UML zur Beschreibung von Workflows. BPMN wurde ursprünglich von der Business Processing Management-Initiative veröffentlicht. Seit 2006 ist BPMN ein Standard der *Object Management Group*, welche die BPMN momentan auch pflegt und weiterentwickelt.

Vorrangiges Ziel der BPMN ist es, eine *gemeinsame Sprache* für sämtliche *Business Stakeholder* zu bieten und somit dem verbreiteten Problem von Missverständnissen zwischen Geschäftsprozessdesign und Geschäftsprozessimplementierung entgegenzuwirken. BPMN soll als Werkzeug Geschäftsanalytiker, welche die Prozesse definieren und verfeinern, technische Entwickler, die die Prozesse implementieren, und Manager, welche die Prozesse überwachen, unterstützen.

Die Elemente der BPMN lassen sich in die folgenden vier übergeordneten Kategorien unterteilen (OMG, 2009): *Flow Objects, Connecting Objects, Swimlanes* und *Artifacts.* Der Ablauf erfolgt in der Regel horizontal von links nach rechts.

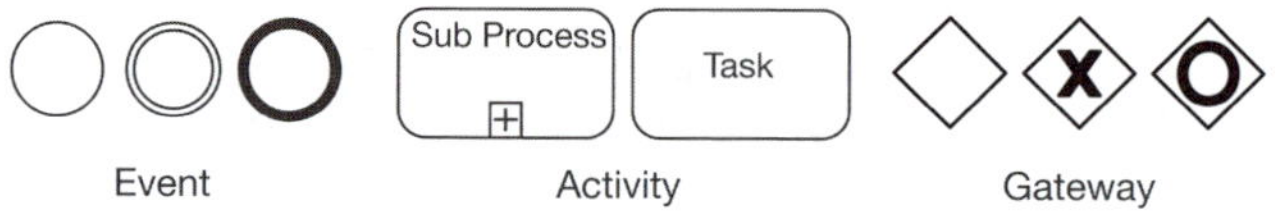

Abbildung 4.9: Flow Objects

Flow Objects sind die Knoten in den Geschäftsprozessdiagrammen und lassen sich in drei weitere Unterkategorien unterteilen: Events, Activities und Gateways. *Events* werden durch einen Kreis dargestellt und symbolisieren Ereignisse. Icons innerhalb des Kreises markieren unterschiedliche Arten von Events (siehe ▶Abbildung 4.9).

Activities werden als Rechtecke mit abgerundeten Ecken dargestellt und symbolisieren Aktivitäten, also Tätigkeiten und Arbeitsaufgaben. Bei Aktivitäten unterscheidet man zwischen Subprozessen, Transaktionen, die Subprozesse darstellen, bei denen sämtliche enthaltenen Aktivitäten in ihrer Gesamtheit behandelt werden müssen, und Tasks, welche atomare, in sich abgeschlossene Arbeitspakete repräsentieren.

Gateways werden als Raute dargestellt und symbolisieren Pfade, die sich verzweigen oder wieder zusammenlaufen. Gateways können unterschiedliche Konditionen ausdrücken, die weitestgehend verbreiteten logischen Operatoren entsprechen, wie z.B. Und, Oder, ausschließendes Oder.

Abbildung 4.10: Connecting Objects

Flow Objects werden durch Connecting Objects miteinander verbunden, die sich wiederum in drei Kategorien unterteilen lassen (siehe ▶Abbildung 4.10):

Sequence Flows werden als durgehende Linie mit einer Pfeilspitze dargestellt und verdeutlichen, in welcher Reihenfolge Aktivitäten erfolgen. Als Spezialformen von Sequence Flows gibt es Conditional Flows (gekennzeichnet durch eine Raute am Anfangspunkt) und Default Flows (gekennzeichnet durch einen Schrägstrich am Ausgangspunkt).

Message Flows werden als unterbrochene Linie mit einer Pfeilspitze am Ende und einem leeren Kreis am Anfang dargestellt und symbolisieren, dass zwei Elemente über organisationelle Grenzen hinweg (d.h. von einem Pool zu einem anderen Pool) untereinander Meldungen austauschen. Message Flows können niemals Elemente innerhalb desselben Pools miteinander verbinden.

Associations werden als gepunktete Linie dargestellt und stellen eine Verbindung zwischen einem Artifact und einem Flow Object dar. Eine Pfeilspitze am Anfangs- oder Endpunkt erlaubt die Darstellung der Direktionalität der Verbindung (Input, Result oder beides).

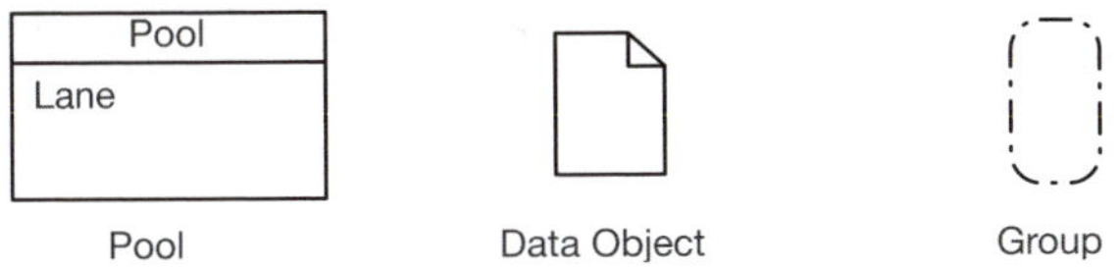

Abbildung 4.11: Swimlanes

Swimlanes stellen einen Mechanismus dar, der Aktivitäten organisiert und kategorisiert (siehe ▶Abbildung 4.11). Pools repräsentieren hierbei extrem wichtige Teilnehmer am Prozess, wie z.B. unterschiedliche Organisationseinheiten. Ein Pool wiederum besteht aus mehreren Lanes. Lanes dienen der Organisation und Kategorisierung von Aktivitäten innerhalb eines Pools in Abhängigkeit von Rolle oder Funktion. Sie werden als großes Rechteck dargestellt, das sich über die gesamte Länge des Pools erstreckt. Lanes enthalten Flow Objects, Connecting Objects und Artifacts.

Artifacts unterteilen sich in Data Objects, Groups und Annotations. Data Objects symbolisieren, welche Daten von einer Aktivität benötigt bzw. produziert werden. Groups werden als unterbrochenes Rechteck mit abgerundeten Ecken dargestellt und ermöglichen die Gruppierung von Aktivitäten, ohne dadurch den Fluss durch das Diagramm zu beeinflussen. Annotations werden verwendet, um Anmerkungen in ein Diagramm einzufügen, welche dem Leser das Verständnis erleichtern.

BPMN beschäftigt sich nicht mit der maschinellen Lesbarkeit bzw. Ausführbarkeit der modellierten Geschäftsprozesse. Hierfür kommen ausführbare Beschreibungssprachen wie z.B. die *Business Process Execution Language (BPEL)* zum Einsatz. Der BPMN-Standard verfügt über eine Definition, wie ein BPMN-Diagramm in BPEL übersetzt werden soll. Hierbei ist zu beachten, dass die Ausdrucksmöglichkeiten von BPNM und BPEL nicht vollständig deckungsgleich sind. In BPNM werden ausführungsrelevante Details oft abstrahiert und sind dementsprechend nicht ausreichend spezifiziert für die maschinelle Ausführung. Die Business Process Execution Language (BPEL) ist eine XML-basierte Sprache zur Spezifizierung von Interaktionen mit Web Services innerhalb einer *Process-Engine*. Im Gegensatz zur BPMN zielt die BPEL darauf ab, Geschäftsprozesse in einem maschinell verarbeitbaren Format zu beschreiben. BPEL selbst verfügt über keine standardisierte grafische Notation.

Fallstudie Geschäftsprozess in HISS

Aufgrund der Vielzahl von Stakeholdern im Projekt HISS mit gänzlich unterschiedlichen Zugangsweisen und auch Kenntnissen von Prozessen wurde BPMN eingesetzt, um damit weitestmöglich Missverständnissen zwischen den beteiligten Personen entgegenzuwirken. ▶Abbildung 4.12 zeigt am Beispiel des Prozesses „Zulassung zu einem Studium" einen mittels BPMN modellierten Geschäftsprozess in HISS.

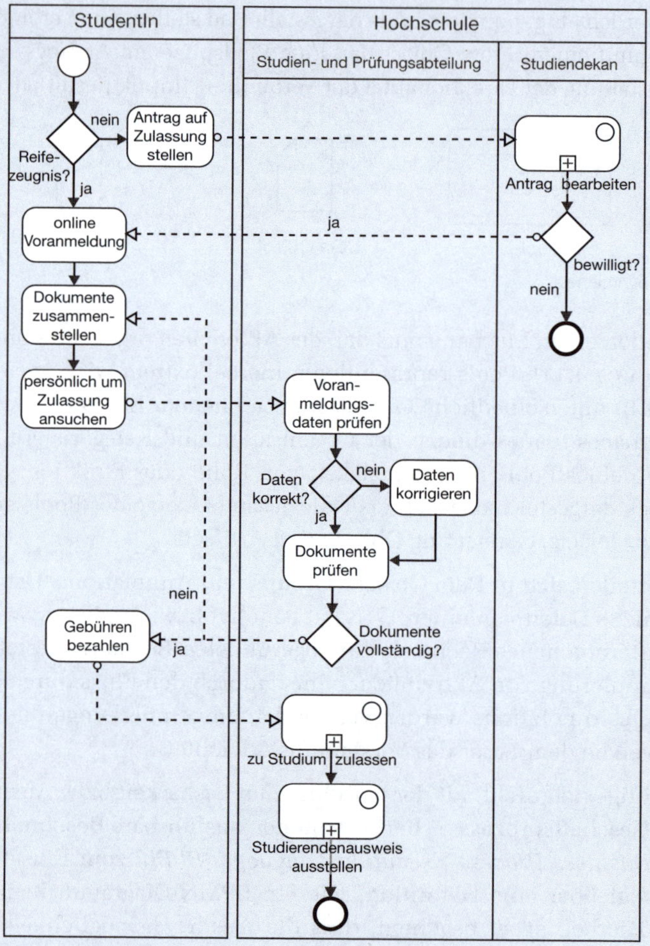

Abbildung 4.12: Geschäftsprozess „Zulassung zu einem Studium"

4.3.4 Entwurf und Prototyping der Anwenderschnittstelle

Der Entwurf und das Prototyping der Anwenderschnittstelle sind zentrale Aktivitäten in der Analyse von Systemen mit einem User Interface (UI). Durch die Darstellung der

Schnittstelle zum System erhält der User oft erst die Möglichkeit, die Interaktion zum System und die Präsentation von Informationen zu begreifen und die Analyse wesentlich *qualifizierter* zu begleiten. Die Qualität der Benutzerschnittstelle ist ein zentraler Faktor zur Akzeptanz von Softwaresystemen. Dieser sehr wesentlichen Aktivität in der Analyse wird deshalb Kapitel 12 in diesem Buch gewidmet.

4.3.5 End User Programming

End User Programming verfolgt das Ziel, die Beschreibung von Softwarestrukturen und/oder Softwareverhalten vom Endbenutzer des Systems programmieren zu lassen. Die dabei entstehenden Definitionen können dann entweder direkt oder indirekt in das Produktionssystem übernommen werden und bestimmen dessen Verhalten zur Laufzeit. End User Programming ist in dem Sinn keine klassische Analysemethode zum Herleiten und Definieren von Anforderungen, sondern Entwurfs- und Implementierungsmethode. Dennoch ist der mögliche Einsatz solcher Methoden in der Analyse festzustellen und zu evaluieren. Folgende Methoden können u.a. unterschieden werden:

- *Application-specific Languages (ASL)*: Applikationsspezifische Sprachen sind mit den oben erwähnten domänenspezifischen Sprachen (DSL) verwandt. Wesentlich ist hierbei, dass diese Sprache vom Endbenutzer verwendet wird, während DSLs in der Regel von einem Entwickler verwendet werden. Syntax und Semantik der Sprachen sind daher oft sehr einfach gehalten und enthalten auch keine komplexen Funktionen wie z.B. moderne objektorientierte Programmiersprachen. ASLs werden häufig mit einem einfachen, auf die Sprache zugeschnittenen Editor verwendet. Ein typisches Beispiel für eine ASL sind die Regeldefinitionen einer Rules-Engine.
- *Programming by Example (PBE)*: Programming by Example ist eine Methode, bei der die Laufzeitumgebung aus konkreten Beispielen eine strukturelle oder funktionale Information ableitet. Oftmals werden hierbei Methoden der künstlichen Intelligenz (*Artificial Intelligence*, AI) angewandt. Ein simples Beispiel für PBE ist die automatisierte Typisierung von Spalten in einer Tabellenkalkulation. Wenn mehrfach hintereinander ein Datum in dieselbe Spalte eingetragen wird, wird die Tabellenkalkulation den Typ der Spalte auf „Datum“ ändern.
- *Visual Programming*: Visuelle Programmierung ist eine Erweiterung der applikationsspezifischen Sprachen. Diese werden anstatt in textueller Form visuell modelliert. Beispiele hierzu sind Geschäftsprozesseditoren und Web-Mashups wie Mozilla Ubiquity.
- *Natural Programming*: Diese Methode befasst sich mit der Entwicklung von Programmiersprachen, die möglichst nahe an der natürlichen Ausdrucksweise und Semantik der Benutzer orientiert sind.

Die Einsatzmöglichkeiten des End User Programming sind auf ausgewählte Funktionen begrenzt. Des Weiteren ist umstritten, welches Risiko und welche Kosten/Nutzen diese Methoden mit sich bringen. In diesem Ansatz kann der Benutzer, der weiß, welche Funktionen er benötigt, seine Vorstellungen direkt einbringen, andererseits bleibt die Frage offen, ob der Benutzer auch in ausreichender Qualität entwickeln und selbst testen kann. Harrison und Warren (2004) argumentieren in diesem Zusammenhang, dass die Sicherheit eines Systems durch den Input von nichtprofessionellen Entwicklern gefährdet sein kann.

Fallstudie

Visual Programming in Stadt21

In Stadt21 können speziell geschulte Mitarbeiter die Geschäftsprozesse der Stadt selber modellieren. Sie bauen den gesamten Prozessablauf vollständig visuell auf und assoziieren Dokumente, Kommentare, Rollen usw. mit den einzelnen Prozessknoten. Der Prozess wird dann im ELAK-Modul vom Sachbearbeiter abgearbeitet, wenn ein Akt dazu gestartet wird. Eine Abbildung zum Formulardesigner im Fallbeispiel Stadt21 wird in Kapitel 3 gegeben.

Zur Verdeutlichung der oben genannten Aspekte wird der konkrete Bezug anhand eines weiteren Fallbeispiels gegeben.

Fallstudie

Application-specific Language in LiSaMe

Der Formulardesigner im Fallbeispiel LiSaMe stellt dem Benutzer die Möglichkeit zur Verfügung, die Dokumentationsformulare selbst online zu entwerfen und diese für andere Benutzer freizugeben. Dabei werden nicht nur die Namen und Typen der Felder definiert, sondern auch die Zahl, wie oft ein Formular sausgefüllt werden darf, oder das Verhalten im Fehlerfall. Der webbasierte Editor (siehe ▶Abbildung 4.13) stellt eine komfortable Bearbeitungsmöglichkeit für die XML-basierte Sprache zur Formulardefinition dar. In einem weiteren Schritt können dann die Rollen und Rechte an die Formulare oder Formularelemente dynamisch gebunden werden.

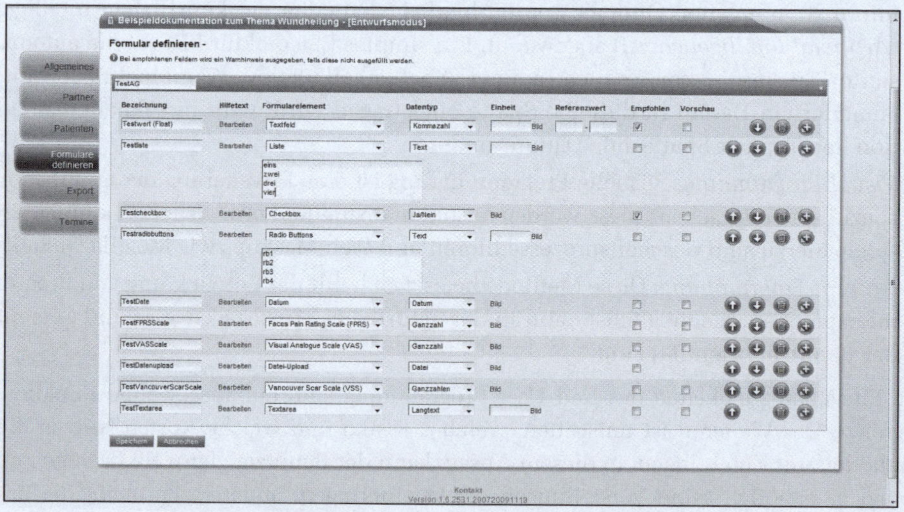

Abbildung 4.13: LiSaMe-Formulardesigner

Setzen Sie nun die vorgestellten Aspekte in der folgenden Aufgabe um:

Aufgaben – zu End User Programming Wählen Sie ein Szenario aus dem CWS und diskutieren Sie, welchen Aspekt Sie mit welcher Methode des End User Programming umsetzen könnten, und begründen Sie Ihre Entscheidungen.

Daten

4.4 Anforderungsdokumentation

Die **Anforderungsdokumentation** ist oft ein *offizielles Dokument* und Teil der *Vertragsgrundlage* für ein Softwareprojekt. Unabhängig davon, welche Methoden zur Analyse und Modellierung von Anforderungen angewandt werden, wird das Ergebnis grundsätzlich immer in einer Dokumentation zusammengefasst. Im deutschsprachigen Raum wird häufig zwischen einem Lastenheft und einem Pflichtenheft unterschieden. Das Lastenheft ist im Besitz des Auftraggebers und definiert die Anforderungswünsche. Das Pflichtenheft wird vom Auftragnehmer geführt und definiert die Anforderungsbasis für das Entwicklungsvorhaben.

Praxistipp In ausschreibungspflichtigen Softwareentwicklungsprojekten ist das Lastenheft ein Teil der Ausschreibung. Bei der Angebotslegung erhält der Auftraggeber dann einen Entwurf für ein Pflichtenheft pro Angebot.

Für die Anforderungsdokumentation werden verschiedene übliche Namen in verschiedenen Kontexten verwendet:

- Spezifikation
- Anforderungsanalyse (-dokument)
- Lastenheft/Pflichtenheft
- Software-Requirements-Specification (SRS)

Aufgrund des offiziellen Charakters der Anforderungsbeschreibung werden häufig die nach dem RFC2119 von Bradner (1997) definierten und immer großgeschriebenen Schlüsselwörter für das Anforderungslevel verwendet:

- *MUSS (MUST)*: absolute Festlegung einer Anforderung
- *DARF NICHT (MUST NOT)*: absoluter Ausschluss einer Anforderung
- *SOLL (SHOULD)*: Empfehlung für eine Anforderung. Abweichungen zu diesen Festlegungen sind in begründeten Fällen möglich.
- *SOLL NICHT (SHOULD NOT)*: Empfehlung, eine Anforderung auszuschließen. Abweichungen sind in begründeten Fällen möglich.
- *KANN (MAY)*: Die Anforderung ist optional.

Anforderungsbeschreibungen folgen typischerweise einer definierten Vorlage. Balzert (2000) beschreibt eine Struktur für die Anforderungsdokumentation wie folgt:

Zielbestimmung

- Musskriterien: für das Produkt unabdingbare Leistungen, die in jedem Fall erfüllt werden müssen
- Wunschkriterien: Die Erfüllung dieser Kriterien wird angestrebt.
- Abgrenzungskriterien: Diese Kriterien sollen bewusst nicht erreicht werden.

Produkteinsatz

- Anwendungsbereiche
- Zielgruppen
- Betriebsbedingungen: physikalische Umgebung des Systems, tägliche Betriebszeit, ständige Beobachtung des Systems durch Bediener oder unbeaufsichtigter Betrieb

Produktübersicht: kurze Übersicht über das Produkt

Produktfunktionen: genaue und detaillierte Beschreibung der einzelnen Produktfunktionen

Produktdaten: langfristig zu speichernde Daten aus Benutzersicht

Produktleistungen: Anforderungen bezüglich Zeit und Genauigkeit

Qualitätsanforderungen

Benutzungsoberfläche: grundlegende Anforderungen, Zugriffsrechte

Nichtfunktionale Anforderungen: einzuhaltende Gesetze und Normen, Sicherheitsanforderungen, Plattformabhängigkeiten

Technische Produktumgebung

- Software: für Server und Client, falls vorhanden
- Hardware: für Server und Client getrennt
- Orgware: organisatorische Rahmenbedingungen
- Produktschnittstellen

Exkurs

Anforderungsdokumentation

Alternativ beschreibt der IEEE-Standard 830 (1998) eine im englischsprachigen Raum übliche Struktur für eine *Software Requirement Specification* (SRS) wie folgt:

- Einleitung
  - Zweck
  - Abgrenzung (Systemname, Allgemeine Systembeschreibung, Vorteile und Nutzen)
  - Definitionen, Akronyme und Abkürzungen
  - Referenzen
  - Überblick
- Beschreibung
  - Produktperspektive: Schnittstellen des Systems, Benutzerschnittstellen, HW-Schnittstellen, SW-Schnittstellen, Kommunikationsschnittstellen, Speicherumfang
  - Produktfunktionen
  - Nutzermerkmale
  - Rahmenbedingungen
  - Voraussetzungen und Abhängigkeiten
- Spezifische Anforderungen
  - Externe Schnittstellen
  - Funktionen
  - Anforderungen an die Performanz
  - Logische Datenbankanforderungen
  - Designvorgaben
  - Zu erfüllende Standards
  - Systemattribute
    - Zuverlässigkeit
    - Verfügbarkeit
    - Sicherheit
    - Wartung und Pflege
    - Portierbarkeit
- Anhang

4.4.1 Projektglossar

Die Identifikation und die Definition der wesentlichen Begriffe sind für die Analyse unbedingt erforderlich. Auch wenn unterschiedliche Stakeholder einen anderen fachlichen oder technischen Hintergrund haben, soll sich eine in der Analyse *gemeinsame Sprache* entwickeln. Wichtig ist dabei, dass das **Glossar** sowohl fachliche als auch technische Begriffe abdeckt und idealerweise zusammenführt. Die Begriffe müssen exakt definiert und abgegrenzt werden. Insbesondere soll es nicht zu *Begriffsüberlagerungen* kommen.

Fallstudie – Projektglossar für LiSaMe

Im Fallbeispiel LiSaMe wurde das *Projektglossar* in einem *Wiki* geführt. ▶Abbildung 4.14 zeigt einen Ausschnitt aus diesem Artefakt. Der wesentliche Vorteil der Verwaltung des Glossars im Wiki ist die leichte *Änderbarkeit* und die Möglichkeit, andere Beschreibungen im Wiki, hier z.B. die Rollen- und Rechtebeschreibung des RBAC (Role Based Access Control), zu *verlinken*. Wenn das Glossar während der Projektlaufzeit geändert wird, muss genauso wie bei Anforderungsbeschreibungen geprüft werden, ob sich die Änderung auf abhängige Beschreibungen oder die Implementierung auswirkt. Beispielsweise wurde der Terminus „Dokumentationsblatt" zu einem späten Zeitpunkt in „Formular" umbenannt. Diese Änderung musste aufwändig an mehreren Dokumenten und vielen Stellen im Quellcode propagiert werden. Es ist daher vorteilhaft, das Glossar so früh wie möglich – eventuell schon vor der Analyse der funktionalen Anforderungen – anzulegen.

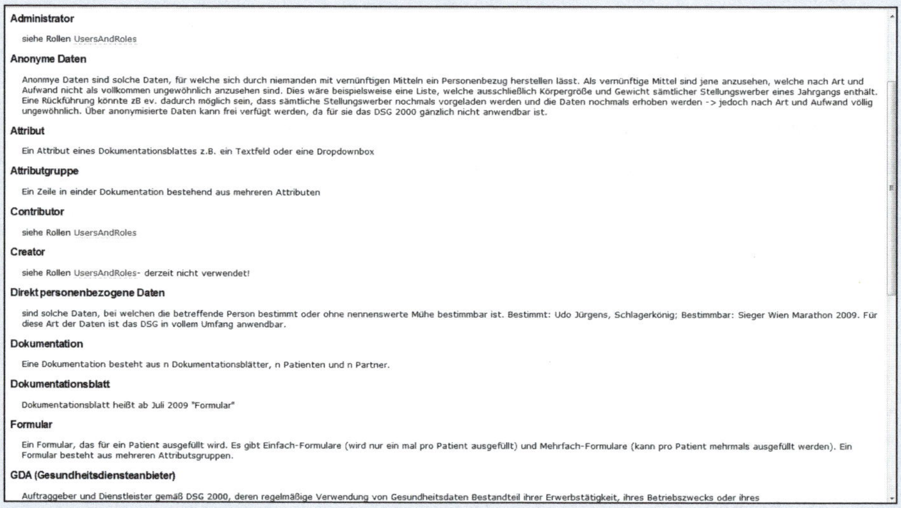

Administrator

siehe Rollen UsersAndRoles

Anonyme Daten

Anonmye Daten sind solche Daten, für welche sich durch niemanden mit vernünftigen Mitteln ein Personenbezug herstellen lässt. Als vernünftige Mittel sind jene anzusehen, welche nach Art und Aufwand nicht als vollkommen ungewöhnlich anzusehen sind. Dies wäre beispielsweise eine Liste, welche ausschließlich Körpergröße und Gewicht sämtlicher Stellungswerber eines Jahrgangs enthält. Eine Rückführung könnte zB ev. dadurch möglich sein, dass sämtliche Stellungswerber nochmals vorgeladen werden und die Daten nochmals erhoben werden -> jedoch nach Art und Aufwand völlig ungewöhnlich. Über anonymisierte Daten kann frei verfügt werden, da für sie das DSG 2000 gänzlich nicht anwendbar ist.

Attribut

Ein Attribut eines Dokumentationsblattes z.B. ein Textfeld oder eine Dropdownbox

Attributgruppe

Ein Zeile in einder Dokumentation bestehend aus mehreren Attributen

Contributor

siehe Rollen UsersAndRoles

Creator

siehe Rollen UsersAndRoles- derzeit nicht verwendet!

Direkt personenbezogene Daten

sind solche Daten, bei welchen die betreffende Person bestimmt oder ohne nennenswerte Mühe bestimmbar ist. Bestimmt: Udo Jürgens, Schlagerkönig; Bestimmbar: Sieger Wien Marathon 2009. Für diese Art der Daten ist das DSG in vollem Umfang anwendbar.

Dokumentation

Eine Dokumentation besteht aus n Dokumentationsblätter, n Patienten und n Partner.

Dokumentationsblatt

Dokumentationsblatt heißt ab Juli 2009 "Formular"

Formular

Ein Formular, das für ein Patient ausgefüllt wird. Es gibt Einfach-Formulare (wird nur ein mal pro Patient ausgefüllt) und Mehrfach-Formulare (kann pro Patient mehrmals ausgefüllt werden). Ein Formular besteht aus mehreren Attributsgruppen.

GDA (Gesundheitsdiensteanbieter)

Auftraggeber und Dienstleister gemäß DSG 2000, deren regelmäßige Verwendung von Gesundheitsdaten Bestandteil ihrer Erwerbstätigkeit, ihres Betriebszwecks oder ihres

Abbildung 4.14: Ausschnitt aus dem LiSaMe-Projektglossar im Wiki

Setzen Sie die dargestellten Aspekte in folgender Aufgabe um:

Daten

Aufgabe – Projektglossar Wählen Sie ein Szenario aus dem CWS und erstellen Sie ein Projektglossar.

4.4.2 Anforderungsverwaltung

Anforderungen werden häufig in einem *Anforderungsbaum* organisiert. Alle Knoten, die Kinder beinhalten, werden dabei als *Anforderungsgruppen* bezeichnet.

Gründe für die hierarchische Verwaltung von Anforderungen sind u.a.:

- Der Baum entspricht einem typischen Dekompositionsstil der Softwareentwicklung, mit dem sich die Komplexität besser bewältigen lässt.
- Die Organisation der technischen Komponenten und deren Quellcode ist oftmals als Baum realisiert.
- Die Baumstruktur erlaubt eine leichtere Benennung im Form von Namensräumen.
- Die Anforderungen werden mit fortschreitendem Analyseprozess entwickelt und spezifiziert. Dies kann in einer hierarchischen Struktur top-down erfolgen.
- Wenn Anforderungen im Nachhinein hierarchisch organsiert werden (bottom-up), können damit Anforderungsgruppen identifiziert werden.
- Die Baumstruktur ermöglicht effiziente Auswertungen z.B. der Testabdeckung einer Anforderungsgruppe.

Fallstudie **Anforderungsgruppen in Stadt21**

Im Fallbeispiel Stadt21 sind folgende funktionale Anforderungsgruppen definiert:

- Funktionale Anforderungen
  - Session (18 Anforderungen)
  - Ansicht Akt (16 Anforderungen)
  - Neuer Akt (19 Anforderungen)
  - Neue Beschwerde (12 Anforderungen)
  - Beschwerde suchen (6 Anforderungen)

Diese bilden dann z.B. die Auswertungsbasis für die Verifikation. Sowohl die Testergebnisse als auch sonstige Fehler werden in diese Kategorien eingeteilt. Auch die Modulbildung in der Entwicklung wurde auf Basis der Anforderungsgruppen durchgeführt. Damit stellen die Anforderungsgruppen in diesem Fallbeispiel nicht nur eine logische, sondern auch eine konkrete technische Abgrenzung dar.

Die Anforderungen werden entweder in Dokumentenform oder in spezialisierten Anforderungsmanagement-Werkzeugen verwaltet. Die Dokumentenform hat dabei Vorteile (geringer Lernaufwand, Portabilität), gelangt aber bei komplexen Projekten (viele und volatile Anforderungen und/oder viele Stakeholder) aus Analysesicht schnell an die Grenzen der Praktikabilität.

Folgende Funktionen werden in der Regel von einem spezifischen Werkzeug zum Anforderungsmanagement abgedeckt:

- Verwaltung der Anforderungen in einer Anforderungsdatenbank
- Versionsmanagement der Anforderungen
- Kollektives Editieren der Anforderungen
- „Festklammern" (Tagging) von Analyse-Baselines
- Import und Export in Dokumentenform
- Integration von Systemmodellen (z.B. UML-Modelle)
- Selektive Notifikationen der Stakeholder bei Anforderungsänderungen
- Nachverfolgbarkeit (Traceability) von Anforderungen; Darstellung einer Traceability-Matrix
- Integration von weiteren relevanten Werkzeugen wie z.B. einem Testmanagement-Werkzeug
- Verwaltung von Eigenschaften und Metadaten (z.B. die Priorität der Anforderung oder Aufwandsschätzungen)
- Auswertungen der Anforderungen
- Unterstützung für Anforderungs-Reviews und Kommentierungsverfahren
- Geordnete Anforderungswiederverwendung
- Verwaltung eines Projektglossars

4.4.3 Nachverfolgbarkeit von Anforderungen (Traceability)

Definition Traceability

Nach dem IEEE- Standard 610.12 (1990) wird Traceability wie folgt definiert:

„The degree to which a relationship can be established between two or more products of the development process, especially products having a predecessor-successor or master-subordinate relationship to one another; e.g., the degree to which the requirements and design of a given system element match."

Die Sicherstellung der **Nachverfolgbarkeit** ist eine wesentliche Eigenschaft des Anforderungsmanagements. Dabei werden Zusammenhänge *(Trace)* zwischen verschiedenen Elementen entweder manuell oder automatisiert hergestellt. Diese können unidirektional oder bidirektional erfolgen. Eine wichtige Funktion ist die Markierung von „Verdächtigen" *(Suspects)* bei Änderungen. Bei Änderung eines Elements werden alle abhängigen Elemente transitiv markiert. Ein typisches Beispiel ist das Markieren aller Testfälle, die mit einer Anforderung verknüpft sind, sobald die Anforderung geändert wird. Die Markierung ermöglicht dann das manuelle, selektive Prüfen, ob die Änderung der Anforderung auch eine Änderung der Testfälle erforderlich macht. Aus Sicht des Anforderungsmanagements wiederum ist auswertbar, ob nach einer Änderung alle Suspects bearbeitet sind oder nicht.

Folgende Typen der Nachverfolgbarkeit können dabei unterschieden werden:

- *Nachverfolgbarkeit der Quelle*: Zusammenhang zum Stakeholder, der diese Anforderung eingebracht hat. „Wann, wie?“
- *Nachverfolgbarkeit zu anderen Anforderungen*: Zusammenhänge zwischen interdependenten Anforderungen
- *Nachverfolgbarkeit zu abhängigen Artefakten*: Zusammenhänge der Anforderungen z.B. zu Elementen des Systemdesigns oder auch die Nachverfolgbarkeit zu den Testfällen, die diese Anforderung abdecken

Fallstudie

Anforderungsnachverfolgbarkeit in LiSaMe

Im Fallbeispiel LiSaMe wird das frei verfügbare Werkzeug Testlink für das *Anforderungsmanagement* und *Testmanagement* verwendet. Auch wenn der Name impliziert, dass es sich hierbei primär um ein Testmanagementwerkzeug handelt, ist ein leichtgewichtiges, aber dennoch zweckdienliches Anforderungsmanagement-Modul enthalten. Die Nachverfolgbarkeit zwischen Anforderung und Test kann mithilfe von `m:n`-Verknüpfungen abgebildet werden, wobei `m:n` hierbei als bad-practice gilt. Um die Aussagekraft von Anforderungsabdeckungen zu optimieren, wird eine `1:n`-Abdeckung angestrebt. ▶Abbildung 4.15 zeigt eine Anforderungsbeschreibung inklusive sechs verbundener Testfälle.

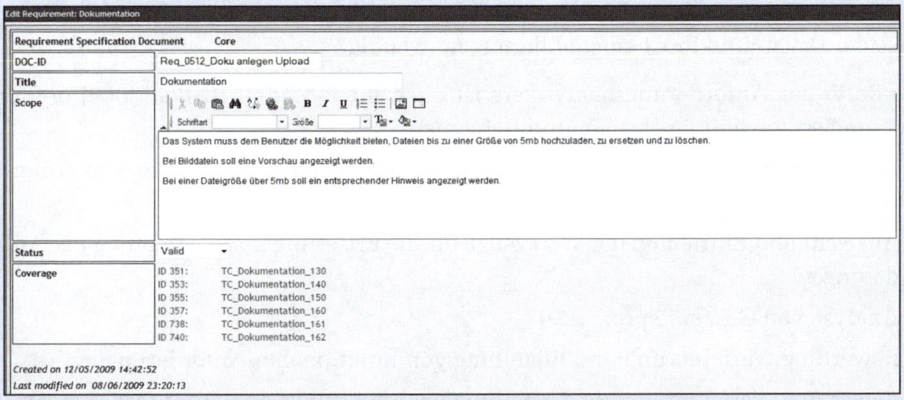

Abbildung 4.15: Exemplarische Anforderung aus LiSaMe mit verknüpften Testfällen

4.5 Organisatorische Aspekte der Analyse

In der Analysephase werden alle Anforderungen erhoben, die dann in weiterer Folge umgesetzt werden. Die Qualität der Anforderungen ist auch für die Zufriedenheit des Kunden entscheidend. Aus diesem Grund sollte besonders viel Aufmerksamkeit auf diese Phase gelegt werden. Essenziell ist die Auswahl eines geeigneten Analytikers, der die Anforderungen nicht nur erheben, sondern auch verstehen, analysieren und kommunizieren kann. Dabei kann ein Analytiker nur gute Anforderungen erheben, wenn er auch Zugang zu den richtigen Stakeholdern hat. Aus diesem Grund muss die Identifizierung der Stakeholder sehr sorgfältig durchgeführt werden. Nach der Zieldefinition kann über die Anwendung geeigneter Methoden (Interviews, Workshops etc.) die Erhebung der Anforderungen beginnen.

4.5.1 Die Rolle des Analytikers

Die Verantwortung der Erhebung der Anforderungen und deren richtige Formulierung obliegen der Rolle des Analytikers. Die Hauptaufgaben eines Analytikers sind Zuhören, Hinterfragen, Verstehen, Strukturieren und Dokumentieren (Scharbert, 2005). Die Anforderungen, die der Analytiker zusammenträgt, werden von den Entwicklern in weiterer Folge umgesetzt. Aus diesem Grund ist es wichtig, dass der Analytiker Anforderungen klar und vor allem eindeutig formuliert. Der Analytiker wird im Laufe der Analyse einen guten und detaillierten Überblick über das gesamte System erhalten. Während der Kommunikation mit den einzelnen Stakeholdern wird er dadurch auch schon Lösungsansätze entwickeln und Verbesserungsvorschläge für existierende Prozesse einbringen können.

Der Analytiker muss neben guten sozialen Fähigkeiten auch ein tiefes technisches Verständnis mitbringen. Zu seinen Aufgaben zählen nämlich nicht nur die Kommunikation mit den Stakeholdern, sondern auch die Analyse und Auswertung von Datenbeständen. Außerdem muss er die Anforderungen in eine Sprache übersetzen, die es einem Entwickler ermöglicht, die Anforderungen sofort umsetzen zu können. Dazu sind Kenntnisse der Daten- und Prozessmodellierung notwendig.

Die Rolle des Anforderungsanalytikers ist auch im V-Modell (IABG, 2009) definiert und umfasst folgende Aufgaben und Befugnisse:

- Erarbeiten der Grundlagen für die Erstellung und das Management von Anforderungen
- Auswahl und Einrichten der Werkzeuge für die Erfassung und Verwaltung der Anforderungen
- Analyse von Geschäftsprozessen
- Bewertung, Verfeinerung und Erstellung von funktionalen Anforderungen
- Bewertung, Verfeinerung und Erstellung von nichtfunktionalen Anforderungen
- Abstimmen und Harmonisieren der Anforderungen mit allen Beteiligten
- Systematisieren und Priorisieren der Anforderungen
- Erstellung einer Grobarchitektur bezüglich System, Unterstützungssystem und logistischer Unterstützung
- Erstellen von Abnahmekriterien
- Erstellen des Entwurfes eines Anforderungsdokumentes
- Qualitätssicherndes Überprüfen der Anforderungen nach vorgegebenen Qualitätskriterien

- Mängelbeseitigung bei Anforderungen
- Aufbereiten der Anforderungen für das Anforderungs-Controlling
- Bewerten von Anforderungen nach vorgegebenen Kriterien
- Analyse der operationellen Notwendigkeit und der technischen Machbarkeit von Anforderungen
- Bewerten der Anforderungen nach deren Wirtschaftlichkeit (Kosten-Nutzen-Analysen)
- Erstellen einer übergeordneten Systemspezifikation
- Zuordnung von Anforderungen zu den Produktlebenszyklen
- Mitarbeit bei Realisierungsuntersuchungen
- Analysieren von Bedrohung und Risiko
- Schwachstellenanalyse durchführen
- Sicherheits- und Leistungsanalyse durchführen
- Entwurf von Systemarchitekturen

Die Aufgaben eines Analytikers sind sehr vielseitig. Um alle Aufgaben erfüllen zu können, muss der Analytiker daher mehrere *Qualifikationen* aufweisen (Pohl & Rupp, 2009):

- *Analytisches Denken:* Die Fähigkeit, Zusammenhänge schnell zu begreifen und sich in neue Materien einzuarbeiten, ist eine Grundvoraussetzung für einen Analytiker. Er muss die Aussagen der Stakeholder analysieren und abstrahieren können.
- *Empathie:* Bei der Arbeit mit Menschen ist es wichtig, sich in Situationen hineinversetzen zu können und auch ausreichend Einfühlungsvermögen mitzubringen. Des Weiteren muss er dazu befähigt sein, zwischenmenschliche Probleme zu erkennen und entsprechend darauf zu reagieren.
- *Kommunikationsfähigkeit:* Diese Eigenschaft ist von essenzieller Wichtigkeit, wenn es darum geht, Anforderungen von Stakeholdern zu erheben und auch weiterzugeben. Der Analytiker muss Gespräche in die richtige Richtung lenken und zu den richtigen Zeitpunkten die richtigen Fragen stellen. Dabei muss der Analytiker auch zuhören können und dem Stakeholder das Gefühl vermitteln, gehört und verstanden zu werden.
- *Konfliktlösungsfähigkeit:* Da die Meinungen der Stakeholder oft auch divergieren und daraus Konflikte entstehen können, muss der Analytiker in der Lage sein, diese Konflikte zu erkennen und darauf einzugehen. In weiterer Folge sollte er durch den Einsatz von diversen Techniken Konflikte auch auflösen können.
- *Moderationsfähigkeit:* Da für die Anforderungserhebung Methoden zum Einsatz kommen, die in Gruppen abgehalten werden, sollte der Analytiker auch Diskussionen leiten können. Speziell bei Workshops kann es notwendig sein, zwischen Parteien vermitteln zu müssen. Diskussionen können oft vom Thema abweichen, dann ist es die Aufgabe des Analytikers, diese wieder auf das eigentliche Thema zurückzuführen. Bei Desinteresse der Teilnehmer sollte der Analytiker die Diskussion anregen und diese auch beleben können.

- *Selbstbewusstsein:* Die Stakeholder stehen dem Analytiker nicht immer positiv gegenüber. Daher muss er in der Lage sein, Kritik und Ablehnung nicht persönlich zu nehmen.
- *Überzeugungsfähigkeit:* Der Analytiker vertritt die Stakeholder, wenn es darum geht, deren Anforderungen umzusetzen. Es ist daher notwendig, dass er unterschiedliche Parteien bei Besprechungen und Präsentationen von seinen Standpunkten überzeugen kann.

4.5.2 Stakeholder identifizieren

Um die richtigen Anforderungen zu erheben, müssen in einem ersten Schritt alle Stakeholder identifiziert werden. Dazu zählen alle Personen und Gruppen, die sowohl vom Einsatz als auch vom Betrieb eines Systems betroffen sind. Eine genaue und vollständige Identifikation ist für eine umfassende Anforderungsanalyse essenziell, da jede Gruppe von Stakeholdern eigene Ziele und dadurch auch eigene Anforderungen hat.

Rupp (2001) beschreibt unterschiedliche *Klassen* von Stakeholdern, die bei der Identifikation relevanter Stakeholder einen Anhaltspunkt liefern.

- *Management:* Diese Klasse umfasst vor allem Entscheidungsträger wie z.B. Sponsoren und Auftraggeber. Obwohl das Management nur wenig zur fachlichen Analyse beitragen kann, ist die Einbindung wichtig, da es bei der Befragung nach den Zielen ausschlaggebend für die Richtung ist.
- *Anwender:* Das ist die größte und auch wichtigste Klasse von Stakeholdern. Hier werden die meisten fachlichen Anforderungen zu erheben sein. Anwender haben meist eine sehr klare Vorstellung, was sie wollen und was sie nicht wollen. Um diese Informationen zu erhalten, müssen oft entsprechende Methoden eingesetzt werden.
- *Wartungs- und Service-Personal:* Stakeholder aus dieser Klasse werden meist Anforderungen an die Wartbarkeit von Systemen haben. Das Service-Personal, das den Support für den Kunden übernimmt, wird mehr auf die Fehlerzustände des Systems fokussiert sein und Anforderungen an das User Interface für diverse Fehlerklassen haben.
- *Schulungs- und Trainingspersonal:* Im Bereich der Schulung ist eine gute Benutzbarkeit des Systems wichtig. Je einfacher und intuitiver ein System gestaltet ist, desto leichter kann die Funktionalität in einer Schulung vermittelt werden. Diese Klasse hat den Schwerpunkt daher mehr auf der Usability.
- *Käufer:* Ein Käufer eines Systems muss nicht unbedingt auch ein Benutzer des Systems sein. Dies ist z.B. bei großen Firmen der Fall, wo ein System für die Mitarbeiter eingekauft wird, aber der Einkäufer selbst das System nicht benutzen wird. Hier ist der Kostenfaktor ein entscheidender Punkt.
- *Marketing- und Vertriebsabteilung:* Diese Klasse von Stakeholdern ist wie die Anwender eine wichtige Quelle für Anforderungen an das System. Speziell der Vertrieb kennt seine Benutzer und kann daher eine interne Repräsentantenfunktion für die Benutzer einnehmen.

- *Entwickler:* Die Anforderungen von Entwicklern sind im Wesentlichen ausschließlich technischer Natur. Hier geht es um den Einsatz unterschiedlicher Tools und Technologien. Die Anforderungen der Entwickler können Auswirkungen auf die Motivation des Entwicklungsteams im weiteren Projektverlauf haben.
- Projekt- und Produktgegner: Auch die Gegner sollten als Stakeholder-Klasse identifiziert werden. Durch eine frühe Einbindung und gute Argumentationsführung können mögliche Widerstände schon früh beseitigt werden.

Oft ist es nicht möglich, alle Stakeholder in den Anforderungsprozess mit einzubeziehen. Dann muss zumindest aus jeder Klasse ein Repräsentant gewählt werden, der die Anforderungen in seiner Klasse präzise kennt und gut formulieren kann. Die Anzahl der Entscheider sollte auch nicht zu groß sein, da die Konsensfindung dadurch in die Länge gezogen und kompliziert wird (siehe ▶Abbildung 4.16).

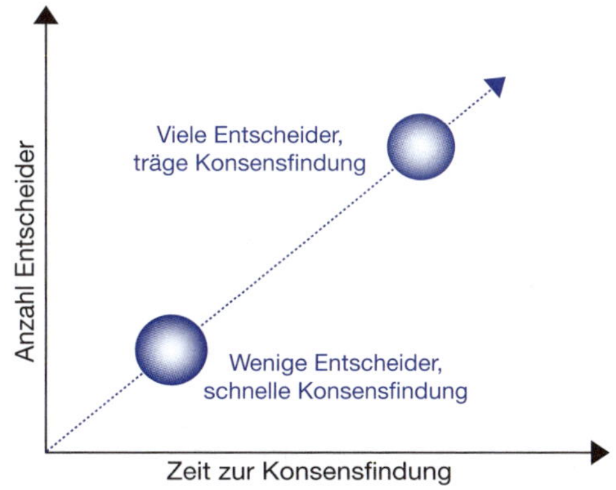

Abbildung 4.16: Relation Anzahl der Entscheider zur Konsensfindung (modifiziert nach Scharbert, 2005)

Die Liste der identifizierten Stakeholder muss immer aktuell gehalten werden, um jederzeit einen Überblick über Zuständigkeiten zu haben. Der Anforderungsprozess ist kein linearer, wodurch immer wieder auf die einzelnen Stakeholder zurückgegriffen werden muss.

Beispiel 4.3

Stakeholder HISS

Die Identifikation der Stakeholder im Projekt HISS erfolgte aufgrund der Größe und Komplexität des Systems über die einzelnen Teilbereiche. Die Aufteilung in Teilbereiche hatte den Vorteil, dass zu jedem Thema eine überschaubare Gruppe an Stakeholdern zur Anforderungserhebung identifiziert werden konnte. Eine erste grobe Einteilung zeigt Tabelle 4.3.

	Studierende	LVA-Leiter	Vortragende	Studiendekane	Studien-abteilung
Stammdaten, Abonnierung, Teilnehmer	X	X	X	X	X
Prüfung & Noten	X	X	X		X
Ankündigung, Abhaltemeldung, Abrechnung		X	X	X	X
Evaluierung & Stimmungszettel	X	X	X	X	
Termin-, Raumverwaltung, Kalender	X	X	X		
Lehrunterlagen, Abgaben	X	X	X		
Studienplan, -fortschritt	X			X	X
Nachbarsysteme (Institute & Verwaltung)	X	X	X		

Tabelle 4.3: Grobe Einteilung der Stakeholder nach Teilbereichen im Projekt HISS

Nach der ersten groben Identifikation der Stakeholder-Gruppen und deren Einteilung in einzelne Teilbereiche wurde diese Liste detaillierter ausgeführt, bis alle Stakeholder für die Anforderungsanalyse identifiziert waren. Tabelle 4.4 zeigt die vollständige Liste.

	Lehre	Forschung	Organisa-tionsverwal-tung	Öffentlich-keit	Sonstige Services
Rektor	X	X	X	X	
Dekane	X	X	X	X	
Bibliothek	X	X	X	X	
Sekretariate	X	X	X		
Hochschülerschaft	X		X	X	
Internationale Bildungskooperationen	X	X			
Professoren	X	X			
Raumverwaltung	X		X		
Forschungsmanagement Unit		X	X		
Technologietransfer		X	X		
PR-Abteilung			X	X	

Tabelle 4.4: Liste aller Stakeholder und deren Verantwortungsbereiche im Projekt HISS ▶ *(Forts.)*

	Lehre	Forschung	Organisa- tionsverwal- tung	Öffentlich- keit	Sonstige Services
Rechtsabteilung			X	X	
Dozenten	X				
e-Learning-Zentrum	X				
Gastprofessoren	X				
Lehrbeauftragte	X				
LVA-Leiter	X				
Studienassistenten	X				
Studiendekane	X				
Studien- und Prüfungsabteilung	X				
Studierende	X				
Tutoren	X				
Vortragende	X				
Projektmitarbeiter		X			
Assistenten			X		
Betriebsräte			X		
Controlling			X		
Facilitymanagement			X		
Gebäudeinstandhaltung			X		
Kanzlei			X		
Liegenschaftsmanagement			X		
Lohnverrechnung			X		
Personalverwaltung			X		
Portiere			X		
Poststelle			X		
Universitätsarchiv				X	
Alumni					X
Sonstige Externe					X
Tochtergesellschaften					X
Universitätsnahe Einrichtungen					X

Tabelle 4.4: Liste aller Stakeholder und deren Verantwortungsbereiche im Projekt HISS (Forts.)

4.5.3 Ziele definieren

Mit der Definition der Stakeholder ist ein wesentlicher Punkt fixiert. Der nächste Schritt umfasst die Ermittlung und die Festlegung des Zieles. Nach Rupp (2001) ist das Systemziel ein Zustand in der Zukunft, der durch bestimmte Maßnahmen erreicht werden soll. Das Ziel kann über die Lösung eines Problems definiert sein, z.B. die Ablösung veralteter Systems, die nicht mehr alle Anforderungen erfüllen. Nur wenn das Ziel genau definiert ist, kann die Entwicklung darauf ausgerichtet werden. Durch eine Klassifizierung der Ziele kann meist auch schon eine der wichtigsten Stakeholder-Klassen definiert werden. Es gibt drei Klassen von Zielen (Rupp, 2001):

- *Strategische Ziele*: Diese Klasse von Zielen geht meist über ein einziges Projekt hinaus und betrifft das gesamte Unternehmen. Hierbei geht es oft um die Ausrichtung am Markt oder auch um das Unternehmensimage. Strategische Ziele haben eine langfristige Ausrichtung und liegen in der Verantwortung der Geschäftsführung. Die Erreichung eines solchen Zieles lässt sich nicht sofort messen und kann oft erst Monate später spürbar werden.
- *Operative Ziele*: Die Reichweite von operativen Zielen ist deutlich geringer als jene von strategischen Zielen. Sie befassen sich mehr mit dem Inhalt, den Kosten und der Qualität von Systementwicklungen. Die Verantwortung für die Erfüllung operativer Ziele liegt bei der Projektleitung. Die Überprüfung der Erreichung des Zieles hängt von der Art des Zieles ab. Beispielsweise wird die Erreichung eines Qualitätszieles durch das Qualitätsmanagement gemessen werden und ein fachliches Ziel eine fachliche Abnahme durchlaufen.
- *Führungsziele*: Diese Klasse von Zielen tritt meist in Verbindung mit den anderen Zielen auf. Es handelt sich um Ziele, die interne Abläufe, wie z.B. Erhöhung der Mitarbeitermotivation oder effektives Wissensmanagement, betreffen. Auch hier trägt hauptsächlich die Projektleitung die Verantwortung. Die Erreichung eines Zieles dieser Klasse ist nicht objektiv messbar. Sie müssen aber im weiteren Projektverlauf einbezogen werden.

Ziele können auch *bewegte Ziele* sein (Scharbert, 2005). Das bedeutet, dass sich die Ziele und Anforderungen noch während des Entwicklungsprozesses ändern. Solche Ziele stellen immer ein *hohes Projektrisiko* dar. Die Identifikation bewegter Ziele ist besonders wichtig, da der Analytiker diese während der gesamten Projektlaufzeit im Auge behalten muss.

4.5.4 Anforderungen ermitteln

Mit dem Wissen über die Ziele und die Stakeholder kann der Analytiker beginnen, die nötigen Anforderungen zu ermitteln. Dazu werden verschiedene Methoden angewandt, die je nach Projekt, Zeit und Budget zum Einsatz kommen.

Leffingwell (1999) beschreibt einige Probleme, die bei der Ermittlung der Anforderungen auftreten können. Ein Analytiker ist oft mit der Tatsache konfrontiert, dass ein Anwender sich nicht klar und eindeutig ausdrückt, sondern nur vage Aussagen macht.

Der Analytiker muss dem Anwender zu verstehen geben, dass er als Anwender des Systems der Experte in der Domäne ist und die Rolle des Analytikers hingegen darin besteht, das Wissen aufzunehmen und zu dokumentieren. Für eine bessere Kommunikation und um Missverständnissen vorzubeugen, sollten Storyboards und Prototypen verwendet werden. Ein weiteres Problem, auf das der Analytiker stoßen könnte, ist eine hohe Abstraktheit der Aussagen. In diesem Fall muss der Analytiker die Auswahl der Stakeholder nochmals überprüfen. Sollte er beispielsweise anstelle eines Anwenders den Abteilungsleiter zu Details in der Ausführung gewisser Tasks befragen, werden die Aussagen nicht so konkret und detailliert sein wie benötigt. Auch Interessenskonflikte und Ängste des Anwenders vor einem neuen System müssen erkannt und aufgelöst werden. Ein Analytiker muss sich der Probleme bewusst sein, um entsprechend darauf reagieren zu können. Erst wenn die Probleme gelöst sind, ist eine effiziente und vollständige Anforderungserhebung möglich.

Workshops

Ein Workshop ist eine Arbeitsgruppe, bei der sich der Analytiker mit mehreren Stakeholdern trifft, um bestimmte Ergebnisse zu erarbeiten. Diese Methode zur Anforderungserhebung ist eine der effektivsten, da in einer kurzen Zeitspanne sehr intensiv an einer Konsensfindung gearbeitet wird. Ein Workshop hat folgende Vorteile (Leffingwell, 1999):

- Unterstützt den Aufbau eines effektiven Teams, das gemeinsam auf ein Ziel hinarbeitet
- Alle Stakeholder werden einbezogen.
- Es wird ein Konsens erarbeitet, welche Funktionen und Eigenschaften ein zu entwickelndes System haben muss.
- Es können politische Aspekte identifiziert und gelöst werden, die den Projekterfolg gefährden würden.
- Das Ergebnis ist eine Vorabversion einer der funktionalen oder nichtfunktionalen Anforderungen oder zum Beispiel eine vorläufige Schnittstellenspezifikation.

Für die Planung eines Workshops muss zuerst das Thema definiert werden. Bei größeren Systemen ist eine Gliederung in kleinere *Themenbereiche* meist anzuraten, da sonst einerseits zu viele Personen teilnehmen müssten und andererseits bei der Breite des Themas keine effiziente Arbeitsweise mehr möglich wäre.

Je nach Themengebiet müssen die entsprechenden Stakeholder eingeladen werden. Die Teilnehmer sollten sorgfältig ausgewählt werden, um die Gruppe möglichst klein zu halten. Je größer die Gruppe wird, desto schwieriger wird eine effiziente Arbeitsweise und rasche Konsensfindung.

Um alle Teilnehmer schon mit der Thematik vertraut zu machen, empfiehlt es sich, mit der Einladung erstes *Informationsmaterial* zu versenden. Hierbei kann es sich sowohl um eine Marktanalyse handeln als auch schon um eine erste Liste an zukünftigen Features. Für den Start des Workshops kann auch eine kurze Präsentation vorbereitet werden, die das Thema des Workshops beschreibt und auch als Anhaltspunkt während der Diskussion dienen kann.

Fallstudie

Themenbereiche im Fallbeispiel HISS

Im Projekt HISS mussten insgesamt mehr als 20 Workshops durchgeführt werden, um alle Themengebiete ausreichend abdecken zu können. Eine Auswahl der Themenbereiche zeigt, wie unterschiedlich die Themen der Workshops sein können:

- Reporting und Statistik
- Studierendenverwaltung und Studierendenservices
- Gebäude und Räume
- Personen und Organisationen
- ERP-Schnittstellen
- Studienplan (Prüfungen, Anerkennungen, Abschlusszeugnisse)
- LVA-Management
- Forschung (Publikationsdatenbank, Projektdatenbank)

Während des Workshops muss der Analytiker alle Ergebnisse und auch den Weg zu den Ergebnissen protokollieren. Es ist wichtig zu wissen, wieso manche Entscheidungen getroffen und manche wieder verworfen wurden. Das Protokoll sollte danach an alle Teilnehmer ausgeschickt werden, um die aufgenommenen Informationen zu validieren.

Interviews

Bei einem Interview trifft sich der Analytiker mit einem Vertreter einer Stakeholder-Klasse, um dessen Wünsche und Anforderungen aufzunehmen. Diese Methode kann in den meisten Fällen angewandt werden, wobei der organisatorische Aufwand deutlich geringer ist als jener bei einem Workshop.

Um Kommunikationsprobleme zu vermeiden, sollten problematische, nicht eindeutige Begriffe vorab definiert werden. Dadurch wird sichergestellt, dass sowohl der Analytiker als auch der Interviewte dasselbe Verständnis als Basis für das Interview haben. Scharbert (2005) liefert Kriterien, nach denen ein Interview vorbereitet werden soll. Eine klare *Agenda*, die auch das konkrete Ziel des Interviews enthält, dient während des gesamten Interviews als Anhaltspunkt für den Analytiker. Das Interview selbst sollte an einem *neutralen Ort* stattfinden, damit nicht ungebetene Gäste dazukommen, die auch ihren Standpunkt vertreten. Ein *Flipchart oder Whiteboard* dient zur Unterstützung, um Ideen visualisieren zu können. *Anschauungsmaterial* wie z.B. *Mock-ups* (Vorführmodell) unterstützen das Verständnis und dienen als weitere Diskussionsgrundlage. Auch der Interviewte kann Material zum Interview mitnehmen. *Prozessbeschreibungen* oder andere Informationen, die den konkreten Arbeitsbereich beschreiben, helfen dem Analytiker dabei, die Antworten zu interpretieren.

Während des Interviews sollte auf die Rollenverteilung geachtet werden. Der Analytiker stellt Fragen, die der Interviewte beantwortet. Die Agenda dient als Leitfaden, von dem möglichst nicht abgewichen wird. Leffingwell (1999) rät zur Verwendung von kontextfreien Fragen, um den Interviewten nicht zu beeinflussen. Diese Art von Fragen ist sehr allgemein gehalten, wie die folgenden Beispiele zeigen:

- Warum existiert dieses Problem?
- Wie lösen Sie das Problem heute?
- Wie würden Sie es gerne lösen?

Nach den kontextfreien Fragen kann der Analytiker Lösungen vorschlagen und zur Diskussion stellen. Dadurch werden weitere Möglichkeiten aufgezeigt, die vorher vielleicht nicht bedacht wurden.

Wie schon beim Workshop ist auch beim Interview ein Protokoll essenziell. Alle involvierten Personen sollten dem Protokoll zustimmen, bevor es als Basis für das Anforderungsdokument herangezogen wird.

Beobachtung

Diese Methode ist besonders bei der Erhebung der Anforderungen von Anwendern sinnvoll. Während die ersten beiden Methoden bei neuen Systemen angewandt werden können, ist die Beobachtung nur sinnvoll, wenn es bereits ein System im Einsatz gibt, welches durch ein neues System abgelöst wird. Auch wenn gewisse Tätigkeiten von einem neuen System unterstützt werden sollen, kann eine Beobachtung des Anwenders zweckmäßig sein.

Der Analytiker besucht den Anwender in seiner *Arbeitsumgebung* und beobachtet ihn bei der Ausführung seiner gewohnten Aufgaben. Diese Methode kommt meist nach einem Interview oder Workshop zum Einsatz, um die dort erhobenen Ergebnisse zu *verifizieren* (Scharbert, 2005). Scharbert (2005) definiert Kriterien für die Vorbereitung und den Ablauf einer Beobachtung beim Anwender:

- Der Vorgesetzte des Anwenders muss informiert und *einverstanden* sein.
- Der Anwender ist ebenfalls einverstanden und über das Ziel *informiert*.
- Die Tätigkeit des Analytikers während der Beobachtung wurde dem Anwender *erklärt* und es wurden, sofern vorhanden, Unterlagen zur näheren Erklärung zur Verfügung gestellt.
- Die erste Beobachtung sollte in einer *betriebsarmen Zeit* stattfinden, um ausreichend Zeit für Erklärungen zu finden.
- Falls der Anwender dem Analytiker viele Dinge erklären muss, ist es ratsam, eine *zusätzliche Person* hinzuzuziehen, die für den Anwender einspringen kann.
- Eine Beobachtung bei *Hochbetrieb* zeigt die Probleme des Anwenders deutlicher, wodurch der Analytiker eine bessere Vorstellung bekommt.
- Der Analytiker soll die Arbeit des Anwenders nicht kritisieren, sondern für eine *angenehme Atmosphäre* sorgen.

Bei der Beobachtung des Anwenders werden zumeist nur Standardfälle auftreten. Es ist die Aufgabe des Analytikers zu hinterfragen, welche Spezialfälle auftreten können.

Sofern nicht zu viel Betrieb ist, kann der Analytiker sich auch Funktionen genauer erklären und vorführen lassen, um die Anforderungen des Benutzers umfassender aufnehmen zu können. Durch die Befragung während der Beobachtung werden auch Hintergründe zu Problemen und Anforderungen erfasst.

Am Ende der Beobachtung sollte der Analytiker das Protokoll gemeinsam mit dem Anwender besprechen, um etwaige Missverständnisse aufzuklären und potenzielle Ergänzungen vorzunehmen.

Mitarbeit

Eine weitere Methode, Anwendungen zu erheben, ist die Mitarbeit des Analytikers beim Anwender. Diese Methode ist sinnvoll, wenn die Materie zu komplex ist, um sie durch Erklärungen darzustellen, oder wenn der Anwender und der Analytiker keine gemeinsame Kommunikationsebene finden können (Scharbert, 2005). Durch die Mitarbeit des Analytikers muss der Anwender seine Tätigkeit so erklären, dass der Analytiker die Arbeit selbstständig durchführen kann. Auf diese Weise kann der Analytiker nicht nur die Funktionsweise des Systems, sondern auch die Arbeitsweise des Anwenders besser verstehen.

Während der Beobachtung sollte der Analytiker die Arbeitsschritte nicht bewerten, sondern nur aufnehmen und dokumentieren. Ein angenehmes Gesprächsklima ist eine Voraussetzung für die effiziente Anwendung der Methode. Der Anwender wird dabei meist von seiner täglichen Arbeit abgehalten und darf daher nicht zusätzlich das Gefühl haben, bewertet zu werden. Im Gegensatz zur Beobachtung ist hier die Interaktion zwischen Anwender und Analytiker ausschlaggebend für das Resultat.

Exkurs

Organisation der Analyse in einem europäischen e-Health-Großprojekt

Das *Anforderungsmanagement* hat die Aufgabe, neue Anforderungen an die e-Health-Komponenten zu bewerten und über die Umsetzung zu entscheiden. Da es sich um ein gesetzlich motiviertes Projekt handelt, gibt es dementsprechend gesetzlich festgelegte Anforderungen. Aufgrund der Menge der Anforderungen und der speziellen Rahmenbedingungen sowie der Verpflichtung, die Ausrichtungen des Projektes belegen zu können, werden unterschiedliche Sichten (Ebenen) der Anforderungsanalyse gewählt, die auf unterschiedlichen Abstraktionsstufen beruhen und einen *Anforderungsbaum* bilden.

Die *geschäftspolitische Sicht* ist die erste Ebene und basiert auf den Grundlagen von allgemeinen gesetzlichen Vorgaben wie dem Sozialgesetzbuch (5. Buch, SGB V) oder dem *Bundesdatenschutzgesetz*. Die in dieser Sicht geführten Anforderungen dienen der Wahrung des Versichertenrechts, des Datenschutzes und der Datensicherheit. Zusätzlich sind hier aber auch die Sicherung der Interoperabilität und Kompatibilität zu erwähnen, welche sich ebenfalls auf der ersten Ebene des Anforderungsbaumes finden.

Die Anforderungen sind deskriptiv und ihre Erfüllung kann nicht metrisch ausgewertet werden. Anforderungen dieser Sicht systematisieren die strategische Ausrichtung des Vorhabens und bilden die Vertrauensbasis gegenüber Beauftragenden und Kunden.

Die *fachliche und sicherheitsrelevante Sicht* liegt auf der zweiten Ebene des Anforderungsbaumes und beinhaltet die Kernanwendungen der Infrastruktur wie die Beschreibung der Pflichtanforderungen und der freiwilligen Anwendungen des Versicherten bzw. die Geschäftsabläufe. Anforderungen dieser Sicht sind atomar und semantisch normiert (RFC 2119). Mengengerüste bilden die Basis für die Prüfung der Performance- und Lastanforderungen.

Die *normativ architektonische Sicht* teilt sich dieselbe Ebene wie die fachliche und sicherheitsrelevante Sicht, beschäftigt sich jedoch mit Anforderungen zu den Themen der Zulassung von Komponenten oder der Zukunftsorientiertheit der Konzepte. In dieser Sicht geht es darum, die planerischen, deskriptiven und qualitätsorientierten Ziele abzudecken. Sie bildet die Grundlage für die Teilprojekte. Die Anforderungen sind ebenfalls atomar, semantisch normiert und es können metrische Beweise über deren Umsetzung geführt werden.

Die dritte Ebene umfasst konkrete *Lösungsanforderungen*, welche sehr detaillierte Vorgaben zu entsprechend umzusetzenden Funktionalitäten bilden. Folgende Prozesse sind dazu etabliert:*Qualitätssicherung* für die Sicherung der Qualität der Anforderungsbeschreibung

- *Bewertung und Entscheidung*: Anforderungsmeldungen werden kategorisiert und als Anforderungen definiert, sofern diese entsprechend bestätigt werden. Dieser Prozess legt den Fokus auf die Auswirkungen einer Anforderung oder einer Anforderungsänderung am Gesamtsystem (Impact-Analyse).
- *Methodik/Verwaltung*: Hier gilt es, die großen Mengen an Anforderungen und die ständigen Iterationen zu verwalten.
- *Umsetzung der Anforderungen*: je nach Ebene der Anforderung vom Scope bis zur Spezifikation. Hier gibt es einen hohen Dokumentationsaufwand.
- *Qualitätssicherung*: Diese soll möglichst konstruktiv und analytisch erfolgen.

Der Bedarf an neuen Anforderungen wird mittels einer *Anforderungsmeldung* bekanntgegeben. Die Anforderungsmeldung wird dokumentiert und es wird zwischen folgenden Typen unterschieden:

- Anforderungsmeldungen mit Weisungscharakter und
- Anforderungen ohne Weisungscharakter (entsprechen einem *Change Request*)

Anforderungsmeldungen mit Weisungscharakter werden anhand von definierten Prozessen bewertet und eine Umsetzungsplanung wird erstellt. Die Umsetzungsplanung besteht aus einem skizzierten Lösungsweg, den voraussichtlich Beteiligten, dem Aufwand, der Dauer und möglichen Risiken. Anforderungsmeldungen ohne Weisungscharakter sind Änderungswünsche und erfordern eine Umsetzungsentscheidung seitens der Projektleitung bzw. Steuerung.

Zur technischen Implementierung des Anforderungsmanagements wird neben den in diesem Bereich üblichen Tabellenkalkulationen ein webbasiertes Werkzeug eingesetzt. Dadurch wird insbesondere die Zugänglichkeit der Anforderungen unterstützt und die Nachverfolgbarkeit z.B. zu den Testfällen und Testergebnissen sichergestellt. Das Testmanagement ist an das Anforderungsmanagement angebunden und ermöglicht daher Auswertungen über die *Anforderungsabdeckung* im Test.

Folgende Rollen sind wesentlich für die Umsetzung des Anforderungsmanagements:

- *Projektleitung* und *Projektsteuerung* für die Anforderungsentscheidung
- *Fachliche Arbeitsgruppen* für die Anforderungserhebung und Anforderungsbewertung
- *Anforderungsmanagement* für die Prozesssteuerung

CWS COMPANION WEBSITE Fragen

ZUSAMMENFASSUNG

Die Analyse ist die Grundlage für alle weiteren Aktivitäten einer Softwareentwicklung. Hier werden die wesentlichen Entscheidungen getroffen, wobei entsprechend hier auch die größten Risiken für teure Fehlentscheidungen bestehen. Deshalb muss die Analyse profund geplant und durchgeführt werden. Folgende Aspekte sind dabei immer zu berücksichtigen:

- Vision, Scope und Terminologie müssen klar definiert und abgegrenzt sein.
- Alle relevanten Stakeholder müssen identifiziert und qualifiziert eingebunden werden.
- Die Machbarkeit muss vor dem formellen Projektbeginn sichergestellt sein.
- Alle Komponenten müssen auf „Make or Buy“ evaluiert werden.
- Eine Architektur sollte während der Analyse schon grob feststehen und den Stakeholdern qualifiziert dargestellt werden.
- Alle Schnittstellen müssen bekannt und geprüft sein.
- Alle funktionalen, nichtfunktionalen und Domänenanforderungen müssen identifiziert und qualitativ beschrieben sein.
- Anforderungsbeschreibungen müssen für alle Stakeholder (gegebenenfalls über unterschiedliche Sichten) verständlich gemacht werden.
- Ein Prozess zum Ändern von Anforderungen (inklusive Re-Costing) muss etabliert sein.
- Passende Werkzeuge zum Anforderungsmanagement – insbesondere für die Anforderungsnachverfolgbarkeit – sollten zweckmäßig eingesetzt werden.

4.6 Glossar

Anforderung: Eine Anforderung ist eine Vorgabe für das Softwareprojekt.

Anforderungsanalyse: der Prozess, die Anforderungen zu identifizieren, zu erheben, zu strukturieren und zu dokumentieren bzw. zu modellieren.

Anforderungsdokumentation: ein (oftmals formales) Dokument zur Anforderungsbeschreibung. Auch: Spezifikation, Lastenheft/Pflichtenheft oder Software Requirements Specification (SRS)

Baseline: eine stabile Zwischenversion in der Anforderungsanalyse

Datenmodellierung: die Abbildung aller fachlichen und technischen Daten des Systems in einem geeigneten Modell

Glossar: Identifikation und Definition der wesentlichen Begriffe zur Bildung einer gemeinsamen Sprache für alle Stakeholder

Machbarkeitsstudie: Überprüfung der organisatorischen oder technischen Machbarkeit, insbesondere für Softwareprojekte mit hohem Innovationsanteil

Make or Buy: Evaluierung und Entscheidung zur Individualentwicklung oder zum Zukauf einer Komponente

Nachverfolgbarkeit: Modellierung der Abhängigkeiten von und zu den Anforderungen oder zwischen den Anforderungen

Scope: der Umfang, den das Softwareprojekt inhaltlich abdeckt

Stakeholder: Personen mit einem Interesse innerhalb des Softwaresystems

Vision: die Beschreibung des Ziels und des Zwecks, wofür das Softwaresystem eingesetzt werden soll

Phase Entwurf – Wie wird technisch gebaut?

Autoren: Andreas Mauczka, Wolfgang Schramm

5

ÜBERBLICK

„[When talking architecture] ... we're talking something that's important" – Fowler (2003)

» Wie das Zitat am Kapitelanfang schon andeutet, ist die Architektur bzw. der Entwurf einer der wichtigsten Schritte in einem Softwareprojekt. Wird ein Projekt basierend auf einem unzureichenden Entwurf durchgeführt, führt es nicht selten zu einem nicht zufriedenstellenden Projektergebnis. Daher werden in diesem Kapitel die wichtigsten Werkzeuge, mit welchen man die Architektur und den Entwurf im Rahmen der Softwareentwicklung erfolgreich durchführen kann, vorgestellt.

Ziel des Entwurfes ist es, das System in funktional getrennte Blöcke zu teilen. Diese Modularisierung ist notwendig, um ein System entwerfen zu können, das die Grundanforderung an eine Software – Skalierbarkeit, Wartbarkeit – erfüllen kann.

Wir wollen zeigen, wie Architektur und Entwurf zusammenhängen – der Entwurf als Architektur im „Kleinen" und Softwarearchitektur als Architektur im „Großen". Anhand dieser (redundanten) Erläuterung wird schon ein Thema dieses Kapitels deutlich, nämlich die Begrifflichkeit und Mehrdeutigkeit des Terminus Architektur, der abstraktionsebenenübergreifend im IT-Sprachsatz verwendet wird. Ein (fachlich versierter) **Stakeholder** spricht von Architektur und meint damit z.B. eine sehr grobe Form der Darstellung der Systemteile, um einen raschen Überblick zu erhalten, ein Stakeholder mit technischem Hintergrund spricht von Architektur und versteht darunter z.B. den technisch-detaillierten Aufbau eines konkreten Systemteils. Wir wollen daher in diesem Kapitel nicht nur einen möglichst formalen Architekturbegriff definieren, sondern zusätzlich auch anhand der Konkretisierung dieses Begriffes darstellen, welche „Art" von Architektur an welcher Stelle angebracht ist. Wir begeben uns in das Spannungsfeld der Architektur als Kommunikationsmittel zwischen den Projektbeteiligten (Stakeholdern) und zeigen, wie durch angemessene Modellierung Kommunikationsproblemen vorgegriffen werden kann. Durch etablierte **Muster** (*Patterns* – Lösungsanleitungen für wiederkehrende Problemstellungen) soll es dem Leser möglich sein, anhand von „externer" Erfahrung Problemlösungsstrategien kennenzulernen und für Architekturproblemstellungen sensibilisiert zu werden. «

Lernziele

In diesem Kapitel werden folgende Lernziele behandelt:

- Erläuterung der unterschiedlichen Aspekte von Architekturen – welche Sichtweisen von Architekturen gibt es, welche Frameworks gibt es?
- Transformation der Anforderungen in eine Architektur – wie extrahiere ich Informationen aus der Anforderungsanalyse?
- Entwicklung der Architektur – wie hat sich die Softwarearchitektur mit der Zeit verändert?
- Übersicht über Patterns – was ist die Motivation hinter Patterns, wo könnte ich Patterns in meinen Projekten zum Einsatz bringen?
- Übersicht über Notationen – welche Notationen gibt es und welche sind für mein Projekt sinnvoll?
- Detaillierte Darstellung einer Architektur am Beispiel einer serviceorientierten Architektur (SOA) – wie könnte ich eine derartige Architektur realisieren, was gilt es zu beachten?

5.1 Grundlagen der Softwarearchitekturen

Das Thema Softwarearchitekturen ist einer der wichtigsten Bereiche des erfolgreichen Software Engineerings. Es ist auch ein Bereich, der regelmäßige Neuerungen erfährt. Um die Entwicklungen in der Softwarearchitektur beurteilen und verwenden zu können, ist ein Grundstock an Wissen unabdingbar. Dieser Abschnitt führt anhand eines kurzen historischen Abrisses und der Vorstellung grundlegender Architekturen in diese spannende Thematik ein.

5.1.1 Definitionen zu unterschiedlichen Begriffen

Definition Architektur

„An architecture is a description of system structures, of which there are several (data flow, modular, process and so on). Architecture is the first artifact that can be analyzed to determine how well its quality attributes are being achieved, and it also serves as the project blueprint. An architecture is also a description of the relationships among components and connectors." – Bass et al. (1998)

„The fundamental organization of a system embodied in its components, their relationships to each other, and to the environment, and the principles guiding its design and evolution." – IEEE-Standard 1471 (2000)

Die Softwareentwicklung hat als relativ junge Ingenieursdisziplin in den Entwurfs- und Architekturphasen die größten Berührungspunkte zu den „klassischen" Ingenieursdisziplinen wie z.B. der Architektur und dem Bauingenieurswesen. Daher verwundert es auch nicht, dass es nicht nur in der Arbeitsweise, sondern auch in der verwendeten Sprache einige Überschneidungen gibt.

Der römische Architekt und Schriftsteller Vitruv schreibt in seinem Buch „*De architectura*", dass die Architektur auf drei Grundsätzen basiert: *Stabilität, Anmut* und *Nützlichkeit*. Obwohl diese Definition für Architektur im Sinne der Baukunst getroffen wurde, ist es klar ersichtlich, dass diese drei Grundsätze auch auf die Softwarearchitektur zutreffen. Die *Nützlichkeit* einer Softwarearchitektur ergibt sich durch das Abdecken der Anforderungen, die *Stabilität* kann durch grundlegende Entscheidungen wie z.B. verwendete Technologien, Konzepte zur Erweiterung (*Plug-ins*) und eine durchdachte Testarchitektur gewährleistet werden, die *Anmut* einer Architektur im Sinne des Softwarebaus ist geprägt durch die verwendeten **Komponenten**, die Unterstützung der Wartbarkeit und die Lesbarkeit der Architektur. Ein Aspekt hiervon ist das Konzept der Entwurfsmuster (**Patterns**), das im Verlaufe dieses Kapitels näher erklärt wird. Entwurfsmuster stellen eine weitere Gemeinsamkeit zwischen klassischer Architektur und Architektur in der Softwareentwicklung dar, wobei sie die wichtigsten Werkzeuge für das Erstellen eines Entwurfes und die Umsetzung der Anforderungen in eine Architektur sind.

Die **Architektur** eines Systems basiert auf dem Entwurf, der anhand der Anforderungen eine grobe Struktur vorgibt. Diese Abhängigkeit gilt jedoch in beide Richtungen, d.h., im Rahmen der Erstellung der Architektur kann es sein, dass auch der Entwurf entsprechend geändert werden muss. Dies kann z.B. der Fall sein, wenn der Entwurf mit den verfügbaren Mitteln (technisch, finanziell, zeitlich) nicht machbar ist.

Große Bedeutung bei der Behandlung von Architekturen im Rahmen der Softwareentwicklung kommt einer klaren Begrifflichkeit zu, die für alle Beteiligten in der Softwareentwicklung eindeutig ist. Dabei stellt Architektur als Kommunikationsmittel den Schnittpunkt zwischen unterschiedlichsten Stakeholdern dar, seien es Entwickler, Tester oder Kunden. Durch die unterschiedliche Natur der Stakeholder innerhalb eines Projekts werden auch unterschiedliche Sichten *(Views)* von bestimmten Gesichtspunkten *(Viewpoints)* aus auf die Architektur notwendig – ein Entwickler benötigt andere Informationen als der Kunde.

Im IEEE-Standard 1471 (2000) wird daher ein System aus Views und Viewpoints dargestellt, das es sich als Ziel gesetzt hat, Architekturen einheitlich zu beschreiben und damit auch nachvollziehbar und vergleichbar zu machen.

Definition Recommended Practice

Mit dem Begriff „Recommended Practice" beschreibt die IEEE Computer-Society Dokumente, in denen bevorzugte Prozeduren und Positionen präsentiert werden. Dies stellt eine Abgrenzung zu „*Standards*" (Dokumente mit verbindlichen Anforderungen) und „*Guides*" (Dokumente, die Alternativen zu etablierten Vorgehensweisen darstellen, für die noch keine klare Empfehlung abgegeben wird) dar. Die hier erläuterten Begriffe werden gesammelt unter dem Begriff „Standard" geführt („Recommended Practice" stellt also genauso einen „Standard" dar wie ein „echter" Standard). – IEEE –Standard 1471 (2000)

Zur vereinfachten Darstellung werden parallel zu dem **Sichtenmodell** aus IEEE-Standard 1471 (2000) auch Ebenen eingeführt, die Abstraktionsniveaus in der Anwendungsentwicklung darstellen. Wir unterscheiden also zwischen Sichten und Ebenen, wobei die Ebene quasi die „Zoomstufe" auf die jeweilige Sicht darstellt.

Exkurs IEEE-Standard 1471 (2000)

Im Zuge des *Recommended Practice for Architectural Description of Software-intensive Systems* wird eine Standardisierung der Architekturbeschreibung definiert, die es ermöglichen soll, architektonische Konzepte miteinander vergleichbar zu machen. Zu diesem Zweck werden im IEEE-Standard 1471 (2000) Views und Viewpoints definiert. Eine *View* ist dabei eine Sicht von einem bestimmten Gesichtspunkt (*Viewpoint*) aus. Dieser Gesichtspunkt kann ein technischer Gesichtspunkt sein, aber auch ein fachlicher. Ein Viewpoint stellt also immer einen Standpunkt dar, von dem aus eine konkrete Ansicht auf das System von einem Systembeteiligten (sei es Nutzer oder Ersteller) gegeben wird.

Ein Beispiel für einen Viewpoint und eine View nach IEEE-Standard 1471 (2000) wird später konkret behandelt.

Der klassische Entwurf findet, im Gegensatz zur Architektur, auf einer niedrigeren Abstraktionsebene statt als z.B. der Systementwurf, der sich mit Fragen wie der Aufteilung des Systems in Schichten beschäftigt. Man spricht beim klassischen Entwurf von einer **Mikroarchitektur**, während die **Makroarchitektur** alle Elemente oberhalb der Mikroarchitektur beschreibt. Die Makroarchitektur gibt den Rahmen der Mikroarchitektur vor, innerhalb dessen sie sich bewegen kann. Architekturen beschreiben also eine Art strategisches Design, während der Entwurf an sich das taktische Design beschreibt. Beide Aspekte werden modelliert und müssen entsprechend beschrieben werden. Im Rahmen dieses Kapitels werden für beide Arten entsprechende **Patterns** vorgestellt, wobei größter Wert auf eine saubere Trennung der Patterns anhand der Abstraktionsebene gelegt wird.

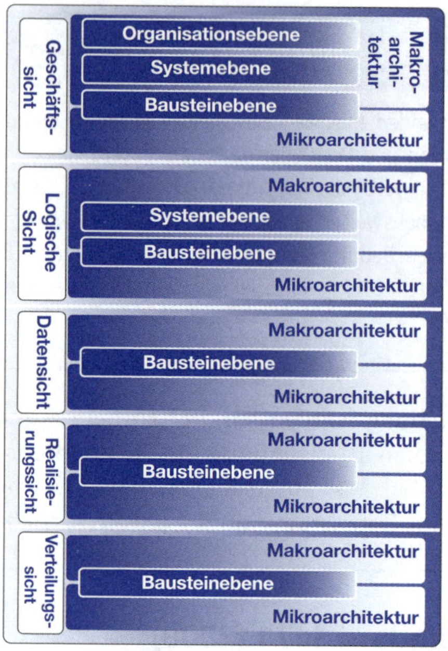

Abbildung 5.1: Sichtenmodell und Ebenenmodell

Nachdem die Art und Weise der Architekturbeschreibung festgelegt wurde, widmen wir uns der konkreten Ausprägung des **Sichtenmodells**, bevor wir uns den einzelnen Sichten und ihren Komponenten widmen. Prinzipiell gilt es die Fragestellung zu beantworten, welche Sichten zur Beschreibung eines Softwaresystems unbedingt notwendig sind, wobei ▶Abbildung 5.1 ein Beispiel für ein Sichtenmodell angelehnt an Vogel et al. (2005) enthält. Ein guter Weg zur Sichtendefinition besteht darin, sich zu vergegenwärtigen, welche Interessensgruppen anhand des Architekturmodells miteinander kommunizieren werden *(Architektur als Kommunikationsmittel)*. Daraus ergibt sich zum einen der Bedarf an einer fachlichen Beschreibung, als Kommunikationsbasis zwischen Kunden und Entwickler (in einer vereinfachten Organisationsform). Die fachliche Beschreibung bedient also die Sicht der technisch wenig versierten Stakeholder, z.B. künftige Endnutzer des Systems. Für eine tatsächliche Realisierung ist aber wesentlich mehr Information notwendig als aus dieser fachlichen Beschreibung (*fachliche Architektur*) hervorgehen kann – es bedarf einer Beschreibung der internen Systemzusammenhänge und -abläufe aus einer technischen Perspektive. Diese Beschreibung erfolgt meistens in Modellform und entspricht im Groben dem Entwurf. Diese Beschreibung in Modellform bedient also eine technische Sicht von technisch versierten Stakeholdern und Interessensgruppen, die mit der tatsächlichen Realisierung des Systems beauftragt werden – diese Sicht bezeichnen wir als *Anwendungsarchitektur*.

Bis jetzt wurde festgestellt, was die zu lösende Aufgabe ist. Es liegt optimalerweise eine Art Blaupause für das technische „Wie?“ vor, es fehlt aber noch das „Wo?“. Um eine architektonische Metapher zu strapazieren: Wir wissen, für wen wir das Haus bauen, wir wissen, wie das Haus aussehen soll, aber wir wissen noch nicht, mit welchen Baustoffen wir es fertigen werden. Diese Beschreibung der „Baustoffe“ erfolgt in

Form einer physikalischen Festlegung, was wo erledigt wird – wir verwenden für diese Sicht den Ausdruck *Verteilungssicht* nach Vogel et al. (2005).

Diese drei Sichten sind aber immer noch nicht ausreichend, um ein System für alle Beteiligten zu beschreiben – es bedarf zumindest noch einer Sicht zur Beschreibung der Daten sowie einer Sicht, in der die konkrete Realisierung des Systems durchgeführt wird. Diese *Realisierungssicht* wird in Kapitel 6 ausführlich aufgegriffen, während die Verteilungssicht für den Rahmen dieses Kapitels zu technisch konkret wäre und nur im Rahmen der Fallbeispiele sowie der exemplarischen Architektur am Ende dieses Kapitels kurz aufgegriffen wird.

5.1.2 Von der Anforderung zur Architektur

> *„The architecture is the primary carrier of system qualities, such as performance, modifiability and security, none of which can be achieved without a unifying architectural vision." – Clements et al. (2003)*

Das Hauptziel des *Softwareentwurfs* ist es, ein System zu entwerfen, das die Anforderungen des Kunden optimal beschreibt. Generell gibt es zwei Arten von Anforderungen. Auf der einen Seite beschreiben die *nichtfunktionalen Anforderungen* (NFA) Qualitätskriterien des Systems. Nach DIN 6627 sind dies Funktionalität, Zuverlässigkeit, Benutzbarkeit, Effizienz, Änderbarkeit und Übertragbarkeit. Nichtfunktionale Anforderungen sind daher die treibende Kraft hinter dem strategischen **Entwurf** eines Softwaresystems. Durch diese Anforderungen werden Entscheidungen bezüglich der Zielplattform, der Art der Anwendung (Webapplikation, Rich-Client-Anwendung etc. ...) und der verwendeten Technologien getroffen.

Auf der anderen Seite gibt es die *funktionalen Anforderungen*, die die benötigte Funktionalität eines Systems beschreiben. Funktionale Anforderungen beschreiben das Verhalten eines Systems, also die Verarbeitung von Eingaben, das Erstellen und die etwaige Verarbeitung von Ausgaben. Mit Eingaben und Ausgaben sind hier nicht ausschließlich Interaktionen mit dem Benutzer gemeint, Eingaben und Ausgaben können auch über Schnittstellen zu anderen Teilkomponenten oder gar anderen Systemen erfolgen.

Beispiel 5.1 **Beispiele zu funktionalen Anforderungen**

Ein triviales Beispiel für eine Verarbeitung und Darstellung mithilfe einer Benutzerinteraktion ist die klassische Textverarbeitung am PC. Ein Benutzer erstellt einen Text (Eingabe), der auf verschiedene Arten dargestellt werden kann (Ausgabe).

Ein Beispiel für einen Input durch ein anderes System ist die gewohnte Wettervorhersage. Hier verarbeitet die Wetterstation Messdaten (Eingabe) und übergibt sie als Rohdaten an ein weiteres System, das sich um die Darstellung der Daten kümmert (Ausgabe).

Anforderungen besitzen wesentliche Eigenschaften, um eine korrekte Entwicklung zu gewährleisten. So muss jede Anforderung eindeutig identifizierbar sein, eine abgeschlossene Aufgabenstellung behandeln und die Schnittstellen zu anderen Systemen oder Komponenten exakt definieren. Da sich speziell in größeren Systemen Anforderungen ändern können, ist es unerlässlich für ein Projektteam, eine Lösung für das Nachverfolgen von Anforderungen zu haben (*Requirements Tracking*).

Die wichtigsten Voraussetzungen, um diese Anforderungen in eine geeignete Architektur zu verwandeln, sind die Erfahrung des Softwarearchitekten und die Unterstützung von Seiten des Auftraggebers. Da dem Architekten meistens Detailwissen über das Umfeld der zu erstellenden Lösung (**Domäne**) fehlt, ist es unabdingbar, einen Experten in den Entwurfs- und Architekturprozess zu inkludieren. Die Architektur kann aufgrund ihrer Abhängigkeit von der Anforderungsanalyse als Schnittstelle zu ihr gesehen werden. Durch diese Abhängigkeit kann es zwischen Architektur und Anforderungsanalyse zu Rückkopplungen in Hinsicht auf Machbarkeit und Kosten kommen.

Um den Entwurf zu dokumentieren, bietet die UML-Notation geeignete *Diagrammtypen*, um strukturelle Sichten oder komplexe Abläufe festzuhalten. Die wichtigsten Diagrammtypen hierfür sind in Kapitel 4 beschreiben. Die *Datenmodellierung* als wesentliche Entwurfsmethode ist aufgrund des Zusammenhangs mit der Analyse ebenfalls in Kapitel 4 beschrieben.

Der Entwurf einer Anwenderschnittstelle stellt einen weiteren wesentlichen Aspekt des Entwurfes dar. Nachdem diese Tätigkeit aber von ausgesprochener Komplexität und Relevanz ist, wird dem Entwurf einer Anwenderschnittstelle ein eigenes Kapitel gewidmet. Der Entwurf der Anwenderschnittstelle wird somit ausführlich in Kapitel 12 geschildert – im typischen Ablauf einer Softwareentwicklung wird diese Tätigkeit im Zuge des Entwurfes durchgeführt.

Zusammenfassend ist ein Softwareprodukt die Summe seiner funktionalen und nichtfunktionalen Anforderungen, wobei die nichtfunktionalen Anforderungen den strategischen **Entwurf** vorgeben und die funktionellen Anforderungen den taktischen Entwurf. Abschließend ist es noch wichtig, darauf hinzuweisen, dass die Forderung nach einem Entwurf in Dokument- und Diagrammform stark vom verwendeten Entwicklungsprozess (Agile Methoden, RUP etc. ...), dem Kunden und dem Softwareteam abhängt. Während manche Softwareteams durchaus ohne dokumentierte Architektur erfolgreich Systeme entwickeln können, entsteht bei den meisten, nicht aufeinander eingespielten Teams allerdings Chaos.

5.1.3 Softwarearchitektur im Wandel der Zeit

Obwohl die industrielle Softwareentwicklung eine bekanntermaßen junge Ingenieursdisziplin ist, hat sie sich seit ihrer Entstehung zu Beginn der 1960er Jahre durch das Vordringen des Computers in private Haushalte und Büros oft und fundamental geändert. Im Laufe der Jahrzehnte vollzog sich im Bereich der Softwarearchitektur eine Wandlung von prozeduralen Programmiersprachen wie z.B. Basic, C, Pascal und FORTRAN in den 60er und 70er Jahren hin zu objektorientierten Programmiersprachen wie z.B. Objekt Pascal, Delphi, C++, Java und C# in den 80er Jahren. Während in den 60er und frühen 70er Jahren die Softwareentwicklung hauptsächlich für Großcomputer stattfand, erweiterte sich der Fokus der industriellen Softwareentwicklung mit Ende der 70er Jahre immer mehr auch auf den Heimcomputer- und Spielkonsolenbereich.

Das Aufkommen der objektorientierten Programmiersprachen war ausschlaggebend für die Weiterentwicklung von Softwarearchitekturen. Während in den Jugendzeiten der Softwareentwicklung monolithische und dadurch oft schlecht erweiterbare Systeme entwickelt wurden, ermöglichten die objektorientierten Programmiersprachen die Entwicklung von modularen Systemen.

Anfang der 90er Jahre erschien die *Unified Modeling Language* (UML). Mittels UML ist es möglich, komplexe Systeme grafisch zu beschreiben. Um die verschiedenen Abläufe in einem System abzubilden, wurden in der UML statische und dynamische Diagrammtypen entwickelt. UML fand sehr schnell Verbreitung in der industriellen Softwareentwicklung und wurde rasch als unterstützendes Element in Softwareentwicklungsprozesse aufgenommen (z.B. Rational Unified Process – RUP).

In den 80er, 90er und frühen 2000er Jahren dominierten *Rich-Client-Applikationen* die Softwareentwicklung. Bei dieser Art der Architektur wird so weit wie möglich die gesamte Geschäftslogik und Funktionalität der Anwendung in die Desktop-Applikation verlagert, ein etwaiges Backend (z.B. Datenbank-Server) bedient in diesem Fall ausschließlich Funktionalitäten, die nicht in der Desktop-Anwendung abgebildet werden können. Ein Beispiel hierfür ist eine einfache Bestellverwaltung, bei der jeder Benutzer eine installierte Applikation verwendet, alle Applikationsinstanzen greifen aber auf dieselbe Datenbank zu. ▶Abbildung 5.2 zeigt die schematische Darstellung einer solchen Applikation.

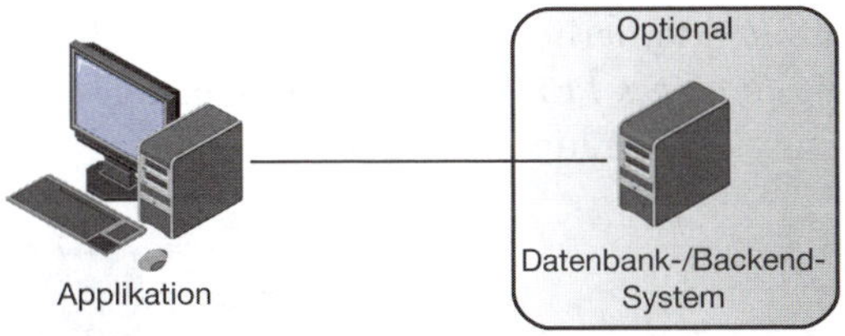

Abbildung 5.2: Schematische Darstellung einer Rich Client-Anwendung mit optionaler Backend-Komponente. Ohne die Optionalität der Datenbankkomponente spricht man von einer klassischen 2-Tier-Architektur, da die Applikation in zwei Schichten getrennt wurde.

Mit der Einführung von PHP, Java Server Pages und ASP.net begann ein weiterer Trend in der IT: *Webapplikationen*. Ausgelöst durch den Siegeszug des Internets und der Forderung nach leicht ausrollbaren und wartbaren Systemen wurden Lösungen geschaffen, um Applikationen mit ähnlicher Funktionalität wie eine Rich-Client-Anwendung komplett in einem Webbrowser ablaufen zu lassen. Dieser Ansatz hat die Vorteile, dass eine Applikation nur einmal am Server installiert werden muss und danach plattformunabhängig verfügbar ist (siehe ▶Abbildung 5.3). Durch den Wegfall einer Installation haben die Benutzer auch die Möglichkeit, unabhängig von ihrem Arbeitsplatz im Büro auf die benötigten Anwendungen zuzugreifen.

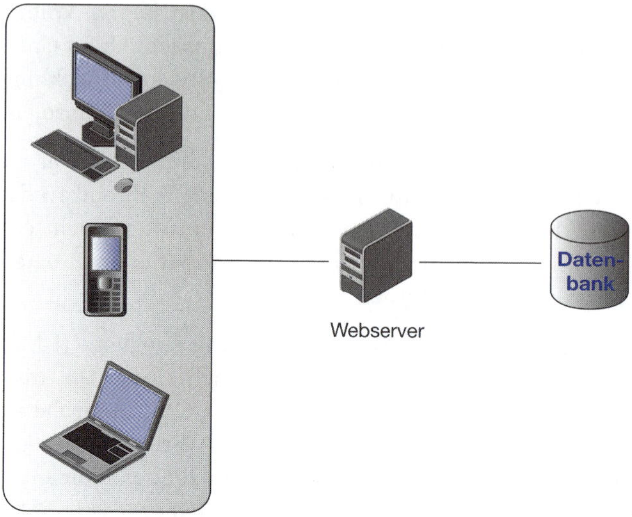

Abbildung 5.3: Der Zugriff auf Webapplikationen erfolgt mittels Webbrowser. 1..n gleichzeitige Benutzer sind erlaubt.

Als weitere Entwurfsform hat sich vor allem bei Großprojekten die *Service Oriented Architecture* (SOA) durch ihre inhärente Modularisierbarkeit etabliert. Bei der SOA wird ein Gesamtsystem in voneinander klar getrennte Komponenten aufgebrochen, die über definierte Schnittstellen mithilfe verschiedener Kommunikationsprotokolle miteinander kommunizieren können. Dabei können Komponenten auf einem einzelnen Computer installiert oder aber verteilt an verschiedenen Orten laufen (siehe ▶Abbildung 5.4). Im Normalfall erfordert die Änderung eines Geschäftsprozesses auch eine Anpassung der Softwareunterstützung – mit einem SO-System ist es jedoch möglich, die Kommunikation der Komponenten untereinander so zu ändern, dass die neue Kommunikation die erforderlichen Änderungen schnell abbilden kann. Zu diesem Zweck wurde die *Business Process Execution Language* (BPEL) entwickelt, die eine solche dynamische Konfiguration ermöglicht.

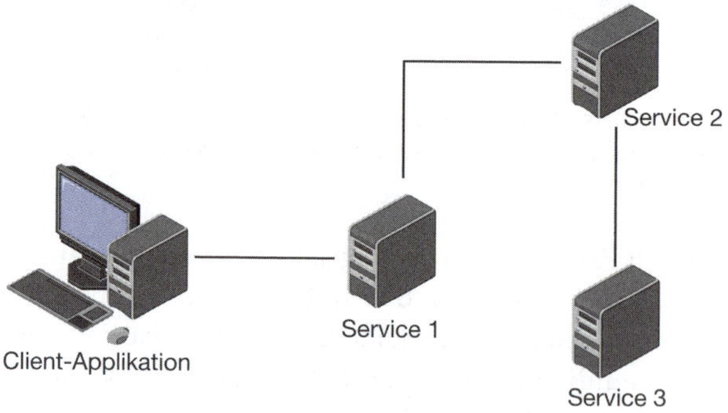

Abbildung 5.4: Schematische Darstellung einer kleinen SOA. Da die Services als komplett eigenständige Komponenten vorhanden sind, ist eine Neukonfiguration der Kommunikation mit minimalem Aufwand möglich.

Kapitel 5.1.4 beschreibt das wichtigste derzeit eingesetzte Konzept von Softwarearchitekturen.

Exkurs

Model Driven Architecture (MDA)

Das Model Driven Architecture oder Model Driven Development bezeichnet eine Entwicklungsmethode, bei der Software aus strukturierten Modellen erzeugt wird. Es wurde von der Object Management Group (OMG) im Jahr 2001 vorgestellt und stieß seitdem vor allem im akademischen Forschungsbereich auf reges Interesse, wobei es aber auch Industrie-Tools gibt. Von der abstrakten Definition bis hin zur fertigen Applikation gibt es zwei Hauptschritte:

Platform Independent Model (PIM): Dieses Modell ist unabhängig von der Zieltechnologie. Der OMG zufolge soll jede Applikation so weit abstrahierbar sein, dass es keine Abhängigkeiten von der Zielplattform gibt.

Platform specific Model (PSM): Das plattformspezifische Modell wird aus dem plattformunabhängigen Modell erstellt und in diesem Schritt bereits auf die Zieltechnologie hin angepasst. Ein Beispiel dafür ist die Abstrakte Datenbankdefinition im PIM, die bei der Transformation in ein PSM auf das Modell einer konkreten Datenbank (z.B. MySQL) hin angepasst wird.

5.1.4 Grundlegende Architekturmuster

In den vergangenen drei Jahrzehnten des Softwareentwurfs haben sich einige Grundkonzepte besonders bewährt und finden daher sowohl in Enterprise Software als auch in Applikationen für den Heimgebrauch Verwendung. Diese Konzepte basieren fast ausschließlich auf den sogenannten N-Tier-Architekturen, wobei „Tier" übersetzt „Schicht" bedeutet. N-Tier-Architekturen teilen Applikationen in funktional abgegrenzte Schichten ein (z.B. User Interface, Datenbank, Geschäftslogik). Dabei steht das „N" in N-Tier-Architekturen für die Anzahl der eingesetzten Schichten. Im praktischen Einsatz sind dabei 2-Tier- und 3-Tier-Architekturen am häufigsten zu finden.

Die 2-Tier-Architektur

Abbildung 5.2 (S. 205) stellt eine 2-Tier-Architektur schematisch dar. Bei dieser exemplarischen 2-Schichten-Architektur gibt es auf der einen Seite die Anwendung, mit der der Benutzer arbeitet und die sich somit um die eigentliche Verarbeitung der Daten kümmert, und auf der anderen Seite die Backend-Komponente, bei der es sich im Standardfall um eine Datenbank handelt. Diese Art der Architektur hat den großen Vorteil, dass es eine zentral verfügbare Datenmenge gibt, die von mehreren Benutzern verwendet wird. Dabei entsteht durch die Zentralisierung des Datenbestands nur an einer einzelnen Stelle Administrationsaufwand. Der größte Nachteil besteht allerdings in der Notwendigkeit von erweiterten Maßnahmen zur Sicherstellung der *Datenkonsistenz*, da der Datenzugriff verteilt von jedem Zugriffsrechner aus erfolgt und somit in dessen Verantwortung liegt.

Die 3-Tier-Architektur

Während die Gefahr einer Dateninkonsistenz bei wenigen Zugriffen bzw. Zugriffsrechnern noch vertretbar ist, kann es spätestens bei Large-Scale-Applikationen zu massiven Problem kommen. Eine bessere Strategie für große Anwendungen ist daher die *3-Tier-Architektur*, bei der es im Unterschied zur 2-Tier-Architektur eine weitere Schicht gibt. Mit dieser Aufspaltung in drei Schichten kann die Geschäftslogik aus der Anwendungsschicht extrahiert und ähnlich wie die Datenbank zentral verfügbar gemacht werden. Die Vorteile eines konsistenten Datenzugriffs und einer besseren Wartbarkeit überwiegen hierbei den Nachteil einer längeren und detaillierteren Planungsphase. ▶Abbildung 5.5 zeigt einen konzeptuellen Aufbau einer 3-Tier-Architektur.

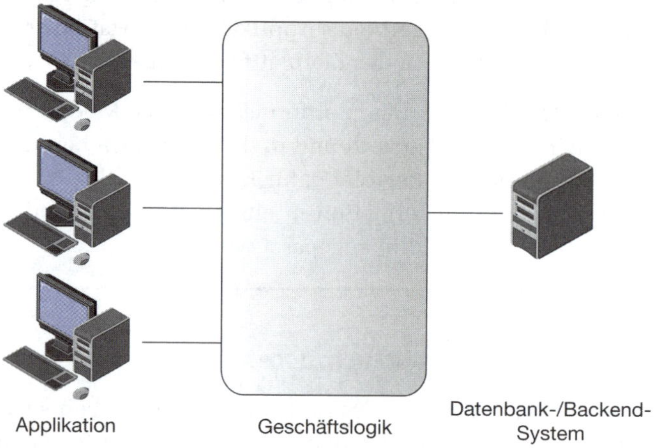

Abbildung 5.5: Eine schematische Ansicht einer 3-Tier-Architektur

Layered Architecture

Wie oben erwähnt bestehen die n-Tier-Architekturen aus funktionell getrennten Ebenen (Tiers). Aber auch diese Tiers sind auf einem konkreteren Level wiederum in Schichten geteilt, die sogenannten Layer.

Die Layer sind dabei hierarchisch aufgeteilt und folgen in einem sauber designten System bestimmten Regeln:

- Eine Ebene kommuniziert nur mit der Ebene direkt darunter.
- Eine Ebene kommuniziert nicht mit den darüber liegenden Ebenen.
- Eine Ebene hat keine Abhängigkeiten auf einer der darüber liegenden Ebenen.
- Die Kommunikation zwischen den Ebenen erfolgt über definierte Interfaces, um den Austausch einer Ebene zu ermöglichen.
- Auftretende Exceptions müssen nach Ebene gekapselt werden.

Wenn diese grundlegenden Regeln eingehalten werden, verbessert dies die Wartbarkeit und etwaige Fehlerbehebungen. Durch die Austauschbarkeit von Ebenen kann so flexibel auf Anforderungsänderungen reagiert werden.

Bei der praktischen Implementierung bedeutet das meist, dass jede Ebene durch ein bestimmtes Framework implementiert wird (siehe Kapitel 6).

▶Abbildung 5.6 zeigt den schematischen Aufbau einer Schichtenarchitektur.

Abbildung 5.6: Schematischer Aufbau einer Schichtenarchitektur. Die Kommunikation erfolgt nur nach unten, da Kommunikation nach oben das Konzept einer Schichtenarchitektur verletzen würde.

Fallstudie

Zur Architektur von Lisame

Das Projekt Lisame ist ein gutes Beispiel für die Umsetzung einer Schichtenarchitektur. Wenn man den Webapplikationsteil näher betrachtet, kann man ganz klar drei Schichten erkennen:

- User-Interface: Das User-Interface wurde mittels Java Server Faces (JSF) realisiert. JSF ist ein Framework, das eine schnelle und effiziente Implementierung einer Weboberfläche ermöglicht.
- Geschäftslogik: Die Geschäftslogik basiert auf einem Enterprise Java Beans Framework.
- Datenbankzugriff: Der Datenbankzugriff wurde über das Hibernate Frame gelöst. Hibernate bietet die Möglichkeit, mit minimalem Aufwand einen Zugriffslayer zu bauen, der über Konfigurationsdateien auf verschiedene Szenarien anpassbar ist, ohne den eigentlichen Quellcode ändern zu müssen
- Um die Kommunikation zwischen den einzelnen Frameworks zu homogenisieren, wurde zusätzlich schichtenübergreifend das Metaframework JBoss Seam gewählt.

Pipes and Filters

Pipes and Filters bezeichnet eine Architekturform, die vor allem bei der Verarbeitung von Datenströmen zum Einsatz kommt, wobei die Verarbeitung der Daten in mehreren Schritten geschieht und es zum Entwicklungszeitpunkt noch nicht klar ist, ob diese Schritte immer in derselben Reihenfolge durchlaufen werden sollten bzw. ob in Zukunft (mittelbar oder unmittelbar) neue Zwischenschritte in die Verarbeitung integriert werden sollen.

Das zu erschaffende System muss also einen Strom aus Input-Daten verarbeiten. Ein entsprechendes System als eine einzige Komponente zu implementieren, kann aus mehreren Gründen nachteilig sein:

- Das System (die einzelnen Verarbeitungsschritte) wird von mehreren Entwicklern entwickelt.
- Die Verarbeitung der Daten wird in mehrere Bearbeitungsstufen aufgegliedert.
- Die Anforderungen zu den Stufen werden sich wahrscheinlich ändern.

Um diesen Problemen vorzubeugen, sollten also die Bearbeitungsschritte austauschbar und in ihrer Reihenfolge veränderbar sein. Durch diese Flexibilität kann eine ganze Familie an Systemen erstellt werden, die existierende, verarbeitende Komponenten verwendet. Daraus ergeben sich gewisse Anforderungen an den Entwurf des Systems.

Durch eine *Pipes and Filters*-Architektur wird die Aufgabe eines Systems in sequentielle Bearbeitungsschritte aufgeteilt. Die Schritte sind durch den Datenfluss durch das System miteinander verbunden. Jeder Bearbeitungsschritt wird in Form einer Filterkomponente implementiert. Ein Filter konsumiert und liefert Daten inkrementell, um eine niedrige Verzögerung und parallele Verarbeitung zu ermöglichen. Die Datenquelle, die Filter und die Datensammelstelle *(Data Sink)* sind durch Pipes sequentiell miteinander verbunden. Eine Pipe implementiert einen Datenfluss zwischen zwei benachbarten Verarbeitungsschritten. Die Sequenz von Filtern und Pipes wird als *processing pipeline* bezeichnet (Buschmann et al., 1996).

Fallstudie

Zur Architektur von Stadt21

Wie bereits in der Fallbeispielbeschreibung in Kapitel 3 erwähnt, sollte im Rahmen von Stadt21 ein Tool erstellt werden, das die Angestellten der Stadtverwaltung bei der Erledigung der täglichen Aufgaben optimal unterstützen sollte. Während der Anforderungsanalyse zeigte sich, dass jede dieser Tätigkeiten aus einer genau definierten Abfolge von Arbeitsschritten besteht. Somit sollten im neuen System Workflows dynamisch definiert werden, die dann für die Benutzer ohne Neukompilierung und erneutes Ausrollen des Systems verfügbar sind. Daher wurde Stadt21 in zwei Hauptkomponenten aufgeteilt, die über einen zentralen Server abgerufen werden können:

- *Arbeitsoberfläche:* Die Benutzerschnittstelle für das Tagesgeschäft wurde als Webapplikation realisiert (JSP mit ICEFACES). Mit den gewählten Komponenten war es möglich, die Eingabefunktionalität einer Rich-Client-Anwendung in einer Webapplikation abzubilden. Durch die Implementierung als Webapplikation sind die Benutzer außerdem nicht an ihren Arbeitsplatz gebunden.
- *Prozesseditor:* Der Prozesseditor ist das Werkzeug, um neue Prozesse zu definieren. Er wurde als Java-Anwendung implementiert, da Funktionalität benötigt wurde, die sich zum Entwicklungszeitpunkt nur ungenügend über Webapplikations-Frameworks bereitstellen ließ. Um die Applikation trotzdem im gesamten Netzwerk verfügbar zu machen, sollte deren Aufruf per *Java Web Start* erfolgen. Bei Java Web Start handelt es sich um einen Mechanismus, um Java-Applikationen über den Webbrowser zu starten (siehe ▶Abbildung 5.7).

- *Serverkomponente:* Wie schon erwähnt wurde die Präsentationsschicht mit JSP realisiert, während für die Geschäftslogik EJBs zum Einsatz kamen. Die Kommunikation mit der Datenbank wurde mittels eines Persistancy Layer auf Hibernate Basis umgesetzt.

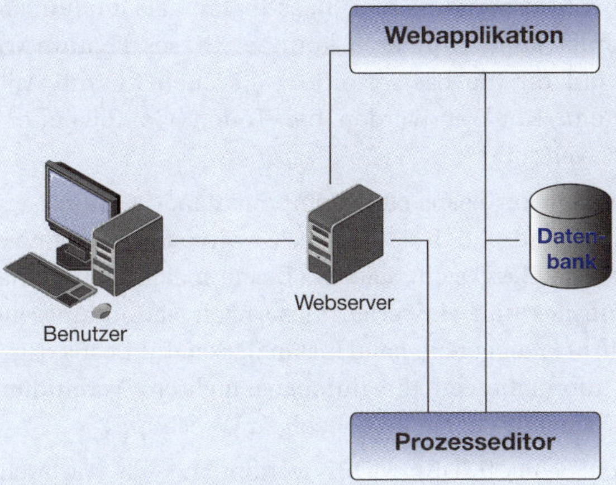

Abbildung 5.7: Schematische Darstellung der Stadt21-Architektur

Fallstudie Zur Architektur von Touch&Go

Da bei Touch&Go zahlreiche Technologien zum Einsatz kommen, ist die architektonische Perspektive besonders interessant (siehe ▶Abbildung 5.8). Bei Touch&Go geht es um eine Ticketing-Lösung im Mobilfunkbereich auf NFC-Basis. Da bei diesem Projekt das bestehende System nicht ersetzt werden sollte, wurde im Entwurf viel Wert auf eine nahtlose Integration in die bestehende Umgebung gesetzt.

Im Wesentlichen gibt es bei Touch&Go zwei Rollen, den *Endkunden*, der über sein Mobiltelefon auf das System zugreift, und den *Administrator*, für den eine eigene administrative Sicht auf das System existiert. Der Zugriff auf das System ist für den Benutzer des Mobiltelefons nur durch Informationen auf der Mobiltelefon-Applikation ersichtlich, die über eine drahtlose Netzwerkverbindung mit dem Touch&Go-Server (*Ticket Server*) kommuniziert. Daher ist eine grafische Benutzerschnittstelle für diese Benutzergruppe nicht erforderlich. Für die Administration des Systems wurde hingegen eine grafische Schnittstelle auf Basis von Java Server Pages geschaffen.

Als *technologische Basis* wurde Java gewählt, da nach ersten Analysen eine Lösung basierend auf *Enterprise Java Beans* (EJB) am vielversprechendsten erschien. Als Serversystem wurde der JBoss Application Server gewählt, für die Mobiltelefon-Anwendung J2ME und für die eigentliche Kartenapplikation Java Card.

Der Zugriff auf die Datenbank erfolgt mittels einer Persistenzschicht (Hibernate), dies ermöglicht einen Datenbankwechsel (z.B. von PostgreSQL zu Oracle) nur durch Änderung der Hibernate-Konfiguration.

EJBs bieten die Möglichkeit, ein System in unabhängige Komponenten (Beans) zu teilen, die sowohl innerhalb einer Jboss-Instanz als auch über Instanzgrenzen hinweg miteinander kommunizieren können. Dieses Feature war von enormer Wichtigkeit sowohl für die Lastverteilung als auch für die Anbindung an das bestehende System. Konkret werden bei Touch&Go folgende Enterprise-Java-Technologien verwendet:

- *Session Beans:* Session Beans sind Komponenten, die durch einen äußeren Einfluss instanziiert und aktiviert werden. Session Beans können je nach Bedarf „stateful" oder „stateless" sein. Stateless Beans speichern Informationen nur während eines Aufrufes und verwerfen diese nach Verbindungsende wieder (d.h., jeder Clientaufruf erzeugt eine neue Instanz), Stateful Beans dagegen behalten für jeden Client Informationen, die durchaus mehrere Verbindungen überdauern können (vgl. Warenkorb in einem beliebigen Webshop).
- *Message-Driven Beans* (MDB): MDBs werden an eine Warteschlange (Message-Queue) gebunden. Wenn in diese Warteschlange eine Nachricht (Message) gesendet wird, wird die MDB aktiviert. Nach dem Verarbeiten einer Nachricht wird die MDB wieder in einen Schlafzustand versetzt und bleibt bis zur nächsten Nachricht inaktiv.
- *Web Services:* Für die Kommunikation zum bestehenden System wurde ein Entwurf basierend auf Web Services erstellt. Die Kommunikation zwischen der neu implementierten Web-Service-Schnittstelle und dem bestehenden System erfolgt über SOAP über HTTPS. SOAP ist ein Kommunikationsstandard, der von verschiedenen Entwicklungs-Frameworks unterstützt wird, gut dokumentiert ist und dadurch einen raschen Entwicklungsvorgang versprach.
- *Java-Server-Pages (JSP):* Für die Webapplikations-Komponente wurden JSPs eingesetzt, da dies eine schnelle Entwicklung aufgrund existierender Erfahrung ermöglichte.

Im Weiteren wurden auf Seiten des Mobiltelefons noch zwei weitere Java-Technologien eingesetzt, um den Kommunikationsverlauf zu vervollständigen:

- *Java Midlet:* Auf Basis von J2ME wurde eine Mobiltelefonanwendung entwickelt, welche die Kommunikation zwischen dem Secure Element und dem Ticket Server ermöglicht.
- *Java Card Applet:* Mittels Java Card wurde eine Smart-Card-Applikation entwickelt. Auf dieser Smart-Card-Applikation werden sämtliche Informationen zu den gekauften und entwerteten Tickets verwaltet.

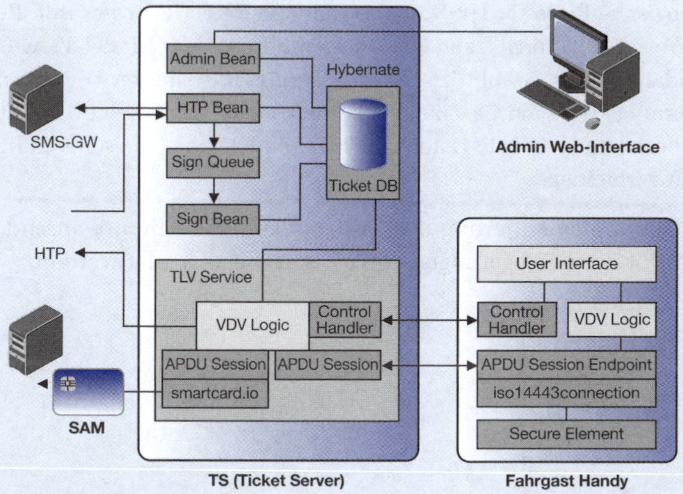

Abbildung 5.8: Architektur von Touch&Go

Fallstudie

Zur Architektur von HISS

Das Fallbeispiel HISS beschreibt eine Softwarelösung für ein universitäres Backend. Als Aufgabenstellung wird ein veraltetes, historisch gewachsenes System ersetzt und die notwendigen Schnittstellen werden homogenisiert. Das alte System ist dabei über Jahrzehnte gewachsen und wurde in Anpassung an neue gesetzliche Vorgaben laufend verändert. Das neue System HISS sollte als einziges zentrales System universitätsweit eingesetzt werden (siehe ▶Abbildung 5.9). Daraus entstanden die folgenden Kernanforderungen:

- *Rollenbasiertes Benutzermanagement:* Das System muss verschiedene Sichten für die verschiedenen Nutzergruppen bieten (Studenten, Lehre, Forschung, Administration).
- *Webapplikation:* Um einen ortsunabhängigen Zugriff zu ermöglichen, wurde HISS als Webapplikation geplant.
- *Hohe Verfügbarkeit:* Da der gesamte Universitätsbetrieb auf das neue System umsteigen sollte, musste eine hohe Verfügbarkeit gewährleistet werden.
- *Performance:* Da es erfahrungsgemäß gerade zu Semesterbeginn (Lehrveranstaltungsanmeldungen) zu erhöhter Systemlast kommt, musste das System performant genug sein, um eine solche Last zu bewältigen.
- *Anbindung an Legacy-Systeme:* Da es Subsysteme gab, die durch das neue System nicht ersetzbar waren, mussten Schnittstellen geschaffen werden, um eine Kommunikation zu diesen Legacy-Systemen zu ermöglichen.

Als technologische Basis für HISS wurde Ruby on Rails (RoR) gewählt. RoR ist ein schlankes Webapplikations-Framework basierend auf dem Model-View-Controller (MVC)-Paradigma. RoR erlaubt im Gegensatz zu PHP-basierten Weblösungen eine strenge Trennung zwischen Geschäftslogik und Darstellungsschicht. Als Datenbank wurde die bestehende Oracle-Datenbank verwendet, um eine aufwändige Datenmigration zu vermeiden.

Durch die Neuimplementierung des Systems konnten schon während der Entwicklung Performanz-Steigerungen von ca. 250% beobachtet werden.

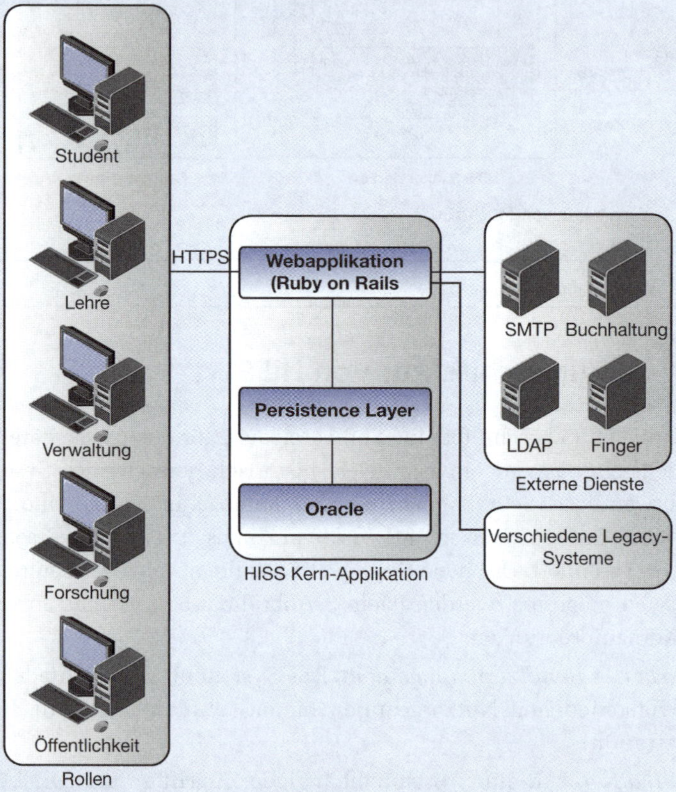

Abbildung 5.9: Schematische Darstellung der HISS-Architektur. Die Kommunikation des Benutzers mit dem System erfolgt über HTTPS. Mit Legacy-Systemen (zum Teil noch in Cobol) wird mittels XML-Datei-Austausch kommuniziert.

5.1.5 Architekturbausteine und deren Kommunikation

Jede Architektur besteht auf der Makroebene aus Bausteinen (*building blocks*). Diese Bausteine sind für unterschiedliche Aufgaben verantwortlich und kommunizieren untereinander. An dieser Stelle werden einige gängige Architekturbausteine beschrieben und anschließend typische Kommunikationsmuster erläutert. In den meisten Ausprägungen von interaktiven Systemen werden Architekturbausteine grundsätzlich nach dem *Client/ Server*-Muster unterschieden. Dabei wird davon ausgegangen, dass ein Server oder Service von mehreren Clients verwendet wird und die Kommunikation von Seiten des Clients ausgeht. Auf relevante architekturbeeinflussende Infrastrukturdienste, z.B. Loadbalancer (*Lastverteiler)* oder *Firewalls*, wird an dieser Stelle nicht weiter eingegangen. Zu den gängigsten generischen serverbasierten Architekturbausteinen zählen:

- Webserver
- Portalserver
- Applikationsserver
- Datenbankserver
- Nachrichtenserver (Message Queue), Kommunikationshub
- Dokumenten-Management-System (DMS)
- Transaktionsserver
- Verzeichnisserver (Directory)
- Stapelverarbeitung (Batch Processing)
- Public Key Infrastructure (PKI), siehe Kapitel 13

Neben den generischen Bausteinen gibt es in jeder Domäne spezifische Bausteine (z.B. ein *Clearing & Billing Server*), die in der jeweiligen Domäne von Relevanz sind.

Aufgabe – Architekturbausteine Wählen Sie ein Szenario von der CWS und entscheiden Sie, welche Architekturbausteine Sie für eine Implementierung benötigen. Diskutieren Sie Alternativen und begründen Sie Ihre Entscheidung.

Daten

Die Kommunikation zwischen einem Client und einem Server oder zwischen den Servern spielt für die Architektur eine entscheidende Rolle. Die Kommunikation kann u.a. unter folgenden Gesichtspunkten charakterisiert werden:

- *Direktionalität*: Die Kommunikation zwischen zwei Komponenten kann entweder unidirektional oder bidirektional erfolgen. Auch in der bidirektionalen Kommunikation ist oft nur ein Kommunikationspartner der Auslöser (z.B. Request/Response).
- *Zustandsbasiertheit*: Die Kommunikation kann entweder zustandsbasiert (*stateful*) oder zustandslos (*stateless*) erfolgen. In der zustandsbasierten Kommunikation erhält der Kommunikationspartner Information über die Kommunikation während der gesamten Kommunikationsdauer, während in der zustandslosen Kommunikation diese Information üblicherweise anstatt im Service in den Nachrichten gekapselt ist.
- *Zugriffsart*: Die wichtigste Zugriffsart ist das *Request/Response*-Muster. Des Weiteren wird häufig zwischen einer *Push*-Kommunikation (Senden von Information) und einer *Pull*-Kommunikation (Abholen von Information) unterschieden.
- *Synchronität*: Die Kommunikation kann im Request/Response-Muster entweder *synchron* (der Sender wartet, oftmals blockierend, auf die Antwort nach Senden der Anfrage) oder *asynchron* (der Sender setzt die Programmausführung nach Senden der Anfrage fort und verarbeitet die Antwort ereignisgesteuert) erfolgen.

- *Standardkonformität*: Die Kommunikation kann konform zu standardisierten offenen oder proprietären Protokollen erfolgen. Es gilt als fundamentale best practice, grundsätzlich nach offenen Standards zu kommunizieren.
- *Absicherung*: In vielen modernen Infrastrukturen wird die Kommunikation zwischen Architekturbausteinen (z.B. kryptografisch) gesichert. Die Sicherung kann entweder Teil des Protokolls selbst sein oder das Protokoll wird zur Sicherung in ein entsprechendes Trägerprotokoll gekapselt (z.B. https).

Eine Grundregel für einen stabilen Schnittstellenentwurf ist „*be strict in what you send and be liberal in what you accept*". Der Verwender der Schnittstelle muss also, so weit es ihm möglich ist, die ausgehenden Informationen prüfen und nur eine strikte konforme Kommunikation nach außen zulassen. Der Schnittstellenanbieter wiederum muss im Sinne eines stabilen Gesamtsystems alle möglichen (und vielleicht sogar nicht spezifizierten) Eventualitäten der Schnittstellenverwendung berücksichtigen und geeignet verarbeiten. Ein typisches Beispiel für diesen Fall ist das sogenannte *trailing spaces*-Problem. In vielen Kommunikationsprotokollen sind die Feldlängen nicht begrenzt. Ein Verwender einer Schnittstelle könnte nach einem Datum noch Leerzeichen mitsenden, ohne die Konformität zur Schnittstellenbeschreibung zu verletzen. Der Empfänger könnte wiederum beim *Parsing* eine feste Zeichenlänge erwarten und in diesem Fall einen Ausnahmefehler erzeugen. Gemäß dem oben genannten Prinzip müssten beide Kommunikationspartner ein Entfernen der unnötigen Leerzeichen (*trim*) vornehmen. Wenn die Kommunikation nicht *peer-to-peer,* sondern über einen geeigneten *Kommunikationshub* (Message Orientated Middleware, MOM) implementiert wird, werden solche Prüfungen und Anpassungen üblicherweise vom Hub durchgeführt. Hieraus leitet sich auch ein weiterer bekannter Satz ab: „*Every distributed application developer (DAD) needs a message orientated middleware (MOM).*"

Exkurs Asynchronous Javascript and XML (AJAX)

Asynchronous Javascript and XML (*AJAX*) ist ein asynchrones Kommunikationsdesign für Webanwendungen. Um nicht bei jedem Ereignis (üblicherweise eine Benutzerinteraktion) den vollen und teilweise sehr umfangreichen http-*Request/Response-Zyklus* durchzuführen, wird nur das Ereignis an eine entsprechende Serverkomponente gesendet. Die asynchrone Antwort enthält dann nicht wie im klassischen Modell üblich die gesamte Webpage, sondern nur die Information, die für ein Update erforderlich ist. ▶Abbildung 5.10 zeigt die Funktionsweise von AJAX. Im Webportal des Fallbeispiels LiSaMe werden viele AJAX-Komponenten (diese kapseln dieses Kommunikationsmuster) verwendet, um die Benutzbarkeit und das Antwortzeitverhalten der Applikation zu optimieren.

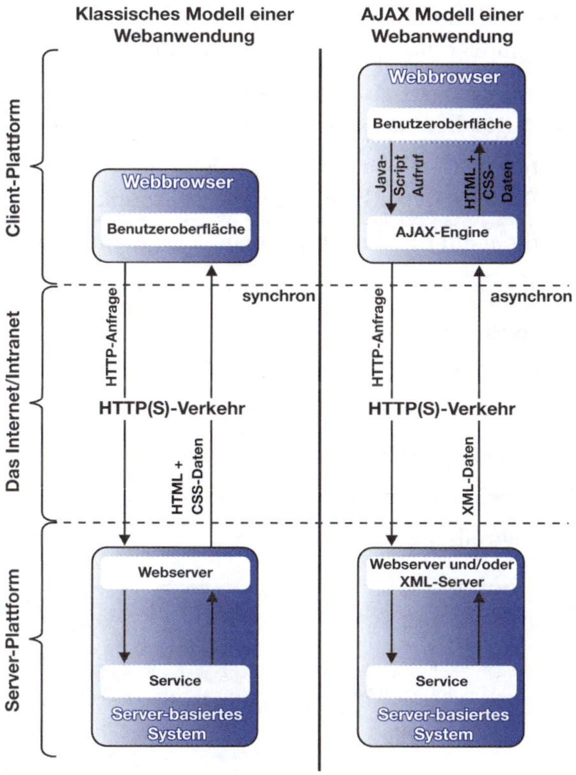

Abbildung 5.10: Vergleich einer klassischen Webarchitektur und AJAX

5.1.6 Architektur-Frameworks

Architektur-Frameworks stellen „Fertigteil-Bausätze“ für entsprechende Sichtenmodelle dar. Im folgenden Kasten wird das *Zachman-Framework* als konkrete Ausprägung eines Architektur-Frameworks vorgestellt. Andere bekannte Architektur-Frameworks sind das 4+1 Sichtenmodell, DODAF, MODAF, TOGAF, RM-ODP und GERAM. Architektur-Frameworks geben Sichten auf die Softwarearchitektur vor und weisen auf allgemeine Problemstellungen hin.

Exkurs Zachman-Framework

Die Sichtenaufteilung im Zachman-Framework erfolgt, wie in ▶Abbildung 5.11 ersichtlich, anhand folgender Sichten:

- *Planung* – befasst sich mit grundlegenden Anforderungen und stellt eine Art Management-Summary des Systems dar.
- *Geschäftsmodell* – beschreibt die Geschäftsprozesse und Entitäten, die auf Geschäftsebene mit dem System interagieren.

- *Systemmodell* – stellt den Entwurf des Systems dar und damit die Daten und Funktionen, die notwendig sind, um das Geschäftsmodell zu realisieren.
- *Technologie-Sicht* – befasst sich mit Technologieauswahl und -management. Überleitung der logischen Modelle aus dem Entwurf in Code.
- *Detaillierte Repräsentation* – beschreibt die detaillierte Repräsentation des Systems in Form z.B. einer Spezifikation als Ausgangspunkt für die Entwicklung.
- *Laufzeitsicht* – Sicht auf die derzeitige, reale Ausprägung des Systems.

Innerhalb dieser Sichten werden jeweils *sechs Fragestellungen* bearbeitet:

- Was – die Beschreibung der Daten
- Wie – die Beschreibung der Funktionalität
- Wo – die Beschreibung der Infrastruktur
- Wer – die Beschreibung der beteiligten Personen
- Wann – die Beschreibung der zeitlichen Komponente
- Warum – die Beschreibung der Motivation

	Was	Wie	Wo	Wer	Wann	Warum
Planung	Auflistung Geschäftsschwerpunkte	Auflistung Geschäftsprozesse	Auflistung Geschäftsstellen	Auflistung relevanter Organisationen	Auflistung relevanter Geschäftsereignisse	Auflistung Geschäftsziele
Geschäftsmodell	Semantisches Modell	Geschäftsprozessmodell	Logistik System	Workflow-Modell	Zeitplan	Business-Plan
Systemmodell	Logisches Datenmodell	Anwendungsarchitektur	Verteilte Systemarchitektur	Human-Interface-Architektur	Ablaufstruktur	Business-Rule-Modell
Technologiesicht	Physikalisches Datenmodell	Systemdesign	Technologie Architektur	Präsentations-Architektur	Kontrollstruktur	Rule-Design
Detaillierte Repräsentation	Datendefinition	Programm	Netzwerkarchitektur	Sicherheitsarchitektur	Zeitliche Festlegung	Rule Spezifikation
Laufzeitsicht	Reale Werte in DB	Gecodete Funktionen	Physikalisches Netzwerk	Reale Organisation	Tagesplanung	Derzeit ausgeführte Unternehmensstrategie

Abbildung 5.11: Sichtenkonzept des Zachman-Frameworks

5.2 Entwurfsparadigmen

Für den **Entwurf** einer Applikation gibt es mehrere Ansätze. Je nach Anforderung kann es günstiger sein, ein System rein objektorientiert zu entwerfen oder aber auf eine serviceorientierte Architektur zu setzen. Die folgenden Abschnitte geben einen Einblick in zwei dieser Konzepte.

5.2.1 Objektorientiertes Design

Im objektorientierten Design (oder auch objektorientierten Entwurf) werden die Diagramme und Modelle der objektorientierten Analyse übernommen und erweitert. Ziel des objektorientierten Designs ist es, eine möglichst genaue Abbildung des später zu implementierenden (Sub-)Systems zu erstellen. Es müssen nicht alle Implementierungsdetails im Entwurf vorhanden sein, da es z.B. Methoden geben kann, die nur für die konkrete Implementierung relevant werden (aus z.B. einer technologischen Notwendigkeit heraus) und deswegen nicht im objektorientierten Entwurf erscheinen. Die Diagramme, die für den objektorientierten Entwurf von Relevanz sind, sind *Klassendiagramme*, die die Struktur festlegen, *Zustands- und Sequenzdiagramme*, die das Verhalten des Systems und Abläufe vorgeben, sowie *Komponentendiagramme*, die die Systemkomponenten und ihren Zusammenhang abbilden.

Exkurs **Prozessorientiert vs. objektorientiert**

Bei einer *prozessorientierten Systementwicklung* steht im Entwurf die Servicebeschreibung im Mittelpunkt – hier wird die fachliche Komponente der Softwareentwicklung aus den Geschäftsprozessen des Kunden anhand der Orchestrierung von Services in die tatsächliche Realisierung übergeleitet. Ein Beispiel für einen prozessorientierten Ansatz im Entwurf stellt das serviceorientierte Design im nächsten Kapitel dar. Der Geschäftsprozess ist die zugrunde liegende fachliche Sicht, die durch die IT gestützt bzw. realisiert werden soll. Aus dem Geschäftsprozess werden Business Use Cases generiert oder Business Services identifiziert (eine detaillierte Darstellung erfolgt in den nächsten Kapiteln). Die Prozessorientierung stammt also daher, dass der Geschäftsprozess die Triebfeder für die Analyse darstellt.

Bei einer *objektorientierten Systementwicklung* steht das Klassendiagramm im Entwurf im Mittelpunkt – die fachliche Komponente fließt in Form eines Domänenmodells und der Anwendungsfälle in den Entwurf ein.

Das Verhältnis von prozessorientierter und objektorientierter Systementwicklung muss nicht ausschließend sein – wir stellen in den folgenden Kapiteln vor, wie sich eine prozessorientierte Systementwicklung der objektorientierten Entwicklung bedient, um Subsysteme zu realisieren.

Notation

Objektorientiertes Design wird meistens mittels *Unified Modeling Language* (UML) durchgeführt. Für eine Erläuterung der UML und der Diagramme, die im Entwurf zur Anwendung kommen, siehe Kapitel 4 und CWS.

Vorgehensweise

Ziel der objektorientierten Analyse und des Entwurfs nach Booch (1994) ist es:

- Klassen und Objekte auf jeder Abstraktionsebene zu identifizieren,
- die Semantiken zwischen den Klassen und Objekten festzulegen,
- die Beziehungen der Klassen und Objekte zu identifizieren,
- Schnittstellen und Implementationen der Klassen zu spezifizieren.

Die hier angegebenen Tasks finden sowohl in der Analyse als auch im Entwurf statt – sie stellen Tasks innerhalb der Mikroarchitektur dar und liefern, je nachdem, ob sie im Entwurf oder in der Analyse stattfinden, andere Ergebnisse.

Exkurs

Tasks im objektorientierten Entwurf nach Booch (1994)

- *Identifying Classes and Objects*: Ziel dieses Tasks ist es, zusätzliche (sinnvolle) Abstraktionsformen zu finden, die in der Analyse vielleicht noch nicht naheliegend sind, weil die Analyse auf einer fachlichen Ebene stattfindet. Ein gutes Beispiel für diesen Task ist die Verfeinerung der einzelnen (rudimentären) Klassen des Domänenmodells (nur Attribute, keine Operationen) aus der Analyse zu Klassen des objektorientierten Entwurfs (Attribute und Operationen).
- *Identify class and object semantics*: Dieser Task beschäftigt sich vor allem mit dem Verhalten der Klassen und Objekte und nicht mit der Struktur – dargestellt wird dieses Verhalten mit Sequenz- und Zustandsdiagrammen.
- *Identify class and object relationships*: In diesem Schritt werden die (statischen) Zusammenhänge der Klassen und Objekte dargestellt in Form von Klassen-, Objekt- und Moduldiagrammen (= Komponentendiagramm in der UML).
- *Specify class and object interfaces and implementation*: In diesem Schritt werden die Schnittstellen der Klassen und Objekte definiert, die später für die Implementierung relevant werden.

Die Makroarchitektur im objektorientierten **Entwurf** soll folgende zwei Punkte erfüllen:

- Festlegen einer Architektur für die Implementierung
- Policies festlegen für die Systemkomponenten

Der Entwurf liefert also zwei hauptsächliche Ergebnisse, nämlich die *Architekturbeschreibung* und die *Beschreibung der Policies*. Die **Architektur** im objektorientierten Entwurf umfasst die Struktur der Klassen und Objekte – Booch (1994) unterscheidet hier zwischen logischer und physikalischer Architektur. Die *logische Architektur* zeigt die Gruppierung der Klassen in Kategorien von Klassen (Klassendiagramm), während die *physikalische Architektur* die Gruppierung von Modulen zu Subsystemen abbildet (z.B. dargestellt als Komponentendiagramm).

Exkurs Kontrollfluss am Beispiel Stair vs. Fork

Im Entwurf sollte festgelegt werden, wie die Kontrolle (Steuerungslogik) über die vorhandenen Objekte aufgeteilt wird. Gemäß Jacobson et al. (1996) gibt es zwei Möglichkeiten, die Kontrolle zu verteilen – diese zwei Möglichkeiten werden „*Stair*" und „*Fork*" genannt. Beim „Stair"-Ansatz wird die Kontrolle auf die beteiligten Objekte aufgeteilt, während beim „Fork"-Ansatz die Kontrolle zentralisiert bei einem Objekt bleibt. Das bedeutet, dass beim „Stair"-Ansatz jeder Schritt des Ablaufs von einem eigenen Objekt gesteuert wird (siehe ▶Abbildung 5.12).

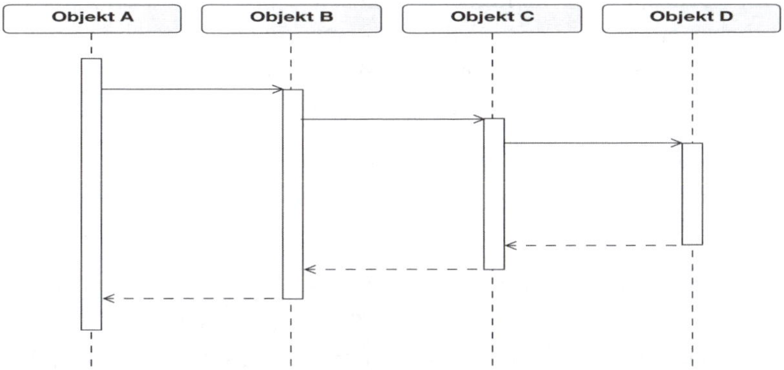

Abbildung 5.12: Sequenzdiagramm Stair

Beim „Fork"-Ansatz übernimmt ein zentrales Objekt die Kontrolle, der gesamte Ablauf wird in diesem zentralen Objekt gesteuert (siehe ▶Abbildung 5.13). Beide Ansätze bringen Vor- und Nachteile. Im „Stair"-Ansatz wird relativ viel Funktionalität in den jeweiligen Schritten gekapselt, was unter Umständen zu höherer *Wiederverwendung* führt, während im „Fork"-Ansatz die *Wartbarkeit* durch die zentrale Steuerung erhöht wird.

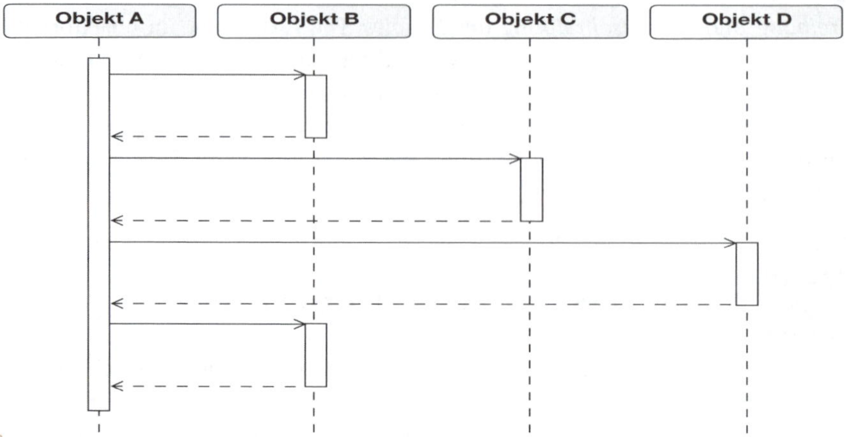

Abbildung 5.13: Sequenzdiagramm Fork

Die Verwendung dieser beiden Konzepte ist Anwendungsspezifisch – ähnliche Konzepte kommen zudem nicht nur auf der Mikrodesign-Ebene zum Tragen, sondern können auch architektonische Kommunikationsmuster darstellen. Dabei gilt das „Stair"-Konzept als Kommunikationsmuster heutzutage als „bad practice", da ein deutlicher Trend zu „Fork"-Architekturen zu erkennen ist, der zentralisierten Kommunikation z.B. über einen Message Bus.

Policies im Entwurf sollen dazu dienen, Mechanismen zu beschreiben, die mehrfach im System auftreten, z.B. allgemeine Fehlerhandhabung oder Speichermanagement.

Lösung

Aufgaben – Objektorientierter Entwurf Wählen Sie ein Szenario von der CWS und lösen Sie folgende Fragestellungen zum objektorientierten Entwurf:

- Modellieren Sie mithilfe eines Komponentendiagramms eine mögliche Systemaufteilung auf Basis der textuellen Beschreibung.
- Erstellen Sie ein Klassendiagramm (inkl. Methoden und Attribute) für einen Systemteil.
- Definieren Sie für eine Ihrer Klassen entsprechende Schnittstellen zu abhängigen Klassen gemäß Ihrem Klassendiagramm.
- Versuchen Sie, das dynamische Verhalten und den Ablauf eines Anwendungsfalles anhand eines Zustandsdiagrammes abzubilden.

5.2.2 Serviceorientiertes Design

Bis Anfang 2009 zählten *serviceorientierte Architekturen* (SOA) zu den besonders populären Schlagwörtern in der Softwareentwicklung. Um diesem neuen Paradigma des Softwareaufbaus zu entsprechen, sind auch neue Modellierungsansätze entstanden, die vor allem eines gemeinsam haben – die Grenze zwischen Analyse und Entwurf noch weiter als bisher aufzulösen. Somit wird an dieser Stelle *serviceorientiertes Design* umfassend diskutiert, aber auch auf die *serviceorientierte Analyse* Bezug genommen. Anders als beim objektorientierten Design bedient sich das serviceorientierte Design gleich mehrerer Notationen, was u.a. auch daran liegt, dass serviceorientiertes Design mehrere Abstraktionsebenen umfasst – der Wechsel von fachlicher Ansicht zur technischen Realisierung geschieht dabei fließend.

Exkurs

Service Layer und Business Process Management (BPM)

Im *Service Layer* werden die entsprechenden Service-Kandidaten anhand der Prozessschritte im modellierten Geschäftsprozess identifiziert. Die Prozessschritte setzen entsprechende Service-Calls an die *Business Services* auf der höchsten Abstraktionsstufe ab (siehe ▶Abbildung 5.14). Die Business Services selbst umfassen mehrere technische Services, die wiederum durch Orchestrierung von atomaren Services zusammengesetzt sind. Der Übergang zwischen Service Layer und Component Layer verläuft fließend – die Einteilung in Komponenten und Services obliegt dem Modellierer, da er hier die entsprechende Granularitätsstufe zu wählen hat. Die technische Realisierung einer Orchestrierung wird je nach Realisierungsumgebung durch eine entsprechende Engine gewährleistet, z.B. mittels BPEL oder **BPMN**.

Der Service Layer enthält also die *technische Realisierung* der Business Services, die aufgrund der einzelnen Aktivitäten im Geschäftsprozess identifiziert wurden.

Zur Identifikation von Service-Kandidaten für die technische Realisierung gibt es den *Service* **Litmus-Test** aus der IBM **Service-Oriented Modeling and Architecture** (SOMA). Dabei spielen zwei Gesichtspunkte eine wesentliche Rolle:

- *Business-aligned*
- Jeder Service muss entweder auf ein Business Requirement (auf einen **Key Performance Indicator** (KPI), ein Geschäftsziel etc.) oder eine Aktivität innerhalb eines Geschäftsprozesses zurückführbar sein. Eine gute Möglichkeit zur Überprüfung, ob die Services entsprechend treffsicher gewählt wurden, besteht im Kundenfeedback.
- *Reusable*
- Services und deren Operationen sollten generisch genug sein, dass das Service auch aus einem Kontext heraus aufgerufen werden kann, der über den ursprünglichen Anwendungskontext des Services hinausgeht.

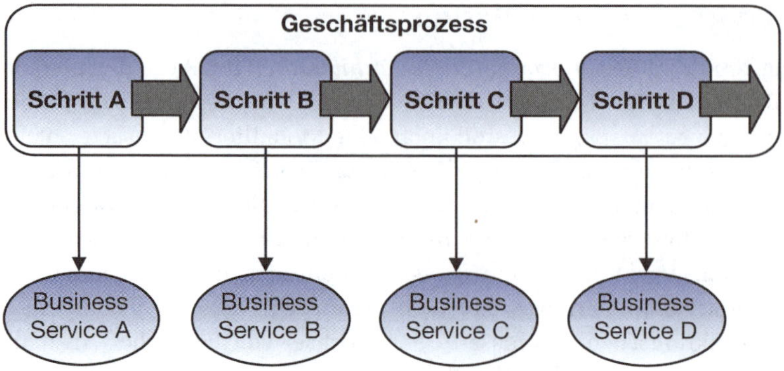

Abbildung 5.14: Business Process Management und SOA

Im objektorientierten Entwurf wird die Anwendung betrachtet – entsprechend dieser Betrachtungsweise gestaltet sich auch der Entwurf. Der serviceorientierte Entwurf stülpt dieser Betrachtungsweise zwei Abstraktionsebenen über: Es werden die Anwendungen, erstellt z.B. mithilfe eines objektorientierten Entwurfes, miteinander verknüpft zu einer „großen" Anwendung. Diese kleinen Anwendungen, die zu einer großen verknüpft werden, heißen *Services* und die „großen" Anwendungen werden als *Business Services* bezeichnet. Es wird eine Applikation in mehrere Business Services aufgeteilt, diese wiederum jeweils in kleinere bis hin zu atomaren Services. Die Motivation hinter diesem Vorgehen wird in den folgenden Kapiteln dargestellt. ▶Abbildung 5.15 soll den Aufbau des serviceorientierten Entwurfes verdeutlichen.

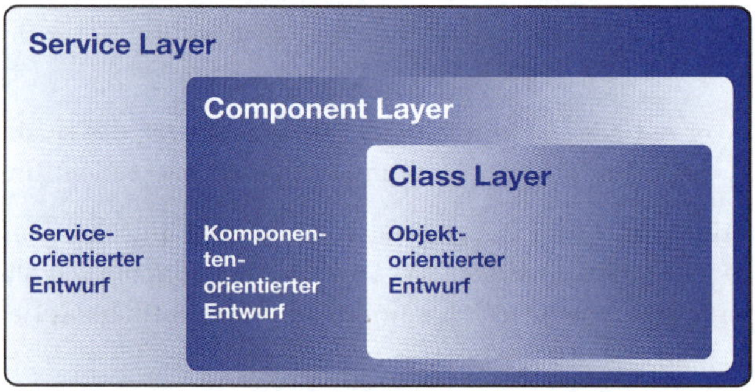

Abbildung 5.15: Der serviceorientierte Entwurf (IBM SOMA)

Während in der untersten Abstraktionsebene immer noch objektorientiertes Design zur Anwendung kommen kann (aber nicht MUSS!), werden zwei Abstraktionsebenen über den traditionellen Entwurf „gestülpt".

Wichtig hierbei ist allerdings, UML und objektorientiertes Design zu differenzieren. Nur weil UML als Werkzeug im Component und im Service Layer zum Einsatz kommt, haben die Layer mit objektorientiertem Design nicht viel gemeinsam. Vielmehr wird hier ein *prozessorientierter Ansatz* verfolgt, in dem zentral eben nicht die Klassen, sondern die *Geschäftsprozesse* zugrunde liegen.

Exkurs Component Layer und SCA

Die **Service Component Architecture** (SCA) stellt eine Möglichkeit der Orchestrierung von Services innerhalb einer SOA dar. Die Hauptbegriffe, die in der SCA definiert sind, sind *Component* (siehe ▶Abbildung 5.16) und *Composite* (siehe ▶Abbildung 5.17).

Eine *Component* besteht aus einer konfigurierten Instanz einer Implementierung, wobei eine Implementierung ein Stück Code ist, das gewisse Business-Funktionalitäten anbietet. Diese Business-Funktionalität wird über Services angeboten – eine Komponente stellt also eine Kapselungsform dar. Die Implementierungen selbst können über Referenzen wiederum von anderen Implementierungen abhängig sein. Die Komponente konfiguriert die Implementierung, indem Werte für Eigenschaften vorgegeben werden und die Referenzpunkte mit den Servicepunkten anderer Komponenten verknüpft werden. Eine Anwendung, die durch die Verknüpfung mehrerer Komponenten entsteht, wird *Composite* genannt. Composites beinhalten Komponenten, Services, Referenzen, Eigenschaftsdeklarationen und die Verknüpfung der Referenzen mit Services. Die Verknüpfung und Gruppierung erfolgt dabei technologieneutral über die entsprechenden Schnittstellen der Komponenten. Ein Composite kann wiederum als Komponente in einer gröberen Granularitätsstufe verwendet werden – daher auch der fließende Übergang von Service (im eigentlichen Sinn) und Komponente (im Sinne der SCA).

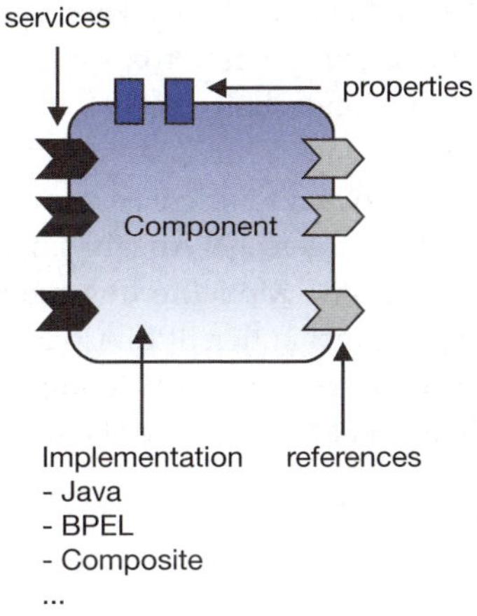

Abbildung 5.16: SCA Component (*http://www.osoa.org*)

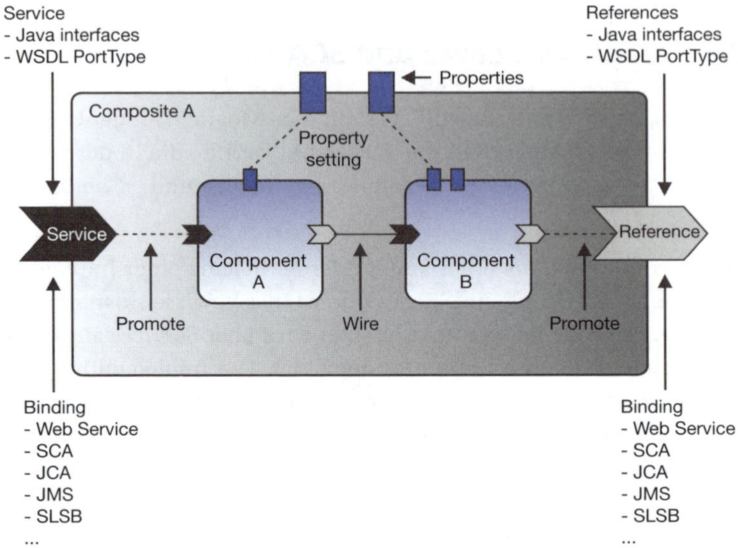

Abbildung 5.17: SCA Composite (*http://www.osoa.org*)

Notation

Wie bereits erwähnt, kommen im serviceorientierten Entwurf nicht zwangsläufig nur Elemente der UML vor – allerdings KANN der gesamte serviceorientierte Entwurf in UML vorgenommen werden. Der Business Layer kann neben **BPMN** u.a. auch in **EPK**s modelliert werden, das sind ereignisgesteuerte Prozessketten, eine BPMN-ähnliche Notation, die z.B. in der ARIS-Tooling-Landschaft angeboten wird. Als Alternative kann der Business Layer eben auch in Form eines UML-Aktivitätsdiagrammes entworfen werden. Der Component Layer muss nicht zwangsläufig in einem UML-Komponentendiagramm dargestellt werden, denn durch die geringe Anzahl an notwendigen Modellierungselementen könnte auch eine „eigene" Modellierungsmethode zum Einsatz kommen, solange aus den Diagrammen entsprechender BPEL-Code generiert werden kann. Dabei stellt BPEL nur eine Möglichkeit der Ausführbarkeit einer Orchestrierung dar, BPMN in einer entsprechenden Systemlandschaft von TIBCO kann beispielsweise auch eingesetzt werden.

Diagramme

Auf *Class Layer-Niveau* kommen die entsprechenden *UML-Diagramme* zum Tragen, die bereits im objektorientierten Design vorgestellt worden sind.

Für den *Business Layer* wird ein *Prozessmodell* dargestellt, wobei sich hier BPMN aufgrund ihrer Unkompliziertheit als Beispiel empfiehlt (siehe ▶Abbildung 5.18).

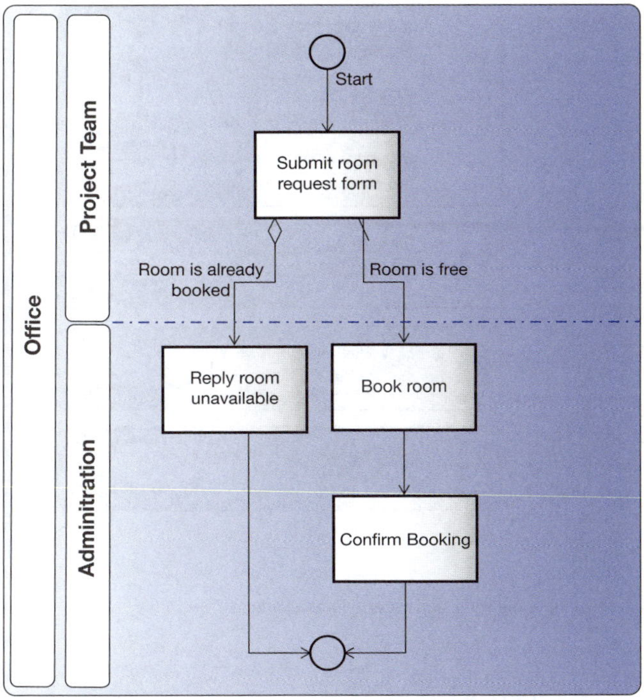

Abbildung 5.18: BPMN-Modell

Für den *Service Layer* kann ein *UML-Klassendiagramm* verwendet werden.

Für den *Component Layer* können als standardisierte Modellierungsmethode *UML-Komponentendiagramme* eingesetzt werden – die alternative, ähnliche Darstellung, die z.B. in der SCA vorgegeben wird, ist im Exkurs oben ersichtlich, UML-Komponentendiagramme werden im Anhang erläutert.

Zusammensetzen des serviceorientierten Entwurfes

Wie spielen die vier vorgestellten Ebenen jetzt konkret zusammen? Im *Business Layer* werden die zu realisierenden Prozesse aus der fachlichen Sicht modelliert. Dies geschieht bereits in der Analyse gemeinsam mit den beteiligten Stakeholdern des Entwicklungsprojektes. Für eine detaillierte Vorgehensweise zur Business Service-Kandidaten-Identifikation sei auf Peraire et al. (2007) und Wahli et al. (2007) verwiesen. Die identifizierten Prozesse enthalten als Zwischenschritte die zu realisierenden Business Services – hierbei handelt es sich um Services in der höchsten Granularitätsstufe (siehe hierzu Abschnitt 5.4.2 Granularität, S. 236). Diese Business Services werden im Zuge der Analyse und später des Entwurfes bis zur technischen Ebene dargestellt, wobei die niedrigste Abstraktionsebene der klassische objektorientierte Entwurf ist. Die Services selbst werden z.B. in Form der SCA orchestriert und zu Komponenten gruppiert (siehe ▶Abbildung 5.19).

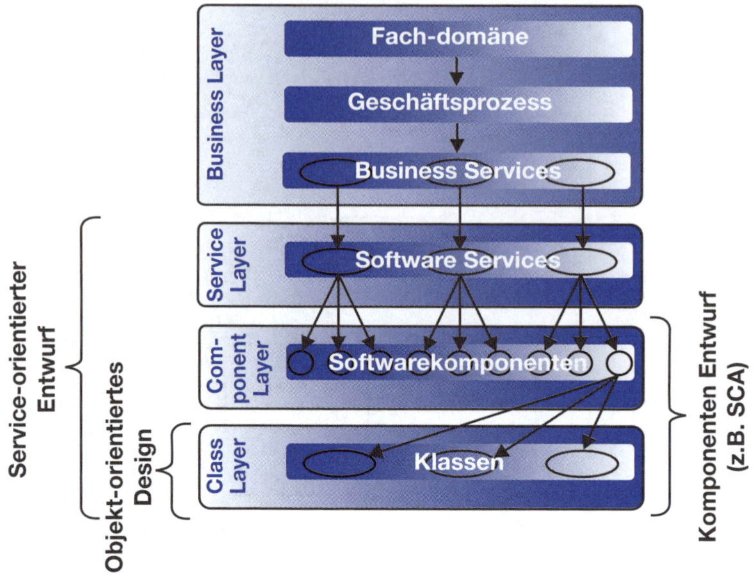

Abbildung 5.19: Überblick über die serviceorientierte Entwicklung

COMPANION WEBSITE Lösung

Aufgabe – Serviceorientierter Entwurf Versuchen Sie, einen Geschäftsprozess aus der CWS in einen serviceorientierten Entwurf zu überführen. Gehen Sie dabei wie folgt vor:

- Führen Sie anhand der zwei vorgestellten Gesichtspunkte (Business Aligned und Wiederverwendbarkeit) eine Service-Kandidaten-Identifikation für die Aktivitäten innerhalb des ausgewählten Geschäftsprozesses durch.
- Wählen Sie einen Business Service aus und versuchen Sie, diesen Business Service in den serviceorientierten Entwurf überzuleiten. Versuchen Sie, IT-gestützte Vorgänge zu identifizieren und in technischen Services zu kapseln. Notieren Sie sich die von Ihnen identifizierten Services.
- Versuchen Sie, unter Verwendung der SCA Ihren Business Service aufgelöst in die identifizierten technischen Services darzustellen, wobei Sie Ihr Hauptaugenmerk auf eine möglichst sinnvolle Gruppierung der Services zu Composites und Components legen sollten.

Komponenten einer serviceorientierten Architektur

Um eine serviceorientierte Architektur in einem Unternehmen effektiv umsetzen zu können, ist zusätzlich zu den eigentlichen Services der Einsatz von mehreren Komponenten notwendig.

Enterprise Service Bus (ESB): ESB ist eine Typbezeichnung für eine bestimmte Art von Software zur Integration von Services. Aufbauend auf dem Prinzip einer Message Orientated Middleware (MOM) bietet der ESB vor allem die Funktionen für *Transformation, Routing* und *Orchestrierung* der Serviceaufrufe. Die unten genannten Komponenten sind häufig mit einem ESB gekoppelt bzw. in diesem enthalten.

Process Engine (Service Orchestration): Darunter versteht man Werkzeuge für die Ablaufsteuerung der Service-Aufrufe. Jeder Prozess erfordert eine Abfolge an definierten Tasks, jeder dieser Tasks kann dabei von einem Service übernommen werden. Ist eine Änderung des Prozesses notwendig, kann mit diesem Werkzeug die Service-Kommunikation ohne Neuimplementierung der Services neu geordnet werden.

Service Repository: Beinhaltet Informationen über verfügbare Services (z.B. Adresse, Parameter).

Service Monitoring: Überwacht den Status der einzelnen Services und die Kommunikation zwischen den Services.

Rules Engine: Erlaubt die Verwaltung von Geschäftsregeln. Diese Regeln werden wiederum für die Service-Orchestration eingesetzt.

5.3 Architekturmuster

Definition Muster (Patterns)

„A pattern for software architecture describes a particular recurring design problem that arises in specific design contexts, and presents a well-proven generic scheme for its solution. The solution scheme is specified by describing its constituent components, their responsibilities and relationships, and the ways in which they collaborate." – Buschmann et al. (1996)

Der Ursprung von Patterns entstammt nicht der Softwareentwicklung. Der „Erfinder", wenn man von einem Erfinder einer so allgemeinen Problemlösungsstrategie sprechen kann, wird nach Buschmann et al. (1996) und Gamma et al. (1995) mit einem Architekten im eigentlichen Sinne angegeben, nämlich Christopher Alexander. Dessen Auffassung von Patterns beeinflusst maßgeblich die Beschreibungsweise von Patterns.

> *„Each pattern is a three-part rule, which expresses a relation between certain context, a problem and a solution" – Alexander (1979)*

Diese dreiteilige Regelform ergibt eine brauchbare Grundlage zur Beschreibung von Patterns. Es gibt einen Kontext, ein Problem und eine Lösung. Der *Kontext* beschreibt die *Problemdomäne*, das *Problem* beschreibt die *Aufgabenstellung*, die durch das Pattern gelöst werden soll, und die *Lösung* beschreibt die *Idee* hinter dem Pattern sowie das Pattern an sich. Es ist bereits hier ersichtlich, dass diese Art der Problemlösungsstrategie und Beschreibung „fächerübergreifend" zu verwenden ist. Ob es um Entwurfsmuster in der Architektur oder in der Softwarearchitektur geht, ist nebensächlich, da hier eine allgemeine Vorgehensweise beschrieben wurde.

Vlissides (1997) hingegen kritisiert diese dreiförmige Beschreibung, da diese drei Elemente für eine Pattern-Beschreibung nicht ausreichend seien und um mindestens drei Beschreibungselemente erweitert werden müssten – Recurrence, Teaching und Name. *Recurrence* beschreibt das Wiederauftreten des Musters in einer Situation außerhalb der konkreten, *Teaching* soll die Idee hinter dem Pattern darlegen und Vorschläge zur Lösungsanpassung bringen, während *Name* das Pattern möglichst eindeutig bezeichnen soll. Die Beschreibungsmethode in diesem Kapitel ist daher abstrakt in der Form Kontext – Problem – Lösung dargestellt, wobei nur ein kurzer Einblick in Patterns anhand von ausgewählten, konkreten Beispielen gegeben wird. Die Grenzen von Patterns werden von Vlissides (1997) überblicksartig aufgezeigt.

Zusätzlich zu diesem „fächerübergreifenden" Ansatz kommt auch ein Abstraktionsebenen überspannender Ansatz in der Softwarearchitektur hinzu. Wie in den vorherigen Abschnitten beschrieben, zieht sich Architektur über mehrere Abstraktionsebenen – dies gilt auch für Entwurfsmuster für Architekturen. Es gibt Entwurfsmuster für strategisches Design genauso wie für taktisches Design. In den folgenden Kapiteln wollen wir die Aufteilung entlang der in Buschmann et al. (1996) getroffenen Aufteilung vornehmen – wir unterscheiden *Architektur-Patterns* und *Design-Patterns*.

Wozu werden Patterns in der Softwareentwicklung überhaupt verwendet? Patterns sollen vermeiden, dass in jedem einzelnen Softwareprojekt „das Rad neu erfunden werden muss". Gerade in Hinblick auf Wiederverwendbarkeit spielt der Gedanke, sich erprobte Konzepte zu Nutze zu machen, eine wesentliche Rolle. Außerdem sollen Patterns behilflich sein, Problemstellungen begreiflich zu machen. Zu Beginn der Entwicklung eines Softwareprojekts ist meist nicht klar, wie das weitere Vorgehen aussehen soll – es existieren aber bereits funktionale und nichtfunktionale Anforderungen. Werden diese Anforderungen nun auf ein Pattern übertragen, hat man schon einen ausgezeichneten Ausgangspunkt und eine Vorstellung davon, wie das System letztendlich aussehen kann. Natürlich stellt das Pattern nur einen abstrakten Entwurf des Systems dar; es muss von Fall zu Fall angepasst werden. Die Architektur-Patterns, die im Folgenden vorgestellt werden, geben eine Art Baseline für die Design-Patterns vor, während die Architektur-Patterns gewissermaßen den Rahmen darstellen, in dem die Design-Patterns zur Anwendung kommen.

5.3.1 Architektur-Patterns

Definition Architektur-Patterns

„An architectural pattern expresses a fundamental structural organisation schema for software systems. It provides a set of predefined subsystems, specifies their responsibilities, and includes rules and guidelines for organizing the relationships between them." – Buschmann et al. (1996)

Architektur-Patterns sind Schablonen für konkrete Softwarearchitekturen. Sie spezifizieren die systemweiten strukturellen Eigenschaften einer Anwendung und haben Einfluss auf die Architektur der ihnen eigenen Subsysteme. Die Auswahl des Architektur-Patterns ist also eine fundamentale Designentscheidung in der Softwareentwicklung.

Der Begriff Architektur-Pattern, wie er in Buschmann et al. (1996) verwendet wird, taucht in der Literatur öfter unter unterschiedlichen Namen auf – z.B. spricht Clements et al. (2003) von **Styles** innerhalb der Component and Connector Viewtype. Es handelt sich aber um den gleichen Beobachtungsgegenstand, nämlich Architektur auf der Makroebene und Muster dafür. Bass definiert Styles als wiederholt auftretende *Formen* innerhalb einer gewissen *Viewtype* (Abstraktionsebene). Die von Bass beschriebenen Styles innerhalb der Abstraktionsebene Component and Connector Viewtype sind also tatsächlich als Architektur-Patterns zu verstehen – die angesprochenen Styles sind mit den in Buschmann et al. (1996) als Architektur-Patterns bezeichneten Mustern teilweise sogar identisch.

Wir beschreiben folglich mit Architektur-Patterns *Design-Patterns* für die Makroarchitektur.

Exkurs

Pattern-oriented Software Architecture (POSA-Patterns)

Das hier dargestellte Pattern für Architekturen soll einen Eindruck von Architektur-Patterns vermitteln – tatsächlich gibt es sehr viele und auch sehr unterschiedliche Patterns für Architekturen.

Beispiel für ein Architektur-Pattern: Model-View-Controller

- Kontext
- Interaktive Anwendungen mit einer flexiblen Schnittstelle zwischen Mensch und Computer
- Problem
- User Interfaces sind eines der häufigsten Ziele von Change Requests und werden entsprechend oft verändert. Wenn zusätzliche Funktionalität zu einer Anwendung hinzukommt, werden im Regelfall auch entsprechende Änderungen am User Interface notwendig, um diese Funktionalität aufzurufen. Ähnliches gilt bei der Migration von einer Systemplattform zur nächsten mit einem anderen „Look and Feel". Das User Interface eines langlebigen Systems ist also Änderungen unterworfen. Unterschiedliche Zielgruppen erfordern unterschiedliche User Interface-Paradigmen, daher sollte das System entsprechend leicht in diesem Aspekt erweiterbar sein. Ein System mit dieser Art der Flexibilität zu gewährleisten, ist ausgesprochen schwierig, wenn das User Interface mit der Geschäftslogik eng verknüpft ist.
- Lösung
- Das Model-View-Controller Pattern teilt eine Anwendung in drei Gebiete: Verarbeitung, Output und Input. Das Model kapselt die Daten und die Funktionalität, es ist unabhängig von der Darstellung des Outputs und des Input-Verhaltens. Die View stellt die entsprechenden Informationen für den User dar.

Die View erhält ihre Daten vom Model – es kann für ein Model mehrere Views geben. Jede View hat einen Controller, der Input (Keyboard Input etc.) in Form von Events empfängt und diese in Form von Service Requests an das Model oder die View weitergibt. User-Interaktion findet ausschließlich über Controller statt (siehe ▶Abbildung 5.20).

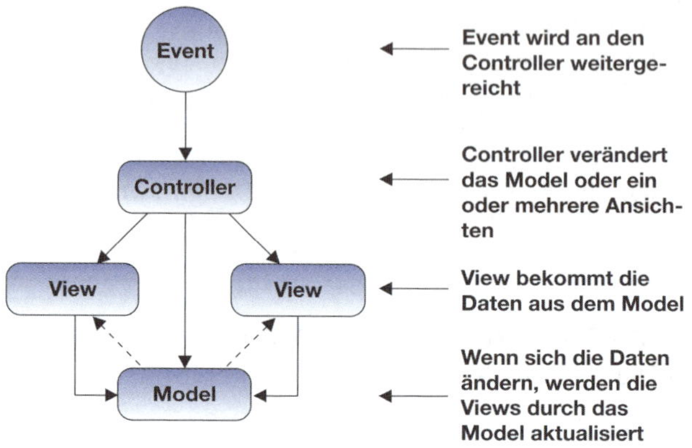

Abbildung 5.20: Aufbau einer MVC-Architektur

5.3.2 Design-Patterns

Definition Design-Patterns

„A design pattern provides a scheme for refining the subsystems or components of a software system, or the relationships between them. It describes a commonly-recurring structure of communicating components that solves a general design problem within a particular context." – Gamma et al. (1995)

Design-Patterns stellen Patterns auf dem Abstraktionsgrad unterhalb der Architektur-Patterns dar, wobei der Übergang hier fließend ist – ein Paradebeispiel hierfür ist das *MVC-Paradigma* (Model-View-Controller-Paradgima). Die Strukturierung eines Systems nach dem MVC-Paradigma stellt ganz klar ein architektonisches Muster dar, während die Aufteilung einer Klasse in drei unabhängige Klassen genauso gut erst auf Entwurfsebene stattfinden könnte. Als Beispiel sei ein System gegeben, das eine Schichtarchitektur entsprechend dem Layers-Pattern benutzt und in dem die oberste Schicht nach dem MVC-Paradigma erstellt wird – aus dem einfachen Grund, weil in den unteren Schichten noch keine Benutzerschnittstelle verfügbar ist. Streng genommen stellt also die Anwendung des MVC-Paradigmas hier eine niedrigere Abstraktionsebene dar – es spielt für die Systemarchitektur keine Rolle, ob die oberste Schicht im MVC-Paradigma gelöst wird oder nicht, daher ist die Anwendung des MVC-Paradigmas eine taktische Designentscheidung. Details zu Design-Patterns werden in Kapitel 6 beschrieben.

5.4 State-of-Art Softwarearchitektur: serviceorientierte Architektur und Design

Die serviceorientierte Architektur gilt derzeit im Unternehmensbereich für die meisten Neuentwicklungen als die Methode der Wahl. Ein streng objektorientiertes Konzept erlaubt es, Services beliebig untereinander kommunizieren zu lassen, um so im Falle von Prozessänderungen schnell reagieren zu können.

5.4.1 SOA-Referenzarchitekturen

Im Bereich der SOA gibt es einige wichtige Referenzarchitekturen, die im Folgenden dargestellt werden.

OASIS SOA-Referenzarchitektur

Das Non-Profit-Konsortium OASIS (*Organization for the Advancement of Structured Information Standards*) bietet sowohl ein *Referenzmodell* als auch eine *Referenzarchitektur* für serviceorientierte Architekturen an. Die Referenzarchitektur wird aus dem Referenzmodell abgeleitet, wobei das Referenzmodell einen OASIS-Standard darstellt, mit den damit verbundenen Qualitätskriterien. Das Referenzmodell für serviceorientierte Architekturen gibt den Rahmen für die Referenzarchitektur vor. Die hier vorgestellte Referenzarchitektur liegt derzeit noch als Draft vor.

Die Referenzarchitektur selbst ist in der IEEE-Standard 1471 (2000)-Form abgebildet und beinhaltet folgende drei Viewpoints:

- *Business via Services*

  In diesem Viewpoint werden die Vorteile für den Benutzer, der ein SOA-basiertes System für die Abwicklung seiner Geschäftsprozesse verwendet, festgehalten. Die mit diesem Viewpoint verbundenen Stakeholder sind die Endnutzer, Entscheidungsträger, Enterprise-Architekten, Standards-Architekten und Analytiker. Als Hauptmotivation hinter diesem Gesichtspunkt sollen Geschäftsprozesse sicher und effektiv abgewickelt werden, wobei als Modellierungstechnik UML-Klassendiagramme vorgeschlagen werden. Als Mapping auf die bisher vorgestellten Sichten stellt diese Sicht den Service Layer dar.

- *Realizing Service Oriented Architectures*

  Dieser Viewpoint beschäftigt sich mit den Anforderungen an den Aufbau einer SOA. Die betroffenen Stakeholder sind wiederum die Architekten (Standards und Enterprise), Business-Analytiker, Analytiker und Entscheidungsträger. Die Hauptmotivation hinter diesem Viewpoint besteht in der effektiven Konstruktion eines SOA-basierten Systems. Als Modellierungstechniken werden UML-Klassen- und Sequenzdiagramme sowie Component- und Composite-Diagramme verwendet. Dieser Viewpoint entspricht dem zuvor vorgestellten Component Layer, wobei auch der Service Layer einbezogen wird.

- *Owning Service Oriented Architectures*

  Dieser Viewpoint stellt eine Art Governance-Sicht auf die SOA dar. Er zielt nicht auf das Benutzen oder das Erstellen einer SOA ab. Es werden hier vor allem „people-oriented" Prozesse abgebildet – wie eben Governance-Institutionen innerhalb der SOA. Es geht in dieser Sicht also vor allem um das Besitzen und das Managen von SOA-basierten Systemen. Die Stakeholder sind Service Provider und Service Consumer sowie Entscheidungsträger. Als Hauptmotivation sollen die Prozesse innerhalb der SOA effektiv und garantiert (ausfallsfrei) gestaltet werden.

Exkurs Prinzipien der OASIS-Referenzarchitektur

Die folgende Auflistung von Prinzipien beschreibt die wesentlichen Grundsätze, anhand derer die OASIS SOA-Referenzarchitektur entwickelt wird.

Prinzip 1: Technologieneutralität
Die Referenzarchitektur ist, bis auf die Modellierungstechniken, technologieneutral gehalten. Dies ist insofern relevant, als dass SOA häufig fälschlicherweise in einen Technologiekontext gesetzt wird – und sei es auch nur bei Web-Services. SOA ist ein Entwurfsparadigma und damit technologieneutral – es gibt nur einige Technologiecharakteristika, die erfüllt werden müssen.

Prinzip 2: Angemessenheit
Angemessenheit bezeichnet die Ökonomie des Entwurfes, die Vermeidung von Komplexität und die Minimierung der Anzahl an benötigten Komponenten und Verbindungen. Der Hintergedanke hierbei ist Wiederverwendbarkeit und damit verbunden lose Kopplung sowie ein effizienter Entwurf.

Prinzip 3: Teilung von Interessen
Die Teilung von Interessen bezeichnet die Fähigkeit, ein gesamtes Architekturmodell in Modelle aufzuteilen, die den jeweils relevanten Point of Interest für einzelne Stakeholder repräsentieren. Hierbei geht es um die lose Kopplung der Modelle, um Abhängigkeiten (für das Verständnis) zwischen den Modellen zu vermeiden. Um diesem Prinzip gerecht zu werden, verwendet die Referenzarchitektur den IEEE-Standard 1471 (2000) zur Architekturbeschreibung.

Service-oriented Modeling and Architecture (SOMA)

IBMs SOMA stellt eine Referenzarchitektur im Zuge des **Service-oriented Modeling and Architecture** (*SOMA*) vor – es handelt sich hierbei um eine Schicht-Architektur (Arsanjani, 2004). Die konkrete Instanziierung der Schichten bleibt dem Architekten überlassen – es wird lediglich eine Granularität vorgeschlagen (siehe ▶Abbildung 5.21).

Folgendes Template einer SOA wird in SOMA definiert:

- Scope

  Für welches Gebiet im Unternehmen ist diese Architektur?

- Operational systems layer

  Enthält Standardanwendungen bzw. angepasste Anwendungen – hier wird die technische Architektur/Verteilung festgelegt.

- Enterprise components layer

  Funktionelle Gebiete, die von diesen Enterprise-Komponenten unterstützt werden – welche Business-Domänen, Ziele und Prozesse werden durch diese Komponente unterstützt? Governance-Entscheidungen bezüglich der Komponente werden festgehalten – u.a. die Kriterien zur Granularitätsfindung der Enterprise-Komponenten. Hier findet die Mikroarchitektur statt.

- Services layer

  Enthält das Service-Portfolio und bestimmt den Anwendungsaufbau – unterste Ebene der Makroarchitektur.

- Business process and composition layer

  In diesem Layer werden die Geschäftsprozesse abgebildet und durch Service-Orchestrierung ausführbar gemacht.

- Access or presentation layer

  Oberster Layer – stellt die Schnittstelle zum User dar, vgl. mit dem Presentation Layer aus dem OSI-Schichtenmodell.

- Integration layer

  Enthält die technische Integration der Services zu Anwendung bzw. die Kommunikationsstruktur des Systems (z.B. via ESB). Hier werden etwa Sicherheit, Life Cycle Managements der Services und performanzrelevante Entscheidungen thematisiert – generell hauptsächlich nichtfunktionale Anforderungen.

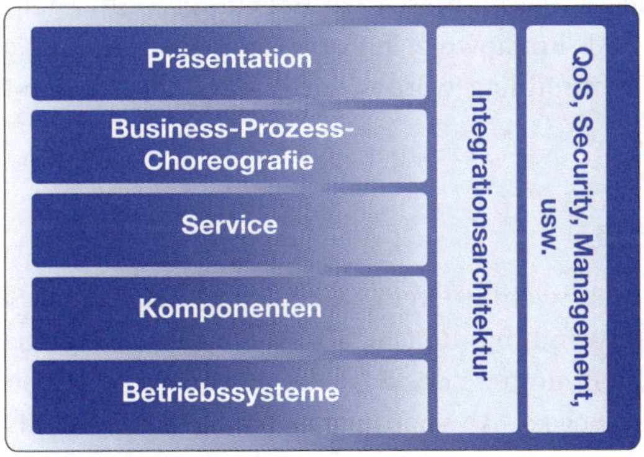

Abbildung 5.21: Architektursichten SOMA

CBDI SAE-Framework

Die Firma CBDI stellt ein SOA-Modellierungsframework (CBDI-SAE Meta Model for SOA Version 2.0) in Form eines Meta-Model zur Verfügung. Ein **Meta-Model** ist ein Modell, das alle für die Modellierung notwendigen Elemente enthält, also ist ein Meta-Model ein Modell für die Erstellung von Modellen. Dieses Meta-Model ist in zwei Versionen verfügbar, wobei in einem späteren Exkurs einige zentrale Elemente des Meta-Modells vorgestellt werden.

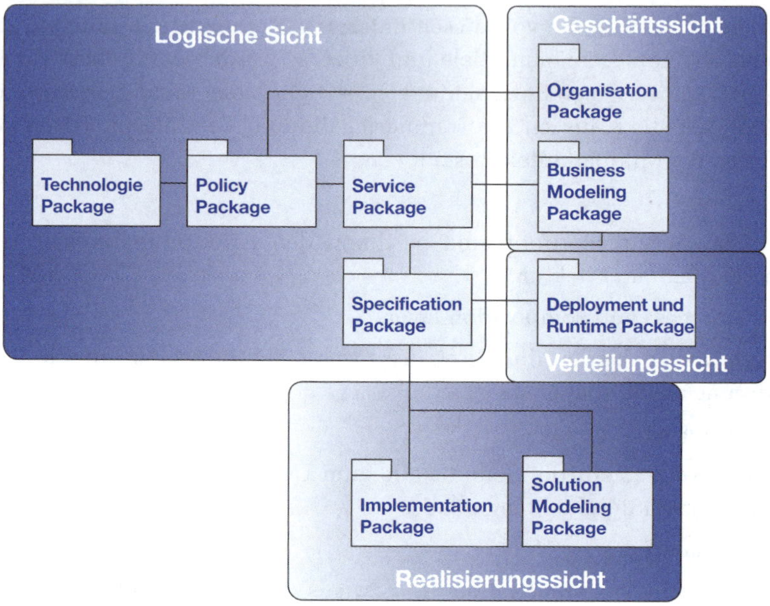

Abbildung 5.22: Übersicht CBDI SAE Meta Model for SOA Version 2.0

Das Framework stellt mehrere Packages zur Verfügung, die im Groben einem Sichtenkonzept, ähnlich wie zu Beginn dieses Kapitels vorgestellt, entsprechen. ▶Abbildung 5.22 stellt das CBDI SAE-Framework in Form eines Klassendiagramms dar. Die einzelnen Elemente der Beschreibung werden im Exkurs zur Service-Beschreibung detaillierter erläutert.

5.4.2 Granularität

Granularität ist einer der wichtigsten Faktoren im Entwurf einer SOA – sie ist maßgeblich für die Wiederverwendung (Reuse), aber auch für die Wartung des Systems. Granularität bestimmt die Einteilung des Systems genauso wie die Bündelung von Zugriffen auf externe oder Legacy-Anwendungen. Granularität ist also ein maßgebliches Kriterium des serviceorientierten Entwurfes. Die Frage der Granularität von Services beginnt bereits in der Analysephase, bei der Identifikation der einzelnen Aktivitäten der Geschäftsprozesse – hier allerdings noch als implizite Tätigkeit. Granularität als explizite Aufgabe beginnt im serviceorientierten Entwurf bei der Einteilung der Business Services. Wie viele Tasks werden in einem Business Service gekapselt? Wurden zu viele Schritte im Geschäftsprozess in eine Aktivität zusammengefasst, die ich dadurch in mehrere Business Services aufbrechen muss?

Eine sinnvolle Vorgehensweise zur Identifikation von Business Services wurde bereits in Form des **Service-Litmus-Tests** vorgestellt. Eine zusätzliche Hilfe diesbezüglich stellt die Anforderung dar, dass Business Services von externen Anwendungen aufgerufen werden können. Die Kapselung ist also dann sinnvoll, wenn genau die Funktionalität zur Verfügung gestellt wird, die eine Anwendung von diesem Business Service benötigt.

Beispiel 5.2

Business-Service-Granularität

Es existiert ein Business Service „Update Report", der bei einem Update-Ereignis einen kompletten Report über mehrere unterschiedliche Datenquellen neu generiert. Dieser Service selbst ruft unterschiedlichste feiner granulierte Services auf, die die Daten aus den unterschiedlichsten Datenquellen zur Verfügung stellen.

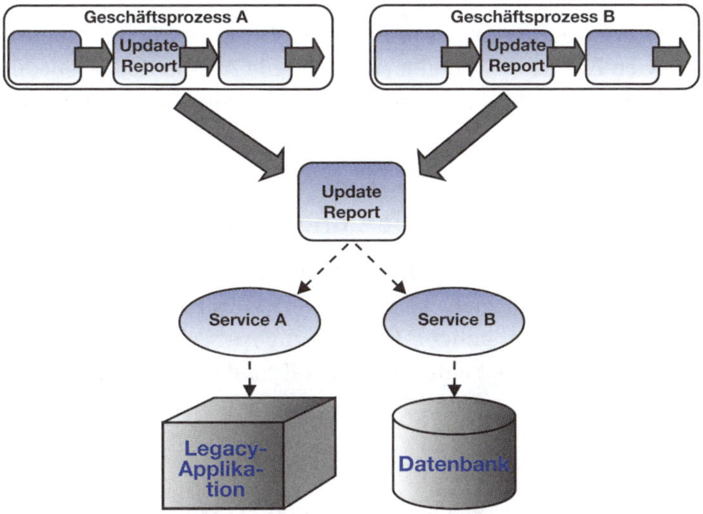

Abbildung 5.23: Business Service zusammengesetzt aus technischen Services

Der Business Service „Update Report" wird entsprechend von mehreren Applikationen aufgerufen werden – die einzelnen Items des Reports über die fein granulierten Services anzusprechen, macht für unser Beispiel (siehe ▶Abbildung 5.23) keinen Sinn – vor allem nicht, da die externe Anwendung eventuelle Zusammenhänge der feiner granulierten Services gar nicht kennt (also die Orchestrierung).

Granularität spielt aber nicht nur innerhalb der Geschäftssicht eine Rolle, auch technische Services müssen entsprechend granular sein, besonders im Hinblick auf Reuse. Zu viel Funktionalität innerhalb eines Services kann den Service für andere Services, die nur einen Teil der Funktionalität benötigen, nutzlos machen. Eine Silver Bullet gibt es hier allerdings nicht – Erfahrung und Sorgfalt im Design sind entscheidende Faktoren, genauso die Art des Services. Mit einer qualifizierten Service-Beschreibung können sowohl grob granulierte Services (Business Services) als auch fein granulierte Services modelliert werden (siehe ▶Abbildung 5.24).

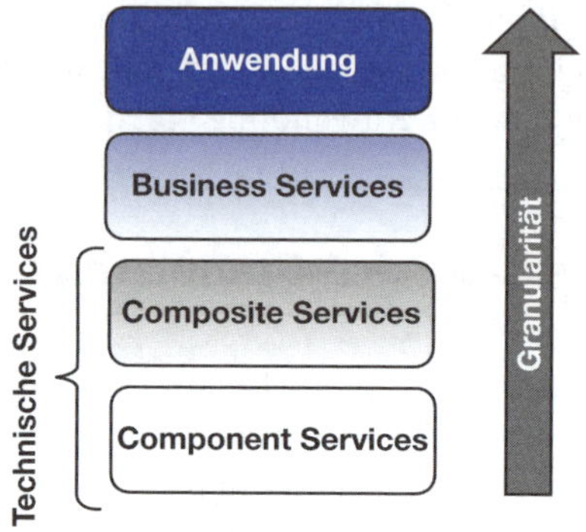

Abbildung 5.24: Darstellung der Granularität von fein (Component Service) zu grob (gesamte Anwendung)

OASIS definiert ein *Anti-Pattern*, das es bei einem Design bezüglich Granularität zu vermeiden gilt. Service-Aufrufe sollen niemals über eine Abstraktionsebene hinausgehen – d.h., Business Services rufen immer nur Business Services auf und niemals außerhalb liegende Component Services.

5.4.3 Service-Design-Paradigmen und Benefits

Für das erfolgreiche Design einer SOA muss auf einige grundlegende Konzepte viel Wert gelegt werden. Bei einer nicht korrekten Verwendung dieser Konzepte können in späteren Wartungsphasen zusätzliche Kosten und Aufwand entstehen. Eine korrekte Umsetzung erleichtert auch die Fehlerfindung während des Entwicklungsprozesses und in der Laufzeit.

Loose Coupling

Loose Coupling beschreibt eine Technik des Service Designs, die auf größtmögliche Flexibilität ausgerichtet ist. Es sollen möglichst generische Schnittstellen geschaffen werden, um den Zugriff auf den Service durch andere Elemente möglichst einfach und flexibel zu gestalten. Durch Loose Coupling wird einerseits die Wartbarkeit der Services erhöht (eine Änderung in der Komponente muss nicht zwangsläufig zur Änderung der exponierten Schnittstelle führen), andererseits das benötigte Wissen über den Service reduziert, der Aufruf also vereinfacht. Zusätzlich wird die Integration eines atomaren Services in einen zusammengesetzten Service durch Loose Coupling vereinfacht.

Abstraktion

Durch Abstraktion der Services wird deren Einsatzfeld erhöht. Ein abstrakter Service kann aus verschiedenen Kontexten heraus aufgerufen werden. Durch Abstrahierung werden Neuentwicklungen reduziert. Es gilt zu beachten, dass Abstraktion nicht immer das zwangsläufig richtige Mittel ist, da manche Services einfach konkret sein müssen, um ihren Zweck zu erfüllen, und Abstraktion in diesem Fall das Entfernen jeglicher Funktionalität bedeuten würde.

Standardisierung

Durch Standardisierung werden die Zusammenarbeit von Services und die Zusammenfügbarkeit der Services gewährleistet. Der Vorteil dieser Technik besteht in einer erhöhten Reuseability der Services und der leichten Integrierbarkeit der Services.

Composable

Diese Technik ermöglicht es, standardisierte Services auf niedrigen Schichten sowie spezialisierte Services auf höheren Ebenen zu Hierarchien oder Komponenten zusammenzufügen.

Virtualized

Durch Loose Coupling wird eine hohe Transparenz der zu Grunde liegenden Ressourcen ermöglicht. Darauf basierend sind Service Consumer und Service Provider bezüglich der verwendeten Plattformen und verwendeten Designs unabhängig. Durch *Virtualisierung* (Virtualization) ist es den Providern und Consumern möglich, darauf aufsetzend unterschiedliche life cycles und upgrade cycles durchzuführen.

Aufgabe – Granularität und Service-Design Analysieren Sie die Services, die Sie in der Aufgabe „Serviceorientierter Entwurf" definiert haben, basierend auf ihrer Granularität und den Service-Design-Paradigmen, die Sie jetzt kennengelernt haben.

- Überprüfen Sie, ob etwaige Service-Aufrufe tatsächlich nur innerhalb einer Granularitätsstufe stattfinden.
- Haben Sie intuitiv eine entsprechende Granularität gewählt oder mussten Sie viele Änderungen vornehmen?
- Das Hauptaugenmerk Ihrer Überarbeitung der Services sollte auf loser Kopplung und Abstraktion liegen!

5.4.4 Service-Modellierung

Service-Modellierung in Form einer Service-Beschreibung stellt einen wesentlichen Faktor in der Planung einer SOA dar. Je sorgfältiger hier geplant wird, desto wahrscheinlicher ist es, einen hohen Reuse der Service-Landschaft zu erzielen. Ziel ist es, möglichst viele Aspekte eines Services abzubilden – angefangen von Policy bis zu den Informationen, die später z.B. konkret im WSDL abgebildet werden. Je früher diese Informationen verfügbar sind, desto früher können andere Services mit diesen Annahmen arbeiten – das heißt auch, dass zukünftige Services entsprechend abgebildet werden können.

Beispiel 5.3 Service-Beschreibung

Bei der ausgewählten Referenzarchitektur für das Design der Services handelt es sich um das CBDI-SAE Meta Model for SOA Version 2.0. Die hier dargestellten Elemente sind nicht vollständig, sondern sollen lediglich eine Einführung in eine mögliche Form der Service-Beschreibung geben.

Abstrakte Service-Beschreibung Das Service Package dient dazu, einen „möglichen" Service zu beschreiben, unter der Annahme, dass der rudimentäre Aufbau des Services bekannt ist, aber konkretere Aussagen noch nicht möglich sind. Die Elaboration dazu befindet sich im Service Specification Package. Der mithilfe des Service Package beschriebene Service entspricht grob gesehen der Abstraktion der Service Specification – jede Service Specification muss einem auf diese Art definierten Service entsprechen (d.h., eine Service Specification MUSS auf einen möglichen Service verweisen).

Service-Spezifikation Das Service Specification Package enthält alle Mittel, um die Konkretisierung des „möglichen" Services, also der Definition bzw. Festschreibung der Funktionalität zu einem Service, abzubilden. Die Service-Spezifikation kann als abstrahierender Zwischenschritt zwischen Service-Design und Service-Implementierung gesehen werden.

Abbildung von Policies Mit dem Policy Package können Policies modelliert werden. Dies ist nicht auf SOA-spezifische Policies eingeschränkt, es können auch globale IT Policies modelliert werden. Die Verknüpfung zu Elementen, die eine Policy befolgen sollen, erfolgt über das Element *Role of Party*. Dieses Package ist ebenfalls optional.

Abbildung der verwendeten Technologie Mit dem Technology Package werden die Umgebungen beschrieben, in denen die Service Specifications bereitgestellt werden. Hier kann auch ein Standard, der mit einer Policy eingehalten werden soll, beschrieben werden.

Überführung zur Implementierungsphase Im SAE-Metamodell wird die Implementierung eines Services als *Automation Unit* bezeichnet. Das Implementation Package ist optional zu verwenden und beschreibt die Realisierung eines oder mehrerer Services. Zusätzlich dazu kann mithilfe des Implementation Package auch non-service Software dargestellt werden (Legacy-Systeme). Die Namenskonvention einer Unit (Einheit) leitet sich dadurch ab, dass eine Automation Unit eine Menge von Artefakten abbildet, die notwendig sind, um ein Service oder eine Applikation auszuführen. Dies würde bei Verwendung von SCA dem Composite-Prinzip entsprechen und kann, sollte für die Implementation SCA vorgesehen sein, entsprechend übersetzt werden.

Es gibt mehrere Möglichkeiten, eine Service-Beschreibung abzubilden – neben der vorgestellten Variante im Exkurs bietet auch die zuvor vorgestellte Referenzarchitektur von OASIS ein Metamodel zur Service-Modellierung.

Aufgabe – Service Description Benutzen Sie die vorgestellte Service-Beschreibung, um sowohl ein Business Service, ein technisches, aber nicht atomares Service als auch ein atomares Service zu beschreiben.

Versuchen Sie, das UML-Profil (*http://www.cbdiforum.com/public/uml_profile.php*) in das Modellierungstool Ihrer Wahl einzubringen und mit den entsprechenden Stereotypen diese Aufgabe zu lösen.

Durch eine ausführliche Service-Beschreibung kann etwaigen Problemen in der Implementierung vorgegriffen werden. Des Weiteren wird durch die Identifikation und Festlegung von Schnittstellen vor der Implementierung auch eine spätere Systemintegration vereinfacht. Die Service-Beschreibung stellt ein wichtiges Mittel zur Wiederverwendbarkeit des Services dar, da sie alle für den Einsatz notwendigen Parameter optimalerweise beschreibt. Sie gibt des Weiteren dem Entwickler genaue Informationen, was der Service liefern soll, und zeigt außerdem auf, welche Abhängigkeiten es zu anderen Services gibt, die eventuell beachtet werden müssen.

ZUSAMMENFASSUNG

CWS – COMPANION WEBSITE – Fragen

In diesem Kapitel wurde die Projektphase Entwurf genauer erklärt, wobei ein Überblick über die verschiedenen Architekturen und ihre Abhängigkeiten gegeben wurde. Der kurze historische Abriss vermittelt einen Eindruck von den Entwicklungen in der Entwurfsthematik und soll das Verständnis für aktuelle Trends erleichtern.

- Im Entwurf werden Entscheidungen zur Mikro- und Makroarchitektur getroffen, wobei die Makroarchitektur den Rahmen für die Mikroarchitektur vorgibt.
- Es gibt mehrere Sichten und Abstraktionsniveaus einer Architektur, die vom jeweiligen Betrachter (Stakeholder) abhängig sind. Die Architektur einer Software stellt also nicht nur einen Bauplan dar, sondern auch ein Kommunikationsmittel für die Projektbeteiligten.
- Die Anforderungen aus der Analysephase müssen in einen Entwurf transformiert werden. Zu diesem Zweck gibt es Werkzeuge, die diesen Task effizient unterstützen.
- Softwarearchitekturen haben sich im Laufe der Zeit weiterentwickelt – von einfachen 2-Tier-Architekturen bis zur serviceorientierten Architektur.
- Durch objektorientiertes Design ist es möglich, ständig steigende Qualitätsanforderungen an Software zu erfüllen.

- Der serviceorientierte Entwurf beschäftigt sich damit, Anwendungen in Services zu untergliedern – ein erklärtes Ziel dieser Modularisierung ist hohe Wiederverwendbarkeit der Services und eine einfache Systemintegration. Es gibt mehrere Arten von Services, die sich nach ihrer Granularität voneinander unterscheiden.
- Der serviceorientierte Entwurf geht von einer prozessorientierten Softwareentwicklung aus.
- Ein wichtiges Element im serviceorientierten Entwurf ist es, die richtige Granularität der Services zu finden, sowie eine sinnvolle Einteilung der Anwendung in Services.
- Es gibt Architekturmuster sowohl für Makro- als auch für Mikroarchitekturen. Architekturmuster ermöglichen es, den Erfahrungsschatz anderer Projekte für den eigenen Entwurf wiederzuverwenden und dadurch konzeptionelle Fehler zu reduzieren oder gar zu vermeiden.
- Eine gute Service-Beschreibung stellt eine entsprechend gute Ausgangssituation für die Implementierung dar und vereinfacht das spätere Zusammenarbeiten der Services und erhöht, durch eine überlegtere Planung, auch die Wiederverwendbarkeit der Services.

5.5 Glossar

Die folgenden Begriffe werden in diesem Kapitel verwendet. Die Beschreibungen sind an den IEEE-Standard 610.12 (1990) angelehnt.

Architektur: die organisatorische Struktur eines Systems oder einer Komponente

Business Process Modeling Notation (BPMN): BPMN ist eine grafische Notation, die die Schritte innerhalb eines Geschäftsprozesses abbildet. BPMN stellt den End-to-End-Fluss eines Geschäftsprozesses dar. Die Notation wurde entwickelt, um die Prozessabfolge sowie den Nachrichtenfluss zwischen Prozessteilnehmern an zusammenhängenden Aktivitäten zu koordinieren. (*BPMN.org*)

Domäne: Eine Domäne ist das spezielle Umfeld eines Systems.

Entwurf (Design): der Prozess zur Definition der Architektur, der Komponenten, Schnittstellen und anderer System- bzw. Komponentencharakteristika

Ereignisgesteuerte Prozesskette (EPK): Die EPK ist eine grafische Modellierungssprache zur Darstellung von Geschäftsprozessen.

Key Performance Indicator (KPI): Beschreibt Kennzahlen, die den Fortschritt oder den Erfüllungsgrad hinsichtlich wichtiger Zielsetzungen in einem bestimmten Fachgebiet (z.B. in der Softwareentwicklung) angeben.

Komponente: ein Teil des Systems. Eine Komponente kann Hardware oder Software sein und kann in weitere Komponenten unterteilt werden.

Litmus-Test: Testverfahren zur Bestimmung, ob eine Lösung basisch oder sauer ist. Wird im Zusammenhang mit der Bestimmung von Service-Kandidaten als Verfahrensbeschreibung verwendet und bedeutet in diesem Zusammenhang die Überprüfung anhand bestimmter Kriterien, ob ein Schritt in einem Geschäftsprozess zur Realisierung in Form eines Business Services geeignet ist.

Makroarchitektur: Beschreibt Architektur im „Großen", also Architektur, die sich mit Entscheidungen und Strukturen auf hohem Abstraktionsniveau befasst. (Softwarearchitekturen)

Metamodel: abstraktes Modell, das beschreibt, wie ein konkretes Modell zu beschreiben ist (siehe Sichtenmodell für ein Beispiel).

Mikroarchitektur: Beschreibt Architektur im „Kleinen", also Architektur mit einer größeren Code-Nähe. Es werden hier Entscheidungen und Strukturen auf sehr niedrigem Abstraktionsniveau beschrieben, die in der Regel keine bausteinübergreifenden (Baustein im Sinne einer abgeschlossenen Komponente) Konsequenzen verursachen. (Softwarearchitekturen)

Muster (Pattern): Ein Muster im Softwareentwicklungsprozess beschreibt auf formelle Art eine Lösung zu einem wiederholt auftretenden Problemszenario in der Softwareentwicklung.

Service Component Architecture (SCA): Die SCA beschreibt ein Set von Spezifikationen für ein Modell, anhand dessen Anwendungen und Systeme entwickelt werden können, denen eine serviceorientierte Architektur zu Grunde liegt.

Service-oriented Modeling and Architecture (SOMA): Modellierungsmethode für Service-oriented Architectures, entwickelt von IBM – dient als Grundlage für die SOA-Entwicklung nach dem Rational Unified Process in [Redbook RUP SOA].

Sichtenmodell: Bei einem Sichtenmodell handelt es sich eigentlich um ein Architekturmodell aufgegliedert in die einzelnen Sichten. Dieses Sichtenmodell stellt das Metamodell der späteren Architektur dar, es bietet also die in der späteren konkreten Ausprägung der Architektur zur Verwendung kommenden Sichten.

Stakeholder: Ein Stakeholder im Zusammenhang von Softwarearchitekturen ist eine Person (oder Rolle) mit einem begründeten Interesse an der Architektur (sei es als Endnutzer oder Ersteller) (Bass Documenting Software Architectures).

Phase Implementierung – Wie wird codiert?

Autoren: Wolfgang Schramm, Thomas Artner, Stefan Strobl, Roman Trabitsch

6

ÜBERBLICK

„Everything should be made as simple as possible, but not any simpler." – Albert Einstein

» Ein Softwareprodukt beginnt zwar mit der ersten Idee, ist aber mit der letzten Zeile geschriebenen Codes noch lange nicht beendet. Da Softwareprodukte in der Regel über Jahre hinweg erweitert und ausgebessert werden, ist es notwendig, dass der Code in einer Weise geschrieben wurde, die Modifikationen auch noch nach Monaten/Jahren ermöglicht. Durch enge Zeitpläne, mangelnde Kompetenz der Entwickler und unzureichende technische Planung passiert es oft, dass Code zu wenig kommentiert wird, zu ungenaue oder unpassende Entwurfsmuster implementiert werden. Ein Softwareprodukt ist im Normalfall eine komplexe Komposition verschiedener Komponenten. Um die durch die Anforderungen entstandene Komplexität nicht noch zu verschärfen, gilt es die Komplexität des Quellcodes so weit wie möglich zu reduzieren. In den letzten Jahren stießen wir immer wieder auf Codepassagen, die wesentlich komplexer implementiert wurden als eigentlich notwendig – oft nur mit dem Hintergrund, ein bestimmtes Pattern zu implementieren. Dieses *Overengineering* des Codes ist sowohl bei unerfahrenen Entwicklern zu finden als auch bei Entwicklern mit Jahrzehnten an Programmiererfahrung. Modifikationen dieses Codes gestalten sich deutlich aufwändiger als klar gehaltener Quellcode.

Um diese Probleme zu minimieren, soll dieses Kapitel dazu dienen, Grundlagen der Kunst der Implementierung zu vermitteln und auf die häufigsten Fallen hinzuweisen.

Doch was passiert in der Implementierung eigentlich? Die Implementierung ist die Transformation einer Idee und der daraus resultierenden Anforderungen in Quellcode und ultimativ in ein lauffähiges Programm. Als Bauplan der Implementierung dienen bei Großprojekten die in der Entwurfsphase erstellte Architektur und die Konzeption, bei kleineren Projekten (ein bis zwei Mann-Projekte) wird häufig auf eine schriftliche Anforderungsanalyse und Architektur verzichtet. Je detaillierter und genauer diese ist, desto weniger Aufwand entsteht in der Implementierungsphase.

Dieses Kapitel gibt Einblick in die Aufgaben von Softwareentwicklern, deren Bedeutung im Projekt und die konkreten Zuständigkeitsbereiche.

Doch allein mit einem Bauplan kann noch nichts gebaut werden, es fehlen Werkzeuge und Baumaterialien. Als Werkzeuge dienen *Programmiersprachen* und ihre **Entwicklungsumgebungen**, als Baumaterial können im weitesten Sinne Rahmenwerke (**Frameworks**) dienen. In diesem Kapitel werden Werkzeug, Baumaterialien und die wichtigsten Handgriffe erläutert. «

Lernziele

In diesem Kapitel werden folgende Lernziele behandelt:

- Wie ist Implementierung im Kontext des Gesamtprojektes zu sehen?
- Was ist ein Framework?
- Was ist eine Bibliothek?
- Mit welchem Programm (Entwicklungsumgebung) arbeite ich?
- Welche Features muss/soll die Entwicklungsumgebung/IDE besitzen?
- Welche Tools benötige ich sonst noch?
- Wie arbeite ich mit einem Team an einem Quellcode?
- Wie dokumentiere ich meine Arbeit?

6.1 Grundlagen der Implementierung

Definition Implementierung

Folgende Definitionen werden nach dem IEEE-Standard 610.12 (1990) gegeben:

(1) „The process of translating a design into hardware components, software components, or both."

(2) „The result of the process in (1)"

Um mit der Implementierung beginnen zu können, sind zusätzlich zur geplanten Architektur und den zugrunde liegenden wesentlichen fachlichen und technischen Anforderungen weitere Vorbereitungen nötig. So muss zunächst entschieden werden, mit welcher Technologie bzw. mit welcher Programmiersprache das Vorhaben umgesetzt werden soll. Dabei sollte eine gute Architektur grundsätzlich so weit wie möglich unabhängig von der zur Implementierung gewählten Sprache bzw. Technologie sein. Bei der Verwendung von Frameworks kann diese Unabhängigkeit jedoch durch das Verhalten der gewählten Frameworks eingeschränkt sein.

Während die Erstellung der Makroarchitektur meist in einer eigenen Projektphase geschieht, ist die Mikroarchitektur ein wesentlicher Bestandteil der Implementierung. Die *Makroarchitektur* beschreibt den Grobentwurf bzw. die Architektur des gesamten Softwareprojektes. Unter *Mikroarchitektur* versteht man Detailentwürfe mit großer Nähe zum Quellcode, ohne Einfluss auf die übergeordnete Architektur. Entscheidungen, welche die Mikroarchitektur betreffen, obliegen meist den Programmierern. Aus diesem Grund ist ein gewisser Anteil von erfahrenen Programmierern für ein erfolgreiches Softwareprojekt unerlässlich.

6.1.1 Die Wahl der Programmiersprache

Programmiersprachen sind in erster Linie als Werkzeuge der Programmierer anzusehen, wobei die Wahl der Programmiersprache in den seltensten Fällen für das Scheitern eines Projektes verantwortlich gemacht werden kann, auch wenn jede Programmiersprache spezifische Vor- und Nachteile aufweist. Scheitern Projekte aus technischen Gründen, liegt die Ursache dafür vielmehr in den mangelnden Erfahrungen und Fähigkeiten der Programmierer oder anderen Umständen, nicht aber in der Wahl des Werkzeuges. Als analoges Beispiel macht die Fähigkeit, perfekt Deutsch sprechen und schreiben zu können, aus den meisten von uns noch keinen Goethe oder anderen erfolgreichen Schriftsteller.

Somit ist das Beherrschen einer Programmiersprache notwendig, jedoch nicht hinreichend für die erfolgreiche Implementierung von Software. Viel wichtiger sind Erfahrung und methodisches Vorgehen in der Softwareentwicklung. Des Weiteren wird die Auswahl der Programmiersprache vielfach von externen Faktoren beeinflusst oder sogar vorgegeben. *Faktoren* können sein: Skills der vorhandenen Entwickler, Wahl des Applikations-Frameworks, Systemtyp (Echtzeitsystem, Dokumentationssystem, ...) oder einfach die Vorgabe des Kunden, wenn die Software nach der Entwicklung eigenständig gewartet wird.

Als externer Faktor ist die Wahl des **Frameworks** ganz besonders hervorzuheben. Je nach Projekttyp werden die zu verwendenden Frameworks vom Auftraggeber vorgegeben (z.B. wegen der Integration in schon bestehende Projekte) oder sie obliegen der Wahl des Entwicklungsteams. Wie das eigentliche Programmieren erfordert auch die Wahl des Frameworks tiefgehende Kenntnisse des geplanten Projektes und viel Erfahrung. Eine falsche Wahl kann gerade in größeren Projekten zu unangenehmen Verzögerungen und somit zu erhöhten Kosten führen. In den letzten Jahren wurde die Wahl des Frameworks zunehmend wichtiger als die Wahl der Programmiersprache. Somit legt heute nicht die Wahl der Programmiersprache das Fundament für die technische Basis, sondern vielmehr die Wahl des Frameworks. Frameworks werden in Kapitel 6.2 genauer beschrieben.

Tabelle 6.1 bietet eine Kurzübersicht über die gebräuchlichsten Programmiersprachen und deren Haupteinsatzgebiete. Dies dient zur groben Orientierung, während für jedes einzelne Projekt im Detail analysiert werden muss, ob sich nicht eine andere Sprache eventuell doch besser eignen könnte.

Programmiersprache	Einsatzgebiet
C++	Mobile Anwendungen, Spiele, Embedded Systems, Scientific Computing, Smartcards
C	Embedded Systems
Java	Enterprise-Applikationen, Webapplikationen, Smartcards, Mobile Applikationen
C# (bzw. weitere .NET Sprachen)	Ähnlich wie Java
FORTRAN	Finanzapplikationen, Scientific Computing

Tabelle 6.1: Kurzübersicht über industriell gebräuchliche Programmiersprachen und deren Haupteinsatzgebiete

Programmiersprache	Einsatzgebiet
BASIC (Visual Basic, RealBasic, ...)	Client-Anwendungen
Skriptsprachen (Ruby, Perl, Python, PHP, ...)	Webapplikationen, Systemadministration, Prototyping
COBOL	Hauptsächlich in Legacy-Systemen zwecks Wartung, kaum Neuentwicklungen

Tabelle 6.1: Kurzübersicht über industriell gebräuchliche Programmiersprachen und deren Haupteinsatzgebiete (Forts.)

Zusätzlich zum eigentlichen Programmgerüst bieten immer mehr Sprachen und Frameworks die Möglichkeit, Funktionalität mittels **Metasprachen** zu erweitern. Das kann sowohl über **Annotationen** im Quellcode als auch über externe Konfigurationsdateien geschehen. Obwohl diese Möglichkeiten bei korrekter Anwendung sehr nützlich sind, erzeugen sie bei inkonsistenter Verwendung Probleme im Laufzeitverhalten der Applikation. Der Grund dafür ist, dass diese Codeerweiterungen zur Übersetzungszeit (*Compile-Time*) zwar syntaktisch korrekt sind, allerdings unüberprüfbare dynamische Fehler enthalten. Wird Funktionalität über externe Beschreibungen erweitert, so ist deren Korrektheit zur Übersetzungszeit ebenfalls nicht sichergestellt. Die unüberlegte Verwendung von externen Beschreibungen und Konfigurationen führt im weiteren Verlauf immer wieder zur *XML Hell*. „XML Hell" ist ein umgangssprachlicher Begriff für unlesbare und in hoher Anzahl vorkommende XML-Dateien, wobei XML die derzeit meistgenutzte metasprachliche **Syntax** ist. Um das Problem der XML Hell zu verringern, setzen mittlerweile viele Frameworks auf das **Convention over Configuration**-Paradigma. Dieses geht davon aus, dass ein Framework ein definiertes Standardverhalten zeigt, bei dem der Programmierer nur gewünschte Abweichungen vom Standardverhalten konfigurieren muss.

Aufgaben – Programmiersprachen Wählen Sie ein Szenario von der CWS und wählen Sie eine geeignete Programmiersprache für die Implementierung aus.

Diskutieren Sie Ihre Entscheidung und stellen Sie Alternativen gegenüber.

WWW.PEARSON-STUDIUM.DE CWS COMPANION WEBSITE
Daten

6.2 Frameworks als technische Basis der Implementierung

Wiederverwendung ist eines der wichtigsten Ziele im guten Softwareentwurf. Zu diesem Zweck existieren eine Vielzahl von Bibliotheken, die immer wiederkehrende Probleme, wie z.B. die Berechnung mathematischer Funktionen oder das Parsen eines XML-Dokumentes, übernehmen.

Optimal ist jedoch die Wiederverwendung kompletter vertikaler oder horizontaler *Applikationsrahmen*. Genau dieser Aufgabe widmen sich Frameworks und die *frameworkbasierte Entwicklung*:

Definition Framework in der Softwareentwicklung

1. Ein Framework ist ein Applikationsskelett, welches vom Entwickler angepasst (spezialisiert) werden kann, um Anforderungen optimal umzusetzen.
2. Ein Framework ist ein wiederverwendbarer Entwurf. Dieser ist oft durch eine Menge von abstrakten Klassen und das Zusammenspiel ihrer Instanzen beschrieben.
3. Die Verwendung von Frameworks ist eine effiziente Art der Softwarewiederverwendung (Software Reuse).

Somit reduzieren Frameworks die Applikationsentwicklung auf die Spezialisierung vorgegebener Strukturen. Dieser Ansatz beschleunigt die Entwicklung und reduziert dadurch die anfallenden Kosten. Des Weiteren müssen Frameworks ausreichend abstrakt sein, um für möglichst viele Probleme eines Anwendungsbereiches eingesetzt werden zu können. Zusätzlich bieten Frameworks Funktionalität in Form von (teilweise) implementierten Klassen an.

Die weiteren Kapitel geben einen Überblick über die verschiedenen Aspekte von Frameworks und deren Einfluss auf die Softwareentwicklung.

6.2.1 Warum werden Frameworks eingesetzt?

Wie bereits beschrieben, herrscht gerade in großen industriellen Projekten der Trend zur Verwendung von Frameworks. Da Frameworks eine definierte Funktionsmenge abdecken und sich im Regelfall gut erweitern lassen, verspricht der Einsatz die Reduktion von Entwicklungszeiten und folglich von Entwicklungskosten. Allerdings wird hierbei oft übersehen, dass es sich bei Frameworks um komplexe Codestrukturen handelt, deren effiziente Verwendung ein gewisses Maß an Einarbeitungszeit und Erfahrung seitens der Entwickler voraussetzt.

Oft werden auch Frameworks wegen der Einhaltung eines Standards eingesetzt (z.B. JPA). Das bedeutet allerdings nicht, dass dieses Framework dann beliebig austauschbar ist, da diese Frameworks zwar standardkonform sind, allerdings nichtsdestotrotz versteckte Abweichungen vom Standard entweder im Framework selbst oder im individuellen Code enthalten sein können.

Einfluss auf Softwarequalität und Kosten

Frameworks tragen wesentlich dazu bei, Kosten durch eine hohe Wiederverwendung der Komponenten zu senken und gleichzeitig die Qualität von Softwareprodukten zu steigern. Jeder einzelne Entwickler, der ein Framework nutzt, trägt zu dessen Qualität bei, indem durch die Wiederverwendung des Quellcodes Fehler gefunden oder Verbesserungsvorschläge für die weitere Entwicklung eingebracht werden.

Durch das Verwenden von bereits existierenden Frameworks kann Implementierungszeit gespart werden, da üblicherweise durch ein Framework Funktionalitäten abgedeckt werden, die ansonsten zusätzlich implementiert werden müssten.

Bevor ein Framework allerdings erfolgreich eingesetzt werden kann, muss zunächst die Anwendungsdomäne ausführlich analysiert werden. Der Einsatz von Frameworks lenkt das zu erstellende Softwaresystem in bestimmte Bahnen. Dadurch wird eine einheitliche Architektur vorgegeben, sowohl auf Makro- als auch auf Mikroebene. Wie auch bei der Wiederverwendung von Quellcode hat dies den Vorteil, dass bewährte Strukturen wiederverwendet zum Einsatz kommen.

Fallstudie **Risiko bei der Software-Wiederverwendung**

Die Wiederverwendung vorhandener Software und deren Integration in ein neues Softwaresystem bringen viele Risiken mit sich. Ein Risiko ist die mögliche Fehlerinjektion durch ein Framework oder eine Bibliothek. Viele Fehler, die durch eine Eigenentwicklung entstehen könnten, werden zwar vermieden, allerdings „erbt" man diejenigen, die schon im Framework oder in der Bibliothek enthalten sind. Bei entsprechender Reife des Frameworks oder der Bibliothek sind die wesentlichen Fehler zumindest identifiziert, und somit kann auf dieser Basis eine angepasste Integrationsstrategie verfolgt werden.

Im Fallbeispiel LiSaMe wurde in einem Zwischenschritt für eine spezifische Bildanalysefunktion eine *native-compiled* Bibliothek des zu migrierenden Altsystems weiterverwendet, um den Benutzern rasch die erforderliche Funktionalität zur Verfügung zu stellen. Die *Java-Native-Bridge,* die für das Einbinden (*Glueing)* erforderlich war, beinhaltet allerdings einen schwerwiegenden Fehler im Speichermanagement. Ein Speicherleck (*memory-leak)* führte bei jedem Aufruf einer Bildanalyse zur Belegung des Speichers für das Bild, und dieser Speicher wurde nach der Analyse nicht mehr freigegeben. Die Folge war eine Destabilisierung der gesamten Applikation. Nach Recherche wurde das Problem rasch als bekannter Fehler (*known issue*) identifiziert. Da eine Behebung der Fehlerursache in diesem Fall nicht möglich war, wurde die Fehlerauswirkung isoliert. Die *Java-Native-Bridge* wurde pro Aufruf in einem separaten Prozess (mit eigenem Speicherbereich) gestartet. Nach jeder Bildanalyse wurde der Prozess beendet und neu gestartet und damit der Speicher wieder freigegeben.

6.2.2 Abgrenzungen zwischen Framework und Bibliothek

Die Begriffe „Bibliothek (*Library*)" und „Framework" werden häufig miteinander verwechselt, die Unterschiede sind jedoch essenziell.

Definition Bibliothek (Library)

Nach dem IEEE-Standard 610.12 (1990) wird „Bibliothek" wie folgt definiert:

„A controlled collection of software and related documentation designed to aid in software development, use, or maintenance. ..."

Die folgenden Punkte sollen typische Unterschiede verdeutlichen:

- Eine Bibliothek bietet wiederverwendbare Funktionalität an, während ein Framework wiederverwendbares Verhalten bereitstellt.
- Methoden von Bibliotheken werden durch den eigenen Code aufgerufen, während bei der Verwendung von Frameworks der eigene Code hingegen durch das Framework aufgerufen wird.
- Frameworks bestehen aus abstrakten Klassen und bieten Funktionalität in (teilweise) implementierten Methoden an. Diese Methoden können im Weiteren die Funktionalität aus Bibliotheken beziehen.

Beispiel 6.1

Verwendung einer Bibliothek und eines Frameworks

Der folgende Codeausschnitt zeigt die Verwendung einer Bibliothek anhand eines Beispiels. Die Methode ist Teil einer Komponente, um Daten in verschiedene Formate exportieren zu können. Um die Daten nach Excel zu exportieren, wird in diesem Beispiel auf die *Apache POI*-Bibliothek zugegriffen. Durch die Verwendung der Bibliothek können Daten direkt exportiert werden, ohne dass sich das Entwicklungsteam zusätzlich mit dem Format von Excel-Daten beschäftigen musste.

```
public void writeTrialDataToXls(TrialData td, OutputStream os) {
      HSSFWorkbook wb = new HSSFWorkbook();
      HSSFSheet sheet = wb.createSheet("data");
      HSSFCellStyle dateStyle = wb.createCellStyle();
}
```

Das folgende Beispiel verdeutlicht den Unterschied zwischen Framework und Bibliothek sehr gut. Anstatt eine Methode aktiv aufzurufen, wird hier vielmehr eine Methode definiert, die aufgerufen wird, wenn das Framework einen bestimmten Event auslöst (in diesem Beispiel hat sich soeben ein Benutzer angemeldet).

```
@Observer(JpaIdentityStore.EVENT_USER_AUTHENTICATED)
public void loginSuccessful(User user) {
      this.log.info("Authenticated #0", user.getUsername());
      this.user = user;
      LocaleSelector ls = LocaleSelector.instance();
      // check if the user has a locale set and we have a web request
      if (user.getPreferredLocale() != null && !ls.getLocale().
      getLanguage().equals(
      user.getPreferredLocale()){
         ls.selectLanguage(user.getPreferredLocale());
         log.info("Changing locale to preferred locale #0", user
         .getPreferredLocale());
      }
      eventManager.registerEvent(new LoginEvent(user));
}
```

6.2.3 Designentscheidung: Welches Framework soll eingesetzt werden?

Eine allgemein gültige Faustregel für die Auswahl des richtigen Frameworks gibt es nicht. Zu groß sind die Anzahl der verfügbaren Frameworks und deren Anwendungsgebiete. Im Folgenden werden allerdings wichtige Punkte erläutert, die maßgeblich zur Entscheidungsfindung beitragen.

Eigenbau oder vorhandenes Framework?

Zunächst sollte sorgfältig geprüft werden, ob bereits ein Framework existiert, das den Anforderungen genügt. Ist dies nicht der Fall, was äußerst selten und dann nur in sehr spezialisiertem Kontext vorkommt, wird eine Eigenentwicklung notwendig. Diese verursacht wesentlich höheren Entwicklungsaufwand, kann allerdings durch spezielle Anforderung an Performance, Betriebsumgebung etc. durchaus in Spezialfällen gerechtfertigt sein.

In den meisten Fällen werden aber nach einer groben Durchsicht der vorhandenen Frameworks einige wenige zur detaillierten Begutachtung ausgewählt. Die Auswahl des am besten geeigneten Frameworks ist essenziell, da ein nachträglicher Austausch nahezu einer Neuentwicklung der Applikation gleichkäme.

Kriterien zur Auswahl von Frameworks

- Deckt das Framework meine Anforderungen ab?
- Wie sind die Wartung und die Weiterentwicklung gesichert?
- Ist das Framework kommerziell oder frei?

Der wichtigste Punkt ist, dass das ausgewählte Framework für den gewünschten Einsatzbereich geeignet ist. Ob dies der Fall ist, ist in erster Linie der vorhandenen Dokumentation zu entnehmen. Je genauer die zu entwickelnde Applikation und vor allem deren zukünftiger Adaptionsbedarf spezifiziert sind, umso treffsicherer kann das Framework ausgewählt werden.

Ein weiterer wichtiger Aspekt ist die Weiterentwicklung bzw. die Wartung von Frameworks. Je weiter verbreitet der Einsatz eines Frameworks ist, umso geringer ist die Wahrscheinlichkeit, dass dessen Entwicklung, Wartung und der entsprechende Support eingestellt werden. Mit einem hohen Verbreitungsgrad korreliert zumeist auch dessen Stabilität und Universalität. Je mehr Entwickler ein Framework einsetzen, umso mehr Programmier- und Designfehler werden in diesem gefunden und behoben.

Vorab muss angemerkt werden, dass die Entscheidung für oder gegen ein bestimmtes Framework meist wesentlich mehr von der fachlichen Eignung als der Tatsache, ob es kommerziell oder nicht kommerziell ist, abhängt. Zudem ist der Übergang zwischen kommerziellen und freien Frameworks wesentlich fließender, als man vermuten möchte. Auf der einen Seite gibt es Frameworks, die ohne Freigabe des Quellcodes (Closed Source) von einem bestimmten Hersteller vertrieben werden. Auf der anderen Seite stehen frei verfügbare, quelloffene Frameworks, die durch eine Gemeinschaft von Entwicklern erstellt und unterstützt werden. Meist liegen aber „frei" verfügbare Frameworks in einem Grenzbereich: Sie sind zwar quelloffen und frei für jedermann verfügbar, aber es stehen meist große Firmen dahinter, die ein wirtschaftliches Interesse an dem Erfolg des Frameworks haben.

Bei *kommerziellen Frameworks* bekommt man also mit dem Kauf meist auch die Unterstützung der Herstellerfirma dazu, die meistens einen Großteil der Anschaffungskosten ausmacht. Damit hat man aber einen klaren Ansprechpartner zur Verfügung, falls bei der Integration des Frameworks Schwierigkeiten auftreten. Um Änderungen oder Erweiterungen im Framework vorzunehmen, müssen aber meist kostenpflichtige separate Aufträge bei der Herstellerfirma vergeben werden. Zudem ist man an eben diese Herstellerfirma gebunden, da nur diese den Quellcode besitzt und somit Änderungen durchführen oder bei Fragen unterstützen kann. Diese Bindung an die Firma ist insbesondere problematisch, wenn die Weiterentwicklung durch firmenpolitische Gründe oder Insolvenz eingestellt wird. Auf der anderen Seite kann man bei kommerziellen Frameworks versprochene Leistungen einklagen.

Bei *quelloffenen Frameworks* erhält man die Software kostenfrei. In den meisten Fällen werden aber Support-Verträge zugekauft, mit denen man professionelle Hilfe von Experten (Consultern) erhält. Diese Experten haben bereits viel Erfahrung mit diesem Framework oder es unter Umständen sogar selbst entwickelt. Der Vorteil dieser Herangehensweise ist, dass es meist mehrere Firmen gibt, die derartige Unterstützung anbieten. Damit existiert ein stärkerer Wettbewerb und folglich verringert sich das Risiko der Abhängigkeit von einem Hersteller oder Berater. Des Weiteren hat man die Möglichkeit, durch Eigenentwicklungen das Framework kostengünstig an seine eigenen Bedürfnisse anzupassen oder fehlende Features hinzuzufügen, wodurch das Framework weiterentwickelt wird. Das Risiko bei derartigen Frameworks liegt oft in den fehlenden Garantien. Die Beratungsfirma übernimmt meist wenig bis keine Verantwortung für den Erfolg des Projektes oder die Eignung des verwendeten Frameworks. Dadurch ist die Investition in dieser Hinsicht weniger geschützt als bei kommerziellen Frameworks. Zudem gibt es weder Supportverträge noch andere Garantien, dass ein Framework eine bestimmte Zeit am Leben gehalten wird.

6.2.4 Eigenschaften von Frameworks

In der Folge werden wesentliche Eigenschaften von Frameworks erläutert.

Framework-Typen

Framework ist nicht gleich Framework. Jedes Framework deckt einen definierten Aufgabenbereich ab. Im Folgenden werden einige in der Softwareentwicklung wichtige Framework-Typen beschrieben:

Inversion of Control *(IOC) Frameworks:* stellen die Funktion wie unten beschrieben zur Verfügung.

Persistence Frameworks: Persistence Frameworks haben das Ziel, den Datenbankzugriff so weit zu abstrahieren, dass Datenbankzugriffsüberlegungen wie Session Handling, Caching etc. durch das Framework abgehandelt werden können. Ein weiteres wichtiges Feature der meisten Persistence Frameworks ist das Objekt Relationale Mapping (*ORM*). Bei ORM handelt es sich um die Fähigkeit, anhand von Konfigurationsdateien oder Annotationen ein Datenbankmodell *inklusive Create, Read, Update und Delete (CRUD)*-Methoden zu erzeugen und dabei vom relationalen Modell in ein objektorientiertes zu übersetzen und umgekehrt. Des Weiteren wird auch der entsprechende *SQL-Dialekt* gekapselt. Damit wird erreicht, dass die Entwicklung unabhängig von einem Datenbankmanagementsystem ist.

Web-Applikations-Frameworks: Web-Applikations-Frameworks haben die Aufgabe, das Erstellen von Webapplikationen zu vereinfachen. Ein großes Problem in der Webentwicklung ist das Vermischen von Darstellungscode (z.B. HTML) und Geschäftslogik. Diese Frameworks helfen dabei, diese Funktionalitäten voneinander zu trennen. Des Weiteren bieten diese Frameworks auch wichtige Funktionen von zustandsorientiertem (*stateful*) Session Management und ereignisgesteuerte (*event-based*) Komponenten.

Rich Client Frameworks: Bei Rich Client Frameworks handelt es sich um Frameworks für das Erstellen von Composite-Applikationen. Die Besonderheit hierbei ist, dass diese Frameworks die Möglichkeit bieten, die Funktionalität der Software über Plugins oder Composites zu erweitern. Ein bekanntes Framework aus diesem Bereich ist die Eclipse Rich Client Platform (RCP).

Grafik-Frameworks: Grafik-Frameworks finden hauptsächlich in der Wissenschaft und in der Spieleindustrie Verwendung. Sie bieten Funktionalität, um geometrische Strukturen schnell und effizient darstellen und verändern zu können.

Meta-Frameworks: In einem größeren Projekt kann es vorkommen, dass nicht nur ein, sondern mehrere Frameworks Verwendung finden. Um den Zugriff auf diese zu homogenisieren (zum Beispiel über eine Vereinheitlichung der Application Programming Interfaces, **APIs**) und den Anteil an *Glue-Code* zu reduzieren, werden *Meta-Frameworks* verwendet. Diese Frameworks enthalten häufig auch *IOC*-Funktionen.

Hot Spots und Hook Methods

Um die erstellten Anforderungen zu erfüllen, müssen Frameworks durch den Softwareentwickler spezialisiert bzw. angepasst werden. Solche Anpassungen finden an **Hot Spots** statt. Eine beliebte Methode, Anpassungen durchzuführen, sind *Method Hooks*. Dabei handelt es sich um (abstrakte) Methoden, die vom Entwickler überschrieben werden, um das gewünschte Verhalten in den vorgegebenen Kontext zu stellen.

Inversion of Control (IOC)

Wird eine Applikation ohne Frameworks erstellt, so bestimmt der Entwickler den gesamten Kontrollfluss. Durch den Einsatz von Frameworks wird dieses Verhalten umgekehrt. Der von den Entwicklern geschriebene Quellcode wird in das Framework „eingebaut", welches sich um die Aufrufe bzw. eben um den Kontrollfluss kümmert. Die Abhängigkeiten (*dependencies*) werden dabei extern beschrieben und sind damit leichter zu warten. Die Kopplung der Komponenten erfolgt dann nicht mehr im Quellcode selbst, sondern wird über das Framework extern gesteuert. Dies führt zum für die

Wartungsfähigkeit wichtigen Konzept der losen Kopplung (*loose coupling*). IOC wird oft im Zusammenhang mit *Dependency Injection* genannt und synonym verwendet. Eine wesentliche Voraussetzung hierfür ist eine strikte Trennung von Schnittstellen (*Interface*) und Implementierung.

Whitebox und Blackbox Frameworks

Unter einem *Whitebox Framework* versteht man Frameworks, deren innere Struktur sichtbar ist bzw. sein muss, um es spezialisieren zu können. Die Spezialisierung erfolgt hier meist durch Vererbung. Im Anfangsstadium gehören die meisten Frameworks in diese Kategorie, da sich hier oft noch keine stabilen *Hot Spots* abgezeichnet haben. Erst im Laufe der Zeit kristallisiert sich heraus, an welchen Punkten genau das Framework angepasst werden muss, um die unterschiedlichen Anwendungsfälle abbilden zu können.

Bei *Blackbox Frameworks* handelt es sich meist um sehr ausgereifte Frameworks. Hier wurden bereits die meisten Hot Spots lokalisiert und die Spezialisierung ist meist kompositionsbasiert. Statt eine abstrakte Methode vorzusehen, die von der Unterklasse implementiert werden muss, werden Komponenten an das Framework über-geben und so die Spezialisierungen durchgeführt. Die Spezialisierung durch Vererbung tritt bei Blackbox Frameworks meist nicht mehr auf, somit entfällt auch die Notwendigkeit, detailliert über die innere Struktur informiert zu sein.

Fallstudie **LiSaMe**

Zu Beginn des Projektes LiSaMe waren lediglich die Anforderungen bekannt. Der Kunde wollte ein generisches, webbasiertes System zur Durchführung von medizinischen Dokumentationsprozessen. Technologisch wurden keine Anforderungen gestellt, allerdings war aufgrund des Aufbaus der Projektfinanzierung von Anfang an klar, dass sich das Projekt nur unter der Verwendung von *Open-Source-Software* (OSS) realisieren lassen würde. Aufgrund dieser Vorgabe und der Tatsache, dass primär Entwickler mit Java-Hintergrund zur Verfügung standen, wurde die Entscheidung getroffen, mit Java-Technologien zu arbeiten.

Die anfängliche Architektur sah dabei die Verwendung von zwei Framework-Standards zur Lösung spezieller Probleme vor. Dies waren JPA für das *Objekt-Relationale Mapping* (ORM) sowie JSF zur Umsetzung des *View-Layer.* Dabei war von zentraler Bedeutung, dass es für beide dieser Standards mehrere Implementierungen gibt. Damit konnte die Unabhängigkeit von einzelnen Herstellern erhalten bleiben. Die Integration dieser beiden Frameworks sowie die Umsetzung der *Geschäftslogik* wurden als Eigenentwicklung beigesteuert.

Zu Beginn der Entwicklungsphase wurde ein *Proof-of-Concepts* (PoC) erstellt, der dazu diente, die grundsätzliche Eignung der gewählten Technologie für das Projekt LiSaMe zu demonstrieren. Dieser PoC war erfolgreich und damit wurde mit der Umsetzung der Anforderungen begonnen.

Nach beinahe einem Jahr Entwicklung besteht schon ein funktional zu 90% vollständiger *Prototyp*. Dieser Prototyp wurde laufend dazu verwendet, um gemeinsam mit dem Kunden die Anforderungen zu konkretisieren. Gleichzeitig aber zeigte der Prototyp auch die Schwachstellen der gewählten Technologie auf.

- Das Verhältnis von **Glue-Code** zu Geschäftslogik war schlecht. Es musste sehr viel Aufwand getrieben werden, um das korrekte Zusammenspiel der beiden Frameworks JSF und JPA zu gewährleisten.
- Die Unterstützung durch die **Entwicklungsumgebung** (*Integrated Development Environment*, **IDE**) war mangelhaft. Es gab weder *Source-Code-Completion* noch *Unterstützung beim Refaktorisieren* (siehe Kapitel 6.4.4). Dadurch war die Entwicklungsumgebung sehr fehleranfällig und die Fehlersuche mühsam und langsam.
- Die Einarbeitung von neuen Anforderungen oder die Anpassung von existierenden Features war durch die große Menge an Glue-Code umständlich und damit zeitaufwändig.

Um diese Schwachstellen zu beheben, wurde die Entscheidung getroffen, ein Meta-Framework zu verwenden, das die gewählten Technologien integriert und somit den Großteil des vorhandenen Glue-Codes ersetzt. Dabei war die zentrale Anforderung, dass die bereits vorhandene Geschäftslogik weiterverwendet werden konnte. Deswegen wurde an der Grundsatzentscheidung für die Framework-Standards JPA und JSF festgehalten – nicht zuletzt, weil eine Umstellung auf eine konkurrierende Technologie sehr aufwändig gewesen wäre.

Die Entscheidung fiel dann auf ein zusätzliches Framework, das darauf spezialisiert war, den zuvor kritisierten Glue-Code zu eliminieren: *JBoss Seam*. Im Gegensatz zu den Framework-Standards JPA und JSF handelt es sich dabei um ein Framework, dessen primärer Zweck es ist, vorhandene Standards zu integrieren und deren Verwendung zu vereinfachen. So integriert JBoss Seam unter anderem die zwei oben genannten Standards JPA und JSF und bietet dem Entwickler eine Vielzahl an Erleichterungen, mit denen die Anbindung dieser beiden Standards deutlich komfortabler wird. Dabei werden weitere Paradigmen und Konzepte wie **Inversion of Control** (IoC) oder *Aspect-Oriented-Programming* (AOP) integriert, die es den Entwicklern ermöglichen, effizienter zu arbeiten und dabei klar strukturierten Quellcode zu schreiben. Dadurch können sich Programmierer ausschließlich auf das Schreiben von Code zur Umsetzung der Geschäftslogik konzentrieren.

6.3 Die Entwicklungsumgebung (IDE) als Cockpit des Entwicklers

Definition Integrated Development Environment (IDE)

„A software development tool for creating applications, such as desktop and web applications. IDEs blend user interface design and layout tools with coding and debugging tools, which allows a developer to easily link functionality to user interface components." (IEEE-Standard 610.12, 1990)

Diese Definition listet einige relevante Punkte auf, die die Identifikation einer **Entwicklungsumgebung** (IDE) ermöglichen. Die IDE soll dem Entwickler als zentrale Entwicklungsstelle für die Applikation dienen. Sie enthält sämtliche benötigten Entwicklungs- und Debuggingtools sowie ein „bequemes" Interface und Layouting, um die Entwicklung so einfach wie möglich zu gestalten. Das Interface ist meist sehr individuell gestaltbar, wodurch es an die individuellen Vorlieben des Entwicklers und die Erfordernisse der Applikation angepasst werden kann.

Es existiert eine Vielzahl an unterschiedlichen Entwicklungsumgebungen. Welche bei einem Projekt konkret verwendet wird, hängt sehr stark von dem verwendeten Framework und der verwendeten Programmiersprache ab. Bei populären Programmiersprachen stehen den Entwicklern sogar meist mehrere gleichwertige Umgebungen zur Verfügung. Die Entscheidung für eine bestimmte ist dann oft eine Frage von persönlichen Präferenzen. Beispiele für unterschiedliche Entwicklungsumgebungen sind Eclipse, NetBeans, Visual Studio, Squeak, KDevelop oder einfach gute Texteditoren wie VI. In diesem Kapitel wird durchgehend Eclipse als Beispiel verwendet.

Im Folgenden werden die wichtigsten Leistungen einer Entwicklungsumgebung aufgezählt und beschrieben. ▶Abbildung 6.1 zeigt die Standardansicht der Eclipse-Entwicklungsumgebung.

- Ein **Compiler** (to compile – erstellen, übersetzen) ist ein Programm, das einen geschriebenen Source Code von einer Computersprache in eine andere übersetzt. Die Zielsprache ist meistens in binärer Form, die entweder direkt ausgeführt oder von einer virtuellen Maschine interpretiert werden kann.
- Ein **Interpreter** ist eine Software, die den textbasierten Source Code während der Laufzeit interpretiert, ohne dass dieser zuvor in **Bytecode** übersetzt werden muss. Ob der Source Code kompiliert werden muss oder direkt interpretiert wird, hängt von der verwendeten Programmiersprache ab.
- *Build Tools* werden verwendet, um automatisiert Teile einer Applikation oder die gesamte Applikation neu zu übersetzen. Diese Tools kombinieren die Überwachung von Änderungen am Source Code mittels **Dependency Management**. Es wird also sowohl überprüft, welche Teile des Codes sich geändert haben, als auch, welche Teile einer Applikation von Änderungen an einer Stelle abhängen und deswegen ebenfalls neu übersetzt werden müssen. Beispiele für Build Tools wären *make, ant* oder *maven*. Eine Erklärung zum Thema Build Tools ist in Kapitel 6.5.1 zu finden.

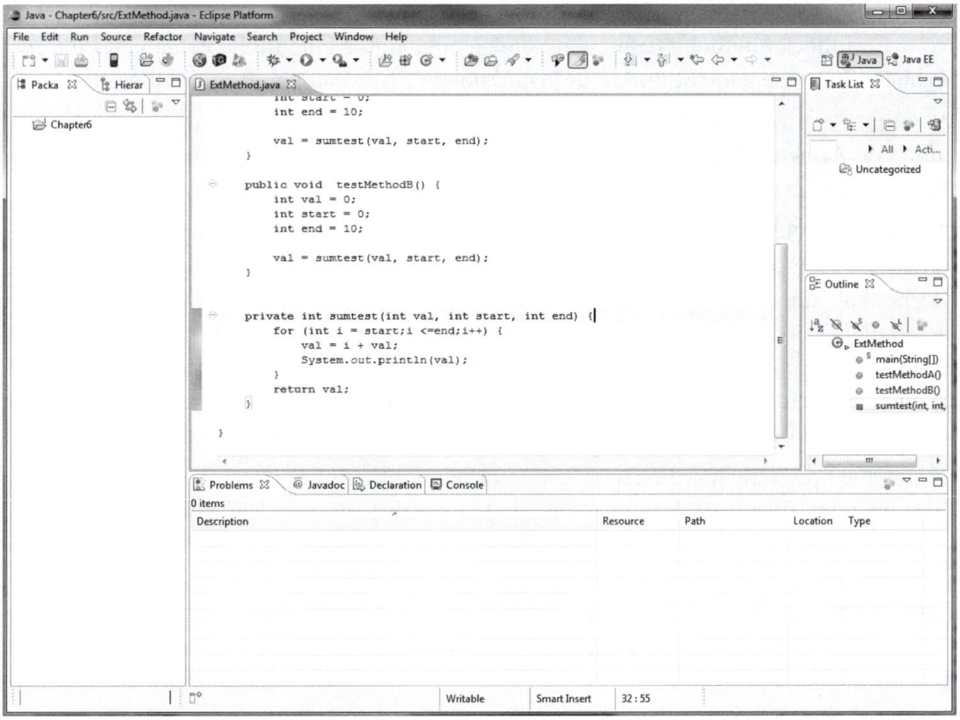

Abbildung 6.1: Standard-Java-Sicht der Eclipse-IDE

Die **Syntax** einer Programmiersprache umfasst Regeln, nach denen Ausdrücke aus einem zugrunde liegenden Alphabet gebildet werden können. Wenn ein Programm richtig geformt ist, kann es von einem Compiler übersetzt oder von einem Interpreter ausgeführt werden. Um die Lesbarkeit des Quellcodes zu verbessern, unterstützen die meisten IDEs **Syntax Highlighting**, wodurch unterschiedliche Teile der Syntax unterschiedlich formatiert (z.B. in unterschiedlichen Farben) dargestellt werden.

Unter dem **Versionsmanagement** versteht man die Verwaltung von unterschiedlichen Versionen des **Source Codes**. Eine detailliertere Beschreibung findet sich in Kapitel 6.5.2. IDEs bieten das automatisierte Einfügen von häufig genutzten Codeteilen als sogenannte **Snippets** an, die mittels Tastaturkürzel schnell in den Source Code eingefügt werden können. Zusätzlich wird noch die Möglichkeit geboten, neue Quelldateien, Klassen, Methoden etc. aus vordefinierten Templates zu erstellen. Diese enthalten dann bereits die für die Programmiersprache übliche Strukturierung. Des Weiteren wird von den meisten IDEs die sogenannte **Code Completion** unterstützt. Hierbei werden beim Tippen bzw. per Tastaturkürzel Vorschläge für die Vervollständigung des Source Codes gegeben. So können Klassen, Methoden etc. direkt übernommen werden, ohne komplett eingegeben zu werden. Dies erhöht die Entwicklungseffizienz und verhindert Tippfehler. Abhängig von der Programmiersprache können auf diese Art auch automatisch benötigte Codeteile importiert werden. In Java werden beispielsweise für vervollständigte Klassen, die nicht importiert wurden, automatisch *Importstatements* eingefügt. Neben eigentlichem Source Code kann auch In Source-Dokumentation automatisiert vervollständigt oder eingefügt werden. Für Details zur Dokumentation siehe Kapitel 6.4.5. IDEs unterstützen üblicherweise für unterschiedliche Arten von Dateien auch unterschiedliche Arten von *Editoren*. So bietet Eclipse eigene Editoren für Java-Dateien, XML-Dateien, Propertyfiles etc. an.

Wichtige Features von Entwicklungsumgebungen sind die automatisierte Unterstützung von **Refaktorisierung** und **Unit Testing**. Eine detaillierte Beschreibung dieser Themen findet sich in Kapitel 6.4.4.

Umfangreiche *Suchfunktionen*, die an die Programmiersprache angepasst sind, sind weitere nützliche Features. So gibt es neben Volltext- und **Regular Expression**-Suchen noch die Möglichkeit, die Suche auf besondere Programmkonstrukte einzuschränken. In Eclipse ist es beispielsweise möglich, nur Methoden zu durchsuchen. Neben der Suche unterstützt eine IDE komfortabel die Überprüfung des vorhandenen Source Codes. Sowohl die Quelldateien als auch der Code an sich können hierarchisch in einer Baumstruktur dargestellt und beliebig gefiltert werden, um ausschließlich gewünschte Elemente darzustellen.

Es gibt außerdem die Möglichkeit, **Item Tracking** durchzuführen. Dies bedeutet, dass eine Liste an noch durchzuführenden Tätigkeiten geführt werden kann, damit diese nicht vergessen werden. Es ist sowohl möglich, einzelne Tasks manuell zu der Liste hinzuzufügen, als auch diese direkt aus dem Source Code auszulesen (z.B. über TODO-**Tags** in Kommentaren, siehe ▶Abbildung 6.2). Einige dieser Tools bieten außerdem die Möglichkeit, Tasks in einem zentralen Tool zu definieren, die dann direkt in die IDE eingebunden werden können.

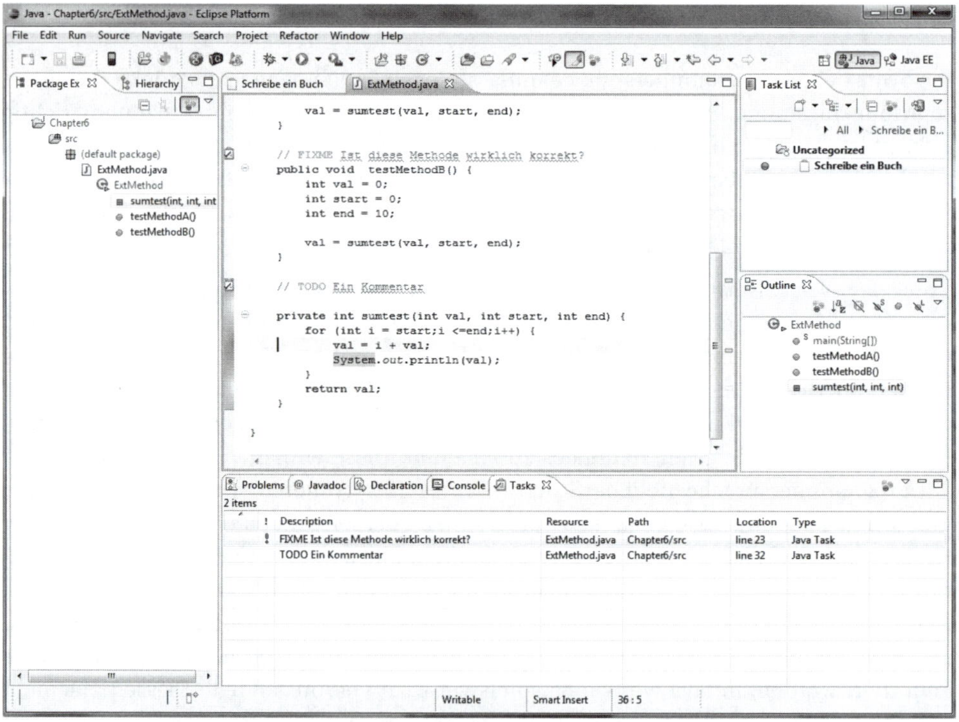

Abbildung 6.2: Eclipse-Ansicht mit sichtbaren Aufgaben (rechts oben) und Kommentaren aus dem Source Code (unten)

Neben der Möglichkeit, Source Code komfortabel zu erstellen, ist eine der zentralen Aufgaben einer IDE die Unterstützung bei der Fehlersuche und -behebung. Sie verfügen daher üblicherweise über sehr mächtige Debugging- und Profiling-Module, die den Entwickler hierbei unterstützen. Ein **Profiler** ist ein Werkzeug, das das Laufzeitverhalten einer Software analysiert und so hilft, Schwächen und Fehler in dieser aufzudecken. Am häufigsten wird dies zur Messung und Analyse der Geschwindigkeit und der Speichernutzung von Programmteilen verwendet, um Stellen zur Optimierung zu identifizieren. Im Vergleich dazu dient ein **Debugger** nicht der Optimierung, sondern der Identifikation von Fehlern im Programmcode. Die genauen Fähigkeiten hängen vom verwendeten Debugger – und somit natürlich auch von der verwendeten Programmiersprache – ab, üblicherweise ist es aber möglich, den Programmfluss anzuhalten und den Speicherstatus zu inspizieren und zu verändern, was wiederum den Programmfluss beeinflussen kann. Auf diese Weise kann versucht werden, die genaue Fehlerquelle zu identifizieren und in weiteren Schritten zu beheben.

Schlussendlich muss die Entwicklungsumgebung ein gewisses Maß an *Customizing* (Anpassung) unterstützen, um dem Entwickler die Arbeit so weit wie möglich zu erleichtern. Da die benötigten Komponenten sehr stark von der jeweiligen Aufgabe abhängen, ist es sinnvoll, das *User Interface* (UI) so flexibel anpassbar wie möglich zu gestalten. Oft wird auch die Möglichkeit geboten, unterschiedliche Views für verschiedene Tätigkeiten zu definieren. So gibt es in Eclipse beispielsweise einige vordefinierte Views für die Java-Entwicklung, für das Debuggen, für die *Repository Exploration* oder für die Codesynchronisierung. Diese Views können individuell gestaltet und mit wenigen Klicks, teilweise sogar automatisiert, umgeschaltet werden. Zudem gibt es die Möglichkeit, die Tastaturkürzel für häufig verwendete Funktionen an persönliche Vorlieben anzupassen, um diese schnell ausführen zu können.

Fallstudie

Entwicklungsumgebung in Stadt21

In Stadt21 wurde Eclipse als zentrales Entwicklungsframework verwendet. Die Gründe hierfür waren vielfältig. Einerseits unterstützte Eclipse alle verwendeten Entwicklungstechnologien (Java, JSF, HTML, CSS, usw.) entweder direkt oder mit Hilfe von Plug-Ins. Die Verfügbarkeit einer Vielzahl an unterschiedlichen Plug-Ins bietet große Vorteile, falls im weiteren Verlauf des Projektes neue Technologien zum Einsatz kommen sollten. Zusätzlich unterstützte Eclipse auch alle zusätzlich genützten Technologien, wie beispielsweise SVN oder *ant*. Ein weiterer Hauptgrund für die Verwendung von Eclipse bestand darin, dass alle Entwickler bereits Erfahrung mit dieser Entwicklungsumgebung hatten und die Einarbeitungsphase somit entfiel.

Lösung

Aufgaben – Framework und Entwicklungsumgebung Nehmen Sie ein Szenario von der CWS und wählen Sie sowohl die Frameworks als auch die Entwicklungsumgebung für die Implementierung aus.

Diskutieren Sie Ihre Entscheidung und stellen Sie Alternativen gegenüber.

Implementieren Sie das Szenario prototypisch und analysieren Sie Ihre Entscheidung retrospektiv.

6.4 Konzepte für eine wartungsfreundliche Implementierung

Zunächst muss das Schreiben von Quellcode wie ein Handwerk erlernt werden, obwohl die Aussage verbreitet ist, Programmieren sei mehr Kunst als Handwerk. In Kapitel 6.4.1 bis 6.4.3 werden wir einige grundlegenden Prinzipien des erfolgreichen Codedesigns darstellen, die sich in unserer täglichen Arbeit stets bewährt haben und die in der einschlägigen Literatur immer wieder vorkommen.

6.4.1 Best Practices für die Strukturierung des Quellcodes

Während in diesem Kapitel die Grundlagen eines guten Codedesigns sehr abstrakt auf Makroebene beschrieben sind, wird in Kapitel 6.4.6 auf konkrete Programmierrichtlinien eingegangen. Gerade im Bereich der objektorientierten Entwicklung (OOE) entstehen immer wieder Diskussionen, ob die zusätzliche Komplexität einer strengen OOE vertretbar ist oder nicht. Grady Booch schreibt in dem Buch Best of Booch: Designing Strategies for Object Technology (Booch, 1997), dass, obwohl OOE durchaus eine zusätzliche Komplexität auf Codeebene erzeugt, die inhärente Komplexität eines Systems jedoch nur mit strukturierten (OO-)Methoden abgebildet werden kann.

In diesem Abschnitt werden einige Best Practices für das erfolgreiche Erstellen eines strukturierten Quellcodes vorgestellt.

Entwurfsmuster (Patterns)

Während in Kapitel 5 Muster für die Architektur beschrieben werden, wird an dieser Stelle auf Muster für die Implementierung eingegangen (*Design Patterns*). Das wohl wichtigste Buch stammt von der „Gang of Four“ – Gamma, Helm, Johnson und Vlissides –, die 1995 das Thema Entwurfsmuster in die Softwareentwicklung einführte. Daher werden die in Gamma et al. (1995) vorgestellten Muster umgangssprachlich auch „GOF (Gang of Four)-Patterns“ genannt. Sie schlugen eine Einteilung der Patterns in *Erzeuger-* (Creational), *Struktur-* (Structural) und *Verhaltensmuster* (Behavioral) vor, die bis heute Gültigkeit hat und die wichtigsten Entwurfsmuster eines Entwicklers umfasst.

Creational: Abstract Factory; Builder; Factory; Prototype; Singleton

Structural: Adapter; Bridge; Composite; Decorator; Façade; Flyweigt; Proxy

Behavioral: Chain of responsibility; Command; Interpreter; Iterator; Mediator; Memento; Observer; State; Strategy; Template Method; Visitor

Beispiel 6.2

Observer Pattern

Dieses Beispiel (▶Abbildung 6.3) veranschaulicht das Thema Entwurfsmuster anhand eines konkreten Pattern – dem *Observer* Pattern. Das Observer Pattern ist rein funktionell gesehen ein publish/subscribe Pattern, bei der KomponenteA (Observer) über den Zustand und Zustandsänderungen von KomponenteB (Subject) Bescheid wissen muss. Der Observer besitzt eine Liste an Subjects und deren derzeitigen Status. Subjects können sich am Observer explizit an- und abmelden und benachrichtigen den Observer im Falle einer Statusänderung.

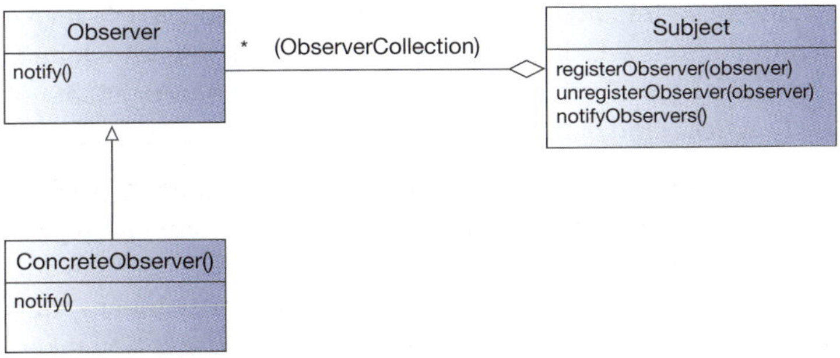

Abbildung 6.3: Klassendiagramm eines Observer Pattern

Wie bereits erwähnt, bieten vorgefertigte Patterns den Vorteil, für einen bestimmten Zweck eine gute Lösung zu bieten. Wenn man als Entwickler jedoch die Musterkataloge durchstöbert, wird man gerade als Anfänger von der Masse an verfügbaren Mustern mehr verunsichert, denn bestärkt. Für jeden Anwendungsfall scheint es mehrere Muster zu geben, doch unterscheiden sich diese oft bei genauerem Hinsehen in wesentlichen Details. Daher ist eine genauere Einarbeitung in das Thema Entwurfsmuster unumgänglich. Folgende Best Practices sind etabliert:

Werde mit Pattern-Katalogen vertraut: Einen tiefen Einblick in die Materie bieten Fowler (2003) und Gamma (1995), ohne Einsteiger in das Themengebiet zu überfordern.

Verwende ein geeignetes Pattern: Diskussionen mit Kollegen und umfangreiche Informationen sind empfehlenswert, um Patterns effizient und korrekt zu verwenden.

Teste neue Pattern anhand eines kleinen Beispiels: Für das Kennenlernen eines bestimmten Patterns empfiehlt es sich, das Pattern anhand eines kleinen selbst gewählten Beispiels zu implementieren, um die genaue Verhaltensweise kennenzulernen.

Verwende ein Pattern nicht nur, weil es gerade „modern" ist und in der einschlägigen Literatur diskutiert wird: Ein häufiger Fehler in der Softwareentwicklung ist es, im Rahmen der Entwicklung eine Anforderung dem Pattern anzupassen, anstatt das Pattern im Sinne der Anforderung zu verwenden: Diese *„Pattern um jeden Preis"*-Methode führt zu undurchsichtigem Code und dadurch in weiterer Folge zu erhöhten Kosten in der Wartung.

Patterns nicht ignorieren, nur weil der Lernaufwand zu groß erscheint: Die Einarbeitung in die Welt der Entwurfsmuster ist durch die große Anzahl an verfügbaren Mustern besonders für Anfänger sehr verwirrend. Dabei wird aber oft vernachlässigt, sich auf die wichtigsten Muster zu konzentrieren. Die in Fowler (2003) und Gamma (1995) vorgestellten Muster sind für den Großteil der Alltagsaufgaben ausreichend.

Information Hiding

Information Hiding ist das grundlegende Konzept, dass eine Klasse von der anderen so wenig wie möglich und so viel wie nötig wissen soll. Die Abhängigkeiten zwischen den Klassen sollen deswegen möglichst gering gehalten werden, um aufwändigen Neuimplementierungen im Falle von Änderungen vorzubeugen. Die Idee dahinter ist, dass die Kommunikation zwischen den Komponenten über Schnittstellen (*Interfaces*) erfolgt und damit ein Zugriff auf die eigentliche Implementierung nicht notwendig ist. Folgende Best Practices sind etabliert:

Definiere Interfaces bereits in der Entwurfsphase: Wie in Kapitel 5 beschrieben, ist die Erarbeitung eines guten Designs die Hauptaufgabe in der Entwurfsphase. Die vorgestellten UML-Diagrammarten erlauben es, bis auf die Klassenebene hinunterzublicken, um so die Abhängigkeiten zwischen den Klassen herzustellen. An dieser Stelle macht es bereits Sinn, sich über die zu verwendenden Interfaces Gedanken zu machen und diese entsprechend einzuplanen.

Verwende die Interfaces für die Kommunikation zwischen den Klassen: Bei der eigentlichen Implementierung ist es dann notwendig, dass diese ausgewählten Interfaces verwendet werden und nicht dass durch eine falsche oder Nichtverwendung eine hohe **Kopplung** (siehe unten) entsteht.

Interfaces dürfen nicht vermieden werden, nur weil sie zusätzlichen Implementierungsaufwand darstellen: Das Definieren von Interfaces kostet Zeit, sowohl im Entwurf als auch im eigentlichen Code, auch wenn es dafür gute Tool-Unterstützung gibt. Oft wird auch das Konzept von *Information Hiding* und dessen Motivation nicht richtig verstanden.

Kopplung und Kohäsion

Die **Kopplung** ist ein Maß der Abhängigkeit einer Klasse von einer anderen. Aus Wartungsperspektive ist es zielführend, wenn eine Klasse eine möglichst geringe Kopplung aufweist. Bei hoher Kopplung ist es meist notwendig, bei einer Änderung in Klasse A auch Klasse B zu ändern. Generell zeugt eine hohe Kopplung von einem verbesserungswürdigen Programmierstil. Die **Kohäsion** einer Klasse gibt an, ob die Klasse einen klar definierten Zweck hat. Eine hohe Kohäsion wird durch Methodengruppierungen nach Zweck gewährleistet. Wenn die Methoden einer Klasse mehrere unabhängige Zwecke bedienen, sinkt die Kohäsion der Klasse. Als Folge ist die Klasse weniger stabil bei Änderungen und in weiterer Folge schwerer zu warten. Folgende Best Practices sind etabliert:

Klassen müssen so weit wie möglich unabhängig sein: Klassen sollten immer so strukturiert werden, dass sie von möglichst wenig anderen Klassen abhängen.

Verwende Methoden, um auf Variablen zuzugreifen: Um den Zugriff auf eine Klasse kompakt zu halten, sollte nur über definierte Methoden (z.B. *get*- und *set*-Methoden) auf die Attribute einer Klasse zugegriffen werden. Das hat den Vorteil, dass sich der Inhalt hinter dem Property/Feld ändern kann, ohne dass zwangsweise der Zugriff angepasst werden müsste.

Gliedere Klassen nach Funktionalitäten: Jede Klasse soll einen definierten Aufgabenbereich übernehmen. Falls bei einer Klasse Funktionen dazukommen, die den ursprünglich definierten Aufgabenbereich übertreffen, sollte die Auslagerung dieser Funktionen in eine neue/andere Klasse überdacht werden.

Klassen sollen funktionell getrennt werden: Der Versuch, schlank und kompakt zu programmieren, endet oft in wenigen Klassen, die viel Funktionalität aus mehreren Anwendungsgebieten abdecken. Dies führt zu einer schlechten Wartbarkeit durch vermeidbare Abhängigkeiten.

Weitere Aspekte

Bei der Codestrukturierung geht es um die physische Struktur einer Komponente. Das beginnt mit der Verzeichnisstruktur, geht über die Paket/Namespace-Struktur und die Strukturierung der einzelnen Komponenten bis hin zum Aufbau einer Klasse. Folgende Best Practices sind etabliert:

Die Komponenten sollen entsprechend dem Design strukturiert sein: Idealerweise wird schon in der Entwurfsphase eine Komponentenstruktur vorgegeben. Wenn diese vorhanden ist, soll die Implementierung so weit wie möglich diesen Vorgaben folgen. Falls Abweichungen technisch notwendig sind, muss der Entwurf entsprechend angepasst werden.

Erstelle eine Richtlinie für die Benennung von Namespaces und Paketen: Die Benennung von Pakten und Namespaces sollte definierten Regeln folgen (eventuell sogar unternehmensweit). Dies vereinfacht die Wiederverwendung von existierenden Komponenten und beugt Namenskonflikten vor.

Klassen sollen nicht verschachtelt werden: Gerade Einsteiger in das Themengebiet betten in eine Klassendatei mehrere *Nested Klassen* ein. Dieser Programmierstil gilt als unstrukturiert und erschwert die spätere Wartung enorm.

Die Architektur muss aktualisiert werden: Wie oben erwähnt, kann sich herausstellen, dass das initiale Design unzureichend beschrieben ist oder geändert werden muss.

Falls im Laufe der Implementierung jedoch auf Codeebene das Design verändert wird, muss es unbedingt in der entsprechenden Dokumentation aktualisiert werden. In einem ideal verlaufenden Projekt sind Code und Architektur immer konsistent.

Exkurs **Design by Contract**

Design by Contract ist ein grundlegendes Konzept im Rahmen des Zusammenspieles von Klassen und wurde von Bertrand Meyer in der Programmiersprache Eiffel definiert. Es existieren Erweiterungen, die das Konzept für andere Programmiersprachen verfügbar machen. Beim Design by Contract agieren Methoden untereinander nach fest definierten Verträgen (*Contracts*). Jeder Vertrag beinhaltet Informationen über *Vor-* und *Nachbedingungen* sowie die *Invarianten*, die bei Methodenaufrufen einhalten zu sind. Die Einhaltung der Verträge wird dann entsprechend überwacht.

6.4.2 Kollektiver Codebesitz (Collective Code Ownership)

Vor allem in agilen Vorgehensweisen (zum Beispiel in Kombination mit *Pair Programming*) ist es üblich, dass jedes Teammitglied volle Kontrolle über den kompletten Quellcode hat. Dies bedeutet konkret, dass jeder im Team den Code eines anderen prinzipiell verändern darf. Dies bedeutet allerdings nicht, dass jeder für den gesamten Code verantwortlich ist. Auch bei kollektivem Codebesitz ist es essenziell, dass klare Verantwortlichkeiten bestehen.

Um den Überblick über parallel getätigte Änderungen und unterschiedliche Versionen zu behalten, ist ein **Versionsmanagement**-System nötig. Eine tiefere Einführung in das Thema Versionsmanagement ist in Abschnitt 6.5.2 zu finden.

Lösung

Aufgaben – Kollektiver Codebesitz Diskutieren Sie die Risiken bei individuellem Codebesitz.

Welche Projektrisiken ergeben sich daraus?

Welche Auswirkungen auf das Systemdesign und die Qualität des Quellcodes können daraus entstehen?

Was bedeutet das für die Wartung?

6.4.3 Automatisierte Entwicklungstests

Während Testen als integraler Bestandteil jedes Softwareentwicklungsprojektes ausführlich in Kapitel 7 beschrieben wird, betrachten wir an dieser Stelle lediglich jene Aspekte, die direkt mit der Entwicklungsphase verzahnt sind.

Idealerweise ist jeder Entwickler gleichzeitig auch Tester. In der Entwicklungstätigkeit befindet er sich in einem kontinuierlichen Zyklus, bestehend aus dem *Verstehen* von Anforderungen, dem *Schreiben* oder Anpassen von Quellcode, dem *Bauen* einer lauffähigen Version und schließlich dem Ausführen und *Testen*, ob die Änderungen die gewünschte Funktionsweise nach sich ziehen. Dieses Ausprobieren erfolgt in der Regel jedoch meist unstrukturiert, oberflächlich und lückenhaft. Dabei werden oft Fehler übersehen, die entweder durch mangelhafte Umsetzung der neuen Funktionalität oder durch gezielte oder unbeabsichtigte Veränderung von alter Funktionalität eingeführt wurden.

Eine bewährte Methode, diese Fehlerquellen zu vermeiden, sind automatisierte Funktions- oder *Unit-Tests*. Diese Tests werden durch zwei Eigenschaften charakterisiert. Zum einen überprüfen sie die Funktionalität von einer möglichst kleinen funktionalen Einheit, einer Unit, und beziehen sich daher nur auf einen kleinen, funktionalen Aspekt des Softwarepaketes. Zum anderen sind sie automatisiert durchführbar und daher billig und schnell wiederholbar. Diese zweite Eigenschaft ist in diesem Zusammenhang besonders wichtig. Sie erlaubt es dem Entwickler, die Tests praktisch beliebig oft, also theoretisch nach jeder kleinen Änderung am Quellcode, auszuführen. Dadurch erhält der Entwickler sofort Rückmeldung, ob die Änderungen abgesehen von den gewünschten noch andere funktionale Auswirkungen haben. Sofern diese Tests korrekt und umfassend genug sind, stellen sie eine große Erleichterung für den Entwickler beim Hinzufügen oder Verbessern (z.B. Refaktorisieren) von Funktionalitäten dar.

Essenziell für den Entwickler ist, dass sich Unit-Tests möglichst einfach und effizient ausführen lassen. Daher unterstützen sowohl die meisten gängigen Entwicklungsumgebungen als auch *Build Tools* (siehe Kapitel 6.3) das Ausführen von Tests.

Die Integration in Entwicklungsumgebungen hat primär zum Ziel, dass der Entwickler gezielt jene Stellen im Quellcode testen kann, die er soeben angepasst hat. Im Fall von *Build Tools* werden meist die kompletten, zum Modul gehörigen Testsuiten ausgeführt. Auch wenn dieser komplette Durchlauf manuell angestoßen werden kann, so ist es doch besonders wichtig, dass er vor dem Bauen des Moduls *automatisch* ausgeführt wird, bevor der potenziell fehlerhafte Quellcode für Weiterentwicklungen freigegeben wird.

Auch im Zuge der *Continuous Integration* werden die Unit-Tests nochmals ausgeführt. Dies dient primär dazu, den aktuellen Stand des Quellcodes, der sich gerade im **Repository** befindet, zu verifizieren. Dies sollte grundsätzlich nicht nötig sein, da jeder Entwickler vor dem Einspielen der Änderungen den kompletten Satz an Tests durchführen sollte, wird aber als zusätzlicher Schritt zur Qualitätssicherung dringend empfohlen.

Test-Driven Development

Test-Driven Development ist jene Form der Integration von Test und Entwicklung, bei der das Testen die vorrangige Stellung einnimmt. Daher wurde diese Herangehensweise exemplarisch gewählt, um zu illustrieren, wie sehr diese zwei Disziplinen verzahnt sind oder zumindest sein können.

Definition Test-Driven Development

Nach Astels (2003) wird Test-Driven Development *(TDD)* wie folgt definiert:

„TDD is a style of development where:

- you maintain an exhaustive suite of programmer tests,
- no code goes into production unless it has associated tests,
- you write the tests first,

the tests determine what code you need to write."

Nach Beck (2002) gibt es für das TDD zwei goldene Regeln:

- „You should write new business code only when an automated test has failed."
- „You should eliminate any duplication that you find."

Test-Driven Development wurde von Kent Beck (Beck, 2002) als Teil des Entwicklungsprozesses *Extreme Programming* (XP) (Beck, 2000) entwickelt und gewinnt zunehmend auch als eigenständige Methode an Bedeutung. Dabei wurde eine Entwicklungsweise erarbeitet, bei der der Entwickler zuerst Testfälle und erst danach den dazugehörigen funktionalen Quellcode schreibt. Dabei werden folgende Schritte iterativ durchgeführt:

1. *Test schreiben:* Die Implementierung jedes neuen Features beginnt damit, den dazugehörigen Test zu verfassen. Dadurch muss sich der Entwickler schon vor dem Entwickeln genau überlegen, welche Anforderungen dieses neue Feature erfüllen muss.
2. *Alle Tests ausführen:* Diese Tests sollten zunächst fehlschlagen, da das dazugehörige Feature noch nicht implementiert wurde. Bei erfolgreichem Testverlauf muss unterschieden werden, ob die Tests nicht versehentlich immer erfolgreich verlaufen oder ob die gewünschte Funktionalität schon vorhanden ist. Dadurch werden letztendlich auch Redundanzen vermieden.
3. *Quellcode schreiben:* Jetzt wird genauso viel Funktionalität hinzugefügt, wie zunächst in den Anforderungen definiert. Wird hingegen mehr Funktionalität hinzugefügt, wird diese durch den vorliegenden Code nicht getestet.
4. *Alle Tests ausführen:* Wenn alle Tests erfolgreich verlaufen, erhält der Entwickler die Bestätigung, dass der neue Quellcode alle Anforderungen erfüllt.
5. *Refactor:* Da der Quellcode funktional richtig ist, kann der Entwickler nun den Code derartig umstrukturieren, dass er den gegebenen Entwurfsrichtlinien ent-

spricht und sich gut in den restlichen Code einfügt, ohne Funktionalität zu duplizieren. Durch wiederholtes Durchführen der Tests stellt der Entwickler sicher, dass er dabei die Gesamtfunktionalität nicht negativ beeinflusst.

Sind alle diese Schritte abgeschlossen, wird ein neuer Test geschrieben, um die Funktionalität weiter an die Anforderungen anzupassen.

Aufgaben – Test-Driven Development (TDD) Für diese Aufgabenstellung existieren im CWS bereits JUnit-Testfälle (check4PrimeTest.java), jedoch noch keine Implementierung. Binden Sie die vorhandenen Testfälle in Ihre Entwicklungsumgebung ein und analysieren Sie diese. Erstellen Sie eine sinnvolle Implementierung, damit die Testfälle vollständig positiv durchlaufen werden. Erläutern Sie des Weiteren folgende Fragestellungen:

Daten

Diskutieren Sie die wesentlichen Vorteile und Nachteile des TDD.

In welchen Anwendungsgebieten ist der Einsatz von TDD vorteilhaft?

Steigert TDD die Entwicklungsproduktivität im Allgemeinen? Nennen und diskutieren Sie typische Argumente dafür und dagegen.

Inwieweit unterstützt TDD als Entwicklungsmethode schnelle und inkrementelle Entwicklung?

Kann TDD auch nachträglich in schon existierenden Projekten eingeführt werden? Welche potenziellen Schwierigkeiten ergeben sich daraus?

6.4.4 Refaktorisierung

Definition Refaktorisierung

Nach Fowler (1999) wird folgende Erklärung für Refaktorisierung gegeben:

„First, the purpose of refactoring is to make the software easier to understand and modify. [...] Only changes made to make the software easier to understand are refactorings. [...] [S]econd [...] refactoring does not change the observable behavior of the software."

Fowler (1999) definiert *Refaktorisierung* anhand zweier Gesichtspunkte. Erstens werden alle Arbeiten am Quellcode, die die Funktionalität der Software beeinflussen, ausgeklammert. Das umfasst sowohl Änderungen, die neue Funktionalität hinzufügen, als auch solche, die Fehler in existierender Funktionalität beheben. Zweitens werden alle Änderungen ausgeschlossen, die nicht mit dem expliziten Ziel durchgeführt werden, die Lesbarkeit und Verständlichkeit des Quellcodes zu verbessern, aber auch keine funktionale Veränderung nach sich ziehen.

Refaktorisierung umfasst demnach jene Änderungen, die ausschließlich die Lesbarkeit und Verständlichkeit des Quellcodes erhöhen, aber keinerlei sichtbare funktionale Veränderungen bewirken.

Motivation für Refaktorisierung

Warum wird Refaktorisierung durchgeführt? Die Modifikation von funktionierendem Quellcode bringt immer ein gewisses Risiko mit sich, dass Fehler eingearbeitet werden. Als Vorteile ergeben sich allerdings:

- Verbesserung des Designs von Quellcode
- Verbesserung der Lesbarkeit von Quellcode
- Verstehen von fremdem oder altem Quellcode

Erstens kann Refaktorisierung das *Design* des Quellcodes verbessern. Ein klares und strukturiertes Design, das funktionale Einheiten kapselt, resultiert in besser nachvollziehbarem Code und damit direkt in geringerem Aufwand für nachfolgende Erweiterungen oder Wartungsarbeiten. Selbst ursprünglich klar entwickelter Code wird durch laufende Wartungsmaßnahmen kontinuierlich unübersichtlicher. Oft werden Änderungen nicht adäquat in das existierende Design eingebunden, so dass sich das Design kontinuierlich verschlechtert. Folglich wird das Design erst durch wiederholte Refaktorisierung den geänderten Rahmenbedingungen angepasst.

Zweitens ermöglicht Refaktorisierung, existierenden Code *besser lesbar* zu machen, und erleichtert damit die Einarbeitung neuer Entwickler. Auch wenn der Entwickler, der den Code ursprünglich geschrieben hat, die Wartungsarbeit selbst übernimmt, ist eine gute Lesbarkeit von großem Vorteil. Schlecht lesbarer und damit schlecht verständlicher Code erhöht den Aufwand, der selbst für kleinste Änderungen nötig ist, signifikant und verkürzt damit direkt die Lebensdauer der Software.

Umgekehrt kann die Refaktorisierung auch dazu verwendet werden, fremden Code zu *verstehen*. Während der Überarbeitung entsteht ein Verständnis dafür, welche Zeilen eine logische Einheit bilden und damit in eine eigene Methode ausgelagert werden können. Beim nächsten Lesen derselben Stelle beschreibt dann der Name der neuen Methode bereits passend den Zweck derselben und verkürzt damit die erneute Einarbeitungszeit.

Im Endeffekt erlaubt es klar entworfener und verständlich lesbarer Code Entwicklern, schneller und effizienter zu arbeiten. Damit ist jede erfolgreiche Refaktorisierung eine Investition, die sich durch die *Effizienzsteigerung* bei darauffolgenden Erweiterungen amortisiert.

Vorgehensweise

Der erste Schritt zu einer erfolgreichen Refaktorisierung ist das *Identifizieren* von Stellen, die durch eine Umstrukturierung besser verständlich gemacht werden können. Dabei handelt es sich um keine exakte Wissenschaft, bei der mit Metriken definiert wird, welche Refaktorisierung in welcher Situation angewendet werden soll. Um weniger erfahrene Entwickler dabei zu unterstützen, gibt Fowler (1999) eine Sammlung an Codebeispielen, die „schlechten Geruch“ haben. Diese „Geruchsbelästigung“ soll dann mit der geeigneten Refaktorisierungsmethode beseitigt werden.

Nach der Identifikation eines zu refaktorisierenden Kapitels des Quellcodes sollte eine vordefinierte, strukturierte Vorgehensweise eingehalten werden, um häufig auftretende Fehler zu vermeiden.

Folgende *Schritte* wurden identifiziert, um den Entwickler durch eine erfolgreiche Refaktorisierung zu führen.

- Schlecht strukturierten Code *identifizieren*: Zuerst werden zu refaktorisierende Elemente des Quellcodes identifiziert, indem entweder der Quellcode nach Verbesserungsmöglichkeiten durchsucht wird oder aber wenn im Zuge der regulären Entwicklungs- oder Wartungsarbeiten Teile des Quellcodes ohnehin überarbeitet werden.
- *Tests:* Als zweiter Schritt ist sicherzustellen, dass der Bereich, der von der Refaktorisierung betroffen ist, ausreichend von funktionalen Tests (siehe Kapitel 0 und 7) abgedeckt wird. Nur so kann während und nach der Refaktorisierung ausgeschlossen werden, dass die Umstrukturierung funktionale Veränderungen verursacht hat. Nur wenn nach der Refaktorisierung alle Tests erfolgreich durchlaufen werden können, ist die Refaktorisierung als erfolgreich zu betrachten.
- *Durchführung:* Wurden die vorhandenen Tests überprüft und gegebenenfalls ergänzt, kann mit der Refaktorisierung begonnen werden. Die Refaktorisierung sollte generell in möglichst kleinen Schritten durchgeführt werden. Nach jedem Schritt sollten alle relevanten Tests durchgeführt werden, um so etwaige Fehler möglichst früh erkennen und beheben zu können.
- *Abschluss:* Nachdem das Ziel der Refaktorisierung erreicht wurde und alle Tests erfolgreich verlaufen sind, kann der Code freigegeben werde. Erst jetzt sollte, wenn die Refaktorisierung durch eine Erweiterungs- oder Wartungsmaßnahme motiviert war, die eigentliche Änderung an der Funktionalität durchgeführt werden.

Zusammenfassend ist die Refaktorisierung als *Investition* in die Qualität des Quellcodes zu betrachten. Wie bei jeder Investition ist es auch vor einer Refaktorisierung wichtig, Kosten und Nutzen sorgfältig abzuwägen. Ist eine Refaktorisierung mit sehr hohem Aufwand und eher geringer Verbesserung der Verständlichkeit des Quellcodes verbunden, so wird von einer Durchführung abgeraten.

IDE-Unterstützung

Heutzutage unterstützen die meisten Entwicklungsumgebungen den Entwickler bei der Durchführung einer Refaktorisierung. Der Grad an Unterstützung hängt dabei zu großen Teilen von der verwendeten Programmiersprache ab. Um den Entwickler bei der Refaktorisierung optimal zu unterstützen, muss die Entwicklungsumgebung die Semantik des Quellcodes verstehen. Dies ist bei traditionellen, statisch geschriebenen Programmiersprachen wie zum Beispiel Java gegeben. Dynamische Programmiersprachen wie Ruby bieten diese Unterstützung selbst für einfache Umstrukturierungen nur mit wesentlichen Einschränkungen an.

Beispiel 6.3

Umbenennen eines Methodennamens

Nach der Namensänderung einer Methodendefinition muss der Entwickler alle Stellen im Quellcode finden, an denen die Methode aufgerufen wird. Unterstützt die verwendete Entwicklungsumgebung diese Refaktorisierung, so muss der Entwickler lediglich die Methode umbenennen, während die Entwicklungsumgebung alle weiteren Vorkommen findet und diese ebenfalls umbenennt. Ohne diese Unterstützung muss der Entwickler entweder eine fehleranfällige Volltextsuche durchführen oder durch wiederholtes Aufrufen des Compilers alle auftretenden Fehler beheben. Besonders aufwändig sind derartige Änderungen bei dynamischen Programmiersprachen durchzuführen, bei denen erst bei der Laufzeit überprüft werden kann, ob die aufzurufende Methode überhaupt existiert. In einem Codekapitel, das selten aufgerufen wird, kann somit ein durch die Refaktorisierung eingeführter Fehler dementsprechend lange unbemerkt bleiben. Umso wichtiger ist eine umfangreiche funktionale Testabdeckung.

Beispiel 6.4

Extrahieren von Methoden (Extract Method)

Eine der wichtigsten Refaktorisierungsmaßnahmen ist das Extrahieren oft genutzter Funktionalität in eine eigene Methode. Oft geschieht es, dass eine Funktion an verschiedenen Stellen genutzt und dabei mittels Kopieren übernommen wird. Für eine bessere Wartung bietet es sich daher an, diese Funktionalität an eine zentrale Stelle zu verlagern und somit der Codeduplizierung vorzubeugen. Der folgende Code soll dies anhand eines kurzen Beispiels verdeutlichen.

```
public void  testMethodA() {
      int val = 0;
      int start = 10;
      int end = 20;
      for (int i = start;i <=end;i++) {
         val = i + val;
         System.out.println(val);
      }
}
public void  testMethodB() {
      int val = 0;
      int start = 0;
      int end = 100;
      for (int i = start;i <=end;i++) {
         val = i + val;
         System.out.println(val);
      }
}
```

Wird nach der Extraktion der Summierungsschleife zu:

```
public void  testMethodA() {
      int val = 0;
      int start = 10;
      int end = 20;
      val = sumtest(val, start, end);

}

public void  testMethodB() {
      int val = 0;
      int start = 0;
      int end = 100;
      val = sumtest(val, start, end);
}
private int sumtest(int val, int start, int end) {
      for (int i = start;i <=end;i++) {
         val = i + val;
         System.out.println(val);
      }
      return val;
}
```

Aufgaben – Refaktorisierung Im CWS finden Sie eine Java-Klasse „Line“, die eine Linie im zweidimensionalen Raum darstellt. Diese Linie wird dabei durch vier Kommazahlen repräsentiert. Zusätzlich werden in der Klasse „LineTest“ Unit-Tests zur Verfügung gestellt, die sicherstellen, dass die Klasse erwartungsgemäß funktioniert. Führen Sie zumindest zwei unterschiedliche Refaktorisierungen auf diesem Code aus. Achten Sie dabei darauf, dass Sie nach jeder Refaktorisierung alle Tests ausführen und diese erfolgreich verlaufen. Es sollte dabei nicht nötig sein, die Tests anzupassen. Nutzen Sie dabei nach Möglichkeit die Funktionalität Ihrer Entwicklungsumgebung.

Daten

6.4.5 Dokumentation der Entwicklungsartefakte

Dieses Kapitel beschäftigt sich mit der Lesbarkeit des **Source Codes**. Einerseits werden Methoden beschrieben, den Source Code übersichtlich zu **dokumentieren**, und andererseits werden allgemeine Entwicklungsrichtlinien vorgestellt.

Kommentierung des Quellcodes

Kommentare sind Teile einer Programmiersprache, die es einem Programmierer erlauben, lesbare Anmerkungen in den Source Code einzubetten. Diese Anmerkungen werden üblicherweise von Compilern und Interpretern ignoriert bzw. entfernt, können aber, wenn richtig eingesetzt, das Verständnis für den Code gravierend erhöhen. Kommentare treten üblicherweise in zwei verschiedenen Formen auf, entweder als Block-

Kommentare oder als Linien-Kommentare. Welche der beiden Arten verwendet werden können, hängt von der verwendeten Programmiersprache ab.

Block-Kommentare begrenzen einen Bereich des Source Codes, indem sie ein Start- und ein Endtoken definieren. Jeglicher Code zwischen diesen Tokens wird als Kommentar gewertet und vom Compiler ignoriert. Abhängig von der Programmiersprache können Block-Kommentare geschachtelt werden oder nicht. *Linien-Kommentare* haben lediglich ein Starttoken und erstrecken sich von diesem Token bis zum Ende der Zeile.

Beispiel 6.5

Beispiel zum Einfügen von Kommentaren

Die Programmiersprache Java bietet die Möglichkeit, sowohl Block- als auch Linien-Kommentare einzufügen. Block-Kommentare werden mit Hilfe der Zeichenfolgen (Tokens) „/*" und „*/" verwendet. Linien-Kommentare verwenden „//".

```
/*
* Das ist meine Methode
*/
public void myMethod () {
      doSomething();// mach etwas
}
```

Source Code sollte so gestaltet sein, dass ein Programmierer erkennen kann, welche konkrete Funktion eine Zeile hat. Ist dies nicht der Fall, sollte der Source Code umgestaltet werden. Somit wird nicht die Funktion einer Zeile kommentiert, sondern vielmehr der Hintergrund zu dieser Funktion.

Eine weitere sinnvolle Anwendung für Kommentare sind bei der Entwicklung getroffene Entscheidungen und Annahmen. So könnte beispielsweise dokumentiert werden, warum ein bestimmter Datentyp für eine Variable verwendet oder ein bestimmter Algorithmus zur Berechnung herangezogen wurde.

Eine sehr häufige Verwendung finden Kommentare beim **Debuggen** in Form des sogenannten „Auskommentierens". Hier werden Codestellen vorübergehend in einen Kommentar gestellt, um die umliegende Funktionalität zu testen.

Des Weiteren können Kommentare auch verwendet werden, um den Source Code mit unterschiedlichen **Tags** zu versehen. Diese Tags können dann mit Hilfe von Suchfunktionen schnell gefunden werden. Außerdem bieten viele IDEs auch die Möglichkeit, diese Tags automatisch auszuwerten, beispielsweise als Liste zusammengefasst anzuzeigen oder direkt an die entsprechende Codestelle zu springen. Beispiele für solche Tags wären: *TODO, NOTE, FIXME.*

Dokumentationsgeneratoren

Dokumentationsgeneratoren sind Programme, die mit Hilfe von speziell gekennzeichneten Kommentaren den Source Code analysieren und automatisiert Dokumentationen für diesen erstellen. Beispiele für solche Generatoren wären Javadoc (Java), Doxygen (C, C++, Java u.a.) oder Ddoc. Im Folgenden wird Javadoc näher vorgestellt, da dieses standardmäßig mit dem Sun Java SDK mitgeliefert wird, von vielen IDEs direkt unterstützt wird und für Java derzeit den De-facto-Industriestandard darstellt.

Javadoc ist ein von Sun für Java entwickelter Dokumentationsgenerator, der Source Files liest und daraus eine API-Dokumentation in HTML generiert (SDN 2002; Javadoc, 2004). Quelldateien können sein:

- Java Source Files (.java) – mit entsprechend kommentierten Klassen, Interfaces, Feldern, Methoden und Konstruktoren
- Package-Kommentar-Files – enthalten Kommentare zu den packages
- Übersicht-Files – enthalten Kommentare zu Sammlungen von packages
- Zusätzliche Files – Bilder, Beispielcode, HTML-Files usw.

Aus den Java-Dateien werden eine Übersicht und eine detailliertere Beschreibung zu jeder Klasse, jedem Interface, jedem Feld, jeder Methode und jedem Konstruktor generiert. Die Beschreibung wird dabei aus speziell markierten Kommentaren gewonnen, die direkt vor diesem Element angebracht sein müssen. In der Übersicht wird außerdem eine Kurzbeschreibung angeführt, die aus dem ersten Satz des Kommentars generiert wird. Der erste Satz der Beschreibung sollte daher immer eine möglichst kompakte Beschreibung der Funktionalität sein.

Diese Kommentare sind im Prinzip nichts anderes als normale Java-Block-Kommentare, nur dass sie mit einem „/**“ beginnen. Daran erkennt das Javadoc-Tool, dass es sich hierbei um einen Javadoc-Kommentar handelt. Innerhalb eines Javadoc-Kommentars kann beliebiger HTML-Code stehen, der in dieser Form direkt in die Beschreibung übernommen wird. Es ist aber zusätzlich noch möglich, die Beschreibung mit bestimmten Tags, die vom Javadoc-Tool eigens aufgelöst werden, zu ergänzen. Es gibt zwei verschiedene Arten von Tags in Javadoc: einerseits sogenannte *Block Tags*, die am Ende der allgemeinen Beschreibung eingefügt werden und entsprechend auch blockartig an das Ende der Beschreibung ausgegeben werden, andererseits *Inline Tags*, die innerhalb der Beschreibung eingefügt werden können und an dieser Stelle aufgelöst werden.

Block Tags haben die Form @tag; es werden hier einige häufig verwendete vorgestellt:

- @author: der Autor bzw. die Autoren einer Klasse
- @param: beschreibt einen Parameter einer Methode oder eines Konstruktors
- @return: beschreibt den Rückgabewert einer Methode
- @see: verweist auf ein anderes Element
- @throws: beschreibt, unter welchen Umständen eine Methode eine Exception wirft

Inline-Tags haben die Form {@tag}, Beispiele:

- {@code}: gibt den angegebenen Text als Code formatiert aus und interpretiert ihn nicht als HTML

- {@link}: gibt einen inline Link auf ein anderes Element
- {@literal}: interpretiert den angegebenen Text nicht als HTML. Auf diese Weise können beispielsweise eckige Klammern (<,>) direkt und nicht als HTML-Entitäten (<,>) angegeben werden.

Daten

Aufgaben – Dokumentation des Quellcodes Wählen Sie eine Codebasis aus dem CWS und dokumentieren Sie diese mithilfe eines Dokumentationsgenerators. Diskutieren Sie folgende Fragen:

Müssen alle Elemente des Quellcodes gleich umfassend dokumentiert werden?

Wie kann die Dokumentation gezielt auf wichtige Elemente fokussiert werden?

Wie viel Aufwand erzeugt die Dokumentation und welcher Nutzen steht dem entgegen?

6.4.6 Implementierungsrichtlinien

Definition Coderichtlinien

Coderichtlinien *(Coding Conventions)* sind Regeln für eine Programmiersprache, die Programmierstil, Vorgehensweisen und Methoden für diese vorschlagen.

Dies umfasst alle möglichen Aspekte der Codegestaltung, wie z.B. Einrückung, Kommentierung und Namensvorgaben, aber auch Vorgaben bezüglich der Umgebung, wie z.B. Dateistruktur oder das *Packaging*. Sun (1999) nennt vier Motivationsgründe für die Verwendung von Coderichtlinien beim Schreiben von Code:

- 80% der Lebenszeit einer Software liegt in der Wartung.
- Kaum eine Software wird vom ursprünglichen Entwickler während ihrer Lebenszeit gewartet.
- Programmierkonventionen helfen dabei, den Code lesbar zu halten, und unterstützen Programmierer dabei, den Code schneller und genauer zu verstehen.
- Wenn der Quellcode als Produkt ausgeliefert wird, muss er, wie andere herkömmliche Produkte auch, bereinigt und sorgfältig verpackt übergeben werden.

Die *Kernaussage* dieser Punkte ist, dass der geschriebene Code sowohl nach längerer Zeit als auch von anderen Entwicklern verstanden werden muss. Es ist daher notwendig, dass für ein Softwareentwicklungsprojekt Richtlinien erstellt und diese auch von allen Entwicklern eingehalten werden.

Teilweise werden diese Richtlinien schon durch die verwendete Programmiersprache vorgegeben bzw. haben sie sich so weit eingebürgert, dass sie als Quasistandard für diese Programmiersprache gelten.

Die folgende Liste enthält einen kurzen Auszug aus üblichen *Coderichtlinien* für die Programmiersprache Java:

- Jede Klasse muss in einer eigenen Datei implementiert sein.
- Die Dateistruktur, in der die Java Source Files abgelegt sind, muss der Paketstruktur der zugehörigen Klasse entsprechen.
- Klassen- und Interface-Bezeichnungen beginnen mit einem Großbuchstaben.
- Konstanten sollten nur aus Großbuchstaben bestehen.
- Alle anderen Elemente beginnen mit einem Kleinbuchstaben.
- In jeder Zeile sollte maximal ein **Statement** stehen.
- Leerzeilen sollten verwendet werden, um den Code in logische Blöcke aufzuteilen.

Diese Liste ist natürlich bei weitem nicht vollständig. Gerade bei der Formatierung und Einrückung des Source Codes gibt es unterschiedliche Meinungen darüber, welche Vorgehensweise am besten ist. Es sollte für ein Projekt aber eine Richtlinie festgelegt und eingehalten werden, damit der Code konsistent bleibt. Die meisten Entwicklungsumgebungen bieten Werkzeuge, mit welchen diese Richtlinien definiert und automatisch überprüft werden können. Schlussendlich ist es im nicht englischsprachigen Raum wichtig zu entscheiden, in welcher Sprache Elementnamen und Kommentare verfasst werden sollen. Eine weiterführende Beschreibung und Aufgaben sind in Kapitel 11 enthalten.

6.4.7 Internationalisierung in der Softwareentwicklung

Einen Überblick über das Themengebiet gibt SDN (2004). Für den Begriff **Internationalisierung** gibt es einige unterschiedliche Definitionen, wobei für den Bereich der Softwareentwicklung die folgende Definition am besten zutrifft.

Definition Internationalisierung

Internationalisierung (*internationalization* bzw. *i18n* für die 18 Buchstaben zwischen i und n) umfasst bei der Softwareentwicklung sämtliche Maßnahmen, eine Software so zu gestalten, dass diese möglichst einfach an andere Sprachen und Kulturen angepasst werden kann.

Aufbauend darauf findet die Lokalisierung (*localization* bzw. *l10n*) der Software statt, die einerseits den eigentlichen Übersetzungsprozess in eine andere Sprache darstellt und andererseits lokale spezifische Datenformatierungen betrifft. Das gängigste Beispiel ist wohl die Formatierung von Datumsangaben. Im Bedarfsfall kann die Lokalisierung auch noch das Hinzufügen von Code und/oder Bibliotheken umfassen, die lokale spezifische Funktionalitäten bereitstellen. Ein Beispiel hierfür wäre ein Modul zum Umschalten zwischen den verschiedenen japanischen Schriftarten.

Es kommt häufig vor, dass erst spät im Entwicklungsprozess erkannt wird, dass das Softwaredesign nicht den internationalen Ansprüchen genügt. Außerdem kommt eine nachträgliche Änderung des Source Codes häufig einer kompletten Umarbeitung der Software gleich. Aus diesen Gründen sollte die Internationalisierung schon von Anfang an in den Softwaredesignprozess eingeplant werden. Wenn dies nicht geschieht, muss die Software für jede Lokalisierung und jedes Release einzeln angepasst werden, was meistens schon nach wenigen Lokalisierungen oder Releases einen bedeutenden Mehraufwand darstellt.

Internationalisierung betrifft aber nicht ausschließlich den eigentlichen Entwicklungsprozess einer Software, sondern auch so gut wie alle anderen Aspekte der Softwareerstellung, wie dem UI-Design, der Testerstellung und -durchführung, der Dokumentation usw.

Dieses Kapitel stellt einige Prinzipien vor, die beachtet werden sollten, um eine Software internationalisierbar umzusetzen.

Lokalisierbarkeit

Die Lokalisierbarkeit *(localizability)* ist ein Teil der Internationalisierung. Sie umfasst alle Tätigkeiten, die es ermöglichen, ein Produkt zu übersetzen, ohne direkt in den Source Code der Software einzugreifen. Dies kann sich vor allem bei Webanwendungen als schwierig erweisen, da dort Code häufig in HTML eingebettet sein kann.

Die folgende Liste umfasst eine Reihe von Tipps, die die Lokalisierbarkeit verbessern.

- Kein Hard-Coding: Texte sollten niemals direkt in den Source Code eingebaut werden, sondern über Resource Files oder zumindest Konstanten angesprochen werden. Dies ist allerdings nicht ausschließlich für internationalisierten Code zu verstehen, sondern gilt allgemein als guter Stil.
- Alle Teile, mit denen der Benutzer agieren kann, sollten in Resource Files extrahiert werden. Dies betrifft Labels, Nachrichten, Templates, Fenstertitel, Hotkeys usw. Die Resource Files sollten umfangreich kommentiert und sinnvoll gruppiert werden, um eine einfache Übersetzung zu gewährleisten.
- Schriftgrößen nicht einschränken: Gerade im asiatischen Raum sind wesentlich größere Fonts für die Lesbarkeit notwendig, deshalb sollte die wählbare Font-Größe nicht eingeschränkt werden und das erstellte Programm auch mit beliebig großen Fonts umgehen können.
- Nachrichten sollten als Ganzes gespeichert und nicht bei Bedarf zusammengesetzt werden.
- Identische Nachrichten in unterschiedlichen Zusammenhängen sollten mehrfach gespeichert werden, da sich diese in anderen Sprachen unterscheiden können.
- Änderungen an Texten sollten gut dokumentiert werden, damit die Übersetzung einfach nachvollzogen werden kann.

Zusätzlich ist der Aspekt der **Internationalisierung** immer dann zu berücksichtigen, wenn Anwenderdaten angezeigt, gelesen, gesucht, sortiert, formatiert oder in anderer Form bearbeitet werden.

Beispiel 6.6 **Lokalisierbarkeit**

In diesem Beispiel wird die Bezeichnung für den Benutzernamen dynamisch aus einer Resource geladen, wobei diese durch den Schlüssel „`loginPage.username`" identifiziert wird.

```
// sets the username label from the resource
lblUsername.setText(
      labels.getString("loginPage.username"));
```

Character Sets und Locales

Ein Character Set *(Charset)* ist eine direkte Assoziierung zwischen Bit-Folgen und Zeichen.

Ein *Locale* (Einstellungssatz) wiederum ist eine benutzerspezifische Einstellung, die Sprache, Herkunftsland und entsprechende Einstellungen wie Zeichensatz, Datumsformate oder Tastaturlayout identifiziert.

Bevor Textdaten verarbeitet werden können, muss das verwendete Charset bekannt sein, damit diese richtig interpretiert werden können.

Exkurs **Grafiken bei der Internationalisierung**

Grafiken sind meistens sehr aufwändig in der Erstellung, somit auch bei einer Änderung. Zudem ist es sehr schwierig, universell gültige Grafiken zu erstellen, die in allen Regionen und Sprachen dieselbe Bedeutung haben. Es sollte daher besonders darauf geachtet werden, welche Grafiken in einer Applikation zum Einsatz kommen und in welchem Kontext diese verwendet werden.

Bibliotheken

Es gibt bereits eine Reihe von Internationalisierungsbibliotheken, die es dem Entwickler erleichtern, internationalisierte Software zu schreiben. Diese Bibliotheken sind außerdem sinnvoll, um die Interoperabilität zwischen mehreren Softwarepaketen, Modulen oder Versionen zu gewährleisten. In Java bietet beispielsweise die Standardbibliothek bereits eine ganze Reihe von Internationalisierungsfunktionen. In C/C++ wiederum gibt es zum Beispiel die „International Components for Unicode", eine OpenSource-Bibliothek, die die Internationalisierung von Software unterstützt.

Weitere Beachtung sollten Bibliotheken oder Produkte von Drittanbietern finden. Diese sind oft nicht für internationalisierte Software vorgesehen, wodurch eine Internationalisierung der gesamten Software erheblich erschwert oder gar unmöglich gemacht werden kann. Es sollte daher auch bei der Wahl dieser Bibliotheken darauf geachtet werden, ob diese Internationalisierung unterstützen.

Lösung

Aufgaben – Internationalisierung Wählen Sie eine Codebasis aus dem CWS und externalisieren Sie alle Strings. Übersetzen Sie die externalisierten Strings in mindestens eine andere Sprache und führen Sie das Programm unter unterschiedlichen Locales aus.

6.4.8 Fehlerbehandlung (Exception Management)

Ein weiterer wichtiger Punkt im Schreiben von guter Software ist die Thematik Fehlerbehandlung. Es ist ein weit verbreiteter Irrtum, dass die Fehlerbehandlung ausschließlich bei der Implementierung zu berücksichtigen wäre. Bereits in der Entwurfsphase muss ein entsprechendes Fehlerbehandlungskonzept definiert werden, damit dieses in der Implementierungsphase entsprechend umgesetzt werden kann.

Generell gilt, dass ein auftretender Fehler die Applikation nicht zum Absturz bringen darf. Die meisten Programmiersprachen bieten dafür die Möglichkeit, *Exceptions* einzusetzen, die Fehler in verschiedener Granularität abfangen können. Die Entscheidung, wie mit Fehlern zu verfahren ist, wird zwar häufig in die Verantwortung der Programmierer gelegt, sollte allerdings schon in der Entwurfsphase definiert werden. Da es generell verschiedene Möglichkeiten gibt, mit Fehlern zu verfahren – ignorieren, an den User ausgeben, intern behandeln –, führt ein inkonsistenter Einsatz von Fehlerbehandlungen zu Verwirrungen beim User und erschwert unter Umständen eine etwaige Fehlersuche.

Beispiel 6.7 **Exception Handling in Java**

```
private void exceptionTest() {
      try{
         BufferedReader eingabe = new BufferedReader(new
            InputStreamReader(System.in));
         String s = eingabe.readLine();
      }
      catch(IOException e){
         System.out.println("Fehler aufgetreten: " +
            e.getMessage());
      }
      finally {
         System.out.println("Programm Ende");
      }
}
```

Exceptions sind in den wichtigsten Programmiersprachen vorhanden, unterscheiden sich aber im Detail bei der Verwendung. Was den meisten Implementierungen gemein ist, ist der Aufbau des *Exception*-Handlings in *try, catch, finally*-Blöcke. Das Beispiel verdeutlicht die Anwendung einer *Exception* anhand eines kurzen Java-Programms.

Im *try*-Block befinden sich Anweisungen, die einen Fehler erzeugen können; im *catch*-Block wird der Fehler behandelt. Der *finally*-Block ist optional, wenn er verwendet wird, dann werden die Anweisungen im *finally*-Block auf alle Fälle ausgeführt. Ein klassisches Beispiel für die Verwendung des *finally*-Blocks ist das Schließen von Datenbankverbindungen.

Die folgende Liste ist ein Auszug der wichtigsten Best Practices für die Fehlerbehandlung:

- Individuelle Fehlertypen sollten nur dann definiert werden, wenn die existierenden Typen nicht ausreichen. Diese sollten dann auch eine zweckmäßige *Zusatzfunktionalität* haben, z.B. für einen Fehler „UsernameUnavailableException“ die Funktion „getAlternativeUsernames()“.
- Wenn ein Framework einen spezifischen Mechanismus zur Fehlerbehandlung vorsieht, soll dieser vorrangig verwendet werden.
- Jedem zum Benutzer exponierten Fehlertyp sollte eine konstante ID zugewiesen werden, die mit der Online-Hilfe oder dem Benutzerhandbuch verknüpft die Fehlersuche erleichtert und dem Benutzer so Fehlerlösungsmöglichkeiten bieten kann.
- Wenn die Fehlerbehandlung über eine Laufzeitumgebung hinausgeht, dann sollten Exceptions geeignet (z.B. serialisiert) übergeben werden.
- Wenn die Fehlerbehandlung über die Laufzeitumgebung hinausgeht, sollten die Exceptions im empfangenden System mit den bisherigen Informationen neu geworfen werden. Dabei sollte die neu geworfene Exception nur die Informationen weitergeben, die für die empfangende Umgebung zur Fehlerbehandlung nützlich sind (*Information Hiding*).
- Wenn die Fehlerbehandlung über Systemgrenzen hinausgeht, sollten konstante IDs zur globalen Typisierung der Fehler genutzt werden.
- Fehlermeldungstexte sollten zwecks Internationalisierung externalisiert werden (siehe auch Kapitel 6.4.7).
- Wenn ein Logging-Konzept verwendet wird, sollten Fehler grundsätzlich mit dem Loglevel *ERROR* protokolliert werden.
- Fehler sollten immer Informationen über den engsten Kontext beinhalten. Dies erleichtert die Fehlerzuordnung und insbesondere die Folgefehleranalyse in Systemen mit komplexen Abläufen. Ein Beispiel für eine Kontextinformation ist die Session-ID oder Conversation-ID bei einer Webapplikation.
- Exceptions sollen im Code umfassend dokumentiert werden. Die Systeme für Codedokumentationen (siehe Kapitel 6.4.5) bieten im Normalfall spezielle Anweisungen, um Exceptions zu dokumentieren.

- Bei der Fehlerbehandlung muss überprüft werden, ob im Fehlerfall Ressourcen unnötig belegt werden würden (z.B. Datenbankverbindungen oder Netzwerkverbindungen). Diese Ressourcen werden am besten im *finally*-Block wieder freigegeben.
- Exceptions dürfen nicht für die Flusskontrolle verwendet werden. Es ist zwar programmiertechnisch möglich, Exceptions für die Steuerung des Programmflusses zu verwenden, allerdings ist dies ein Missbrauch des Exceptions-Konzeptes und kann zu unerwünschten und schwer auffindbaren Fehlern führen.

6.4.9 Laufzeitprotokollierung (Logging)

In jeder Entwicklung werden zur Laufzeit Informationen protokolliert (*logging*). Es gilt aufgrund der limitierten Weiterverwendbarkeit als schlechte Praxis, zum Beispiel mit *System.out.println* direkt auf die Kommandozeile zu schreiben. Stattdessen wird die Information über eine entsprechende Bibliothek an eine *Logging-API* übergeben. Diese ist dann zur Laufzeit so konfiguriert, dass die Nachrichten der entsprechenden *Loglevels* verarbeitet werden. Während der Entwicklung muss also nur die Wichtigkeit einer Nachricht definiert werden. Die Filterung und die Art der Ausgabe werden dann zur Laufzeit extern konfiguriert. Folgende Loglevels stehen üblicherweise zur Verfügung:

- *DEBUG*: feingranulare Information zur Programmausführung, z.B. Methodenaufrufe und Parameter
- *INFO*: wichtige Programmereignisse, z.B. Programmstart, Verbindungsaufbau zu externen Ressourcen
- *WARN*: Eine unerwartete Situation ist eingetreten.
- *ERROR*: Ein Fehler ist aufgetreten und die entsprechende Fehlerbehandlung wurde eingeleitet.
- *FATAL*: Ein nichtbehandelbarer Fehler ist aufgetreten und das Programm kann nicht stabil fortgesetzt werden.

Die meisten dieser Frameworks erlauben es nicht nur, das Format der Ausgaben frei zu definieren, sondern auch die Ausgabeform. So ist es möglich, Meldungen über E-Mail zu verschicken, auf die Konsole auszugeben, in eine Datenbank zu speichern und vieles mehr. Dabei ist wichtig zu erwähnen, dass diese Ausgaben durchaus Auswirkungen auf die *Performance* einer Applikation haben. Deshalb wird in der Entwicklung üblicherweise mit einem anderen Loglevel gefiltert als in der Produktion.

Um das Log flexibel gestalten zu können, bieten die Logging-Bibliotheken die Möglichkeit, die Granularität (das sogenannte Loglevel) über Konfigurations-Files frei zu definieren. Das muss nicht unbedingt systemübergreifend sein, sondern kann auch komponentenspezifisch erfolgen.

Fallstudie **Mobiles Logging in Touch&Go**

Das Entwickeln von Software-Komponenten für Mobiltelefone stellt besondere Anforderungen an das Logging. Die Log-Dateien können am Handy nur sehr beschränkt angezeigt werden, das Durchsuchen bzw. Filtern der Dateien ist fast nicht möglich. In Touch&Go wurde daher auf eine Logging-Bibliothek zurückgegriffen, die das *Logging über TCP/IP* ermöglicht.

Das Handy baut bei Start des Programms eine TCP/IP-Verbindung zu einem vordefinierten Server auf und überträgt die Log-Einträge im Klartext an den Server. Auf dem Server genügt ein einfaches Programm (z.B. das Unix Tool Netcat), um den Logging-Stream zu empfangen und in eine Datei zu speichern.

Entwickeln oder testen mehrere Personen gleichzeitig die mobile Applikation, ist darauf zu achten, dass auf unterschiedliche Server oder unterschiedliche Ports des gleichen Servers protokolliert (logging) wird. Server-Adresse und Port des Logging-Servers sollten daher über eine Option im Build-Management konfigurierbar sein. Dies ermöglicht eine flexible Protokollierung ohne Änderung des Source-Codes.

Aufgabe zu Logging-Aufrufen Wählen Sie eine Codebasis aus der CWS und fügen Sie entsprechende Logging-Aufrufe mithilfe einer Logging-API und entsprechenden Loglevels ein.

Lösung

6.5 Konfigurationsmanagement in der Implementierung

Ein Softwareprodukt besteht wie in den vorherigen Abschnitten beschrieben im Regelfall aus mehreren eigenständigen Komponenten, die untereinander mittels verschiedenen Methoden kommunizieren können. Diese Komponenten werden von verschiedenen Entwicklern zu verschiedenen Zeiten bearbeitet. Natürlich müssen alle Entwickler jederzeit auf den aktuellsten Stand der Entwicklung zugreifen können (sei es auf den Quellcode oder vorkompilierte Bibliotheken), zu diesem Zweck werden *Source Code Management-Systeme* verwendet. Sie bieten dem Entwickler die Möglichkeit, Quellcode abzufragen, in das zentrale System einzuspielen und, falls notwendig, zwei verschiedene Versionen einer Datei verschmelzen zu lassen. **Source Code Management**-Systeme werden in Kapitel 6.5.2 genauer beschrieben.

Des Weiteren existieren Systeme, die sich darum kümmern, den *Lifecycle* einer Komponente oder des gesamten Systems automatisiert ablaufen zu lassen. Im Rahmen eines Lifecycle muss das jeweilige Produkt zumindest kompiliert und getestet werden. Diese Aufgabe wird als *Build Management* bezeichnet, das einen der wichtigsten Bereiche in der Entwicklung von Großprojekten umfasst. Einige der wichtigsten Systeme werden in Kapitel 6.5.1 kurz beschrieben.

Es ist allerdings nicht ausreichend für eine erfolgreiche Entwicklung, dass das Programmierteam Zugriff auf den Code hat und die notwendigen Komponenten automatisch gebaut werden. Für eine effiziente Entwicklung ist es notwendig, dass auch die Abhängigkeiten zwischen den Komponenten getestet werden. Damit ist nicht nur die Funktionalität zur Laufzeit gemeint, sondern auch die Abhängigkeiten zur Compile-Zeit. Durch eine unbedachte Änderung eines Interface kann es schnell passieren, dass sich eine oder mehrere Komponenten nicht mehr kompilieren lassen. Um die Abhängigkeiten zur Laufzeit zu testen, müssen die Komponenten mit entsprechenden Testroutinen versehen sein. Diesen Bereich der Softwareentwicklung nennt man *Kontinuierliche Integration* (continous integration, CI). CI Tools laufen meistens als *headless* Server-Dienst und bauen in definierbaren Intervallen oder bei einer Änderung des Source Codes das gesamte System (oder ein definiertes Subset) und erstellen einen ausführlichen Bericht über das Resultat.

6.5.1 Build Management

Ein Build-Management-System ist ein Werkzeug, um immer wiederkehrende Aufgaben zum Bauen einer Applikation automatisiert ablaufen zu lassen. Da Applikationen typischerweise Abhängigkeiten von anderen Komponenten haben, muss das Build System sicherstellen, dass die Abhängigkeiten verfügbar sind. Das kann entweder dadurch geschehen, dass die Abhängigkeiten gebaut werden oder dass sie als fertige Bibliotheken vorliegen. Das Build System muss diese Abhängigkeiten verwalten und wissen, wie mit ihnen zu verfahren ist. Im Folgenden werden die wichtigsten *Build-Management-Systeme* kurz beschrieben. Es ist zu beachten, dass dies lediglich eine Auswahl der am meisten verwendeten Systeme darstellt. Die am weitesten verbreiteten IDEs bringen meist Unterstützung für diese Art von Tools, allerdings kann man jedes dieser Werkzeuge auch außerhalb einer IDE nützen. Im Folgenden werden einige gängige Build-Management-Systeme beschrieben:

Make ist im Grunde der Vater der modernen Build-Management-Systeme. Seit seiner Erfindung Ende der 70er Jahre findet es vor allem in der C/C++-Entwicklung Verwendung. In Unix/Linux-Systemen ist es weit verbreitet und kommt in Form von diversen Derivaten (z.B. Microsoft nmake) auch in anderen Betriebssystemen häufig zum Einsatz. Durch die eigenwillige Syntax des Buildfile – dem sogenannten *Makefile* – verlangt Make einiges an Einarbeitungszeit, es gilt aber bei korrekter Verwendung als sehr effizient und robust. Das von Make eingeführte Konzept der *Buildtargets* findet sich auch in den neueren Build-Systemen.

Eines der am häufigsten eingesetzten Systeme für das Build Management in der Java-Welt ist *Ant*. Es wird von den wichtigsten IDEs bereits standardmäßig unterstützt. In der .NET-Welt existiert *nAnt*, welches die Funktionalität von Ant für Sprachen verfügbar macht, die in einer .NET-Umgebung laufen. Der Build-Prozess in Ant wird über eine XML-Datei mittels *Target-Definitionen* gesteuert. Jedes Target beschreibt hierbei eine Aufgabe (z.B. kompilieren), wobei jedes Target andere Targets aktiv (mittels Aufruf) oder passiv (mittels Voraussetzungen) auslösen kann. Das folgende Beispiel veranschaulicht ein typisches Ant Target.

Beispiel 6.8 **Ausschnitt aus „build.xml" für ant**

```
<!-- ================================
   target: clean
   cleans all compiled classes
      ================================ -->
<target name="clean">
   <delete includeemptydirs="true" quiet="true">
      <fileset dir="${bin.dir}"/>
      <fileset dir="${dist.dir}"/>
   </delete>
</target>
```

Maven ist ein weiterer Vertreter der Java-basierten Build-Systeme. Auf den ersten Blick wirken Maven und Ant sehr ähnlich, bei genauerem Hinsehen jedoch werden die Unterschiede deutlich. Bei Maven werden im Gegensatz zu Ant in jedem Projekt ausschließlich die Abhängigkeiten zwischen den Komponenten definiert. Dabei kann Maven auf eine zentral verfügbare Library-Sammlung zugreifen, um Abhängigkeiten automatisch aufzulösen und so einen reibungslosen Ablauf zu ermöglichen. Die Funktionalität kann ähnlich wie bei Ant über Plug-ins erweitert werden, wobei dies in den seltensten Fällen wirklich notwendig ist, da die Maven-Standardbibliothek für die meisten Projekte durchaus ausreichend ist.

6.5.2 Source Code-Management

Jeder Entwickler muss in der Lage sein, den aktuellen Stand des Projektes in Form eines Verzeichnisbaumes, auch Arbeitskopie genannt, zu erzeugen. Diese Arbeit übernimmt ein Programm, welches Teil des Versionsmanagement-Systems und in modernen IDEs bereits integriert ist. Den Datenbestand, aus dem die Arbeitskopie generiert wird, nennt man **Repository**. Das Übertragen der Daten aus dem Repository in die Arbeitskopie bezeichnet man als *Checkout*, der Vorgang des Zurücksicherns in das Repository wird mit *Check-in* oder *Commit* beschrieben.

Die Funktionsvielfalt der am Markt befindlichen Versionsmanagement-Systeme geht weit über die in der Folge genannten Funktionen hinaus. Diese stellen jedoch eine wichtige Teilmenge dar, die in jedem **Versionsmanagement** implementiert ist.

1. Verzweigungen (Branching)

Unter Branching versteht man das Anlegen einer Kopie von Objekten (Dateien, Verzeichnisse, ...) im Versionsmanagement-System. Vor komplexen Änderungen erzeugt man einen *Branch*, an dem die Entwicklung unabhängig vom Hauptentwicklungszweig weitergeführt werden kann. Abschließend erfolgt üblicherweise eine Reintegration der Änderungen in den Hauptentwicklungszweig (*Merging*, siehe ▶Abbildung 6.4).

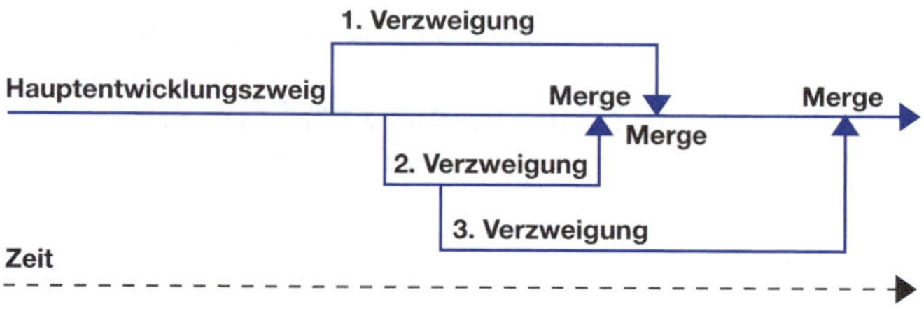

Abbildung 6.4: Zeitlicher Verlauf bei Branching & Merging

2. Markieren (Tagging)

Ein **Tag** kennzeichnet einen konkreten Entwicklungsstand. Gekennzeichnet wird üblicherweise eine zur Auslieferung bestimmte Version. Einmal gekennzeichnete Versionsstände werden nicht mehr verändert. Für einen neuen Versionsstand wird eine neue Kennzeichnung erstellt.

3. Protokollierung/Historisierung

Jedes Versionsmanagement-System protokolliert, welche Änderungen von welchem Benutzer zu welcher Zeit vorgenommen wurden. Dies ermöglicht es, zu jeder Zeit jeden beliebigen Versionsstand aus der Vergangenheit wiederherzustellen und jede einzelne Änderung dem betreffenden Benutzer zuzuordnen.

Quelltext wird in Form von Textdateien gespeichert, aus welchen durch die Entwicklungsplattform ausführbare Programme generiert werden. Ein durchschnittliches Softwareprojekt besteht aus sehr vielen Quelltextdateien, die schrittweise erstellt und über einen langen Zeitraum hinweg von vielen Personen bearbeitet werden.

Um Lese-/Schreibkonflikte zu vermeiden und um Veränderungen an Dateien nachvollziehen zu können, werden Versionsmanagement-Systeme eingesetzt. Außerdem ist es möglich, Änderungen an Dateien zu revidieren und diese den bearbeitenden Personen zuzuordnen.

Definition Versionsmanagement-Systeme

Versionsmanagement-Systeme sind Computersysteme, die Änderungen an Dateien und Verzeichnissen über die Zeit hinweg archivieren und in einem oder mehreren Entwicklungszweigen für die gemeinsame Bearbeitung durch mehrere Personen bereitstellen.

Versionierung beschränkt sich nicht nur auf Quelltext, sondern ist mit allen textbasierten Daten sinnvoll anzuwenden (z.B. Konfigurationsdateien, Textdokumente).

Zentrale Versionsverwaltung

Die zentrale Versionsverwaltung (siehe ▶Abbildung 6.5) stellt einen typischen Client/ Server-Ansatz dar. Das gemeinsame **Repository** ist auf einem zentralen Server gelagert und sämtliche Clients können darauf zugreifen. Dabei spielt es keine Rolle, ob sich diese im lokalen LAN oder über das Internet verteilt befinden. Durch eine Rechteverwaltung wird dafür gesorgt, dass nur autorisierte Clients Zugriff auf das Repository bekommen.

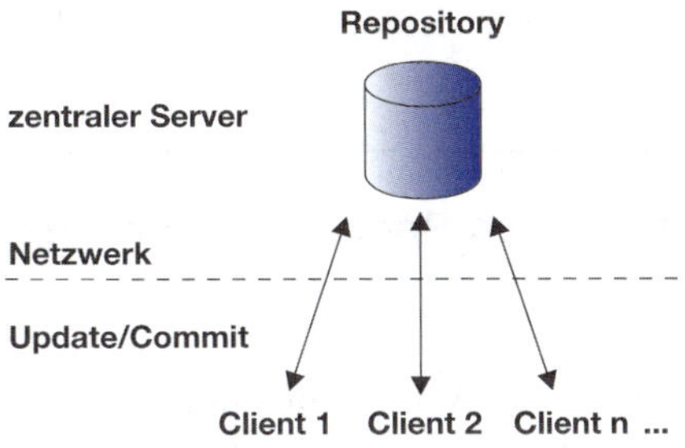

Abbildung 6.5: Diese Grafik zeigt die schematische Darstellung einer zentralen Versionsverwaltung. Es existiert ein zentrales Lager, wo der verfügbare Code abgelegt wird.

Dezentrale Versionsverwaltung

Bei einer dezentralen oder verteilten Versionsverwaltung existiert kein zentrales Repository. Jeder Entwickler besitzt ein eigenes Repository und arbeitet daher von vornherein mit seinem eigenen Entwicklungszweig. Änderungen landen immer im Repository des Entwicklers. Jeder Commit ist daher konfliktfrei (siehe ▶Abbildung 6.6).

Hat ein Entwickler nun seine Änderungen beendet, führt er sie mit den Änderungen anderer zusammen. Erst hier können sich eventuell Konflikte zeigen, welche manuell gelöst werden müssen. Jeder Entwickler hat zudem die Möglichkeit, Änderungen anderer Entwickler zu übernehmen, ohne seine eigenen Änderungen gleichzeitig veröffentlichen zu müssen.

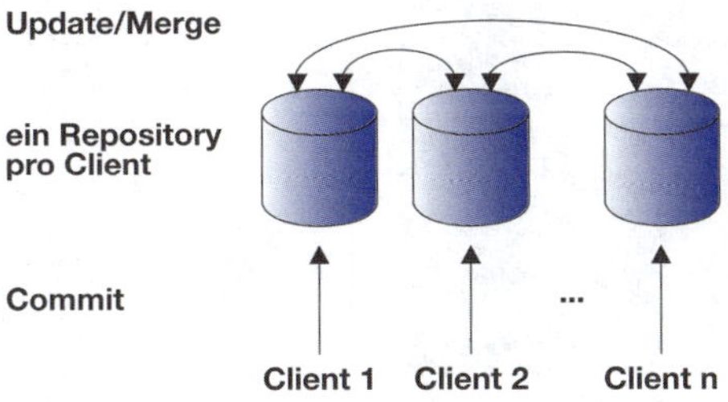

Abbildung 6.6: Verwendung einer dezentralen Versionsverwaltung. Jeder Benutzer arbeitet auf einem lokalen Repository, das nach Änderungen mit den Repositories anderer Benutzer abgeglichen wird.

Lokale Versionsverwaltung

Die lokale Versionsverwaltung stellt eine ältere Form von Versionsmanagement dar. Sie beschränkt sich üblicherweise auf die Versionierung einzelner Dateien und ist daher für die Verwaltung ganzer Projekte nicht geeignet.

Anwendung findet diese Art von Versionsverwaltung heutzutage noch bei Applikationen zur Historisierung abgespeicherter Daten. Große CAD-Applikationen unterstützen beispielsweise eine Versionierung von Zeichnungen mit Hilfe von Änderungsindizes.

Sämtliche Versionsmanagement-Systeme haben folgendes Problem zu lösen: Alle Benutzer sollen auf dieselben Ressourcen zugreifen können, ohne einander negativ zu beeinflussen, sondern vielmehr, um Synergien zu nutzen und die Produktivität zu steigern. Dabei sollen Änderungen geschrieben werden können, ohne dabei die Änderungen anderer zu überschreiben.

Beispiel 6.9 **Beispiel zum Bedarf an Versionsmanagement-Systemen**

Alice und Bob möchten die Datei A bearbeiten und speichern diese aus dem Repository lokal ab (siehe ▶Abbildung 6.7). Nach durchgeführten Änderungen checkt Alice ihre Datei A' ins Repository ein. Später lädt Bob seine lokale Arbeitskopie A" hoch und überschreibt damit die Änderungen von Alice.

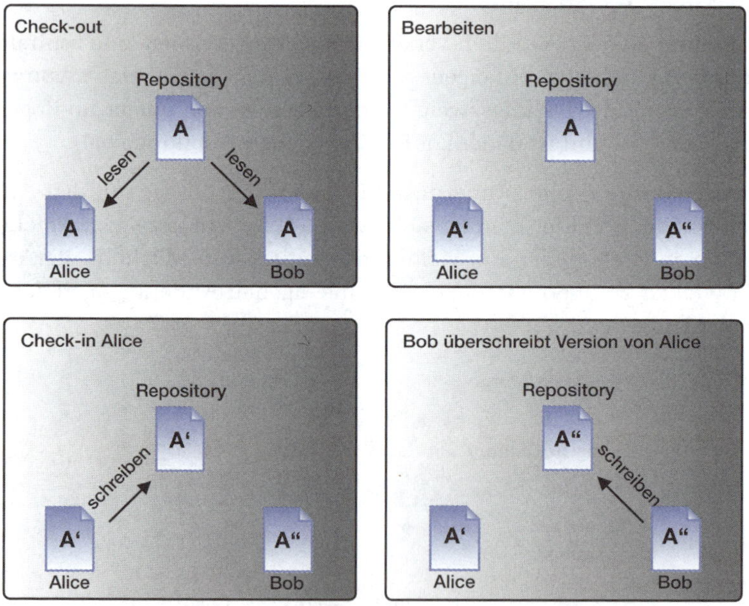

Abbildung 6.7: Dargestellt wird ein typischer Ablauf eines Konfliktes bei der Verwendung eines Source Code Management-Systems. Alice und Bob bearbeiten gleichzeitig Datei A. Alice spielt ihre Änderungen vor Bob zurück, so dass diese im Anschluss durch Bobs Änderungen überschrieben werden.

Im Folgenden werden Lösungsstrategien für das skizzierte Problem beschrieben.

Lock Modify Unlock-Strategie

Diese Arbeitsweise wird auch als *Lock Modify Write* bezeichnet. Die zugrunde liegende Philosophie wird auch Pessimistische Versionskontrolle (*Pessimistic Revision Control*) genannt. (siehe ▶Abbildung 6.8).

Beispiel 6.10

Lock Modify Unlock-Strategie

Alice möchte die Datei A verändern. Im ersten Schritt sperrt Alice die Datei. Solange die Sperre besteht, kann kein anderer Benutzer diese Datei verändern. Alice lädt sich nun eine Arbeitskopie dieser Datei aus dem Repository und bearbeitet diese. Im Anschluss wird diese Datei zurück ins Repository gespeichert und die Sperre wieder aufgehoben.

Der Vorteil diese Strategie ist, dass eine Datei immer nur von einem Benutzer bearbeitet werden kann und so das Zusammenführen aufgrund von Konflikten nicht notwendig wird. Andererseits entsteht der Nachteil, dass sich unter Umständen sehr lange Wartezeiten ergeben, wenn auf die Freigabe von Dateien gewartet wird, vor allem dann, wenn der bearbeitende Benutzer gerade nicht erreichbar ist.

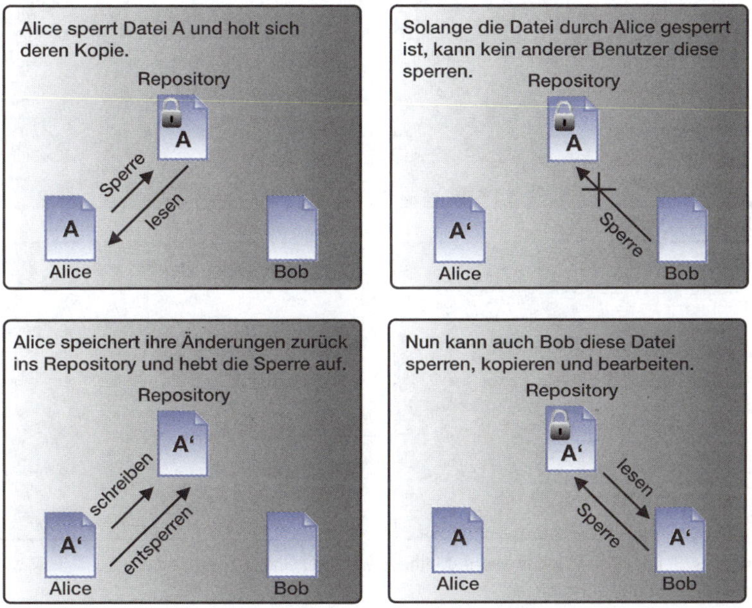

Abbildung 6.8: Mittels der Lock Modify Unlock-Strategie kann man Konflikte beim Zurückspielen von Änderungen dadurch vermeiden, dass eine Datei immer nur von einem einzigen Benutzer bearbeitet werden kann.

Copy Modify Merge-Strategie

Die Copy Modify Merge-Strategie erlaubt gleichzeitige Änderungen durch mehrere Benutzer an derselben Datei. Dies erleichtert die Arbeit der Entwickler wesentlich, da eine große Anzahl von Entwicklern eine noch größere Anzahl von gesperrten Dateien mit sich bringen würde. Die hier zugrunde liegende Philosophie wird als optimistische Versionskontrolle *(Optimistic Revision Control)* bezeichnet.

Beispiel 6.11

Beispiel zur Copy Modify Merge-Strategie

Alice und Bob möchten zur gleichen Zeit Datei A bearbeiten. Beide speichern diese Datei lokal ab und führen die gewünschten Änderungen durch. Bob kann seine Änderungen problemlos in das Repository zurücksichern, dabei entsteht kein Konflikt. Möchte nun jedoch Alice ihre Änderungen in das Repository speichern, entsteht ein Konflikt, da in die im Repository befindliche Datei bereits Bobs Änderungen eingeflossen sind und diese nicht überschrieben werden dürfen (siehe ▶Abbildung 6.9).

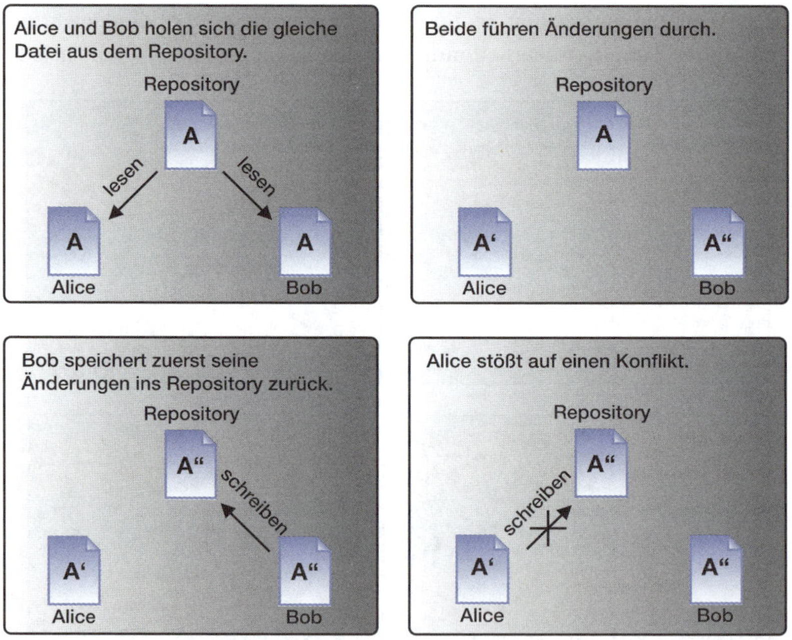

Abbildung 6.9: Bei der Copy Modify Merge-Methode werden keine Dateien gesperrt, dadurch kann es zu Konflikten kommen.

Dieser Konflikt muss durch Zusammenführen *(Merge)* gelöst werden. Dafür holt sich Alice die aktuelle Datei mit Bobs Änderungen aus dem Repository, führt ihre Änderungen mit Bobs Änderungen zusammen und speichert die daraus resultierende Datei zurück in das Versionsmanagement-System. Ab diesem Zeitpunkt stehen die Änderungen von beiden Benutzern im Repository zur Verfügung (siehe ▶Abbildung 6.10).

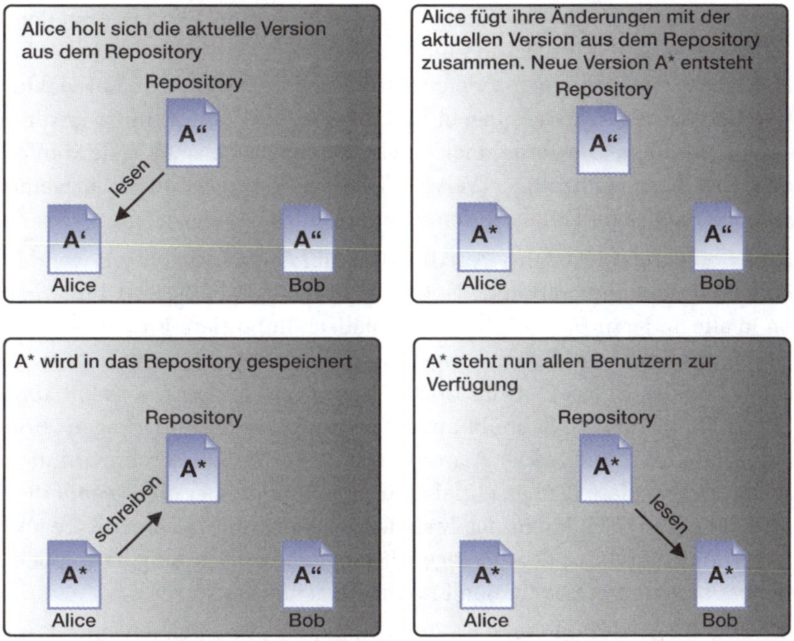

Abbildung 6.10: Um den Konflikt bei einer Copy Modify Merge-Strategie aufzulösen, versucht das Versionierungswerkzeug, die Änderungen automatisch zu verschmelzen (Merge). Falls dies nicht gelingt, kann der Benutzer die Konflikte im Normalfall manuell lösen.

Der Vorgang des Zusammenführens geschieht in der Regel manuell und ist bei organisiertem Vorgehen meist unproblematisch. Wird beispielsweise eine Java-Klasse von zwei Entwicklern gleichzeitig bearbeitet, wobei Entwickler 1 Methode x und Entwickler 2 Methode y verändert, so ist die abschließende Zusammenführung der Änderungen unproblematisch. Ändern jedoch beide Entwickler zur gleichen Zeit die gleiche Methode, so gestaltet sich das Merging wesentlich schwieriger.

Fallstudie

Touch&Go: Richtiges Verknüpfen von Build Management und Source Code Management

Das Build Management verwaltet nicht nur Abhängigkeiten zwischen den Komponenten der Software, sondern es wird auch für die Konfiguration des Build-Prozesses verwendet. Pfade zu den Bibliotheken, die zu verwendenden Compilerversionen oder Optionen für das Kompilieren (z.B. Option für das Erstellen einer Debug-Version) können zentral in einer Datei gesetzt werden. Unterscheiden sich die Entwicklungsumgebungen zweier Entwickler oder will ein Entwickler eine spezielle Version der Software bauen (z.B. für Testzwecke), so muss er die Änderungen nur an einem Ort vornehmen. Diese Vorgehensweise ist sehr komfortabel, sie kann aber bei gleichzeitiger Verwendung von Source Code Management zu unangenehmen Nebeneffekten führen, wie folgendes Beispiel zeigt:

In einem Softwareprojekt wird Ant für das *Build Management* verwendet. Alle Konfigurationseinstellungen sind zentral in der Datei *config.xml* hinterlegt und werden in alle anderen Build-Dateien automatisch importiert. Entwickler A erstellt *config.xml* für seine Entwicklungsumgebung und macht ein Check-in. Entwickler B macht ein initiales Check-Out des Source-Codes und ändert die Datei *config.xml* nach seinen Bedürfnissen. Schreibt nun Entwickler B seine Änderungen zurück ins Repository und führt Entwickler A anschließend ein Update durch, wird die lokale Version des Entwicklers A überschrieben und er verfügt über eine geänderte Konfiguration, die unter Umständen das Erstellen der Software in seiner Entwicklungsumgebung verhindert. Das gegenseitige Überschreiben der Konfiguration behindert in weiterer Folge immer wieder den Entwicklungsprozess.

Lösung: Anstelle der Originaldatei *config.xml* stellt Entwickler A eine Kopie mit dem Namen *config.xml.orig* in das Repository. Entwickler B verwendet *config.xml.orig* als Vorlage und erstellt damit seine angepasste Version von *config.xml*. Die Datei *config.xml* ist bei keinem der Entwickler in das Source Code Management eingebunden, wodurch es nicht mehr zum Überschreiben kommen kann.

Exkurs

wichtige Versionsmanagement-Systeme

1. Zentrale Versionsmanagement-Systeme

1. CVS *(Concurrent Versions System):* CVS ist ein für alle gängigen Betriebssysteme verfügbares Versionsmanagement-System und eine Weiterentwicklung von RCS und SCCS. Es wurde um die Netzwerkfunktionalität und um die Fähigkeit, mehrere Dateien zur gleichen Zeit zu speichern, erweitert, wobei aber das gleiche Dateiformat wie bei RCS benutzt wird. Einige Einschränkungen, wie z.B. der Umgang mit Binärdateien und Verzeichnissen, sind im als Nachfolger gehandelten und neu entwickelten SVN (*Subversion*) behoben.

2. SVN *(Subversion):* SVN gilt als Weiterentwicklung von CVS, wird seit Anfang 2000 von CollabNet entwickelt und ist wie CVS für alle gängigen Betriebssysteme verfügbar (Collins-Sussman, Fitzpatrick, B. W., & Pilato, 2008).

2. Dezentrale Versionsmanagement-Systeme

1. *Git*: Git ist wohl das bekannteste Versionsmanagement-System in der Open-Source-Szene. Es wurde im April 2005 von Linus Torvalds, dem Initiator des Linux-Kernels, ins Leben gerufen, um den Quelltext des Linux-Kernels zu verwalten. Git läuft auf allen gängigen Betriebssystemen und wird in vielen großen OpenSource-Projekten wie z.B. Samba, X.org, Gnome, Perl, Ruby on Rails oder Android eingesetzt. Eine Besonderheit von Git ist dessen kryptografische Sicherheit. Es ist beispielsweise nicht möglich, die Versionsgeschichte nachträglich zu manipulieren, ohne die Bezeichnung der Revision zu ändern.
2. *Bazaar*: Die Entwicklung von Bazaar wird von der Firma Canonical, bekannt geworden durch die Linux-Distribution Ubuntu, finanziert und vorangetrieben. Bazaar ist in Python geschrieben und somit für alle gängigen Betriebssysteme verfügbar. Das Hauptaugenmerk wurde auf einfache Bedienung, Zuverlässigkeit und Flexibilität gesetzt. Im Gegensatz zu reinen dezentralen Versionsmanagement-Systemen ist Bazaar auch in der Lage, mit einem zentralen Server zu arbeiten.

3. Lokale Versionsmanagement-Systeme (Bolinger & Bronson, 1995)

1. RCS *(Revision Control System):* RCS wurde Anfang der 80er Jahre an der Purdue University entwickelt (Tichy, 1985). Es ist nun Teil des GNU-Projektes und wird von der Purdue University ständig weiterentwickelt. In Einbenutzerumgebungen wird RCS, aufgrund dessen Einfachheit, noch immer bevorzugt eingesetzt.
2. SCCS *(Source Code Control System):* SCCS war das erste Versionsmanagement-System und wurde 1972 von den Bell Labs entwickelt. Zu Beginn lief SCCS nur auf dem IBM-System/370 Mainframes unter OS/MVT. Erst später wurde eine Portierung nach Unix auf PDP-11-Maschinen durchgeführt. Bis zum Erscheinen von RCS war SCCS das führende Versionsmanagement-System (Rochkind, 1975). Heutzutage hat SCCS als Versionsmanagement-System keine Bedeutung mehr.

6.5.3 Vergabe von Programmversionsnummern

Da ein Softwareprodukt vom Beginn der Entwicklung bis zum Ende des Lebenszyklus (nach Ablauf der Wartungsphase) verschiedene Versionen durchläuft, sollten zwecks Übersicht und Verfolgbarkeit die Builds und Releases nummeriert werden. Folgendes Muster ist sehr weit verbreitet und hat sich in der Praxis sehr bewährt:

X.YY.ZZZZ

Die erste Stelle (*X*) bezeichnet ein *Major* Release und wird inkrementiert, wenn substantielle Änderungen vorgenommen werden. Begonnen wird dabei mit X=0 (*unstable*), für das erste stabile Release wird dann X=1 (*stable*) gesetzt.

Die zweite Stelle (*YY*) bezeichnet eine geringfügige (*Minor*) Änderung. Typisch wird für Fehlerbehebungen, Optimierungen oder funktionale Erweiterungen diese Stelle erhöht. Charakterisierend ist, dass keine substantiellen Änderungen durchgeführt werden. Das bedeutet vor allem, dass alle exponierten Schnittstellen kompatibel zur Vorgängerversion bleiben müssen.

Die dritte Stelle (*ZZZZ*) bezeichnet die Build-Nummer. Sie wird im Idealfall vom eingesetzten Buildmanagementsystem automatisch pro Build inkrementiert.

Fragen

ZUSAMMENFASSUNG

Implementierung ist ein fundamentaler Bestandteil jedes Entwicklungsprozesses. Da Projekte niemals identisch sind, gibt es auch kein allgemeingültiges Rezept. Allerdings stehen dem engagierten Softwareentwickler eine Fülle von „Kochbüchern" mit vielen Patentrezepten zur Verfügung. Der Entwickler muss jedoch wissen, wann etwas wie eingesetzt wird. Um sich dieses Wissen zu erarbeiten, sind Kenntnisse der in diesem Kapitel beschriebenen Konzepte unerlässlich.

- Eine Programmiersprache ist das Werkzeug des Programmierers, um Anforderungen umzusetzen und Funktionalität zu erzeugen.
- Die Softwareentwicklung wird immer mehr durch Frameworks bestimmt. Frameworks bieten verschiedene Funktionalitäten und können so Implementierungsaufwände reduzieren.
- Moderne Entwicklungsumgebungen bieten dem Entwickler mittlerweile mehr Funktionalität als das reine Erstellen von Code. Code Completion, Integration von Build Tools etc. gestalten die Entwicklung effizienter und leichter.
- Um eine möglichst reibungslose Entwicklung zu gewährleisten, muss das Erstellen von Code gewissen Regeln folgen.
- Um regelmäßige Aufgaben für den Bau der Applikation zu automatisieren, existieren Werkzeuge, welche die Software automatisch bauen und testen.
- Wenn in einem Team entwickelt wird, muss dafür Sorge getragen werden, dass alle Mitglieder Zugang zur gleichen Codeversion haben. Dafür bieten sich sogenannte Version Management Tools an.

6.6 Glossar

Application Programming Interface (API): eine Schnittstelle (oder Sammlung von Schnittstellen), die programmatisch angesteuert wird

Aspect Oriented Programming (AOP): Bei AOP ist das Ziel, die verschiedenen Aspekte einer Software zu implementieren, die dann über Join Points zu einer Anwendung verbunden werden.

Annotationen: Bei Annotationen handelt es sich um „Code im Code". Sie dienen im Allgemeinen dazu, Framework-Funktionalität zu steuern.

Build Management: System für das automatisierte Bauen und Testen einer Software

Bytecode: Dieser Code ist eine Sammlung von Befehlen für eine virtuelle Maschine. Bytecode ist in der Regel maschinenunabhängig und im Vergleich zu Quelltext und Maschinencode oft relativ kompakt.

Code Completion: das automatische Vervollständigen von Programmieranweisungen anhand der verfügbaren Funktionen und der bereits definierten Variablen

Compiler: Programm, das Quellcode in Bytecode oder Maschinensprache umwandelt

Continous Integration: Bei Continous Integration wird auf einer zentralen Instanz das System regelmäßig neu gebaut und automatisch getestet.

Convention over Configuration: Konzept, um die Konfigurationsflut bei Frameworks einzudämmen. Konfiguriert wird nur vom Standardverhalten abweichendes Verhalten.

Debugger: Debugger sind Werkzeuge für Laufzeitinspektionen von Software. Sie sind unverzichtbar für die Fehlersuche während der Entwicklung.

Dependency Management: System für die Verwaltung von Abhängigkeiten zwischen Komponenten

Dokumentieren: Codedokumentation beschreibt einzelne Codepassagen zwecks besseren Verständnisses.

Entwicklungsumgebung/IDE: Software für das Erstellen von Applikationen. Zeichnet sich durch Funktionen aus, die das effiziente Programmieren ermöglichen.

Framework: Programmgerüst, das in der Regel die Anwendungsarchitektur vorgibt

Glue-Code: Code, der ausschließlich dazu dient, das korrekte Zusammenspiel zwischen Frameworks zu ermöglichen. Es werden dabei keine funktionalen Anforderungen umgesetzt.

Hot Spots: Hot Spots dienen zur Erweiterung von Frameworks.

Internationalisierung/Lokalisierung: Anpassung von Programmen an die geografischen oder ethnischen Anforderungen im Nutzungsgebiet. Die Anpassung erfolgt durch Trennung von Programm und Benutzeroberfläche, dynamisches Einlesen von externen Textdateien und Unterstützung von ortsspezifischen Konventionen (Datum/Uhrzeit, Währungssymbole, Zeichensätze, ...).

Interpreter: Programm, das Quellcode einliest, analysiert und ausführt, ohne ihn zu kompilieren

Information Hiding: Kapselung von Datenstrukturen, um ihren Zugriff über Schnittstellen zu definieren

Inversion of Control: Durch den Einsatz von Frameworks wird der Kontrollfluss vorgegeben.

Item Tracking: Methode, um Items (z.B. TODO-Kommentare im Source Code) zu verfolgen und zu verwalten

Kohäsion: Maß für den inneren funktionalen Zusammenhang einer Klasse

Kopplung: Maß für die Abhängigkeit zwischen Klassen

Metasprachen: universale funktionale Programmiersprachen

Profiler: Tool zur Analyse des Laufzeitverhaltens von Software. Analysiert werden im Allgemeinen die Geschwindigkeit, Speichernutzung und Nebenläufigkeit.

Refaktorisierung: Restrukturierung des Quellcodes, um die Lesbarkeit, Verständlichkeit, Wartbarkeit und Erweiterbarkeit zu verbessern

Regular Expression: eine Zeichenkette, die durch syntaktische Regeln eine Menge beschreibt. Sie stellt somit ein Filterkriterium dar.

Repository: ein verwaltetes Verzeichnis zur Speicherung und Beschreibung von Objekten

Source Code Management (SCM): Die Verwaltung von mehreren Versionen des Quelltextes ermöglicht es, Vergleiche mit früheren Versionen zu erstellen (Änderungshistorie) und zu früheren Versionen zurückzukehren.

Source Code: Der Quelltext eines Programms beinhaltet eine Sammlung von Statements oder Deklarationen in einer Programmiersprache.

Snippets: kleine Codeteile, die meist wiederkehrende Aufgaben oder Probleme lösen

Statement: Anweisung, die im Rahmen der Abarbeitung des Programms auszuführen ist und üblicherweise kein Resultat zurückliefert. Statements sind meist Zuweisungen, Kontrollanweisungen (wie Sprünge, Schleifen und bedingte Anweisungen) oder Prozeduraufrufe.

Syntax: Strukturierung einer (Programmier-)Sprache durch Regeln und Prinzipien

Syntax Highlighting: Hervorhebung von Wörtern oder Textkategorien durch verschiedene Farben und Schriftarten in Texteditoren und Entwicklungsumgebungen.

Tags: Erlauben es, im Quelltext Anmerkungen zu machen, die von der IDE als zusätzliche Informationen verwendet werden können.

Unit Testing: Das Ziel von Unit-Tests ist es, einzelne Einheiten auf Methodenebene zu testen.

Versionsmanagement: Die Verwaltung von mehreren Versionen eines Dokumentes (Files) ermöglicht es, Vergleiche mit früheren Versionen zu erstellen (Änderungshistorie) und zu früheren Versionen zurückzukehren.

Virtuelle Maschine: Software, die es erlaubt, Betriebssysteme oder Laufzeitumgebungen unabhängig vom bestehenden Betriebssystem des Computers auszuführen. Auf einem physischen Computer können mehrere virtuelle Maschinen betrieben werden.

Whitebox-Test: ein Softwaretest, bei dem die innere Funktionsweise des Systems geprüft wird. Da beim Whitebox-Test nur überprüft wird, ob der Quellcode gewisse Kriterien erfüllt, reicht er als alleinige Testmethodik meistens nicht aus.

Phase Integration/Test – Wie wird zusammengefügt/ geprüft

Autoren: Mario Bernhart, Roland Breiteneder

7

ÜBERBLICK

„It compiles! Let's ship it!" – Verfasser unbekannt

» Software teilt eine Eigenschaft mit allen hergestellten technischen Produkten – ohne sie wirklich „ausprobiert" zu haben, gibt es keine Gewissheit über deren tatsächliches Funktionieren. Intuitiv scheint es für jeden sinnvoll, eine neue Autoserie oder einen neuen Flugzeugtyp unterschiedlichen Tests zu unterziehen. Sowohl der potenzielle Schaden für den Nutzer als auch das Risiko des Nachweises einer technischen Fehlleistung für den Hersteller sind zu groß.

Im Falle von Softwaresystemen ist die Notwendigkeit des strukturierten Testens hingegen deutlich weniger evident. Softwaresysteme sind abstrakt – sie sind den menschlichen Sinnen nicht zugänglich. Ein Auto kann man angreifen – ein Schleudertest zeigt, ob es ausreichend stabil ist, und ein Flugzeug hebt von der Landebahn ab oder nicht.

Welche sichtbaren Eigenschaften aber hat ein Softwaresystem? – Verglichen mit anderen „mechanischen" technischen Systemen de facto keine. Man kann sie weder sehen noch berühren. Selbstverständlich haben aber auch Softwaresysteme Eigenschaften – deren Wahrnehmung ist dabei abhängig vom Abstraktionsvermögen des Betrachters, dem Bewusstsein über deren eben nicht sichtbare, aber vorhandene Komplexität und letztendlich der methodischen Herangehensweise beim Erfassen dieser Eigenschaften. Eine triviale Eigenschaft eines Softwaresystems ist dessen Kompilierbarkeit. Wenn sich eine ausführbare Datei erzeugen lässt und man diese auch noch starten kann, ist ein wesentlicher Schritt im Produktionsprozess abgeschlossen. Diese wesentliche notwendige Eigenschaft erschließt sich zuerst einem Entwickler. Als Entwickler ist man meist von der vollen Funktionsfähigkeit des geschaffenen Produkts überzeugt – wer stellt schon gerne die Qualität seiner eigenen Arbeit in Frage? – *„It compiles! Let's ship it!"*

Während bei kleinen Programmen dieser Einschätzung noch vertraut werden könnte, führt sie bei größeren Projekten mit vielen Beteiligten allerdings meistens zu unliebsamen Überraschungen und in letzter Konsequenz auch zu Budget-Überschreitungen.

Die Ursache ist dabei selbstverständlich nicht nur beim Entwickler zu suchen. Auftraggeber, Produktverantwortliche und Projektleiter sind oftmals aus unterschiedlichen Gründen allzu gerne bereit, die Fertigstellung eines Softwareprodukts stillschweigend zu akzeptieren, ohne hinreichend über dessen tatsächliches Funktionieren informiert worden zu sein. Der meist enge zeitliche Rahmen für die Fertigstellung von Softwaresystemen begünstigt die Herangehensweise im Sinne eines „Schönredens" der Qualität eines Softwaresystems bei allen Beteiligten.

Wie aber einige Beispiele in diesem Kapitel zeigen werden, ist ein erfolgreiches Kompilieren zwar eine notwendige, aber leider keine hinreichende Eigenschaft für das wunschgemäße Funktionieren eines Softwaresystems. «

Lernziele

In diesem Kapitel werden folgende Lernziele behandelt:

- *Ziele und Grundsätze des Softwaretests*: Was sind die Ziele und Nicht-Ziele des Softwaretests?
- *Test- und Integrationsstufen:* Warum sind Test und Integration in Software-Projekten stufenweise organisiert und was sind die Ziele der einzelnen Stufen?
- *Funktionale und nichtfunktionale Testmethoden:* Welche Methoden unterstützen mich beim Testentwurf, um eine möglichst hohe Testabdeckung zu erreichen?
- *Testautomatisierung*: Wann und wie setze ich Testautomatisierung richtig ein?
- *Testprozess:* Wie plane und organisiere ich Softwaretests im Rahmen des Entwicklungsprozesses?

7.1 Bedeutung von Softwaretests

Keine Software ist frei von Fehlern. Dazu einige Beispiele:

Beispiel 7.1 **Venussonde**

Der Steuercomputer einer Venussonde führte im Jahr 1979 während des Fluges folgende Statements aus: DO 3 I = 1.3. Dieses Statement war eine gültige Anweisung, die erfolgreich kompiliert und getestet wurde. Der verantwortliche Entwickler implementierte dazu eine Schleife und nicht eine Zuweisung wie oben dargestellt. Anstatt eines Punktes wurde ein Komma verwendet, wodurch der Flugkörper sein Ziel verfehlte.

Nach 20 Jahren und einer Vielzahl neuer Entwicklungsmethoden, -werkzeuge und Softwaretechnologien wurden mit dem Ziel der Qualitäts- und Effizienzsteigerung zahlreiche neue Methoden und Technologien am Markt etabliert. Der dadurch erreichte Produktivitätsgewinn und das oftmals blinde Vertrauen in die Effektivität dieser Neuerungen führten aber in Kombination mit finanziellem und politischem Druck letztendlich dazu, dass sich seit 1979 diesbezüglich wenig verändert hat:

Beispiel 7.2

NASA-Sonden

Im Jahre 1999 verlor die NASA gleich zwei Sonden durch Softwarefehler: im September 1999 den Mars Climate Orbiter und im Dezember einen Mars Polar Lander. Erstere steuerte nach einem neunmonatigen Flug eine um 170 km tiefere Umlaufbahn an als geplant – vom Navigationssystem eines Herstellers wurden Daten im englischen Maßsystem geliefert, die Software der NASA ging aber von metrischen Einheiten aus. Die zweite Sonde ging verloren, weil die Bremsraketen zu früh deaktiviert wurden. Sie stürzte 40 m mit 80 km/h in die Tiefe. Die Erschütterung beim Ausfahren der Landebeine wurde von den Berührungssensoren der Sonde detektiert, was von der Software als Bodenberührung interpretiert wurde und ein Abschalten der Bremsraketen zur Folge hatte.

In beiden Fällen wurden aufgrund von Kosten- und Zeitdruck nur wenige Testzyklen durchgeführt. An diesen Beispielen sieht man, dass fehlerhafte Software immense Kosten verursachen kann. Je später im Laufe der Softwareentwicklung Fehler entdeckt und korregiert werden, desto höher sind die dabei entstehenden Kosten.

Das Testen von Software gehört daher zu den wichtigsten Aktivitäten des Software-Entwicklungsprozesses. Durch systematisches Testen werden Abweichungen eines lauffähigen Softwareproduktes von der Spezifikation aufgedeckt und Fehler in der Implementierung identifiziert. Aus diesem Grund ist eine gut geplante *Testphase* für den Erfolg eines Projektes entscheidend.

Häufig wird jedoch gerade beim Testen gespart. Der Grund dafür liegt in den relativ hohen Kosten von Testaktivitäten und aufwändigen destruktiven Maßnahmen. Hier wird oft gespart, um einen zu optimistischen Zeitplan doch noch einhalten zu können. In der Praxis kann das zu schwerwiegenden Folgen führen: Fehler in der Spezifikation oder dem Entwurf werden erst spät im Entwicklungsprozess gefunden und verschlingen dadurch ein Vielfaches dessen, was ihre frühe Identifikation und Korrektur gekostet hätten. Auch das Vertrauen des Kunden in das Produkt und seine Programmierer leiden darunter, wenn im laufenden Betrieb ständig neue Mängel des Systems entdeckt werden. Hier sollten für ein qualitativ hochwertigeres Endprodukt längere Entwicklungszeiten in Kauf genommen werden.

Das Durchführen von Testaktivitäten ist aber keine Garantie für einen erfolgreichen Projektverlauf. Mängel bei der Testplanung oder das Fehlen wichtiger Dokumente können systematisches Testen deutlich erschweren.

Das Beheben von Mängel in der Testplanung ist keinesfalls die Aufgabe des Testers und ist oft gar nicht mehr möglich, wenn bereits gravierende Planungsfehler begangen wurden. Somit kommt einer funktionierenden Kommunikationskultur im gesamten Projekt generell essenzielle Bedeutung zu. Sie stellt die Basis für die erfolgreiche Durchführung der Testphase dar (Grispin, 2009). Fehlt diese Voraussetzung, wird das Verbreiten wichtiger Informationen erschwert oder überhaupt verhindert. Um die hier genannten Fehlerquellen von Beginn an zu vermeiden, ist ein gezieltes *Qualitätsmanagement* (siehe Kapitel 11) notwendig.

7.2 Grundlagen der Integration und des Tests

Die Durchführung von Softwaretests ist eine wichtige und typischerweise am häufigsten angewandte Methode zur **Verifikation** und **Validierung** von Softwaresystemen. Softwaretests sind eine dynamische, produktorientierte Qualitätssicherungstechnik, d.h., das Analyseobjekt ist das eigentliche **Zielsystem** im ausführenden Zustand. Aufgrund der Komplexität und des Integrationsgrades moderner Softwaresysteme ist es entsprechend aufwändig, einen umfassenden Softwaretest durchzuführen. Ziel ist es dabei, Fehler so früh wie möglich zu finden, da eine späte Fehlerentdeckung höhere Kosten erzeugt.

Softwaretesten hat sich rasch vom „Stiefkind" der Software-Engineering-Aktivitäten zur Expertendisziplin entwickelt. Aus Sicht des „Cowboy Programmers" ist der Softwaretest bestenfalls eine lästige Pflicht und keineswegs eine interessante Aufgabe. Getrieben durch die stetig wachsende Komplexität, den Integrationsgrad und insbesondere die hohe Abhängigkeit (Geschäftswert oder sogar Menschenleben) von Softwaresystemen, wird der Softwaretest allerdings strategisch immer bedeutender.

7.2.1 Softwaretests – Begriffserklärung

Definition Softwaretests

„Software testing is a formal process carried out by a specialized testing team in which a software unit, several integrated software units or an entire software package are examined by running the programs on a computer. All the associated tests are performed according to approved test procedures on approved test cases." (IEEE 610.12, 1990)

Diese Definition von Softwaretests aus dem Jahre 1990 ist sehr strikt und schließt einige anerkannte Verfahren – wie etwa das Exploritory Testing – aus. Dennoch sind in dieser Definition mehrere interessante Aspekte enthalten:

- *Softwaretesten als formeller Prozess:* Abhängig vom Risiko (Eintrittswahrscheinlichkeit und Auswirkung) einer Fehlfunktion muss der korrespondierende Softwaretest mehr oder weniger formal geplant und durchgeführt werden. Sehr häufig ist eine Kombination aus formellen und informellen Verfahren im Softwaretest am effektivsten zur Fehlerfindung. Mehr dazu im Kapitel *Informelle Testmethoden*, S. 325.
- *Testen durch ein spezielles Testteam:* Eine zentrale Bedeutung im Softwaretest kommt der Entscheidung zu, durch wen der Softwaretest durchgeführt wird. Ein spezielles Testteam hat den Vorteil, dass es sich beim Softwaretest um eine methodische

Expertentätigkeit handelt und damit eine gewisse methodische Qualität sichergestellt werden kann. Softwareentwickler hingegen sind methodisch nicht unbedingt dafür ausgebildet, ihre eigenen oder auch fremde Erzeugnisse adäquat zu testen. Das Teststufenkonzept (siehe Kapitel 7.3, S. 305) definiert üblicherweise, wer für welche Art von Verifikation und Validierung verantwortlich ist. Darin ist häufig der Entwickler für den Komponententest auf Quellcodebasis verantwortlich. Für den Akzeptanztest werden in der Regel Endbenutzer bzw. Vertreter des Kunden herangezogen.

- *Bewilligte Testfälle:* Diese stehen im Zusammenhang mit dem Formalitätsgrad des Softwaretests. Wichtig ist hierbei, dass der Softwaretest neben der qualitätssichernden Aufgabe auch ein Quality Gate für den Software-Entwicklungsprozess darstellt. Nach der Durchführung eines Softwaretests wechselt häufig die Verantwortung für das Softwaresystem, z.B. von der Entwicklung in den Betrieb. Überall dort, wo Verantwortungswechsel stattfinden, ist die Nachvollziehbarkeit und Bewilligung von hoher Bedeutung. Dies steht wiederum im Gegensatz zu informelleren Testmethoden.

Definitionen für den modernen Softwaretest in all seiner Komplexität werden im nächsten Abschnitt diskutiert. Große Bedeutung kommt allerdings zunächst der Einsicht zu, dass die Planung von Softwaretests eine strategische Aufgabe ist, wobei je nach Projekt auf Basis des jeweiligen Risikos der notwendige Formalitätsgrad, der Dokumentationsgrad, die Intensität und die Tiefe des Tests festgelegt werden müssen.

7.2.2 Ziele und Grundsätze des Softwaretests

In der Literatur zum Softwaretest wird oft auf diese beiden Definitionen zum eigentlichen Ziel des Softwaretest verwiesen:

Definition 1 zu Zielen des Softwaretestens

„Testing is the process of establishing confidence that a program does what it is supposed to do." (Myers, 2004)

Offensichtlich soll beim Softwaretest festgestellt werden, dass eine Funktion des Softwaresystems korrekt bzw. vollständig ist. Der Softwaretest kann dies jedoch nicht beweisen – das hat Dykstra schon 1960 festgestellt. Er ist vielmehr eine Stichprobe, wobei diese wenig darüber aussagt, ob ein nochmaliger Aufruf einer Funktion dasselbe Verhalten zeigt. Zwei Ausführungen desselben Testfalls am selben **Zielsystem** sind niemals exakt gleich. Der wichtigste Faktor hierbei ist die Zeit. Außerdem können niemals alle Zustände eines Softwaresystems durch einen Testfall abgedeckt werden. Im Normalfall und insbesondere dann, wenn es de facto unendlich große Dateneingabebereiche, Systemzustände oder nebenläufige Ausführungen gibt, weist ein Softwaresystem unendlich viele unterschiedliche Systemzustände auf. Selbst wenn die Anzahl der operationalen Systemzustände nicht unendlich groß ist, reicht die Menge an durchführbaren Tests in der Regel nicht aus, um jeden potenziell notwendigen Testfall durchzuführen. Ziel muss es somit sein, die Tests zu identifizieren, mit denen die höchste Wahrscheinlichkeit gegeben ist, festzustellen, ob das Softwaresystem korrekt funktioniert. Ein guter Test ist also jener, der eine möglichst hohe *funktionale* oder *nichtfunktionale Abdeckung* hat.

Definition 2 zu Zielen des Softwaretestens

„Testing is the process of executing a program with the intent of finding errors."
(Myers, 2004)

Demnach sollen beim Softwaretest Fehler von Programmen identifiziert werden. Wenn ein Test einen Fehler gefunden hat, war er erfolgreich. Ob der Fehler reproduzierbar ist, ist eine andere Fragestellung, aber der Fehler ist dokumentiert und kann behoben werden. Die wesentliche Herausforderung basiert auf der Tatsache, dass die Gesamtmenge der im **Zielsystem** enthaltenen Fehler unbekannt ist. Somit werden unterschiedliche Methoden und Strategien angewandt, um die zentrale Frage zu beantworten, wann ausreichend nach Fehlern gesucht wurde.

Ein zentrales Problem im Softwaretest wird als *„Orakel-Problem"* bezeichnet. Wer oder was entscheidet, ob ein Testergebnis richtig oder falsch ist? Diese Frage ist bei komplexen Systemen gar nicht so leicht zu beantworten. Für einfache Fälle ist das hingegen trivial.

Beispiel 7.3

Beispiel zum Orakel-Problem

Für einen Testfall einer Versicherungs-Software hatten vier Versicherungsexperten vier unterschiedliche Meinungen, welche Prämie als erwartetes Ergebnis für einen Testfall errechnet werden sollte. Nach einigen Stunden Diskussion gab es nur noch drei unterschiedliche Meinungen und man einigte sich darauf, dass die beiden übereinstimmenden Ergebnisse die richtigen sein sollten (das wird als „Voting-Oracle" bezeichnet). – Das Programm selbst lieferte im Test dann ein weiteres anderes Ergebnis. Offensichtlich hatte auch der Entwickler eine andere Meinung und die Diskussion begann von vorne.

Grundsätze im Softwaretest

Das International Software Testing Qualifications Board (ISTQB) hat folgende Grundsätze zum Softwaretest zusammengefasst (nach Graham et al., 2006; McKay, 2008; Spillner et al., 2005):

- *Grundsatz 1: Testen zeigt die Anwesenheit von Fehlern:* Mit Testen wird das Vorhandensein von Fehlerwirkungen nachgewiesen. Mit Testen lässt sich nicht beweisen, dass keine Fehlerzustände im Testobjekt vorhanden sind. Ausreichendes Testen verringert die Wahrscheinlichkeit, dass noch unentdeckte Fehlerzustände im Testobjekt vorhanden sind. Selbst wenn keine Fehlerwirkungen im Test aufgezeigt wurden, ist dies kein Nachweis für Fehlerfreiheit.

- *Grundsatz 2: Vollständiges Testen ist nicht möglich:* Ein vollständiger Test, bei dem alle möglichen Eingabewerte und deren Kombinationen unter Berücksichtigung aller unterschiedlichen Vorbedingungen ausgeführt werden, ist nicht durchführbar, mit Ausnahme von sehr trivialen Testobjekten. Tests sind immer nur Stichproben und der Testaufwand ist entsprechend Risiko und Priorität des konkreten Projektes festzulegen.
- *Grundsatz 3: Mit dem Testen frühzeitig beginnen:* Testaktivitäten sollen im System- oder Softwarelebenszyklus so früh wie möglich beginnen und definierte Ziele verfolgen. Durch frühzeitiges Prüfen werden Fehler frühzeitig erkannt.
- *Grundsatz 4: Häufung von Fehlern:* Oft finden sich in nur wenigen Teilen eines Testobjekts die meisten Fehlerursachen, eine Gleichverteilung der Fehlerzustände im Testobjekt ist in der Regel nicht gegeben. Dort, wo Fehlerwirkungen nachgewiesen wurden, finden sich meist noch weitere. Beim Testen muss flexibel auf diesen Umstand reagiert werden.
- *Grundsatz 5: Wiederholungen haben keine Wirksamkeit:* Wiederholungen der immer gleichen Testfälle führen zu keinen neuen Erkenntnissen. Damit die Effektivität der Tests nicht absinkt, sind die Testfälle regelmäßig zu prüfen und neue oder modifizierte Testfälle zu erstellen. Bisher nicht geprüfte Teile der Software oder unberücksichtigte Konstellationen bei der Eingabe werden dann ausgeführt und somit werden mögliche weitere Fehlerwirkungen nachgewiesen.
- *Grundsatz 6: Testen ist abhängig vom Umfeld:* Je nach Einsatzgebiet und Umfeld des zu prüfenden Systems ist das Testen anzupassen. Zwei unterschiedliche Systeme sind niemals auf die exakt gleiche Art und Weise zu testen. Intensität des Testens, Definition der Testendekriterien usw. sind bei jedem System entsprechend seines Einsatzumfeldes festzulegen. Sicherheitskritische Systeme verlangen andere Prüfungen als beispielsweise E-Commerce-Systeme.
- *Grundsatz 7: Trugschluss: Keine Fehler bedeutet ein brauchbares System:* Fehlerwirkungen zu finden und zu beseitigen, garantiert noch lange nicht, dass das System auch den Vorstellungen und Erwartungen der Nutzer entspricht. Auch nichtfunktionale Qualitätseigenschaften wie Useability und Performance sind wichtige Testobjekte, die durch frühzeitige Einbeziehung der späteren Nutzer in den Entwicklungsprozess und die Nutzung von Prototyping berücksichtigt werden müssen.

▶Abbildung 7.1 zeigt einen Testlauf in der Fallstudie *Stadt21*, wobei die Fehler in einem Modul besonders häufig auftreten. Zwei Drittel aller Fehler liegen im Modul *„Ansicht Akt"*. Dies kann unterschiedliche Gründe haben. In der Regel ist entweder der technische oder der fachliche Umfang und/oder die Komplexität dieses Moduls höher als in den anderen Bereichen. Studien belegen einen direkten Zusammenhang zwischen der Komplexität eines Softwaresystems und der daraus entstehenden Fehlerwahrscheinlichkeit. Je komplexer ein System ist, desto mehr Fehler wird es enthalten. Hierbei wird also die Fehlerhäufung produktorientiert bewertet.

Die Ursache für eine Fehlerhäufung kann auch im Prozess liegen. Oftmals werden Fehler von unerfahrenen Entwicklern injiziert. Zusätzlich erhöht sich die Fehlerwahrscheinlichkeit, wenn viele Entwickler an einem Modul arbeiten. Trotzdem ist es aufgrund des Konzeptes des *kollektiven Codebesitzes* oft ratsam, nicht nur einen Entwickler pro Modul zu planen. Des Weiteren tritt häufig das Verhalten ein, dass ein Entwicklungsteam die komplexen Aufgabenstellungen – die ja per se schon eine höhere Fehlerwahrscheinlichkeit haben – erst sehr spät in einer Iteration umsetzt. Dies erzeugt dann einen erhöhten Termindruck und folglich wird unter Zeitdruck viel umgesetzt. Um dieses Risiko zu reduzieren, sollten komplexe Funktionen früh innerhalb einer Iteration umgesetzt werden und diese auch umgehend getestet werden.

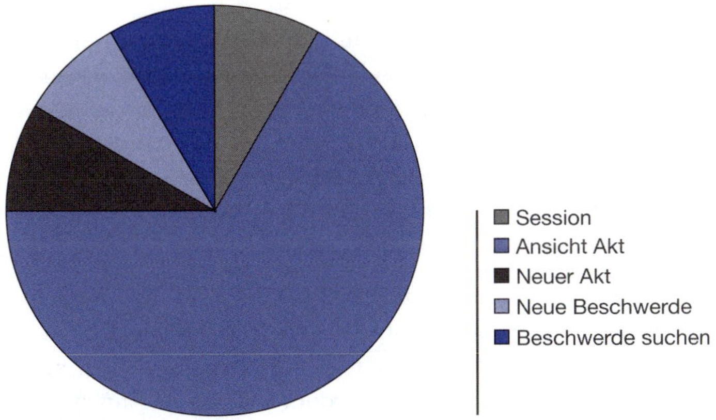

Abbildung 7.1: Verteilung der Fehler pro Modul in Stadt21

Wenn nun eine signifikante Fehlerhäufung wie in dem oben genannten Beispiel vorliegt, muss die Teststrategie dahingehend angepasst werden. Eine oft zweckdienliche Vorgehensweise ist es, zuerst einen Testlauf mit geringer Testtiefe über alle Module durchzuführen. Wenn dann die relative Fehlerverteilung bekannt ist, wird die Testtiefe je nach relativer Fehleranzahl entsprechend gesteigert.

Aufgabe zu Testzielen Analysieren Sie für ein Szenario aus der Szenariosammlung der CWS mögliche Testziele.

- Leiten Sie konkrete Testziele von den allgemeinen Zielen des Softwaretests ab.
- Definieren Sie mögliche Erfolgskriterien unter Berücksichtigung der sieben Grundsätze im Softwaretest.

WWW.PEARSON-STUDIUM.DE CWS COMPANION WEBSITE
Lösung

7.3 Test- und Integrationsstufen

Eine wichtige Strategie bei der Herstellung von Softwaresystemen ist die Zerlegung der gestellten Aufgabe in beherrschbare Teile (*„Divide and Conquer“*) sowie die Festlegung verständlicher und prüfbarer Übergabepunkte zwischen diesen Teilen.

Diese Strategie findet sowohl bei der zeitlichen Zerlegung eines IT-Projekts in einzelne Phasen mit klar definierten Ergebnissen (Analyse-Dokument, Design-Dokument, Schnittstellen-Dokumentation, Daten-Modell etc.) als auch bei der technischen Modularisierung (Softwarebibliotheken, Objekte, Services etc.) der Software selbst ihre Anwendung.

Die Bedeutung dieser Strategie für das Testen erschließt sich durch die Betrachtung des *A-Modells* (siehe ▶Abbildung 7.2). Jeder Projektphase bzw. deren Ergebnisse ist ein korrespondierender Testschritt zugeordnet, der direkt im Anschluss an eine Phase durchzuführen ist. Anfänglich werden fachliche Aspekte des Projekts geprüft (z.B. die Machbarkeit durch eine Visions- und Zielprüfung), später im Projekt konkrete technische Artefakte (z.B. die Leistungsfähigkeit und Korrektheit des technischen Designs durch einen Modul-/ Klassentest).

Die Zerlegung in Teststufen hat eine möglichst frühe Prüfung von Aspekten des zu entwickelnden Systems zum Ziel, wodurch ein frühzeitiges Ergreifen korrektiver Maßnahmen ermöglicht wird. Dadurch wird dem Risiko begegnet, zu einem späten Zeitpunkt mit Tatsachen konfrontiert zu werden, welche nur noch mit schmerzlich hohen finanziellen Aufwänden korrigierbar sind (z.B. der Neuentwicklung von Systemteilen oder dem Relaunch des ganzen Projekts).

Wesentlich für die praktische Umsetzung der einzelnen Teststufen ist, dass in den Arbeitsergebnissen der einzelnen Projektphasen *konkrete testbare Testkriterien* enthalten sind. Diese Forderung betrifft vor allem *nichtfunktionale Qualitätseigenschaften* wie z.B. Anforderungen an das Antwortzeitverhalten eines Systems. Das Antwortzeitverhalten muss im Rahmen des Requirements-Engineerings in messbarer Form artikuliert werden, um die Erfüllung durch das Endprodukt in der korrespondierenden Teststufe, dem Gesamtsystemtest, auch tatsächlich überprüfen zu können. Die Bedeutung der nichtfunktionalen Qualitätseigenschaften und deren Überprüfung wird dadurch verdeutlicht, dass üblicherweise mehr als 50% der Anrufe in Helplines ein schlechtes Antwortzeitverhalten zum Gegenstand haben.

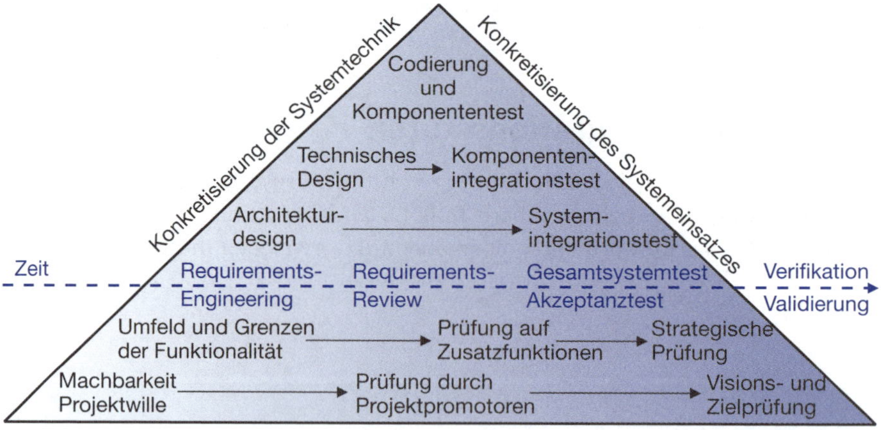

Abbildung 7.2: A-Symmetriemodell der Teststufen

Alle Teststufen können durch die folgenden Aspekte charakterisiert werden: allgemeine Ziele; Arbeitsergebnisse, als Grundlage für daraus abgeleitete Testfälle (Testbasis); das eigentliche **Testobjekt** (Testgegenstand); auftretende Fehlerwirkungen und -zustände, die identifiziert werden sollten; Anforderungen an den Testrahmen; Werkzeugunterstützung; spezifische Ansätze und Verantwortlichkeiten.

Aufgabe – Teststufen Analysieren Sie für ein Szenario aus der Szenariosammlung der CWS mögliche Teststufen.

- Leiten Sie konkrete Teststufen aus der Abbildung 7.2 für das Szenario ab und beschreiben Sie diese ausführlich.
- Definieren Sie mögliche Erfolgskriterien, Verantwortlichkeiten und Quality Gates für jede Teststufe.
- Diskutieren Sie in diesem Zusammenhang den Unterschied von Verifikation und Validierung in Bezug auf das Szenario.

WWW.PEARSON-STUDIUM.DE CWS COMPANION WEBSITE
Lösung

7.3.1 Komponententest

Ziel eines Komponententests ist die Prüfung von separat testbaren Komponenten (z.B. Modulen, Programmen, Objekten, Klassen) auf vorhandene Fehler. Dies wird durch Isolation der einzelnen Komponenten vom Rest des Systems erreicht. Dazu werden sogenannte Platzhalter (**Stubs**) bzw. Simulatoren und **Testtreiber** eingesetzt (siehe ▶Abbildung 7.3).

Eine *Komponente* bietet ihre Funktionalität über definierte Schnittstellen an, wobei es sich um technische Schnittstellen oder Benutzerschnittstellen handeln kann. Diese Schnittstellen werden beim Komponententest durch einen Testtreiber bedient. Der Testtreiber ist entweder vollautomatisiert oder stellt wiederum eine Benutzerschnittstelle für einen manuellen Test bereit. Da eine Komponente in der Regel wiederum andere Komponenten verwendet, müssen diese im *Komponententest* zur Verfügung gestellt werden. Im Sinne der Testisolation, die der Komponententest erfordert, werden die von der getesteten Komponente verwendeten Komponenten simuliert. Es wird also ein Simulator bereitgestellt. Dieser Simulator hat die Aufgabe, die Schnittstelle zur getesteten Komponente so zu versorgen, dass die Funktionsfähigkeit der Komponente geprüft werden kann. Häufig spricht man von einem **Stub**, wenn dieser selbst keine Funktionalität simuliert, sondern nur die Schnittstelle strukturell vollständig bedient. Von einer Simulation ist dann häufig die Rede, wenn die Schnittstelle auch funktional vollständig bedient wird. Wichtig in diesem Zusammenhang ist, dass die Konfiguration und die Testdaten von allen beteiligten Entitäten eines Komponententestaufbaus (Simulatoren, zu testende Komponente und **Testtreiber**) übereinstimmen müssen. Viele Fehler sind auf die Inkonsistenz von Konfiguration und Testdaten im Testaufbau zurückzuführen.

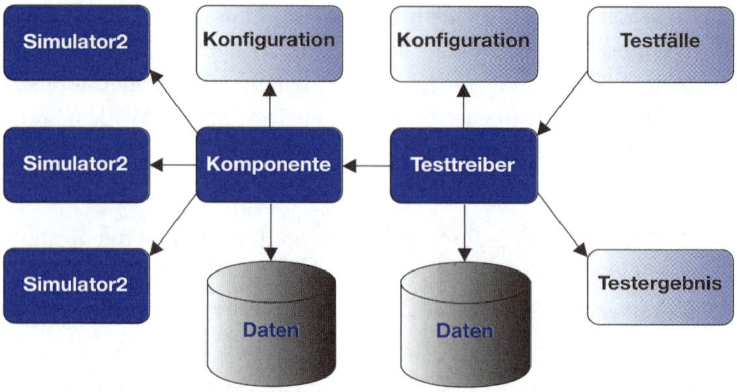

Abbildung 7.3: Einsatz von Simulatoren im Komponententest

Ein Komponententest kann zum Ziel haben, *funktionale und nichtfunktionale Aspekte* zu testen, wie z.B. den Umgang mit Ressourcen (z.B. Speicherengpässe), Robustheitstest oder strukturelle Prüfung (z.B. Zweigüberdeckung). Testfälle für Komponententests werden aus Entwicklungsdokumenten abgeleitet, wie z.B. Komponentenspezifikationen, Softwareentwürfen oder Datenmodellen. Sehr oft stehen den Testern beim Komponententest der Quellcode, Unterstützung aus diversen Entwicklungsumgebungen, wie z.B. durch eine spezielle *Komponententestumgebung* (*Unit Test Framework*), oder Debugging-Werkzeuge zur Verfügung. In der Praxis sind häufig auch die verantwortlichen Entwickler in den Test integriert. Oftmals werden gefundene Fehler sofort korrigiert und gar nicht erst formell erfasst.

Als möglicher Ansatz des Komponententests werden noch vor der eigentlichen Implementierung der Funktionalität bereits die Testfälle erstellt und gegebenenfalls automatisiert. Dieser Ansatz wird *Test-First-Ansatz* oder *Testgetriebene Entwicklung* (test-driven) bezeichnet. Dieses Vorgehen ist iterativ und basiert auf dem Zusammenspiel von der Testfallentwicklung, Entwicklung und Integration von Code-Teilen und anschließender Komponententests.

7.3.2 Integrationstest

Beim Integrationstest werden Schnittstellen zwischen Komponenten, die Interaktion zwischen unterschiedlichen Systemteilen wie z.B. zum Betriebs- oder Dateisystem oder systemübergreifende Schnittstellen zwischen verschiedenen Systemen geprüft.

Es können mehrere Integrationsstufen zum Einsatz gelangen, wobei diese **Testobjekte** unterschiedlichster Größe betreffen können.

Beispiel 7.4

Beispiele zu Integrationstests

- Der Komponentenintegrationstest prüft die Interaktion von Softwarekomponenten und wird nach dem Komponententest durchgeführt.
- Der Systemintegrationstest prüft die Interaktion zwischen unterschiedlichen Systemen und wird üblicherweise nach dem Systemtest durchgeführt. Häufig steht dabei nur eine Seite der zu prüfenden Schnittstellen unter Kontrolle des Entwicklungsteams. Änderungen an diesen Schnittstellen können zu einer Destabilisierung des Systems führen. Als Workflows implementierte Geschäftsprozesse können von mehreren Systemen genutzt werden. Inter-Plattform-Fragen können signifikant sein.

Mit der Größe des Integrationsumfangs wächst auch die Schwierigkeit der *Isolation von Fehlerwirkungen* in Komponenten oder Systemen. Dies kann zu einer Erhöhung des Risikos führen. Systematische Integrationsstrategien können auf der Systemarchitektur (z.B. *Top-Down* und *Bottom-Up*), auf funktionalen Aufgaben, Transaktionsverarbeitungssequenzen oder weiteren Aspekten des Systems oder seiner Komponenten basieren. Zur Reduzierung des Risikos einer späten Fehlerfindung sind inkrementelle Integrationsstrategien einer *Big-Bang-Strategie* vorzuziehen.

Das Testen spezieller nichtfunktionaler Eigenschaften (z.B. Leistungsfähigkeit) kann auch Inhalt eines Integrationstest sein. Es ist darauf zu achten, dass sich Tester in den verschiedenen Integrationsstufen ausschließlich auf die eigentliche Integration konzentrieren. Wird z.B. ein Modul mit einem anderen integriert, sollte der primäre Fokus auf der Kommunikation zwischen diesen Modulen liegen und nicht die Funktionalität der Module im Vordergrund stehen.

Sowohl funktionale als auch strukturelle Ansätze können genutzt werden. Die Tester sollten auf das System und die zugrunde liegende Architektur und dementsprechend auch auf die Planung der Integration Einfluss nehmen können. Sollten Integrationstests bereits vor der Implementierung der Komponenten oder Systeme geplant werden, können diese dann in der für die Integration sinnvollsten Reihenfolge entwickelt werden.

Die Integration und der Test eines teilintegrierten Systems können auf verschiedene Arten erfolgen. Im Allgemeinen wird zwischen *horizontaler* und *vertikaler Integration* unterschieden. Bei der horizontalen Integration wird das System – sofern es einen Schichtenaufbau besitzt – Schicht für Schicht integriert. Dies kann entweder Top-Down, Bottom-Up oder in einem Big-Bang-Ansatz erfolgen (siehe ▶Abbildung 7.4). Jede dieser Strategien hat unterschiedliche Vor- und Nachteile. Welche Strategie angewandt wird, hängt häufig von den Fertigstellungsterminen der zu integrierenden Komponenten und Teilsysteme ab.

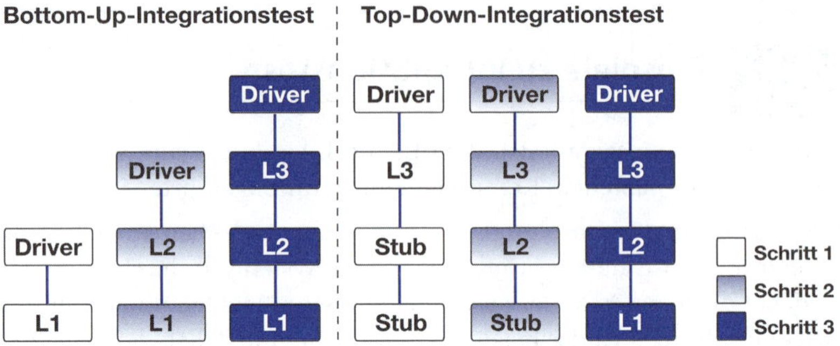

Abbildung 7.4: Verwendung von Stubs und Testtreiber (Driver) in den inkrementellen Integrationsformen

Big-Bang-Integration

Die *Big-Bang-Integration* ist eine klassische und oft durchgeführte non-iterative Integrationsform, bei der alle Systemteile gleichzeitig zu einem Gesamtsystem kombiniert werden. Der Vorteil der Big-Bang-Strategie ist, dass zu keinem Zeitpunkt eine Komponente simuliert werden muss, weder als **Stub** noch als Treiber. Es wird davon ausgegangen, dass zum Integrationszeitpunkt alle Komponenten integrationsfähig zur Verfügung stehen, was in der Praxis aber bedeutet, dass der Integrationszeitpunkt sehr spät im Prozess angesiedelt ist. Damit steht ein integriertes und testbares System erst sehr spät zur Verfügung, und dies steht wiederum im Widerspruch zur Methode des frühen Testens (vergleiche *Grundsatz 3: Mit dem Testen frühzeitig beginnen*). Dies hat negative Auswirkungen sowohl auf die **Verifikation** als auch auf die **Validierung** des Systems. Ein weiterer wesentlicher Nachteil einer non-iterativen Integrationsform ist die erschwerte Fehleridentifizierung und -lokalisierung. Wenn das integrierte System einen Fehler aufweist, kann wesentlich schwerer festgestellt werden, in welchem Teilsystem oder welcher Komponente der Fehler (**Failure**) seine Ursache (**Error**) hat. Ein iteratives Verfahren fügt zu einem integrierten und positiv getesteten Teilsystem in jedem Integrationsschritt nur jeweils eine neue Komponente bzw. Teilsystem hinzu. Dies erleichtert die Fehlerlokalisierung. ▶Abbildung 7.5 zeigt schematisch eine Integration, bei der alle beteiligten Komponenten gleichzeitig integriert werden.

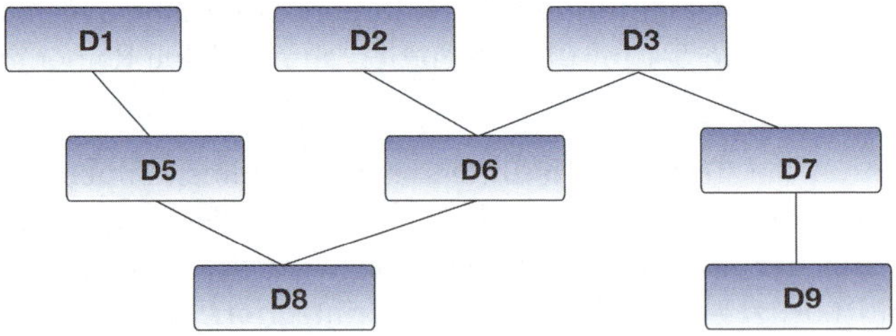

Abbildung 7.5: Big-Bang-Integration

Top-Down-Integration

Die *Top-Down-Integration* (siehe ▶Abbildung 7.6) ist eine schichtorientierte iterative Integrationsform, bei der die oberste Schicht (z.B. die Benutzerschnittstelle oder bereitgestellte Schnittstellen für externe Systeme) zuerst integriert wird und die darunterliegenden Schichten simuliert werden. In jedem Integrationsschritt wird dann jeweils die nächste Schicht nach unten durch die eigentliche Implementierung ersetzt. Diese Integrationsform hat den Vorteil, dass das System an den externen Schnittstellen sehr früh zur Verfügung gestellt wird. Dies unterstützt insbesondere die **Validierung** des Systems. Der wesentliche Nachteil der Top-Down-Integration ist der hohe Simulationsaufwand der noch nicht integrierten Schichten.

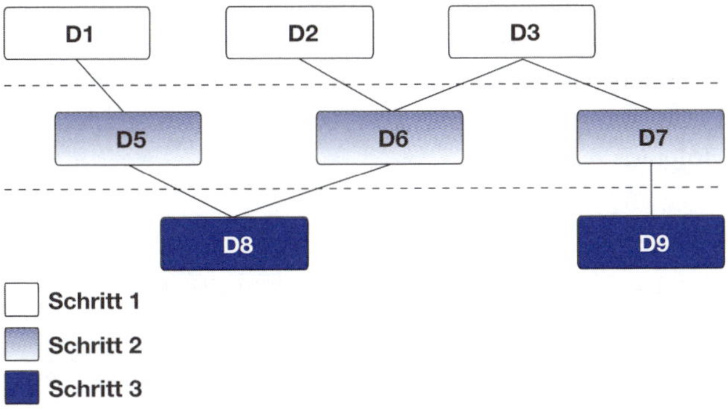

Abbildung 7.6: Top-Down-Integration

Bottom-Up-Integration

Die *Bottom-Up-Integration* (siehe ▶Abbildung 7.7) ist eine schichtorientierte iterative Integrationsform, die in der Praxis sehr häufig zur Anwendung kommt. Hierbei wird zunächst die unterste Schicht (z.B. Persistenz, konsumierende Schnittstellen zu externen Systemen) mittels eines **Testtreibers** getestet. Im nächsten Integrationsschritt wird der Testtreiber durch die eigentliche Implementierung ersetzt und die neu integrierte Ebene mittels eines Testtreibers getestet. Der Vorteil dieses Verfahrens ist, dass keine Simulation in Form eines **Stubs** stattfinden muss. In der Regel ist die Entwicklung eines Testtreibers weniger aufwändig und komplex als die Entwicklung eines Stubs. Deshalb ist, technisch betrachtet, die Bottom-Up-Integration die effizientere. Der wesentliche Nachteil dieses Verfahrens ist allerdings die späte Bereitstellung der oberen Schichten des Systems und der damit verbundene späte Beginn eines Systemtests.

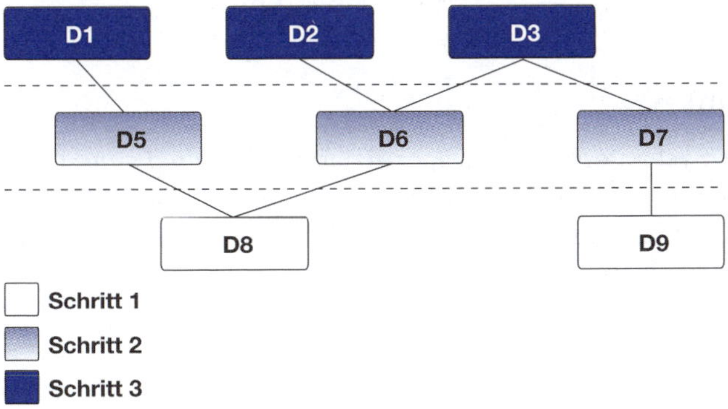

Abbildung 7.7: Bottom-Up-Integration

Vertikale Integration

Die vertikale Integration (siehe ▶Abbildung 7.8) ist eine funktionsorientierte iterative Integrationsform, bei der eine funktionale Teilmenge (Kollaboration) des Systems über alle Schichten integriert wird und damit ohne simulierte Komponenten zur Verfügung steht. Diese Integrationsform ist in der Regel den horizontalen Integrationsformen aus Sicht des Softwaretests vorzuziehen, da damit eine funktionale Teilmenge für den Test sehr früh zur Verfügung steht und gegebenenfalls auch vorzeitig zur Abnahme gelangen kann. Diese Integrationsform unterstützt den Ansatz der iterativen Prozessmodelle, da sich damit die Gesamtmenge der Funktionen leicht auf Iterationen verteilen lassen und nach jeder Iteration ein lauffähiges und damit testbares Teilsystem zur Verfügung steht. Die Integration einer Kollaboration kann in sich wiederum iterativ oder big-bang erfolgen.

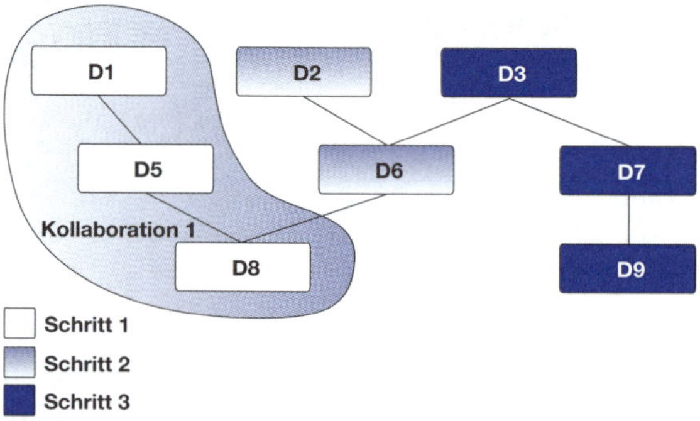

Abbildung 7.8: Vertikale Integration

CWS Lösung

Aufgabe – Systemintegration Analysieren Sie für ein Szenario aus der Szenariosammlung der CWS mögliche Strategien zur Systemintegration.

- Leiten Sie mögliche Systemkomponenten aus der Szenariobeschreibung ab.
- Diskutieren Sie die möglichen Integrationsverfahren anhand der identifizierten Komponenten.
- Beschreiben Sie, welches Verfahren Sie bevorzugen und warum.

7.3.3 Systemtest

Der Fokus eines Systemtests liegt im spezifizierten *Verhalten eines Gesamtsystems* oder eines Produktes. Sinnvollerweise sollte bei einem Systemtest die Testumgebung äquivalent zur *Produktionsumgebung* sein, um die Gefahr eventueller umgebungsspezifischer Fehler während der Tests zu verringern.

Systemtests können auf Anforderungsspezifikationen, Anwendungsfällen oder sonstigen Beschreibungen eines Systems, auf Geschäftsprozessen, Risikoanalysen, auf Erfahrungen im Produktionsumfeld und Systemressourcen basieren. Systemtests sollten funktionale und nichtfunktionale Anforderungen an das System abdecken, unabhängig davon, ob sie in Modell- oder Textform vorliegen. Häufig ist es auch notwendig, sich mit unvollständigen oder nicht dokumentierten Anforderungen auseinanderzusetzen. Generell werden funktionale Anforderungen mit spezifikationsbasierten Testentwurfsverfahren (*Blackbox-Verfahren*) getestet. Hierbei können Entscheidungstabellen zur Identifikation von komplexen Abhängigkeiten hilfreich sein. Im Gegensatz dazu werden strukturbasierte Techniken (*Whitebox-Verfahren*) eingesetzt, um den Überdeckungsgrad der Tests bezüglich eines strukturellen Elementes oder einer Komponente zu testen. Häufig führen unabhängige Tester oder Test-Teams Systemtests durch.

Als *Smoketest* wird ein Test bezeichnet, der die Funktionalität einer Implementierung gleich nach dem ersten Probelauf testet. Es soll sichergestellt werden, dass die Programmfunktion nicht schon zu Beginn fehlschlägt.

> **Aufgabe – Organisation des Tests** Diskutieren Sie die Vor- und Nachteile der Durchführung des Systemtests durch unabhängige Tester oder Test-Teams.

7.3.4 Akzeptanztest

Ein Abnahmetest wird meist von *Kunden* oder *Benutzern eines Systems* durchgeführt. Andere Stakeholder können jedoch auch daran beteiligt sein. Der Fokus des Abnahmetests liegt darin, die Erbringung der vom Auftraggeber und Auftragnehmer vereinbarten Leistungen nachzuweisen. Das Finden von Fehlern hingegen ist nicht Teil des Abnahmetests. Ebenso kann die Bereitschaft eines Systems für den Einsatz und die Nutzung ermittelt werden, wobei dies jedoch nicht notwendigerweise die letzte Teststufe darstellt. Beispielsweise kann ein umfangreicher Systemintegrationstest einem Abnahmetest folgen.

Teil-Abnahmetests können in niedrigeren Teststufen sinnvoll sein:

- Nach der Integration und Installation von Standard-Software
- Bereits während der Komponententests durchgeführte Abnahmetests in Bezug auf die Benutzbarkeit
- Vor dem Systemtest durchgeführte Abnahmetests von neuen funktionalen Erweiterungen

Ein Abnahmetest beinhaltet grundsätzlich folgende Aspekte:

Anwender-Abnahmetest

Der *Anwender-Abnahmetest* prüft die Benutzbarkeit eines Systems zum Gebrauch durch Anwender bzw. Kunden.

Betrieblicher Abnahmetest

Eine Abnahme des Systems durch den *Systemadministrator* beinhaltet etwa:

- Test des Erstellens und Wiedereinspielens von Sicherungskopien (Backup/Restore)
- Wiederherstellbarkeit nach Ausfällen
- Benutzermanagement
- Wartungsaufgaben und
- Periodische Überprüfungen von Sicherheitslücken.

Regulatorischer und vertraglicher Abnahmetest

Inhalt dieses Abnahmetests ist die Prüfung *vertraglicher Abnahmekriterien* zwischen Auftraggeber und Auftragnehmer in Bezug auf das erstellte Produkt. Diese Abnahmekriterien werden üblicherweise mit dem *Vertragsabschluss* definiert. Regulatorische Abnahmetests werden durchgeführt, um zu prüfen, ob das System Gesetzen oder Standards, wie z.B. staatlichen oder gesetzlichen Bestimmungen oder Sicherheitsbestimmungen, entspricht.

Alpha- und Beta-Test (oder Feldtest)

Bevor ein Produkt eines Herstellers von kommerzieller oder Standard-Software auf den Markt kommt, wird häufig *Feedback* von existierenden oder potenziellen Kunden eingeholt. Ein Alpha-Test wird dabei am Herstellerstandort durchgeführt. Ein Beta- (oder Feldtest) wird direkt beim Kunden, also am Kundenstandort, durchgeführt. Alpha- und Beta-Tests werden generell durch potenzielle Kunden durchgeführt und nicht durch die Entwickler selbst.

Häufig verwenden Organisationen andere oder eigene Begriffe, wie z.B. *Fabrikabnahmetests* oder *Außenabnahmetests*, für die zu testenden Systeme, bevor oder nachdem sie am Kundenstandort eingesetzt werden.

Lösung

Aufgabe – Abnahmetest Analysieren Sie für ein Szenario aus der Szenariosammlung der CWS mögliche Abnahmetestfälle.

- Leiten Sie maximal 20 Abnahmetestfälle aus der Szenariobeschreibung ab.
- Unterscheiden Sie Abnahmetests aus Anwender-, Betriebs- und Vertragssicht.
- Diskutieren Sie, warum die 20 ausgewählten Testfälle die geeignetsten Repräsentanten für einen Abnahmetest sind.
- Erläutern Sie, welche Art der Dokumentation Sie für einen Abnahmetest erstellen.

7.4 Funktionale Softwaretests

Als typischer Softwaretest wird häufig die funktionale **Verifikation** bezeichnet. Primäres Ziel der funktionalen **Verifikation** von Softwaresystemen ist eine möglichst hohe Abdeckung (*Coverage*) des Systems mit den entsprechenden Testfällen (Spillner et. al., 2006). Da moderne Softwaresysteme häufig eine Komplexität und einen Integrationsgrad erreichen, der eine vollständige taxative Aufzählung aller möglichen Systemzustände unmöglich macht, muss eine Testfallselektion erfolgen. Ziel ist es dabei, mittels formeller und deterministischer Verfahren die Menge an Testfällen zu identifizieren, die mit höchster Wahrscheinlichkeit Fehler finden bzw. die größtmögliche Abdeckung erreichen.

Man unterscheidet im Wesentlichen zwischen zwei Ansätzen von Abdeckung. Die *strukturelle* Abdeckung versucht, den Systemaufbau als Basis für ein Abdeckungsmaß heranzuziehen. Die innere Struktur des Systems ist also die strategische Grundlage für die Testfallselektion. Man spricht hierbei von einem **Whitebox-Test** (Mathur, 2008). Im Gegensatz dazu sind *funktionale* Methoden zur Testfallselektion spezifikationsgetrieben und versuchen auf Basis einer externen Systembeschreibung (bzw. auch einem funktionalen Systemmodell), eine möglichst effektive Selektion von Testfällen durchzuführen. Dieses wird als **Blackbox-Test** (Mathur, 2008) bezeichnet.

7.4.1 Strukturelle Methoden

Die Quellcode-basierten strukturellen Testverfahren orientieren sich am Kontrollflussgraphen des Quellcodes des Softwaresystems. Je nach Art des gewählten kontrollflussorientierten Testverfahrens kann mittels geeigneter technischer Hilfsmittel die **Testabdeckung** (*Code-Coverage*) berechnet werden. In Abhängigkeit vom gewählten Verfahren ist die Anzahl der erforderlichen Testfälle für eine hundertprozentige Testabdeckung sehr variabel. Dabei ist in vielen Fällen das Erreichen von 100% Abdeckung des Quellcodes nicht praktikabel. Beispielsweise ist die vollständige Abdeckung von generiertem Quellcode oder stabilen und oftmals eingesetzten Bibliotheken in der Regel nicht erforderlich. Wichtig ist es dabei allerdings, die Elemente zu identifizieren, die kritisch für die Funktionalität des Systems sind und potenziell fehlerhaft implementiert sein könnten.

Es werden folgende Arten von kontrollflussorientierten Testverfahren unterschieden:

- Anweisungsüberdeckung (C_0)
- Kantenüberdeckung (C_1)
- Bedingungsüberdeckung (C_2, C_3)
- Pfadüberdeckung (C_4)

Anweisungsüberdeckungstest (C_0 -Test)

Anweisungsüberdeckungstest bedeutet, dass alle Knoten eines Kontrollflussgraphen von zumindest einem Testfall abgedeckt werden müssen. Das bedeutet, dass jede Anweisung im Quellcode zumindest einmal ausgeführt wird. Die C_0-Abdeckung ist ein sehr schwaches Abdeckungsmaß. Das folgende Beispiel verdeutlicht dies:

Beispiel 7.5

```
public int statementCoverageSample(boolean condition) {
   String foo = null;
      if (condition) {
      foo = "";
      }
      return foo.length();
}
```

Wenn für den Parameter „condition“ `true` im Testlauf übergeben wird, evaluiert das „`if`“ zu `true` und der Variable „`foo`“ wird ein Wert zugewiesen. Alle Anweisungen sind abgedeckt, das heißt, es wurde eine C_0-Überdeckung von 100% erreicht. Falls jedoch der Parameter „`condition`“ auf `false` gesetzt wird, ergibt sich ein Ausnahmefehler (*NullPointer*) in der „`return`“-Anweisung. Um dieses Problem zu vermeiden, könnte für dieses Beispiel eine C_2-Abdeckung herangezogen werden.

C0 code coverage information

Generated on Fri Mar 14 11:38:21 +0100 2008 with rcov 0.8.1.2

Name	Total lines	Lines of code	Total coverage	Code coverage
TOTAL	774	443	70.9%	54.0%
C:/ruby_on_rails/tiss/app/controllers/application.rb	51	23	47.1%	30.4%
C:/ruby_on_rails/tiss/app/helpers/admin/session_helper.rb	2	2	100.0%	100.0%
C:/ruby_on_rails/tiss/app/helpers/application_helper.rb	3	2	100.0%	100.0%
C:/ruby_on_rails/tiss/app/helpers/institut_helper.rb	2	2	100.0%	100.0%
C:/ruby_on_rails/tiss/app/helpers/main_helper.rb	2	2	100.0%	100.0%
C:/ruby_on_rails/tiss/app/helpers/person_helper.rb	2	2	100.0%	100.0%
C:/ruby_on_rails/tiss/app/helpers/tools/formatierung_helper.rb	6	4	100.0%	100.0%
C:/ruby_on_rails/tiss/app/helpers/tools/formular_helper.rb	333	183	68.8%	47.0%
C:/ruby_on_rails/tiss/app/helpers/tools/listen_helper.rb	74	57	32.4%	14.0%
C:/ruby_on_rails/tiss/app/models/institut.rb	3	3	100.0%	100.0%
C:/ruby_on_rails/tiss/app/models/menuepunkt.rb	2	2	100.0%	100.0%
C:/ruby_on_rails/tiss/app/models/person.rb	8	7	62.5%	57.1%
C:/ruby_on_rails/tiss/config/boot.rb	109	86	62.4%	54.7%
C:/ruby_on_rails/tiss/config/environment.rb	137	61	100.0%	100.0%
C:/ruby_on_rails/tiss/config/routes.rb	40	7	100.0%	100.0%

Generated using the rcov code coverage analysis tool for Ruby version 0.8.1.2.

Abbildung 7.9: Exemplarische Auswertung der C_0-Coverage

▶Abbildung 7.9 zeigt die Anwendung der C_0-Methode. Um diese Informationen zu erzeugen, muss der Quellcode während der Testausführung instrumentiert sein. Die **Instrumentierung** erzeugt oft einen hohen Overhead, so dass diese aus Performance-Gründen nur in der Testumgebung und nur während des Tests, jedoch nicht in der Produktionsumgebung, zum Einsatz kommt.

Zweigüberdeckungstest (C_1-Test)

Beim Zweigüberdeckungstest werden die Testfälle so spezifiziert, dass zumindest jede Kante des Kontrollflussgraphen einmal durchlaufen wird.

Ein Nachteil dieser Methode ist, dass es oft sehr schwierig ist, bestimmte Systemzustände oder Datenkonstellationen zu erreichen, um alle Programmzweige zu durchlaufen. Außerdem werden oft Kombinationen von Programmzweigen oder komplexe Bedingungen zu wenig beachtet. Das Ergebnis ist, dass Programmschleifen nicht ausreichend getestet werden, weil ein einziger Durchlauf durch den Schleifenkörper von abweisenden Schleifen und ein einziger Durchlauf von nicht abweisenden Schleifen für diesen Test ausreichend sind.

Einfacher Bedingungsüberdeckungstest (C_2-Test)

Bei diesem Test wird die *Entscheidungsstruktur* innerhalb des zu testenden Objektes für die Testfallermittlung herangezogen. Testfälle sollten so bestimmt werden, dass die Auswertung jeder einzelnen atomaren Entscheidung einmal den Wert wahr und einmal den Wert falsch annimmt.

Dabei wird jedoch nicht berücksichtigt, dass Bedingungen auch verschachtelte logische Verknüpfungen beinhalten können. Fehlersituationen werden dadurch maskiert: Bei „oder"- Verknüpfungen ist es ausreichend, wenn die erste Teilbedingung wahr ergibt, bei „und"-Verknüpfungen, wenn die erste Bedingung falsch ergibt. Das bedeutet jedoch, dass Fehler in den anderen Teilen der Bedingung nicht mehr erkannt werden. Somit wird nicht einmal eine einfache Zweigüberdeckung garantiert.

Das folgende Beispiel verdeutlicht dies:

Beispiel 7.6 **Bedingungsüberdeckungstest**

```
if (someCodeA() || someCodeB() == 0) {
   doSomething();
} else {
      doSomethingElse();
}
```

Wenn *„someCodeA()"* einmal zu wahr und einmal zu falsch evaluiert, ist eine 100%-Bedingungsüberdeckung erreicht. Ob jedoch die Evaluierung von *„someCodeB()"* zu einem Fehler führt, wird hier nicht berücksichtigt.

Mehrfach-Bedingungsüberdeckungstest (C_3-Test)

Bei einem maximalen Mehrfach-Überdeckungstest wird versucht, zusätzlich zu den atomaren Teilentscheidungen und der Gesamtentscheidung auch alle zusammengesetzten Teilentscheidungen gegen wahr und falsch zu prüfen. Das bedeutet in der Regel einen *extrem hohen Testaufwand*, da bei n Teilentscheidungen sich 2^n Testfälle ergeben.

Testfälle eines Bedingungsüberdeckungstest müssen sicherstellen, dass jede atomare Teilentscheidung den Wahrheitswert der Gesamtentscheidung, unabhängig von anderen Teilentscheidungen, beeinflussen kann. Somit ergeben sich für n Teilentscheidungen minimal (n+1), maximal 2n Testfälle.

Pfad-Überdeckungstests (C_4-Test)

Bei einem Pfadüberdeckungstest müssen *alle unterschiedlichen Pfade* des **Testobjektes** in zumindest einem Testfall durchlaufen werden. In der Praxis ist dieser Test jedoch nicht durchführbar, da es oftmals unendlich viele Pfade gibt, beispielsweise bei Schleifen ohne feste Zahl an Wiederholungen. Die praktische Bedeutung des Pfadüberdeckungstestes ist alleinstehend daher sehr gering.

Fallstudie

Überdeckungstests im Fallbeispiel HISS

Überdeckungstests werden im Projekt HISS mit dem Werkzeug RCOV (*code coverage for ruby*) durchgeführt. Hierbei handelt es sich um ein spezielles Werkzeug für die Programmiersprache Ruby, das einfach als Plugin integriert wird. Neben einer Übersicht der Überdeckungsgrade aller Klassen (siehe Abbildung 7.9) gibt es auch detaillierte Auswertungen zu jeder einzelnen Klasse, in der die nicht überdeckten Codezeilen farblich hervorgehoben werden (siehe ▶Abbildung 7.10).

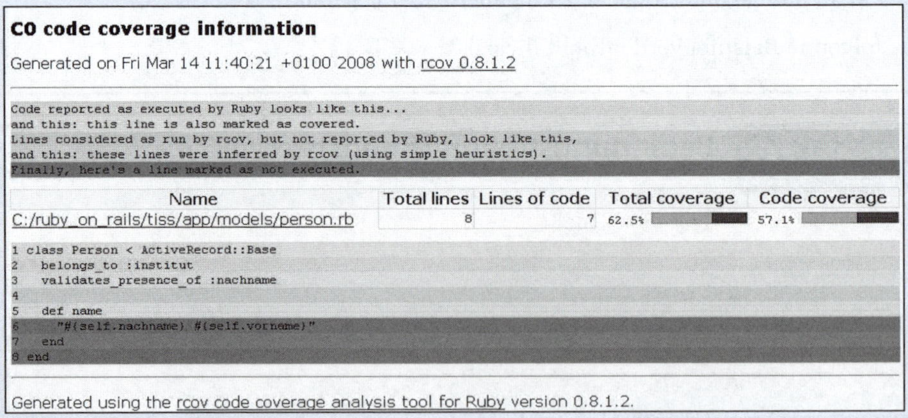

Abbildung 7.10: Detailansicht der Überdeckungsgrade einzelner Klassen in RCOV

Lösung

Aufgabe – automatisierter Komponententest Testen Sie mittels Unit-Tests die Klasse Dreieck (Dreieck.java) aus der CWS, welche drei ganzzahlige positive Werte einliest und als Längen eines Dreiecks interpretiert. Das Programm gibt eine Meldung aus, ob es sich um ein gleichschenkliges, rechtwinkeliges, gleichseitiges oder ein gewöhnliches Dreieck handelt. Beantworten Sie folgende Fragen und lösen Sie die Aufgaben:

- Welche Anzahl an Tests (unterschiedliche Dreiecke) wird für eine 100% C_1-Überdeckung benötigt? Gemäß der best practice *„Beginne das Testen mit der kleinsten Einheit“* sollen die Methoden unabhängig voneinander betrachtet werden.
- Mit welchen Testdaten würden Sie das Programm testen, um eine 100 % C_1-Überdeckung zu erreichen? Erstellen Sie eine Testdatentabelle für jede Methode.
- Implementieren Sie diese Testfälle in JUnit und fassen Sie alle Tests in einer Suite zusammen.
- Führen Sie Ihre Testsuite aus und dokumentieren Sie das Ergebnis.
- Dokumentieren Sie Ihre Vorgehensweise durch großzügige Kommentare im Quellcode der Testfälle.

Aufgabe – Quellcodeabdeckung Erweitern Sie Übung 1 mit einem Code-Coverage-Werkzeug und messen Sie die Testabdeckung Ihrer Testfälle.

- Welche Metrik verwenden Sie und warum?
- Ist das Ergebnis aus Ihrer Sicht ausreichend?
- Ist eine 100% Coverage immer zu erreichen bzw. immer sinnvoll?
- Diskutieren Sie die Unterschiede zwischen den C_1- bis C_4-Überdeckungsarten anhand dieses Beispiels.

Daten

Aufgabe – Komponententests für ein Szenario Wählen Sie ein geeignetes Open-Source-Projekt mit automatisiertem Komponententest. Eine Liste von geeigneten Open-Source-Projekten finden Sie auf der CWS.

- Überprüfen Sie mittels eines Code-Coverage-Werkzeuges die aktuelle Testabdeckung der vorhandenen Testfälle. Fügen Sie weitere Testfälle hinzu, um die Testabdeckung zu steigern. Legen Sie dazu ein Package an, in dem Sie alle weiteren Testfälle ablegen.
- Dokumentieren Sie den Ist-Zustand der Testabdeckung der schon vorhandenen Testfälle.
- Erarbeiten und dokumentieren Sie geeignete Teststrategien zur Steigerung der Testabdeckung. Streben Sie z.B. eine C_1-Coverage von über 85% und eine C_0-Coverage von über 90% an.
- Implementieren Sie zusätzliche, semantisch sinnvolle Unit-Tests gemäß Ihrer gewählten Strategie zur Steigerung der Testabdeckung.
- Führen Sie die vorhandenen und Ihre zusätzlichen Testfälle regelmäßig (mind. nach jedem Erweiterungsschritt) aus und dokumentieren Sie dabei die Ergebnisse.
- Fassen Sie die erzielten Verbesserungen der Test-Coverage zusammen.
- Fassen Sie eventuell gefundene Fehler der Implementierung zusammen.
- Erklären Sie die Vorteile des automatisierten **Regressionstestens** bei einer potenziellen Weiterführung der Entwicklung.

7.4.2 Funktionale Methoden

Funktionale Testmethoden werden eingesetzt, um zu prüfen, ob das **Zielsystem** der vorgegebenen Spezifikation entspricht. In diesem Zusammenhang spricht man auch oft von *„gegen die Spezifikationen“* testen (Frühauf et al., 2006). Je nach Zielsystem und Testmethode variieren die Spezifikationen. Beispielsweise wird bei einem Modultest gegen die Modulspezifikation getestet und bei einem Schnittstellentest gegen die Schnittstellenspezifikation.

Äquivalenzklassenanalyse

Unter Äquivalenzklassenanalyse versteht man die Einteilung möglicher *Ein- und Ausgabewerte* in Klassen. Es werden Werte gewählt, bei denen angenommen wird, dass Fehler, die bei der Anwendung dieser Werte aus jener Klasse auftreten, auch bei allen anderen möglichen Werten der Klasse auftreten können. Im Gegenzug wird angenommen, dass bei korrekter Arbeitsweise mit diesem Wert auch alle anderen Werte dieser Klasse zu keinen Fehlern führen. Ausgehend von dieser Annahme werden alle Werte einer Klasse als äquivalent angesehen.

Beispiel 7.7

Beispiel für die Einteilung in Äquivalenzklassen

In der Spezifikation des Systems wird spezifiziert, dass nur Beträge in der Höhe von 0,01 bis 500 € eingegeben werden dürfen. Es kann angenommen werden, dass ein Betrag in der Höhe von 100 € korrekt angenommen und verarbeitet wird. Des Weiteren kann angenommen werden, dass alle Beträge von 0,01 € bis 500,00 € korrekt angenommen werden. Somit ist es ausreichend, nur einen beliebigen Wert aus einer Klasse zu testen, um mögliches Fehlverhalten zu ermitteln.

Nach dem gleichen Prinzip können Klassen für Werte größer als 500 € gebildet werden.

Beispiel 7.8

Beispiel für Werte > 500 €

Hier ist es ausreichend, drei Äquivalenzklassen zu bilden:

- Werte <= Null
- Werte von 0,01 bis und mit 500,00 €
- Werte > als 500,00 €

und dann jeweils nur einen (beliebigen) Vertreter jeder Äquivalenzklasse in einem Testfall zu überprüfen.

Grenzwertanalyse

Ein Spezialfall der Äquivalenzklassenanalyse ist die Grenzwertanalyse. Die Idee hinter dieser Methode ist aus der Tatsache entstanden, dass Fehler besonders oft an den Grenzen der Äquivalenzklassen auftreten. Es werden somit nicht beliebige Werte getestet, sondern sogenannte Grenzwerte.

Beispiel 7.9

Beispiele für mögliche Grenzwerte des oben beschriebenen Beispiels

- −0,01 € (ungültige Eingabe)
- 0,00 € (ungültige Eingabe)
- 0,01 € (gültige Eingabe)
- 500,00 € (gültige Eingabe)
- 500,01 € (ungültige Eingabe)

Die Häufung von Fehlern an den Grenzwerten von numerischen Wertebereichen resultiert aus der typischen fehlerhaften Verwendung von Ordnungsoperationen wie Kleiner (<), Größer (>), Kleiner gleich (<=) und Größer gleich (>=). Diese Operationen werden sehr häufig in Programmiersprachen verwendet.

CWS Companion Website – Lösung

Aufgabe – Äquivalenzklassen- und Grenzwertanalyse Welche Äquivalenzklassen und welche Grenzwerte existieren für folgende Situation: „Ein Online-Shop kann Bestellungen von 0 € bis 2000 € bearbeiten. Für Bestellungen ab 1500 € wird ein Rabatt von 10% automatisch abgezogen."?

- Definieren Sie die gültigen und ungültigen Äquivalenzklassen und die entsprechenden Grenzwerte.
- Wählen Sie repräsentative Testfälle, um alle Äquivalenzklassen abzudecken.
- Erklären Sie auch die beiden genannten Methoden zur Testfallselektion.
- Erklären Sie, warum funktionale Testfallselektion im Allgemeinen überhaupt notwendig ist.
- Ist die Anforderungsdefinition eindeutig und lassen sich daraus eindeutige Äquivalenzklassen ableiten?

CWS Companion Website – Daten

Aufgabe – Äquivalenzklassenanalyse für ein Szenario Analysieren Sie für ein Szenario aus der Szenariosammlung der CWS mögliche Äquivalenzklassen und definieren Sie (bei numerischen Klassen) auch die entsprechenden Grenzwerte.

Zustandsbasierte Testmethoden

Zustandsbasierte Testmethoden basieren auf Zustandsautomaten, die oft als UML-Zustandsdiagramme oder Prozessgrafiken dargestellt werden. Grundsätzlich sind in der Beschreibung eines Zustandsautomaten keine Fehlerfälle vorgesehen. Daher sind diese zusätzlich zu spezifizieren. Für jede Kombination von Ausgangszustand und Ereignis werden der Folgezustand und die ausgelösten Aktionen angegeben. Diese Kombinationen können somit getestet werden. Einsatz findet diese Testmethode neben technischen Anwendungen auch beim Test grafischer Benutzeroberflächen und bei Systemen, die durch Zustandsautomaten definiert sind.

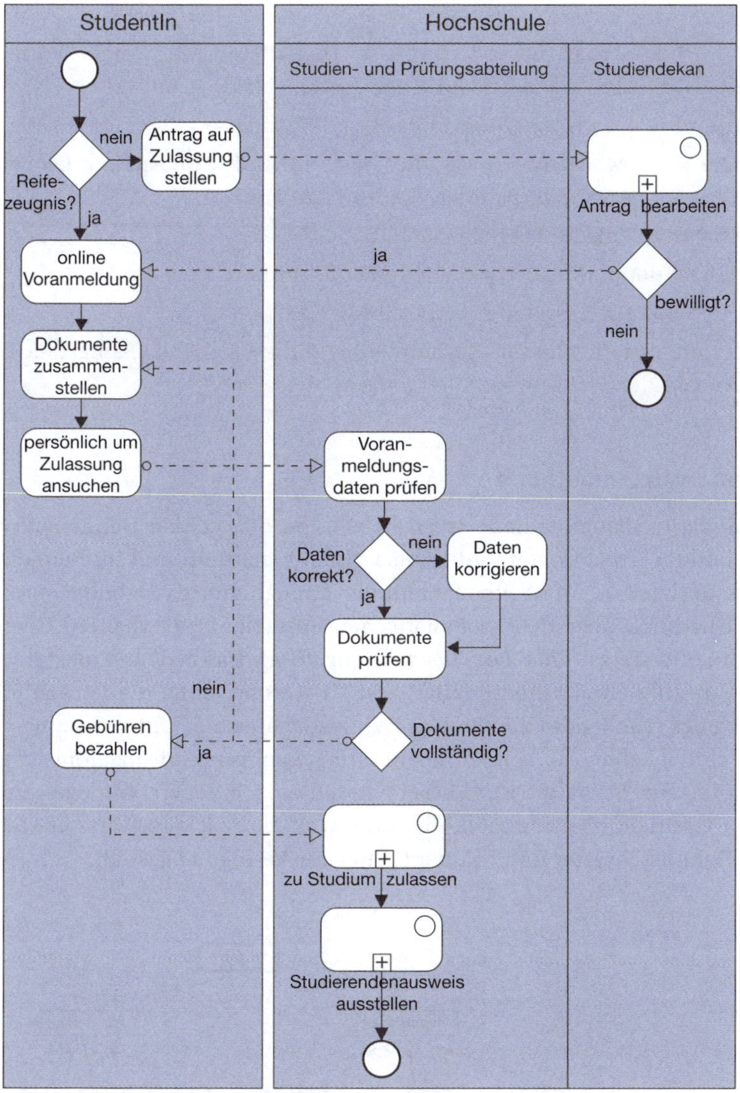

Abbildung 7.11: Beispiel für eine zustandsbasierte Systembeschreibung für den Geschäftsprozess „Zulassung zu einem Studium" aus dem HISS-Projekt

Das angeführte Beispiel (▶Abbildung 7.11) zeigt eine zustandsbasierte Systembeschreibung. Zur Prüfung der Vollständigkeit der ermittelten Testfälle gibt es unterschiedliche Kriterien:

- Werden alle Zustände durchlaufen?
- Werden alle Zustandsübergänge durchlaufen?
- Werden alle Aktionen, die Zustandsübergänge hervorrufen können, getestet?

Aufgabe – modellbasierter Softwaretest Diskutieren Sie, welche Vorteile und Nachteile UML-Modelle als Technik zur Testfallselektion haben.

- Erklären Sie das Prinzip des Model-Based-Testing.
- Welche UML-Modelltypen sind als Basis für Softwaretests gut geeignet und welche weniger gut? Begründen Sie Ihre Antwort.
- Welche Möglichkeiten ergeben sich daraus?
- Warum ist deren Einsetzbarkeit jedoch oft limitiert?
- Erstellen Sie alle Testfälle für Abbildung 7.11.
- Diskutieren Sie in diesem Zusammenhang die drei Abdeckungsmetriken. Ist die Anzahl der Testfälle für alle Metriken dieselbe?

Klassifikationsbaummethode

Die Klassifikationsbaummethode wurde 1993 von den beiden DaimlerChrysler-Ingenieuren Matthias Grochtmann und Klaus Grimm vorgestellt und im Bereich der KFZ-Elektronik entwickelt. Diese neue Methode ermöglichte es DaimlerChrysler, einen besseren Überblick über den systematischen Testablauf zu erhalten. Grundsätzlich werden im Softwaretest *Blackbox-Tests* durchgeführt. Das bedeutet, dass Testfälle aufgrund der spezifizierten Funktionalität erstellt werden, ohne die tatsächliche Implementierung des Quellcodes zu kennen. Zur systematischen Unterstützung von Blackbox-Tests entwickelten die beiden Ingenieure, gemeinsam mit Joachim Wegener, den *Classification-Tree Editor* (CTE). Hierbei handelt es sich um ein Werkzeug zur Anwendung der Klassifikationsbaummethode. Eine weiterentwickelte Version, der CTE XL, wird von DaimlerChrysler unter Kaner (1997) zur Verfügung gestellt.

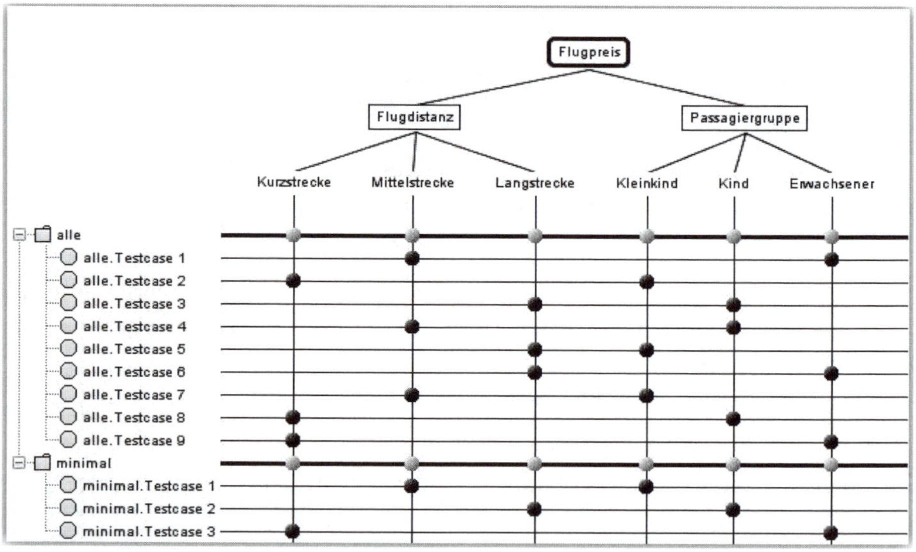

Abbildung 7.12: Beispiel für einen Klassifikationsbaum

Bei der Klassifikationsbaummethode werden die Testfälle anhand möglicher Eingabebereiche oder Systemzustände in sogenannten Klassifikationen eingeteilt. Diese Klassifikationen werden wiederum in disjunkte Teilmengen (Klassen, siehe Kapitel *Äquivalenzklassenanalyse*) zerlegt. Testfälle werden durch Kombination verschiedener Klassen erstellt, wobei von jeder Klassifikation nur eine Klasse gewählt wird (siehe ▶Abbildung 7.12).

Folgende Kombinationen von Klassen sind bei der Erstellung von Testfällen möglich:

- *Minimale Kombination:* Jede Klasse jeder Klassifikation wird mindestens einmal verwendet.
- *Maximale Kombination:* Jede Klasse wird mit jeder Klasse aus anderen Klassifikationen kombiniert.
- *Paarweise Kombination:* Jeweils zwei Klassifikationen werden vollständig miteinander kombiniert. Von den übrigen Klassifikationen wird jeweils eine (beliebige) Klasse verwendet. Gibt es lediglich zwei Klassifikationen, so entspricht die paarweise Kombination einer maximalen Kombination. Aus diesem Grund erzeugt diese Kombination erst ab drei kombinierten Klassifikationen weniger Kombinationen als die maximale Variante.
- *Tripelweise Kombination:* Analog zur paarweisen Kombination werden jeweils drei Klassifikationen miteinander vollständig kombiniert. Das bedeutet, dass die tripelweise Kombination erst ab drei Klassifikationen angewandt werden kann. Ab vier kombinierten Klassifikationen werden weniger Kombinationen als in der maximalen Variante erzeugt.

Fallstudie

Anwendung der Klassifikationsbaummethode im Projekt LiSaMe

Im Projekt LiSaMe werden Testfälle mit Hilfe der Klassifikationsbaummethode werkzeugunterstützt mit dem Classification-Tree-Editor (CTE) erstellt. In ▶Abbildung 7.13 ist ein Beispiel für die Anwendung der Klassifikationsbaummethode für einige Testfälle aus dem Projekt LiSaMe dargestellt.

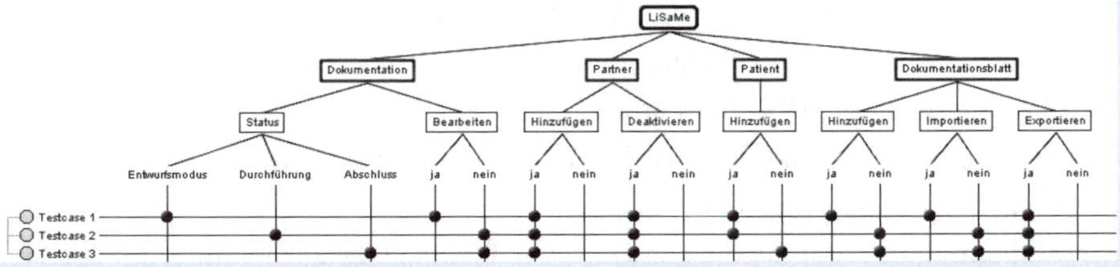

Abbildung 7.13: Anwendung der Klassifikationsbaummethode im Projekt LiSaMe

Informelle Testmethoden

Im Gegensatz zu formellen funktionalen Testmethoden wird bei informellen Testmethoden ganz oder teilweise auf eine systematische Ableitung von Testfällen verzichtet

(Frühauf et al., 2006). Es werden vorab keine Testfälle und keine erwarteten Ergebnisse spezifiziert und die Durchführung der Tests erfolgt mehr oder minder nach der Intuition des Testers. Informelle Testmethoden beruhen auf der *Erfahrung der Tester* und sind daher nicht deterministisch und nicht exakt wiederholbar, jedoch sehr oft effektiv in der Fehlerfindung. Zudem werden durch informelle Verfahren oft auch andere Arten von Fehlern identifiziert als durch formelles Testen. In der Praxis werden informelle und formelle Methoden daher häufig kombiniert.

Im Zusammenhang mit informellen Testmethoden spricht man häufig von explorativem oder ad-hoc Testen. Die Idee der explorativen Testmethode ist *gleichzeitiges Lernen und Testen* eines **Testobjektes**. Man geht davon aus, dass ein Tester selbst das Testdesign kontrolliert und die Tests selbst durchführt. Informationen, Erfahrungen und Ergebnisse aus diesen Tests fließen anschließend direkt in neue, verbesserte Testfälle ein. Je besser ein Tester das zu testende System kennt und je umfangreicher seine Kenntnisse unterschiedlicher Testmethoden sind, desto effektiver sind diese Tests. Bei explorativen Verfahren geht man davon aus, dass es informelle Aufzeichnungen zu durchgeführten Tests gibt, die zur Verbesserung der Testfälle und zu einer Wiederholung der Tests verwendet werden können.

Eine spezielle Form der explorativen Testmethode sind *Ad-hoc-Tests*. Beim Ad-hoc-Testen geht man davon aus, dass ein Test nur einmal durchgeführt wird. Die Ad-hoc-Testmethode unterscheidet sich vom explorativen Verfahren dadurch, dass es keinerlei Aufzeichnungen über die Testläufe selbst oder deren positive Ergebnisse gibt. Negative Ergebnisse müssen natürlich bei jeder Art des Softwaretests protokolliert werden.

Grundsätzlich können informelle Testmethoden zu jedem Zeitpunkt im Entwicklungsprozess eingesetzt werden. Ein früher Einsatz dieser Methoden in einem Projekt fördert das Verständnis des Systems für die Tester. Erfahrungen und Ergebnisse aus informellen Methoden helfen, zusätzlich Testprioritäten im laufenden Projekt zu setzen. Wenn man durch relativ günstige informelle Tests einen Überblick darüber erhält, welche Bereiche eines **Testobjektes** fehleranfälliger sind, kann man diese dann intensiver mit formellen Verfahren testen.

Einsatzszenarien für explorative Testmethoden sind:

- rasches Feedback über neue Produkte oder Features
- schnelle Einarbeitung von Testern
- Auffinden einzelner kritischer Fehler
- Kontrolle der Arbeit eines Testers durch einen weiteren Tester
- Untersuchung eines einzelnen Defektes
- Untersuchung des Status eines bestimmten Testobjektes zur Evaluierung, ob spezielle Testfälle notwendig sind
- Verbesserung bereits bestehender Testfälle
- Erstellung neuer Testfälle

Der Einsatz informeller Testmethoden ist nur wenig geeignet für Testfälle, die mehrmals ausgeführt, automatisiert oder formal dokumentiert werden sollen. Aus diesem Grund sind informelle Testmethoden speziell für **Regressionstests** wenig geeignet. Regressionstests müssen ausreichend dokumentiert sein, um sicherzustellen, dass alle kritischen Funktionen des **Testobjektes** ausreichend abgedeckt sind. Schlagen Regressionstests fehl, müssen diese so lange wiederholt werden, bis keine Fehler mehr auftreten. Zudem sollten Regressionstests schnell durchgeführt werden können, um rasches Feedback an die Entwickler zu geben und eine schnelle Fehlerbehebung zu ermöglichen. Informelle Tests hingegen sind typischerweise für dieses Szenario zu langsam und arbeitsintensiv.

7.5 Nichtfunktionale Softwaretests

Neben den funktionalen Eigenschaften eines Softwaresystems sollten ebenso nichtfunktionale Eigenschaften Testaktivitäten unterzogen werden. Der Test für nichtfunktionale Eigenschaften ist dabei in Abhängigkeit vom jeweils untersuchten Qualitätsattribut aufgebaut (Liggesmayer, 2002). Ein Test für die Benutzbarkeit des Systems ist folglich anders aufgebaut als ein Test zur Überprüfung der Sicherheit. Zu den wichtigsten nichtfunktionalen Eigenschaften, für die es auch spezialisierte Testverfahren gibt, zählen die Benutzbarkeit (*Usability*), die Leistungsfähigkeit (*Performance*) und die Sicherheit (*Security*) eines Systems. Tests für Benutzbarkeit und Sicherheit werden in den beiden Spezialkapiteln zu diesen Themen detaillierter beschrieben. An dieser Stelle wird vielmehr auf den Test der Leistungsfähigkeit, den sogenannten Performance-Test eines Softwaresystems, eingegangen.

Im Gegensatz zum Test der funktionalen Eigenschaften erfordert der Test der nichtfunktionalen Eigenschaften mehr Expertenwissen zu den jeweiligen Testarten. Für einen funktionalen Test ist insbesondere das Wissen über die Domäne und das **Zielsystem** selbst erforderlich. In vielen Fällen werden Benutzbarkeitstests, Sicherheitstests und Leistungstests daher nicht vom selben Test-Team durchgeführt, das für die funktionale **Verifikation** zuständig ist, sondern von spezialisierten Testern. Diese Aktivitäten eigenen sich teilweise auch sehr gut, um organisationsextern durchgeführt zu werden.

7.5.1 Performance-Tests

Ein Performancetest (oder spezieller auch Lasttest) ist ein wesentlicher risikominimierender nichtfunktionaler Test mit dem Ziel, die Leistungsfähigkeit und die Skalierfähigkeit zu überprüfen. Ein Performancetest wird aufgrund der üblicherweise erforderlichen Lasterzeugung immer mit spezifischen Werkzeugen automatisiert. Mit Hilfe eines Performance-Tests kann die Einhaltung von Performance-Anforderungen und -Zielen festgestellt werden. Ergebnisse wie z.B. Antwortzeit, Durchsatz oder Ressourcenverbrauch können genutzt werden, um die tatsächlich notwendige Hardwarekonfiguration für eine Produktivumgebung abzuschätzen.

Der Performance-Test-Prozess beinhaltet grundlegende Aktivitäten, die mit der Identifikation der Testumgebung beginnen. Eine umfangreiche Kenntnis über die physikalische Test- und Produktivumgebung ermöglicht ein effizientes und effektives Testdesign und eine entsprechende Testplanung. Generell gilt, dass die Testumgebung exakt der Produktivumgebung entsprechen muss. Jegliche Abweichung kann die Ergebnisse eines Tests verfälschen. Zur physikalischen Umgebung gehören neben Hard- und Software auch Netzwerkkonfigurationen. Ebenso müssen notwendige Tools und Ressourcen für das Test-Team identifiziert werden. Oft ist es notwendig, diese Aktivität periodisch während des Projektlebenszyklus zu wiederholen. Generell sollten die an ein System gestellten Performance-Anforderungen und -Ziele möglichst frühzeitig identifiziert werden. Diese können beispielsweise aus Erwartungen eines Auftraggebers, Geschäftsanforderungen oder vertraglichen Verpflichtungen abgeleitet werden. Zur Definition von Performance-Anforderungen- und -Zielen werden *Service Level Agreements* (SLAs) getroffen.

Definition Service Level Agreement

Ein Service Level Agreement bezeichnet die messbare Beschreibung einer zu erbringenden Dienstleistung, einschließlich der zu erreichenden Qualität und der anzuwendenden Messgrößen.

Da mit zunehmendem Wirtschaftlichkeitsdruck und Wachstum in Unternehmen die Notwendigkeit, die benötigte Qualität von Leistungen exakt zu spezifizieren, zunimmt, werden vermehrt Service Level Agreements abgeschlossen. Damit soll eine pauschale Forderung nach maximaler Qualität verhindert werden.

Eine weitere Kernaktivität im Performance-Test-Prozess ist die *Testplanung* und das *Testdesign*. Dazu gehören

- die Identifikation eines geeigneten Szenarios,
- die Identifikation und Generierung von Testdaten
- und die Spezifizierung der zu verwendenden Metriken.

Geeignete Szenarien können jene sein, die häufig vorkommen, geschäftskritisch oder performance-instensiv sind. Das Ziel dieser Phase ist, ein Szenario mit Testdaten zu definieren, das ein möglichst realitätsnahes User-Verhalten simuliert. Generell gilt, je realitätsnaher ein Szenario und die Testdaten sind, umso brauchbarer sind die Ergebnisse eines Tests.

Zur Bestimmung der Performance eines Systems sind **Metriken** notwendig. Einige wichtige Metriken im Zusammenhang mit Performance-Tests sind:

- *Latenz:* Die Latenz beschreibt die Zeitspanne, die ein System zur Beantwortung einer Anfrage benötigt. Sie wird für gewöhnlich in Millisekunden angegeben.
- *Durchsatz*: Der Durchsatz ist die Menge an Daten, Information oder Arbeitsschritten, die in einer Zeiteinheit verarbeitet werden können.
- *Transaktionsrate*: Die Transaktionsrate ist eine spezielle Form des Durchsatzes, die die Menge an Transaktionen pro Zeiteinheit, üblicherweise pro Sekunde, angibt.

Mit Hilfe der Aktivität Konfiguration der Testumgebung soll sichergestellt werden, dass die Testumgebung, notwendige Tools und Ressourcen vorbereitet sind, zur Verfügung stehen und eine Umsetzung des Testdesigns ermöglichen. Ein typischer Aufbau einer Performance-Test-Umgebung besteht aus **Testtreibern**, auch Lastgeneratoren genannt, dem **Zielsystem** (*SUT – System under Test*) und einem *Monitoring*. Dieses Monitoring umfasst typischerweise den Ressourcenverbrauch des Systems auf unterschiedlichen Ebenen wie z.B. CPU, Netzwerk, Speicher, Datenbankparameter, Middleware-Ressourcen und Applikationsparameter.

Speziell sollte die Testumgebung auch auf eine Performance-Test-kritische Konfiguration untersucht werden, z.B. wie viel Last von den Lastgeneratoren erzeugt werden kann, bevor es zu Engpässen kommt (*bottle neck*). Typischerweise entstehen Engpässe im Speicher zuerst bei Lastgeneratoren und erst später im Prozessor. Wichtig ist außerdem, ob die Systemzeit auf allen Rechnern der Testumgebung synchronisiert ist. Für eine spätere Korrelation der Testtreiberresultate mit den Messungen aus dem Monitoring ist dies unbedingt notwendig. Zu berücksichtigen ist auch, dass es bei der Messung eines Systems zu Überwachungseffekten (*probe effects*) kommen kann. Als Überwachungseffekte bezeichnet man jene Auswirkungen, die durch das Verändern eines Systems oder einer Komponente zur Überwachung, Messung und Fehlersuche auftreten, z.B. durch Monitoring- oder Performance-Werkzeuge.

Ist das Testszenario definiert, kann mit der *Umsetzung des Testdesigns* begonnen werden. Während dieser Aktivität erfolgt die tatsächliche Implementierung des Testdesigns. Die Umsetzung des Testdesigns hängt dabei sehr stark von den verwendeten Tools ab. Typischerweise sind Performance-Tests automatisierte Tests, da diese Tests häufig mehrmals hintereinander und auch parallelisiert ausgeführt werden müssen. Dabei enthalten Performance-Tests, im Unterschied zu funktionalen Tests, keine fachlichen Assertionen (*Verifikationsmethoden*), sondern zielen nur auf die Messung von *Performance-Parametern* ab.

Sind alle notwendigen Vorbereitungen getroffen, kann mit der Testdurchführung begonnen werden. Diese Phase beinhaltet die tatsächliche Durchführung des Testlaufes des implementierten Testdesigns in der Testumgebung. Dazu gehören unter anderem folgende Tätigkeiten:

- Koordination der Testdurchführung und des Monitoring
- Validierung der Tests, der Konfiguration und des Zustandes der Testumgebung
- Kurzes Review der Testergebnisse auf Fehlerfreiheit nach Abschluss des Tests
- Archivierung der Tests, Testdaten, Ergebnisse und sonstigen wichtigen Informationen

Vor allem der Zustand der Testumgebung ist für einen erfolgreichen Testlauf ausschlaggebend. Es ist häufig notwendig, einen Testlauf mehrfach durchzuführen, um in der Testumgebung einen produktionsnahen Zustand herzustellen. Beispielsweise kann es vorkommen, dass zu Beginn des Testlaufes der Cache einer Datenbank im Ruhezustand nicht den Zustand eines Datenbank-Cache in Produktion aufweist. Die Ergebnisse eines Testlaufes wären somit verfälscht. Durch Wiederholung der Tests kann sich das Caching-Verhalten normalisieren und die Aussagekraft der Ergebnisse eines Testlaufes erhöhen.

Treten während eines Testlaufes *Probleme* auf, sollte mit Hilfe des Monitorings versucht werden, das Problem einzugrenzen und zu analysieren. Dazu kann es notwendig sein, das Monitoring zu verfeinern und den Testlauf zu wiederholen. Nach erfolgreicher Testdurchführung müssen die Testdaten ausgewertet und aufbereitet werden. Kernaktivitäten dieser Phase sind die Konsolidierung, Analyse und Verteilung der Ergebnisse. Bevor die Ergebnisse weitergeleitet werden können, müssen sie für Manager und Stakeholder aufbereitet werden, um aus der Vielzahl an Ergebnisdaten konkrete Aussagen abzuleiten.

Der *Lasttest* ist ein Spezialfall des Performance-Tests. Diese Art des Performance-Tests konzentriert sich auf die Ermittlung von Erkenntnissen eines zu testenden Systems in Bezug auf Belastung, wobei von der höchstmöglichen zu erwartenden Last ausgegangen wird. Mit Hilfe dieser Testmethode soll analysiert werden, ob ein System auch bei höherer Belastung noch korrekt funktioniert. Eine Erweiterung des Lasttests ist der *Stresstest*, bei dem untersucht wird, ob ein System unter extremer Last noch korrekt funktioniert.

Die Last wird mit Hilfe von *Lastgeneratoren*, bestehend meist aus einem physikalischen Rechner und einem oder mehreren Tools zur Lastgenerierung, erzeugt. Es gibt eine große Vielzahl von Tools, die verschiedenste Systeme oder Anwendungen auf unterschiedlichste Arten testen können. Diese Werkzeuge verfügen über viele Funktionen, die für ein spezielles Testen mehr oder weniger notwendig oder aussagekräftig sind. Ein wichtiges Kriterium bei der Auswahl eines Tools ist die Kompatibilität zum testenden System. Je nach Architekturtyp eines Systems werden bestimmte Protokolle für den Lasttest benötigt. Beispielsweise unterstützen viele Tools das HTTP-Protokoll, jedoch nicht alle davon das HTTPS-Protokoll.

Die Last wird von virtuellen Benutzern erzeugt, die das Verhalten eines realen Benutzers anhand eines definierten Szenarios simulieren. Die Erzeugung einer großen Anzahl von parallelen virtuellen Benutzern ist ein wichtiges *Merkmal von Lasttestwerkzeugen*. Entscheidend ist, ob das Tool die gewünschte Anzahl an virtuellen Benutzern erzeugen kann, die für den Lasttest notwendig sind. Das Problem hierbei ist die stark ansteigende Menge an aufzuzeichnenden Protokolldateien sowie das Verteilen und Verwalten von Ausgangsdaten. Viele Werkzeuge stoßen hier an ihre Grenzen, da die gewünschte Last nicht vollständig auf das Testsystem übertragen werden kann.

Da es für einen realitätsnahen Lasttest oft notwendig ist, unterschiedliches Benutzerverhalten in Benutzergruppen zu simulieren, unterstützen viele Tools auch sogenannte *Populationen*. Populationen sind Gruppen von virtuellen Benutzerprofilen, mit deren Hilfe unterschiedliches Geschäftsverhalten von Benutzern simuliert werden kann. Populationen ermöglichen z.B. folgendes Benutzergruppenverhalten: 80% aller Benutzer suchen im Angebot eines Online-Shops, während 20% aller Benutzer einen tatsächlichen Kaufvorgang durchführen.

Für Lasttests mit einer großen Anzahl an virtuellen Benutzern reicht oft die Leistung eines Rechners nicht aus, um die gewünschte Last zu erzeugen. In diesem Fall ist es notwendig, mehrere verteilte Rechner einzusetzen, die gemeinsam die Last erzeugen. Die gesammelten Daten der einzelnen Lastgeneratoren müssen anschließend wieder zusammengeführt werden, um aussagekräftige Auswertungen zu erhalten.

Oft wird für die Lasterzeugung mit Hilfe von virtuellen Benutzern ein sogenanntes *Ramping-Lastmodell* verwendet. Hierbei handelt es sich um ein kontinuierliches Ansteigen (*Ramp-Up*) und eine Reduktion (*Ramp-Down*) der Anzahl an virtuellen Benutzern. Häufig wird zu Beginn eines Testlaufes nur mit einer kleinen Anzahl an virtuellen Benutzern Last erzeugt. Diese Anzahl wird kontinuierlich in bestimmten Intervallen erhöht, bis die gewünschte Anzahl erreicht ist. Nach einer bestimmten Testlaufzeit mit der gewünschten Anzahl an virtuellen Benutzern wird diese Anzahl, auch wieder kontinuierlich in Intervallen gesenkt. Mit dieser Methode können Schwellwerte ermittelt werden, die Aussagen über die Performance und das Verhalten des Systems bei bestimmter Last ermöglichen – z.B., ob und wie schnell sich das System bei Reduktion der Last wieder selbstständig stabilisiert.

Fallstudie

Performance-Tests im Projekt HISS

Im Projekt HISS werden unterschiedliche Performance-Test-Werkzeuge eingesetzt, wie z.B. die Open-Source-Werkzeuge JMeter und httperf. Für einfache Performance-Tests in Bezug auf die Durchsatzrate von Anfragen wird *httperf* eingesetzt. Dabei werden mit einer fixen Rate Anfragen an einen Server geschickt und mit den angekommenen Antworten verglichen. Während der Messung werden in konfigurierbaren Intervallen Stichproben entnommen. Je mehr Stichproben während eines Testlaufes entnommen werden, umso genauer sind die Messungen. Als Ergebnis einer Messung erhält man Informationen über TCP-Verbindungen, Anfragen, Antworten, CPU- und Netzdaten sowie Informationen zu aufgetretenen Fehlern.

Beispielsweise wird das Werkzeug httperf für einen einfachen Performance-Test zur Simulation von Grundlast im Projekt HISS eingesetzt. Die aufgerufenen URLs werden in einer Datei zur Verfügung gestellt und iterativ abgearbeitet. Die Testlaufzeit beträgt 300 Sekunden. Es werden 20 Anfragen pro Sekunde erzeugt. Für jede Anfrage ist ein Timeout von einer Sekunde festgelegt. Das Ergebnis eines beispielhaften Testlaufes sieht folgendermaßen aus:

- *Total:* connections 300 requests 6000 replies 6000 test-duration 301.802 s
- *Connection rate:* 1.0 conn/s (1006.0 ms/conn, <=4 concurrent connections)
- *Connection time [ms]:* min 2801.9 avg 3216.0 max 3986.1 median 3192.5 stddev 187.5
- *Connection length [replies/conn]:* 20.000
- *Request rate:* 19.9 req/s (50.3 ms/req)
- *Reply rate [replies/s]:* min 15.6 avg 19.9 max 20.8 stddev 0.7 (60 samples)
- *Reply time [ms]:* response 157.3 transfer 0.3
- *CPU time [s]:* user 56.70 system 241.61 (user 18.8% system 80.1% total 98.8%)
- *Net I/O:* 176.4 KB/s (1.4*10^6 bps)
- *Errors:* total 0 client-timo 0 socket-timo 0 connrefused 0 connreset 0

7.6 Testautomatisierung

Im Softwaretest können verschiedene Aktivitäten automatisiert werden. Typische automatisierte Aktivitäten sind die Erstellung von Testfällen nach formellen Methoden (z.B. Äquivalenzklassenanalyse) oder aber auch das Errechnen einer strukturellen Abdeckung (z.B. Quellcodeabdeckung) (Fewster & Graham, 1999). In der Regel versteht man unter Testautomatisierung aber die vollautomatische Durchführung und **Verifikation** von Testfällen.

Ob Softwaretests automatisiert werden sollen, ist in erster Linie eine wirtschaftliche Überlegung. Der Initialaufwand für eine automatisierte Durchführung von Testfällen ist in der Regel wesentlich höher als der Initialaufwand für einen manuellen Test. Im Gegenzug ist jedoch der Aufwand pro Testlauf im automatisierten Fall deutlich niedriger.

	Testvorbereitung			Testdurchführung (pro Testlauf)		
	Durchschn.	Min.	Max.	Durchschn.	Min.	Max.
Automatisiert	19.2 h	10.6 h	56.0 h	0.21 h	0.1 h	1.0 h
Manuell	11.6 h	10.0 h	20.0 h	3.93 h	0.5 h	24.0 h

Tabelle 7.1: Studie von Dustin et al. (1999) zum Aufwand von manuellen und automatisierten GUI-Softwaretests

Eine in der Literatur häufig zitierte Studie von Dustin et.al. aus dem Jahr 1999 (siehe Tabelle 7.1) zeigt, dass der Testvorbereitungsaufwand im automatisierten Fall etwa doppelt so hoch ist wie sim manuellen Fall. Der Aufwand für die Testdurchführung ist jedoch sehr viel geringer im automatisierten Fall. Da man im **Regressionstest** in der Regel viele Testdurchläufe plant und eine vergleichsorientierte Verifikationsmethode dafür gut geeignet ist, wird dieser häufig automatisiert. Verschiedene Testarten können im Wesentlichen nur automatisiert durchgeführt werden, z.B. ein Lasttest mit einer Vielzahl von virtuellen Benutzern.

Des Weiteren ist zu berücksichtigen, dass der Wartungsaufwand von automatisierten Testfällen im Allgemeinen höher ist als für manuelle Testfälle. Ein manueller Testfall kann vom menschlichen Tester interpretiert werden und daher wesentlich abstrakter entworfen werden als ein vollautomatisierter Testfall. Ein automatisierter Testfall enthält die Ablauflogik, die Ansteuerungslogik (z.B. für GUI-Elemente), die Verifikationslogik und die konkreten Testdaten und ist damit viel komplexer und umfangreicher. Um den *Wartungsaufwand* für automatisierte Testfälle möglichst gering zu halten, empfiehlt es sich, alle Elemente des Testfalles zu separieren. Wichtig ist dabei zu beachten, dass *automatisierte Testfälle* selbst auch nur Software sind und damit denselben Regeln bezüglich guten Designs unterworfen sind. Die häufigsten Formen von funktionaler automatisierter Testdurchführung sind automatisierte Komponententests und automatisierte GUI-Tests.

7.6.1 Automatisierte Komponententests

Automatisierte Komponententests auf Quellcode- oder Schnittstellenebene (Fewster & Graham, 1999) werden mit speziellen Test-Frameworks durchgeführt. Moderne Unit-

Test-Frameworks bieten die Möglichkeit, einen Komponententest direkt in der Entwicklungsumgebung zu definieren und ständig parallel zur Entwicklung durchzuführen bzw. auszuwerten. Unit-Tests werden in der Regel in derselben Programmiersprache und -umgebung definiert wie das **Zielsystem** selbst und bieten daher auch die Möglichkeit, die Komponenten direkt programmgesteuert aufzurufen. Eine wesentliche Funktion eines Unit-Test-Frameworks ist die Bereitstellung von *Verifikationsmethoden* (*assertions*), die den exakten Bereich des Testfalls definieren. Zum Beispiel kann in einem Java-Unit-Testfall festgelegt (*assertiert*) werden, dass ein Zielsystem bei einem Testfall als Ergebnis eine spezifische Exception auslösen muss. Nachdem das Test-Framework in derselben Programmierumgebung wie das Zielsystem integriert ist, ist auch das Exception-Modell prüfbar. Die Testergebnisse werden immer direkt im Testlauf evaluiert. Es handelt sich hierbei also um eine *dynamische Ergebnisevaluierung.* Im Gegensatz dazu werden in der Testautomatisierung oft die Ergebnisse während des Testlaufes nur gesammelt und erst im Nachhinein mit den gewünschten Werten verglichen.

Unit-Test-Frameworks sind häufig mit Code-Coverage-Frameworks gekoppelt, die mithilfe von **Instrumentierung** die strukturelle Abdeckung (siehe Kapitel 7.4.1) der Unit-Tests feststellen.

7.6.2 Automatisierte GUI-Tests

Ein weiteres klassisches Testautomatisierungsverfahren ist die Simulation des Benutzers über die Benutzerschnittstelle des Systems. Dieser Blackbox-Testansatz wird als GUI-Test bezeichnet (siehe ▶Abbildung 7.14). GUI-Tests sind dadurch definiert, dass sowohl der **Point of Control** (*PoC*) als auch der **Point of Observation** (*PoO*) die Benutzerschnittstelle des Softwaresystems ist. Daraus ergibt sich – insbesondere im Vergleich zum Unit-Test – eine wesentlich höhere Komplexität sowohl für die Ansteuerung des PoC als auch für die Assertierung am PoO.

Ein übliches Verfahren zur Bestimmung der Aufbauelemente eines GUI-Tests ist das *Capture/Replay-Verfahren.* Dabei wird die Benutzerinteraktion aufgezeichnet und daraus ein Testskript erzeugt. Grundsätzlich enthalten Capture/Replay-Skripte keine Assertierungen, da ja nur die Benutzerinteraktion aufgezeichnet wird. Diese müssen nachträglich in das Testskript eingearbeitet werden. Mit einem primitiven Capture/Replay-Ansatz erzeugt man zwar schnell und mit wenig Aufwand Testfälle, diese sind aber dann schlecht wartbar. Da in jeder Aufzeichnung die Ablauflogik, Ansteuerungslogik und Testdaten unfaktorisiert enthalten sind, reduziert sich die Wartbarkeit des Testfalles. Dieser Effekt wird verstärkt, je größer die Anzahl der Testfälle ist. Ein weiterer wesentlicher Nachteil des Capture/Replay-Ansatzes ist, dass dieser erst eingesetzt werden kann, wenn das **Testobjekt** bereits zur Verfügung steht. Testfälle stehen damit erst sehr spät im Prozess zur Verfügung. Dies ist aus Analysesicht ungünstig, allerdings bei primitiven **Regressionstests** durchaus ausreichend.

Alternativ zum Capture/Replay-Ansatz können automatisierte GUI-Tests auch wie normaler Quellcode von Grund auf entwickelt werden. Dieser Ansatz wird in der Testautomatisierung als *Scripting* bezeichnet. Hierbei ist man weniger schnell, erhält aber langfristig wartbarere Testfälle, sofern man die Regeln von wartungsoptimierter Softwareerzeugung einhält.

In der Praxis werden der Capture/Replay- und der Scripted-Ansatz oft gemeinsam verwendet. Hierbei werden z.B. einige initiale Testfälle aufgezeichnet, dann refaktorisiert und die Testdaten ausgelagert (vgl. Abschnitt *Datengetriebener Test*). Des Weiteren wird die Ansteuerungslogik in einer GUI-Map verwaltet. Die einzelnen GUI-Protokolle (z.B. Web, Win32, SAP) werden in Protokolladaptern implementiert und sind damit unabhängig vom **Testtreiber** und den Testfällen selbst. GUI-Tests können sowohl für funktionale als auch für nichtfunktionale Tests (z.B. Performance-Tests) eingesetzt werden. Je nach Einsatzzweck ändert sich in erster Linie die Art der **Verifikation**.

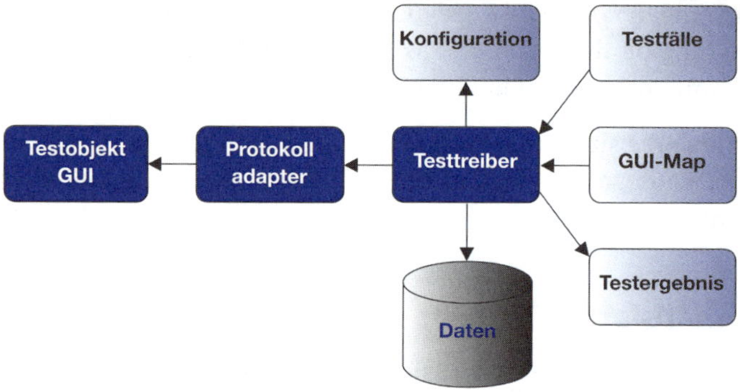

Abbildung 7.14: Typischer Aufbau einer GUI-Automatisierung

Ein zentrales Problem im funktionalen automatisierten GUI-Test ist die Auswahl von geeigneten Verifikationspunkten. Die Möglichkeiten der Automatisierung beschränken sich hier meist auf die Navigation durch das **Testobjekt** und das Prüfen auf Vorhandensein eines GUI-Elements und dessen qualitativer Überprüfung. Viele potenzielle Fehler (z.B. Layoutfehler, Synchronisationsfehler, Timing-Verhalten, Reaktion auf unerwartetes Verhalten, **Verifikation** von Ausdrucken) lassen sich nur schwer erkennen und verifizieren, wobei der **Testtreiber** immer nur so reagiert, wie es das Script bzw. dessen Entwickler vorgesehen hat. Einige Tools beherrschen sogenannte *Recovery Scenarios*, falls die Testapplikation unerwartet reagiert, allerdings kann es keine 100% Laufsicherheit geben. Zudem kann der Testtreiber nicht auf alle möglichen Faktoren reagieren, vor allem nicht auf äußere Einflüsse, also beispielsweise bei Ausfall und Neustart des Systems. Automatisierte GUI-Tests können manuelle Softwaretests nicht ersetzen, sondern nur ergänzen.

Sehr oft werden auch GUI-Testtreiber dazu verwendet, Daten für die Testumgebung zu erstellen oder zu bearbeiten. Laut Definition ist das zwar keine Testautomatisierung, es erleichtert jedoch den Testprozess.

7.6.3 Regressionstest

Ein **Regressionstest** (*Regression Test*) wird durchgeführt, um festzustellen, ob die Systemfunktionalität nach einer Systemänderung gewährleistet ist. Jegliche Änderung am System (z.B. Quellcodeänderung, Austausch einer Komponente, Änderung der Systemkonfiguration, Installation des Systems auf einer neuen Umgebung) kann einen Regressionstest erforderlich machen. Regressionstests müssen zwar nicht unbedingt in automatisierter Art erfolgen, aber die oftmalige Ausführung eines Regressionstests über den Entwicklungsprozess bzw. den späteren Lebenszyklus eines Softwaresystems macht die Automatisierung von Regressionstests wirtschaftlich.

Entscheidend ist, ob die gesamte Systemfunktionalität einem Regressionstest unterzogen werden muss oder ob man den Umfang des Tests reduzieren kann. Dies hängt davon ab, welche Abhängigkeiten die Systemänderung ergibt. Je genauer man die Abhängigkeiten zwischen der Systemänderung und den interdependenten Systemelementen kennt, desto eher kann man den Umfang des Regressionstests reduzieren. Da eine Systemänderung potenziell den Test des gesamten Systemumfangs erforderlich macht, werden **Regressionstests** in der Regel automatisiert. Damit ermöglicht man dann auch oft einen vollständigen Regressionstest bei jeglicher Systemänderung.

Charakteristisch für einen Regressionstest ist, dass das korrekte Systemverhalten nicht wie im klassischen Test definiert werden muss, sondern dass das System in der Version n-1 (also vor der Systemänderung) das korrekte Verhalten bestimmt. Damit erleichtert man die **Verifikation** enorm und kann auch im automatisierten Fall eine umfassende Verifikationsabdeckung erreichen. Daher werden im Regressionstest oftmals *Vergleichswerkzeuge* (*diff, compare tools*) eingesetzt, die zur Verifikation das Systemverhalten der Version n mit dem der Version n-1 vergleichen. Dieser Verifikationsansatz wird als *Back-to-back Test* bezeichnet.

Bei der *Kontinuierlichen Integration* werden Regressionstests dazu verwendet, den sich ständig ändernden Integrationsstand zu überprüfen und den Entwicklern permanentes Feedback über die Systemfunktionalität zu geben. Wenn eine Systemänderung am Integrationsstand eine negative Auswirkung auf andere Systemteile ergibt, so erhält der Entwickler unmittelbar die Information darüber und kann die Systemänderung frühzeitig rückgängig machen bzw. korrigieren.

Langfristige Regressionstests werden oft von den Testfällen abgeleitet, die im Rahmen des Entwicklungsprozesses entstehen, und dann ständig erweitert. Solange sich nur die Implementierung eines Softwaresystems ändert, jedoch nicht dessen Schnittstelle, müssen die Regressionstestfälle nicht angepasst werden. Ändert sich jedoch der **Point of Control/Observation** oder wird die Systemfunktionalität erweitert, muss auch der Regressionstest angepasst und erweitert werden. Dies führt oft zu nicht unerheblichem Aufwand für die Wartung des Regressionstests.

7.6.4 Testdaten

Testdaten spielen im Softwaretest – besonders aber in der Testautomatisierung – eine wesentliche Rolle. Testdaten werden dazu benötigt, alle Entitäten eines Testaufbaus (**Zielsystem**, Simulatoren und **Testtreiber**) zu konfigurieren. Ein weiterer wichtiger Verwendungsfall ist das Steuern der **Testtreiber** während der Testdurchführung mittels geeigneter Testdaten. Dieses wird als datengetriebener Test bezeichnet.

Testdaten zur Konfiguration des Testaufbaus

Für die Durchführung eines Softwaretests sind oft Vorbedingungen an den Testaufbau und dessen Entitäten definiert. In der Regel müssen **Zielsysteme** mit geeigneten Testdaten vorkonfiguriert werden, damit die Testfälle überhaupt lauffähig sind bzw. evaluierbare Ergebnisse erhalten. Verwendet ein Zielsystem Simulatoren, müssen diese oft genauso mit Testdaten ausgestattet werden. Je nach Komplexität der Testdatenstrukturen und erforderlichen Menge von Testdaten ist das Vorbereiten und Verwalten von Testdaten eine sehr aufwändige Aktivität. Falls möglich, empfiehlt es sich, das Zielsystem mit Produktionsdaten für den Test zu konfigurieren. Das hat einerseits den Vorteil, dass Produktionsdaten schon zur Verfügung stehen und nicht erst aufwändig künstlich erzeugt werden müssen, und andererseits unterstützt die Nutzung von Produktionsdaten das realitätsnahe Testen. Wesentliche Nachteile sind jedoch, dass damit eventuell eine geringere funktionale Abdeckung erreicht wird, weil für seltene funktionale Fälle vielleicht keine Daten zur Verfügung stehen. Diese müssten dann, um die funktionale Abdeckung z.B. mit der Äquivalenzklassenanalyse zu erhöhen, zu den Produktionsdaten hinzugefügt werden. Ein weiterer wesentlicher Nachteil besteht darin, dass die Nutzung von Produktionsdaten oft aus Gründen des Datenschutzes nicht möglich ist (z.B. bei personenbezogenen Daten). Hierbei müssen Produktionsdaten anonymisiert werden oder künstliche Testdaten aus den Produktionsdaten abgeleitet werden. Dies ist je nach Komplexität der Datenstruktur und der Datenmenge ein sehr aufwändiger Prozess.

Produktionsdaten sind aber nicht immer direkt kompatibel mit den Anforderungen des Testaufbaus. Produktionsdaten können z.B. Zeit- und Datumsstempel beinhalten oder aber durch Erweiterung des Datenmodells (die Version des Zielsystems ist in der Regel eine höhere als die Version des Produktionssystems) kann die Kompatibilität der Produktionsdaten verloren gehen.

Es gilt zu bedenken, dass Testdatenkonfigurationen während eines Softwaretests nicht stabil bleiben, wobei unterschiedliche Testfälle komplett unterschiedliche Testdatenkonfigurationen erfordern können. Ein effizientes Management des Testaufbaus, der Konfiguration und der Testdaten ist daher unabdingbar. Oft werden für die Vorbereitung und das Management von Testaufbauten, Konfigurationen und Testdaten spezifische Automatisierungswerkzeuge eingesetzt. Insbesondere im Bereich der Testdatenvorbereitung (*testdata preparation*) werden diese häufig genutzt.

Datengetriebener Test

Die Trennung von Testfällen und Testdaten ermöglicht es, erst während der Testdurchführung die Testfälle mit konkreten Testdaten zu verbinden. Anstatt des konkreten Wertes wird dann ein Platzhalter (z.B. der Bezeichner der Äquivalenzklasse, aus der dann der eigentliche Datenwert stammen soll) definiert. Dieser Ansatz von datengetriebenen Tests hat wesentliche Vorteile:

- Wiederverwendbarkeit der Testfälle und Testdaten getrennt voneinander
- Die Wartbarkeit und Lesbarkeit der Testfälle und Testdaten wird erhöht.
- Testfälle und Testdatenmengen können in m:n Verwendung stehen.

- Testfälle können definiert werden, auch wenn die konkreten Testdaten noch nicht bekannt sind.
- Eine Automatisierung der Testfälle ist leichter herzustellen bzw. es ergeben sich besser zu wartende automatisierte Tests.

7.7 Testprozess

Mit der ständig wachsenden Bedeutung der Informationstechnologie im kritischen Geschäftsumfeld wurde die Rolle des Testens und der Teststrategie immer wichtiger. Die heutige Geschäftswelt verlässt sich auf Systeme, deren zugrunde liegende High-End-Technologie immer komplexer wird und deren Ausrollzyklen immer kürzer werden. Ein einziger Applikationsfehler in einer kritischen Transaktion oder einem Prozess kann kompliziert und aufwändig zu reparieren sein und dadurch hohe Kosten verursachen. Solche Fehler können aber auch Millionenverluste, aufgrund von versäumten Geschäften und sinkender Kundenzufriedenheit, bedeuten.

Es ist daher notwendig, Testaktivitäten als eigenständigen, professionellen und ständig begleitenden Prozess zu sehen und nicht als abschließende Tätigkeit am Ende eines IT-Projektentwicklungszyklus. Ein fundamentaler Testprozess ist zyklisch und besteht aus den Aktivitäten wie in ▶Abbildung 7.15 dargestellt (Spillner et. al., 2007). Je nach Literatur und Definition werden Kosten von 30-50% der Entwicklungskosten für den Test aufgewendet. Aufgrund dieses hohen Kostenfaktors muss der Test strategisch geplant und durchgeführt werden.

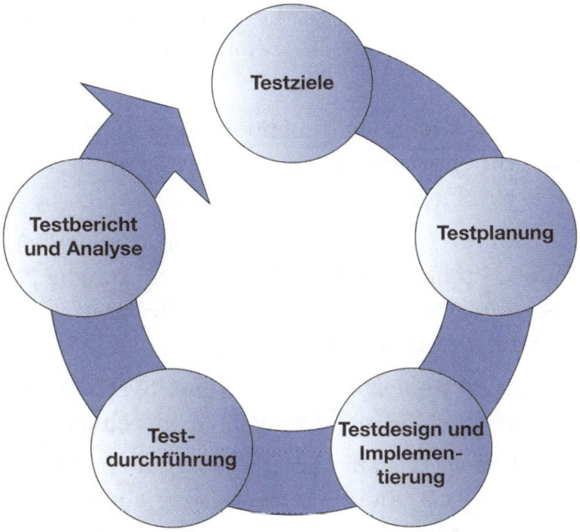

Abbildung 7.15: Fundamentaler zyklischer Testprozess

Die folgende Auflistung beschreibt alle Ziele und Rahmenbedingungen, die für die Durchführung von Tests notwendig sind:

- *Kriterien für das Gelingen bzw. Misslinges eines gesamten Testdurchlaufes:* z.B. kann das Kriterium für das Gelingen eines Durchlaufes das Eintreten des erwarteten Ergebnisses aller Testfälle sein.
- *Kriterien für den Start und das Ende eines Testdurchlaufes:* z.B. kann das Kriterium für den Start eines Testdurchlaufes ein Smoke-Test der korrekten Version einer Implementierung sein. Ein Kriterium für das Ende kann die erfolgte Durchführung aller Testfälle sein.
- *Kriterien für die Unterbrechung von Tests bzw. deren Wiederaufnahme:* Schwerwiegende Mängel während eines Testdurchlaufs können dazu führen, dass der Testlauf unterbrochen und zu einem späteren Zeitpunkt wiederholt werden muss. Da häufig die Zeitspanne von der aktuell getesteten bis zur nächsten Version eines Testobjektes zu lang ist, müssen Vorgehensweisen definiert und geschaffen werden, die eine schnelle Beseitigung dieser Mängel ermöglichen.
- *Dokumentation der Ergebnisse und Kommunikationswege:* Nach Abschluss eines Testdurchlaufes müssen allen betroffenen Rollen (z.B. Entwickler) vom Testergebnis informiert werden, um gefundene Fehler und Mängel korrigieren zu können sowie über den aktuellen Projektstatus informiert zu sein. Für diese Aktivität müssen die dafür verwendeten Dokumente bzw. Kommunikationswegefestgestellt werden.
- *Testmethoden und Testtiefe:* Es sollten die Methoden, mit welchen diese getestet werden, aufgelistet und, wenn notwendig, beschrieben werden (z.B. Systemtest und Äquivalenzklassenanalyse). Des Weiteren müssen Intensität und Testtiefe definiert werden. Bei nichtsystematischen Testmethoden (z.B. exploratives Testen) wird häufig die Dauer des Tests als Information zur Testtiefe festgelegt.
- *Definition der Testumgebung:* Wie soll die Testumgebung aufgebaut und konfiguriert werden? Dies ist insbesondere bei nichtfunktionalen Tests wie z.B. Performance-Tests relevant.
- *Definition der Testbasis:* Welche Informationen und Stakeholder werden als Basis für die weiteren Schritte im Testprozess – insbesondere in der Testfallerstellung – herangezogen (siehe ▶Abbildung 7.16).
- *Probleme bei der Testdurchführung und Verantwortlichkeiten für deren Beseitigung:* Es gilt mögliche Probleme bei der Testdurchführung (z.B. falsche Konfiguration der Testumgebung) zu identifizieren und die für deren Beseitigung verantwortlichen Personen festzulegen (z.B. Projektleiter).
- *Zu testende Einheiten (Testobjekte):* Das sind jene Systeme, Subsysteme, Klassen, Methoden oder Objekte, welche im jeweiligen Testdurchlauf getestet werden.
- *Zu testende Eigenschaften:* Das sind jene Eigenschaften eines Testobjekts, welche konkret getestet werden (z.B. die Implementierung eines Anwendungsfalles, eine Methode, ein Algorithmus usw.).
- *Eigenschaften, welche nicht getestet werden:* Das sind jene Eigenschaften, die nicht explizit getestet werden (z.B. Fehlerfälle).
- *Wirtschaftliche Ziele des Test:* Was soll der Test kosten? Dieser Punkt ist insbesondere im Zusammenhang mit Outsourcing von Testaktivitäten relevant.

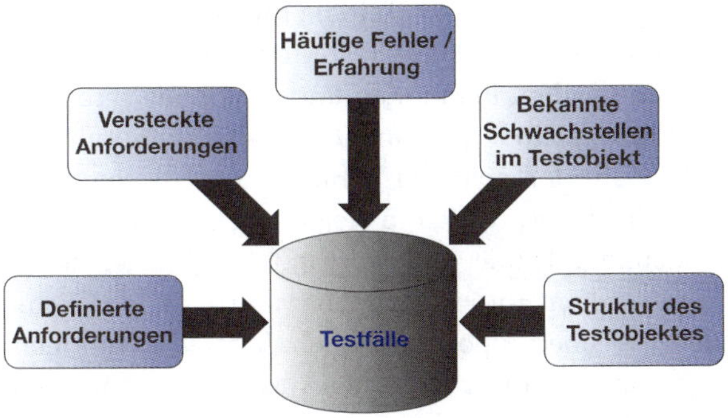

Abbildung 7.16: Einflussfaktoren auf die Testfälle

Moderne Software-Entwicklungsprojekte werden oft *iterativ* und *inkrementell* durchgeführt (Kit, 1995). Dies betrifft dann insbesondere auch die Testplanung. ▶Abbildung 7.17 zeigt, welche Arten von Tests pro Iteration geplant werden müssen und wie sich der Aufwand für jeden Typus verändert. Die Akzeptanztests werden in dieser Darstellung nicht berücksichtigt, da diese in erster Linie von der Release-Strategie abhängig sind (Black, 2002, 2003).

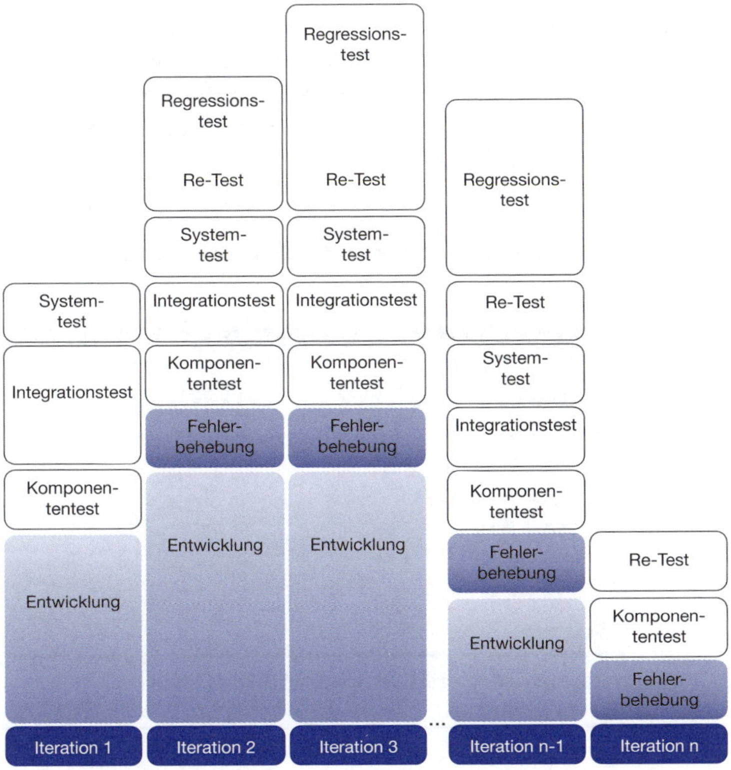

Abbildung 7.17: Testarten und Testaufwand pro Iteration

In den frühen Iterationen wird durch die initiale Integration des Systems und die damit verbundenen Integrationstests eine hohe Testintensität erzeugt. Die oft steigende Entwicklungsleistung in den frühen Iterationen und die damit verbundene Volatilität und Fehlerinjektionsrate führt zu einer permanenten Testaktivität mit konstant hohem Aufwand (Whittaker, 2002). In den späteren Iterationen bleibt der Aufwand für die Teststufen weiter konstant hoch. Des Weiteren steigt aufgrund des wachsenden Systemumfanges und der Systemkomplexität der Aufwand für die Regressionstests. Selbst bei Iterationen ohne eigentlichen Entwicklungsaufwand (z.B. nur Fehlerbehebungen) ist der Aufwand für den Test überproportional hoch. Je mehr Iterationen durchlaufen werden, desto öfter muss ein repetitiver **Regressionstest** durchgeführt werden. Dieser stellt im Test oft den größten Kostenfaktor dar. Strategien zur Reduktion des Regressionstestaufwandes sind a) die Automatisierung des Regressionstests und b) die Isolierung von Änderungen bzw. die Analyse von Änderungsauswirkungen mit dem Ziel, den Umfang des Regressionstests auf die betroffenen Systemanteile zu beschränken.

Fallstudie

Werkzeugunterstützter Testprozess im Projekt LiSaMe

TestLink ist ein im Projekt LiSaMe eingesetztes Testmanagementsystem zur Erstellung und Verwaltung von Testfällen. Es unterstützt den IEEE Standard 829 für Softwaretestdokumentation durch die Erstellung von Testplanen, Testanforderungen und Testberichten. Ergebnisse und Analysen von Testläufen werden in einem ausführlichen Reportsystem zur Verfügung gestellt. Ein in TestLink verwalteter LiSaMe-Testfall ist in ▸Abbildung 7.18 dargestellt.

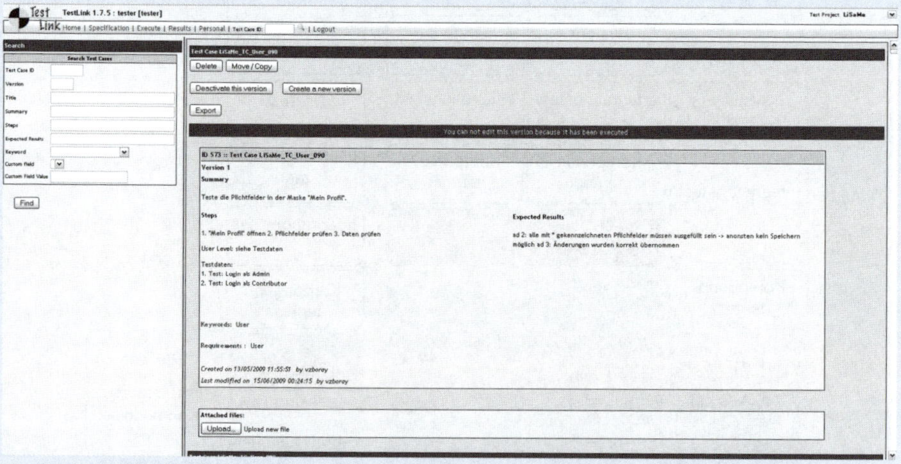

Abbildung 7.18: Testmanagement im Projekt LiSaMe mit dem Werkzeug TestLink

Aufgabe – Testplanung für ein Szenario Analysieren Sie für ein Szenario aus der Szenariosammlung der CWS einen möglichen Testplan.

- Erstellen Sie einen „Test Plan“ und eine „Test Design Specification“ nach dem IEEE 829 Standard. Dokumentieren Sie insbesondere, welche Qualitätsmerkmale der ISO/IEC 9126-1 Sie auswählen und mit welcher Teststrategie Sie testen wollen. Des Weiteren, welche Funktionen der Anwendung Sie mit welcher Strategie testen wollen.
- Erstellen Sie eine Liste von Testobjekten (= logische zu testende Einheit) anhand der Funktionen bzw. Features. Priorisieren Sie die TO, die Sie testen, anhand des Risikos (= Schaden bei Fehlerauswirkung im Betrieb) und deren Komplexität und definieren Sie, welche Funktionen Sie manuell und welche Funktionen Sie automatisiert testen möchten.
- Diskutieren Sie in diesem Zusammenhang die Vor- und Nachteile des automatisierten funktionalen Testens anhand von Kaner (1997), Hoffman (1999) und Whittaker (2000). Von welchen Faktoren machen Sie die Entscheidung für und wider Testautomatisierung hier abhängig? Welche Fragen müssen Sie dazu beantworten?
- Da Sie keine Anforderungsanalyse (*Software Requirements Specification*) besitzen, diskutieren Sie das Problem des „Test Orakels“ anhand Elcock & Laplante (2006) in diesem Zusammenhang. Können Sie überhaupt feststellen, ob eine Funktion fehlerhaft ist? Wenn ja, warum? Auf Basis welcher Informationen erzeugen Sie Ihre Testfälle?

WWW.PEARSON-STUDIUM.DE CWS COMPANION WEBSITE
Daten

Aufgabe – Testanalyse und Testdesign Analysieren Sie für ein Szenario aus der Szenariosammlung der CWS das Testdesign.

- Erstellen Sie eine „Test Case Specification“ in Listenform mit allen Testfällen, die Sie zur Abdeckung der Qualitätsmerkmale und Testobjekte benötigen. Markieren Sie, welche Qualitätsmerkmale und Testobjekte zu welchem Testfall zugeordnet sind. Markieren Sie außerdem, ob ein Testfall zur manuellen oder automatisierten Ausführung definiert wurde.
- Achten Sie besonders auf die konkrete Definition der Eingabewerte und der erwarteten Ergebnisse für die Testfälle. Erstellen Sie außerdem eine „Test Procedure Specification“.

Auf der CWS befindet sich ein Template zur Definition der Testobjekte und der Testfälle. Sie können das Template (auch angepasst) nutzen oder Ihre eigene Struktur festlegen. Die Spaltenüberschriften enthalten weitere Informationen zur Verwendung der Vorlage als Notiz.

WWW.PEARSON-STUDIUM.DE CWS COMPANION WEBSITE
Daten

Daten

Aufgabe – Testdurchführung

Führen Sie für ein Szenario aus der Szenariosammlung der CWS die spezifizierten Testfälle aus.

- Implementieren Sie die in der vorherigen Übung spezifizierten Testfälle mit einem Automatisierungswerkzeug und führen Sie diese aus. Führen Sie zusätzlich manuelle Testfälle aus.
- Dokumentieren Sie die Ergebnisse Ihrer Testausführung in einem Test Log nach IEEE 829.
- Dokumentieren Sie die aufgetretenen Fehler/Abweichungen in einem Test Incident Report nach IEEE 829. Definieren Sie entsprechende Severity Levels für die Klassifikation der Fehler.
- Diskutieren Sie für dieses Szenario die Wirtschaftlichkeit der Testautomatisierung.

Daten

Aufgabe – Testbericht Erstellen Sie für ein Szenario aus der Szenariosammlung der CWS einen Testbericht.

- Erstellen Sie einen Test Summary Report nach IEEE 829. Werten Sie dabei auch für jedes Testobjekt und aggregiert für das Gesamtsystem folgende Metriken aus:
  - Number of test cases (break down into automated/manual)
  - Number of tests executed
  - Number of tests passed
  - Number of tests failed
  - Number of Defects (break down into defined severity levels)
  - Number of Defects found of one Tester
  - Number of Defects per lines of software code (of the whole system)
- Diskutieren Sie anhand der Ergebnisse die Qualität des vorliegenden Softwaresystems.
- Wurden die Qualitätsziele erreicht?
- Kann der Testprozess abgeschlossen werden?
- Welche Strategie würden Sie für die zukünftigen Testaktivitäten vorschlagen und warum?

7.7.1 Fehlermanagement

Für alle gefundenen Fehler im Fehlerbericht kann folgender Prozess zur Anwendung kommen (siehe ▶Abbildung 7.19):

1. Fehler melden: Der Fehlerbericht wird dem Test- oder Projektleiter übergeben. Fehler können auch von Benutzern gemeldet werden, sofern das System bereits in Betrieb genommen wurde.

2. Fehler bewerten: Der Test- bzw. Projektleiter versucht, Fehler zu klassifizieren (Fehler Änderung, Duplikat, ...). Duplikate werden gleich geschlossen, Änderungen müssen gesondert behandelt werden (entweder gleich wie Fehler schließen, Änderungen sammeln oder erst bei Klärung der Finanzierung in das Programm einbauen), die Bewertung erfolgt gegebenenfalls unter Hinzuziehung von Spezialisten. Außerdem teilt der Testleiter eine Priorität für die Behebung zu.

3. Fehler zuteilen: Zu korrigierende Fehler werden einem Programmierer zugeteilt.

4. Fehler beheben: Der verantwortliche Programmierer behebt den Fehler und klassifiziert ihn nach seiner Ursache Software, Hardware, Klassifikation etc.

5. Korrektur ausliefern: Die Korrektur des Fehlers wird durch den für das Änderungsmanagement Verantwortlichen ausgeliefert (entweder an den Kunden oder in eine interne Testumgebung). Meist werden hier aus Kostengründen mehrere Korrekturen gesammelt und dann erst ausgeliefert.

6. Fehler nachtesten: Der Tester versucht, den Fehler anhand der Fehlerbeschreibung nachzuvollziehen. Das Ergebnis des Nachtests wird an den Testleiter gemeldet.

7. Fehler abschließen: Der Test-/Projektleiter schließt den Fehler ab und führt eventuelle Tätigkeiten für spätere Auswertungen durch.

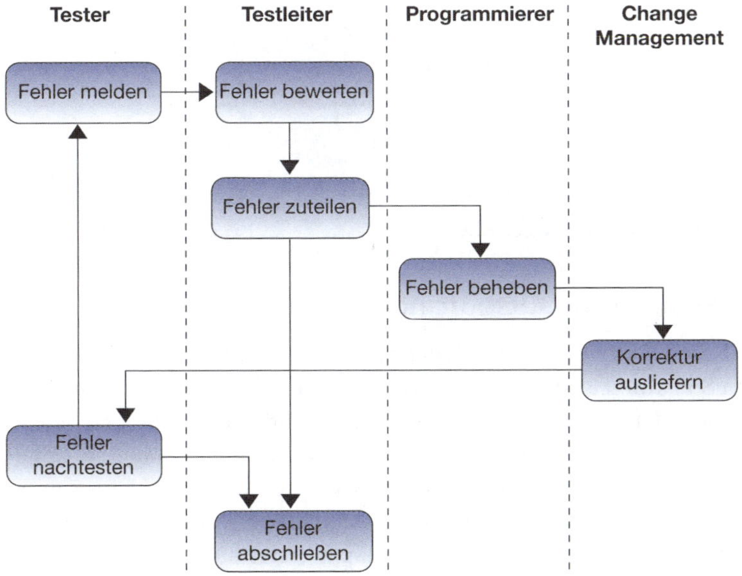

Abbildung 7.19: Typischer Fehlermanagementprozess

Fallstudie **Fehlermanagement im Projekt LiSaMe**

Im Projekt LiSaMe wird ein Fehlermanagementprozess mit fünf unterschiedlichen Zuständen verwendet (siehe ▶Abbildung 7.20). Vereinfacht dargestellt kann dieser Prozess folgendermaßen beschrieben werden: zu Beginn wird ein Fehler gemeldet. Je nach Fehlertyp erlaubt der Prozess eine direkte Bearbeitung, eine Zuweisung oder eine Bewertung des Fehlers. Nach erfolgter Korrektur erfolgt ein Nachtest. Stellt sich heraus, dass der Fehler erfolgreich behoben wurde, wird der Fall abgeschlossen.

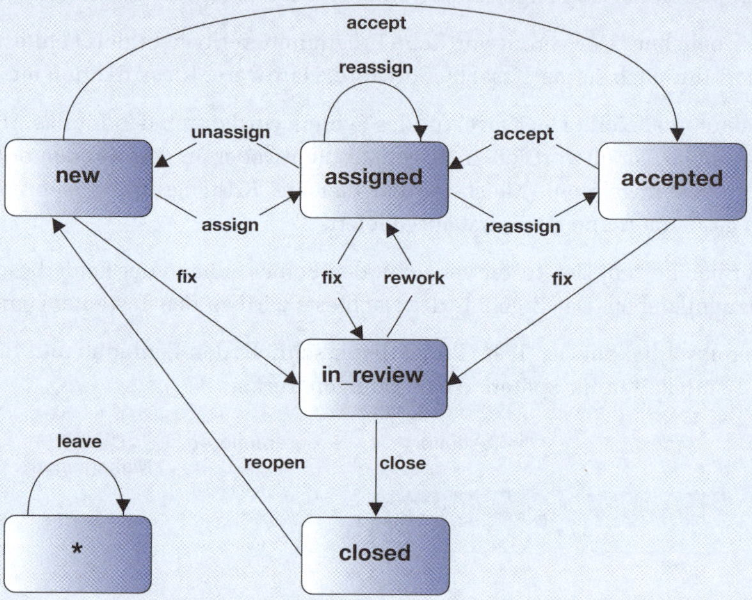

Abbildung 7.20: Fehlermanagementprozess im Projekt LiSaMe

7.7.2 Software Test Outsourcing

Traditionell sind Softwaretestaktivitäten eine reine In-House-Angelegenheit oder sie werden von Software-Herstellern in einem Entwicklungs-, Test- und Implementierungspaket angeboten. Oft stehen jedoch die dazu notwendigen Ressourcen, wie z.B. speziell geschulte und trainierte Testspezialisten, nicht zur Verfügung oder sie können nur mit sehr großem finanziellen Aufwand realisiert werden. Stehen diese Ressourcen nicht im benötigten Umfang zur Verfügung, hat das Testen oft zu wenig oder keine Priorität. Dies kann bedeuten, dass der Testprozess viel zu spät gestartet wird, wodurch die Fehlerfindungskosten weitaus höher ausfallen als im früheren Projektlebenszyklus. Wird am gut geschulten und professionellen Testpersonal gespart, ist der Testprozess oft nicht sehr effektiv. Es wird dabei kostbare Zeit für Testaktivitäten vergeudet aufgrund schlechter Testfälle, unsystematischer Vorgehensweisen oder falscher Methoden.

Software Test Outsourcing ist ein Ansatz, genau diese Probleme zu vermeiden. In vielen Köpfen ist das Auslagern von einzelnen Testaktivitäten oder ganzen Testprozessen mit hohen Kosten verbunden. Das Problem ist, dass nur relativ wenige Organisationen über einen klaren, strukturierten und standardisierten Testprozess verfügen, der es ermöglicht, konkrete Aussagen über die tatsächlichen Kosten des Testprozesses zu treffen. Es ist für viele Unternehmen demnach gar nicht möglich, potenzielle Kostenersparnisse durch das Outsourcen von Testaktivitäten festzustellen. Dies wiederum führt oft zur Annahme, dass bei einem nicht oder nur mangelhaft definierten Prozess ein Outsourcing schwierig ist und zu Problemen führt. Tatsächlich ermöglicht ein Outsourcing durch eine klare Abgrenzung der Aufwände eine genaue Ermittlung der Kosten für den Testprozess. Zudem wird es wesentlich einfacher, eine Standardisierung des Prozesses durchzusetzen und so die *Messbarkeit* und *Transparenz* zu erhöhen.

Idealerweise sollen die Kosten des Testprozesses durch ein teilweises oder vollständiges Outsourcing minimiert werden, z.B. durch eine bessere Ausnutzung von In-House-Ressourcen für eigentliche Kernthemen. Erfahrungsgemäß handeln Softwareentwickler Testaktivitäten oft als lästige Nebenbeschäftigung ab.

Dadurch entfallen aufwändige und kostenintensive Schulungen für das Testpersonal, da bei einer vielfältigen und komplexen IT-Infrastruktur oft eine Vielzahl von unterschiedlichen Fähigkeiten verlangt wird. Durch ausschließliche Konzentration auf konkrete Themenbereiche und ständige Weiterbildung in diesen Bereichen können durch Outsourcing diese notwendigen Fähigkeiten sichergestellt werden. Somit wird es möglich, praktisch zu jedem Spezialbereich in diesem Umfeld einen Spezialisten verfügbar zu haben.

7.7.3 Standards und Normen im Softwaretest

Standards und Normen spielen in Bezug auf Softwaretests eine wesentliche Rolle. Je nachdem, in welchem Umfeld (z.B. Domäne, technische Architektur, Anforderungen) der Softwaretest durchgeführt wird, sind unterschiedliche Standards und Normen relevant. Festgelegt wird in diesen Standards allerdings nur der Rahmen für Softwaretests *(„Was“)*, nicht aber deren konkrete Umsetzung *(„Wie“)*. Dennoch ist die Anwendung und Bezugnahme auf diese Dokumente notwendig, um eine Vereinheitlichung von Terminologie und Vorgehensweise im Softwaretest sicherzustellen. Da Softwaretests eine per definitionem formelle Aktivität sind und im Software-Entwicklungsprozess auch oft den Charakter eines formalen Qualitätsmeilensteins annehmen, ist eine Standardisierung erforderlich. Des Weiteren sind *Zertifizierungen* ein Grund für die fortschreitende Standardisierung und Normierung in der Disziplin des Softwaretests. Die folgenden Standards und Normen sind domänenübergreifend für den Softwaretest relevant:

1. BS 7925-2:1998. Software Component Testing
2. IEEE 610.12:1990. Standard Glossary of Software Engineering Terminology
3. IEEE 829:1998. Standard for Software Test Documentation
4. IEEE 1008:1993. Standard for Software Unit Testing

5. IEEE 1012:2004 Standard for Verification and Validation Plans
6. IEEE 1028:2008. Standard for Software Reviews and Audits
7. IEEE 1044:1993. Standard Classification for Software Anomalies
8. IEEE 1219:1998. Software Maintenance
9. ISO/IEC 2382-1:1993. Data processing – Vocabulary – Part 1: Fundamental terms
10. ISO 9000:2005. Quality Management Systems – Fundamentals and Vocabulary
11. ISO/IEC 9126-1:2001. Software Engineering – Software Product Quality – Part 1: Quality characteristics and sub-characteristics
12. ISO/IEC 12207:1995. Information Technology – Software Life Cycle Processes
13. ISO/IEC 14598-1:1999. Information Technology – Software Product Evaluation – Part 1: General Overview

Im Rahmen von Softwaretests werden auch personenbezogene Zertifizierungen für Tester immer beliebter. Testen als gesamte Disziplin wird ständig reifer und professioneller. Im Rahmen dieser Entwicklung legen immer mehr Testorganisationen Wert auf eine nachgewiesene Ausbildung zum Thema Softwaretest. Die in Europa am weitesten verbreiteten Zertifizierungsorganisationen zum Thema Softwaretest sind das ISTQB (*www.istqb.org*) (Spillner et. al., 2007) und die ISAB Software Testing der British Computer Society (*www.bcs.org*).

ZUSAMMENFASSUNG

Fragen

Integration und Test sind fundamentale Bestandteile jedes Entwicklungsprozesses. Es gibt hierbei kein festes Kochrezept für eine erfolgreiche Integration und Test. Wenn man jedoch einige Grundsätze beachtet, kann man das Risiko entscheidend reduzieren.

- Integration und Test eines Softwaresystems sind untrennbar miteinander verbunden und werden operativ auch immer gemeinsam durchgeführt – die Integrationsstrategie bestimmt den Test und umgekehrt
- Integration und Test werden im Rahmen eines Stufenmodells durchgeführt (siehe Kapitel 7.3, S. 305) – Softwaretests sind Quality Gates.
- Testen verfolgt unterschiedliche Ziele – diese müssen in jedem Projekt genau definiert werden.
- Ein vollständiger Test ist nicht möglich – Testen muss daher strategisch geplant werden.
- Frühe Integration und Tests reduzieren das Risiko von Fehlfunktionen im Betrieb und teuren Nachbesserungen.
- Testen kann nicht die Fehlerfreiheit eines Systems zeigen, sondern nur die Wahrscheinlichkeit und das Risiko von Fehlern reduzieren.

- Alle Aktivitäten des Tests müssen aktiv geplant und kontrolliert werden.
- Testautomatisierung ist nicht immer sinnvoll und nicht immer wirtschaftlich.
- Testautomatisierung ist Softwareentwicklung und muss aktiv gewartet werden.
- Die Kombination aus formellen und informellen Testmethoden ist für viele Anwendungsgebiete am effektivsten zur Fehlerfindung.
- Methoden und Werkzeuge des Softwaretests werden durch die Art des zu testenden Systems bestimmt.
- Test und Entwicklung müssen gut aufeinander abgestimmt sein, um effizient und effektiv zu durchgeführt werden zu können.

Softwaretests werden häufig organisatorisch ausgelagert bzw. im Rahmen von Outsourcing durchgeführt.

7.8 Glossar

Die folgenden Begriffe werden in diesem Kapitel verwendet. Die Beschreibungen sind an den IEEE610.12 Standard angelehnt.

Blackbox-Test: (1) Test, der die internen Mechanismen eines Systems oder einer Komponente ignoriert und dessen Fokus ausschließlich auf dem gewählten Input, dem generierten Output und dem Ausführungszustand liegt. (2) Test zur Auswertung der Einhaltung spezifizierter funktionaler Anforderungen.

Error: Ein Fehler ist die Abweichung zwischen dem berechneten, beobachteten oder gemessenen Wert oder einem Zustand der Betrachtungseinheit und dem entsprechenden spezifizierten oder theoretischen Wert.

Failure: die Unfähigkeit eines Systems oder einer Komponente zur Erfüllung der geforderten Funktionalität während der Anwendung des Systems

Instrumentierung: die Aufnahme von zusätzlichem Code in das Programm, um Informationen über Programmverhalten während der Ausführung zu erhalten, z.B. zur Messung der Code Coverage

Point of Control, PoC: Schnittstelle, über die ein Testobjekt mit Testdaten versorgt wird

Point of Observation, PoO: Schnittstelle, an der die Reaktionen und Ausgaben eines Testobjektes beobachtet und aufgezeichnet werden

Regressionstest: Tests mit dem Ziel, unerwünschte Nebenwirkungen von Änderungen zu entdecken

Re-Test: wiederholter Test nach einer Fehlerbehebung, um die korrekte Behebung festzustellen

Stub: Platzhalter, die beim Komponenten- und Integrationstest benötigt werden, um noch nicht implementierte Komponenten für die Testdurchführung zu ersetzen bzw. zu simulieren

Testobjekt: der zu testende Teil eines Systems, Subsystems oder einer Komponente. Ein Testobjekt kann eine strukturelle oder funktionale Einheit sein.

Testtreiber (Driver): Eine Softwarekomponente, die andere Softwarekomponenten aufruft und deren Ausführung kontrolliert und überwacht.

Validierung: der Prozess der Beurteilung eines Systems oder einer Komponente während oder am Ende des Entwicklungsprozesses, mit dem Ziel, festzustellen, ob die spezifizierten Anforderungen erfüllt sind

Verifikation: (1) der Prozess der Beurteilung eines Systems oder einer Komponente mit dem Ziel, festzustellen, ob die Resultate einer gegebenen Entwicklungsphase den Vorgaben für diese Phase entsprechen. (2) der formale Beweis der Korrektheit eines Programms.

Whitebox-Test: Test, der die internen Mechanismen eines Systems oder einer Komponente berücksichtigt

Zielsystem (System Under Test, SUT): das System, auf dem die Tests ausgeführt werden

Projektphasen: Inbetriebnahme, Rollout und Wartung

Autoren: Roman Trabitsch, Gerald Fischer

8

ÜBERBLICK

» Das eigentliche Programmieren eines Softwaresystems macht in modernen Softwareprojekten nur noch einen vergleichsweise kleinen Teil des Gesamtaufwandes aus. Eine umfangreiche Requirements-Analyse, die Wahl der passenden Frameworks und Entwicklungsumgebungen und umfangreiche Test- und Debugging-Phasen nehmen hingegen einen immer größer werdenden Teil im Software-Entwicklungsprozess ein. Doch wie geht es weiter, wenn das geplante Produkt letztendlich fertiggestellt wurde? Die Installation beim Kunden alleine reicht heutzutage nicht mehr aus, wie auch aus dem IEEE-Standard 12207 (2008) hervorgeht: Hier werden zwei der fünf primären Phasen des Software- **Lebenszyklus** *(Life Cycle)* als *Betrieb und Wartung* definiert (▶Abbildung 8.1). Sowohl der Betrieb, der nicht nur die Ausführung der Applikation im engeren Sinne umfasst, sondern auch sämtliche Tätigkeiten, die zur Inbetriebsetzung der Software notwendig sind, als auch die Wartung sind zwei wesentliche und meistens auch sehr *kostenintensive* Aspekte während der Lebensdauer einer Software – häufig sogar wesentlich umfangreicher als die eigentliche Initialentwicklung.

Abbildung 8.1: Primäre Phasen des Softwarelebenszyklus nach IEEE-Standard 12207 (2008)

Dieses Kapitel widmet sich diesen wesentlichen Aspekten des Software Engineering und stellt einige Sichtweisen und Erfahrungen vor, die helfen sollen, auch diese Phasen erfolgreich zu vollenden. Es gibt allerdings kein allgemein gültiges „Kochrezept", da die richtige Vorgehensweise vom jeweiligen Projekt, den **Stakeholdern**, der Art der entwickelten Software, dem Benutzerkreis, der Hardwareumgebung und vielen weiteren Details abhängt.

Zunächst wird die Bedeutung der *Integration* der Systemanwender hervorgehoben und vorgestellt, wie diese am besten in die Einführung und die Verwendung der erstellten Software eingebunden und entsprechend vorbereitet werden. Danach stehen die *Inbetriebsetzung* und der laufende *Betrieb* im Fokus. Abschließend werden *Migration* und *Wartung* diskutiert, die für den Softwarelebenszyklus von essenzieller Bedeutung sind. «

Lernziele

In diesem Kapitel werden folgende Lernziele behandelt:

- Worauf muss man bei der Einführung der erstellten Software beim Kunden achten?
- Wie werden Handbücher und andere Dokumentationen anwenderfreundlich gestaltet?
- Worauf muss bei Schulungsmaßnahmen geachtet werden?
- Was ist bei der Installation der Software wichtig?
- Warum muss ein Produkt formal abgenommen werden?
- Welche Anforderungen ergeben sich beim Betrieb der Applikation?
- Wie können ältere Applikationen und Daten in neue Umgebungen migriert werden?
- Wieso ist die Wartung ein wesentlicher Teil im Lebenszyklus eines Softwareproduktes?

8.1 Integration der Systemanwender

Für eine erfolgreiche Inbetriebnahme eines entwickelten Produktes ist die Akzeptanz seitens der Anwender des Systems von entscheidender Bedeutung. Um diese Akzeptanz zu gewährleisten, müssen die Schulungsunterlagen und Anwenderdokumentationen, wie z.B. das Benutzerhandbuch oder die Online-Hilfe, an die Bedürfnisse der Nutzer angepasst werden. Dieses Kapitel beschreibt einerseits die Anforderungen an die Anwenderdokumentation und stellt andererseits eine Reihe an Tipps zur Durchführung von Schulungen vor. Schlussendlich wird noch ein beispielhaftes Applikations-Rollout anhand des Fallbeispiels Stadt21 durchgespielt.

8.1.1 Anforderungen an die Anwenderdokumentation

Die Anwenderdokumentation einer Software hat als Zielgruppe den Endanwender dieser Software. Hierbei muss darauf geachtet werden, ob der Endanwender lediglich Benutzer der Software ist oder diese auch installieren muss. In maßgeschneiderten Produkten, die üblicherweise Ergebnisse eines Software-Entwicklungsprojektes sind, trifft meistens Ersteres zu. Letzteres trifft eher auf Standardprodukte zu, die eine sehr große Nutzergruppe haben. Daraus lässt sich folgern, dass in einem normalen Software-Entwicklungsprojekt die Inbetriebnahme der Software im Rahmen des Projektes entweder durch Mitglieder des Projektteams selber oder durch die Mitarbeiter der IT-Abteilung des Kunden – oft in Zusammenarbeit mit dem Projektteam – durchgeführt wird. Ob eine *technische Dokumentation*, die normalerweise nicht Teil der Anwenderdokumentation ist, erforderlich ist, hängt stark vom jeweiligen Projekt und den zugehörigen Wartungsverträgen ab. Beachten Sie aber, dass es sich hierbei um eine technische Dokumentation für den Kunden handelt, eine *interne* technische Dokumentation für das Entwicklungsteam sollte in jedem Fall geführt werden, um Wartungs- und Weiterentwicklungsarbeiten auch nach längerer Zeit sinnvoll durchführen zu können.

Bei der *Anwenderdokumentation* ist der wichtigste Aspekt ein zielgruppenorientiertes Verfassen der Dokumentation. Die Dokumentation erfüllt üblicherweise zwei wichtige Funktionen für den Benutzer der Software. Einerseits stellt sie eine Einführung in den Leistungsumfang der Software dar, andererseits dient sie als Nachschlagewerk für spezielle Funktionen. Die Dokumentation sollte sich demnach immer an den anwendungsspezifischen Modulen und nicht am technischen Aufbau der Software orientieren. Innerhalb der einzelnen Module sollte der **Workflow** des Programms aufgezeigt werden, um die Vorgehensweisen möglichst verständlich darzustellen. Zur Verbesserung der Verständlichkeit sollte auch der Beispielanteil bei wenigstens 30% liegen und *Screenshots* sollten sinnvoll eingesetzt werden, so dass der Text aufgelockert und die vorgestellte Funktionalität dem Benutzer verdeutlicht wird.

Abgesehen von sehr kleinen Produkten sollte eine Software nicht von heute auf morgen beim Kunden eingeführt werden, sondern vielmehr als stetiger Prozess mit einem **Probebetrieb**, wodurch die Gewöhnung an das neue Softwarepaket erleichtert, die Akzeptanz erheblich verbessert und erstes Feedback vom Kunden bereits eingearbeitet werden kann. Danach kommt es häufig zu Weiterentwicklungen der Software oder zumindest zu Fehlerbehebungen, so dass die Dokumentation an Updates der Software regelmäßig angepasst und auch beim **Change Management** berücksichtigt werden sollte. Diese in regelmäßigen Abständen an neue Funktionalitäten angepasste Dokumentation sollte dem Benutzer zur Verfügung gestellt werden, wobei dies nicht nur für Online-Hilfen oder Hilfe-Funktionen innerhalb der Applikation, sondern auch für gedruckte Benutzerhandbücher gilt.

8.1.2 Planung und Durchführung von Schulungsmaßnahmen

Neben dem Bereitstellen von reinen Dokumentationsmaterialen sind bei der Einführung von neuen Softwareprodukten meistens Schulungsmaßnahmen für die Endnutzer erforderlich. Der Umfang dieser Schulungsmaßnahmen hängt einerseits vom Umfang der entwickelten Software und andererseits vom Benutzerkreis ab. Wie viele und welche verschiedenen *Nutzergruppen* es gibt, hängt wiederum von der Software ab, meistens gibt es aber zumindest „Standard"-Benutzer und Administratoren. Wichtig für die Schulung ist, dass diese Gruppen unterschiedliche Funktionen der Software verwenden und verschiedene *Berechtigungen* innerhalb der Applikation haben. Dies muss bei den Schulungsmaßnahmen unbedingt berücksichtigt werden!

Es kann sich negativ auf die Akzeptanz auswirken, wenn dem Benutzer Teilaspekte der Applikation erklärt werden, die nicht in seinem Fachbereich liegen, er somit nicht benötigt und oft auch nicht versteht, was schnell zu geringer Akzeptanz des neuen Systems führen kann.

Nachdem die benötigten Benutzergruppen identifiziert wurden, muss ein *Schulungskonzept* für jede dieser Gruppen entworfen werden. Dabei macht es Sinn, Basisfunktionalitäten der Software, die in mehreren Gruppen verwendet werden, zu extrahieren und in einem Schulungskonzept und -unterlagen zusammenzufassen. Je nach Umfang der Gemeinsamkeiten und der Unterschiede können die Schulungen auch als aufeinander aufbauende *Schulungsmodule* konzipiert werden.

Das Ziel ist es, den Benutzern der jeweiligen Gruppen den von ihnen benötigten Teil möglichst praxisnah zu vermitteln, wobei Schulungen im Idealfall von professionellen Trainern durchzuführen sind. Dabei müssen diese Trainer allerdings zunächst intensiv geschult werden. Bei der Konzeption der Schulungen sollte darauf geachtet werden, dass die Schulungen keine statischen Vorträge sind, sondern *interaktive Übungen* beinhalten, die die Teilnehmer einbinden und nach Theorieblöcken den vorgestellten Stoff vertiefen. Es ist auch wichtig, regelmäßige Pausen in die Schulung mit einzuplanen, da die Aufnahmefähigkeit sonst stark nachlässt und letztendlich nur wenig Wissen aufgenommen werden kann.

Um *Interaktivität* zu ermöglichen, sollten die Schulungsgruppen möglichst klein sein (nicht mehr als zehn Teilnehmer pro Gruppe). Dies vereinfacht es den Trainern, sich an die persönlichen Vorkenntnisse und speziellen Anforderungen der Teilnehmer anzupassen. Schlussendlich sollte das *Schulungsmaterial* an das jeweilige Schulungskonzept angepasst und nicht eine umfangreiche Schulungsmappe für alle Gruppen ausgegeben werden.

Aufgabe – Schulungskonzept Wählen Sie ein Szenario aus der Szenariosammlung der CWS und überlegen Sie sich dafür ein Schulungskonzept für die Einführung der Applikation.

Daten

8.1.3 Szenario: Applikations-Rollout

Dieses Kapitel widmet sich einem Kernthema der Inbetriebnahme, nämlich dem **Rollout** der Applikation. Es wird zuerst erläutert, worauf bei der Durchführung des Rollouts geachtet werden sollte, und dann exemplarisch aufgezeigt, wie beim Fallbeispiel *Stadt21* konkret vorgegangen wurde.

Eine zentrale Anforderung an das Rollout einer Software, die den Arbeitsablauf der Mitarbeiter maßgeblich beeinflusst, ist eine fließende Einführung. Ein „Big Bang" ist zu vermeiden, bei dem von heute auf morgen gewohnte Arbeitsprozesse durch neue Software ersetzt werden. Es sollte vielmehr noch während der Entwicklungsphase ein *Testbetrieb* mit einer kleinen repräsentativen Benutzergruppe gestartet werden, um schon einen ersten Eindruck von der Software zu vermitteln und wertvolles Feedback für die Implementierung zu erhalten. Hierbei sollte jedoch unbedingt darauf geachtet werden, dass die Änderungswünsche nicht den **Project Scope** überschreiten. Deswegen sollte die Benutzergruppe auch so gewählt werden, dass diese einen guten Überblick über die benötigten Funktionen für die Unterstützung des Arbeitsablaufes besitzen.

Nach der Fertigstellung des Produktes sollte nach einer umfangreichen Schulung mit allen Benutzern im Idealfall ein Parallelbetrieb gestartet werden. Erst nachdem die Benutzer sich an die neue Software gewöhnt haben und eine Grundakzeptanz hergestellt werden konnte, sollten noch offene Migrationsschritte durchgeführt und die Applikation vollständig produktiv verwendet werden.

Fallstudie **Rollout in Stadt21**

Das Projekt Stadt21 hatte eine Gesamtprojektdauer von etwa 18 Monaten, bevor das Produkt in den Lastbetrieb ging (siehe ▶Abbildung 8.2). Nach etwa 12 Monaten wurde ein erster Testbetrieb mit etwa zehn Benutzern durchgeführt. Hierbei wurde ausschließlich mit Testdaten gearbeitet, wobei den Benutzern bewusst war, dass sie eine Entwicklungsversion verwendeten. Während des Testbetriebs wurden regelmäßig Anregungen über Änderungen oder Verbesserungen von Teilen der Applikation an das Projektteam übermittelt. Diese Anregungen wurden in den *Change-Management-Prozess* aufgenommen und bewertet. Sinnvolle Änderungen wurden anschließend in den Entwicklungsprozess aufgenommen.

Nach etwa vier Monaten wurde eine *Informationsveranstaltung* durchgeführt, an der alle Mitarbeiter freiwillig teilnehmen und sich einen ersten Eindruck von der Applikation und der geplanten Integration in den Arbeitsablauf verschaffen konnten. Hierbei handelte es sich nicht ausschließlich um einen statischen Vortrag; es konnten auch Fragen zur späteren Verwendung gestellt werden. Etwa drei Wochen später wurde mit den Schulungen begonnen und die Applikation in den Echtbetrieb gestellt, jedoch noch auf freiwilliger Basis. Einen weiteren Monat später wurden das Postverwaltungs- und das Anliegenmodul verpflichtend eingesetzt. Seitdem werden schrittweise immer mehr Prozesse umgesetzt und verpflichtend durchgeführt.

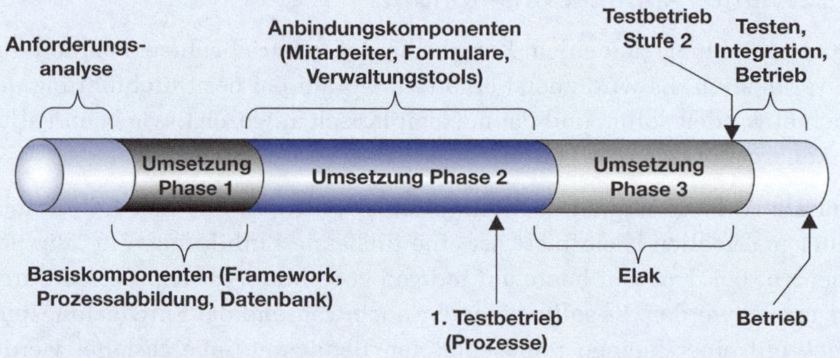

Abbildung 8.2: Frühe zeitliche Planung in Stadt21

8.2 Inbetriebsetzung und laufender Betrieb

Dieses Kapitel widmet sich der Inbetriebsetzung und dem Betrieb von selbst entwickelter Software in der eigenen Betriebslandschaft. Es wird nicht darauf eingegangen, wie eine Software in eine große Betriebslandschaft oder in ein spezialisiertes Rechenzentrum integriert wird, da es hier üblicherweise definierte Vorgehensweisen seitens des Betreibers gibt.

Definition Inbetriebsetzung

Inbetriebsetzung ist die Gesamtheit der Maßnahmen, die zur erstmaligen Funktionsübernahme von Komponenten und Systemen an deren endgültigen Aufstellungsorten notwendig sind (KTA, 1996, S. 3).

Eine Definition für die Betriebs- und Wartungsphase ist dem IEEE-Standard 610 (1990) zu entnehmen:

Definition Betriebs- und Wartungsphase

Operation and maintenance phase: „The period of time in the software life cycle during which a software product is employed in its operational environment, monitored for satisfactory performance, and modified as necessary to correct problems or to respond to changing requirements."

Für den Software-Entwicklungsbereich, vor allem bei Individual-Software, bedeutet dies, dass die Software nicht einfach nur an den Kunden geschickt wird. In diesem Kapitel wird nun vorgestellt, worauf bei einer Inbetriebsetzung im Detail geachtet werden muss, wie eine Software formal abgenommen wird und was beim laufenden Betrieb zu beachten ist. Schlussendlich wird noch eine kleine „Minimal-Checkliste" für den Betrieb angegeben.

8.2.1 Planung, Installation und Integration

Die Installation der entwickelten Software kann, abhängig von der benötigten Software- und Hardwarelandschaft, mit wenig bis sehr viel Aufwand verbunden sein. Das Wichtigste dabei ist, dass der gesamte Inbetriebsetzungsprozess im Vorhinein geplant und alle benötigten Schritte vor der Durchführung definiert und von allen relevanten Stakeholdern akzeptiert werden. Dies ist vor allem bei komplexen Systemen mit vielen Stakeholdern sehr wichtig, da es sonst zu Problemen bei der formalen Abnahme kommen kann (siehe auch Kapitel 8.2.2, S. 356).

Welche Schritte im Detail durchzuführen sind, hängt sehr stark vom jeweiligen Projekt ab. Allerdings müssen zentrale Fragen geklärt werden, die bei der Planung der meisten Inbetriebsetzungen zu klären sind.

- Gibt es eine eigene Maschine für die Applikation oder läuft sie auf einem Rechner gemeinsam mit anderen Applikationen?
- Gibt es eine eigene Datenbank für die Applikation oder wird eine bestehende verwendet?
- Welche Systemgrenzen hat die Applikation und über welche Interfaces wird von bzw. auf die Applikation zugegriffen?

- Müssen Fremdsysteme oder Bibliotheken in das eigene System integriert werden?
- Wer ist für die Installation der Software, die Einrichtung der Datenbank, die Bereitstellung der benötigten Hard- und Software, die Einrichtung von Benutzerkonten etc. verantwortlich?
- Wer nimmt die Software formal ab, sowohl auf technischer als auch auf inhaltlicher Basis?
- In welcher Form werden Integrationstests durchgeführt? Wer führt diese durch?
- Wer erstellt die Betriebshandbücher und in welcher Form werden diese zur Verfügung gestellt?
- Wann beginnt der Betrieb?

Bei der Inbetriebsetzung handelt es sich um eine eigene *iterative* Phase der Projektplanung. Es kann also durchaus notwendig sein, getroffene Annahmen zu revidieren. Dies darf allerdings nur innerhalb eines formalen **Change-Prozesses** durchgeführt werden, um die Abnahme nicht zu gefährden. Gerade bei der Zeitplanung sollte auch auf die iterative Natur der Inbetriebnahme Rücksicht genommen werden. Es sollte dabei eingeplant werden, dass die Software in der ersten Iteration nicht abgenommen wird, weil beispielsweise die Integrationstests fehlschlagen.

Daten

Aufgabe – Inbetriebsetzung Wählen Sie ein Szenario aus der Szenariosammlung der CWS und überlegen Sie sich, welche Punkte wichtig sind bzw. welche Punkte noch geklärt werden müssen, um eine erfolgreiche Inbetriebsetzung zu planen.

8.2.2 Abnahme komplexer Systeme

Je komplexer ein System ist, umso schwieriger wird die Überprüfung, ob es vollständig abgeschlossen wurde. Um ein Entwicklungsprojekt für ein System zu einem erfolgreichen Abschluss zu bringen, ist eine formale Produktabnahme notwendig. Während bei einfachen Systemen eine einmalige Abnahme ausreicht, sollte bei umfangreichen Systemen die Abnahme generell mehrstufig erfolgen.

Die wichtigste Basis für eine Abnahme ist eine vollständige *Spezifikation* aller Teile des entwickelten Systems. Es muss genau definiert werden, was zu welchem Zeitpunkt abgenommen wird und welche Testfälle erfolgreich verlaufen müssen, um der Spezifikation zu genügen. Die Abnahme geschieht üblicherweise durch mehrere **Stakeholder**, um die Interessen aller Stakeholder zu wahren und Fehler zu vermeiden. Die Abnahme muss nachvollziehbar durchgeführt und genau dokumentiert werden, so dass sie auch einer *Revision* unterzogen werden kann. Daraus folgt, dass auch ein Prozess zur Revision von bereits abgenommenen Teilen definiert werden muss.

Die Abnahme sollte auch im Cost und Time Management entsprechend eingeplant und in die jeweiligen Controlling-Prozesse aufgenommen werden. So muss genau geplant werden, zu welchem Zeitpunkt welche Ausbaustufe welchen Moduls abgenommen wird. Diese Abnahme benötigt Zeit und verursacht Aufwände, die vom Projektmanagement einzuplanen sind.

Die Abnahme erfolgt auf drei verschiedenen Ebenen. Einerseits muss sie auf *technischer Basis* erfolgen. Das bedeutet, dass Entwicklertests und Funktionstests auf dem Zielsystem zufriedenstellend durchgeführt wurden und die Lauffähigkeit des Systems somit bestätigt ist. Zweitens muss sie auf *inhaltlicher Ebene* durchgeführt werden. Dies umfasst beispielsweise **Blackbox-Tests** und **Benutzer-Akzeptanz-Tests** *(User Acceptance Tests)*; kurz alle Maßnahmen, die sicherstellen, dass die Nutzer nicht nur ein technisch einwandfreies System erhalten, sondern auch genau das System, das sie erwarten. Drittens müssen *Integrationstests* mit bereits abgenommenen oder gleichzeitig abzunehmenden Systemteilen durchgeführt werden, um die korrekte Zusammenarbeit der einzelnen Module zu gewährleisten. Dies ist auch bei *Updates* von bereits im Betrieb befindlichen Systemteilen oder Frameworks wichtig, da solche Updates sehr oft unerwartete Nebeneffekte haben, die bereits funktionierende Systeme beeinflussen, ohne dass diese selbst sich geändert haben.

8.2.3 Überwachung und Optimierung

Die Überwachung von laufenden Applikationen ist eine wichtige Aufgabe im laufenden Betrieb von Applikationen. Es muss überprüft werden, ob ein Service noch erreichbar ist und seine Aufgabe ausreichend erfüllt, damit bei einem Ausfall möglichst schnell reagiert und das Service wieder zur Verfügung gestellt werden kann. Dies dient außerdem als internes Qualitäts-**Benchmark**. Dabei werden Verfügbarkeiten und Antwortzeiten gemessen, so dass daraus gefolgert werden kann, wie „gut“ eine Applikation läuft. Oft hat dies aber nicht nur eine interne Motivation, sondern es ist eine notwendige Maßnahme zur Überprüfung, ob eine vereinbarte **Dienstgütevereinbarung** (*Service Level Agreement, SLA*) eingehalten wird. In diesen SLAs werden u.a. Kriterien zur Einhaltung einiger nichtfunktionaler Anforderungen an die Applikation festgehalten. So kann es beispielsweise Anforderungen an die Erreichbarkeit außerhalb von Wartungsfenstern, an die Reaktionszeit im Lastbetrieb oder an die erzeugte Netzlast pro Benutzer geben. Alle diese Anforderungen müssen gemessen werden, um zu überprüfen, ob sie eingehalten werden.

Neben der Überwachung von Services ist auch die *Optimierung* der laufenden Services eine Aufgabe im Betrieb. Die einfachste Art der Optimierung ist das Zusammenlegen von Services auf einen Rechner. Dies führt zu Einsparungen, da weniger Server benötigt werden, um alle Applikationen laufen zu lassen. Der Nachteil dabei ist allerdings, dass jedes einzelne Service dann weniger Hardwarekapazität zur Verfügung hat. Es muss also überprüft werden, welche Services zusammengelegt werden können, ohne die *Performance* der einzelnen Services über ein tolerables Maß hinaus zu beeinflussen. Neben Performance-Einbußen kann es aber auch zu einer erhöhten *Fehleranfälligkeit* auf Grund einer Zusammenlegung kommen. So würde der Ausfall eines Rechners zum Ausfall mehrerer Systeme führen oder ein unentdeckter Fehler in einer Applikation könnte auch andere Applikationen auf demselben Server beeinflussen. Daraus lässt sich folgern, dass es eine Kernaufgabe im Betrieb sein muss, ungenutzte Kapazitäten zu identifizieren und nutzbar zu machen. Es muss demnach überprüft werden, welche Rechner nicht ausgelastet sind, ob noch alte ungenutzte Services laufen etc. Basierend auf diesen Kenntnissen können aktive Services zusammengelegt werden.

8.2.4 Checkliste: Betrieb „light"

Nachfolgende Checkliste gibt einen Überblick über wichtige Aspekte beim Betrieb eines oder mehrerer Services.

- Sind die Antwortzeiten akzeptabel?
- Ist die Verfügbarkeit ausreichend?
- Entspricht das Verhalten der Applikation den Erwartungen?
- Ist das SLA allgemein erfüllbar?
- Welche Backup-Strategie und Wiederherstellungsmöglichkeiten gibt es?
- Ist eine Redundanz und/oder ein **Load Balancing** notwendig?
- Ist genügend Personal vorhanden?
- Was für Auswirkungen hat der Ausfall einer Maschine?
- Gibt es **Single Point of Failures** (SPOFs)?

8.3 Migration von existierenden Systemteilen und Daten

Es gibt wohl kaum eine andere Branche, in der erstellte Produkte so schnell veralten wie im IT-Bereich. Dabei veraltet nicht nur die Software schnell, auch die verwendete Hardware wird ständig weiterentwickelt. Nun kommt es also bei langfristig genutzten Applikationen regelmäßig vor, dass diese an die geänderten Bedürfnisse angepasst werden müssen. Diese Umstellung darf allerdings nicht den laufenden Betrieb stören, da die Software noch intensiv genutzt wird, wenn der Bedarf für ein Update gegeben ist. *Ziel* der Migration ist es, ein Produkt oder zumindest Teile davon einer Überholung zu unterziehen und auf den modernsten Stand der Technik, beispielsweise bezüglich Performance, Durchsatz oder Flexibilität der Weiterentwicklungsmöglichkeiten, zu bringen. Hierbei sollen allerdings so wenige Änderungen wie möglich durchgeführt werden, um die Fehlergefahr zu minimieren.

Dieses Kapitel definiert die Migration, grenzt sie von der Integration ab und stellt anschließend einige Strategien vor, mit denen eine Migration möglichst reibungsfrei ablaufen kann. Dabei soll betont werden, dass eine Migration in den meisten Fällen mit einem hohen Aufwand verbunden ist.

8.3.1 Migration vs. Integration

In der Informationstechnologie wird unter Migration verstanden:

- Der Umstieg (eines Teils) einer eingesetzten Software (Softwaremigration)
- Der Transfer von Daten von einem System in ein anderes (Datenmigration)
- Die Umstellung der verwendeten Hardware (Hardwaremigration)

Bei all diesen Prozessen kann es zu Problemen aufgrund der veränderten Rahmenbedingungen kommen; eine Migration muss daher einem geordneten Verfahren unterliegen, um unerwartete Seiteneffekte zu verhindern und den laufenden Betrieb während der Umstellung nicht zu gefährden.

Bei einer Integration handelt es sich hingegen um den Prozess, Daten, die aus verschiedenen Quellen stammen – und meistens unterschiedliche Qualität und Formatierung aufweisen –, in dieselbe Applikation zu integrieren. Dies kann entweder auf *physische Art* (die Daten werden tatsächlich in eine gemeinsame Datenbank kopiert) oder auf *logische Art* (die Daten bleiben bei den Quellen und werden bei Abruf konvertiert) erfolgen. Die Integration ist auch sehr eng mit der Testphase verbunden, wie in Kapitel 7 näher erläutert.

Aufgabe – Migration Stellen Sie sich vor, Sie würden eine ungefähr 20 Jahre alte Applikation innerhalb einer großen Firma betreiben. Es wurde festgestellt, dass sich im Laufe der Zeit einige der Anforderungen an die Applikation geändert haben. Überlegen Sie sich, welche Probleme entstehen könnten, wenn Sie die Software so weit modifizieren, dass sie den geänderten Anforderungen genügt. Stellen Sie dem gegenüber, welche Probleme auftreten können, wenn Sie die Software komplett neu entwickeln würden.

WWW.PEARSON-STUDIUM.DE CWS COMPANION WEBSITE Daten

8.3.2 Migrations- und Integrationsstrategien

Dieses Kapitel stellt einige Strategien zur erfolgreichen Migration und Integration von Software und/oder Daten vor.

Chicken Little und Cold Turkey

Diese beiden Migrationsstrategien wurden Mitte der 90er Jahre als zwei Vorgehensweisen zur Umstellung von veralteter, umfangreicher, aber essenzieller Software vorgestellt, wobei jeweils ein gegensätzlicher Ansatzpunkt verwendet wird.

Die *Chicken-Little-Strategie* versucht, eine Migration inkrementell umzusetzen. Über mehrere kleine Schritte wird versucht, die Migration überschaubar durchzuführen, wobei immer mehr Teile der ursprünglichen Applikation angepasst werden, bis schlussendlich das Gesamtsystem migriert wurde. Diese Methode kann durch eine „Vorwärtsmigration" (*forward migration*) umgesetzt werden, bei der die Datenbank vor den eigentlichen Applikationen migriert wird und die alten Applikationen zeitweise schon auf der neuen migrierten Datenbank, gekapselt durch sogenannte *forward database gateways*, operieren. Alternativ kann sie auch durch eine „Rückwärtsmigration" (*reverse migration*) umgesetzt werden, in der zuerst die Applikationen migriert werden, die noch über *reverse database gateways* auf dem alten Datenstand arbeiten. Erst am Ende wird die eigentliche Datenbasis migriert. Diese Gateways dienen als Schnittstellen zwischen alten, noch nicht modifizierten und bereits angepassten Teilen der Applikation.

Bei der *Cold-Turkey-Strategie* handelt es sich hingegen nicht um eine inkrementelle Umsetzung, sondern um eine parallele Komplettentwicklung des neuen Systems. Es werden im Zuge eines sogenannten Big Bang das komplette System und der Datenbestand auf einmal umgestellt. So eine Umsetzung kann sehr zeitaufwändig und schwierig zu überblicken sein, was ein nicht unerhebliches Risiko darstellt. Der Vorteil ist jedoch, dass keine Gateways entwickelt werden müssen und es zu keinerlei Parallelbetrieb von Alt- und Neusystem kommt.

Extract, Transform, Load

Beim sogenannten ETL-Prozess (*Extract, Transform, Load*) handelt es sich um einen der ältesten in Verwendung befindlichen Datenintegrationsprozess in der Informatik, der ursprünglich aus dem **Data Warehousing** stammt (siehe ▶Abbildung 8.3). Das Ziel des Prozesses ist es, heterogen strukturierte Daten aus unterschiedlichen Quellen zusammenzuführen und gemeinsam zur Verfügung zu stellen.

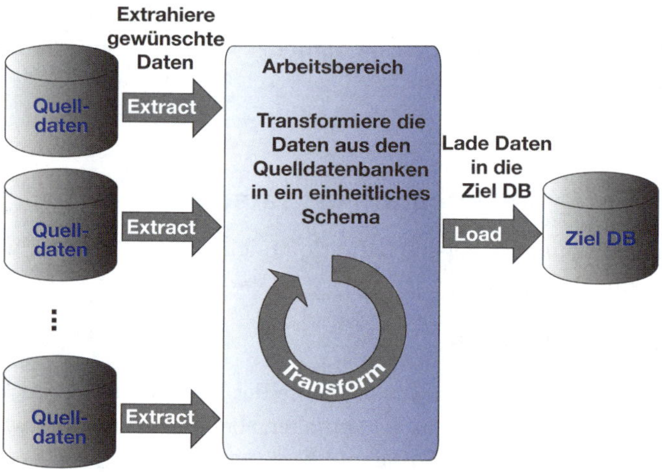

Abbildung 8.3: Datenfluss in ETL

Im *Extraktionsschritt* werden zunächst Teile der Daten aus den Quellbereichen in den Arbeitsbereich geladen. Die Extraktion kann entweder synchron oder asynchron mit den Quellen erfolgen. Nachdem die Daten extrahiert wurden, müssen sie im Arbeitsbereich transformiert werden. Das Ziel ist es, sämtliche Daten für das Laden in die Zieldatenbank vorzubereiten. Das bedeutet, dass die Schemen der Quellen an das Zielschema angepasst, die Datentypen vereinheitlicht, Duplikate entfernt werden müssen etc. Sobald die Daten vorbereitet wurden, werden sie in die Zieldatenbank geladen, was üblicherweise sehr schnell gehen sollte, um die Datenintegrität nicht zu gefährden. Die Hauptarbeit wird daher im Arbeitsbereich getätigt.

Enterprise Application Integration

Enterprise Application Integration (EAI) ist eine IT-Infrastruktur in Form einer Middleware, die der Integration mehrerer IT-Systeme untereinander dient. Sie umfasst neben Daten- und Applikationsintegration auch eine Prozessintegration der verwendeten Applikationen. Eine Kernfunktionalität von EAI ist, dass die integrierten Applikationen nicht adaptiert werden müssen. Sämtliche Schnittstellen der Applikationen werden mittels *Adaptern* bei der Middleware abgebildet.

Einen ähnlichen Ansatz bietet die *Service Oriented Architecture* (SOA), die als Weiterentwicklung von EAI angesehen werden kann, jedoch strengere Anforderungen an das Design der verwendeten Applikationen stellt.

8.4 Softwarewartung

Definition Wartung

Nach dem IEEE-Standard 610 (1990) wird Wartung wie folgt definiert:

(1) „The process of modifying a software system or component after delivery to correct faults, improve performance or other attributes, or adapt to a changed environment."

(2) „The process of retaining a hardware system or component in, or restoring it to, a state in which it can perform its required functions."

Unter *Softwarewartung* versteht man sämtliche Änderungen einer Software, die die Fehlerbehebung, die Verbesserung des Laufzeitverhaltens oder die Anpassung an eine geänderte Umgebung betreffen. Hierunter fallen beispielsweise auch Änderungen, die notwendig werden, weil ein Update eines der zur Entwicklung verwendeten Frameworks vorgenommen wurde. Es muss allerdings eine klare Abgrenzung zur Weiterentwicklung vorgenommen werden: Bei der Wartung wird der funktionale Zustand der Software *nicht* verändert. Das bedeutet, dass sich der inhaltliche Umfang der Software nicht ändert, lediglich die technische Realisierung wird auf einen neuen Stand gebracht. Auslöser für Wartungsarbeiten können gefundene Fehler während des Betriebes sein, Updates einer verwendeten Komponente aufgrund von aufgedeckten Sicherheitslücken, Optimierungen aufgrund von Performance-Problemen, beispielsweise durch stark gestiegene Nutzerzahlen, oder vieles mehr.

Jede erfolgreiche, lang eingesetzte Applikation wird im Laufe ihres **Lebenszyklus** (*Life Cycle*) mehrere Wartungsphasen durchlaufen und gravierenden Änderungen unterzogen. Der hierbei entstehende zeitliche und kostentechnische Aufwand ist nicht selten bedeutend höher als der Aufwand für die ursprüngliche Entwicklung der Software; der Wartung kommt folglich der überwiegende Teil des Lebenszyklus von Applikationen zu. Dies geschieht allerdings meistens zusätzlich zu Weiterentwicklungen, die die inhaltliche Komponente der Software optimieren und dabei entweder den Funktionsumfang oder die Bedienung der vorhandenen Funktionen verbessern sollen.

Ähnlich wie beim Betrieb muss das Ausmaß der pauschal durchgeführten Wartungsarbeiten in *Service Level Agreements* ausverhandelt und festgehalten werden. Umfassende Wartungsaktivitäten werden oftmals gesondert in einem eigenen Projekt durchgeführt. Die Wartungstätigkeit beschränkt sich dabei nicht nur auf den Quellcode des Softwaresystems. Alle wartungsrelevanten Artefakte sind als *Wartungsobjekte* qualifiziert. Diese umfassen zum Beispiel den Quellcode der individuellen Komponenten, Standardkomponenten/Konfiguration der Standardkomponenten, das Datenmodell und die Daten, Analysemodelle, Geschäftsprozesse, Geschäftsregeln und insbesondere die Dokumentation (etwa Analysedokumentation und Endanwenderdokumentation).

Erfolgreiche Wartung beginnt schon bei der Analyse der Erstimplementierung. Softwaresysteme bestehen immer aus festen und dynamischeren Systemanteilen. Dynamische Systemanteile sind komplexer in der Erstimplementierung, lassen sich dann jedoch oftmals leichter konfigurieren oder anpassen und reduzieren dann idealerweise den Wartungsaufwand. Die Entscheidung, wie fest oder dynamisch ein Systemanteil entworfen wird, muss bei der Analyse getroffen werden. Wenn man die Variabilität an den richtigen Stellen zulässt, erhält man ein funktionales Gesamtsystem, das bezüglich der zukünftigen Wartung optimal ausgerichtet ist.

Wenn sich jedoch im Laufe des Lebenszyklus eines Softwaresystems die Anforderungen an die Dynamik einer Systemfunktion ändern oder verschieben, kann dies eine substanzielle *präventive Restrukturierung* des Softwaresystems erforderlich machen. Dies geschieht, um den zukünftigen Wartungsaufwand so gering wie möglich zu halten.

8.4.1 Wartungstypen

Der IEEE-Standard 14764 (2006) definiert vier verschiedene Arten von Wartungsmaßnahmen, abhängig von der Ursache, die für die Durchführung dieser Maßnahmen verantwortlich ist.

- Korrektive Wartung (*corrective maintenance*): entspricht allen Wartungstätigkeiten, die durchgeführt werden, um einen oder mehrere aufgetretene Fehler auszubessern, um die vereinbarten Anforderungen wieder gewährleisten zu können. Fehler können Abweichungen von der spezifizierten Funktionalität oder eine Nicht-Erfüllung des vereinbarten SLA sein.
- Präventive Wartung (*preventive maintenance*): entspricht Wartungstätigkeiten, die durchgeführt werden, um Fehler im Produktionsbetrieb zu verhindern, bevor diese auftreten können. Ein bekanntes Beispiel war die Vorbereitung einer Vielzahl von Applikationen auf den sogenannten „Y2K Bug“, bei denen diese so weit verändert wurden, dass sie vierstellige Jahreszahlen in Datumsfeldern verarbeiten konnten anstatt der früher häufig verwendeten zweistelligen Jahreszahlen.
- Adaptive Wartung (*adaptive maintenance*): entspricht Wartungstätigkeiten, die durchgeführt werden, um eine Applikation an eine geänderte Umgebung anzupassen. Dies kann sowohl eine Änderung der Software sein, mit der die Applikation zusammenarbeitet, als auch eine Änderung der Hardware, auf der die Applikation läuft.

- Perfektionierende Wartung (*perfective maintenance*): entspricht Wartungstätigkeiten, die durchgeführt werden, um eine Applikation zu verbessern. Diese Verbesserung kann sehr unterschiedlicher Natur sein, beispielsweise in der Benutzerführung, in der Performance, in der Wartbarkeit, im Speicherverbrauch etc.

8.4.2 Wartungsprozesse

Neben den verschiedenen Arten der Wartung werden im IEEE-Standard 14764 (2006) auch sechs Prozesse definiert, nach denen die Wartungsarbeiten durchgeführt werden. ▶Abbildung 8.4 zeigt, wie diese Prozesse zusammenhängen.

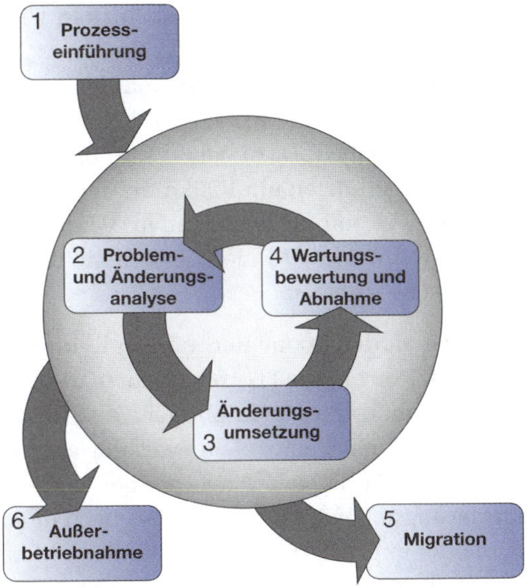

Abbildung 8.4: Prozesse in der Wartung

- Prozesseinführung (*process implementation*): Bei diesem Prozess werden sämtliche Pläne, darunter auch der Wartungsplan (*maintenance plan*), und Vorgehensweisen während der Wartung an sich definiert.
- Problem- und Änderungsanalyse (*problem and modification analysis*): Dieser iterative Prozess wird jedes Mal durchgeführt, wenn eine Wartungsphase gestartet wird. Dies geschieht üblicherweise durch einen gewährten Änderungsantrag (*change request*). Während dieses Prozesses erfolgt eine Analyse des aufgetretenen Problems, Änderungsmöglichkeiten werden entwickelt und eine davon wird ausgewählt.
- Änderungsumsetzung (*modification implementation*): Dieser Prozess findet nach der Problem- und Änderungsanalyse statt und führt die gewählte Änderung durch.
- Wartungsbewertung und Abnahme (*maintenance review/acceptance*): Dieser Prozess bewertet die in der Änderungsumsetzung durchgeführten Änderungen. Es wird überprüft, ob die Änderungen korrekt durchgeführt wurden und das Problem behoben werden konnte. Sobald die Änderungen abgeschlossen wurden, müssen sie im Zuge dieses Prozesses auch in den Produktivbetrieb übernommen werden.

- Migration (*migration*): Dieser Prozess dient dazu, eine Applikation von ihrer bisherigen Umgebung in eine geänderte Umgebung zu transferieren und sämtliche Änderungen durchzuführen, die für den Betrieb in der neuen Umgebung notwendig sind (siehe Kapitel 8.3, S. 358) für mehr Informationen.
- Außerbetriebnahme (*retirement*): Dieser Prozess umfasst alle Maßnahmen, die dazu dienen, den Betrieb einer Applikation einzustellen.

8.4.3 Softwarewartung als Investitionsschutz

Software (Individual- und Standard-Software) und alle weiteren Wartungsobjekte stellen einen zentralen wirtschaftlich-strategischen Wert für ein Unternehmen dar. Damit ist auch die Verantwortung zur *Investitionssicherung* für dieses Asset gegeben. Genauso wie bei Gebäuden kann man entweder nur das Notwendige investieren, um den Status quo aufrechtzuerhalten, oder aber, um die Investition langfristig zu sichern, auch *substanzielle (adaptive) Wartung* betreiben. Dazu gehört z.B. der Austausch von Standardkomponenten, falls die derzeit genutzten ein Risiko für den langfristigen Lebenszyklus des Gesamtsystems darstellen. Komplexere adaptive Wartung ist zwar oftmals mit einem erhöhten Aufwand verbunden, wird diese jedoch nicht durchgeführt, so werden die langfristigen Kosten diese übersteigen.

Oftmals ist ein Mix von Standardkomponenten und Individualsoftware *IT-strategisch und wirtschaftlich* begründet. Sowohl die IT-strategischen als auch die wirtschaftlichen Bewertungen ändern sich im Laufe eines mehrjährigen Lebenszyklus eines Softwaresystems. Dadurch ist es erforderlich, nach einer Neubewertung auch die notwendigen Maßnahmen zum Investitionsschutz zu tätigen. Auch hierbei handelt es sich um teilweise umfangreiche Restrukturierungsmaßnahmen (z.B. Austausch einer Individual-Software gegen Standard-Software oder eine Migration des Datenbank-Managementsystems), die zur Wartung eines Softwaresystems erforderlich sind.

Neue *Major-Versionen* einer Standardkomponente können umfangreiche strukturelle Änderungen an den angebundenen Komponenten erforderlich machen. Es gilt hierbei, wieder nach IT-strategischen Gesichtspunkten zu bewerten, ob auf eine neue Major-Version einer Standardkomponente migriert werden soll. Muss jede neue Version adaptiert oder können Versionen übersprungen werden? Wartet man bis zum *End-of-Lifecycle (EoL)* einer Major-Version?

Daraus leitet sich das Erfordernis ab, regelmäßig die Wartungsobjekte nach strategischen und wirtschaftlichen Gesichtspunkten zu bewerten und die notwendigen Maßnahmen zum Investitionsschutz zu ergreifen.

8.4.4 Maßnahmen während der Wartung

Dieses Kapitel beschreibt einige hilfreiche Maßnahmen und Begriffe, die üblicherweise im Zuge der Wartung durchgeführt oder zumindest diskutiert werden.

Software Reengineering

Unter Software Reengineering versteht man die *Neuentwicklung* eines bereits funktionierenden Teils einer Software bei *gleichbleibender Funktionalität*. Typischerweise ist die Motivation für ein Reengineering, die Qualität der Software zu verbessern. Dies könnte beispielweise die Vorbereitung der Applikation auf die Weiterentwicklung von neuer Funktionalität oder für die Migration in eine neue Umgebung sein. Im Gegensatz zum Refactoring steht das Reengineering auf einem höheren Abstraktionsniveau. So kann Refactoring durchaus ein Schritt im gesamten Reengineering-Prozess sein. Für mehr Information zu Refactoring siehe auch Kapitel 6.

Reverse Engineering

Unter Reverse Engineering im Softwarebereich versteht man die Gewinnung von *Code* oder *Modellen* aus unterschiedlichen Artefakten (zum Beispiel Source Code aus einem kompilierten Binärcode oder Anforderungsmodelle aus einem laufenden Legacy-System). Dies kann häufig notwendig sein, wenn von älterer Software der Source Code nicht mehr oder nicht mehr vollständig zur Verfügung steht, für eine Anpassung aber benötigt wird. Andererseits umfasst Reverse Engineering auch den Versuch, schlecht bis nicht dokumentierten Source Code nachträglich zu dokumentieren (*Re-Dokumentation*). Allgemein soll Reverse Engineering dazu beitragen, den Source Code besser zu verstehen und dadurch sinnvoll anpassen zu können. Reverse Engineering ist daher häufig ein wichtiger Vorbereitungsschritt vor einem Software Reengineering.

Refaktorisierung

Refaktorisierungen spielen nicht nur während der initialen Entwicklung (siehe Kapitel 6) vor der Inbetriebnahme, sondern auch während der Wartung eine wesentliche Rolle. Die Motivation für fortlaufende Refaktorisierungen liegt in der Beibehaltung der *Wartbarkeit (Maintainability)*, die durch ständige Wartungsanpassungen (insbesondere korrektive und adaptive Wartung) negativ beeinflusst werden kann.

Anti-Patterns

Anti-Patterns wurden als Gegenstück zu *Patterns* (siehe Kapitel 5) eingeführt und stehen für häufig anzutreffende schlechte Lösungsansätze für eine Problemstellung. Diese schlechten Lösungen können häufig auftreten, da sie beispielsweise aus mangelnder Erfahrung oder fehlender Qualifikation verwendet wurden. Der Sinn von Anti-Patterns besteht nun darin, dass diese schlechten Lösungsansätze früh im Lebenszyklus erkannt werden und möglichst einfach ausgebessert werden können, da dafür bereits bekannte Verbesserungsstrategien (*Rafaktorisierungen*) existieren.

Fragen

ZUSAMMENFASSUNG

Nach dem Abschluss der Implementierung und dem erfolgreichen Abschluss der Tests ist ein Softwareprojekt noch lange nicht abgeschlossen. Es fallen noch zusätzliche Aufgaben an, die durchgeführt werden müssen, um die Applikation erfolgreich einsetzen zu können.

- Die Software muss instandgesetzt und installiert werden, zusammen mit allen benötigten Komponenten (Hard- und Software), um sie lauffähig zu machen.
- Die Endanwender müssen ausreichend geschult werden, um die Software im Echtbetrieb benutzen zu können.
- Es müssen Anwenderdokumentationen geschrieben und dem Kunden übermittelt werden.
- Es müssen möglicherweise Drittapplikationen in die eigene Applikation integriert werden unter Durchführung aller damit verbundenen Integrationstests.
- Die Software muss formal abgenommen werden, um die Entwicklungsphase abzuschließen.
- Nachdem die Software instandgesetzt wurde, muss sie betrieben und überwacht werden.
- Da selten nur eine Applikation betrieben wird, muss die Verteilung der Software auf die vorhandene Hardware optimiert werden. Dies bringt Kostenersparnisse, jedoch muss darauf geachtet werden, dass zu starke Optimierung auch zu Leistungseinbußen und unerwarteten Seiteneffekten führen kann.
- Die Software unterliegt im Zuge ihres Lebenszyklus meistens mehreren Wartungszyklen, die ebenfalls geplant und kontrolliert umgesetzt werden müssen.
- Am Ende ihres Lebenszyklus wird die Applikation in ein neues System migriert, um anschließend außer Betrieb gestellt werden zu können.
- Sowohl für die Integration als auch für die Migration gibt es unterschiedliche Strategien, die dabei helfen sollen, den entsprechenden Prozess erfolgreich umzusetzen.

8.5 Glossar

Benchmark: vergleichende Analyse anhand von festgelegten Referenzwerten

Benutzer-Akzeptanz-Test: Test(reihen), anhand derer die Akzeptanz der Endbenutzer festgestellt werden soll

Blackbox-Test: Test, bei dem ausschließlich die Funktionalität einer Software, nicht jedoch der genaue innere Ablauf überprüft wird

Change Management: umfasst alle Managementtätigkeiten, die sich mit Änderungen des Project Scope befassen

Change-Prozess: formaler Prozess, der eine Änderung am Project Scope durchführt oder verwirft

Data Warehousing: zentrale Datensammlung aus unterschiedlichen Datenquellen. Dient hauptsächlich der Informationsintegration.

Dienstgütevereinbarung (Service Level Agreement, SLA): Vertrag zwischen Auftraggeber und Dienstnehmer über das Ausmaß und die Eigenschaften von zugesicherten Leistungen

Dokumentation: jegliche Art der Festhaltung von Information zum besseren Verständnis und zur Aufbewahrung von Wissen beispielsweise über eine Applikation, getroffene Entscheidungen usw.

Lebenszyklus: Gesamtdauer der Existenz eines Produktes, angefangen bei dessen Planung bis hin zur Einstellung des Betriebes

Load Balancing: Lastverteilung auf mehrere idente Service-Anbieter

Probebetrieb: Betrieb auf nichtproduktiven Daten, üblicherweise mit einem eingeschränkten Benutzerkreis

Project Scope: definiert sämtliche Teile und Ziele, die Teil eines Projektes („in scope") und nicht Teil eines Projektes („out of scope") sind

Rollout: Auslieferung eines erstellten Produkts an den Kunden

Single Point of Failures: Bestandteil eines Systems, dessen Ausfall zu einem Ausfall des Gesamtsystems führt

Stakeholder: Person, die Interesse an dem Verlauf oder dem Ausgang eines Projektes oder Prozesses hat

Workflow: eine vordefinierte Abfolge von Aktivitäten innerhalb eines Prozesses

Vorgehensmodelle im Software Engineering

Autoren: Mario Bernhart, Thomas Pirngruber

9

ÜBERBLICK

„There are many different styles of composition. I characterize them always as Mozart versus Beethoven [...].“ – Edsger W. Dijkstra

» Vorgehensmodelle sind wichtig und notwendig, um dem Softwareentwicklungsprojekt einen einheitlichen Rahmen und eine grundsätzliche Entwicklungsstrategie zu geben. Ohne diese strategische Komponente wäre es nicht möglich, im jeweiligen Kontext erfolgreich im Team und mit allen beteiligten Stakeholdern Software zu erzeugen. Vorgehensmodelle führen jedoch nicht automatisch zu einem erfolgreichen Softwareprojekt oder hochqualitativen Produkt. Wichtig ist zu verstehen, dass Vorgehensmodelle das *WAS* und nicht das *WIE* beschreiben. Erfolgreiche Softwareentwicklung ist trotz allem abhängig von der Qualifikation und Leistungsfähigkeit des Teams. Die Anwendbarkeit und Zweckmäßigkeit der Methoden wird insbesondere durch folgende Faktoren bestimmt: Kritikalität des Projektes, organisatorisches Umfeld, Kultur der Mitarbeiter, Teamgröße und -verteilung, gesetzliche und/oder vertraglichen Rahmenbedingungen.

Mozart und Beethoven – wie eben hier im Kapitelzitat von einem der einflussreichsten Computerwissenschaftler beschrieben – haben unterschiedliche Methoden und Vorgehensweisen, um ihre Musik zu kreieren. Mozart hatte immer schon das gesamte Stück im Kopf und brachte dieses dann zur Gänze auf das Notenblatt, während Beethoven ein Stück nur teilweise komponierte und dann viele Male änderte und überarbeitete. Beide jedoch haben große musikalische Leistungen vollbracht, auch wenn sie jeweils eine andere Methode dafür angewandt haben. Aus dieser Analogie zur Musik lässt sich das Folgende für dieses Kapitel ableiten:

- Wenn jemand anderes die Methode von Mozart oder die von Beethoven anwendet, wird nicht automatisch ein Meisterwerk entstehen. Softwareentwicklung ist abhängig von der Qualifikation der Personen bzw. des Teams. Manche, wie eben E. Dijkstra, halten es sogar für eine Kunst.
- Mozart hätte mit der Methode von Beethoven nicht arbeiten können und umgekehrt genauso. Auch und insbesondere in der Softwareentwicklung muss eine Methode oder ein Vorgehensmodell zu den Personen und den organisatorischen Rahmenbedingungen passen, sozusagen kompatibel zur jeweiligen Kultur sein.
- Jedes Musikstück ist einzigartig, jedes Softwareprojekt unterscheidet sich vom anderen. Es gibt kein Universalmodell und keine Methode ist grundsätzlich in allen Aspekten einer anderen überlegen.

Seit geraumer Zeit beschäftigt sich die Informatik mit der Beschreibung von systematischen Vorgehensweisen zur Entwicklung von Softwareanwendungen. Solche Beschreibungen sind im deutschsprachigen Raum unter den Bezeichnungen „Software-Entwicklungsprozessmodell“ oder „Vorgehensmodell“ bekannt. In all diesen Jahren haben sich somit eine Vielzahl von Vorgehensmodellen angesammelt, die allesamt das Verdienst in Anspruch nehmen, den Prozess der Softwareerstellung am besten umsetzen zu können. Bei dieser großen Anzahl von Software-Entwicklungsprozessmodellen ist es schwierig, den Überblick zu behalten. Speziell Projektleiter bzw. Prozessdesigner stehen oft vor Problemen hinsichtlich Beurteilung und Anpassung von Prozessmodellen in einer konkreten Entwicklungssituation.

Im vorliegenden Kapitel werden unterschiedliche State-of-the-Art-Vorgehensmodelle vorgestellt, um ein möglichst breites Spektrum an Sichtweisen im Bereich der Vorgehensmodelle abzudecken. Diese sind nach ihrer Herkunft gegliedert. Die Vorgehensmodelle unterscheiden sich bezüglich ihrer Gemeinschaft, die Verbreitung, Weiterentwicklung und Pflege der Modelle betreibt. Industriell geprägte Modelle (*RUP, MSF*) sind oftmals mit Werkzeugpaletten (*Tool-Chains*) der jeweiligen Hersteller gekoppelt. Von Personen geprägte Modelle (*Scrum, XP*) sind entweder an Universitäten oder in freigeistiger Gegenkultur zu etablierten (oftmals überregulierten) Methoden entstanden. Die von Gremien/Konsortien geprägten Modelle (*V-Model 97, V-Model XT, BVM, ISO/IEC 12.207:2008*) stellen wiederum den Versuch dar, von Behörden und Standardisierungsorganisationen einen herstellerunabhängigen und oftmals präskriptiven Ansatz zu etablieren.

„Wann setze ich welches Modell ein?“ lautet oft die Frage, die am Beginn eines Softwareprojektes steht. Diese Frage lässt sich leichter beantworten, wenn man mehrere verschiedene Modelle kennt und deren Unterschiede versteht. Auch auf die Frage „Wie setze ich welches Modell ein?“, also auf die Einführung und Adaption des Modells auf die jeweiligen Rahmenbedingungen, wird eingegangen. Abschließend erfolgt eine Diskussion, inwieweit agile Methoden und traditionelle Vorgehensmodelle vereinbar sind. «

Lernziele

In diesem Kapitel werden folgende Lernziele behandelt:

- Die Bedeutung und Ziele von Vorgehensmodellen im Software Engineering
- Die Entstehung unterschiedlicher Vorgehensmodelle
- Der Unterschied zwischen konservativen und modernen Vorgehensmodellen
- Auswahl von Vorgehensmodellen: Wann setze ich welches Vorgehensmodell ein?
- Adaption und Einführung von Vorgehensmodellen

9.1 Grundlagen und Bedeutung von Vorgehensmodellen

Die heutzutage von Softwareentwicklern zu erstellenden Softwareprodukte werden immer umfangreicher und komplexer. Wie von Ghezzi et al. (2003) erörtert, müssen diese Softwaresysteme nicht nur die Erwartungen des Kunden hinsichtlich der Qualität erfüllen, sondern auch termingerecht und innerhalb eines gewissen Budgetrahmens kreiert werden. Diese Situation wird außerdem durch schlecht ausgebildete Mitarbeiter des Projektteams und insbesondere durch das Fehlen eines geeigneten Software-Entwicklungsprozesses verschärft.

Für diese Probleme gibt es verschiedene Ursachen, angefangen vom Trend zu immer komplexeren Systemen, den ständig wachsenden und sich schneller ändernden Anforderungen bis hin zu einem unzureichenden Verständnis der Beteiligten für das Zusammenwirken der einzelnen Entwicklungsaufgaben (Liggesmeyer & Rombach, 2005).

Effektive und effiziente Software-Entwicklungsprozessmodelle und ihre praktische Umsetzung gewinnen demnach immer mehr an Bedeutung und sind wesentlich am Geschäftserfolg eines Softwareunternehmens beteiligt. Dabei ist anzustreben, die Softwareentwicklung auf eine etablierte, ingenieurmäßige Basis zu stellen, um Verbesserungen in der Produktivität, Qualität und Vorhersagbarkeit zu erreichen. Als unmittelbare Konsequenz sollte die Industrie somit Software nach expliziten Prozessmodellen entwickeln.

Die große Anzahl von zum Teil „konkurrierenden" Modellen lässt darauf schließen, dass bisher keine einheitliche Systematik der Softwareentwicklung entwickelt werden konnte (Fröhlich, 2004). Des Weiteren existiert im Moment kein optimaler Entwicklungsprozess, eine Art Universalprozess, der für jedes Softwareprojekt anzuwenden ist. Frick (1995) prognostizierte, dass sich auf lange Sicht kein einheitliches und immer anwendbares Prozessmodell etablieren werde, sondern je nach Projektart das geeignetste Vorgehen nach Ermessen auszuwählen sei.

Mittlerweile haben sich bereits einige sogenannte *State-of-the-Art-Software-Entwicklungsprozessmodelle* etabliert, die in diesem Kapitel vorgestellt und diskutiert werden.

Die in weiterer Folge beschriebenen Prozessmodelle wurden aus folgenden Gründen ausgewählt:

- Weil sie nachweislich bei zahlreichen Softwareentwicklungen (mit Erfolg) eingesetzt wurden
- Weil ihre Beschreibungen in hinreichendem Detailgrad öffentlich zugänglich sind
- Weil sie momentan die State-of-the-Art der Softwareentwicklungs-Prozessmodelle darstellen

Definition Prozess

Folgende Begriffe werden im IEEE-Standard 610.12 (1990) bezüglich eines Prozesses beschrieben:

Process: (1) „A sequence of steps performed for a given purpose; for example, the software development process."

Procedure: (1) „A course of action to be taken to perform a given task. (2) A written description of a course of action as in (1); for example, a documented test procedure."

9.1.1 Die Entstehungsgeschichte der Prozessmodelle

Berry Boehm, einer der einflussreichsten Wissenschaftler auf dem Gebiet der Prozessmodelle, hat 2006 die Entstehungsgeschichte der Modelle bzw. deren grundsätzliche Ausrichtung retrospektiv zusammengefasst:

- 1950 – *Software wie Hardware*: In den 1950er Jahren wurde nicht zwischen der Entwicklung von Software und Hardware unterschieden. Ob nun „Drähte bei der Hardware" oder „Softwarebefehle z.B. in Form von Lochkarten" entwickelt wurden, machte keinen wesentlichen methodischen Unterschied.
- 1960 – *Softwareentwicklung als Kunstfertigkeit*: Software wurde rasch immer komplexer. Man erkannte die Möglichkeiten, vieles mit Software zu realisieren, das zuvor noch mit dedizierter Hardware umgesetzt wurde. Daraus ergab sich ein starkes Komplexitätswachstum im Bereich der Software. Die Entwickler, die in der Lage waren, die Komplexität zu bewältigen, waren damit auch in der Lage, die Software zu entwickeln und wurden oft als „Cowboy-Programmers" bezeichnet.
- 1970 – *Formalismus*: Um der Lage Herr zu werden, wurden in den 1970er Jahren viele formale Modelle entwickelt, die den Umgang mit komplexen Softwaresystemen ermöglichen sollten. Allen voran wurde von Royce 1970 das Wasserfallmodell entwickelt. Dieses gilt bis heute als das einflussreichste Modell für die Softwareentwicklung.
- 1980 – *Produktivität, Wiederverwendung, Objekte, Peopleware*: In den 1980er Jahren konzentrierte man sich auf methodische Schwerpunkte. Insbesondere die Objektorientierung hat hier begonnen, einen strukturellen Rahmen und technische Organisationsformen zu schaffen, um die Komplexität zu bewältigen. Die strikt formalen Modelle wurden in dieser Zeit wieder etwas entschärft und das Konzept des Peopleware (DeMarco und Lister 1987) wurde populär gemacht.
- 1990 – *plangetrieben oder agil*: In dieser Zeit haben sich agile Modelle als Kontramodell zu den complience-orientierten plangetriebenen Modellen etabliert. Plangetriebene Modelle wurden durch den Einsatz von Reifegradmodellen (Maturity Models) gefordert, während sich die time-to-market orientierten Entwicklungen in Richtung der agilen Methoden bewegten.
- 2000 – *Hybride Modelle*: Im neuen Jahrtausend wurden die scheinbar gegensätzlichen Aspekte der plangetriebenen und der agilen Entwicklung immer öfter in adaptiven oder hybriden Modellen vereint.

9.2 Fundamentale Prozessmodelle

Die in diesem Kapitel vorgestellten Vorgehensmodelle basieren auf der grundlegenden Idee des Phasenmodells (▶Abbildung 9.1). Die Phasen dieses Modells sind in unterschiedlicher Form in jedem Prozessmodell enthalten und können somit als kleinster gemeinsamer Nenner in jedem Software-Entwicklungsprojekt verstanden werden. Im Laufe der Lebensdauer eines Systems ist eine zumindest einmalige sequentielle Durchführung aller notwendigen Phasen (*Analyse, Entwurf, Implementierung, Test und Inbetriebnahme*) vorgesehen. Auf geänderte Anforderungen wird erst im Zuge eines neuen Projektes reagiert, welches wiederum alle Phasen in der vorgesehenen Reihenfolge durchläuft. Das größte Defizit bei diesem starren Vorgehen stellt die fehlende Möglichkeit der raschen Reaktion auf Änderungen der Anforderungen während der Durchführung des Projektes dar.

Abbildung 9.1: Fundamentales Prozessmodell

9.2.1 Wasserfallmodell

Das Wasserfallmodell löst zumindest teilweise das Problem der fehlenden Möglichkeit von Rückschritten zur raschen Reaktion auf Änderungen (Royce, 1970). Es sieht eine Abfolge der Phasen Anforderungen, Analyse, Entwurf, Implementierung, Test und Betrieb vor und lässt in einer Erweiterungsstufe (inkl. Backtracking, siehe ▶Abbildung 9.2) einen Rückwärtsschritt von einer Phase auf den direkten Vorgänger zu. Allerdings kann ein Arbeitsschritt erst dann abgeschlossen werden, wenn alle vorgesehenen Produkte fertig gestellt worden sind. Dies soll zu einer Minimierung des Risikos für die nächsten Phasen führen.

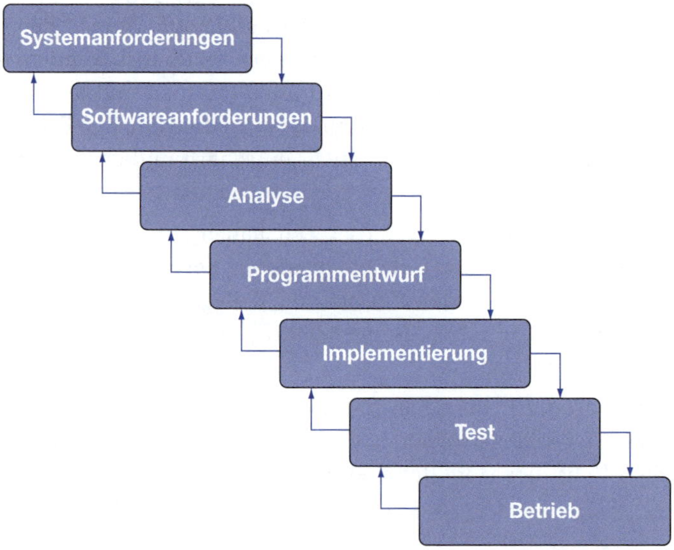

Abbildung 9.2: Das Wasserfallmodell modifiziert nach Royce (1970) mit erweitertem Backtracking

Das Wasserfallmodell ist sicher das industriell am weitesten verbreitete Vorgehensmodell, von dem es viele unterschiedliche Varianten und Ausprägungen gibt. Das Wasserfallmodell ist auch das am häufigsten missverstandene Modell. In vielen Fällen wird es dem Fundamentalen Modell (siehe Abbildung 9.1) gleichgesetzt. Dabei sind schon 1970 sehr moderne und wegweisende Prinzipien bei der Erstellung eines erweiterten Wasserfallmodells eingeflossen.

Das von Royce (1970) vollständig erweiterte Wasserfallmodell baut auf fünf risikominimierenden Prinzipien auf:

1. Stelle das Programmdesign fertig, bevor die Analyse und die Implementierung beginnen.
2. Die Dokumentation muss aktuell und komplett sein.
3. Falls möglich, mache die Umsetzung zwei Mal (Prototyp, Produktion).
4. Testen muss geplant, kontrolliert und überwacht werden.
5. Involviere den Auftraggeber.

Das *erweiterte Wasserfallmodell* berücksichtigt wesentliche *Dokumente* (Softwareanforderungen, Vorläufiger Entwurf, Schnittstellenentwurf, Finaler Entwurf, Testplan und Betriebsinstruktionen) und *Review-Schritte* (Review des vorläufigen Entwurfes, Kritisches Entwurfsreview, Finales Software-Akzeptanzreview) im Modell. Trotz der Integration von methodisch wegweisenden risikominimierenden Maßnahmen ist das Modell in seiner Grundform vollständig sequentiell. Diese Charakteristik wird in der modernen Softwareentwicklung als inhärentes Risiko betrachtet und hat zur Entwicklung der iterativen Modelle geführt.

9.2.2 V-Modell

Das von Boehm 1979 vorgestellte V-Modell (▶Abbildung 9.3) ist die Basis für viele aktuelle Entwicklungsmodelle, die insbesondere im öffentlichen Sektor zum Einsatz kommen (*V-Model 97, V-Model XT, BVM*).

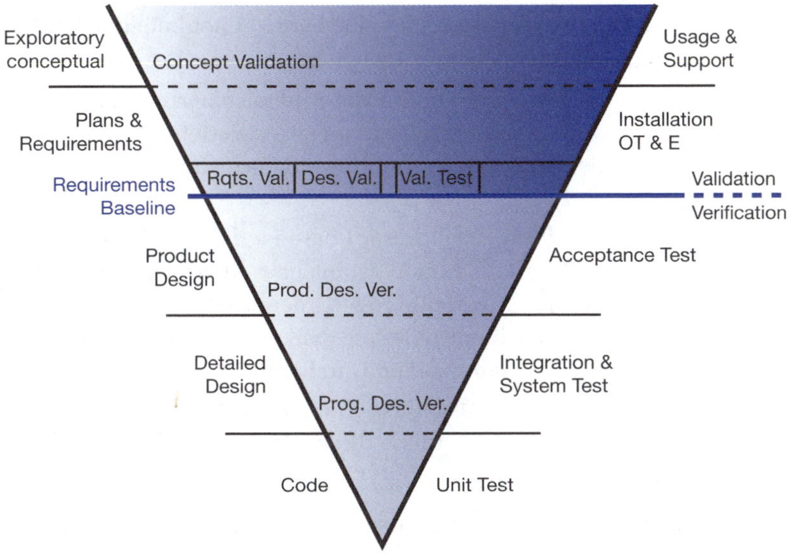

Abbildung 9.3: Grundlegendes V-Modell nach Boehm (1979)

Das V-Modell ist auf folgenden Eigenschaften aufgebaut:

- *Korrelierende Phasen*: Das V-Modell ist ähnlich dem Wasserfallmodell sequenziell aufgebaut. Für jede konstruktive Phase auf der linken Seite existiert eine korrelierende prüfende Phase auf der rechten Seite. In diesem Modell wurden zum ersten Mal Teststufen integriert. Das Teststufenkonzept hat sich im Bereich des Softwaretests etabliert und ist in jeder Teststrategie in ähnlicher Form enthalten.
- *Validierung und Verifikation*: Das V-Modell unterscheidet zwischen den prüfenden Phasen der Validierung (bauen wir das passende Produkt für den Einsatzzweck?) und der Verifikation (bauen wir das Produkt korrekt nach den Vorgaben der vorherigen Phasen?). Die Trennung in Validierung und Verifikation ist in vielen weiteren Modellen und Testkonzepten enthalten.

9.2.3 Spiralmodell

Das Spiralmodell nach Boehm (1988) berücksichtigt die möglichen Projektrisiken der sequentiellen Entwicklung und ist daher iterativ aufgebaut. Der gesamte Prozess ist in vier Phasen gegliedert. Alle Phasen werden im Rahmen einer evolutionären Softwareentwicklung mehrmals durchlaufen. Das bedeutet, dass in jeder Iteration nur Produkte entwickelt werden, die auf den Produkten des vorhergehenden Durchlaufes basieren und als Grundlage für den nächsten Durchlauf dienen. Diese vier Phasen und wichtige Aktivitäten darin sind:

- *Definition von Zielen:* In jeder Phase wird mit der Definition von genauen Zielen und Produkten des Durchlaufes begonnen. Es werden auch mögliche Alternativen und Einschränkungen analysiert und festgehalten.
- *Risikoanalyse:* In dieser Phase werden die zuvor identifizierten Ziele und Alternativen unter Berücksichtigung der Einschränkungen bewertet und mögliche Risiken festgestellt. Für diese Risiken werden anschließend Vermeidungs- und Lösungsstrategien entwickelt.
- *Durchführen der Arbeitsschritte:* Ziel dieser Phase ist die Erstellung der in diesem Durchlauf vorgesehenen Produkte. Eine Beispielauswahl von möglichen Produkten eines bestimmten Projekts ist in ▸Abbildung 9.4 dargestellt.. Abhängig von der Art eines Projekts und möglichen identifizierten Risiken können die Anzahl und die Reihenfolge der Produkte in den einzelnen Durchläufen variieren.
- *Planen der nächsten Phase:* Zum Abschluss eines jeden Durchlaufs werden Reviews durchgeführt. Ergebnisse und Erkenntnisse dieser Reviews bilden die Grundlage für die Planung des nächsten Zyklus.

▸Abbildung 9.4 zeigt ein mögliches Spiralmodell mit vier Durchläufen. Der vierte Durchlauf ist für die Erstellung des Systems verantwortlich Er wird erst nach Beseitigung aller Risiken durchlaufen. Die Systemerstellung selbst kann zum Beispiel durch agile Methoden strukturiert werden.

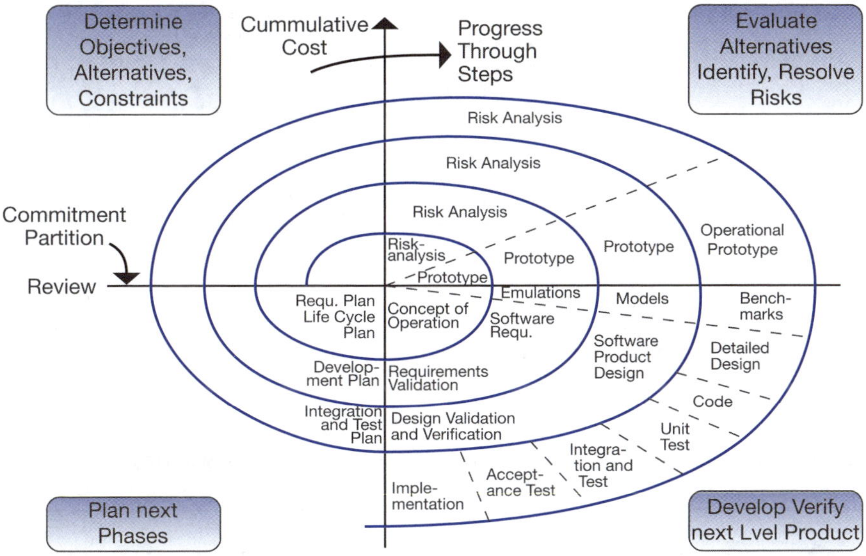

Abbildung 9.4: Spiralmodell nach Böhm (1988)

Das Spiralmodell ist besonders für sehr große und komplexe Projekte geeignet, da das risikogesteuerte Vorgehen die Komplexität eines Systems berücksichtigt. Die Anzahl der notwendigen Durchläufe ergibt sich erst im Projektverlauf und ist von dender auftretenden Risiken abhängig. Dadurch ist die Erstellung von Zeit- und Kostenplanen zu Beginn eines Projekts nur schwer möglich. Des Weiteren kann die Risikoanalyse nur durch erfahrene Projektleiter durchgeführt werden. Bei unsicherem oder zaghaftem Vorgehen kann die Projektdauer unnötigerweise verlängert werden, wodurch sich die Kosten erhöhen. Durch ein zu schnelles Vorgehen hingegen können Risiken vernachlässigt werden und zu Problemen in nachfolgenden Durchläufen führen.

Jacobson et al. (1999) präsentierten einen Vergleich zwischen dem Wasserfallmodell und einer iterativen Entwicklung. ▶Abbildung 9.5 zeigt, dass man mit dem Wasserfallmodell rascher integrieren kann und in den frühen Phasen des Projektes produktiver ist. Jedoch – hervorgerufen durch die späte Validierung – können größere Änderungen zum späten Designbruch (*Late Design Breakage*) führen. Das System wird destabilisiert und es dauert dann umso länger, einen finalen Test (*Final Quality Test*) zu bestehen. Die iterative Entwicklung baut auf *inkrementellen Builds* und *Zwischenvalidierungen* dieser auf. Probleme und Änderungswünsche werden früher erkannt und das Risiko einer Fehlentwicklung wird minimiert.

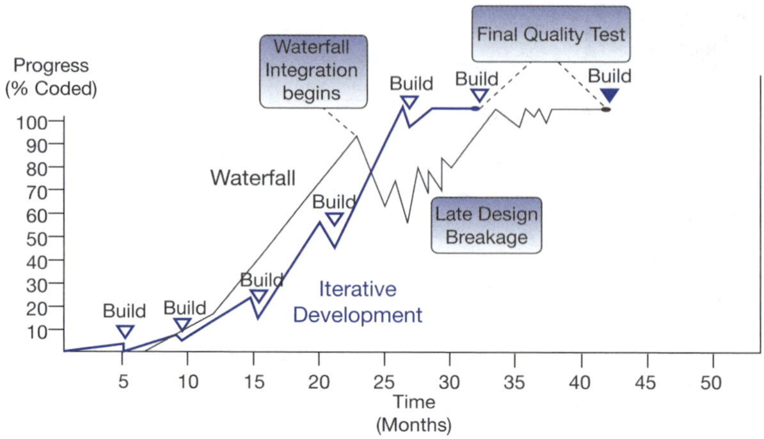

Abbildung 9.5: Vergleich von Wasserfall und iterativer Entwicklung nach Jacobson et al. (1999)

Beispiel 9.1

Beispiel Iterative Entwicklung im Projekt LiSaMe

Das Fallbeispiel LiSaMe folgt einer iterativen Entwicklung. Die Iterationslänge kann grundsätzlich variabel oder fix definiert sein. In vielen Projekten wird eine Iterationslänge von mindestens zwei Wochen und maximal vier Monaten beschrieben. In LiSaMe wurde eine fixe Iterationslänge von drei Monaten gewählt. ▶Abbildung 9.6 zeigt die Arbeitsaufträge zugeordnet zu den Iterationen im Drei-Monatszyklus. Hier wurde eine verhältnismäßig lange Iterationsdauer gewählt. Nachdem LiSaMe kein Einzelprojekt, sondern eine Produktlinie ist, müssen alle Änderungen umfassend auf die Kompatibilität mit den jeweiligen abgeleiteten Produkten analysiert und getestet werden. Die Auslagerung von produktspezifischen Funktionen in Plug-ins erlaubt eine raschere Reaktionszeit auf Anforderungen. LiSaMe–Plug-ins unterliegen nicht dem fixen Release-Zyklus.

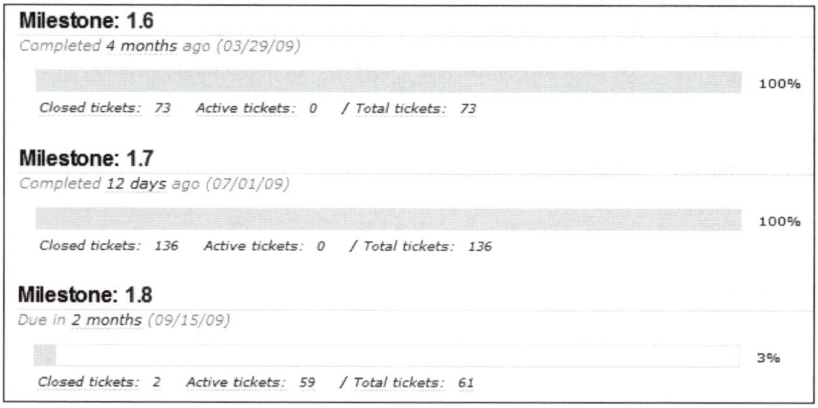

Abbildung 9.6: Iterationen des Fallbeispiels LiSaMe

Aufgaben – Iterationslänge Wählen Sie ein Szenario von der CWS oder ein eigenes Szenario und legen Sie in der Rolle des Projektleiters die optimale Iterationslänge fest. Begründen Sie Ihre Entscheidung ausführlich.

Lösung

9.3 Industriell geprägte Prozessmodelle

Hier werden jene Prozessmodelle vorgestellt, deren Entstehung wesentlich von industriellen Organisationen beeinflusst bzw. deren Weiterentwicklung von Unternehmen vorangetrieben wird.

9.3.1 Rational Unified Process (RUP)

Beim Rational Unified Process handelt es sich um ein Prozess-Framework, das von IBM Rational gepflegt, ständig weiterentwickelt und momentan in der Version 7.0 den Anwendern angeboten wird. Ursprünglich wurde es voneinander unabhängig durch Grady Booch, Ivar Jacobson und James Rumbaugh entwickelt. Seit seiner Einführung im Jahre 1999 wurde der RUP mittlerweile zum De-facto-Standard im Bereich der Softwareentwicklung (Essigkrug & Mey, 2003).

Der Rational Unified Process beruht auf folgenden Vorgehensweisen (*Six Best Practices*), die sich bei vielen Projekten bewährt haben (Essigkrug & Mey, 2003):

- *Software iterativ entwickeln*: Iterative Entwicklung bringt Vorteile wie frühes Überprüfen von Risiken, Berücksichtigung neuer bzw. geänderter Anforderungen oder Anpassen von Plänen.
- *Anforderungen managen:* Darunter wird das Erfassen und Dokumentieren sowie das Organisieren und Nachverfolgen von sich ändernden Anforderungen verstanden.
- *Komponentenbasierte Architekturen verwenden*: Dadurch werden einerseits die Größe und die Komplexität einer Architektur reduziert, andererseits wird diese aber auch stabiler und flexibler gestaltet.
- *Software visuell modellieren*: Durch die Verwendung von Modellen können komplexe Systeme besser verstanden werden.
- *Softwarequalität kontinuierlich prüfen*: Dadurch sollen die mit der Zeit steigenden Kosten für die Behebung von Softwarefehlern minimiert werden.
- *Änderungen kontrolliert in die Software einbringen*: Das Managen, Nachverfolgen und Überwachen von Änderungen wird als wichtiger Bestandteil angesehen.

Der Rational Unified Process kann zudem durch die Eigenschaften iterativ, Use-Case-getrieben und architekturzentriert charakterisiert werden. Dabei prägt die iterative Entwicklung die zeitliche Struktur dieses Prozessmodells, während die Inhalte der Entwicklung und die Architektur das Skelett des Systems bilden (Essigkrug & Mey, 2003). Bezüglich der Modellierung wird der RUP stark von UML beeinflusst.

Entwicklungsphilosophie

Die dem RUP zugrunde liegende Vorgehensstrategie soll anhand von ▶Abbildung 9.7 verdeutlicht werden.

Aus dieser Darstellung und aufgrund der Ausführungen von Kroll und Kruchten (2003) zeigt sich, dass im Rational Unified Process zwischen zwei Dimensionen unterschieden wird:

- *Dynamische Dimension*: Die horizontale Dimension repräsentiert die zeitliche Struktur des Prozesses und kennzeichnet die Verteilung von Phasen, Iterationen und Meilensteinen auf den Entwicklungszyklus eines Softwareprojekts. Eine Phase besteht aus einer oder mehreren Iterationen (in der die Aktivitäten der einzelnen Disziplinen durchgeführt werden), welche ca. 1 Woche bis max. 6 Monate dauern. Top-Level-Meilensteine befinden sich am Ende einer Phase und dienen dazu, den Projektfortschritt zu messen, aber auch zur Bestimmung des Fokus in Phasen bzw. Iterationen.
- *Statische Dimension*: Die vertikale Dimension stellt die inhaltliche Struktur des Prozesses dar und beschreibt, wie die Prozesselemente (Aktivitäten, Artefakte und Rollen) logisch zusammenhängen und in sogenannte Disziplinen eingeteilt werden können.

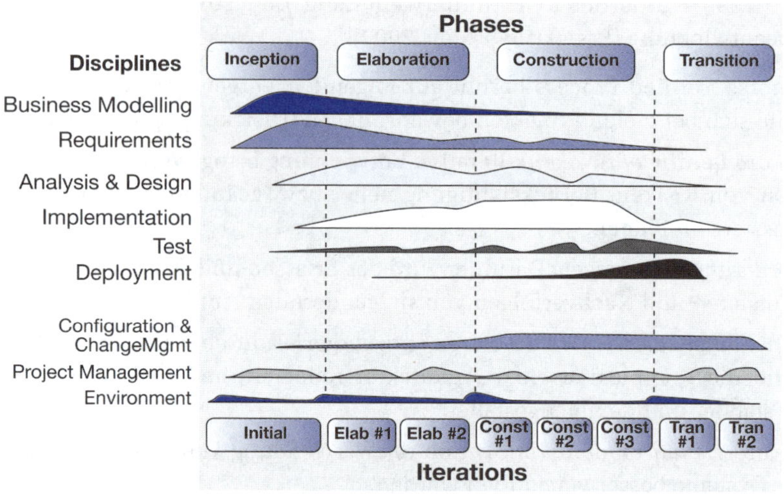

Abbildung 9.7: Die Struktur des RUP nach Kroll und Kruchten (2003)

Die vier Phasen lassen sich wie folgt darstellen (Essigkrug & Mey, 2003; Fröhlich, 2004):

- *Inception*: Die Ziele dieser Vorbereitungsphase sind die Erarbeitung der Projektvision und einer ersten Risikoabschätzung. Dabei sollen die Anforderungen an das System zum Großteil bekannt sein und das Projektbudget sowie der Projektplan festgelegt werden. Abgeschlossen wird diese Phase mit dem Meilenstein *Lifecycle Objective* (LCO), nach dessen Erreichen der Zweck des Projektes klar definiert ist.

- *Elaboration*: In der Ausarbeitungsphase geht es um die detaillierte Erhebung der Anforderungen, die Entwicklung einer prototypischen Architektur, das Testen von unterschiedlichen Lösungsansätzen und die Vertiefung der Kenntnisse über Techniken und Werkzeuge des Lösungsbereiches. Der Meilenstein *Lifecycle Architecture* (LCA) schließt diese Phase ab, wodurch die Architektur des Projektes etabliert wurde.
- *Construction*: Das Entwickeln eines lauffähigen Software-Systems und dessen Testung stellen die Schwerpunkte dieser Konstruktionsphase dar, die durch den Meilenstein *Initial Operational Capability* (IOC), der ein produktiv einsetzbares Produkt voraussetzt, beendet wird.
- *Transition*: Im Vordergrund der Übergangsphase steht der Transfer des Softwaresystems zum Auftraggeber. In dieser Phase werden Aktivitäten wie Tests beim Kunden, Fehlerbehebung, Anwenderschulung und das Komplettieren der begleitenden Materialien durchgeführt. Diese Phase endet mit dem Meilenstein *Product Release* (PR), der auch für das Ende eines Projektes (oder den Beginn eines neuen Entwicklungszyklus) steht.

Wichtig in diesem Zusammenhang ist, dass diese vier Phasen nicht mit den Phasen eines Wasserfallmodells gleichzusetzen sind. Einerseits werden im RUP bei den Meilensteinen keine vollständigen und abgeschlossenen Arbeitsergebnisse verlangt, wie Essigkrug und Mey (2003) betonen, und andererseits werden in einer RUP-Phase die verschiedensten unterschiedlichen Tätigkeiten parallel ausgeführt, wobei eine Aktivität nicht auf eine bestimmte Phase fixiert ist. Das Testen der Software beispielsweise erfolgt, wie aus Abbildung 9.7 ersichtlich ist, nicht nur in einer einzigen Phase, sondern der Schwerpunkt dieser Tätigkeit verlagert sich im Laufe des Projekts.

Die Anzahl der Iterationen ist nicht fix vorgegeben und kann selbst bestimmt werden. Ein erster Phasenplan wird in der Inception-Phase erstellt und im Laufe des Projektes immer mehr konkretisiert. Iterationspläne dagegen werden jeweils nur für die nächste Iteration genau festgelegt.

Die zuvor schon angesprochene statische Dimension wird durch die Faktoren *Rolle* (wer tut etwas?), *Artefakt* (was wird getan?), *Aktivität* (wie wird etwas getan?) und *Workflow* (wann wird etwas getan?) charakterisiert. Dabei gruppiert eine Disziplin diejenigen Aktivitäten und Artefakte, die einem gemeinsamen Arbeitsbereich angehören. Diese Aktivitäten sind ausschlaggebend für die Vorgangsweise innerhalb des Projektes, wobei der RUP insgesamt zwischen neun verschiedenen Disziplinen unterscheidet, die aber an dieser Stelle nicht weiter erörtert werden.

Anpassungsmöglichkeiten

Da der RUP ein umfangreiches Framework darstellt, ist für jedes Projekt bzw. für jede Organisation eine selektive Adaption vorzunehmen, um den erwarteten Nutzen auch tatsächlich zu erzielen. Somit enthält dieses Modell eine Vielzahl von Artefakten, Rollen und Aktivitäten, es kann aber durch Konfiguration auf „leicht" und daraus resultierender Elimination nicht benötigter Elemente für den tatsächlichen Bedarf angepasst werden.

Für die *Anpassung* (**Tailoring**) des RUP bietet sich das kostenpflichtige Tool IBM *Rational Method Composer* (RMC) an, der den *RUP Builder*, die *Rational Workbench* sowie *MyRUP* ersetzt. Der RMC erlaubt das Verwenden von vordefinierten RUP-Prozessmodellen, sozusagen *out of the box*. Hier stehen z.B. *RUP for small projects*, *RUP for large project* (*Classic RUP*) und *RUP for COTS (commercial off the shelf)* bereit. Außerdem unterstützt dieses Tool das detaillierte Anpassen an spezifische Gegebenheiten und das Erzeugen eines komplett eigenen Modells bzw. das Mischen mit anderen Prozessmodellen. Über Plug-ins, die auch von anderen Herstellern angeboten werden, können überdies auf spezielle Domänen angepasste Erweiterungen aufgenommen werden. Die Rolle, den RUP an die jeweiligen speziellen Rahmenbedingungen anzupassen, kommt dabei dem *Process Engineer* zu.

Abschließende Bemerkungen

Der Rational Unified Process kann momentan sicherlich als das am meisten verbreitete und detailliert beschriebene Prozessmodell bezeichnet werden, das von IBM Rational ständig an die neuesten Erkenntnisse bezüglich der Softwareentwicklung angepasst wird. Dadurch ist der RUP optimal gemeinsam mit kommerziellen IBM-Rational-Softwareprodukten (*RMC, Rose, ClearCase, ClearQuest*, ...) zu betreiben, obwohl der RUP auch mit Werkzeugen anderer Hersteller eingesetzt werden kann. Eine Verwendung des RUP ohne zumindest den IBM *Rational Method Composer* wird hier allerdings nicht empfohlen.

Exkurs Enterprise Unified Process

Scott W. Ambler von der Firma Ronin Inc. gilt als maßgeblicher Begründer des Enterprise Unified Process (EUP). Der EUP stellt eine Erweiterung des Rational Unified Process der Version v2003 dar. Dabei wurde einerseits der Fokus von der reinen Betrachtung der Entwicklungstätigkeiten auf den gesamten Lebenszyklus eines Softwareproduktes ausgeweitet und andererseits der Umfang des Prozessmodells erweitert in Hinblick auf sogenannte „cross-system“-Thematiken (wie z.B. *People Management, Strategic Reuse*, ...). Hierfür wurden insgesamt zwei zusätzliche Phasen und acht neue Disziplinen eingeführt (siehe ▶Abbildung 9.8).

Dabei wird der EUP im Unterschied zum RUP (v2003) um die Phasen *Production* und *Retirement* erweitert, die sich mit dem Betrieb und Support sowie mit dem Beseitigen bzw. Entfernen eines Softwaresystems beschäftigen. Demzufolge wurden auch zwei zusätzliche Meilensteine, *Release Replacement (RR)* und *Releases Retirement (RET)*, eingeführt, auf die aber hier nicht näher eingegangen wird. Zusätzliche Erweiterungen zum RUP stellen überdies die *Enterprise Disciplines* und *Operations & Support* als einzelne Disziplin dar. Detaillierte Ausführungen zum gesamten Prozessmodell geben Ambler et al. (2005).

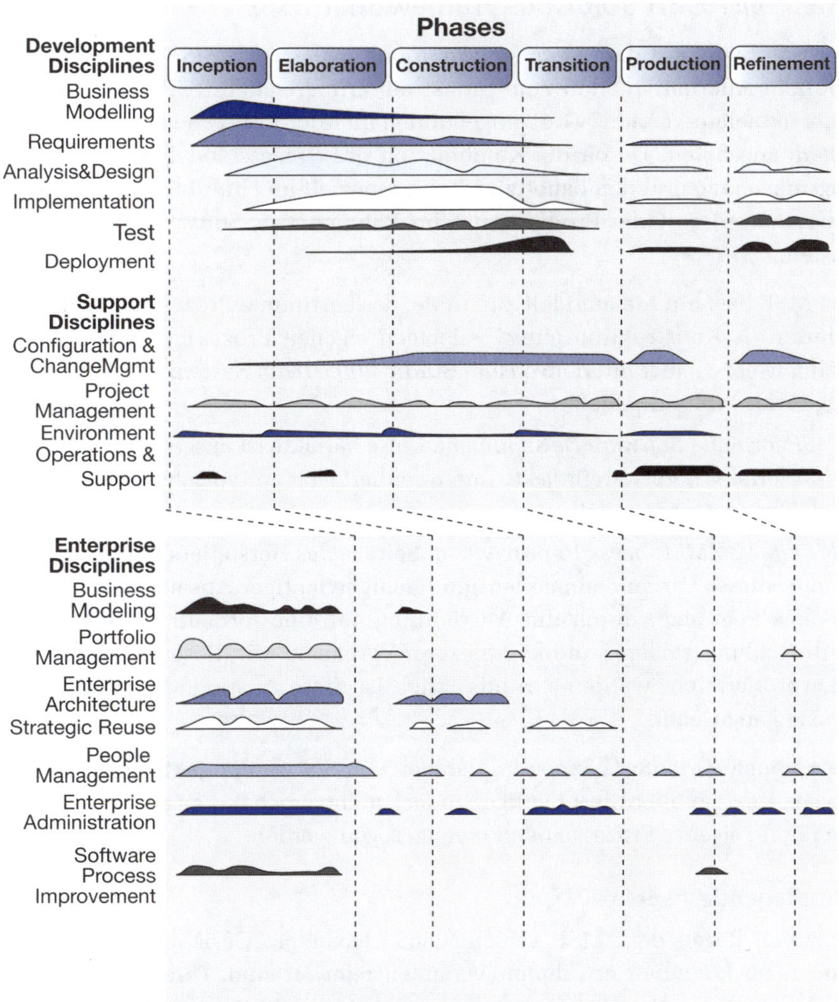

Abbildung 9.8: EUP in der Version v2004 nach Ambler, Nalbone, & Vizdos (2005)

Bevor der EUP umgesetzt wird, sollte zunächst das Basismodell RUP entsprechend adaptiert und im Projekt erfolgreich eingesetzt werden. Erst danach werden häufig die beiden neuen Phasen *Production* und *Retirement* des EUP und die *Operations & Support*-Disziplin eingeführt. Der Einsatz der *Enterprise Disciplines* sollte erfahrungsgemäß erst am Ende erfolgen, da diese schwieriger umzusetzen sind. Der EUP kann dabei mit verschiedenen Tools (von IBM Rational ebenso wie von anderen Herstellern) kombiniert werden.

9.3.2 Microsoft Solutions Framework (MSF)

Microsoft bietet mit dem *Microsoft Solutions Framework (MSF)* (Turner und Michael, 2006) ein Alternativmodell zum industriell erfolgreichen RUP an. Das MSF wird in seiner aktuellen Version (v4.0) eingebunden im Microsoft-Produkt *Visual Studio Team System* angeboten. Durch die Kombination des Prozessmodelles mit einer Entwicklungsumgebung und den benötigten Tools (speziell im Hinblick auf projektspezifische Anpassungen) soll die Produktivität im Rahmen von Softwareprojekten maximiert werden.

Dem MSF liegt ein Metamodell zugrunde, das bestimmte Prozesselemente vorgibt und dadurch die Konstruktion eines beliebigen eigenen Prozessmodells erlaubt. Grundsätzlich werden aber mit dem *Visual Studio 2005 Team System* folgende zwei Ausprägungen des MSF mitgeliefert:

- *MSF for Agile Software Development:* Diese Variante ist ausgerichtet auf eher kleinere und formlose Softwareprojekte und orientiert sich an typischen agilen Software-Entwicklungsprozessmodellen.
- *MSF for CMMI Process Improvement:* Seitens des Herstellers wird betont, dass auch unter dieser Variante ein agiler und leichtgewichtiger Ansatz verstanden wird. Der Fokus liegt aber, durch die Ausrichtung auf eine formellere Umgebung, auf der Abwicklung größerer und komplexerer Vorhaben. Mit dieser Variante kann CMMI-Level 3 erreicht werden. Grundsätzlich ist diese Ausprägung als Erweiterung der ersten anzusehen.

Diese beiden Varianten können im Rahmen von Softwareprojekten direkt übernommen werden, müssen allerdings häufiger zunächst entsprechend angepasst bzw. als Grundlage für ein eigenes Prozessmodell herangezogen werden.

Grundlegende Aspekte

Prinzipiell liegen dem MSF verschiedene elementare Gesichtspunkte zugrunde, die somit für beide zuvor erwähnten Varianten relevant sind. Hinsichtlich der an einem Projekt beteiligten Personen und der von diesen übernommenen Rollen herrscht in diesem Modell die Ansicht vor, dass alle Teammitglieder und deren Funktionen gleich wichtig sind. Dies wird durch den Begriff *Team of Peers* ausgedrückt. ▶Abbildung 9.9 gibt einen Überblick über die verschiedenen Aufgabengebiete und Rollen am Beispiel des *MSF for CMMI Process Improvement* (*MSF for Agile Software Development* beinhaltet die gleichen Funktionsblöcke, jedoch aus weniger Rollen). Dabei werden sieben Aufgabengebiete unterschieden, denen Rollen zugeordnet sind. Innerhalb von Softwareprojekten können Teammitglieder eine oder mehrere Rollen übernehmen, zu welchen jeweils detaillierte Beschreibungen der durchzuführenden Aufgaben, den *Workstreams and Activities*, angeboten werden.

Ein *Workstream* umfasst dabei eine oder mehrere Aktivitäten, wobei beide Prozesskomponenten nach dem gleichen Muster aufgebaut sind. Hierbei wird zuerst über *Entry Criteria* festgelegt, welche Bedingungen für den Beginn erfüllt sein müssen. Danach werden *Activities/Sub-Activities* beschrieben, die durchzuführende Tätigkeiten aufzeigen, während

Exit Criteria verdeutlichen, welche Tasks final umgesetzt sein müssen. Durch die Aktivitäten werden sogenannte *Work Products* (Projektpläne, Source Code, Checklisten, ...) erzeugt, für die Beispiele und Templates zur Verfügung stehen. Die Aktivitäten sind zum Teil stark voneinander abhängig, so dass häufig bestimmte *Work Products* für den Beginn von Workstreams bzw. Aktivitäten vorausgesetzt werden. Zusätzlich kennt dieses Prozessmodell noch *Work Items* (Tasks, Risks, Bugs, ...), die dazu dienen, die Verteilung und den Status (Zustandsübergänge) der einzelnen Arbeitspakete überwachen zu können. Diese beiden Varianten unterscheiden sich aufgrund der vorgegebenen Details.

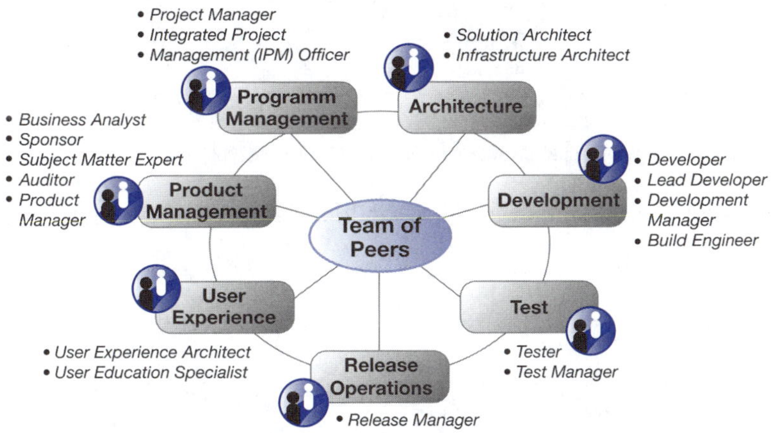

Abbildung 9.9: Aufgaben- und Rollenverteilung im MSF for CMMI Process Improvement nach Turner und Michael (2006)

Des Weiteren bilden sogenannte *Principles and Mindsets* einen grundlegenden Bestandteil von MSF. Die selbst erklärenden Slogans bezüglich der Prinzipien lauten gemäß Turner und Michael (2006): „Partner with customers", „Foster open communication", „Work toward a shared vision", „Quality is everyone's business, every day", „Stay agile, adapt to change", „Make development a habit" und „Flow a value". Als unterstützende Mindsets werden genannt: „Quality is defined by customer", „Pride of workmanship", „Team of peers", „Frequent delivery", „Willingness to learn", „Get specific early", „Quality of services" und „Citizenship". Aus diesen Slogans wird ersichtlich, dass sich dieses Prozessmodell nicht nur an Aktivitäten orientiert, sondern eine eigene Kultur hinsichtlich des Denkens und Handelns im Projekt etablieren will, unter besonderer Berücksichtigung agiler Aspekte.

Entwicklungsphilosophie

▶Abbildung 9.10 veranschaulicht die von MSF verwendete Entwicklungsphilosophie, wobei sich ein Projekt aus (mehreren) Iterationen und diese wiederum aus kleineren Einheiten, sogenannten *Builds* und *Check Ins*, zusammensetzt. Innerhalb einer Iteration spielen Themen wie der *Iteration Backlog* (Katalog von zu implementierenden Anforderungen), *Stakeholder Involvement* (Miteinbeziehung des Kunden) und *Iteration Launch* bzw. *Retrospective* (Start-Up und Beurteilung der Iteration) eine wichtige

Rolle. Jede Iteration sollte einen stabilen Teil an neuer Funktionalität (Inkremente) als Ergebnis liefern. Diese Aspekte verdeutlichen abermals die starke Anlehnung an bekannte und weit verbreitete agile Software-Entwicklungsprozessmodelle.

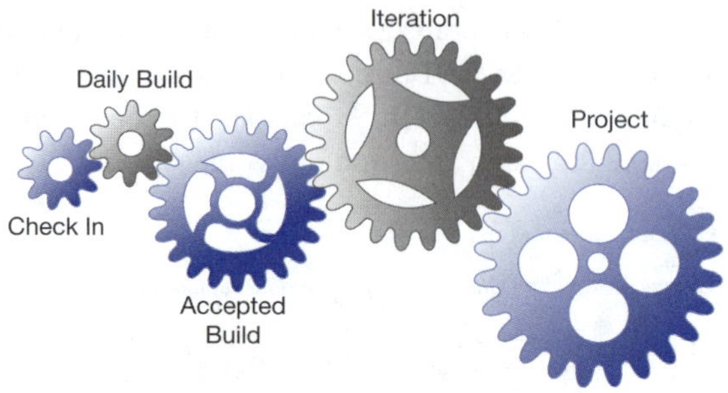

Abbildung 9.10: Entwicklungsphilosophie im MSF nach Turner und Michael (2006)

Ein typisches MSF-Projekt könnte gemäß ▶Abbildung 9.11 aufgebaut sein.

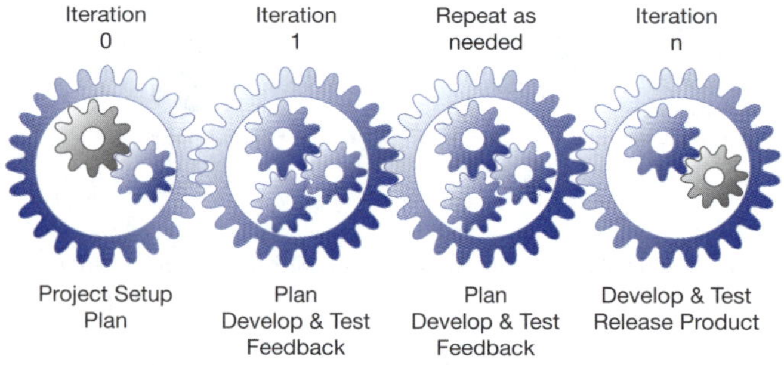

Abbildung 9.11: Iterationen im MSF modifiziert nach Turner und Michael (2006)

Nach dem Prinzip der iterativen und inkrementellen Entwicklung werden hintereinander Iterationen durchgeführt, wobei der Betrachtungsschwerpunkt im Laufe der Zeit variiert (von Planung über Entwicklung und Testen bis hin zur Auslieferung) und jede Iteration ein neues Inkrement (d.h. erweiterter Projektumfang und zusätzliche Funktionalität) hervorbringt.

Anpassungsmöglichkeiten

Der Benutzer kann unkompliziert eine Anpassung an die eigenen Bedürfnisse vornehmen, da das Prozessmodell zusammen mit einer Entwicklungsumgebung und den benötigten Tools bereitgestellt wird. Üblicherweise erfolgt eine Adaption dadurch, dass entweder eine der zwei mitgelieferten Varianten als Ausgangspunkt oder eine komplett eigene Vorgehensstrategie verwendet wird. Sämtliche Komponenten des MSF lassen sich durch den Metamodell-Ansatz komfortabel adaptieren und auch erweitern.

Abschließende Bemerkungen

Mit der aktuellen Version des MSF (v4.0) versucht Microsoft eine Kombination traditioneller Ansätze mit den in den letzten Jahren immer mehr an Bedeutung gewinnenden agilen Ansätzen. Die Integration des Prozessmodelles in das Produkt *Visual Studio Team System* bringt dem Benutzer eine Vielzahl von Vorteilen, speziell auch in Hinblick auf ein exaktes Anpassen an projektspezifische Gegebenheiten. Das *Visual Studio Team System* mit inkludiertem MSF stellt einen – aus industrieller Sicht – ernst zu nehmenden Konkurrenten für den IBM Rational Unified Process dar.

9.4 Von Personen geprägte Prozessmodelle

Auf Prozessmodelle, an deren Entstehung, Verbreitung und Weiterentwicklung bestimmte Personen(gruppen) hauptbeteiligt waren bzw. sind, wird in diesem Abschnitt näher eingegangen.

9.4.1 Scrum

Der Ursprung des Ausdrucks Scrum geht laut Schwaber und Beedle (2002) auf zweierlei Quellen zurück. Zum einen bezeichnet dieser Begriff eine *hyper-produktive Produktentwicklung*, die anfänglich in Japan verwendet wurde. Zum anderen verweist er auf eine beim Rugby angewandte *Strategie*, bei der eine adaptive, schnelle, selbst organisierende Vorgehensweise mit wenigen Ruhepausen angestrebt wird. Somit können die zentralen Werte dieses Prozessmodells folgendermaßen dargestellt werden: hohe Produktivität und Anpassungsfähigkeit, wenig Risiko und Ungewissheit und daraus folgend größerer Komfort für die Projektmitglieder.

Die Entwicklung des Software-Entwicklungsprozessmodelles Scrum geht im Wesentlichen auf Jeff Sutherland und Ken Schwaber zurück, während Mike Beedle insbesondere zur Verbreitung des Vorgehensmodelles beigetragen hat. Scrum hat seine Wurzeln in der *empirischen Prozesssteuerung*, die im Gegensatz zur definierten Prozesssteuerung über ständige Rückkoppelungen geführt wird. Voraussetzung hierfür sind regelmäßige Überprüfungen und Adaptierungen sowie die Sichtbarkeit des aktuellen Zustandes. Scrum eignet sich somit insbesondere für konkrete Entwicklungssituationen am Softwaresektor, die durch Schlagwörter wie Komplexität, Unvorhersagbarkeit und Einmaligkeit charakterisiert werden können.

Entwicklungsphilosophie

▶Abbildung 9.12 zeigt die Vorgehensstrategie von Scrum auf. Alle funktionalen und nichtfunktionalen Anforderungen werden in einem *Product Backlog*, gereiht nach Wichtigkeit, aufgelistet, wobei diese Liste während des Projektes ständig angepasst wird. Verantwortlich für dieses Verzeichnis ist der *Product Owner*, der die Inhalte für den *Product Backlog* von den Stakeholdern (z.B. von Benutzern, Kunden, Softwareentwicklern) erhält und die Priorisierung vornimmt. Er entscheidet somit, in welcher Reihenfolge das System erstellt wird. Die eigentliche Entwicklung wird von kleinen *Scrum Teams* (die Empfehlung lautet 7 Personen +/– 2 pro Team) durchgeführt.

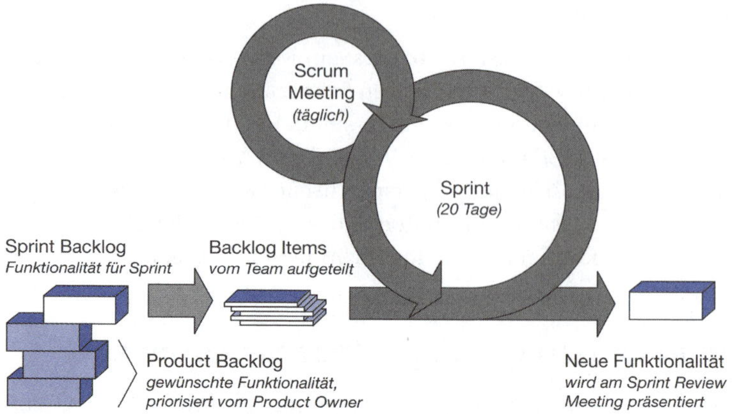

Abbildung 9.12: Vorgehensstrategie von Scrum nach Schwaber und Beedle (2002)

Das zentrale und wichtigste Element von Scrum ist der *Sprint*, der eine definierte Zeitdauer hat (in der Regel 30 Tage) und als die „Umsetzung einer Iteration" bezeichnet werden kann. Jeder Sprint muss mit der Fertigstellung einer neuen Funktionalität enden. Zu Beginn eines Sprints findet ein *Sprint Planning Meeting* statt, bei dem die Aufgaben für den bevorstehenden Sprint basierend auf den priorisierten Anforderungen des *Product Backlog* festgelegt und im *Sprint Backlog*, der aus einzelnen *Backlog Items* besteht, fixiert werden. Das Team verpflichtet sich damit zur Umsetzung der in den *Sprint Backlog* aufgenommenen Funktionalität. Des Weiteren wird in diesem Meeting ein *Sprint Goal*, ein bestimmtes Ziel, definiert, das die Ergebnisse des Sprints festlegt. Während des Sprints kann über einen *Burndown Chart*, welcher vom *Scrum Master* gepflegt wird, der aktuelle Fortschritt innerhalb des Sprints verfolgt werden.

Täglich findet überdies ein *Daily Scrum Meeting* statt, das der *Scrum Master* leitet. Dieses Treffen hat zweierlei Aufgaben: einerseits den Fortschritt des Projektes zu überwachen und andererseits Hindernisse zu erkennen und zu beseitigen.

Am Ende eines Sprints erfolgt ein *Sprint Review Meeting*, bei dem die neue Funktionalität, sozusagen das Inkrement, präsentiert und das *Sprint Goal* überprüft werden. Auf dieses Inkrement kann entweder aufgebaut werden oder aber es wird verworfen, was im schlimmsten Fall den Verlust von 30 Tagen nach sich zieht.

Daraufhin beginnt nach der Festlegung des neuen *Sprint Backlog* der nächste Sprint. Der Fokus liegt also ganz klar auf den durchzuführenden Aktivitäten. Im Ablauf kann der *Product Backlog* noch weiter unterteilt werden kann. Ein *Release Backlog* ist dabei jener Teil des *Product Backlog*, der die Funktionalität eines bestimmten Release beinhaltet und ebenfalls vom *Product Owner* festgelegt wird. Scrum bietet allerdings relativ geringe Anpassungsmöglichkeiten an eine bestimmte Entwicklungssituation. Das Modell macht Vorgaben, die dann auch eingehalten werden müssen, wobei kleinere Variationen aber durchaus möglich sind (z.B. geringfügige Änderung der Sprint-Dauer).

Elemente und Rollen

Im Folgenden wird auf die wesentlichen Elemente und Rollen innerhalb von Scrum detaillierter eingegangen.

Folgende zentrale Elemente charakterisieren Scrum:

- *Sprint*: Innerhalb eines Sprints wird versucht, so schnell wie möglich zum zuvor definierten Sprint Goal zu kommen. Auf welche Art und Weise dieses Ziel erreicht wird, insbesondere welche zusätzlichen Prozessmodelle für die Softwareentwicklung verwendet werden, bleibt dem Team überlassen. Auch hinsichtlich zu erstellender Dokumente macht Scrum keine Vorgaben, da das Wichtigste die gelieferte Funktionalität ist. Modelle, Entwürfe und Architekturen sind nur insofern nützlich, als sie das Verständnis des Teams fördern. Jeder Sprint liefert ein potenziell auslieferbares Softwaresystem. Sprints können jedoch auch abgebrochen werden.
- *Daily Scrum*: Dieses Meeting findet immer zur selben Zeit am selben Ort statt. Der Scrum Master stellt jedem Teammitglied folgende drei Fragen:
  - Was hast du seit dem letzten Meeting getan bzw. erreicht?
  - Was wirst du bis zum nächsten Meeting tun?
  - Was hindert dich daran, deine Arbeit zu tun bzw. dein Ziel zu erreichen?

Die Aufgaben des Scrum Masters während des Treffens bestehen darin, auf die Einhaltung der Regeln (keine Diskussionen, keine Themen, die über diese drei Fragestellungen hinaus gehen, ...) und des zeitlichen Rahmens zu achten (die Empfehlung lautet 15 Minuten), womit eine Konzentration auf die Aufgaben des aktuellen Sprints erreicht werden soll.

- *Product Backlog*: Diese nach Dringlichkeit geordnete Liste aller Anforderungen kann von allen Projektbeteiligten jederzeit eingesehen werden. Der Product Backlog ist äußerst dynamisch, da sich Anforderungen häufig ändern können, wobei nur der Product Owner Änderungen an dieser Liste vornehmen kann. Es ist außerdem möglich, dass mehrere Teams Inkremente parallel entwickeln, wobei alle Teams auf denselben Product Backlog aufsetzen.
- *Increment*: Bei Scrum entsteht ein Softwareprodukt in Inkrementen, wobei schon der erste, aber spätestens der zweite Sprint ein lauffähiges Softwaresystem (mit Kernfunktionalität) liefert.
- *Burndown Chart*: In dieses Diagramm werden vom Scrum Master tagesaktuelle Aufwandsschätzungen für den aktuellen Sprint eingetragen, um so den Fortschritt des Projekts zu verfolgen und möglichst bald Probleme und Hindernisse erkennen zu können (Stichwort *Sprint Signatures*).

Die einzelnen Rollen innerhalb von Scrum sollen im Folgenden erörtert werden:

- *Product Owner*: Neben der Hauptaufgabe, der Erstellung und Priorisierung des Product & Release Backlogs, ist diese Person wesentlich dafür verantwortlich, dass das Team frei von Störungen und Unterbrechungen bleibt. Diese Rolle muss genau von einer Person übernommen werden.

- *Scrum Team*: Die Mission des Teams ist die Umsetzung der über den Sprint Backlog geforderten Funktionalität bzw. die Erreichung des über das Sprint Goal bestimmten Ziels. Alle Teams sind selbst organisierend und autonom. Sie sind lediglich durch die organisatorischen Standards und Konventionen sowie durch die gewählte zu realisierende Funktionalität eingeschränkt. Wie die Funktionalität umgesetzt wird, kann allerdings jedes Team für sich entscheiden.
- *Scrum Master*: Die wesentliche Aufgabe dieser Rolle besteht darin, die Dynamik von Scrum zur ungestörten Entfaltung zu bringen, indem der Scrum Master einerseits auf die Umsetzung der Grundsätze und Regeln von Scrum achtet und andererseits das Team vor äußeren Einflüssen abschottet.

Abschließende Bemerkungen

Bei Scrum handelt es sich um ein Framework, das lediglich Vorgaben hinsichtlich des generellen Ablaufes eines Projektes gibt. Es werden allerdings weder Richtlinien bezüglich zu verwendender Software-Entwicklungsmethoden noch zu erstellender Dokumente definiert, so dass sich Scrum auf Softwareprojekte verschiedener Größe anwenden lässt.

Scrum wird von folgenden Charakteristika geprägt:

- Die Teams können sich selbst organisieren.
- Die Produktentwicklung erfolgt über Sprints. Funktionierende Softwaresysteme werden somit regelmäßig geliefert.
- Anforderungen werden in einer Liste, genannt Product Backlog, gesammelt.
- Geänderte Anforderungen werden begrüßt, auch zu einem späten Zeitpunkt des Projektes.
- Es sind keine spezifischen Software-Entwicklungsmethoden vorgeschrieben.
- Die Regeln fördern ein agiles Umfeld für die Erstellung von Softwaresystemen.

Durch die Einfachheit, klare Regeln und in Aussicht gestellte Produktivitätssteigerungen hat sich Scrum mittlerweile am Softwaresektor etabliert und findet besonders am US-amerikanischen Markt breite Unterstützung. Seine Relevanz verdankt Scrum aber vor allem dem Vermarktungsgeschick seiner Erfinder. Scrum beschränkt sich auf eine Methode zur Steuerung und Planung und beschreibt keine Aspekte der eigentlichen Softwareentwicklung. Daher spielt dieses Modell insbesondere bei *hybriden Ansätzen* eine wichtige Rolle. Durch die Kombination von Scrum mit XP (dieses Modell wird *XBreed* genannt) wird dies verdeutlicht.

9.4.2 eXtreme Programming (XP)

Dieses Vorgehensmodell wurde ursprünglich von Kent Beck, Ron Jeffries und Ward Cunningham als Reaktion auf überregulierte Prozessmodelle kreiert. Der Name XP kommt daher, dass hier anerkannte Prinzipien bzw. Verfahren, die in der Vielzahl an Literatur zum Thema Software-Entwicklungsprozessmodelle und -mMethoden untergegangen sind, in extremer Weise eingesetzt werden.

Am besten kann XP als „eine kompakte Methode zur Entwicklung von Software in kleinen bis mittelgroßen Teams, deren Arbeit vagen oder sich rasch ändernden Anforderungen unterliegt" (Beck, 2003) beschrieben werden. Als Hauptziel wird das termingerechte Abliefern von auftragsgemäßer Software gesehen. XP wirbt damit, mit den Risiken, die auf allen Ebenen des Entwicklungsprozesses anzutreffen sind (wie z.B. Terminverzögerungen, falsch verstandenes oder sich änderndes Geschäftsziel, Projektabbruch) umgehen zu können und die Kosten für Änderungen während des gesamten Softwareprojektes relativ konstant zu halten.

Werte – Prinzipien – Techniken – Rollen

Charakteristische Merkmale von XP sind das eigene Wertesystem, viele Prinzipien und ein System von Techniken, die einander gegenseitig in höchstem Maße unterstützen. Dieses zuvor angesprochene *Wertesystem*, sozusagen die gemeinsamen Wertvorstellungen der Mitarbeiter in einem XP-Projekt, besteht aus folgenden Komponenten:

- *Kommunikation*: Aufgrund mangelhafter Kommunikation kommt es innerhalb von Softwareprojekten oft zu Komplikationen, was in XP durch die Fokussierung auf diesen Aspekt vermieden werden soll. Durch ein kontinuierliches und persönliches Besprechen von Problemen, Aufgaben und Alternativen kann auch auf einen Großteil der sonst üblichen Dokumentation verzichtet werden. In XP herrscht die Meinung vor, dass die diversen Artefakte für den Projekterfolg sowieso nicht entscheidend sind und in der Regel der mit Kommentaren versehene Quellcode und ausführliche Tests ausreichen.
- *Einfachheit*: Nach dem Motto „What is the simplest thing that could possibly work" (Beck, 2003, S. 30) werden in XP einfache Lösungen angestrebt, weil diese kostengünstiger zu realisieren, leichter zu erklären, einfacher zu erweitern und zu warten sind als komplexe Lösungen. Danach können je nach Bedarf Erweiterungen vorgenommen werden.
- *Feedback*: Im Zusammenhang mit der Qualitätssicherung kommt Feedbacks in XP-Projekten eine wichtige Funktion zu. Diese Feedbacks können dabei auf unterschiedlichen Ebenen erfolgen, wie beispielsweise durch Komponententests (Feedback über die Korrektheit des Codes), Funktionstests (Feedback über den aktuellen Systemzustand) oder Überprüfen des Terminplans (Feedback über den Projektstatus).
- *Mut*: Alle zuvor erwähnten Werte erfordern von den Projektmitgliedern Mut. Zum Beispiel erfordert es Mut, die Softwarearchitektur umzubauen, Code wegzuwerfen oder ganz neue Ideen auszuprobieren.

Dieses Wertesystem zeigt deutlich auf, dass XP den Projektbeteiligten einen höheren Stellenwert beimisst als den Prozessen, Werkzeugen oder dem Produkt. Diese Werte sind allerdings zu abstrakt, um darauf aufbauend Entscheidungen zu treffen. Somit wurden aus diesen vier Werten fünf zentrale (und eine Reihe weiterer) *Prinzipien* abgeleitet, mit denen gearbeitet werden kann.

- *Unmittelbares Feedback*: Durch dieses Prinzip soll einerseits der Lernerfolg durch kurzen Abstand zwischen Aktion und Feedback positiv beeinflusst werden und andererseits verhindert werden, dass zu lange in eine unproduktive Richtung gedacht oder gearbeitet wird.
- *Einfachheit anstreben*: Einfache Lösungen haben den Vorteil, dass sie schneller zu erstellen bzw. zu ändern und leichter zu verstehen bzw. zu kommunizieren sind. Durch diese einfachen Lösungen ist man auf zukünftige Anforderungen auch ausgezeichnet vorbereitet, da diese unkompliziert geändert werden können.
- *Inkrementelle Veränderung*: Durch eine schrittweise Lösung von Problemen soll das Risiko von nicht zu kontrollierenden Seiteneffekten, die bei großen Veränderungen auftreten könnten, verhindert werden.
- *Veränderung wollen*: Durch die angestrebte Einfachheit müssen oft Veränderungen durchgeführt werden. Die Entwickler dürfen diese Änderungen (z.B. von Anforderungen oder Systemteilen) nicht als etwas Unerwünschtes auffassen, sondern sollen diese als Vorteil für das gesamte Projekt sehen. Sie müssen diese Veränderungen also wollen.
- *Qualitätsarbeit*: Für jedes Projektmitglied sollte das Ziel darin bestehen, möglichst qualitativ hochwertige Arbeit abzuliefern, was in weiterer Folge die Arbeitszufriedenheit und die Produktivität erhöht.

Weitere Prinzipien sind Lernen Lehren, Kleine Anfangsinvestitionen, Spielen, um zu gewinnen, Gezielte Experimente, Offene, ehrliche Kommunikation, Die Instinkte der Mitarbeiter (des Teams) nutzen, nicht dagegen arbeiten, Verantwortung übernehmen, An örtliche Gegebenheiten anpassen, Mit leichtem Gepäck reisen und Ehrliches Messen. Für nähere Ausführungen hierzu siehe Beck (2003).

Unterstützt werden diese vier Werte und (im Kern) fünf Prinzipien durch zwölf Techniken, die einfach erlernt und eingesetzt werden können. ▶Abbildung 9.13 zeigt einen Überblick über die Techniken und deren Verbindungen.

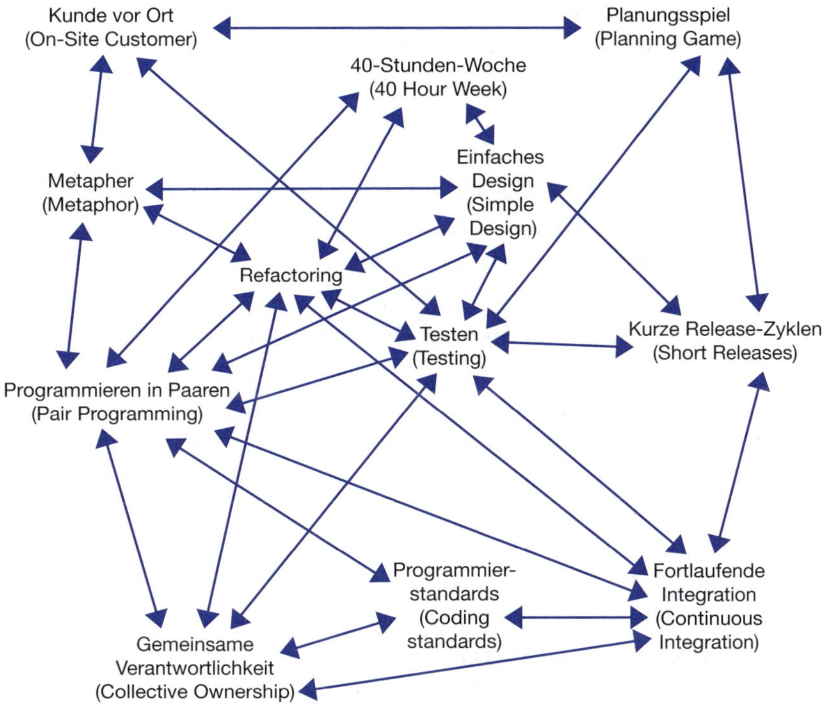

Abbildung 9.13: Zusammenhang der XP-Techniken nach Beck (2003)

Die Wechselwirkungen zwischen einzelnen Techniken sind hier durch Pfeile gekennzeichnet, wobei dem Verständnis dieser Beziehungen insbesondere im Hinblick auf Anpassungen große Bedeutung zukommt, um Seiteneffekte zu vermeiden. Korrelierte Techniken unterstützen einander, so dass potenzielle Schwächen durch Stärken ausgeglichen werden. Beispielsweise kann ein Kunde vor Ort die Technik *Planungsspiel* dadurch unterstützen, dass er am Planungsspiel teilnimmt und somit Story-Cards schreibt und priorisiert, Fragen beantwortet oder bei Planänderungen mitwirkt. Im Folgenden sollen die zwölf Techniken, als das Kernstück von XP, beschrieben werden:

- *Kunde vor Ort*: Der Kunde (der spätere Anwender) arbeitet mit dem gesamten Projektteam (maximal zwölf Personen) zusammen und ist stets für auftretende Fragen verfügbar.
- *Planungsspiel*: XP-Projekte werden iterativ und inkrementell abgewickelt, wobei der Inhalt des nächsten Inkrements in einem Planungsspiel über sogenannte *Story Cards* festgelegt wird. Durch diese Karten werden die Anforderungen des Kunden bestimmt und hierzu Aufwandsschätzungen von den Entwicklern durchgeführt, woraus dann priorisierte Anforderungen entstehen.

- *Metapher*: Über eine Metapher soll das Projektteam hinsichtlich der zu entwickelnden Anwendung unterstützt werden, indem es den Beteiligten erleichtert wird, „die grundlegenden Bestandteile und deren Beziehung zueinander zu verstehen" (Beck, 2003, S. 56).
- *Kurze Release-Zyklen*: Das Ziel sollte es sein, in möglichst kurzen Abständen (ein Tag bis maximal vier Monate) dem Anwender neue bzw. geänderte Versionen zur Verfügung zu stellen.
- *Testen*: Häufigem Testen kommt besondere Bedeutung zu, sei es durch Komponenten-, Funktions- oder andere Tests.
- *Einfaches Design*: Einfachheit als zentrales Prinzip spielt durchgehend eine entscheidende Rolle.
- *Refactoring*: Die Umstrukturierung von Software unter Beibehaltung der Funktionalität ist in Hinblick auf ein einfaches Design und das Entfernen von überflüssigem Code nützlich.
- *Programmieren in Paaren*: Zwei Entwickler programmieren gemeinsam an einem Computer, um einerseits die Qualität der entwickelten Software zu erhöhen und andererseits die Verbreitung von Wissen hinsichtlich des gerade in der Entwicklung stehenden Softwaresystems zu fördern.
- *Gemeinsame Verantwortlichkeit*: Dieses Prinzip besagt, dass alle Entwickler für das Softwaresystem gemeinsam verantwortlich sind und jeder Programmierer zu jeder Zeit jeglichen Quellcode ändern darf.
- *Fortlaufende Integration*: Vorgenommene Änderungen werden ständig integriert, so dass diese geänderten Komponenten den anderen Programmierern frühzeitig zur Verfügung stehen. Dadurch wiederum werden Probleme schneller erkannt und in Summe wird der Integrationsaufwand gesenkt.
- *Programmierstandards*: Um das Programmieren in Paaren und die gemeinsame Verantwortlichkeit zu ermöglichen, müssen Standards festgelegt werden.
- *40-Stunden-Woche*: Durch diese Beschränkung soll die Kreativität und der Einsatz der Entwickler gefördert werden.

Erst mit dem Einsatz aller dieser Techniken kommt die Bedeutung von XP voll zum Tragen. Mitunter ist nicht definiert, ob es sich immer noch um XP handelt, wenn man einen oder mehrere dieser zentralen Punkte weglässt. Beck selber meint diesbezüglich, dass es kein „Alles oder Nichts" gibt, sondern dass einzelne Elemente durchaus große Vorteile bringen können, man aber sehr viel mehr gewinnen könne, wenn man alle Einzelteile zusammenfügt. In der breiten XP-Community werden mittlerweile auch Erweiterungen zu diesem Modell diskutiert, wobei sich solche insbesondere bei größeren Projekten (mehr als zehn bis fünfzehn Entwickler) oder verteilten Entwicklungsstandorten eignen.

Beispiel 9.2

Bienenstockmetapher

Eine Metapher im XP soll eine gemeinsame „Sicht“ bzw. ein „Muster“, wie das System (für eine Story oder Funktion) funktionieren soll, bieten. Metaphern werden oftmals visuell erstellt. Ein typisches Beispiel für eine Metapher ist der „Bienenstock“ (▶Abbildung 9.14). Diese wird oft für die Erklärung der Architektur für agentenbasierte Systeme verwendet.

Abbildung 9.14: Metapher Bienenstock

XP sieht auch eine Reihe von Rollen vor, die im Folgenden erläutert werden, wobei eine Person mehrere Rollen übernehmen und eine Rolle von mehreren Personen angenommen werden kann:

- *Entwickler bzw. Programmierer*: Die Programmierung, Aufwandsschätzungen und Testerstellung sind die wesentlichen Aufgaben dieser Rolle, wobei ein großes Maß an Teamfähigkeit gefragt ist.
- *Kunde*: Diese Rolle erstellt über Story-Cards bzw. priorisiert die Anforderungen und entscheidet im Endeffekt mittels Akzeptanztests, ob eine Anforderung den Ansprüchen genügt. Ein Kunde steuert somit ein XP-Projekt, ohne es aber kontrollieren zu können.
- *XP-Trainer*: Die Führung des gesamten XP-Teams und die Einhaltung der XP-Prinzipien sind die Hauptfunktionen dieser Rolle, wobei zu starke Führung Unselbstständigkeit verursacht.
- *Verfolger*: Diese Rolle übernimmt das Sammeln von Daten zum Projektstatus durch Befragen der Entwickler und das daraus resultierende Erkennen von bzw. Reagieren auf Probleme.
- *Tester*: Dieser unterstützt den Kunden bei der Erstellung der Akzeptanztests und führt diese dann durch.
- *Berater*: Er berät das Projektteam bei Fragen zu speziellen Technologien.
- *Big Boss*: Diese Rolle ist vor allem dazu da, „dem Team Mut und Zuversicht zu geben und gelegentlich darauf zu bestehen, dass das Team das tut, was es zu tun behauptet“ (Beck, 2003, S. 147).

Nach Beck (2003) sind zur erfolgreichen Umsetzung eines XP-Projektes bereits die Rollen Programmierer, Kunde, XP-Trainer und Verfolger ausreichend, wobei diesbezüglich aber gegensätzliche Ansichten existieren.

Entwicklungsphilosophie

Die von XP verwendete Vorgehensstrategie wird anhand von ▶Abbildung 9.15 verdeutlicht. Zu Projektbeginn werden demnach die Anforderungen mittels *User Stories* festgehalten sowie ein Prototyp hinsichtlich der Architektur (*Architectural Spike*) erstellt, um frühzeitig auf technische oder designspezifische Probleme aufmerksam zu werden. Innerhalb der Release-Planung (*Planungsspiel*) werden der Aufwand für alle *User Stories* geschätzt, die in der nächsten Iteration umzusetzenden Anforderungen priorisiert und der gesamte Plan über potenziell entwickelte Modelle abgesichert. Die *User Stories* werden daraufhin in mehreren Iterationen umgesetzt, wobei eventuell der Release-Plan angepasst werden muss. Der aus einer Iteration hervorgegangene Code wird mittels Akzeptanztests geprüft und entweder in der nächsten Iteration korrigiert oder als Release freigegeben. Die Vorgangsweise ist bei diesem Modell also durch die durchzuführenden Aktivitäten geprägt.

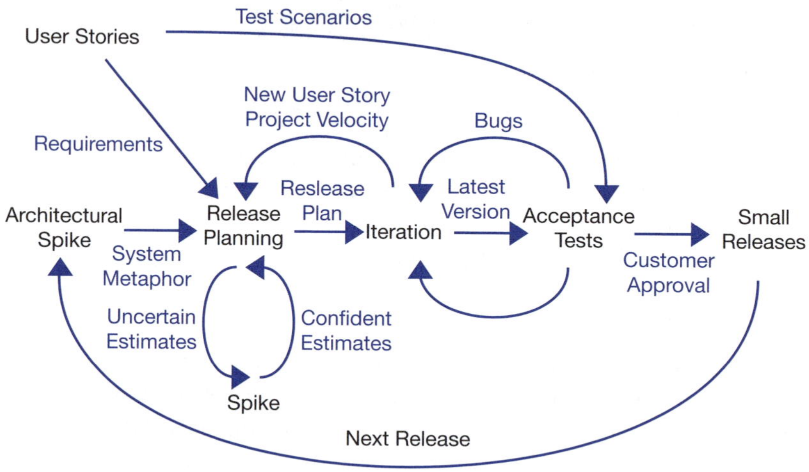

Abbildung 9.15: Ein XP-Projekt nach Beck (2003)

Abschließende Bemerkungen

Bei XP handelt es sich um ein Vorgehensmodell, das das Programmieren zu einer „Schlüsselaktivität während der gesamten Dauer eines Softwareprojekts“ (Beck, 2003) erklärt, durch die definierten Werte, Prinzipien und Techniken hohe Produktivität anstrebt und genügend Spielraum für eigene Interpretationen lässt. Durch zum Teil extrem kurze Zyklen werden frühzeitiges und fortwährendes Feedback unterstützt, wodurch relativ leicht auf sich ändernde Anforderungen reagiert werden kann. Dieser menschenorientierte Ansatz verlangt allerdings auch ein gewisses Maß an Disziplin. Dabei verhindern besonders große Teams, misstrauische Kunden und eine Technologie, die Veränderungen nicht unterstützt, eine erfolgreiche Umsetzung von XP.

Fallstudie

XP im Fallbeispiel Stadt21

Das Projekt Stadt21 wurde als eXtreme-Programming-Projekt realisiert. Die Bereitschaft des Auftraggebers, eng mit den Entwicklern zusammenzuarbeiten, und der Wunsch, rasch eine nutzbare Version des Softwaresystems zur Verfügung zu haben, haben die Entscheidung beeinflusst, einen agilen Prozess zu nutzen. Viele XP-Techniken konnten direkt umgesetzt werden. Manche Techniken wurden angepasst:

- *Kunde vor Ort*: Der Kunde war zwar nicht jederzeit im Entwicklungslabor, stand jedoch jederzeit und kurzfristig zur Verfügung.
- *Planungsspiel*: Das Planspiel wurde zwar nicht mit den in agilen Projekten üblichen Papierkarten, aber gemäß Priorität und Aufwand durchgeführt.
- *Metapher*: Als Metapher dienten die zuvor etablierten Papierprozesse und entsprechenden Formulare.
- *Kurze Release-Zyklen*: Es wurden kurze (ein bis zwei Monate), aber im Gegensatz zum Fallbeispiel LiSaMe keine fixen Release-Zyklen umgesetzt.
- *Testen*: Sowohl automatisierte Komponententests (JUnit) als auch manuelle Funktionstests wurden umfassend durchgeführt. Des Weiteren wurde ein Performance-Test durchgeführt.
- *Einfaches Design*: Es wurde sehr viel Wert auf ein einfaches User-Interface-Design gelegt. Dies war einer der wesentlichen Erfolgsfaktoren für das Projekt. Das technische Design wurde mithilfe einer sehr simplen selbst entwickelten Prozessengine realisiert. Die Prozesse in Stadt21 sind grundsätzlich kompakt und folgen einem sehr einfachen Metamodell. Eine komplexe Prozessengine hätte das Design unnötig verkompliziert. Gemäß dem in der agilen Gemeinde populären Motto „*YAGNI – You ain't gonna need it*“ wurde genau das implementiert, was gerade benötigt wird, und nicht mehr. Sollte man in Zukunft dennoch ein komplexeres Metamodell für Prozesse benötigen, wurde die Prozessengine darauf vorbereitet und sie kann verhältnismäßig einfach erweitert werden oder durch eine leistungsfähigere ersetzt werden.
- *Refactoring*: Refactoring wurde ständig während der Entwicklung betrieben. Die eingesetzte Entwicklungsumgebung (Eclipse) bietet eine umfassende Refactoring-Unterstützung.
- *Programmieren in Paaren*: Diese Technik wurde nicht gemäß dem Modell umgesetzt. Zwar wurde im Entwicklungslabor immer paarweise gearbeitet, jedoch jeweils mit einer eigenen Entwicklungsumgebung. Dies erhöht die Qualität deutlich – man kann sich direkt austauschen und informell den Code des anderen reviewen –, aber es entspricht nicht dem Konzept des Pair Programming. Hierbei würden zwei Entwickler an ein und derselben Entwicklungsumgebung gleichzeitig arbeiten.

- *Gemeinsame Verantwortlichkeit*: Dieses Prinzip wurde vollständig durch die *Collective Code Ownership* umgesetzt. Zwar waren die Entwickler jeweils für einen Teil hauptverantwortlich, jedoch konnte jeder Entwickler am gesamten Quellcode Änderungen vornehmen und im Urlaubsfall konnte die Arbeit weitergeführt werden.
- *Fortlaufende Integration*: Hierzu wurde eine Continous Integration (CI)-Infrastruktur auf Basis von CruiseControl genutzt. Es wurde ein täglicher Stand integriert (*Daily Build*).
- *Programmierstandards*: Die Programmierstandards wurden vom hauptverantwortlichen Entwickler festgelegt, im Entwicklungs-Wiki dokumentiert und in Form von wechselseitigen Code-Reviews und mit dem Werkzeug Checkstyle geprüft.
- *40-Stunden-Woche*: Diese Beschränkung wurde grundsätzlich eingehalten. Kurz vor einem Release wird die Zeit immer knapp und man muss dann bei Verzicht auf Überstunden im Fall eines Rückstandes entscheiden, ob ein Feature aus dem Release entfernt wird oder ob der Release-Termin verschoben wird. Im Fall von Stadt21 wurde in diesem Fall der Release-Termin fixiert und das Feature auf ein späteres Release verschoben. Wichtig ist hierbei, die Entwicklung so zu gestalten, dass ein einzelnes Feature auch potenziell ausgelassen werden kann, ohne dass (durch Abhängigkeiten zwischen den Features) größere Funktionsblöcke für ein Release entfallen.

9.5 Von Gremien/Konsortien geprägte Prozessmodelle

Die von Gremien bzw. Konsortien geprägten Prozessmodelle sind der Bestandteil dieses Abschnitts.

9.5.1 V-Modell 97

Dieses Vorgehensmodell wurde zwar mittlerweile vom im nachfolgenden Unterabschnitt beschriebenen V-Modell XT als Standard für alle IT-Projekte von deutschen Bundesbehörden im zivilen und militärischen Bereich abgelöst, wird aber aus zweierlei Gründen trotzdem betrachtet. Einerseits ist der Nachfolger, das V-Modell XT, erst seit dem 4.11.2004 verbindlich und es werden sicherlich momentan noch Projekte abgewickelt, die auf dem V-Modell 97 aufbauen. Andererseits gibt es eine Vielzahl von Unternehmen, die dieses Prozessmodell (oder eine Abwandlung davon) freiwillig verwendet haben und in Zukunft weiter nutzen werden.

Das V-Modell wurde Anfang der 1990er Jahre mit dem Vorhaben entwickelt, alle bisherigen Ansätze hinsichtlich einer ingenieurmäßigen Softwareentwicklung unter einen Hut zu bringen und das Resultat in der Folge für alle verfügbar zu machen. Im Jahre 1992 wurde die erste Fassung für alle Bundesbehörden als Rahmenregelung empfohlen. Seit

1994 standen weitgehende Änderungswünsche an, die zu einer Überarbeitung im Jahre 1997 führten und schließlich im V-Modell 97 resultierten. Dieses Prozessmodell ist ausgerichtet auf die Durchführungsphase und deckt insgesamt mehrere Aspekte ab (Dröschel, 2000; Bund, 1997). Es dient:

- als Vertragsgrundlage bei der Auftragsvergabe
- als Arbeitsanleitung für die Softwareentwicklung
- als Kommunikationsbasis zwischen den beteiligten Parteien.

Aufbau

▶Abbildung 9.16 gibt einen Überblick über den Aufbau und die grundlegende Idee des V-Modells 97. Das V-Modell 97 besteht aus drei Ebenen:

1. *Vorgehensweise*: Diese stellt den Dreh- und Angelpunkt des gesamten Modells dar und beschäftigt sich mit der Frage „Was ist zu tun?". Es beschreibt, welche Tätigkeiten durchzuführen sind, welche Ergebnisse produziert werden müssen und aus welchen Inhalten diese zu bestehen haben. Diese Ebene untergliedert sich selbst wieder in:

   1. Regelungsteil: Enthält Bestimmungen hinsichtlich durchzuführender Aktivitäten und zu erstellender Produkte.
   2. Behördenspezifische Ergänzungen: Richtet sich an die Auftraggeberseite bei den Behörden und enthält Informationen für die Anwendung des Prozessmodells.
   3. Handbuchsammlung: Kann als eine Art Hilfe für den Anwender verstanden werden und beinhaltet Themen wie Rollenkonzepte oder Tailoring.

2. *Methoden*: Die Frage „Wie ist etwas zu tun?" steht hier im Mittelpunkt. Es erfolgt eine Zuordnung von Elementarmethoden zu den Aktivitäten, die aus der Vorgehensweise hervorgehen. Es gibt keine verbindlich anzuwendenden Methoden, wodurch eine gewisse Methodenneutralität angestrebt wird.

3. *Werkzeuganforderungen*: „Womit ist etwas zu tun?" soll hier geklärt werden. Außerdem werden die funktionalen Eigenschaften, die die einzusetzenden Werkzeuge aufweisen müssen, festgelegt.

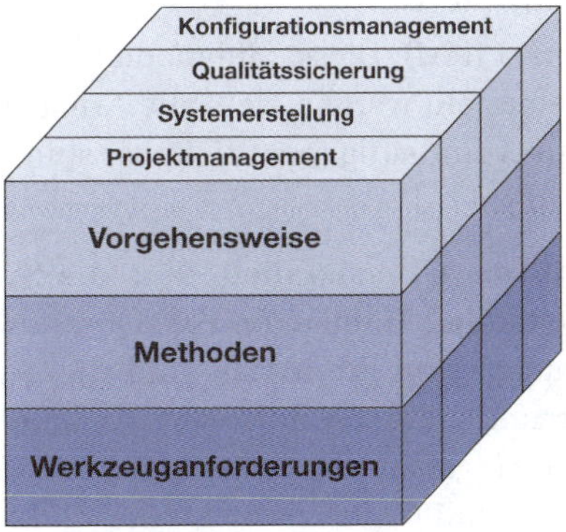

Abbildung 9.16: V-Modell 97, Untergliederungsübersicht nach Bund (1997)

Die *Ebene der Vorgehensweise* kann als die wichtigste bezeichnet werden und muss als Grundlage für alle darauf aufbauenden Maßnahmen vorliegen. Der Bedeutung der Vorgehensweise hat das V-Modell auch seinen Namen zu verdanken, wobei das eigentliche Prozessmodell mit dem Namen „Entwicklungsstandard für IT-Systeme des Bundes“ ja aus allen drei Teilen besteht, als Kurzform aber oft als V-Modell bezeichnet wird. In den weiteren Ausführungen soll das Augenmerk auf den Kern des Standards, die Vorgehensweise, gerichtet werden.

Zu den drei Ebenen kommen *vier Tätigkeitsbereiche*, sogenannte Submodelle hinzu (siehe ▶Abbildung 9.17), für die die Vorgehensweise sowie die Methoden und Werkzeuganforderungen festgelegt sind. Die *Submodelle* werden im Folgenden erläutert:

- *Projektmanagement* (PM): Hat die Aufgabe der Planung, Steuerung und Kontrolle des Vorgehens innerhalb des Softwareprojektes. Ein wichtiger Bestandteil dieses Tätigkeitsbereiches ist das Festlegen und Dokumentieren der einzelnen Schritte, die im Projekt durchgeführt werden müssen, im Projekthandbuch, was über das Tailoring erfolgt. Im V-Modell 97 wird unterschieden zwischen einem einmal und einem wiederholt durchzuführenden Tailoring. Das *einmalige Tailoring* kann entweder über ein Tailoring mit Streichbedingungen (Streichung von Aktivitäten und Produkten bei Beachtung von Mindestanforderungen) oder ein standardisiertes Tailoring (Heranziehen von typischen Aktivitäten und Produkten für ein Vorhaben mit bestimmten Charakteristika) zu Beginn des Projektes erfolgen. Ein mehrmaliges Anpassen wird *Technisches Tailoring* genannt und kann während des Projektverlaufes, falls zu Projektbeginn festgelegt, durchgeführt werden. Die Durchführung eines Tailorings für das V-Modell 97 erfordert in jedem Fall eine genaue Kenntnis des Modells und viel Erfahrung.
- *Systemerstellung* (SE): In diesem Submodell sind alle jene Aktivitäten beschrieben, die im Zusammenspiel mit den anderen Tätigkeitsbereichen zu einem funktionsfähigen Softwaresystem führen, also die eigentliche Erstellung des Softwareproduktes betreffen.
- *Qualitätssicherung* (QS): Hier steht die Prüfung der Produkte, die Einhaltung der Qualitätsanforderungen und Standards im Mittelpunkt. Diese Tätigkeiten werden von einer oder mehreren unabhängigen Personen übernommen, also nicht von den Entwicklern selbst durchgeführt.
- *Konfigurationsmanagement* (KM): Dieses Submodell übernimmt die Verwaltung der Produkte. Hier soll sichergestellt werden, dass alle Artefakte in ihrem Zustand und in ihrem Zusammenhang stets eindeutig identifizierbar sind, so dass eine geeignete Versionsverwaltung notwendig wird.

Aufgrund dieser Ausführungen ist ersichtlich, dass die Systemerstellung durch die Miteinbeziehung der begleitenden Tätigkeiten PM, QS und KM nicht isoliert betrachtet wird. Durch den Austausch von Produkten sind diese vier Submodelle überdies sehr eng miteinander verzahnt und beeinflussen einander (siehe Abbildung 9.17). Hier sind die wesentlichen Aufgaben jedes Tätigkeitsbereiches sowie das Zusammenspiel der Submodelle ersichtlich.

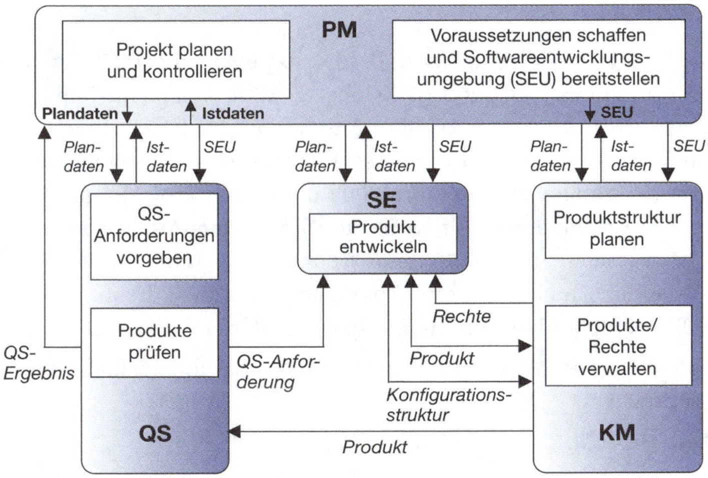

Abbildung 9.17: Die vier Submodelle im V-Modell 97 nach Bund (1997)

Entwicklungsphilosophie

Die Entwicklung im V-Modell 97 erfolgt inkrementell. Zu Beginn wird die Gesamtfunktionalität abgegrenzt und die einzelnen Funktionen des Softwaresystems werden priorisiert. Die einzelnen Funktionen werden dann gemäß ihrer Priorität (in der Regel die wichtigeren zuerst) zu Ausbaustufen zugeordnet und im Rahmen dieser umgesetzt. Dabei muss jeweils die nächste zu implementierende Ausbaustufe detailliert beschrieben werden. Das Ergebnis einer Stufe wird den Endanwendern zur Verfügung gestellt und ausgehend von deren Feedback erfolgt eine Überarbeitung des Gesamtplans und wiederum eine Detailplanung der nächsten Ausbaustufe. Der Umfang des Systems wächst somit ausgehend von einer Basisfunktionalität stetig an.

Neben der inkrementellen Entwicklung gibt es auch noch die Möglichkeit der traditionellen Form, bei der die Systemerstellung in einer Ausbaustufe erfolgt, was als „*Grand Design*" bezeichnet wird und einen Spezialfall der inkrementellen Entwicklung darstellt.

Abschließende Bemerkungen

Mit dem V-Modell 97 wurde versucht, „einen Standard zu schaffen, der ohne Einschränkung durch technische und organisatorische Rahmenbedingungen unterschiedlichste Anwendungsaspekte abdecken kann" (Dröschel, 2000, S. 12). Hierzu ist es aber unerlässlich, dass dieser umfangreiche Standard an ein Entwicklungsvorhaben angepasst wird, was viel Erfahrung und Modellkenntnis erfordert. Dieses Prozessmodell beinhaltet neben dem tatsächlichen Vorgehen hinsichtlich der Softwareentwicklung überdies Vorschläge zu passenden Methoden bzw. Anforderungen an einzusetzende Werkzeuge.

Einerseits verspricht das V-Modell 97 Vorteile wie etwa verbesserte Kommunikation, Produktivitätsgewinn oder bessere Kalkulation. Andererseits gibt es aber auch Kritik hinsichtlich des Umfanges des Modells, bezüglich des hohen Aufwandes bei der Erstanwendung als auch angesichts der Tatsache, dass durch die Empfehlung von Methoden eigentlich keine Methodenneutralität mehr gegeben ist.

9.5.2 V-Modell XT

Der Zusatz „XT“ steht bei diesem Modell für „extreme tailoring“ bzw. für „extendable“. Das ursprüngliche V-Modell 97 (siehe S. 398) wurde im Jahre 1997 fertiggestellt. Seitdem wurde aber keine weitere Entwicklung betrieben, wodurch es nicht mehr den aktuellen Stand hinsichtlich der Informationstechnologie widerspiegelt. Aus diesem Grunde erfolgte ab dem Jahre 2002 unter dem Projektnamen WEIT („*Weiterentwicklung des Entwicklungsstandards für IT-Systeme des Bundes auf Basis des V-Modell 97*“, nach Hagen, 2005, S. 29) eine Weiterentwicklung und wesentliche Überarbeitung des V-Modells, an der sowohl Universitäten als auch diverse Firmen beteiligt waren. Gemäß Bund (2004) wurden hierbei insbesondere folgende Ziele verfolgt:

- Bessere Anpassungs- und Anwendungsmöglichkeit bei unterschiedlichen Projekten und Organisationen
- Skalierbarkeit hinsichtlich verschiedener Projektgrößen
- Bessere Änderungs- und Erweiterungsmöglichkeiten des Modells selbst
- Anpassung an die aktuellen Normen und Vorschriften
- Betrachtung des gesamten Systemlebenszyklus
- Unterstützung der Einführung sowie Verbesserung des Modells selbst und Anpassung an organisationsspezifische Gegebenheiten

Das V-Modell XT wurde schließlich am 4.11.2004 als verbindlich für neue IT-Projekte in der Bundesverwaltung vorgeschrieben, wobei von der Bundesverwaltung selbst angestrebt wird, dass sich dieses Prozessmodell als europäischer Standard durchsetzt. Petrasch und Höppner (2004) betonen, dass neben der reinen Durchführungsphase bei Softwareentwicklungs-Projekten im V-Modell XT nun auch die Planung und Vorbereitung von frühen Phasen sowie von Inbetriebnahme- und Betriebsphase bzw. Wartung und Pflege unterstützt werden.

Vorgehensbausteine

Die modularen Einheiten des V-Modell XT bilden sogenannte Vorgehensbausteine, die inhaltlich zusammengehörende Produkte, Rollen und Aktivitäten kapseln und dabei eine konkrete Aufgabenstellung abdecken, die im Projekt auftreten kann, wie beispielsweise die SW-Entwicklung oder das Projektmanagement. Insgesamt gibt es 19 dieser Bausteine, wobei diese eigenständig verwendet und für die Erstellung eines projektspezifischen Prozessmodells benutzt werden können. ▶Abbildung 9.18 gibt einen Überblick über die Vorgehensbausteine und deren Zusammenhang.

Diese Darstellung veranschaulicht, dass Vorgehensbausteine aufeinander aufbauen und daher gewisse Abhängigkeiten zu beachten sind. Beispielsweise bedingt die Verwendung des Bausteins „SW-Entwicklung“ auch den Einsatz von „Systemerstellung“. Ein Vorgehensbaustein ist überdies im Rahmen des Tailoring von entscheidender Bedeutung. Er kann eigenständig und unabhängig verändert und erweitert werden, wobei ein projektspezifisches Anpassen auch ohne genaue Kenntnis der im Baustein enthaltenen Produkte, Rollen und Aktivitäten möglich ist. Im Rahmen des V-Modell

XT gibt es *drei unterschiedliche Projekttypen*: ein Systementwicklungsprojekt eines Auftraggebers bzw. eines Auftragnehmers und die Einführung und Pflege eines organisationsspezifischen Vorgehensmodells. Das heißt, dass in diesem Vorgehensmodell einerseits eine Trennung zwischen der Auftraggeber- und Auftragnehmersicht vorgenommen und andererseits explizit die Implementierung und Weiterentwicklung des V-Modell XT im Unternehmen unterstützt wird.

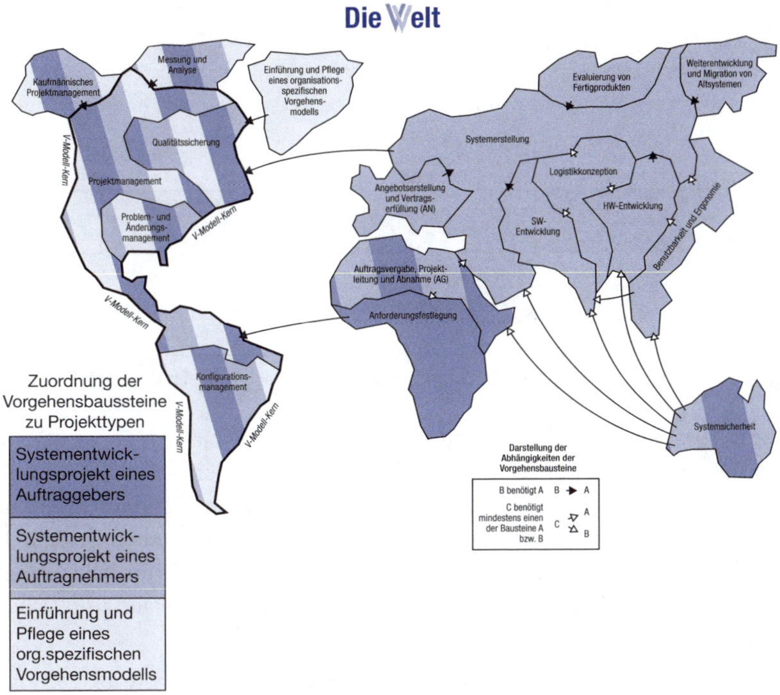

Abbildung 9.18: Vorgehensbausteine im V-Modell XT nach Bund (2004)

Manche Bausteine betreffen nur die Auftraggeber- bzw. Auftragnehmerseite, manche sind für beide relevant und beziehen sich auf die Entwicklung eines organisationsspezifischen Vorgehensmodells. Bestimmte Vorgehensbausteine müssen auf jeden Fall verwendet werden, stellen somit den V-Modell-XT-Kern dar und sind in Abbildung 9.18 innerhalb der dicken Umrandung zu finden. Ein Vorgehensbaustein legt somit fest, was in einem Projekt zu tun ist (welche Aktivitäten durchzuführen und welche Produkte zu erstellen sind) und wer etwas zu tun hat (welche Rolle für welches Produkt verantwortlich ist).

Projektdurchführungsstrategien

Da Vorgehensbausteine keine Vorgaben bezüglich eines möglichen Projektablaufes geben, muss dieser eigens entwickelt werden. Dafür wird dem V-Modell-XT-Anwender eine Auswahl an sogenannten Projektdurchführungsstrategien bereitgestellt. Eine solche Strategie definiert einen grundlegenden Rahmen für die geordnete und nachvollziehbare Durchführung eines Projektes und legt eine Reihenfolge von *Projektfortschrittsstufen* fest, die im Projekt zu erreichen sind. Eine Projektdurchführungsstrategie gibt aber nur einen Rahmenplan vor und wird in der Regel durch projektspezifische Ausgestaltungen im Zuge der Projektplanung erweitert. ▶Abbildung 9.19 zeigt die möglichen Projektdurchführungsstrategien und deren Zuordnung zu den Projekttypen.

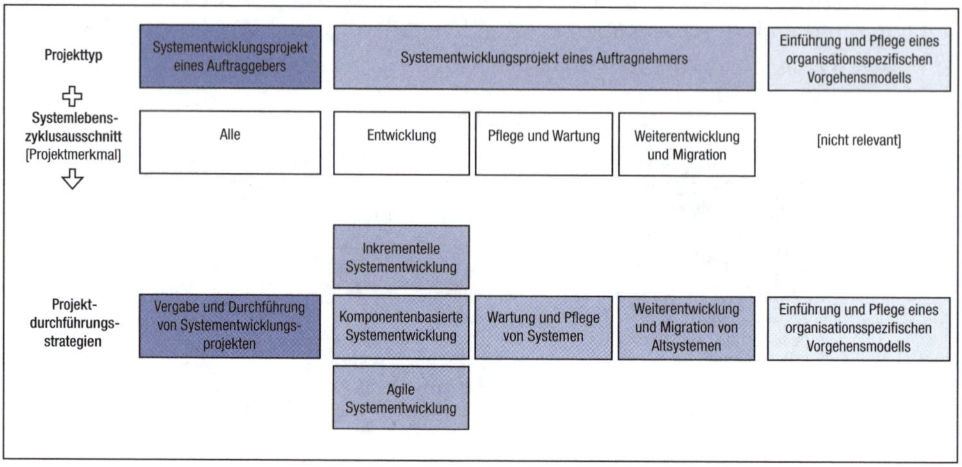

Abbildung 9.19: Zuordnung von Projektdurchführungsstrategien zu Projekttypen im V-Modell XT nach Bund (2004)

Abbildung 9.19 zeigt, dass das V-Modell XT für jeden Projekttypen mindestens eine anwendbare Projektdurchführungsstrategie anbietet. Welche Strategie nun für ein konkretes Projekt (mit einem bestimmten Typ) passt, kann mit dem Projektmerkmal *Systemlebenszyklusausschnitt* ermittelt werden. Momentan stehen jedoch lediglich auf der Auftragnehmerseite unterschiedliche Projektdurchführungsstrategien bereit, wobei besonders die möglichen Entwicklungsstrategien interessant sind. Diese lassen sich folgendermaßen darstellen:

- *Komponentenbasierte Systementwicklung* (SE): Es wird davon ausgegangen, dass ein neues System zum Großteil durch das Zusammensetzen bestehender Komponenten erstellt werden kann. Anforderungen müssen zu Beginn feststehen (Änderungen sind möglich, erfordern aber viel Zusatzaufwand). Eine stufenweise Implementierung kann vorgenommen werden.
- *Inkrementelle SE*: Auch hier müssen die Anforderungen bereits zu Projektbeginn klar festgelegt werden. Änderungen sind auch bei dieser Art der Entwicklung möglich und werden über Zusatzverträge geregelt. Die Inkremente werden in Stufen erzeugt.
- *Agile SE*: Diese wird im V-Modell XT dann vorgeschlagen, wenn Anforderungen an ein System nicht zur Gänze vorab definiert werden können, hohe Realisierungsrisiken vorhanden sind und die Präsenz des Auftraggebers auf der Auftragnehmerseite angestrebt wird. Auch hier wird das Softwaresystem in einzelnen Stufen realisiert.

Die komponentenbasierte und die inkrementelle SE entsprechen dabei eher einem traditionellen Ansatz, während die agile SE die dafür namensgebende Herangehensweise verfolgt.

Entscheidungspunkte

Ein Entscheidungspunkt markiert das Erreichen einer Projektfortschrittsstufe und legt fest, welche Menge an Produkten zu diesem Zeitpunkt fertiggestellt sein muss. Somit wird zusammen mit der Projektdurchführungsstrategie das „Wann" und „Was" festgelegt. Das Management entscheidet auf Basis dieser Produkte, ob die Projektfortschrittsstufe als erreicht gilt und mit dem nächsten Projektabschnitt begonnen werden kann, was die Wichtigkeit von Artefakten in diesem Modell betont.

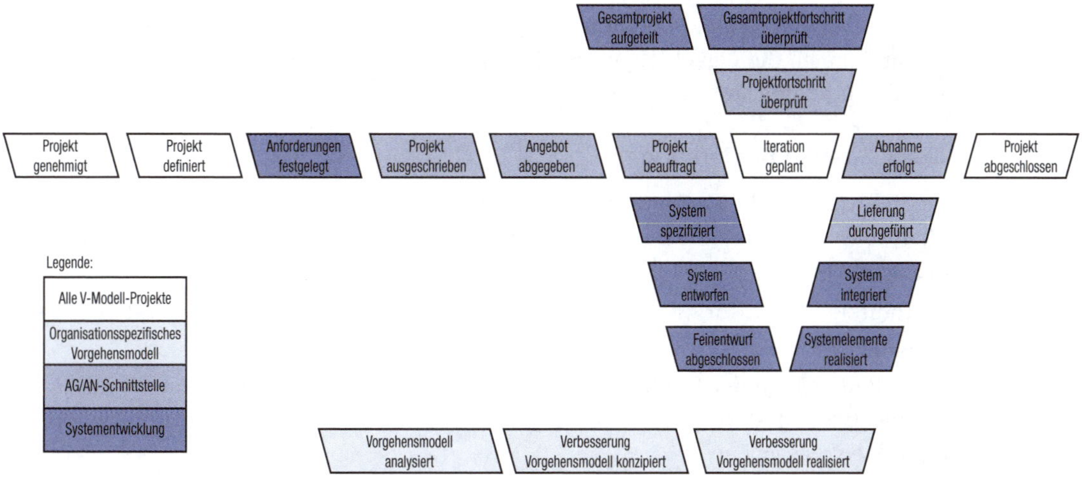

Abbildung 9.20: Entscheidungspunkte und deren Zuordnung zu Projekttypen im V-Modell XT nach Bund (2004)

Einen Überblick über die grundlegenden Entscheidungspunkte und deren Zuordnung zu Projekttypen gibt ▶Abbildung 9.20. Die Kästen spiegeln hier die Entscheidungspunkte wider, wobei für jeden Projekttyp nur bestimmte Punkte in Frage kommen. So ist beispielsweise der Entscheidungspunkt „*Projekt ausgeschrieben*" nur für den Auftraggeber interessant. Entwicklungsprojekte eines Auftragnehmers und Auftraggebers laufen dabei nie unabhängig voneinander ab, sondern sie weisen gemeinsame Schnittstellen auf (Bund, 2004).

Anpassungsmöglichkeiten

Dieser Punkt wurde beim V-Modell XT explizit in die Beschreibung aufgenommen, da er einen wesentlichen Bestandteil des Modells ausmacht und den Anwender hinsichtlich einer Projektplanung und der damit verbundenen Tätigkeiten wesentlich unterstützt. Es wird zwischen einem statischen und einem dynamischen Tailoring unterschieden.

Unter dem *statischen Tailoring* versteht man in diesem Prozessmodell die Charakterisierung eines Projektes anhand einer Liste mit vorgegebenen Projektmerkmalen, welche das Anwendungsprofil ergibt. Dieses Profil legt den Projekttyp und damit die verpflichtend bzw. optional zu verwendenden Vorgehensbausteine sowie die möglichen Durchführungsstrategien und die zu durchlaufenden Entscheidungspunkte fest. Für diese Art des Tailoring steht dem Anwender das Tool „*V-Modell XT Projektassistent*" zur Verfügung.

Ein *dynamisches Tailoring* kann während des Projektes erfolgen, indem gewisse Vorgehensbausteine, unter Berücksichtigung von Ausnahmen und Regeln, hinzugenommen bzw. entfernt werden. Ein Vorgehensbaustein stellt damit den zentralen Bestandteil des Tailoring dar.

Beim V-Modell XT erfolgt demnach ein Tailoring zu Projektbeginn nicht über das Streichen, sondern über das Hinzunehmen von Vorgehensbausteinen. Außerdem muss sich ein Anwender nur mit den für sein Projekt relevanten Vorgehensbausteinen bzw. Durchführungsstrategien auseinandersetzen. Eine detaillierte Anpassung des V-Modells hinsichtlich der zu erstellenden Produkte bzw. zu durchlaufenden Aktivitäten erfolgt jedoch erst im Rahmen der eigentlichen Projektplanung, wobei hier auch die Produktabhängigkeiten zu beachten sind.

Abschließende Bemerkungen

Die ziel- und ergebnisorientierte Vorgehensweise kann als eine grundlegende Eigenschaft dieses Prozessmodells bezeichnet werden und zeigt sich insbesondere anhand folgender Punkte:

- Produkte stehen im Mittelpunkt des V-Modells und stellen die zentralen Projektergebnisse dar.
- Die Reihenfolge der Produktfertigstellung und damit die grundlegende Struktur des Projektverlaufes werden durch Projektdurchführungsstrategien und Entscheidungspunkte vorgegeben.
- Auf Basis der Bearbeitung und Fertigstellung von Produkten wird die detaillierte Projektplanung und -steuerung vorgenommen.

Die im V-Modell XT integrierte Softwareunterstützung, welche als Open Source veröffentlicht wurde, stellt einen wichtigen Bestandteil dieses Vorgehensmodells dar. Neben der bereits erwähnten werkzeuggestützten Anpassung ist überdies eine Erweiterung bzw. Anpassung aufgrund branchen- oder unternehmensspezifischer Bedürfnisse (z.B. von Vorgehensbausteinen oder Entscheidungspunkten) über den „*V-Modell XT Editor*“ möglich.

9.5.3 ISO/IEC 12207

Der internationale Standard ISO/IEC 12207, welcher einen Rahmen für den gesamten Lebenszyklus eines Softwaresystems festlegt, wurde nach einer mehr als sechsjährigen Entwicklungszeit im Jahre 1995 veröffentlicht und 2008 aktualisiert (ISO, 2008). Für die Entwicklung zeichnet sich das JTC1 (Joint Technical Committee 1), ein 1987 gegründeter Ausschuss der ISO (*International Organization for Standardization*) und IEC (*International Electrotechnical Commission*), verantwortlich. Die Ziele dieses Standards liegen im Wesentlichen in der Erreichung eines Konsens hinsichtlich der in einem Softwareprojekt durchzuführenden Aktivitäten und in der Förderung des Verständnisses der im Rahmen einer Softwareentwicklung beteiligten Parteien. Dieser Standard kann aufgrund seiner Formulierungsart auch als Vertragsgrundlage verwendet werden.

Architektur

Der Standard beschreibt alle wichtigen Tätigkeiten, die im Rahmen des Lebenszyklus einer Software anfallen, in Form von funktional gegliederten und einem bestimmten Zweck dienlichen Prozessen (siehe ▶Abbildung 9.21). Dabei setzt sich ein Prozess aus mehreren Aktivitäten zusammen, die ihrerseits wiederum aus ein oder mehreren Tasks bestehen, die aufzeigen, was zu tun ist (nicht wie etwas zu tun ist). Tasks geben keine verpflichtenden Aufgaben vor, sondern zeigen lediglich Empfehlungen, Erfordernisse und Möglichkeiten auf. Das Ziel bzw. die Bestimmung eines Prozesses (Generieren eines Ergebnisses) wird über Aktivitäten und Tasks bestimmt.

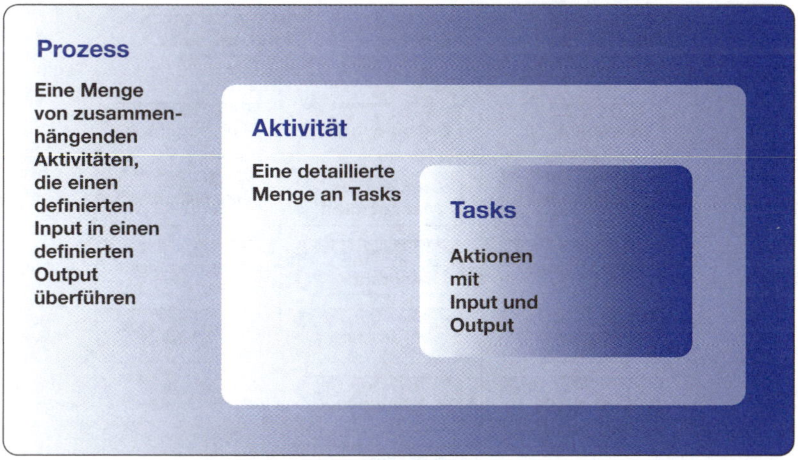

Abbildung 9.21: Prozessstruktur des ISO/IEC 12207nach ISO (2008)

In diesem Standard wird überdies zwischen *drei verschiedenen Arten von Prozessen* (▶Abbildung 9.22) unterschieden:

- *Primary Processes*: Primäre Prozesse zeigen Funktionen auf, die von den am Softwareprojekt beteiligten Parteien ausgeführt werden können. Hierunter fallen die Bereiche *Acquisition, Supply, Development, Operation* und *Maintenance*. Der Prozess für die reine Softwareentwicklung besteht aus insgesamt 13 Aktivitäten, wobei hier im Rahmen der sogenannten *Process Implementation* festgelegt wird, nach welcher Entwicklungsphilosophie vorgegangen werden soll. Je nach Auswahl und Anordnung von Aktivitäten und Tasks kann von einem Wasserfallmodell bis hin zu einem iterativen, inkrementellen und parallelen Vorgehen jede Strategie definiert werden.
- *Supporting Processes*: Diese Prozesse können von primären oder von anderen Prozessen dieser Kategorie unterstützend verwendet werden. Es wird zwischen *Documentation, Configuration Management, Quality Assurance, Verification, Validation, Joint Review, Audit, Problem Resolution, Usability, Change Request Management* und *Product Evaluation* differenziert. Die drei letzten Prozesse wurden im Rahmen von Erweiterungen (Amendment 1 & 2) des Standards in den Jahren 2002 und 2004 hinzugenommen.

- *Organizational Processes*: Diese Art von Prozessen können eingesetzt werden, um Aufgaben, die organisatorische bzw. projektübergreifende Aspekte betreffen, umzusetzen und um andere Prozesse zu etablieren, zu kontrollieren und zu verbessern. Es wird hier zwischen *Management, Infrastructure, Improvement, Human Resource, Asset Management, Reuse Program Management* und *Domain Engineering* unterschieden. Auch hier wurde der ursprüngliche Umfang an Prozessen durch die Erweiterungen vergrößert.

Abbildung 9.22: Übersicht der ISO/IEC 12207-Prozessarten nach ISO (2008)

Der Standard ISO/IEC 12207 verlangt zwar, dass gewisse Informationen dokumentiert werden, gibt aber bei Formaten und Inhalten von Dokumenten keine Vorgaben, d.h., ein Unternehmen kann hier auch seine eigenen Normen verwenden. Templates können allerdings über die Webseite dieses Standards kostenpflichtig bezogen werden. Anzumerken ist, dass die Prozesse, Aktivitäten und Tasks lediglich hinsichtlich ihres funktionalen Zusammenhanges gruppiert sind und keine zeitlichen Abhängigkeiten wiedergeben. Eine solche Reihenfolge wird erst über ein Tailoring, d.h. das Anpassen an projektspezifische Gegebenheiten, erstellt.

Anpassungsmöglichkeiten

Der Standard ISO/IEC 12207 wurde so formuliert, dass er für die Entwicklung großer und komplexer Softwaresysteme eingesetzt werden kann. Somit bilden die charakterisierenden Prozesse auch ein reichhaltiges Angebot hinsichtlich der Tätigkeiten im Rahmen eines Softwareprojektes. Dieser Standard definiert jedoch auch einen eigenen *Tailoring-Prozess*, bei dem im Wesentlichen die zu verwendenden Prozesse, Aktivitäten und Tasks bestimmt (durch Streichung nicht benötigter Elemente) und die Entscheidungen und Begründungen diesbezüglich entsprechend dokumentiert werden. Über *Guidelines* wird überdies entsprechende Unterstützung geboten. Falls im Rahmen eines Projektes Erweiterungen benötigt werden, können diese sowohl auf Prozess- als auch auf Aktivitäts- und Taskebene aufgenommen werden. Eine genaue Kenntnis und ein entsprechendes Verständnis sind für eine Adaption des Standards auf jeden Fall erforderlich.

Abschließende Bemerkungen

Der Standard ISO/IEC 12207 versteht sich als eine Art Baukasten mit den Prozessen als den wesentlichen Elementen, die aufgrund ihrer Funktion und Ausrichtung gruppiert sind. Erst durch eine entsprechende Anpassung aufgrund bestimmter Voraussetzungen wird ein bestimmtes Vorgehen festgelegt, was jedoch ein genaues Verständnis dieser Norm erfordert. Die Adaptivität und Flexibilität dieses Frameworks wird durch die Tatsache, dass beliebige Entwicklungsphilosophien möglich sind und jede denkbare Softwareentwicklungs-Methode verwendet werden kann, betont.

Aufgaben – Auswahl und Adaption eines Prozessmodells Wählen Sie ein Szenario von der CWS oder ein eigenes Szenario und führen Sie folgende Aufgaben durch:

- Treffen Sie geeignete Annahmen für die organisatorischen Rahmenbedingungen des Projektes.
- Vergleichen Sie die vorgestellten Modelle und treffen Sie eine begründete Auswahl eines Modells für Ihr Projekt.
- Passen Sie das Modell den organisatorischen Rahmenbedingungen an. Nutzen Sie dabei die vom Modell bereitgestellten Methoden und Werkzeuge zur Anpassung (Tailoring).
- Ergänzen Sie das Modell durch eigene Aspekte.
- Beschreiben und diskutieren Sie das Ergebnis.

WWW.PEARSON-STUDIUM.DE CWS COMPANION WEBSITE

Daten

9.6 Diskussion: agile versus traditionelle Vorgehensmodelle

„Agile development methodologies promise higher customer satisfaction, lower defect rates, faster development times and a solution to rapidly changing requirements. Plan-driven approaches promise predictability, stability, and high assurance. However, both approaches have shortcomings that, if left unaddressed, can lead to project failure. The challenge is to balance the two approaches to take advantage of their strengths and compensate for their weaknesses. […]" – B. Boehm, R. Thurner

Agile Modelle der Softwareentwicklung haben sich sehr stark als *Kontramodell* zu traditionellen und oftmals überregulierten „plan-driven" Vorgehensmodellen etabliert. Nun stellt sich die Frage, welcher der beiden grundsätzlichen Ansätze für ein Entwicklungsvorhaben am besten passt. Grundsätzlich gibt es kein Universalmodell, es ist daher auch in dieser Fragestellung notwendig, das passende Modell für das Entwicklungsvorhaben bzw. das Team auszuwählen. Bezüglich dieser Fragestellung haben Boehm und Thurner (2003) folgende Grundsätze erarbeitet:

- Weder agile noch plangetriebene Methoden stellen eine „Silver Bullet" dar.
- Sowohl agile als auch plangetriebene Methoden haben für gewisse Einsatzgebiete deutliche Vorteile gegenüber dem anderen Modell. Zum Beispiel sind agile Methoden für Softwareentwicklungsprojekte mit einer raschen time-to-market vorzuziehen.
- In Zukunft werden sowohl agile als auch plangetriebene Aspekte eine wesentliche Rolle in der Applikationsentwicklung spielen.
- Methoden werden in Zukunft ausbalanciert sein.
- Es ist besser, eine Methode für seine eigenen Bedürfnisse zu ergänzen als eine Methode zu reduzieren.
- Methoden sind wichtig, aber potenzielle „Silver Bullets" liegen im Bereich „Personen", „Werte", „Kommunikation" und „Management der Erwartungen".

Boehm und Thurner (2003) haben sich weiter der Fragestellung angenommen, welches Maß an Agilität in einem Softwareentwicklungsprojekt verträglich ist, und ein entsprechendes Entscheidungsmodell entwickelt (siehe ▶Abbildung 9.23). Je mehr man in den jeweiligen Entscheidungsfaktoren die Mitte erreicht, desto eher würde sich die Anwendung von agilen Methoden eignen.

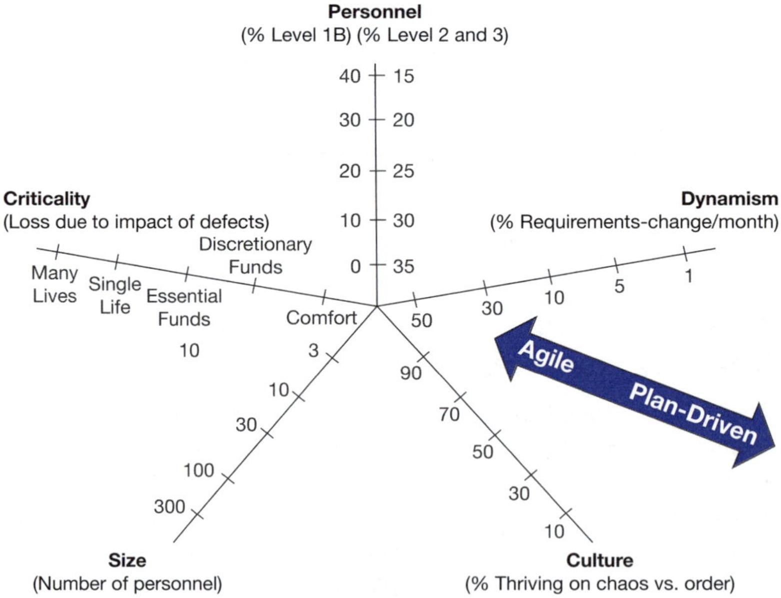

Abbildung 9.23: Entscheidungsmodell nach Boehm und Thurner (2003)

Folgende Entscheidungsfaktoren sind in diesem Modell bestimmt:

- *Teamstruktur* (Personnel): Boehm und Thuner nehmen in ihrem Modell an, dass die Qualifikation des Teams bzw. der beteiligten Personen beim Einsatz agiler Methoden höher sein muss als beim Einsatz plangetriebener Methoden. Diese Annahme ist jedoch bei den Vertretern des agilen Ansatzes umstritten.
- *Dynamik der Anforderungen* (Dynamism): Je häufiger Anforderungen geändert werden, desto einfacher muss dies möglich sein. Agile Methoden wie z.B. eXtreme Programming sind auf Anforderungsänderungen ausgelegt und deshalb besser dafür geeignet.
- *Entwicklungskultur* (Culture): Je nach organisatorischem Umfeld bzw. Entwicklungskultur können agile Methoden eingesetzt werden. Jegliche Methode muss mit der Denkweise des Teams und der Erwartungshaltung der beteiligten Stakeholder kompatibel sein.
- *Teamgröße* (Size): Es wird oftmals argumentiert, dass agile Methoden in kleinen bis mittelgroßen Teams effizient einsetzbar sind. Auch die Vertreter des agilen Ansatzes meinen, dass aufgrund der direkten Kommunikation und der leichtgewichtigen Dokumentation die Teamgröße limitiert ist. Ein häufiger Ansatz bei größeren agilen Projekten ist die Skalierung über den „Team of Teams"-Ansatz.
- *Kritikalität* (Criticality): Wenn Menschenleben von einem Softwaresystem abhängig sind, werden natürlich viel höhere Maßstäbe an die rigorose Prüfung und Nachvollziehbarkeit auf allen Ebenen gelegt. Dies lässt sich mit agilen Methoden nur schwer vereinen und führt natürlich zu einem sehr regulierten, aber auch aufwändigen (z.B. umfassende Inspektionen, geforderte Testabdeckung) und teuren Vorgehen in der Softwareentwicklung.

Aufgabe – Agil vs. traditionell Wählen Sie ein Szenario von der CWS oder ein eigenes Szenario und erarbeiten Sie anhand des Modells von Boehm und Thurner (2003) eine Entscheidungsgrundlage für das Maß an Agilität. Treffen Sie auf Basis des Szenarios geeignete Annahmen für die notwendigen Entscheidungsfaktoren.

WWW.PEARSON-STUDIUM.DE CWS COMPANION WEBSITE Lösung

Aufgabe – Hybrides Modell Diskutieren Sie auf Basis eines von Ihnen gewählten plangetriebenen Modells und eines agilen Modells, wie ein Hybridmodell dieser beiden Modelle aufgebaut sein könnte.

Fragen

ZUSAMMENFASSUNG

Vorgehensmodelle sind unabdingbar, um erfolgreich Software im Team zu entwickeln. Beim Einsatz eines Vorgehensmodells sind folgende Grundsätze zu beachten:

- Vorgehensmodelle geben einen Rahmen und beschreiben das WAS und nicht das WIE.
- Es gibt kein Universalmodell. Ein Vorgehensmodell muss immer in Bezug auf den Kontext ausgewählt und angepasst werden.
- Die Auswahl und Anpassung eines Vorgehensmodells ist insbesondere von folgenden Faktoren abhängig: Kritikalität des Projektes, organisatorisches Umfeld, Kultur der Mitarbeiter, Teamgröße und -verteilung, gesetzliche und/oder vertragliche Rahmenbedingungen.
- *Vorgehensmodelle bieten unterschiedliche Möglichkeiten zur Anpassung (Tailoring). Viele Vorgehensmodelle bieten ein spezifisches Werkzeug für die Anpassung an.*
- Agile und traditionelle Verfahren lassen sich vereinen. Die Frage ist nicht agil oder nicht, sondern vielmehr welches Maß an Agilität wird zugelassen.
- Hybride Modelle sind Mischmodelle, die ausgewählte Aspekte aus unterschiedlichen Vorgehensmodellen vereinen.
- Vorgehensmodelle werden in mittelgroßen bis großen Softwareunternehmen oft komplett unternehmensspezifisch entwickelt.

9.7 Glossar

Tayloring: Bevor ein Prozessmodell für ein bestimmtes Unternehmen bzw. Projekt verwendet werden kann, muss es in der Regel an die jeweiligen Gegebenheiten angepasst werden. Gegebenenfalls können Erweiterungen (Extensions) am Modell vorgenommen werden.

Projektmanagement und Risikomanagement

Autoren: Christian Weitzel, Michael Müller-Wernhart, Peter Leitner

10

ÜBERBLICK

„Risk Management is Project Management for Adults." – Tom DeMarco

» Projektmanagement hat sich in den letzten 30 Jahren von einer Geheimwissenschaft zu einem Modebegriff gewandelt. Fast alles soll heutzutage am besten als Projekt abgewickelt werden. Schon Berufsanfänger streben so früh wie möglich nach dem Titel „Projektmanager".

Dabei wird oft übersehen, dass Projektmanagement eine Menge Erfahrung und Methodenwissen benötigt. Je weniger davon vorliegt, desto eher verlocken dünne Büchlein oder praktische Tools dazu, mit wenig Aufwand ein Projekt zu „managen". Dies ist einer der Gründe dafür, dass nahezu jedes Softwareprojekt die ursprünglich veranschlagten Termine und Kosten um mindestens 30% überschreitet. Je umfangreicher ein Projekt, umso größer wird zudem das Risiko eines Fehlschlagens.

In diesem Kapitel erhält der Leser einen kompakten Überblick über die wesentlichen Planungsschritte, ihre Voraussetzungen sowie die gängigen Methoden und Darstellungsformen. Das Scheitern eines Projektes zu verhindern, sollte oberstes Ziel jedes Projektmanagers sein. Dies wird ihm nur gelingen, wenn er die jedem Projekt immanenten Risiken richtig bewertet und behandelt. «

Lernziele

In diesem Kapitel werden folgende Lernziele behandelt:

- Welche Aufgaben gehören zum Projektmanagement, insbesondere zur Planung eines Projektes?
- Mit welchen Methoden kann ich Kosten und Zeit für ein SW-Entwicklungsprojekt schätzen?
- Was sind die Vor- und Nachteile der einzelnen Schätzmethoden?
- Welche Teilschritte umfasst eine Projektplanung?
- Was stellen die einzelnen Teilpläne eines Projektplanes dar?
- Welche Auswirkungen hat ein mangelhaftes Projektmanagement?
- Was sind die grundlegenden Schritte der Risikobewertung und des Risikomanagements?
- Welche Parameter überwacht das Projekt-Controlling?
- Was sind gängige Messmethoden und Kennzahlen im Projekt-Controlling?

Aufgabe – Recherche Führen Sie im Internet eine Recherche zu Projekt- und Risikomanagement durch und konzentrieren Sie sich dabei besonders auf folgende Punkte und Fragestellungen:

- Suchen Sie Fallbeispiele für erfolgreich umgesetzte, aber auch für gescheiterte Projekte.
- Welche Erfolgsfaktoren waren Ihrer Meinung nach wesentlich für gut umgesetzte Projekte?
- Worin sehen Sie die Hauptgründe für das Scheitern von schlecht umgesetzten Projekten?
- Kamen bei den untersuchten Projekten spezielle Methoden oder Instrumente zum Einsatz?
- Beschreiben und diskutieren Sie das Recherche-Ergebnis und Ihre Erkenntnisse.

10.1 Schätzung von Entwicklungsaufwänden

Im Zuge jeder Projektplanung wird vom Projektauftraggeber eine Schätzung der zu erwartenden Aufwände gefordert. Das primäre Ziel ist dabei eine möglichst genaue Angabe der Projektdauer und vor allem der Projektkosten.

Auch wenn zahlreiche Faktoren unbekannt sind und daher nicht berücksichtigt werden können, braucht es eine erste Schätzung zur Ermittlung des notwendigen Budgetbedarfes und zur Bewertung der Wirtschaftlichkeit eines Projektes. Damit kommt der Aufwandsschätzung und der dazu erforderlichen Zeitabschätzung eine zentrale und wirtschaftlich enorm bedeutsame Rolle in der Projektplanung zu.

Dieses Unterkapitel befasst sich mit einer Auswahl der gängigen Methoden zur Berechnung von Entwicklungsaufwänden. Einer grundsätzlichen Betrachtung der Problematik von Schätzungen folgen eine Beschreibung der gängigen methodischen Ansätze und eine praktische Betrachtung der Schätzproblematik.

Diese Aufwandsschätzungen bilden die Grundlage für weitere Planungen, insbesondere die Termin- und Kapazitätsplanung (siehe S. 433). Die zu Beginn ermittelten Aufwände werden im Projektverlauf als Maßstab für den Projektfortschritt herangezogen. Das Projekt-Controlling prüft regelmäßig deren Einhaltung und informiert alle Projektbeteiligten hinsichtlich Über- oder Unterschreitungen. Letztlich wird der Projekterfolg auch von der Einhaltung der vorgegebenen wirtschaftlichen Parameter – und dazu zählt die anfängliche Abschätzung – abhängig gemacht.

Obwohl die Projektplanung im weiteren Verlauf als möglichst objektive Methodik betrachtet wird, ist der erste Schritt eine weitgehend subjektiv geprägte Komponente. Das liegt am Wesen der Schätzung:

Definition Schätzung

Eine Schätzung liefert mit hoher Wahrscheinlichkeit kein präzises Ergebnis. Sie ist eine provisorische Berechnung – eine Prognose – in Form einer groben Kalkulation, die auf Annahmen und Vermutungen beruht.

10.1.1 Einflussfaktoren

Den Hauptanteil der Kosten eines Softwareprojektes bilden die Personalkosten. Hinzu kommen Beschaffungs- und Betriebskosten der Infrastruktur für Entwicklungs-, Test- und Produktivumgebung sowie Lizenzen für benötigte Softwarekomponenten. Im Vergleich dazu sind die übrigen Gemeinkosten wie Büromaterial, Reisekosten, Druckkosten etc. aufgrund ihres verschwindend kleinen Anteils vernachlässigbar (Balzert, 1996).

Zu den Einflussfaktoren eines Projektes zählen Zielvorgaben, wie Qualität, Umfang, die Entwicklungskosten und die Entwicklungsdauer. Um sie für eine Aufwandsschätzung heranziehen zu können, ist ihre möglichst präzise Quantifizierung in einer frühen Projektphase erforderlich.

Das Teufelsquadrat von Sneed (1999) zeigt die Wechselwirkung dieser vier Faktoren (siehe ▶Abbildung 10.1).

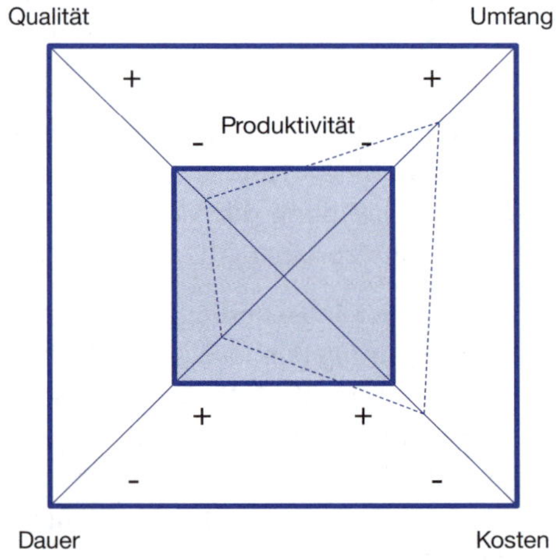

Abbildung 10.1: Teufelsquadrat (Sneed, 1999)

Die an den vier Ecken angetragenen Ziele konkurrieren um die verfügbare Produktivität, welche durch die Fläche des inneren Quadrates dargestellt wird. Diese ergibt sich aus den verfügbaren Projektressourcen. Die konstante Fläche dieses Quadrates ist gleichzusetzen mit einer begrenzten Produktivität. Das heißt, eine Streckung in die eine oder andere Richtung bewirkt einen geringeren Erfüllungsgrad auf der gegenüberliegenden Seite.

Im Projektmanagement wird dieselbe Wechselwirkung meist auf die drei wesentlichen Auswirkungen Zeit, Kosten und Qualität reduziert und als magisches Dreieck bezeichnet.

Fallstudie **Begrenzte Ressourcen beim Fallbeispiel LiSaMe**

Angenommen, beim Projekt LiSaMe hätten die Kosten gesenkt und gleichzeitig der Umfang erhöht werden sollen, so wären bei gleicher Produktivität des Projektteams diese Anforderungen nur dann realisierbar gewesen, wenn die Entwicklungsdauer des Projektes verlängert worden wäre und/oder der Auftraggeber eine schlechtere Qualität in Kauf genommen hätte.

Einflussfaktoren auf die Produktivität des Projektteams lassen sich in Produkt- und Prozesseinflüsse („harte" Faktoren) sowie in Mitarbeiter und Umgebungseinflüsse („weiche" Faktoren) untergliedern, die je nach Art des Projektes unterschiedlich wirken können. Sie sind daher einzeln in der Aufwandsschätzung zu berücksichtigen.

Harte Faktoren sind unter anderem:

- Komplexität, Größe und Qualität des Produktes
- Neue und sich ändernde Anforderungen während der Projektrealisierung
- Durchgängigkeit der Toolunterstützung
- Wiederverwendbarkeit von Softwareteilen und Entwicklungsmethoden
- Zeitrestriktionen
- Performance und Verfügbarkeit der eingesetzten Entwicklungsumgebung

Weiche Faktoren sind beispielsweise:

- Qualifikation und Erfahrung der Mitarbeiter
- Gestaltung der Arbeitsumgebung
- Teamkultur
- Teamgröße und Teamzusammensetzung
- Interner und externer Kommunikationsbedarf

In diesem Abschnitt haben wir die Einflussfaktoren kennengelernt, die bei Schätzungen von Aufwänden zu beachten sind. Für einen effektiven Umgang mit diesen Einflussfaktoren wurden verschiedene Verfahren entwickelt. Diese werden in empirische, komparative, algorithmische und sonstige Methoden untergliedert:

- **Empirische Verfahren.** Verfahren, deren Wirksamkeit nach dem Prinzip von Versuch und Irrtum im Rahmen realer Projekte erprobt wurde. Allen empirischen Verfahren ist eine hohe Abhängigkeit vom Erfahrungshorizont der beteiligten Personen gemeinsam.
  - Expertenmeinung
  - Delphi-Methode
- **Komparative Verfahren.** Verfahren die auf formalisierten Erfahrungen der Vergangenheit beruhen und somit weniger sensitiv gegenüber dem persönlichen Erfahrungshorizont Einzelner sein sollen.
  - Analogiemethode
  - Prozentsatzmethode
- **Algorithmische Verfahren.** Verfahren, die auf einem Modell zur Kostenschätzung beruhen, welches eine nachvollziehbare Berechnung der Kosten durch Erfassung definierter Parameter ermöglicht.
  - COCOMO
  - Function Point

10.1.2 Empirische Verfahren

Empirische Schätzmethoden nutzen Erfahrungen und Referenzinformationen abgeschlossener Projektvorhaben. Die Qualität der damit erzielten Ergebnisse hängt sehr stark von der Ähnlichkeit und Vergleichbarkeit der aktuellen Anforderungen mit jenen früherer Projekte ab.

Expertenmeinung

Eine kostengünstige und hinsichtlich Zeitaufwand effiziente Methode ist die Expertenmeinung. Eine projektunabhängige oder direkt am Projekt beteiligte Person, z.B. der Projektleiter, wird mit der Schätzung betraut. Sie ist eingehend mit der Materie des Projektes vertraut und daher in der Lage, eine gute Einschätzung abzugeben. Allerdings handelt es sich hierbei um eine vergangenheits- und projektspezifische Betrachtung, da ihre Erfahrung in anderen Projekten eine wesentliche Rolle spielt und somit einen großen Einfluss auf das Resultat ausübt.

Jedes Projekt hat seine spezifischen Anforderungen. Das Wissen eines Experten basiert daher auf früheren Erfahrungen. Inwieweit er in der Lage ist, eine qualitativ gute Schätzung abzugeben, hängt maßgeblich vom Grad der Übereinstimmung der Anforderungen und der Umsetzungswege früherer Projekte und dem zu schätzenden Projekt ab.

Die Qualität und Treffsicherheit seiner Schätzung hängt zusätzlich von seiner Fähigkeit ab, diese Unterschiede richtig erkennen und bewerten zu können.

Delphi-Methode

Die Delphi-Methode ist die Erweiterung der Expertenmeinung. Dabei wird nicht die Meinung eines einzelnen Experten eingeholt, sondern es werden mehrere Experten unabhängig voneinander mit der Abgabe einer Schätzung beauftragt und ihre Ergebnisse miteinander verglichen. Die Bildung des Mittelwertes der Ergebnisse soll dabei Schätzfehler ausgleichen.

Während bei der *Standard-Delphi-Methode* die Schätzungen anonym ausgewertet werden, sieht die *Breitband-Delphi-Methode* die Möglichkeit vor, die Beteiligten über die Ergebnisse diskutieren zu lassen. Dies ist sinnvoll, wenn zu große Abweichungen der einzelnen Schätzergebnisse zu Tage getreten sind. Auf diese Weise werden Mängel aufgedeckt, wie beispielsweise eine unterschiedliche Gewichtung bestimmter Parameter des geschätzten Projektes. Es ist aber auch möglich, dass in der Diskussion eine verbesserte Realisierung identifiziert werden kann.

Eine Voraussetzung für diese Methode ist, dass alle Experten über die gleichen Informationen zum Projekt verfügen und diese in ihre Überlegungen vollständig einbeziehen. Wie bei der Expertenmeinung sind die Erfahrungen der einzelnen Schätzer für die Qualität der Ergebnisse ausschlaggebend.

10.1.3 Komparative Verfahren

Diese Schätzarten bedienen sich der Erfahrungen bereits abgeschlossener Projekte in Bezug auf dokumentierte Zahlen, Daten und Fakten. Durch Vergleich der Inhalte neuer Projekte mit früheren wird auf die Aufwände geschlossen und gegebenenfalls werden Unterschiede durch entsprechende Anpassungen der Schätzergebnisse berücksichtigt. Neben den hier vorgestellten Verfahren fällt auch die Relationsmethode in diese Kategorie. Auf diese wird jedoch wegen ihrer geringen praktischen Bedeutung hier nicht im Detail eingegangen.

Analogiemethode

Während die Expertenmeinung und die Delphi-Methode sich nicht auf konkrete Zahlen aus anderen Projekten beziehen, übernimmt im Gegensatz dazu die Analogiemethode konkrete Aufwandsinformationen aus anderen bereits abgeschlossenen Projekten, wenn diese eine hohe Übereinstimmung mit dem zu schätzenden Projekt aufweisen. Hierzu werden Ähnlichkeitskriterien herangezogen, wie beispielsweise das Anwendungsgebiet, der Umfang oder der Komplexitätsgrad. Der Schätzer, der wie bei der Expertenmethode über eine entsprechende Erfahrung verfügen muss, bestimmt den Grad der Übereinstimmung. Ist dieser Grad hoch, so kann der damit verbundene Aufwand nahezu unverändert übernommen werden.

Diese Methode hat jedoch gravierende Nachteile: Sie ist eine intuitive, globale Schätzung aufgrund individueller Erfahrungen, es fehlt eine allgemeine Vorgehensweise und sie ist kaum nachvollziehbar (Balzert, 1996).

Prozentsatzmethode

Wie bei der Analogiemethode nutzt die Prozentsatzmethode Erfahrungen aus bereits abgeschlossenen Projekten, wobei die Aufteilung der Aufwände für einzelne Projektphasen (Definition, Design, Codierung und Test) für die Schätzung herangezogen wird. Es gibt hierbei grundsätzlich zwei mögliche Vorgehensweisen für neue Projekte. Nach dem Abschluss der ersten Phase wird ihr tatsächlicher Aufwand ermittelt. Anhand dieses Ist-

Aufwandes wird der Soll-Aufwand der restlichen Phasen gemäß der prozentuellen Aufteilung berechnet. Alternativ kann der Aufwand für eine Phase mit einer Schätzmethode festgelegt und dieser dann als Berechnungsgrundlage für die anderen verwendet werden.

Beispiel 10.1 **Schätzung nach der Prozentsatzmethode**

Die Erfahrung bei der Entwicklung einer bestimmten Art von Anwendung ergibt folgende prozentuelle Aufteilung:

- Definition: 10 Tage, entspricht 14%
- Design: 10 Tage, entspricht 14%
- Codierung: 30 Tage, entspricht 43%
- Test: 20 Tage, entspricht 29%

In einem ähnlichen Projekt werden für die Definition 14 Tage benötigt. Anhand der Prozentsatzmethode ergeben sich die Personentage dann wie folgt:

- Definition: 14 Tage, entspricht 14%
- Design: 14 Tage, entspricht 14%
- Codierung: 43 Tage, entspricht 43%
- Test: 29 Tage, entspricht 29%

10.1.4 Algorithmische Verfahren

Sowohl die empirischen als auch die vergleichenden Schätzmethoden haben den gravierenden Nachteil, dass ihre Ergebnisse kaum nachvollziehbar sind. Die algorithmischen Verfahren hingegen basieren auf mathematischen Algorithmen. Mit Hilfe von Formeln werden bestimmte Faktoren in Projekten in die Schätzung integriert, wobei die Genauigkeit von Methode zu Methode stark variiert.

In diesem Abschnitt werden die beiden bekanntesten und immer wieder eingesetzten Verfahren präsentiert. Nicht behandelt werden Verfahren wie die Multiplikatormethode, die Methode der parametrischen Gleichungen und die Gewichtungsmethode, die vor allem auf der Anzahl an Programmzeilen (LOC) basieren und eher ungenaue Ergebnisse liefern. Diese Schätzgrundlage unterstützt nur bedingt moderne Entwicklungsmethoden (z.B. Objektorientierung).

COCOMO

Das COnstructive COst MOdel ermittelt mit Hilfe mathematischer Formeln die Entwicklungskosten und die Entwicklungsdauer eines Projektes. Dieses Verfahren wurde von Barry W. Böhm entwickelt und erstmals 1981 vorgestellt (Boehm, 1981).

Dieses Modell trifft folgende Annahmen:

- Der primäre Kostenfaktor sind die zukünftig ausgelieferten 1000 Programmanweisungen (Kilo Delivered Source Instructions – KDSI). Es ist dabei nur jene Software zu verstehen, die tatsächlich an den Auftraggeber übergeben wird. Gezählt werden nicht die Codezeilen, sondern die Anzahl von Schleifen, Zuweisungen und Vergleichsoperationen. Welche Programmiersprache zum Einsatz kommt, wird dabei nicht berücksichtigt.
- Die Entwicklungsperiode beginnt mit dem Start des Produktdesigns und endet mit dem Abschluss der Produktintegration und der Akzeptanztests. Aufwände für andere Projektphasen werden separat ermittelt.
- Ein Personenmonat (PM) in diesem Verfahren hat 152 Arbeitsstunden.
- Es geht von einem guten Management von Seiten der Entwickler als auch des Auftraggebers aus.
- Es setzt möglichst geringe unproduktive Zeiten voraus.
- Es setzt voraus, dass während der Projektumsetzung keine grundlegenden Änderungen der Anforderung mehr vorgenommen werden. Eine signifikante Änderung hat auch eine Änderung der Aufwandsschätzung zur Folge.

COCOMO kennt drei Modelle, die sich durch die Berücksichtigung bestimmter Einflussfaktoren unterscheiden. Während das *basic model* nur KDSI als Berechnungsgrundlage für die Personenmonate und die Entwicklungsdauer verwendet, gehen in das *intermediate model* und das *detailed model* eine Reihe weiterer Faktoren mit ein.

In jedem dieser Modelle differenziert COCOMO je nach Schwierigkeitsgrad drei Modi, nämlich einen einfachen (*organic mode*) für kleine bis mittelschwere Projekte, einen mittelschweren (*semi-detached*) für solche, die zwischen dem „organic mode" und „embedded" liegen, und einem komplexen (*embedded*) für Projekte mit hohen Anforderungen. Diese Projektmodi sind zentrale Punkte in COCOMO und repräsentieren die Unterschiede im Arbeitsprozess in den verschiedenen Arbeitsdomänen.

Der Aufwand in Personenmonaten (PM) errechnet sich dann gemäß den von Boehm (1981) entwickelten Formeln:

- organic mode: $PM = 2{,}4 * KDSI^{1{,}05}$
- semi-detached: $PM = 3{,}0 * KDSI^{1{,}12}$
- embedded: $PM = 3{,}6 * KDSI^{1{,}20}$

Zur Berechnung der Entwicklungsdauer können die resultierenden Personenmonate nicht einfach durch die Anzahl der Personen geteilt werden. COCOMO berücksichtigt mit Hilfe der folgenden Formeln auch den Umstand, dass bestimmte Tätigkeiten hintereinander ausgeführt werden müssen und dass in größeren Teams auch mit einem erhöhten Kommunikationsaufwand gerechnet werden muss. Die Entwicklungsdauer, „time to develop" (TDEV), ergibt sich daher wie folgt:

- organic mode: $TDEV = 2{,}5 * PM^{0{,}38}$
- semi-detached: $TDEV = 2{,}5 * PM^{0{,}35}$
- embedded: $TDEV = 2{,}5 * PM^{0{,}32}$

Beispiel 10.2 **Aufwandsschätzung mittels COCOMO**

Der Aufwand in einem mittelschweren Projekt wird mit 120 KDSI angenommen.

Gemäß den Formeln für den „semi-detachted"-Modus ergeben sich 640 Personenmonate und eine Entwicklungszeit von 24 Monaten.

Das eben vorgestellte „basic model" bezieht lediglich den Schwierigkeitsgrad eines Projektes in die Berechnung mit ein. Das „intermediate model" berücksichtigt eine Reihe weiterer Kostentreiber und ordnet diesen je nach Einfluss einen Multiplikator zu (siehe Tabelle 10.1).

In diesem Modell ergeben sich die Personenmonate zu:

$$PM_{intermediate} = CD * PM_{basic}$$

wobei CD sich aus der Multiplikation aller Kostentreiberfaktoren ergibt.

Für die Berechnung von $TDEV_{intermediate}$ wird wieder die Formel aus dem „basic model" unter Einsatz von $PM_{intermediate}$ verwendet.

Kostentreiber	sehr gering	gering	normal	hoch	sehr hoch	extrem hoch
Produktmerkmale						
Zuverlässigkeit der Software	0,75	0,88	1,00	1,15	1,40	
Größe der Datenbank		0,94	1,00	1,08	1,16	
Komplexität des Produktes	0,70	0,850	1,00	1,15	1,30	1,65
Rechnermerkmale						
Laufzeit			1,00	1,11	1,30	1,66
Hauptspeicherbedarf			1,00	1,06	1,21	1,56
Systemumgebung		0,87	1,00	1,15	1,30	
Geforderte Antwortzeiten		0,87	1,00	1,07	1,15	
Personalmerkmale						
Analysefähigkeit der Entwickler	1,46	1,19	1,00	0,86	0,71	
Programmierfähigkeiten	1,29	1,13	1,00	0,91	0,82	
Erfahrung: Anwendungsgebiet	1,42	1,17	1,00	0,86	0,70	

Tabelle 10.1: Einflussfaktoren nach Boehm (1981)

Kostentreiber	**sehr gering**	**gering**	**normal**	**hoch**	**sehr hoch**	**extrem hoch**
Erfahrung: Systemumgebung	1,21	1,10	1,00	0,90		
Erfahrung: Programmiersprache	1,14	1,07	1,00	0,95		
Projektmerkmale						
Entwicklungsdauer	0,91	1,08	1,00	1,04	1,10	
Methoden Softwareengineering	1,24	1,10	1,00	0,91	0,91	
Einsatz von Software-Tools	1,24	1,10	1,00	0,91	0,82	

Tabelle 10.1: Einflussfaktoren nach Boehm (1981) (Forts.)

In einem weiteren, verfeinerten Modell, dem „detailed model“, wird ein Projekt in kleine Teilprojekte unterteilt. Jeder dieser Teile wird mit dem „intermediate model“ analysiert, und die Werte von $PM_{detailed}$ und $TDEV_{detailed}$ werden durch Aufsummieren berechnet.

Ein wesentlicher Mangel von COCOMO ist die fehlende Behandlung der objektorientierten Programmierung. Aus diesem Grund hat Boehm et al. (2000) *COCOMO II* entwickelt, in dem neuere Software-Entwicklungsmethoden berücksichtigt werden. In diesem Verfahren sind wieder drei Schätzarten vorgesehen, jedoch beziehen sich diese vermehrt auf den Entwicklungsstand des Projektes. Eine genaue Darstellung kann in Boehm et al. (2000) nachgelesen werden.

Function-Point-Methode Die Function-Point-Methode (Albrecht, 1979; Albrecht & Gaffney, 1983) basiert auf der Annahme, dass der Aufwand für die Entwicklung eines neuen Softwareproduktes von seinem Umfang und vom Schwierigkeitsgrad seiner Realisierung abhängt (Balzert, 1996). Anders als bei den Methoden, welche die Menge an Programmzeilen als Berechnungsgrundlage heranziehen, wird der Umfang anhand der einzelnen fachlichen Anforderungen ermittelt. Eine wesentliche Voraussetzung für den Einsatz dieser Methode ist das Vorliegen eines Lastenheftes.

Zu Beginn wird jede einzelne Produktanforderung einer der folgenden Kategorien zugeordnet:

- Eingabedaten
- Abfragen
- Ausgabedaten
- Datenbestände
- Referenzdaten

Anschließend wird jede Anforderung gemäß Tabellen, Richtlinien und Beispielen in „einfach“, „mittel“ oder „komplex“ klassifiziert. Daraus ergibt sich je Klasse eine bestimmte Menge von Produktanforderungen, die in das Berechnungsformular, das von IBM 1985 publiziert wurde (siehe Tabelle 10.3), eingetragen werden.

Die Zeilensummen der jeweiligen Klasse ergeben deren Function Points. Ihre Gesamtsumme repräsentiert die Gesamtpunktezahl des Projektes E1.

Im nächsten Schritt werden sieben Einflussfaktoren entsprechend ihrer Wirkung nach vordefinierten Richtlinien mit Zahlen bewertet und die Summe der Einflüsse E2 gebildet, die einen Wert zwischen 0 und 60 ergibt. Diese Summe wird gemäß der im Formular angeführten Formel gewichtet und ergibt E3.

Die bewerteten Function Points errechnen sich aus dem Produkt von E1 und E3. Diese können zwischen 70 und 130 Prozent der Punkte E1 ausmachen.

Mit den bewerteten Gesamtpunkten erhält man aus Referenztabellen den Aufwand in Personenmonaten (siehe Tabelle 10.2). Diese Tabellen sind das Ergebnis der Analyse früherer abgeschlossener Projekte in Bezug auf Function Points und tatsächlicher Aufwände. Die folgende Tabelle kann vollständig in Balzert (1996) nachgelesen werden und soll hier lediglich die unterschiedlichen Zuordnungen von Function Points zu Personenmonaten aufzeigen.

Function Points	IBM-Personenmonate	VW-Personenmonate
200	13,9	11,7
500	46,1	59,6
1000	114,4	157,3
1200	145,2	207,8
1500	194,6	319,1

Tabelle 10.2: Zuordnung Function Points zu Personenmonaten (Balzert, 1996)

Wie aus dieser Tabelle ersichtlich wird, kann die Zuordnung von Function Points zu Personenmonaten teilweise sehr stark voneinander abweichen. Der Grund dafür liegt in den Erfahrungswerten, die im Zuge von Projekten in verschiedenen Unternehmen (in diesem Beispiel: IBM und VW) zu unterschiedlichen Werten geführt haben.

Kategorie	Anzahl	Klassifizierung	Gewichtung	Zeilensumme
Eingabedaten		einfach	x 3	=
		mittel	x 4	=
		komplex	x 6	=
Abfragen		einfach	x 3	=
		mittel	x 4	=
		komplex	x 6	=

Tabelle 10.3: Function-Point-Formular (IBM, 1985)

Kategorie	Anzahl	Klassifizierung	Gewichtung	Zeilensumme
Ausgabedaten		einfach	x 4	=
		mittel	x 5	=
		komplex	x 7	=
Datenbestände		einfach	x 7	=
		mittel	x 10	=
		komplex	x 15	=
Referenzdaten		einfach	x 5	=
		mittel	x 7	=
		komplex	x 10	=
Summe			E1	=
Einflussfaktoren (ändern den Function-Point-Wert um +/- 30%)		1. Verflechtung mit anderen Anwendungssystemen (0-5)		=
		2. Dezentrale Daten und dezentrale Verarbeitung (0-5)		=
		3. Transaktionsrate (0-5)		=
		4. Verarbeitungslogik a Rechenoperationen (0-10)		=
		b Kontrollverfahren (0-5)		=
		c Ausnahmeregelungen (0-10)		=
		d Logik (0.5)		=
		5. Wiederverwendbarkeit (0-5)		=
		6. Datenbestandskonvertierungen (0-5)		=
		7. Anpassbarkeit (0-5)		=
Summe der 7 Einflussfaktoren		E2		=
Faktor Einflussbewertung = E2 / 100 + 0,7		E3		=
Bewertete Function Points: E1 * E3				=

Tabelle 10.3: Function-Point-Formular (IBM, 1985) (Forts.)

Die Function-Point-Methode ist ein gängiges Verfahren zur Bestimmung von Projektaufwänden. Neben einer Reihe von Vorteilen dürfen jedoch ihre Nachteile nicht übersehen werden.

Vorteile sind unter anderem:

- festgelegte methodische Schritte
- einfache Handhabung bei geringem Zeitaufwand
- gute Schätzgenauigkeit und Transparenz
- Verfeinerung der Schätzung während der Entwicklungstätigkeit möglich

Dagegen sind wesentliche *Nachteile*:

- es kann nur der Gesamtaufwand eines Projektes geschätzt werden
- diese Methode ist nicht automatisierbar
- fehlende Berücksichtigung nicht funktionaler Anforderungen (z.B. Sicherheitsanforderungen) und Qualitätsanforderungen
- eine umfangreiche empirische Datenbasis muss verfügbar sein

10.1.5 Schätzproblematik

Die Erfahrung zeigt, dass die Qualität einer Schätzung von der Menge an verfügbaren Informationen zum Projektgegenstand und den Projektzielen sowie deren Interpretation und Bewertung maßgeblich abhängig ist. Die Praxis zeigt, dass immer wieder Fehler bei der Einschätzung von Projektaufwänden gemacht werden. Im Folgenden werden einige Gründe aufgezeigt, die Schätzungen nachteilig beeinflussen können.

Eine erste wichtige Grundlage für Schätzungen ist das *Lastenheft*. Es muss sämtliche Anforderungen detailliert, vollständig und möglichst eindeutig (nicht interpretierbar) beinhalten, um eine gute Aufwandsbewertung zu ermöglichen. Besonders gefährlich ist eine zu oberflächliche Betrachtung des Schätzobjektes selbst. Wesentliche Daten und Fakten werden nicht in die Schätzung mit einbezogen. Es gilt: Je mehr Informationen vorhanden sind und für die Berechnungen herangezogen werden, umso präziser ist das Ergebnis. Hoher Zeitdruck verhindert meist eine detaillierte Erfassung dieser Angaben (Bundschuh & Fabry, 2004). Derartige Mängel verursachen während der Projektumsetzung eine Flut von Change Requests, die in der Regel zu ungeplanten Mehraufwänden und damit zu Problemen mit dem Auftraggeber in Bezug auf die von ihm erwarteten Projektkosten und die Projektdauer führen. Auch die Veränderung von Vorgaben, wie beispielsweise eine Vorverlegung des Fertigstellungstermins bei gleichem Umfang, wirkt sich auf die Kostenentwicklung und die Qualität aus (siehe Abbildung 10.1). Es ist daher empfehlenswert, während der Projektumsetzung in regelmäßigen Abständen die Aufwandsschätzung zu wiederholen und einen *Change-Management-Prozess* zwingend vorzusehen.

Ein weiterer Aspekt ist die steigende Komplexität von Projekten. Der Einsatz neuer Technologien relativiert Erfahrungswerte, die vor allem bei der Function-Point-Methode zu fehlerhaften Ergebnissen führen können. Hier versagen aber auch die empirischen Methoden, da die befragten Experten selbst noch keine entsprechenden Erfahrungen sammeln konnten. Eine Abhilfe könnte hier ein zweigleisiges Verfahren schaffen, bestehend aus der Breitband-Delphi-Methode mit der Absicherung durch das COCOMO II oder dem Function-Point-Verfahren. Eine weitere Maßnahme wäre die Erstellung eines Prototyps als Basis für die Bewertung der übrigen Funktionsteile.

Eine dritte Quelle von Fehlern ist die alleinige Bewertung der Anforderungen aus dem Lastenheft unter Vernachlässigung von Aufwänden, die durch Qualitätssicherung, Risikomanagement, Detailanalysen etc. entstehen. Die Wahrnehmung dieser Aufgaben wird vom Auftraggeber in seinem Interesse erwartet und gehört heutzutage zu jedem Projekt. Hinzu kommen noch interne Tätigkeiten des Entwicklerteams selbst, das sich beispielsweise in neue Methoden und Technologien einarbeiten muss. Werden die dabei anfallenden Kosten nicht betrachtet, wird eine Schätzung so ungenau, dass sie unbrauchbar wird.

Weitere Ursachen für mangelhafte Schätzungen:

- Expertenschätzung zu optimistisch, weil gute Bedingungen vorausgesetzt werden
- Fehlende Verfügbarkeit der richtigen Fachexperten
- Wahl der falschen Schätzmethode
- Fortpflanzung von Schätzfehlern
- Unterschiedliche Strukturierung von miteinander verglichenen Projekten

Von zentraler Bedeutung ist die richtige Wahl der Schätzmethode. Entscheidend sind das Beherrschen der eingesetzten Methode und die dafür verfügbaren Referenzinformationen. Wie eingangs bereits festgehalten, stellt jedes Schätzergebnis lediglich eine mehr oder weniger zuverlässige Prognose dar und sollte im Laufe eines Projektes regelmäßig auf der Basis neuer Erkenntnisse überprüft werden.

Aufgabe – Aufwandsschätzung Wählen Sie ein Szenario aus der CWS und führen Sie eine Aufwandsschätzung für einige Teilbereiche unter Verwendung zumindest zweier der zuvor vorgestellten Methoden durch!

Lösung

10.2 Planung von Ergebnissen und Projektaktivitäten

Die *Projektplanung* ist die erste Aufgabe der Projektleiter. Während der Projektlaufzeit bleibt sie eine der wichtigsten Aufgaben. Sie wird meist schon während der Angebotserstellung für ein Softwareprojekt erledigt, spätestens jedoch nach dem Kick-Off. Wichtiger ist jedoch ihre Fortschreibung nach Abschluss des Projektvertrages bzw. Erhalt des Projektauftrages sowie während der gesamten Projektlaufzeit.

Mangelnde oder ungenaue Planung ist eine der Hauptursachen für fehlgeschlagene Projekte. Ohne genaue Planung ist kein Risikomanagement möglich.

Definition Planung

Planen heißt

- das zukünftige Handeln im Projekt im voraus zu durchdenken,
- den Weg zwischen Ausgangspunkt und Ziel zu suchen und im Geist „abzuschreiten",
- mit den zur Verfügung stehenden Mitteln das geforderte Ziel zu erreichen.

10.2.1 Ablauf und Bestandteile der Projektplanung

Ein häufiger Fehler bei der Projektplanung besteht darin, am Anfang sofort in einzelnen Lösungen zu denken und alles bis in technische Details zu durchdenken. Oft wird diese Planung später von der Realität überholt. Deshalb ist es wichtig, sich bei der Planung nur Schritt für Schritt an das Detail heranzuarbeiten: vom Groben zum Detail.

„Den" Projektplan gibt es also gar nicht. Der Begriff Projektplan bezeichnet die Gesamtheit aller für die Durchführung eines Projektes notwendigen Planungsdokumente. Schrittweise entstehen so folgende Teilpläne:

1. Projektstrukturplan (PSP): was?
2. Projektablaufplan (PAP): was, wann?
3. Terminplan: wann, wer?
4. Kapazitätsplan: wer, wie viel?
5. Kostenplan: wann, wie viel?
6. Risikobewertung: was, wenn?
7. Projektkalkulation: wie viel insgesamt?
8. Qualitätsplan: wie?

Nicht bei jedem Projekt müssen diese Schritte voneinander getrennt und sieben verschiedene Pläne aufgestellt werden. Der Ablauf verdeutlicht jedoch, in welchen Stufen sich gute Projektplanung vom Groben bis zum Detail vorarbeitet.

Entscheidend für eine gute Projektplanung ist, dass sie nicht am grünen Tisch ausgedacht wird. Die Erfahrung zeigt, dass der Rahmen für die Planung am besten vom Projektleiter gegebenenfalls zusammen mit der Qualitätssicherung vorgegeben wird. Das stellt zum einen sicher, dass alle Teilprojekte ihren Plan gleich aufsetzen. Zum anderen ermöglicht es ein einfacheres Zusammenfassen der Teilpläne zu einem Gesamt-Projektplan.

Praxistipp zur Projektplanung Planen Sie ein Projekt nicht nur mit den Teilprojektleitern! Beziehen Sie auch den Systemarchitekten, die Qualitätssicherung und diejenigen ein, die das Projekt später realisieren sollen.

Projektstrukturplan

Definition Projektstrukturplan

Der **Projektstrukturplan (PSP)** gliedert das Projekt in planbare und kontrollierbare Teilaufgaben und Arbeitspakete. Er stellt diese grafisch in einer Baumstruktur dar und zeigt dadurch die Beziehung zwischen den Arbeitspaketen.

Komplexe Aufgabe oder Funktionsabläufe werden überschaubar, wenn man sie erfasst, versteht und ordnet: indem man sie strukturiert. Dazu wird das zu erstellende System in seine Teilbereiche und Komponenten zerlegt, bis die einzelnen Elemente voneinander abgegrenzt und die Beziehungen zwischen ihnen erkennbar sind. Strukturiertes Vorgehen macht komplexe Aufgaben transparenter und leichter handhabbar.

Dieser Schritt der Arbeitsvorbereitung und Planung erfordert hohe analytische Fähigkeiten. Je komplexer ein System oder eine Aufgabe, umso wichtiger ist eine genaue Analyse.

Praxistipp zur Vorbereitung der Strukturplanung Nehmen Sie sich zu Anfang eher mehr Zeit als zu wenig, um Zusammenhänge zu analysieren, zu verstehen und zu dokumentieren!

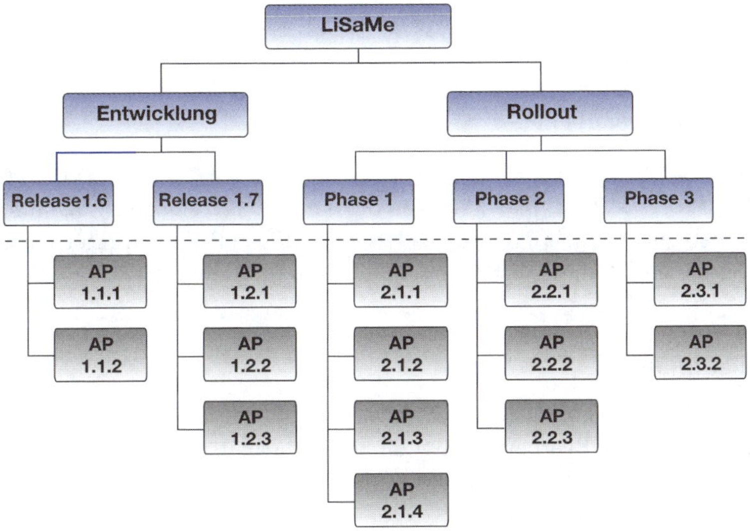

Abbildung 10.2: Ausschnitt aus dem Projektstrukturplan für das Fallbeispiel LiSaMe

Zu Beginn jeder Projektplanung wird das Projekt deshalb in überschaubare und abgrenzbare Aufgaben (*Arbeitspakete*) zerlegt. Auf diese Weise erhält man eine Übersicht aller Aktivitäten. Anschließend müssen die gesamten Aktivitäten nach ihrer Zuordnung und Abhängigkeit zu anderen Aktivitäten geordnet werden. Dies geschieht am besten durch eine hierarchische Gliederung in Form eines Baumdiagramms. Auf der obersten Ebene steht der Projektname, darunter befinden sich die Teilprojekte, dann folgen die untergeordneten Blöcke und Arbeitspakete (siehe ▶Abbildung 10.2).

Bei Projekten entsteht als Ergebnis dieses Vorganges der sogenannte Projektstrukturplan (Work Breakdown Structure) oder abgekürzt WBS. Er wird in aller Regel von einem sogenannten Systemarchitekten erstellt. Der Projektstrukturplan gliedert das Projekt in

- Hauptaufgaben,
- Teilaufgaben
- und Arbeitspakete.

Praxistipp zur Prüfung des Projektstrukturplans Anhand folgender Fragen lässt sich ein Projektstrukturplan leicht auf Vollständigkeit und Durchführbarkeit des Projektes prüfen:

- Ist nach Abarbeitung aller Arbeitspakete das gesamte Projekt realisiert?
- Sind alle Arbeitspakete hinsichtlich der zu erbringenden Leistung, Termine und Kosten eindeutig definiert?
- Lassen sich die Arbeitspakete einzelnen Mitgliedern des Projektteams eindeutig zuordnen?

Ist der Projektstrukturplan vollständig, ist die Grundlage für Ablauf-, Zeit-, Kapazitäts- und Kostenplanung erarbeitet.

Lösung

Aufgabe – Projektstrukturplan Wählen Sie ein Szenario aus dem CWS und erstellen Sie einen gut gegliederten, mindestens dreistufigen Projektstrukturplan anhand der beschriebenen Rahmenbedingungen und Komponenten!

Projektablaufplan

An dieser Stelle der Planung ist eine **Aufwandsschätzung** erforderlich: Wie viele Ressourcen werden für die Bearbeitung der einzelnen Arbeitspakete benötigt?

Definition Projektablaufplan

Der **Projektablaufplan** beschreibt

- in welcher logischen Reihenfolge die Arbeitspakete abzuarbeiten sind,
- welche Arbeitspakete parallel (simultan) bearbeitet werden können und
- welcher Ressourcen- und Zeitbedarf für die Bearbeitung der einzelnen Arbeitspakete notwendig ist.

Spätestens an diesem Punkt stellt sich heraus, ob die Arbeitspakete im Projektstrukturplan ausreichend detailliert geplant wurden. Ein Beispiel für einen Projektablaufplan gibt ▶Abbildung 10.3.

	Vorgangsname
1	**- Projektmanagement**
2	**- Projektstart**
3	Projektinitalisierung
4	Einrichtung Dokumentationsumgebung
5	Erstellung Dokumentationsrichtlinien
6	Erstellung der Dokumentvorlagen
7	Vertragverhandlungen und Abschluss
8	**- Projekt Controlling**
9	Stunden Controlling
10	Zwischenbericht schreiben
11	Zwischenbericht fertig
12	Endbericht schreiben
13	Endbericht fertig
14	Projekt Steuerung
15	Projekt Marketing
16	Projekt Abschluss
17	
18	**- Forschung**
19	**- Datenschutz**
20	Sicherheitskonzept schreiben
21	Sicherheitskonzept fertig
22	Dissertant in Projekt einführen
23	Datenschutzkonvention Spec erstellen
24	Bericht zu Securitycompliance
25	Datenschutzkonvention review
26	Unterlagen für Ethikkommision erstellen
27	Präsentationsunterlagen für Ethikkommision erstellt
28	Security Dokument finalisieren
29	Security Compliance 1.0
30	Legal Dokument finalisieren

Abbildung 10.3: Ausschnitt aus dem Projektablaufplan für das Fallbeispiel LiSaMe

Mit Fertigstellung von Projektstrukturplan und Projektablaufplan ist die *Grobplanung* des Projektes abgeschlossen.

CWS COMPANION WEBSITE
Daten

Aufgabe – Projektablaufplan Wählen Sie ein Szenario aus der CWS und erstellen Sie einen Projektablaufplan, indem Sie die beschriebenen logischen Abfolgen berücksichtigen!

Terminplan

Definition Terminplan

Der **Terminplan** gibt Auskunft, wann und von wem welche Arbeitsergebnisse vorliegen müssen.

Der Terminplan ist oft bereits im Ablaufplan integriert. Er wird mit spezieller Software erzeugt und gepflegt, z.B. MS Project oder im SAP-Modul PS. Der Terminplan beschreibt zu jedem Arbeitspaket

- den Anfangs- und Endtermin sowie
- den Verantwortlichen und die Beteiligten.

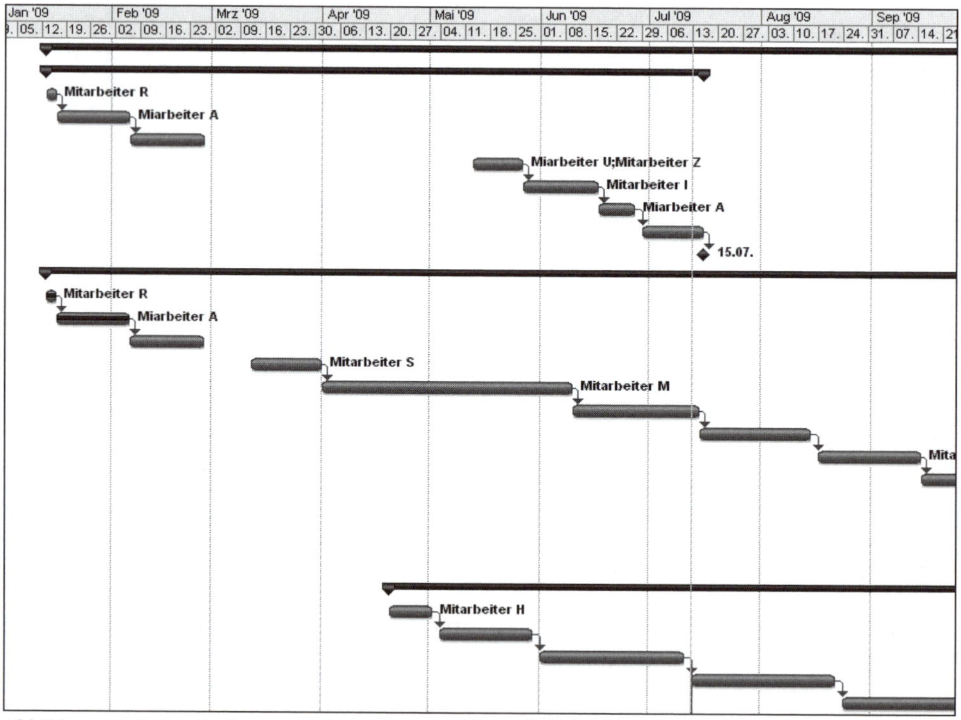

Abbildung 10.4: Ausschnitt aus dem Gantt-Diagramm für das Fallbeispiel LiSaMe

Terminpläne können in einfacher Listenform vorliegen. Projektplanungs-Tools wie MS Project erstellen auch Balkendiagramme, die meist nach ihrem Erfinder benannten Gantt-Diagramme. Dabei handelt es sich um die grafische Darstellung der zeitlichen Abfolge von Projektaktivitäten in Form von Balken über einer Zeitachse (siehe ▶Abbildung 10.4). In einem Gantt-Diagramm können unterschiedliche Beziehungen zwischen den Aktivitäten abgebildet werden. Häufige Beziehungen sind zum Beispiel *Ende-Anfang, Ende-Ende, Ende(x%)-Anfang* (dies bedeutet, dass eine abhängige Aktivität begonnen werden kann, wenn die Vorgängeraktivität zu x% abgeschlossen ist).

Kapazitätsplan

Definition Kapazitätsplan

Der **Kapazitätsplan** beschreibt, wie die für die Bearbeitung aller Arbeitspakete erforderlichen Ressourcen auf verfügbare Mitarbeiter und gegebenenfalls begrenzt verfügbare Anlagen (z.B. Computer) oder Räume aufgeteilt sind.

Die Kapazitätsplanung für Mitarbeiter erfolgt regelmäßig gemeinsam mit dem Termin- und Ressourcenplan z.B. in MS Project.

Die Kapazitätsplanung ist umgehend an andere Abteilungen und gegebenenfalls Vorgesetzte zu übermitteln. Sie müssen die Auslastung ihrer für das Projekt vorgesehenen Mitarbeiter rechtzeitig einplanen können. Ein Beispiel für einen Kapazitätsplan gibt ▶Abbildung 10.5.

Ressourcenname	Arbeit	Einzelheiten	M	D	F	S
Mitarbeiter F	0 Std.	Arbeit				
- Mitarbeiter G	3.272 Std.	Arbeit	8h	8h	8h	
Stunden Controlling	*3.272 Std.*	Arbeit	8h	8h	8h	
- Mitarbeiter H	320 Std.	Arbeit				
Zwischenbericht schreibe	*120 Std.*	Arbeit				
Endbericht schreiben	*120 Std.*	Arbeit				
erstes Treffen	*80 Std.*	Arbeit				
- Mitarbeiter I	3.664 Std.	Arbeit	8h	8h	8h	
Projekt Steuerung	*3.392 Std.*	Arbeit	8h	8h	8h	
Projekt Abschluss	*120 Std.*	Arbeit				
Testplan & Testcases (grc	*32 Std.*	Arbeit				
2. Analyse mit User Feedb	*120 Std.*	Arbeit				
- Mitarbeiter J	3.392 Std.	Arbeit	8h	8h	8h	
Projekt Marketing	*3.392 Std.*	Arbeit	8h	8h	8h	
Mitarbeiter K	0 Std.	Arbeit				
- Mitarbeiter L	400 Std.	Arbeit				
Adaptives Development - L	*400 Std.*	Arbeit				
- Mitarbeiter M	800 Std.	Arbeit				
Datenschutzkonvention Sp	*368 Std.*	Arbeit				

Abbildung 10.5: Ausschnitt aus dem Kapazitätsplan für das Fallbeispiel LiSaMe

Kostenplan

Definition Kostenplan

Der **Kostenplan** beschreibt, welche Kosten der Einsatz von Mitarbeitern, der Zukauf von Waren, Personal und Dienstleistungen zu welchem Zeitpunkt im Projekt verursacht.

Dazu werden die voraussichtlichen Kosten für jedes Arbeitspaket ermittelt und über die Projektlaufzeit verteilt, typischerweise in einem SW-Tool geplant (terminiert) und dargestellt.

Zwischen Termin-, Kapazitäts- und Kostenplanung bestehen große Abhängigkeiten. Im Verlauf der Planung werden regelmäßig Zielkonflikte deutlich, die eine mehrmalige Anpassung der Planung erfordern.

WWW.PEARSON-STUDIUM.DE CWS COMPANION WEBSITE
Lösung

Aufgabe – Termin-, Kapazitäts- und Kostenplanung Setzen Sie für den bereits erstellen Projektablaufplan die Termin-, Kapazitäts- und Kostenplanung mit möglichst realistischen Parametern um und stellen Sie das Ergebnis in einem Balkendiagramm dar! Dabei empfiehlt sich die Verwendung einer Projektmanagement-Software, wie beispielsweise MS Project (proprietär) oder GanttProject (Open Source).

Risikobewertung

Definition Risikobewertung

Die **Risikobewertung** prüft, welche Vorgänge im Projektumfeld einen negativen Einfluss auf die Erreichung der Ziele haben können.

Eine wichtige Aufgabe der Projektplanung ist die Überlegung, welche möglichen Risiken und Schwierigkeiten bei der Durchführung des Projektes auftreten können. Dazu dient die Risikobewertung. Um die Ergebnisse in die Kalkulation des Projektes einfließen zu lassen, sind alle Risiken und ihre möglichen Auswirkungen finanziell zu bewerten.

Die Risikobewertung verfolgt durch eine Kombination von Abschätzung mit statistischen Erfahrungswerten folgende Ziele:

- Vollständige Erfassung aller Risiken und Chancen
- Genauer und schneller Zugriff auf die für das Management relevanten Ergebnisse (Expected Value, Contingency Reserve, Management Reserve)
- Führung des Risikobewertungsprozesses: Reduzieren, Verlagern, Akzeptieren oder Versichern?

- Identifizierung von Verhandlungspunkten mit dem Kunden
- Exakte und nachvollziehbare Ermittlung von Risikoreduzierungskosten und Risikozuschlägen

Die Risikobewertung ist ein komplexer Vorgang, der einige Erfahrung und Kenntnis über Risikomanagement erfordert. Der Vorgang sollte im Laufe eines Projektes mehrfach wiederholt werden, um Veränderungen an den bewerteten Risiken sowie neue Risiken zu erfassen. Typischerweise erfolgt dies in einer Risikobewertungsrunde.

Eine Risikobewertung kann niemals von einer Person oder Abteilung (Projektleitung, Vertrieb, Einkauf, Rechtsabteilung ...) allein durchgeführt werden. Nur durch das Zusammenwirken aller wesentlichen Know-how-Träger lassen sich Risiken entdecken und bewerten!

Die Risikobewertungsrunde erstellt eine tabellarische Darstellung aller Risiken und ihrer Auswirkungen (siehe ▶Abbildung 10.6). Zum Abschluss der Risikobewertung werden die Ergebnisse dokumentiert und kommuniziert.

Risikodefinition					Evaluierung					Maßnahmenplan	
Nr.	Risikobeschreibung	Datum	Kat.	Konsequenzen	B 1 – 10	E 1 – 10	Datum	RPZ (BxE)	Möglicher Schaden (EUR)	Maßnahme	Frist
1	Verzögerung der Aufnahme vom Testbetrieb	01.12.2008	S	Verlängerung der Testbetriebphase und Verschiebungen	10	7	01.12.2008	70	...	Kommunikation und Benachrichtigung von Benutzern	10.12.2008
2	Kein klares Nutzerfeedback	15.01.2009	S	Verzug der ersten Projektphase	7	3	15.01.2009	21	...	Bessere Einbindung aller Nutzer und Feedback	31.03.2009
3	Kommunikationsprobleme mit der Klinik	01.03.2009	S	Verzug der ersten Projektphase	9	4	15.01.2009	36	...	Kommunikation mit Benutzern forcieren	31.03.2009
4	Fehlendes Testen (Performance, UID)	01.03.2009	T	Fehlende Stabilität des Systems	10	6	01.04.2009	60	...	Einsatz von Testern	15.03.2009
6	UID erfüllt noch nicht alle Standards	01.02.2009	T	Fehlende Akzeptanz der Benutzer	8	3	01.02.2009	24	...	Einsatz von UID Experten	01.05.2009
7	Verzögerte Ausarbietung von Datenschutzstandards	01.01.2009	T	Nichterfüllung des Föderungsvertrages	10	7	01.01.2009	70	...	Einsatz von Datenschutzexperten	01.05.2009
8	Vollständige Umsetzung der	01.01.2009	S	Verschiebung der	10	4	01.01.2009	40		Workshops mit Benutzern	31.07.2009

Abbildung 10.6: Ausschnitt aus der Risikobewertung für das Fallbeispiel LiSaMe

Die Ergebnisse der ersten Risikobewertung finden Eingang in die Projektkalkulation. Spätere Risikobewertungen sind wichtig für Projekt-Controlling und Projektmanagement. Sie erlauben die Einschätzung des Erfolges korrektiver Maßnahmen bzw. ermöglichen rechtzeitige Nachsteuerung.

Aufgabe – Risikobewertung Wählen Sie ein Szenario aus dem CWS und erstellen Sie eine Risikobewertung zu Projektbeginn! Achten Sie dabei besonders auf möglichst realistische Annahmen und stellen Sie die einzelnen Risiken gewichtet und strukturiert in einer Tabelle dar.

Lösung

Projektkalkulation

Definition Projektkalkulation

Die **Projektkalkulation** gibt Auskunft über die Wirtschaftlichkeit des Projektes, insbesondere dessen

- Umsatz,
- Ertrag,
- Deckungsbeitrag,
- Liquiditätsbedarf,
- Risikoanteil.

Die Projektkalkulation verantwortet entweder der im Vertrieb benannte Angebotsmanager, ein Produktmanager oder ein Projektmanager, sie geht jedoch durch viele Hände: Die Mitglieder des Angebotsteams (Projektplaner) erstellen die Aufwands- und Kostenschätzung für ihren Teil in einer vom Angebotsmanager vorgegebenen Struktur. Der Angebotsmanager fasst die Schätzungen in einem Kalkulationsformular zusammen. Die Struktur der Angebotskalkulation kann von den Vorgaben des Kunden geprägt sein, in welcher Form die Preise abgegeben werden müssen. Diese Struktur ist *vor Beginn* der einzelnen Schätzungen festzulegen, um Komplikationen beim Zusammenführen zu vermeiden.

Produktmanagement und/oder Vertrieb ermitteln den erzielbaren Umsatz. In großen Unternehmen steuert dazu das Controlling die für jedes Jahr aus dem Planungsvorgang hervorgehenden Zuschlagssätze (prozentualer Zuschlag auf die Herstellkosten) bei. Daraus errechnen sich dann Selbstkosten, Deckungsbeitrag und Profit des Projektes:

Üblicherweise werden alle Kosten und Aufwände in einem SW-Tool strukturiert erfasst und bewertet. Dabei kann es sich um eine einfache Excel-Tabelle handeln. Je komplexer das Projekt und je größer das Unternehmen, desto aufwändiger können die für die Kalkulation eingesetzten Tools werden.

Die Ergebnisse der *Risikobewertung* fließen in die Projektkalkulation bei jeder von Risiken betroffenen Position ein.

Die exakte Kalkulation des Projektes verfolgt typischerweise vier Ziele:

1. Exakte Ermittlung von Profit und Deckungsbeitrag
2. Vollständige und korrekte Berücksichtigung aller Zuschläge
3. Eignung als Grundlage für die Projektplanung und die Bewertung des Projekterfolges
4. Transparenz und Flexibilität bei der Verhandlung für den Vertrieb

Bedarf ein Projekt erheblicher Vorfinanzierung, sind auch die für die Finanzierung erforderlichen Kosten zu ermitteln. Dasselbe gilt etwa für die Absicherung von Wechselkursverlusten oder die Kosten für zu stellende Sicherheiten.

Qualitätsplan

Definition Qualitätsplan

Der **Qualitätsplan** legt die Qualitätsmerkmale fest und beschreibt, wie die Umsetzung der technischen und fachlichen Anforderungen (Requirements) überprüft wird.

Dazu müssen *Reviews* (Themen, Anzahl, Termine), Review-Teilnehmer sowie Termine für Komponententest und Freigabe zur Integration für alle Arbeitspakete geplant werden. Der Qualitätsplan der einzelnen Arbeitspakete oder Teilprojekte muss mit dem Gesamtprojekt-Qualitätsplan abgestimmt sein. In großen Projekten sorgt dafür ein übergeordneter Projektqualitätssicherungsbeauftragter, der die einzelnen Qualitätssicherungsbeauftragten fachlich steuert.

Qualität muss geplant, kontrolliert und gesichert werden!

Neben internen Tests sind bei Auftragsentwicklungen auch Abnahmetests mit oder beim Kunden vorzusehen. Je nach Komplexität und Entfernung zwischen Einsatzort beim Kunden und dem Entwicklungsort kann es dabei zwei Tests zu unterschiedlichen Zeiten geben. Hierfür sind praktisch nur englische Begriffe geläufig:

Definition Factory Acceptance Test (FAT)

Abnahme eines komplexen Systems beim Lieferanten, um Nacharbeiten noch vor Abbau, Transport und Integration beim Kunden zu ermöglichen.

Definition Site Acceptance Test (SAT)

Abnahme des komplett integrierten Systems beim Kunden auf dessen Anlagen, Systemen und Computern.

Praxistipp zur Erstellung guter Qualitätspläne:

- So schwer dies bei einer Softwareentwicklung auch ist – beschränken Sie sich nach Möglichkeit auf quantifizierbare Kenngrößen! Subjektiv beurteilte oder relative Eigenschaften einer Software lassen sich nicht objektiv messen bzw. vergleichen.
- Test Cases zu schreiben, ist aufwändig und wird oft vermieden oder an das Ende des Projektes verschoben, bei dem meist keine Zeit mehr bleibt. Erstellen Sie gleich zu Beginn in einem separaten Team so viele und genaue Test Cases wie möglich!

- Planen Sie stets, funktionale und nichtfunktionale Anforderungen zu testen!
- Vergessen Sie nie Installationstests unter allen denkbaren Zielumgebungen!
- Vergessen Sie neben dem Test von Produkteigenschaften nicht Stresstests und Lasttests!

Die Qualität einer Softwareentwicklung lässt sich aus *zwei Perspektiven* mit meist ganz unterschiedlichen Ergebnissen beschreiben. Für einen Softwareentwickler definiert sich Qualität vor allem über:

- Skalierbarkeit
- Erweiterbarkeit
- Wartbarkeit
- Wiederverwendbarkeit
- Verständlichkeit

Ein Anwender oder Auftraggeber mag ganz andere Anforderungen haben.

Praxistipp zur Erstellung vollständiger Qualitätspläne: Nehmen Sie bei der Erstellung eines Qualitätsplanes beide Perspektiven ein! Entweder lassen sich die einzelnen Anforderungen ausgezeichnet ergänzen oder Sie müssen abwägen, welcher von zwei widersprechenden Anforderungen Sie den Vorzug geben.

Netzplan

Der **Netzplan** ist kein funktional eigenständiger Planungsschritt bei der Projektplanung. Es handelt sich um eine netzähnliche grafische Darstellung der vier Teilpläne

- Projektstrukturplan,
- Terminplan,
- Kostenplan und
- Kapazitätsplan

in einem Diagramm mithilfe von Kreisen und Pfeilen (siehe ▶Abbildung 10.7).

Im Gegensatz zum Gantt-Diagramm sind die Abhängigkeiten zwischen einzelnen Projektaktivitäten im Netzplan viel leichter zu erkennen. Der Netzplan eignet sich besonders gut zur Ermittlung und Darstellung des kritischen Pfades im Projekt.

Definition kritischer Pfad

Aufeinanderfolge aller Vorgänge, bei denen eine zeitliche Änderung den Endtermin unweigerlich verschiebt

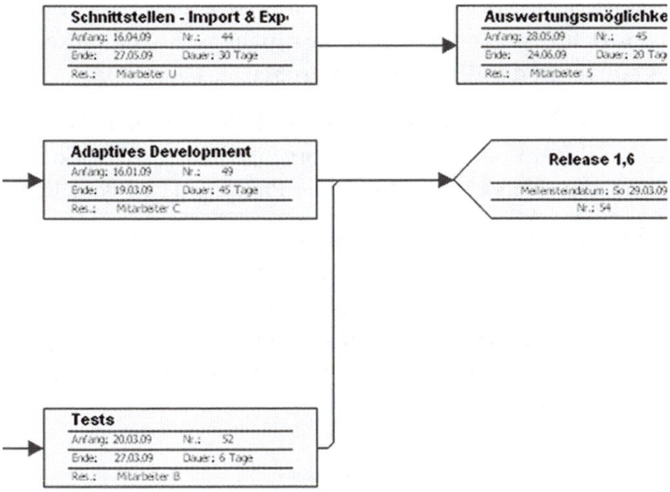

Abbildung 10.7: Netzplanausschnitt für das Fallbeispiel LiSaMe

Auf dem **kritischen Pfad** liegen also ausschließlich Vorgänge, die sich nicht durch Parallelisierung beschleunigen lassen. Im Netzplan ist er erkennbar als die durchgehende Kette von Vorgängen, die in der Summe die längste Dauer aufweist.

10.2.2 Fortschreibung der Projektplanung

Weil die Projektplanung so viel Arbeit bereitet, belassen es Projektmanager gern einmal bei der ersten, von allen Beteiligten akzeptierten Fassung. Dafür gibt es viele Gründe:

- Im Laufe des Projektes kommen so viele Aufgaben und Probleme hinzu, dass sich keiner mehr die Zeit für eine Aktualisierung der Planung nimmt.
- Fragt man Projektbeteiligte nach dem Stand ihrer Arbeit, gibt es oft nur zwei Auskünfte: „ist noch in Arbeit“ oder „fertig“. Mit so ungenauen Auskünften lässt sich die Planung nicht fortschreiben.
- Hängt jemand oder gar ein ganzes Team mit einer Aufgabe zurück, besteht oft eine Hemmung, dies zuzugeben. Deshalb erfolgen lieber gar keine oder nur ungenaue Berichte über den Projektfortschritt.
- Manchmal legt ein aktualisierter Projektplan, insbesondere eine drastisch veränderte Kostenplanung, nahe, das Projekt inhaltlich zu verändern oder gar zu stoppen. Eine solche Entscheidung scheut meist das Projektteam, wenn es sich einmal in eine Aufgabe verbissen hat. In einem solchen Fall unterbleibt oft die Aktualisierung der Planung.

Ein in Stein gemeißelter Projektplan ist eine der häufigsten Ursachen für das Scheitern von Projekten!

Eine der dringlichsten Aufgaben des Projektleiters ist es daher, den Projektplan ständig aktuell zu halten. Dafür ist genügend Zeit einzuplanen! In komplexen Projekten kann dafür durchaus ein Tag in der Woche zu veranschlagen sein.

Letztlich handelt es sich dabei um einen Aufwand, der Aufgaben von Risikobewertung und Projekt-Controlling mit umfasst. Beide Vorgänge haben Auswirkungen auf die Projektplanung. Ohne diese Vorgänge lässt sich der Plan nicht sachgerecht fortschreiben.

Das Vorgehen unterscheidet sich je nach Projekt- und Unternehmenskultur sowie Komplexität des Unternehmens. In kleinen, wenig hierarchisch organisierten Teams finden meist Projektinterviews Anwendung. Je größer das Team oder das Unternehmen, desto eher werden zunächst Berichte aus SW-Tools oder dem Controlling abgefragt und ausgewertet und dann die Teilprojektleiter um Anpassung ihrer Teilpläne gebeten.

10.3 Berichtswesen

Ein Projekt mit regelmäßig vielen Beteiligten erfordert ein geregeltes und effektives Berichtswesen. Nur so lassen sich wirksame Kontrolle und rechtzeitige Gegensteuerung bei geringstmöglicher Beeinträchtigung der Projektarbeit sicherstellen. Das Berichtswesen sammelt Projektinformationen, bereitet sie auf und verteilt sie gezielt an Projektbeteiligte.

Dazu dient der sogenannte Projektstatusbericht. Er ist das ausführlichste Dokument für die Projektkontrolle. In ihm wird der Projektstatus zu einem bestimmten Stichtag dokumentiert. Der Projektstatusbericht dient zur Vorlage bei der Projektleitung im Kernteam oder beim Lenkungsausschuss, um über den weiteren Fortgang des Projektes zu entscheiden.

Im Projektmanagement ist oft eine andere Verwendung der Farben üblich: Rot kennzeichnet ernsthafte Probleme, die eine Eskalation erfordern. Gelb steht für Probleme, die sich innerhalb der betroffenen Organisationseinheit lösen lassen. Diese Kennzeichnung sollte besser keine Anwendung finden. Sie verstellt der Projektkontrolle den Blick auf bereits eingetretene Probleme. Außerdem verhindert sie oft die Nachprüfung, ob eine Organisationseinheit mit ihren Problemen tatsächlich selbst fertig wird.

Praxistipp – Projektampel Zur einfachen Darstellung des Status von Arbeitspaketen und Projekten hat sich ein dreistufiger Indikator eingebürgert: die Projektampel. Dabei stehen die drei Zustände für:

- Rot: Es sind Probleme eingetreten, die eine Gegensteuerung erfordern.
- Gelb: Es sind Probleme absehbar, noch besteht kein Handlungsbedarf.
- Grün: keine Probleme absehbar, planmäßiger Ablauf

Wie detailliert der Projektstatusbericht erfolgt, hängt von Umfang und Komplexität des Projektes ab. Die Tiefe des Projektstrukturplanes ist dafür ein guter Indikator. In kleinen Projekten mag eine Projektampel für jedes Arbeitspaket angezeigt sein. In großen Projekten erstellen die Teilprojektleiter derartige Statusberichte für ihr Teilprojekt. Auf Gesamtleitungsebene oder im Lenkungsausschuss werden dann nur noch Ampeln für Teilprojekte oder zusammengefasste Aufgabenpakete gezeigt.

Wichtig ist vor allem, die Informationswege sorgfältig zu planen und die Beteiligten über diese Wege regelmäßig zu bedienen.

10.4 Projekt-Controlling

> *„You can't manage what you can't control, and you can't control what you don't measure." – Tom DeMarco*

An das Projekt-Controlling werden – je nach Standpunkt – völlig überzogene oder stets unzureichende Anforderungen gestellt. Der Interessenkonflikt liegt auf der Hand: Außenstehende wie das Management verlangen einen absolut genauen Einblick in den aktuellen und künftigen Projektfortschritt. Die Projektbeteiligten haben kein Verständnis für den „bürokratischen Ballast", mit dem die „Erbsenzähler" und „Folienmaler" vom Projekt-Controlling sie von der Arbeit abhalten.

Wie so oft, liegt die Wahrheit in der Mitte. Das Fehlschlagen von Projekten lässt sich bei fachgerechtem Projekt-Controlling stets voraussagen, und zwar lange vor dem Zeitpunkt, zu dem es sich die Projektbeteiligten eingestehen.

Das negative Image des Projekt-Controllings liegt auch an einer fehlerhaften Übersetzung des Wortes Controlling. Viele Menschen denken bei dem Begriff sofort an die deutsche „Kontrolle". Controlling bezeichnet hingegen eine Steuerung. Es umfasst also nicht bloß Kontrollmaßnahmen, sondern insbesondere auch solche zum Gegensteuern. „Projektlenkung" wäre deshalb deutlicher, ist jedoch kaum geläufig.

Projekt-Controlling erfordert eine genaue Planung und Dokumentation des Projektes. Bei ungenauer Planung muss auch das Projekt-Controlling scheitern. Von daher ist einer der wichtigsten Effekte des Projekt-Controllings, dass es alle Beteiligten zu einer genauen Planung und Erfolgsmessung zwingt. Allein das sorgt schon dafür, dass die Projektziele besser erreicht werden als ohne Einsatz von Projekt-Controlling-Tools.

Dem Projekt-Controlling kommen eine ganze Reihe von wichtigen *Aufgaben* zu:

- Unterstützung des Projektmanagers bei der Formulierung von Projektzielen und Erfolgskriterien
- Unterstützung des Projektmanagers bei Planungs-, Steuerungs- und Kontrollaufgaben
- Aufbau eines leistungsfähigen Berichtswesen mit der Festlegung von Kennzahlen und Messsystemen zur Erkennung von Abweichungen beim Projekterfolg
- Entwicklung von Controlling-Standards und -Zyklen

- Plan-Ist-Vergleich von Projektplänen in Bezug auf Leistung, Termine und Kosten
- Interpretation der Ergebnisse und Entwicklung von Steuerungsmaßnahmen
- Erstellung von Projektberichten und Sicherstellung einer adäquaten Projektdokumentation (Fiedler, 2007; Krause & Steins, 2001)

Beispiel 10.3

Fehlendes Projekt-Controlling

Ein kleines Softwareunternehmen leidet geraume Zeit unter Auftragsmangel. Da kommt ein – leider recht untypischer – Auftrag gerade recht. Es handelt sich um ein Projekt in einer ganz anderen Branche mit absolut neuen, für das Unternehmen unbekannten Tools und Schnittstellen. Aber als Referenz wäre es höchst willkommen. Der Vertrieb betont, man müsse schneller fertig werden als der Wettbewerb und vor allem billiger anbieten, um dieses Projekt zu gewinnen. Gesagt, getan! Das Projekt wird erfolgreich an Land gezogen.

Zu Beginn rauft sich der Projektleiter die Haare. Als er das Projekt plant, kommt er zu ganz anderen Kosten und Terminen als ursprünglich kalkuliert. Das will nur keiner hören, der Vertrag ist längst unterschrieben. Außerdem sind die Termine so eng, dass er bitte nicht viel Zeit auf unnötige Planung verschwenden, sondern lieber rasch loslegen soll.

Wenig später bessert sich die Auftragslage wieder. Alte Kunden bitten um Unterstützung und können nicht vertröstet werden. Die für das große Referenzprojekt nötigen Ressourcen schwinden zusehends. Der Kunde ist anspruchsvoll und verlangt laufend teure und zeitintensive Anpassungen. Angesichts der überall mangelnden Ressourcen arbeitet die Projektleitung Tag und Nacht. Irgendwann kommt sie mit der Planung gar nicht mehr hinterher.

Dann, endlich Licht am Ende des Tunnels! Die Entwickler halten das Projekt plötzlich für schaffbar. Die letzten Tests sind erstmals erfolgversprechend. Da kündigt der Kunde den Vertrag. Das Management spricht von Rechtsanwälten, die eingeschaltet worden seien. Das Controlling rechnet plötzlich vor, das Projekt habe inzwischen das 2,5-Fache des Vertragswertes gekostet, ohne fertig zu sein.

Das Projektteam fällt aus allen Wolken: wieso jetzt stoppen? Das hätten wir doch schon hinbekommen! Wieso hört denn keiner auf uns?

Das Beispiel wirft einige Fragen auf:

- Hätte die Kostenüberschreitung frühzeitig verhindert werden können?
- Hätte das Projekt gestoppt werden sollen?
- Welche Entscheidungsgrundlage bräuchte das Management, um das Projekt doch noch fortzusetzen?

Alle diese Fragen lassen sich nur beantworten, wenn ein fachgerechtes Projekt-Controlling im Projekt stattgefunden hat. Erkennbar hat es daran gefehlt. Das Beispiel zeigt nicht nur die negativen Auswirkungen von Projekt-Controlling, für das es gern geziehen wird. Die Entscheidung, ein lange verzögertes Projekt doch noch fertigzustellen, kann nur auf einer soliden Basis getroffen werden. Eine solche Basis liefert das Projekt-Controlling.

Projekt-Controlling dient zur Überwachung der Einhaltung aller Vorgaben an das Projekt. Je nach Projektvorgaben wird dabei unterschieden zwischen Qualitäts-, Termin- und Kostenkontrolle. Eine besondere Rolle spielt schließlich das Risikomanagement. Wegen seiner Bedeutung ist ihm ein eigenes Unterkapitel gewidmet (siehe Kapitel 10.5).

10.4.1 Qualitätskontrolle

Die Qualitätskontrolle obliegt grundsätzlich den Teilprojektleitern bzw. den Arbeitspaketmanagern. Die in größeren Unternehmen vorhandene Qualitätssicherung überwacht nicht die Qualität an sich, sondern die Einhaltung der dazu erforderlichen Prozesse.

In aller Regel erfolgt die Qualitätskontrolle von Dokumenten durch Reviews, die von Hard- und Software durch Tests. Was die Testmethodik angeht, sind je nach Software und Entwicklungsumfang einige bis zu alle der gängigen Vorgehensweisen auszuwählen:

- Funktionale Softwaretests
- Strukturelle Softwaretests
- Komponententests
- Integrationstests
- Systemtests
- Akzeptanztests
- Nichtfunktionale Softwaretests

Nähere Details hierzu finden sich in Kapitel 7.

Im Rahmen der Qualitätskontrolle werden eine Vielzahl von *Prozessmetriken* eingesetzt, die üblicherweise aussagekräftige Kennzahlen zum Ergebnis haben, z.B.

- Defect Density by Phase (DDp),
- Requirements Specification Volatility (RSV),
- Requirements Creep, Actual (RCa),
- Failure Mode and Effects Analysis (FMEA),
- Failure Mode, Effects and Criticality Analysis (FMECA).

Der Praxiseinsatz dieser Methoden erfolgt meist mit spezieller Software, für FMEA z.B. *APIS* oder *PLATO*. Die Prozessmetriken ergänzen die in Kapitel 11 vorgestellten Produktmetriken.

10.4.2 Terminkontrolle

Auch die Terminkontrolle erfolgt durch die Teilprojektleiter. Dazu nutzen sie Auswertungen des Berichtswesens, typischerweise Offene-Punkte-Listen, Projektfortschrittsberichte und den Projektplan.

Eine Methode zur vorausschauenden Terminkontrolle ist die **Meilensteintrendanalyse** . Sie ist eine grafische Darstellung der Termintreue im Projekt und macht Abweichungen und Trends sofort erkennbar (siehe ▶Abbildung 10.8).

Zur Erstellung einer MTA werden im Projekt geplante Termine, in der Regel für Meilensteine, in regelmäßigen Zeitabständen miteinander verglichen. Die Ergebnisse werden in einem Dreiecks-Diagramm grafisch dargestellt. Zwei Seiten des Dreiecks dienen als Zeitachse, die eine für die Plantermine, die andere für die Messzeitpunkte.

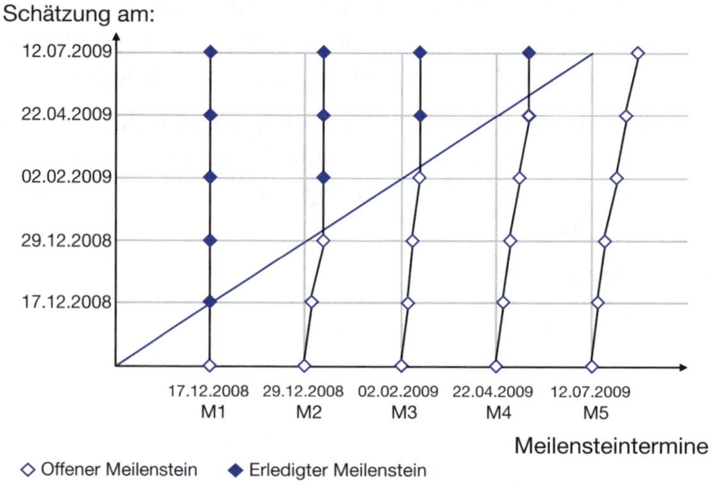

Abbildung 10.8: Schema einer Meilensteintrendanalyse

Ändern sich die Plantermine, z.B. aufgrund neuer Prognosen oder eingetretener Verzögerungen, wird dies im Diagramm sofort deutlich. Wenn das Projekt planmäßig verläuft, ist die durch die Plantermine jedes Meilensteines gezogene Linie flach und gleichmäßig. Bei Änderungen in der Terminplanung steigt die Linie an (Verzögerung) oder fällt ab (Fertigstellung vor Plan).

10.4.3 Kostenkontrolle

Während die Terminkontrolle in den meisten Projekten eher vernachlässigt wird, haben viele Funktionen einen genauen Blick auf die Kosten, insbesondere externe Kosten (für Investitionen oder zugekaufte Waren).

In der Praxis ist eine Vielzahl von Methoden und Kennzahlen zur Messung üblich. In Ergänzung der MTA zeigt z.B. die *Kosten-Trend-Analyse* auf, welcher Aufwand für die

Erreichung von bestimmten Meilensteinen oder Deliverables zu welchem Messzeitpunkt prognostiziert wurde.

10.4.4 Risikokontrolle

Die Risikokontrolle dient der vorausschauenden Überwachung von drohenden Ereignissen, die Qualität, Termine oder Kosten erheblich beeinflussen. Die Risikoüberwachung und -steuerung, das sogenannte Risikomanagement, stellen einen besonders anspruchsvollen Teil des Projekt-Controllings dar. Ihm ist ein gesondertes Kapitel in diesem Handbuch gewidmet (siehe Kapitel 10.5).

Ergibt das Projekt-Controlling eine drohende oder bereits eingetretene Abweichung zwischen Soll und Ist, muss die (Teil-)Projektleitung einschreiten. Aufgrund des magischen Projektdreiecks bedarf es dabei der genauen Abstimmung zwischen den einzelnen Projektvorgaben.

Qualität, Kosten oder Termine eines Projektes lassen sich nie isoliert und ohne Auswirkungen auf die jeweils anderen Vorgaben verändern.

10.4.5 Earned Value Management

> *„The degree to which you can express something in numbers is the degree to which you really understand it" – William Thomson („Lord Kelvin")*

Eine besonders fortgeschrittene, in ihrem Nutzen unumstrittene, jedoch aufwändige Methode ist die sogenannte Earned-Value-Analyse (EVA), (*Earned Value Management*, EVM). Ursprünglich zwischen 1963 und 1965 von der Einkaufsabteilung der US-Luftwaffe entwickelt, ist sie inzwischen ein amerikanischer Standard (ANSI EIA-748A) und wird für große oder Risikoprojekte als best practice insbesondere vom Project Management Institute empfohlen.

EVM liefert aussagekräftige Projektkennzahlen, für die zwar viele deutsche Übersetzungen existieren. Gängiger und meist eindeutig sind jedoch die englischen Begriffe dafür, z.B.:

- *Earned Value*
  - Synonyme: Achieved Cost, Planned Value (PV), MS Project: Budgeted Cost of Work Performed (BCWP)
  - Deutsch: Fertigstellungswert, Leistungswert, MS Project: Soll-Kosten bereits abgeschlossener Arbeit (SKAA)
  - Wert ausgedrückt in Geld oder Arbeitszeit
  - Setzt die angefallenen Kosten zu den geplanten Kosten ins Verhältnis und gibt damit den Gesamtfortschritt des Projektes ausgedrückt in Geld oder Zeit an

- *Schedule Variance (SV)*
  - Deutsch: Terminabweichung, MS Project: Planabweichung (PA)
  - Numerischer Wert
  - Positiver SV zeigt eine Fertigstellung des Projektes vor Plan an
  - Negativer SV indiziert einen Projektverzug
- *Schedule Performance Index (SPI)*
  - Deutsch: Terminentwicklungsindex, (relative) Zeiteffizienz, MS Project: Plan-Leistungsindex (PLI)
  - Prozentwert
  - SPI > 1 zeigt eine Fertigstellung des Projektes vor Plan an
  - SPI = 0 bedeutet volle Übereinstimmung mit dem Plan
  - SPI < 1 indiziert einen Projektverzug
- *Cost Variance (CV)*
  - Deutsch: Kostenabweichung, MS Project: Abweichung Kosten (KA)
  - Numerischer Wert
  - Positiver SV zeigt eine Kostenunterschreitung des Projektes an (typisch für eine zu konservative Projektplanung)
  - Negativer SV indiziert eine Kostenüberschreitung
- *Cost Performance Index (CPI)*
  - Deutsch: Kostenentwicklungsindex, (relative) Kosteneffizienz, MS Project: Kosten-Leistungsindex (KLI)
  - Prozentwert, setzt die angefallenen Kosten zu den geplanten Kosten ins Verhältnis
  - CPI > 1 bedeutet, dass die aktuellen Kosten zum Messzeitpunkt geringer sind als die Plankosten (hohe Arbeitseffizienz oder zu konservative Planung)
  - CPI = 0 bedeutet volle Übereinstimmung mit dem Plan
  - CPI < 1 indiziert eine Überschreitung der geplanten Kosten
- *Estimate to Complete (ETC)*
  - Synonym: Budget to Complete (BTC)
  - Deutsch: erwartete Restkosten, prognostizierte Restkosten, geschätzter Restaufwand
  - Wert ausgedrückt in Geld oder Arbeitszeit
  - Gibt an, welche Kosten für die Fertigstellung des Projektes noch anfallen werden
- *Estimate at Completion (EAC)*
  - Deutsch: erwartete Gesamtkosten, prognostizierte Gesamtkosten, geschätzte Gesamtkosten, Kosten am Projektende, MS Project: Berechnete Kosten (BK)
  - Wert ausgedrückt in Geld oder Arbeitszeit
  - Gibt die Gesamtkosten des Projektes nach Fertigstellung an

- *Variance at Completion (VAC)*
  - Deutsch: erwartete Kostenabweichung, prognostizierte Kostenabweichung, Kostenabweichung am Projektende, MS Project: Kostenabweichung nach Abschluss (ANA)
  - Numerischer Wert
  - Positiver VAC zeigt eine Unterschreitung der Gesamtkosten an
  - Negativer VAC indiziert eine Überschreitung der Gesamtkosten
- *To-Complete Schedule Performance Index (TCSPI)*
  - Prozentwert
  - TCSPI < 1 zeigt an, dass der Projektplan mehr Zeit vorsieht als zur Fertigstellung erforderlich (es können Zeit oder Ressourcen eingespart werden)
  - TCSPI > 1 bedeutet, dass der Zeitplan nicht mehr eingehalten werden kann (es müssen Maßnahmen zur Beschleunigung ergriffen werden)
- *To-Complete Cost Performance Index (TCCPI)*
  - Prozentwert
  - TCCPI < 1 zeigt an, dass dem Projekt mehr Budget zur Verfügung steht als zur Fertigstellung erforderlich (es können Kosten eingespart werden)
  - TCCPI > 1 bedeutet, dass das geplante Budget nicht mehr eingehalten werden kann (es müssen Sparmaßnahmen getroffen werden)

Beim EVM handelt es sich um eine fundierte, jedoch nicht auf Anhieb verständliche Methodik, die im Rahmen dieses Lehrbuches nicht im Detail geschildert werden kann. Zur Vertiefung werden die am Ende dieses Kapitels angeführten Werke empfohlen.

Aufgabe – EVM Sie haben die Aufgabe für ein 1 Mio. Euro budgetiertes Softwareprojekt den aktuellen Projektstatus zu bewerten. Dafür wenden Sie eine Earned-Value Analyse an. Die Implementierung hat gerade begonnen und damit befinden Sie Sich an einem kritischen Punkt im Projekt. Das Projekt hat eine geplante Laufzeit von 14 Monaten. Jetzt sind 7 Monate vergangen und Sie erhalten vom Projektmangement die aktuellen Zahlen von der CWS zu den budgetierten Kosten, den tatsächlichen Kosten und den Fertigstellungsgrad der Aktivitäten. Sie führen folgende Analyse-Aktivitäten durch:

COMPANION WEBSITE Lösung

1. Errechnen und zeichnen Sie die AC, EV Graphen für die letzten 7 Monate und den PV Graphen für das Gesamtprojekt.
2. Errechnen und zeichnen Sie die Kosten- und Fortschrittsvarianzen (CV und SV) und weiters die CPI und SPI Indizes.
3. Errechnen Sie die Forecast-Werte ETC und EAC.
4. Interpretieren Sie die Projektsituation auf Basis von A, B und C und fassen Sie einen pointierten Management-Bericht zum Projektstatus zusammen.

10.4.6 Controlling-Arten

Strategisches Projekt-Controlling ist Aufgabe der Unternehmensleitung. Hier geht es um die langfristige Planung von Projekten, mit denen das Unternehmen Geld verdienen will. Das **operative Projekt-Controlling** beschäftigt sich mit der Abwicklung der laufenden Projekte.

Projekt-Controlling wird entweder als Selbst- oder Fremd-Controlling ausgeübt. Sinnvoller und übliche Praxis in großen Unternehmen ist es jedoch, es nach dem Prinzip von Check & Balance als Selbst- und Fremd-Controlling durchzuführen.

Das **Selbst-Controlling** übernehmen grundsätzlich Projektleiter und Projektmanager. Dazu müssen sie das notwendige betriebswirtschaftliche Verständnis haben und die wichtigsten Controlling-Instrumente beherrschen. In größeren Projekten kann es einen eigenen Projekt-Controller innerhalb des Projektes geben.

Das **Fremd-Controlling** obliegt außerhalb des Projektes tätigen Funktionen. Üblicherweise ist dies das Finanz-Controlling. Große und auf das Projektgeschäft spezialisierte Unternehmen haben dafür sogar spezielle Abteilungen mit oft unterschiedlichen Bezeichnungen.

Effektiver als jede Fremdkontrolle ist eine risikobewusste Selbstkontrolle aller Mitarbeiter.

10.4.7 Typische Probleme beim Projekt-Controlling

„If you give a fool a faster tool – all you get is a faster fool!" – Unbekannt

Wie eingangs geschildert, ist Projekt-Controlling ein beliebter Zankapfel. Zwar stehen für diese Aufgabe bewährte Methoden mit unbestrittener Aussagekraft zur Verfügung. Nur sorgt die konkrete Anwendung oft nicht für die angestrebte Wirkung. So zeigen Untersuchungen, dass 80% aller Messprogramme in den Bereichen IT- und Softwareentwicklung fehlschlagen (Rubins & Pitts, 1997).

Für alle Methoden des Projekt-Controllings, insbesondere das EVM, gibt es eine Vielzahl von Software-Tools. Oft werden solche Tools wahllos ausgesucht oder kombiniert und mit mangelnder Sachkunde bedient. Fraglos verfehlen sie dann den angestrebten Zweck. Der Einsatz solcher Tools erfordert neben genauer Kenntnis der zugrunde liegenden Methoden auch eine Anpassung der gesamten Projektmanagement-Methodik, insbesondere des Berichtswesens und der Messmethoden. So ist die EVM ohne einen detaillierten Projektstrukturplan und Kostenplan sinnlos und kaum aussagekräftig.

Nur ein mit der Projektmanagement-Methode und dem Berichtswesen abgestimmter, pragmatischer Einsatz von für das jeweilige Projekt angemessenen Kennzahlen und Controlling-Tools hat mehr Nutzen als Schaden für das Projekt.

Daneben ist ein *wichtiger Grundsatz* zu beachten:

Entscheidend für gutes Projekt-Controlling ist nicht die Rückschau auf vergangene Probleme. Hilfreich ist vielmehr ein *vorausschauendes Controlling*: „Aktives Controlling zeichnet sich dadurch aus, daß man versucht, Abweichungen vorherzusehen und vor ihrem Auftreten Gegenmaßnahmen einzuleiten“ (Fiedler, 2007).

Anders und noch anschaulicher ausgedrückt: Finanz-Controlling zeigt an, wo ein Kind in den Brunnen gefallen ist und wie tief es unten liegt. Projekt-Controlling warnt, wenn ein Kind auf dem Brunnenrand sitzt und spielt.

10.5 Risikomanagement

> *„If your project management method does not start and end with Risk Management, you're whistling in the dark, hoping things will work out. “ – Glen B. Alleman*

10.5.1 Was ist Risikomanagement?

Jedes Projekt ist ein Wagnis und Wagnis bedeutet: Risiko. Ein Projektmanager muss sich daher stets mit Risiken auseinandersetzen. Risikomanagement ist der Teil des Projektmanagements, der sich mit der Identifizierung, Analyse und Beherrschung von Risiken für die geplante Projektabwicklung beschäftigt. Dazu gehören folgende Teilaufgaben:

- Risikoidentifikation
- Risikoanalyse
- Risikobewertung
- Risikovorsorge
- Risikoüberwachung
- Risikosteuerung

Das Risikomanagement ist neben der Projektplanung eine der vornehmsten und schwierigsten Aufgaben der Projektleitung. Es gibt dazu die unterschiedlichsten Tools und Methoden. Sie müssen auf die jeweiligen Anforderungen und Risiken jedes Projektes abgestimmt werden. Im Grundsatz ist eine Fortschreibung der in der Planungsphase erstellten Risikobewertung gut geeignet, die Risiken eines kleinen bis mittleren Projektes zu managen.

Fallstudie **Risikomanagement im Rahmen von LiSaMe**

Im Rahmen des vorgestellten Fallbeispieles LiSaMe, einer webbasierten Dokumentationsplattform für klinische Prozesse, wurde ein durchgängiger Risikomanagement-Workflow integriert. Alle betroffenen Stakeholder haben zu Projektbeginn eine umfangreiche Analyse und Bewertung aller Risiken vorgenommen und diese strukturiert in einer Risikomatrix erfasst. Im Zuge des Projektes wurde eine konkrete Projektrolle des Risikomanagers definiert und mit spezifischen Aufgaben belegt. Dazu gehörte die ständige Risikoüberwachung und das Setzen von wirksamen Maßnahmen im Rahmen der Risikosteuerung.

Neben einem Hauptverantwortlichen für das Risikomanagement wurde aber auch das gesamte Projektteam für das Thema Risikomanagement sensibilisiert und im Zuge von kontinuierlichen Meetings wurden potenzielle Risiken identifiziert. Das „gelebte" Risikomanagement des gesamten Projektteams trug im Projekt LiSaMe dazu bei, dass Meilensteine effizient erreicht wurden und das Projekt gegenüber unerwarteten Ereignissen stets gut abgesichert war.

Effektives Risikomanagement erfordert bei allen Mitarbeitern im Team die aktive Bereitschaft, Risiken bewusst wahrzunehmen, entsprechend zu berichten und risikobewusst zu handeln.

Im Grundsatz umfasst der *Risikomanagement-Prozess* vier Phasen:

1. Risikoidentifikation
2. Risikoanalyse (qualitative Bewertung und quantitative Messung)
3. Risikosteuerung (Festlegung der richtigen Maßnahmen, aktive Beeinflussung der ermittelten Risiken)
4. Risikoüberwachung

Risikoidentifikation

Die Risikoidentifizierung dient zur Ermittlung aller wesentlichen Risiken und Risikoquellen von Beginn bis zum Abschluss eines Projektes. Dazu gehören risikoträchtige Entwicklungen, unzuverlässige Lieferanten, enge Termine, Währungsschwankungen und Abhängigkeiten einer Phase von zahlreichen vorhergehenden.

Im Wesentlichen gibt es eine feste Anzahl zu prüfender Risikoquellen. Diese lassen sich wie folgt klassifizieren:

- Interne Risiken, z.B. Kommunikationsprobleme, Personalengpässe
- Externe Risiken, z.B. rechtliche Vorschriften, Umwelteinflüsse
- Operative Risiken, z.B. Technik-, Produktions- und Logistikprobleme
- Finanzielle Risiken, z.B. Forderungsausfall, Währungskursschwankung

Risikoanalyse

Die Risikoanalyse umfasst zwei Aufgaben:

Bei der *Risikoqualifizierung* geht es darum, die Auswirkungen der Risiken auf den Verlauf eines Geschäftes oder einer Unternehmung, die Machbarkeit und den wirtschaftlichen Erfolg einzuschätzen.

Anschließend sind diese Auswirkungen zu *quantifizieren*. Nur so lässt sich adäquat mit den ermittelten Risiken umgehen.

Eine große Herausforderung besteht darin, bei der Erfassung und Analyse von Risiken und Risikoquellen keine unnütze Datenflut zu produzieren. Erst die richtige Reduktion der Komplexität macht Risikodaten handhabbar. Sie ist ein wichtiger Erfolgsfaktor für ein praktikables Risikomanagementsystem.

> **Praxistipp** Zunächst sollten alle Risiken, die während der Angebotsphase identifiziert worden sind, nach erledigten, noch vorhandenen oder veränderten untersucht werden.

Risikosteuerung

Für den Umgang mit den identifizierten Risiken stehen in der Regel vier Alternativen zur Verfügung:

1. Vermeiden
2. Vermindern
3. Verlagern
4. Akzeptieren

Die Risikosteuerung ist oft ein sensitiver Bereich, der Risiken für das gesamte Unternehmen und die Einbindung von Abteilungen in anderen Unternehmensbereichen erfordern kann.

Um die Risiken steuern zu können, ist eine Festlegung von Maßnahmen vonnöten. Dabei wird unterschieden zwischen

- präventiven Maßnahmen und
- korrektiven Maßnahmen.

Die *präventiven Maßnahmen* beschreiben, was getan wird, um das Eintreten des Risikos zu verhindern. Dazu gehört auch, wann diese Maßnahme ergriffen wird.

Ist das Risiko dann doch eingetreten, also zu einem Problem geworden, muss die *korrektive Maßnahme* greifen. In seltenen Fällen kann dies erfordern, die Folgen des Problems in Kauf zu nehmen (z.B. erhebliche Mehraufwände oder Pönale leisten).

Eine Vielzahl von eintretenden Risiken ist ein Zeichen für ein nicht optimal überwachtes Projekt, eine schlechte Kundenbeziehung oder nicht optimale Lieferantensteuerung. Es kann auch Indiz für eine schlechte Leistungsbeschreibung in Angebot oder Projektvertrag sein!

WWW.PEARSON-STUDIUM.DE CWS COMPANION WEBSITE Daten

Aufgabe – Risikosteuerung Für ein gewähltes Szenario aus dem CWS haben Sie bereits eine Risikobewertung vorgenommen. Überlegen Sie nun, wie Sie mit den ursprünglich bewerteten Risiken nach deren Veränderung umgehen würden, und definieren Sie konkrete Maßnahmen!

Risikoüberwachung

Sind die Risiken eines Geschäftes einmal ermittelt, müssen diese nicht über die gesamte Laufzeit gleich bleiben: Je nach Geschäft können sie sich verringern (z.B. das Fertigstellungsrisiko) oder es können völlig neue, bislang nicht absehbare Risiken auftauchen. Die neu oder anders identifizierten Risiken müssen erneut analysiert und ihre Steuerung muss angepasst werden.

Daneben ist der Erfolg der vorgeschlagenen Steuerungsmaßnahmen fortlaufend zu überwachen.

Schließlich müssen Effektivität und Angemessenheit des Risikomanagements im Projekt regelmäßig geprüft werden. Nur so lässt sich das Kosten-Nutzen-Verhältnis der Risikoüberwachung optimieren.

10.5.2 Typische Risiken in der Softwareentwicklung

Drei sehr häufig vorkommende und besonders folgenträchtige Risiken in Softwareentwicklungsprojekten sind:

1. Fehlerhafte Abschätzung
2. Mangelnde Fehlerfolgenabschätzung
3. Schnittstellenrisiken

Es soll nicht verschwiegen werden, dass diese drei Risiken sich der Ermittlung und Beobachtung durch herkömmliche Risikomanagement-Methoden eher verschließen. Ihre Auswirkungen sind jedoch bei gutem Projekt-Controlling früh zu erkennen.

Projekt-Controlling und Risikomanagement greifen in aller Regel ineinander und sind nur schwer voneinander zu trennen. Das eine basiert auf dem anderen bzw. hat es wieder zur Folge. Gerade bei der Softwareentwicklung ist dies besonders zu beachten.

ZUSAMMENFASSUNG

Fragen

Der erste und für das weitere Vorgehen wichtigste Schritt ist eine möglichst präzise *Aufwandsschätzung*. Dabei gilt:

- Von zentraler Bedeutung ist die richtige Wahl der Schätzmethode.
- Entscheidend ist jedoch nicht nur die Wahl der richtigen Methode, sondern ihre Beherrschung und korrekte Anwendung.
- Qualität und Umfang der verfügbaren Referenzinformationen bestimmen maßgeblich die Güte einer Aufwandsschätzung.
- Da jedes Schätzergebnis nur eine mehr oder weniger zuverlässige Prognose darstellt, sollte es im Laufe eines Projektes regelmäßig überprüft werden.

Die weitere *Projektplanung* ist die wichtigste Aufgabe der Projektleiter.

- Sie ist eine Daueraufgabe während der gesamten Projektlaufzeit.
- „Den" Projektplan gibt es nicht. Ein Projektplan ist stets das Ergebnis mehrerer, oft in Übersichten (z.B. einem Netzplan) zusammengefasster Planungsschritte.
- Einer der wichtigsten Teilpläne ist der Projektstrukturplan (engl. Work Breakdown Structure). Er ist die entscheidende Grundlage für fortgeschrittene Methoden des Projekt-Controllings wie der Earned-Value-Analyse.
- Oft wird der Risikobewertung im Rahmen der Projektplanung zu wenig Aufmerksamkeit geschenkt. Fehlt schon die Eingangsanalyse, scheitert oft das nachfolgende Risikomanagement.

Das weitere *Berichtswesen* schafft die Grundlagen für das *Projekt-Controlling*.

- Beides sind wie die Projektplanung Daueraufgaben während der gesamten Projektlaufzeit.
- Ohne eine genaue, detaillierte und ausreichend dokumentierte Planung des Projektes ist das Projekt-Controlling zum Scheitern verurteilt.
- Beim Controlling geht es nicht um Kontrolle. Controlling bedeutet vorausschauende Steuerung und dient der Unterstützung des Projektleiters.
- Entsprechend dem magischen Dreieck sind die drei Faktoren Zeit, Geld und Qualität einzeln und unabhängig voneinander zu überwachen.
- Eine wichtige Rolle spielt zudem die Kontrolle der ermittelten sowie neu hinzutretenden Risiken.

Sind Risiken im Projekt ermittelt, können sie nicht schlichtweg ignoriert werden. Mit dem angemessenen Umgang mit Projektrisiken beschäftigt sich das *Risikomanagement*.

- Risikomanagement ist eine weitere Daueraufgabe während der gesamten Projektlaufzeit.
- Der dazu nötige Prozess umfasst im wesentlichen vier Schritte:
  1. Risikoidentifikation
  2. Risikoanalyse (qualitative Bewertung und quantitative Messung)
  3. Risikosteuerung (Festlegung der richtigen Maßnahmen, aktive Beeinflussung der ermittelten Risiken)
  4. Risikoüberwachung

10.6 Glossar

Die folgenden Begriffe werden in diesem Kapitel verwendet:

Algorithmische Verfahren: Methode zur Aufwandsschätzung, die auf einem Modell zur Kostenschätzung beruht, welches eine nachvollziehbare Berechnung der Kosten durch Erfassung definierter Parameter ermöglicht

Analogiemethode: Methode zur Aufwandsschätzung, bei der konkrete Aufwandsinformationen aus anderen bereits abgeschlossenen Projekten herangezogen werden, wenn diese eine hohe Übereinstimmung mit dem zu schätzenden Projekt aufweisen

COCOMO *(Constructive COst Model):* Methode zur Berechnung von Entwicklungskosten und Entwicklungsdauer eines Projektes mit Hilfe mathematischer Formeln

Delphi-Methode: Methode zur Aufwandsschätzung, Erweiterung der **Expertenmeinung**. Dabei wird nicht die Meinung eines einzelnen Experten eingeholt, sondern es werden mehrere Experten unabhängig voneinander mit der Abgabe einer Schätzung beauftragt, deren Ergebnisse verglichen werden. Die Bildung des Mittelwertes der Ergebnisse soll dabei Schätzfehler ausgleichen.

Empirisches Verfahren: Verfahren, deren Wirksamkeit nach dem Prinzip von Versuch und Irrtum im Rahmen realer Projekte erprobt wurde

Expertenmeinung: Methode zur Aufwandsschätzung, bei der eine projektunabhängige oder direkt am Projekt beteiligte Person, z.B. der Projektleiter, mit der Schätzung betraut wird

Factory Acceptance Test *(FAT):* Abnahme eines komplexen Systems beim Lieferanten, um Nacharbeiten noch vor Abbau, Transport und Integration beim Kunden zu ermöglichen

Fremdcontrolling: Steuerung und Überwachung eines Projektes durch außerhalb des Projektes tätige Funktionen, meist das Finanz-Controlling

Function-Point-Methode: Methode zur Aufwandsschätzung basierend auf Umfang und Schwierigkeit der fachlichen Anforderungen

Gantt-Diagramm *(Balkendiagramm):* grafische Darstellung der zeitlichen Abfolge von Projektaktivitäten in Form von Balken über einer Zeitachse

Kapazitätsplan: Beschreibung, wie die für die Bearbeitung aller Arbeitspakete erforderlichen Ressourcen auf verfügbare Mitarbeiter und gegebenenfalls begrenzt verfügbare Anlagen (z.B. Computer) oder Räume aufgeteilt sind

Komparatives Verfahren: Verfahren, die auf formalisierten Erfahrungen der Vergangenheit beruhen und somit weniger sensitiv gegenüber dem persönlichen Erfahrungshorizont einzelner sein sollen

Kostenplan: Beschreibung, welche Kosten der Einsatz von Mitarbeitern, der Zukauf von Waren, Personal und Dienstleistungen zu welchem Zeitpunkt im Projekt verursacht

Kritischer Pfad: Aufeinanderfolge aller Vorgänge, bei denen eine zeitliche Änderung den Endtermin unweigerlich verschiebt

Meilensteintrendanalyse *(MTA):* grafische Darstellung der Termintreue im Projekt, die Abweichungen und Trends erkennbar macht

Netzplan: netzähnliche grafische Darstellung der Inhalte von Projektstrukturplan, Terminplan, Kostenplan und Kapazitätsplan in einem Diagramm mithilfe von Kreisen und Pfeilen

Operatives Projekt-Controlling: konkrete Steuerung eines laufenden Projektes

Personalmerkmale: Erfahrungen und Fähigkeiten der Mitarbeiter, z.B. Methoden, Programmierung, Branchenwissen

Produktmerkmale: Eigenschaften eines Produktes, z.B. Speicherbedarf, Komplexität, Stabilität, Sicherheit, Antwortzeiten

Projektablaufplan: Darstellung der logischen Reihenfolge, in der die Arbeitspakete eines Projektes abgearbeitet werden

Projektkalkulation: (meist) tabellarische Darstellung der finanziellen Kenndaten eines Projektes wie Umsatz, Ertrag etc.

Projektmerkmale: Eigenschaften eines Projektes, z.B. Komplexität, Entwicklungsdauer, Ressourcenbedarf, Einsatz bestimmter Methoden

Projektstrukturplan *(Work Breakdown Structure, WBS)*: Darstellung aller planbaren und kontrollierbaren Teilaufgaben und Arbeitspakete eines Projektes in einer grafischen Baumstruktur

Qualitätsplan: Beschreibung der Qualitätsmerkmale und der Methode, mit der die Umsetzung der technischen und fachlichen Anforderungen (Requirements) überprüft wird

Rechnermerkmale: technische Eigenschaften eines Computersystems, z.B. Anzahl CPUs, Rechenleistung, Hauptspeicher, Plattenkapazität

Risikobewertung: Beschreibung, welche Vorgänge im Projektumfeld einen negativen Einfluss auf die Erreichung der Ziele haben können

Selbst-Controlling: Steuerung und Überwachung eines Projektes durch projektinternes Personal, z.B. Projektleiter und Projektmanager, in größeren Projekten durch einen eigenen Projekt-Controller

Site Acceptance Test *(SAT):* Abnahme des komplett integrierten Systems beim Kunden auf dessen Anlagen, Systemen und Computern

Strategisches Projekt-Controlling: Steuerung und langfristige Planung von Projekten durch die Unternehmensleitung

Terminplan: Beschreibung, wann welche Projektergebnisse von welchem Beteiligten vorliegen müssen

Qualitätssicherung und Qualitätsmanagement

Autoren: Mario Bernhart, Roland Breiteneder

11

ÜBERBLICK

„It's more about good enough than it is about right or wrong." – James Bach

» Mit großer Sicherheit kann man davon ausgehen, dass eine Waschmaschine zumindest einige Jahre zuverlässig ihren Dienst leistet. Wenn man sich anschließend eine neue Waschmaschine kauft, kann man wiederum annehmen, dass diese in ähnlicher Qualität entwickelt und produziert wurde und grundsätzlich funktioniert. In der Softwareentwicklung ist jedoch, aufgrund der hohen Komplexität, des hohen Integrationsgrades und des immateriellen Charakters die Überprüfung der Qualität wesentlich schwieriger. Aufgrund immer kürzerer Entwicklungszyklen bleibt immer weniger Zeit für systematische Qualitätssicherungsmaßnahmen. Hinzu kommen häufig noch ein sehr knappes Projektbudget und die Einsparung von personellen Ressourcen. Im Gegensatz zu herkömmlichen Industrieprodukten sieht man einer Software nicht sofort an, wenn sie unzureichend getestet wurde. Dies hat häufig zur Folge, dass Termine nicht eingehalten, Kosten überschritten, Fehler zu spät gefunden oder Vorstellungen des Kunden nicht erfüllt werden.

Aus diesem Grund nimmt das **Qualitätsmanagement** eine besondere Rolle in der Softwareentwicklung ein. Ein guter Mechaniker kann Probleme von defekten Waschmaschinen identifizieren und diese reparieren. Vorbeugende Maßnahmen hingegen, wie z.B. das Verwenden von entkalkenden Zusätzen, verringern die Fehleranfälligkeit. Nicht nur das Prüfen und Testen garantiert gute Qualität, sondern vor allem die Vorbeugung. In der Softwareentwicklung versucht man mit analytischen Maßnahmen Fehler und Schwächen früh zu identifizieren und diese mittels organisatorischen und konstruktiven Maßnahmen zu vermeiden.

Dieses Kapitel zeigt die Vielfalt an Qualitätseigenschaften, die ein modernes Softwaresystem erfüllen muss, und unterschiedliche Meswthoden, um diese einzuhalten oder zu prüfen. Wesentlich ist hier, wie auch das Kapitelzitat es ausdrückt, dass es aufgrund der Komplexität und des Integrationsgrades moderner Softwaresysteme keine hundertprozentige Qualität geben kann. Wichtig ist zu wissen, wann das System „ausreichend gut", zum Beispiel reif für die Produktionssetzung ist. «

Lernziele

In diesem Kapitel werden folgende Lernziele behandelt:

- *Motivation und Ziele der Softwarequalitätssicherung:* Was sind die Ziele der Softwarequalitätssicherung und welche Motivation steckt dahinter?
- *Qualitätskostenmodelle und Kostenoptimierung:* Was ist ein Qualitätskostenmodell und welche Arten von Kosten können grundsätzlich unterschieden werden? Wie kann eine Optimierung der Qualitätssicherungskosten erzielt werden?
- *Organisatorische Qualitätssicherung:* Welche organisatorischen Maßnahmen werden im Rahmen eines umfangreichen Qualitätsmanagements getroffen?
- *Statische und dynamische Qualitätssicherung:* Was sind statische und dynamische Qualitätssicherungsmaßnahmen und wie werden sie eingesetzt?
- *Qualitätsmanagementstandards:* Welche anerkannten Standards gibt es und welche Prinzipien und Konzepte stecken dahinter?

Die Bedeutung, die der Qualitätssicherung zukommt, wird besonders klar, wenn wir die Auswirkungen von *Softwarefehlern* beleuchten: In extremen Fällen können sie sogar Menschenleben kosten, vor allem in Bereichen wie Luftfahrt oder Medizin.

Beispiel 11.1 **Beispiele für gravierende Softwarefehler**

Ein Beispiel für Softwarefehler in der Medizin mit dramatischen Auswirkungen ist die Programmierung des THerac-25, eines Bestrahlungsgerätes zur Behandlung von Tumoren. Dieses Gerät wurde 1984 von der kanadischen Firma Atomic Energy of Canada Limited (*AECL*) entwickelt und gebaut. Es war bereits das dritte Gerät der Therac-Serie, aber das erste, das vollständig computergesteuert war.

Das Therac-25-Gerät konnte Elektronenstrahlen unterschiedlicher Stärke erzeugen und tief liegendes Gewebe punktuell mit Röntgenstrahlen bestrahlen, die durch eine Bleiplatte gebündelt wurden. Dazu war eine ca. hundertfach höhere Energie als bei herkömmlichen Geräten notwendig. Eine Röntgenbestrahlung mit diesem Gerät ohne Bleiplatte zwischen Gerät und Patient hätte bei dieser Strahlungsenergie fatale Folgen.

Die Sicherheitssysteme des Gerätes wurden von der Software übernommen, die aus ca. 20.000 Anweisungen bestand. Das Programm wurde von einem einzigen Programmierer in einer PDP-11 Assemblersprache entwickelt. Es war schlecht dokumentiert und es gab keinen Hinweis darauf, dass es vor dem ersten Einsatz überhaupt getestet wurde. Die Fehlermeldungen waren unverständlich und setzten sich aus dem Wort „mal-function“ und einer Zahl zwischen 1 und 64 zusammen. Bei der Anwendung des Gerätes kam es laut Berichten zu bis zu 40 Fehlermeldungen pro Tag.

Zudem wurde dem technischen Personal fälschlicherweise vermittelt, dass es unmöglich sei, einem Patienten eine Überdosis zu verabreichen. In den Jahren 1985 bis 1987 kam es zu sechs dokumentierten überdosierten Bestrahlungen, die in einigen Fällen zum Tode führten. Die Patienten erhielten eine Röntgenstrahlung, obwohl sie eine Elektronenbestrahlung erhalten sollten. Anfangs wurden die Vorfälle von Regierung und Hersteller nicht untersucht, da man eine Fehlfunktion des Gerätes ausgeschlossen hatte. Erst 1987 wurde die Bestrahlung mit dem Therac-25-Gerät eingestellt und die Geräte wurden zurückgerufen. Als Fehlerursachen wurden menschliches Versagen und zwei unterschiedliche Softwarefehler festgestellt. Beide Fehler wären mit umfangreichen Testmaßnahmen einfach zu finden und zu beheben gewesen.

11.1 Grundlagen der Softwarequalitätssicherung

In der Literatur wird oft auf diese Definitionen zur Beschreibung von Softwarequalitätssicherung verwiesen (IEEE-Standard 610.12, 1990).

Definition Softwarequalitätssicherung

1. „A planned and systematic pattern of all actions necessary to provide adequate confidence that an item or product conforms to established technical requirements."
2. „A set of activities designed to evaluate the process by which the products are developed or manufactured. Contrast with quality control software testing is a formal process carried out by a specialized testing team in which a software unit, several integrated software units or an entire software package are examined by running the programs on a computer. All the associated tests are performed according to approved test procedures on approved test cases."
3. „A systematic, planned set of actions necessary to provide adequate confidence that the software development process or the maintenance process or a software system product conforms to established functional technical requirements as well as with managerial requirements of keeping the schedule and operating within the budgetary confines" (Galin, 2008).

Frühauf et al. (2006) begründet ausführlich, dass die angemessene Softwarequalität vor allem durch systematisches Vorgehen nach bewährten Techniken der Softwarekonstruktion entsteht. Unterschiedliche Maßnahmen (siehe ▸Abbildung 11.1) kommen hier zur Anwendung. *Organisatorische Maßnahmen* schaffen die notwendigen Rahmenbedingungen und sorgen dafür, dass analytische Maßnahmen stattfinden können. Sie wirken qualitätslenkend, indem sie das Entstehen von Fehlern und Qualitätsmängeln durch Vorgabe von geeigneten Methoden und Werkzeugen von vornherein verhindern. *Analytische Maßnahmen* hingegen versuchen Fehler und Mängel zu erkennen und zu lokalisieren. Prüfverfahren stellen fest, ob ein Arbeitsergebnis den Vorgaben entspricht.

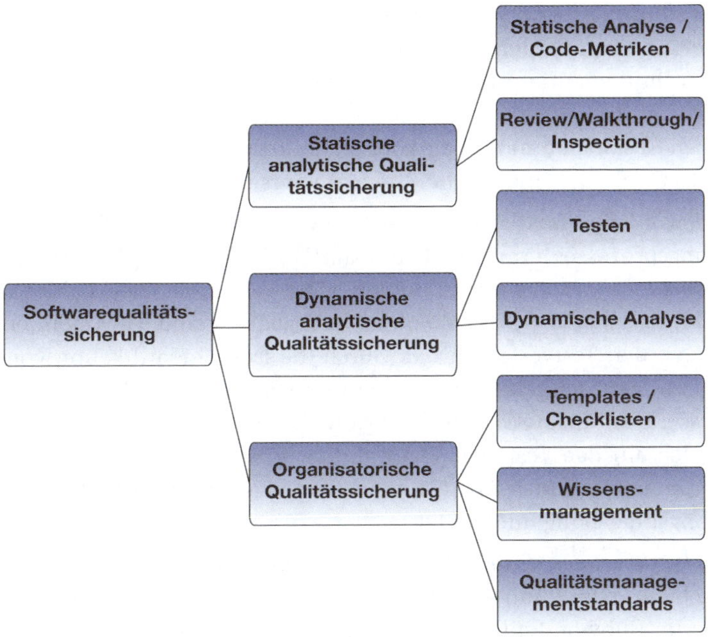

Abbildung 11.1: Software-Qualitätssicherungsmethoden

Durch Kombination dieser unterschiedlichen Qualitätssicherungsmethoden kann im Rahmen eines strukturierten Qualitätssicherungsmanagements eine angemessene Softwarequalität erreicht werden. Der Einsatz einzelner Methoden ist nicht zielführend, da die Qualitätseigenschaften, die ein moderner Entwicklungsprozess berücksichtigen muss, sich über ein breites Spektrum erstrecken. Die Benutzer erwarten ein ästhetisches und effizient benutzbares System, das möglichst frei von kritischen Fehlern ist, ausreichend leistungsfähig ist und mit hoher Verfügbarkeit seine Aufgaben erfüllt. Zusätzlich erfordert die lange Lebensspanne eines zentralen Softwaresystems fundierte Qualität, die auf sorgfältig ausgestaltetem, dokumentiertem und somit wartbarem und evolutionsfähigem Quellcode beruht. Exemplarisch werden an dieser Stelle die wesentlichen Qualitätssicherungsmaßnahmen des Fallbeispiels HISS angeführt:

- *Coding Standards:* Die Programmier- und Dokumentationsrichtlinien umfassen eine Reihe von Richtlinien inklusive Best Practices und Musterimplementierungen für Ruby, HTML/CSS, Datenbankcode und Testcode. Diese Standards dienen zur einheitlichen und fehlervermeidenden Implementierung des HISS-Quellcodes und Testcodes. Die Coding Standards werden in einem Wiki-System laufend vom Entwicklungsteam und Experten kollektiv weiterentwickelt und deren Einhaltung wird systematisch durch Review-Verfahren geprüft, die somit dem „Collective Code-Ownership"-Prinzip unterliegen.
- *Styleguide:* Für die Benutzerschnittstelle definiert ein umfassender Styleguide die wesentlichen Eigenschaften, das Erscheinungsbild und Interaktionen, wodurch eine hohe User Interface (UI)-Qualität, effiziente Benutzbarkeit und ein einheitliches Look-and-Feel garantiert wird. Die Umsetzung des Styleguide wird durch Templates und wiederverwendbare SW-Komponenten unterstützt.

- *Templates:* Templates und wiederverwendbare Software (SW)-Bausteine dienen der Vermeidung von Fehlern durch Mehrfachimplementierung und der Vereinheitlichung der Implementierung. Oftmals verwendete Funktionen und Arbeitsschritte werden zentral implementiert und gewartet, wodurch sie von der Entwicklung der eigentlichen Geschäftsfunktion entkoppelt sind. Dieses Verfahren unterstützt insbesondere das Qualitätsprinzip „Don't repeat yourself".
- *Code-Reviewing:* Systematisches Code-Reviewing des HISS-Quellcodes während des Entwicklungsprozesses ermöglicht die Konformitätsprüfung mit den Coding Standards. Außerdem werden durch Code-Review-Verfahren viele Fehler identifiziert, die durch klassische Testverfahren oft nicht abgedeckt sind. Dies stellt eine optimale Ergänzung zu den Testverfahren dar. Durch die frühe Identifikation von Problemen können diese rasch ausgebessert werden und verschleppen sich nicht in eine späte Projektphase. Das Review-Verfahren wird nicht nur auf den eigentlichen Quellcode, sondern auch auf den Testcode angewandt, um Fehler in den Tests zu vermeiden. Durch ein entsprechendes TRAC-Plugin wird das Review-Verfahren direkt in der Entwicklungsumgebung unterstützt.
- *Whitebox Funktionales Testen:* Diese Testverfahren werden direkt in der Entwicklungsumgebung erstellt und automatisiert durchgeführt. Zu den Whitebox Testverfahren zählen im Ruby-on-Rails-Kontext „Unit Tests", „Functional Tests" und „Integration Tests", die allesamt in der HISS-Entwicklung umgesetzt sind. Zur Überwachung der Testabdeckung wird die C0-Abdeckung gemessen. Alle Tests werden täglich in der Integrationsumgebung mit dem aktuellen Entwicklungstand durchgeführt und die Ergebnisse werden ausgewertet.
- *Blackbox Funktionales Testen:* Die funktionale Korrektheit der implementierten Funktionen wird laut Spezifikation manuell geprüft und dokumentiert. Dies geschieht einerseits durch strukturierte Testszenarien und andererseits durch intuitive und explorative Testverfahren. Eine Kombination aus strukturierten und freien Verfahren ergibt eine breite Abdeckung bei der funktionalen Prüfung.
- *Performance-Tests:* Die Leistungsfähigkeit der Architektur, Betriebsinfrastruktur und Implementierung wird regelmäßig durch einen automatisierten Performance-Test geprüft. Zur Simulation der für den Performance-Test erforderlichen „Virtuellen Benutzer" wird das University Grid der TU Wien genutzt. Damit ist die Simulation einer hohen gleichzeitigen Benutzerzahl während der Nacht möglich. Eventuelle Performance-Engpässe können identifiziert werden, bevor sie den Benutzer betreffen.
- *Usability Check:* Durch Prüfung der Konformität zum Styleguide und Usability-Expertenevaluierungen wird die effiziente Benutzbarkeit und ein einheitliches Look-and-Feel festgestellt und gegebenenfalls werden Verbesserungsmaßnahmen eingeleitet.
- *Fachliche Validierung:* Ob ein Softwaresystem letztendlich reif für das geplante Einsatzszenario ist, kann nur durch einen Domänenexperten (üblicherweise ein Intensivbenutzer des Softwaresystems) geprüft werden. Hierzu werden mehrfach im Entwicklungszyklus Vor-Validierungen am Prototyp oder teilentwickelten System durchgeführt. Eine abschließende Validierung wird im Rahmen der Abnahme eines HISS-Rollout durchgeführt.

11.1.1 Softwarequalitätsfaktoren

Mit Hilfe von verschiedenen *Qualitätsfaktoren* versucht man Aussagen über die Qualität von Software zu treffen. Einen Ansatz, Qualitätsfaktoren zu definieren und in Gruppen zusammenzufassen, beschreibt die ISO/IEC 9126 Norm. Folgende Gruppen von Qualitätsfaktoren werden beschrieben:

Funktionalität: Gruppe von Attributen, die sich auf das Vorhandensein von Funktionen mit festgelegten Eigenschaften bezieht. Das sind also jene Anforderungen, die spezifizierte oder implizite Anforderungen erfüllen.

- *Angemessenheit:* Erfüllen Funktionen ihre spezifizierten Aufgaben?
- *Richtigkeit:* Liefern Funktionen die richtigen oder vereinbarten Ergebnisse oder Wirkungen?
- *Interoperabilität:* Kann ein Zusammenwirken mit vorgegebenen Systemen gewährleistet werden?
- *Sicherheit:* Kann ein unberechtigter Zugriff auf Programme und Daten verhindert werden?
- *Ordnungsmäßigkeit:* Erfüllt die Software anwendungsspezifische Vorgaben, Vereinbarungen oder gesetzliche Bestimmungen?

Zuverlässigkeit: Gruppe von Attributen, die sich darauf bezieht, ob Software ein bestimmtes Leistungsniveau unter bestimmten Bedingungen über einen bestimmten Zeitraum aufrechterhalten kann.

- *Reife:* Wie gering ist die Häufigkeit des Versagens einer Software im Fehlerfall?
- *Fehlertoleranz:* Wird ein bestimmtes Leistungsniveau im Fehlerfall bewahrt?
- *Robustheit:* Kann ein stabiles System auch bei Eingaben, die nicht vorgesehen sind, gewährleistet werden?
- *Wiederherstellbarkeit:* Kann bei einem Versagen das Leistungsniveau wiederhergestellt werden und lassen sich die betroffenen Daten wiedergewinnen?
- *Konformität:* Wie hoch ist der Grad, in dem die Software Normen oder Vereinbarungen zur Zuverlässigkeit erfüllt?

Benutzbarkeit: Gruppe von Attributen, die den erforderlichen Aufwand für den Einsatz der Software von den Benutzern beschreibt. Damit ist der Aufwand gemeint, der zur Benutzung erforderlich ist. Eine individuelle Beurteilung der Benutzung wird durch eine festgelegte oder vorausgesetzte Benutzergruppe erzielt.

- *Verständlichkeit:* Wie hoch ist der Aufwand für einen Benutzer, die Anwendung zu verstehen?
- *Erlernbarkeit:* Wie hoch ist der Aufwand für den Benutzer, die Anwendung zu erlernen?
- *Bedienbarkeit:* Wie hoch ist der Aufwand für den Benutzer, die Anwendung zu bedienen?
- *Attraktivität:* Wie groß ist die Anziehungskraft der Anwendung für den Benutzer?
- *Konformität:* Wie hoch ist der Grad, in dem die Software Normen oder Vereinbarungen zur Benutzbarkeit erfüllt?

Effizienz: Gruppe von Attributen, die das Verhältnis zwischen Leistungsniveau der Software und eingesetzten Betriebsmitteln beschreibt.

- *Zeitverhalten:* Wie hoch sind Antwort- und Verarbeitungszeiten sowie Durchsatz bei der Funktionsausführung?
- *Verbrauchsverhalten:* Wie hoch sind die Anzahl und die Dauer der benötigten Betriebsmittel bei der Erfüllung der Funktionen?
- *Konformität:* Wie hoch ist der Grad, in dem die Software Normen oder Vereinbarungen zur Effizienz erfüllt?

Änderbarkeit: Gruppe von Attributen, die den erforderlichen Aufwand für die Durchführung vorgegebener Änderungen an der Software beschreibt.

- *Analysierbarkeit:* Wie groß ist der Aufwand, um Fehler oder Ursachen von Versagen zu identifizieren?
- *Modifizierbarkeit:* Wie groß ist der Aufwand zur Durchführung von Änderungen, zur Fehlerbeseitigung oder Anpassung an Umgebungsänderungen?
- *Stabilität:* Wie hoch ist die Wahrscheinlichkeit des Auftretens unerwarteter Wirkungen von Änderungen?
- *Testbarkeit:* Wie hoch ist der Aufwand, der für die Prüfung der geänderten Software notwendig ist?

Übertragbarkeit: Gruppe von Attributen, die beschreibt, wie einfach sich die Software in eine andere Umgebung migrieren lässt.

- *Anpassbarkeit:* Wie groß ist die Fähigkeit der Software, sich an verschiedene Umgebungen anzupassen?
- *Installierbarkeit:* Wie hoch ist der Aufwand des Installierens der Software in einer festgelegten Umgebung?
- *Koexistenz:* Wie groß ist die Fähigkeit der Software, neben einer anderen mit ähnlichen oder gleichen Funktionen zu arbeiten?
- *Austauschbarkeit:* Besteht die Möglichkeit, diese Software anstelle einer anderen in deren Umgebung zu verwenden?
- *Konformität:* Wie hoch ist der Grad, in dem die Software Normen oder Vereinbarungen zur Übertragbarkeit erfüllt?

Exkurs

Allgemeiner Ansatz zur Definition von Qualitätsfaktoren des IEEE

Das IEEE (*Institute of Electrical and Electronics Engineers*) beschreibt folgenden allgemeinen Ansatz zur Definition von Qualitätsfaktoren (IEEE-Standard 1061, 1998):

- Korrektheit (Correctness)
- Zuverlässigkeit (Reliability)
- Integrität (Integrity)
- Verwendbarkeit (Usability)
- Wartbarkeit (Maintainability)
- Effizienz (Efficiency)
- Flexibilität (Flexibility)
- Testbarkeit (Testability)
- Portabilität (Portability)
- Wiederverwendbarkeit (Reusability)
- Interoperabilität (Interoperability)

Aufgabe zu Qualitätsfaktoren Analysieren Sie ein Szenario aus der Szenariosammlung der CWS und führen Sie folgende Aufgabe durch:

- Legen Sie basierend auf der Beschreibung des Szenarios eine ausführliche Beschreibung der Qualitätsziele, auf Basis der ISO/IEC 9126 Norm, für das zu entwickelnde Produkt fest.

CWS Companion Website – Lösung

11.1.2 Softwarefehler, -fehlerfall und -fehlverhalten

Es gibt zahlreiche Definitionen für Softwarefehler (*Software Error*), Softwarefehlerfall (*Software Fault*) und Softwarefehlverhalten (*Software Failure*). In der Literatur wird oft auf folgende Definitionen verwiesen (IEEE-Standard 610.12, 1990):

Definition von Softwarefehler, -fehlerfall und -fehlverhalten

- Software Error: „A human action that produces an incorrect result."
- Software Fault: „An incorrect step, process, or data definition in a computer program."
- Software Failure: „The inability of a system or component to perform its required functions within specified performance requirements."

Der Ursprung von **Softwarefehlverhalten** liegt also in **Softwarefehlern**, verursacht von Softwareentwicklern während der Programmierung. Dies können einerseits grammatikalische Fehler in einer oder mehreren Codezeilen sein, aber auch logische Fehler in Bezug auf die Ausführung einer oder mehrerer Anforderungen. Ganz gleich, welcher Fehlertyp zugrunde liegt, nicht jeder Fehler muss auch zu einem Fehlerfall führen. Das bedeutet, dass in einigen Fällen Softwarefehler zu Fehlerfällen führen können, sehr oft aber die Funktionalität der Software nicht beeinträchtigen. Grundsätzlich muss ein Fehlerfall ausgelöst werden, um zu einem Fehlverhalten zu führen, z.B. wenn ein Benutzer versucht, einen defekten Teil einer Anwendung auszuführen. Häufig werden Fehlerfälle gar nicht oder nur sehr selten ausgelöst, da fehlerhafte Teile einer Anwendung nicht verwendet werden oder Kombinationen von Bedingungen, notwendig zur Aktivierung eines Fehlerfalles, nicht auftreten. ▸Abbildung 11.2 veranschaulicht den Zusammenhang zwischen Fehler, Fehlerfall und Fehlverhalten. In dieser Abbildung ist vereinfacht ein Softwareentwicklungsprozess dargestellt, der neun Softwarefehler aufweist. Davon führen sechs tatsächlich zu Fehlerfällen und drei zu Fehlverhalten.

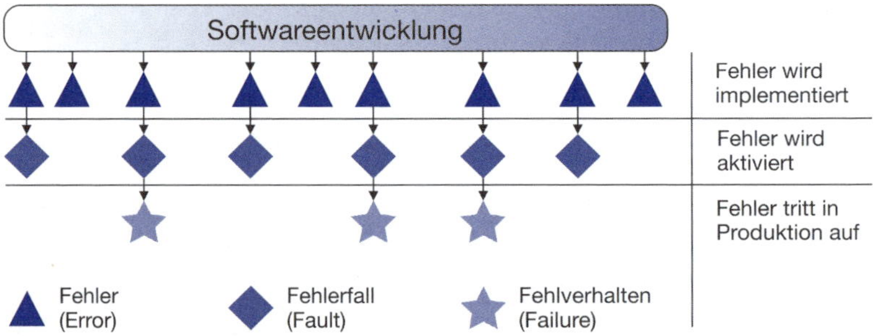

Abbildung 11.2: Zusammenhang zwischen Fehler, Fehlerfall und Fehlverhalten

11.1.3 Klassifikation der Ursachen von Softwarefehlern

Wie bereits erwähnt, sind Softwarefehler wesentlich für schlechte Softwarequalität verantwortlich. Es ist daher unumgänglich, im Rahmen der Qualitätssicherung Ursachen von Fehlern zu erforschen, um diese zu vermeiden. Eine Klassifizierung von Ursachen für Softwarefehler kann unter Einbeziehung der einzelnen *Phasen der Softwareentwicklung* vorgenommen werden. Stellvertretend werden im Folgenden besonders häufige Ursachen für Softwarefehler erläutert.

Fehlerhafte Definitionen in den *Anforderungsdokumenten*, üblicherweise durch den Kunden bereitgestellt, sind die Hauptursache von Softwarefehlern. Die häufigsten Fehler dieser Kategorie sind falsch definierte Anforderungen, fehlende zentrale Anforderungen, unvollständige Anforderungen und nicht benötigte Anforderungen. Aber auch Missverständnisse, durch eine nicht funktionierende Kunde-Entwickler-Kommunikation, können Fehler verursachen. Diese treten überwiegend in frühen Phasen des Entwicklungsprozesses auf. Ursachen können z.B. falsche Interpretation von *Kundenanforderungen* sein, die dem Entwickler mündlich übermittelt werden, oder aber auch falsche Interpretation von Kundenrückmeldungen zu *Designproblemen*. Zusätzlich verursachen absichtliche Abweichungen von Kundenanforderungen häufig Softwarefehler. Ein Beispiel für eine solche Situation ist, wenn Entwickler Softwaremodule aus anderen Projekten wiederverwenden, ohne diese gründlich zu analysieren und zu prüfen.

Logische Designfehler können entstehen, wenn Designexperten, wie z.B. Systemarchitekten, Softwareentwickler und Analysten Anforderungen formulieren, die fehlerhaft sind. Beispiele hierfür sind nicht definierte Bedingungen für Grenzwerte und -zustände oder das Weglassen der Beschreibung von notwendigen Systemzuständen. Codierungsfehler könne viele Ursachen haben. Häufige Ursachen für Codierungsfehler sind unter anderem Fehlinterpretationen des Designdokuments, sprachliche Fehler in der Programmiersprache, Fehler in Entwicklungswerkzeugen oder Fehler bei der Datenauswahl. Auch die Nichteinhaltung von standardisierten Codierungs- und Dokumentationsrichtlinien kann Fehler verursachen, besonders dann, wenn Codeteile aus verschiedenen Entwicklungsteams koordiniert werden müssen. Werden keine einheitlichen Standards verwendet, wird das Verstehen und Modifizieren von externen Modulen oder Codeteilen erschwert, was zu Fehlern führen kann.

11.1.4 Fehlerentstehung und Fehlerentdeckung

Der Softwareentwicklungsprozess wird in einzelne Schritte, oft auch Phasen genannt, unterteilt. Fehler können grundsätzlich in allen Phasen der Entwicklung entstehen. Entscheidend jedoch ist, dass die Fehlerbehebungskosten exponentiell mit der Latenzzeit eines Fehlers steigen. Die Kosten für die Behebung eines in der Analyse der Anforderungsbeschreibung gemachten Fehlers steigen auf das Mehrfache, wenn er nicht sofort, sondern erst in einer späteren Phase, schlimmstenfalls nach Auslieferung, gefunden wird. Beispiele für solche Fehler sind nicht verstandene Anforderungen des Kunden oder Inkonsistenzen im Anforderungsdokument.

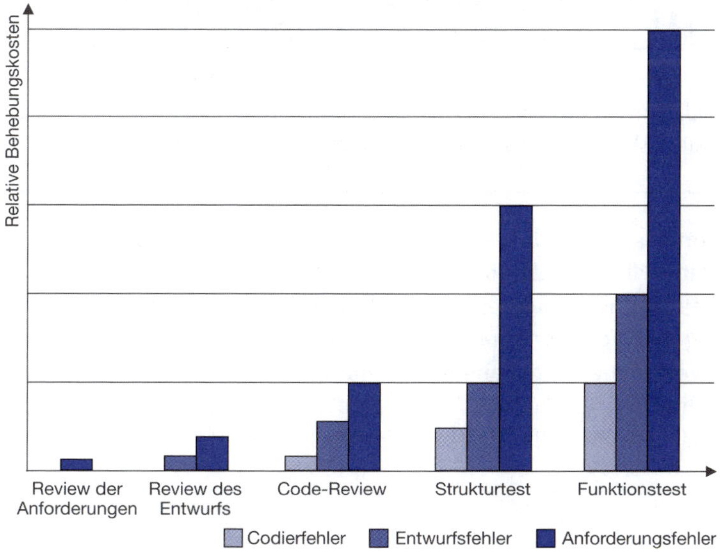

Abbildung 11.3: Relative Fehlerbehebungskosten nach Dunn (1984)

▶Abbildung 11.3 stellt diesen Sachverhalt anhand der Prüfungen in den einzelnen Entwicklungsphasen nach Dunn (1984) dar. Daraus folgt, dass Fehler der früheren Phasen bei weitem die teuersten sind und deshalb mit konstruktiven Maßnahmen verhindert werden sollten. Fehler, die trotzdem passieren, können durch sorgfältige Prüfung in den frühen Phasen rechtzeitig erkannt werden.

11.1.5 Kosten der Qualitätssicherung

Der Nutzen einer Software wird durch den Grad der Übereinstimmung zwischen Produkt und tatsächlichen Anforderungen gemessen. Werden zusätzliche Leistungen und Merkmale, die nicht explizit gefordert wurden, als vorteilhaft empfunden, erhöht sich der Nutzen. Auf der anderen Seite entstehen für jedes Softwareprodukt Kosten. Diese Kosten setzen sich aus den Herstellungskosten und den **Qualitätskosten** zusammen. Herstellungskosten beinhalten all jene Kosten, welche zur Erbringung der geforderten Leistung und deren Qualität notwendig sind. Qualitätskosten hingegen umfassen alle zusätzlichen Aufwendungen für das Vermeiden, Erkennen, Lokalisieren und Beheben von Fehlern. Auch die eventuellen Folgekosten fließen in die Qualitätskosten ein. Ein wichtiges Ziel in der Softwareproduktion ist daher die Vermeidung von Fehlern und deren Folgekosten. Diese können, je nach Art des Anwendungsgebietes, sehr hoch sein. In der Folge können Menschen zu Schaden kommen oder Ressourcen wie Material und Energie werden verschwendet. Beispiele für hohe Folgekosten sind die im September 1999 durch einen Massemessfehler verloren gegangene Raumsonde „Mars Orbiter“ und die im Juni 1996 durch einen **Softwarefehler** im Navigationssystem kurz nach dem Start explodierte Rakete „Ariane 5“.

Qualitätskosten *(Cost of Quality)* sind nach DIN 55350 folgendermaßen definiert:

Definition Qualitätskosten

Qualitätskosten sind alle Kosten, die durch Tätigkeiten der Fehlerverhütung, der planmäßigen Qualitätsprüfung und durch die intern oder extern festgestellten Fehler verursacht werden, also die Summe aus Fehlerverhütungskosten, Prüfkosten und Fehlerkosten (DIN 55350).

Diese Definition basiert auf dem bereits in den 60er Jahren entwickelten traditionellen **Qualitätskostenmodell** (Feigenbaum, 1951; 2004). Dieses Modell sieht grundsätzlich eine Aufteilung in Prüf- und Fehlerkosten vor. Prüfkosten stellen sämtliche Kosten dar, die für die Prüfung und Fehlervermeidung entstehen. Fehlerkosten hingegen sind Kosten, die aufgrund von Fehlern entstehen. Hier unterscheidet man zwischen internen und externen Fehlerkosten. Die in ▶Abbildung 11.4 dargestellte Gliederung des traditionellen Qualitätskostenmodells wird im Folgenden erläutert.

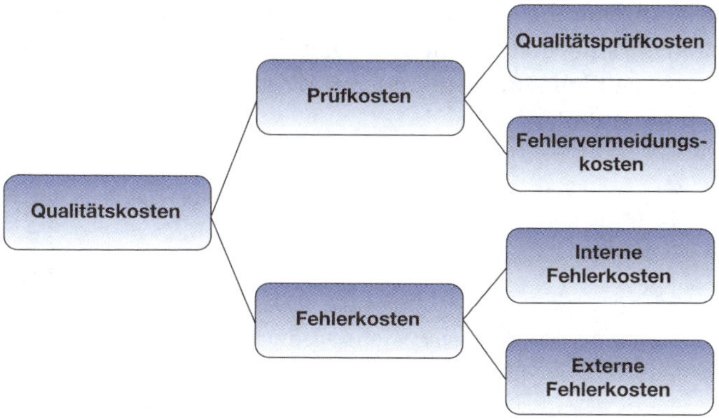

Abbildung 11.4: Qualitätskostenmodell nach Feigenbaum (1951; 2004)

Qualitätsprüfkosten

Zu dieser Gruppe gehören Kosten, die direkt durch *Fehlerfindungsmaßnahmen* entstehen. Beispiele für Kosten dieser Gruppe sind unter anderem Kosten für Reviews oder Softwaretests.

Fehlervermeidungskosten

Fehlervermeidungskosten beinhalten sämtliche Kosten für den Aufbau, die Anpassung oder die Verbesserung der *Qualitätssicherungsinfrastruktur* sowie alle Aktivitäten, die für deren Anwendung und Ausführung notwendig sind. Beispiele für Kosten aus dieser Gruppe sind z.B. Kosten für Checklisten, interne Qualitätsreviews, Konfigurationsmanagement-Systeme, Qualitätsmetriken oder Schulungen.

Interne Fehlerkosten

Zu den internen Fehlerkosten gehören Kosten jener Aktivitäten und Maßnahmen, die bei der internen Aufdeckung von Fehlern angewandt werden, um Mängel zu beseitigen. Dazu gehören unter anderem Kosten für Mehr- oder Nacharbeit aufgrund von Korrekturmaßnahmen oder Kosten für die Fehlerdokumentation.

Externe Fehlerkosten

Externe Fehlerkosten sind Kosten aufgrund von Qualitätsmängeln, die erst beim Kunden auftreten. Dies sind z.B. Vertragsstrafen, Bearbeitungskosten von Reklamationen oder Kosten für das Retournieren von Produkten.

Kostenoptimierung

Laufende Qualitätsverbesserung muss selbstverständlich auch unter ökonomischen Gesichtspunkten betrachtet werden. Es muss also jener Punkt gefunden werden, an dem das Verhältnis zwischen Fehlerkosten, Fehlervermeidungskosten und Qualität optimal ist. Wie in ▶Abbildung 11.5 dargestellt, steigt die Qualität mit zunehmenden Fehlerverhütungs- und Prüfkosten. Die Kosten für die Behebung von Fehlern hingegen verringern sich. Kostenoptimale Qualität wird erreicht, wenn die Kosten für die Vermeidung und die Prüfung von Fehlern genauso hoch sind wie die Kosten für deren Behebung. Das ist auch jener Punkt, an dem die Gesamtkosten am geringsten sind. Weitere Vermeidungs- und Prüfmaßnahmen sind nicht mehr wirtschaftlich, da mit steigendem Aufwand die Fehlerfindungsrate deutlich sinkt. Mit anderen Worten: Es wird immer schwieriger und aufwändiger, Fehler zu finden.

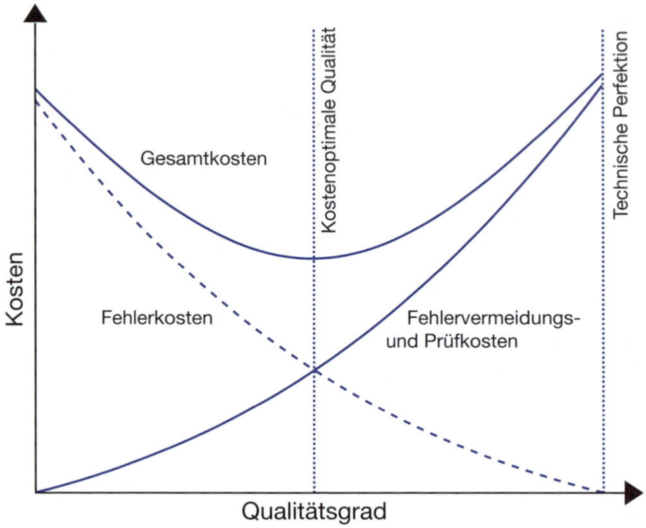

Abbildung 11.5: Kostenoptimale Qualität (Juran et al., 1988)

Exkurs **Erweiterungen des traditionellen Kostenmodells**

In der Literatur werden zahlreiche Erweiterungen und Verfeinerungen des traditionellen Kostenmodells beschrieben. Eine gute Beschreibung eines erweiterten Modells kann in Galin (2008) nachgelesen werden.

11.2 Statische Qualitätssicherung

Statische Qualitätssicherungsmaßnahmen umfassen sämtliche *analytische Aktivitäten* zur Prüfung eines Testobjektes, ohne dass dieses dynamisch ausgeführt wird. Ein wesentlicher Vorteil statischer Qualitätssicherungsmaßnahmen gegenüber dynamischer Verfahren ist, dass die Prüfung von Testobjekten bereits sehr früh im Projektlebenszyklus möglich ist, noch bevor ausführbarer Code zur Verfügung steht.

11.2.1 Statische Analyse

Mit steigendem Umfang und Komplexität von Softwareprojekten wird es immer schwieriger, Fehler in Programmen aufzuspüren. Mit Hilfe der statischen Analyse versucht man dieser Tatsache entgegenzutreten. Statische *Codeanalysen* ermöglichen die Prüfung einzelner Programmteile, bereits lange vor der Integration zu einem lauffähigen Gesamtsystem. Im Gegensatz zu dynamischen Softwaretests, die in der Regel die „äußere Qualität" einer Software gewährleisten sollen, sollen statische Analysen insbesondere die „interne Qualität" sicherstellen. Die interne Qualität einer Software ergibt sich aus der Struktur und dem Design und wirkt sich direkt oder indirekt auf die Erweiterbarkeit, Wartbarkeit, Korrektheit, Wiederverwendbarkeit und Testbarkeit aus.

Mit Hilfe der *Strukturanalyse* kann die innere Qualität ermittelt und über den gesamten Entwicklungsprozess auf einem hohen Niveau gehalten werden. Basis einer Strukturanalyse sind Abhängigkeitsgraphen und Qualitätsmetriken. Abhängigkeitsanalysen visualisieren die Abhängigkeiten zwischen Softwaremodulen und werden grundsätzlich mit entsprechender Werkzeugunterstützung durchgeführt.

Aufgabe zur statischen Strukturanalyse JDepend ist ein Hilfsmittel für die Softwareentwicklung, welches Java-Projekte anhand von Qualitätsmetriken auf deren strukturelle Qualität überprüft. Mit JDepend können Bindungen einzelner Pakete untereinander gemessen und zyklische Abhängigkeiten ermittelt werden.

Lösung

Führen Sie für anhand einer Codebasis aus dem CWS eine statische Strukturanalyse durch. Gehen Sie wie folgt vor:

- Installieren Sie JDepend in Ihre Eclipse-Entwicklungsumgebung. Erstellen Sie ein neues Projekt aus einer im CWS vorhandenen Codebasis. Wenden Sie das Plugin auf das Projekt an.
- Interpretieren und diskutieren Sie die Ergebnisse der Analyse. Welche Aussagen können über die Qualität der Struktur getroffen werden? Gibt es zyklische Abhängigkeiten zwischen Paketen?

Aufgabe – Diskussion und Interpretation von Ergebnissen einer Strukturanalyse des Projektes Stadt21 Mit Hilfe von JDepend wird im Projekt Stadt21 laufend versucht, den strukturellen Qualitätszustand zu ermitteln. Diskutieren und interpretieren Sie den Qualitätszustand des Projektes Stadt21 anhand folgender realer Messergebnisse:

- Number of Objects: 344
- Number of Packages: 31
- Number of Relationships: 3017
- Maximum Dependencies: 100
- Minimum Dependencies: 0
- Average Dependencies: 8.77
- Maximum Dependents: 133
- Minimum Dependents: 1
- Average Dependents: 8.77

Ein weiteres Einsatzgebiet von statischen Analysewerkzeugen ist die Überprüfung der Einhaltung von Entwicklungsrichtlinien. Dabei wird der geschriebene Quelltext gegen syntaktische Entwicklungsrichtlinien geprüft. Syntaktische Entwicklungsrichtlinien können beispielsweise Codeteile markieren, die Fehler begünstigen, die Qualität mindern, Wiederverwendbarkeit verhindern oder die Verständlichkeit reduzieren, wie z.B. vielfach verschachtelte Anweisungen. Ebenso können sich Entwicklungsrichtlinien auf das Layout beziehen sowie die Klammersetzung, Kommentierung oder Zeilenumbrüche regeln.

CWS Lösung

Aufgabe – Einhaltung von Entwicklungsrichtlinien Das Eclipse-Plugin „Checkstyle“ ermöglicht eine automatische Überprüfung der Einhaltung von Entwicklungsrichtlinien bei der Erstellung von Java-Code. Standardmäßig verwendet Checkstyle dafür die von Sun vorgegebenen Standardkonventionen. Diese werden als sogenannte Checkstyle-Konfiguration *Sun Checks* mitgeliefert.

Führen Sie anhand einer Codebasis aus dem CWS eine Analyse der Einhaltung von Entwicklungsrichtlinien durch. Gehen Sie wie folgt vor:

- Installieren Sie Checkstyle in Ihre Eclipse-Entwicklungsumgebung. Erstellen Sie ein neues Projekt aus einer in der CWS vorhandenen Codebasis. Wenden Sie das Plugin auf das Projekt an.
- Interpretieren und diskutieren Sie die Ergebnisse der Analyse. Welche Aussagen können über die Einhaltung der von Sun vorgegebenen Entwicklungsrichtlinien getroffen werden?
- Erstellen Sie, ausgehend von der von Checkstyle mitgelieferten *Sun Checks* Checkstyle-Konfiguration, eine eigenen Konfiguration. Nehmen Sie anschließend Anpassungen an Ihrer Konfiguration vor und wenden Sie die modifizierten Entwicklungsrichtlinien auf das Projekt an.

Die *Fehlermusteranalyse* prüft den Quellcode gegen typische Fehlermuster (z.B. aus Findbugs: Bad Practice, Correctness, Internationalization, Malicious Code Vulnerability, Multithreaded Correctness, Performance, Security, Dodgy). In der Fehlermusteranalyse werden häufig *false positives* angezeigt, dennoch haben sich Werkzeuge wie Findbugs als effiziente und vor allem kostengünstige (weil vollautomatisierte) Methode in der modernen Softwareentwicklung etabliert.

CWS Lösung

Aufgabe – Analyse von Fehlermustern FindBugs ist ein Projekt der Universität Maryland, welches in Java-Code nach Fehlermustern sucht. FindBugs analysiert dazu den Java-Bytecode mittels statischer Codeanalyse und kategorisiert und gewichtet gefundene Fehlermuster, die häufig auf vorhandene Fehler hinweisen.

Führen Sie anhand einer Codebasis aus dem CWS eine Analyse der Einhaltung von Entwicklungsrichtlinien durch. Gehen Sie wie folgt vor:

- Installieren Sie FindBugs in Ihre Eclipse-Entwicklungsumgebung. Erstellen Sie ein neues Projekt aus einer im CWS vorhandenen Codebasis. Wenden Sie das Plugin auf das Projekt an.
- Interpretieren und diskutieren Sie die Ergebnisse der Analyse. Welche Fehlermuster wurden entdeckt? Welche Aussagen können über die Qualität des Codes getroffen werden?

Beispiel 11.2 Werkzeugunterstützte statische Analyse im Projekt LiSaMe

Für die Qualitätssicherung im Projekt LiSaMe werden auch statische Analysewerkzeuge eingesetzt. Die bereits in den Aufgaben vorgestellten Werkzeuge JDepend, Checkstyle und FindBugs haben den Vorteil, in die Entwicklungsumgebung Eclipse integriert werden zu können. ▶Abbildung 11.6, bis ▶Abbildung 11.9 zeigen exemplarisch den Einsatz dieser Werkzeuge im Projekt LiSaMe.

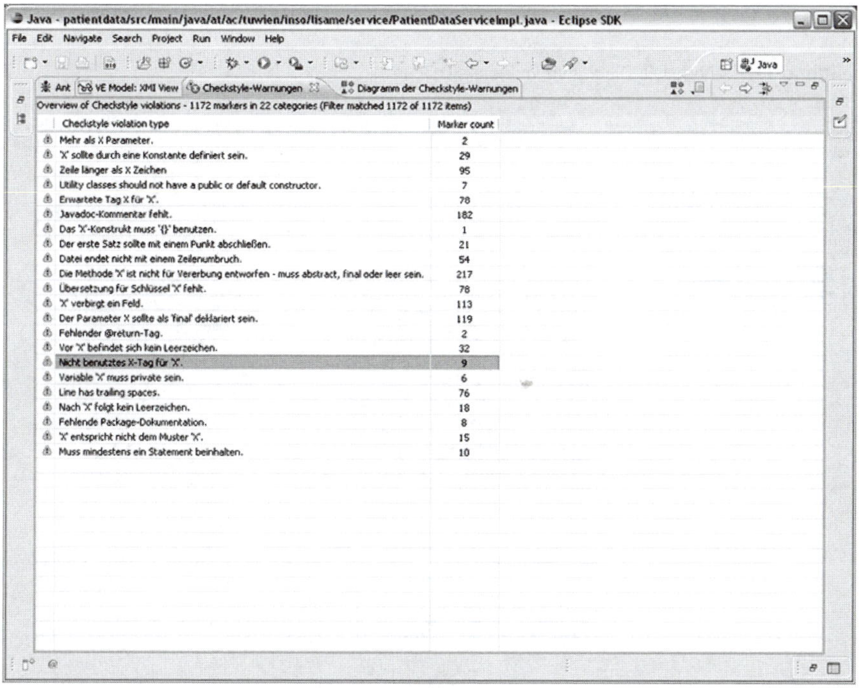

Abbildung 11.6: Checkstyle-Mängeltabelle im Projekt LiSaMe

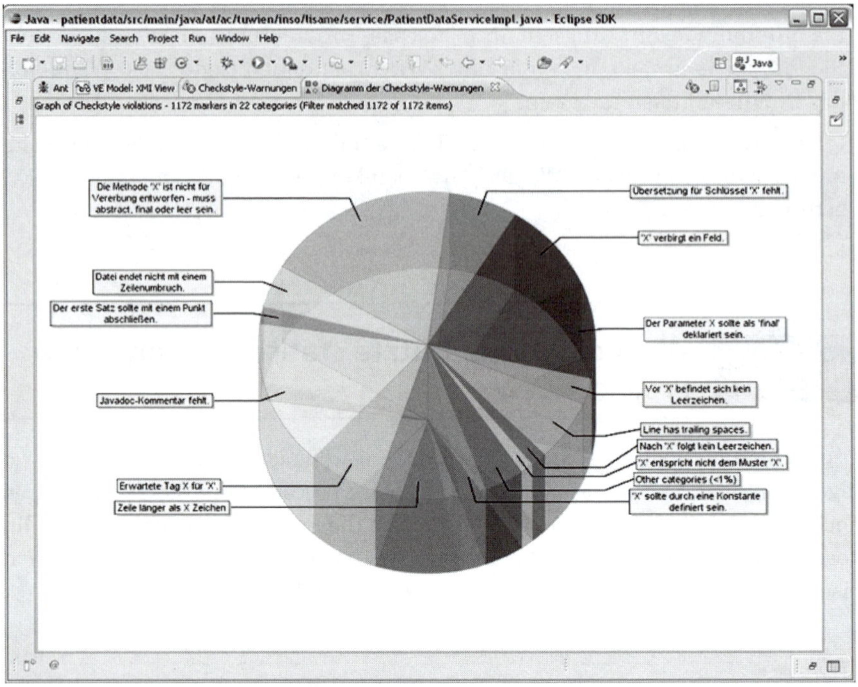

Abbildung 11.7: Checkstyle-Diagramm im Projekt LiSaMe

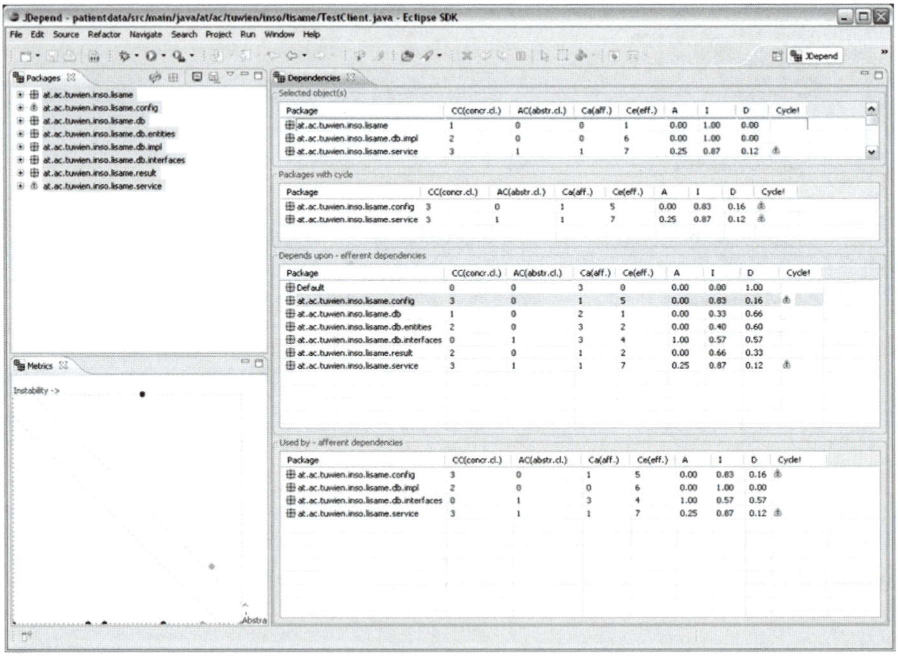

Abbildung 11.8: JDepend-Übersicht im Projekt LiSaMe

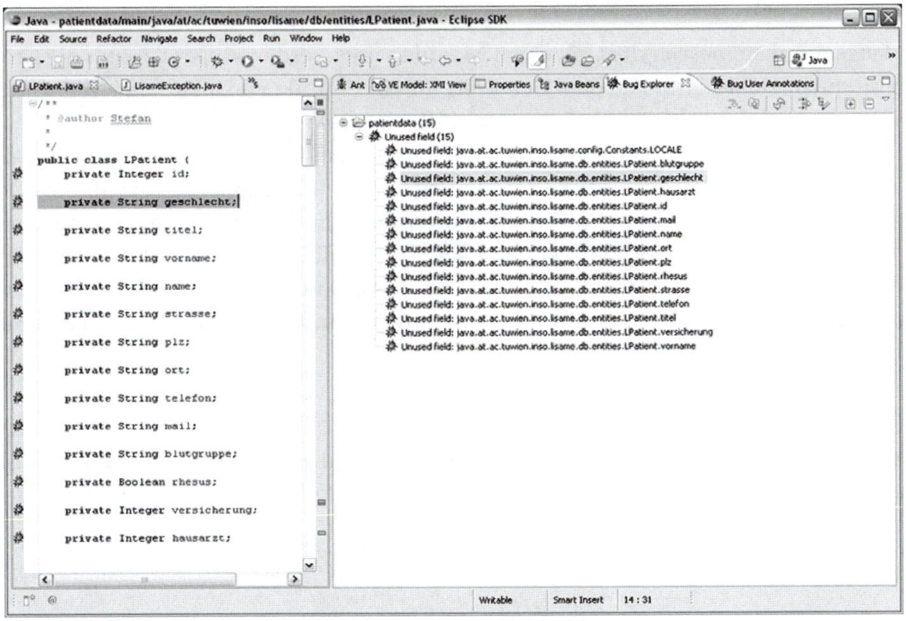

Abbildung 11.9: FindBugs-Übersicht im Projekt LiSaMe

11.2.2 Softwaremetriken

Definition Softwarequalitätsmetrik

„Eine Softwarequalitätsmetrik ist eine Funktion, die eine Software-Einheit in einen Zahlenwert abbildet. Dieser berechnete Wert ist interpretierbar als der Erfüllungsgrad einer Qualitätseigenschaft der Software-Einheit." (IEEE-Standard 1061, 1998).

Laut dieser Definition ermöglichen es **Softwaremetriken,** die Qualität von Software zu interpretieren. Grundsätzlich existieren eine Vielzahl von verschiedenen Metriken. Allgemein wird zwischen Prozess- und Produktmetriken unterschieden (Wallmüller, 2001). Bei Prozessmetriken handelt es sich um quantitative Daten des Softwareentwicklungsprozesses. Es werden also die Eigenschaften eines Prozesses gemessen. Produktmetriken hingegen messen die Software oder Teile davon, ohne dabei zu berücksichtigen, wie das Produkt entstanden ist oder warum es sich gerade in einem bestimmten Zustand befindet. Im Rahmen der statischen analytischen Qualitätssicherung sind in erster Linie Produktmetriken von Bedeutung, hier insbesondere Codemetriken.

Umfangsmetrik

Umfangsmetriken messen die Größe von Modulen und werden eingesetzt, um die Größe von Modulen zu beschränken oder den Preis für ein Produkt zu kalkulieren. Sie werden aber häufig auch als Maß für Testbarkeit und Wartbarkeit verwendet. Dazu werden meist einfach verfügbare Informationen verwendet. Ein bekanntes und sehr einfaches Beispiel ist die LOC (*Lines of Code*)-Metrik (Rechenberg, 1986). LOC misst die Anzahl der effektiven Codezeilen, ohne Leer- und Kommentarzeilen. Es ist jedoch zu beachten, dass diese Metrik sehr stark von der verwendeten Programmiersprache und vom Programmierstil eines Entwicklers abhängig ist. Etwas aussagekräftiger ist die NOS (*Number of Statements*)-Metrik, da die Anzahl der Anweisungen und nicht der Codezeilen gezählt wird.

Halstead-Metrik

Eine weitere und sehr oft verwendete Metrik ist die Halstead-Metrik. Hierbei wird eingenommen, dass ein Programm nur aus Operatoren und Anweisungen besteht. Dazu werden folgende Formeln eingesetzt:

$$Umfang\ V = (N1+N2) * ld(n1+n2)$$

$$Schwierigkeit\ L = (2/n1) * (n2/N2)$$

$$Testaufwand\ E = (V/L)$$

$N1$ und $N2$ stellen die Gesamtzahl der verwendeten Operatoren und Operanden dar, $n1$ und $n2$ hingegen die Anzahl unterschiedlicher Operatoren und Operanden. Für die Messung werden die unterschiedlichen und insgesamt auftretenden Operatoren und Operanden gezählt und die Ergebnisse in die Formeln eingesetzt.

McCabe-Metrik

Logische Strukturmetriken messen die Struktur eines Modules, wie z.B. die Anzahl der Pfade oder die Tiefe der Verschachtelung von Schleifen. Zu den am häufigsten eingesetzten logischen Strukturmetriken zählt die McCabe-Metrik. Unter der Annahme, dass die Komplexität von der Anzahl der Hauptwege abhängt, wird zuerst der *Kontrollflussgraph* ermittelt. Anweisungen werden in diesem Graphen als Knoten dargestellt und der Kontrollfluss zwischen Anweisungen als Kanten. Zur Veranschaulichung sind in ▶Abbildung 11.10 drei unterschiedliche Kontrollflussgraphen dargestellt: eine einfache Ausführung einer Anweisung, eine `IF-ELSE`-Anweisung und eine `FOR`-Schleife, die so lange ausgeführt wird, bis die Bedingung den Wert `TRUE` ergibt.

Ist der Kontrollflussgraph erstellt, wird die sogenannte *zyklomatische Zahl* $V(g)$ (Anzahl der unabhängigen Pfade) errechnet: $V(g) = e - n + 2p$. Dabei bezeichnet e die Anzahl der Kanten, n die Anzahl der Knoten und p die Anzahl der einzelnen Graphen. Für den Fall, dass ein Programm nur einen Ein- und Ausgang besitzt, kann diese Formel sehr einfach berechnet werden: $V(g) = 1 +$ Anzahl der Binärverzweigungen Ein wesentlicher Nachteil der McCabe-Metrik liegt allerdings darin, dass nur der Ablaufgraph berücksichtigt wird, jedoch nicht die Komplexität einzelner Anweisungen.

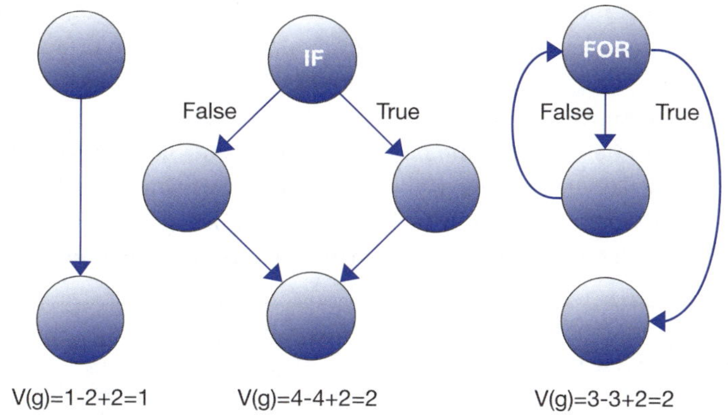

Abbildung 11.10: Kontrollflussgraphen

Objektorientierte Metriken

Mit dem Ansatz der objektorientierten Programmierung wurden neue Metriken notwendig, welche auch die Beziehungen von Objekten untereinander und deren Struktur berücksichtigten. Im Folgenden werden einige der am häufigsten eingesetzten Metriken vorgestellt (Chidamber et al., 1994). Zum besseren Verständnis werden diese Metriken auch anhand des in ▶Abbildung 11.11 vereinfacht dargestellten Klassendiagramms aus dem Projekt LiSaMe genauer erläutert, wobei die Klassen PrivatPatient, PatientResult, PatientIndex und PatientDataService konkrete Klassen darstellen, Patient und Person hingegen abstrakte. Zusätzlich besitzen die Klassen PrivatPatient, PatientResult und PatientIndex Methoden.

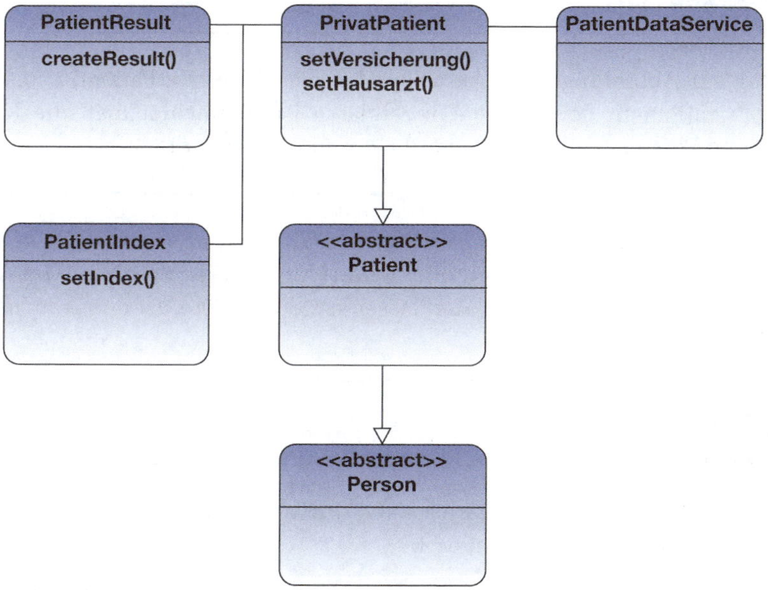

Abbildung 11.11: Vereinfachtes Klassendiagramm aus dem Projekt LiSaMe

CBO (coupling between objects) CBO ist eine Metrik für die Messung von Beziehungen der Klassen untereinander. In diesem Zusammenhang spricht man auch von Koppelung. Zwei Klassen sind miteinander gekoppelt, wenn Methoden der einen Klasse Methoden oder Klassenvariablen der anderen Klasse aufrufen oder verwenden. CBO zählt also die Anzahl der Klassen, die mit der gemessenen Klasse gekoppelt sind. Messwerte dieser Metrik lassen Aussagen über die Wiederverwendbarkeit und Testbarkeit von Objekten zu. Grundsätzlich gilt, je höher die Kopplung eines Objektes ist, umso schwieriger ist es, sie zu testen, und umso geringer ist die *Wiederverwendbarkeit*.

Beispiel 11.3 **CBO**

Bezogen auf Abbildung 11.11 und die Klasse PrivatPatient ergibt sich CBO(PrivatPatient) = 3, da die Klasse PrivatPatient von den Klassen PatientResult, PatientIndex und PatientDataService benutzt wird und Klasse PrivatPatient ihrerseits die Klasse PatientIndex verwendet. In diesem Fall wird die Klasse PatientIndex nur einfach gerechnet und nicht doppelt.

DIT (depth of inheritance tree) DIT misst die Tiefe des Vererbungsbaumes. Das heißt, es wird die Länge des maximalen Pfades in der Vererbungshierarchie von der Wurzel bis zur betrachteten Klasse gemessen. Der maximale Pfad ist jedoch nur bei Mehrfachvererbung interessant.

Beispiel 11.4 **DIT**

In Bezug auf Abbildung 11.11 ist beispielsweise DIT(PrivatPatient) = 0, da die Klasse PrivatPatient bereits die Wurzelklasse ist. Betrachtet man die Klassen Patient und Person, ergibt DIT(Patient) = 1 und DIT(Person) = 2.

NOC (number of children) NOC misst die Anzahl der Kinder einer Klasse. Es wird also untersucht, ob in der Vererbungshierarchie Unterklassen existieren. Im Allgemeinen gilt: Je größer die Anzahl an Unterklassen ist, desto höher ist der Grad an Wiederverwendung.

Beispiel 11.5 **NOC**

In Abbildung 11.11 ist beispielsweise NOC(PrivatPatient) = 1, da die Klasse PrivatPatient von der Klasse Patient erbt.

RFC (response for a class) RFC misst die Anzahl der potenziell ausführbaren Methoden einer Klasse. Dazu gehören alle direkt aufrufbaren Methoden sowie Methoden anderer Klassen, die durch Koppelung erreichbar sind. Mit Hilfe von RFC kann eine obere Schranke für die Anzahl der notwendigen Testfälle ermittelt werden.

Beispiel 11.6 **RFC**

In Bezug auf Abbildung 11.11 ist RFC(PrivatPatient)=4, da die Klasse PrivatPatient zwei Methoden besitzt und zwei weitere in den Klassen PatientResult und PatientIndex erreichbar sind.

WMC (weighted methods per class) WMC misst die Komplexität einer Klasse anhand der Komplexität ihrer Methoden. Die Komplexität der Methoden kann z.B. durch die zyklomatische Zahl ermittelt werden.

Beispiel 11.7 **WMC**

Bei Anwendung auf Klasse A der Abbildung 11.11 ergibt sich WMC(A)=2, unter der Annahme, dass die beiden Methoden der Klasse PrivatPatient jeweils eine Komplexität von 1 haben.

LCOM (lack of cohesion in methods) LCOM misst die Kohäsion von Methoden in einer Klasse. Hierbei wird die Anzahl der Paare von Methoden der betrachteten Klasse ohne gemeinsame Instanzvariablen von der Anzahl der Paare von Methoden dieser Klasse mit gemeinsamen Instanzvariablen abgezogen. Ergibt die Subtraktion einen negativen Wert, wird das Ergebnis auf 0 gesetzt. Mit Hilfe von LCOM kann die Kapselung einer Klasse geprüft werden. Arbeiten viele auf disjunkten Attributmengen, so liegt eine schlechte Kapselung vor.

Metrik-Werkzeuge

Es existiert eine Vielzahl an kommerziellen Werkzeugen zur automatisierten Berechnung von Codemetriken. Neben kommerziellen Werkzeugen gibt es auch einige frei verfügbare. Besonders effizient im Einsatz sind diese Werkzeuge, wenn sie direkt in die Entwicklungsumgebung integriert werden können. Stellvertretend für viele andere sei hier das Werkzeug „Metrics“ für die sehr populäre Entwicklungsumgebung *Eclipse* genannt. „Metrics“ ist ein Plugin, das die Erfassung und Analyse der quantitativen Eigenschaften eines Projektes ermöglicht. Viele der in diesem Kapitel beschriebenen Metriken, wie z.B. LOC, McCabe oder Halstead, beherrscht dieses Werkzeug. Die typische Ergebnisansicht aller Messungen des „Metrics“-Werkzeuges aus dem Projekt LiSaMe ist in ▶Abbildung 11.12 dargestellt.

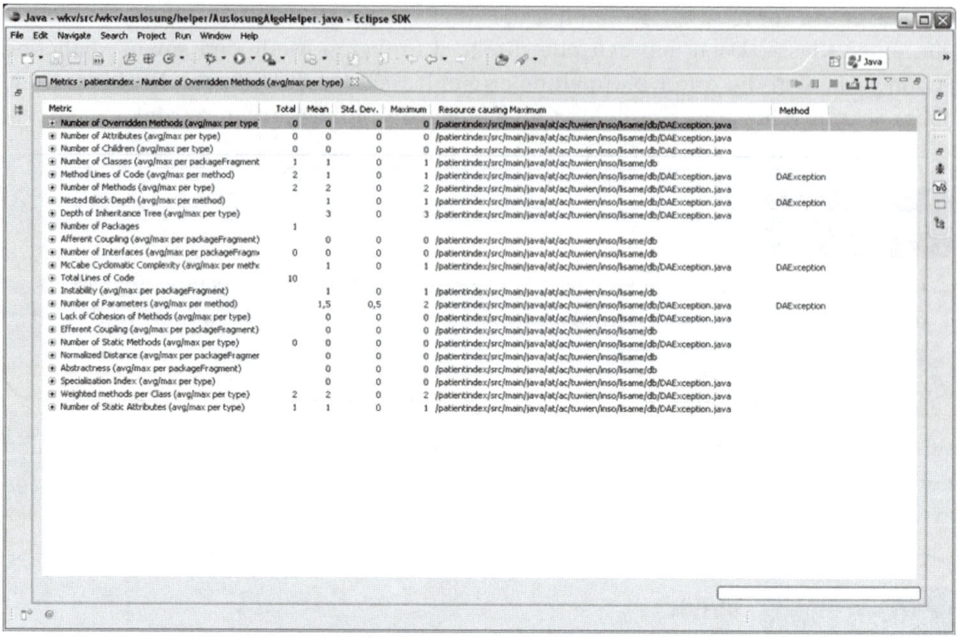

Abbildung 11.12: Ergebnisansicht des Eclipse-Metrik-Plugins „Metrics" im Projekt LiSaMe

WWW.PEARSON-STUDIUM.DE CWS COMPANION WEBSITE
Lösung

Aufgabe zu Metriken Führen Sie für anhand einer Codebasis aus dem CWS folgende Aufgaben durch:

- Installieren Sie das Metrik-Plugin „Metrics" für die Entwicklungsumgebung Eclipse. Erstellen Sie ein neues Projekt aus einer im CWS vorhandenen Codebasis. Wenden Sie das Plugin auf das Projekt an.
- Interpretieren und diskutieren Sie die Ergebnisse der Metriken. Welche Aussagen können über die Qualität des Codes getroffen werden?

Aufgabe – Diskussion und Interpretation von Messergebnissen des Projektes Stadt21 in Bezug auf den Qualitätszustand Mittels Softwaremetriken wird im Projekt Stadt21 laufend versucht, den Qualitätszustand zu ermitteln. Hierzu kommen einige der in diesem Kapitel vorgestellten Metriken zum Einsatz. Diskutieren und interpretieren Sie den Qualitätszustand des Projektes Stadt21 anhand folgender realer Messergebnisse:

- Lines of Code: 17244
- McCabe's Cyclomatic Number: 2198
- Lines of Comment: 7595
- Lines of Code / Lines of Comment 2.270

11.2.3 Reviews

Reviews setzen auf die Fähigkeit des Menschen, eine komplexe Situation zu erfassen und zu beurteilen. Geprüft wird gegen Vorgaben und Richtlinien mit dem Ziel, Fehler und Schwächen aufzuzeigen oder aber auch positive Merkmale zu würdigen.

Definition Review

Unter dem Begriff Review versteht man allgemein eine formell organisierte Zusammenkunft von Personen zur inhaltlichen oder formellen Überprüfung eines Produktteils (Dokument, Programmcode etc.) nach vorgegebenen Prüfkriterien und -listen (IEEE-Standard 1028, 2008).

Es muss also ein Resultat vorliegen, das für andere zugänglich ist, und es muss bekannt sein, was dieses Resultat leisten und welchem Zweck es dienen soll. Damit ist die Basis geschaffen, das Resultat in Form eines Review zu prüfen. Es gibt viele verschiedene Ausprägungen von Reviews, wobei für alle definierte Regeln und Zuständigkeiten existieren, welche allen Beteiligten bekannt sind und vom Management getragen werden.

Effektivität und Erfolg eines Review hängen wesentlich von der richtigen Durchführung ab. Dazu gehört nicht nur die Abwicklung der eigentlichen Review-Sitzung nach definierten Regeln, vielmehr ist ein wohl definiertes Umfeld notwendig. Solch ein Umfeld verlangt nach verschiedenen Rollen und einem strukturierten Review-Prozess.

Vor- und Nachteile von Reviews

Grundsätzlich können alle Entwicklungsergebnisse mit Reviews geprüft werden (Frühauf et al., 2006). Besonders alle Bestandteile, welche direkt von Menschen erstellt wurden, können so effektiv unter die Lupe genommen werden. Reviews lassen sich somit schon sehr früh im Entwicklungsprozess durchführen, noch bevor ausführbare Programme zum Testen vorliegen. Untersuchungen von Fagan (1986) zeigen, dass 67% der Programmierfehler vor dem *Modultest* bereits gefunden werden können und dass in Programmen, die einer Codeinspektion unterzogen worden sind, etwa 38% weniger Fehler enthalten sind. Dadurch kann die Latenzzeit eines Fehlers in der Entwicklung wesentlich verkürzt werden. Die Kosten für die Behebung des Fehlers sind somit geringer (siehe Abbildung 11.3) und kompensieren den Review-Aufwand.

Ein weiterer Vorteil von Reviews ist, dass sie die Selbsteinschätzung der Entwickler relativieren, da nicht nur Schwächen eines Produktes aufgezeigt werden, sondern auch die des Entwicklers. Dies fördert eine realistische und damit auch bescheidenere Selbsteinschätzung. Jeder Dialog erzeugt einen nützlichen Druck, die eigene Position zu erklären. Dadurch wird ein Entwickler auch auf solche Fehler aufmerksam, welche er in alleiniger Arbeit übersehen hätte.

Fagan (1986) beschreibt, dass bei regelmäßiger Anwendung von Reviews ein kontinuierlicher *Wissens- und Kenntnistransfer* zwischen den besseren und den schlechteren Entwicklern stattfindet. Jeder Teilnehmer profitiert so von den Stärken und Schwächen anderer Teilnehmer. Auf die gleiche Weise wird eine einheitliche Anwendung von Standards und Konventionen innerhalb der Organisation gefördert.

Frühauf et al. (2006) beschreibt auch die Nachteile und Grenzen von Reviews. Muss vielen Querverweisen im Code gefolgt werden, verliert man schnell die Übersicht. Das erschwert vor allem die Untersuchung objektorientierter Programme, da sie viel stärker vernetzt sind als imperative.

Reviews können auch eine Bedrohung einzelner Entwickler darstellen. Wirkt ein Review bedrohlich, so kann ein Autor schnell zum Angeklagten werden. Dieses Phänomen führt mitunter dazu, dass Reviews auf große Widerstände treffen.

Wirtschaftlichkeit von Reviews

Sorgfältig geplante und durchgeführte Reviews verbessern die Qualität von Softwareprodukten. Fagan (1976) berichtet von zwei Projekten, bei denen mit Hilfe von Code-Reviews 82% und 93% aller Fehler, gemessen über die gesamte Lebensdauer der Software, gefunden wurden. Solche Aussagen über die Effektivität von Reviews können nur getroffen werden, wenn sämtliche Daten eines Review gesammelt, dokumentiert und ausgewertet werden. Ergebnisse können zur Qualitätslenkung verwendet werden. Die daraus resultierenden Qualitätsverbesserungen wirken sich nicht nur positiv auf die Kundenzufriedenheit aus, sondern auch auf Entwicklungs- und Wartungskosten. ▶Abbildung 11.13 stellt die Wirtschaftlichkeit von Reviews dar.

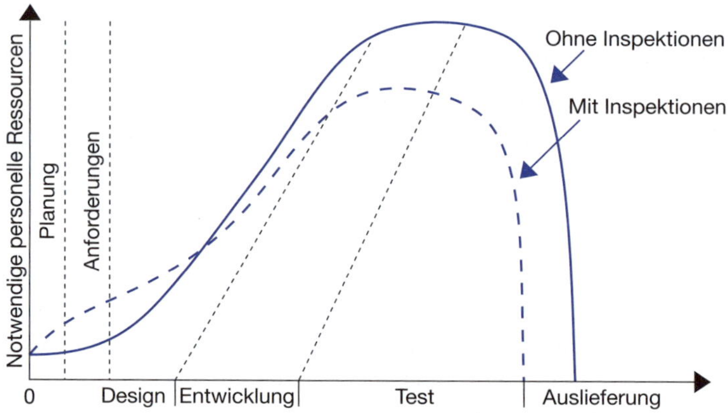

Abbildung 11.13: Wirtschaftlichkeit von Reviews nach Fagan (1986)

Der Aufwand von Reviews setzt sich im Wesentlichen aus dem Zeitbedarf der Planung, der Summe der Vorbereitungszeit alle Reviewer, der Dauer der Sitzung multipliziert mit der Anzahl der Teilnehmer und dem Aufwand für eventuell notwendige Nach-Reviews zusammen. Damit die Vorgabe von zwei Stunden für die Sitzung eingehalten werden kann, muss das zu prüfende Softwareelement auf einen bestimmten Umfang beschränkt werden. Sollten diese Elemente größeren Umfanges sein, verteilt man am besten die Aspekte auf verschiedene Reviews oder man unterteilt es. Die *Unterteilung* ist genau dann vorteilhaft, wenn das Produkt von verschiedenen Review-Teams bearbeitet werden kann oder muss. Für diesen Umfang findet man in der Literatur verschiedene Vorgaben.

Fagan empfiehlt einen Umfang von 125 NCSS/Stunde (Codezeilen ohne Kommentare dividiert durch die Anzahl der Stunden) für die individuelle Vorbereitung und für die Sitzung. Gilb et al. (1993) setzen diesen Maximalwert sogar noch etwas niedriger an. Sie empfehlen einen Review-Umfang von 60 NCSS/Stunde für die individuelle Vorbereitung und 120 NCSS/Stunde für die Sitzung. Deutlich aus der Reihe tanzen Frühauf et al. (2006), die von maximal 300 NCSS/Stunde für die Vorbereitung und 600 NCSS/Stunde für die Sitzung ausgehen. Dabei macht ein zu großer Umfang wahrscheinlich ein weiteres Review notwendig, da viele Fehler übersehen und nur in einer Wiederholungssitzung gefunden werden können. Frühauf et al. errechnen einen Aufwand von ca. 15% in Relation zum Erstellungsaufwand. Sie rechnen dabei mit drei Reviewern, wobei zusätzlich der Review-Leiter und der Autor berücksichtigt werden. Tabelle 11.1 zeigt den ermittelten Aufwand für Reviews. Dieser Wert deckt sich in etwa auch mit Erfahrungswerten von Fagan (1976), Ciolkowski et al. (2003), Gilb et al. (1993) und Weller (1993).

Werden Reviews konsequent und effizient ausgeführt, können Fehlerfindungsraten von 30-80% erreicht werden (Ciolkowski et al., 2003). Betrachtet man den gesamten Softwarelebenszyklus, so können Einsparungen von ca. 20% für die Entwicklung und ca. 30% für die Wartung erreicht werden (Gilb et al., 1993).

Beispiel 11.8 **Beispiel zur Effektivität von Reviews**

Ein gutes Beispiel für die Effektivität von Reviews ist die AETNA-Versicherungsgesellschaft, die mit Hilfe von Reviews eine Fehlerfindungsrate von 82% erreichen konnte. Wenn man bedenkt, dass sich für jeden Fehler die Latenzzeit wesentlich reduziert, so erscheinen Angaben über eine Reduktion der Fehlerkosten in der Entwicklung von über 75% plausibel. IBM berichtete bereits 1976 (Fagan, 1976) von 85% Einsparung an Arbeitsstunden für Unit-Tests.

Rollen im Review-Prozess

Alle Mitglieder eines Review-Teams übernehmen bei der Durchführung von **Reviews** bestimmte Rollen, so dass sich der Ablauf kontrollieren und eine hohe Produktivität erzielen lässt. Sie sind für die Qualität des Review verantwortlich. Einerseits sollen schlechte Produkte als solche erkannt und möglichst alle Mängel im Review-Bericht aufgeführt werden. Andererseits sollen aber auch gute Produkte als solche identifiziert und nicht mit gesuchten nebensächlichen Schwachstellen belastet werden. Bis auf die Autoren können Mitglieder weder für festgestellte Mängel verantwortlich gemacht werden noch dafür, dass gefundene Fehler nicht behoben wurden.

Die Rollen, die innerhalb eines Review eingenommen werden, wurden durch den IEEE-Standard für Software-Reviews (IEEE-Standard 1028, 2008) festgelegt und basieren grundsätzlich auf den Rollen, die von Fagan bereits 1976 ermittelt wurden, sich jedoch im Laufe der Zeit weiterentwickelt bzw. modifiziert haben. In der einen oder anderen Kombination treffen diese Rollen für alle verschiedenen Ausprägungen von Reviews zu.

Maximaler Umfang für Review	20 Seiten
Zahl der Gutachter	3 (+ Moderator + Autor)
Review-Vorbereitung relative	5 Seiten / Stunde
Aufwand Review-Vorbereitung	12 Stunden
Aufwand Review-Sitzung absolute	10 Stunden
Summe Review-Aufwand	3 Personentage
Erstellungsaufwand relative	1 Seite/Tag
Erstellungsaufwand absolute	20 Personentage
Review zu Erstellungsaufwand	15%

Tabelle 11.1: Review-Aufwand nach Frühauf et al. (2006)

Der *Manager* ist jener Projektleiter, der den Auftrag zur Erstellung des Testobjektes gegeben hat und sich für die Freigabe verantwortlich zeichnet.

Der *Moderator* oder Review-Leiter plant, organisiert und leitet das Review. Er sucht die Teilnehmer aus, stellt die benötigten Unterlagen des Softwareelements bereit und organisiert die Review-Sitzung. Ferner sorgt er auch für die Fertigstellung und Weiterleitung des Review-Berichtes. Idealerweise ist der Moderator ein Mitglied des **Qualitätsmanagements** und besitzt spezielles Wissen in der Leitung von Reviews. Er muss über besonderes Geschick verfügen, da die Effektivität des Reviews sehr stark von ihm abhängt. Es geht darum,

- eine offene und angstfreie Atmosphäre zu schaffen,
- auch zurückhaltende Teilnehmer zu Aussagen zu animieren,
- Dauerredner zu bremsen,
- nutzlose Diskussionen zu verhindern,
- immer wieder Konsens herzustellen,
- Streit oder persönliche Angriffe zu vermeiden oder beizulegen,
- generell über die Einhaltung der Review-Regeln zu wachen und diese höflich, aber bestimmt durchzusetzen.

Der *Schreiber* notiert alle während der Sitzung anfallenden Erkenntnisse des Review-Teams in einem Protokoll. Dieses Protokoll, auch Review-Bericht genannt, wird allen Review-Teilnehmern zur Begutachtung vorgelegt. Die Teilnehmer können so das Geschriebene noch einmal durchlesen und Einspruch erheben, wenn sie meinen, dass etwas Wichtiges nicht notiert worden sei.

Der *Autor* ist der Urheber des Testobjektes oder Repräsentant des Teams, das das Testobjekt erstellt hat. Er nimmt an der Sitzung teil, damit Unklarheiten und Missverständnisse unter Umständen sofort geklärt und im Protokoll vermerkt werden können. Ein weiterer Grund für die Teilnahme des Autors oder eines Vertreters ist der, dass er später anhand des Review-Berichtes die festgestellten Mängel beheben muss. Die richtige Interpretation der Befunde im Bericht fällt wesentlich leichter, wenn ein Vertreter der Autorenschaft bei der Abfassung des Berichtes anwesend war.

Die *Gutachter* oder Reviewer sind jene Review-Mitglieder, welche die Aufgabe haben, das zu prüfende Material in der Vorbereitung zu begutachten und in der Sitzung über ihre Erfahrungen zu berichten. Dabei ist zu beachten, dass Autoren des zu prüfenden Materials nicht gleichzeitig auch Gutachter sind. In der Regel sind Gutachter Entwickler aus anderen Projekten der gleichen Abteilung oder des gleichen Bereiches. Für spezielle Probleme können jedoch auch Qualitätsingenieure oder Fachgutachter herangezogen werden. Reviewer sollten

- sorgfältig vorbereitet sein,
- alle wichtigen Punkte in der Sitzung nennen,
- den anderen gut zuhören und nicht bereits erwähnte Punkte neu diskutieren,
- nicht alles besser wissen, um sich persönlich zu profilieren,
- zu einer positiven, kooperativen und offenen Atmosphäre beitragen.

Der *Leser* ist für die Aufbereitung der zu prüfenden Softwareelemente und für die zeitlich angemessene Durchführung der Sitzung verantwortlich. Unwichtige Details sollen nicht zu lange diskutiert werden, damit die Aufmerksamkeit der Teammitglieder nicht nachlässt. Andererseits soll das Tempo aber auch nicht zu hoch sein, damit keine essenziellen Punkte vergessen oder übergangen werden.

Der Review-Prozess

Effektivität und Erfolg von Reviews hängen wesentlich von der richtigen Durchführung ab. Dazu gehört nicht nur die Abwicklung der eigentlichen Review-Sitzung, sondern auch ein gut organisiertes Umfeld.

Der Review-Prozess beginnt mit der *Planungsphase*. Das Review selbst wird erst durch einen *Initialisierungsvorgang* gestartet. Den Abschluss eines Review bildet die Freigabe. Ein Review besteht aus den Schritten *Vorbereitung, Sitzung* und *Nacharbeit*. Im Anschluss an das durchgeführte Review wird versucht, anhand von Metriken und Analysen Aussagen über die Effektivität des Review zu treffen. In ▶Abbildung 11.14 wird dieser Prozess, entnommen aus dem IEEE-Standard für Software-Reviews (IEEE Standard, 1028-2008), schematisch dargestellt. Dieser standardisierte Review-Prozess basiert, genauso wie die bereits ausführlich beschriebenen Review-Rollen, auf den von Fagan (1976) ermittelten Prozessphasen.

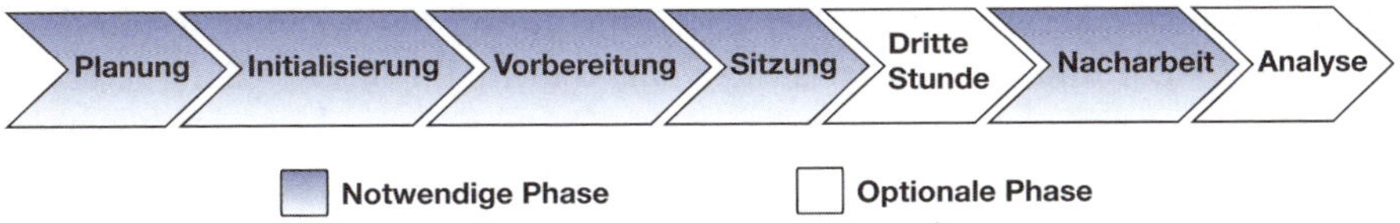

Abbildung 11.14: Review-Prozess nach Fagan (1976)

Planung

Der Manager zeichnet sich dafür verantwortlich, dass das Review bereits bei der Vergabe der Arbeit eingeplant ist und im Projektplan aufscheint. Üblicherweise werden Reviews bei wichtigen Meilensteinen vorgenommen. Es liegt aber im Ermessen des Projektleiters, weitere Reviews durchzuführen.

In der Planungsphase werden *Arbeitspakete* angefertigt. Diese beinhalten je nach Typ das Testobjekt, Referenzlisten, Richtlinien, Vorgaben und angepasste Checklisten. Wurde einem Autor vom Manager ein Arbeitspaket zugeteilt, bestimmt er auch bereits den Review-Leiter. Zusammen mit dem Review-Leiter wählt der Manager die Aspekte aus, nach denen das Arbeitsergebnis vom Review-Team begutachtet werden soll. Durch die unterschiedlichen Aspekte ist auch die Wahl der Reviewer geleitet. Für jeden Aspekt muss mindestens ein qualifizierter Reviewer dem Team hinzugefügt werden. Stehen die erforderlichen Personen nicht zur Verfügung, so muss sich der Manager um Freistellung der Experten in anderen Projekten oder Organisationseinheiten bemühen.

Beispiel 11.9 **Beispiel zu Produktivitätswerten**

Eine wichtige Frage ist, wie viel Zeit für den Review-Prozess eingeplant und verwendet werden soll. Empirische Untersuchungen von Codeinspektionen geben folgende Produktivitätswerte vor (Buck, 1981):

- ca. 500 Anweisungen pro Stunde für die Vorbesprechung
- ca. 125 Anweisungen pro Stunde für die individuelle Vorbereitung
- ca. 90 Anweisungen pro Stunde für die Inspektionen

Die maximale Inspektionsrate beträgt ca. 125 Anweisungen pro Stunde. Bei Überschreitung dieser Rate wurde festgestellt, dass die Fehlerfindungsrate stark abnimmt. Dies führt meist dazu, dass Wiederholungen der Inspektion durchgeführt werden müssen.

Initialisierung

Der Autor informiert, nachdem er seine Arbeit erledigt hat, den Manager. Der Manager beurteilt anschließend, ob das Testobjekt bestimmten Eingangskriterien genügt. Solche Eingangskriterien können beispielsweise fordern, dass der Code kompilierbar ist, bevor er inspiziert wird. Werden alle Eingangskriterien erfüllt, muss der Review-Leiter für die Initialisierung des Review-Prozesses sorgen. Er schickt eine Nachricht an alle Mitglieder, welche den genauen Termin, den Ort, deren Rolle, die zu reviewenden Testobjekte, die Aspekte des Review und, wenn erforderlich, eine schriftliche Beschreibung ihrer Aufgaben enthält.

Vorbereitung

Diese Phase enthält die zentrale Aufgabe des Reviews, die Suche nach Fehlern. Der Review-Leiter muss sich vergewissern, dass alle Mitglieder in Besitz der notwendigen Unterlagen sind und ausreichend Zeit für die individuelle Vorbereitung gegeben ist.

Die Review-Teilnehmer arbeiten das Material gewissenhaft durch und notieren alle festgestellten Schwächen und Stärken und deren Gewichtung (kritisch, hoch, normal etc.). Dazu benutzen sie die den Unterlagen beigelegten Prüfziele und Checklisten. Die Konzentration auf die vorgegebenen Aspekte soll jedoch nicht ausschließen, dass andere Probleme erkannt und notiert werden.

Sitzung
Die Sitzung wird vom Review-Leiter geführt. Sollte er den Eindruck haben, dass ein oder mehrere Reviewer nicht ausreichend vorbereitet sind, kann er die Sitzung abbrechen oder absagen. Er sollte auch darauf achten, dass die Sitzung nicht mehr als zwei Stunden dauert, da sonst die Konzentrationsfähigkeit der Teilnehmer abnimmt. Falls nötig kann er eine weitere Sitzung, frühestens am nächsten Tag, einberufen.

Während der Sitzung sollten Mängel nur entdeckt und nicht korrigiert werden. Die Teilnehmer sind angehalten, nur konstruktive und sachliche Kritik zu äußern. Eine der wichtigsten Aufgaben des Review-Leiters besteht also darin, die beiden letztgenannten Punkte sorgfältig zu kontrollieren. Der Autor sollte sich während der Sitzung passiv verhalten. Seine einzige Aufgabe besteht darin, Missverständnisse aufzuklären und auf gezielte Fragen zu antworten.

Der Leser präsentiert das zu prüfende Objekt und die einzelnen Punkte auf der Checkliste. Dabei geben alle Reviewer ihre Bewertung, welche bereits in der Vorbereitung selbstständig erarbeitet wurde, wieder. Sie sollten ihre Befunde möglichst präzise formulieren, damit die Erstellung des Protokolls einfacher wird. Gemeinsam wird beschlossen, ob und welche Nacharbeit notwendig ist und mit welchen Problemen man im Projekt weiterleben will und muss. Dazu müssen die gefundenen Fehler und Mängel bewertet werden. Üblicherweise werden Befunde als kritische Fehler (Fehler muss vor der Freigabe behoben werden), Hauptfehler oder wichtiger Fehler (Nutzbarkeit beeinträchtigt, Fehler sollte vor der Freigabe behoben werden), Nebenfehler (beeinträchtigen den Nutzen kaum) oder als gut (fehlerfrei) bewertet.

Das Review-Team sollte gemeinsam eine *Empfehlung* über die Annahme des Testobjektes abgeben. Eine Empfehlung kann akzeptiert (keine Änderungen notwendig), akzeptiert mit Änderungen (Änderungen notwendig, jedoch keine weitere Sitzung) oder nicht akzeptiert (weiteres Review erforderlich) lauten.

Am Ende der Sitzung wird das Protokoll von allen Sitzungsteilnehmern noch einmal begutachtet und unterzeichnet. Falls notwendig, muss das Dokument so lange modifiziert werden, bis es von allen Teilnehmern akzeptiert wurde.

Die dritte Stunde
Das Ziel der Review-Sitzung ist die Fehlerfindung und Bewertung. Diskussionen über mögliche Lösungsvorschläge sind hier fehl am Platz. Dies fällt den Reviewern oft sehr schwer, da sie als Entwickler daran gewöhnt sind, in Lösungen zu denken. Damit gute Ideen nicht verloren gehen, sollte man die Möglichkeit einer *Diskussion* schaffen. Dazu wird gegebenenfalls nach Beendigung der Review-Sitzung eine dritte Stunde angehängt. In diesem Zeitraum soll es möglich sein, in entspannter Atmosphäre Einfälle zu präsentieren und mit dem Autor zu diskutieren.

Überarbeitung und Nachkontrolle

Der Autor überarbeitet sein Arbeitsergebnis anhand der Befundliste aus der Teamsitzung. Er sollte genau das ändern, was vom Team verlangt wurde, nicht mehr und nicht weniger. Für alle negativen Befunde muss eine Lösung gefunden werden, ohne dabei die positiven zu beschädigen. Verbesserungen an anderen Stellen des Codes sind vom Autor zu unterlassen, ansonsten kann es zu einem unnötigen Zyklus aus Änderungen und Reviews kommen. Der Autor erstellt eine weitere Liste mit den durchgeführten Änderungen und Referenzen zur Liste der Befunde.

Sind alle Änderungen vorgenommen, verständigt der Autor den Moderator. Bei kleinen Mängeln übernimmt der Moderator oder ein Reviewer allein die Nachkontrolle und informiert den Manager, welcher das Testobjekt anschließend freigibt. Sollten durch die Änderungen aus den leichten Mängeln schwere entstanden sein, wird der Manager eine neue Sitzung initialisieren und dasselbe Team wird eine neue Prüfung durchführen. Aus Gründen der Kontinuität ist es ratsam, keine neuen Personen einzubeziehen, da sich diese erst einarbeiten müssten und bereits besprochene Punkte erneut aufwerfen würden. Waren die Mängel gravierend, wird ebenso eine neue Sitzung initialisiert. In diesem Fall wissen aber alle Teilnehmer bereits, dass es zu einer weiteren Sitzung kommen muss.

Exkurs — Der Review-Bericht

Der Review-Bericht ist der formale Nachweis, dass ein Review stattgefunden hat, und listet die Ergebnisse auf. Er besteht aus einer Zusammenfassung und einer Befundliste. Die *Zusammenfassung* umfasst

- eine eindeutige Review-Nummer,
- das Datum, an dem die Sitzung durchgeführt wurde,
- die Sitzungsdauer,
- die Nummer des Arbeitspaketes, welches geprüft wurde,
- die in Anspruch genommene Vorbereitungszeit der Reviewer,
- eine genaue Auflistung der geprüften Objekte,
- eine Auflistung der benötigten Referenzunterlagen,
- die abgegebene Empfehlung des Review-Teams,
- eine Zusammenfassung über die Anzahl der Befunde und deren Bewertung,
- eventuelle Beilagen
- und eine genaue Aufstellung des Review-Teams.

In der Liste der *Befunde* sind alle von den Teilnehmern identifizierten Schwächen und Mängel erfasst. Diese Liste beinhaltet

- eine für jeden Befund eindeutige Nummer,
- eine ausführliche Beschreibung
- und die Gewichtung.

Analyse
Den Abschluss des Review-Prozesses bildet die systematische Auswertung der Ergebnisse. Es soll möglich sein, anhand von gesammelten Daten festzustellen, ob die Ergebnisse im erwarteten Rahmen liegen. *Verbesserungen des Review-Prozesses* und die Optimierung des gesamten Entwicklungsprozesses werden überlegt und protokolliert. Dazu müssen Längsvergleiche im Projekt und über mehrere Projekte hinweg vorgenommen werden, um Aussagen über den Geschäftsnutzen (Nutzen des Projektes im Verlauf des Review-Prozesses) treffen zu können. Diese Aussagen werden mit Hilfe von verschiedenen Messmethoden (Metriken) ermittelt.

Ebenfalls wichtig für das **Qualitätsmanagement** ist die Analyse der Höhe des Aufwandes, damit ist die Relation zwischen dem Aufwand und dem erbrachten Ergebnis gemeint, und der Wert des Review in Bezug auf das Erreichen der vorgegebenen Kriterien.

Auswahl der Teilnehmer

Die Auswahl der Teilnehmer beginnt mit der Suche eines Review-Leiters. Schnurer (1988) gibt folgende Kriterien für einen geeigneten Moderator an:

- Fachkompetenz, um Fehler zu erkennen und zu bewerten
- Durchsetzungsvermögen, um Entscheidungen glaubwürdig zu vertreten
- Neutralität, um keine Personen oder Methoden zu bevorzugen

Frühauf et al. (2006) beschreibt weiter, dass der Review-Leiter die Übersicht bewahren und aufmerksam sein muss, damit er sicherstellen kann, dass die Reviewer angemessen zu Wort kommen. Er sollte nicht versuchen, voreingenommen seine eigene Meinung zu vertreten, stattdessen sollte er aufmerksam beobachten, ob alle an der Meinungsbildung teilnehmen. Er muss außerdem genügend Sachverstand aufbringen, um der Diskussion folgen zu können, damit er die Aussagen der Reviewer deuten und abwägen kann. Daraus leitet sich ab, dass ein geeigneter Review-Leiter nicht direkt am Projekt beteiligt ist, jedoch aufgrund seiner Persönlichkeit oder fachlichen Kompetenz von den Mitwirkenden akzeptiert wird.

Ist der Review-Leiter bestimmt, beginnt er gemeinsam mit dem Autor die weiteren Review-Teilnehmer festzulegen. Besonders wichtig dabei ist die sorgfältige Berücksichtigung ihrer Fähigkeiten. Parnas & Weiss (1987) legen genaue Regeln für diesen *Selektionsprozess* fest. Laut dieser Regeln sollen folgende Personen an einem Review teilnehmen:

- Spezialisten, also Personen mit Fachwissen und langjähriger Erfahrung,
- mögliche Benutzer des Systems,
- alle jene, die die Fähigkeit besitzen und Freude daran finden, logische Widersprüche in einer systematischen Weise aufzudecken.

Parnas & Weiss betonen auch die Notwendigkeit, die Auswahl der Teilnehmer von der speziellen Zielsetzung des Review abhängig zu machen. Es muss sichergestellt sein, dass für jeden Aspekt mindestens ein qualifizierter Reviewer am Review beteiligt ist. Es sollten außerdem nur Reviewer ernannt werden, die auch das Interesse haben, einen Beitrag zur Verbesserung des vorliegenden Arbeitsergebnisses zu liefern.

Für die *Rolle des Schreibers* kommen nur Personen in Frage, welche

- leserlich schreiben können,
- kurz und präzise formulieren können,
- zuhören und Wesentliches erkennen können.

Ebenso wichtig für die Effizienz eines Review ist die richtige *Anzahl der Review-Teilnehmer.* Eine große Zahl an Mitgliedern bringt nur ein Minimum an Effizienz, erhöht jedoch den Aufwand. Der IEEE-Standard 1028 (2008) schlägt eine Größe von drei bis sechs Mitgliedern vor. In diesem Zusammenhang taucht oft die Diskussion auf, ob wirklich alle Rollen für die Durchführung eines Review notwendig sind (Bisant et al., 1989). Frühauf et al. (2006) erklären, dass die einzige Möglichkeit zum Einsparen die Wahrnehmung einer zusätzlichen Rolle durch eine bereits beteiligte Person ist. In Betracht zu ziehen sind hier nur die des Schreibers und des Lesers. Der Manager kommt nicht in Frage, da er an der Sitzung nicht teilnimmt. Der Review-Leiter selbst sollte nicht gleichzeitig schreiben und moderieren, da ihn dies überfordern könnte und zu einem Engpass in der Review-Sitzung führen würde. Eine Möglichkeit wäre, dem Autor auch die Rolle des Schreibers zuzuteilen, da er in der Sitzung passiv bleibt und den Review-Bericht sowieso lesen und verstehen muss.

Exkurs Code-Reviews in LiSaMe

Es existieren eine Vielzahl von Werkzeugen zur Unterstützung von Reviews, insbesondere für Code-Reviews. Eines unter vielen ist das Werkzeug ReviewClipse für die Entwicklungsumgebung Eclipse. Die Integration des Review-Tools in die Entwicklungsumgebung Eclipse bringt viele Vorteile: Der Entwickler braucht seine gewohnte Arbeitsumgebung nicht zu verlassen und die Code-Reviews werden neben dem Programmieren als tägliche Arbeit angesehen. Die Subversion-Plug-ins (Subversive und Subclipse) dienen als Schnittstelle zum Subversion-Repository und garantieren eine minimale Installations- und Einarbeitungszeit für den Softwareentwickler. Die Reviews können in Eclipse mit Hilfe eines Wizard (siehe ▸Abbildung 11.15) schnell eingerichtet werden und die flexiblen Zuordnungen erlauben den Einsatz in unterschiedlichen Szenarien. Der Wizard sucht alle vorhandenen Benutzer im zugeordneten Subversion Repository des Eclipse-Projektes. Die gefundenen Benutzer können in Zuordnungen die Rolle des Autors oder des Reviewer einnehmen. Dabei können einem Autor ein oder mehrere Reviewer zugewiesen werden, aber auch genauso einem Reviewer ein oder mehrere Autoren.

Aus diesen Autor-Reviewer-Zuordnungen lassen sich verschiedene Szenarien ableiten: So ist es möglich, innerhalb des Entwicklungsteams die Reviews untereinander durchzuführen (Peer-Reviews). Ebenso könnte ein Master-Reviewer eingesetzt werden, der die Code-Reviews für alle anderen Entwickler durchführt. Um den Review-Scope auf bestimmte Bereiche einzugrenzen, kann ein Filter, z.B. auf Java-Files, angegeben werden.

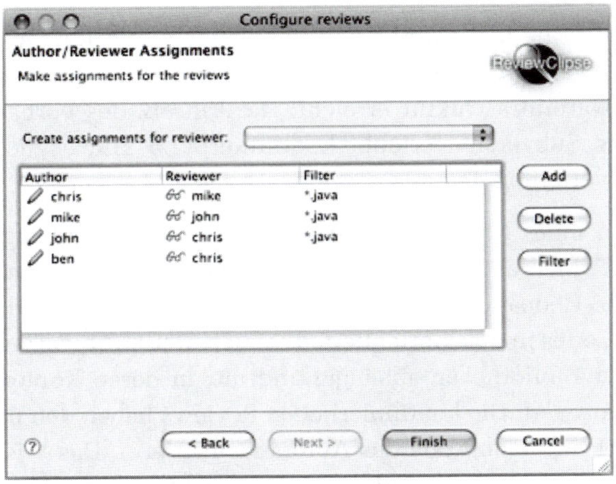

Abbildung 11.15: Wizard des Tools ReviewClipse

Zur Durchführung der Reviews wird ein spezieller Editor (siehe ▶Abbildung 11.16) verwendet. In diesem Editor sind alle dem aktuellen Benutzer zugeordneten Changesets (der aktuelle Benutzer ist Autor oder Reviewer des Changeset) ersichtlich. Der Reviewer kann die geänderten Dateien des Changeset sowie die Änderungen innerhalb einer Datei im Vergleichseditor des Subversion-Plug-ins ansehen und Kommentare für den ursprünglichen Autor verfassen.

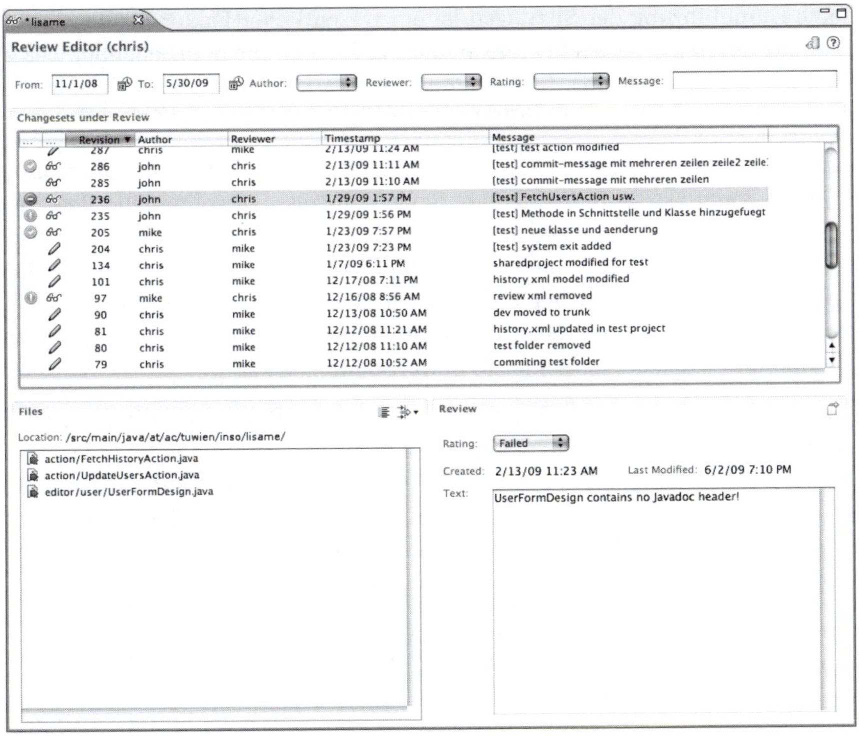

Abbildung 11.16: Editor des Tools ReviewClipse

Durch die Erweiterung der Entwicklungsumgebung zum Review-Tool muss der Entwickler seine gewohnte Arbeitsumgebung nicht verlassen, dadurch wird eine homogene Softwareinfrastruktur erreicht. Der Einsatz des vorhandenen Versionierungssystems Subversion erlaubt kontinuierliche und asynchrone Reviews bei geografisch verteilten Teams.

Die Änderungen eines Changeset sind stark voneinander abhängig, da der Entwickler zumeist einen abgeschlossenen Task übermittelt. Für den Prüfer wird es dadurch leichter, Codeänderungen zu verstehen. Dadurch wird das Problem des delokalisierten Codes in objektorientierten Sprachen (die Anweisung ist von anderen Klassen oder Bibliotheken abhängig und nur in deren Kontext verständlich) beim Review verringert. Die kontinuierlichen Reviews haben den positiven Nebeneffekt, dass der Prüfer den Code des Autors kennenlernt. Das Wissen wird somit auf mehrere Entwickler verteilt und kollektive Code-Ownership entsteht.

Exkurs — Kriterien für einen erfolgreichen Review-Prozess

Neben den bereits in den einzelnen Review-Phasen genannten Kriterien für einen erfolgreichen Review-Prozess gibt es noch einige entscheidende Faktoren. Die konsistente Durchführung der Sitzungen ist ein wesentlicher Faktor für den Projekterfolg. Dazu müssen Reviews bereits in der *Projektplanung* berücksichtigt werden. Es sollte ein klar definiertes *Review-Programm* verfasst und eingehalten werden. Die Reviews selbst sollen strukturiert ablaufen.

Essenziell für den Erfolg eines Review ist auch die Akzeptanz durch alle Teilnehmer sowie deren aktive Teilnahme am Review-Prozess. Es sollten alle Beteiligten über die gestellten Erwartungen an das Review und an sich selbst informiert sein. Eindeutig definierte Richtlinien, welche die Verantwortlichkeiten und Abläufe eindeutig festlegen, sind daher unbedingt notwendig. Die Bereitschaft zur Teilnahme ist auch dann viel größer, wenn die Teilnehmer wissen, was die genauen Ziele sind und wie jeder Einzelne zum Erfolg beitragen kann.

Ein weiterer wichtiger Faktor für das Gelingen eines Review ist die Qualität der *Vorbereitung*. Jeder Teilnehmer benötigt Zeit für die individuelle Vorbereitung und sollte daher keiner anderen Tätigkeit nachgehen. Daher ist die richtige Auswahl der Teilnehmer von großer Bedeutung. Ziel ist es niemanden zu übersehen, dessen Beitrag für das Review wertvoll sein kann.

Um Diskussionen über das Qualitätsniveau von Produkten zu verhindern, muss für jedes Produkt eine eigene Checkliste erstellt werden. Es sollten standardisierte Checklisten verwendet werden, da diese zu einer gleich bleibenden oder sogar wachsenden Qualität verhelfen.

Außerdem muss ein genauer Zeitplan für das Review festgelegt werden. Er sollte möglichst wenig in den normalen Tagesablauf der Teilnehmer eingreifen. Um den Ablauf eines Review nicht unnötig zu verlängern, sollte rechtzeitig darauf geachtet werden, dass ein geeigneter Raum reserviert und benötigte Hilfsmittel (z.B. ein Beamer) organisiert sind.

Review-Messung

Erfahrungswerte aus der Praxis berichten von 30 – 80% Fehlerbehebungsraten dank konsequent und effizient durchgeführter Reviews. Barnard et al. (1994) behaupten, dass dieser Wert sehr stark vom Management der Review-Information abhängt. Gut geplantes *Datenmanagement* führt demnach zu einer größeren Effektivität von Reviews. Anhand der gesammelten Daten soll es möglich sein festzustellen, ob die Ergebnisse im erwarteten Rahmen liegen. Aussagen über die Effektivität von Reviews werden mit Hilfe von verschiedenen Messmethoden (Metriken) ermittelt. Ergebnisse dieser Analysen werden zur Qualitätslenkung verwendet. Die daraus resultierenden Qualitätsverbesserungen wirken sich nicht nur auf die Kundenzufriedenheit positiv aus, sondern auch auf Entwicklungs- und Wartungskosten.

Beispiel 11.10

Beispiel zur Goal-Question-Metriktabelle

Eine bevorzugte Herangehensweise, Ergebnisse zu analysieren, besteht darin, mögliche Messziele in Form von Fragen zu erstellen und Messmethoden zuzuteilen (siehe Tabelle 11.2). Barnard et al. (1994) beschreibt dazu folgende neun *Schlüsselmetriken*:

- Total noncoment lines for source code inspected, in thousand (Gesamtanzahl an inspizierten Codezeilen ohne Kommentare in Tausend (KLOC))
- Average lines of code inspected (Durchschnittlich inspizierte Codezeilen)
- Average preparation rate (Durchschnittliche Vorbereitungsrate)
- Average inspection rate (Durchschnittliche Inspektionsrate)
- Average effort per KLOC (Durchschnittlicher Aufwand pro KLOC)
- Average effort per fault detected (Durchschnittlicher Aufwand für einen gefundenen Fehler)
- Average faults detected per KLOC (Durchschnittlich gefundene Fehler pro KLOC)
- Percentage of reinspection (Prozent der Re-Inspektionen)
- Defect-removal efficieny (Fehlerentfernungseffizienz)

Ziel	Frage	Metrik
Planung	Wie viel kostet die Inspektion?	Durchschnittlicher Aufwand pro KLOC Prozentsatz an Inspektionen
	Wie viel Zeit verbraucht die Inspektion?	Durchschnittlicher Aufwand pro KLOC Gesamt KLOC inspiziert
	Wie ist die Qualität der inspizierten Software?	Durchschnittliche Fehlerfindungsrate pro KLOC Durchschnittliche Vorbereitungszeit Durchschnittliche Vorbereitungsrate
	Wie hoch ist der Erfüllungsgrad des Inspektionsprozesses?	Durchschnittliche Inspektionsrate Durchschnittliche Vorbereitungsrate Durchschnittliche Anzahl an inspizierten Codezeilen Prozentsatz an notwendigen Re-Inspektionen
Überwachung und Kontrolle	Wie ist der Status des Inspektionsprozesses?	Gesamt KLOC inspiziert Fehlerbehebungseffizienz Durchschnittlich gefundene Fehler pro KLOC Durchschnittliche Inspektionsrate Durchschnittliche Vorbereitungsrate
	Wie effektiv ist der Inspektionsprozess?	Durchschnittliche Anzahl an inspizierten Codezeilen
Verbesserung	Wie produktiv ist der Inspektionsprozess?	Durchschnittlicher Aufwand pro entdecktem Fehler Durchschnittliche Inspektionsrate Durchschnittliche Vorbereitungsrate Durchschnittliche Anzahl an inspizierten Codezeilen

Tabelle 11.2: Ziel-Frage-Messmethode (Goal-Question-Metric)

Fagan (1976) schlug bereits 1976 eine Metrik (*Error Detection Efficiency*) vor, deren Berechnung auf der Anzahl der in den Reviews gefundenen Fehlern und der Gesamtanzahl der Fehler vor den Reviews basiert. Eine Metrik (*Cost Effectiveness*), welche die entstandenen und ersparten Kosten durch Reviews berücksichtigt, wurde von Collofello et al. (1989) vorgeschlagen. Auf Basis dieser beiden Verfahren entwickelten Kusumoto et al. (1991) eine neue Methode, welche Fagans und Collofellos Metriken kombiniert.

Review-Verfahren

Reviews können in verschiedene Kategorien eingeteilt werden. Sie unterscheiden sich vor allem durch ihren Formalitätsgrad und ihr Disziplin- und Flexibilitätsniveau. Gründe für die Entscheidung, welches Verfahren Anwendung findet, können primäre Ziele, verschiedene externe Anforderungen oder innerbetriebliche Organisationen sein. Die wichtigsten Verfahren werden im folgenden Abschnitt präsentiert.

Stellungnahme

Beim Stellungnahmeverfahren entscheidet der Autor, dass andere Meinungen die Qualität seiner Arbeit verbessern könnten. Er stellt daher einem oder mehreren Kollegen Kopien zum Lesen zur Verfügung. Diese begutachten die Unterlagen und retournieren die Papiere mehr oder weniger ausführlich kommentiert an den Autor. Anschließend analysiert er die Stellungnahmen und korrigiert, falls er es für notwendig erachtet, seine Arbeit.

Dieses Verfahren wird häufig angewandt, weil es einfach ist, keine zusätzliche Ausbildung erfordert, keine Planung notwendig macht und kurzfristig angesetzt werden kann. Aus diesem Grund ist es relativ einfach, ein Stellungnahmeverfahren in der täglichen Arbeitszeit unterzubringen.

Diesen Vorteilen stehen jedoch einige Nachteile gegenüber: Meist arbeitet der Entwickler bereits an seinem Resultat weiter, während die Kollegen die Arbeit erst begutachten. Damit sind die Stellungnahmen bereits wertlos, wenn sie eintreffen. Ein weiterer wichtiger Aspekt ist die Entscheidungsfreiheit des Autors. Passt ihm ein Änderungsvorschlag nicht ins Konzept, wird er einfach ignoriert oder vergessen.

Walkthrough

Der IEEE-Standard für Reviews (IEEE-Standard 1028, 2008) beschreibt den **Walkthrough** als eine weniger formelle Form des Review. Walkthroughs werden unter anderem zur Ausbildung von Mitarbeitern benutzt und sollen die Teamkommunikation fördern. Sie können zu regen Diskussionen bzw. zu einer hohen Interaktion zwischen dem Vortragenden und den Teilnehmern führen. Die primäre *Zielsetzung* betrifft jedoch

- das Finden von Anomalien,
- die Verbesserung des Softwareprodukts,
- das Erwägen von alternativen Implementierungen
- und die Prüfung der Einhaltung von Standards, Normen, Richtlinien und Spezifikationen.

In der Praxis werden Walkthroughs in kleinen Entwicklungsumgebungen durchgeführt, da es zum einen zu wenig Entwickler gibt, die in der Lage sind, ein fremdes Programm kritisch durchzusehen. Zum anderen erscheint der Aufwand eines technischen Review für Programme, an die keine hohen Anforderungen gestellt werden, zu groß.

In der Sitzung kann der Autor auch die Rolle des Review-Leiters übernehmen. Er stellt das Arbeitsergebnis Schritt für Schritt vor und die Reviewer versuchen, Probleme vorbereitet oder spontan zu identifizieren. Die gefundenen Probleme werden anschließend protokolliert. Die Funktion des Schreibers können der Review-Leiter oder der Autor übernehmen. Obwohl dieses Verfahren sehr viele Vorteile eines technischen Review bewahrt, bleiben doch noch folgende *Nachteile*:

- Es existiert keine eindeutige Kompetenzregelung (z.B. Freigabe).
- Die Nacharbeit wird nicht kontrolliert und liegt im Ermessen des Autors.
- Die Effizienz ist geringer als beim technischen Review.
- Ist der Autor zugleich auch Review-Leiter, kann er die Sitzung in eine für ihn vorteilhaftere Richtung lenken.

Technisches Review
Das technische Review ist laut IEEE-Standard 1028 (2008) folgendermaßen definiert:

Definition technisches Review

„Der Zweck eines technischen Reviews ist die Beurteilung eines Softwareprodukts durch ein qualifiziertes Team hinsichtlich der beabsichtigten Verwendung und die Identifikation von Abweichungen von der Spezifikation oder von verwendeten Standards."

Mit dem technischen Review versuchten Freedman et al. (1990) die Nachteile des Stellungnahmeverfahrens zu eliminieren. Dadurch erhöht sich zwar der Aufwand, jedoch auch der Nutzen, so dass der Gesamteffekt auf jeden Fall positiv ist. Das technische Review liefert *Aussagen*, ob

- das Softwareprodukt den Spezifikationen entspricht,
- das Softwareprodukt sich an Standards, Richtlinien, Pläne, Verfahren und Regelungen des Projekts hält,
- Änderungen des Softwareprodukts genau durchgeführt wurden und nur jene Systembereiche betroffen sind, welche durch die Änderungsspezifikation identifiziert wurden.

Das technische Review ist stark an Fagans Inspektionsmethode (Fagan, 1976) angelehnt und sieht deshalb ebenfalls die Rollen Review-Leiter, Schreiber, Reviewer, Autor und Leser vor. *Voraussetzungen* für die korrekte Durchführung eines technischen Review sind:

- Die Ziele des Review sind klar definiert.
- Das Testobjekt ist für ein sinnvolles Review hinreichend vollständig.
- Sämtliche Anforderungen, Standards oder Richtlinien, denen das Softwareelement entsprechen soll, sind verfügbar.
- Die Spezifikationen für das Testobjekt sind verfügbar.
- Der Verantwortliche des zu untersuchenden Softwareelements zeigt Bereitschaft zur Durchführung des Review.

Auch die Durchführung selbst hält sich streng an das von Fagan vorgegebene Prozessmodell (siehe Abbildung 11.4). Für ein erfolgreiches und effektives Review müssen alle Phasen wie beschrieben durchlaufen werden.

Inspektion
Die **Inspektion** ist das formellste und wirkungsvollste Review-Verfahren. Der Zweck einer Inspektion ist das Finden und die Identifikation von Anomalien im Source-Code. Es soll ein Softwareelement auf die Erfüllung seiner Spezifikation und die Einhaltung von Richtlinien und Standards untersucht werden.

Fagan begann Anfang der siebziger Jahre, Qualitätsmethoden der Industriemaschinenerzeugung auf Softwareprojekte anzuwenden. Sein Ziel war es, Qualitäts- und Prozesskontrollmethoden für Softwareprodukte zu entwickeln. 1976 veröffentlichte er seine

Resultate in einem Bericht (Fagan, 1976). Seither ist dieses Review-Verfahren das mit Abstand am häufigsten in der Praxis verwendete. Studien über die Verwendung von Inspektionen und Reviews ergaben, dass ca. 84% der Organisationen solche Verfahren anwenden, diese jedoch nur von einem geringem Teil richtig durchgeführt werden.

Die ursprüngliche von Fagan entwickelte Inspektionsmethode sieht alle auf Seite 483 beschriebenen Rollen vor, wobei der Review-Leiter auch der Schreiber sein kann, jedoch niemals der Autor. Eine weitere Besonderheit der Inspektion ist, dass alle Teammitglieder, ganz gleich welche speziellen Rollen sie bekleiden, die Fehler und Mängel des Softwareelements identifizieren und kommentieren sollen. Sie sollen so ausgewählt werden, dass sie unterschiedliche Sichtweisen während der Sitzung vertreten. Gilb et al. (1993) beschreibt zusätzlich folgende *Elemente* von Inspektionen:

- Es gibt eine Einleitungssitzung für den Prüfprozess. In dieser Sitzung wird das Softwareelement seinem Umfeld vorgestellt und die Ziele des Review werden noch einmal deutlich gemacht. Dies hat den Vorteil, dass sich alle Reviewer bereits ein grobes Bild vom zu prüfenden Softwareelement machen können. Falsch interpretierte Aspekte können somit ausgeschlossen werden, wodurch sich die Effizienz der individuellen Vorbereitung erhöht.
- Das Inspektionsteam gibt nicht nur eine Empfehlung, sondern ist auch die Entscheidungsinstanz für die Freigabe des geprüften Softwareelements.
- Der Review-Bericht ist stärker formalisiert als in allen anderen Verfahren (Fehler werden anders gewichtet).
- Es werden mehr Daten erfasst und viele Kennzahlen ermittelt.

Round-Robin-Review
Beim Round-Robin-Review wird versucht, das Prinzip eines herkömmlichen Review auf den Kopf zu stellen. Die Gutachter erhalten die Aufgabe, in der Vorbereitung nach positiven Argumenten des zu prüfenden Softwareelementes zu suchen. In der anschließenden Sitzung versucht jeder Reviewer, die Kollegen von der Qualität des Testobjektes zu überzeugen. Die anderen Reviewer intervenieren, wo sie selbst Probleme hatten, positive Aspekte zu erkennen. Können nicht alle Reviewer vom Vortragenden überzeugt werden, ist ein Problem identifiziert. Die Befunde für und gegen das geprüfte Softwareelement werden in einem Review-Bericht protokolliert.

Peer-Review
Der Fokus in einem Peer-Review liegt auf der Entdeckung von Fehlern in einem Softwareelement. Wiegers (2002) beschreibt den Prozess als eher informell. Es gibt somit keine allgemeinen Verhaltensregeln. Der wesentlichste Unterschied zur Inspektion ist der, dass der Prozess nicht definiert ist und keine speziellen Techniken zur Fehlersuche eingesetzt werden. Das Team, ad-hoc zusammengestellt oder als permanente Einrichtung, bestimmt also selbst die Aufgabenaufteilung und Vorgehensweise. Es gibt keine individuelle Vorbereitung der Reviewer. Aus diesem Grund werden die zu prüfenden Softwareelemente erst in der Sitzung untersucht. Diese wird von einem Review-Leiter geleitet, welcher auch die Arbeit organisiert. Am Ende der Sitzung werden die Befunde in Form eines Gutachtens zu einem Review-Bericht zusammengefasst.

Exkurs

Sonderformen der Inspektion

Teaminspektion
Eine weniger formale und strenge Form der Inspektion ist die Teaminspektion. Hierbei erfolgen die Prüfung und die Befunderhebung individuell in der Vorbereitung durch die Reviewer. Dazu werden individuell Befundlisten erstellt und in die Sitzung mitgebracht. Die Sitzung selbst dient nur noch zum Zusammentragen und Bewerten der Befunde. Damit entfällt die zeilenweise Begutachtung des Testobjektes. Der Fokus liegt auf der Bewertung der einzelnen Befunde. Es werden mehrfach vorkommende und falsche Befunde eliminiert. Wurden alle Befunde besprochen, wird eine gemeinsame Liste erstellt, welche die Empfehlung und den Gruppenkonsens repräsentiert.

N-Individuen-Inspektion
Die Frage der Notwendigkeit einer Review-Sitzung wurde in der Literatur schon sehr oft diskutiert (Votta, 1993). Die N-Individuen-Inspektion setzt diesen Gedanken um und geht noch einen Schritt weiter als die Teaminspektion. Bei diesem Verfahren wird vollständig auf eine gemeinsame Sitzung verzichtet.
Die Prüfung und Befunderhebung findet nur durch die Reviewer statt. Haben alle Reviewer ihre Befunde abgegeben, wird aus der Summe der Befunde der Review-Bericht zusammengestellt. Das erspart vielleicht den Aufwand für die Sitzung, die kritische Durchsicht der Individualbefunde hingegen fehlt. Redundante, falsche und nicht bewertete Befunde sind das Resultat.

WWW.PEARSON-STUDIUM.DE CWS COMPANION WEBSITE
Daten

Aufgabe zur formalen Codeinspektion Führen Sie anhand einer Codebasis aus dem CWS eine formale Codeinspektion durch. Für diese Aufgabe werden mindestens zwei Teilnehmer benötigt. Gehen Sie dabei wie folgt vor:

Einschränkungen: Gehen Sie davon aus, dass die Inspektion bereits geplant wurde. Die Nacharbeit durch den Autor und die Freigabe durch das Team sind für diese Abgabe nicht relevant. Ihre Aufgabe als Qualitätssicherungsteam ist die Durchführung der Schritte Initialisierung, Vorbereitung und Sitzung. Die Rolle des Autors ist nicht vorgesehen. Aus diesem Grund können Sie davon ausgehen, dass der Autor selbst nicht an der Sitzung teilnehmen wird.

Phase Initialisierung

- Legen Sie die Rollenverteilung der Teammitglieder für den Inspektionsprozess fest. Es sollen die Rollen Review-Leiter, Reviewer und Protokollschreiber vergeben werden. Die Rolle des Protokollschreibers wird vom Review-Leiter übernommen.

- Der Review-Leiter bestimmt den Termin für die Teamsitzung und stellt sicher, dass alle Mitglieder die zu inspizierenden Codeteile erhalten. Review-Leiter und Reviewer sollen genügend Zeit haben, den Code zu prüfen. Die Java-Entwicklungsrichtlinien von Sun sollen Ihnen als Checkliste dienen.

Phase Vorbereitung

Hinweis: Diese Phase enthält die zentrale Aufgabe des Review, die Suche nach Fehlern. Der Review-Leiter muss sich vergewissern, dass alle Mitglieder in Besitz der notwendigen Unterlagen sind und ausreichend Zeit für die individuelle Vorbereitung gegeben ist.

- Die Inspektionsteilnehmer arbeiten das Material gewissenhaft durch (auch der Review-Leiter) und notieren alle festgestellten Schwächen, Mängel und Fehler.
- Kategorisieren Sie den Fehler.
- Gewichten Sie den Mangel oder Fehler.
- Tragen Sie die einzelnen Mängel und Fehler als Befunde in einer Liste ein. Diese Liste enthält: den Fundort (Klasse, Methode), eine ausführliche Beschreibung, die Kategorisierung und Gewichtung des Fehlers.
- Nehmen Sie diese Liste zur Teamsitzung mit.

Phase Sitzung

- Der Review-Leiter präsentiert die zu prüfenden Objekte und geht den Code Zeile für Zeile durch.
- Alle Inspektoren geben ihre Bewertungen, welche bereits in der Vorbereitung selbstständig erarbeitet wurden, wieder. Alle Fehler und Mängel werden anschließend gemeinsam noch einmal bewertet und die weitere Vorgehensweise wird festgelegt.
- Erstellen Sie einen Review-Bericht, basierend auf der Beschreibung in diesem Kapitel.

11.3 Dynamische Qualitätssicherung

Dynamische Qualitätssicherungsmaßnahmen, wie etwa Simulation und Test, prüfen und überwachen das Systemverhalten gegenüber dem spezifizierten Verhalten während der Laufzeit. Dazu wird das System mit Testdaten ausgeführt und beobachtet.

11.3.1 Testen

Eine detaillierte Beschreibung gängiger Methoden des Softwaretests ist in Kapitel 7 zu finden.

11.3.2 Dynamische Analyse

Im Gegensatz zur statischen Analyse wird die dynamische Analyse zur Laufzeit durchgeführt. Das bedeutet, dass bereits ein lauffähiges Programm zur Verfügung stehen muss.

Primäres Ziel der dynamischen Analyse ist die Untersuchung der Interaktion von verschiedenen Komponenten, wie z.B. die Interaktion von Klassen, Modulen, Paketen, Objekten oder sogenannten Programm-Threads. Dazu wird das zu analysierende Programm mit Hilfe von speziellen Werkzeugen, z.B. in einem sogenannten Debugger, ausgeführt. Diese Werkzeuge sammeln während der Ausführung Informationen über das Laufzeitverhalten des Programms. Dieser Vorgang des Nachverfolgens von Information wird häufig *Programm-Trace* (verfolgen) genannt. Dieser Programm-Trace wird nach der Ausführung des Programms bearbeitet und ausgewertet. Wichtige Informationen werden zur einfacheren Interpretation gefiltert und visualisiert. Nicht alle gesammelten Daten sind für die Analyse interessant. In der Praxis sind oft nur einige Aspekte des Programmverhaltens, z.B. für das Laufzeitverhalten einer bestimmten Klasse, von Bedeutung. Gesammelte Informationen können aber nur dann sinnvoll bearbeitet werden, wenn sie lesbar und anschaulich dargestellt sind. Aus diesem Grund ist eine Filterung der Daten notwendig. Moderne dynamische Analysewerkzeuge verfügen auch über Visualisierungswerkzeuge, die Informationen nach verschiedenen Kriterien filtern und darstellen können.

Ein Programm-Trace gibt Informationen darüber, an welcher Stelle im Programm Unregelmäßigkeiten aufgetreten sind. Zusätzlich können die Häufigkeit und die Ausführungszeit einzelner Methodenaufrufe gemessen werden. Diese Nachverfolgung beantwortet auch die Frage, welche Klassen und Threads die größten Ressourcenkonsumenten sind.

Mit Hilfe der Reihenfolge der Methodenaufrufe lässt sich auch feststellen, ob sogenannte Deadlocks aufgetreten sind. Deadlocks entstehen dann, wenn eine Methode auf die Ergebnisse einer anderen Methode wartet, um weiterzuarbeiten, die zweite Methode aber die Ergebnisse aus der ersten Methode braucht.

Aber nicht nur Häufigkeit, Reihenfolgen und Ressourcenverbrauch können festgestellt werden. Es ist auch möglich, nicht mehr benutzte Objekte zu identifizieren, die aber noch von anderen Objekten referenziert werden. Diese Objekte werden nicht vom Garbage-Collector gelöscht und verursachen so unnötige Speicherbelegungen, sogenannte *Memory Leaks*.

11.4 Organisatorische Qualitätssicherung

Das Ziel organisatorischer Softwarequalitätssicherung ist die Bereitstellung von Infrastrukturkomponenten zur Vermeidung von **Softwarefehlern** oder zumindest zur Verringerung der Fehlerrate. Im folgenden Kapitel werden einige der wichtigsten Methoden vorgestellt.

11.4.1 Wissensmanagement

In der Literatur findet man zahlreiche Definitionen für Wissensmanagement. Nach Davenport (1996) ist Wissensmanagement folgendermaßen definiert:

Definition Wissensmanagement

Wissensmanagement ist eine formale, strukturierte Initiative zur Verbesserung der Erzeugung, Verteilung und Nutzung von Wissen in einer Organisation. Es ist ein formaler Prozess zur Wandlung des Wissens einer Unternehmung in Unternehmenswert (Davenport, 1996).

Wissensmanagement kann also als Prozess der Weiterentwicklung von Ideen des organisationalen Lernens verstanden werden. Der Fokus liegt auf der Verbesserung einer Organisation auf allen Ebenen durch den gezielten Umgang mit der Ressource Wissen, insbesondere im Bereich des Qualitätsmanagements. Dieses Wissen umfasst sämtliche Bestandteile, über die eine Organisation zur Lösung ihrer Aufgaben verfügt, wie z.B. Fähigkeiten, Erfahrungen, Fertigkeiten, Normen oder Routinen.

Für ein leistungsfähiges und erfolgreiches Wissensmanagement ist es ausschlaggebend, Wissen in kürzester Zeit, am richtigen Ort und mit dem notwendigen Aufgabenbezug bereitzustellen. Ziel ist es, Mitarbeiter mit gezieltem Wissen zu informieren, zu motivieren und zu qualifizieren, um entsprechende Leistungen und Qualität in allen Bereichen einer Organisation erbringen zu können. Es sind also unterstützende Systeme notwendig, mit deren Hilfe Wissen strukturiert, einfach und rasch verwaltet, verteilt und genutzt werden kann.

Fallstudie **Wissensmanagement in LiSaMe**

Als Wissensmanagementsystem im Projekt LiSaMe wird ein WIKI-System eingesetzt. Ein WIKI-System, abgeleitet aus dem Hawaiianischen wiki wiki (sehr schnell), ermöglicht das Management von Inhalten. Es kann im Internet oder Intranet eingesetzt werden und ermöglicht so vielen Personen gleichzeitig Zugriff. Ein WIKI-System besteht aus Webseiten, bei denen die Benutzer gleichzeitig über Lese- und Schreibrechte verfügen. Es ermöglicht die schnelle und einfache Anlage, Editierbarkeit und Erweiterung von Inhalten.

▸Abbildung 11.17 zeigt einen Auszug aus dem LiSaMe-Wiki. Hier wird das in der Webentwicklung typische Problem von *Session Timeout Exceptions* beschrieben und die Problemlösung, insbesondere die *Serialisierbarkeit der Objekte*, erklärt.

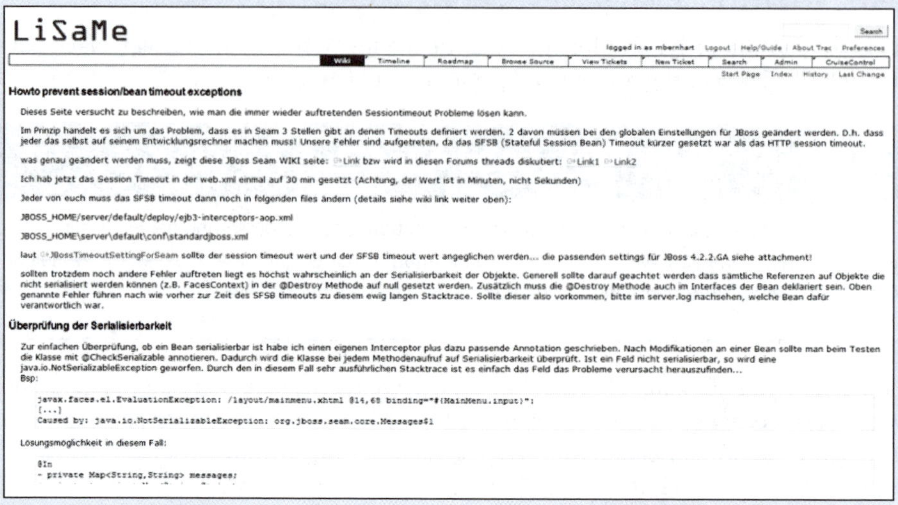

Abbildung 11.17: Wiki-Seite aus dem Wissensmanagement des Projektes LiSaMe

11.4.2 Konfigurationsmanagement

Das **Konfigurationsmanagement** (*Configuration Management*) erstreckt sich über alle Softwareentwicklungsaktivitäten im Laufe des Softwarelebenszyklus und verwaltet sämtliche Objekte wie z.B. Spezifikationen, Dokumentationen, Änderungen von Anforderungen oder Sourcecode. Dazu werden sogenannte „Configuration Items" definiert. Jedes „Configuration Item" muss identifiziert und archiviert werden. Ein Konfigurationsmanagement-System muss auch in der Lage sein, Versionslinien, Änderungsstände und Freigaben der „Configuration Items" zu steuern.

Der Ablauf eines typischen Konfigurationsmanagement-Prozesses beinhaltet folgende Schritte:

- Objekt wird eingereicht.
- Objekt wird identifiziert, versioniert und archiviert.
- Objekt wird zur Prüfung freigegeben (Test, Review, ...).
- Objekt wird freigegeben.
- Änderung wird eingereicht.
- Änderung wird veranlasst.

Der Prozess beginnt mit der Einreichung eines Objektes. Dieses Objekt wird anschließend analysiert, identifiziert, versioniert und zur Prüfung freigegeben. Entspricht das Objekt den qualitativen Anforderungen, wird es freigegeben. Sind Änderungen an dem Objekt notwendig, werden Änderungen vorgenommen und der Prozess beginnt von Neuem. Das modifizierte Objekt wird wiederum identifiziert, versioniert und zur Nachprüfung freigegeben.

11.4.3 Templates und Checklisten

Ein sehr wichtiges Hilfsmittel in der Qualitätssicherung sind Templates **(Vorlagen, Muster)** und Checklisten. Templates helfen, das Format, den Aufbau und den Inhalt von Dokumenten in Bezug auf Vollständigkeit und Qualität zu sichern. Durch Vorgabe der Struktur und des Aufbaus von Dokumenten kann wertvolle Zeit für die Vorbereitung gespart werden. Außerdem können Reviews effizienter und effektiver durchgeführt werden, wenn die Struktur der Dokumente bekannt ist. Beispiele für Templates im Softwareentwicklungsprozess sind unter anderem:

- Testpläne
- Testfallbeschreibungen
- Testberichte
- Review-Berichte

Checklisten hingegen enthalten in Frageform gekleidete Richtlinien und Hypothesen von vermuteten Schwachstellen im zu prüfenden Produkt. Diese Fragen sind so formuliert, dass sie mit „ja“ oder „nein“ beantwortet werden müssen.

Ein wichtiger Punkt bei der Erstellung einer Checkliste ist die Formulierung von Fragen. Sie sollten so präzise wie möglich gestellt werden. Hier spielt auch die Erfahrung eine große Rolle. Es sollte überlegt werden, wo bisher die meisten Probleme aufgetaucht sind, wie sie abgefangen hätten werden können und wie man auf sie aufmerksam gemacht hätte.

Freedman et al. (1990) beschreibt eine gute Ausgangsbasis für **Checklisten in Bezug auf Codeinspektionen**. Es wird eine Dreiteilung der Checkliste in folgende Bereiche vorgeschlagen:

- Standard-Checkliste für alle Programme: Die Standard-Checkliste für alle Programmiersprachen enthält Fragen, die für alle Programme, unabhängig von der Programmiersprache, zu stellen sind.
- Standard-Checkliste für die jeweilige Programmiersprache: Sie enthält Fragen, welche nur für die betreffende Programmiersprache sinnvoll sind.
- Testobjektspezifische Checkliste: Werden gewisse Risiken bis zum Codieren mitgeschleppt, sind hier spezifische Fragen zum Testgegenstand zusammenzustellen.

11.5 Qualitätsmanagementstandards

Qualitätsmanagementstandards sollen die Entwicklung eines Unternehmens hin zu einem hohen Qualitätslevel und zu Kontinuität unterstützen. Standards verbessern zudem das wechselseitige Verständnis und die Koordination unterschiedlicher Entwicklungsteams, speziell aber auch zwischen Entwicklung und Wartung. Durch transparente Geschäftsprozesse ist für alle Beteiligten klar, wie der Gesamtablauf funktioniert und für welchen Bereich jeder einzelne verantwortlich ist. Ein wesentlicher Vorteil liegt jedoch in einer größeren Kundenzufriedenheit. Durch eine höhere Transparenz und Berechenbarkeit eines Qualitätssicherungssystems kann der Kunde von einem gewissen Qualitätsniveau ausgehen und bleibt so eher von unerwünschten Überraschungen verschont als bei intuitiver Vorgehensweise.

Qualitätsmanagement ist nach DIN ISO 8402 folgendermaßen definiert:

Definition Qualitätsmanagement

Qualitätsmanagement umfasst Tätigkeiten der Gesamtführungsaufgabe, welche die Qualitätspolitik, Ziele und Verantwortung festlegen sowie diese durch Mittel wie Qualitätsplanung, Qualitätslenkung, Qualitätssicherung und Qualitätsverbesserung im Rahmen des Qualitätsmanagementsystems verwirklichen (DIN ISO 8402).

Qualitätsmanagement beinhaltet somit aufeinander abgestimmte Tätigkeiten zum Leiten und Lenken einer Organisation bezüglich Qualität.

Qualitätsmanagementstandards werden von internationalen Institutionen und Organisationen entwickelt und laufend verbessert. Sie definieren unternehmensweite Qualitätssicherungssysteme, unter anderem die Aufbau- und Ablauforganisation, die Zuständigkeiten und die Mittel zur Umsetzung von Qualitätssicherungsmaßnahmen („*was*"), jedoch nicht die Auswahl von Methoden und Werkzeugen („*wie*").

Beispiel 11.11 Organisationen, die Qualitätsmanagementstandards entwickeln

Prominente Vertreter international angesehener Organisationen, die weit verbreitete Softwareentwicklungs- und Qualitätsmanagementstandards entwickeln, sind:

- IEEE (Institute of Electrical and Electronics Engineers) Computer Society
- ISO (International Organization for Standardization)
- DOD (US Department of Defense)
- ANSI (American National Standards Institute)
- IEC (International Electrotechnical Commission)
- EIA (Electronics Industries Association)

Grundsätzlich können Qualitätsmanagementstandards in Zertifizierungs- und Assessmentstandards (*Bewertungsstandards*) unterschieden werden. Mit Hilfe von Zertifizierungsstandards können Unternehmen nachweisen, dass sie bestimmte Standards und Normen einhalten und so für eine entsprechende Qualität ihrer Produkte und Services garantieren. Zertifikate werden von externen unparteiischen Institutionen vergeben und sind oft zeitlich begrenzt. Assessmentstandards hingegen dienen Organisationen als Instrument zur Selbstbewertung der Fähigkeit zur Durchführung von Softwareentwicklungsprojekten. Standardisierte Richtlinien helfen, Entwicklungs- und Wartungsprozesse zu verbessern. Im Folgenden werden die wichtigsten und meist verbreiteten Qualitätsmanagementstandards ISO 9000-3, CMMI und SPICE vorgestellt.

11.5.1 ISO 9001 und ISO 9000-3

Die ISO 9000-Standards sind internationale Normen zur Qualitätssicherung. Der ISO 9000-3-Leitfaden stellt eine Spezialisierung der allgemeinen Qualitätsmanagementstandards ISO 9000 in Bezug auf Softwareentwicklung und -wartung dar. Seit der im Jahr 1997 veröffentlichten Version von ISO 9000-3 ist die ISO 9001-Norm für Qualitätsmanagement fixer Bestandteil des Leitfadens. ISO 9000-3 stellt somit eine umfangreiche Richtlinie für die Softwareindustrie dar, die völlig unabhängig von anderen ISO Normen ist. Somit ist der ISO 9000-3-Leitfaden ISO 9001-kompatibel und kann entsprechend zertifiziert werden.

Prinzipien

Der aktuelle ISO 9000-3-Standard formuliert acht Prinzipien. Diese Prinzipien haben ihren Ursprung im ISO 9000-3:2000 und werden im Folgenden näher erläutert.

Kundenorientierung
Im Mittelpunkt steht hier das Verständnis für die Anforderungen des Kunden. Insbesondere für Softwareentwickler, die traditionell technikgetrieben denken, ist es wichtig zu verstehen, welche Aufgaben der Kunde mit der Software erfüllen will und unter welchen Bedingungen diese eingesetzt wird.

Prozessorientierung
Im ISO 9000-3-Standard werden Fehler in der Software als Symptome verstanden, die auf Defizite im Entwicklungsprozess zurückzuführen sind. Grundsätzlich wird Softwareentwicklung als ein reproduzierbarer und verbesserungsfähiger Prozess verstanden, in dem die Ursachen für Mängel und Fehler bekämpft werden können.

Mitarbeiterführung
Es ist wichtig. Führungspersonen zu bestimmen, die Ziele und Visionen einer Organisation festlegen und vermitteln. Sie sollen ein internes Umfeld schaffen, in welches sich Mitarbeiter vollständig einbringen können, und diese Ziele in einer vorgegebenen Richtung verfolgen.

Zuständigkeit der Mitarbeiter
Mitarbeiter werden als wesentlichste Bestandteile einer Organisation gesehen. Nur durch eine vollständige Integrierung in alle Organisationseinheiten und -ebenen kann deren gesamte Leistungsfähigkeit abgerufen werden, die wiederum zum Projekterfolg führt.

Kunden-Lieferanten-Verhältnis
Nicht nur unternehmensexterne Personen oder Organisationen werden als Kunden gesehen, sondern auch Abnehmer von Zwischenprodukten innerhalb der eigenen Organisation. Ein erfolgreicher Beitrag eines Mitarbeiters oder einer Abteilung wird als Erfolg gegenüber internen Kunden definiert. Somit ist jeder Mitarbeiter für die Qualität eines Teilproduktes mit verantwortlich.

Kontinuierliche Verbesserung
Das Prinzip der kontinuierlichen Verbesserung sieht anstatt revolutionärer Änderungen inkrementelle Verbesserungen und Anpassungen vor. Mit jeder Veränderung werden zumindest geringfügige Verbesserungen erwartet.

Betrachtung von Prozessen als System
Werden Prozesse bei der Identifizierung, Analyse und Verwaltung als zusammenhängendes komplexes System betrachtet und nicht als isolierte Einheiten einer Organisation, kann dies die Effizienz und Effektivität positiv beeinflussen.

Sachliche Herangehensweise bei der Entscheidungsfindung
Dieses Prinzip besagt, dass effektive Entscheidungen grundsätzlich auf einer gründlichen Analyse von Information beruhen.

Anforderungen

Der aktuelle ISO 9000-3-Standard aus dem Jahr 1997 beschreibt 22 zu erfüllende Anforderungen, die in folgende Gruppen aufgeteilt sind (siehe ▶Abbildung 11.18):

- Qualitätsmanagementsystem
- Verantwortung des Managements
- Ressourcenmanagement
- Produktrealisierung
- Messungen, Analysen und Verbesserungsmaßnahmen

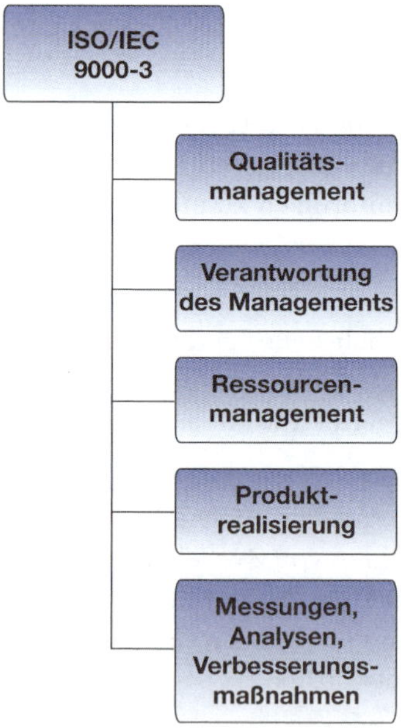

Abbildung 11.18: Gruppierung der Anforderungen im ISO/IEC 9000-3

Die genaue Zuteilung der Anforderungen zu den Gruppen ist in Tabelle 11.3 definiert.

Anforderungsgruppe	Prozessanforderungen
Qualitätsmanagement	Allgemeine Anforderungen Anforderungen an die Dokumentation
Verantwortung des Managements	Managementverpflichtung Kundenfokus Qualitätspolitik Planung Verantwortung und Weisungsbefugnis Kommunikation Management-Review
Ressourcenmanagement	Bereitstellung von Ressourcen Personelle Ressourcen Infrastruktur Arbeitsumfeld
Produktrealisierung	Planung der Produktrealisierung Kundenspezifische Prozesse Design und Entwicklung Einkauf Produktion und Service Kontrolle der Überwachungs- und Prüfmittel
Messungen, Analysen, Verbesserungsmaßnahmen	Allgemeines Überwachung und Messung Kontrolle fehlerhafter Produkte Datenanalyse Verbesserungen

Tabelle 11.3: Anforderungen im ISO/IEC 9000-3

Zertifizierungsprozess

Die Zertifizierung nach der ISO 9000-Norm einer Organisation ist die Bescheinigung, dass ein funktionierendes Qualitätsmanagementsystem eingeführt wurde. Dies wird zunehmend auch als Vertragsbestandteil zwischen Kunden und Lieferanten vorausgesetzt, um die Qualität der gelieferten Produkte und Dienstleistungen sicherstellen zu können. Die Zertifizierung wird von einer externen und unabhängigen Prüfstelle, in Form von Audits (*Überprüfungen*), durchgeführt. Dabei wird geprüft, ob alle Anforderungen gemäß den Vorgaben umgesetzt sind. ▶Abbildung 11.19 beschreibt den groben Ablauf einer ISO 9000-3-Zertifizierung.

Wurde die Entscheidung getroffen, ein ISO 9000-3-Zertifikat zu erlangen, müssen sämtliche Prozesse eines Qualitätsmanagementsystems, die für eine Zertifizierung notwendig sind, geplant werden. Dazu werden zuerst bereits bestehende Qualitätssicherungssysteme und -prozesse untersucht. Im Anschluss an die Planung findet die Entwicklung des Qualitätsmanagementsystems statt. Ist sichergestellt, dass alle Anforderungen der ISO 9000-3-Norm erfüllt werden können, beginnt die Umsetzung des Systems.

Die Zertifizierung durch eine externe Prüfstelle beginnt mit der Prüfung des Qualitätshandbuches und der entwickelten Qualitätssicherungsrichtlinien auf Vollständigkeit und Richtigkeit. Im Falle einer Nichterfüllung von Anforderungen müssen Verbesserungen durchgeführt werden, um den Zertifizierungsprozess fortsetzen zu können. Wenn alle Anforderungen erfüllt sind, beginnt die tatsächliche Überprüfung des umgesetzten Qualitätssicherungssystems in Form von **Audits**. In erster Linie werden dazu Interviews durchgeführt und Dokumente, wie z.B. Projektpläne, Designdokumente oder Testpläne, geprüft. Gibt es grobe Abweichungen von den Anforderungen, wird eine Zertifizierung verweigert. Das Unternehmen erhält die Möglichkeit, Verbesserungen durchzuführen und sich einem weiteren Zertifizierungsaudit zu stellen. Nach Erfüllung und geeignetem Nachweis aller Anforderungen wird ein entsprechendes Zertifikat ausgestellt. In regelmäßigen Abständen werden sogenannte Wiederholungsaudits durchgeführt, um den kontinuierlichen Verbesserungsprozess zu überwachen und gegebenenfalls auf Abweichungen aufmerksam zu machen.

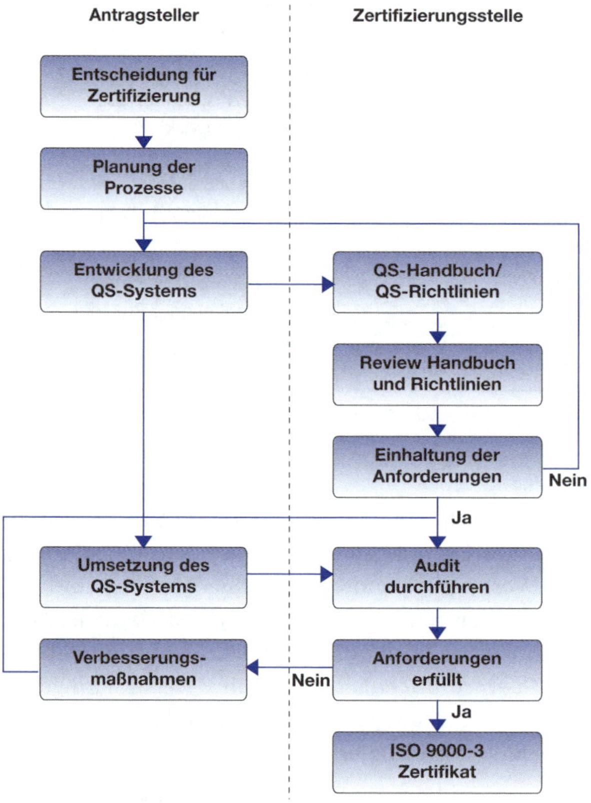

Abbildung 11.19: ISO 9000-3-Zertifizierungsprozess

11.5.2 Capability Maturity Models – CMM and CMMI

CMM steht für Capability Maturity Model. Hierbei handelt es sich um ein *Reifegradmodell* zur Beurteilung der Qualität von Softwareentwicklungsprozessen eines Unternehmens. CMM hilft somit auch bei der Verbesserung von Prozessen, indem es aufzeigt, was für eine qualitativ hochwertige Softwareentwicklung notwendig ist.

Entwicklung

Das CMM-Modell wurde in den 80er Jahren, auf Initiative des US-Verteidigungsministerium, vom SEI (*Software Engineering Institute*) entwickelt. Das Projekt hatte zum Ziel, die Vergleichbarkeit und Qualität von Softwareprozessen im Rahmen der Vergabe an externe Lieferanten zu verbessern. Zu Beginn nutzen nur Lieferanten des US-Verteidigungsministeriums das Modell. Mit der Zeit jedoch verbreitete sich das Modell. 1993 wurden für diverse Entwicklungsdisziplinen weitere Modelle entwickelt, wie z.B. SE-CMM (*System Engineering CMM*) für Systementwicklungspraktiken oder P-CMM (*People CMM*) für das Management von menschlichen Ressourcen. Um diesem Wildwuchs entgegenzuwirken, wurde 2003 ein vereinheitlichter und modularer Nachfolger, das CMMI (*Capability Maturity Model Integrated*), entwickelt.

Prinzipien und Konzepte

Das CMM basiert auf folgenden Prinzipien:

- Quantitative Managementmethoden erhöhen die Fähigkeit eines Unternehmens, die Qualität zu kontrollieren und die Produktivität zu steigern.
- Die Anwendung des Fünf-Ebenen-Capability Maturity Model ermöglicht die Bewertung der Leistungen und bestimmt die Aufwände, die zur Erreichung der nächsten Stufe notwendig sind.
- Generische Prozessgebiete, die das „was“ – nicht „wie“ definieren, ermöglichen die Anwendung des Modells auf eine breite Palette von Organisationsumsetzungen, unabhängig von Lebenszyklus-Modellen, Entwicklungswerkzeugen, Programmiersprachen oder Dokumentationsstandards.

Im Zusammenhang mit CMMI ist häufig die Rede von Prozessgebieten *(PA – Process Areas)*. Ein Prozessgebiet ist eine Gruppe von zusammengehörigen Praktiken. Werden diese Praktiken umgesetzt, werden eine Reihe von Zielen eines bestimmten Gebietes erfüllt. Prozessgebiete besitzen grundsätzlich die in ▶Abbildung 11.20 dargestellte Struktur.

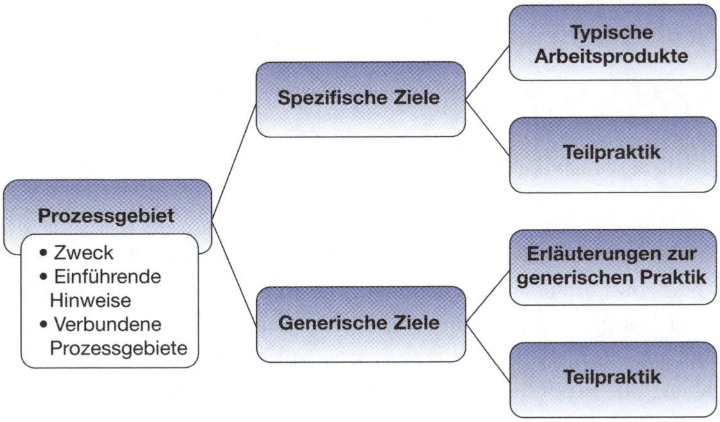

Abbildung 11.20: Struktur eines CMMI-Prozessgebietes

Für jedes Prozessgebiet sind *spezifische* und *generische Ziele* definiert. Spezifische Ziele sind für das jeweilige Prozessgebiet und generische Ziele für die Institutionalisierung des jeweiligen Prozessgebietes notwendig. Für jedes Ziel wiederum sind Praktiken definiert, die für die Erreichung des Ziels vorgeschlagen werden. Werden einzelne Praktiken nicht umgesetzt, so ist dies zulässig, solange das Ziel trotzdem erreicht wird. Wird auch nur ein Ziel nicht erreicht, so ist das gesamte Prozessgebiet nicht erfüllt und die nächste Reifegradstufe kann nicht erreicht werden. Neben Zielen und Praktiken beinhaltet das CMMI noch informative Bestandteile, die unterstützend zur Interpretation von Zielen und zur Anwendung von Praktiken angewandt werden können, wie z.B. Hinweise, Beschreibungen oder typische Ergebnisse.

Reifegradstufen

Jeder Reifegradstufe (*Maturity Level*) sind Prozessgebiete zugeordnet, mit Ausnahme von Reifegradstufe 1. Wie in ▶Abbildung 11.21 dargestellt, gibt es fünf Reifegrade, die im Folgenden erläutert werden.

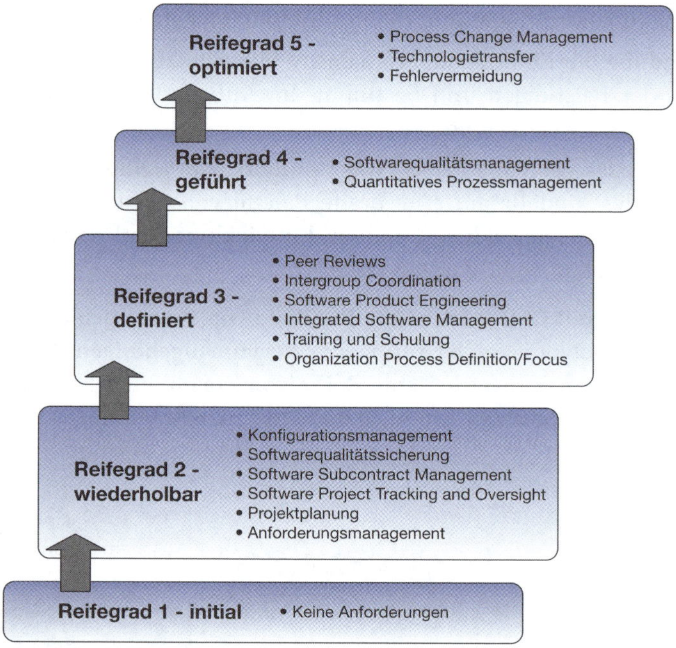

Abbildung 11.21: Reifegradstufen im CMMI mit Prozessanforderungen

Reifegradstufe 1

Der ersten Stufe sind explizit keine Prozessgebiete zugeordnet. Prozesse in dieser Stufe sind oft „ad-hoc“ und nicht selten chaotisch. Das Ergebnis dieser Stufe ist abhängig vom Einsatz und der Kompetenz einzelner Personen. Häufige Probleme in dieser Phase sind unvollständige oder unrealistische Planung und unklare Vorgehensweisen aufgrund fehlender Vorgaben. Zur Erreichung von Stufe 2 ist es notwendig, wichtige Informationen nachvollziehbar zu dokumentieren und in Form eines geordneten Projektmanagements zu verwalten.

Reifegradstufe 2
Voraussetzung für diese Stufe ist ein geordnetes und funktionierendes Projektmanagement, da sonst keine Verbesserungen möglich sind. Der Fokus in dieser Stufe liegt auf der Etablierung von Managementprozessen, um Projekte planen und steuern zu können, in Hinblick auf Kosten, Zeitverlauf, Qualität und Funktionalität. Im Vordergrund steht hier die Disziplin vom Mitarbeiter, konsequent und strukturiert vorzugehen. Folgende Prozessgebiete sind dieser Stufe zugeteilt:

- Konfigurationsmanagement (Configuration Management)
- Softwarequalitätssicherung
- Softwarezulieferungsvertrags-Management (Software Subcontract Management)
- Softwareprojektübersicht und -verfolgung (Software Project Tracking and Oversight)
- Projektplanung
- Anforderungsmanagement

Damit Stufe 3 erreicht werden kann, müssen diese Prozesse im Unternehmen definiert, eingeführt und etabliert werden.

Reifegradstufe 3
Der Fokus in dieser Stufe liegt nicht mehr auf einzelnen Projekten, sondern auf der Organisation als Ganzes. Es werden unternehmensweite *Standardprozesse* entwickelt und etabliert. Zusätzlich findet eine Verlagerung von Projektmanagementaktivitäten zu Entwicklungsaktivitäten statt. Reifegradstufe 3 des CMMI entspricht im Großen und Ganzen den Anforderungen des ISO 9000-Standards. Folgende Prozesse sind dieser Stufe zugeordnet:

- Peer Reviews
- Gruppenübergreifende Kommunikation (Intergroup Coordination)
- Softwareproduktentwicklung
- Integriertes Softwaremanagement (Integrated Software Management)
- Training und Schulung
- Definition/Fokus von Organisationsprozessen

Zur Erreichung von Stufe 4 sind die Entwicklung und die Etablierung von Metriken und Kennzahlen für Prozesse und Projekte erforderlich.

Reifegradstufe 4
In Reifegradstufe 4 erfolgt die intensive Nutzung der in Stufe 3 definierten und etablierten Kennzahlen und Metriken in Form eines Mess- und Steuersystems. Sie dienen als Entscheidungsgrundlage für Verbesserungsaktivitäten. Im Gegensatz zu Stufe 3, wo Prozesse nur qualitativ vorhersagbar sind, sind Prozesse in Stufe 4 auch quantitativ erfassbar. Die Reifegradstufe 4 sieht somit folgende Prozesse vor:

- Softwarequalitätsmanagement
- Quantitatives Prozessmanagement

Reifegradstufe 5

Auf Basis des in Stufe 4 etablierten Mess- und Steuersystems wird eine kontinuierliche Verbesserung der Prozesse, in Bezug auf die Zieldefinitionen, vorgenommen. Diese Verbesserungen werden systematisch ausgewählt und eingeführt und auf mögliche auftretende Fehler und Probleme analysiert. Folgende Prozesse sind in Reifegradstufe 5 vorgesehen:

- Prozessänderungsmanagement (Process Change Management)
- Technologietransfer
- Fehlervermeidung

11.5.3 SPICE – ISO/IEC 15504

SPICE (*Software Process Improvement for Capability Determination*) wurde Anfang der 90er Jahre als gemeinsame Initiative von ISO und IEC entwickelt, um dem damaligen Problem vieler nichtstandardisierter Softwareprozessmethoden entgegenzuwirken. Die Version 1.0 des SPICE-Projektes wurde 1995 veröffentlicht und diente als Basis des Technical Reports der 1998 erschienenen ISO/IEC 15504-Norm. Grundsätzlich sind SPICE und CMMI sehr ähnlich aufgebaut. Zielsetzungen und Forderungen dieser beiden Modelle überdecken sich zu ca. 80 – 90%. Somit kann SPICE als Konkurrent zum US-dominanten CMMI gesehen werden. SPICE besteht, genauso wie CMMI, aus einem zweidimensionalen Referenzmodell. Zu diesem Referenzmodell gehören eine Prozessdimension und eine Fähigkeitsdimension zur Reifegradbestimmung der einzelnen Prozesse.

Prinzipien und Ziele

Der ISO/IEC 15504-Standard definiert folgende Prinzipien für das SPICE Assessment Model:

- Zusammenführung verschiedenster existierender Assessment-Methoden zu einem zusammenhängenden Systemmodell
- Universelle Einsetzbarkeit, um alle Kategorien von Softwareprojekten sowie deren Kunden und Zulieferer zu unterstützen
- Hohe Professionalität
- Erreichung hoher internationaler Akzeptanz als weltweiter Standard durch Vermeidung der Erfordernis von gleichzeitiger Ausführung mehrerer Reifegrad-Assessments, um Kundenanforderungen zu erfüllen

Die einzelnen Elemente von SPICE verlangen eine strukturierte Vorgehensweise mit folgenden Zielsetzungen:

- Das Verstehen des Entwicklungsstandes der eigenen Prozesse, um Verbesserungen vornehmen zu können
- Die Eignung der eigenen Prozesse in Bezug auf Anforderungen oder Klassen von Anforderungen zu bestimmen
- Die Eignung der Prozesse anderer Organisationen und Organisationseinheiten in Bezug auf Verträge oder Klassen von Verträgen zu bestimmen

Struktur

Das Assessment-Modell von SPICE besteht aus sechs Leistungsstufen (Reifegraden) (siehe ▶Abbildung 11.22), wobei Stufe 0 die niedrigste und Stufe 5 die höchste ist. Dieses Modell definiert, welche Prozesseigenschaften erfüllt werden müssen, um die nächste Stufe zu erreichen. Im Folgenden werden die einzelnen Stufen und die zu erfüllenden Prozesseigenschaften erläutert.

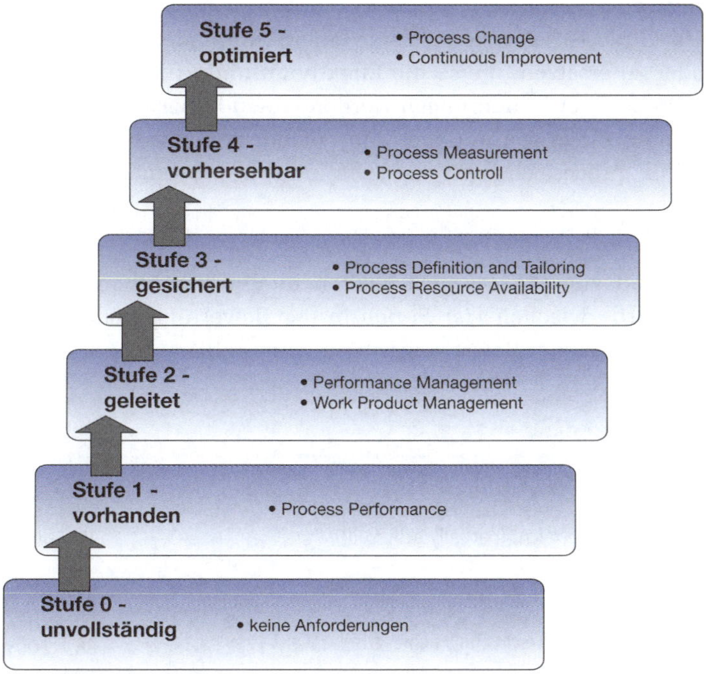

Abbildung 11.22: Reifegradstufen in SPICE mit Prozessanforderungen

Stufe 0: unvollständig
In dieser Stufe sind noch keine Prozesse vorhanden und können somit auch nicht bewertet werden.

Stufe 1: vorhanden
In Stufe 1 werden mit Hilfe des Attributes „process performance" das Vorhandensein von Prozessen sowie deren Inputs und Outputs geprüft.

Stufe 2: geleitet
In Stufe 2 werden Prozesse nach festgelegten Abläufen durchgeführt und deren Fortschritt und Arbeitsprodukte kontrolliert und dokumentiert. Attribute dieser Stufe sind „performance management" und „work product management".

Stufe 3: gesichert
Stufe 3 sieht die durchgehend organisationsweite Anwendung von eindeutig definierten Prozessen vor. Zusätzlich werden in dieser Stufe Projektressourcen, wie z.B. personelle oder infrastrukturelle Ressourcen, kontrolliert. Attribute dieser Stufe sind „process definition" und „process resources".

Stufe 4: vorhersehbar

Auf Stufe 4 wird sichergestellt, dass geeignete Messsysteme zur Bewertung von Prozessen vorhanden sind. Dadurch soll sichergestellt werden, dass definierte Projektziele erreicht werden können. Anhand der gesammelten Daten wird analysiert, wie die einzelnen Prozesse verbessert werden können. Anschließend werden diese Verbesserungsmaßnahmen durchgeführt. Attribute dieser Stufe sind „measurement“ und „process control“.

Stufe 5: optimierend

Das Ziel dieser Stufe ist es, neue Prozesse einzuführen oder vorhandene Prozesse zu verbessern oder zu ersetzen, um so die Effektivität und Effizienz zur Erreichung von Projektzielen zu erhöhen. Änderungen werden laufend überwacht, um kontinuierlich Verbesserungen an Prozessen und am Management vornehmen zu können. Attribute dieser Stufe sind „process change“ und „continous improvement“.

Erfüllungsgrade

Der Erfüllungsgrad von Prozesseigenschaften in SPICE wird in Prozent gemessen. Grundsätzlich wird zwischen *vier Stufen* in der Bewertungsskala unterschieden. In Tabelle 11.4 sind diese vier Bewertungsstufen dargestellt.

Niveau	Bezeichnung	Bereich in %
N	nicht erreicht (not achieved)	0 – 15
P	teilweise erreicht (partially achieved)	16 – 50
L	weitestgehend erreicht (largely achieved)	51 – 85
F	vollständig erreicht (fully achieved)	86 – 100

Tabelle 11.4: Erfüllungsgrade in SPICE

Eine Übersicht über die notwendigen Erfüllungsgrade aller Eigenschaften zur Erreichung der einzelnen Reifegradstufen ist in Tabelle 11.5 dargestellt. Anhand dieser Tabelle lässt sich z.B. ableiten, dass zur Erreichung der Stufe 1 die Eigenschaft „process performance“ zu mindestens 51% erfüllt sein muss. Für Stufe 2 hingegen wird vorausgesetzt, dass die Eigenschaft „process performance“ bereits zu mindestens 86% erfüllt sein muss und die Eigenschaften „performance management“ und „work product management“ zu mindestens 51%.

Stufe 3	Stufe 4	Stufe 5
F	F	F
F	F	F
F	F	F
L/F	F	F
L/F	F	F
	L/F	F
	L/F	F
		L/F
		L/F

gsgrade in SPICE

definierte *Prozesskategorien*,
fassen.

an Prozessen	
Organisation (ORG)	5

Tabelle 11.6: Prozesskategorien in SPICE

Alle Prozesse der in Tabelle 11.6 dargestellten Prozesskategorien beziehen sich auf die in Tabelle 11.5 aufgelisteten Prozesseigenschaften. Zu jeder Prozesseigenschaft gehören also ein oder mehrere Prozesse.

Fragen

ZUSAMMENFASSUNG

Qualitativ hochwertige Softwareprodukte entstehen vor allem durch systematisches Vorgehen nach bewährten Methoden und Maßnahmen der Softwarequalitätssicherung. Unterschiedliche *Maßnahmen* kommen hier zur Anwendung:

- Organisatorische Maßnahmen schaffen die notwendigen Rahmenbedingungen und sorgen dafür, dass analytische Maßnahmen stattfinden können.

Statische analytische Maßnahmen (z.B. Reviews) und dynamische analytische Maßnahmen (z.B. Tests) hingegen versuchen, Fehler und Mängel zu erkennen und zu lokalisieren.In Bezug auf die Wirtschaftlichkeit von Qualitätssicherungsmaßnahmen müssen die *Kosten* für die Qualitätssicherung, die sich aus *Fehlervermeidungskosten*, *Prüfkosten* und *Fehlerkosten* zusammensetzen, betrachtet werden. Hierbei gilt grundsätzlich:

- Da es nicht möglich ist, fehlerfreie Software herzustellen, muss das Verhältnis zwischen Fehlerkosten, Fehlervermeidungskosten und Qualität optimiert werden.
- Kostenoptimale Qualität wird erreicht, wenn die Kosten für die Vermeidung und Prüfung von Fehler genauso hoch sind wie die Kosten für deren Behebung. Das ist auch jener Punkt, an dem die Gesamtkosten am geringsten sind.
- Weitere Vermeidungs- und Prüfmaßnahmen sind nicht mehr wirtschaftlich, da mit steigendem Aufwand die Fehlerfindungsrate deutlich sinkt. Es wird also immer schwieriger und aufwändiger, Fehler zu finden.

Die Menge aller Tätigkeiten zum Leiten und Lenken einer Organisation in Bezug auf die Qualität bezeichnet man als *Qualitätsmanagement*. Um sinnvoll Qualitätsmanagement betreiben zu können, ist die Errichtung eines *Qualitätsmanagementsystems* notwendig. Anerkannte und populäre *Qualitätsmanagementstandards* sind:

- ISO 9000-3: Primär steht hier der Prozessgedanke im Vordergrund. Jeder Prozess orientiert sich an der Erfüllung der Bedürfnisse des Kunden. Im Vergleich zu anderen Qualitätsmanagementsystemen steht ein Zertifikat im Vordergrund, das den Nachweis eines Unternehmens liefert, normenkonform zu sein.
- Capability Maturity Modell Integrated (CMMI): Dieses Modell liefert eine Analyse des Ist- Zustandes eines Unternehmens und ist kein international anerkanntes Zertifikat wie ISO 9000-3. Ein CMM-Assessment beurteilt die Fähigkeit einer Organisation, Software unter bestimmten Rahmenbedingungen erstellen zu können.
- SPICE (Software Process Improvement and Capability Determination): Dieses Modell ist dem CMM-Standard sehr ähnlich. SPICE stellt auch ein spezifisches Framework für Assessments von Softwareprozessen für alle Phasen und Bereiche der Softwareherstellung bereit.

11.6 Glossar

Assessment: umfassende, systematische Erhebung von relevanten Daten, die es erlauben, den Zustand einer Organisation zu erheben

Audit: Untersuchungsverfahren, das Prozesse hinsichtlich der Erfüllung von Anforderungen und Richtlinien bewertet

CMM (Capability Maturity Models): Assessment-Modell zur Beurteilung der Fähigkeit einer Organisation, Software unter bestimmten Rahmenbedingungen erstellen zu können

Inspektion: Review-Art, die Mängel durch die Sichtprüfung von Dokumenten finden soll. Es ist die formalste Review-Technik und sie folgt deshalb einem dokumentierten Vorgehen.

ISO 9000-3: Qualitätsmanagementstandard mit einer Zertifizierung, die den Nachweis eines Unternehmens liefert, normenkonform zu sein

Konfigurationsmanagement: Technische und administrative Maßnahmen zur Identifizierung und Dokumentation der fachlichen und physischen Merkmale eines Konfigurationselementes, zur Überwachung und Protokollierung von Änderungen solcher Merkmale, zum Verfolgen des Änderungsprozesses, Umsetzungsstatus und zur Verifizierung der Übereinstimmung mit spezifizierten Anforderungen

Qualitätskosten: Qualitätskosten sind alle Kosten, die durch Tätigkeiten der Fehlerverhütung, der planmäßigen Qualitätsprüfung und durch die intern oder extern festgestellten Fehler verursacht werden, also die Summe aus Fehlerverhütungskosten, Prüfkosten und Fehlerkosten.

Qualitätsmanagement: Zusammenfassung aller Maßnahmen innerhalb eines Betriebes, die darauf abzielen, die Qualität der produzierten Produkte oder der angebotenen Dienstleistung zu verbessern

Qualitätssicherung: Qualitätssicherung ist die Gesamtheit der Maßnahmen und Hilfsmittel, die eingesetzt werden, um den Anforderungen an das Softwareprodukt und an dessen Entwicklungs- und Pflegeprozess zu entsprechen.

Review: ein systematischer Prozess zur Bewertung von Produkten durch qualifiziertes Personal auf die Brauchbarkeit zur Erfüllung des beabsichtigten Nutzens und die Abweichung von der Spezifikation oder von Standards

Softwaremetrik: Eine Softwaremetrik ist eine Funktion, die eine Softwareeinheit in einen Zahlenwert abbildet. Dieser berechnete Wert ist interpretierbar als der Erfüllungsgrad einer Qualitätseigenschaft der Softwareeinheit.

Softwarefehler (Software Error): menschliche Handlung, die zu einem falschen Ergebnis führt

Softwarefehlerfall (Software Fault): Zustand einer Komponente oder eines Systems, der eine geforderte Funktion des Produktes beeinträchtigen kann bzw. zu einer Fehlerwirkung führt

Softwarefehlverhalten (Software Failure): tatsächliche Abweichung einer Komponente oder eines Systems von dem erwarteten Ergebnis

SPICE (Software Process Improvement for Capability Determination): Dieses Modell ist sehr ähnlich zum CMM-Standard und stellt auch ein spezifisches Framework für Assessments von Softwareprozessen für alle Phasen und Bereiche der Softwareherstellung bereit.

Technisches Review: fachliche Prüfung eines wesentlichen Dokumentes (z.B. Architekturentwurf) auf Übereinstimmung mit der Spezifikation

Walkthrough: einfaches Verfahren zur Qualitätssicherung von Softwareprodukten, bei dem Testpersonen anhand vorgegebener Aufgaben oder Testfälle die Funktions- und Leistungsfähigkeit des Produktes testen

Wissensmanagement: Wissensmanagement ist eine formale, strukturierte Initiative zur Verbesserung der Erzeugung, Verteilung und Nutzung von Wissen in einer Organisation. Es ist ein formaler Prozess zur Umwandlung des Wissens einer Unternehmung in Unternehmenswert.

Usability Engineering in der Softwareentwicklung

Autoren: Karin Kappel, Christoph Wimmer, Stefan Bachl

12

ÜBERBLICK

„Generally the last thing that you should do when beginning to design an interactive system is write code." – Buxton (2007)

» Während die Produkte, mit denen wir täglich interagieren, immer komplexer werden, wird es zunehmend wichtiger, dass die Entwickler dieser Produkte vermehrt die Bedürfnisse und Wünsche der Benutzer berücksichtigen, damit diese auch in vollem Umfang von diesen Produkten profitieren können. Schlechte Bedienbarkeit wird in Zeiten allgegenwärtigen technischen Fortschrittes immer weniger toleriert und bloße technische Spielereien, die den Benutzern nicht unmittelbar durch gute Benutzbarkeit zugänglich sind und ihnen einen Mehrwert bieten, können sich immer weniger durchsetzen. Viele Unternehmen haben die Bedeutung von guter Usability als wertvollen Differenzierungsfaktor und maßgeblichen Vorteil im Wettbewerb mit der Konkurrenz erkannt, weswegen die Bedeutung und die allgemeine Anerkennung von *Usability Engineering* im industriellen Umfeld in den letzten Jahren merklich gestiegen sind. Doch auch im akademischen Umfeld nehmen Usability und Human Computer Interaction eine bedeutende Rolle ein, wie eine Vielzahl an Konferenzen, Fachpublikationen und Wissenschaftlern in diesem Feld beweisen.

Usability ist jedoch nicht nur für den kommerziellen Erfolg eines Produktes ausschlaggebend. Die Auswirkungen von Usability-Mängeln können von frustrierten und unzufriedenen Benutzern bis hin zu gefährlichen Unfällen reichen. Darüber hinaus sind Produkte mit unzureichender Usability oftmals ineffizient in der Benutzung, so dass die Benutzer bei der Arbeit mit solchen Systemen nicht ihre volle Leistung erbringen können. Produkte mit guter Usability sind im Allgemeinen auch einfacher zu erlernen, wodurch die Kosten für Training und Support gesenkt werden können. Von guter Usability profitieren demnach nicht nur die Benutzer eines Systems, sondern auch Arbeitgeber und Hersteller. «

Lernziele

In diesem Kapitel werden folgende Lernziele behandelt:

- Grundlagen: Was versteht man unter den Begriffen Usability und Usability Engineering? Welche Bedeutung nimmt Usability im Alltag der Benutzer ein?
- **User Centered Design**: Welche Vorgehensweisen und Prozesse sind notwendig, um gut benutzbare interaktive Systeme entwickeln zu können? Welche Methoden können in den unterschiedlichen Prozessphasen zur Anwendung kommen?
- Web Usability: Welche speziellen Aspekte gilt es hier zu beachten?

12.1 Usability Engineering als zentraler Bestandteil des Softwareentwicklungsprozesses

Durch den raschen Fortschritt im Technologiebereich ist der Begriff **Usability** ebenfalls immer mehr in den Mittelpunkt gerückt. Usability wird vor allem mit Computern und Softwareprodukten in Verbindung gebracht. Allerdings ist Usability bei jeder Art von Interaktion zwischen Mensch und Maschine von Bedeutung. Dies betrifft auch Bereiche wie z.B. Maschinenbau oder Fahrzeugtechnik. Die Bedeutung von Usability ist in der Informationstechnologie wesentlich größer, da sich durch die Verbreitung des Internets und die damit verbundene Verbreitung des Computers immer mehr Menschen mit dem Computer beschäftigen. Das Internet als Kommunikationsmedium zieht Personen aus unterschiedlichen Bevölkerungsschichten an.

12.1.1 Usability Engineering

Usability Engineering als fachliche Disziplin beschäftigt sich mit der systematischen Entwicklung von gut benutzbaren interaktiven Systemen. Als Teilgebiet von **Human-Computer Interaction** ist Usability Engineering gekennzeichnet durch wechselseitige Einflüsse zwischen verschiedenen Disziplinen. Dazu zählen **User Interface Design**, Interaction Design, **User Experience Design** und **Human Factors.** ▶Abbildung 12.1 zeigt die Beziehungen der einzelnen Disziplinen zueinander.

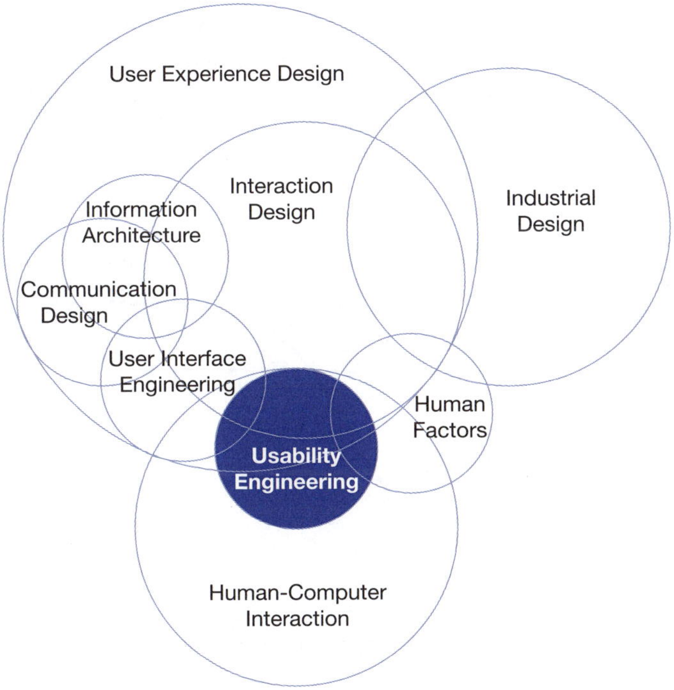

Abbildung 12.1: Beziehung zwischen den einzelnen Disziplinen nach Saffer (2006)

Definition Usability

Der Standard DIN EN ISO 9241-11 (Anforderungen an die Gebrauchstauglichkeit, 2000) definiert Usability folgendermaßen: „Usability eines Produktes ist das Ausmaß, in dem es von einem bestimmten **Benutzer** verwendet werden kann, um bestimmte Ziele in einem bestimmten Kontext effektiv, effizient und zufriedenstellend zu erreichen."

Diese Definition besagt, dass das Ausmaß, zu dem ein Produkt von speziellen Benutzern zur Erreichung vorgegebener Ziele verwendet werden kann, von drei Kriterien abhängt:

- *Effektivität*: „Die Genauigkeit und Vollständigkeit, mit der Benutzer ein bestimmtes Ziel erreichen."
- *Effizienz*: „Der im Verhältnis zur Genauigkeit und Vollständigkeit eingesetzte Aufwand, mit dem Benutzer ein bestimmtes Ziel erreichen."
- *Zufriedenheit*: „Freiheit von Beeinträchtigung und positive Einstellung gegenüber der Nutzung des Produkts."

Jakob Nielsen (1993) definiert Usability als ein Qualitätsattribut, welches festlegt, wie einfach User Interfaces zu benutzen sind. Usability bezieht sich aber auch auf die Methoden, die während des **Designprozesses** eingesetzt werden, um eine gute Usability zu erreichen. Nielsen beschreibt fünf *Qualitätskomponenten* guter Usability.

- Erlernbarkeit (*Learnability*): Dieses Usability-Kriterium ist eines der wesentlichsten. Der Zeit- und Denkaufwand, um ein neues System bedienen zu können, soll so gering wie möglich sein. Es gibt natürlich auch Systeme, bei denen eine Lernphase unumgänglich ist, welche aber auch von den Benutzern gerne in Kauf genommen wird. Systeme, die für erfahrene Benutzer gebaut werden, weisen eine längere Lernphase auf, sind aber dann effizienter benutzbar (siehe ▸Abbildung 12.2).

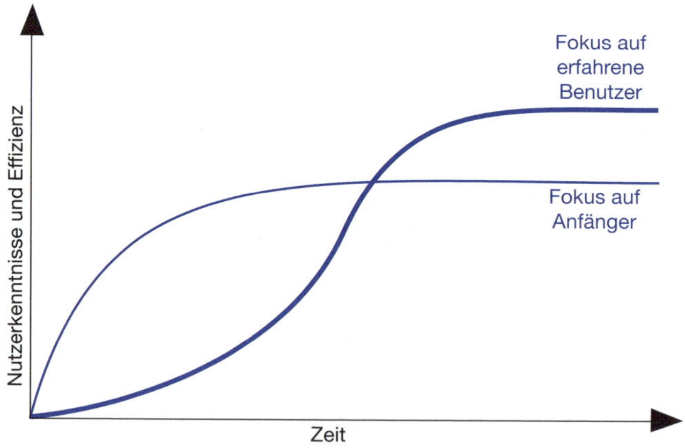

Abbildung 12.2: Lernkurve zweier hypothetischer Systeme nach Nielsen (1993)

Laut Tognazzini (2001) haben ideale Systeme keine **Lernkurve**. Benutzer könnten diese Systeme beim ersten Mal ohne Schwierigkeiten benutzen. In Wirklichkeit weisen selbst die einfachsten Systeme eine Lernkurve auf. Trotzdem muss versucht werden, dem Benutzer den Eindruck zu vermitteln, dass er jedes neue System sofort versteht. Dies betrifft den Inhalt genauso wie die Navigationsstruktur. Learnability kann gefördert werden, indem man bereits bewährte Konzepte anwendet, sich an Guidelines hält oder aussagekräftige Metaphern verwendet.

- **Effizienz** *(Efficiency)*: Effizienz bezieht sich auf den Performance-Level, wie in der Abbildung am Ende der Lernkurve zu erkennen ist. Je höher der Endwert für den erfahrenen Benutzer, desto effizienter kann das System bedient werden. Einige Benutzer erreichen den möglichen Performance-Level nie. Dadurch ergibt sich oft ein Zeitaufwand bei der Bedienung des Systems, der durch das Lernen einiger Zusatzfunktionen erheblich minimiert werden könnte. Tognazzini (2001) betont, dass mit Effizienz nicht die Geschwindigkeit des Systems gemeint ist, sondern die Geschwindigkeit, mit der ein System bedient werden kann, also die Geschwindigkeit des Benutzers.
- Einprägsamkeit *(Memorability)*: Memorability beschäftigt sich mit der Frage, wie einfach es für einen „Gelegenheitsbenutzer" ist, sich bei erneuter Konfrontation mit dem System zurechtzufinden, wenn sich dieser für einen längeren Zeitraum nicht mit dem System beschäftigt hat. Dieses Usability-Kriterium ist wichtig, da viele Systeme nicht ständig benutzt werden. Aber nicht nur Gelegenheitsbenutzer sind davon betroffen, sondern auch erfahrene Benutzer, die spezielle Funktionen eines Systems nur sehr selten benutzen. Bessere Learnability impliziert auch bessere Memorability, wobei es einen großen Unterschied macht, ob ein System das erste Mal benutzt wird oder nur längere Zeit nicht verwendet wurde.
- Fehler *(Errors)*: Ein System soll dem Benutzer so wenige Möglichkeiten wie möglich bieten, Fehler zu begehen. Nielsen (1993) definiert einen Fehler als eine Handlung, die nicht dazu dient, das gewünschte Ziel zu erreichen – somit jede nicht zielführende Handlung. Die Anzahl dieser Handlungen ergibt die Fehlerrate. Gemessen werden Fehlerraten im Rahmen von Tests für andere Usability-Kriterien. Da sich Fehler in der Schwere ihrer Auswirkung unterscheiden, muss man diese kategorisieren. Ein Fehler, der vom Benutzer sofort bemerkt und korrigiert wird, wirkt sich zwar negativ auf die Effizienz aus, muss aber nicht separat als Fehler gewertet werden. Katastrophale Fehler sind jene Fehler, die vom Benutzer nicht bemerkt werden und zu einem falschen Ergebnis führen oder sogar die Arbeit des Benutzers zerstören. Solche Fehler müssen getrennt von leichten Fehlern vermerkt werden, da sich diese schlechter auf die Usability auswirken.
- Zufriedenheit *(Satisfaction)*: Das letzte Kriterium bezieht sich auf die subjektive Meinung des Benutzers. Hierbei geht es um die Zufriedenheit des Benutzers bei der Arbeit mit dem System. In gewisser Weise hängt dieses Kriterium mit den anderen zusammen, da ein System, welches schwierig zu benutzen ist, sicherlich nicht zur Zufriedenheit des Benutzers führt. Im Gegensatz dazu kann ein gut benutzbares System einen Benutzer zwar leichter zufriedenstellen, bietet allerdings keine Garantie dafür.

Ein weiterer relevanter Standard im Bereich **Usability Engineering** ist der Standard DIN EN ISO 9241-110 (Grundsätze der Dialoggestaltung, 2008). Dieser Standard kommt in der Softwareentwicklung besonders zu tragen. Für gut benutzbare Systeme müssen die sieben Gestaltungsgrundsätze der Dialoggestaltung erfüllt sein:

- *Aufgabenangemessenheit*: Jeder Dialog sollte entsprechend seiner Aufgabe gestaltet sein, um den Benutzer in seinem Ziel zu unterstützen, alle Aufgaben effektiv und effizient zu erledigen.
- *Selbstbeschreibungsfähigkeit*: Jeder einzelne Dialogschritt ist unmittelbar verständlich oder wird dem Benutzer auf Anfrage erklärt.
- *Steuerbarkeit*: Der Benutzer ist in der Lage, den Dialogablauf zu starten sowie seine Richtung und Geschwindigkeit zu beeinflussen, bis das Ziel erreicht ist.
- *Erwartungskonformität*: Jeder Dialog ist konsistent und entspricht den Erwartungen und Gewohnheiten des Benutzers
- *Fehlertoleranz*: Bei fehlerhaften Eingaben kann das beabsichtigte Arbeitsergebnis mit keinem oder mit minimalem Korrekturaufwand seitens des Benutzers erreicht werden.
- *Individualisierbarkeit*: Die Dialoge können an die Erfordernisse der Arbeitsaufgabe sowie an die individuellen Fähigkeiten und Vorlieben des Benutzers angepasst werden.
- *Lernförderlichkeit*: Das System unterstützt den Benutzer beim Erlernen des Dialogsystems.

12.1.2 User-Centered Designprozess

Um Systeme zu erstellen, die eine gute Usability aufweisen, genügt es nicht, Standards anzuwenden und Checklisten abzuarbeiten. Man muss die **Benutzer**, ihre Anforderungen und den **Nutzungskontext** genau analysieren und verstehen, um ein Produkt entwickeln zu können, das alle Anforderungen an gute Usability erfüllt.

Der User-Centered Designprozess (UCD) ist ein benutzerzentrierter Ansatz zur Gestaltung von interaktiven Systemen. Der Prozess ist während der Planungs-, Design- und Entwicklungsphase auf die Benutzer fokussiert und ermöglicht so eine ideale Anpassung an ihre Bedürfnisse. Im Gegensatz zu manchen klassischen Entwicklungsprozessen wie z.B. dem Wasserfallmodell werden hier in iterativen Entwicklungszyklen die Phasen der Entwicklung, **Evaluierung** und Anforderungserhebung mehrmals durchlaufen.

Der Standard DIN EN ISO 13407 (Benutzer-orientierte Gestaltung interaktiver Systeme, 1999) beschreibt einen User-Centered-Design-Ansatz zur Entwicklung von interaktiven Systemen. Der UCD-Prozess nach DIN EN ISO 13407 deckt nicht sämtliche Aktivitäten ab, die zur Entwicklung eines interaktiven Systems notwendig sind. Stattdessen beschreibt er ergänzende Herangehensweisen und Methoden, um User Centered Design in bestehende Entwicklungsprozesse einbinden zu können.

Definition User-Centered Design

Die Grundprinzipien von User-Centered Design nach DIN EN ISO 13407 (1999) lauten folgendermaßen:

- Benutzer müssen aktiv in den Entwicklungsprozess eingebunden werden. Die Entwickler müssen die Anforderungen der Benutzer und Arbeitsaufgaben klar verstehen.
- Angemessene Aufteilung von Tätigkeiten zwischen Benutzern und Technologie. Damit ist gemeint, dass sorgfältig entschieden werden muss, welche Tätigkeiten die Benutzer selbst ausführen müssen und welche vom System automatisiert werden.
- Iterative Weiterentwicklung der Designentscheidungen. Dies ermöglicht, dass vorläufige Designentscheidungen in realistischen Szenarien evaluiert und das Ergebnis daraus im weiteren Entwicklungsprozess berücksichtigt werden kann.
- Interdisziplinäres Design ist notwendig, um den unterschiedlichen fachlichen Anforderungen an das Design- und Entwicklungsteam gerecht zu werden. Unterschiedliche Rollen können auch von einem einzigen Teammitglied übernommen werden. Interdisziplinäre Teams müssen nicht groß sein, sollten jedoch über ausreichend Diversität verfügen, um angemessene Design-Trade-Off-Entscheidungen treffen zu können.

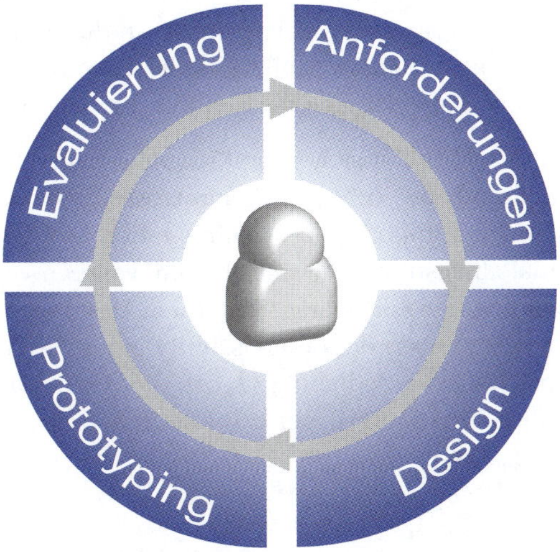

Abbildung 12.3: User-Centered-Designprozess

▶Abbildung 12.3 zeigt einen User-Centered-Designprozess in Anlehnung an DIN EN ISO 13407. Der Prozess gliedert sich in vier große Phasen, die zyklisch in mehreren Iterationen durchlaufen werden können. Diese vier Phasen sind:

1. *Anforderungen:* In diesem Schritt geht es darum, sich mit den Eigenschaften der späteren Benutzer und deren Arbeitsaufgaben vertraut zu machen und Umgebung und Kontext der Nutzung zu erfassen. Des Weiteren geht es in dieser Phase auch darum, die (nichtfunktionalen) Anforderungen der Benutzer zu definieren.

2. *Design:* In diesem Schritt geht es darum, auf Basis der erhobenen Anforderungen eine geeignete Designlösung zu entwickeln. Bei der Entwicklung der Designlösung sollten sowohl die erhobenen Benutzeranforderungen als auch Erfahrung und Fachwissen des Entwicklungsteams und etablierte Lösungen aus dem industriellen oder wissenschaftlichen Umfeld berücksichtigt werden.

3. *Prototyping:* Die Designlösungen aus der vorhergehenden Phase werden in diesem Schritt konkretisiert und umgesetzt. Die Möglichkeiten der Umsetzung sind hierbei vielfältig und reichen von einfachen Skizzen und **Mock-Ups** über Simulationen bis hin zu interaktiven **Prototypen**. Prototyping hat den großen Nutzen, dass Designentscheidungen mehr Ausdruck bekommen und besser anschaulich werden.

4. *Evaluierung:* Nach der Entwicklung eines Prototyps als testbares Artefakt können diese im nächsten Schritt evaluiert werden. Evaluierung kann hierbei einerseits dafür eingesetzt werden, um Feedback für die weitere Entwicklung in den nächsten Iterationsschritten zu erhalten, andererseits aber auch um ein Produkt auf die Einhaltung von Qualitätskriterien oder Standards zu überprüfen.

12.1.3 Erfolgsfaktor Usability Engineering

Usability Engineering wird oft auch heute noch sehr stiefmütterlich behandelt. Nur bei ausreichendem Budget und Zeit kommen Usability-Methoden zum Einsatz. Der Schwerpunkt bei Entwicklungsprozessen liegt meist auf der funktionalen Ebene, während die Benutzbarkeit von Systemen zweitrangig ist. Allerdings kann gute Usability einem Produkt oder einem Unternehmen nachhaltige Vorteile bringen.

Das Hauptargument für Usability ist sicher die *Kostenersparnis*. Durch den Einsatz von Usability-Methoden während des Entwicklungsprozesses sind weniger Redesigns notwendig und die Kosten für Support und Administration werden reduziert. Usability bedeutet zwar eine initiale Investition, die sich aber im weiteren Verlauf mehr als bezahlt macht. Eine Quantifizierung der Kostenersparnis durch Usability ist oft schwierig. Viele Studien und Beispiele zeigen aber, dass die Usability eines Produktes Einfluss auf die Anzahl der Bedienungsfehler, die Bedienungsdauer, die Anzahl abgebrochener Interaktionen und den generellen Frustrationslevel hat. Dadurch ergibt sich folgender Einfluss von Usability (Rosenberg, 2004):

Usability erhöht:

- Verkaufszahlen und Marktanteile
- Kundenzufriedenheit
- Umsätze

Schlechte Usability führt zu:

- Höheren Schulungskosten
- Höheren Supportkosten
- Längeren Entwicklungszyklen

Gute Usability definiert sich neben **Effizienz** und **Effektivität** auch über Zufriedenheit. Dieses Attribut ist ein wesentlicher Erfolgsfaktor für jedes Unternehmen und führt in der Regel zu höheren Verkaufszahlen. Produkte mit guter Usability werden eher gekauft, während schlecht benutzbare Produkte zurückgegeben, umgetauscht und nicht mehr gekauft werden. Die **Zufriedenheit** des Kunden mit einem Produkt wirkt sich auf die Wahrscheinlichkeit aus, dass ein Produkt derselben Marke wieder erworben wird. *Zufriedenheit* ist also ein wesentlicher Erfolgsfaktor für jedes Unternehmen und erzeugt Kundenbindung. Zusätzlich kann es auch zu einer Neukundengewinnung kommen, da Kunden ihre Meinung in Form von Empfehlungen oder Rezensionen weitergeben. Aus diesem Grund kann speziell bei hohem Konkurrenzdruck eine Investition in Usability und Design den nötigen Vorteil bringen. Ein gutes Beispiel für diesen Effekt zeigen zurzeit Apple-Produkte. Beispielsweise bietet das iPhone eine sehr intuitive Benutzerführung und lässt sich ohne Anleitung sofort bedienen. Zusätzlich hat ein neuartiges Interaktionsdesign und gute Bedienbarkeit neben solider Funktionalität für den Erfolg des Produktes gesorgt.

Ein gutes Beispiel für höhere Umsätze durch gute Usability liefert Spool (2009). Eine E-Commerce-Webseite enthielt ein Anmelde- bzw. *Registrierungsformular* für Kunden, die eine Bestellung durchführen wollten. Bei einem Usability-Test stellte sich heraus, dass die Kunden nicht sehr erfreut über diesen Prozess waren. Es wurde nicht als Vorteil gesehen, sich anzumelden, um bei wiederholten Bestellungen seine Daten schon im System zu haben. Die Kunden hatten eher Bedenken, dass die Daten zu anderen Zwecken erhoben werden, oder wollten einfach nicht die Zeit für die Registrierung aufbringen. Ein Redesign hatte zu Folge, dass der Registrierungs-Button in einen Weiter-Button geändert wurde. Die Kunden konnten so einfach mit der Bestellung fortfahren und sich entscheiden, ob sie sich registrieren wollen oder nicht. Die Folge dieser kleinen Änderung war ein Umsatzplus von 45%. Im ersten Jahr nach der Änderung konnten so 300 Millionen Dollar mehr an Umsatz verzeichnet werden.

Natürlich kann nicht jedes Redesign Auswirkungen in diesem Umfang zur Folge haben. Jedoch können durch gute Usability durchaus in den meisten Fällen Kosten gespart werden. Meist sind es die Supportkosten, die bei guter Usability deutlich niedriger ausfallen als bei Systemen, die in der Entwicklung auf Usability-Methoden verzichtet haben. Die Anzahl der Hotline-Anrufe wird oft auch als Metrik für die Benutzbarkeit von Systemen herangezogen. Ein schlecht benutzbares System führt zu mehr Bedienproblemen, welche den Kunden veranlassen, öfter die Hotline anzurufen. Oftmals kann eine Änderung des User Interface hinsichtlich Usability diese Anfragen reduzieren. Auch wenn ein Redesign durch die Veränderung initial die Anzahl der Hotline-Anrufe erhöht, kann auf Dauer mit einer signifikanten Reduktion der Support-Kosten gerechnet werden. Werden Usability-Methoden schon in der Entwicklungsphase eingesetzt, ist das Einsparungspotenzial deutlich größer. Designfehler werden frühzeitig erkannt und ermöglichen dadurch eine rasche Behebung und Änderung des Designs. Diese frühzeitige Behebung von Problemen lässt sich viel kostengünstiger umsetzen und verhindert die Notwendigkeit von größeren und dadurch kostspieligen Änderungen im fertigen System.

Einen weiteren Kostenfaktor, der durch gute Usability reduziert werden kann, stellen Schulungsaufwände dar. Je nach Intuitivität des Systems und dem Level an Usability ist der Schulungsaufwand, um ein System gut bedienen zu können, höher oder niedriger.

Entspricht ein System den Usability-Standards und -Kriterien, bedeutet dies, dass die Lernkurve flacher ist und die Möglichkeit, Bedienungsfehler zu machen, geringer ist. Dem Benutzer sollte auch zu jedem Zeitpunkt verständlich sein, wo er sich im System befindet und welche Aktionen von diesem Punkt aus möglich sind. Ist das System so weit selbst erklärend, verringert sich nicht nur der Schulungsaufwand, sondern auch die Einarbeitungszeit drastisch.

Bias und Mayhew (1994) zeigen in ihrem Buch „Cost-justifying Usability" einige Beispiele für den erfolgreichen Einsatz von Usability:

- Eine australische Versicherungsgesellschaft konnte durch das Redesign ihres Antragsformulars jährlich mehr als eine halbe Million Dollar einsparen. Die Kosten für das Usability-Projekt betrugen aber nur 100.000 $ (Nielsen, 1993).
- Durch das Erkennen und Beseitigen von Usability-Problemen schon in der Designphase konnte American Airlines die Kosten um 60–90% reduzieren (Bias & Mayhew, 1994).
- In einer Firma konnte die Schulung für ein internes System von einer Woche auf eine Stunde reduziert werden. In einer anderen Firma konnte die Schulung ganz eingespart werden, was zu einer Kostenreduktion von 140.000 $ führte. Usability-Verbesserungen bei AT&T brachten eine Einsparung von 2.500.000 $ bei den Ausgaben für Schulungen (Bias & Mayhew, 1994).
- Microsoft registrierte sehr viele und lange Supportanrufe (> 45 Minuten) betreffend einer speziellen Funktion von Word. Nach der Durchführung von Usability-Tests und anderen Methoden wurde das User Interface für die Funktion neu entworfen. Das Resultat war ein drastischer Rückgang der Supportanrufe und dadurch eine signifikante Kosteneinsparung für Microsoft (Ehrlich & Rohn, 1994).

Sicherheit zählt zwar nicht direkt zu den Erfolgsfaktoren, ist aber essenziell im Zusammenhang mit Usability. In vielen Systemen führt gute Usability zu einer *höheren Sicherheit* und ist daher unerlässlich. Beispielsweise kann im Falle von medizinischen Geräten schlechte Usability auch tatsächlich fatale Folgen haben. Diese Maschinen müssen nicht nur gut bedienbar, sondern auch extrem fehlertolerant ausgelegt sein. Das bedeutet, dass Bedienungsfehler keine großen unvorhersehbaren Auswirkungen haben dürfen. Jeder Fehler muss schnell und einfach zu beheben sein. Ebenso müssen die komplexen Funktionen im User Interface so abgebildet sein, dass ein hoher Grad an Selbstbeschreibungsfähigkeit erreicht wird. Aufgrund der hohen Komplexität dieser Systeme sind intensive Schulungsmaßnahmen unerlässlich, dennoch sollte das System sehr intuitiv aufgebaut sein. Usability wird auf diesem Gebiet zwar keine Umsätze oder Verkaufszahlen erhöhen, kann aber trotzdem für Erfolgsgeschichten sorgen.

12.2 Anwendbare Methoden im User-Centered Design

Bei der Entwicklung eines interaktiven Systems in einem User-Centered Designprozess stehen den Designern und Entwicklern eine Vielzahl an unterschiedlichen etablierten Methoden in den verschiedenen Phasen zur Verfügung. Das folgende Kapitel soll einen Überblick über ausgewählte Methoden geben und gliedert sich analog zu den vier unterschiedlichen Phasen (Anforderungen, Design, Prototyping und Evaluierung) im User-Centered Designprozess.

12.2.1 Anforderungen

Die Erhebung von Anforderungen ist der erste Schritt in jedem Entwicklungsprojekt. Neben funktionalen Anforderungen ist es wichtig, auch die Usability-Anforderungen zu kennen. Diese Anforderungen zählen zu den nichtfunktionalen Anforderungen. Sie spezifizieren nicht Teile von Systemfunktionen, sondern definieren, wie diese Funktionen den Benutzern präsentiert werden, damit diese ihre Arbeitsaufgaben effizient und zufriedenstellend abschließen können.

Im Usability Engineering bedeutet *Anforderungserhebung* immer eine Einbindung der Benutzer. Usability-Anforderungen werden nicht durch Entwickler festgelegt, sondern über die zukünftigen Benutzer erhoben. Das zu entwickelnde System soll so gut wie möglich an die Benutzer und ihre Bedürfnisse angepasst werden. Die Benutzer können in der Anforderungserhebung als Experten angesehen werden, die die nötigen Informationen besitzen, um ein gut benutzbares System zu entwickeln. Die Methoden, die in dieser Phase zur Anwendung kommen, haben das Ziel, das Anwendungsumfeld, die Anwendungsszenarien und die spezifischen Anforderungen der Benutzer zu identifizieren. Erst durch eine Analyse dieser Daten ist es auch möglich, ein an die Benutzer angepasstes System zu entwickeln, das alle Usability-Kriterien erfüllt.

Interviews

Durch Interviews können Fakten, Meinungen oder Erfahrungen von zukünftigen und aktuellen Benutzern erhoben werden. Zum Einsatz kommt diese Methode, wenn kein Zugriff auf eine große Anzahl an Benutzern möglich ist oder wenn individuelle Anliegen und Interessen adressiert werden sollen.

Allgemein wird zwischen *Einzelinterviews*, also Interviews mit einem Interview-Partner, und *Gruppeninterviews*, bei denen mehrere Benutzer zugleich an einem Interview teilnehmen, unterschieden. Bei Gruppeninterviews hängt die Qualität der Ergebnisse sehr von der Anzahl der Teilnehmer ab. Auch sollte bei Gruppeninterviews beachtet werden, dass Antworten einzelner Teilnehmer des Gruppeninterviews durch andere Teilnehmer beeinflusst werden können und dass es zu unterschiedlicher Beteiligung der Teilnehmer aufgrund verschiedenster Einflussfaktoren (z.B. sozialer Status, Dominanz) kommen kann. Wichtig ist also, dass ein Gruppeninterview nicht als eine effiziente Methode der Durchführung von Einzelinterviews gesehen wird.

Jordan (1998) unterscheidet zwischen drei Arten von Interviews:

- *Unstrukturierte Interviews:* Diese Form des Interviews ist hauptsächlich durch offene Fragen an die Benutzer geprägt, wodurch die Benutzer die Richtung, in die sich das Interview bewegt, mitbestimmen können. So besteht in diesem Fall für die Interview-Partner die Möglichkeit, eigene Wünsche, Ideen und Vorstellungen in die Beantwortung der Fragen mit einzubeziehen und die für sie wichtigen Punkte anzusprechen.

Diese Art von Interviews eignet sich insbesondere für Fälle, bei denen man sich in ungewissen Situationen befindet, beispielsweise wenn die Bedürfnisse oder Vorstellungen der Benutzer nicht vorhergesehen bzw. keine klar definierten Fragen erstellt werden können. Ein unstrukturiertes Interview kann z.B. in frühen Phasen eingesetzt werden, um eine Vielzahl an gewünschten Features eines zu entwickelnden Produktes zu bekommen oder mit Low-Fidelity-Prototypen (siehe Low-Fidelity in Kapitel 12.2.3) Features bezogen auf ihren Nutzen zu vergleichen.

- *Semi-strukturierte Interviews:* Wenn konkretere Vorstellungen existieren, welche Themen und Fragestellungen im Rahmen des Interviews behandelt werden müssen, um zu den gesetzten Zielen zu kommen, werden semi-strukturierte Interviews angewandt. Die Interview-Partner sollen jedoch auch die Möglichkeit haben, durch ihre Antworten jene Punkte hervorzuheben, die ihnen besonders wichtig erscheinen. Durch Nachfragen auf erhaltene Antworten kann sichergestellt werden, dass zentrale Fragestellungen der Untersuchung behandelt werden.
- *Strukturierte Interviews:* Werden in einem Interview ausschließlich klar definierte, geschlossene Fragen verwendet, spricht man von einem strukturierten Interview. Hier besteht das Erfordernis, dass klare Vorstellungen über die Inhalte des Interviews existieren müssen. Der Interview-Partner muss beispielsweise Bewertungen anhand einer Skala vornehmen oder aus einer definierten Menge von möglichen Antworten eine passende aussuchen. Strukturierte Interviews eignen sich insbesondere dann, wenn man konkrete Antworten auf Fragestellungen bekommen bzw. Ergebnisse vergleichen oder statistisch auswerten möchte. Bei strukturierten Interviews spricht man auch im Gegensatz zu unstrukturierten Interviews von quantitativen Analysen oder Interviews.

Eine intensive Vorbereitung des Interviews ist maßgeblich für den Erfolg und die daraus resultierenden Ergebnisse. Bei der Erstellung des **Interviewleitfadens** sollte bedacht werden, dass bessere Fragen auch zu besseren Ergebnissen führen. Es sollte beispielsweise vermieden werden, Benutzer in hypothetische Situationen zu versetzen, Dinge abschätzen zu lassen oder Entscheidungen ohne Anhaltspunkt treffen zu lassen. Viel mehr sollten konkrete Fragen gestellt werden, die leicht zu beantworten sind, beispielsweise welche Meinung die Benutzer zu einer bestimmten Sache haben, wie sie vorgehen oder was ihnen Schwierigkeiten bereitet. Die Strukturierung der Fragestellungen zu einem nachvollziehbaren Ablauf ist ebenso wichtig.

In der Vorbereitungsphase sollte bestimmt werden, welche Methoden und Werkzeuge für die Aufzeichnung der Antworten bzw. des Interviews verwendet werden. Neben der Anfertigung von Protokollbögen (*Logging Sheets*) kann unterstützend ein Diktiergerät oder eine Videokamera benützt werden, um sich im Nachhinein das Interview erneut anhören zu können. So können beispielsweise unklare Notizen überprüft werden oder erst nach der Durchführung verfasst werden. Bei Verfassung der Notizen im Nachhinein ohne jegliche Aufzeichnung besteht die Gefahr, wesentliche Inhalte zu vergessen oder falsch in Erinnerung zu behalten.

Der *Ablauf* eines Interviews kann in vier Abschnitte unterteilt werden (Beyer & Holtzblatt, 1998):

1. *Einleitung:* In der Einleitung des Interviews stellen sich alle beteiligten Personen vor, um ein gutes Klima herzustellen und Vertrauen aufzubauen. Des Weiteren soll das Ziel des Interviews veranschaulicht werden und die nötige „Meister-Lehrling"-Beziehung hergestellt werden. Der Interviewte soll das Gefühl bekommen, der Experte im Untersuchungsgegenstand zu sein, von dem der Interviewer lernen möchte. Zusätzlich sollte die Erlaubnis für das Aufnehmen von Daten eingeholt werden, sofern das Interview aufgezeichnet wird.

2. *Identifikation:* Im zweiten Abschnitt des Interviews soll durch Identifizierung existierender Probleme ein Übergang zu der nachfolgenden Phase durchgeführt werden.

3. *Fragestellung und Beobachtung:* Der Hauptteil des Interviews findet im dritten Abschnitt statt. Der Interviewer beginnt nun die vorbereiteten Fragen zu stellen und sich zu den Antworten Notizen zu machen. Wichtig ist, die Fragen neutral zu stellen und eine analytische Vorgehensweise zu wählen. Auch die Beobachtung des Interviewten ist für die korrekte Interpretation der Antworten nötig. Der Interviewer muss sicherstellen, dass alle benötigten Fragen im Rahmen des Interviews gestellt werden.

4. *Abschluss und Zusammenfassung:* Die letzte Phase dient für die Zusammenfassung der Antworten durch den Interviewer. Der Interviewte soll die Möglichkeit haben, falsche Interpretationen zu korrigieren und den aufgenommenen Antworten abschließend zuzustimmen. Der Interviewer sollte nachfragen, ob alle relevanten Themen im Rahmen des Interviews behandelt wurden und welche Empfehlungen oder Verbesserungsvorschläge es für die Durchführung weiterer Interviews gibt. Zuletzt darf nicht vergessen werden, sich beim Interviewten für seinen Aufwand zu bedanken.

Nach dem Interview folgt die *Nachbereitungsphase*, in der die erhaltenen Antworten ausreichend dokumentiert werden, so dass sie auch zu einem späteren Zeitpunkt nachvollziehbar und zu den jeweiligen Interviewpartnern zuordenbar sind. Es folgt die Interpretation der Antworten, die vor allem bei qualitativen Ergebnissen auch im Rahmen einer Diskussion innerhalb des Teams durchgeführt werden kann.

VORTEILE/NACHTEILE VON INTERVIEWS

Vorteile:

- Flexible Methode
- Missverständnisse können sofort geklärt werden
- Informationen durch spontane Reaktionen und nonverbale Kommunikation des Interviewten
- Kann während des gesamten Designprozesses eingesetzt werden

Nachteile:

- Kostenintensiv bei größerer Stichprobe
- Keine Anonymität, dadurch möglicherweise beschönigte Antworten

Contextual Inquiry

Diese Methode wurde aus den Sozialwissenschaften übernommen und angepasst. Die Contextual Inquiry ist eine Form des Interviews, die allerdings im Umfeld der Benutzer (dem *Kontext*) durchgeführt wird. Zeitgleich werden dabei die Arbeitsabläufe der Benutzer beobachtet. Die Contextual Inquiry basiert auf *vier Prinzipien* (Beyer & Holtzblatt, 1998):

1. *Kontext:* Dies ist das wichtigste und grundlegendste Prinzip. Erst der Kontext des Benutzers gibt Aufschluss über dessen Arbeitsabläufe und Prozesse.
2. *Partnerschaft:* Das Prinzip der Partnerschaft bezieht sich auf die Beziehung zwischen dem Benutzer und dem Beobachter/Interviewer. Der Benutzer muss hier als Experte gelten, während der Beobachter/Interviewer in die Rolle des Lehrlings schlüpft. Das Ziel dieser Partnerschaft ist, ein gemeinsames Verständnis der Abläufe zu erlangen.
3. *Interpretation:* Die Beobachtungen müssen interpretiert werden, um die Bedeutungen von Aktionen und Aussagen zu verstehen. Aus den Beobachtungen entstehen durch die Interpretation Designanforderungen an neue Systeme.
4. *Fokus:* Es ist wichtig, während der Beobachtung nicht den Fokus zu verlieren und den Benutzer immer wieder auf das eigentliche Thema zurückzubringen.

VORTEILE/NACHTEILE VON CONTEXTUAL INQUIRY

Vorteile:

- Detaillierter Überblick über die Bedürfnisse der Benutzer
- Keine Probleme bei der Interpretation der Ergebnisse
- Ermöglicht realistischere Kostenabschätzung
- Zeigt reales Verhalten der Benutzer, keine Laborbedingung

Nachteile:

- Planung und Durchführung ist zeit- und kostenintensiv
- Bei zwischenmenschlichen Problemen zwischen Benutzer und Interviewer kann das Ergebnis verfälscht oder unbrauchbar sein
- Keine objektiven Ergebnisse, sondern abhängig von der Interpretation

Die *Durchführung* der Contextual Inquiry beginnt wie ein Interview. Zuerst stellen sich alle beteiligten Personen vor und versuchen, ein angenehmes Klima und eine Vertrauensbasis herzustellen. Es wird erklärt, dass der Benutzer der Experte in dem Gespräch ist. Im Gegensatz zum Interview soll der Benutzer seiner gewohnten Arbeit nachgehen, während der Interviewer ihn dabei beobachtet und Fragen stellt. Bei einer geplanten Aufzeichnung muss zuvor das Einverständnis des Benutzers eingeholt werden. Im *Hauptteil* der Contextual Inquiry beginnt der Benutzer mit seiner gewohnten Tätigkeit und leitet selbst dabei die Konversation, indem er erklärt, welche Schritte er vornimmt. Bei Unklarheiten kann der Interviewer zusätzliche Fragen stellen. Es ist auch die Aufgabe des Interviewers, den Fokus auf dem eigentlichen Thema zu halten, ohne den Benutzer zu sehr einzuschränken. Der Interviewer sollte immer offene Fragen verwenden, um vom Benutzer möglichst viele Informationen zu bekommen. Es ist auch wichtig, auf die nonverbale Kommunikation zu achten. *Gesten und Mimik* des Benutzers können ebenso essenzielle Informationen beinhalten wie verbale Aussagen. Am Ende der Contextual Inquiry findet eine Nachbearbeitung statt. Hier hat der Interviewer noch die Möglichkeit, Fragen zu stellen, die nicht sofort geklärt werden konnten. Außerdem sollte im Anschluss der gesamte Ablauf erneut besprochen werden, um zu prüfen, ob der Interviewer alles richtig verstanden hat.

Fokusgruppen

Fokusgruppen gehören zu den *qualitativen Methoden*. Das Ziel dieser Methode ist es zu verstehen, wie Personen aus einer bestimmten Zielgruppe über ein Produkt, einen Service oder eine Idee denken. Die ideale Gruppengröße beträgt sechs bis acht Personen, die alle aus der Zielgruppe ausgewählt werden. Ein Moderator übernimmt die Leitung der Diskussion und steuert dabei den Fokus auf die Themengebiete, die untersucht werden sollen. Um Trends und Muster zu identifizieren, sollten Fokusgruppen mehrmals hintereinander mit ähnlichen Teilnehmern durchgeführt werden (Krueger & Casey, 2000).

Auch wenn der Ablauf nicht konkret vorgegeben werden kann, gibt es einige Fixpunkte, die bei jeder Durchführung einer Fokusgruppe eingehalten werden sollten. Zu Beginn stellt sich der Moderator vor und präsentiert das Themengebiet der Sitzung. Danach findet eine Vorstellungsrunde statt, in der sich die Teilnehmer vorstellen und sich so schon ein wenig aufeinander einstellen können. Anschließend kann ein *Prototyp* hergezeigt werden oder eine kurze Demonstration stattfinden, um eine gemeinsame Diskussionsgrundlage zu schaffen. Erst dann beginnt die eigentliche Diskussion.

Meist wird der Moderator eine erste Frage in der Runde stellen, um das Eis zu brechen und die Diskussion zu eröffnen. Während der Sitzung soll jeder Teilnehmer die Möglichkeit haben, seine Meinung zu äußern und auch mit den anderen Teilnehmern zu interagieren. Es ist nicht vorhersehbar, in welche Richtung sich diese Diskussionen entwickeln, da sie spontan und eher unstrukturiert ablaufen. Allerdings hat der Moderator die Möglichkeit, leicht steuernd einzugreifen. Dies kann sinnvoll sein, wenn sich die Diskussion im Kreis dreht. Er sollte sich aber so weit wie möglich zurückziehen und den Teilnehmern den nötigen Freiraum lassen. Eine weitere Aufgabe des Moderators ist es, die Teilnehmer zu ermutigen, ihre Standpunkte und Ansichten zu präsentieren, insbesondere wenn sich die Diskussion etwas schleppend entwickeln sollte.

Die Sitzungen können nach vorheriger Absprache mit den Teilnehmern auch mittels Videokameras oder Diktiergeräten aufgezeichnet werden. Eine Person sollte auch während der gesamten Dauer der Diskussion Notizen machen. Diese Aufgabe kann entweder der Moderator selbst oder eine eigens dafür zuständige Person übernehmen.

VORTEILE/NACHTEILE VON FOKUSGRUPPEN

Vorteile:

- Viele Ideen und Meinungen zu einem Thema
- Schnell und kostengünstig, da mehrere Teilnehmer auf einmal befragt werden
- Gute Kundenorientierung bei der Produktentwicklung
- Teilnehmer lernen voneinander und bringen so die Diskussion rasch weiter
- Kann während des gesamten Designprozesses, selbst bei fertigen Produkten, eingesetzt werden

Nachteile:

- Keine gültigen Informationen über Zielprozesse von Benutzern
- Generalisation der Daten nicht möglich
- Ergebnisse können nicht auf andere Benutzergruppen übertragen werden, da die Teilnehmer gezielt ausgewählt werden
- Dominante Teilnehmer übernehmen die Diskussion, wodurch nicht alle Meinungen gehört werden (Gruppendynamik)

Fragebögen

Fragebögen sind eine Methode zur *quantitativen Datenerhebung*. Meist werden sie in Verbindung mit anderen Methoden zur Erhebung der demografischen Daten verwendet. Inhaltlich ähnelt ein Fragebogen einem strukturierten Interview. Allerdings kann mit einem Fragebogen leichter eine *größere Datenmenge* erhoben werden. Meist erfolgt die Zustellung der Fragebögen per Post. In einzelnen Fällen werden Fragebögen persönlich ausgegeben und direkt ausgefüllt, z.B. in Altersheimen oder in Schulklassen. Bei einer postalischen Befragung müssen die Umfrageteilnehmer den Fragebogen ohne Unterstützung eines Interviewers ausfüllen. Daher muss der Fragebogen nicht nur verständlich sein, sondern auch notwendige Zusatzinformationen wie beispielsweise relevante Hintergrundinformationen oder Instruktionen beinhalten (Bortz & Döring, 2002). Dies ist auch bei Online-Fragebögen der Fall. Viele Fragebögen werden aufgrund der Kostenersparnis nur noch im Internet veröffentlicht. Dieses Medium bietet außerdem den Vorteil, dass die Daten nicht erst übertragen werden müssen, um sie elektronisch auswerten zu können.

Die Einleitung des Fragebogens enthält meist eine *anleitende Instruktion*. Dies ist notwendig, um dem Umfrageteilnehmer seine Aufgabe zu erklären. Danach wird im Gegensatz zum Interview zuerst nach den *demografischen Daten* gefragt. Bei weiteren Fragen ist immer auf die Formulierung zu achten. Ungenaue Fragestellungen führen zu ungenauen oder unklaren Antworten und sind nur schwer auszuwerten. Verständlich und leicht auswertbar sind Fragen mit *Antwortvorgaben*. Offene Fragen sollten weitgehend vermieden werden und nur als Zusatzfragen oder zur Auflockerung verwendet werden. Offene Fragen werden meist aus Angst vor Rechtschreibfehlern oder stilistischen Mängeln nicht sehr umfassend beantwortet. Außerdem kann die Lesbarkeit der verschiedenen Handschriften auch ein Problem bei der Auswertung darstellen (Bortz & Döring, 2002).

Um nach Meinungen und Einstellungen zu bestimmten Themen und Aussagen zu fragen, werden Testskalen verwendet. Die am häufigsten verwendete Testskala ist die fünfstufige *Likert-Skala*. Hier werden zu einer Aussage fünf Bewertungsmöglichkeiten angeboten (1 – trifft völlig zu, 5 – trifft überhaupt nicht zu). Mit dieser Methode kann beispielsweise nach bestimmten Teilen eines Systems gefragt werden (z.B. „Das Interface ist intuitiv gestaltet.“). Eine feinere Untergliederung in sieben- oder neunstufige Skalen macht nur wenig Sinn, da die Umfrageteilnehmer ihre Antworten nicht mehr so fein abstufen können und insgesamt die Ergebnisse dadurch nicht präziser werden (Preece, Rogers & Sharp, 2002).

Die Fragen werden nach Themengebiet gruppiert, um den Fragebogen übersichtlich zu gestalten. Außerdem ist es wichtig, dass die Fragen und Erklärungen einfach und klar verständlich sind, um sicherzustellen, dass alle Befragten die Fragen gleich verstehen. Ist dies nicht der Fall, ist die Vergleichbarkeit der Ergebnisse nicht mehr gegeben. Um zu verifizieren, dass der Fragebogen alle Anforderungen erfüllt und auch die gewünschten Ergebnisse liefert, wird ein *Pilot-Test* durchgeführt. Fünf bis zehn Personen aus der Zielgruppe füllen den Fragebogen vollständig aus, wobei die Zeit gestoppt wird. Danach wird der Fragebogen mit den Befragten Frage für Frage durchgegangen, um die Verständlichkeit der Fragen zu überprüfen.

Die *Rücklaufquote* für Fragebögen liegt laut Wieken (1974) bei 10 bis 90%, wovon innerhalb der ersten zehn Tage bei 70 bis 80% der Rücksendungen eintreffen (Bortz & Döring, 2002). Online-Fragebögen weisen eine sehr variable Rücklaufquote auf, da sie durch viele Faktoren beeinflusst werden. Beispiele dafür sind die Homogenität der Befragten, die Wichtigkeit der Befragung und die persönliche Betroffenheit. Die Rücklaufquoten können durch eine persönliche Anrede der Befragten oder kleine Geschenke als Aufwandsentschädigung erhöht werden (Jackob, Schoen, & Zerback, 2009).

VORTEILE/NACHTEILE VON FRAGEBÖGEN

Vorteile:

- Große Datenmenge
- Geringer Zeitaufwand (vgl. Interview)
- Geringe Kosten (abhängig vom Kanal)
- Statistische Auswertbarkeit

Nachteile:

- Gefahr falscher Ergebnisse bei unklaren Antworten
- Oft geringe Rücklaufquoten
- Keine Flexibilität
- Viele offene Fragen können den Aufwand der (maschinellen) Auswertung erhöhen

Card Sorting

Das Ziel von Card Sorting ist es, Strukturen in Listen zu entdecken. Meist wird diese Methode für das Strukturieren von Menüeinträgen oder Webseiten angewandt.

Um Card Sorting durchzuführen, werden die *Strukturelemente*, die untersucht werden sollen, zuerst auf Kärtchen geschrieben. Jedes Element kommt dabei auf ein eigenes Kärtchen. Diese werden darauf gemischt, um durch die Ausgangssortierung die Ergebnisse nicht zu beeinflussen. Laut Spencer und Warfel (2004) soll die Anzahl der Elemente zwischen 30 und 100 liegen, um einerseits vernünftige Ergebnisse zu bekommen und andererseits die Teilnehmer nicht durch eine zu lange Dauer des Card Sorting zu ermüden.

Card Sorting kann sowohl mit Einzelpersonen als auch in Gruppen durchgeführt werden. Die besten Ergebnisse werden bei fünf Gruppen mit jeweils drei Teilnehmern erzielt (Spencer & Warfel, 2004). Gruppen haben den Vorteil, dass die Teilnehmer untereinander kommunizieren und so für Beobachter leichter nachvollziehbar ist, wie ihre Vorgehensweise bei der Lösungsfindung ist. Einzelpersonen sollten daher dazu aufgefordert werden, ihre Gedanken auszusprechen (*Thinking Aloud*). Bei der Auswahl der Teilnehmer sollte darauf geachtet werden, dass es sich um repräsentative Personen aus der Zielgruppe handelt.

Für die Durchführung des Card Sorting wird den Teilnehmern die Vorgehensweise erklärt. Sie bekommen die beschriebenen Kärtchen und zusätzlich leere Kärtchen für neue Elemente, die sie möglicherweise hinzufügen wollen. Darauffolgend beginnt das Sortieren der Kärtchen. Die Teilnehmer bekommen entweder vorgegebene Kategorien (*Closed Card Sorting*), in die sie die Kärtchen einsortieren sollen, oder die Kategorien müssen erst erstellt und beschrieben werden (*Open Card Sorting*). Es kann zusätzlich auch eine Vorgabe der Anzahl von Kategorien gemacht werden. Am Ende entstehen Kartenstapel mit jeweils einer zugehörigen Bezeichnung. Danach werden die so entstandenen Strukturen analysiert. Dies kann entweder mit Hilfe von Tools (z.B. Tabellenkalkulationsprogrammen) oder bei kleineren Strukturen auch manuell gemacht werden. Durch die Analyse der Ergebnisse können versteckte Muster entdeckt werden, um so die Gestaltung intuitiver Strukturen (z.B. Menüs) zu ermöglichen.

VORTEILE/NACHTEILE VON CARD SORTING

Vorteile:

- Einfach und kostengünstig
- Kann ohne große Vorbereitung und Zeitaufwand durchgeführt werden

Nachteile:

- Berücksichtigt keine Benutzeraufgaben
- Funktionen hinter den Elementen werden nicht berücksichtigt

12.2.2 User Interface und Interaktionsdesign

Sind die ersten Anforderungen erhoben, kann mit der Erstellung von Designs begonnen werden. Da der User-Centered-Designprozess iterativ durchlaufen wird, ist das erste Design in der Regel weit vom endgültigen entfernt. Im Laufe der Entwicklung können sich nicht nur zusätzliche Anforderungen ergeben, sondern auch anfängliche Anforderungen ändern. Der Designprozess selbst ist sehr individuell und hängt immer von den Rahmenbedingungen jedes einzelnen Projektes ab. Allerdings gibt es Patterns, die bei der Lösung von Designproblemen helfen, und Styleguides, die Designempfehlungen abgeben oder auch Designrichtlinien vorgeben.

Design Patterns

Das Konzept der Design Patterns kommt ursprünglich aus der Architektur und wurde für die Anwendung im Bereich Human Computer Interaction adaptiert. Ein Ziel von Design Patterns ist es, bestehende Designlösungen wiederverwendbar zu machen, um nicht „das Rad immer wieder neu erfinden" zu müssen. Design Patterns können auch helfen, Verständnisprobleme beim Designprozess zu lösen, indem sie mit Hilfe einer klaren und allgemein verständlichen Struktur verschiedene oft auftretende Designprobleme behandeln.

Ein Pattern beschreibt eine bewährte Lösung für ein spezifisches, sich wiederholendes Designproblem in einem bestimmten Kontext. Des Weiteren werden durch ein Pattern die verschiedenen Einschränkungen seiner Anwendung und die Auswirkungen bei der Anwendung des Patterns beschrieben. Patterns sind meist sehr allgemein gehalten, um die Anwendung für möglichst viele gleichartige Designprobleme zu ermöglichen. Ist ein Pattern zu detailliert in seiner Beschreibung, kann es nur schwer als Pattern auf andere Designs angewandt werden.

Design Patterns haben einen definierten Aufbau (Borchers, 2000):

- *Name:* Bezeichnung für das Pattern
- *Kontext:* Beschreibt das Umfeld, in dem das Problem auftritt
- *Abbildungen:* Screenshots oder Videosequenzen; zeigen eine typische Situation für die Anwendung des Patterns
- *Problem:* Beschreibt das Designproblem
- *Lösung:* Empfiehlt die Verwendung von bestimmten Designmethoden oder User-Interface-Elementen. Es handelt sich um eine allgemeine Lösungsbeschreibung, nicht um eine „Schritt für Schritt"-Anleitung. Zu einem Designproblem kann es mehrere unterschiedliche Lösungen geben. Die Unterscheidung findet durch den Kontext, in dem das Problem auftritt, statt. Je nach Kontext kann es daher ein anderes Pattern für ein Problem geben.
- *Beispiel:* Die Lösung wird zum besseren Verständnis durch ein Beispiel veranschaulicht.

Beispiel 12.1 Design Pattern (Hauptnavigation)

- *Name:* Hauptnavigation einer Webseite
- *Kontext:* Eine Webseite bietet Informationen auf verschiedenen Webseiten an.
- *Problem:* Ein Benutzer möchte zu den einzelnen Informationen der Webseite navigieren und auch zwischen den Webseiten hin und her springen. Eine globale Navigationsleiste ist mittlerweile ein gängiges Element auf Webseiten. Benutzer erwarten dieses Element, um sich im Web zu orientieren. Sie müssen auch die Möglichkeit haben, gewünschte Informationen von jedem Punkt aus finden zu können.
- *Lösung:* Ein ständig sichtbares Menü sollte an einer fixen Position angebracht werden. Die Anzahl der Navigationselemente darf nicht zu hoch sein, damit der Benutzer den Überblick nicht verliert. Auch die Bezeichnungen sollten kurz und prägnant gewählt werden, damit der Benutzer auf einen Blick sieht, welche Navigationsmöglichkeiten er hat. Des Weiteren muss der Benutzer zu jedem Zeitpunkt wissen, wo er sich befindet. Die Hauptnavigation kann sowohl horizontal am oberen Ende der Webseite angebracht werden als auch vertikal auf der linken Seite. Der Vorteil einer horizontalen Navigationsleiste betrifft die Platzeffizienz. Eine vertikale Leiste reduziert den Platz für den eigentlichen Webinhalt, während die horizontale Navigation die volle Breite der Webseite für den Inhalt übrig lässt.
- *Beispiel:* ▶*Abbildung 12.4* zeigt das Design Pattern zur Hauptnavigation beim Fallbeispiel LiSaMe.

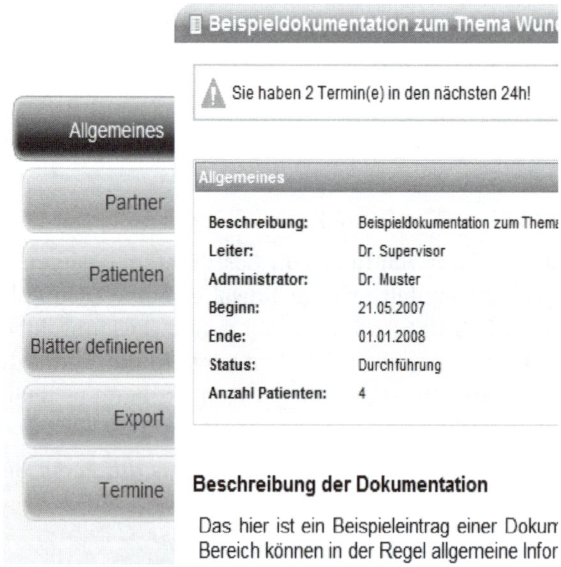

Abbildung 12.4: Design Pattern, Hauptnavigation am Beispiel LiSaMe

VORTEILE/NACHTEILE VON DESIGN PATTERNS

Vorteile:

- Design Patterns stellen eine strukturierte Beschreibung von Designproblemen dar.
- Durch die Wiederverwendung bewährter Lösungsansätze entsteht ein Produkt mit hoher Qualität hinsichtlich der Benutzbarkeit.

Nachteile:

- Keine gesamte Designanleitung, nur Problemlösungen
- Patterns können nicht alle Designprobleme lösen.

Styleguides

Styleguides sorgen für ein konsistentes „**Look and Feel**" einer Applikation, eines Produktes oder einer Webseite. Sie enthalten visuelle und technische Gestaltungsrichtlinien, sowohl für Designer als auch für Entwickler, die während der Entwicklung eingesetzt werden sollen. Das Ziel der Erstellung und Verwendung eines Styleguide ist es, einen hohen Wiedererkennungswert, ein einheitliches Design und einen hohen Grad an Usability zu garantieren. Des Weiteren können in einen Styleguide auch Informationen zur barrierefreien Gestaltung (siehe Accessibility in Kapitel 12.3.2) einfließen.

Zur Anwendung kommen Styleguides z.B. bei Produkten und Produktfamilien, um ein einheitliches Erscheinungsbild zu garantieren. Styleguides können aber auch für Plattformen erstellt werden. Beispiele dafür sind die Apple Human Interface Guidelines (2008) oder die Microsoft Windows User Experience Interaction Guidelines (2008). Größere Unternehmen verwenden meist einen eigenen Styleguide, um die Corporate Identity zu wahren und medienübergreifende Konsistenz zu erzeugen.

Die Erstellung eines Styleguide wird von einem User-Interface-Designer mit Unterstützung eines Usability-Experten vorgenommen. In diesem Dokument werden alle relevanten Informationen aus der Anforderungsanalyse, wie z.B. Benutzerprofile, zusammengefasst (Mayhew, 1999). Ein Styleguide dokumentiert das *gesamte Design* für die Entwicklung. Dies umfasst sowohl das Layout mit allen Bedienungselementen als auch das Interaktionsdesign. Somit wird der Styleguide zum *Kommunikationsinstrument* zwischen dem Designteam und dem Entwicklungsteam. Aus diesem Grund sollte das Dokument möglichst detailliert ausfallen und keine Interpretationen zulassen. Je genauer der Styleguide verfasst ist, desto konsistenter wir das Endprodukt.

Fallstudie

Styleguide: Infotexte LiSaMe

Es muss immer über jedem Formular und jeder Tabelle ein entsprechender Infotext angezeigt werden, um eine genaue Beschreibung oder auch Zusatzinfos einfach ersichtlich anbieten zu können. Zu beachten ist, dass sich in einem Formular nicht über jedem Feld (z.B. Eingabefeld) ein Infotext befinden darf, sondern nur ein Text über dem gesamten Formular (▶Abbildung 12.5). Ist ein Infotext aber unbedingt für ein Feld notwendig, so sollte entweder eine sinnvolle und eindeutige Positionierung oder ein Tooltip auf der Komponente gewählt werden.

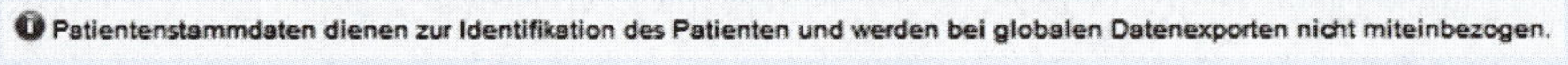

Abbildung 12.5: Styleguide für einen Infotext am Beispiel LiSaMe

Die Infotexte müssen immer nach folgendem Format direkt über der Stelle, auf die sich der Infotext bezieht, eingefügt werden:

```
<div class="info">
     <h:outputText id="..." value="..."/>
</div>
```

Somit muss ein DIV-Block mit der Style-Klasse info dort erstellt werden, wo der Infotext dargestellt wird (▶Abbildung 12.6). Die Abstände oben und unten werden schon durch die Style-Klasse geregelt, so muss und sollte kein zusätzlicher Abstand eingefügt werden.

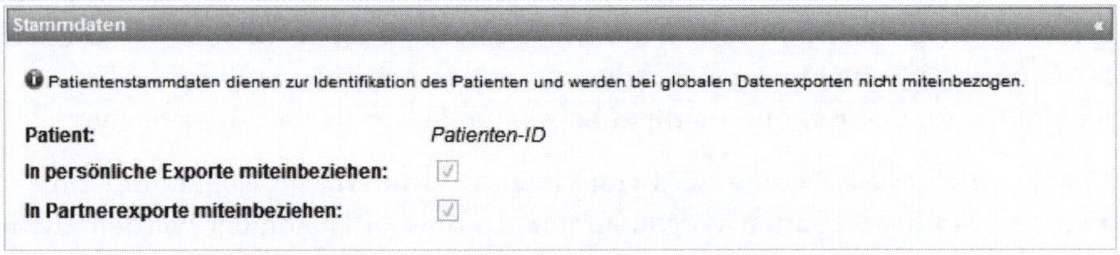

Abbildung 12.6: Styleguide für einen Infotext (eingebunden) am Beispiel LiSaMe

VORTEILE/NACHTEILE VON STYLEGUIDES

Vorteile:

- Ermöglicht ein einheitliches Design
- Styleguide als Kommunikationsinstrument

Nachteil:

- Schränkt die Kreativität möglicherweise ein

12.2.3 Prototyping

Prototypen sind Repräsentationen eines Systems oder von Systemteilen, die Benutzern die Möglichkeit geben, damit zu interagieren, bevor das finale System bzw. Produkt existiert. Mithilfe von Prototypen können Bedürfnisse, Wünsche oder Vorstellungen von Benutzern, aber auch Probleme leichter festgestellt werden, weil durch die Interaktion mit dem Prototypen eine realistische Situation simuliert werden kann. Zugleich helfen Prototypen im Rahmen der **Evaluierung**, eine gemeinsame Diskussionsgrundlage zu schaffen und damit unterschiedliche Vorstellungen des Untersuchungsgegenstandes zu verringern.

Grundsätzlich unterscheidet man bei der Zielsetzung des Prototyping zwischen *drei Kategorien* (Floyd, 1984):

- *Exploratives Prototyping:* Bei explorativem Prototyping steht die Erhebung der Anforderungen der Benutzer im Vordergrund. Oft wird exploratives Prototyping eingesetzt, wenn die Problemstellung unklar ist oder keine oder sehr komplexe Anforderungen existieren. Exploratives Prototyping wird daher meist in frühen Phasen des Designprozesses eingesetzt, um gleiche Vorstellungen des Systems durch Visualisierung der Anforderungen zu erreichen. Meist werden dabei horizontale Prototypen (siehe Horizontales und vertikales Prototyping in Kapitel 12.2.3) eingesetzt, um alle Teile eines Gesamtsystems abzudecken.
- *Experimentelles Prototyping:* Bestehen Zweifel an der Umsetzungsmöglichkeit, der Machbarkeit oder dem Verwendungszweck eines Systems bzw. Teilen davon, wird experimentelles Prototyping eingesetzt. Dabei können durch Überprüfung von Ideen, insbesondere (technisch) kritischer oder kontroverser Punkte Erfahrungen für die spätere Implementierung gewonnen werden. Experimentelles Prototyping wird eher in früheren Phasen des Designprozesses eingesetzt. Oft wird in Zusammenhang mit experimentellem Prototyping auch von „Rapid Prototyping“ oder „Throwaway Prototyping“ geredet. Der Prototyp wird in vielen Fällen nach der Evaluierung weggeworfen, danach wird bei Bedarf ein neuer Prototyp mit den eingeflossenen Ergebnissen erstellt. Im Gegensatz zum explorativen Prototyping kommen dabei vertikale Prototypen (siehe Horizontales und vertikales Prototyping in Kapitel 12.2.3) zum Einsatz, um Probleme tiefgehend zu erkunden.
- *Evolutionäres Prototyping:* Bei evolutionärem Prototyping werden Prototypen gemeinsam mit der Entwicklung des Systems kontinuierlich weiterentwickelt und verfeinert. Im Laufe des Entwicklungsprozesses konvergieren dabei der iterative Prototyp und das Echtsystem. Zwischen den einzelnen Phasen finden Validierungen der Weiterentwicklungen statt. Der Prototyp wird nach einer Validierung nicht weggeworfen, sondern aufbauend auf den Ergebnissen der Validierung weiterentwickelt.

Horizontales und vertikales Prototyping

Prototypen können hinsichtlich ihres Interaktionslevels zwischen vertikaler und horizontaler Ausprägung unterteilt werden. Vertikale Prototypen beschränken sich auf ein Subset von Funktionen, bilden diese aber in ihrer Tiefe ab. Das heißt, dass sowohl das Interface als auch die dahinterstehende Funktionalität zur Verfügung stehen. Vertikale Prototypen werden daher vorrangig für Machbarkeitsanalysen oder Evaluierung sehr komplexer Funktionen erstellt, für die teilweise wenig Spezifikationen existieren. Horizontale Prototypen decken das gesamte System durch ein *User Interface* ab. Die Funktionalität hinter den verfügbaren Funktionen ist allerdings kaum bzw. nur limitiert vorhanden. Der Vorteil an horizontalen Prototypen ist, dass sie leicht erstellt werden können und somit das gesamte User Interface mit all seinen Zusammenhängen und Abhängigkeiten getestet bzw. evaluiert werden kann. Horizontale Prototypen zeigen zugleich den Umfang der Funktionen und Möglichkeiten eines Systems auf.

▶Abbildung 12.7 zeigt den Vergleich von horizontalen und vertikalen Prototypen. Dabei befinden sich die Anzahl der Funktionen auf der horizontalen Achse und die Ausprägung der Funktionalität auf der vertikalen Achse. Im Überschneidungsbereich von horizontalen und vertikalen Prototypen spricht man von *Szenarios*, die man für die Evaluierung in beispielsweise User-Tests heranziehen kann. Szenarios stellen eine Menge von zusammenhängenden Funktionen dar, die bereits eine gewisse Funktionalität aufweisen, so dass der Ablauf der Aktivitäten durchgespielt werden kann.

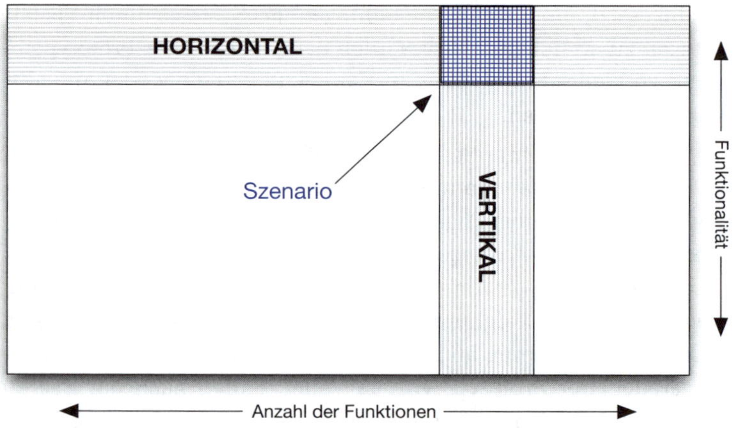

Abbildung 12.7: Horizontales und vertikales Prototyping

Fidelity

Prototypen können auch in ihrem Detaillierungsgrad (Fidelity) unterschieden werden. Man unterscheidet dabei zwischen Low-Fidelity-Prototypen mit geringerem Detaillierungsgrad und High-Fidelity-Prototypen, die dem Echtsystem bezogen auf Funktionalität und Interaktivität deutlich näher kommen (Rudd, Stern & Isensee, 1996).

Low-Fidelity-Prototyp Low-Fidelity-Prototypen werden insbesondere in frühen Phasen des Designprozesses eingesetzt, weil ihre Entwicklungskosten und die dafür benötigte Zeit vergleichsweise gering und Änderungen leicht vorzunehmen sind. So können Prototypen sehr früh für erste Machbarkeitsanalysen eingesetzt werden und zugleich Ideen ausreichend kommuniziert werden. Oft werden verschiedene Prototypen hergestellt, um durch Evaluierung der unterschiedlichen Designkonzepte zwischen Alternativen auswählen zu können. Ein weiterer Vorteil von Low-Fidelity-Prototypen liegt darin, dass bei der Erstellung weniger Gefahr existiert, sich in Details zu verlieren, anstatt sich auf das Gesamtbild des Systems zu konzentrieren.

Low-Fidelity-Prototypen haben allerdings den Nachteil, dass Navigations- bzw. Interaktionsmöglichkeiten schwerer nachgebildet werden können und daher ihre Weiterverwendung für umfangreiche Tests mit Benutzern eher ungeeignet ist. Auch die Fehlerbehandlung, also die Reaktionen des Systems auf unerwartete Ereignisse, eines Low-Fidelity-Prototyps ist nicht vergleichbar mit den Möglichkeiten eines umfangreicheren Prototyps, der beispielsweise mit HTML programmiert wurde.

Typische Beispiele für Low-Fidelity-Prototypen sind Papierprototypen und Storyboards, die im Wesentlichen mit sehr einfachen Mitteln hergestellt werden können (z.B. mit Papier und Stift).

VORTEILE/NACHTEILE VON LOW-FIDELITY-PROTOTYPEN

Vorteile:

- Geringe Entwicklungskosten/-zeit
- Evaluierung von Alternativen
- Machbarkeit analysieren
- Ideen kommunizieren
- Einfach zu ändern

Nachteile:

- Kaum Navigations- und Interaktionsmöglichkeiten
- Wiederverwendbarkeit eingeschränkt
- Fehlerbehandlung nur eingeschränkt möglich

High-Fidelity-Prototyp High-Fidelity-Prototypen weisen eine deutlich höhere Ausprägung auf, oft decken sie sogar die gesamte Funktionalität eines Systems ab. Auch der Detailgrad der einzelnen Funktionen kann vergleichsweise hoch sein, so dass die Prototypen oft einem echten System bzw. Design sehr nahe kommen. Durch die hohe Detaillierung können High-Fidelity-Prototypen gut für umfangreiche Evaluierungen, wie beispielsweise *User-Tests*, verwendet werden. Durch **interaktives Systemverhalten**, beispielsweise eine funktionale Navigation und korrekte Fehlerbehandlung sowie die Möglichkeit, Eingaben von der Tastatur oder der Maus entgegenzunehmen, kann eine realistische Situation für Evaluierungen geschaffen werden. Auch kann ein reales „*Look and Feel*" der Applikation erstellt werden, das der finalen Version zu einem hohen Grad entspricht. Zugleich verschafft dies Vorteile für Marketing oder Verkauf eines Systems.

Durch die verhältnismäßig umfangreiche und zeitaufwändige Entwicklung eines High-Fidelity-Prototypen werden diese jedoch selten für die Analyse der Machbarkeit eingesetzt, vielmehr finden sie in späteren Designphasen ihren Einsatz. Auch dienen High-Fidelity-Prototypen nicht zur initialen Erhebung der Anforderungen der Benutzer. Es besteht zusätzlich die Gefahr, sich zu sehr auf Details des Prototyps zu konzentrieren, anstatt den Gesamtfokus im Auge zu behalten.

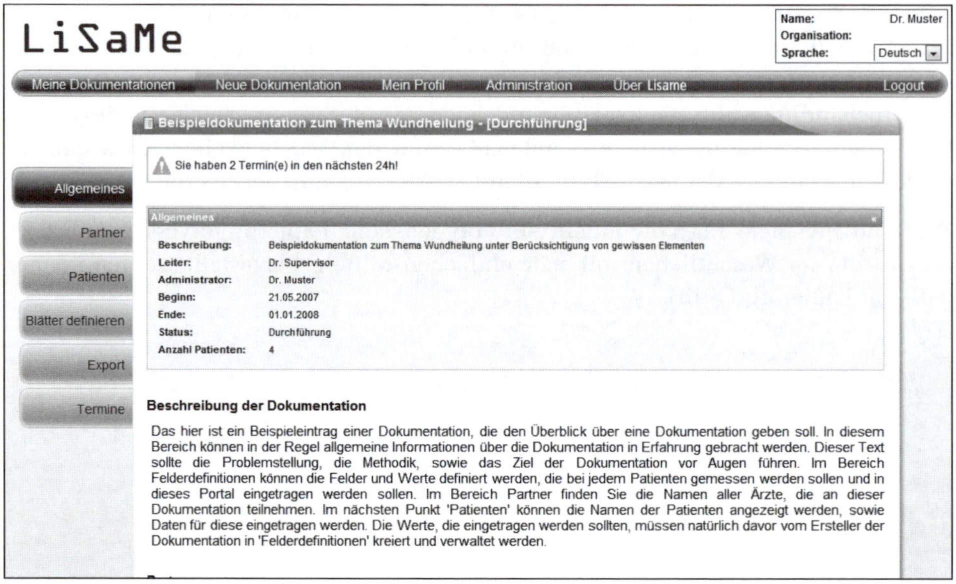

Abbildung 12.8: High-Fidelity-Prototyp am Beispiel LiSaMe

High-Fidelity-Prototypen sind beispielsweise Implementierungen als HTML-Prototypen oder Flash-Animationen. Das *Fallbeispiel LiSaMe* zeigt den Einsatz von High-Fidelity-Prototypen sehr gut. Nach einigen Low-Fidelity-Prototypen zur Evaluierung des Designs wurde ein voll funktionstüchtiger High-Fidelity-Prototyp entwickelt (siehe ▶Abbildung 12.8). Damit war es den Anwendern erstmals möglich, die gewünschte Funktionalität live und mit eigens gewählten Daten zu erproben. Dieser Prototyp lieferte dabei gleich zwei wesentliche Ergebnisse. Zum einen wurde klar, dass der gewählte Technologiestack für rasches Prototyping und kurze Feedback-Zyklen ungeeignet war, was zu der Entscheidung führte, ein *integrierendes Framework* einzusetzen. Zum anderen zeigte sich bald, dass das zugrunde liegende Datenmodell für die Aufgabe zu statisch war. Der konkrete Wunsch der Anwender, das Datenmodell selbst und während des Betriebes anpassen zu können, war der Grundstein für die Adaptierung eines Entity-Attribute-Value (EAV)-Datenmodells, was im Endeffekt von einem Einzelprodukt zu einer ganzen Produktlinie führte.

Neben diesen Haupteffekten des Prototypings zeigten sich auch eine Vielzahl an kleineren Verbesserungspotenzialen. Diese Potenziale sind hier anhand zweier kleiner Beispiele genannt: Das erste Beispiel ist die *visuelle Gestaltung* der Oberfläche. In ersten Entwürfen wurden zentrale Elemente der Applikation mit schwarzem Hintergrund versehen. Dieses elegante Design fand regen Zuspruch bei den Anwendern, stellte sich jedoch bereits sehr früh als impraktikabel heraus. Weiße Schrift auf schwarzem Hintergrund war wesentlich schlechter lesbar und damit anstrengender als die gewohnte dunkle Schrift auf hellem Hintergrund. Aus diesem Grund wurde das komplette Farbschema verworfen. Das zweite Beispiel zeigt, wie wichtig die Erprobung durch die Endanwender auch im Detail ist. Um die Auswertbarkeit der gesammelten Daten möglichst hoch zu halten, wurde die Länge der Freitext-Felder möglichst kurz gehalten (ca. 100 Zeichen). Dies reicht im Normalfall leicht aus, um kurze textuelle Eingaben zu machen, und ermöglicht eine nachträgliche Auswertbarkeit, auch ohne den einzugebenden Wertebereich im Vorhinein festzulegen. Es stellte sich allerdings (wenn auch relativ spät) heraus, dass manche Anwender neben auswertbaren Daten auch sogenannte *Dekurse* im System erfassen wollten. Diese Dekurse sind dafür gedacht, in stichwortartiger Manier den Eindruck des Anwenders festzuhalten, um etwaige relevante Nebenaspekte oder Notizen gemeinsam mit den auszuwertenden Daten zu halten.

VORTEILE/NACHTEILE VON HIGH-FIDELITY-PROTOTYPEN

Vorteile:

- Interaktivität, Fehlerbehandlung möglich
- Navigationsverhalten
- „Look and Feel" nahe dem finalen Produkt
- Verwendbar für umfangreiche Evaluierungen

Nachteile:

- Hohe Entwicklungskosten/-zeit
- Nicht geeignet für Machbarkeitsanalyse oder Anforderungserhebung
- Gefahr, sich in Details zu verlieren

Paper Prototyping

Papierprototypen stellen die wichtigste Art von Low-Fidelity-Prototypen dar, da sie einfach und von jedem in geringer Zeit machbar sind. Besonders beliebt sind *Papierprototypen* deswegen, weil sie leicht änderbar sind und kaum Materialien dafür benötigt werden. Benötigte Utensilien sind neben Papier und unterschiedlichen Stiften Klebstoff, Marker, eine Schere und Klebezettel.

Prototypen sollten klar von Skizzen getrennt werden (Buxton, 2007). Während Skizzen sich eher für eine schnelle Darstellung von initialen Ideen in den Anfangsphasen eines Designprozesses eignen („*Fail early and fail often*"), werden Prototypen eher in der Phase der Verfeinerung, also mit Fortschreiten des Prozesses, eingesetzt. Da zugleich der Detaillierungsgrad als auch die Kosten für die Entwicklung im Laufe des iterativen Verbesserungsprozesses steigen, reduziert sich zugleich die Anzahl von Prototypen im Vergleich zu Skizzen. Während Skizzen das Ziel haben, Fragen und Vorschläge aufzuwerfen, versuchen Prototypen Antworten zu geben und durch Evaluierungen schließlich auch Ergebnisse für die Spezifikationen zu erreichen.

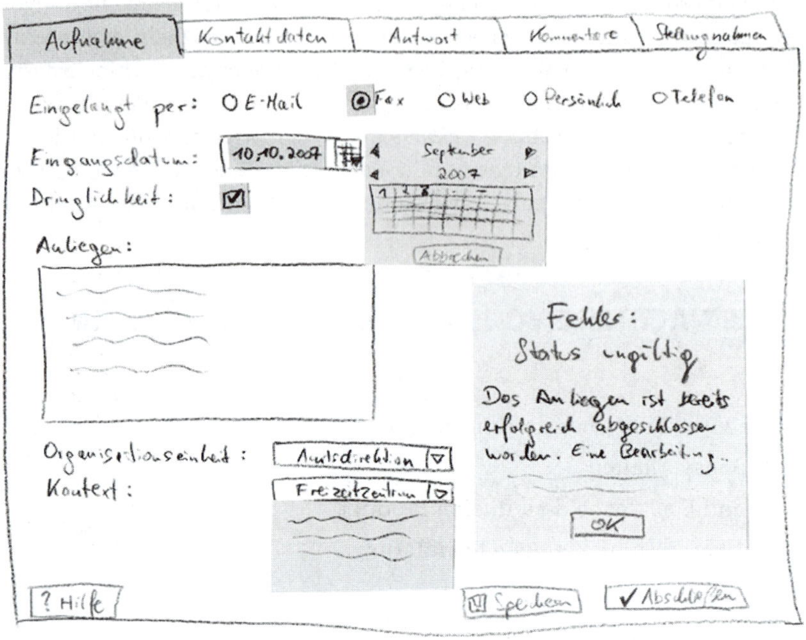

Abbildung 12.9: Papierprototyp am Beispiel Stadt21

Mit Hilfe von *Klebezetteln* lassen sich Papierprototypen erstellen, die Interaktivität vortäuschen können und somit auch für einen Benutzertest geeignet sind, bei dem Testpersonen aus der Zielgruppe des Systems die gewünschte Aufgabe am Papierprototypen durchführen und der Testleiter nebenbei Änderungen am Papierprototypen vornimmt. So kann beispielsweise ein Klebezettel ein Popup-Fenster darstellen, das bei einer ungültigen Aktion des Benutzers aufscheinen würde. Auch kann man Klebezettel für sich ändernde Daten (z.B. ein Display) oder Bereiche während eines Tests verwenden. Die vorgetäuschte Interaktivität des Papierprototyps kann auch verstärkt werden, indem beispielsweise bei Dateneingaben *Dropdown-Menüs* angezeigt oder Markierungen durchgeführt werden – so kann ein zunächst nicht ausgewählter Radiobutton durch einen eingefärbten *Radiobutton* auf einem kleinen Klebezettel ersetzt werden (siehe ▶Abbildung 12.9). Auch können Dropdown-Menüs oder verschiebbare Seiten durch Einschieben eines Papierstücks durch eine vorbereitete Spalte im Papierprototypen simuliert werden. Der Fantasie sind hier kaum Grenzen gesetzt.

Die Testpersonen können für die Auswahl von Interaktionselementen am Papierprototypen einen Stift als Ersatz für die Computermaus verwenden.

VORTEILE/NACHTEILE VON PAPER PROTOTYPING

Vorteile:

- Einfach und kostengünstig
- Kann ohne aufwändige Kenntnissen von jedem erstellt werden
- Änderungen leicht durchführbar
- Schnelles direktes Feedback
- Interaktionsmöglichkeit kann für Evaluierung vorgetäuscht werden
- Eignet sich für frühe Designphasen, Auswahl von Alternativen

Nachteile:

- Iterative Weiterentwicklung kaum möglich
- Begrenzte Interaktionsmöglichkeiten
- Unter Umständen für Benutzer schwer vorstellbar

Aufgabe – Paper Prototyping Wählen sie ein beliebiges Szenario aus dem CWS und erstellen Sie dazu einen Papierprototypen.

WWW.PEARSON-STUDIUM.DE CWS COMPANION WEBSITE Daten

Wizard of Oz

Eine besondere Form von Prototypen nennt sich „Wizard of Oz"-Prototyp. Die Bezeichnung dieser Methode basiert auf einem Kinderbuch von Lyman Frank Baum mit dem Titel „The Wonderful Wizard of Oz" aus dem Jahre 1900. In der Geschichte stellt sich erst sehr spät heraus, dass der Zauberer „Oz" in Wirklichkeit nur ein weiser, alter Mann ist. Dieses Vortäuschen wird auch bei „Wizard of Oz"-Prototypen angewandt. Dabei wird die Funktionalität des Systems in Wirklichkeit nur simuliert, wobei im Gegensatz zu Papierprototypen der Benutzer nicht weiß, dass es sich dabei um eine vorgetäuschte Funktionalität handelt. In den meisten Fällen wird die nicht vorhandene Funktionalität durch eine Person im Hintergrund („man behind the curtain") vorgetäuscht.

IBM hat in den 80er Jahren diese Methode verwendet, um ein *Spracherkennungssystem* zu evaluieren (Gould, Conti, & Hovanyecz, 1983). Dabei wurde die Spracherkennung nicht implementiert, sondern auf folgende Weise simuliert: Der Computer konnte die über ein Mikrofon aufgenommenen Sprachbefehle nicht interpretieren, sondern eine Person „hinter dem Vorhang" hörte über einen Lautsprecher, was die Testpersonen sagten, und tippte das Gesprochene in den Computer (siehe ▶Abbildung 12.10). Die Testpersonen sahen somit den Text mit einer enormen Trefferquote am Bildschirm, wussten aber nicht, dass die Funktionalität nur vorgetäuscht war.

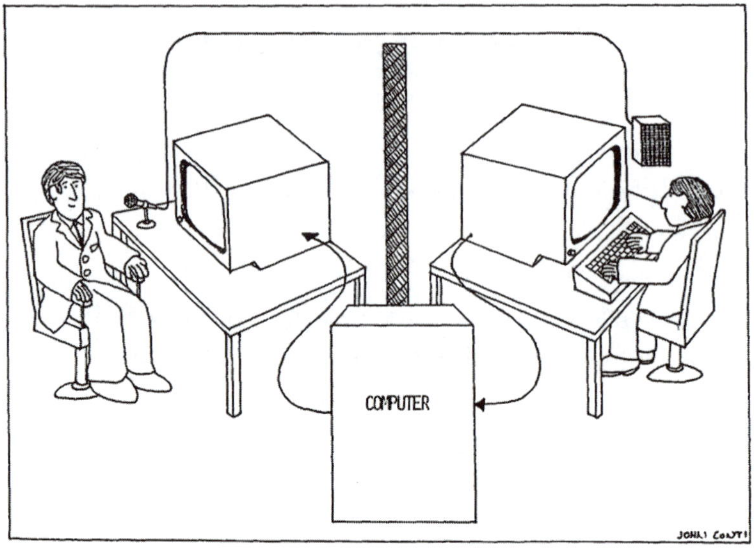

Abbildung 12.10: „The listening Typewriter" (Gould et al., 1983)

Der Nutzen dieser Methode ist durch das Beispiel klar ersichtlich. Ganz nach dem Motto „Fake it till you make it" konnte IBM, ohne den komplexen Code für die Spracherkennung schreiben zu müssen, durch die Evaluierung reale, gültige Erkenntnisse über die Interaktion gewinnen, um schließlich eine mögliche Entwicklung zu überdenken. Daher werden „Wizard of Oz"-Prototypen insbesondere für komplexe Funktionalitäten oder „hard to implement"-Funktionen zur Überprüfung des Konzeptes verwendet, wie beispielsweise künstliche Intelligenz, Handschrifterkennung oder auch medizinische Diagnostik.

Besonders nützlich erweist sich diese Methode, wenn mit Papierprototypen eine Evaluierung keine aufschlussreichen Ergebnisse liefern würde. Es muss jedoch nicht immer ein Mensch der „Wizard" sein, vielmehr können auch andere Systeme (z.B. über Schnittstellen) als „Wizard" verwendet werden, um beispielsweise darauf aufbauende Funktionen testen zu können.

VORTEILE/NACHTEILE VON WIZARD OF OZ

Vorteile:

- Kostengünstig im Vergleich zur Implementierung
- Liefert reale, gültige Erkenntnisse der Interaktion

Nachteile:

- Einschränkungen in den Darstellungsmöglichkeiten der Interaktion
- Simulation von umfangreicher Interaktion nur eingeschränkt möglich

12.2.4 Evaluierung

Evaluierung ist ein wesentlicher Bereich im Usability Engineering und zielt darauf ab zu überprüfen, ob ein Konzept, Design, Prototyp oder Produkt den Wünschen und Bedürfnissen der Benutzer entspricht. Der Evaluierung kommt hierbei große Bedeutung zu, weil es die einzige zuverlässige Möglichkeit darstellt, um die Usability eines Produktes zu überprüfen. Ein Design beruht immer auf Annahmen und Vorhersagen. Designer und Entwickler treffen Annahmen auf unterschiedlichen Ebenen, beispielsweise ob überhaupt Bedarf für ein Produkt besteht, ob die Funktionalität den Bedürfnissen der Benutzer entspricht oder ob Bezeichnungen und Arbeitsabläufe für die Benutzer nachvollziehbar sind. Diese Annahmen sind nicht immer fundiert und belegbar und müssen deshalb überprüft werden. Darüber hinaus verhalten sich Benutzer oft für die Designer völlig unvorhersehbar, unabhängig davon, wie gründlich und sorgfältig ein Designer plant und arbeitet.

Evaluierung zielt darauf ab, **Fehler** im Design ausfindig zu machen. Hierbei kann man zwischen zwei grundlegenden Herangehensweisen unterscheiden:

- *Empirische Methoden* zielen darauf ab, Fehler zu erfassen, die in der Praxis auftreten, üblicherweise anhand von Beobachtung oder im Dialog mit Benutzern. Diese Methoden erfordern stets die Teilnahme von Testpersonen, die für die Benutzer des Produktes repräsentativ sind. Die Ergebnisse aus der Beobachtung erlauben Rückschlüsse auf Probleme und Verbesserungsmöglichkeiten. Beispiele für empirische Methoden sind *Usability-Tests* mit Benutzern oder Feldstudien.
- *Nichtempirische Methoden* (oder auch **Inspektionsmethoden**) zielen darauf ab, Fehler vorherzusagen. Hierbei versetzen sich Experten in die Rolle der Benutzer und versuchen Fehler vorherzusagen, üblicherweise auf Basis von Expertenwissen, theoretischen Grundlagen, Richtlinien und Modellen. Beispiele für solche Inspektionsmethoden sind die Heuristische Evaluierung, Cognitive Walkthrough oder die Task-Analyse.

Inspektionsmethoden haben gegenüber empirischen Methoden den Nachteil, dass die Aussagekraft der Ergebnisse beschränkt ist, weil keine echten Benutzer zum Einsatz kommen.

Neben der Unterscheidung zwischen empirischen Methoden und Inspektionsmethoden lassen sich Usability-Evaluierungen dahingehend unterscheiden, zu welchem Zeitpunkt im Entwicklungsprozess sie zur Anwendung kommen:

- *Formative Evaluierung:* Die formative Evaluierung zielt darauf ab, Designentscheidungen und Konzepte zu evaluieren. Sie kommt dementsprechend bereits früh im Entwicklungsprozess zum Einsatz, entweder während der Designphase oder auch parallel zur Entwicklung. Ziel ist es zu überprüfen, ob die Wünsche und Anforderungen der Benutzer erfüllt werden, und außerdem mögliche Probleme im Design möglichst früh vorhersagen zu können. Die formative Evaluierung ist auch gut dazu geeignet, um unterschiedliche Designalternativen gegeneinander abzuwägen. Übergeordnetes Ziel der formativen Evaluierung ist die kontinuierliche Verbesserung des Produktes während der Entwicklung.

- *Summative Evaluierung:* Die summative Evaluierung kommt zur Anwendung, wenn das Produkt bereits fertiggestellt ist oder kurz vor der Fertigstellung steht. Große Änderungen sind zu diesem Zeitpunkt meist nur noch mit großem Aufwand und entsprechenden Kosten möglich. Ziel der summativen Evaluierung ist die Messung der Effizienz des fertigen Produktes und die Überprüfung der Einhaltung zuvor definierter Standards, die vom fertigen Produkt eingehalten werden müssen.

Heuristische Evaluierung

Heuristische Evaluierung ist eine nichtempirische Inspektionsmethode, sie wird von Usability-Experten ohne Benutzer durchgeführt. Man benötigt nur wenige Usability-Experten, um eine erhebliche Verbesserung des Produktes erzielen zu können. Die Methode wurde Anfang der 90er Jahre von Jakob Nielsen als Teil des Discount Usability Engineering-Konzeptes erfunden und populär gemacht. Als Discount Usability Engineering-Methode ist die heuristische Evaluierung eine einfache und preiswerte Variante, ein Produkt auf Usability zu überprüfen. Experten gehen ein System Schritt für Schritt durch und bewerten es anhand von *Heuristiken*. Heuristiken sind allgemein formulierte, grobe Richtlinien, die im Allgemeinen von einer Gruppe von Experten definiert wurden und im jeweiligen Fachbereich von anderen Experten anerkannt werden. Man sollte Heuristiken als Prinzipien betrachten, denen man folgen sollte, es sind jedoch keine unumstößlichen Regeln, die immer richtig sind. Deshalb erfordert eine heuristische Evaluierung auch stets ein gewisses Maß an Domänenwissen von den Experten und die Bereitschaft, sich kritisch mit den Heuristiken auseinanderzusetzen. Heuristiken können in ihrem Detailgrad und Umfang stark schwanken und es gibt sowohl allgemeine Heuristiken, die sich auf viele verschiedene Systeme anwenden lassen, als auch spezielle Heuristiken für bestimmte Problemdomänen wie beispielsweise für Spiele (Desurvire, Caplan, & Toth, 2004) oder DVD-Menüs (Költringer, Tomitsch, Kappel, Kalbeck, & Grechenig, 2005). Die Methode ist sowohl zur Evaluierung von fertigen Produkten als auch von in Entwicklung befindlichen Prototypen (sowohl High-Fidelity als auch Low-Fidelity) geeignet.

Anzahl der Experten Bei einer *heuristischen Evaluierung* kann man nicht davon ausgehen, dass jeder Experte jedes Problem findet. Eine Studie von Nielsen ergab, dass ein Experte ca. 35% der existierenden Probleme finden wird. Unterschiedliche Experten werden jedoch im Allgemeinen unterschiedliche Probleme feststellen und somit lässt sich die Anzahl der gefundenen Probleme erhöhen, indem mehrere Experten die Evaluierung durchführen. Jedoch gilt es hierbei zu bedenken, dass die von den einzelnen Experten jeweils gefundenen Probleme bis zu einem gewissen Grad korrelieren. ▸Abbildung 12.11 zeigt den Anteil der gefundenen Probleme beim Einsatz einer steigenden Anzahl von Experten im Rahmen einer heuristischen Evaluierung auf Basis der Erfahrungswerte von Nielsen (1994).

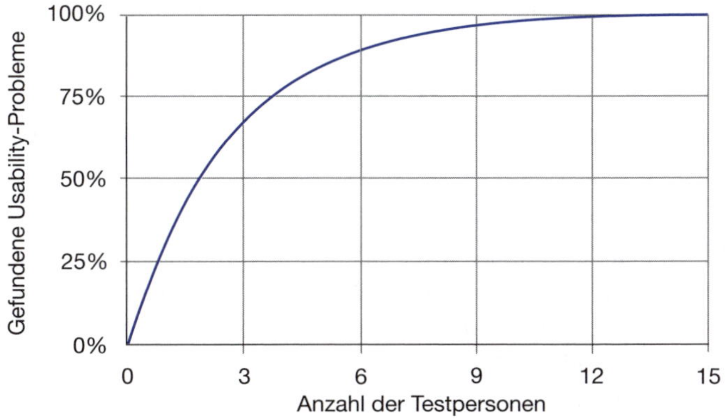

Abbildung 12.11: Anzahl der Evaluatoren im Verhältnis zu den gefundenen Usability-Problemen (Nielsen, 1994)

Daraus lässt sich schließen, dass sich unter Einsatz von vier Experten bereits ein großer Teil der existierenden Probleme finden lässt und dass der Anteil der gefundenen Probleme durch den Einsatz von weiteren Experten nur noch langsam steigt. Eine exemplarische *Kosten-Nutzen-Analyse* auf Basis der Daten von Nielsen (1994) ergab das in ▶Abbildung 12.12 dargestellte Ergebnis. Der Graph zeigt, um wie viel höher der Nutzen aus der Evaluierung als die Kosten in Abhängigkeit von der Anzahl der eingesetzten Experten ist. Die genaue Entwicklung der Kurve ist in der Praxis von verschiedenen Faktoren wie z.B. den Fixkosten für die heuristische Evaluierung und den variablen Kosten je eingesetztem Experten abhängig. In dieser beispielhaften Analyse zeigt sich, dass sich das beste Kosten-Nutzen-Verhältnis durch den Einsatz von *vier Experten* erzielen lässt. Dieses Beispiel unterstützt die generelle Beobachtung, dass es im Allgemeinen am besten ist, drei bis fünf Experten für eine heuristische Evaluierung einzusetzen. Diese Anzahl reicht laut Nielsen (1994) aus, um mehr als zwei Drittel aller vorhandenen Usability-Mängel zu finden, und bietet das beste Kosten-Nutzen-Verhältnis.

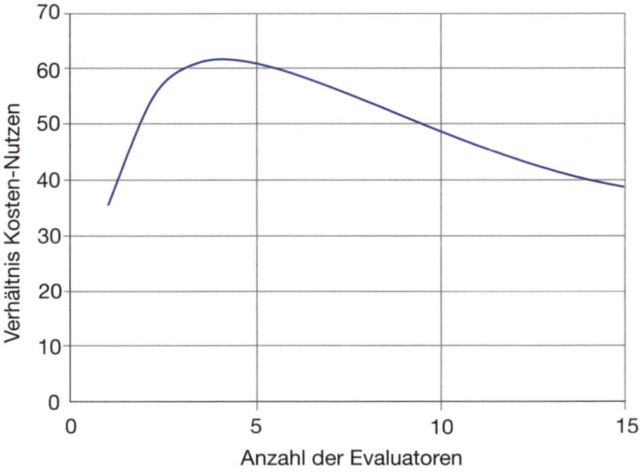

Abbildung 12.12: Kosten und Nutzen im Verhältnis zur Anzahl der Evaluatoren (Nielsen, 1994)

Ablauf Der Ablauf einer heuristischen Evaluierung lässt sich grob in folgende drei Phasen unterteilen:

1. *Training der Experten:* Bevor mit der Evaluierung begonnen werden kann, ist es notwendig, den involvierten Experten notwendiges Domänenwissen und Informationen über die Nutzungsszenarien zu vermitteln.
2. *Evaluierung:* Im Rahmen der eigentlichen Evaluierung sollte jeder Experte das User Interface des Systems zumindest zweimal alleine durchgehen: das erste Mal, um den Prozess zu verstehen, und das zweite Mal, um das Interface mit der Liste der vorgegebenen Heuristiken zu vergleichen. Auf Basis des Vergleiches von Interface und Heuristiken produziert jeder Experte eine Liste von Problemen bzw. Verstößen gegen eine Heuristik. Hierbei muss jedes Problem eine Referenz auf die betroffene Heuristik enthalten und der Experte muss jedes Problem einzeln und präzise beschreiben.
3. *Auswertung:* Nachdem jeder Experte das User Interface allein untersucht hat, trifft sich das Designteam zur Diskussion der Ergebnisse. In diesem Treffen wird eine Gesamtliste aller gefundenen Probleme erstellt und die einzelnen Probleme werden anhand sogenannter Severity Ratings priorisiert.

Severity Rating Das Severity Rating dient der Gewichtung der gefundenen Probleme – je schwerwiegender ein Problem ist, desto höher ist der Wert. Das Severity Rating dient als Richtlinie für die Einteilung von Ressourcen zur Behebung des Problems und zur Abschätzung, ob noch weitere Usability-Maßnahmen notwendig sind.

Das Severity Rating ergibt sich aus einer Kombination unterschiedlicher Faktoren:

- *Häufigkeit:* Tritt das Problem häufig auf oder nur selten?
- *Auswirkungen für den Benutzer:* Ist das Problem für den Benutzer schwerwiegend oder nicht? Wie leicht kann der Benutzer die Auswirkungen des Problems überwinden?
- *Persistenz:* Ist es ein Problem, das nur einmal auftritt oder tritt es öfter auf? Kann der Benutzer das Problem nach dem ersten Auftreten beim nächsten Mal leicht überwinden oder hat das Problem wiederholt negative Auswirkungen für den Benutzer?

Die gefundenen Probleme sollten erst nach Abschluss der Evaluierung bewertet werden. Hierzu sollte jeder Experte die von ihm gefundenen Probleme zunächst alleine für sich selbst bewerten. Anschließend findet ein Teamtreffen statt, bei dem die individuell gefundenen Probleme diskutiert werden. Erst danach wird ein abschließendes, gemeinsames *Rating* abgegeben.

Severity-Rating-Skala (Nielsen, 1994):

0 – don't agree that this is a usability problem

1 – cosmetic problem

2 – minor usability problem

3 – major usability problem; important to fix

4 – usability catastrophe; imperative to fix

VORTEILE/NACHTEILE HEURISTISCHE EVALUIERUNG

Vorteile:

- Schnell und preiswert in der Durchführung (oft innerhalb eines Tages durchführbar)
- Einfach und schnell zu erlernen
- Keine Benutzer erforderlich
- Geringe Anzahl an Experten (drei bis fünf) werden benötigt

Nachteile:

- Aussagekraft der Ergebnisse ist teilweise eingeschränkt, weil keine echten Benutzer involviert sind.
- Man kann nicht davon ausgehen, dass alle Probleme gefunden werden.
- Eventuell tauchen in der Praxis andere Usability Probleme auf.
- Qualität der Ergebnisse hängt stark von der Erfahrung und Sorgfalt der Experten ab

Heuristiken nach Jakob Nielsen Neben spezifischen Heuristiken für konkrete Problemdomänen gibt es auch sehr allgemein gehaltene Heuristiken. Ein Beispiel für eine Sammlung an allgemein gültigen Heuristiken, die sich auf fast jede Art von interaktivem System anwenden lassen, stellen die Heuristiken nach Nielsen dar.

Jakob Nielsen entwickelte seine Heuristiken für User Interface Design im Jahr 1990, basierend auf seiner Zusammenarbeit mit Rolf Molich (Nielsen & Molich, 1990). In den folgenden Jahren überarbeitete Nielsen diese Heuristiken und veröffentlichte im Jahr 1994 die nachfolgend präsentierte Zusammenstellung von zehn Heuristiken, die bis heute ihre Gültigkeit bewahrt haben und noch immer weit verbreitete Anwendung finden.

ZEHN HEURISTIKEN FÜR USER INTERFACE DESIGN (NIELSEN, 1994)

- Sichtbarkeit des Systemzustands *(Visibility of system status):* Das System muss den Benutzer zu jedem Zeitpunkt darüber informieren, was gerade passiert. Das Risiko von Fehleingaben steigt, wenn der Benutzer nicht weiß, ob seine Eingaben angekommen sind und korrekt verarbeitet werden. Darüber hinaus ist mangelndes Feedback für den Benutzer auch frustrierend.
- Übereinstimmung von System und realer Welt *(Match between system and the real world):* Das System muss die Sprache des Benutzers sprechen unter Verwendung von Formulierungen und Konzepten, mit denen der Benutzer vertraut ist. Konventionen aus der realen Welt müssen eingehalten werden. Informationen sollten auf natürliche und logisch nachvollziehbare Weise präsentiert werden.

- Kontrolle und Freiheit des Benutzers *(User control and freedom):* Benutzer machen oftmals Fehler in der Bedienung eines Programms und benötigen dann einen schnellen und direkten Ausweg, um dem ungewollten Systemzustand zu entkommen und zu einer vertrauten Ausgangsposition zurückzugelangen. „Undo“ und „Redo“ sind zwei sehr wichtige Funktionen, die dem Benutzer helfen, die Kontrolle zu behalten, und ihm die Angst vor den Konsequenzen einer Fehleingabe nehmen.
- Konsistenz und Standards *(Consistency and standards):* Dinge, die sich gleich verhalten, müssen auch gleich aussehen. Dinge, die sich unterschiedlich verhalten, müssen auch unterschiedlich aussehen. Dies ist wichtig, damit der Benutzer ein korrektes mentales Modell von der Funktionsweise eines interaktiven Systems entwickeln kann, welches es ihm ermöglicht, das Verhalten des Systems zu verstehen und die Bedienung im Kopf durchzuspielen. Systeme müssen nicht nur in sich selbst konsistent sein, sondern sollten sich auch an Plattformkonventionen halten. Dadurch wird es den Benutzern ermöglicht, Vorwissen aus der Bedienung von ähnlichen Applikationen auf ein neues System zu übertragen.
- Fehlervermeidung *(Error prevention):* Anstatt auf Eingabefehler einfach nur mit Fehlermeldungen zu reagieren, ist es wesentlich besser, ein System so zu gestalten, dass Fehleingaben von vorneherein unmöglich werden.
- Erkennen statt Erinnern *(Recognition rather than recall):* Man sollte versuchen, das Gedächtnis des Benutzers so wenig wie möglich zu beanspruchen. Benutzer sollten sich keine Informationen von einem Dialogfenster zum nächsten merken müssen. Hinweise zur Verwendung des Systems sollten sichtbar oder einfach abrufbar sein. Dies fördert unter anderem die intuitive Bedienbarkeit und Erlernbarkeit eines interaktiven Systems.
- Flexibilität und Effizienz der Nutzung *(Flexibility and efficiency of use):* Benutzer sollten die Möglichkeit haben, häufig genutzte Funktionen ihren Bedürfnissen anzupassen. Accelerators und Shortcuts sollten es fortgeschrittenen Benutzern ermöglichen, schneller und effizienter als unerfahrene Benutzer mit dem System zu arbeiten.
- Ästhetisches und minimalistisches Design *(Aesthetic and minimalist design):* Es sollten keine Informationen angezeigt werden, die irrelevant sind oder nur sehr selten gebraucht werden. Jede überflüssige Information lenkt von den wirklich relevanten Informationen ab. Interfaces sollten auch ästhetisch ansprechend gestaltet sein.
- Benutzer darin unterstützen, Fehler zu erkennen, zu verstehen und zu beheben *(Help users recognize, diagnose, and recover from errors):* Fehlermeldungen müssen für die Benutzer verständlich sein. Sie sollten keine kodierten Debug-Informationen enthalten. Sie müssen dem Benutzer erklären, welcher Fehler aufgetreten ist, welche Teile des Systems von dem Fehler betroffen sind, welche Auswirkungen der Fehler für ihn hat und welche Schritte er einleiten kann, um den Fehler zu beheben.

- Hilfe und Dokumentation *(Help and documentation)*: Idealerweise sollte ein System so gestaltet sein, dass der Benutzer für die Bedienung keine Hilfe oder Beschreibung benötigt. In vielen Fällen ist es jedoch nicht möglich, diesem Ideal zu entsprechen. In diesen Fällen ist es notwendig, dass die Hilfefunktion möglichst gut gestaltet ist. Eine Hilfefunktion sollte einfach zu durchsuchen sein, auf die Aufgaben und Arbeitsabläufe des Benutzers abgestimmt sein und konkrete Schritte zur Vorgehensweise beschreiben. Außerdem sollte die Hilfe nicht zu lang und umfangreich sein, weil die Benutzer sonst abgeschreckt werden, die Hilfe überhaupt zu lesen.

Aufgabe – Heuristische Evaluierung Wählen Sie eine beliebige Webseite und führen Sie eine heuristische Evaluierung mit Hilfe der Heuristiken von Jakob Nielsen durch.

Cognitive Walkthrough

Diese Methode zählt ebenso wie die heuristische Evaluierung zu den Inspektionsmethoden und benötigt zur Durchführung keine Testpersonen. Anstelle eines Benutzers erforscht ein Usability-Experte das System aus dem Blickwinkel eines Benutzers. Der Experte beachtet hierbei, dass ein Benutzer immer versuchen wird, den einfachsten Weg zur Lösung einer Aufgabe zu finden. Es ist wichtig, dass der Experte nicht nur über das Verhalten, sondern auch über das Vorwissen des Benutzers Bescheid weiß. Aus der Sicht des Benutzers versucht der Experte dann, das System zu erforschen. Er muss dabei jeden einzelnen Schritt hinterfragen. Verhindert das System die Ausführung einer Aufgabe, bedeutet dies eine Schwachstelle, die durch ein Redesign des User Interface gelöst werden muss. Ein Ziel des *Cognitive Walkthrough* ist es, die Erlernbarkeit eines Systems schon früh in der Designphase zu untersuchen.

Bei dieser Methode handelt es sich um eine *aufgabenorientierte Methode*. Experten evaluieren das User Interface anhand von ausgewählten Aufgabenstellungen. Der Ablauf gliedert sich in zwei Phasen, die Vorbereitungsphase und die Analysephase. In der *Vorbereitungsphase* legt der Experte die Inputbedingungen des Walkthrough fest. Diese sind eine detaillierte Beschreibung oder Implementierung des Designs, Aufgabenszenarien, explizite Angaben über die Benutzer des Systems und den Kontext sowie eine Aktionsfolge, die dokumentiert, wie eine Aufgabe vollständig durchgeführt werden kann. In der *Analysephase* evaluiert der Experte das System anhand der Aufgabenszenarien (Walkthrough der Aktionsfolgen) und dokumentiert den kognitiven Aufwand und jede kritische Information (Wharton, Rieman, Lewis & Polson, 1994).

Definition des Inputs Zuerst wird definiert, wer die Benutzer des Systems sind. Neben statistischen Daten betrifft dies auch die Erfahrung und das Vorwissen der Benutzer. Es muss klar sein, auf welchem Wissensstand sich die Benutzer befinden. Der Wissenstand der Benutzer bezieht sich sowohl auf das User Interface als auch auf die Aufgaben. Ein Teil einer Beschreibung könnte z.B. lauten: „Windows-Benutzer mit geringen Vorkenntnissen in MS-Word".

Danach muss festgelegt werden, welche Aufgaben analysiert werden sollen. Die Anzahl der möglichen Aufgaben kann durch den Entwicklungsstand des Systems eingeschränkt sein. Die Auswahl der Aufgaben richtet sich nach dem Ziel, das mit dem *Cognitive Walkthrough* verfolgt wird. Sind die Aufgaben definiert, ist es notwendig, die Aktionsfolgen zu dokumentieren, die zur Erfüllung jeder einzelnen Aufgabe notwendig sind. Zusätzlich wird eine kurze Aufgabenbeschreibung inkludiert. Beispiele für Aktionsfolgen sind „Speichern als... aus dem Dateimenü auswählen", „PDF als Dateiformat auswählen", „Auf Speichern drücken". Die Granularität der Aktionsfolgen richtet sich nach der Erfahrung der Benutzer.

Die Definition des User Interface ist ebenfalls Teil des Inputs. Dies ist entweder durch die Implementierung selbst gegeben oder im Falle einer Evaluation in einer frühen Designphase durch einen Papierprototypen möglich (siehe Paper Prototyping in Kapitel 12.2.3). Es muss genau ersichtlich sein, welche Aufforderungen und Reaktionen das User Interface während der Ausführung der Aufgaben anzeigt.

Walkthrough der Aktionsfolgen In der Analysephase werden alle Schritte der Aktionsfolgen einzeln durchgeführt. Für jeden Schritt wird versucht, eine gute Begründung zu finden, warum der zukünftige Benutzer des Systems genau diese Aktion wählen würde. Diese Begründungen basieren einerseits auf dem zuvor definierten Input und andererseits auf dem Verständnis über den Problemlösungsprozess.

Nach Polson und Lewis (1990) beginnen Benutzer im Problemlösungsprozess mit einer groben Beschreibung der Aufgabe. Danach erforschen sie das User Interface und wählen eine Aktion, von der sie glauben, dass sie die gewünschte Aufgabe erfüllt. Im nächsten Schritt beobachten sie die Reaktion des Systems, um festzustellen, ob ihre ausgeführte Aktion zum erwarteten Resultat führt. Ist dies der Fall, wählt der Benutzer die nächste notwendige Aktion.

Während der Experte die Aktionen durchführt, wird er für jeden Schritt Fragen beantworten:

- Wird der Benutzer versuchen, den richtigen Effekt zu erzielen?
- Wird der Benutzer erkennen, dass die korrekte Aktion zur Verfügung steht?
- Wird der Benutzer eine Verbindung zwischen korrekter Aktion und gewünschtem Effekt herstellen können?
- Wenn eine korrekte Aktion ausgeführt wurde: Wird der Benutzer den Fortschritt erkennen?

Aufnahme von kritischen Informationen Die Dokumentation des Cognitive Walkthrough kann mittels Videorecorder, elektronisch oder auch auf Papier erfolgen. Zusätzlich sollte die Begründung, warum der Benutzer diese Aktionen so durchführen wird, notiert werden. Außerdem müssen Anforderungen an die Erfahrung der Benutzer und Annahmen über den Benutzer ebenfalls erfasst werden.

VORTEILE/NACHTEILE COGNITIVE WALKTHROUGH

Vorteile:

- Kann sehr früh im Designprozess eingesetzt werden
- Erfordert keine Benutzer, kann auch von Softwareentwicklern durchgeführt werden
- Hilft, Ziele und Annahmen des Benutzers zu verstehen

Nachteile:

- Zeitaufwändig
- Erfordert Training

Usability-Testing

Es existieren viele Methoden, um die Benutzbarkeit eines Produktes zu evaluieren. **Usability-Testing** ist die bekannteste und vermutlich auch bedeutendste Evaluierungsmethode im Bereich des Usability Engineering. Die Methode kann jederzeit eingesetzt werden und liefert sowohl quantitative als auch qualitative Ergebnisse. Im Gegensatz zur heuristischen Evaluierung oder dem Cognitive Walkthrough werden für das Usability-Testing Testpersonen benötigt, welche die späteren Benutzer des Produktes repräsentieren sollen. Diese Testpersonen lösen vordefinierte Testaufgaben, um ein Produkt systematisch auf Usability-Kriterien zu überprüfen. Die Wahl der Testpersonen und Testaufgaben hängt vom vorher definierten Testziel ab. Beispielsweise kann man ein Produkt auf dessen Erlernbarkeit testen, wofür dann unerfahrene Testpersonen benötigt werden. Will man im Gegensatz dazu spezielle Funktionen testen, muss man entweder erfahrene Testpersonen rekrutieren oder diese vor dem Test entsprechend schulen.

Es existieren viele Arten von Usability-Tests, fünf Eigenschaften sind jedoch nach Dumas und Redish (1999) bei jedem Test gleich: Das *Hauptziel* ist es, die Usability des Produktes zu verbessern. Es kommen Testpersonen zum Einsatz, die echte Benutzer des Produktes repräsentieren. Diese Testpersonen bearbeiten zuvor klar definierte, praxisnahe Aufgaben und werden dabei von einem Team an Usability-Experten beobachtet. Die Beobachtungen des Testteams und das Verhalten der Testpersonen während des Tests werden aufgezeichnet. Nach Durchführung der Tests werden die gesammelten Daten vom Expertenteam analysiert, um die eigentlichen Usability-Probleme zu finden. Auf Basis der gefundenen Probleme versucht das Expertenteam, die Ursachen der Probleme zu ergründen und Verbesserungsvorschläge zu deren Lösung zu finden.

Die vier Phasen eines Usability-Tests Der Ablauf eines Usability-Tests lässt sich grob in folgende vier Phasen unterteilen:

1. Vorbereitung und Planung: Was muss alles für den Test bedacht und im Vorfeld organisiert werden?
2. Durchführung: Abwicklung der eigentlichen Tests mit den Testpersonen

3. Auswertung: Sammlung und Analyse der erhobenen Daten und Ausarbeitung von Verbesserungsvorschlägen

4. Kommunikation der Ergebnisse: Der Auftraggeber wird mit den Ergebnissen des Tests vertraut gemacht.

Vorbereitung und Planung:
Die Durchführung eines Usability-Tests ist ein relativ komplexes Unterfangen mit vielen Beteiligten und erfordert dementsprechend gründliche Vorbereitung und Planung. Zuallererst gilt es, einen Zeitplan für die Durchführung des Tests auszuarbeiten. Hierbei müssen unterschiedlichste Faktoren bedacht werden, z.B. wann man die nötigen Räumlichkeiten bzw. ein Labor für die Durchführung zur Verfügung hat, wann die Testpersonen Zeit haben, wann die Auftraggeber die Ergebnisse benötigen, damit diese noch in der weiteren Entwicklung Berücksichtigung finden können, aber auch wann das zu testende Produkt in einem ausreichend fortgeschrittenen Zustand verfügbar ist, um es überhaupt sinnvoll testen zu können. Man muss ein genaues *Testziel* festlegen, in dem definiert wird, welche Aspekte mit dem Test untersucht werden sollen bzw. welche Aspekte man nicht untersuchen möchte und warum. Das konkrete Testziel hat auch Auswirkungen auf die Anforderungen an die Testpersonen. Die Testpersonen müssen für den Test rekrutiert werden. Insbesondere für groß angelegte Tests mit vielen Testpersonen bzw. bei Produkten mit einer sehr speziellen Zielgruppe kann sich dieser Schritt als Herausforderung herausstellen. In Abhängigkeit vom festgelegten Testziel müssen die Testaufgaben und das Anweisungsskript, das an die Testpersonen ausgegeben wird, vorbereitet werden. Geeignete Räumlichkeiten für die Durchführung des Tests müssen reserviert bzw. angemietet und vorbereitet werden. Hier gilt es auch, die Verfügbarkeit der notwendigen technischen Hilfsmittel für die Durchführung und Datenerfassung zu sichern und die Testumgebung vorzubereiten. Schlussendlich wird das ausführende Expertenteam in die spezifischen Details des Tests einweisen.

Durchführung:
Die Durchführung der Tests folgt im Allgemeinen folgendem Schema: Zuerst werden die Testpersonen vom Testleiter oder Moderator begrüßt. Hier gilt es zu beachten, dass der erste Kontakt mit der Testperson in einer angenehmen und freundlichen Umgebung stattfindet und nicht direkt im Testlabor. Für die meisten Menschen ist die Teilnahme an einem Usability-Test ein neues Erlebnis und die fremde Umgebung eines Testlabors kann auf die Testperson einschüchternd wirken. Es ist notwendig, dass die Testpersonen nicht nervös sind, weil sie ansonsten bei der Durchführung der Tests abgelenkt und verunsichert sein könnten, was in weiterer Folge auch störende Auswirkungen auf die Ergebnisse des Tests haben kann.

Nach der Begrüßung sollten die Testpersonen einige einleitende Dokumente ausfüllen. Hierzu zählen einerseits *Background-Fragebögen*, anhand derer allgemeine Hintergrundinformationen und soziodemografische Daten der Testpersonen erhoben werden, andererseits fallen hierunter auch *Non-Disclosure Agreements*, welche verhindern sollen, dass die Testpersonen Informationen über das getestete Produkt weitergeben. Letztere können insbesondere bei neuen Produkten sinnvoll sein, deren Existenz oder genaue Beschaffenheit noch nicht allgemein bekannt ist.

Danach erhalten die Testpersonen eine kurze Einweisung, die ihnen den Testablauf, die Ziele des Tests, das getestete Produkt und die verwendeten Methoden vorstellt. Hierfür bietet sich die Verwendung eines *Orientierungsskripts* an, damit keine Details vergessen werden und alle Testpersonen zuverlässig dieselbe Einweisung erhalten.

Nach der Einweisung können die Testpersonen in das Testlabor geführt werden. Wenn vom Expertenteam ein Pretest-Fragebogen vorbereitet wurde, dann sollten die Testpersonen diesen nun ausfüllen. Danach wird den Testpersonen das Expertenteam vorgestellt und die Testeinrichtung inklusive Aufnahmegeräten erklärt. Je nach Ziel des Tests kann nun eine kurze vorbereitende *Trainingsphase* folgen, in der sich die Testpersonen mit dem Produkt vertraut machen können.

Danach beginnt die eigentliche *Abwicklung* des Tests. Das Expertenteam muss darauf achten, dass sämtliche Instrumente zur Datensammlung gestartet sind, und die vorbereiteten Aufgabenstellungen werden an die Testperson ausgegeben. Die Aufgabenstellungen sollten hierfür schriftlich vorbereitet worden sein, damit die Testperson jederzeit die Möglichkeit hat, noch einmal nachzulesen. Die einzelnen Aufgaben sollten vom Moderator sequentiell ausgegeben werden. Das Expertenteam nimmt die Startzeit auf, beobachtet die Testperson und sammelt kritische Daten.

Nach Abwicklung des Tests müssen die Testpersonen einen *Posttest-Fragebogen* ausfüllen, mit dem Feedback zum getesteten Produkt erfasst wird. Hierbei ist es wichtig, dass die Testpersonen den Fragebogen ausfüllen, bevor es zu Diskussionen mit dem Expertenteam kommt, um eine Beeinflussung zu vermeiden. Danach folgt das *Debriefing*, in dem sowohl offene Fragen seitens des Expertenteams als auch seitens der Testperson geklärt werden können. Für das Expertenteam gilt es zu beachten, dass dies eventuell die letzte Möglichkeit ist, um etwaige Unklarheiten zu beseitigen.

Danach bedankt sich der Testleiter oder Moderator bei den Testpersonen und verabschiedet sich. Zuletzt muss das Expertenteam die erhobenen Notizen, Daten und Formulare einsammeln.

Auswertung:
Vor der Auswertung werden sämtliche Informationen gesammelt und strukturiert. Unterschiedliche Quellen sind hier einerseits die einzelnen Personen aus dem Expertenteam, die Notizen und andere Aufzeichnungen gemacht haben, andererseits z.B. Audio- und Videoaufzeichnungen, handschriftliche Notizen, automatisch generierte Protokolldateien und dergleichen. Danach werden die Beobachtungen geordnet und analysiert. Man betrachtet zuerst, welche Usability-Probleme überhaupt aufgetreten sind und welche Probleme besonders häufig aufgetreten sind. Danach werden diese Probleme *Kategorien* zugeordnet und die mögliche Ursache für das Problem wird identifiziert. Auf Basis der gefundenen Probleme und möglichen Ursachen versucht das Expertenteam dann, Verbesserungsvorschläge zur Behebung der Probleme auszuarbeiten.

Kommunikation der Ergebnisse:
Nach Durchführung der Tests und Analyse der Ergebnisse ist es notwendig, die Ergebnisse des Tests an die Auftraggeber bzw. das Entwicklerteam weiterzugeben, damit die Verbesserungsvorschläge in der weiteren Entwicklung berücksichtigt werden können.

Hierfür stehen unterschiedliche Möglichkeiten zur Verfügung: Die wichtigste Form der *Berichterstattung* ist *schriftlich* in Form eines Berichts. Der Bericht dient als Dokumentation des Tests, aus ihm sollte die genaue Vorgehensweise präzise rekonstruierbar sein. Hierunter fallen nicht nur die Ergebnisse des Tests, sondern auch sämtliche Details zur Planung und zu den Rahmenbedingungen.

Neben dem schriftlichen Bericht ist auch die verbale Berichterstattung in Form eines Vortrages oder einer *Präsentation* sehr verbreitet. Diese Form der Berichterstattung hat den Vorteil, dass das Expertenteam für etwaige Fragen seitens der Auftraggeber oder Entwickler direkt zur Verfügung steht.

Als dritte Form der Berichterstattung kann es sinnvoll sein, die Ergebnisse des Tests in Form eines *Videoberichts* aufzubereiten. Diese Vorgehensweise hat den großen Vorteil, dass man die Probleme besser anhand konkreter Beispiele aus dem Test verdeutlichen kann. Auf diese Weise ist es oft einfacher, den Auftraggebern ein besseres Gefühl für die praktische Relevanz und Tragweite der gefundenen Probleme zu vermitteln.

Common Industry Format for Usability-Test-Reports Das Common Industry Format (CIF) for Usability-Test-Reports wurde vom U.S. National Institute of Standards and Technology (NIST) entwickelt, um Usability-Experten ein einheitliches Format zur Berichterstattung über Methode und Ergebnisse von Usability-Tests zur Verfügung zu stellen (NIST, 2001). Ein Usability-Test-Bericht nach Vorgaben des CIF gliedert sich in folgende Bereiche:

AUFBAU USABILITY-TEST-REPORT

1. *Executive Summary*

2. Einleitung

1. Produktbeschreibung
2. Testziele

3. Methode

1. Teilnehmer
2. Kontext der Nutzung während des Tests
    1. Aufgabenstellungen
    2. Testumgebung
    3. Arbeitsmittel der Teilnehmer
    4. Tools und Hilfsmittel des Expertenteams
3. Experimentelles Design
    1. Vorgehensweise zur Durchführung
    2. Generelle Anweisungen an die Teilnehmer
    3. Aufgabenspezifische Anweisungen an die Teilnehmer

4. Usability-Metriken
    1. Effektivität
    2. Effizienz
    3. Zufriedenheit

4. Ergebnisse
1. Analyse der Daten
2. Präsentation der Ergebnisse

5. Appendices

- *Executive Summary:* Dieser Abschnitt gibt einen Gesamtüberblick über den Test und richtet sich an Entscheidungsträger, die nicht den gesamten Bericht lesen. Die Executive Summary sollte auf jeden Fall eine Beschreibung des evaluierten Produktes, eine Zusammenfassung der Methoden (inklusive Anzahl der Testpersonen und Aufgabenstellungen) und die wichtigsten Ergebnisse enthalten.
- *Einleitung:*
  - *Produktbeschreibung:* In diesem Teil wird das evaluierte Produkt genau beschrieben. Hierzu zählen der Name des Produktes, die Version, welche Teile des Produktes evaluiert wurden, die Zielgruppe, eine Beschreibung der typischen Nutzungsumgebung bzw. des Nutzungskontexts und die Art der Arbeitsaufgaben, welche die Benutzer mit dem Produkt üblicherweise erledigen.
  - *Testziele:* In diesem Abschnitt werden die genauen Ziele des Tests beschrieben. Mögliche Testziele wären beispielsweise die Erhebung von User-Performance-Daten oder die Erhebung der subjektiven Benutzerzufriedenheit. Die Testziele sollten möglichst genau definiert und überprüfbar sein. Des Weiteren sollte an dieser Stelle beschrieben werden, welche Funktionen und Komponenten des Produktes evaluiert wurden.
- *Methode:* Dieser Abschnitt muss es einem unabhängigen Usability-Experten ermöglichen, die Vorgehensweise und den Testablauf präzise zu reproduzieren.
  - *Teilnehmer:* In diesem Teil werden die teilnehmenden Testpersonen beschrieben. Hierzu zählen Angaben zu den soziodemografischen Daten, professioneller Erfahrung, Erfahrung im Umgang mit Computern und anderen interaktiven Systemen und gegebenenfalls spezielle Bedürfnisse der Testperson. Unterschiede zwischen den Testpersonen und der Zielgruppe des Produktes müssen hervorgehoben werden. Die Beschreibung sollte in jedem Fall folgende Daten enthalten: die Gesamtanzahl der teilnehmenden Testpersonen, die Unterscheidung in unterschiedliche Nutzergruppen (z.B. unerfahrene und erfahrene Benutzer), Charakteristika und Fähigkeiten der Nutzergruppen und Auswahlkriterien für die Teilnehmer. Relevante Charakteristika der Testpersonen sollten tabellarisch je Teilnehmer aufgeschlüsselt werden.
  - *Kontext der Verwendung des Produktes im Test:* In diesem Abschnitt werden die Aufgabenstellungen, Szenarios und Arbeitsbedingungen beschrieben. Hierzu gehören die Arbeitsaufgaben, welche die Testpersonen durchführen sollen, und eine

Beschreibung der Testausstattung und Testumgebung. Sämtliche Unterschiede zwischen Testumgebung und einer realistischen Nutzungsumgebung müssen beschrieben werden.

- Aufgabenstellung: die Aufgaben, welche die Testpersonen durchführen. Hierzu gehören eine Beschreibung der Aufgaben an sich, eine Begründung für die Auswahl der Aufgaben und die Quelle der Aufgaben. Zu jeder Aufgabe müssen die genauen Anweisungen an die Testperson und die vordefinierten Erfolgskriterien angegeben werden.
- Testumgebung: eine Beschreibung der physischen Testumgebung inklusive Ausstattung
- Arbeitsmittel der Teilnehmer: Die Arbeitsmittel, mit denen die Testperson die gestellten Aufgaben während des Tests durchführt. Hierzu gehört eine Beschreibung der Systemkonfiguration (inklusive Beschreibung der Hardware, Betriebssystem und spezieller Einstellungen), der verwendeten Software (inklusive Versionsangabe), der verwendeten Ausgabegeräte (z.B. Monitor inklusive Displaygröße und Auflösung, Lautsprecher) und der verwendeten Eingabegeräte (z.B. Tastatur, Maus).
- Tools und Hilfsmittel: Beschreibung der verwendeten Tools und Aufzeichnungsgeräte seitens des durchführenden Expertenteams. Hierzu zählen einerseits technische Hilfsmittel wie beispielweise Kameras oder Mikrofone, andererseits Dokumente und Schriftstücke wie z.B. Protokoll- oder Fragebögen. Bei Verwendung von Standardfragebögen genügt eine kurze Beschreibung, bei Verwendung eigener Fragebögen sollten diese im Anhang enthalten sein.

- *Experimentelles Design:* Dieser Abschnitt beschreibt das logische Design des Tests. Hierzu gehört die Beschreibung der abhängigen und unabhängigen Variablen, der durchgeführten Messungen und der Art der erhobenen Daten.
  - Vorgehensweise: enthält eine Beschreibung sämtlicher Details zur Abwicklung der Tests. Hierzu gehört eine Beschreibung der abhängigen und unabhängigen Variablen, der erhobenen Messdaten, der Verhaltensregeln und Anweisungen für das Expertenteam, des Ablaufes des Tests von der Begrüßung der Testperson bis zur Verabschiedung, des einführenden Trainings für die Teilnehmer und der Kompensation der Teilnehmer.
  - Generelle Anweisungen an die Teilnehmer: In diesem Abschnitt (oder im Anhang) werden sämtliche Anweisungen an die Testpersonen festgehalten, mit Ausnahme der aufgabespezifischen Anweisungen, die im nächsten Kapitel folgen.
  - Aufgabenspezifische Anweisungen an die Teilnehmer: Beschreibung sämtlicher aufgabespezifischen Anweisungen
- *Usability-Metriken:* Hier werden die erhobenen Messdaten und zugehörigen Metriken beschrieben.
  - Effektivität: Maßstäbe für die Effektivität. Hierzu gehören z.B. die Erfüllungsrate der Aufgaben, die Fehlerrate und Hilfestellungen des Expertenteams.

  - Effizienz: Maßstäbe für die Effizienz. Hierzu gehören z.B. Erfüllungszeiten der Aufgaben und Verhältnis von Erfüllungsrate zu durchschnittlicher Erfüllungszeit.
  - Zufriedenheit: Erhebungen zur Zufriedenheit der Benutzer. Hierfür kommen üblicherweise Fragebögen zur Anwendung, wobei man die Wahl zwischen einer Vielzahl von vordefinierten, anerkannten Fragebögen und einer Eigenentwicklung hat.
- *Ergebnisse:* Dieser Abschnitt beschreibt die gefundenen Ergebnisse aus dem Test und deren Auswertung.
  - *Analyse der Daten:* Angaben zur Auswertung der erhobenen Daten. Hierzu gehören die Bewertung der Ergebnisse, der Umgang mit Ausreißern, die Kategorisierung der Daten und Kriterien bezüglich Erfüllung und Nichterfüllung einzelner Aufgaben, des Weiteren Angaben zur statistischen Auswertung der Daten.
  - *Präsentation der Ergebnisse:* Präsentation der Ergebnisse. Sowohl textuelle und bildliche Beschreibungen zur Illustration sollten enthalten sein. Zusätzlich sollten die Ergebnisse tabellarisch und grafisch repräsentiert werden. Performance-Daten sollten für jede einzelne Testperson tabellarisch dargestellt werden, mit Performance-Daten je Aufgabe. Die Beschreibung der Performance-Daten sollte die Erfüllung ohne Hilfestellung, die Erfüllung mit Hilfestellung, die Erfüllungszeit, die Anzahl der Fehler und die Anzahl der Hilfestellungen pro Aufgabe enthalten. Die Beschreibung der subjektiven Zufriedenheit der Testpersonen sollte ebenfalls tabellarisch erfolgen.
- *Appendices:* Eigens angefertigte Fragebögen, Anweisungen an die Testpersonen, Orientierungsskript etc. sollten in den Anhängen enthalten sein.

Das „Common Industry Format for Usability-Test-Reports" sieht kein eigenes Kapitel für die Berichterstattung über Verbesserungsvorschläge vor. Falls das Expertenteam eigene Verbesserungsvorschläge ausarbeitet, dann lassen sich diese als Unterkapitel der Ergebnisse oder als eigenständiges Kapitel im Anschluss an die Ergebnisse in den Bericht gut einbringen.

Experimentelles Design der Usability-Tests Bei der Ausarbeitung des experimentellen Designs eines Usability-Tests gilt es grundsätzlich, zwischen abhängigen und unabhängigen Variablen zu unterscheiden. Die *unabhängigen Variablen* sind jene Faktoren in einem Experiment, die der Kontrolle des Expertenteams unterliegen. Will man im Rahmen eines Experimentes beispielsweise die Arbeitsgeschwindigkeit von Benutzern mit einer Computermaus und mit einem Touchpad vergleichend evaluieren, dann ist die Art des Eingabegerätes eine unabhängige Variable.

Abhängige Variablen sind jene Variablen, die sich der Kontrolle des Expertenteams entziehen und die im Rahmen des Experimentes beobachtet und erfasst werden sollen. Beispiele für abhängige Variablen wären Aufgabenerfüllungszeit, Fehlerrate etc.

Within-Subject und Between-Subject Design

Unabhängige Variablen geben im Allgemeinen einige unterschiedliche Testbedingungen für die Testpersonen vor. Ergeben sich aus den unabhängigen Variablen mehrere Testbedingungen für ein Experiment, dann hat das Expertenteam zwei Auswahlmöglichkeiten für die Aufgabenaufteilung auf die Testpersonen: Within-Subject Design und Between-Subject Design (Nielsen, 1993). Beim Within-Subject Design wird jede Testperson in jeder möglichen Testbedingung getestet. Beim Between-Subject Design wird jede Testperson nur in einer der möglichen Testbedingungen getestet. Angenommen, man plant einen Test, um die Arbeitsgeschwindigkeit von Testpersonen unter Verwendung einer Computermaus der Arbeitsgeschwindigkeit mit einem Touchpad gegenüberzustellen, dann könnten die Ergebnisse bei Verwendung eines Within-Subject Designs wie in Tabelle 12.1 aussehen bzw. bei Verwendung eines Between-Subject Designs wie in Tabelle 12.2:

Testperson	Computermaus	Touchpad
TP 1	12 Sekunden	19 Sekunden
TP 2	16 Sekunden	15 Sekunden
TP 3	8 Sekunden	10 Sekunden

Tabelle 12.1: Beispiel für den Vergleich der Arbeitsgeschwindigkeit mittels Computermaus oder Touchpad unter Verwendung eines Within-Subject Designs

Testperson	Computermaus	Testperson	Touchpad
TP 1	13 Sekunden	TP 2	15 Sekunden
TP 3	14 Sekunden	TP 4	17 Sekunden
TP 5	19 Sekunden	TP 6	11Sekunden

Tabelle 12.2: Beispiel für den Vergleich der Arbeitsgeschwindigkeit mittels Computermaus oder Touchpad unter Verwendung eines Between-Subject Designs

Within-Subject Design hat den *Vorteil*, dass weniger Testpersonen benötigt werden und ein Vergleich der unterschiedlichen Ergebnisse je Testperson möglich ist. *Nachteil* bei Within-Subject Design ist, dass Lerneffekte von einer Testbedingung zur nächsten auftreten und die Ergebnisse beeinflussen können.

Between-Subject Design hat den *Vorteil*, dass keine Lerneffekte auftreten können. *Nachteil* der Methode ist, dass man mehr Testpersonen benötigt und dass die Gruppen je Testbedingung vergleichbar sein müssen.

Latin Square Balancing

Zur Vermeidung von Lerneffekten empfiehlt es sich, die Reihenfolge der Testbedingungen und Aufgabenstellungen mittels der Latin-Square-Methode zu balancieren. Hierbei wird die Reihenfolge der einzelnen Aufgaben je Testperson so variiert, dass die Aufgabenreihenfolge für jede Person einzigartig ist. Ein Latin Square ist ein Quadrat aus n x n Feldern, bei dem jedes Element in jeder Zeile und in jeder Spalte genau einmal vorkommt. Ein Beispiel für eine mittels Latin Square ausgeglichene Aufgabenreihenfolge bestehend aus vier Aufgaben ist in Tabelle 12.3 abgebildet.

Testperson/Aufgabenreihenfolge	1	2	3	4
TP 1	A	B	D	C
TP 2	B	C	A	D
TP 3	C	D	B	A
TP 4	D	A	C	B

Tabelle 12.3: Latin Square

Anzahl der Testpersonen

Ein weiterer wichtiger Faktor bei der Planung eines Usability-Tests ist die Anzahl der Testpersonen, die an dem Test teilnehmen sollen. Nielsen (1993) empfiehlt, maximal fünf Testpersonen zu testen und bei ausreichendem Budget und Zeitrahmen für mehr Testpersonen besser mehrere kleine Usability-Tests mit je fünf Testpersonen anstatt eines großen Tests durchzuführen. Diese Empfehlung geht auf Nielsens Beobachtung zurück, dass der Anteil der gefundenen Usability-Probleme mit n Testpersonen

$$N(1-(1-L)^n)$$

ist, wobei N die Gesamtanzahl der im System vorhandenen Usability-Probleme ist und L der Anteil der gefundenen Probleme ist, wenn man einen einzigen Benutzer testet. Nielsen gibt für L einen Wert von 31% an, der sich aus der Analyse einer großen Anzahl von Usability-Tests herauskristallisiert hat. Zeichnet man diese Kurve mit L = 31%, erhält man ein Ergebnis wie in ▶Abbildung 12.13 dargestellt.

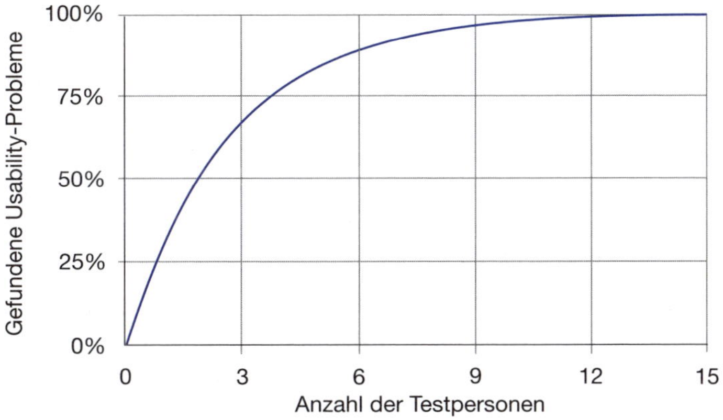

Abbildung 12.13: Anzahl der Testpersonen im Verhältnis zu den gefundenen Usability-Problemen (Nielsen, 2000)

Dadurch, dass die gefundenen Probleme von mehreren Testpersonen stets bis zu einem gewissen Grad korrelieren, nimmt der zusätzliche Nutzen ab einer Anzahl von ca. fünf Testpersonen drastisch ab und liefert im Verhältnis zu Kosten und Aufwand nur noch geringen Mehrwert. Deshalb empfiehlt Nielsen, zwischen drei und fünf Testpersonen zu testen, daraufhin das System auf Basis der Ergebnisse zu überarbeiten und dann einen neuen Test mit dem überarbeiteten System durchzuführen, anstatt einen groß angelegten Test mit mehr als fünf Testpersonen durchzuführen.

Thinking Aloud- und Co Discovery-Methode
Die Methode des *Thinking Aloud* (Rubin, 1994) lässt sich begleitend bei der Durchführung eines Usability-Tests einsetzen. Hierbei werden die Testpersonen dazu angehalten, alles, was sie gerade tun, laut zu kommentieren und sämtliche Überlegungen und Gedanken während des Tests laut auszusprechen. Diese Vorgehensweise hat den großen Vorteil, dass die Gedankengänge der Testpersonen für das Expertenteam beobachtbar werden. Dadurch wird es einfacher, die Ursachen von Problemen nachzuvollziehen. Nachteil bei dieser Methode ist, dass es für die Testpersonen meist sehr ungewöhnlich ist, sämtliche Gedankengänge laut auszusprechen und jede Handlung zu kommentieren. Deshalb kann es während der Durchführung der Tests auch oft vorkommen, dass die Testpersonen vergessen, ihre Vorgehensweise laut zu kommentieren und dann vom Expertenteam daran erinnert werden müssen. Weitere Nachteile sind, dass die Testpersonen eventuell intensiver über die Aufgabe nachdenken und dass die Arbeitsgeschwindigkeit durch die Methode eventuell herabgesetzt werden kann.

Eine Variante der Thinking Aloud-Methode ist die *Co Discovery-Methode*: Hierbei führen zwei Testpersonen den Test gemeinsam durch und unterhalten sich darüber, was sie gerade machen. Das Aussprechen der eigenen Gedanken wird hierbei durch Kommunikation zwischen den Testpersonen ersetzt. Vorteil hierbei ist, dass die Situation für die Testpersonen natürlicher und dementsprechend die Hemmschwelle im Vergleich zur Thinking Aloud-Methode geringer ist. Nachteile dieser Methode sind, dass man doppelt so viele Testpersonen benötigt und dass die Ergebnisse eventuell weniger Aussagekraft haben, weil die meisten Systeme nicht von zwei Benutzern gleichzeitig verwendet werden.

Usability-Labor und Datenerfassung Ideale Umgebung für die Durchführung eines Usability-Tests ist ein Usability-Labor. Ein Usability-Labor besteht im Allgemeinen aus zwei Räumen, die durch einen einseitigen Spiegel getrennt sind (siehe ▶Abbildung 12.14). In einem der beiden Räume erledigt die Testperson die vordefinierten Aufgaben, während im Nebenraum das Expertenteam die Testperson beobachtet. Durch diese Raumaufteilung können ungewollte Einflüsse auf die Testperson minimiert werden. Die Kommunikation mit der Testperson erfolgt entweder über eine Gegensprechanlage oder ein Moderator nimmt an der Seite der Testperson Platz.

Falls kein Usability-Labor zur Verfügung steht, kann man einen Usability-Test im Allgemeinen auch in einem gewöhnlichen Büro durchführen, wobei man hier besonders darauf achten muss, dass die Testpersonen von den Beobachtern und der Umgebung nicht beeinflusst werden.

Zur Erhebung der Daten stehen unterschiedliche Möglichkeiten zur Verfügung. Wichtigste Form der Datenerfassung sind Notizen des Expertenteams. Meist ist es sinnvoll, Protokollbögen für die Notizen vorzubereiten, damit keine relevanten Daten von den Protokollanten während des Tests vergessen werden. Die Notizen sollten neben harten Daten wie beispielsweise Zeitpunkt und Häufigkeit eines Problems auch Rückschlüsse über die möglichen Ursachen eines Problems enthalten.

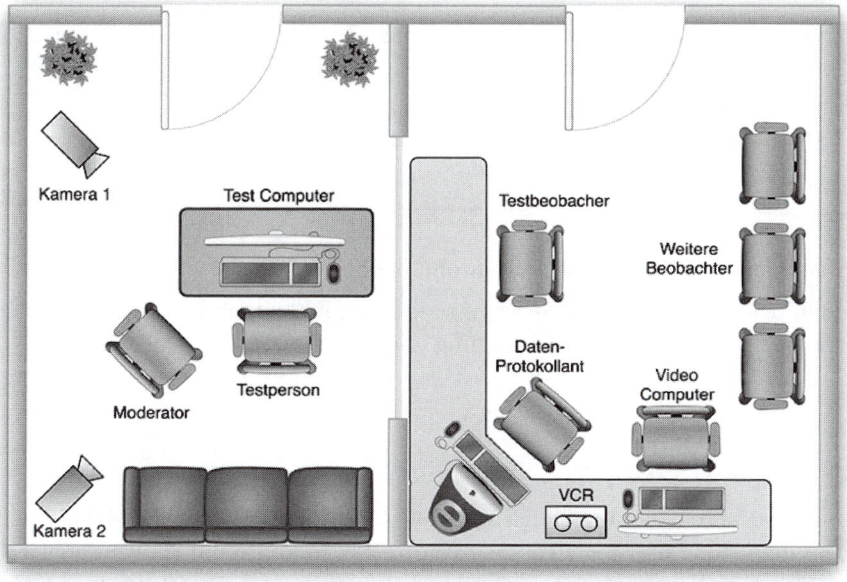

Abbildung 12.14: Beispiel für ein Usability-Labor

Neben handschriftlichen Notizen bieten technische Hilfsmittel weitere Möglichkeiten der Datenerfassung. Hierzu zählen automatische Protokolldateien, die bestimmte Nutzungscharakteristika wie z.B. Navigationspfade durch eine Webseite oder Verweildauer auf einer bestimmten Webseite automatisch protokollieren. Eine weitere nützliche Methode der Datenerfassung stellt **Screen Recording Software** dar. Diese Programme zeichnen den gesamten Bildschirminhalt während der Nutzung als Videodatei auf und ermöglichen es dem Expertenteam somit, die Geschehnisse auf dem Bildschirm auch nach dem Test präzise zu rekonstruieren.

Eine weitere Möglichkeit zur Datenerfassung sind Videokameras und Mikrofone für Video- und Audioaufzeichnungen. Mittels Videobeobachtung können Verhalten, Mimik und Körpersprache der Testperson erfasst werden, während Audioaufzeichnungen die Arbeit der Protokollanten erleichtern und insbesondere in Verbindung mit der Thinking Aloud-Methode sinnvoll sein können. **Eye Tracking** ermöglicht es dem Expertenteam, die Blickbewegungen und Fixationen der Testperson über den Bildschirm zu beobachten und nachzuvollziehen. Vorteile dieser Methode sind, dass das Expertenteam *quantitative Daten* erhält, die Rückschlüsse auf die kognitiven Vorgänge der Testperson zulassen, und dass sich Bereiche am Bildschirm identifizieren lassen, denen die Testpersonen besonders viel Aufmerksamkeit schenken. Allerdings hat auch diese Methode ihre Grenzen: Man kann nicht mit Gewissheit nachvollziehen, was die Testperson tatsächlich gesehen hat und was nicht. Des Weiteren hat die Methode den Nachteil, dass sie relativ aufwändig und teuer in der Anwendung ist und dass je nach verwendetem System eventuell bestimmte Benutzerkreise (z.B. Brillenträger) ausgeschlossen werden.

VORTEILE/NACHTEILE USABILITY-TESTING

Vorteil:

- Liefert die besten und aussagekräftigsten Ergebnisse

Nachteil:

- Relativ zeitaufwändig und teuer
- Man benötigt Benutzer für die Durchführung des Tests.
- Man benötigt gegebenenfalls geeignete Räumlichkeiten und zusätzliches technisches Equipment zur Beobachtung und Aufzeichnung.

12.3 Web Usability

In den letzten Jahren konnte sich das World Wide Web (WWW) zunehmend als Plattform für die Entwicklung und Bereitstellung von immer komplexeren Anwendungen durchsetzen. Obwohl allgemeine Grundsätze und Prinzipien zur Gewährleistung von guter Usability ihre Gültigkeit bei der Entwicklung von Webanwendungen behalten, so erfordern dennoch gewisse Charakteristika dieser Entwicklungsplattform die Berücksichtigung spezieller Usability-Aspekte.

Eine der Ursachen hierfür ist, dass das Web und die ihm zugrunde liegenden Technologien ursprünglich nicht für die Umsetzung von reichhaltigen Interaktionsmöglichkeiten und komplexen Prozessen konzipiert wurden. Ursprünglich als dokumentenzentriertes Hypertextsystem ausgelegt, entwickelte sich das Web erst im Laufe der Jahre zu einer Plattform für die Entwicklung von komplexen Anwendungen. Deshalb bringen Web Interfaces auch gewisse Einschränkungen bei der Gestaltung der Client-Funktionalität und -Performance mit sich. Obwohl technische Fortschritte wie z.B. AJAX es den Entwicklern zunehmend erlauben, aus alteingesessenen Beschränkungen wie der seitenbasierten Interaktion auszubrechen, ist man bei der Entwicklung von *Interfaces* unter Verwendung etablierter, offener Webstandards wie z.B. HTML, CSS und ECMAScript noch immer relativ stark eingeschränkt. Proprietäre Technologien wie Adobe Flash oder Microsoft Silverlight eröffnen zwar zusätzliche Möglichkeiten und mehr Flexibilität, bringen jedoch andere Schwierigkeiten mit sich.

Einen weiteren Grund für den *Sonderstatus von Webanwendungen* stellt die Abhängigkeit von Webbrowsern zur Darstellung von Web Interfaces dar. Ein Entwickler hat deshalb niemals volle Kontrolle über das gesamte User Interface, über das die Benutzer mit der Webseite interagieren. In den vergangenen Jahren wurden Webanwendungen häufig so konzipiert, dass sie nur mit bestimmten Webbrowsern benutzt werden konnten, wodurch die Anwendungsumgebung für Entwickler kontrollierbarer wurde. Diese Vorgehensweise gilt heute allerdings nicht mehr als zeitgemäß, einerseits weil der Browser-Markt heute stärker fragmentiert ist, andererseits aus Gründen der Accessibility, die die Zugänglichkeit mit unterschiedlichsten Arten von Clientsoftware voraussetzt.

Webangebote sind im Vergleich zu *Desktop-Applikationen* auch stärker serviceorientiert. Benutzer sind oft nicht dazu gezwungen, ein Produkt zu kaufen, bevor sie es benutzen. Dementsprechend wichtig ist es, einen guten ersten Eindruck bei den Benutzern zu hinterlassen und sie möglichst schnell von der Nützlichkeit des eigenen Angebotes zu überzeugen. Neben der Bedeutung einer ästhetisch ansprechenden Gestaltung macht es die Notwendigkeit, die Benutzer sehr rasch zu überzeugen, auch erforderlich, Konzepte schnell begreifbar zu machen und verständlich zu vermitteln.

Des Weiteren gilt es zu berücksichtigen, dass im Bereich des Webdesigns die Disziplin des Grafikdesigns eine wesentlich größere Rolle eingenommen hat als im *Interface-Design* von klassischen Desktop-Anwendungen. Ende des 20. Jahrhunderts, als das Web zunehmend an Bedeutung gewann und erstmals einer breiten Öffentlichkeit zugänglich wurde, mangelte es vielerorts noch an Erfahrung und fundiertem Grundwissen in der Entwicklung von Webangeboten. Im Gegensatz zur heutigen Zeit war auch das Angebot an einschlägigen Bildungsmöglichkeiten vergleichsweise beschränkt. Aus diesen Gründen und den scheinbaren Parallelen zwischen informationsorientierten Webangeboten und klassischen Print-Medien zog es insbesondere auf Seiten des Interface-Designs viele Professionalisten mit einem Hintergrund in klassischem Print- bzw. Grafikdesign in diesen damals rapide wachsenden Fachbereich. Die frühe Verbreitung von Einflüssen aus dem Bereich des Print- und Grafikdesigns während dieser formativen Phase in der Entwicklung des WWW hatte maßgeblichen und prägenden Einfluss auf die Erwartungshaltung der breiten Öffentlichkeit gegenüber Webangeboten. Seither haben durch den überwältigenden Siegeszug des Internets gewisse Konzepte mit Ursprung in Webtechnologien auch Einzug in Desktop-Anwendungen gehalten.

Definition World Wide Web User Interfaces

Der Standard DIN EN ISO 9241-151 (Leitlinien zur Gestaltung von Benutzungsschnittstellen für das World Wide Web, 2008) deckt fünf wesentliche Bereiche zur Gestaltung von Webbenutzungsschnittstellen ab:

- Übergeordnete Designentscheidungen und -strategie: Hierunter fallen Entscheidungen über den Verwendungszweck, wie man den Verwendungszweck den Benutzern vermittelt, die Zielgruppe und welches Ziel die Benutzer verfolgen.
- Design der Inhalte: konzeptuelles Modell der Webseite passend zum mentalen Modell des Benutzers, Organisation der Inhalte und Vollständigkeit, Umgang mit Aspekten der Privatsphäre und Personalisierung
- Navigationskomponenten: Aufbereitung der Inhalte in einer Form, die den Benutzern die Navigation vereinfacht, Gestaltung der Suchfunktion und Suchergebnisse
- Darstellung von Inhalten: Gestaltung der einzelnen Webseiten und Links
- Generelle Designaspekte: Berücksichtigung der unterschiedlichen Anforderungen einer internationalen Benutzergruppe, Bereitstellung einer Hilfefunktion, Fehlertoleranz und Performanceaspekte

Schlussendlich gilt es auch noch zu bedenken, dass es im Bereich der Webentwicklung an einheitlichen Richtlinien zur Gestaltung von Benutzerschnittstellen mangelt. Während die meisten großen Softwareplattformen den Entwicklern konkrete Richtlinien zur Gestaltung von User Interfaces zur Verfügung stellen (z.B. Apple Human Interface Guidelines, Windows User Experience Guidelines), gibt es im Bereich der Webentwicklung keine so autoritären Richtlinien. Im Laufe der Jahre haben sich zwar gewisse Best Practices und verbreitete Design Pattern für häufig wiederkehrende Problemstellungen im Bereich des Webdesigns herauskristallisiert, es gestaltet sich jedoch nicht so einfach, zuverlässige Quellen für diese Best Practices zu finden. Dadurch wird ein höheres Maß an Eigenrecherche und kritischer Auseinandersetzung mit möglichen Lösungsansätzen von Seiten der Webentwickler notwendig.

12.3.1 Ausgewählte Gestaltungshinweise für Web Usability

Im folgenden Abschnitt sollen einige ausgewählte Gestaltungshinweise für bestimmte Aspekte im Bereich des Webdesigns präsentiert werden, die für gute Web Usability von Bedeutung sind. Diese Hinweise erheben keinen Anspruch auf Vollständigkeit und dienen vielmehr als erster Einstieg in die Materie.

Die Startseite

Die Startseite (oder Homepage) ist in der Regel die wichtigste und am häufigsten besuchte Seite einer Webseite. In vielen Fällen ist sie auch die erste Seite, mit der Benutzer in Berührung kommen. Sie prägt damit entscheidend den ersten Eindruck, den ein Besucher von einer Webseite hat. Doch auch für Benutzer, deren erster Kontakt mit einer Webseite nicht über die Startseite erfolgt, beispielsweise weil sie durch ein Suchmaschinenergebnis direkt zu einer Unterseite gelangt sind, stellt die Startseite einen äußerst wichtigen Anlaufpunkt zur Orientierung dar. Außerdem ist die Startseite ein wichtiger Anhaltspunkt für Benutzer, die sich innerhalb einer Webseite verirrt haben. Eine Startseite sollte deshalb klar machen, wo sich der Benutzer gerade befindet und was er hier machen kann.

Krug (2005) definiert folgende wichtigen Anforderungen an eine gut gestaltete Startseite (siehe ▶Abbildung 12.15):

- *Identität und Auftrag der Webseite:* Die Startseite soll dem Benutzer vermitteln, auf welcher Webseite er sich befindet, was er hier tun kann und weshalb er ausgerechnet auf dieser Webseite sein soll und nicht auf irgendeiner anderen.
- *Hierarchie der Webseite:* Der Benutzer sollte bereits auf der Startseite einen Überblick darüber bekommen, welche Inhalte ihm eine Webseite bietet, wie diese Inhalte grob organisiert sind und was er hier tun kann.
- *Suche:* Eine Suchfunktion gehört inzwischen zu den Standardfunktionen jeder Webseite. Sie sollte dem Benutzer bereits direkt auf der Startseite zur Verfügung gestellt werden.
- *Aufhänger:* Eine Startseite sollte direkt mit guten und interessanten Inhalten um die Aufmerksamkeit des Besuchers werben, z.B. ähnlich einer Zeitung.
- *Aktuelle Inhalte:* Aktuelle Inhalte erfüllen zwei wichtige Funktionen auf einer Startseite: Erstens bieten sie dem Besucher einen Anreiz wiederzukommen, wenn er davon

ausgehen kann, dass ständig weitere Inhalte eingepflegt werden. Zweitens sorgen aktuelle Inhalte dafür, dass eine Webseite lebendig und aktiv betrieben wirkt. Dies ist insbesondere dann wichtig, wenn es darum geht, den Benutzer davon zu überzeugen, dass die Webseite nicht aufgegeben wurde. Dieser Eindruck ist nicht nur für nachrichtenorientierte Webauftritte, sondern auch z.B. für E-Commerce-Webangebote oder Social Networking Sites von Bedeutung.

- *Geschäftliches:* Wichtige geschäftliche Informationen, wie beispielsweise ein Impressum, Informationen über die Betreiber oder eine Kontaktmöglichkeit sind von Bedeutung, um die Seriosität einer Webseite zu unterstreichen und das Vertrauen der Benutzer zu gewinnen.
- *Abkürzungen:* Die Startseite sollte Abkürzungen zu besonders häufig genutzten Informationen und Services innerhalb der Webseite anbieten.
- *Registrierung:* Falls eine Webseite eine Registrierungsmöglichkeit anbietet, dann muss diese direkt von der Startseite aus zugänglich sein. Sowohl die Registrierung als neuer Benutzer als auch der Login als bestehender Benutzer sollten direkt von der Startseite aus erreichbar sein und man muss als registrierter Benutzer einfach erkennen können, ob man bereits eingeloggt ist oder nicht.

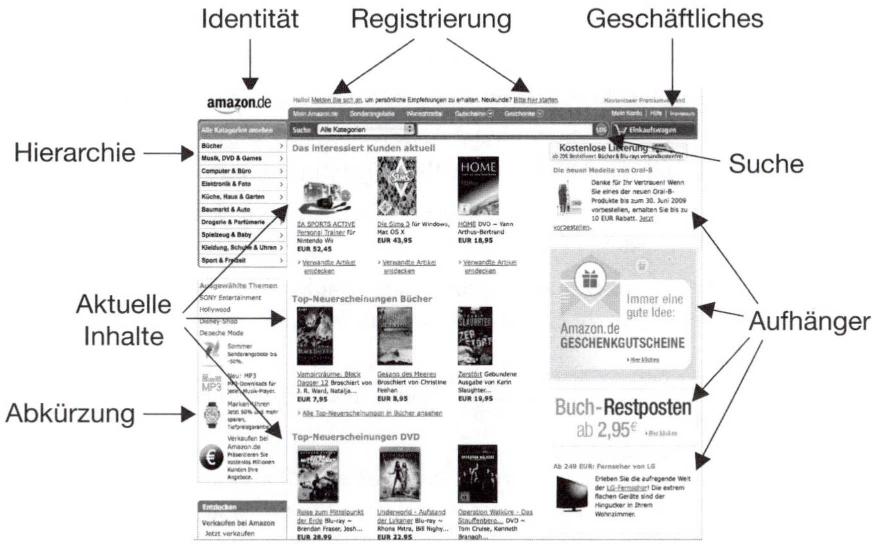

Abbildung 12.15: Anforderungen an eine Startseite

Navigations- und Leseverhalten im Web

Als Designer einer Webseite gibt man sich gerne der Illusion hin, dass Benutzer sämtliche Inhalte auf einer Seite von Anfang bis Ende aufmerksam lesen, sich einen sorgfältigen Eindruck von Aufbau und Struktur der Seite verschaffen und dann eine gründlich überlegte Entscheidung treffen, wie sie weiter vorgehen wollen. In der Praxis werden die meisten Benutzer sich nur einen flüchtigen Überblick verschaffen, einige Textpassagen überfliegen und den erstbesten Link anklicken, der so aussieht, als könnte er sie ihrem Ziel näher bringen, frei nach dem Prinzip „Trial & Error“.

Diese Vorgehensweise muss man als *Webdesigner* bei der Gestaltung von Webangeboten natürlich berücksichtigen. Deshalb sollte man darauf achten, den Benutzern möglichst einfach verständliche und vertraute Konzepte zu präsentieren und sich an gängige Konventionen zu halten. Bei der Formulierung von *Interaktionselementen* wie Links oder Buttons muss man darauf achten, dass die Benutzer auf den ersten Blick erkennen, dass man diese Elemente anklicken kann. Genauso muss man bei der Formulierung von Link-Texten oder Button-Beschriftungen darauf achten, dass offensichtlich ist, was mit der Beschriftung gemeint ist. Gerade hier ist es wichtig, sich an Konventionen zu halten: Eine Suchfunktion sollte beispielsweise ganz einfach mit dem Begriff „Suche" beschriftet sein und nicht mit „Schnellsuche", „Finden", „Schlüsselwortsuche" oder Ähnlichem.

Doch nicht nur das *Navigationsverhalten* der Benutzer einer Webseite ist ungeduldig und hektisch, auch beim Leseverhalten sieht es ähnlich aus: Benutzer lesen die Texte auf einer Webseite nicht, sondern sie überfliegen und scannen sie nur, d.h., sie nehmen nur einzelne Begriffe und Satzteile wahr. Ein Grund dafür ist, dass das Lesen von Texten am Bildschirm trotz der zahlreichen Fortschritte im Bereich der Displaytechnologien noch immer erheblich langsamer und anstrengender ist als das Lesen von gedruckten Texten auf Papier. Eine Studie von Nielsen (1997) zeigte, dass 79% der Benutzer scannen und nur 16% der Benutzer Texte Wort für Wort lesen. Dementsprechend ist es bei der Verfassung von Texten für das Web wichtig, dass sich diese einfach scannen lassen. Nielsen (1997) schlägt hierfür folgende Vorgehensweisen vor:

- Schlüsselwörter sollten hervorgehoben werden (hierzu zählen insbesondere auch Links).
- Überschriften sollten besser klar verständlich anstatt raffiniert und ausgefallen sein.
- Jeder Absatz sollte nur eine Idee vermitteln bzw. jede Idee sollte in einem eigenen Absatz präsentiert werden.
- Man sollte mit der Zusammenfassung bzw. Schlussfolgerung beginnen, damit sich der Benutzer sofort einen Überblick darüber verschaffen kann, ob er das Gesuchte gefunden hat oder nicht.
- Generell sollte man sich bei Texten im Web kürzer fassen als bei konventionellen gedruckten Schriftstücken.

Neben der geeigneten Formulierung von Texten ist es außerdem wichtig, den Benutzer durch eine klare visuelle Hierarchie darin zu unterstützen, sich einen Überblick über die Inhalte einer Seite zu verschaffen. Je wichtiger Informationen sind, desto auffälliger sollten sie auch gestaltet sein. Wichtige Bereiche lassen sich beispielsweise durch Größe, Farbe, Position oder auch durch den Einsatz von größeren Abständen zum restlichen Inhalt (*White Space*) hervorheben. Außerdem sollten logisch zusammenhängende Elemente auch visuell verknüpft sein. Dies kann man erreichen, indem man Inhalte mittels einer Überschrift gruppiert, durch eine ähnliche visuelle Gestaltung zusammengehöriger Elemente oder auch durch klar definierte Bereiche, die sich von anderen Bereichen z.B. durch Trennlinien, Hintergrundfarbe oder Rahmen abheben.

Des Weiteren hilft die Einhaltung von *gängigen Konventionen* den Benutzern dabei, sich schneller orientieren zu können. Konventionen erlauben es Benutzern, Vorwissen von anderen Webseiten anzuwenden. Ein Bruch mit gängigen Konventionen kann für die Benutzer sehr verwirrend und frustrierend sein, weil dies nicht der Erwartungshaltung der Benutzer entspricht und zu fehlerhafter Bedienung führen kann. Konventionen sind im Allgemeinen auch deshalb sehr hilfreich, weil sie gute *Designprinzipien* darstellen, denn ansonsten hätten sie sich nicht durchgesetzt. Als Webdesigner steht man vor der Herausforderung, dass es keine allgemein anerkannte autoritäre Quelle für gängige Konventionen gibt und dass sich Konventionen im Laufe der Zeit ändern können. Deshalb liegt es meist in der eigenen Verantwortung, etablierte Konventionen ausfindig zu machen, sich mit ihnen vertraut zu machen und sich auch kritisch mit ihnen auseinanderzusetzen. Ein Beispiel für eine derzeit gängige und weit verbreitete Konvention im Web ist die Positionierung des Logos im oberen Bereich einer Webseite, das mit einem Link auf die Startseite verknüpft ist.

Ein weiterer Aspekt des menschlichen Leseverhaltens lässt sich bei der Gestaltung von Webseiten anwenden: In westlichen Kulturen ist die typische *Leserichtung* von links nach rechts und von oben nach unten. Diese Gewohnheit lässt sich auch beim Layout einer Webseite nutzen: Besonders wichtige Informationen, die sofort ins Auge springen sollen (z.B. ein Logo zur Identitätsbildung), sollten immer links oben platziert werden. Elemente, die einen Benutzer von einer Seite wegführen oder dazu gedacht sind, einen Arbeitsschritt abzuschließen (z.B. ein Bestätigungs-Button oder ein Button zum Absenden eines Formulars) sollten möglichst rechts unten platziert werden (siehe ▶Abbildung 12.16).

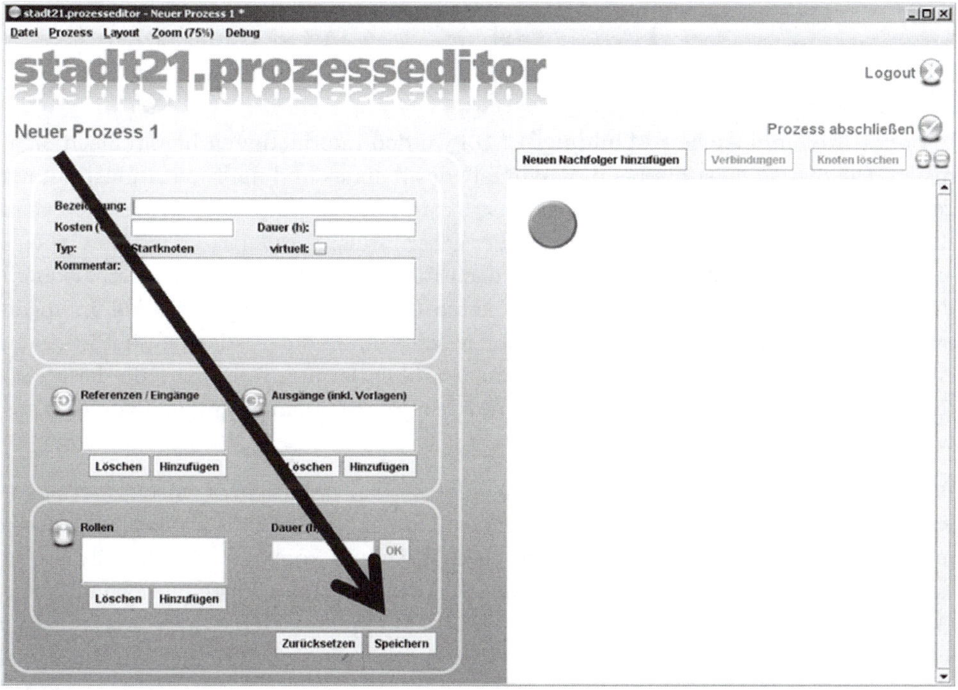

Abbildung 12.16: Seitenlayout, das der natürlichen Leserichtung folgt, am Beispiel Stadt21

Navigation und Orientierung

Basis für die Navigation innerhalb einer Webseite ist die zugrunde liegende Organisationsstruktur. Die Organisationsstruktur sollte den Benutzer bei der Orientierung unterstützen und ihm dabei helfen, sein Ziel möglichst rasch zu finden. Im Web kann man zwischen vier unterschiedlichen Arten von *Organisationsstrukturen* unterscheiden:

- Lineare Struktur
- Baumstruktur
- Hypertextstruktur
- Datenbankorientierte Struktur

In der Praxis folgen nur wenige Webseiten strikt einer dieser Organisationsstrukturen, vielmehr sind Hybridstrukturen verbreitet, die Charakteristika unterschiedlicher Organisationsstrukturen in sich vereinen.

Lineare Strukturen (siehe ▶Abbildung 12.17) bilden einen linearen Ablauf ab und entsprechen am ehesten der klassischen Organisation in Büchern oder Magazinen, in denen man nur seitenweise vor- und zurückblättert. Sie unterstützen nur die lineare Navigation vor und zurück von einer Seite zur nächsten. In der Praxis ist diese Organisationsstruktur meist nur für einzelne, kleine Teile einer Webseite geeignet, wie z.B. für Bestellvorgänge, bei denen es wichtig ist, dass der Benutzer keine Schritte überspringt und die Daten in einer bestimmten Reihenfolge eingibt.

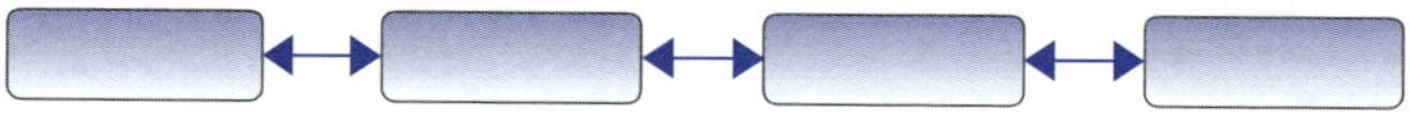

Abbildung 12.17: Lineare Struktur

In *Baumstrukturen* (siehe ▶Abbildung 12.18) werden Informationen hierarchisch organisiert. Die Startseite ist hierbei die „Wurzel" des Baumes und die Navigationsrichtung geht stets von dieser Wurzel aus. Baumstrukturen haben den Vorteil, dass sie dem Benutzer einen schnellen Überblick darüber geben, welche Kategorien und Bereiche es auf einer Webseite gibt, um dann gezielt nach Details suchen zu können. Ein Nachteil dieser Organisationsstruktur ist, dass es keine Querverbindungen und Abkürzungen zwischen unterschiedlichen Bereichen gibt. Möchte ein Benutzer, der sich tief in einem Ast innerhalb der Struktur befindet, zu einem weit entfernten Teil innerhalb der Struktur, dann bleibt ihm nur der lange Weg zurück zur Startseite, um sich dann von dort aus weiterzubewegen.

Bei der Gestaltung von Baumstrukturen gilt es zwei wichtige Eigenschaften abzuwägen, nämlich die Breite und die Tiefe des Baumes. Je tiefer die Struktur ist, desto mehr Klicks benötigt ein Besucher, um an sein Ziel zu kommen. Zusätzlich besteht das Risiko, dass der Benutzer das Vertrauen in die von ihm getroffenen Navigationsentscheidungen verliert und aufgibt, bevor er überhaupt ans Ziel kommt. Andererseits kann eine Baumstruktur auch nicht beliebig breit werden, weil ansonsten die Übersichtlichkeit verloren geht.

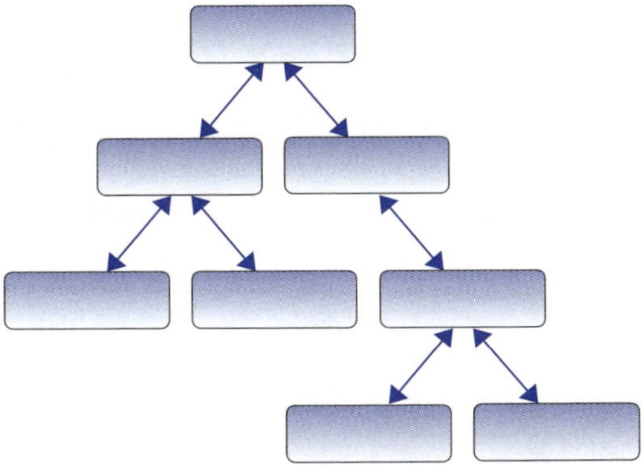

Abbildung 12.18: Baumstruktur

Bei *Hypertextstrukturen* (siehe ▸Abbildung 12.19) werden Informationen durch Verknüpfungen untereinander zum Netzwerk verbunden. Bei dieser Struktur erfolgt die Verknüpfung völlig frei ohne Kategorien oder Hierarchien. Vorteil dieser Art von Struktur ist, dass direkte Verknüpfungen und Abkürzungen zwischen beliebigen Elementen möglich sind. Allerdings besteht hierbei das Risiko, dass Benutzer sehr schnell die Orientierung verlieren und nicht mehr wissen, wo sie gerade sind, wie sie hierhergekommen sind und wohin sie weitergehen können.

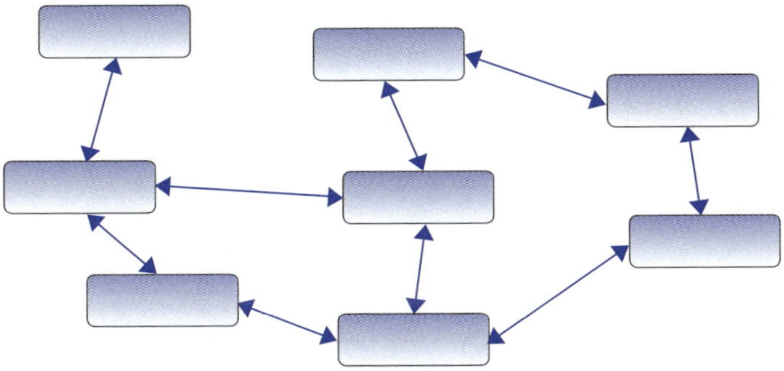

Abbildung 12.19: Hypertextstruktur

Bei *datenbankorientierten Strukturen* (siehe ▸Abbildung 12.20) werden Informationen mittels einer Suchfunktion gefunden. Dies hat den Vorteil, dass sich die Benutzer nicht erst langsam an ihr Ziel herantasten müssen. Andererseits hat diese Struktur den Nachteil, dass die Benutzer keinen Überblick über die Webseite bekommen. Außerdem wissen Benutzer oft nicht, wonach sie eigentlich suchen können, und fortgeschrittene Suchfunktionen (z.B. die Verfeinerung der Suche mittels logischen Operatoren) können eine gewisse Lernphase erfordern. Gerade für extrem umfangreiche Strukturen wie beispielsweise Suchmaschinenindizes ist diese Form jedoch oft die einzig praktikable Lösung, weil die hierarchische Aufbereitung in diesem Fall oft nicht sinnvoll oder überhaupt unmöglich machbar ist. Für kleinere Strukturen bietet sich diese Form üblicherweise parallel zu einer hierarchischen Hypertextstruktur an, z.B. in Form einer Suchfunktion.

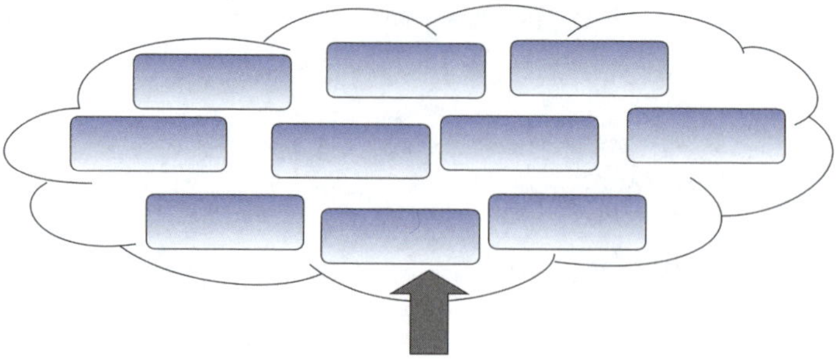

Abbildung 12.20: Datenbankstruktur

Wie bereits erwähnt, folgen nur wenige Webseiten strikt einer der hier präsentierten Organisationsstrukturen, stattdessen sind in der Praxis *Hybridstrukturen* (siehe ▶Abbildung 12.21) verbreitet: Oftmals werden Informationen zuerst in einer Baumstruktur hierarchisch gegliedert und kategorisiert und diese Baumstruktur wird dann mit Hypertextquerverweisen ergänzt, um dem Benutzer sinnvolle Abkürzungen zu bieten. Parallel dazu bietet meist eine Suchfunktion die Charakteristika einer datenbankorientierten Struktur.

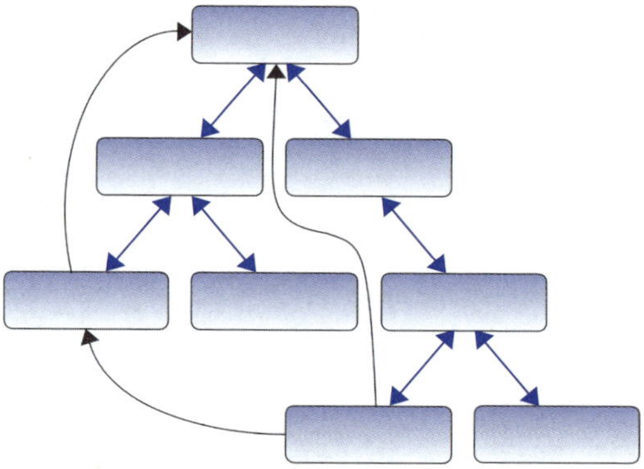

Abbildung 12.21: Hybridstruktur

Für die Navigation im Web haben sich inzwischen gewisse Konventionen entwickelt, die man als Webdesigner berücksichtigen sollte:

Logo und Link zur Startseite: Jede Webseite sollte ein Logo im oberen Bereich der Seite aufweisen (in der Praxis hat sich die Positionierung oben links am stärksten durchgesetzt). Des Weiteren sollte das Logo mit einem Link auf die Startseite versehen sein, damit Benutzer jederzeit mit einem Klick zur Startseite zurückkehren können.

- *Globale Navigation:* Gewisse Navigationselemente sollen auf jeder einzelnen Seite innerhalb der Webseite wiederkehren. Hierzu gehören das bereits angesprochene Logo mit Link zur Startseite, die Hauptsektionen, gegebenenfalls Links zu Grundfunktionen (z.B. Hilfefunktion oder Login) und eine Suchfunktion.
- *Seitennamen:* Seitennamen sind äußerst wichtig für eine gute Navigation. Jede Webseite benötigt einen eindeutigen Namen. Die Namen müssen an der richtigen Stelle

angezeigt werden und sollten zum Inhalt der jeweiligen Seite passen. Namen müssen konsistent verwendet werden.

- *Standortbestimmung:* Die aktuelle Position des Benutzers innerhalb der Webseitenstruktur muss eindeutig dargestellt werden, um die Orientierung zu unterstützen. Eine verbreitete Möglichkeit zur Standortanzeige ist die auffällige Markierung der aktuellen Position innerhalb des Navigationsmenüs, z.B. durch Hervorhebung mittels Farbe oder Fettdruck. Eine weitere verbreitete Form der Standortanzeige sind Breadcrumbs, die dem Benutzer ausschließlich den Weg von der Startseite zur aktuellen Seite anzeigen.
- *Sitemaps:* Sitemaps sind immer nur eine Ergänzung zur Hauptnavigation. Sie stellen den gesamten Inhalt und die Struktur einer Webseite auf einer Seite dar. Sitemaps sind oft die einzige Darstellung, welche die gesamte Struktur einer Webseite auf einen Blick zeigt und Benutzern dabei hilft, sich einen besseren Überblick über die Webseitenstruktur zu verschaffen.
- *Suche:* Suchfunktionen sind insbesondere für große Webseiten von Bedeutung. Jede einzelne Seite innerhalb einer Webseite sollte eine Suchfunktion in Form eines Suchfeldes enthalten. Wenn man als Webseitenbetreiber eine Suchfunktion anbietet, dann ist es wichtig zu gewährleisten, dass diese auch tatsächlich sämtliche Inhalte der Webseite durchsucht. Falls dies aus irgendwelchen Gründen nicht möglich ist, dann ist es wichtig, auf diese Einschränkung der Suchfunktionalität hinzuweisen und zu verdeutlichen, welche Bereiche durchsucht werden können und welche nicht. Die Gestaltung des Suchfeldes sollte man möglichst einfach halten: ein Eingabefeld, die Beschriftung „Suchen" und eventuell noch ein Button zum Absenden der Suchanfrage. Die Darstellung der Suchergebnisse sollte in Form einer Liste erfolgen, sortiert nach Relevanz oder alternativ nach Aktualität (bei chronologisch gegliederten Inhalten).

Wichtigstes Interaktionselement und Grundbaustein für die Navigation im Web sind *Hyperlinks.* Hyperlinks folgen dem Konzept von Querverweisen und Referenzen aus dem Printbereich und erlauben die Verknüpfung von einzelnen Webseiten. Hyperlinks im Web sind grundsätzlich immer unidirektional und erlauben die Verknüpfung von einzelnen Webseiten sowohl innerhalb einer Webseite als auch zwischen verschiedenen Webseiten.

Die ursprüngliche Konvention für die *Gestaltung von Hyperlinks* war, dass diese blau und unterstrichen dargestellt werden und dass sie ihre Farbe zu Violett ändern, wenn sie bereits besucht wurden. Diese Konvention wird jedoch heute nur noch selten eingehalten, weil sie die Gestaltungsmöglichkeiten von Webseiten stark einschränkt. Dennoch lassen sich aus dieser Konvention wertvolle Richtlinien ableiten, worauf bei der Gestaltung von Links zu achten ist: Wichtigster Aspekt bei der Gestaltung von Links ist, dass sich diese eindeutig und klar erkennbar von anderen Texten abheben. Die Gestaltung der Links sollte innerhalb einer Webseite konsistent sein, damit für den Besucher sofort ersichtlich ist, mit welchen Elementen er interagieren kann und mit welchen nicht. Linktexte sollten deskriptiv sein und direkt vermitteln, was sich hinter dem Link verbirgt. Generische Floskeln wie beispielsweise „Weiterlesen" oder „Klicken Sie hier" sollte man möglichst vermeiden. Des Weiteren sollten Linktexte möglichst kurz gehalten werden, damit man sie schnell erfassen kann und um das Scannen zu unterstützen. Schlussendlich ist es sinnvoll, bereits besuchte Links farblich hervorzuheben, damit die Benutzer einen besseren Überblick darüber erhalten, welche Inhalte sie bereits besucht haben und welche nicht. Die unterschiedliche Gestaltung bereits besuchter Links gewinnt besonders dann an Bedeutung, wenn auf denselben Inhalt mehrmals mit unterschiedlichen Formulierungen verwiesen wird.

12.3.2 Accessibility

Unter dem Begriff der Accessibility versteht man ganz allgemein den barrierefreien Zugang zu einer Sache. Dementsprechend spielt Accessibility auch im Zusammenhang mit Usability eine gewisse Rolle, denn bevor man sich überhaupt mit der guten Benutzbarkeit eines interaktiven Systems beschäftigen kann, gilt es natürlich auch zu gewährleisten, dass das System überhaupt für die Benutzer zugänglich ist.

Insbesondere Menschen mit *Behinderung* sind oftmals auf spezielle Maßnahmen und technische Hilfsmittel zur Aufbereitung von Informationen angewiesen. Blinde Benutzer verwenden oft alternative Ausgabemöglichkeiten wie z.B. **Screenreader** oder **Braillezeilen**. Sehschwache oder farbenblinde Benutzer profitieren davon, wenn sich Schriftgrößen, Farben und Kontraste ihren Bedürfnissen anpassen lassen. Audioinformationen sollten für gehörlose Benutzer alternativ auch als Text zur Verfügung stehen. Für Benutzer mit motorischen Einschränkungen, die keine Maus bedienen können, ist die Navigierbarkeit per Tastatur von besonderer Bedeutung.

Laut Behindertenbericht des Bundesministeriums für Arbeit, Soziales und Konsumentenschutz (2008) gaben im Rahmen einer Befragung der Statistik Austria rund 20% der Befragten eine dauerhafte Beeinträchtigung an, das entspricht hochgerechnet 1,7 Mio. Menschen in Österreich. Dauerhafte Beeinträchtigungen sind stark altersabhängig, so sind in der Gruppe der über 60-Jährigen beinahe die Hälfte betroffen. Bedenkt man außerdem, dass der Anteil der über 60-Jährigen laut Prognosen in den nächsten Jahren stetig ansteigen wird, so kann man davon ausgehen, dass Accessibility in Zukunft für einen immer größer werdenden Teil der Bevölkerung an Bedeutung gewinnen wird.

Accessibility dient jedoch nicht nur der Barrierefreiheit von interaktiven Systemen für Menschen mit Behinderung, sondern ganz allgemein der *barrierefreien Zugänglichkeit*, sowohl für Menschen mit als auch ohne Behinderung, Menschen mit altersbedingten Einschränkungen, aber auch Benutzern mit technischen Einschränkungen (z.B. bei Verwendung von mobilen Endgeräten wie Mobiltelefonen). Darüber hinaus sind Maßnahmen zur Gewährleistung von Accessibility oftmals ebenso der Maschinenlesbarkeit zuträglich, was beispielsweise bei Webseiten auch der Indizierbarkeit durch Suchmaschinen zugute kommen kann.

Rechtliche Rahmenbedingungen

In den letzten Jahren wurde der Barrierefreiheit von interaktiven Systemen nicht zuletzt auf Grund der wachsenden Bedeutung des WWW zunehmend Bedeutung geschenkt, was sich auch in entsprechenden gesetzlichen Richtlinien niedergeschlagen hat (Schweibenz,

2005). In den USA wurden bereits 1998 im Section 508 Amendment zum Rehabilitation Act *Richtlinien* für staatliche Behörden zur barrierefreien Gestaltung von Informationssystemen vorgeschrieben. In Deutschland definiert die Barrierefreie Informationstechnik-Verordnung (BITV), eine Ergänzung des Behindertengleichstellungsgesetzes (BGG) aus dem Jahr 2002, Bestimmungen für sämtliche Internetauftritte von Behörden der Bundesverwaltung. In Österreich regelt das E-Government-Gesetz aus dem Jahr 2004 die Barrierefreiheit von behördlichen Internetauftritten, wonach diese gemäß § 1 Abs. 3 seit 1. Januar 2008 so gestaltet sein müssen, dass „internationale Standards über die Web-Zugänglichkeit auch hinsichtlich des barrierefreien Zugangs für behinderte Menschen eingehalten werden“. Darüber hinaus gibt es in Österreich auch das Behindertengleichstellungsgesetz aus dem Jahr 2005, welches in § 6 Abs. 5 definiert: „Barrierefrei sind bauliche und sonstige Anlagen, Verkehrsmittel, technische Gebrauchsgegenstände, Systeme der Informationsverarbeitung sowie andere gestaltete Lebensbereiche, wenn sie für Menschen mit Behinderungen in der allgemein üblichen Weise, ohne besondere Erschwernis und grundsätzlich ohne fremde Hilfe zugänglich und nutzbar sind.“ In der Erläuterung hierzu wird darüber hinaus festgehalten:

„Das Vorliegen von Barrierefreiheit ist nach dem Stand der technischen Entwicklung zu beurteilen. Herangezogen werden können dafür beispielsweise die einschlägigen ÖNORMEN in den Bereichen Bauen und technische Ausstattung sowie die WAI-Leitlinien betreffend Angebote im Internet.“ Diese Bestimmung gilt grundsätzlich seit 1. Januar 2006, wodurch neue Internetangebote barrierefrei sein müssen; anderenfalls liegt eine Diskriminierung vor.

Web Accessibility-Initiative

Die Web Accessibility Initiative (WAI) wurde vom W3 Consortium 1997 ins Leben gerufen, um den barrierefreien Zugang zu Webangeboten für Menschen mit Behinderung zu verbessern. WAI besteht aus unterschiedlichen Arbeits- und Interessensgruppen, die an Guidelines, Technical Reports und Bildungsmaterial arbeiten.

Die bekanntesten vom WAI formulierten Guidelines sind die Web Content Accessibility Guidelines (WCAG). Sie beschreiben eine Sammlung von Richtlinien, wie man Inhalte im Web barrierefrei zugänglich machen kann. Die WCAG wurden erstmals 1999 als eine W3C Recommendation veröffentlicht und im Jahr 2008 erschien die momentan aktuelle Version 2.0 der WCAG als W3C Recommendation.

Neben den WCAG für Webinhalte hat die WAI auch noch weitere Richtlinien für andere Bereiche verabschiedet wie z.B.:

- WAI-ARIA *(Accessible Rich Internet Applications):* Richtlinien für barrierefreien Zugang zu dynamischen Inhalten und Webapplikationen
- ATAG *(Authoring Tool Accessibility Guidelines):* Richtlinien zur Gestaltung von Software, die der Erstellung von Webinhalten dient (z.B. HTML-Editoren, aber auch CMS-Backend-Systeme)
- UAAG *(User Agent Accessibility Guidelines):* Richtlinien zur Gestaltung von Software, mit der man auf Webinhalte zugreift (z.B. Webbrowser)

Web Content Accessibility Guidelines

Die Web Content Accessibility Guidelines gliedern sich in mehrere Schichten: Auf oberster Ebene stehen vier grundlegende *Prinzipien*, die das Fundament für Web Accessibility bilden: wahrnehmbar (perceivable), bedienbar (operable), verständlich (understandable) und robust (robust). Diese vier grundlegenden Prinzipien bilden die Grundlage für zwölf allgemeine Richtlinien. Zur Konkretisierung der zwölf allgemeinen Richtlinien werden zu jeder Richtlinie bestimmte Erfolgskriterien angegeben, deren Einhaltung überprüfbar ist. Zusätzlich wird bei den Erfolgskriterien zwischen drei unterschiedlichen *Conformance Levels* unterschieden: A steht hierbei für den niedrigsten Conformance Level, AA steht für einen mittleren Conformance Level und AAA steht für den höchsten Conformance Level und ist dementsprechend im Allgemeinen auch am schwierigsten umzusetzen. Zu jeder Richtlinie und jedem Erfolgskriterium werden außerdem noch bestimmte Methoden angegeben, die für die Einhaltung als ausreichend bzw. empfehlenswert gelten. Die Richtlinien und Erfolgskriterien sind unabhängig von spezifischen Technologien formuliert und so gestaltet, dass nur teilweise eine automatisierte, maschinelle Überprüfung der Erfolgskriterien möglich ist. Eine vollständige und aussagekräftige Überprüfung gemäß WCAG 2.0 erfordert deshalb stets einen Experten, der mit den Richtlinien vertraut ist und sich selbst kritisch mit dem Interface auseinandersetzt.

Die vier übergeordneten Grundprinzipien und dazugehörigen Richtlinien gemäß WCAG 2.0 lauten:

- *Prinzip 1:* Wahrnehmbare (Perceivable) Informationen und User-Interface-Komponenten müssen für den Benutzer in einer Form darstellbar sein, die er wahrnehmen kann.
  - Richtlinie 1.1 Textalternativen: Textalternativen müssen für sämtlichen nichttextuellen Inhalt zur Verfügung stehen, damit diese Inhalte in eine Form gebracht werden können, die für den Benutzer wahrnehmbar ist, wie z.B. große Schrift, Braille, Sprachausgabe oder Symbole.
  - Richtlinie 1.2 Zeitbasierte Medien: Alternativen zu zeitbasierten Medien (z.B. Audioaufzeichnungen oder Videos) müssen zur Verfügung stehen.
  - Richtlinie 1.3 Adaptierbar: Inhalte müssen in einer Form erstellt werden, welche die Darstellung auf unterschiedliche Arten ermöglicht, ohne dabei Informationen oder Struktur zu verlieren.
  - Richtlinie 1.4 Erkennbar: Inhalte müssen für die Benutzer möglichst gut zu sehen bzw. zu hören sein (z.B. durch eine ausreichende Unterscheidung zwischen Vordergrund und Hintergrund).
- *Prinzip 2:* Bedienbar (Operable) – User-Interface-Komponenten müssen von den Benutzern bedient werden können.
  - Richtlinie 2.1 Keyboard Accessible: Sämtliche Funktionalität muss auch bei alleiniger Bedienung über die Tastatur zur Verfügung stehen.
  - Richtlinie 2.2 Ausreichend Zeit: Benutzer müssen ausreichend Zeit bekommen, um Inhalte lesen und verwenden zu können.
  - Richtlinie 2.3 Anfälle: Inhalte dürfen nicht in einer Form gestaltet sein, die Anfälle verursachen kann.

  - Richtlinie 2.4 Navigierbar: Die Benutzer müssen dabei unterstützt werden, durch die Inhalte zu navigieren, Inhalte zu finden und festzustellen, wo sie sich gerade befinden.
- *Prinzip 3:* Verständlich (Understandable) – Information und die Bedienung des User Interface müssen verständlich sein.
  - Richtlinie 3.1 Lesbar: Textuelle Inhalte müssen lesbar und verständlich sein.
  - Richtlinie 3.2 Vorhersagbar: Webseiten müssen sich vorhersagbar verhalten.
  - Richtlinie 3.3 Eingabehilfe: Benutzer müssen dabei unterstützt werden, Fehler zu vermeiden bzw. auszubessern.
- *Prinzip 4:* Robust (Robust) – Inhalte müssen so robust sein, dass sie von einer großen Vielfalt an User Agents, wie z.B. unter anderem assistiven Technologien, zuverlässig interpretiert werden können.
  - Richtlinie 4.1 Kompatibel: Die Kompatibilität mit aktuellen und zukünftigen User Agents, inklusive assistiver Technologien, muss maximiert werden.

Kritik an den Web Content Accessibility Guidelines

Ein Problem der WCAG 1.0 war, dass die darin vorgeschlagenen Richtlinien und Methoden zur Gewährleistung der Barrierefreiheit relativ schnell vom technologischen Fortschritt überholt waren und somit stellenweise ihr Anspruch auf Gültigkeit geschwächt wurde oder verloren ging. Ein Ziel bei der Entwicklung der WCAG 2.0 war es deshalb, die Richtlinien möglichst technologieneutral und allgemein zu formulieren, um ihre Gültigkeit auf lange Zeit hinaus zu gewährleisten. Diese allgemeine Formulierung der Richtlinien hat jedoch bei manchen Webdesignern und Entwicklern Unmut hervorgerufen, weil es hierdurch oftmals an konkreten Vorgaben mangelt, an denen man sich orientieren kann bzw. die man in der Praxis präzise überprüfen kann. Des Weiteren werden oftmals der ausufernde Umfang und die Art der Formulierung der WCAG kritisiert, die es durch einen hohen Anteil an Fachjargon Entwicklern erschwert, sich in die Materie einzuarbeiten. Zuletzt kritisieren Befürworter von offenen Webstandards, dass die WCAG 2.0 im Gegensatz zur Vorgängerversion nicht mehr die strikte Einhaltung von Webstandards fordert.

12.4 Usability Engineering im realen Projekt

Die Methoden des Usability Engineering lassen sich oft im realen Projekt nicht nach Lehrbuch anwenden. Dennoch ist es wichtig, die Methoden im Detail zu kennen, um sich an die Anforderungen des jeweiligen Projektes anpassen zu können, ohne die Qualität des Usability Engineering zu mindern. Je nachdem, wie hoch der Stellenwert von Usability im Projekt angesehen wird, bleibt mehr oder weniger Zeit und Geld für die Anwendung der Methoden. Im Normalfall werden Abstriche in der Anzahl der Iterationen oder der Anzahl der Testpersonen für die Evaluierung gemacht werden.

12.4.1 Stadt21

Im Fallbeispiel Stadt21 wurde Usability rechtzeitig und in großem Ausmaß in die Planung und Umsetzung des Systems von Beginn an einbezogen. Ermöglicht wurde dies durch das Interesse des Kunden an einem effizienten und gut benutzbaren System. Das System sollte einerseits eine flache Lernkurve gewährleisten und andererseits bestehende Prozesse optimieren. Auch die Akzeptanz des Systems unter den Mitarbeitern war ein wichtiges Thema. Aus diesem Grund musste darauf geachtet werden, dass das System keine neuen Aufwände erzeugt. Für eine optimale Umsetzung war der Kunde während des gesamten Entwicklungsprozesses eingebunden und konnte so seine Ideen und Vorschläge einbringen.

Um die Anforderungen zu erheben, wurde in einer Fokusgruppe (siehe Kapitel 12.2.1, S. 533) mit zukünftigen Benutzern des Systems diskutiert und Lösungsvorschläge wurden generiert. Im Laufe der Gestaltung der ersten Designvorschläge wurden diese Gruppen immer wieder zur Diskussion eingeladen, um die Usability und grafische Gestaltung zu kommentieren und Verbesserungsvorschläge zu liefern. Durch diese Art der Anforderungserhebung war es möglich, auch Details ins Zentrum der Diskussion zu rücken und die Änderungen in kurzen Iterationszyklen zu evaluieren.

Da es sich bei der Applikation um ein völlig neues System handelte und die Prozesse erst mit der Einführung entstanden, war es nicht möglich, eine Contextual Inquiry (siehe Kapitel 12.2.1, S. 532) durchzuführen. Dennoch wurden in Form von Interviews (siehe Kapitel 12.2.1, S. 529) die aktuellen Arbeitsabläufe erhoben, um eine bestmögliche Umsetzung im System zu ermöglichen. Durch die Wahl eines *semi-strukturierten Interviews* bestand die Möglichkeit, dem Benutzer genügend Freiraum zu lassen, um seine Schwerpunkte hervorzuheben und auch weitere Punkte anzubringen, die nicht unbedingt das Kernthema betrafen. Das Ergebnis der Interviews führte zu einem besseren Verständnis über die Vorstellung und Bedürfnisse der zukünftigen Benutzer. Einerseits war es den Benutzern wichtig, dass das System die aktuellen Prozesse nicht verlangsamt. Andererseits war gewünscht, dass durch die Einführung des Systems redundante Prozesse eliminiert werden können.

Nachdem die Anforderungen erhoben wurden, konnte mit der Umsetzung begonnen werden. Für eine erste Präsentation und Diskussionsgrundlage wurde ein Papierprototyp (siehe Kapitel 12.2.3, S. 545) erstellt. Der Vorteil dieser Methode lag in diesem Projekt an der raschen Umsetzungsmöglichkeit. Der Kunde konnte sich so ein Bild von der zukünftigen Applikation machen und hatte eine Basis, um seine Ideen transportieren zu können. Auf diese Weise konnte man sich auf ein Design und eine Art der Umsetzung einigen.

Ein erster Schritt bei der Umsetzung des Systems war die Evaluierung verschiedener Visualisierungsmöglichkeiten für die Prozessdarstellung. Das System sollte die Möglichkeit bieten, Prozesse zu erstellen und zu bearbeiten. Anstelle einer textuellen Darstellung wurde eine grafische Visualisierung gewählt, um den Benutzer optimal zu unterstützen (siehe ▶Abbildung 12.22). Die Visualisierungen der bestehenden Prozesse, die im System abgebildet werden sollten, mussten vom Kunden erstellt werden.

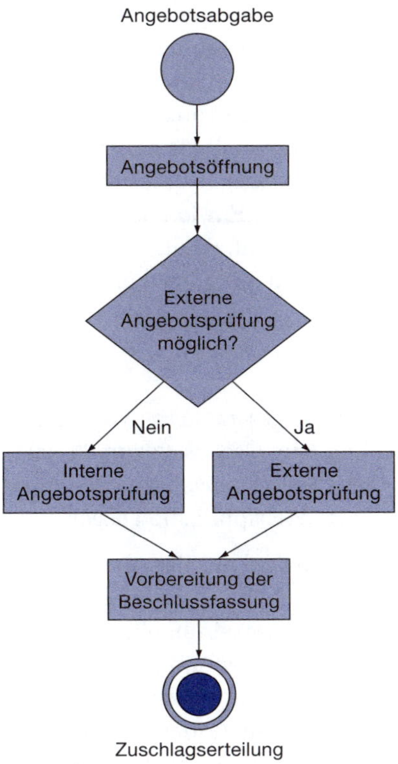

Abbildung 12.22: Prozessdarstellung Stadt21

Die gewählte Darstellung und Umsetzung wurde gemeinsam mit dem Kunden in einer Gruppe diskutiert. Teil dieser Gruppe war auch der Programmierer des Prozesseditors. Dies war notwendig, um die Machbarkeit einzelner Kundenwünsche sofort klären zu können. Ein weiterer Vorteil der Integration eines Entwicklers in die Gruppendiskussion ist eine *direktere Kommunikation*. Es sollte aber maximal ein Entwickler eingebunden werden, damit keine technischen Diskussionen entstehen, die für die Gruppe nicht relevant sind. Der Schwerpunkt muss immer auf der Benutzerseite liegen. Diese Vorgehensweise wurde für die weiteren Teile des Systems beibehalten.

Die *Postverwaltung* sollte ebenfalls über das System abgewickelt werden, um unnötige Papierausdrucke zu vermeiden und eine effizientere Postverteilung zu gewährleisten. Hierzu wurde in einem ersten Schritt ein *Interview* mit den zuständigen Personen geführt, um die aktuelle Vorgehensweise vom Einlangen eines Poststücks bis zur endgültigen Zustellung zu verstehen. Erst mit dem Verständnis der Abläufe konnte der Prozess elektronisch abgebildet und effizienter gestaltet werden. Ein erster Entwurf wurde sofort implementiert, um nicht nur die grafische Oberfläche, sondern auch gleich die dahinterliegende Funktionalität präsentieren zu können. Je nach Aufwand muss generell abgeschätzt werden, ob ein Low-Fidelity-Prototyp oder ein High-Fidelity-Prototyp (siehe Kapitel 12.2.3) sinnvoller ist. In diesem Fall war der *High-Fidelity-Prototyp* die bessere Wahl, da der Aufwand für die Implementierung relativ gering war und die Benutzer sofort den späteren Einsatz testen konnten. Der Test wurde parallel zur bestehenden

Postverwaltung durchgeführt. So entstand zwar ein gewisser Mehraufwand für die Postabteilung, dieser wurde aber hingenommen, um so zu einem effizienten und gut benutzbaren System zu kommen. Jedes Poststück wurde zuerst gescannt und dann in die Applikation hochgeladen. Danach wurde entsprechend der internen Vorgaben die Post verteilt. Durch den Testlauf wurden schnell kleinere Probleme erkannt und ausgebessert. Es hat sich auch gezeigt, dass der Prozess noch leicht angepasst werden musste, um den Arbeitsablauf optimal zu unterstützen. Ein formaler Usability-Test hätte in diesem Fall nicht die gewünschten Ergebnisse erzielt, da die Aufgaben in der Postverwaltung in den täglichen Arbeitsablauf integriert sind und nicht komplett abgetrennte Bereiche sind.

12.4.2 HISS

Die Einbindung der Benutzer in den gesamten Entwicklungsprozess spielte auch im Fallbeispiel HISS eine wichtige Rolle. Im Gegensatz zum Projekt Stadt21 existierten aber in diesem Projekt bereits veraltete Softwarelösungen, die durch eine moderne, gut dokumentierte und erweiterungsfähige Webapplikation abgelöst werden sollten.

Ein Teilbereich dieses Projektes bestand aus der Ablöse und Verbesserung einer Verwaltungs-Software für Studierende, die eine kleine Benutzergruppe im Bereich von zehn Personen bediente. Es handelte sich dabei um eine Applikation, die neben nicht mehr zeitgemäßer Datendefinition auch eine enorm schlechte Usability zeigte und zugleich kaum bzw. keine Dokumentation aufwies. Insbesondere waren Sonderfälle und seltene Kombinationen von Bearbeitungsschritten nicht ersichtlich, wodurch die Neuentwicklung ohne Einbindung der Benutzer nicht möglich gewesen wäre. So existierten eine Vielzahl an Anwendungsfällen, die erst während des Prozesses identifiziert werden konnten. Auch die Erlernbarkeit der Software war negativ durch benötigtes Vorwissen gekennzeichnet, ohne das Teile der Applikation nicht verwendet werden konnten.

Die *Einbindung der Benutzer* erfolgte daher schon in den frühen Phasen, indem nach der Aufarbeitung der geringfügigen Dokumentation in einem ersten Schritt durch *Contextual Inquiries* (siehe Kapitel 12.2.1, S. 532) am Arbeitsplatz der Benutzer deren Arbeitsabläufe genau untersucht und beobachtet wurden. Dies war besonders wichtig, weil die Benutzer durch ihr fachliches Wissen nicht nur dazu beitrugen, die Erhebung der Features bzw. Vervollständigung der Anforderungen an die Software voranzutreiben, sondern weil durch die intensive Auseinandersetzung im Kontext die Art der Verwendung der Software durch die Benutzer besser verstanden werden konnte. So wurde teilweise fehlende Funktionalität über Umwege umgangen oder bestimmte Felder für fehlende Eingabemöglichkeiten missbraucht, andererseits war die Art der Eingabe durch Vorwissen (wie z.B. Kürzel) geprägt, das sich nur in den Köpfen der fachlich sehr versierten Benutzer befand. Auch stellte sich bald heraus, dass die Benutzer durch das Altsystem vorgegebene Tastenkombinationen unbedingt benötigten, um die teilweise zeitkritischen Aktivitäten durchführen zu können. So wurden meist die Anliegen der Personen während deren Anwesenheit vor Ort am Schalter erledigt, so dass es durchaus zu Stress bei der Bearbeitung kommen konnte. Daher war der Faktor *Effizienz* im Bereich der Usability ein wichtiges Kriterium für eine erfolgreiche Software.

Nach dem Erheben der ersten groben Anforderungen und Beobachtung der Benutzung wurde mittels *Prototypen* (siehe Kapitel 12.2.3) Feedback der Benutzer zu den erhobenen Prozessen eingeholt. Man entschied sich für *High-Fidelity-Prototypen*, die mit HTML-Code erstellt wurden. Ziel dieser Prototypen war neben der Verifizierung der fachlichen Aspekte auch die Simulation eines der endgültigen Software möglichst nahen User Interface. So konnte leichter festgestellt werden, wie die Benutzer die Effizienz des neuen Systems im Vergleich zu der Desktop-Applikation im Bereich Usability einschätzen. Dabei stellte sich beispielsweise heraus, dass bei der Verwendung von Dropdown-Menüs in manchen Fällen zusätzlich der Bedarf bestand, nicht nur mittels Maus oder Tastatureingabe, sondern wie im Altsystem auch durch die Eingabe von Kürzeln (anstelle der eigentlichen Dateneinträge) Elemente auszuwählen. Auch wurde durch die Evaluierung der Prototypen klar, dass *Sonderfälle* noch nicht ausreichend berücksichtigt wurden. Eine Schwierigkeit dabei war, dass selten auftretende Sonderfälle von den Benutzern durch Interviews oder Contextual Inquiries nicht abgedeckt wurden, sondern erst bei deren Auftreten erkannt wurden und somit beschrieben werden konnten. Ein wichtiger Aspekt bei der Evaluierung der Prototypen war die *iterative Herangehensweise*. Während mit der Implementierung der bereits verifizierten Funktionen begonnen wurde, war eine Verfeinerung der Prototypen in mehreren Schritten nötig, um zu einer endgültigen Version zu kommen, die schließlich implementiert wurde.

Die *Implementierung* der Software löste ab einem gewissen Fertigstellungsgrad die Prototypen ab. So wurde die Software vorerst als *Demo-Version* neben dem bestehenden Einsatz des Altsystems den Benutzern zur Verfügung gestellt, um wiederum iterative Verbesserungen durchführen zu können. Die Funktionalität der Software entsprach dabei zu einem sehr hohen Anteil den anfänglich aufgenommenen Anforderungen. Bei der Verwendung der Software zeigte sich allerdings an einigen Stellen noch Verbesserungspotenzial auf. So wurde beispielsweise gefordert, statt der Eingabe eines kompletten Datums mit Tag, Monat und Jahr in einem Feld besser nur zwei Felder für Monat und Jahr vorzusehen, da der Tag in diesem Zusammenhang oft nicht erhoben werden konnte und auch keine Relevanz aufwies. Der Hintergrund dieser Vorgehensweise bestand darin, dass Kombinationen von Fällen schwer durch Tests mit formaler Definition von Aufgaben abgedeckt werden konnten. Die Benutzer wurden aufgefordert, insbesondere auftretende Sonderfälle parallel im Altsystem als auch in der Demo-Version der neuen Software durchzuführen und bei regelmäßigen Treffen Feedback zu geben.

An diesem Beispiel zeigt sich wiederum, dass Usability-Methoden oft nicht ganz genau nach dem Lehrbuch eingesetzt werden können, bedingt durch bestimmte Bedingungen oder auch *Zeitmangel*. Dadurch werden in vielen Fällen pragmatisch abgewandelte Versionen der Methoden eingesetzt, bei denen der Kern der Methode berücksichtigt wird, um die Ziele dennoch in einem ausreichenden Grad zu erreichen. Wichtig ist dabei das Wissen über vorhandene Methoden, um diese in einer angepassten Form durchführen zu können und auf die wesentlichen Bestandteile Rücksicht nehmen zu können. Es zeigt sich auch am Fallbeispiel HISS, dass die Einbindung der Benutzer in den gesamten Entwicklungsprozess eine essenzielle Rolle spielt und dass nur dadurch die Bedürfnisse und Anforderungen der Personen, die die Software schließlich bedienen, ausreichend beachtet werden. Nur mit ausreichendem Einsatz und Berücksichtigung von Methoden der Usability kann sichergestellt werden, dass die Software effizient, effektiv und mit hoher Zufriedenheit bedient wird und schlussendlich für eine lange Zeit erfolgreich zum Einsatz kommt.

ZUSAMMENFASSUNG

Fragen

Für die erfolgreiche Entwicklung eines interaktiven Systems spielt Usability eine bedeutende Rolle. Usability wird als Ausmaß eines Produktes zur Erreichung von Zielen nach dem Standard DIN EN ISO 9241-11 (Anforderungen an die Gebrauchstauglichkeit, 2000) durch Effektivität, Effizienz und Zufriedenheit definiert. Nielsen (1993) ergänzt die Definition durch die Beschreibung von fünf Qualitätskriterien von Usability durch Erlernbarkeit, Effizienz, Einprägsamkeit, Fehler und Zufriedenheit.

Als Teilgebiet der Human-Computer Interaction beschäftigt sich Usability Engineering als fachliche Disziplin mit der systematischen Entwicklung von gut benutzbaren interaktiven Systemen. Durch Anwendung des User-Centered Designprozesses (UCD), der einen iterativen und benutzerzentrierten Ansatz zur Gestaltung von interaktiven Systemen beschreibt, sollen Methoden während der gesamten Entwicklung eines Projektes zur Sicherstellung von guter Usability eingesetzt werden. Der User-Centered Designprozess gliedert sich in vier Phasen: *Anforderungen, Design, Prototyping und Evaluierung*. Besonders wichtig ist es, in jeder dieser Phasen die Wünsche und Bedürfnisse der zukünftigen Benutzer des Systems zu berücksichtigen. Dazu existieren eine Vielzahl an möglichen Methoden im Bereich des Usability Engineerings. Bei Erhebung der Anforderungen können beispielweise mithilfe von Interviews, Fokusgruppen oder Contextual Inquiries die tatsächlichen Bedürfnisse der Benutzer erhoben werden, die daraufhin in das initiale Design des Systems einfließen. Nach der Anfertigung von Prototypen stellt die *Evaluierung* einen wichtigen Teil des User-Centered Designprozesses dar, deren Ergebnisse erneut in den Entwicklungsprozess einfließen. Durch wiederholtes Durchlaufen dieses Prozesses und ausreichende Anwendung von Methoden des Usability Engineerings kann ein hoher Grad an Usability erreicht werden. Gute Usability manifestiert sich in Form von geringeren Support- und Schulungskosten, höheren Umsätzen und letztlich auch einer höheren *Zufriedenheit* der Benutzer.

12.5 Glossar

Die folgenden Begriffe werden in diesem Kapitel verwendet.

Benutzer: eine Person, die ein interaktives System als Hilfsmittel zur Erreichung eines bestimmten Ziels benutzt

Braillezeilen: Ausgabegerät für Computer, welches Schriftzeichen in Brailleschrift darstellt

Designprozess: systematischer Prozess zur Gestaltung eines Produktes oder Systems

Effektivität: „Die Genauigkeit und Vollständigkeit, mit der Benutzer ein bestimmtes Ziel erreichen.“ (DIN EN ISO 9241-11)

Effizienz: „Der im Verhältnis zur Genauigkeit und Vollständigkeit eingesetzte Aufwand, mit dem Benutzer ein bestimmtes Ziel erreichen.“ (DIN EN ISO 9241-11)

Eye Tracking: eine Methode, um festzustellen, welche Punkte vom Betrachter mit dem Auge fixiert werden, und um Augenbewegungen zu erfassen

Evaluierung: Überprüfung, ob ein Produkt oder System in seiner Gestaltung oder seinem Verhalten die Voraussetzungen im Hinblick auf Erwartungen, Anforderungen und Spezifikation erfüllt

Fehler: Jede Art von Handlung bei der Benutzung eines Systems, die nicht zielführend ist

Human-Computer Interaction: wissenschaftliches Feld, das sich mit der Kommunikation zwischen Mensch und Computer auseinandersetzt

Human Factors: Auseinandersetzung mit menschlichen Eigenschaften und Fähigkeiten und Anwendung daraus gewonnener Erkenntnisse zur Optimierung der menschlichen Leistungsfähigkeit und Minimierung von Fehlern im Umgang mit Maschinen und interaktiven Systemen

Interaktives System: System bestehend aus einer Kombination von Hardware und Software, das Eingaben von einem Benutzer entgegennimmt, diese Eingaben verarbeitet und Ausgaben zurück an den Benutzer liefert

Inspektionsmethode: Methode, bei der Experten ein System auf Basis ihres Fachwissens und etablierter Kriterien ohne Beteiligung von echten Benutzern evaluieren

Interactiondesign: Gestaltung der Funktion und Verhaltensweise von Produkten und interaktiven Systemen

Interviewleitfaden: Dokument zur Definition des Ablaufes und der Fragestellungen für ein Interview

Lernkurve: beschreibt die Menge des Gelernten über eine Zeitspanne hinweg

Look and Feel: bezeichnet das gesamte Erscheinungsbild eines Produktes. Bei interaktiven Systemen bezeichnet Look and Feel sowohl visuelles Erscheinungsbild als auch das Verhalten eines User Interface.

Mock-Up: Modell eines Produktes, welches die Veranschaulichung und Evaluierung vor der Fertigstellung des Produktes ermöglicht

Nutzungskontext: Nutzungsumgebung eines Produktes, einschließlich Eigenschaften des Benutzers selbst, Arbeitsaufgaben, Arbeitsmitteln und (physischer und sozialer) Umgebung

Prototyp: Repräsentation eines Systems, um Benutzern die Möglichkeit zu geben, damit zu interagieren, bevor das finale System bzw. Produkt existiert. Geeignet zur Veranschaulichung, Kommunikation und Evaluierung.

Screenreader: Softwareprogramm, welches textuelle Bildschirminhalte vorliest

Screen Recording Software: Softwareprogramm, welches die Aufzeichnung sämtlicher Vorgänge am Bildschirm ermöglicht

Usability: Benutzbarkeit bzw. Gebrauchstauglichkeit eines Systems. „Usability eines Produktes ist das Ausmaß, in dem es von einem bestimmten Benutzer verwendet werden kann, um bestimmte Ziele in einem bestimmten Kontext effektiv, effizient und zufriedenstellend zu erreichen.“ (DIN EN ISO 9241-11)

Usability Engineering: bezeichnet die systematische Entwicklung von gut benutzbaren interaktiven Systemen

Usability-Testing: Evaluierungsmethode, bei der reale Benutzer in einer praxisnahen Umgebung bei der Benutzung eines Systems beobachtet werden

User-Centered Design: Designphilosophie und Prozess, bei der die Benutzer in den Mittelpunkt gerückt werden, um deren Wünsche und Bedürfnisse möglichst gut zu erfüllen

User Experience Design: Gestaltung aller Aspekte, welche die Wahrnehmung eines Menschen von einem Produkt beeinflussen. Interaction Design und User Interface Design sind Teilgebiete von User Experience Design.

User Interface Design: Gestaltung von Benutzeroberflächen zur Interaktion mit einem System

Zufriedenheit: „Freiheit von Beeinträchtigung und positive Einstellung gegenüber der Nutzung des Produkts.“ (DIN EN ISO 9241-11)

Sicherheit in der Softwareentwicklung

Autoren: Florian Fankhauser, Christian Schanes, Christian Brem

13

„Sicherheit ist ein sich immer wieder bestätigendes Gefühl, von bestimmten negativen Ereignissen nicht vorrangig getroffen zu werden.“ – Verfasser unbekannt

» Die Fähigkeit, definierte Funktionalitäten zuverlässig zu erbringen, ist ein wesentliches Qualitätsmerkmal aller technischen Systeme. Eine hohe Zuverlässigkeit vermittelt Gewissheit über die Leistungsfähigkeit eines Softwaresystems – man kann sich dessen Funktionsfähigkeit sicher sein. Dieser Aspekt wird mittlerweile durch die etablierte Disziplin des Testens erfolgreich adressiert. Neben der zuverlässigen Funktionserbringung wird von einem technischen System implizit aber auch erwartet, dass Informationen weder unbemerkt verändert werden können noch durch nicht autorisierte Personen abrufbar sind. Diese implizite Annahme verleitet zu einem falschen Gefühl von Sicherheit, das böswilligen Angreifern einen erheblichen Vorsprung verschafft. Es vergeht mittlerweile kaum ein Tag, an dem nicht über die missbräuchliche Nutzung von Daten berichtet wird. Beispiele dafür sind etwa Gesundheitsdaten[1] oder militärische[2] Informationen des Bundesheers, die verloren gehen, oder ein Wurm (SQL Slammer), der sich so schnell verbreitet, dass er Auswirkungen auf das gesamte Internet hat (Moore, 2003).

Offensichtlich wurden bei der Entwicklung und dem Test betroffener technischer Systeme wesentliche Aspekte nicht beachtet – deren sicherheitsrelevante Eigenschaften. Derartige Softwaremängel gibt es schon seit dem Bestehen von Software und auch die Methoden zur trickreichen Ausnutzung von sicherheitsrelevanten Softwarefehlern beruhen meistens auf alten und lang bekannten Grundprinzipien. Im Unterschied zu früher hat aber die Abhängigkeit der Gesellschaft, der Wirtschaft und auch des Einzelnen vom korrekten Funktionieren technischer Systeme deutlich zugenommen. Das Sicherheitsrisiko beim Einsatz von IT-Systemen ist gestiegen – zum einen durch höhere Schadensvolumina und zum anderen durch eine höhere Eintrittswahrscheinlichkeit von Sicherheitsvorfällen. Letzteres wird hauptsächlich durch die gesteigerte Attraktivität von IT-Systemen für kriminelle Aktivitäten in Folge des gestiegenen Anteils von IT-Systemen an der wirtschaftlichen Wertschöpfung hervorgerufen.

Allen bis jetzt unternommenen Anstrengungen zur nachträglichen Absicherung von IT-Systemen zum Trotz ist keine Abnahme der Berichte über IT-Sicherheitsvorfälle erkennbar. Ein starkes Indiz für eine wesentliche Ursache von Sicherheitslücken ist die nicht angemessene oder unterlassene Behandlung des Themas IT-Sicherheit während des Entwicklungsprozesses.

Um ein System zuverlässig abzusichern, sind viele Sicherungsmaßnahmen auf unterschiedlichen und nicht nur technischen Ebenen erforderlich. Um eine angemessene Auswahl aus den vielen möglichen Sicherungsmaßnahmen treffen zu können, bedarf es eines Verständnisses der zu erreichenden Sicherheitsziele. Schneier (2003) formuliert diesen Umstand treffend folgendermaßen: „If you think technology can solve

1 Heise Newsticker: Daten von hunderttausenden Patienten sind in Großbritannien verloren gegangen, Rötzer Florian, 2007; Heise Newsticker: Daten von zehntausenden US-Patienten im Internet gefunden, Krempl Stefan, 2009

2 Heise Newsticker: Die nächste Datenpanne beim britischen Militär, Rötzer Florian, 2008

your security problems, then you don't understand the problems and you don't understand the technology."

IT-Sicherheit muss daher in allen Phasen der Softwareentwicklung, ausgehend von der fachlichen Analyse bis hin zum „Faktor Mensch", während des Betriebes angemessen und nachvollziehbar behandelt werden, um effektiv zu sein. Das aktuelle Kapitel gibt einen Einblick in die sicherheitsrelevanten Methoden und Werkzeuge für alle Phasen des Softwareentwicklungsprozesses. Die Gesamtheit aller dieser Methoden und Werkzeuge zum Bau sicherer Systeme wird als Security Engineering bezeichnet. «

Wie aus der Einleitung deutlich wird, ist der Bereich der IT-Sicherheit sehr groß. Viele unterschiedliche Aspekte müssen u.a. während des Softwareentwicklungszyklus berücksichtigt werden. Ein einzelnes Kapitel in einem Buch über Softwareentwicklung kann daher nur Impulse geben und einige wichtige Aspekte aus dem Bereich der IT-Sicherheit lehren.

Lernziele

In diesem Kapitel werden folgende Lernziele behandelt:

- Grundsätze der Softwaresicherheit: Was bedeutet IT-Sicherheit?
- Sicherheitsaspekte in den einzelnen Phasen des Softwareentwicklungsprozesses: Welche Sicherheitsherausforderungen und welche Methoden zur Erstellung sicherer Software kann ich in den jeweiligen Phasen anwenden?
- Angriffs- und Schutzmöglichkeiten: Welche Angriffsmöglichkeiten auf Systeme bestehen und welche Schutzmaßnahmen kann ich zur Abwehr anwenden?
- Techniken: Welche Techniken kann ich für die einzelnen Phasen einsetzen, um Unterstützung zur Erstellung sicherer Software zu erhalten?

13.1 Grundlagen der IT-Sicherheit

IT-Sicherheit ist ein vielschichtiges Thema mit unterschiedlichen Definitionen. Dieser Abschnitt dient daher dazu, wichtige Grundlagen der IT-Sicherheit zu vermitteln.

Es gibt unterschiedliche Definitionen des Begriffes Sicherheit. Eine auch für den IT-Bereich gültige Definition lautet:

Definition Sicherheit

Definition von Sicherheit nach DIN VDE 31000:

Sicherheit ist eine Sachlage, bei der das Risiko nicht größer als das Grenzrisiko ist.

Das Grenzrisiko ist das größte noch vertretbare Risiko eines bestimmten technischen Vorganges oder Zustandes.

Eine absolute Sicherheit ohne jegliches Risiko gibt es weder in der Technik noch in der Natur.

Risiko ist das Produkt aus Eintrittswahrscheinlichkeit und Schaden.

Aus dieser Definition folgt, dass man zur Abschätzung der Sicherheit eines Systems die Risiken abschätzen muss, die auf ein System wirken. Diese Risiken werden im Allgemeinen für verschiedene Sicherheitsziele ermittelt, welche die Grundlagen für IT-Sicherheit bilden und je nach Projekt und System in unterschiedlichem Ausmaß berücksichtigt werden (Bishop, 2003).

Definition Vertraulichkeit, Integrität, Verfügbarkeit

Eine Information ist vertraulich, wenn sie nur berechtigten Subjekten einsehbar ist.

Eine Information ist integer, wenn sie so gelesen werden kann, wie sie zuletzt befugt gespeichert wurde.

Eine Information ist verfügbar, wenn sie abgerufen werden kann, wenn sie von berechtigten Objekten/Subjekten gebraucht wird.

Die Folgerung aus diesen Definitionen ist, dass Informationen und Systeme mit unterschiedlichen Maßnahmen u.a. in den Bereichen Vertraulichkeit, Integrität und Verfügbarkeit geschützt werden müssen. Mit welchem Aufwand ein System bezüglich der Sicherheitsziele geschützt werden muss, hängt vom Schutzbedarf ab (siehe BSI, 2008). Der Schutzbedarf legt fest, wie schutzbedürftig ein Bestandteil eines Systems ist (z.B. ein personenbezogener Eintrag in einem medizinischen System wie im Fallbeispiel LiSaMe beschrieben oder ein Server, der diese Daten speichert). Üblicherweise legt man für den Schutzbedarf abhängig von den Auswirkungen, die entstehen, wenn ein Sicherheitsziel nicht eingehalten wird, unterschiedliche Klassen fest, z.B. niedrig, mittel und hoch.

Neben den bereits genannten Sicherheitszielen sind auch abhängig vom Projekt weitere Sicherheitsziele möglich. Dies kann z.B. die Authentizität (eine Information wurde von einem befugten Subjekt gespeichert) oder die Nichtabstreitbarkeit (ein Subjekt kann nicht abstreiten, dass es eine Information geschrieben hat) sein.

Es gibt viele unterschiedliche **Sicherheitsmaßnahmen**, mit deren Hilfe man Systeme absichern kann. Dies sind sowohl technische Maßnahmen wie der Einsatz von Zugriffskontrolle mit Benutzername und Passwort als auch organisatorische Maßnahmen wie einer Regelung, dass Arbeitsplätze nicht ohne das Sperren eines Computers verlassen werden dürfen.

Fallstudie

Sicherheitsziele bei LiSaMe

Die relevantesten Sicherheitsziele in LiSaMe sind z.B. Vertraulichkeit, Integrität, Authentizität, Nicht-Abstreitbarkeit.

Vertraulichkeit heißt in diesem Fall, dass z.B. ein Mechanismus existiert, der nur berechtigte Benutzer auf die Gesundheitsdaten zugreifen lässt. Die Daten müssen geschützt sein vor Änderungen, andernfalls können im Gesundheitswesen Probleme bei der Weiterverarbeitung auftreten. Die Authentizität der teilnehmenden Personen/Organisationen ist erforderlich, damit nachvollzogen werden kann, von wem Daten stammen. Eine Weitergabe von Gesundheitsdaten muss ebenfalls entsprechend nachvollzogen werden können, niemand darf Daten weitergeben und dies nachher abstreiten können. Patienten müssen Auskunft darüber erhalten können, welche Daten an wen weitergegeben wurden.

Systeme sind heute so komplex, dass eine einzelne Sicherheitsmaßnahme jedoch nicht ausreicht, um ein System abzusichern. Zudem gibt es viele unterschiedliche Möglichkeiten, um **Angriffe** auf Systeme durchzuführen. Bei der Implementierung von Sicherheitsmaßnahmen kann man unterscheiden, wie gut eine Sicherheitsmaßnahme gegen eine **Bedrohung** wirkt bzw. wie hoch der Aufwand ist, um eine Sicherheitsmaßnahme zu umgehen. Man nennt dies nach Common Criteria (siehe BSI, 2001) auch Mechanismenstärke. Alle getroffenen Sicherheitsmaßnahmen, durch die ein System geschützt wird, definieren im Zusammenspiel die Gesamtsicherheit. Ein System ist nur so sicher wie die schwächste Sicherheitsmaßnahme im Gesamtsystem (Weakest-Link-Prinzip). Wie man methodisch passende Sicherheitsmaßnahmen ableiten kann, ist im Abschnitt Sicherheitsanforderungen in der Analyse (S. 596) beschrieben.

Beispiel 13.1

Weakest-Link-Prinzip

In der IT-Sicherheit kann das Weakest-Link-Prinzip bedeuten, dass bei der Anmeldung bei einem Programm ein sicheres Passwort erforderlich ist, welches insgesamt zwölf Stellen lang ist, aus Sonderzeichen, Ziffern und Buchstaben besteht und alle drei Monate geändert werden muss. Falls Sie das Passwort einmal vergessen haben (durch organisatorische Regeln ist festgelegt, dass Sie das Passwort nicht aufschreiben dürfen), ist es mittels Anruf beim IT-Support unter Nennung Ihrer E-Mail-Adresse möglich, das Passwort neu zu setzen.

Angreifer werden nun wahrscheinlich nicht versuchen, das sichere Passwort herauszufinden, sondern sie werden direkt beim IT-Support anrufen und dort das Passwort neu setzen lassen, da es viel leichter ist, die E-Mail-Adresse zu einem Account herauszufinden als das Passwort selbst.

Angreifer haben den Vorteil, dass sie nur eine einzige ausnutzbare Sicherheitslücke brauchen, um ein System erfolgreich anzugreifen. Um ein System erfolgreich abzusichern, ist ein weitaus höherer Aufwand erforderlich. Ziel ist es, dass der Angriff über einen Weakest Link so viel Aufwand bedeutet, dass der Angriff nicht durchgeführt wird. Bei der Absicherung von Systemen müssen alle Angriffspfade bekannt sein und abgesichert werden. Es ist nicht ausreichend, sich nur auf einzelne Angriffsmöglichkeiten zu beschränken.

Sicherheit ist in vielen Projekten in der Praxis (z.B. auch im Gesundheitswesen) ein kritischer Erfolgsfaktor. Durch die hohe Komplexität von **IT-Sicherheit** ist es erforderlich, eine strukturierte Vorgehensweise zur Einbindung von Sicherheit und zum Nachweis anzuwenden. Es existieren dafür unterschiedliche Mechanismen, die auch verschiedene Aspekte der Sicherheit in einem Projekt berücksichtigen. Durch eine Evaluierung und anschließende Zertifizierung wird nachgewiesen, dass die im Rahmen dieser Zertifizierung geforderte Sicherheit umgesetzt ist. Dies können abhängig von der Zertifizierung organisatorische oder technische Sicherheitsmaßnahmen sein oder eine Kombination von beiden. Bekannt sind etwa Zertifizierungen nach Common Criteria auf Basis von Protection Profiles, nach ITSEC (Information Technology Security Evaluation Criteria) oder nach IT-Grundschutz. Meistens gibt es unterschiedliche Stufen, die man bei einer Zertifizierung erreichen kann. Diese Stufen geben Auskunft darüber, in welcher Detailtiefe die Sicherheit eines Systems betrachtet wurde und in welchem Umfang Prüfungen durchgeführt wurden.

Trotz der Berücksichtigung von Sicherheitsmaßnahmen gibt es in der Praxis immer wieder **Angriffe**. Sie basieren z.B. auf fehlerhafter Implementierung, weil Sicherheitsmaßnahmen nicht richtig umgesetzt wurden oder sich Rahmenbedingungen, die zu Sicherheitsmaßnahmen geführt haben, geändert haben. Nicht zuletzt daher ist es wichtig zu verstehen, wie Angriffe stattfinden. Damit ist ein besserer Schutz vor Angriffen möglich.

Ein erfolgreicher Angriff ist kein plötzliches Ereignis, sondern er besteht aus mehreren Schritten. Skoudis (2006) definiert die folgenden vier Phasen eines Angriffes:

1. Sammeln von Daten über das Angriffsziel
2. Ausnutzen von gefundenen Sicherheitslücken
3. Aufrechterhaltung des Zugriffes
4. Verwischen von Spuren

In der ersten Phase werden möglichst viele Informationen über das Angriffsziel gesammelt. Dafür gibt es unterschiedliche Methoden, die nicht alle technisch sein müssen. Neben Recherchen über ein Angriffsziel im Internet, bei einer Firma, etwa Datenbanken von Mitarbeitern und deren Zuständigkeitsbereichen, können in dieser Phase auch Netzwerk-Scanner eingesetzt werden. Ziel ist es, möglichst viel über das Angriffsziel zu erfahren. Dies umfasst unter anderem Zuständigkeiten, Prozessabläufe, die verwendete Architektur einer Zielumgebung, Versionskennungen von verwendeter Software oder Informationen über die Netzwerkumgebung.

Nachdem die *1. Phase* abgeschlossen ist, hat man einen Überblick über das Angriffsziel. Der **Angreifer** kennt z.B. die verwendete Software und deren potenzielle Sicherheitslücken und somit den Weakest Link des Angriffsziels. Diesen Weakest Link nutzt er nun in *Phase 2* aus, um unbefugten, erweiterten Zugriff auf ein System zu erhalten. Dies kann wiederum technisch oder auch organisatorisch geschehen und ist nicht auf eine spezielle Methode begrenzt.

Nachdem der Angriff gelungen ist und Zugang zu einem System eingerichtet wurde, wird in *Phase 3* das System entsprechend adaptiert, so dass der Angreifer später erneut darauf zugreifen kann, ohne einen Angriff wiederholen zu müssen. Dies kann z.B. bedeuten, dass ein eigener Account in einem System, z.B. mit privilegierten Rechten, angelegt wird.

Damit der durchgeführte Angriff unentdeckt bleibt, werden in *Phase 4* eines Angriffes vorhandene Spuren verwischt. Dies kann z.B. geschehen, indem Logfiles manipuliert oder sogar Rootkits installiert werden. Letztere manipulieren selbst Systembefehle wie etwa die Auflistung aktuell eingeloggter User auf dem System so, dass ein Einbruch in der Praxis immer wieder lange unerkannt bleibt.

13.2 Vorgehensmodelle zur Entwicklung sicherer Software

Für die Erstellung sicherer Software ist eine Berücksichtigung von Sicherheitsaspekten in sämtlichen Phasen des Entwicklungsprozesses erforderlich. Lange Zeit wurde von vielen Unternehmen der Ansatz „Penetrate and Patch“ für die Erstellung gewählt. Dieser Ansatz geht davon aus, dass Sicherheitsfehler im Betrieb gefunden und mit Patches behoben werden.

Es hat sich jedoch herausgestellt, dass dieser Ansatz für die Entwicklung sicherer Software nicht ausreichend ist. Einige Beispiele, warum der Ansatz „Penetrate and Patch“ fehlschlägt, sind nachfolgend aufgelistet:

- Schwachstellen, welche von Angreifern nicht gemeldet werden, können auch nicht behoben werden. Am Schwarzmarkt können Angreifer Informationen zu solchen Schwachstellen, auch als Zero-Day-Schwachstelle bezeichnet, möglicherweise verkaufen.
- Patches beheben nicht immer die eigentliche Ursache, sondern oft nur die Symptome.
- Es bleibt ein Zeitfenster für Angreifer vorhanden, bis Systeme gepatcht werden, wobei bei einigen Systemen die Patches nie installiert werden.
- Aus Patches können Angreifer Details über die Schwachstelle ableiten und dadurch Angriffe planen.

Als Reaktion wird versucht, Modelle zur Erstellung sicherer Software, ähnlich der bekannten Softwareentwicklungsmodelle, zu definieren. Einige bekannte Vertreter für diese Vorgehensmodelle sind:

- Comprehensive Lightweight Application Security Process (CLASP)
- Microsoft Security Development Lifecycle (SDL)
- Software Assurance Maturity Model (SAMM)

13.3 Sicherheitsanforderungen in der Analyse

Als Analyse wird die Erhebung und Aufbereitung der Sicherheitsanforderungen für das zu entwickelnde System bezeichnet. Dies schließt funktionale und nichtfunktionale Sicherheitsanforderungen ein. Beispiele für eine funktionale Sicherheitsanforderung ist: „Personenbezogene Daten sind zu verschlüsseln", für nichtfunktionale Sicherheitsanforderungen etwa „Das System muss ausfallssicher sein" oder „Die Benutzeroberfläche bei sicherheitsrelevanten Funktionen muss so ausgeführt sein, dass Bedienungsfehler weitgehend verhindert werden können".

Praxistipp – Sicherheitskonzept Große Bedeutung kommt der Information aller Beteiligten eines Projektes über die Sicherheitsanforderungen zu, wobei nicht nur die für die Sicherheit Verantwortlichen zu inkludieren sind, sondern alle Beteiligten an z.B. den Spezifikationen und auch die Entwickler. Dazu ist es sinnvoll, ein Sicherheitskonzept zu etablieren, in dem u.a. die Vorgaben und Anforderungen die Sicherheit betreffend festgelegt sind. Dieses Dokument ist für das Projekt bindend und muss unbedingt von allen beachtet werden.

Sicherheitsanforderungen umfassen viele unterschiedliche Teile eines Systems, welche abhängig von der Funktionalität des Systems und den verarbeiteten Daten sind. Abhängig von den Daten müssen für Sicherheitsanforderungen auch gesetzliche Grundlagen und Best-Practice-Grundlagen berücksichtigt werden.

Fallstudie **Sicherheitskonzept bei LiSaMe**

Für LiSaMe wurde ein Sicherheitskonzept entwickelt, in dem unterschiedliche Aspekte der Sicherheit geregelt sind.

So ist beispielsweise definiert, wie Daten gespeichert werden müssen, wer auf welche Daten Zugriff hat, wie Anonymisierung und Pseudonymisierung durchgeführt werden müssen, wie LiSaMe betrieben werden sollte usw.

13.3.1 Erfassung Sicherheitsanforderungen

Bei der Erfassung von Anforderungen werden häufig unterschiedliche und widersprüchliche Anforderungen von Stakeholdern sichtbar. Dabei können oftmals auch Sicherheitsanforderungen und funktionale Anforderungen widersprüchlich sein. Von vielen Stakeholdern wird Sicherheit jedoch als selbstverständlich angesehen und nicht explizit gefordert. Dies führt teilweise zu Missverständnissen und falschen Erwartungen.

Eine weitere Basis für Sicherheitsanforderungen bieten Normen, Standards und Gesetze. So unterliegen verarbeitete Daten im Gesundheitswesen etwa strengen Datenschutzgesetzen. Sicherheitskritische Applikationen, zum Beispiel für Atomkraftwerke, unterliegen darüber hinaus strengen Normen oder Standards, auch in Bezug auf nichtfunktionale Anforderungen wie Verfügbarkeit.

Praxistipp – Datenschutz In vielen Projekten, z.B. auch im Gesundheitsbereich wie etwa bei LiSaMe, begründet sich ein Großteil der Sicherheitsanforderungen mit dem Datenschutz. Es ist daher sinnvoll, sich die Datenschutzgesetze bei der Sicherheitsanalyse zuerst anzusehen und davon weitere Sicherheitsanforderungen und sowohl technische als auch organisatorische Sicherheitsmaßnahmen abzuleiten.

In sicherheitskritischen Applikationen erfolgt die Überprüfung der Sicherheitseignung häufig über die Evaluierung durch Behörden oder zentrale Organisationen. In dieser Phase sind auch Anforderungen aus diesen Evaluierungsvorgängen zu berücksichtigen, da diese Anforderungen Einfluss auf die Gestaltung des Systems nehmen können. Beispiele für Evaluierungen sind Zulassungsverfahren, Typisierungen oder Evaluierungen anhand von Protection Profiles.

Für einige Systeme werden anhand von Normen auch die Dokumentation und die Verwaltung von Anforderungen festgelegt. Dies umfasst eine klare Dokumentation der Herkunft der Anforderung und eine Rückführbarkeit in späteren Phasen auf die jeweilige Ausgangsanforderung. Ein Beispiel für eine solche Norm ist „EN/IEC 61508: Funktionale Sicherheit sicherheitsbezogener elektrischer/elektronischer/programmierbarer elektronischer Systeme".

Common Criteria – funktionale Sicherheitsanforderungen

Common Criteria unterscheidet zwischen elf unterschiedlichen Klassen von funktionalen Sicherheitsanforderungen. Jede dieser Klassen muss durch konkrete Sicherheitsfunktionen berücksichtigt werden, wenn sie in einem System erforderlich ist (siehe BSI, 2001).

Klassen Funktionaler Sicherheitsanforderungen nach Common Criteria

FAU – Security Audit (Sicherheitsprotokollierung)

FCO – Communication (Kommunikation)

FCS – Cryptographic Support (Kryptografische Unterstützung)

FDP – User Data Protection (Schutz der Benutzerdaten)

FIA – Identification and Authentication (Identifikation und Authentisierung)

FMT – Security Management (Sicherheitsmanagement)

FPR – Privacy (Privatheit)

FPT – Protection of the TSF[3] (Schutz der EVG[4]-Sicherheitsfunktionen)

FRU – Resource Utilisation (Betriebsmittelnutzung)

FTA – TOE[5] Access (EVG-Zugriff)

FTP – Trusted Path/Channels (Vertrauenswürdiger Pfad/Kanal)

Die einzelnen Klassen bilden nur funktionale Sicherheitsanforderungen in den unterschiedlichen Themenbereichen ab, die für ein System relevant sein können. Beispiele sind die Aufzeichnung von Login-Informationen, die Sicherstellung der Identität bei miteinander kommunizierenden Parteien oder der Import/Export von User-Daten. Die Klassen sagen nichts über Implementierungsfehler etc. aus, diese Sicherheitsanforderungen müssen noch zusätzlich für ein System erhoben werden.

Diese Klassen helfen dabei, in vielen Systemen relevante Sicherheitsfunktionen zu berücksichtigen.

13.3.2 Bedrohungs- und Risikoanalyse

Hundertprozentige Sicherheit in komplexen IT-Systemen wird es nach Meinung der Mehrheit der Sicherheitsexperten nicht geben (siehe Anderson, 1972; McGraw, 1999). Als Reaktion auf diese Tatsache sollte der nach aktuellem technischen Stand jeweils beste Schutz vor Angriffen, die die Sicherheit beeinträchtigen, umgesetzt werden und somit eine regelmäßig Beobachtung der Bedrohungen, die aktuell auf ein System wirken, stattfinden.

In großen Projekten ist es nicht immer möglich, dass alle einzelnen möglicherweise auftretenden Angriffswege analysiert werden. Es ist daher wichtig, dass die am wahrscheinlichsten auftretenden Angriffe oder jene mit den größten negativen Auswirkungen zuerst berücksichtigt werden.

Es gibt unterschiedliche Methoden, um dieses Ziel zu erreichen, d.h. eine Risiko- und Bedrohungsanalyse durchzuführen. In großen IT-Projekten wird eine solche Analyse meistens Tool-unterstützt durchgeführt.

Praxistipp – Kategorisierung von Bedrohungen In der Praxis ist es sinnvoll, für die Auflistung von Bedrohungen methodische Vorgehensweisen anzuwenden, damit es leichter fällt, möglichst viele relevante Bedrohungen in den Bedrohungskatalog aufzunehmen. Eine Möglichkeit dafür ist, die Bedrohungen unterschiedlichen Kategorien zuzuordnen, wie es im vorliegenden Abschnitt beschrieben wird.

3 Anm.: Target of Evaluation Security Functions
4 Anm.: Evaluierungsgegenstand
5 Anm.: Target of Evaluation

Bedrohungen können nach unterschiedlichen *Kategorien* eingeteilt werden. Dies kann z.B. erfolgen nach

- Zielobjekt
- Urheber
- Motivation/Absicht
- Wahrscheinlichkeit des Auftretens
- Auswirkungen/Kosten

Eine weitere Möglichkeit, Bedrohungen zu gliedern, findet sich in BSI (2001) – dort werden Bedrohungen primär nach dem Verursacher kategorisiert:

- Personal
- Angreifer
- Benutzer
- Hardware/Software

Nachdem die Bedrohungen erfasst sind, erfolgt für diese Bedrohungen jeweils eine Risikoanalyse und Risikobewertung, in der das Risiko für das Eintreten einer Bedrohung und den damit verbundenen Schaden beurteilt wird. Schwierig bei dieser Bewertung ist die Analyse, wie oft eine Bedrohung eintritt und wie hoch der dabei entstehende Schaden ist. Diese beiden Werte sind abhängig vom einzelnen Projekt und werden in der Praxis oft auf Basis von Erfahrungswerten geschätzt.

Praxistipp – Schätzung Eintrittswahrscheinlichkeiten und Schäden von Sicherheitsvorfällen In der Praxis ist es oftmals schwierig, die Eintrittswahrscheinlichkeit oder den genauen Schaden eines Sicherheitsvorfalles in Zahlen auszudrücken. Oft hilft jedoch bereits eine ungefähre Abschätzung oder eine relative Schadensbeschreibung, z.B. „Der Schaden tritt selten/oft ein“ oder „Der Schaden hat existenzbedrohende Auswirkungen auf ein IT-Unternehmen oder auf eine durch den Schaden betroffene Person“.

Dies ist auch deshalb sinnvoll, weil z.B. „existenzbedrohend“ abhängig vom IT-Unternehmen oder dem betroffenen Subjekt/Objekt ist. Ein Schaden, der für ein kleineres Unternehmen bereits existenzbedrohend ist, kann für einen großen Konzern noch vertretbar sein. Eine allgemein gültige Definition mit konkreten Werten ist aus diesem Grund nicht durchführbar.

Anschließend müssen die erforderlichen Maßnahmen ausgearbeitet werden, mit denen die Bedrohungen mitigiert werden können. In Anschluss an die Bedrohungs- und Risikoanalyse wird eine Restrisikoabschätzung durchgeführt, bei der die verbliebenen Risiken, für die keine Maßnahmen umgesetzt werden, zusammengefasst werden. Das verbleibende Restrisiko muss meistens das Management einer Firma genehmigen und somit die Verantwortung dafür übernehmen. Das Restrisiko muss kleiner sein als das Grenzrisiko, das z.B. eine Firma oder eine Organisation eingehen kann.

Lösung

Aufgabe – Risiko- und Bedrohungsanalyse Führen Sie für ein Fallbeispiel aus diesem Buch eine einfache Risiko- und Bedrohungsanalyse durch. Achten Sie dabei darauf, dass Sie die wichtigsten Risiken und Bedrohungen erkennen und für diese die Eintrittswahrscheinlichkeit und das Schadensausmaß schätzen. Anschließend überlegen Sie sich Maßnahmen, wie die erkannten Bedrohungen mitigiert werden können.

Angriffsbäume

Angriffsbäume *(Attack Trees)* sind eine Technik zum Identifizieren und Dokumentieren von Bedrohungen. Es wird dabei eine iterative Detaillierung von Bedrohungen von einer abstrakten zu einer detaillierten Darstellung durchgeführt. Angriffsbäume wurden von Schneier (2004) vorgestellt.

▶Abbildung 13.1 zeigt ein Beispiel für einen Angriffsbaum. Die Knoten des Baumes stellen die Bedrohungen dar. Die Kanten können zur Bewertung der *Eintrittswahrscheinlichkeit* einer Bedrohung verwendet werden, zum Beispiel die Eintrittswahrscheinlichkeit ist niedrig oder hoch. Des Weiteren ist eine logische Verknüpfung von Kanten möglich. Dadurch können Abhängigkeiten bei der Eintrittswahrscheinlichkeit eines Elternknotens zu den Subknoten formuliert werden, etwa wenn eine Bedrohung nur eintritt, wenn beide Subknoten eintreten. Über die Risikoeinschätzung an den Kanten ist eine Berechnung der Eintrittswahrscheinlichkeit für jeden Knoten möglich. Durch die Ebenen des Baumes können unterschiedliche Abstraktionsebenen umgesetzt werden. Dies ermöglicht unterschiedlichen Beteiligten am System eine angepasste Betrachtung der Bedrohungen und der daraus resultierenden Risiken für das System.

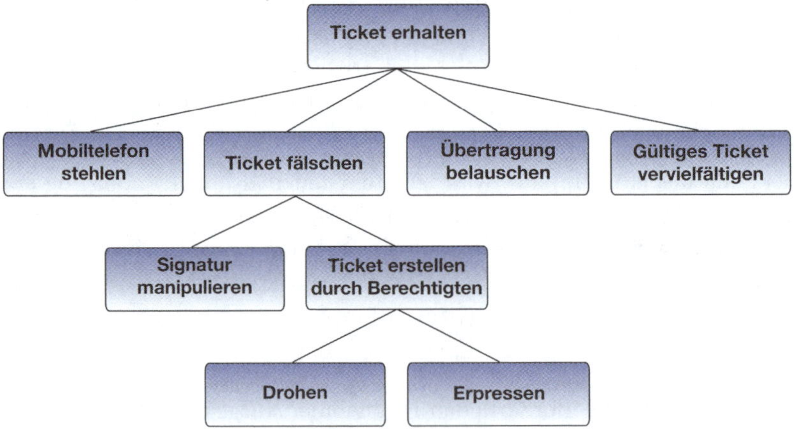

Abbildung 13.1: Beispiel für einen Angriffsbaum für Bedrohungen gegen das unrechtmäßige Erhalten von Tickets bei Touch&Go

Angriffsbäume bieten durch den iterativen Ansatz eine gute Möglichkeit, um abhängig von abstrakten Bedrohungen diese zu konkretisieren und gezielt für die einzelnen Bedrohungen Gegenmaßnahmen zu ermitteln. Des Weiteren erleichtert ein strukturierter Ansatz die Nachvollziehbarkeit und die Überprüfung auf Vollständigkeit der Bedrohungen. Durch die grafische Darstellung als Baum ist es auch Laien möglich, die Zusammenhänge von Bedrohungen zu verstehen.

Ein Nachteil bei der Verwendung von Angriffsbäumen ist die Unübersichtlichkeit bei der Modellierung von Angriffen in großen Systemen.

UML Misuse Cases

Use Cases stellen eine im Software Engineering weit verbreitete Technik zur Dokumentation von funktionalen Abläufen eines Systems dar. Diese sind für die Analyse im Softwareentwicklungsprozess bereits etabliert, so dass Use Cases auch von Nicht-Softwareentwicklern gelesen werden können.

Misuse Cases lehnen sich an die Notation von Use Cases an und betrachten mögliche ungewollte Abläufe von nicht gewollten Akteuren (**Angreifern**) in einem System. Misuse Cases bieten eine Übersicht über mögliche Bedrohungsszenarien und können dabei als Basis für die Implementierung und die Sicherheitstests dienen. Dabei sind Misuse Cases auf Bedrohungen durch konzeptionelle Fehler beschränkt, da in dieser Phase noch keine Details über die genaue Umsetzung vorhanden sind.

Eine Notation für Misuse Cases wurde von Sindre und Opdahl (2005) vorgestellt. ▶Abbildung 13.2 zeigt ein Beispiel für einen Misuse Case anhand dieser Notation.

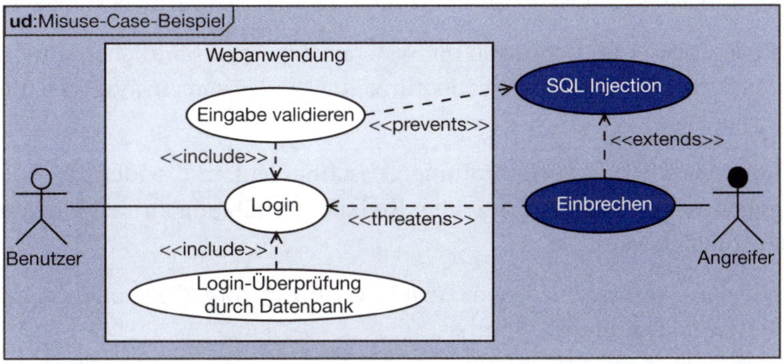

Abbildung 13.2: Misuse-Case-Beispiel für Angriffsmöglichkeit auf die Authentifizierung einer Applikation

Bedrohungsmodellierung (Threat Modeling)

Durch eine Bedrohungsmodellierung sollen mögliche Bedrohungen gegen die Software dargestellt werden, um für die weiteren Phasen im Entwicklungsprozess Maßnahmen gegen diese Bedrohungen zu definieren.

Eine bekannte Methode ist Threat Modeling, welche einen wichtigen Bestandteil im Microsoft Secure Development Lifecycle (SDL) einnimmt. Im Rahmen des Threat Modeling wird eine frühe Analyse zu Bedrohungen durchgeführt und ein grobes Modell erstellt. Dieses Modell wird im Laufe der Analyse verfeinert und auch in den weiteren Phasen des Entwicklungsprozesses an die neuen Erkenntnisse angepasst.

Folgende Schritte werden für das *Threat Modeling* im Sinne von Microsoft durchlaufen:

1. Festlegung von Anwendungsszenarien: Wie, wo, wann und von wem wird die Software verwendet?

2. Festlegung externer Abhängigkeiten: Welche Abhängigkeiten zu Bibliotheken, Applikationen, Betriebssystemen und zu weiteren Teilsystemen sind vorhanden?

3. Definieren von Sicherheitsannahmen: Für die Umsetzung der Software werden Sicherheitsannahmen getroffen. Das Speichern von Dateien wird beispielsweise als sicher betrachtet und durch die Software müssen keine weiteren Schutzmaßnahmen umgesetzt werden. Eine Änderung der Systemgegebenheiten kann diese Annahmen verletzen. Dadurch wird es erforderlich, dass weitere Maßnahmen eingeführt werden.

4. Erstellung von Sicherheitshinweisen: Durch diese Stufe soll eine Dokumentation mit den Abhängigkeiten und Annahmen erstellt werden, welche beteiligte Personen in den weiteren Entwicklungsphasen unterstützen sollen.

5. Erstellung von Datenflussdiagrammen: Microsoft verwendet Datenflussdiagramme, um Zusammenhänge der Software und die Schnittstellen darzustellen.

6. Definieren der Bedrohungstypen: In dieser Stufe werden die zu berücksichtigenden Bedrohungstypen definiert. Hierzu sind unterschiedliche Modelle in der Literatur bekannt. Eines ist das CIA-Modell, welches Vertraulichkeit (*Confidentiality*), Integrität (*Integrity*) und Verfügbarkeit (*Availability*) berücksichtigt.

7. Identifizierung der Bedrohungen im System: Es werden sämtlichen durch die Erstellung der Datenflussdiagramme identifizierten Teilsystemen mögliche Bedrohungstypen zugewiesen.

8. Ermitteln des Risikos der Bedrohung: Anschließend an die Identifizierung der Bedrohungen wird in dieser Stufe eine Risikoeinschätzung zu den einzelnen Bedrohungen zugewiesen.

9. Planung der Gegenmaßnahmen: Abschließend werden Gegenmaßnahmen zu den ermittelten Bedrohungen definiert.

Für eine umfangreiche Beschreibung von Threat Modeling wird auf Swiderski und Snyder (2004) und Howard und Lipner (2006) verwiesen.

Sicherheitsanalyse nach IT-Grundschutz

Eine Sicherheitsanalyse basierend auf den IT-Grundschutz-Katalogen, welche vom Bundesamt für Sicherheit in der Informationstechnik in Deutschland herausgegeben werden (siehe BSI, 2008a; BSI, 2008b), hilft bei der Absicherung von Systemen mit niedrigem und mittlerem Schutzbedarf. Für diese Systeme können weitgehend Standardsicherheitsmaßnahmen für Geschäftsprozesse, Anwendungen und IT-Systeme umgesetzt werden. Diese

Standardsicherheitsmaßnahmen bestehen aus einer Kombination von organisatorischen und technischen Maßnahmen, welche in Summe ein angemessenes Sicherheitsniveau bieten sollen. Für Systeme ab hohem Schutzbedarf müssen eigene, erweiterte Sicherheitsanalysen durchgeführt werden, um der besonderen Schutzbedürftigkeit der Daten und Systeme zu entsprechen.

Ziel der IT-Grundschutz-Kataloge ist eine kostengünstige, in der Praxis leicht umsetzbare Erhöhung der Sicherheit.

Als erster Schritt wird eine *IT-Strukturanalyse* durchgeführt, in der alle beteiligten Komponenten (z.B. Anwendungen, Hardware, Räume) erfasst werden. Für diese Komponenten wird anschließend eine *Schutzbedarfsfeststellung* durchgeführt. Diese bildet die Basis für die weiteren Schritte zur Absicherung des Systems. Die Ergebnisse aus der IT-Strukturanalyse werden auf die Bausteine aus den IT-Grundschutz-Katalogen abgebildet. Anschließend wird die Ist-Situation der Sicherheit auf Basis der Maßnahmenkataloge analysiert, indem die einzelnen Maßnahmen jeweils danach bewertet werden, ob eine Maßnahme teilweise umgesetzt, umgesetzt, nicht umgesetzt oder im konkreten System nicht relevant ist. Nach dieser Analyse müssen die noch offenen Maßnahmen auf ihre Umsetzung geprüft werden. Dazu werden die umzusetzenden Maßnahmen zuerst konsolidiert und eine Aufwandsschätzung wird durchgeführt. Im Anschluss werden die umzusetzenden Maßnahmen noch priorisiert und Verantwortliche festgelegt.

Praxistipp IT-Grundschutz Die Bausteine, Gefährdungs- und Maßnahmenkataloge, die vom BSI im Zuge der IT-Grundschutz-Kataloge bereitgestellt werden, sind hilfreich, um strukturiert Sicherheitselemente in einem Unternehmen zu etablieren. Sie können jedoch auch dazu verwendet werden, um einen raschen Überblick zu diversen Sicherheitsmaßnahmen und Sicherheitsrisiken zu erhalten.

Um nachzuweisen, dass ein System nach IT-Grundschutz abgesichert wurde, ist eine Zertifizierung nach ISO 27001 auf der Basis von IT-Grundschutz möglich.

Aufgabe – Sicherheitsanforderungen Erstellen Sie einen Angriffsbaum, wie Sie unautorisiert vertrauliche Daten in einem der Fallbeispiele dieses Buches erhalten können.

Stellen Sie einen Misuse Case für die Bedrohung der unautorisierten Dateneingabe von Gesundheitsdaten in LiSaMe dar.

Erstellen Sie ein grobes Threat-Modell anhand des vorgestellten Verfahrens für den Bestellvorgang eines Handy-Tickets beim Fallbeispiel Touch&Go. Gehen Sie dabei nach den in diesem Abschnitt beschriebenen Stufen für die Erstellung von Bedrohungsmodellen vor.

CWS Companion Website Lösung

13.3.3 Sicherheit als Prozess

Nach der Analyse und Umsetzung von Sicherheitsmaßnahmen ist die Sicherheit eines Systems noch nicht auf lange Zeit gegeben. Sicherheit basiert immer auf Umgebungsannahmen, die getroffen werden. Bei der Risiko- und Bedrohungsanalyse schätzt man z.B. die Wahrscheinlichkeiten für einzelne Bedrohungen. Sowohl diese können sich während der Laufzeit eines Systems ändern als auch die Bedrohungen selbst, da z.B. in einem späteren Lebenszyklus eines Systems ein einst nur im Intranet erreichbares System an das Internet angebunden werden könnte. Daraus ergeben sich viele neue Angriffsmöglichkeiten und Bedrohungen. Ohne die Risiko- und Bedrohungsanalyse anzupassen und in weiterer Folge gegebenenfalls die Sicherheitsmaßnahmen zu adaptieren, ist das ursprünglich weitgehend sichere System nach der Öffnung für Zugriffe aus dem Internet nicht mehr ausreichend sicher.

Zusammenfassend heißt das, dass bei jeder Änderung im System, z.B. bei einer neuen Softwareversion eines Programms, die Sicherheit neu bewertet werden muss.

Ein System kann somit nicht durch das einmalige Setzen einer Sicherungsmaßnahme (z.B. Installation einer Antiviren-Software) abgesichert werden. Schneier (2004) formuliert diese Thematik treffsicher mit der Aussage „*Security is a process, not a product*“. Sicherheit ist demnach als Prozess zu verstehen, bei dem man immer wieder das gesamte System aus Sicherheitssicht analysieren muss.

Die Methodik wird auch als PDCA (Plan-Do-Check-Act)-Modell bezeichnet. Angewandt auf die IT-Sicherheit bedeutet dies, dass zuerst Sicherheitsmaßnahmen geplant werden (z.B. basierend auf einer Risiko- und Bedrohungsanalyse). Diese werden anschließend wie geplant umgesetzt. Nach der Umsetzung muss die Effektivität der Umsetzung von **Sicherheitsmaßnahmen** geprüft werden (z.B. durch Penetrationstests oder Auditierungen). Sollte man Abweichungen oder Lücken im Schutz des Systems feststellen, müssen weitere Sicherheitsmaßnahmen geplant und umgesetzt werden, womit sich der Kreis schließt.

Dieses Modell sollte regelmäßig angewandt werden, damit auch nicht dokumentierte oder unbeabsichtigte Änderungen im System festgestellt und entsprechend berücksichtigt werden.

13.4 Sicherheitsaspekte beim Entwurf

In dieser Phase werden die erforderlichen Sicherheitsmaßnahmen durch den Entwurf der Software umgesetzt, um die Sicherheitsanforderungen zu erfüllen.

Bei der Umsetzung müssen **Sicherheitsfunktionalitäten** und **sichere Funktionalitäten** unterschieden werden, da diese Auswirkung auf die einzelnen Bestandteile des Entwurfes haben.

- Sicherheitsfunktionalitäten bilden Funktionen mit sicherheitskritischen Aspekten ab und werden durch Spezifikationen definiert. Funktionale Fehler bei Sicherheitsfunktionalitäten können zu Sicherheitsschwachstellen und damit zur Kompromittierung des Systems führen. Ein Beispiel bilden hierfür *kryptografische Verfahren.*
- Sichere Funktionen sind in einer Software immer erforderlich. Durch nur eine Sicherheitsschwachstelle in einer beliebigen Funktion kann das gesamte System kompromittiert werden.

Exkurs Kryptografie

Durch kryptografische Verfahren können im Sicherheitsumfeld einige erforderliche Schutzziele umgesetzt werden. Nachfolgend findet sich eine Auflistung der Schutzziele und der kryptografischen Verfahren:

- Vertraulichkeit: Kann durch Verschlüsselungen sichergestellt werden.
- Integrität: Wird durch Verwendung von Prüfsummen bzw. digitalen Fingerabdrücken eines Dokuments umgesetzt.
- Authentizität: Durch Verwendung von Signaturen kann die Authentizität gewährleistet werden.

Bei den Verfahren ist eine grobe Einteilung nach symmetrischen und asymmetrischen Verfahren möglich. *Symmetrische Verfahren* verwenden dabei sowohl für die Ver- als auch für die Entschlüsselung denselben Schlüssel. Dies wird in ▸Abbildung 13.3 dargestellt.

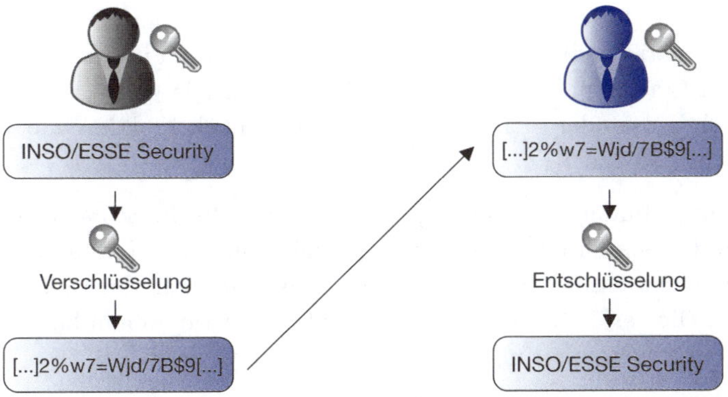

Abbildung 13.3: Darstellung eines symmetrischen Verschlüsselungsverfahrens

Bei asymmetrischen Verschlüsselungsverfahren werden zwei Schlüssel eingesetzt, ein öffentlicher Schlüssel (*Public Key*) zum Verschlüsseln von Nachrichten und ein privater Schlüssel (*Private Key*) zum Entschlüsseln. Der öffentliche Schlüssel ist nicht vertraulich und kann beliebig weitergegeben werden. Ist der öffentliche Schlüssel bekannt, kann der Sender diesen Schlüssel zum Verschlüsseln einer Nachricht an den Besitzer verwenden. Dies wird in ▶Abbildung 13.4 dargestellt. Nur durch Kenntnis des privaten Schlüssels ist es möglich, die verschlüsselte Nachricht zu entschlüsseln und somit den ursprünglichen Klartext zu erhalten.

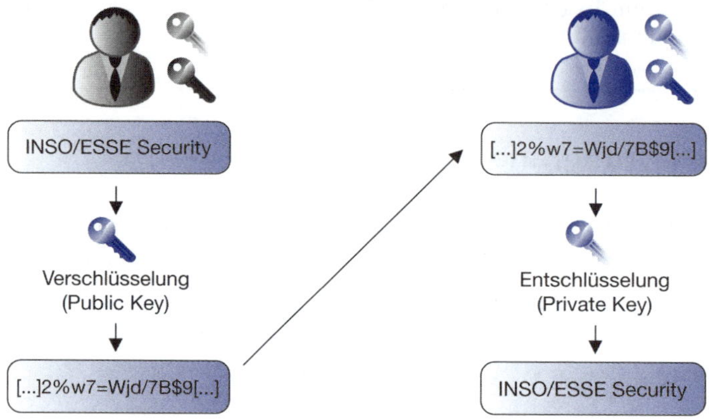

Abbildung 13.4: Darstellung eines asymmetrischen Verschlüsselungsverfahrens

Exkurs Hash-Verfahren

Hash-Verfahren sind Einwegfunktionen, welche einen digitalen Fingerabdruck (Hash-Wert) eines Dokumentes erstellen. Dabei ist es erforderlich, dass zwei Dokumente mit unterschiedlichen Inhalten nicht denselben Fingerabdruck erhalten. Mittels einer Einwegfunktion ist es einfach, ein y mittels $y = f(x)$ zu berechnen. Es ist jedoch kaum oder nicht möglich, mittels Umkehrfunktion von f ein x mit $x = f^{-1}(y)$ zu berechnen.

Hash-Verfahren finden Anwendung zur Sicherung der Integrität von Dokumenten, indem der Sender einen Hash-Wert erstellt und diesen zusammen mit dem Dokument versendet. Der Empfänger kann nun prüfen, ob das Dokument verändert wurde. Dies erfolgt, indem ein Hash-Wert vom Dokument beim Empfänger erstellt und mit dem ursprünglichen Wert verglichen wird.

Exkurs Digitale Signaturen

Digitale Signaturen bieten eine Möglichkeit, Fingerabdrücke von Dokumenten kryptografisch vor unbemerkten Veränderungen zu schützen. Dies soll verhindern, dass die Integritätssicherung mittels Hash-Wert durch einen Angreifer geändert wird, indem das Dokument und der Hash-Wert manipuliert werden. Digitale Signaturen ermöglichen das Erkennen von Manipulationen an Hash-Werten. Dabei werden wiederum asymmetrische kryptografische Verfahren eingesetzt.

▶Abbildung 13.5 stellt den Ablauf bei der Verwendung von Signaturen dar. Beim Versenden eines Dokumentes durch den Sender wird ein Hash-Wert des Dokumentes gebildet und dieser Hash-Wert wird durch den privaten Schlüssel des Senders verschlüsselt. Das Dokument wird an den Empfänger gesendet. Dieser kann nun anhand des öffentlichen Schlüssels des Senders überprüfen, ob eine Manipulation des Dokumentes oder des Hash-Wertes stattgefunden hat. Dabei wird durch den Empfänger erneut ein Hash-Wert des Dokumentes gebildet. Der gesendete und verschlüsselte Hash-Wert wird anhand des öffentlichen Schlüssels des Senders entschlüsselt. Stimmen diese beiden Hash-Werte überein, wurden das Dokument und die Signatur nicht verändert.

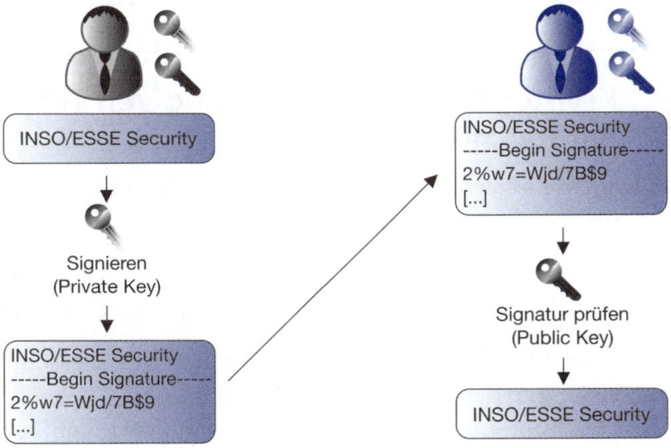

Abbildung 13.5: Darstellung des Ablaufes bei der Erstellung und Verwendung von Signaturen

Fallstudie

Kryptografische Objekte in LiSaMe

Die Daten von LiSaMe werden mittels TrueCrypt verschlüsselt auf der Festplatte gespeichert. Dies sichert die Vertraulichkeit, wenn der Rechner gestoppt wird. Beim laufenden System ist der Schlüssel zur Entschlüsselung der Festplatte im Speicher, wodurch TrueCrypt nicht die Vertraulichkeit schützt.

Für die Datenübertragung im Backend-System wird zwischen den Diensten Verschlüsselung mittels Transport Layer Security (TLS) durchgeführt. Dabei wird eine gegenseitige Authentifizierung zwischen den Diensten anhand von asymmetrischen Verschlüsselungsverfahren verwendet.

Zwischen Benutzern und LiSaMe wird http über TLS (HTTPS) für die Sicherung der Vertraulichkeit und Authentizität eingesetzt.

Hash-Verfahren werden in LiSaMe für die Sicherung der Passwörter und für Pseudonyme verwendet. Bei der Speicherung mittels Hashverfahren kann durch Kenntnis des Hash-Wertes nicht auf den Ursprungwert rückgeschlossen werden. Es schützt jedoch nicht vor Brute-Force-Angriffen, wo sämtliche mögliche Eingaben durchlaufen werden.

Fallstudie

Kryptografische Absicherung von Tickets bei Touch&Go

Bei Touch&Go werden Fahrscheine über Mobiltelefone bestellt. Diese Fahrscheine werden mittels kryptografischer Mechanismen abgesichert.

Vor Beginn der Übertragung findet eine gegenseitige Authentisierung zwischen Nutzermedium und Server unter Verwendung von asymmetrischen Verfahren statt.

Des Weiteren werden im Rahmen der Authentisierung Sitzungsschlüssel ausgehandelt, die zur Sicherung der Daten verwendet werden. Das Ticket wird mit diesem Sitzungsschlüssel unter der Verwendung von symmetrischen Verfahren vom Server zum Client übertragen.

Zusätzlich ist eine Unterscheidung von sicherem Entwurf und sicherer Implementierung für die Umsetzung zu berücksichtigen. Wenn sämtliche Funktionen sicher implementiert wurden, kann durch Schwächen der Architektur dennoch eine Kompromittierung möglich sein, zum Beispiel durch fehlende Schutzmaßnahmen bei der Übertragung von Daten. Eine sichere Architektur kann jedoch auch durch fehlerhafte Implementierung, zum Beispiel durch Fehler in der Verarbeitung, unsicher werden.

Beispiel 13.2 **Sicherheitsfunktionalität vs. sichere Funktionalität**

Ein Beispiel für eine Sicherheitsfunktionalität ist die Authentifizierung bei einem System. Ein funktionaler Fehler wie die fehlerhafte Überprüfung eines Passwortes könnte einem Angreifer den unberechtigten Zugriff auf Daten ermöglichen.

Ein Fehler in einer Funktion kann zum Ausnutzen einer Applikation ausreichen. Beispielsweise könnte eine fehlende Validierung der Benutzereingabe Angriffe ermöglichen. Dies ist unabhängig davon, ob der Fehler in einer Sicherheitsfunktionalität vorhanden ist oder nicht.

Beispiel 13.3 **Sichere Architektur vs. sichere Implementierung**

Eine Webapplikation verwendet eine sichere Architektur bei der Übertragung der Daten und setzt eine Übertragungsverschlüsselung wie zum Beispiel Secure Socket Layer (SSL) ein. Durch fehlende Validierung der Benutzerinformationen bei der Anmeldung ist jedoch ein SQL-Injection-Angriff möglich, wodurch eine Anmeldung für einen Angreifer ohne bekannte Anmeldeinformationen möglich ist.

Aufgabe zu Angriffen auf Architekturschwachstellen Verwenden Sie ein Tool zum Protokollieren des Netzwerkverkehrs wie zum Beispiel Wireshark. Starten Sie die Protokollierung und rufen Sie dabei eine beliebige Webseite auf. Analysieren Sie nun das Ergebnis der Protokollierung. Sie sehen, welche Informationen über das Netzwerk übertragen werden, wenn keine Verschlüsselung für die Übertragung eingesetzt wird.

CWS Lösung

13.4.1 Designprinzipien für sichere Software

Für den Entwurf einer sicheren Software können Designprinzipien herangezogen werden. Diese Prinzipien basieren auf häufigen Entwurfsfehlern. Unterschiedliche Zusammenstellungen von Prinzipien sind in der Literatur vorhanden, wie etwa „8 Design Principles“ (Saltzer & Schroeder, 1975) oder „Top 10 Secure Coding Practices“ von CERT (2008).

Nachfolgend werden die acht *Design Principles* von Saltzer und Schroeder (1975) aufgelistet und anschließend anhand von Beispielen erklärt. Die Übersetzung der Designprinzipien wurde von Jürjens und Buda (2003) übernommen:

- Einfachheit der Schutzmechanismen (*Economy of Mechanism*)
- Minimale Berechtigungsvergabe (*Fail-Safe Defaults*)
- Vollständige Berechtigungsprüfung (*Complete Mediation*)
- Offenes Design (*Open Design*)
- 4-Augen-Prinzip (*Separation of Privilege*)
- Minimum an Rechten (*Least Privilege*)
- Minimum an gemeinsamen Mechanismen (*Least Common Mechanism*)
- Psychologische Akzeptanz (*Psychological Acceptability*)

Economy of Mechanism

> *„Complexity is the worst enemy of security.“ – Bruce Schneier*

Komplexe Systeme erhöhen die Wahrscheinlichkeit von Fehlern und stellen dadurch ein Risiko für die Sicherheit der Systeme dar. Beim Entwurf der Software ist daher auf die Reduzierung auf die wesentlichen Funktionalitäten zu achten. Ein Ansatz ist als *„Keep it simple stupid!“* (KISS) bekannt, was besagt, dass immer die einfachste mögliche Umsetzung gewählt werden soll. Dies verringert u.a. den Aufwand für die Implementierung und den Test. Dadurch können zum Beispiel die vorhandenen Funktionen umfangreicher getestet werden, ohne erhöhten Ressourcenbedarf.

Fail-Safe Defaults

Der Zugriff soll standardmäßig durch die Software abgelehnt werden. Nur wenn explizit der Zugriff erlaubt wurde, soll dieser möglich werden. Listing 13.1 zeigt eine mögliche Verletzung des Prinzips. Dieses Beispiel prüft, ob Benutzername oder Passwort NICHT korrekt sind, und beendet dann den Ablauf in dieser Funktion. Gelingt es Angreifern, einen Fehler vor der Prüfung zu erzeugen, kann der Ablauf umgangen werden. Dies ist zum Beispiel möglich, wenn kein Wert für `name` angeführt wird, wodurch Java eine `java.lang.NullPointerException` erzeugt und direkt in den `catch`-Block springt. Dadurch wurde die Überprüfung umgangen und die Applikation hat den Angreifer als Administrator authentifiziert.

```
try {
   // ...
   // Anmeldeinformationen lesen
   username = request.getParameter("name");
   password = request.getParameter("passwd");
   if (!username.equals("admin") || !password.equals(ADMIN_PW)) {
      return;
   }
} catch(Exception e) {
   // Fehlerbehandlung
}
// Benutzername und Passwort korrekt, daher Administrator Zugriff erlauben
```

Listing 13.1: Beispiel für Missachtung des Fail-Safe-Defaults-Prinzips

Complete Mediation

Beim Zugriff auf Ressourcen soll immer eine Berechtigungsprüfung durchgeführt werden. Dieser Ansatz hat sich bereits in vielen Systemen bewährt. Ein Beispiel ist der Java Security-Manager, welcher sämtliche Zugriffe auf potenziell systemgefährdende Funktionen vor der Durchführung prüft, wie zum Beispiel Dateizugriffe.

Open Design

Die Sicherheit eines Systems darf nicht auf der Geheimhaltung des Entwurfes oder der Implementierung beruhen. Kerckhoffs' Prinzip für die Sicherheit von kryptografischen Algorithmen besagt Ähnliches: Die Sicherheit kryptografischer Verfahren basiert ausschließlich auf der Geheimhaltung des geheimen Schlüssels und nicht auf der Geheimhaltung des Algorithmus.

Dadurch ist die Sicherheit einer Software auch nicht davon abhängig, ob diese Software als Open- oder Closed Source zur Verfügung gestellt wird. Beim Entwurf der Software ist dies zu berücksichtigen. Häufig wird zum Beispiel bei Webapplikationen der Fehler begangen, die Sicherheit alleine durch nicht veröffentlichte Ordner- oder Dateinamen umzusetzen. Wenn jemand diesen Ordner- oder Dateinamen kennt oder errät, kann er auf die Informationen zugreifen.

Separation of Privilege

In einer Software sind unterschiedliche Funktionalitäten vorhanden, welche unterschiedliche Zugriffsberechtigungen erfordern. Eine Separierung der Funktionalitäten und eine Zuordnung der jeweils erforderlichen Berechtigungen können den möglichen Schaden bei Angriffen reduzieren.

Beispiel 13.4 **Separation of Privilege in einer Bank**

Am Beispiel einer Bank wird dies veranschaulicht. Ein Kunde hat in einem Bankgebäude Zugang zur Vorderseite des Schalters, jedoch keinen Zugang zur Hinterseite des Schalters. Viele Mitarbeiter haben Zugang zum hinteren Schalterbereich, aber nur wenige Mitarbeiter haben Zugang zum Tresorraum.

Fehlen separierte Bereiche mit unterschiedlichen Berechtigungen, hätte jeder Teilnehmer dieselben Berechtigungen und somit hätten auch Kunden Zugang zum Tresorraum.

Wenn jeder Kunde die Berechtigung, auch in den Tresorraum zu gehen, beim Zutritt zur Bank erhält, ist das Sicherheitsniveau sehr eingeschränkt.

Was am Beispiel einer Bank verständlich scheint, ist auch für die Umsetzung von Software zu berücksichtigen, zum Beispiel beim Einfügen von mehreren Schichten mit jeweils unterschiedlichen Berechtigungen oder bei der Verwendung von abgesicherten

Umgebungen. Java verwendet zum Beispiel ein Sandbox-Konzept, wodurch Java-Applikationen zu Bereichen außerhalb der Sandbox nur durch Zuordnung von Berechtigungen Zugriff erhalten.

Least Privilege

Mittels Berechtigungen kann der Zugriff eingeschränkt werden. Bei einem erfolgreichen Angriff erhält der Angreifer nur die für die Applikation vergebenen Berechtigungen. Eingeschränkte Berechtigungen reduzieren dabei die *Schadensmöglichkeiten* eines Angreifers am System.

Für den Entwurf ist dabei zu berücksichtigen, dass eine Minimierung der erforderlichen Berechtigungen ermöglicht wird. Viele Applikationen berücksichtigen diesen Grundsatz nicht und erfordern immer Administratorenrechte. Eine Schwachstelle bei einer Applikation mit Administratorenrechten würde auch dem Angreifer diese Rechte zuordnen, wodurch dieser uneingeschränkten Zugriff auf das System hätte.

Least Common Mechanism

Durch Fehlerzustände einer Applikation können auch abhängige Applikationen beeinflusst werden. Schreiben mehrere Applikationen etwa in dieselbe Datenbank, kann ein Fehler einer Applikation die Daten einer anderen, möglicherweise sicheren, Applikation kompromittieren.

Im Laufe der Designphase können erforderliche Abhängigkeiten zu weiteren Systemen ermittelt und klare Schnittstellen definiert werden. Dadurch sind Maßnahmen möglich, um bei Fehlerzuständen von abhängigen Systemen Auswirkungen auf die Applikation zu reduzieren.

Psychological Acceptability

Sicherheitsmaßnahmen werden von Benutzern nur akzeptiert, wenn diese einfach und benutzbar sind. Bei der Verwendung von nicht praktikablen Mechanismen für den Benutzer kann die Sicherheit reduziert werden, da die Benutzer diese Mechanismen umgehen.

Beispiel 13.5 **Psychologische Akzeptanz bei Passwörtern**

Ein System erfordert ein 20-stelliges Passwort, welches durch den Benutzer zusätzlich einmal pro Woche geändert werden muss.

Studien haben gezeigt, dass Benutzer damit überfordert sind und zu Hilfsmitteln greifen, zum Beispiel mittels Zettel unter der Tastatur mit dem aufgeschriebenen Passwort. Oder bei jeder Änderung wird nur ein Zähler geändert. „dasisteinlangespasswort1“ wird zu „dasisteinlangespasswort2“. Anstelle einer Erhöhung der Sicherheit kann diese durch die fehlende Akzeptanz der Benutzer eingeschränkt werden.

13.4.2 Sicherheitsmuster

Entwurfsmuster (*Patterns*) bieten die Möglichkeit, basierend auf Best Practices wiederverwendbare Schablonen für Systeme zu erstellen. Sicherheitsmuster (*Security Patterns*) stellen für immer wieder auftretende Herausforderungen im Sicherheitsbereich Entwurfslösungen zur Verfügung. Muster können sowohl Entwurfsentscheidungen als auch organisatorische Vorgehensweisen umfassen. Dabei werden durch das Muster die Problemklasse festgelegt sowie Ausprägungen und Lösungsstrukturen beschrieben. Sie enthalten Vor- und Nachteile bei der Verwendung des Musters und bieten zudem Verweise auf verwandte Muster und Probleme an.

Im Rahmen der Entwurfsphase können diese Informationen für einen sicheren Entwurf einer Software herangezogen werden.

Aufgabe – Sicherheitsmuster Es sind viele unterschiedliche Quellen für Sicherheitsmuster vorhanden. Ein wichtiger Aspekt bei der Verwendung von Sicherheitsmustern ist das Auffinden eines passenden Musters zur vorhandenen Problemstellung.

Suchen Sie ein Sicherheitsmuster zu einer Problemstellung Ihrer Wahl und lesen Sie die Beschreibung des Musters. Eine mögliche Quelle für Muster ist die Webseite *http://securitypatterns.org*

13.4.3 Angriffsmuster

Im Gegensatz zu Sicherheitsmustern beschreiben Angriffsmuster (*Attack Patterns*) Abläufe von Angriffen inklusive möglicher Bedingungen und Auswirkungen auf das System. Des Weiteren enthält ein Angriffsmuster Lösungsmöglichkeiten zur Vermeidung des Angriffes.

Designer beschäftigen sich meist mit der Umsetzung der funktionalen Anforderungen und haben keine ausreichende Kenntnis über Angriffsmöglichkeiten auf das System. Angriffsmuster bieten eine Möglichkeit, diese Informationen zu sammeln und zu dokumentieren.

Aufgabe – Angriffsmuster Es sind viele unterschiedliche Quellen für Angriffsmuster vorhanden. Suchen Sie ein Angriffsmuster Ihrer Wahl und lesen Sie die Beschreibung des Musters. Eine mögliche Quelle für Muster findet sich bei Barnum und Sethi (2006).

13.4.4 Modellierung mittels UML

Unified Modeling Language (UML) ist als Entwurfswerkzeug weit verbreitet und wird in unterschiedlichen Phasen des Entwicklungsprozesses eingesetzt. Um bereits in dieser Phase Sicherheitsaspekte direkt in das Modell zu integrieren, sind UML-Erweiterungen erforderlich. Diese Verwendung bietet den Vorteil, dass die Modelle funktionale und Sicherheitsanforderungen umsetzen.

UMLsec (Jürjens, 2004) ist eine Erweiterung von UML für die Modellierung von Sicherheitsaspekten, die anhand eines Profils für UML umgesetzt wird. Eine weitere Möglichkeit für die Darstellung von Systemteilen auf Sicherheitsangriffe in UML bietet eine Erweiterung, welche in der Arbeit von Peralta et al. (2008) beschrieben wurde. Dabei werden Stereotypen für Angriffe definiert, um diese Kennzeichnung anhand von Stereotypen vorzunehmen.

13.5 Sichere Implementierung

Ein sicherer Entwurf kann durch Implementierungsfehler kompromittierbar werden. Daher ist auch im Rahmen der Implementierung Sicherheit zu berücksichtigen.

Eine Vielzahl möglicher Sicherheitsfehler sind bekannt. Von unterschiedlichen Organisationen im Sicherheitsbereich existieren Aufstellungen der häufigsten Sicherheitsfehler, beispielsweise von:

- Open Web Application Security Project (OWASP): Top Ten Web Vulnerabilities
- Common Weakness Enumeration (CWE) und SANS (SysAdmin, Audit, Network, Security) Institut: TOP 25 Most Dangerous Programming Errors

Sicherheitsrelevante Programmierfehler sind von unterschiedlichen Aspekten abhängig. Einige Aspekte resultieren aus dem fehlenden Wissen über Angriffsmöglichkeiten auf Software. Ein weiterer Aspekt ist etwa das fehlende Detailwissen der eingesetzten Programmiersprachen und Plattformen.

Für die Umsetzung einer sicheren Implementierung stehen zahlreiche Literaturquellen zur Verfügung. In den folgenden Abschnitten werden einige aufgelistet und näher behandelt. Diese umfassen allgemeine Angriffe auf Systeme, Angriffe auf spezielle Plattformen oder Programmiersprachen, Sicherheitsmechanismen von Programmiersprachen und Programmierrichtlinien für spezifische Sprachen.

13.5.1 Programmierrichtlinien

Programmierrichtlinien für die Erstellung des Quelltextes sind ein wichtiger Bestandteil für sichere Implementierungen. Eine Vielzahl von Fehlern können durch strikte Festlegungen bereits vermieden werden. Für diverse Programmiersprachen sind diesbezüglich Richtlinien vorhanden.

Programmierrichtlinien für sichere Implementierung

- CERT Top 10 Security Coding Practices: enthält eine allgemeine Auflistung von Richtlinien für sichere Implementierungen
- CERT Secure Coding Standards: bietet für Java, C und C++ sicherheitsrelevante Programmierrichtlinien
- Microsoft Secure Coding Guidelines: Anleitung für sichere Implementierung unter Verwendung der Microsoft-.NET-Plattform
- Secure Coding Guidelines for the Java Programming Language: eine Zusammenstellung von unterschiedlichen Sicherheitsaspekten bei der Verwendung von Java

13.5.2 Sicherheitskonzepte von Programmiersprachen

Einige Programmiersprachen bzw. Frameworks integrieren bereits viele Funktionalitäten zur Vermeidung von Sicherheitsfehlern. Dadurch werden Entwickler bei der Umsetzung der Software unterstützt, um weitere Maßnahmen zur Vermeidung von Schwachstellen einzubinden. Einige Konzepte werden in den folgenden Abschnitten kurz erläutert.

Automatische Längenprüfung

Modernere Sprachen wie Java oder .NET führen automatische Längenüberprüfungen von Zwischenspeichern (*Buffer*) durch. Dadurch können Angreifer diese Zwischenspeicher nicht überschreiben, so dass die klassischen Speicherüberlauf (*Buffer Overflow*)-Angriffe verhindert werden.

Starke Typisierung

Durch Überprüfung des Typs können nicht erlaubte Operationen für diesen Typ durch das Framework verhindert werden. Dies verhindert Angriffe, welche zum Beispiel Speicherbereiche manipulieren und dadurch den Ablauf der Applikation beeinflussen können.

Automatische Speicherverwaltung

Eine weitere häufige Fehlerquelle stellen Fehler bei der Speicherverwaltung dar. Dies umfasst das Reservieren des erforderlichen Speicherbereiches und dessen Freigabe nach der Benützung.

Viele Sprachen haben bereits automatische Speicherverwaltung integriert. Ein Programmierer muss sich daher nicht mehr darum kümmern, ob der Speicher für die Erstellung eines Objektes vorhanden ist oder nicht. Diese Aufgabe übernimmt die Programmiersprache bzw. das Framework.

Sicherheitsprüfung bei Zugriff auf Ressourcen

Einige Frameworks erstellen nicht mehr direkt ausführbaren Maschinencode, sondern intermediäre Formate im Rahmen des Kompiliervorgangs, welche durch Interpreter zur Laufzeit übersetzt werden. Dies ermöglicht eine Überprüfung sämtlicher Vorgänge durch den Interpreter, was auch als *Sandbox* bezeichnet wird.

Die Berechtigungen zum Zugriff auf Ressourcen werden in Policies definiert, wobei zur Laufzeit jeder Zugriff anhand der Policy überprüft und gegebenenfalls blockiert wird. Dies umfasst den Zugriff auf Dateien, Verbindungsversuche im Netzwerk oder das Erstellen von Prozessen.

Mechanismen beim Übersetzen des Quelltextes

Im Rahmen des Übersetzens eines Programms können bereits einige Überprüfungen und Sicherheitsmechanismen integriert werden. Eine Möglichkeit ist das Verwenden von Funktionalitäten zur Verhinderung bzw. Erkennung von Stack-basierten Buffer Overflows. Dies enthält jeder moderne C/C++ Compiler.

In diesem Schritt können auch bereits weitere Überprüfungen wie zum Beispiel korrekte Verwendung von Typen, Initialisierung von Variablen vor der Verwendung usw. integriert werden. Compiler melden bei Problemen je nach Schweregrad Fehler oder Warnungen. Aus Sicherheitssicht sind daher diese Warnungen zu prüfen, da ansonsten Sicherheitsfehler übersehen werden könnten.

Nachverfolgung von nicht vertrauenswürdigen Eingaben

Alle Injection-Angriffe, wie etwa SQL Injection, sind möglich, da nicht vertrauenswürdige Eingabequellen für Operationen verwendet werden. Die Programmiersprache Perl sieht zur Vermeidung dieser Fehler einen Modus vor, der Variablen kennzeichnet. Dieser Modus wird als *Taint Mode* bezeichnet. Werden Inhalte von nicht vertrauenswürdigen Quellen übernommen, können diese Variablen erst für weitere Operationen herangezogen werden, wenn eine Validierung stattgefunden hat.

13.5.3 Ausgewählte Angriffsmöglichkeiten

Anhand von möglichen Angriffen können Anforderungen für die Implementierung abgeleitet werden. Dieser Abschnitt zeigt einige bekannte Angriffsmöglichkeiten auf Applikationen.

OWASP Top Ten Web Vulnerabilities 2007

Das Open Web Application Security Project (OWASP) erstellt regelmäßig eine Liste der zehn wichtigsten Schwachstellen für Webapplikationen:

- A1 – Cross Site Scripting (XSS): Einschleusen von Angriffen, wenn Benutzereingaben ohne Validierung und Codierung in die Ausgabe der Webseite eingefügt werden.
- A2 – Injection Flaws: Verwenden von Benutzereingaben in ausführbaren Anweisungen wie zum Beispiel bei SQL Injection

- A3 – Malicious File Execution: Inkludieren von Dateien für die Verarbeitung, welche durch den Benutzer angegeben werden. Ein Beispiel hierfür ist ein Angriff mittels XML-DTD-Dateizugriff.
- A4 – Insecure Direct Object Reference: unerlaubter Zugriff auf Objekte wie Dateien oder Datensätze
- A5 – Cross Site Request Forgery (CSRF): unbemerkte Übergabe von Anfragen an einen Benutzer, welcher durch Senden der Anfrage Aktionen einer Webapplikation ausführt
- A6 – Information Leakage and Improper Error Handling: Anzeige von zu vielen Informationen über die Webapplikation wie etwa eine detaillierte Fehlermeldung bei fehlerhaften Eingaben
- A7 – Broken Authentication and Session Management: Umgehen der Authentifizierungsmechanismen
- A8 – Insecure Cryptographic Storage: Verletzung der Vertraulichkeit bei der Speicherung von Daten
- A9 – Insecure Communication: fehlende oder unsichere Verschlüsselung bei der Übertragung von Daten
- A10 – Failure to Restrict URL Access: fehlende Überprüfung der Berechtigung bei Zugriff auf Ressourcen

Fehlende Trennung von Programminformationen und Benutzerdaten

Viele Sicherheitsprobleme ergeben sich durch fehlende Trennung von Programminformationen und Benutzerdaten. Dadurch entsteht oftmals die Möglichkeit für einen Angreifer, durch Eingabe von Daten Einfluss auf den Ablauf der Applikation zu nehmen.

Beispiele für die Angreifbarkeit durch diese fehlende Trennung:

- Cross Site Scripting: Benutzereingaben eingefügt in HTML-Code
- SQL Injection: Benutzereingaben eingefügt in SQL Statements manipulieren die Datenbankanfrage.
- Buffer Overflow: Änderung des Ablaufes einer Applikation durch Überschreiben von Speicherbereichen, welche Programmablaufinformationen enthalten, durch zu lange Benutzereingaben.

Angriff gegen den Anwender – Cross Site Scripting (XSS)

Cross Site Scripting, kurz XSS, ist ein Angriff gegen den Anwender. Dabei bringt ein Angreifer Code im Browser des Anwenders zur Ausführung. Die Webanwendung am Server dient dabei als Trägermedium für den Angriffscode.

Da der Angriffscode direkt in die mögliche vertrauenswürdige Seite integriert wird, ist für den Anwender keine Unterscheidung zwischen Angriffscode und Applikationscode möglich.

Der fundamentale Fehler, der XSS erlaubt, ist die fehlende Eingabeüberprüfung. Dabei übernimmt eine Applikation Eingaben, ohne die Korrektheit der Eingaben zu prüfen. Indem diese Eingaben wiederum in die Ausgabe integriert werden, besteht für den Angreifer die Möglichkeit, den HTML-Code der Webapplikation zu manipulieren.

►Abbildung 13.6 stellt einen möglichen Ablauf eines Cross Site Scripting-Angriffes dar. 1) Ein Angreifer sendet eine manipulierte URL an den Benutzer. 2) Der Benutzer verwendet diese URL, um die Webseite zu öffnen. 3) Der eingeschleuste Angriffscode wird an den Browser des Benutzers retourniert. 4) Der Angriff wird durchgeführt und mögliche Informationen werden an den Angreifer gesendet.

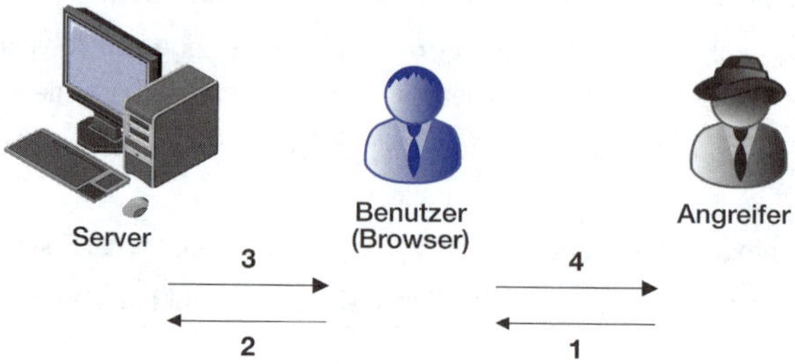

Abbildung 13.6: Ablauf eines Cross Site Scripting-Angriffes

Listing 13.2 zeigt ein einfaches Eingabeformular, wie es häufig bei Webapplikationen verwendet wird. Ein Benutzer kann die Informationen in das Formular eintragen und an die Webapplikation senden.

```
<form action="login.php" method="GET">
   <p>Username: <input type="text" name="user" /></p>
   <p>Passwort: <input type="password" name="pw" /></p>
   <p><input type="submit" value="Login" /></p>
</form>
```

Listing 13.2: Einfaches HTML-Formular

Die Daten werden von *login.php* ohne Überprüfung direkt in die Ausgabe übernommen. Dies ist in Listing 13.3 dargestellt, wo die Eingaben des Benutzer gelesen werden und mittels *echo* wiederum als Ausgabe an den Benutzer retourniert werden.

```
<?php
$user = $_GET['user'];
$password = $_GET['pw'];
...
echo "Login für Benutzer: " . $user . " war nicht erfoglreich";
?>
```

Listing 13.3: Cross Site Scripting-Schwachstelle durch Verarbeitung des HTML-Formulars ohne Überprüfung der Eingaben

Der Browser des Benutzers interpretiert diese Ausgabe als HTML-Code, wodurch bösartiger Inhalt durch einen Angreifer eingeschleust werden kann. Dies wird in Listing 13.4 dargestellt. Da die Kombination Benutzer und Passwort nicht korrekt sind, erfolgt die Ausgabe einer Fehlermeldung, wobei der Inhalt der Variable *$user* ohne Validierung des Inhaltes eingefügt wird. Der Angreifer kann dadurch etwa JavaScript-Code einfügen, welcher im Browser ausgeführt wird.

```
http://www.server.name/login.php?user=<script>alert('XSS')</script>&
password=ungültig
```

Listing 13.4: Angriff einer Cross Site Scripting-Schwachstelle durch eine manipulierte URL

Ein Angreifer muss nun noch diese manipulierte URL an Benutzer senden. Wenn diese die Webseite öffnen, wird der Code ausgeführt und somit der Angriff durchgeführt.

Beispiel 13.6

Cross Site Scripting-Angriff anhand des Fallbeispiels HISS

Zur Speicherung eines Zustandes bei der Verwendung von HTTP werden bei HISS Session Cookies verwendet. Dies sind Informationen, welche bei jeder Anfrage vom Browser automatisch an die Webapplikation gesendet werden. Die Webapplikation kann dadurch die Anfrage einer Sitzung zuordnen, wodurch bestimmte Sitzungsinformationen hinterlegt sind. Zum Beispiel bleibt der Zustand „Eingeloggt" für einen Benutzer nach erfolgreichem Login für die Webapplikation bestehen.

Würde in der Webseite eine Cross Site Scripting-Schwachstelle bestehen, wäre folgender Angriff möglich. Ein Angreifer sendet eine manipulierte URL an einen Benutzer. Die URL enthält dabei JavaScript-Code zum Lesen der vorhandenen Cookies und sendet diese Informationen an einen Webserver des Angreifers.

Durch Verwendung des Cookies kann der Angreifer die Identität des Benutzers übernehmen, was nun den Zugriff auf die Informationen des Benutzers ermöglicht.

Die Verwendung von verschlüsselten Verbindungen wie zum Beispiel Secure Socket Layer (SSL) schützt nicht vor diesem Angriff, da der eingeschleuste Code direkt vom Server über die verschlüsselte Verbindung an den Client übertragen wird.

Maßnahmen zur Verhinderung von Cross Site Scripting-Angriffen Um XSS zu verhindern, sind folgende Schutzmaßnahmen für die Implementierung möglich:

- Sämtliche Eingaben filtern. Dabei sind jegliche Eingaben von nicht vertrauenswürdigen Quellen zu prüfen.
- Enkodieren von speziellen HTML-Zeichen: Spezielle Zeichen wie etwa HTML-Elemente müssen bei der Ausgabe kodiert werden, wenn diese als Text dargestellt werden sollen und nicht Teil des Quelltextes sind. Dadurch werden diese nicht mehr als HTML-Code, sondern als Text interpretiert.

Ungeprüfte Befehlsausführung – Cross-Site Request Forgery (CSRF oder XSRF)

Cross-Site Request Forgery nützt eine Schwachstelle der Applikation aus, indem durch einfache Anfragen Aktionen ohne Rückbestätigungen ausgeführt werden.

- XSS: Vertrauensmissbrauch des Benutzers einer bestimmten Seite gegenüber
- CSRF: Vertrauensmissbrauch einer Seite einem bestimmten Benutzer gegenüber

Der Angreifer kann einem Benutzer eine manipulierte URL senden, wodurch eine Aktion unter der Identität des Benutzers durchgeführt wird, z.B. Löschen einer E-Mail von der Web-Mail-Applikation des Benutzers.

►Abbildung 13.7 zeigt den Ablauf eines Cross-Site Request Forgery-Angriffes. 1) Der Angreifer sendet einem Benutzer eine manipulierte URL. 2) Der Benutzer ruft die Webseite mittels dieser URL auf. 3) Der Angriff wird am Server durchgeführt und mögliche Informationen werden an den Angreifer gesendet.

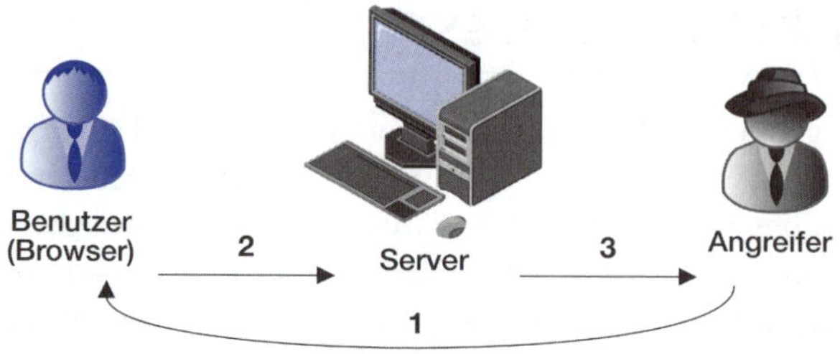

Abbildung 13.7: Ablauf eines Cross-Site Request Forgery-Angriffes

Beispiel 13.7

Cross-Site Request Forgery-Angriff anhand des Fallbeispiels LiSaMe

Das Ändern des Passwortes eines Benutzers der LiSaMe-Applikation erfolgt durch Eingabe des neuen Passwortes und Absenden des Formulars durch den authentifizierten Benutzer. Wären keine weiteren Schutzmechanismen zur Vermeidung von CSRF implementiert, könnte ein Angreifer an Benutzer von LiSaMe eine manipulierte URL senden, wodurch das Passwort automatisch neu gesetzt würde.

Ein Angreifer hätte somit Kenntnis über das Passwort und könnte mittels der Identität des regulären Benutzers die Applikation verwenden, wodurch Zugriff zu möglichen vertraulichen Daten erfolgen könnte.

Durch Verstecken dieser Aufrufe in weiteren Webapplikationen wird ein Angriff allein durch Öffnen einer Webseite durchgeführt. Ein Beispiel hierzu ist in Listing 13.5 dargestellt. Dieser Angriff ermöglicht es einem Angreifer, über die Identität eines Benutzers zu arbeiten, was die Rückverfolgbarkeit wesentlich erschwert.

```
<html>
<title>Beispiel eines CSRF Angriffs</title>
<body>
<img src="http://www.lisame.app/passwordReset?newpassword=angreifer" />
</body>
</html>
```

Listing 13.5: Beispiel eines CSRF-Angriffes durch einen versteckten Link auf einer Webseite

Maßnahmen zur Verhinderung von Cross-Site Request Forgery-Angriffen Um CSRF zu verhindern, sind folgende Schutzmaßnahmen für die Implementierung möglich:

- Verifizierung der Aktion durch den Benutzer anfordern. Zum Beispiel: „Möchten Sie wirklich Ihr Passwort ändern, dann drücken Sie auf JA."

- Benutzen eines Anti-CSRF-Token. Dies ist ein zufällig erzeugter Token, welcher bei jedem Aufruf eines Formulars hinzugefügt wird. Enthält eine Anfrage keinen gültigen Token, wird diese Anfrage nicht akzeptiert, wodurch kein Angriff durch eine manipulierte URL möglich wird, da der Angreifer diesen Token nicht kennt.

Maßnahmen zum Erschweren eines Cross-Site Request Forgery-Angriffes Weitere Maßnahmen erschweren einen Angriff, können diesen jedoch nicht verhindern:

- Nur Anfragen mittels POST-Methode akzeptieren. Dadurch kann nicht über eine einfache URL ein Aufruf erfolgen.
- Prüfen des Referrer einer Anfrage, wobei diese Information manipuliert werden kann und daher ein Angriff wiederum nur erschwert wird. Ein Referrer ist dabei ein Mechanismus, mit dem der Browser einem Webserver bei einer Anfrage mitteilt, von welcher vorherigen Seite aus der Zugriff auf die aktuelle Ressource (z.B. Webseite) erfolgt.

Manipulieren von Datenbankabfragen – SQL Injection

Viele Webapplikationen verarbeiten Daten und verwenden zur Speicherung der Daten Datenbanken. Schwachstellen im System können Zugriff zu diesen Daten gewähren und dadurch die Vertraulichkeit und Integrität der Daten gefährden.

Ein möglicher Angriff ist durch SQL Injection gegeben. Dabei werden Benutzereingaben ohne ausreichende Überprüfung für Datenbankabfragen verwendet. Dies ermöglicht es einem Angreifer, die Abfrage zu manipulieren und so nicht autorisierten Zugriff zu Daten zu erlangen.

Listing 13.6 zeigt ein Beispiel für ein HTML-Formular zur Suche von Zeugnissen, wie es zum Beispiel in dem Fallbeispiel HISS vorkommen könnte. In Listing 13.7 ist der zugehörige Server-seitige Quelltext angeführt, welcher die Benutzereingaben verarbeitet und die gefundenen Zeugnisse in der Webseite auflistet.

```
<html>
<title>Suche Zeugnis</title>
<body>
   <form method="GET" name="search" action="action.php">
      Lehrveranstaltung: <input type="text" name="lva">
   </form>
</body>
</html>
```

Listing 13.6: Beispiel eines HTML-Formulars für eine Suchanfrage

```
<?php
   $studid = $_SESSION["studid"];
   $lva = $HTTP_GET_VARS["lva"];
   ...
   $result=mysql_query("SELECT * FROM zeugnis WHERE matrnr=$studid AND
   lva='$lva'");
   ...
   // Ausgabe der gefundenen Zeugnisse
?>
```

Listing 13.7: Beispiel einer SQL Injection-Schwachstelle in einer Webapplikation (action.php)

Ein Angreifer könnte nun mittels der Anfrage über das HTML-Formular die SQL-Abfrage manipulieren und so auf weitere Zeugnisse anderer Studenten zugreifen. Beispielsweise wird durch Eingabe von `' OR '1'='1` im Suchfeld die SQL-Abfrage, wie in Listing 13.8 dargestellt, verändert.

```
SELECT * FROM zeugnis WHERE matrnr=$studid AND lva='' OR '1'='1'
```

Listing 13.8: SQL-Abfrage nach erfolgreichem Einschleusen des Angriffscodes

Eine Zeile der Datenbank wird ausgegeben, wenn folgende Bedingungen erfüllt sind:

- Die `matrnr` der Datenbank entspricht `$studid` UND das Feld `lva` in der Datenbank ist leer ODER
- Der Wert `'1'` entspricht dem Wert `'1'`, was immer erfüllt ist, und somit wird der gesamte Ausdruck Wahr

Bei immer wahren Aussagen, auch Tautologien genannt, werden somit sämtliche Datensätze der Tabelle ausgegeben. In diesem Beispiel werden sämtliche Zeilen der Tabelle `zeugnis` ausgegeben, auch jene von anderen Studenten.

In vielen Webapplikationen kann die Anfälligkeit für diese Schwachstelle durch Einfügen eines einfachen Hochkommas ermittelt werden. Da dies zu einer Fehlermeldung der Datenbank führt, wird diese oftmals direkt durch die Webapplikation an den Benutzer retourniert, wodurch Details zur Datenbank und zum Aufbau der Abfrage angezeigt werden.

Mittels eines SQL Injection-Angriffes können auch Daten der Datenbank manipuliert werden, indem `INSERT`-, `DELETE`- oder `UPDATE`-Statements eingeschleust werden. Auch Manipulationen an der Datenbankstruktur sind möglich, da auch Data Definition Language (DDL)-Befehle ausgeführt werden können. Zu diesen zählen unter anderem `ALTER TABLE` zum Modifizieren der Tabellenstruktur oder `DROP TABLE` zum Löschen von Tabellen.

Für den Zugriff auf weitere Tabellen können z.B. `UNION`-Abfragen eingefügt werden. Dies ermöglicht eine Kombination der Ergebnisse aus zwei Abfragen. Durch Anhängen einer `UNION`-Abfrage wird der Inhalt einer weiteren Tabelle ausgelesen.

Einige Datenbanken unterstützen des Weiteren das Ausführen von Systembefehlen über die Datenbank. Damit kann ein Angreifer durch Einschleusen von SQL-Kommandos Programme am Zielrechner ausführen, z.B. durch die Verwendung von `xp_cmdshell` zum Ausführen von Befehlen oder `xp_servicecontrol` zum Steuern von Diensten bei der Datenbank MSSQL. Listing 13.9 stellt einen Befehl zum Stoppen des Zeitplandienstes unter Windows dar.

```
EXEC master..xp_servicecontrol 'stop', 'schedule'
```

Listing 13.9: Stoppen des Zeitplandienstes unter Windows über einen Befehl in der Datenbank MSSQL

Maßnahmen zur Verhinderung von SQL Injection-Angriffen Um SQL Injection zu verhindern, sind folgende Schutzmaßnahmen für die Implementierung möglich:

- Validierung von Eingaben aus nicht vertrauenswürdigen Quellen wie zum Beispiel Benutzereingaben
- Verwendung von Prepared Statements. Dies ist eine Technik, durch die ein Statement in der Datenbank kompiliert wird und nur Platzhalter für die möglichen Daten eingefügt werden. Bei der Durchführung der Abfrage kann in der Datenbank das Statement nicht mehr manipuliert werden und dadurch werden Benutzereingaben auch nur als Daten und nicht als Teil der Abfrage behandelt.
- Für viele Programmiersprachen sind bereits Bibliotheken vorhanden, um SQL Injection-Angriffe zu verhindern.

Praxistipp – Eingabevalidierung mittels Whitelist Zur Validierung von Eingaben kann ein Blacklist- oder ein Whitelist-Ansatz gewählt werden. Der Whitelist-Ansatz ist zu bevorzugen, da nur Eingaben, die dem gewünschten Format entsprechen, erlaubt werden.

Bei einer Blacklist wird die Eingabe auf spezielle Zeichen überprüft, wie etwa das einfache Hochkomma. Wird ein Zeichen nicht beachtet, ist ein Angriff möglich. Auch durch unterschiedliche Codierung der Zeichen kann eine Blacklist möglicherweise umgangen werden.

Maßnahmen zum Erschweren eines SQL Injection-Angriffes Weitere Maßnahmen erschweren einen Angriff, können diesen jedoch nicht verhindern:

- Minimieren von Berechtigungen der Benutzer in der Datenbank. Dadurch kann bei einem Angriff der Schaden begrenzt werden. Zum Beispiel ist es nur selten erforderlich, dass ein Datenbankbenutzer einer Webapplikation die Struktur der Datenbank modifizieren muss.
- Deaktivieren von nicht erforderlichen Diensten in der Datenbank, z.B. das Ausführen von Systembefehlen über die Datenbank deaktivieren, wenn diese Funktionalität nicht erforderlich ist.
- Anwendung der Datensparsamkeit. Nicht sämtliche Geschäftsdaten müssen der Webapplikation zur Verfügung stehen. Durch nicht vorhandene Daten kann auch ein Angreifer keine Informationen erhalten.

Unerlaubter Dateizugriff mittels Document Type Definition (DTD)-Verweis

Document Type Definition (DTD) wird benutzt, um XML-Strukturen zu definieren. DTD erlaubt mittels SYSTEM-Anweisung, Informationen von einer angeführten URL einer Entität zuzuweisen.

Im Beispiel in Listing 13.10 wird der Entität `angriff` der Inhalt der angegebenen Datei zugewiesen. Kann nun ein Angreifer eine Anfrage mittels XML an ein Zielsystem senden, ermöglicht dieser Angriff das Lesen von Dateien des Zielsystems. Des Weiteren ist es einem Angreifer möglich, über Angabe weiterer Systeme mittels URL Anfragen zu senden, welche vom Zielsystem erreichbar sind.

```
<?xml version="1.0" encoding="UTF-8"?>
<!DOCTYPE param [<!ENTITY angriff SYSTEM "file:///etc/passwd">]>
<soapenv:Envelope xmlns:soapenv="http://schemas.xmlsoap.org/soap/envelope/">
  <soapenv:Body>
    <beispielRequest xmlns="http://www.invalid.invalid ">
      <param>&angriff;</param>
    </beispielRequest>
  </soapenv:Body>
</soapenv:Envelope>
```

Listing 13.10: Beispiel eines Angriffes mittels DTD-Verweis

Maßnahmen zur Verhinderung von DTD Entity-Angriffen Um einen solchen Angriff zu verhindern, sind folgende Schutzmaßnahmen für die Implementierung möglich:

- Keine DTD-Anweisungen vom Benutzer akzeptieren, sondern ausschließlich vordefinierte Definitionen verwenden
- Verwenden der Einschränkungen der XML-Bibliotheken für die Verarbeitung externer Entitäten. Zum Beispiel können einige Werkzeuge das Laden von externen Dateien auf definierte Verzeichnisse reduzieren.

Maßnahme zum Erschweren eines DTD Entity-Angriffes Eine weitere Maßnahme erschwert einen Angriff, kann diesen jedoch nicht verhindern:

- Minimieren von Berechtigungen der Benutzer im Dateisystem. Dadurch kann bei einem Angriff der Schaden minimiert werden, da der Angreifer damit nur zu wenigen Dateien Zugriff hat.

XPath und XQuery Injection

XPath und XQuery sind Standards zur Abfrage von XML-basierten Datenbeständen. Für diese Technologien ist ein zu SQL Injection ähnlicher Angriff bekannt. Dabei werden wiederum wie bei SQL Injection nicht ausreichend validierte Eingaben für die Abfrage mittels XPath oder XQuery verwendet. Listing 13.11 zeigt ein Beispiel für eine XPath-Abfrage. Wird für *name* durch den Benutzer *' or ''= '* eingefügt, wird die Abfrage zu einer Abfrage wie in Listing 13.12 dargestellt. Dies führt wie bei SQL Injection-Angriffen zu einer Manipulation der Abfrage, wobei die Bedingung eine immer wahre Aussage ist, auch Tautologie genannt. Dadurch kann ein Angreifer Daten des XML-Datenbestandes auslesen.

```
//user[pass='secure' and name='admin']
```

Listing 13.11: Beispiel einer Xpath-Abfrage

```
//user[pass='unknown' and name='admin' or ''='']
```

Listing 13.12: XPath Injection-Angriff

Maßnahmen zur Verhinderung von XPath- und XQuery Injection-Angriffen Um XPath- und XQuery-Angriffe zu verhindern, ist folgende Schutzmaßnahme für die Implementierung möglich:

- Validierung von Eingaben aus nicht vertrauenswürdigen Quellen wie zum Beispiel Benutzereingaben

Dienstausfall durch Angriff mittels XML Bomb

Durch Angabe einer rekursiven Definition von Entitäten mittels einer Document Type Definition (DTD) kann eine hohe Verarbeitungslast durch sehr geringen Aufwand für den Angreifer erzeugt werden. Diese Verarbeitung führt zur Auslastung des Speichers und des Prozesses am Server und dadurch zu einem Dienstausfall (*Denial of Service*). Listing 13.13 zeigt ein Beispiel für die rekursive Definition. Dabei wird die Zeichenfolge *XMLBomb* 2^100 Mal über die Rekursion gespeichert.

```
<?xml version="1.0" ?>
<!DOCTYPE angriff [
   <!ENTITY x0 "XMLBomb">
   <!ENTITY x1 "&x0;&x0;">
   <!ENTITY x2 "&x1;&x1;">
   ...
   <!ENTITY x99  "&x98;&x98;">
   <!ENTITY x100 "&x99;&x99;">
]>
<angriff>&x100;</angriff>
```

Listing 13.13: Beispiel für eine XML Bomb

Maßnahmen zur Verhinderung von XML Bomb-Angriffen Um einen Dienstausfall durch einen Angriff mittels XML Bomb zu verhindern, sind folgende Schutzmaßnahmen für die Implementierung möglich:

- Erkennen von Rekursionen und Abbrechen der weiteren Verarbeitung. Einige Bibliotheken können diese Angriffe bereits erkennen und führen keine Auflösung der rekursiven Definition durch.
- Keine DTD-Anweisungen vom Benutzer akzeptieren, sondern ausschließlich vordefinierte Definitionen verwenden.

Übernahme von Sitzungen durch Fehler in der Sitzungsverwaltung

Über eine Sitzung kann eine Zustandsspeicherung bei der Verwendung von HTTP umgesetzt werden. Eine der wichtigsten Funktion dabei ist die Speicherung der Information über die erfolgte Authentifizierung. Damit ist es ausreichend, dass ein Benutzer einmal die Login-Informationen sendet ohne weitere Authentifizierung innerhalb der Sitzung.

Dadurch bekommt die Sitzung eine wichtige Rolle, da bei Diebstahl einer Sitzung der Angreifer die Identität des Benutzers übernehmen kann.

Session Fixation-Angriff Mittels Session Fixation ist ein Angriff gegen diese Funktionalität möglich. In ▶Abbildung 13.8 wird dieser Angriff grafisch dargestellt. Der Ablauf ist dabei wie folgt: 1) Der Angreifer erstellt eine Sitzung durch Aufruf der Webapplikation. 2) Die erhaltene Sitzungskennzeichnung (Session ID) wird von der Webapplikation retourniert. 3) Der Angreifer sendet einen Link inklusive dieser Sitzungskennzeichnung. 4) Der Benutzer öffnet die Webseite unter Verwendung des zugesendeten Links vom Angreifer. Die Webapplikation übernimmt die zugesendete Sitzungskennzeichnung. 5) Der Benutzer führt die Authentifizierung bei der Webapplikation durch. Dadurch ist diese Sitzung authentifiziert, wobei auch der Angreifer die Sitzungsinformationen hat und somit die Identität des Benutzers übernehmen kann.

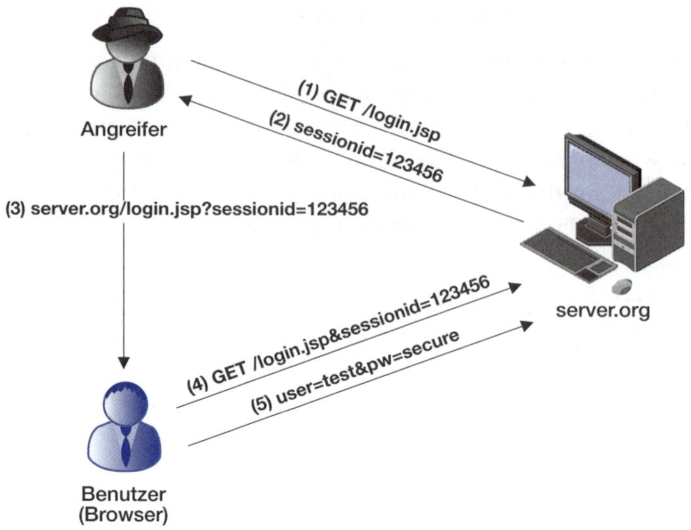

Abbildung 13.8: Übernahme einer Session mittels Session Fixation-Angriffs

Schwache Sitzungskennzeichnung Ein weiteres Problem bei der Verwendung von Sitzungen ist die Erstellung von schwachen Sitzungskennzeichen. Sind diese für einen Angreifer vorhersagbar, kann die Sitzung übernommen werden. Bei einer fortlaufenden Nummer für die Sitzung braucht ein Angreifer beispielsweise nur eine aktuelle Sitzungskennzeichnung und könnte daraus sämtliche davorliegenden Sitzungen übernehmen.

Die Nicht-Vorhersagbarkeit der Sitzungskennzeichnung für einen Angreifer ist eine wichtige Anforderungen für die Umsetzung einer sicheren Sitzungsverwaltung.

Maßnahmen zur Verhinderung von Angriffen gegen die Sitzungsverwaltung Zum Verhindern von Angriffen gegen die Sitzungsverwaltung durch schwache Sitzungskennzeichnungen oder durch Session Fixation-Angriffe sind folgende Schutzmaßnahmen für die Implementierung möglich:

- Verwenden von sicheren Sitzungskennzeichnungen durch Verwendung von vorhandenen Frameworks und Bibliotheken.
- Bei der Authentifizierung sollte eine neue Sitzungskennzeichnung zugewiesen werden. Dadurch wird der Status der Sitzung, welche dem Angreifer bekannt ist, nicht geändert.
- Regelmäßiges Erneuern der Sitzungskennzeichnung, da damit auch Sitzungen, von welchen die Vertraulichkeit der Kennzeichnung nicht mehr gegeben ist, gelöscht werden und der Benutzer eine neue Sitzung erhält.

Aufgabe – Recherche über weitere Angriffstechniken Viele weitere Angriffstechniken sind bekannt. Laufend kommen neue Techniken hinzu und bestehende Techniken werden verbessert. Für die Implementierung ist es wichtig, aktuelle Angriffe zu berücksichtigen und bei der Umsetzung der Applikation Sicherheitsmaßnahmen zur Verhinderung dieser Angriffe zu integrieren.

Verwenden Sie das Internet oder die im Literaturverzeichnis angeführten Referenzen für eine Recherche über weitere Angriffstechniken. Beispiele für weitere Techniken sind nachfolgend aufgelistet: Command Injection, Buffer Overflow, Heap Overflow, Format String-Schwachstelle, Blind SQL Injection, Stored Cross Site Scripting.

13.6 Sicherheitstest

Die Sicherheit eines Systems basiert auf unterschiedlichen Faktoren wie sicherer Entwicklung, sicherer Konfiguration und sicherem Betrieb. Die Überprüfung der Sicherheit wird mithilfe von Testmethoden durchgeführt. Eine Methode hierfür sind Penetrationstests, mit denen ein laufendes System mittels verschiedenster Angriffstechniken auf Schwachstellen untersucht wird.

> *„Security bugs . . . typically manifest themselves as additional behavior – something extra the software does that was not originally intended." – Thompson & Whittaker (2002)*

Funktionale Tests überprüfen die korrekte Funktionsweise der spezifizierten Anforderungen. Bei Sicherheitstests müssen sämtliche nicht spezifizierten Funktionalitäten gefunden werden, welche eine Schwachstelle darstellen können. Dabei handelt es sich bei der Abweichung um nicht implementierte Funktionalitäten und um unbekannte Funktionalitäten. Diese unbekannten Erweiterungen stellen die Seiteneffekte einer Software dar, welche mögliche Schwachstellen einer Software sein können (siehe ▶Abbildung 13.9).

13.6.1 Sicherheitsfunktionalität vs. sichere Funktionalität

Sicherheitstests können zwei unterschiedliche Aspekte testen. Ein Aspekt ist die Überprüfung der Umsetzung von Sicherheitsfunktionalitäten wie zum Beispiel der Einsatz von Kryptografie. Diese sind durch funktionale Anforderungen definiert und werden anhand funktionaler Tests überprüft. Im Gegensatz dazu steht die sichere Umsetzung. Eine Schwachstelle in jeder beliebigen Funktionalität kann das System kompromittieren. Daher müssen sämtliche Implementierungen des Systems auf sichere Umsetzung überprüft werden.

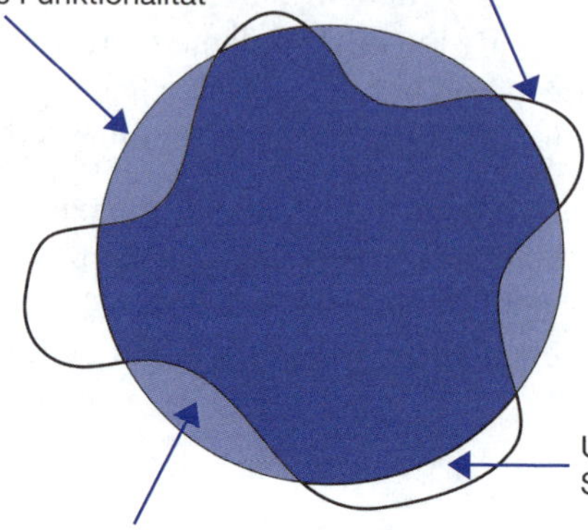

Abbildung 13.9: Darstellung sicherheitsproblematischer Funktionalitäten eines Systems nach Thompson und Whittaker (2002)

Durch Tests kann die Qualität eines Systems hinsichtlich Sicherheit nicht abgeleitet werden. Es ist jedoch möglich, Schwachstellen aufzudecken und diese vor Inbetriebnahme durch geeignete Maßnahmen zu beheben. Diese Aufdeckung kann durch verschiedenste Motivatoren getragen werden, welche meist im Zusammenhang mit der geschäftlichen Stellung und Tätigkeit eines Unternehmens stehen. In einigen Bereichen wird direkt ein Penetrationstest gefordert. Dies ist zum Beispiel beim Standard PCI-DSS[6] zum Abwickeln von Kreditkartentransaktionen der Fall. Dabei wird explizit die regelmäßige Durchführung von Penetrationstests definiert. Sicherheitstests können des Weiteren auch zur Erfüllung der Sorgfaltspflicht in einigen Bereichen, wie etwa im Bankenwesen, beitragen. Freiwillige Motivationen zur Durchführung von Penetrationstests sind für viele Unternehmen die Abwehr der mit Angriffen verbundenen Image-Schäden. Des Weiteren können auch durch Verletzungen der Vertraulichkeit von geheimen Daten große Verluste entstehen.

Für die Durchführung von Sicherheitstests stellt sich die Frage, wer diese Tests durchführen kann. Dabei ist eine Unterscheidung zwischen Entwickler/Tester und Sicherheitsexperte möglich.

Entwickler/Tester

- Wissen über Domäne vorhanden
- Fehlendes Wissen über Sicherheit und aktuelle Schwachstellen, daher können Schwachstellen leicht übersehen werden
- Denkt wie ein Benutzer. Verwendung des Systems aus Benutzersicht und konzentriert sich daher auf die spezifizierte Funktionalität

6 Anm: PCI Security Standards – Data Security Standard

Sicherheitsexperte

- Fehlendes Wissen über Domäne und die Implementierungsdetails
- Wissen über Schwachstellen und aktuelle Entwicklungen im Sicherheitsbereich wie zum Beispiel Sicherheits-Testtools oder Angriffe
- Denkt wie ein Angreifer. Verwendung des Systems aus Angreifersicht und konzentriert sich daher auf das Finden von Schwachstellen

13.6.2 Sicherheitstests im Softwarelebenszyklus

Für eine umfassende Sicherheitsbetrachtung im Lebenszyklus eines Systems sind unterschiedliche Sicherheitstestverfahren in den einzelnen Phasen des Entwicklungsprozesses erforderlich. Dieses Kapitel beschreibt einige dieser Prüfverfahren im Kontext des Lebenszyklus eines Systems.

> *„In essence, a web application that fails any of the tests put to it by an application scanning tool is truly one in bad shape. On the other hand, a web application that passes all of the tests still can't be declared „secure" in any significant sense" van Wyk (2007).*

Die Erfassung von Sicherheitsanforderungen und Bedrohungen dient als Basis für die Berücksichtigung von Sicherheit beim Design und bei der Entwicklung. Des Weiteren können daraus die Prüfanforderungen für die Sicherheitstests abgeleitet werden, wodurch eine Rückverfolgbarkeit zu den Anforderungen möglich ist. Eine ausführliche Sicherheitsbetrachtung am Beginn des Lebenszyklus erhöht das Verständnis für Sicherheit und daher wird Sicherheit auch im Design und in der Entwicklung umfangreicher berücksichtigt.

Mittels Risikoanalysen können die Gefährdungen nach Angriffsarten oder Komponenten priorisiert werden. Dies ermöglicht in weiterer Folge eine risikobasierende Sicherheitstestdurchführung. Im Laufe der Design- und Implementierungsphase können Sicherheitsreviews durchgeführt werden. Diese decken konzeptionelle Schwachstellen anhand von Befragungen und Dokumentenreviews oder durch Überprüfung des Source Codes auf. Statische Codeanalyse-Werkzeuge können dabei automatisiert Unterstützung bieten.

13.6.3 Analyse des Testobjekts

Schnittstellen einer Software bieten die Möglichkeit einer Interaktion der Software mit einem Benutzer oder weiteren Systemen. Für einen Angreifer besteht bei vielen Systemen ausschließlich die Möglichkeit, über diese Schnittstellen zu kommunizieren. Für die Konzeptionierung der Sicherheitstests ist eine Analyse des Testobjektes erforderlich, um die Schnittstellen der Software zu ermitteln und diese auf Sicherheitsprobleme überprüfen zu können.

Zur Analyse wird die Software in Komponenten, Schnittstellen und Daten aufgeteilt. Beispiele für Schnittstellen einer Applikation sind:

- Benutzerschnittstellen
- Unterschiedliche Ebenen von Netzwerkschnittstellen, z.B. TCP, UDP, NetBIOS, ...
- Gemeinsam genutzter Speicher (*Shared Memory*)
- Gemeinsam genutzte Programmbibliotheken (*Shared Libraries*)
- Entfernte Programmaufrufe: Remote Procedure Calls, Web Services, Java Remote Method Invocation, ...
- Konfigurationen der Applikation, z.B. Windows Registry, Konfigurationsdateien, Umgebungsvariablen

Ein Sicherheitsproblem tritt oft durch fehlerhafte Verarbeitung der Eingabedaten auf. Anhand der ermittelten Schnittstellen ist eine Ableitung der Eingabedaten möglich und dadurch können die erforderlichen Testmaßnahmen und die Testdaten bestimmt werden.

13.6.4 Testtechniken zur Überprüfung von Sicherheitsfehlern

Dieses Kapitel listet ausgewählte Testtechniken zur Ermittlung von Sicherheitsfehlern in Applikationen auf.

Statische Codeanalyse

Als statische Codeanalyse wird die Überprüfung einer Applikation ohne deren Ausführung bezeichnet. Dabei ist eine Testdurchführung auf Basis des Quellcodes oder eines Objektcodes möglich. Für die Überprüfung ist daher keine Testumgebung und auch kein lauffähiges System erforderlich, wodurch statische Codeanalysen bereits im Laufe der Entwicklung eingesetzt werden können. Durch den erforderlichen Quellcode ist jedoch dieses Verfahren auch eingeschränkt, wenn Teile des Systems durch weitere Zulieferer erstellt werden und der Quelltext nicht Teil des Liefergegenstandes ist.

Statische Verfahren werden auch von Compilern und Entwicklungsumgebungen zur Überprüfung des Quelltextes und der Optimierung eingesetzt. Mögliche Überprüfungen mittels dieser Verfahren sind unter anderem:

- Typprüfung (*Type Check*), z.B. Überprüfung der korrekten Verwendung von Typen
- Stilprüfung (*Style Check*), z.B. Überprüfung von definierten Codierrichtlinien
- Fehlersuche (*Bug Finding*), z.B. Ermittlung der Verwendung nicht initialisierter Variablen

Datenflussanalyse kann auch als ein Verfahren eingesetzt werden, um die Verarbeitung von Daten in einer Applikation zu verfolgen. Dies ermöglicht es bei der Sicherheitsüberprüfung, potenzielle Schwachstellen zu identifizieren, da die Verwendung von nicht vertrauenswürdigen Eingaben ohne Validierung ermittelt werden kann.

Beispiel 13.8 Cross Site Scripting (XSS)-Schwachstelle

Beispiel eines Java Servlets mit einer Cross Site Scripting (XSS)-Schwachstelle:

```
protected void doGet(HttpServletRequest req, HttpServletResponse resp)
   throws ServletException, IOException {
      PrintWriter writer = resp.getWriter();
      String s = req.getParameter("param");
      writer.println("Ihre Eingabe: "+s);
}
```

Listing 13.14: Beispiel einer Cross-Site Scripting-Schwachstelle

Die Eingabe wird über einen Parameter von einer möglicherweise nicht vertrauenswürdigen Stelle gelesen. Diese Eingabe wird ohne Validierung des Inhaltes direkt für die Ausgabe verwendet. Ein Angreifer kann damit die Cross Site Scripting-Schwachstelle ausnutzen und eigenen HTML-Code für die Ausgabe einfügen. Ein möglicher Angriff sieht wie folgt aus:

```
http://server.name.com/servlet?param=<script>alert("Das ist ein
Angriff")</script>
```

Listing 13.15: Beispiel der Ausnutzung einer Cross Site Scripting-Schwachstelle durch einen Angreifer

Durch eine statische Codeanalyse ist es möglich, diese Schwachstelle zu ermitteln, indem die Verarbeitungskette von der Eingabe der Daten bis zu gefährdeten Funktionen verfolgt wird.

Der Ablauf für die Durchführung wird in ▶Abbildung 13.10 dargestellt. Vom Quelltext wird ein Modell für die Analyse erstellt. Anhand von zusätzlichem Sicherheitswissen werden bei der Analyse die Sicherheitsprobleme vom Modell ermittelt. Das Sicherheitswissen beschreibt dabei Regeln zur Erkennung von Schwachstellen. Dazu zählen das Wissen über mögliche unsichere Funktionen, die möglichen nicht vertrauenswürdigen Eingaben und die Verarbeitung von Daten wie zum Beispiel Zuweisungen von einer nicht vertrauenswürdigen Eingabe zu einer weiteren Variable.

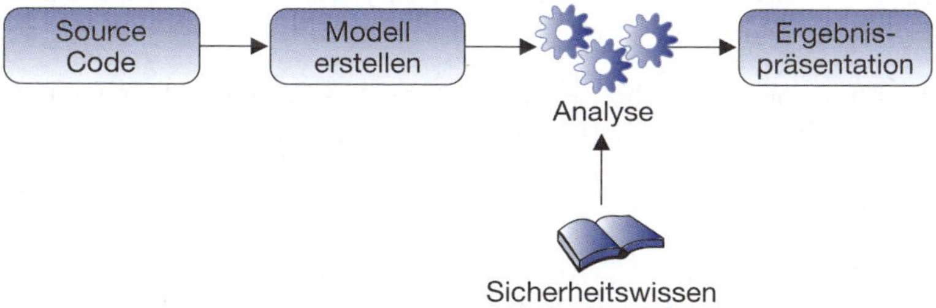

Abbildung 13.10: Ablauf für die Durchführung von statischer Codeanalyse nach Chess & West (2007)

Die statische Codeanalyse bietet einige Vorteile wie zum Beispiel die frühe Anwendung des Verfahrens im Laufe der Implementierung. Anhand dieses Verfahrens können einige Fehler ermittelt werden, welche durch Blackbox-Verfahren nicht oder nur schwer überprüfbar sind, da nicht sämtliche Datenvariationen getestet werden können.

Im Rahmen der statischen Codeanalyse können jedoch Fehler, welche durch die Ausführung bedingt sind, nicht ermittelt werden. Dazu zählen Race Condition-Schwachstellen. Bei statischen Verfahren treten außerdem Probleme auf, wenn dynamisches Laden von Code verwendet wird, wodurch die konkrete Implementierung von Benutzereingaben oder Konfigurationen abhängt. Auch asynchrone Abläufe sind mittels statischer Analysen beschränkt zu ermitteln, wenn etwa mehrere Applikationen auf eine Datenbank zugreifen. Eine Applikation kann daher auch Daten innerhalb einer Datenbank nicht vertrauen, da nicht immer sichergestellt werden kann, ob diese Daten beim Speichern ausreichend validiert wurden.

Ein großes Problem bei der Anwendung von Werkzeugen zur statischen Codeanalyse ist die hohe Zahl von false-positive Ergebnissen. Dies ist die Erkennung einer sicheren Implementierung als Sicherheitsschwachstelle, wodurch für Entwickler hoher Aufwand für die Überprüfung vieler falscher Ergebnisse entsteht.

Sicherheitsreview

Viele Sicherheitsaspekte können nicht über Blackbox-Verfahren überprüft werden. In diesen Bereichen werden Reviews durchgeführt, um die Sicherheitsanforderungen zu überprüfen.

Sicherheitsreviews können in unterschiedlichen Phasen eingesetzt werden, etwa zur Überprüfung der ermittelten Sicherheitsanforderungen in der Analysephase oder zu Betriebsaspekten in der Betriebsphase.

Im Rahmen eines Sicherheits-Code-Review wird die Implementierung überprüft, was entweder als Top-Down- oder Bottom-Up-Ansatz durchgeführt werden kann:

- *Top-Down-Ansatz:* Ausgangspunkt für diesen Ansatz ist das Wissen über Angriffe oder gängige Schwachstellen. Dadurch ist kein Detailwissen über den Quelltext erforderlich. Es erfolgt ein gezieltes Suchen nach Schwachstellen.
- *Bottom-Up-Ansatz:* Hat als Ausgangspunkt das Wissen über den Quelltext. Es findet kein gezieltes Suchen nach Schwachstellen statt, sondern der Quelltext oder zentrale Teile davon werden Zeile für Zeile überprüft.

Für die Durchführung ist entscheidend, dass einfaches Design und eine einfache Implementierung den Prozess der Sicherheitsreviews erleichtert.

Penetrationstests

Im Rahmen von Penetrationstests erfolgt die Testdurchführung aus Sicht eines Angreifers, wodurch die Sicherheit eines Systems durch simulierte Angriffe überprüft wird. Die Durchführung erfolgt am laufenden System und bietet daher die Möglichkeit, das gesamte integrierte System zu überprüfen. Dadurch können auch Sicherheitsfehler durch Fehlkonfigurationen oder durch fehlerhafte Installation der Systeme durch Penetrationstests ermittelt werden.

Die Anwendung von Penetrationstests erfolgt oft sehr spät im Lebenszyklus eines Systems. Dadurch ist die Implementierung bereits abgeschlossen und Behebungen der anhand eines Penetrationstests gefundenen Schwachstellen verursachen hohe Kosten. Mit der Planung des Penetrationstests sollte so früh wie möglich im Entwicklungsprozess begonnen werden. Die Testdurchführung ist bereits ab einer ersten lauffähigen Version möglich. Penetrationstests sollen jedoch auch die Überprüfung des endgültig eingesetzten Systems umfassen.

Exkurs

Historie Penetrationstests

Farmer und Venema (1993) publizierten die Möglichkeit, die Sicherheit durch gezielte Angriffe auf das System zu erhöhen. Zusätzlich erstellten sie ein Analyse-Tool namens „Security Analysis Tool for Auditing Networks“ (SATAN). Am Anfang wurden hauptsächlich Netzwerke und Betriebssysteme bei der Testdurchführung auf Sicherheitsfehler untersucht. Penetrationstests galten lange Zeit als die einzige Prüfmöglichkeit für technische Systemsicherheit. Diese Annahme korrelierte stark mit dem „Penetrate und Patch“-Modell für Softwareentwicklung, bei dem Sicherheit im Laufe der Erstellung der Software nicht berücksichtigt wurde. Erst beim tatsächlichen Auftreten von Fehlern werden diese behoben.

Mittlerweile existieren eine große Anzahl von Tools zur Unterstützung der Durchführung von Penetrationstests. Diese reichen von Netzwerkanalyse-Tools, Passwortknacker, Sniffer bis hin zu Bruteforce-Tools oder Exploit-Frameworks.

Für die Durchführung von Penetrationstests wurden unterschiedliche Ansätze konzipiert. Diese basieren darauf, wie und mit welchen Informationen die Tests durchgeführt werden. Dabei ist eine Überprüfung als „*Red Team*“, als „*Blue Team*“ oder mittels einer Kombination möglich:

- Red Team: Sicherheitsüberprüfung aus Sicht eines Angreifers ohne Kenntnisse über interne Details
- Blue Team: Überprüfung in Kooperation mit dem Auftraggeber der Tests. Dadurch sind interne Informationen über den Aufbau und Ablauf vorhanden.
- Eine Kombination aus Red Team und Blue Team ermöglicht sowohl eine Durchführung mittels interner Informationen als auch die Überprüfung aus Sicht eines Angreifers von außen, wodurch die Überprüfung der Angriffsmöglichkeiten mittels öffentlich zur Verfügung stehender Informationen ermöglicht wird.

Mehrere Organisationen haben Standardisierungsversuche für Penetrationstests unternommen. Diese Dokumente definieren das Vorgehen für Penetrationstests und bieten zudem spezifische Prüfanforderungen für einige Systeme bzw. Applikationen wie etwa Firewalls. Nachfolgend eine Auflistung einiger Standards für Penetrationstests:

- Das deutsche Bundesamt für Sicherheit in der Informationstechnik (BSI) erstellte 2003 die „Studie: Durchführungskonzept für Penetrationstests“.
- Das Institute for Security and Open Methodologies (ISECOM) erstellte das „Open Source Security Testing Methodology Manual (OSSTMM)”.
- Das National Institute of Standards and Technology (NIST) erstellte die Richtlinie „Guideline on Network Security Testing”.
- Open Web Application Security Project (OWASP) erstellte im Rahmen des Testing Projects den „OWASP Testing Guide” zur Durchführung von Penetrationstests für Webapplikationen.

Der Ablauf eines Penetrationstests kann in folgende vier Phasen unterteilt werden:

1. Zielvereinbarung (Vertrag)
2. Informationsbeschaffung
3. Testdurchführung
4. Nachbearbeitungsphase

Zielvereinbarung (Vertrag) Im Rahmen der Zielvereinbarung ist eine genaue Abgrenzung der Testdurchführung zu treffen. Da durch Penetrationstests Angriffe auf ein System durchgeführt werden, können dementsprechend unerwartete Zustände eines Systems zu Ausfällen oder Datenverlusten führen. Es sind dabei die Testobjekte, die erlaubten Testtechniken und weitere Rahmenbedingungen zu definieren.

Die Anwendung von Penetrationstests erfordert großes Vertrauen der Systemeigentümer in die durchführenden Personen. Die Tester können bei Ausnutzung von Schwachstellen an vertrauliche Informationen gelangen oder auch das System beschädigen. Es ist auch nicht nachvollziehbar, ob alle gefundenen Schwachstellen an den Auftraggeber gemeldet werden.

Informationsbeschaffung Diese Phase dient zur Sammlung und Auswertung von allen verfügbaren Informationen. Dabei können diese vom Auftraggeber direkt bereitgestellt oder, wenn vereinbart, durch die Tester ermittelt werden. Die Informationen reichen von öffentlichen IP-Adressen der Services bis hin zu internen Details der Infrastruktur, wie zum Beispiel von Architektur oder Konfigurationen. Eine umfangreiche Recherche kann die erforderliche Zeit für die Durchführungsphase am System verkürzen.

Aufgabe – Informationsbeschaffung für Penetrationstest Führen Sie für eine von Ihnen gewählte Webapplikation die Phase der Informationsbeschaffung durch, indem Sie folgende öffentlich verfügbare Informationsquellen nutzen:

- Domain Name System (DNS) zur Ermittlung von zugehörigen DNS-Namen zu den IP-Adressen
- Eigentümer sowie Anschrift der Domänennamen sowie weitere Dienste im Netzwerk wie zugehörige DNS-Server anhand von WHOIS-Diensten

- Über Suchmaschinen können weitere Details zur Webapplikation ermittelt werden, wie zum Beispiel verfügbare Seiten, frühere Versionen der Applikation usw.
- Über mögliche Stellenausschreibungen sind Rückschlüsse auf Backend-Systeme möglich. Zum Beispiel: „Suchen Administrator zur Verwaltung unseres Webauftritts mit guten „x“ Kenntnissen“.
- Überprüfen von Newsgroups, Mailinglisten oder Foren, um weitere Details zu den vorhandenen Systemen zu ermitteln, z.B. eine Anfrage eines Mitarbeiters in einem Forum zu einer speziellen Applikation oder Senden von Ausschnitten einer Konfiguration in einem Forum, um weitere Hilfe zu erhalten.

Testdurchführung Bei der Testdurchführung werden die Angriffsversuche durchgeführt, um Schwachstellen im System zu ermitteln. Dabei werden die vertraglichen Festlegungen wie die Vorgehensweisen berücksichtigt. Es dienen die aus der Informationsbeschaffungsphase ermittelten Informationen als Grundlage für die Durchführung.

Die Testdurchführung wird iterativ durchgeführt, wobei vor jeder Durchführung eine weitere Informationsbeschaffung mit den durch die Testdurchführung ermittelten Kenntnissen stattfindet. Zum Beispiel kann im Rahmen der Testdurchführung der Zugriff auf weitere Systeme möglich werden. Diese Systeme werden daher im Rahmen der Informationsbeschaffung weiter analysiert, um anschließend wiederum Angriffe auf diese Systeme durchzuführen.

Exkurs Schwachstellendatenbanken

Für die Informationsbeschaffung und die Durchführung bieten Schwachstellendatenbanken eine mögliche Quelle für die Ermittlung von Schwachstellen und Angriffen gegen die zu testenden Applikationen. Diese Datenbanken verwalten bekannte Schwachstellen zu Applikationen und bieten weitere Informationen für die Ausnutzbarkeit bzw. die Behebung der Fehler. Einige dieser Datenbanken sind nachfolgend aufgelistet:

- SecurityFocus (*http://www.securityfocus.com/vulnerabilities*)
- BugTraq (*http://www.securityfocus.com/archive/1*)
- CERT (*http://www.cert.org/advisories/*)
- US-CERT Vulnerability Notes (*http://www.kb.cert.org/vuls/*)
- OSVDB (*http://osvdb.org/*)
- CVE (*http://cve.mitre.org/*)
- NIST – National Vulnerability Database (*http://nvd.nist.gov/*)

Nachbearbeitungsphase In der Nachbearbeitung wird aus sämtlichen Informationen ein Abschlussbericht erstellt, in dem die durchgeführten Testmaßnahmen und die ermittelten Schwachstellen näher erläutert werden. Des Weiteren besteht die Möglichkeit, bereits Lösungsvorschläge für die sichere Behebung der Schwachstellen aufzuzeigen und eine Risikoabschätzung beizufügen. Dies trägt im Bericht zur Verständlichkeit der gefundenen Schwachstellen bei.

Fuzzing

Fuzzing ist eine automatisierte Testtechnik zur Überprüfung von Eingabeverarbeitungen auf Basis von zufälligem Testen (*Random Testing*). Der automatisierte Ansatz ermöglicht eine Testdurchführung mit einer großen Anzahl von Datenvarianten. Zum Beispiel kann eine Verarbeitung von Dateien mit mehreren Tausend zufällig generierten Dateien getestet werden. Die Generierung der Eingabedaten kann sowohl auf vordefinierten Angriffsvektoren als auch auf zufällig generierten Eingaben durchgeführt werden.

Fuzzing ist abhängig vom Format. Beim Fuzzing kann die Generierung von Daten das Format ignorieren und beliebig Daten erzeugen und dem Zielobjekt übergeben. Diese Variante hat den Vorteil, dass keine Kenntnis über das Format erforderlich ist und sie somit für jedes Format anwendbar ist. Durch einfache Prüfmethoden beim Zielobjekt können jedoch solche fehlerhaften Daten ausgefiltert werden, etwa durch die Verwendung von Prüfsummen.

Eine weitere Variante berücksichtigt das jeweilige Format, indem strukturell gültige Anfragen gesendet werden, jedoch die enthaltenen Daten für das Fuzzing berücksichtigt werden. Sind Felder etwa für Prüfsummen vorhanden, können diese Fuzzer korrekte Werte eintragen.

Zur Überprüfung der Testdurchführung können unterschiedliche Techniken verwendet werden. Einige sind nachfolgend aufgelistet:

- Überwachung von Veränderungen am System des Zielobjektes, zum Beispiel Anstieg der erforderlichen Prozessorleistung oder Fehlereinträge in Log-Dateien
- Überwachung des Prozesses durch Debugger, um Ausnahmen (Exceptions) bei der Verarbeitung zu erkennen
- Beobachtung von Fehlern der Software wie zum Beispiel Beendigung der Applikation oder Absturz des Systems

Für die Durchführung von Tests mittels Fuzzing existieren eine Vielzahl von Werkzeugen, welche unterschiedliche Protokolle und Formate unterstützen.

13.7 IT-Sicherheit bei Betriebsübergabe und Betrieb

Während des Betriebes einer Anwendung zeigt sich innerhalb ihres Lebenszyklus erstmals, ob sie die geforderten oder zumindest implizit angenommenen Sicherheitsanforderungen auch tatsächlich erfüllt. Es zeigt sich, ob

- die Anwendungs- und Systemarchitektur die geforderten Verfügbarkeitsanforderungen auch unter realer Systemlast erfüllt,
- die Integrität der gespeicherten Daten auch tatsächlich erhalten bleibt oder zumindest Integritätsverletzungen zuverlässig bemerkt und nachvollzogen werden können,
- die Vertraulichkeit von Informationen im während der Analyse festgesetzten Rahmen erhalten bleibt sowie Vertraulichkeitsverletzungen bemerkt und nachvollzogen werden können.

Alle genannten Punkte verlangen auch aus dem Blickwinkel des Betriebes nach einer Beschäftigung mit dem Thema **IT-Sicherheit** in allen vorangegangenen Entwicklungsphasen. Dies gilt trotz infrastruktureller Sicherungsmaßnahmen wie Firewalls, Härtung von Betriebssystemen oder Einsatz von Intrusion Detection-Systemen (IDS). Eine nicht robuste Anwendung, welche keine oder nur de facto zufällig umgesetzte Sicherheitseigenschaften aufweist, kann im Betrieb kaum mehr effizient geschützt werden. Neben der Anfälligkeit derartiger Anwendungen erschweren sie meist auch die Analyse im Rahmen einer forensischen Analyse, da meist erforderliche Protokollierungsfunktionen fehlen.

Neben technischen Aspekten der Softwareentwicklung ist es für den Betrieb einer geschäftskritischen Anwendung unerlässlich, schon vor Betriebsübergabe wesentliche organisatorische Aspekte wie die einzuhaltenden Service-Levels und die zu messenden fachlichen und technischen Parameter zu bestimmen.

Eine wesentliche Rolle nimmt hier der Prozess der *Betriebsübergabe* (bzw. Betriebsübernahme aus dem Blickwinkel des Betreibers) ein. Es ist eine übliche Praxis, betriebsrelevante Aspekte einer Anwendung erst spät und dann oftmals informell zu behandeln. Aufgrund des meist vorherrschenden Termindrucks, der schon zu Einsparungen bei Softwaretests führen kann, wird die Behandlung von Themen wie Überwachbarkeit, Protokollierung, Ursachenanalyse (*Root-Cause Analysis*), Wiederanlauf- und Wiederherstellungstests sowie die Unterstützung der konkreten Informations-Sicherheitsstrategie eines Unternehmens hinausgeschoben. Meist wird so lange gewartet, bis die Auslieferung der Anwendung unbedingt erforderlich ist und in letzter Konsequenz alle Beteiligten froh sind, dass der Termin gerade noch geschafft wurde – um die Sicherheit kann man sich dann noch später kümmern.

Bedauerlicherweise zeigt die industrielle Praxis, dass ohne äußeren Druck eine nachträgliche Verbesserung der Sicherheitslage einer Anwendung aus mehreren Gründen nicht mehr erfolgt. Einerseits führt das Ausbleiben (oder das Nicht-Bemerken) von Sicherheitsvorfällen zur Annahme, „dass schon nichts passieren wird". Aus dem Umstand, dass Sicherheit auch ein sich immer wieder bestätigendes Gefühl ist, von negativen Ereignissen nicht getroffen zu werden, sinkt die Motivation für korrektive Wartungsaktivitäten in diesem Bereich. Andererseits besteht bei zusätzlich steigender systemischer Komplexität durch sich stetig ändernde Rahmenbedingungen ein hoher Anpassungsdruck für Softwaresysteme. Analog zur Situation bei der initialen Auslieferung werden Sicherheitsthemen daher wiederholt hinausgeschoben. Dieses Problem kann nur prozesshaft und nicht technisch gelöst werden.

Als Maßnahme für einen effektiven Umgang mit dem Themenbereich der *Betriebsführung von Anwendungssystemen* wurden daher verschiedene Referenzmodelle und Standards geschaffen. Diese definieren die im Rahmen einer Betriebsübergabe und des Betriebes zu behandelnden Fragestellungen. Darüber hinaus liegt ihnen das Grundprinzip einer regelmäßigen Überprüfung und Bewertung der Umsetzungsqualität zugrunde. In der Information Technology Infrastructure Library (ITIL), einem Best-Practice-Referenzmodell, werden im Rahmen von IT-Service-Prozessen zu behandelnde Themen festgelegt. Dies umfasst z.B. auch die zuvor angesprochenen Fragestellungen bezüglich der von einer Anwendung zu erfüllenden Service-Levels im Rahmen des Service Level Management-Prozesses. IT-Sicherheit ist explizit im *Security Management* als Teil des ITIL-Bereiches „Service Continuity Management" abgebildet.

Der ISO/IEC 27001-Standard definiert den Aufbau und die Inhalte eines Information Security Management-Systems (ISMS). Ein weiteres Beispiel ist der IT-Grundschutz-Katalog des Bundesamtes für Sicherheit in der Informationstechnik (BSI).

	ITIL-Prozesse			
IT-Grundschutz Baustein	Konfigurationsmanagement	Störungsmanagement	Service Desk	Problemmanagemer
IT-Sicherheitsmanagement	x			
Organisation	x	x		x
Notfallvorsorgekonzept		x		x
Datensicherungskonzept				
Computer-Virenschutzkonzept	x			
Behandlung von Sicherheitsvorfällen		x		x
Hard u. Softwaremanagement	x	x	x	x
Outsourcing	x			
Verkabelung				
Serverraum				
Heterogene Netze				
Datenträgeraustausch				
Standardsoftware	x			
Archivierung				
Schutzbedarfsfeststellung	x			

Tabelle 13.1: Zusammenhang zwischen IT-Grundschutzbausteinen und ITIL-Prozessen nach ITIL (BSI, 2005)

Sind in einem Unternehmen derartige Standards umgesetzt, wurde eine wesentliche organisatorische Basis für eine methodische Behandlung der IT-Sicherheit im Betrieb geschaffen. Die Bezugnahme auf einen Standard impliziert allerdings noch nicht die inhaltliche Qualität der definierten Prozesse oder deren institutionalisierte Anwendung im konkreten Unternehmen. Hier sind in beiden Standards als Maßnahme kontinuierlich anzuwendende Prüfungen der Prozesseffektivität empfohlen bzw. ist eine derartige Prüfung mit anschließender offizieller Zertifizierung in manchen Fällen (z.B. im Rahmen von Ausschreibungen) zwingend erforderlich.

Effektiv wird das Sicherheitsmanagement im Betrieb erst durch eine sinnvolle Kombination der genannten Standards. Das BSI hat in seiner 2005 veröffentlichten Studie „ITIL und Informationssicherheit“ einen Bezug zwischen den IT-Service-Prozessen von ITIL und den konkreten technischen Maßnahmenkatalogen des IT-Grundschutz-Kataloges hergestellt. Tabelle 13.1 zeigt, welche Maßnahmenkataloge des IT-Grundschutz-Kataloges die im jeweiligen ITIL-Prozess adressierten Themen unterstützen.

ITIL-Prozesse						
nderungs- anagement	Versions- management	Service Level Management	Verfügbarkeits- management	Kapazitäts- management	IT-Service Continuity	Finanz- management
	x		x			
x	x	x	x			
		x	x	x		
		x	x	x	x	
x	x		x			
x	x	x	x	x	x	
x	x	x	x	x	x	
			x	x	x	
			x		x	
			x		x	
	x		x			
x	x					
			x	x		
			x			

ITIL besteht aus mehreren Schwerpunkten, deren inhaltliche Schnittstellen das Bindeglied zwischen Anforderungen und konkretem Technologieeinsatz schaffen und somit die Forderung nach einer ganzheitlichen Betrachtung des Themas IT-Sicherheit über den gesamten Lebenszyklus motivieren und unterstützen.

▶Abbildung 13.11 zeigt alle Schwerpunkte (*Perspektiven*) des ITIL-Rahmenwerks sowie das Security-Management als Bindeglied zwischen Infrastructure Management und dem Application Management.

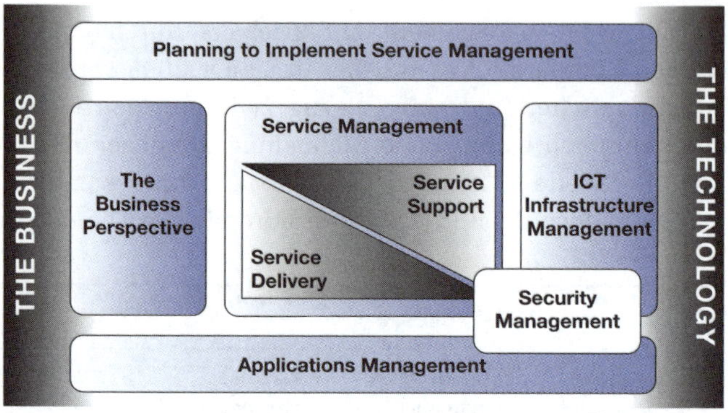

Abbildung 13.11: Überblick über ITIL-Schwerpunkte nach Office of Government Commerce

Der Nutzen für die ganzheitliche Betrachtung des Themas IT-Sicherheit von der Anforderungsanalyse bis hin zum Betrieb einer Anwendung ergibt sich besonders durch das Zusammenwirken des Service Level Managements mit dem IT-Sicherheitsmanagement. Da Sicherheit für aktuelle Anwendungen eine wesentliche Eigenschaft darstellt, muss dies mit konkreten (und auch prüfbaren) Anforderung bereits in der Analysephase Beachtung finden, analog zu anderen ITIL-Prozessen zur Sicherstellung der Wirtschaftlichkeit sowie der Performance- und Verfügbarkeitseigenschaften der Anwendung.

Die Behandlung von IT-Sicherheit im Betrieb stellt eine Ergänzung des Softwareentwicklungsprozesses im Rahmen von definierten Punkten im Lebenszyklus einer Anwendung dar:

- *Analysephase: Anforderungsmanagement und Service Design.* Festlegung angemessener und über Grundanforderungen hinausgehender Sicherheitsmerkmale. Dieser Vorgang erfordert meist eine intensive Zusammenarbeit zwischen Sicherheitsexperten und Experten der Fachdomäne. Gemeinsam identifizieren diese wesentliche Risiken im konkreten Anwendungsgebiet, sie bewerten erforderliche Gegenmaßnahmen unter Einbeziehung von Wirtschaftlichkeitsüberlegungen und formulieren konkrete mess- und testbare Sicherheitsanforderungen.
- *Entwurfs- und Umsetzungsphase: Serviceplanung und -implementierung.* Konkrete Ausgestaltung der technischen Sicherheitsanforderungen und deren Umsetzung durch die Schaffung einer Sicherheitsarchitektur bei großen Systemen, aber auch detaillierte Implementierungsvorgaben für sicherheitsrelevante Anwendungsteile. Die effektive Behandlung der IT-Sicherheit in dieser Phase ist ein wesentlicher Erfolgsfaktor zur sicheren Ausgestaltung eines Anwendungssystems. Als letzter

Schritt in dieser Phase muss daher in Analogie zum Softwaretest die Sicherheitsüberprüfung der an den Betrieb zu übergebenden Anwendung erfolgen.

- *Betriebsübergabe und Betrieb: Vereinbarung von Richtlinien.* Formulierung konkreter und verbindlicher Verfahren für den Umgang mit Sicherheitsanforderungen im täglichen Betrieb. Dies erfolgt auf Basis von Service Level Agreements (SLAs) mit externen Partnern (Kunden und Sublieferanten) oder auf Basis von Operational Level Agreements (OLAs) gegenüber internen Leistungserbringern (Abteilungen wie Netzwerkbetrieb oder Storagesystem-Betrieb).

Eine Teilmenge der in der Analyse gestellten Sicherheitsanforderungen ist für den Betrieb des Anwendungssystems relevant. Die Restmenge der Sicherheitsanforderungen betreffen lediglich Entwurfsentscheidungen oder Implementierungsvarianten, nicht aber den Betrieb an sich. Die relevanten Anforderungen müssen bei der Betriebsübergabe in einer mit dem Betrieb vereinbarten Form nachvollziehbar kommuniziert werden.

Dabei wird sinnvollerweise ein Formular erstellt, in dem zumindest folgende Informationen festgehalten sind:

1. Besondere erforderliche technische Schutzmaßnahmen (z.B. der Einsatz einer XML-Firewall),
2. zu überwachende Kennzahlen inklusive kritischer Schwellwerte (z.B. Anzahl fehlgeschlagener Anmeldeversuche),
3. zu setzende Maßnahmen bei anwendungsspezifischen Sicherheitsvorfällen bzw. bei Über-/ Unterschreitung von Kennzahlen im Betrieb,
4. konkrete Anforderungen an das Berichtswesen (welche Kennzahlen mit welcher Frequenz sind wem in welcher Form zu berichten).

Nachfolgend sind Beispiele für sicherheitsrelevante Anforderungen aufgelistet, die üblicherweise für jedes an den Betrieb übergebene Anwendungssystem festgelegt werden können:

Beispiel 13.9 Sicherheitsrelevante Anforderungen

Sicherheitsanforderung Verfügbarkeit

Die Anwendung muss von Mo-Fr (Werktags) von 05:00 bis 19:30 verfügbar sein. Die maximale Ausfalldauer darf 30 Minuten betragen. Die monatliche Verfügbarkeit muss 99,98% betragen.

Sicherheitsanforderung Vertraulichkeit

Personenbezogene und personenbeziehbare Daten dürfen nur von berechtigten Personen abrufbar sein. Jeder Datenzugriff (über die Anwendung oder über Betriebspersonal) muss protokolliert werden. Zugriffsprotokolle müssen 1 Jahr in die Vergangenheit für Recherchen verfügbar sein.

Sicherheitsanforderung Integrität

Es muss sichergestellt werden, dass die an externe Partner übermittelten Daten unverändert beim Empfänger eintreffen. Nicht autorisierte Veränderungen der Daten müssen vor deren Nutzung zuverlässig automatisch erkannt und dem Betrieb gemeldet werden. Die Information über alle gemeldeten Integritätsverletzungen muss der Sicherheitsabteilung auf Monatsbasis zur Verfügung gestellt werden.

▶Abbildung 13.12 zeigt schematisch das Zusammenwirken von Sicherheitsabteilung, Anwendungsentwicklung und Betrieb.

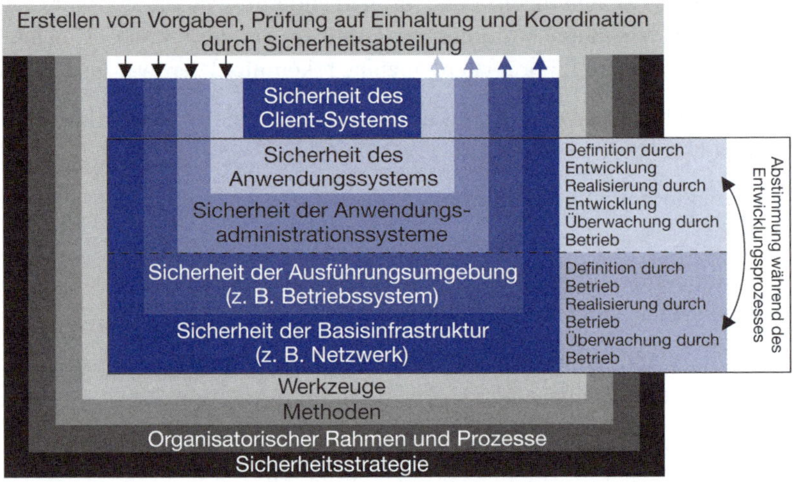

Abbildung 13.12: Einbettung von Anwendungssystem und Ausführungsumgebung in eine umfassende Sicherheitsstrategie

Obiges Modell besteht aus ineinander eingebetteten Schichten. Die *Sicherheitsstrategie* definiert den Entscheidungsrahmen, den erforderlichen organisatorischen Rahmen und die umzusetzenden Prozesse. Aus dem *organisatorischen Rahmen* ergeben sich die anzuwendenden Methoden (z.B. Angriffsbäume) sowie die konkreten unterstützenden technischen Werkzeuge.

Die Qualität und die hohe Effektivität der genannten Punkte sind eine Voraussetzung für das Erreichen eines hohen Sicherheitsniveaus für die betriebenen Anwendungen. Auf *technischer Ebene* (in obiger Abbildung in blauer Farbe) existiert eine Trennung in einen hauptsächlich vom Betrieb und in einen von der Anwendungsentwicklung zu verantwortenden Bereich.

Der *Betrieb* verantwortet die Sicherheitseigenschaften der Basisinfrastruktur und der Ausführungsumgebung für Anwendungen. Er sorgt z.B. für die Netzwerksicherheit oder die sichere Konfiguration von Storage-Systemen und schützt interne Datenbankserver vor nicht autorisierten Zugriffen aus dem Internet. Der Betrieb konzipiert und realisiert auch die Ausführungsumgebungen für die Anwendungen (z.B. Server und deren Betriebssystem). Die Sicherheit dieser Komponenten ist eine Voraussetzung für die Effektivität der Sicherungsmaßnahmen der Anwendungsschichten.

Die *Anwendungsentwicklung* verantwortet die Sicherheitseigenschaften der für die Anwendung entwickelten Administrationssysteme (z.B. zum Einrichten von Anwendungsnutzern oder zur Verwaltung von Anwendungsberechtigungen) sowie der Anwendungen selbst. Bei der Sicherheit der Anwendung selbst reicht das zu verantwortende Spektrum von der Robustheit des Codes über die Bereitstellung von gegebenenfalls erforderlichen Protokollierungsfunktionalitäten bis hin zum Einsatz kryptografischer Funktionen innerhalb der Anwendung.

Aufgabe – Betriebsrelevante Sicherheitsanforderung Überlegen Sie sich für eine Ihnen bekannte Anwendung die zu gewährleistende monatliche Verfügbarkeit sowie mindestens drei mögliche Ursachen, welche dieses Verfügbarkeitsziel gefährden können.

13.8 Standards, Normen und Leitfäden

Im Umfeld der IT-Sicherheit existieren unterschiedliche Standards, Normen und Leitfäden, die bei der Planung, Umsetzung, Aufrechterhaltung und Kontrolle der Sicherheit als Unterstützung dienen. Einige dieser Informationen sind in diesem Kapitel angeführt. Die Auflistung ist nicht umfassend, sie bildet einen Einstiegspunkt in die Thematik und soll Ausgangspunkt für eigene weiterführende Recherchen sein.

- ITIL V2 und ITIL V3
- ISO/IEC 27001
- ISO 17799
- BS7799
- BS15000
- BSI: IT-Grundschutz, 2008.
- PCI Security Standards Council: Payment Card Industry Data Security Standard (PCI DSS). *https://www.pcisecuritystandards.org*, September 2006.
- Ross, R., Johnson, A., Katzke, S., Toth, P., Stoneburner, G. & Rogers, G. (2007): Guide for Assessing the Security Controls in Federal Information Systems. Dezember 2007.
- Wack, J., Miles T., & Souppaya, M. (2003): Guideline on Network Security Testing – Recommendations of the National Institute of Standards and Technology. Oktober 2003.
- Herzog, P. (2007): Open Source Security Testing Methodology Manual.
- CLASP – Comprehensive Lightweight Application Security Process. 2006
- IEC 61508 – Funktionale Sicherheit sicherheitsbezogener elektrischer/elektronischer/programmierbarer elektronischer Systeme", International Electrotechnical Commission, 2006

- Common Criteria – *http://www.commoncriteriaportal.org/thecc.html*
- ITSEC – Information Technology Security Evaluation Criteria, Department of Trade and Industry, London, 1991

COMPANION WEBSITE
Fragen

ZUSAMMENFASSUNG

Sicherheit ist ein komplexes Thema, das in vielen Projekten eine entscheidende Rolle spielt. Mit Hilfe von technischen und organisatorischen Sicherheitsmaßnahmen werden Sicherheitsanforderungen umgesetzt, welche sich aus den unterschiedlichen Sicherheitszielen wie z.B. Vertraulichkeit, Integrität und Verfügbarkeit ableiten.

Auf Basis einer Risiko- und Bedrohungsanalyse werden geeignete Sicherheitsmaßnahmen abgeleitet. Sicherheit kann nicht über eine einzelne Sicherheitsmaßnahme hergestellt werden. Eine Sicherheitsanforderung kann jedoch oft durch unterschiedliche Sicherheitsmaßnahmen abgedeckt werden.

Es ist nicht ausreichend, wenn versucht wird, Sicherheit nur in der Schlussphase eines Projektes nachträglich zu integrieren. Sicherheit muss von Beginn an in allen Phasen eines Projektes berücksichtigt werden. Dies schließt z.B. die Analysephase, die Designphase, die Implementierung, den Test und auch den Betrieb ein.

Es existieren unterschiedliche Methoden, um Sicherheit bei der Implementierung zu berücksichtigen. Unterschiedliche Programmiersprachen haben z.B. diverse Konzepte, die eine sichere Programmierung vereinfachen und damit Standardfehler mit Sicherheitsauswirkungen (wie z.B. SQL Injection oder Buffer Overflows) verhindern können. Es ist daher sinnvoll, diese Funktionen zu verwenden.

Sicherheitstests wie etwa Penetrationstests helfen, die geforderte Sicherheit eines Systems zu testen und zu überprüfen, ob die Theorie (Sicherheitsanforderungen laut Sicherheitskonzept) mit der Praxis (Implementierung der Sicherheitsanforderungen und Betrieb) übereinstimmt.

Nicht zuletzt ist es auch während des Betriebes erforderlich, die IT-Sicherheit zu berücksichtigen. Oftmals kann z.B. eine falsche Konfiguration einer Software oder eine nicht den Vorgaben aus dem Sicherheitskonzept entsprechend betriebene Software zu Sicherheitslücken führen.

In diesem Kapitel wurden zudem Standards vorgestellt, die helfen, das IT-Sicherheitsniveau eines Systems zu erhöhen.

Es gibt viele unterschiedliche Möglichkeiten, ein System anzugreifen. Einige davon wurden in diesem Kapitel zusammen mit Lösungsmöglichkeiten vorgestellt. Dem Angreifer reicht eine einzelne Sicherheitslücke aus, um ein System anzugreifen. Sicherheitsverantwortliche müssen hingegen das gesamte System absichern.

13.9 Glossar

Angreifer: Ein Angreifer ist ein Subjekt, welches Angriffe durchführt und damit das Sicherheitsniveau eines Systems senkt.

Angriff: Ein Angriff ist das Nutzen einer nicht vorgesehenen Funktionalität in einem System, um das Sicherheitsniveau eines Systems zu senken.

Angriffsbaum: Ein Angriffsbaum ist eine Möglichkeit, Bedrohungen eines Systems zu visualisieren.

Authentifizierung: In der IT-Sicherheit wird laut dem BSI-Glossar zu den IT-Grundschutz-Katalogen zwischen Authentisierung (der Vorlage eines Nachweises zur Identifikation wie z.B. Username/Passwort), der Authentifizierung (der Überprüfung eines Nachweises zur Identifikation) und der Autorisierung (der Überprüfung, ob eine Person oder IT-Komponente zur Durchführung einer bestimmten Aktion berechtigt ist) unterschieden. In der Praxis wird Authentisierung und Authentifizierung jedoch kaum unterschieden, daher wird auch in diesem Abschnitt nicht näher auf die Unterschiede eingegangen und Authentifizierung als Synonym für Authentisierung verwendet.

Bedrohung: Eine Bedrohung wirkt der Sicherheit eines Systems entgegen.

Bedrohungs- und Risikoanalyse: In einer Bedrohungs- und Risikoanalyse werden die Bedrohungen gegen ein System und die Risiken für ein System analysiert, so dass eine Gesamtübersicht über die Bedrohungen und Risiken als Grundlage für weitere Maßnahmen zur Erhöhung der IT-Sicherheit eines Systems vorhanden ist.

Cross Site Scripting: Cross Site Scripting ist nach OWASP das Einschleusen von Angriffen, wenn Benutzereingaben ohne Validierung und Kodierung in die Ausgabe der Webseite eingefügt werden.

Grenzrisiko: Definition nach DIN VDE 31000: Das Grenzrisiko ist das größte noch vertretbare Risiko eines bestimmten technischen Vorganges oder Zustandes.

Injection-Angriff: Bei Injection-Angriffen werden Eingaben von nicht vertrauenswürdigen Eingabequellen für Operationen ohne ausreichende Validierung verwendet. Diese Bezeichnung wird als Überbegriff für Angriffe wie SQL Injection, Cross-Site Scripting oder Buffer Overflows verwendet.

Integrität: Eine Information ist integer, wenn sie so gelesen werden kann, wie sie zuletzt befugt gespeichert wurde.

IT-Sicherheit: Definition nach DIN VDE 31000: Sicherheit ist eine Sachlage, bei der das Risiko nicht größer als das Grenzrisiko ist.

Risiko: Definition nach DIN VDE 31000: Risiko ist das Produkt aus Eintrittswahrscheinlichkeit und Schaden.

Schwachstelle: Eine Schwachstelle ist eine Stelle in einem System, die nicht ausreichend vor Angriffen abgesichert ist. Über diese Schwachstelle lassen sich Funktionalitäten ausführen, die so nicht beabsichtigt sind und das Sicherheitsniveau senken.

Sichere Funktionalität: Sichere Funktionen sind in einer Software immer erforderlich. Durch nur eine Sicherheitsschwachstelle in einer beliebigen Funktion kann das gesamte System kompromittiert werden.

Sicherheitsanforderung: Eine Sicherheitsanforderung ist eine Anforderung, die das Ziel hat, das IT-Sicherheitsniveau in einem System zu erhöhen.

Sicherheitsfunktionalität: Sicherheitsfunktionalitäten bilden Funktionen mit sicherheitskritischen Aspekten ab und werden durch Spezifikationen definiert. Funktionale Fehler bei Sicherheitsfunktionalitäten können zu Sicherheitsschwachstellen und damit zur Kompromittierung des Systems führen.

Sicherheitsmaßnahme: Eine Sicherheitsmaßnahme unterstützt eine Sicherheitsanforderung, welche das IT-Sicherheitsniveau in einem System erhöht.

SQL Injection: SQL Injection ist nach OWASP die Verwendung von Benutzereingaben in SQL-Anweisungen. Benutzereingaben werden nicht ausreichend gefiltert und damit können ungewollt (beliebige) SQL-Anweisungen in der Datenbank ausgeführt werden.

Threat Modeling: Threat Modeling ist eine Möglichkeit, Bedrohungen eines Systems zu analysieren. Threat Modeling ist ein wichtiger Bestandteil im Microsoft Secure Development Lifecycle (SDL).

Verfügbarkeit: Eine Information ist verfügbar, wenn sie abgerufen werden kann, wenn sie von berechtigten Objekten/Subjekten gebraucht wird.

Vertraulichkeit: Eine Information ist vertraulich, wenn sie nur für berechtigte Subjekte einsehbar ist.

Weakest Link: Der Weakest Link ist der am schwächsten abgesicherte Teil eines Systems, an dem somit am leichtesten ein erfolgreicher Angriff erfolgen kann.

Exemplarische Vertiefungen

Autoren: Stefan Bachl, Andreas Manczka, Wolfgang Schramm, Florian Fankhauser

14

ÜBERBLICK

» In diesem Kapitel werden exemplarisch vier Themen als ausgewählte Vertiefungen der Softwaretechnik beschrieben. Dies ist methodisch und beispielhaft zu sehen. Konkrete Projekte oder eine wissenschaftliche Fragestellung erfordern derartige Vertiefungen und Spezialisierungen. Das Gebiet lebt und bewegt sich, entwickelt sich weiter. Die vier Themen sprechen dabei für sprichwörtlich Hunderte von konkret möglichen oder zweckmäßigen Spezialisierungen, die das Gebiet Softwaretechnik aufbereitet. Tätigkeiten der Forschung und Entwicklung treten selbst in konservativen Projekten ab einer gewissen Systemgröße natürlich auf und gehören zum Handwerkszeug des fortgeschrittenen Softwaretechnikers. Natürliche Quellen und Ziele der Vertiefung in der Softwaretechnik sind:

- *Die wissenschaftliche Spezialisierung und Verfeinerung:* Die Softwaretechnik identifiziert in ihrem unmittelbaren Fachkern selbst etwa 15 bis 20 langfristige wissenschaftliche Teilgebiete (z.B. Wartung, Test, Requirements Engineering, Vorgehensmodelle, Qualität, empirische Softwaretechnik, Metriken) und je nach Ausrichtung unzählige kurz- und mittelfristige Themen (z.B. Agile Entwicklung, Aspektorientierung, Systemvisualisierung, Patterns, Internet-Development, Engineering für bestimmte Systemklassen), die regelmäßig einschlägig wissenschaftlich vertieft werden.
- Das der Softwaretechnik übergeordnete Gebiet der *Informatik* (bzw. Computer Science) verweist auf mehrere Hundert Schwerpunktbildungen in der Form von internationalen wissenschaftlichen Konferenzen. Davon sind etwa 30 Events der Softwaretechnik im engeren Sinne zugewandt. Abgesehen von den üblichen fachlichen Überschneidungen, liegt in jeder der Spezialisierungen der Informatik das Potenzial eines Cross-Over zur Softwaretechnik (Wikipedia, 2009). Beispiel: Die gut 15 wissenschaftlichen Events, die sich mit Programmiersprachen befassen, sind für die Softwaretechnik relevant und erzeugen gemeinsame Schnittpunkte.
- *Die industrielle oder applikatorische Spezialisierung und Verfeinerung:* Aus der Sicht der industriellen Informations- und Softwaretechnik liegen die Vertiefungen in den jeweiligen Anwendungskategorien oder den fachlich verwandten Gebieten. Die industriellen Vertiefungen ergeben sich dabei recht natürlich aus folgenden Kategorien:
  - Fachdomäne (z.B. Medizin, Finanzwirtschaft, Mobile Applikationen, Verkehr)
  - Systemische Ebene (z.B. ERP, CRM, Middleware, Embedded Systems, Netzwerk)
  - Informatik Cross-Over (z.B. Security, User Interfaces, Netzwerke, IT-Strategie)
  - Da Innovation in der Informatik häufig aus der Anwendung und Erfahrung wächst, entstammen die ersten Schritte der Identifizierung eines Vertiefungsgebietes häufig aus dem angewandten Umfeld. Viele dieser „Emerging Fields“ können ihre Versprechen nicht einlösen, andere werden zu neuen Paradigmen. Das Mouse-Window-Paradigma oder das Internet als Netzwerk- und Interface-Paradigma sind Beispiele solcher ehemaligen Emerging Fields, die in ihren Anfangsphasen gar verlacht wurden.
- *Die spezifische Vertiefung im Rahmen eines Projektes:* Softwareprojekte erfordern je nach Art des Projektes häufig eine neue technologische Vertiefung oder Spezialisierung, weil sie, je größer die angedachte Systematik ist, in spezifischen Teilen rasch ein Alleinstellungsmerkmal bekommen (siehe auch Kapitel 2). Man sagt zwar gerne

„This is no rocket science", um die „Normalität" und technologische Machbarkeit bestimmter Projekte zum Ausdruck zu bringen, vergisst aber dabei, dass die konkreten Umstände und Rahmenbedingungen der Zusammenmischung von bekannten Technologien und Anforderungen rasch einen F&E-Charakter hervorrufen, wenn das System ausreichend komplex ist. Die Recherche, die angewandte Forschung, die angemessene Vertiefung, die begleitende F&E sind hier in gewisser Weise Methode und unausweichlich. Nicht selten liegt dann die entsprechende Spezialisierung systematisch noch gar nicht vor und wird durch die Pionierarbeit des Projektes erst erzwungen. Forschung und Entwicklung ist in der Praxis der Softwaretechnik manchmal wirklich Forschung, auch wenn daraus aus Ressourcengründen keine wissenschaftlichen Publikationen entstehen.

Je nach Interesse, Berufswahl und Einsatz im Projektumfeld hört das Lernen und Recherchieren für gute Softwaretechniker nie auf. Die Dynamik der Disziplin, das Problem im Projekt, die Suche nach der (besseren) Lösung sind der stetige Motor dafür. Folgende zum Zeitpunkt der Erstellung des Buches aktuellen Themen werden in diesem abschließenden Kapitel exemplarisch für das Erfordernis der Vertiefung in der Softwaretechnik angeführt:

- *Mobile Usability* als industriell induzierte Vertiefung
- *Cloud Computing* als „emerging field" mit technologisch-wirtschaftlichem Potenzial
- *Scientific Computing* als Wissenschaftsgebiet über eine spezielle Problemklasse
- *IT-Sicherheit für Software im VoIP-Umfeld* als Cross-Over mit Telekommunikation und IT-Security «

14.1 Mobile Usability

Im Bereich der *Mobiltelefonindustrie* zeichneten sich in den letzten Jahren durch die Einführung neuer Technologien eine enorme Entwicklung und Ausbreitung ab. Dies lässt sich anhand aktueller Statistiken veranschaulichen: Neun von zehn Personen in Österreich besitzen bereits ein Mobiltelefon (Statistik Austria, 2008). Obwohl der Grundgedanke der User Interfaces von Mobiltelefonen, nämlich die Verbindung zwischen Mensch und Computer, sich maßgeblich von Benutzerschnittstellen bei herkömmlichen Desktop-Computern unterscheidet, existieren eine Vielzahl von besonderen Merkmalen, die bei der Anwendung der in Kapitel 12 vorgestellten Methoden zur Verbesserung der Usability beachtet werden sollten. Diese Unterschiede lassen sich grob in *vier Bereiche* unterteilen: die Zielgruppe, die Informationsdarstellung, die unterschiedlichen Interaktionsformen und der Kontext der Benutzung von Mobiltelefonen.

14.1.1 Zielgruppe

Die Verbreitung von Mobiltelefonen hat in den letzten Jahren hohe Ausmaße erreicht, so dass heutzutage nahezu jede Person ein eigenes Mobiltelefon besitzt. Besonders beachtlich sind dabei die Anteile an sehr niedrigen und sehr hohen Altersstufen. In Österreich haben beispielsweise 68,8% aller Personen im Alter zwischen 65 und 74 Jahren ein Mobiltelefon (Statistik Austria, 2008). Für ältere Personen ist es von höherem Interesse, ein Mobiltelefon zu besitzen, um im Falle von Notfällen auch unterwegs ständig erreichbar zu sein bzw. andere Personen kontaktieren zu können, als einen Desktop Computer anzuschaffen. Auch in anderen *Unterscheidungsmerkmalen* trifft man bei der potenziellen Zielgruppe der Benutzer von Mobiltelefonen auf Extreme. Die Bandbreite der Benutzer reicht bei Mobiltelefonen von Anfängern bis hin zu Experten. Dies manifestiert sich auch in der Art der Verwendung. Erfahrene Benutzer verwenden viele der verfügbaren Funktionen eines Mobiltelefons, ältere Personen hingegen beispielsweise ausschließlich die Telefonfunktion. Auch der unterschiedliche Status von Mobiltelefonen muss beachtet werden. Während für eine Person das Mobiltelefon als reines Kommunikationswerkzeug gesehen wird, ist es für andere ein *Statussymbol*. Zusätzlich müssen kulturelle Unterschiede in der Verwendung und Bedeutung von Mobiltelefonen einbezogen werden. Ein Mobiletelefon kann in anderen Ländern und Kulturen einen ganz anderen Status haben, was sich letztendlich auch in den jeweils verfügbaren Geräten selbst bemerkbar machen kann.

Für die Anwendung der vorgestellten Usability-Methoden haben diese Entwicklungen zur Folge, dass es für Evaluierungen und Tests schwieriger wird, repräsentative Ausschnitte der Zielgruppe als Testpersonen zu rekrutieren, um aussagekräftige Ergebnisse zu erhalten. Dies hängt natürlich von der Definition der Zielgruppe ab, die allerdings bei den meisten Applikationen für Mobiltelefone sehr breit zu sehen ist. Ein gutes Beispiel in diesem Zusammenhang ist die Applikation des Fallbeispiels „Touch&Go“ (siehe ▶Abbildung 14.1). Die mögliche Zielgruppe des *Handy-Fahrscheins* könnte in diesem Fall aus allen Benutzern öffentlicher Verkehrsmittel bestehen, also einer sehr hohen Bandbreite an Personen verschiedenster Merkmale. Hilfreich ist dabei einerseits eine Unterteilung der großen Zielgruppe in kleinere Gruppen, aber andererseits auch die Identifikation der potenziellen *Hauptbenutzer* der Applikation. Beispielsweise werden Personen, die öffentliche Verkehrsmittel seltener benutzen, eher als mögliche Benutzer in Frage kommen als Personen, die ohnehin eine Monats- oder Jahreskarte besitzen.

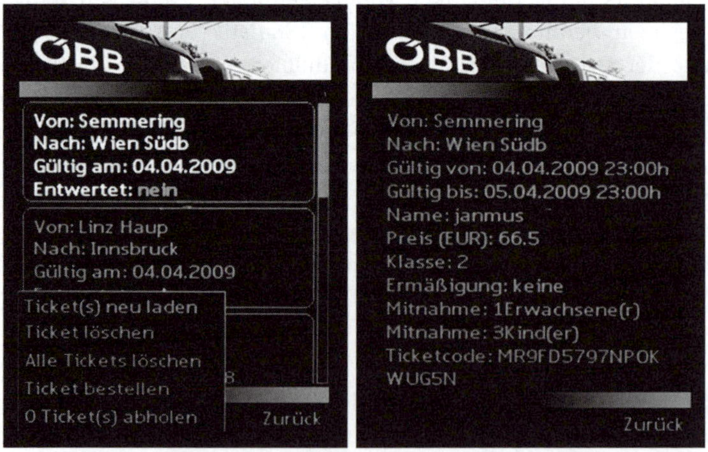

Abbildung 14.1: User Interface Touch&Go (mit freundlicher Genehmigung von mobilcom und ÖBB)

Es gibt jedoch auch Nischenhersteller, die Mobiltelefone für konkrete Zielgruppen (beispielsweise ältere Personen) herstellen oder einzelne Mobiltelefone einer großen Produktpalette für bestimmte Zielgruppen (zum Beispiel Jugendliche) entwickeln.

Bei Mobiltelefonen mit einer breiten Zielgruppe ist es nötig, sich noch intensiver mit den möglichen Benutzern auseinanderzusetzen und bei Bedarf die Anzahl der Testpersonen zu erhöhen, um die Vielfalt an unterschiedlichen Benutzertypen und Verwendungsweisen abzudecken. Im Zusammenhang mit breiten Zielgruppen ist *Accessibility* (Barrierefreiheit) wiederum ein wichtiges Thema. Im Gegensatz zu Desktop-Applikationen kann es unter Umständen bei Mobiltelefonen sogar noch wichtiger sein, dass auch ältere Personen oder Personen mit Einschränkungen Mobiltelefone ohne Probleme bedienen können.

14.1.2 Informationsdarstellung

In der Informationsdarstellung auf mobilen Geräten zeigen sich gravierende Unterschiede zu herkömmlichen Desktop-Applikationen. Die Größe der Displays ist bei Mobiltelefonen um ein Vielfaches geringer, wodurch andere *Design- und Gestaltungsrichtlinien* anzuwenden sind. Oft liegt durch den Mangel an Platz am Display der Einsatz von Icons bzw. Symbolen sehr nahe. Dies kann jedoch zu Verständnisproblemen führen, wenn Icons nicht aussagekräftig sind oder nicht erkannt werden. In der Entwicklung der Displays haben sich in den letzten Jahren viele neue technologische Möglichkeiten ergeben, wodurch Interfaces von Mobiltelefonen herkömmlichen Desktop-Applikationen immer näher kommen. So sind mittlerweile *hochauflösende Farbdisplays* beinahe zum Standard von Mobiltelefonen geworden. Ein Problem im Zusammenhang mit Displays sind allerdings die sehr unterschiedlichen Bildschirmgrößen, die einer Standardisierung von User Interfaces entgegenwirken. Auch die breite Anzahl an mobilen Betriebssystemen, die allerdings ebenfalls herkömmlichen Betriebssystemen immer ähnlicher werden, hilft nicht, einheitliche User Interfaces zu definieren. Dabei spielt auch das Zusammenspiel mit der Hardware der Mobiltelefone eine wichtige Rolle (siehe Kapitel 14.1.3).

Ebenso haben sich die Möglichkeiten der Mobiltelefonanwendungen in den letzten Jahren enorm erweitert. Neben der eigentlichen Verwendung zum Telefonieren und Versenden von Mitteilungen wurden Mobiltelefone mit immer mehr Funktionen aufgerüstet, wie beispielsweise Spielen, der Möglichkeit, Fotos oder Videos aufzunehmen, oder einer umfangreichen E-Mail-Verwaltung. Durch diese Vielzahl an Funktionen steigt zugleich die Komplexität des Navigationskonzeptes und der Informationsdarstellung.

Durch die *steigende Komplexität* wächst auch der Bedarf, verstärkt Methoden zur Sicherung der Usability einzusetzen. Ein klassisches Beispiel für mangelnde Usability sind oft Menüs von Mobiltelefonen. Hier ist es besonders wichtig, dass die Menüstruktur klar und nachvollziehbar aufgebaut ist, so dass Funktionen leicht gefunden werden können. Dies hängt natürlich auch mit den Unterschieden im Navigationskonzept zusammen. Schließlich müssen oft Menüeinträge der Reihe nach durchgeblättert werden, bis der richtige Eintrag markiert ist. Für die Optimierung von Menüstrukturen bietet sich die Methode des *Card Sorting* an (siehe Kapitel 12). Neben einem durchdachten Navigationskonzept ist auch eine gute Informationsarchitektur notwendig, um auf limitiertem Platz die benötigten Informationen darzustellen und den Benutzer mit einer minimalen Anzahl von benötigten Schritten zu konfrontieren.

14.1.3 Interaktionsformen

Die größten Unterschiede zu gewöhnlichen Computern finden sich in den Interaktionsformen von Mobiltelefonen. Die Interaktion findet nicht mittels Maus und herkömmlicher Computertastatur statt, sondern neben den Nummerntasten mit einer Vielfalt an unterschiedlichen Steuerelementen. Neben Hauptsteuerelementen wie Scrollrädern, Joysticks und Steuerkreuzen in Form eines einzelnen Knopfes werden häufig zusätzliche Elemente zum Auswählen von Menüpunkten oder Abkürzungstasten für häufig verwendete Funktionen eingesetzt. Dass in diesem Zusammenhang keine Standardisierung stattfinden wird, ist schon alleine durch die Vielfalt an Herstellern und Betriebssystemen und die benötigte Differenzierung von der Konkurrenz klar ersichtlich. Auch müssen in diesem Zusammenhang Gewohnheiten von anderen Herstellern beachtet werden, insbesondere bei der Auswertung von Evaluierungen. Daher ist es besonders wichtig, bei Evaluierungen ausreichend Daten zu erheben, welches Vorwissen besteht bzw. welche Mobiltelefone beispielweise von dem Probanden verwendet werden, um schließlich bei der Auswertung Rückschlüsse ziehen zu können.

Ein Unterschied bei der Bedienung von Mobiltelefonen ist die *sequenzielle Abfolge* von Aktionen. Bei Desktop-Computern können mehrere Tätigkeiten parallel durchgeführt werden und zugleich ist die Anzahl der möglichen Aktionen meist um ein Vielfaches höher und nicht strikt vorgegeben. Bei Mobiltelefonen besteht in vielen Fällen nur ein Subset an möglichen Aktionen, die durchgeführt werden können, was sich wiederum auf das Fehlen einer Computermaus zurückführen lässt. So kann beispielsweise bei der Navigation im Menü entweder der Begriff oberhalb oder unterhalb ausgewählt, der aktuell ausgewählte Menüeintrag aufgerufen oder das Menü verlassen werden.

Durch die verstärkte Einführung von Touchscreens in den letzten Jahren, die entweder mit einem speziellen Eingabestift (*Stylus*) oder auch nur mit einem oder mehreren Fingern bedient werden können, haben sich wiederum Veränderungen in der Art der Interaktion ergeben. Obwohl Touchscreens viele neue Möglichkeiten schaffen und durch direkte Interaktion diese wesentlich angenehmer gestalten, ergeben sich zugleich aber neue Probleme in Bezug auf das User Interface, aber auch auf die Verwendung der Geräte selbst. Durch *Touchscreens* werden zugleich existierende Richtlinien und Interaktionskonzepte bezogen auf herkömmliche Mobiltelefone ohne Touchscreens ungültig. Beispielsweise wird mit der Einführung von Touchscreens die Anzahl an möglichen Aktionen erhöht. Das Verhalten eines Fingers gleicht dabei eher einer Computermaus. Das Drücken der linken Taste der Maus entspricht dabei der Berührung des Touchscreens. Allerdings besteht der wesentliche Unterschied darin, dass kein Cursor am Bildschirm vorhanden ist. So gibt es bei Touchscreens keine Möglichkeit, mit der Steuerung eines Cursors über ein Element Informationen über dieses zu erhalten, sondern das Element kann nur direkt ausgewählt werden. Sobald der Finger allerdings den Touchscreen berührt, ist die Berührung mit einem Cursor vergleichbar, so dass auch das Bewegen oder

Manipulieren von Objekten möglich ist. Die Erhöhung der möglichen Aktionen bewirkt zugleich eine *Steigerung der Komplexität* der Software und demnach auch einen verstärkten Einsatz von Methoden, um die Usability der Software zu gewährleisten.

Neue Touchscreens ermöglichen es zudem, dass mehrere Finger zugleich erkannt und verfolgt werden können. Durch diesen Technologiefortschritt ergeben sich erneut zusätzliche Aspekte bei der Interaktion zwischen Mensch und Maschine. Beispielsweise ist es möglich, Objekte in verschiedenster Form direkt zu manipulieren, beispielsweise das Vergrößern eines Fotos durch Auseinanderziehen zweier berührender Finger.

Zusätzlich stellt insbesondere im Zusammenhang mit Touchscreens und der zunehmenden Möglichkeit, nicht nur Kurzmitteilungen, sondern auch längere Texte (beispielsweise für E-Mails) zu verfassen, die Texteingabe einen Unterschied dar. Durch den eingeschränkten Platz in Mobiltelefonen wird oft statt einer herkömmlichen Mini-Tastatur in Form von Hardware-Buttons eine Tastatur am Touchscreen verwendet, was sich wiederum abhängig von der Konzeption in schlechter oder guter Usability niederschlagen kann.

Ein weiterer Unterschied im Bereich der Interaktion mit Mobiltelefonen besteht darin, dass ein Mobiltelefon auf verschiedenste Weisen bedient werden kann. So kann es entweder mit einer Hand alleine bedient werden oder es können beide Hände bzw. mehrere Finger beider Hände für die *Steuerung* eingesetzt werden. Auch kann beispielsweise eine Hand das Telefon halten, während die andere Hand die benötigte Interaktion durchführt. Die unterschiedlichen Formen der Bedienung sind hier schließlich vom Kontext (siehe Kapitel 14.1.4), demnach auch der Verfügbarkeit der Hände und der Person selbst abhängig. Beispielsweise wird man das Mobiltelefon während des Durchführens einer anderen Tätigkeit, für die eine Hand benötigt wird, mit der anderen Hand alleine bedienen. Zuletzt hängt die Art der Interaktion auch von der Hardware des Gerätes selbst ab. Unterschiedliche Form oder Größe bewirken eine unterschiedliche Verwendung und auch Bedienung des Gerätes. Auch gibt es zunehmend Geräte, die durch einen eingebauten *Bewegungssensor* die Ausrichtung des Telefons feststellen können (siehe ▶Abbildung 14.2) und das Interface gegebenenfalls an die Ausrichtung anpassen, wodurch eine neue Komponente hinzukommt.

Abbildung 14.2: IHandy Level Free (Apple, 2009)

Die unterschiedlichen Interaktionsformen insbesondere im Zusammenhang mit verschiedenen Navigationskonzepten müssen daher in der Planung von Evaluierungen beachtet werden. Dies stellt im Gegensatz zu herkömmlichen Computern oft eine große Herausforderung dar, wenn beispielsweise eine Software getestet werden muss, die auf mehreren Geräten bzw. Plattformen zum Einsatz kommen soll. In diesem Fall müssen daher alle verfügbaren Interaktionsformen berücksichtigt werden, was meist jedoch auch zugleich durch eine unterschiedliche Ausprägung der Software vorgegeben wird.

14.1.4 Kontext

Das letzte große Unterscheidungsmerkmal ist der Kontext der Benutzung von Mobiltelefonen, der insbesondere bei der Erhebung der Anforderungen und der Durchführung einer Evaluierung zu berücksichtigen ist. Mobiltelefone werden im Vergleich zu Computern nicht nur am Schreibtisch verwendet, sondern auch unterwegs (zum Beispiel, auf dem Weg zur Arbeit, bei einem Ausflug) und während der Durchführung anderer Tätigkeiten. Abgesehen davon befinden sich Mobiltelefone meistens durchgehend in Reichweite der User, so dass sie jederzeit benutzt werden können. Viele Leute haben ihre Mobiltelefone sogar während der Nacht einsatzbereit. Im Zusammenhang mit Mobiltelefonen wird man viel mehr als bei Computern von anderen Personen aktiv durch Anrufe, SMS oder E-Mails dazu aufgefordert, sie zu benutzen. Schließlich unterbrechen Mobiltelefone die Arbeit oder Lenken von Tätigkeiten ab. Oft werden Mobiltelefone daher mit eingeschränkter Aufmerksamkeit bedient, beispielsweise beim Überprüfen der E-Mails auf dem Weg durch die überfüllte Einkaufsstraße. So ist es besonders wichtig, diesen Kontext zu berücksichtigen.

Einerseits ist es daher wichtig, schon in frühen Designphasen auf ein *kontextbezogenes Design* zu setzen, um Bedürfnisse möglicher Benutzer zeitgerecht zu erkennen. Andererseits gilt es zu beachten, bei Evaluierungen die kontextsensitiven Bereiche der Benutzung von Mobiltelefonen mit einzubeziehen. Eine Evaluierung in einem Usability-Labor macht in bestimmten Fällen keinen Sinn, da der Benutzer das Gerät in den unterschiedlichen Kontexten anders verwenden kann und sich dadurch andere Probleme ergeben würden.

Werden *Evaluierungen* im Kontext der Benutzer durchgeführt, wird eine spezielle Ausrüstung benötigt, um das Verhalten bzw. die Aktionen des Probanden aufzuzeichnen. So kann sichergestellt werden, dass eine Auswertung der Evaluierung korrekte Ergebnisse liefert. Dazu werden oft speziell befestigte Kameras oder *Screen Recording Software* eingesetzt. Der Vorteil bei Kameras ist hierbei, dass die Interaktion des Benutzers aufgezeichnet werden kann, während bei Screen Recording Software nur die tatsächlich durchgeführten Aktionen aufgenommen werden können. Zusätzlich lassen sich auch spezielle Eye-Tracker verwenden, um festzustellen, welche Element vom Benutzer besonders beachtet werden oder ob beispielsweise lange nach einer bestimmten Aktionsmöglichkeit gesucht wird.

14.1.5 Aktuelle Entwicklungen

Bis vor kurzer Zeit war es hauptsächlich den Herstellern vorbehalten, Software für ihre eigenen Mobiltelefone zu erstellen bzw. erstellen zu lassen. Dadurch konnten die Qualität und die Usability weitgehend durch den Hersteller selbst sichergestellt und kontrolliert werden. Die Verantwortung dafür lag also in ihrem eigenen Bereich.

Was heute noch für das Betriebssystem, das Navigationskonzept und die Grundfunktionen des Mobiltelefons gilt, hat allerdings für den Rest der Software an Bedeutung verloren. Durch die Schaffung der Möglichkeit, Applikationen leicht und ohne zusätzliches Wissen auf sein eigenes Mobiltelefon laden und installieren zu können, steigt zugleich das Risiko von schlechter Usability. Dabei ist der Unterschied zu herkömmlicher Handy-Software, dass neue Programme von jedem eingereicht werden können. Zwar handelt es sich zunehmend um kontrollierte Plattformen (Apple App Store, Android Market, siehe ▶Abbildung 14.3), bei denen eingereichte Software einen Review-Prozess durchlaufen muss, allerdings stellt sich in diesem Zusammenhang die Frage, ob Usability-Kriterien dabei eine ausschlaggebende Rolle spielen.

Abbildung 14.3: Android Market (links) und Apple App Store (rechts)

Durch diese Trends ist die Softwareentwicklung für Mobiltelefone daher der breiten Masse geöffnet worden, wodurch Usability umso wichtiger wird und ein nötiges Bewusstsein über dieses Thema bei den Entwicklern von Software für Mobiltelefone geschaffen werden muss. So findet ein Wechsel der Verantwortung der guten Benutzbarkeit einer Software von den Herstellern von Mobiltelefonen zu den Erstellern von zusätzlicher Handy-Software statt. Dabei ist jedoch zu beachten, dass durch die Öffnung einer Handy-Plattform für externe Entwicklung zugleich die Verantwortung beim Hersteller des Mobiltelefons oder Betriebssystems liegt, geeignete Software Development Kits, Libraries und ausführliche Dokumentation zur Verfügung zu stellen. Dadurch kann beispielsweise erreicht werden, dass das „Look and Feel" der Applikationen einheitlich aussieht. Beispiele dafür wären eine *Library*, die bestimmte User-Interface-Elemente in die Entwicklung einer Software einbinden lässt, oder gar ein Werkzeug, mit dem das User Interface mit Standardkomponenten erstellt werden kann.

14.2 Cloud Computing

„Cloud computing is a model for enabling convenient, on-demand network access to a shared pool of configurable computing resources (e.g., networks, servers, storage, applications, and services) that can be rapidly provisioned and released with minimal management effort or service provider interaction.“ – NIST

Cloud Computing beschreibt die Nutzung von Software, aber auch von Hardware und Systemsoftware in einer *Cloud*. Es bezeichnet den Trend zur Verschiebung von lokalen Ressourcen in die Cloud eines Drittanbieters, wobei mit dem Begriff Cloud die Gesamtheit der verfügbaren Dienstleistungen des Anbieters bezeichnet wird. Diese Verschiebung findet auf unterschiedlichen technischen Ebenen statt und kann vom Hosting eines Webservers hin zur Nutzung einer Applikation in der Cloud gehen. Was Cloud Computing von bisherigen Hosting-Konzepten unterscheidet, sind gewisse Paradigmen und Eigenschaften, die im Folgenden aufgezeigt werden sollen.

Cloud Computing impliziert ein entsprechendes Geschäftsmodell, das nach Armbrust et al. (2009) auf drei Annahmen für den Cloud User basiert, nämlich der Illusion von unlimitierten Ressourcen, der Möglichkeit einer bedarfsregulierten Inanspruchnahme der Ressourcen (1 Rechner für 1000 Stunden oder 1000 Rechner für 1 Stunde) sowie der bedarfsorientierten Verrechnung der Ressourcen (heute werden 100 Server benötigt, am nächsten Tag nur 10). Dies ist ein drastischer Unterschied zur Nutzung eines klassischen Datacenters. Der wirtschaftliche Vorteil ergibt sich für den Anbieter einer Cloud durch Economies of Scale (das bedeutet durch das Ausnutzen der Größenordnung der Anschaffung – Armbrust et al. (2009) nennt eine Kostenersparnis von Faktor 5 bis 7 z.B. im Bereich der Stromkosten). Der Anbieter einer Cloud ist daher in der Lage, kostengünstiger als ein mittleres Datacenter anzubieten.

Exkurs – Cloud Computing und SOA

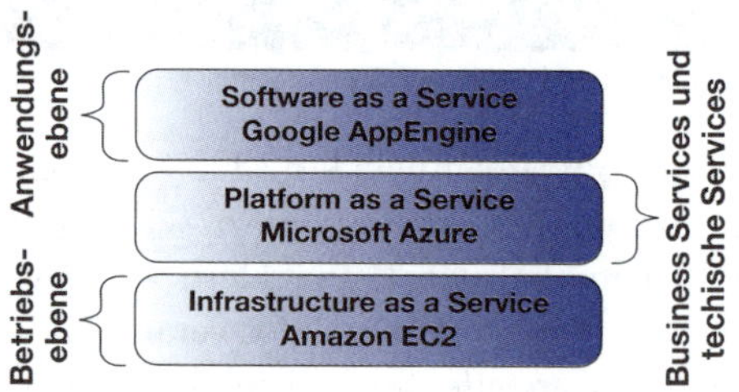

Abbildung 14.4: Service-Ebenen des Cloud Computing

Im Cloud Computing werden Services grob gesehen in drei Ebenen angeboten – nämlich Software as a Service (SaaS), Platform as a Service (PaaS) und Infrastructure as a Service (IaaS). Diese drei Ebenen erinnern stark an die Granularitätsstufen einer SOA-Anwendung, Business Services und technische Services und noch eine Ebene darunter infrastrukturelle Services (die SOA-Vorstellung in Kapitel 5 geht nicht bis zu dieser Ebene). ▶Abbildung 14.4 verdeutlicht die vorgestellten Ebenen.

Ein Cloud-Nutzer sollte seinen Bedarf nicht im Vorfeld festlegen müssen – erst beim Eintreten des Bedarfs wird das Kontingent an Rechenleistung/Netzwerkkapazität/zusätzlichem Feature erweitert. Diese Möglichkeit birgt aber zugleich auch ein Risiko – nicht jedem Endkunden (also der Kunde eines Cloud Users) ist es recht, dass seine Geschäftsdaten auf einmal bei einem Drittanbieter abgespeichert werden. Einen zusätzlichen Fallstrick stellen *Service Level Agreements (SLAs)* dar – ist es hier überhaupt möglich, Leistungen zu garantieren? Vor einer kommerziellen Nutzung von Cloud Computing müssen jedenfalls entsprechende Überlegungen in diese Richtungen angestellt werden.

Exkurs Cloud-Computing-Charakteristika nach NIST

Die folgenden vier Charakteristika sind Voraussetzungen für Cloud Computing:

- *On-demand self-service*: Infrastruktur-Supermarkt – wenn ein User der Cloud mehr Ressourcen benötigt, so kann er diese ohne Inanspruchnahme eines menschlichen Gesprächspartners auf Seiten des Service Providers beziehen.
- *Ubiquitous network access*: Die Leistungen der Cloud sind über das Netzwerk verfügbar und können mit standardisierten Mechanismen aufgerufen werden – die Zielplattform (also z.B. Rich oder Thin Client) spielt dabei keine Rolle.
- *Location independent resource pooling*: Die Ressourcen werden für den Cloud-User transparent gehalten – d.h. der Cloud-User weiß nicht, WO seine Daten geografisch gehostet werden. Die Daten müssen nicht einmal gesammelt an einem Rechenzentrum vorliegen.
- *Rapid elasticity*: Skalierbarkeit ist eines der maßgeblichen Kriterien der Cloud. Die Cloud muss in der Lage sein, auf Bedürfnisse der Cloud-User extrem kurzfristig zu reagieren – frei nach dem Motto „ein Server über 1000 Stunden oder 1000 Server über eine Stunde".

Clouds können in zwei Varianten betrieben werden, nämlich als Private Clouds oder als Public Clouds. *Public Clouds* sind öffentlich zugängliche Service Clouds, die von einem Anbieter mit entsprechenden Möglichkeiten zugreifbar gemacht werden. *Private Clouds* sind eigentlich ein Paradoxon, da Cloud Computing erst ab einer gewissen Größenordnung sinnvoll wird, nämlich dann, wenn die preislichen Vorteile einer gigantischen Infrastruktur zum Tragen kommen. Private Clouds haben aber dennoch eine Existenzberechtigung innerhalb entsprechend großer Unternehmen.

Cloud Computing ermöglicht also nicht nur Hosting im Sinne eines klassischen Rechenzentrums – es werden Services auf unterschiedlichstem Niveau angeboten, von der einfachen Datenbank bis hin zu einer kompletten Mail-Funktionalität wie etwa Google Mail, kombiniert mit einem gewissen Faktor an Unverbindlichkeit und einem extremen Faktor an Flexibilität. Es stellt eine ausgezeichnete Möglichkeit für Start-Up-Unternehmen dar, um kostengünstig schwankende Bedürfnisse an Leistungen zu erfüllen, genauso wie eine Plattform für mathematische Anwendungen um komplexe Berechnungen „outzusourcen" – Matlab arbeitet z.B. mit Amazon EC2 zusammen. Cloud Computing birgt neben zahlreichen Vorteilen aber eben auch entsprechende Risiken – von SLAs bis zum Datenschutz, die es zu berücksichtigen gilt. Gerade was den Datenschutz betrifft, sollte man sehr genau wissen, wer sich hinter der „Wolke" versteckt.

Exkurs **Global Hosted Operationg System (g.ho.st)**

Eine interessante Anwendung im Bereich Cloud Computing ist auf *www.g.ho.st* zu finden. Es handelt sich um einen Virtual Computer, der mittels Cloud Computing realisiert wurde. Jedem Nutzer steht sein eigener Arbeitsplatz zur Verfügung – sämtliche Persistenz wird in der Cloud (in diesem Fall dem AWS) gelöst. Dass die abgelegten Daten auf einem dem User unbekannten Server/Ort mit unbekannter Rechtssprechung gespeichert werden, soll nur eine potenzielle Gefahr im Cloud Computing darstellen.

14.3 Scientific Computing

Im Rahmen des vorliegenden Buches wurde das Thema der industriellen Software-Entwicklung aus verschiedenen Perspektiven genauer betrachtet. Ein weiterer wichtiger Entwicklungsschwerpunkt liegt derzeit im Bereich des Scientific Computing. Hier geht es um High-Performance-Anwendungen in verschiedenen Bereichen der akademischen und industriellen Forschung. Grob kann man Funktionalität dieser Softwarepakete in zwei Kategorien unterteilen, wobei es allerdings auch Softwarepakete gibt, die beide Kategorien abdecken:

Simulation von komplexen Systemen: Bei der Simulation handelt es sich um den Versuch, Ereignisse des natürlichen Lebens mathematisch zu abstrahieren, um so Vorhersagen machen zu können. Je nach Komplexität des Systems kann eine Simulation mehrere Sekunden dauern oder auch mehrere Monate.

Grafische Aufbereitung von großen Informationsmengen: In der Wissenschaft wird in der Regel mit großen Datenmengen gearbeitet, etwa mit Messdaten (z.B. Wetter) oder mit Daten, die durch Simulationen entstehen (z.B. Kollisionssimulation im Automobilbau). Diese Daten enthalten Informationen, die in ihrer Rohform nicht unbedingt ersichtlich sind. Es wurden Methodiken entwickelt, um diese Informationen zu visualisieren, so dass Interpretationen der Daten ermöglicht werden.

In beiden Kategorien ist das Ziel, eine große Datenmenge so genau und so schnell wie möglich zu verarbeiten.

Als Software Engineer in diesem Bereich wird man generell mit anderen Problemen konfrontiert als in der Softwareentwicklung für klassische Unternehmensaufgaben. Bei klassischer Softwareentwicklung entsteht in der Regel viel Code mit viel Funktionalität, im Scientific Computing steckt hingegen viel Energie in wenig Funktionalität, die jedoch wesentlich komplexer ist als z.B. das Erstellen einer Webapplikation. Da es sich häufig um das Umsetzen und Optimieren von mathematischen Routinen handelt, muss in der Umsetzung der Anforderungen wesentlich genauer gearbeitet werden, da die geringste Abweichung oder Fehlimplementierung zu falschen Resultaten führen kann.

Die Programmierparadigmen im Scientific Computing sind wesentlich weniger Änderungen unterworfen als im Unternehmensbereich. Erst seit der Massenverfügbarkeit von Mehrkern-CPUs und der Tatsache, dass die Prozessoren von Grafikkarten (GPU) über standardisierte Interfaces ansprechbar sind, gibt es den Trend, High Performance Computing in die breite Masse zu bringen. Die großen Compiler-Hersteller bieten bei ihren Produkten mittlerweile die Möglichkeit, die Applikation automatisch für Mehrkernsysteme optimieren zu lassen. Auch andere Softwarehersteller haben den PC als High-Performance-Plattform entdeckt, so können mittlerweile viele rechenintensive Tasks auf die Grafikkarte ausgelagert werden (z.B. Video-Encoding).

Abschließend sei gesagt, dass durch die breite Verfügbarkeit an High-Performance-Entwicklungswerkzeugen das Thema Scientific Computing heutzutage bereits für eine breitere Masse an Entwicklern relevant ist.

14.4 IT-Sicherheit für Software im VoIP-Umfeld

IT-Sicherheit ist in vielen praktischen Anwendungsbereichen ein Erfolgsfaktor. Ein spannendes Gebiet, in dem die IT-Sicherheit in den kommenden Jahren wichtig wird, ist *Voice over IP* (VoIP). Immer mehr Firmen ersetzen ihre bisherigen Telefonanlagen durch Anlagen, bei denen die Sprach- und Signalisierungsdaten ganz oder zumindest teilweise über (öffentliche) Datennetze, wie z.B. das Internet, übertragen werden.

Im Gegensatz zu früher, als diese Systeme mehr oder weniger »fix verdrahtet« bzw. in Firmware festgeschrieben vorlagen, sind diese neuen Systeme softwaretechnisch für Applikations- und Systemprogrammierung zugänglich und offen. Das Einbeziehen eines Sicherheitskonzepts bei der Programmierung spielt hier daher eine besondere Rolle.

VoIP hat viele Vorteile, z.B. geringere Kosten für Betrieb und Wartung sowie für die Telefonverbindungen selbst, geografische Unabhängigkeit in Bezug auf die Lokation der Endgeräte oder die Integration von unterschiedlichen Medien. So können etwa neben der Sprache auch andere Informationen wie Videos oder Texte übertragen werden.

Der Einsatz von VoIP hat jedoch auch Nachteile, die man insbesondere im Unternehmensumfeld beachten muss. Immer wieder werden bestehende Datennetze mitverwendet, was bedeutet, dass Angriffe auf diese bestehenden Datennetze auch Auswirkungen auf die Telefonie haben können. Viele Probleme, die man aus heutigen Datennetzen kennt, z.B. das *Mitlesen von Informationen* (Sniffing) oder das *Verändern von Informationen* (Man in the Middle-Angriff), finden sich auch bei VoIP wieder. Zusätzlich kommen noch Angriffsmöglichkeiten, die direkt auf den VoIP-Protokollen basieren, hinzu.

Für die Softwareentwicklung heißt dies, einerseits die spezifischen (Sicherheits-)Anforderungen von VoIP zu berücksichtigen (siehe Abschnitt 14.4.1), andererseits sich aber auch der Bedrohungen bewusst zu werden (siehe Abschnitt 14.4.2), die bei der Verwendung von VoIP entstehen. Erst dadurch kann sichere und gute Software entwickelt werden, deren Einsatz in der Praxis erfolgreich und nicht basierend auf dem Penetrate-and-Patch-Ansatz immer wieder von Sicherheits- und Performance-Problemen geprägt ist.

In diesem Abschnitt werden daher einige Aspekte von VoIP aus dem Blickwinkel der IT-Sicherheit behandelt.

Exkurs Historie der Telefonie

Ihren Anfang nahm die Telefonie vor ca. 150 Jahren. Philipp Reis führte erste Experimente 1861 durch und übertrug Töne mittels elektrischer Impulse (Badach, 2007). Antonio Guiseppe Meucci gilt als Erfinder des Telefons 1871 – sein Patent lief jedoch aus. Alexander Graham Bell konstruierte 1876 das erste kommerziell brauchbare Telefon und meldete es zum Patent an (Badach, 2007).

Die herkömmliche Telefonie basiert auf dem Prinzip der Leitungsvermittlung (*Circuit Switching*). Das heißt, bevor ein Telefonat stattfinden kann, wird der Kommunikationspfad eindeutig aufgebaut. Auch auf die herkömmliche Telefonie gab es bereits erfolgreiche Angriffe, z.B. das Phreaking (Arce, 2006; Butcher, 2007). Dabei speiste man einen Ton mit 2600 Hz in das Netz ein und konnte dann gratis telefonieren.

Exkurs VoIP (Voice over IP)

VoIP beschreibt das Telefonieren über IP (Internet Protocol)-basierte Datennetze. Dies können sowohl interne Netzwerke bei z.B. Firmen sein oder auch das Internet.

Im Gegensatz zur herkömmlichen Telefonie findet bei VoIP kein Aufbau einer dedizierten Verbindung statt, sondern Informationen werden über einzelne Pakete im Netzwerk versendet. Dies kann aufgrund der Struktur der heutigen Netzwerke zur Folge haben, dass einzelne Pakete unterschiedliche Wege bis zum Ziel nehmen (siehe Stevens, 1994). Am Ziel müssen sie dann wieder zusammengesetzt werden, so dass z.B. die Sprachdaten korrekt ausgegeben werden können.

Damit VoIP auf Applikationsebene funktioniert, werden viele verschiedene Protokolle in Kombination eingesetzt. Einige davon sind *SIP* (Session Initiation Protocol, siehe RFC (Request for Comments) 3261), *SDP* (Session Description Protocol, siehe RFC 4566), RTP (Realtime Transport Protocol, siehe RFC 3550) und *RTCP* (Realtime Control Protocol, siehe RFC 3550). Diese Protokolle dienen z.B. der Signalisierung von Anrufen, der Steuerung der Übertragungsqualität, der eigentlichen Übertragung der Sprachdaten und der Identifikation von Anrufenden.

Weitere Details sind in den jeweiligen RFCs oder z.B. in Badach (2007) nachzulesen.

14.4.1 Sicherheitsanforderungen an VoIP

Auch im VoIP-Umfeld gelten die Grundlagen zur IT-Sicherheit, wie sie in Kapitel 13 beschrieben sind. So sind z.B. die *Schutzziele Verfügbarkeit* (man kann telefonieren, wenn man telefonieren will), *Integrität* (beim Teilnehmer A kommt das an, was die Teilnehmerin B spricht, ein „Ja" wird also nicht zu einem „Nein") und *Vertraulichkeit* (vertrauliche Geschäftsdaten, die Mitarbeiterin B einem Mitarbeiter A mitteilt, können nicht auch von einer Konkurrentin C mitgehört werden) wichtig. Zudem kommen u.a. noch die *Authentizität* (eine Kundin A kann überprüfen, dass sie mit einem Mitarbeiter ihrer Bank und nicht mit einem Angreifer redet) und die *Verbindlichkeit/Unabstreitbarkeit* (der Kunde eines Telefonieunternehmens kann nicht abstreiten, den Anschluss genutzt zu haben) hinzu.

Beispiele für Aspekte, die bei der IT-Sicherheit von VoIP beachtet werden müssen, sind nach Park (2008):

1. VoIP funktioniert auf einer IP-basierten Infrastruktur.
2. VoIP wird mit offenen/öffentlichen Netzwerken verwendet.
3. VoIP bedarf einer Real-Time-Kommunikation.
4. VoIP muss Mobilität unterstützen.
5. VoIP integriert Sprachdaten und Signalisierung.

Diese Aspekte schränken manche Abwehrmechanismen gegen Bedrohungen ein. So kann man z.B. nicht beliebige Algorithmen für Verschlüsselungen oder beliebige Firewalls verwenden, da diese die Latenzzeiten so weit erhöhen können, dass keine Real-Time-Kommunikation mehr möglich ist, d.h. dass die Teilnehmer des Anrufes unangenehme Verzögerungen in den Gesprächen bemerken.

14.4.2 Beispiele für Bedrohungen der IT-Sicherheit bei VoIP

Die Sicherheit von VoIP wird durch unterschiedliche *Bedrohungen* auf unterschiedlichen Ebenen des ISO/OSI-Modells (Stevens, 1994) gefährdet.

Bedrohungen, die sich sofort sichtbar für die Anwender von VoIP auswirken, sind *DoS-Angriffe*, die die Verfügbarkeit eines Services beeinträchtigen. Hier gibt es mehrere Arten. Einerseits sind die VoIP-Protokolle selbst dafür anfällig, z.B. kann ein Angreifer nach dem Aufbau einer Verbindung mit SIP gleich eine gefälschte Antwort schicken, in der vermeintlich der Wunsch nach einem Gesprächsabbau enthalten ist. Da die Authentizität dieser Nachrichten nicht standardmäßig geprüft wird, würde der Angerufene die Verbindung wieder beenden. Eine Variante dieses Angriffes ist, dass ein Angreifer dem Anrufenden mitteilt, dass der Empfänger nicht erreichbar ist. Die erste Variante verfolgt das Ziel, dass ein bestimmter Teilnehmer nicht angerufen werden kann, die zweite Variante hat das Ziel, dass ein bestimmter Teilnehmer andere Teilnehmer nicht anrufen kann. Andererseits sind auch die Protokolle, auf denen VoIP aufbaut, z.B. das Internet Protocol (IP), DNS (Domain Name System) oder ARP (Address Resolution Protocol) anfällig für z.B. gespoofte, d.h. gefälschte Nachrichten. Für all diese Protokolle gibt es Methoden, um Gespräche über VoIP zu stören oder überhaupt zu verhindern.

Was sich in Zukunft sehr wahrscheinlich weit verbreiten wird und bereits auch im europäischen Raum aufgetreten ist, sind unerwünschte Anrufe. Diese werden als *SPIT (Spam over IP Telephony)* bezeichnet. Hier wird z.B. versucht, jemandem ein Produkt zu verkaufen oder jemanden zum Rückruf einer kostenpflichtigen Telefonnummer zu motivieren. Für die Anrufenden ist diese Art der Werbung einerseits sehr kostengünstig, andererseits zurzeit noch sehr effektiv, da es derzeit wenige einfache und funktionierende Gegenmaßnahmen gibt.

Eine weitere Bedrohung ist das *Mithören von Gesprächen*. Wenn z.B. ein VoIP-Gespräch unverschlüsselt über ein freies WLAN geführt wird, kann man die Inhalte sehr einfach mitschneiden und anschließend anhören. Werden vertrauliche Inhalte erwähnt, sind diese nun unter Umständen frei verfügbar im Internet. Es hat sich hier jedoch gezeigt, dass auch eine Verschlüsselung nicht immer vor solchen Angriffen schützt (Wright, 2008).

Zudem beeinträchtigt die *technische Komplexität* des Systems die Sicherheit. Schneier (2004) meinte treffend: „Complexity is the worst enemy of security; as a system gets more complex, it gets less secure." – Die Praxis lehrt, dass bei komplexen Systemen generell auch mehr Fehler und damit mehr Sicherheitsfehler auftreten.

Weitere Informationen zu Bedrohungen von VoIP sind z.B. in Thermos (2007) und Park (2008) nachzulesen.

Aufgaben – Bedrohungen von VoIP-Systemen Es gibt noch viele weitere bekannte Bedrohungen, die bei einer Absicherung von VoIP-Systemen berücksichtigt werden müssen. Listen Sie einige weitere Bedrohungen auf!

14.4.3 Kernpunkte der Sicherheit bei VoIP

Um VoIP-Systeme vor den verschiedenen Bedrohungen abzusichern, müssen unterschiedliche *Sicherungsmaßnahmen* auf unterschiedlichen Ebenen des ISO/OSI-Modells angewandt werden. Einerseits müssen die zu übertragenden Daten in Bezug auf Integrität und Vertraulichkeit gesichert werden. Das umfasst u.a. die Absicherung der Signalisierung und die Absicherung der Sprachdaten. Hier müssen sowohl auf Applikationsebene als auch auf Transportebene Methoden angewandt und teilweise neue Methoden gefunden werden, um sich vor Angriffen ausreichend zu schützen.

Einige Möglichkeiten, VoIP abzusichern, bieten die folgenden Methoden:

1. Verschlüsselung von Daten
2. Signieren von Daten
3. Firewalls sowohl auf Netzwerkebene als auch auf Applikationsebene
4. Intrusion-Detection-Systeme und Intrusion-Prevention-Systeme
5. Honeypots
6. Sicherheitstests (z.B. Code Review, Penetrationstests)

Aufgaben – Methoden zur Erhöhung des IT-Sicherheitsniveaus von VoIP Die in diesem Abschnitt aufgelisteten Methoden, um VoIP abzusichern, sind nur ein kleiner Ausschnitt aus vielen Möglichkeiten.

Beschreiben Sie – eventuell nach Einlesen in das Kapitel Sicherheit oder weiterer Recherche in der angeführten Grundlagenliteratur zum Thema IT-Sicherheit – die einzelnen Methoden und denken Sie darüber nach, wie die einzelnen Methoden helfen, das IT-Sicherheitsniveau von VoIP zu steigern.

Suchen Sie des Weiteren ergänzende Methoden, um VoIP abzusichern.

Welche Maßnahmen helfen gegen SPIT?

Literatur

Kapitel 2

Brooks, F. (1995). *The Mythical Man-Month: Essays on Software Engineering.* Addison-Wesley Professional.

Constantine, L. (1995). *Constantine on Peopleware.* Yourdon Press Computing Series, Prentice Hall.

DeMarco, T., & Lister, T. (1987). *Peopleware: productive projects and teams.* New York: Dorsett House.

Shaw, M., Garlan, D. (1996). *Software Architecture: Perspectives on a emerging discipline.* Upper Saddle River, NJ: Prentice-Hall.

Zuser, W., Grechenig, T., Köhle, M. (2004). *Software Engineering. Mit VML und dem Unified Process.* Pearson Studium.

Kapitel 3

Böckle, G., Knauber, P., Pohl, K., & Schmid, K. (2004). *Software-Produktlinien.* Heidelberg: dpunkt-Verlag.

ELAK (2001a). *ELAK Konzept Teil A Funktionsbeschreibung, Version 1.1.* Zuletzt aufgerufen am 12.07.2009, von BKA Österreich.
Webseite: *http://www.digitales.oesterreich.gv.at/DocView.axd?CobId=19396*

ELAK (2001b). *ELAK Konzept Teil B Leistungsverzeichnis, Version 1.1.* Zuletzt aufgerufen am 12.07.2009, von BKA Österreich.
Webseite: *http://www.digitales.oesterreich.gv.at/DocView.axd?CobId=19397*

ELAK (2001c). *ELAK Konzept Teil C Vorkonfiguration, Version 1.1.* Zuletzt aufgerufen am 12.07.2009, von BKA Österreich.
Webseite: *http://www.digitales.oesterreich.gv.at/DocView.axd?CobId=19399*

Friedman, C., Hripcsak, G., Johnson, S. B., Cimino, J. J., & Clayton, P. D. (1990). A Generalized Relational Schema for an Integrated Clinical Patient Database. Proceedings from SCAMC '90: *14th Annual Symposium on Computer Application in Medical Care,* 335–339.

Linden, F. J. v.d., Schmid, K., & Rommes, E. (2007). *Software Product Lines in Action.* Berlin: Springer-Verlag.

Nadkarni, P. M. (2009). The EAV/CR Model of Data Representation. *Yale Center for Medical Informatics.* Zuletzt aufgerufen am 12.07.2009. Webseite: *http://ycmi.med.yale.edu/nadkarni/eav_cr_frame.htm.*

Nadkarni, P. M., & Brand, C. (1998): Data Extraction and Ad Hoc Query of an Entity-Attribute-Value Database. *JAMIA, 5*, 511-527.

Nadkarni, P. M., Marenco, L., Chen, R., Skoufos, E., Shepherd, G., Miller, P., & Miller, P. (1999). Organization of Heterogeneous Scientific Data Using the EAV/CR Representation. *Journal of the American Medical Informatics Association, 6*(6), 478-493.

Oracle (2009). Oracle Clinical. Zuletzt aufgerufen am 03.08.2009.
Webseite: *http://www.oracle.com/industries/life_sciences/oracle-clinical.html*

Prokosch, H. U. (1991). Datenmodellierung und Datenbankdesign für relationale medizinische Datenbanken. *Software Kurier, 4,* 39-45.

WHO (2007). World Health Organization: *International Classification of Diseases (ICD).* Zuletzt aufgerufen am 11.07.2009. Webseite: *http://www.who.int/classifications/icd/en/*

Wimmer, M., & Traunmüller, R. (2002): Geschäftsprozessmodellierung in E-Government: Eine Zwischenbilanz. In E. Schweighofer, T. Menzel & G. Kreuzbauer (Eds.), *IT in Recht und Staat. Aktuelle Fragen der Rechtsinformatik* (19-27). Verlag Österreich, Wien: Schriftenreihe Rechtsinformatik # 6.

Kapitel 4

Balzert, H. (2000). *Lehrbuch der Software-Technik 1/2. Software-Entwicklung/ Software-Management, Software-Qualitätssicherung, Unternehmensmodellierung.* Spektrum Akademischer Verlag.

Bradner, S. (1997). *Key words for use in RFCs to indicate requirement levels.* Zuletzt aufgerufen am 02.08.2009, von Network Working Group.
Webseite: *http://www.ietf.org/rfc/rfc2119.txt*

Chen, P. P.-P. (1976): The entity relationship model – toward a unified view of data. *ACM Trans. Database Syst., 1* (1), 9-36.

Cockburn, A. (2001). *Writing effective use cases.* Addison-Wesley. (deutsch: *Use Cases effektiv erstellen.* Mitp).

Cohn, M. (2004). *User Stories Applied: For Agile Software Development.* Addison-Wesley Professional.

Elmasri, R., & Navathe, S. B. (2006). *Fundamentals of Database Systems (5th Edition).* Addison-Wesley.

Harrison, W. (2004). *The Dangers of End-User Programming. IEEE Software, 21* (4): 5-7.

IABG (2009). Industrieanlagen-Betriebsgesellschaft mbH (IABG). *Teil 1: Grundlagen des V-Modells.* Zuletzt aufgerufen am 02.08.2009, von IABG.
Webseite: *http://v-modell.iabg.de/dmdocuments/V-Modell-XT-Gesamt-Deutsch-V1.3.pdf*

IEEE-Standard 610.12 (1990). *IEEE standard glossary of software engineering terminology.* Zuletzt aufgerufen am 31.07.2009, von Standards Coordinating Committee of the

IEEE Computer Society, USA.
Webseite: *http://ieeexplore.ieee.org/servlet/opac?punumber=2238*

IEEE-Standard 830 (1998). *IEEE recommended practice for software requirements specifications.* Zuletzt aufgerufen am 31.07.2009, von Software Engineering Standards Committee of the IEEE Computer Society, USA.
Webseite: *http://ieeexplore.ieee.org/servlet/opac?punumber=5841*

Leffingwell, D., & Widrig, D. (1999). *Managing Software Requirements: A Unified Approach.* Addison-Wesley.

OMG (2009). *Business Process Modeling Notation (BPMN).* Version 1.2. Zuletzt aufgerufen am 02.08.2009, von Object Management Group.
Webseite: *http://www.omg.org/spec/BPMN/1.2*

Pohl, K., & Rupp, C. (2009) *Basiswissen Requirements Engineering.* Heidelberg: dpunkt Verlag.

Rupp, C. (2001) *Requirements-Engineering und -Management: Professionelle iterative Anforderungsanalyse für die Praxis.* München: Hanser.

Scharbert, K. (2005). *Requirements Analysis realisieren.* Wiesbaden: Vieweg Verlag.

Kapitel 5

Alexander, C. (1979). *The Timeless Way of Building.* Oxford University Press.

Arsanjani, A. (2004). *Service-oriented modeling and architecture: How to identify, specify, and realize services for your SOA.* Zuletzt aufgerufen am 30.07.2009, von IBM.
Webseite: *http://www.ibm.com/developerworks/library/ws-soa-design1/*

Booch, G. (1994). *Object-oriented Analysis and Design with Applications.* Redwood City: The Benjamin/ Cummings Publishing Company, Inc.

Buschmann, F., Meunier, R., Rohnert, H., Sommerlad, P., & Stal, M. (1996). *Pattern-Oriented Software Architecture – A System of Patterns.* Chichester: John Wiley & Sons Ltd.

Clements, P., Bachmann, F., Bass, L., Garlan, D., Ivers, J., Little, R., Nord, R., & Stafford, J. (2003). *Documenting Software Architectures – Views and Beyond.* Boston: Pearson Education, Addison-Wesley.

Fowler, M. (2003). *Patterns of Enterprise Application Architecture.* Boston: Pearson Education, Addison-Wesley.

Gamma, E., Helm, R., Johnson, R., & Vlissides, J. (1995). *Design Patterns.* New York: Addison Wesley.

Jacobson, I. (1996). *Object-oriented software engineering: a use case driven approach.* Harlow: Addison Wesley.

IEEE – Standard 1471 (2000). *Recommended practice for architectural description of software-intensive systems.* Zuletzt aufgerufen am 31.07.2009, von IEEE Computer Society,

USA.
Webseite: *http://ieeexplore.ieee.org/servlet/opac?punumber=7040*

IEEE-Standard 610.12 (1990). *IEEE standard glossary of software engineering terminology.* Zuletzt aufgerufen am 31.07.2009, von Standards Coordinating Committee of the IEEE Computer Society, USA.
Webseite: *http://ieeexplore.ieee.org/servlet/opac?punumber=2238*

Peraire, C., Edwards, M., Fernandes, A., Mancin, E., & Carroll, K. (2007). *Redbook: The IBM Rational Unified Process for System Z.* International Business Machines Corporation.

Vlissides, J. (1997). *Patterns: The Top Ten Misconceptions.* Zuletzt aufgerufen am 30.07.2009, von Object Magazine.
Webseite: *http://www.research.ibm.com/designpatterns/pubs/top10misc.html*

Vogel, O., Arnold, I., Chughtai, A., Ihler, E., Mehlig, U., Neumann, Th., Völter, M., & Zdun, U. (2005). *Software-Architektur.* München: Elsevier GmbH, Spektrum Akademischer Verlag.

Wahli, U., Ackerman, L., Di Bari, A., Hodgkinson, G., Kesterton, A., Olson, L., & Portier, B. (2007). *Building SOA Solutions Using the Rational SDP.* International Business Machines Corporation.

Kapitel 6

Astels, D. (2003). *Test-Driven Development: A Practical Guide.* New Jersey: Prentice Hall PTR.

Beck, K. (2000). *Extreme Programming Explained. Embrace Change.* New York: Addison-Wesley Professional.

Beck, K. (2002). *Test Driven Development.* New York: Addison-Wesley.

Booch, G., & Eykholt, E. (1997). *Best of Booch: Designing Strategies for Object Technology.* Cambridge University Press.

Bolinger, D., & Bronson, T. (1995). *Applying RCS and SCCS.* Sebastopol, CA: O'Reilly Media.

Collins-Sussman, B., Fitzpatrick, B. W., & Pilato, C. M. (2008). *Version Control with Subversion* (2nd Ed). Sebastopol, CA: O'Reilly Media.

Fowler, M. (1999). *Refactoring – Improving the design of existing code.* New York: Addison-Wesley.

Fowler, M. (2003). *Patterns of Enterprise Application Architecture.* Boston: Pearson Education, Addison-Wesley.

Gamma, E., Helm, R., Johnson, R., & Vlissides, J. (1995). *Design Patterns.* New York: Addison-Wesley.

IEEE Standard 610.12 (1990). *IEEE standard glossary of software engineering terminology.* Zuletzt aufgerufen am 31.07.2009, von Standards Coordinating Committee of the IEEE Computer Society, USA.
Webseite: *http://ieeexplore.ieee.org/servlet/opac?punumber=2238*

Java Conventions (1999). *Code Conventions for the Java Programming Language.* Zuletzt aufgerufen am 01.08.2009, von Sun Developer Network.
Webseite: *http://java.sun.com/docs/codeconv/*

Javadoc (2004). *How to Write Doc Comments for the Javadoc Tool.* Zuletzt aufgerufen am 01.08.2009, von Sun Developer Network.
Webseite: *http://java.sun.com/j2se/javadoc/writingdoccomments/*

Johnson, R. E., & Foote, B. (1988). Designing Reusable Classes. *Journal of Object-Oriented Programming, 1* (2), 22-35.

Rochkind, M. J. (1975). The Source Code Control System. *IEEE Trans. on Software Engineering, SE-1* (4), 364-70.

SDN (2002). *Javadoc – The Java API Documentation Generator.* Zuletzt aufgerufen am 01.08.2009, von Sun Developer Network.
Webseite: *http://java.sun.com/j2se/1.4.2/docs/tooldocs/windows/javadoc.html*

SDN (2004). *I18n in Software Design, Architecture and Implementation.* Zuletzt aufgerufen am 01.08.2009, von Sun Developer Network.
Webseite: *http://developers.sun.com/dev/gadc/technicalpublications/articles/archi18n.html*

Tichy, W. F. (1985). RCS—A System for Version Control. *Software Practice and Experience, 15* (7), 637-654.

Kapitel 7

Black, R. (2002). *Managing the Testing Process: Practical Tools and Techniques for Managing Hardware and Software Testing.* 2nd Edition, Wiley.

Black, R. (2003). *Critical Testing Processes: Plan, Prepare, Perform, Perfect.* Addison-Wesley.

Dustin, E., Rashka, J., & Paul, J. (1999). *Automated Software Testing: Introduction, Management, and Performance.* Addison-Wesley.

Elcock, A., & Laplante, P. A. (2006). Testing software without requirements: using development artifacts to develop test cases. *Innovations in Systems and Software Engineering, 2* (3-4), 137-145.

Fewster, M., & Graham, D. (1999). *Software Test Automation.* Addison Wesley.

Frühauf, K., Ludewig, J., & Sandmayr, H. (2006). *Software-Prüfung 6*. vdf Hochschulverlag.

Graham, D., van Veenendaal, E., & Evans, I. (2006). *Foundations of Software Testing: ISTQB Certification*. Int. Thomson Business Press.

Hoffman, D. (1999). *Cost Benefits Analysis of Test Automation*. Zuletzt aufgerufen am 29.07.2009, von Software Quality Methods, LLC.
Webseite: *http://www.softwarequalitymethods.com/Papers/Star99%20model%20Paper.pdf*

Kaner, C. (1997). Pitfalls and strategies in automated testing. *Computer, 30* (4), 114 – 116.

Kit, E. (1995). *Software Testing In The Real World: Improving The Process*. Addison-Wesley.

Mathur, A. P. (2008). *Foundations of Software Testing*. 1. Auflage, Addison-Wesley Professional.

McKay, J., & Bath, G. (2008). *The Test Engineer's Handbook A study guide for the ISTQB Test Analyst and Technical Test Analyst certificates*. Santa Barbara, California, USA: Rocky Nook Inc.

Spillner, A., & Linz, T. (2005). *Basiswissen Softwaretest, Aus- und Weiterbildung zum Certified Tester Foundation Level nach ISTQB® -Standard 3*. Heidelberg, Berlin: dpunkt.verlag.

Spillner, A., Roßner, Th, Winter, M., & Linz, T. (2006). *Praxiswissen Softwaretest – Testmanagement – Aus- und Weiterbildung zum Certified Tester – Advanced Level nach ISTQB® -Standard*. Heidelberg, Berlin: dpunkt.verlag.

Spillner, A., Roßner, T., Winter, M., & Linz, T. (2007). *Software Testing Practice: Test Management. A Study Guide for the Certified Tester Exam ISTQB Advanced Level*. Santa Barbara, California, USA: Rocky Nook Inc.

Spillner, A., Linz, T., & Schaefer, H. (2007). Software Testing Foundations: *A Study Guide for the Certified Tester Exam*. Santa Barbara, California, USA: Rocky Nook Inc.

Whittaker, J. A. (2002). *How to Break Software: A Practical Guide to Testing*. Addison-Wesley.

Whittaker, J. A. (2000). What Is Software Testing? And Why Is It So Hard? *IEEE Softw., 17* (1), 70 – 79.

Zuser, W., Grechenig, T. & Köhle, M. (2004). *Software Engineering. Mit UML und dem Unified Process*. Pearson Studium.

Kapitel 8

Brodie, M. L., & Stonebraker, M. (1993). *DARWIN: On the Incremental Migration of Legacy Information System.* Zuletzt aufgerufen am 21.07.2009, von University of California, Berkeley. Webseite: *http://db.cs.berkeley.edu/papers/S2K-93-25.pdf*

KTA (1996). *Allgemeine Forderungen an die Qualitätssicherung.* Zuletzt aufgerufen am 21.07.2009, von KTA Deutschland.
Webseite: *http://www.kta-gs.de/d/regeln/1400/1401n.pdf*

IEEE-Standard 610.12 (1990). *IEEE standard glossary of software engineering terminology.* Zuletzt aufgerufen am 31.07.2009, von IEEE Xplore.
Webseite: *http://ieeexplore.ieee.org/servlet/opac?punumber=2238*

IEEE-Standard 14764 (2006). *International standard for software maintenance: ISO/IEC 14764.* Zuletzt aufgerufen am 21.07.2009, von IEEE Xplore.
Webseite: *http://ieeexplore.ieee.org/servlet/opac?punumber=11168*

IEEE-Standard 12207 (2008). *Systems and software engineering – software life cycle processes.* Zuletzt aufgerufen am 21.07.2009, von IEEE Xplore.
Webseite: *http://ieeexplore.ieee.org/servlet/opac?punumber=4475822*

Kapitel 9

Ambler, S. W., Nalbone, J., & Vizdos, M. J. (2005). *The Enterprise Unified Process.* Prentice-Hall; 1. Auflage, 2005.

K. Beck (2003): *Extreme Programming.* Addison-Wesley; 1. Auflage, 2003.

Boehm, B. (1979): *Guidelines for verifying and validating software requirements and design specifications* EURO IFIP 79, North Holland 1979, pp 711-719

Boehm, B. (1988). *A spiral model of software development and enhancement*, IEEE Computer Volume 21, Issue 5, May 1988 Page(s):61 – 72

Boehm, B. (2006). *A view of 20th and 21st century software engineering.* Proceedings from ICSE '06: *The 28th international Conference on Software Engineering.* New York: ACM.

Boehm, B., & Turner, R. 2003. *Observations on Balancing Discipline and Agility.* In Proceedings of the Conference on Agile Development (June 25-28, 2003). ADC. IEEE Computer Society, Washington, DC, 32.

Bund (1997). *Entwicklungsstandard für IT-Systeme des Bundes. Vorgehensmodell. Kurzbeschreibung.* Zuletzt aufgerufen am 03.08.2009 vom Bundesministerium des Inneren.
Webseite: *http://www.v-modell.iabg.de/kurzb/vm/k-vm.doc*

Bund (2004). *V-Modell XT.* Zuletzt aufgerufen am 03.08.2009 vom Bundesministerium des Inneren.
Webseite: *http://ftp.uni-kl.de/pub/v-modell-xt/Release-1.1/Dokumentation/pdf/V-Modell-XT-Komplett.pdf*

DeMarco, T.; & Lister, T.: *Wien wartet auf Dich! – Der Faktor Mensch im DV-Management*, Hanser, 1991

W. Dröschel: *Das V-Modell 97*. Oldenbourg; 1. Auflage, 2000.

Essigkrug, A., & Mey, T. (2003). *Rational Unified Process kompakt*. Spektrum Akademischer Verlag; 1. Auflage, 2003.

Frick, A. (1995). *Der Software-Entwicklungsprozeß*. Hanser.

Ghezzi, C., Jazayeri, M., & Mandrioli, D. (2003). *Fundamentals of Software Engineering*. Upper Saddle River, NJ, USA: Prentice-Hall.

International Organization for Standardization (2008): *ISO/IEC 12207:2008 Information technology -- Software life cycle processes*, International Organization for Standardization.

von Hagen, U. (2005). *Das neue V-Modell XT*. Zuletzt aufgerufen am 03.08.2009. Webseite: *http://www.kbst.bund.de/Anlage306569/Das-neue-V-Modell.pdf*

Jacobson, I., Booch, G., & Rumbaugh, J. (1999): *The unified software development process*, Addison-Wesley.

Kaindl, H., Lutz, B., & Tippold, P. (1998). *Methodik der Softwareentwicklung*. Vieweg; 1. Auflage, 1998.

Kroll, P., & Kruchten, P. (2003). *The Rational Unified Process made easy*. Addison-Wesley; 1. Auflage.

Liggesmeyer, P., & Rombach, D. (2005). *Software Engineering eingebetteter Systeme*. Elsevier, Spektrum Akademischer Verlag.

Petrasch, R., & Höppner, S. (2004). *Schriften zum Software-Qualitätsmanagement*. Zuletzt aufgerufen am 03.08.2009.
Webseite: *http://www.kbst.bund.de/Anlage306829/V-Modell-XT-eine-Einfuehrung.pdf*

Royce, W. (1970). *Managing the Development of Large Scale Software Systems: Concepts and Techniques*. Reprinted 1989 in Proceedings from the *Ninth International Conference on Software Engineering*. Pittsburgh, PA, USA: ACM Press.

Schwaber, K., & Beedle, M. (2002). *Agile software development with Scrum*. Prentice-Hall; 1. Auflage, 2002.

Turner, M. S. V. (2006). *Microsoft Solutions Framework Essentials: Building Successful Technology Solutions*. Microsoft Press. ISBN 0-7356-2353-8.

Kapitel 10

Albrecht, A. J. (1979). Measuring application development productivity. *In GUIDE/ SHARE: Proceedings of the IBM Applications Development Symposium*. Monterey: Ca., 83-92.

Albrecht, A. J., & Gaffney, J. (1983). Software function, source lines of code, and development effort prediction: A software science validation. *IEEE Transactions on Software Engineering, SE-9*, 639-648.

Balzert, H. (1996). *Lehrbuch der Software Technik – Software-Entwicklung.* Heidelberg, Berlin, Oxford: Spektrum – Akademischer Verlag.

Boehm, B. W. (1981). *Software Engineering Economics.* 1. Auflage, Upper Saddle River, NJ, USA: Prentice Hall.

Boehm, B. W., Abts, C., Brown, A. W., Chulani, S., Clark, B. K., Horowitz, E., Madachy, R., Reifer, D. J., & Steece, B. (2000). *Software Cost Estimation with COCOMO II.* 1st. Upper Saddle River, NJ, USA: Prentice Hall.

Bundschuh, M., & Fabry, A. (2004). *Aufwandschätzung von IT-Projekten.* 2. Auflage, mitp-Verlag.

DeMarco, T. (1989). Software-Projektmanagement. Wie man Kosten, Zeitaufwand und Risiko kalkulierbar plant. 1. Auflage, Wolfram's Fachverlag.

Fiedler, R. (2007). *Controlling von Projekten.* 4. Auflage. Wiesbaden: Vieweg.

Rubins, H., & Pitts, D. R. (1997). Metrics: Problem Solved? *CrossTalk, 10* (12), 28-30.

IBM (1985). *Die Function Point Methode.* IBM Forum GE, 12-1618-1, IBM Deutschland GmbH

Krause, H.-U., & Steins, U. (2001). *Controlling.* Stuttgart: Schäffer Poeschel, S. 82 f.

Sneed, H. M. (1999). *Software-Management.* 1. Auflage, Rudolf Müller-Verlag.

Kapitel 11

Barnard, J., & Price, A. (1994). Managing code inspection information. *IEEE Software, 11 (2),* 59-69.

Bisant, D. B., & Lyle, J. R. (1989). A Two-Person Inspection Method to Improve Programming Productivity. *IEEE Transactions on Software Engineering, 15* (10), 1294-1304.

Buck, F. O. (1981). Indicators of quality inspections. *IBM Corp., Tech. Rep. IBM,* TR21.802.

Chidamber, S.R., & Kemerer, C.F. (1994). A metrics suite for object oriented design. *IEEE Transactions on Software-Engineering, 20* (6), 476-493.

Ciolkowski, M., Biffl, S., & Laitenberger, O. (2003). Software reviews: the state of the practice. *IEEE, 20* (6), pp. 46 – 51.

Collofello, J. S., & Woodfield, S. N. (1989). Evaluating the effectiveness of reliability-assurance techniques. *J. Syst. & Software, 9* (3), 191-195.

Davenport, T. H. (1996). *Some principles of knowledge management.* Zuletzt aufgerufen am 03.08.2009, von Strategy Management Competition.
Webseite: *http://www.strategy-business.com/press/16635507/8776*

Dunn, R. (1984). *Software Defect Removal.* McGraw-Hill.

Fagan. M. (1976). Design and code inspections to reduce errors in program development. *IBM Systems Journal, 15* (3), 182-211.

Fagan, M. (1986). Advances in Software Inspections. *IEEE Transactions on Software Engineering, SE12*, pp. 744-751.

Feigenbaum, A. V. (1951), *Quality Control: Principles, Practice, and Administration*, McGraw-Hill.

Feigenbaum, A. V. (2004). *Total Quality Control*, McGraw-Hill Professional.

Freedman, D. P., & Weinberg, G. M. (1990). *Handbook of walkthroughs, inspections, and technical reviews: evaluating programs, projects, and products.* NY Dorset House Publ.

Frühauf, K., Ludewig, J., & Sandmayr, H. (2006). *Software-Prüfung 6.*, vdf Hochschulverlag.

Galin, D. (2008). *Software Quality Assurance*; Pearson, Addison-Wesley.

Gilb, T., & Graham, D. (1993). *Software Inspection.* Pearson, Addison-Wesley.

IEEE-Standard 610.12 (1990). *IEEE standard glossary of software engineering terminology.* Zuletzt aufgerufen am 31.07.2009, von Software Engineering Standards Committee of the IEEE Computer Society, USA.
Webseite: *http://ieeexplore.ieee.org/servlet/opac?punumber=2238*

IEEE-Standard 1061 (1998). *IEEE standard for a software quality metrics methodology.* Zuletzt aufgerufen am 31.07.2009, von Software Engineering Standards Committee of the IEEE Computer Society, USA.
Webseite: *http://ieeexplore.ieee.org/servlet/opac?punumber=6061*

IEEE-Standard 1028 (2008). *IEEE Standard for Software Reviews.* Zuletzt aufgerufen am 31.07.2009, von Software Engineering Standards Committee of the IEEE Computer Society, USA.
Webseite: *http://ieeexplore.ieee.org/servlet/opac?punumber=5362*

Juran, J. M., & Gryna, F. M., (1988). *Quality Control Handbook.* McGraw-Hill, New York.

Kusumoto, S., Matsumoto, K., Kikuno T., & Torii K. (1991). *Experimental evaluation of the cost effectiveness of software reviews.* In COMPSAC '91 Proceedings of the Fifteenth Annual International Computer Software and Applications Conference, 424-429. Tokyo, Japan.

Parnas, D. L., & Weiss, D. M. (1987). Active design reviews: principles and practices. *J. Syst. Softw., 7* (4), 259-265.

Rechenberg, P. (1986). Ein neues Maß für die softwaretechnische Komplexität von Programmen. *Informatik Forschung und Entwicklung, 1.*

Schnurer, K. (1988). Programminspektionen. *Informatik-Spektrum, 11*, 312–322.

Votta, L. G. (1993). *Does Every Inspection Need a Meeting.* In SIGSOFT '93 Proceedings: 1st ACM SIGSOFT Symposium on Foundations of Software Engineering. New York, NY, USA: ACM.

Wallmüller, E. (2001). *Softwarequalitätsmanagement in der Praxis.* Reading: Hanser.

Weller, E. F. (1993). Lessons from three years of inspection data. *IEEE Software, 10* (5), 38-45.

Wiegers, K. E. (2002). *Peer Reviews in Software: a Practical Guide.* Pearson, Addison-Wesley; 15. Auflage.

Kapitel 12

Apple Human Interface Guidelines (2008). Zuletzt aufgerufen am 30.07.2009, Webseite: *http://developer.apple.com/documentation/userexperience/Conceptual/AppleHIGuidelines/*

Beyer, H., & Holtzblatt, K. (1998). *Contextual design: defining customer-centered systems.* San Francisco, CA, USA: Morgan Kaufmann Publishers Inc.

Bias, R. G., & Mayhew, D. J. (1994). *Cost-justifying usability.* Boston: Academic Press.

Borchers, Jan O. (2000): A Pattern Approach to Interaction Design. In: *Proceedings of DIS00: Designing Interactive Systems: Processes, Practices, Methods, & Techniques 2000.* pp. 369-378

Bortz, J., & Döring, N. (2002). *Forschungsmethoden und Evaluation* (3. ed.). Berlin: Springer.

Behindertenbericht des Bundesministeriums für Arbeit, Soziales und Konsumentenschutz (2008). *Bericht der Bundesregierung über die Lage von Menschen mit Behinderungen in Österreich*, zuletzt aufgerufen am 30.07.2009,
Webseite: *http://www.bmsk.gv.at/cms/site/liste.html?channel=CH0092*

Buxton, B. (2007). *Sketching User Experiences: Getting the Design Right and the Right Design.* Morgan Kaufmann.

Desurvire, H., Caplan, M., & Toth, J. A. (2004). Using heuristics to evaluate the playability of games. In CHI '04: *CHI '04 extended abstracts on human factors in computing systems.* New York, NY, USA: ACM Press; pp. 1509–1512

DIN, Deutsches Institut für Normung (1999). *Benutzer-orientierte Gestaltung interaktiver Systeme* (ISO 13407 : 1999). Berlin: Beuth Verlag.

DIN, Deutsches Institut für Normung (2000). *Ergonomische Anforderungen für Bürotätigkeiten mit Bildschirmgeräten – Teil 11: Anforderungen an die Gebrauchstauglichkeit; Leitsätze* (ISO 9241-11:1998). Berlin: Beuth Verlag.

DIN, Deutsches Institut für Normung (2008). *Ergonomie der Mensch-System-Interaktion – Teil 110: Grundsätze der Dialoggestaltung* (ISO 9241-110:2006). Berlin: Beuth Verlag.

DIN, Deutsches Institut für Normung (2008). *Ergonomie der Mensch-System-Interaktion – Teil 151: Leitlinien zur Gestaltung von Benutzungsschnittstellen für das World Wide Web* (ISO 9241-151:2008). Berlin: Beuth Verlag.

Dumas, J., & Redish, J. (1999). *A Practical Guide to Usability-Testing* (Revised ed.). Exeter, UK: Intellect.

Ehrlich, K., & Rohn, J. A. (1994). Cost justification of usability engineering: a vendors's perspective. In R. G. Bias & D. J. Mayhew (Eds.). Orlando, FL, USA: Academic Press, Inc.; pp. 73-110.

Floyd, C. (1984). A systematic look at prototyping. *Approaches to Prototyping*, 1-18.

Gould, J. D., Conti, J., & Hovanyecz, T. (1983). Composing letters with a simulated listening typewriter. *Commun. ACM , 26* (4), 295-308.

Jackob, N., Schoen H., & Zerback Z. (2009): *Sozialforschung im Internet: Methodologie und Praxis der Online-Befragung.* Wiesbaden: VS Verlag.

Jordan, P. W. (1998). *An Introduction To Usability.* CRC, 1 ed.

Költringer, T., Tomitsch, M., Kappel, K., Kalbeck, D., & Grechenig, T. (2005). Implications for designing the user experience of DVD menus. In CHI'05: *CHI '05 extended abstracts on human factors in computing systems.* New York, NY: ACM Press, pp.1565-1568.

Krueger, R. A., & Casey, M. A. (2000). *Focus groups: A practical guide for applied research* (3rd ed.). Thousand Oaks, CA: Sage.

Krug, S. (2005). *Don't Make Me Think : A Common Sense Approach to Web Usability (2nd Edition).* New Riders Press.

Mayhew, D. J. (1999). *The usability engineering lifecycle: A practitioner's handbook for user interface design.* San Francisco, California: Morgan Kaufmann Publishers.

Nielsen, J. (1993). *Usability Engineering.* Boston, MA: Academic Press, Inc.

Nielsen, J. (1994). Heuristic evaluation. In J. Nielsen & R. Mack (Eds.), *Usability inspection methods.* New York, NY: John Wiley & Sons.

Nielsen, J. (1997). *How Users Read on the Web.* Zuletzt aufgerufen am 30.07.2009.
Webseite: *http://www.useit.com/alertbox/9710a.html*

Nielsen, J. (2000). *Why You Only Need to Test with 5 Users.* Zuletzt aufgerufen am 30.07.2009.
Webseite: *http://www.useit.com/alertbox/20000319.html*

Nielsen, J., & Molich, R. (1990). Heuristic evaluation of user interfaces. In *Proceedings of the SIGCHI conference on Human factors in computing systems.* New York, NY; pp. 249-256.

National Institute of Standards and Technology (NIST) (2001). *Common Industry Format (CIF).* Zuletzt aufgerufen am 30.07.2009.
Webseite: *http://zing.ncsl.nist.gov/cifter/TheCD/Cif/*

Polson, P. G., & Lewis, C. (1990). Theory-based design for easily learned interfaces. *Human-Computer Interaction, 5* (2-3), 191-220.

Preece, J., Rogers, Y., & Sharp, H. (2002). *Interaction design: Beyond human–computer interaction.* New York, NY:Wiley.

Rosenberg, D. (2004). The myths of usability ROI. *interactions, 11* (5), 22-29.

Rubin, J. (1994). *Handbook of Usability-Testing: How to Plan, Design, and Conduct Effective Tests.* Wiley.

Rudd, J., Stern, K., & Isensee, S. (1996). Low vs. high-fidelity prototyping debate. *interactions , 3* (1), 76-85.

Schweibenz, W. (2005): Rechtliche Rahmenbedingungen des barrierefreien Internet-Zugangs. *Information – Wissenschaft & Praxis, 56* (8), 413-417.

Spencer D., & Warfel, T. (2004). Card sorting: A definitive guide. Boxes and Arrows. Zuletzt aufgerufen am 30.07.2009.
Webseite: *http://www.boxesandarrows.com/archives/card_sorting_a_definitive_guide.php*

Spool, J. M. (2009). *The $300 Million Button.* Zuletzt aufgerufen am 30.07.2009.
Webseite: *http://www.uie.com/articles/three_hund_million_button/*

Statistik Austria (2008). *Zahlen zu Handyverteilung.* Zuletzt aufgerufen am 30.07.2009.
Webseite: *http://www.statistik.at/web_de/statistiken/informationsgesellschaft/ikt-einsatz_in_haushalten/index.html*

Tognazzini, B. (2001). First principles of interaction design. Zuletzt aufgerufen am 30.07.2009, from Ask Tog: Interaction Design Solutions for the Real World.
Webseite: *http://www.asktog.com/basics/firstPrinciples.html*

Wharton, C., Rieman, J., Lewis, C., & Polson, P. (1994). Heuristic evaluation. In J. Nielsen & R. Mack (Eds.), *Usability inspection methods.* New York, NY: John Wiley & Sons.

Wieken, K. (1974): Die schriftliche Befragung. In: Koolwijk, J.v.; Wieken – Mayser, M. (Hrsg.): *Techniken der empirischen Sozialforschung. Band 4: Erhebungsmethoden: Die Befragung.* München/Wien, S. 146-161.

Windows User Experience Interaction Guidelines (2009). Zuletzt aufgerufen am 30.07.2009.
Webseite: *http://msdn.microsoft.com/en-us/library/aa511258.aspx*

World Wide Web Consortium (W3C). (2008). Web Content Accessibility Guidelines (WCAG) 2.0. Zuletzt aufgerufen am 30.07.2009.
Webseite: *http://www.w3.org/TR/WCAG20/*

Kapitel 13

Anderson, J. P. (1972). Information Security in a Multi-User Computer Environment. *Advances in Computers, 12*, 1-36.

BSI (2001). *IT-Sicherheit auf Basis der Common Criteria – ein Leitfaden.* Zuletzt aufgerufen am 23.08.2009, vom Bundesamt für Sicherheit in der Informationstechnik.
Webseite: *https://www.bsi.bund.de/cae/servlet/contentblob/487910/publicationFile/30228/cc_leitf_pdf.pdf*

BSI (2003). *Durchführungskonzept für Penetrationstests.* Zuletzt aufgerufen am 23.08.2009, vom Bundesamt für Sicherheit in der Informationstechnik.
Webseite: *https://www.bsi.bund.de/cln_134/ContentBSI/Publikationen/studien/pentest/index_htm.html*

BSI (2008a). *BSI-Standard 100-2: IT-Grundschutz-Vorgehensweise.* Zuletzt aufgerufen am 23.08.2009, vom Bundesamt für Sicherheit in der Informationstechnik.
Webseite: *https://www.bsi.bund.de/cln_134/DE/Themen/ITGrundschutz/ITGrundschutzStandards/ITGrundschutzStandards_node.html*

BSI (2008b). *BSI-Standard 100-3: Risikoanalyse auf der Basis von IT-Grundschutz.* Zuletzt aufgerufen am 23.08.2009, vom Bundesamt für Sicherheit in der Informationstechnik.
Webseite: *https://www.bsi.bund.de/cln_134/DE/Themen/ITGrundschutz/ITGrundschutzStandards/ITGrundschutzStandards_node.html*

CERT (2008). Top 10 Secure Coding Practices. Zuletzt aufgerufen am 27.07.2009, von der Secure Coding Web Site.
Webseite: *https://www.securecoding.cert.org/confluence/display/seccode/Top+10+Secure+Coding+Practices*

Chess, B., & West, J. (2007). *Secure Programming with Static Analysis.* First. Addison-Wesley Professional.

Farmer, D., & Venema, W. (1993). *Improving the Security of Your Site by Breaking Into it.* Zuletzt aufgerufen am 27.07.2009.
Webseite: *http://www.acm.uiuc.edu/workshops/security/papers/crack.html*

Jürjens, J., & Buda, L. (2003). *Entwurfsprinzipien und Entwurfsmuster für sichere Systeme.* Zuletzt aufgerufen am 27.07.2009, von IT-Audit.de.
Webseite: *http://www.it-audit.de/assets/artikel/eigen/Entwurfsprinzipien.pdf*

Jürjens, J. (2004). *Secure Systems Development with UML.* Springer Academic Publishers.

McGraw, G. (1999). Software Assurance for Security. *Computer, 32* (4), 103-105.

Moore, D., Paxson, V., Savage, S., Shannon, C., Staniford, S., & Weaver, N. (2003). Inside the Slammer worm. *Security & Privacy, IEEE Volume 1* (4), 33-39.

Peralta, K. P., Orozco, A. M., Zorzo, A. F., Oliveira, F. M. (2008). *Specifying Security Aspects in UML Models.* In CEUR Workshop Proceedings: Workshop on Modeling Security (MODSEC08) held as part of the 2008 International Conference on Model Driven Engineering Languages and Systems (MODELS), Toulouse, France.

Saltzer, J., & Schroeder, M. (1975). *The Protection of Information in Computer Systems.* Zuletzt aufgerufen am 27.07.2009, vom Massachusetts Institute of Technology. Webseite: *http://web.mit.edu/Saltzer/www/publications/protection/index.html*

Schneier, B. (2003). *Beyond Fear: Thinking Sensibly about Security in an Uncertain World.* Secaucus, NJ, USA: Springer-Verlag.

Schneier, B. (2004). *Secrets & Lies: IT-Sicherheit in einer vernetzten Welt.* Übers. aus dem Amerikan. von Angelika Shafir. Heidelberg: dpunkt.verlag GmbH.

Skoudis, E., & Liston, T. (2006). *Counter Hack Reloaded: A Step-by-Step Guide to Computer Attacks and Effective Defenses.* Prentice Hall.

Swiderski, F., & Snyder, W. (2004). *Threat Modeling.* Redmond, WA, USA: Microsoft Press.

Thompson, H. H., & Whittaker, J. A. (2002). *Testing for Software Security – Rethinking Security Bugs.* Zuletzt aufgerufen am 27.07.2009, von Dr. Dobb's. Webseite: *http://www.ddj.com/184405196*

Van Wyk, K. R. (2007). *Adapting Penetration Testing for Software Development Purposes.* Zuletzt aufgerufen am 27.07.2009, von Build Security In. Webseite: *https://buildsecurityin.us-cert.gov/daisy/bsi/articles/best-practices/penetration/655.html?branch=1&language=1*

Kapitel 14

Arce, I. (2006). Voices, I hear voices. *IEEE Security and Privacy, 4* (4), 80-83.

Armbrust, M., Fox, A., Griffith, R., Joseph, A.D., Katz, R., Konwinski, A., Lee, G., Patterson, D., Rabkin, A., Stoica, I., & Zaharia, M. (2009). *Above the Clouds: A Berkeley View of Cloud Computing.* UC Berkeley Reliable Adaptive Distributed Systems Laboratory.

Badach, A. (2007). *Voice over IP – die Technik: Grundlagen, Protokolle, Anwendungen, Migration, Sicherheit.* Hanser.

Behindertenbericht des Bundesministeriums für Arbeit, Soziales und Konsumentenschutz (2008). Bericht der Bundesregierung über die Lage von Menschen mit Behinderungen in Österreich, zuletzt aufgerufen am 30.07.2009, Webseite: *http://www.bmsk.gv.at/cms/site/liste.html?channel=CH0092*

Butcher, D., Xiangyang, L., & Jinhua, G. (2007). Security Challenge and Defense in VoIP Infrastructures. *IEEE Transactions on Systems, Man, and Cybernetics, Part C: Applications and Reviews, 37* (6), 1152-1162.

Handley, M., Jacobson, V., & Perkins, C. (2006). *RFC 4566 SDP: Session Description Protocol, Network Working Group.* Zuletzt aufgerufen am 01.09.2009, Webseite: *http://tools.ietf.org/html/rfc4566*

Krug, S. (2005). *Don't Make Me Think: A Common Sense Approach to Web Usability.* New Riders Press, 2nd Edition.

Nielsen, J. (1997). *How Users Read on the Web.* Zuletzt aufgerufen am 01.09.2009, Webseite: *http://www.useit.com/alertbox/9710a.html*

Park, P. (2008). *Voice over IP Security.* Cisco UK.

Rosenberg, J., Schulzrinne, H., Camarillo, G., Johnston, A., Peterson, J., Sparks, R., Handley, M., & Schooler, E. (2002). *RFC 3261 SIP: Session Initiation Protocol, Network Working Group.* Zuletzt aufgerufen am 01.09.2009,
Webseite: *http://www.ietf.org/rfc/rfc3261.txt*

Schulzrinne, H., Casner, S. L., Frederick, R., Jacobson, V. (2003). *RFC 3550 RTP: A Transport Protocol for Real-Time Applications, Network Working Group.* Zuletzt aufgerufen am 01.09.2009,
Webseite: *http://tools.ietf.org/html/rfc3550*

Schneier, B. (2004). *Secrets & Lies: IT-Sicherheit in einer vernetzten Welt.* Übers. aus dem Amerikan. von Angelika Shafir. Heidelberg: dpunkt.verlag.

Statistik Austria (2008). Zahlen zu Handyverteilung. Zuletzt aufgerufen am 01.09.2009, Webseite: *http://www.statistik.at/web_de/statistiken/informationsgesellschaft/ikt-einsatz_in_haushalten/index.html*

Stevens, W. R. (1994). *TCP/IP Illustrated, Volume 1. The Protocols.* Addison-Wesley, 1994

Thermos, P., & Takanen, A. (2007). *Securing VoIP Networks: Threats, Vulnerabilities, and Countermeasures.* Pearson Education.

Wikipedia (2009). *List of computer science conferences: software engineering.* Version vom 30.08.2009, 10:36 Uhr, Webseite:
http://en.wikipedia.org/w/index.php?title=List_of_computer_science_conferences&oldid=310867976#Software_engineering

Wright, C. V., Ballard, L., Coull, S. E., Monrose, F., Masson, G. M. (2008). *Spot Me if You Can: Uncovering Spoken Phrases in Encrypted VoIP Conversations.* IEEE Symposium on Security and Privacy, 35-49.

World Web Consortium (2008). Web Content Accessibility Guidelines (WCAG) 2.0. Zuletzt aufgerufen am 01.09.2009,
Webseite: *http://www.w3.org/TR/WCAG20/*

Register

D

E

F

M

N

O

P

Q

R

S

T

U